Enzyklopädie der
Rechts- und Staatswissenschaft

Begründet von

F. Liszt und W. Kaskel

Herausgegeben von

H. Albach · E. Helmstädter

P. Lerche · D. Nörr

Abteilung Staatswissenschaft

Grundlagen der Betriebswirtschaftslehre

von

Dr. Erich Gutenberg
o. Professor der Betriebswirtschaftslehre
an der Universität zu Köln

Zweiter Band
Der Absatz

Mit 86 Abbildungen

17. Auflage

Springer-Verlag
Berlin · Heidelberg · New York · Tokyo 1984

GRUNDLAGEN DER BETRIEBSWIRTSCHAFTSLEHRE

Band I: Die Produktion
Band II: Der Absatz
Band III: Die Finanzen

ISBN 3-540-04082-X Springer-Verlag Berlin Heidelberg New York Tokyo
ISBN 0-387-04082-X Springer-Verlag New York Heidelberg Berlin Tokyo

CIP-Kurztitelaufnahme der Deutschen Bibliothek
Enzyklopädie der Rechts- und Staatswissenschaft / begr. von F. von Liszt u. W. Kaskel. Hrsg. von H. Albach . . .
– Berlin ; Heidelberg ; New York ; Tokyo : Springer
Teilw. hrsg. von W. Kunkel. – Teilw. hrsg. von P. Lerche ; D. Nörr. –
Teilw. mit d. Erscheinungsorten: Berlin, Heidelberg, New York

NE: Liszt, Franz von [Begr.]; Lerche, Peter [Hrsg.]; Kunkel, Wolfgang [Hrsg]; Albach, Horst [Hrsg.]
Abteilung Staatswissenschaft.
→ Gutenberg, Erich: Grundlagen der Betriebswirtschaftslehre

Gutenberg, Erich:
Grundlagen der Betriebswirtschaftslehre / von Erich Gutenberg. –
Berlin ; Heidelberg ; New York ; Tokyo : Springer
(Enzyklopädie der Rechts- und Staatswissenschaft : Abteilung Staatswissenschaft)
Teilw. mit d. Erscheinungsorten: Berlin, Heidelberg, New York
Bd. 2. Der Absatz. – 17. Aufl. – 1984.
ISBN 3-540-04082-X (Berlin . . .)
ISBN 0-387-04082-X (New York . . .)

2143/3130 – 54321

Vorwort zur siebzehnten Auflage

Die siebzehnte Auflage weist gegenüber der fünfzehnten Auflage einige Ergänzungen im Zweiten Teil, Siebtes Kapitel, Abschnitt IV, auf.

Köln, im März 1984   Erich Gutenberg

Vorwort zur fünfzehnten Auflage

Die fünfzehnte Auflage des Buches ist neu bearbeitet und – soweit erforderlich – ergänzt worden. Die Konzeption, auf der das Buch beruht, ist unverändert geblieben. Wie bisher wird nach den Größen gefragt, die das Absatzvolumen eines Unternehmens bestimmen. Nach wie vor wird das Instrumentarium untersucht, mit dessen Hilfe die Unternehmen ihre absatzpolitischen Konzeptionen auf den Märkten durchzusetzen versuchen. Absatzpolitik wird auch weiterhin als Teil der Unternehmenspolitik verstanden. Sie bleibt, wie bisher, in das Ganze des Unternehmens einbezogen und wird nicht aus ihrem betriebswirtschaftlichen Zusammenhang gelöst.

In den letzten Jahren sind absatzwirtschaftliche Verfahren und Aspekte diskutiert worden, deren Effizienz heute mit mehr Abstand beurteilt werden kann als zum Zeitpunkt der letzten Neubearbeitung des Buches. Das gilt einmal für die Modellanalysen, die die wissenschaftliche Diskussion in den letzten Jahren stark beschäftigt haben, zum anderen für die Bemühungen, die informatorischen Voraussetzungen für absatzpolitische Entscheidungen zu verbessern. Schließlich haben Übersteigerungen des reinen Marketingdenkens in der Öffentlichkeit zu kritischen Reaktionen geführt, die Veranlassung geben, diese Probleme neu zu überdenken.

Äußere Schwierigkeiten haben die Fertigstellung des Buches verzögert. Ich danke Herrn Dr. Horst Glaser, Aachen, und Herrn Dr. Wolfgang Schüler, Bonn, für ihre große Hilfsbereitschaft und für die interessanten Diskussionen, die ich mit ihnen aus Anlaß der Neuauflage des Buches führen konnte.

Köln, am 1. September 1975   Erich Gutenberg

Vorwort zur ersten Auflage

Bei der Darstellung der Absatzprobleme, die dieser zweite Band der „Grundlagen der Betriebswirtschaftslehre" enthält, habe ich mich von den gleichen methodischen Überlegungen leiten lassen wie bei der Abfassung des ersten Bandes, in dem die Hauptfragen der Produktion behandelt werden. Wie ich im ersten Band versucht habe, den Fragen der Produktion ein festes systematisches Gefüge zu geben, so habe ich mich im zweiten Band bemüht, die wissenschaftlich und praktisch interessierenden Fragen im Absatzbereich der Unternehmungen in einem straff geordneten System zu diskutieren. Ich habe mir auch im zweiten Band die Aufgabe gestellt, die Probleme nach dem Stand ihrer heutigen wissenschaftlichen Diskussion zu erörtern, um auf diese Weise Anschluß an ihre gegenwärtige literarische Behandlung im In- und Ausland zu gewinnen.

Die Form der Darstellung paßt sich jeweils der Eigenart des untersuchten Gegenstandes an. Da, wo es mir notwendig erschien, die Probleme an anschaulichem Material zu erörtern, habe ich eine möglichst anschauliche Form der Darstellung bevorzugt. Da jedoch, wo die zu behandelnden Fragen einen hohen Abstraktionsgrad verlangen, habe ich eine entsrechend abstrakte Form der Darstellung gewählt. Immer kam es mir darauf an, die Probleme und ihre Diskussion so eindeutig und eindringlich darzustellen, wie es nach dem derzeitigen Stand ihrer wissenschaftlichen Bearbeitung überhaupt möglich erscheint. Die Resonanz, die der erste Band gefunden hat, bestätigt mir, daß der von mir methodisch eingeschlagene Weg richtig ist und daß kein Anlaß besteht, eine weniger präzise Darstellung der Probleme zu wählen, wenn ihre wissenschaftliche Behandlung strengste gedankliche Zucht verlangt.

Da sich der erste Band dieser „Grundlagen" mit den Fragen der Produktion und der zweite Band mit den Fragen des Absatzes beschäftigt, bleiben die Problembestände des dritten großen Teilbereiches der Unternehmungen, der finanziellen Sphäre, offen. Nach der Systematik auf der die „Grundlagen" beruhen, würden dabei Fragen der Kapitalbeschaffung und der Kapitalverwendung, des finanziellen Gleichgewichtes, der betriebswirtschaftlichen Investitionstheorie und der Wirtschaftlichkeitsrechnung zu behandeln sein. Mit der Erörterung dieser Probleme würden alle Fragen, die die Grundlagen der Betriebswirtschaftslehre umschließen, eine erschöpfende systematische Behandlung gefunden haben.

Meinen Assistenten, den Herren Dr. KILGER, Dr. LÜCKE und Dr. JACOB danke ich für ihre Hilfsbereitschaft und das Interesse, das sie meinen Arbeiten entgegengebracht haben.

Köln, den 10. Oktober 1954 ERICH GUTENBERG

Inhaltsverzeichnis

Einleitung

1. Der Absatzbegriff.
2. Der systembezogene Charakter des Absatzbereichs.

1. In der modernen Wirtschaft arbeiten die Betriebe grundsätzlich für fremden Bedarf. Sie sind deshalb gezwungen, die Sachgüter, die sie erzeugen, oder die Dienste, die sie bereitstellen, gegen Entgelt zu verwerten. Diese „Leistungsverwertung" bildet das Thema des vorliegenden zweiten Bandes der „Grundlagen der Betriebswirtschaftslehre". Im ersten Bande wurden die Fragen der „Leistungserstellung", der „Produktion" erörtert. Der dritte Band behandelt die „Finanzen" der Unternehmen.

Der Begriff „Leistungsverwertung" ist umfassender als der Begriff des Absatzes, denn unter Absatz ist strenggenommen nur die Veräußerung von Sachgütern zu verstehen und nicht auch die marktliche Verwertung von Dienstleistungen. Der Ausdruck „Leistungsverwertung" würde deshalb das Thema dieser Untersuchungen besser kennzeichnen als der Ausdruck Absatz.

Nun ist aber nicht zu verkennen, daß der Ausdruck „Leistungsverwertung", ganz abgesehen von sprachlichen Mängeln, die er aufweist, zu farblos und dem betrieblichen Sprachgebrauch zu fremd ist, als daß er für eine hinreichend deutliche Charakterisierung des Inhaltes dieses zweiten Bandes geeignet wäre. Aus diesem Grunde wird hier der Ausdruck „Absatz" dem Ausdruck „Leistungsverwertung" vorgezogen, obwohl er seinem begrifflichen Inhalt nach etwas zu eng ist. Aber es liegt in der Natur der Sache, daß hier die Fragen im Mittelpunkt des Interesses stehen, die mit dem Verkauf von Sachgütern zusammenhängen.

Zwischen den beiden Begriffen „Absatz" und „Umsatz" kennt der Sprachgebrauch der kaufmännischen Praxis keine scharfe Trennung. Wenn in der Regel auch der Ausdruck Absatz mehr zur Kennzeichnung der verkauften Warenmengen (Absatzmengen) und der Ausdruck Umsatz mehr zur Kennzeichnung des Wertes dieser Warenmengen, also des Produktes aus Warenmengen und Warenpreisen (Erlöse) gebraucht wird, so hat sich doch eine klare Unterscheidung zwischen diesen beiden Begriffen nicht durchgesetzt.

Anders liegen die Dinge, wenn unter Umsatz der Umwandlungsvorgang von Geld in Ware (Beschaffung; Einkauf), der Kombinationsprozeß von Sachgütern, Arbeits- und Dienstleistungen (Leistungserstellung; Produktion) und dann wiederum der Umwandlungsprozeß von Ware in Geld

(Leistungsverwertung; Absatz) verstanden wird. Der Begriff Umsatz wird hier im Sinne von Umsatzprozeß gebraucht. Auf seine Grundform zurückgeführt, besteht der Umsatz in diesem Sinne aus Kapitalbewegungen in den drei betrieblichen Teilabschnitten: Beschaffung, Produktion und Absatz. Danach stellt der Absatz nur eine Phase im gesamtbetrieblichen Umsatzprozeß dar, und zwar diejenige, in der dieser Prozeß seinen Abschluß findet. Die Begriffe Absatz und Umsatz decken sich nicht mehr. Unter Absatz wird nun die Schlußphase des gesamtbetrieblichen Umsatzprozesses verstanden.

Der auf diese Weise gewonnene Begriff des Absatzes umfaßt aber noch nicht alle Tatbestände, die in ihn einbezogen werden sollen. Unter dem Begriff des Absatzes sollen hier auch die Maßnahmen verstanden werden, die auf eine möglichst günstige Gestaltung der gesamten Verkaufstätigkeit und der gesamten Verkaufsverhältnisse eines Unternehmens gerichtet sind. Damit erhält der Absatzbegriff eine zusätzliche Bestimmung. Er stellt nun nicht mehr lediglich eine extensive, sondern zugleich auch eine intensive Größe dar.

Dieser Absatzbegriff liegt den Untersuchungen dieses Buches zugrunde. Mit ihm wird zugleich eine bestimmte Position dem Absatzproblem gegenüber bezogen. Sie kennzeichnet sich durch eine bewußt einzelwirtschaftliche Blickrichtung [1]. Die Absatzprobleme werden hier also grundsätzlich in der Sicht derjenigen gesehen, die die Verantwortung für den Verkauf der Erzeugnisse eines Unternehmens tragen.

Diese Stellung dem Absatzproblem gegenüber ist nur eine unter mehreren möglichen. So sieht zum Beispiel SCHÄFER die Absatzaufgabe in der stufenweisen Umgruppierung der Sachmittel in Richtung auf die Bedarfsordnung. Zur Durchführung dieser von ihm als „absatzwirtschaftlich" bezeichneten Aufgabe bedarf es besonderer Organe. Sie können selbständige Betriebe sein (Handelsbetriebe) oder nur Teilorgane von Unternehmungen, insbesondere auch von Produktionsunternehmungen (also zum Beispiel Einkaufs- und Verkaufsabteilungen industrieller Werke; Verkaufsgesellschaften u. a.) [2].

Der Begriff „Absatzwirtschaft" wird hier sehr weit gefaßt. Er enthält nicht nur Verkaufsvorgänge, sondern auch Einkaufs- und Beschaffungsakte, und zwar nicht nur von Produktions-, sondern auch von Handels- und sonstigen Dienstleistungsbetrieben. Das wissenschaftliche Interesse ist

---

[1] Der gleiche Standpunkt wird eingenommen von KOCH, W., Grundlagen und Technik des Vertriebes, Berlin 1950, S. 78; RUBERG, C., Verkaufsorganisation, Essen 1952, S. 11 ff. und S. 67 ff.; SUNDHOFF, E., Absatzorganisation, Wiesbaden 1958.

[2] SCHÄFER, E., Die Aufgabe der Absatzwirtschaft. Köln-Opladen 1950, S. 12ff. Der mehr einzelwirtschaftliche Standpunkt wird von SCHÄFER in seinem Beitrag: Über den künftigen Gehalt der Absatzlehre, enthalten in: Um die Zukunft der deutschen Absatzwirtschaft, herausgegeben von G. BERGLER und E. SCHÄFER, Berlin 1936, herausgearbeitet.

ganz auf die weitverzweigten Wege und vielfältigen Verästelungen gerichtet, die der Warenstrom durchläuft, um schließlich in eine den Wünschen der Konsumenten gerecht werdende Bedarfsordnung einzumünden. Die Stätten, in denen die produktionstechnischen Aufgaben gelöst werden, also die Produktionsbetriebe, bilden gewissermaßen nur Durchgangs- oder Knotenpunkte in dem breiten Strom der Güter von ihrer ersten Gewinnung bis zu ihrem konsumreifen Zustand.

Es steht an sich nichts im Wege, den Begriff der Absatzwirtschaft in diesem Sinne zu verwenden, obwohl er begrifflich gewisse Schwierigkeiten bereitet. An sich jedoch läßt sich der Einkauf von Waren durch ein Produktionsunternehmen oder die Einstellung von Arbeitskräften als eine absatzwirtschaftliche Aufgabe bezeichnen. Da aber das Absatzproblem in der vorstehenden Untersuchung allein als einzelwirtschaftliches, d. h. absatzpolitisches betrachtet und erörtert wird, ist es nicht möglich, hier den Begriff Absatz im Sinne von Absatzwirtschaft zu verwenden und zu sagen, der Einkauf sei ein absatzpolitischer Vorgang.

Für die gleiche Gruppe von Vorgängen wird von SEYFFERT der Ausdruck „Handel" verwendet. Nach SEYFFERT ist „jede Güteraustauschhandlung ein Handelsvorgang" [1]. Alle – Produzenten, Konsumenten und Kaufleute – treiben Handel, wenn sie kaufen oder verkaufen. Auch „der Produzent handelt, indem er die Produktionsgüter durch Kauf oder Tausch erwirbt" [2]. Das gleiche gilt für den Konsumenten. Danach ist jeder Kauf und Verkauf „Handel".

Selbstverständlich hat jeder Autor das Recht auf Definitionsfreiheit. Für die Terminologie dieses Buches ist eine solche Dehnung des Begriffes „Handel" jedoch nicht geeignet, da die Probleme hier nur vom einzelwirtschaftlichen Standpunkt aus betrachtet werden. Danach treiben nur solche Unternehmen Handel, die Waren ohne wesentliche Be- oder Verarbeitung einkaufen, um sie wieder zu verkaufen. Für alle anderen Unternehmen ist die Beschaffung von Sachgütern Einkauf und ihr Absatz Verkauf.

2. In arbeitsteiligen Wirtschaftssystemen produzieren die Betriebe nicht für den eigenen, sondern für fremden Bedarf. Sie sind deshalb genötigt, die Leistungen, die sie erstellen – seien es Sachgüter oder Dienste –, für diejenigen verfügbar zu machen, die ihrer bedürfen. Ein solcher Güter- und Dienstleistungstransfer vollzieht sich in allen arbeitsteiligen Wirtschaftssystemen, mögen sie markt- oder planwirtschaftlich organisiert sein. Bezeichnet man diesen Transfer, vom einzelnen Betrieb aus gesehen, als Absatz, dann würde vieles dafür sprechen, den Absatz, so auf seine

---

[1] SEYFFERT, R., Wirtschaftslehre des Handels, 5. Aufl., Köln-Opladen 1972, S. 4.

[2] SEYFFERT, R., a. a. O., S. 100.

Grundfunktion reduziert, als systemindifferenten Tatbestand aufzufassen [1].

Einer solchen Interpretation der Absatz-Aufgabe stehen aber wichtige Gründe entgegen. Für unter marktwirtschaftlichen Bedingungen arbeitende Betriebe gilt das Autonomieprinzip. Es besagt in dem hier interessierenden Zusammenhang, daß die Betriebe die Freiheit haben, ihre Produkt- oder Dienstleistungsprogramme und die Preise für ihre Erzeugnisse oder Dienste selbst zu bestimmen. Im Gegensatz hierzu bestehen diese Freiheitsgrade für unter planwirtschaftlichen Beziehungen arbeitende Betriebe nicht. Denn sie sind verpflichtet, ihre Produktplanungen mit den Direktiven übergeordneter Instanzen in Übereinstimmung zu halten und ihre Preise nach den hierfür bestehenden Vorschriften anzusetzen. In die Bestimmung ihrer Produktions- und Arbeitsprogramme und der Verkaufspreise für ihre Leistungen spielt also ein administratives Moment hinein, das unter marktwirtschaftlichen Bedingungen stehende Betriebe nicht kennen. Der Begriff der „plandeterminierten Leistungserstellung" deckt die administrativen Einschübe in die Produkt- und Preisgestaltung derartiger Betriebe ab.

Diese unterschiedliche Bestimmung des operativen Freiheitsspielraums für absatzpolitische Entscheidungen stammt aus den andersartigen gesellschaftlichen Prämissen, auf denen die beiden Wirtschaftssysteme beruhen und bedeutet insofern einen systembezogenen Tatbestand.

Es gibt noch einen anderen Grund, der für eine Interpretation der Absatzfunktion als eines systembezogenen Tatbestandes spricht.

Wenn das erwerbswirtschaftliche Prinzip ein Konstruktionselement marktwirtschaftlicher Systeme bildet, muß es auch die unternehmungspolitische Grundorientierung für Unternehmungen abgeben, die unter den Bedingungen dieses Systems stehen. In der Praxis der Unternehmensführung findet sich dieses Prinzip mannigfach abgewandelt, angefangen von der extrem formulierten Maxime der Erzielung maximaler Gewinne auf das investierte Kapital, über Formulierungen derart, daß unternehmerische Entscheidungen auf der Grundlage von Mindestgewinn- und Mindestsicherheitsvorstellungen getroffen werden bis zur Auffassung, daß die Leitung der Unternehmen vor allem an der Erzielung von den Umständen nach befriedigenden Gewinnen interessiert sei. Das erwerbswirtschaftliche Prinzip kann aber auch in der Weise praktiziert werden, daß ein möglichst hoher Gewinn erzielt werden soll, unter der Voraussetzung jedoch, daß der Umsatz des Unternehmens einen bestimmten Umfang mindestens erreicht oder daß ein möglichst großer Umsatz unter der Bedingung angestrebt wird, daß das Unternehmen einen bestimmten Mindestgewinn er-

---

[1] Die Frage nach systembezogenen und systemindifferenten Tatbeständen ist ausführlich im sechzehnten und siebzehnten Kapitel des ersten Bandes erörtert. Auf diese Ausführungen wird hier Bezug genommen.

zielt. Welche Gewinnpolitik jeweils betrieben wird, hängt von der jeweiligen unternehmungspolitischen Situation ab. Daß die Gewinnerzielung – in den vielen Formen, in denen sie sich vollzieht, – ein zentrales Regulativ gesamtwirtschaftlichen wie einzelwirtschaftlichen Geschehens in marktwirtschaftlichen Wettbewerbssystemen bildet, liegt in der Konstruktion dieser Systeme begründet.

Die grundsätzliche Gewinnorientierung marktwirtschaftlicher Unternehmen bestimmt auch ihre Grundposition im absatzwirtschaftlichen Funktionsbereich. Insofern unterscheiden sich diese Unternehmen wesentlich von unter planwirtschaftlichen Bedingungen arbeitenden Betrieben. Die Verkaufspreise für die Erzeugnisse dieser Betriebe sind mehr Daten als Instrumente der Verkaufspolitik. Das gilt in einer gewissen Weise auch für die Produktprogramme. Sie sind nicht in dem Sinne frei operierbar, wie es mit den Programmen marktwirtschaftlicher Betriebe möglich ist. Der Unterschied besteht allerdings mehr in der Abstimmungspflicht der Produktionsprogramme mit den überbetrieblichen Direktiven des gesamtwirtschaftlichen Planungsvollzuges als in der freien Disponierbarkeit über diese Programme. In keinem Wirtschaftssystem lassen sich auf Betriebsanlagen bestimmter technischer Beschaffenheit beliebige Produktionsprogramme herstellen. Technische Gegebenheiten und Wirtschaftlichkeitsüberlegungen engen die operativen Spielräume ein. Änderungen dieser Gegebenheiten sind wesentlich eine Funktion der Zeit, und zwar in dem Sinne, daß technische Änderungen von Betriebseinrichtungen Zeit beanspruchen. Das ist aber nicht nur in planwirtschaftlichen, sondern auch in marktwirtschaftlichen Systemen der Fall. Nicht in der technischen Disponierbarkeit der Betriebsanlagen bestehen die Unterschiede, sondern in der Tatsache, daß im einen Fall administrative Einflüsse in die Produktprogrammgestaltung hineinwirken, im anderen Fall diese Einflußnahmen fehlen.

Sind so in planwirtschaftlichen Systemen die Verkaufspreise und Produktionsprogramme in der aufgezeigten Weise mehr Daten als für die Geschäftsleitung frei verfügbare operative Möglichkeiten, dann bedeutet diese Tatsache keineswegs, daß hierdurch die Input/Outputbeziehung in den für die beiden Wirtschaftssysteme charakteristischen Betrieben eine andere wäre. Auch in planwirtschaftlich organisierten Betrieben wird ein günstiges Verhältnis zwischen Input und Output angestrebt. Der Betriebsüberschuß – in Mengen- oder Geldeinheiten gemessen – wird als Gewinn bezeichnet. Er fungiert wesentlich als Maßstab der Wirtschaftlichkeit, eine Funktion, die er in planwirtschaftlich organisierten Betrieben deshalb besser ausüben kann als in marktwirtschaftlichen Betrieben, weil die Verkaufspreise festliegen und so der Einfluß neutralisiert wird, den Preisänderungen am Absatzmarkt auf die Höhe der erzielten Gewinne ausüben. In der planwirtschaftlichen Literatur wird die große Bedeutung des Gewinns (auch der Rentabilität) als Indikator für den Erfolg betrieblicher Maßnahmen stark betont. Aber er übt nicht die Steuerungsfunktion aus, die er in marktwirtschaftlichen Systemen besitzt. Das Wachstum der Betriebe richtet sich nach dem Plan, nicht nach der Höhe der erzielten Gewinne. Der auf gesamtwirtschaftliche Zielsetzungen abgestimmte Plan, nicht die Gewinnorientierung, bildet das letztinstanzliche Regulativ betrieblicher Betätigung in totalplanwirtschaftlichen Systemen.

Die Tatsache, daß Betriebe in marktwirtschaftlichen Ordnungen ihre absatzpolitischen Dispositionen grundsätzlich gewinnorientiert, Betriebe in planwirtschaftlichen Systemen aber grundsätzlich planorientiert (gesamtplanorientiert) treffen, macht den Absatzbereich der Betriebe zu einem systembezogenen Tatbestand.

Erster Teil

Die Grundlagen der Absatzpolitik

Erstes Kapitel

Die Absatzeinflußgrößen

1. Die Variablen der Absatzfunktion.
2. Formale Beschreibung der Instrumentalvariablen.
3. Das Verhältnis zwischen Trend- und Instrumentalvariablen.
4. Die gewinngünstigste Absatzmenge.

1. Wenn es die Aufgabe absatzpolitischer Maßnahmen ist, in Übereinstimmung mit den jeweiligen Zielvorstellungen der Unternehmensleitung zu erreichen, daß das Absatzniveau des Unternehmens auf seinem gegenwärtigen Stand gehalten oder vor einem weiteren Absinken bewahrt oder erhöht wird, dann stellt sich damit die grundsätzliche Frage nach den Haupteinflußgrößen, die das Absatzniveau von Unternehmen bestimmen, die unter marktwirtschaftlichen Bedingungen arbeiten.

Eine der wichtigsten Einflußgrößen, von denen das Absatzniveau abhängig ist, sind die eigenen absatzpolitischen Anstrengungen des Unternehmens. Wenn die Aufgabe der Verkaufsleitung darin bestehen soll, die Sachgüter, die das Unternehmen herstellt oder die Dienste, die es anbietet, auf den Märkten durchzusetzen, dann stellt sich damit die Frage, welche Mittel und Möglichkeiten bestehen, um eine solche absatzwirtschaftliche Aufgabe erfolgreich zu lösen.

α) Ein Unternehmen hat die Möglichkeit, seinen Verkauf zu zentralisieren oder zu dezentralisieren. Vieles mag im einzelnen Fall für den Verkauf über Niederlassungen, vieles für einen bei der Zentrale organisierten Verkauf sprechen. Die Wahl zwischen diesen beiden Alternativen sei hier als eine Entscheidung über das „Vertriebssystem" des Unternehmens verstanden. Ferner besteht die Möglichkeit, die Erzeugnisse des Unternehmens durch angestellte Reisende, oder durch Handelsvertreter verkaufen zu lassen, die selbständige Kaufleute sind. Die Entscheidung über die Ge-

staltung des Außendienstes sei eine Entscheidung über die „Absatzform",
die das Unternehmen für den Vertrieb seiner Erzeugnisse wählt. Viele
Unternehmen verkaufen ihre Erzeugnisse direkt an Endverbraucher oder
über in den Verkaufsgang eingeschaltete Handelsbetriebe (Absatzmittler).
Das Unternehmen hat sich unter diesen Umständen für den einen oder
den anderen „Absatzweg" zu entscheiden.

Vertriebssystem, Absatzform und Absatzweg werden hier unter dem
Begriff der „Absatzmethode" zusammengefaßt. Es handelt sich nicht um
Güterverteilung (Distribution), sondern um eine mit Aktivität geladene
Prozedur der Einflußgewinnung auf die Entwicklung des Absatzvolumens,
das das Unternehmen anstrebt. In den Begriff der Absatzmethode werden
alle Leistungen des Unternehmens einbegriffen, die der Gewinnung, Erhaltung und Betreuung der Kunden und der speziellen Aufgabe der Verkaufsförderung zu dienen bestimmt sind. Die Absatzmethode ist eines der
absatzpolitischen Instrumente der Unternehmen.

β) So unbestreitbar es ist, daß der Preisbildungsprozeß einen gesamtwirtschaftlichen (makroökonomischen) Tatbestand bildet, so wenig läßt
sich verkennen, daß in marktwirtschaftlichen Systemen die Unternehmen
ihre Preise selbst stellen. Ist aber die Preisstellung eine Funktion der
Unternehmen, dann ist die einzelbetriebliche Preispolitik zugleich ein einzelwirtschaftlicher (mikroökonomischer) Tatbestand. Die „Preispolitik"
bildet damit ein zusätzliches absatzpolitisches Instrument, mit dem Unternehmen auf die Entwicklung ihres Absatzes Einfluß zu nehmen in der
Lage sind.

γ) Die Unternehmen benutzen – wenn auch in unterschiedlichem
Maße – die Methoden der Absatzwerbung, um auf die Entwicklung der
Vorgänge in ihrem Absatzbereich gestaltend Einfluß zu nehmen. Die Werbung macht sich dabei die Methoden der Individual- und der Sozialpsy-
chologie, die Methoden der empirischen Sozialforschung, die Ausdrucksmöglichkeiten künstlerischer Gestaltung und die Informations- und Opti-
mierungsmöglichkeiten quantitativer Verfahren zunutze. So gesehen ist
die „Werbung", hier im Sinne von Absatzwerbung verstanden, ein drittes
absatzpolitisches Instrument, mit dessen Hilfe die Unternehmen die Entwicklungen auf ihren Absatzmärkten zu beeinflussen vermögen.

δ) Der Erfolg absatzwirtschaftlicher Anstrengungen ist viertens von
den funktionalen und akquisitorischen Eigenschaften abhängig, mit denen
die Produkte oder die Dienstleistungen ausgestattet werden. Alle Maßnahmen, die darauf gerichtet sind, die Erzeugnisse oder Dienste des Unternehmens so zu gestalten, daß sie ein hohes Maß an akquisitorischer Wirkung erzielen, werden hier als Produktgestaltung verstanden. Da Mehrproduktunternehmen nicht nur ein Gut, sondern mehrere Güter anbieten,
die in einem Verkaufsprogramm oder einem Sortiment zu einer akquisitorischen Einheit zusammengefaßt sind und da diese Unternehmen absatz-

politisch nicht mit einem Erzeugnis, sondern mit einem Verkaufsprogramm operieren, werden die auf eine möglichst attraktive Gestaltung des Verkaufsprogramms oder Sortiments gerichteten Bestrebungen in den Begriff der Produktgestaltung einbezogen. Der Begriff der Produktgestaltung wird hier nicht fertigungstechnisch, sondern absatzpolitisch aufgefaßt. Die „Produktgestaltung" bildet ein viertes absatzpolitisches Instrument der Unternehmen.

Absatzmethode, Preispolitik, Werbung und Produktgestaltung sind die vier Hauptinstrumente, die den Unternehmen die Möglichkeit geben, Absatzpolitik zu betreiben. In diesem Sinn sind sie Absatzeinflußgrößen. Sie seien „Instrumentalvariable" genannt und sollen unter dem Ausdruck „absatzpolitisches Instrumentarium" zusammengefaßt werden.

In marktwirtschaftlichen Systemen konkurrieren alle Unternehmungen mit ihrem absatzpolitischen Instrumentarium um die Gunst der potentiellen Käufer ihrer Erzeugnisse. Der Einfluß des Einsatzes absatzpolitischer Instrumente ist also von der Reaktion der Wettbewerbsunternehmen und der Reaktion der Verbraucher oder Verwender auf die absatzpolitischen Instrumente abhängig, von denen ein Unternehmen Gebrauch macht. Nun können aber sowohl die Wettbewerbsunternehmen wie auch die Verbraucher oder Verwender gewissermaßen von sich aus agieren, nicht eigentlich als Reflex der von einem Unternehmen ergriffenen absatzpolitischen Aktivitäten, sondern spontan und autonom. Produkte, neuartig und überraschend auf den Markt gebracht, spezielle, aus den besonderen Umständen des Unternehmens stammende Preismaßnahmen, können initiierende, nicht eigentlich als Reaktionen auf Maßnahmen anderer Unternehmen zu verstehende Aktionen sein. Das gilt auch für Veränderungen in dem Verhalten der Verbraucher oder Verwender, wenn zum Beispiel die Einkommensverhältnisse eine spürbare Veränderung erfahren. Obwohl sich im einzelnen nicht immer genau ausmachen läßt, ob eine autonome Aktion oder eine Reaktion vorliegt – in Wirklichkeit stellt sich das Ganze als ein interdependenter Vollzug zwischen Aktionen und Reaktionen dar –, soll dennoch zwischen Aktionen und Reaktionen in dem Verhältnis der Unternehmen untereinander und in dem Verhältnis der Unternehmen zu den potentiellen Käufern unterschieden werden.

Jedes Unternehmen ist in gesamtwirtschaftliche Entwicklungen eingebettet, die sich seiner Einflußnahme weitgehend entziehen. Richtung und Tempo der gesamtwirtschaftlichen Trends liefern in den absatzwirtschaftlichen Raum eines jeden Unternehmens Impulse positiver oder negativer Art hinein. Beschleunigungen positiver Trends schaffen im allgemeinen günstige, Verlangsamungen ungünstige Voraussetzungen für den Erfolg absatzpolitischer Anstrengungen. Kein Unternehmen kann sich den Trends gesamtwirtschaftlicher Entwicklungen entziehen. Es wird von ihnen mitgetragen, aber es ist ihnen nicht schicksalhaft ausgeliefert. Gleichwohl spüren die Unternehmen auf ihren Absatzmärkten diese Trends, wenn sie auch außerhalb ihres Einflußbereiches bleiben.

Auf der Grundlage dieser gesamtwirtschaftlichen Trends vollziehen sich die besonderen Entwicklungen innerhalb der einzelnen Produktions- und Geschäftszweige. Sie können auf Sonderkonjunkturen, Bedarfsverschiebungen besonderer Art, spezielle technische Entwicklungen oder auf andere Ursachen zurückzuführen sein. Auch diese Vorgänge liegen im wesentlichen außerhalb des Einflußbereichs einzelner Unternehmen. Sie sind ihnen gleichwohl unterworfen und bleiben in die Trends ihres speziellen Produktions- und Geschäftszweigs eingefügt, spüren also diese speziellen Trends als die Entwicklung ihres Absatzes fördernde oder hemmende Kräfte.

Jedes Unternehmen kennzeichnet sich zudem durch einen Trend seiner individuellen Existenz. In diesem einzelwirtschaftlichen Trend kommen viele besondere Umstände des Unternehmens zum Ausdruck. Sie reichen zum Teil weit in seine Vergangenheit zurück, zum Teil lassen sie für die Zukunft besondere Chancen oder Gefährdungen erwarten. Reagibilität und Spontaneität in allen technischen und wirtschaftlichen Vollzügen, Weite oder Enge der Perspektiven, in denen die zu lösenden Aufgaben gesehen wurden oder gesehen werden, Erfolge und Mißerfolge, Größe, Marktanteil, technische und finanzielle Leistungsfähigkeit, – diese und andere unternehmensindividuellen Umstände schaffen günstige oder ungünstige Voraussetzungen für die absatzwirtschaftliche Position, von der aus das Unternehmen operiert. Es ist nicht das Gleiche, ob ein Unternehmen A oder B eine absatzpolitische Maßnahme ergreift. Das Ansehen des Unternehmens, die Stärke seiner Stellung auf dem Markt, sein Image bestimmen die Wirkung und den Erfolg seiner absatzpolitischen Maßnahmen wesentlich mit. In diesem Sinn wird hier der individuelle Unternehmenstrend als eine bestimmende Absatzgröße angesehen.

Der allgemeine Wachstumstrend, der Trend des speziellen Produktions- oder Geschäftszweiges, dem ein Unternehmen angehört und der betriebsindividuelle Unternehmenstrend sind drei wichtige Einflußgrößen des Absatzniveaus der Unternehmen. Sie seien als Trendvariable bezeichnet.

Das Absatzniveau eines Unternehmens ist also von den absatzpolitischen Aktionen und Reaktionen des Unternehmens selbst, von den Aktionen und Reaktionen der präsumtiven Käufer, von den Aktionen und Reaktionen der Wettbewerbsunternehmen und von den Trendvariablen abhängig.

Bezeichnet man mit V_e die eigenen absatzpolitischen Aktionen und Reaktionen des Unternehmens, mit V_k die Aktionen und Reaktionen der Käufer, mit V_w die absatzpolitischen Aktionen und Reaktionen der Wettbewerbsunternehmungen, mit V_t die Trends der Gesamtwirtschaft, der Branche und des Unternehmens selbst und mit x den Absatz des Unternehmens, dann läßt sich die Abhängigkeit des Absatzvolumens von den Absatzeinflußgrößen durch die Funktion

$$x = \varphi \, (V_e \, , V_k \, , V_w \, , V_t)$$

ausdrücken. Damit sind die Variablen der „Absatzfunktion" bestimmt.

Produktions-, Absatz- und Finanzierungsfunktionen beschreiben das Input/Output-System, als das sich die Unternehmung, sofern sie Gegenstand der Betriebswirtschaftslehre ist, darstellt.

Die Absatzfunktion bildet das spezielle Thema dieses Bandes.

2. Die Unternehmen haben in der Regel die Möglichkeit, absatzpolitische Ziele mit Hilfe unterschiedlicher Kombinationen von Instrumentalvariablen zu realisieren. Diejenige Kombination wird, so kann angenommen werden, angestrebt, die die kosten- oder die gewinngünstigste ist.

Diese Situation läßt sich formal so beschreiben:

Die Absatzmethode sei mit V_{e1} , die Preispolitik mit V_{e2} , die Werbung mit V_{e3} und die Produktgestaltung mit V_{e4} bezeichnet. Die Kosten, die der Gebrauch dieser absatzpolitischen Instrumente verursacht, wenn der Absatz des Unternehmens auf die Höhe x gebracht werden soll, mögen z_1 bis z_4 genannt werden. Jede Veränderung von z_i ($i = 1, \ldots, 4$) löst eine bestimmte Wirkung auf den Absatz aus.

Das Unternehmen hat die Möglichkeit, sein Ziel mit Hilfe verschiedener Kombinationen der absatzpolitischen Instrumente zu erreichen. Eine dieser Kombinationen ist die günstigste. Grundsätzlich läßt sich sagen:

Solange noch die Absatzwirkung der letzten Kosteneinheit in einer Richtung kleiner ist, beziehungsweise als kleiner angenommen wird als die Wirkung der gleichen Kosteneinheit in einer anderen Richtung, ist es von Vorteil, die Kombination zu ändern. Erst dann, wenn die letzten Kosteneinheiten in jeder Richtung die gleiche absatzpolitische Wirkung erzielen, besteht keine Veranlassung mehr, Änderungen im Einsatz der Instrumentalvariablen vorzunehmen.

Diejenige Kombination, die diese Bedingung erfüllt, ist die optimale Kombination der Instrumentalvariablen, also des absatzpolitischen Instrumentariums. Eine solche Kombination strebt jedes Unternehmen an, das unter marktwirtschaftlichen Bedingungen arbeitet.

Die bei einem bestimmten, als gegeben unterstellten Verhalten von Käufern und Wettbewerbern allein zwischen den Ausgaben für die einzel-

nen absatzpolitischen Instrumente und dem Absatz bestehende Beziehung
sei durch die Funktion

$$x = F(z_1, \ldots, z_4)$$

gekennzeichnet. Die optimale Kombination ist dann verwirklicht, wenn

$$\frac{\partial F}{\partial z_1} = \frac{\partial F}{\partial z_2} = \frac{\partial F}{\partial z_3} = \frac{\partial F}{\partial z_4}$$

ist, das heißt, wenn die partiellen Ableitungen der Funktion F einander
gleich sind.

Die Formel gibt zugleich die Bedingungen für das optimale Absatz-
oder Verkaufsbudget an.

Die Schwierigkeiten, die optimale Kombination der absatzpolitischen
Variablen oder das optimale Absatz- oder Verkaufsbudget zu realisieren,
insbesondere auch mit Hilfe quantitativer Modelle zu bestimmen, beruhen
auf einer Vielzahl von Umständen [1]. So sind die einzelnen absatzpolitischen Instrumente nicht beliebig disponibel. Eine Preisänderung vermag
verhältnismäßig schnell vorgenommen zu werden. Eine Werbekampagne
kann eine lange Vorbereitungszeit erforderlich machen, und ihr Timing
muß nicht unbedingt und nicht von sich aus mit dem der anderen absatzpolitischen Aktionen übereinstimmen. Produktentwicklungen dauern
unter Umständen viele Jahre, und Änderungen der Absatzmethode, wenn
sie Investitionen in den Außenstellen notwendig machen, erfordern ebenfalls viel Zeit, während sich Änderungen im Außendienst verhältnismäßig
schnell durchführen lassen. Wenn absatzpolitische Maßnahmen der beschriebenen Art vorgenommen werden, ist auch nicht bekannt, wann ihre
Wirkung beginnt, welche Intensität sie erreicht und wann sie endet. So
hoch der Informationsstand sein mag, der die Grundlage für absatzpolitische Entscheidungen bildet – mit Sicherheit lassen sich keine Angaben
über die Reaktionsfunktionen machen, die über den Einfluß von Varia-
tionen der absatzpolitischen Instrumente auf die Käufer und auf das absatzpolitische Verhalten der Wettbewerbsunternehmen aussagen. Auch ist
unbekannt, in welcher Art und in welchem Maße die absatzpolitischen Instrumente miteinander verbunden sind, wie sie sich gegenseitig beeinflussen, ihre Wirkung abschwächen oder steigern. Es ist auch zu berücksichtigen, daß der Absatz nur einen Teil im gesamtbetrieblichen Zusammenhang bildet und daß nicht nur Absatzüberlegungen, sondern auch Gegebenheiten aus allen betrieblichen Teilbereichen in die Entscheidungen
über den Einsatz des absatzpolitischen Instrumentariums hineinspielen

---

[1] Über die besonderen Umstände und Schwierigkeiten auf dem Gebiet des
Sondermaschinenbaues unterrichtet Pfeiffer, W., Absatzpolitik bei Investitionsgü-
tern der Einzelfertigung, Stuttgart 1965.

und die Entscheidungen beeinflussen. Das Problem des optimalen Absatz-budgets ist auch nicht ohne Berücksichtigung von betrieblichen Restriktionen zu lösen, wie sie als Engpässe in allen betrieblichen Teilbereichen auftreten können.

So wenig also die angegebene Formel als operational gelten kann, weil ihr Abstraktionsniveau zu hoch ist, so richten die Unternehmen gleichwohl ihre absatzpolitischen Planungen an jenen Überlegungen aus, die in der Gleichung für die optimale Kombination der absatzpolitischen Instrumente ihren formalen Ausdruck finden.

3. Unter der Voraussetzung, daß in einem Zeitintervall keine Änderung in dem Verhalten der Käufer und der Wettbewerbsunternehmen eintritt, läßt sich das Verhältnis zwischen den Trend- und den Instrumentalvariablen wie folgt bestimmen:

Angenommen, der Absatz eines Unternehmens sei zum Zeitpunkt t_0 gleich x_0; zum Zeitpunkt t_n sei er um Δx auf x_n gestiegen. Das Unternehmen habe in der zugrunde liegenden Periode $T(t_0$ bis $t_n)$ seine Verkaufsanstrengungen verstärkt und von den Möglichkeiten des absatzpolitischen Instrumentariums Gebrauch gemacht. Zu untersuchen ist, durch welche Größen die Absatzsteigerung Δx verursacht worden ist.

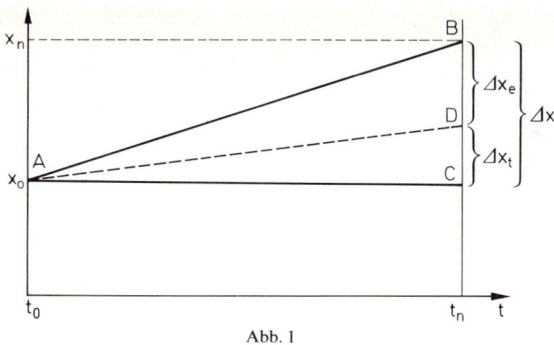

Abb. 1

In Abb. 1 ist auf der Abszissenachse die Zeit und auf der Ordinatenachse die Absatzmenge abgetragen. Die Kurve AB zeigt die Entwicklung des Absatzes in der Periode T. Die Absatzzunahme Δx ist allein auf den verstärkten Einsatz des absatzpolitischen Instrumentariums zurückzuführen, wenn sich der Trend der allgemeinen und speziellen wirtschaftlichen Entwicklung in der Periode T nicht geändert hat. Diese Annahme über die Trends liegt der Trendlinie AC zugrunde. Hat sich dagegen der Trend der allgemeinen und speziellen Entwicklung geändert, ist zum Beispiel der Trend angestiegen, dann ist die Erhöhung des Absatzes um Δx nicht allein durch die absatzpolitischen Anstrengungen des Unternehmens verursacht worden. Wird die Trendentwicklung durch die Trendlinie $A\,D$ gekennzeichnet, dann ist ein Teil der Absatzzunahme, in der Abb. 1 Δx, auf die günstige Entwicklung der allgemeinen und speziellen wirtschaftlichen Lage zurückzuführen. Damit der Absatz x_n im Zeitpunkt t_n erreicht wird, hat es in diesem Falle geringerer Verkaufsanstrengungen bedurft als bei horizontal verlaufendem Trend. Der durch den verstärkten Einsatz des absatzpolitischen Instrumentariums erreichte Mehrabsatz beträgt in diesem Falle Δx_e und nicht Δx. Für einen fallenden Entwicklungstrend gelten entsprechende Überlegungen.

Die Trendvariablen haben also, was ihren Einfluß auf die Absatzentwicklung eines Unternehmens anbetrifft, durchaus den gleichen Charakter wie die Instrumentalvariablen, nur daß sie von der Unternehmung nicht als Aktionsparameter benutzt werden können.

4. Damit stellt sich die Frage, wie die optimale, hier die gewinngünstigste Absatzmenge bestimmt werden kann, und zwar unter der Voraussetzung, daß dem Unternehmen alle Reaktionen und Aktionen seiner potentiellen Käufer, seiner Konkurrenten und die Entwicklung der Trends bekannt sind.

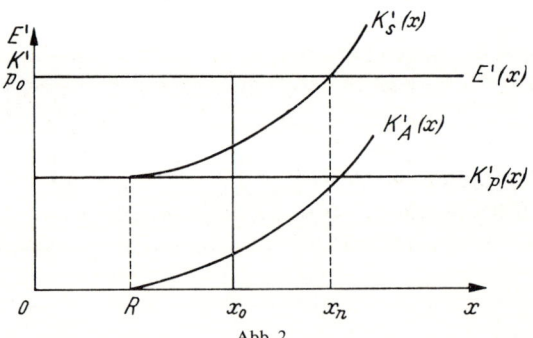

Abb. 2

In der Abb. 2 sind auf der Abszissenachse die Absatzmengen, auf der Ordinatenachse die Grenzerlöse bzw. die Grenzkosten abgetragen. Die Kurve $E'(x)$ gibt die Grenzerlöse unter der Voraussetzung an, daß zu dem im Zeitpunkt t_0 geltenden Preis p_0 jede beliebige Menge abgesetzt werden kann. Mindererlöse (Mehrerlöse), die als Folge einer aus absatzpolitischen Gründen vorgenommenen Preisänderung eintreten, sind den Kosten K_A zugerechnet.

Jeder Absatzmenge läßt sich ein bestimmter Kostenbetrag (Kosten für den Einsatz des absatzpolitischen Instrumentariums) zuordnen, wenn davon ausgegangen wird, daß jeweils die optimale Kombination des absatzpolitischen Instrumentariums verwirklicht werden soll. Diese Kosten enthalten auch Mindererlöse je Erzeugniseinheit, die sich als Folge einer Ermäßigung der Verkaufspreise ergeben. (Eventuelle Mehrerlöse müssen von den Kosten des absatzpolitischen Instrumentariums abgesetzt werden.)

Die Grenzkosten des Instrumentariums werden durch die Kurve K'_A dargestellt. Sie ist dadurch gekennzeichnet, daß in ihrem aufsteigenden Ast der zunehmende Marktwiderstand sichtbar wird. Die Kurve K'_p zeigt die Höhe der jeweiligen Grenzproduktionskosten an. Die Kurve K'_s ist die Summe aus K'_p und K'_A.

Für das Unternehmen würde die Menge x_n die gewinngünstigste sein. Diese Absatzmenge wird charakterisiert durch den Schnittpunkt der Grenzkostenkurve $K'_s(x)$ und der Grenzerlöskurve $E'(x)$.

Ist der Absatz des Unternehmens im Zeitpunkt t_0 kleiner als die im Zeitpunkt t_n gewinngünstigste Menge x_n, dann wird das Unternehmen versuchen, mit Hilfe seines absatzpolitischen Instrumentariums bis zum Zeitpunkt t_n seinen Absatz auf x_n zu steigern. Der Absatz muß in diesem Falle um $x_n - x_0 = \Delta x$ erhöht werden.

Führen die absatzpolitischen Maßnahmen, die zu diesem Zweck ergriffen werden, zu diesem Ziel, dann ist die betriebswirtschaftlich beste Lösung erreicht.

Die Ableitung des gewinngünstigsten Absatzvolumens x_n gilt für den hier unterstellten Fall, daß die Unternehmensleitung alle für ihre absatzpolitischen Entscheidungen wichtigen Absatzeinflußgrößen kennt. In Wirklichkeit hat die Unternehmensleitung nur sehr unvollkommene Kenntnisse von diesen das Absatzniveau bestimmenden Größen. Soll für diesen Fall unter Unsicherheit die gewinngünstigste Absatzmenge abgeleitet werden, bedarf es eines anderen mathematischen Ansatzes.

Zweites Kapitel

Das absatzpolitische Risiko

1. Die Ungewißheitssituation.
2. Das Erwartungsrisiko.
3. Objektive und subjektive Wahrscheinlichkeiten.
4. Typische Entscheidungssituationen.

5. Ein Modell für absatzpolitische Entscheidungen unter Berücksichtigung von Sicherheitsgrenzen.
6. Das Verhältnis des Modells zu entscheidungstheoretischen Modellstrukturen.
7. Die Unaufhebbarkeit der Unsicherheitsposition.

1. Welche Bewandtnis hat es mit dem absatzwirtschaftlichen Risiko?

Ein unter marktwirtschaftlichen Bedingungen arbeitendes Unternehmen befindet sich ganz allgemein und grundsätzlich über folgende absatzpolitische Tatbestände im Ungewissen:

a) Es weiß nicht, wie die Personen, Unternehmungen, Verwaltungen, die als Abnehmer für seine Erzeugnisse in Frage kommen, auf seine autonomen absatzpolitischen Aktionen, also auf seine Absatzmethoden, seine Produktgestaltung, seine Werbemaßnahmen und seine Angebotspreise reagieren werden.

b) Es weiß nicht, wie die Käufer auf die absatzpolitischen Maßnahmen reagieren werden, die es als Reaktion auf absatzpolitische Maßnahmen der Konkurrenz ergreifen muß.

c) Es weiß nicht, wie die Konkurrenzunternehmen auf seine eigenen absatzpolitischen Aktionen reagieren werden.

d) Es weiß nicht, wie die Konkurrenzunternehmen auf die absatzpolitischen Maßnahmen antworten werden, mit denen es die absatzpolitische Aktivität der Konkurrenten erwidert.

e) Es weiß nicht, wie es selbst wird reagieren müssen, wenn die Konkurrenzunternehmen von sich aus absatzpolitisch aktiv werden.

f) Es weiß nicht, wie es selbst reagieren wird, wenn die Konkurrenzunternehmen auf die absatzpolitischen Maßnahmen reagieren, die es selbst ergriffen hat.

g) Es weiß nicht, wie der allgemeine wirtschaftliche Trend oder der spezielle Trend des Produktions- oder Geschäftszweiges, zu dem es gehört, verlaufen wird. Es weiß aber aus Erfahrung, daß die Wirkung seines eigenen absatzpolitischen Verhaltens – als Aktion und Reaktion – von dem Trend der allgemeinen und speziellen Entwicklung beeinflußt wird.

Die absatzpolitischen Entscheidungen, die ein Unternehmen trifft, beruhen also auf unsicheren Aktions-, Reaktions- und Trenderwartungen. Diese drei Erwartungsgrößen kennzeichnen die existentielle Situation aller Unternehmen in marktwirtschaftlichen Systemen.

2. Wenn derartige Unternehmungen vor absatzpolitischen Entscheidungen stehen, können sie nie mit Bestimmtheit sagen, zu welchen Konsequenzen ihre Maßnahmen führen werden. Sie müssen immer damit rechnen, daß der erwartete Erfolg nicht eintritt, ihre Entscheidungen also Fehlentscheidungen sein werden, die Schäden oder Verluste zur Folge haben.

Wenn und solange Unsicherheit über die Folgen derartiger Maßnahmen herrscht, so lange sind diese Maßnahmen mit dem Risiko des Mißlingens behaftet. Dieses Risiko ist nichts anderes als der Ausdruck der Unsicherheit, in der absatzpolitische Entscheidungen getroffen werden.

Absatzpolitische Erwartungen sind in der Regel zugleich Projektionen in die Zukunft und Antizipationen von in der Zukunft liegenden Ereignissen. Hieraus folgt, daß in diesen Erwartungen aus der Erfahrung gegebene, also bekannte Tatbestände und zugleich auf Vermutungen beruhende, nicht bekannte Tatbestände enthalten sind. Über das Verhältnis, in dem diese beiden Tatbestände zueinander stehen, ist damit noch nichts ausgesagt. Wenn es also absatzpolitische Erwartungen gibt, in denen bekannte und unbekannte Elemente enthalten sind, dann können diese Erwartungen weder reine Extrapolationen betrieblicher Tatbestände über den Beobachtungszeitraum hinaus noch willkürliche Annahmen ohne Bindung an beobachtete betriebliche Geschehnisse sein. Extrapolationen sind nur dann zulässig, wenn die beobachtete Reihe eindeutige Verlaufstendenzen aufweist und die Annahme gerechtfertigt erscheint, daß die bestimmenden Ursachen weiter wirksam sein werden. Da diese Voraussetzungen für die Absatzentwicklung (vermutete Umsatzentwicklung) im allgemeinen nicht gelten, kann eine Absatzerwartung nur in Ausnahmefällen durch Extrapolation der bisherigen Absatzreihe, also nicht allein durch Projektionen bereits erfahrener Tatbestände in die Zukunft charakterisiert werden. Die Umbildung unsicherer Absatzerwartungen in sichere allein durch Extrapolation ist praktisch unmöglich. Das Erwartungsrisiko kann auf diese Weise nicht beseitigt werden.

3. Wenn man dem Problem durch Berechnung mathematischer Wahrscheinlichkeiten näherkommen will, so setzt dies ein Gesamt von verhältnismäßig gleichartigen und sich wiederholenden Ereignissen voraus. Wird die Zahl der beobachteten Ereignisse unendlich groß, dann strebt die relative Häufigkeit eines Ereignisses einem Grenzwert zu. Dieser Grenzwert ist die mathematische Wahrscheinlichkeit. Praktisch genügt bereits eine endliche Zahl von Beobachtungen, um die relative Häufigkeit als Näherungswert für die mathematische Wahrscheinlichkeit eines Ereignisses berechnen zu können. Die Zahl der Beobachtungen darf allerdings nicht zu klein sein. Derartige Möglichkeiten bestehen zum Beispiel in gewissen Grenzen bei der Ermittlung der Rückstellungen für Inanspruchnahme aus übernommenen Garantien, Delkredere-Rückstellungen, für die Ermittlung von Ausschußquoten u. ä. Wenn sich also in einem Gesamt von Ereignissen oder Vorgängen relative Häufigkeiten errechnen lassen, dann sind die Wahrscheinlichkeiten errechenbare oder auch objektive Wahrscheinlichkeiten. In diesem Falle hören die Ereignisse oder Vorgänge in ihrer Gesamtheit auf, ungewiß zu sein.

Wenn es sich um einmalige Ereignisse handelt oder um solche, die nur aus einer einmaligen, sich nicht wiederholenden Situation heraus zu verstehen sind, dann sind die Voraussetzungen für die Ermittlung der mathematischen Wahrscheinlichkeit nicht gegeben. Steht ein Unternehmen vor der Entscheidung, ob es gewissen ungünstigen Entwicklungen in seinem Absatzbereich durch Preisherabsetzungen oder durch Intensivierung der Werbung begegnen will, oder erwägt es, entscheidende Änderungen in seinem Verkaufsprogramm vorzunehmen oder die Zahl der Verkaufsbezirke beträchtlich zu erhöhen oder den Kundendienst unter großem Kapitalaufwand auszubauen, dann läßt sich zwar nicht sagen, daß diese Maßnahmen einmalig seien, denn sicherlich sind schon des öfteren Preis- oder Produktänderungen, Werbekampagnen oder Änderungen der Verkaufstechnik vorgenommen worden. Aber jede Maßnahme der geschilderten Art – ob Aktion oder Reaktion – wird durch besondere Konstellation der betrieblichen und marktlichen Bedingungen zu einem im Sinne der Wahrscheinlichkeitsrechnung einmaligen Ereignis. Ist das aber der Fall, dann treffen die Voraussetzungen für die Berechnung relativer Häufigkeiten nicht zu. Es sind subjektive, nicht berechenbare Wahrscheinlichkeiten, um die es sich hier handelt. Die großen, hier vor allen Dingen interessierenden absatztaktischen Maßnahmen beruhen auf unsicheren Erwartungen, subjektiven Wahrscheinlichkeiten. Sie bleiben mit Risiko behaftet. Nur wenn es gelingen würde, vollkommene Voraussicht über alle gegenwärtigen und künftigen (innerhalb eines Planungszeitraumes wirksamen) Absatzeinflußgrößen zu gewinnen, würden auch die Absatzerwartungen, die auf echten Entscheidungen und nicht nur auf habituellem Verhalten beruhen, von Risiko frei sein. Die Konstruktion des marktwirtschaftlichen Systems läßt aber einen solchen Zustand prinzipiell nicht zu. Der Abstand zwischen erreichbarer und absoluter Voraussicht ist unaufhebbar. Aber dieser Abstand läßt sich verringern. Die Erfahrung lehrt täglich, daß derjenige am meisten Erfolg hat, der die kommenden Dinge am besten voraussieht. Denn er hat die bessere Chance, sich auf das Kommende vorzubereiten.

Bevor auf die Frage eingegangen wird, wie die Ungewißheit als Element in dem Entscheidungsprozeß eines Unternehmens wirksam wird sowie den Weg und das Ergebnis der Entscheidung mitbestimmt, soll kurz erörtert werden, wie Entscheidungssituationen nach dem Grad der vorhandenen Information klassifiziert werden können.

4. Absatzpolitische Entscheidungen sind wie fast alle unternehmungspolitischen Entscheidungen auf weite Sicht wesentlich Entscheidungen, die unter Unsicherheit getroffen werden. Was heißt aber: Entscheidung unter Unsicherheit? Diese Frage läßt sich am besten dadurch beantworten, daß drei typische Entscheidungssituationen kurz beschrieben werden, zu denen auch die Entscheidung unter Unsicherheit gehört. Ein Unterneh-

men kennt zum Beispiel die Nachfrage nach einem bestimmten Erzeugnis genau, oder es hat gewisse Vorstellungen (gewisse Wahrscheinlichkeitswerte) darüber, oder es weiß eben absolut nichts. Dieser Informationsstand ist ein Merkmal für die Klassifizierung typischer Entscheidungssituationen.

a) Von einer Entscheidung unter Sicherheit wird dann gesprochen, wenn eine bestimmte unternehmungspolitische Maßnahme zu einem eindeutigen Ergebnis (Sicherheit) führt und dieses Ergebnis bekannt ist (vollständige Information). Die überwiegende Mehrzahl der bisher in der Betriebswirtschaftslehre behandelten Entscheidungssituationen beruht auf der Voraussetzung sicherer Erwartungen (Sicherheit und vollständige Information). Ist zum Beispiel eine Preisabsatzfunktion gegeben, dann wird angenommen, daß das Unternehmen weiß, welche Nachfragemengen x_1, x_2 usw. sich bei den Preisen p_1, p_2 usw. einstellen werden. Unter diesen Umständen ist es im allgemeinen nur eine mathematische Maximierungsaufgabe, den gewinnmaximalen Preis zu finden.

Bei der Entscheidung unter Sicherheit ist nur ein Ergebnis möglich. Es tritt mit der Wahrscheinlichkeit 1 (100%) ein. Es ist also sicher. Die anderen Ergebnisse haben die Wahrscheinlichkeit 0, sind also unmöglich.

b) Führt eine Maßnahme nicht zu einem eindeutigen Ergebnis, sondern zu mehreren Ergebnissen, von denen jedoch bekannt ist, mit welcher Wahrscheinlichkeit die Ergebnisse eintreten, dann liegt eine Entscheidung unter Risiko vor. Die Entscheidung wird sich unter solchen Umständen an der höchsten mathematischen Gewinnerwartung orientieren. In diesem Falle ist eine Wahrscheinlichkeitsverteilung (Dichte) gegeben. Hiernach können nicht nur ein Ergebnis mit der Wahrscheinlichkeit 1, sondern mehrere Ergebnisse mit unterschiedlichen Wahrscheinlichkeiten eintreten. Die Summe dieser Wahrscheinlichkeiten ist 1. Die Bestimmung einer Wahrscheinlichkeitsverteilung bei einer Entscheidung unter Risiko beruht auf statistischen Untersuchungen, daher werden sie als statistische oder objektive Wahrscheinlichkeiten bezeichnet.

c) Von Entscheidungen unter Unsicherheit wird dann gesprochen, wenn das Ergebnis einer Maßnahme verschieden ist, je nach der Situation, die eintreten wird, aber weder gewisse Wahrscheinlichkeiten noch irgendwelche anderen Kenntnisse über die möglichen Ergebnisse vorhanden sind, also (absolute) Unsicherheit besteht. Hier bieten sich unter Umständen subjektive Wahrscheinlichkeiten und gewisse Lösungen der Spieltheorie an.

Die subjektiven Wahrscheinlichkeiten, wie sie bei Entscheidungen unter Unsicherheit angetroffen werden, sind das Ergebnis subjektiver Schätzungen der objektiven Wahrscheinlichkeiten. Ein Unternehmen kann zu einer derartigen Schätzung gezwungen sein, wenn es keinen objektiven Anhaltspunkt hat, um eine objektive Wahrscheinlichkeitsverteilung zu bestimmen.

Es bleibt schließlich noch die Möglichkeit, daß bei einer Entscheidung unter Unsicherheit überhaupt keine Wahrscheinlichkeiten existieren.

5. Die Entscheidungen unter Sicherheit oder unter Risiko sind im allgemeinen mehr für Entscheidungen in den mittleren und unteren Führungsgruppen typisch als für absatzpolitische Entscheidungen, wie sie von der Geschäftsleitung getroffen werden. Diese Entscheidungen sollen hier weiter untersucht werden.

Die technischen und wirtschaftlichen Operationsmöglichkeiten der Unternehmen hängen von der fabrikations- und entwicklungstechnischen, der beschaffungs- und absatzwirtschaftlichen, der finanziellen und der Rentabilitätssituation ab, in der sich die Unternehmen jeweils befinden. Die Struktur dieser Komponenten bestimmt über die Stärke der Position, die ein Unternehmen einnimmt, wenn es vor großen absatzpolitischen Entscheidungen steht. Diese Stärke (oder Schwäche) der Ausgangsposition bildet ein wichtiges Element im Entscheidungsprozeß der Unternehmen.

Die Größen, von denen der Erfolg unternehmungspolitischer Maßnahmen abhängt, sind – so läßt sich allgemein sagen – dem Unternehmen zum Teil bekannt, zum Teil völlig unbekannt. Es kennt also nur einen Teil der Daten und Variablen, die das Problem bestimmen. Die Unternehmen handeln unter diesen Umständen unter Unsicherheit.

Ein Unternehmen, gekennzeichnet durch eine bestimmte betriebstechnische und betriebswirtschaftliche Konstitution und Situation und durch den bestimmten Stand seiner Informationen, plane eine große Werbeaktion oder eine Preissenkung größeren Ausmaßes oder die Einführung eines neuen Erzeugnisses oder eine Kombination dieser und anderer Maßnahmen. Der Erfolg der geplanten Aktion hängt einmal von der Art und der Wirkung seiner eigenen Maßnahmen, zum anderen von den Maßnahmen der Konkurrenten, dem Verhalten der Käufer und dem Trendverlauf der allgemeinen wirtschaftlichen Entwicklung und der Entwicklung des Produktions- und Geschäftszweiges ab, dem das Unternehmen angehört. Die Unternehmensleitung hat aber – so sei angenommen – nur unklare Vorstellungen von dem voraussichtlichen Verhalten der Käufer und Konkurrenten und dem Verlauf der Trends. Damit ist der Erfolg der in Erwägung gezogenen Maßnahmen völlig ungewiß.

Eine bestimmte Kombination eigener Maßnahmen, also eine bestimmte Aktion oder Alternative, sei mit V_{ei}, eine bestimmte Kombination der fremden Einflußgrößen (Verhalten der Käufer und Konkurrenten, auch die Trendverläufe) mit V_{fj} bezeichnet. Der Gewinn, den sich ein Unternehmen zusätzlich verspricht, wenn es in der durch V_{ei} angegebenen

Weise vorgeht, sei ΔG genannt. Er hängt also von V_{ei} und V_{fj} ab. Danach ist

$$\Delta G = f(V_{ei}, V_{fj})$$

Die Unternehmensleitung wird versuchen, zu konkreten Vorstellungen darüber zu gelangen, wie sich die Käufer und Konkurrenten in der durch V_{fj} beschriebenen Weise verhalten werden. Man kann dabei davon ausgehen, daß sie überlegt, welche Zusatzgewinne sie mit Hilfe eines bestimmten V_{ei}, anders ausgedrückt: mit Hilfe einer durch V_{ei} beschriebenen Aktion, erzielen würde. Nun ist aber keineswegs sicher, ob sich die Käufer und Konkurrenten so verhalten und die Trends so verlaufen werden, wie die Unternehmensleitung erwartet. Das Ergebnis der Überlegungen, die von der Geschäftsleitung angestellt werden, kann sein, daß auch andere Kombinationen von Verhaltensweisen und Trends (V_{fj}) für möglich und unterschiedlich wahrscheinlich gehalten werden. Die eigene Aktion V_{ei} trifft dann mit verschiedenen Verhaltensweisen der Käufer, Konkurrenten und Trends ($V_{f1}, \ldots, V_{fj}, \ldots, V_{fn}$) zusammen. Die Unternehmensleitung hat gewisse Vorstellungen darüber, mit welcher Wahrscheinlichkeit jedes der V_{fj} eintreten kann.

Das Maß an Unsicherheit läßt sich in gewissen Wahrscheinlichkeitsgraden angeben, zum Beispiel: Wahrscheinlichkeitsgrad 10 gleich höchstwahrscheinlich, 2 gleich kaum wahrscheinlich, 0 gleich unmöglich. Diese Zuordnung hat nichts mit der mathematischen Wahrscheinlichkeit zu tun. Sie soll lediglich zum Ausdruck bringen, daß eine bestimmte Kombination von Käufer- und Konkurrentenverhalten und Trendentwicklungen für mehr oder gleich oder weniger wahrscheinlich gehalten wird als eine ganz bestimmte andere Kombination. Es sind also lediglich Ordnungszahlen, die bestimmte subjektive Wahrscheinlichkeitsverhältnisse angeben.

Jedes mögliche V_{fj} hat also einen bestimmten Wahrscheinlichkeitsindex. In der Regel gibt es unter diesen vielen möglichen Datenkonstellationen (V_{fj}) einige, die zwar möglich, aber so wenig wahrscheinlich sind, daß die Unternehmen nicht mit ihnen rechnen. Sie fallen in das allgemeine Unternehmensrisiko. Die Grenze läßt sich nicht genau ziehen. Sie liegt auch wohl von Fall zu Fall verschieden. Für die Leitung der Unternehmen ist jedenfalls nur ein Teil der möglichen Datenkonstellationen (V_{fj}) interessant; sie weisen unterschiedliche Wahrscheinlichkeiten auf.

Für jede Kombination $\{V_{e1}, V_{fj}\}$ lassen sich gewisse Gewinne (Verluste) erwarten. Diese Gewinnerwartungen beruhen auf der Annahme, daß von allen relevanten Kombinationen eine realisiert wird, zum Beispiel die Kombination $\{V_{e1}, V_{f3}\}$. Für diesen Fall mag die Unternehmensleitung einen maximalen Gewinn von 100 000 DM mit dem Wahrscheinlichkeitsgrad 7 erwarten. Die Lage möge sich weiter dadurch kennzeichnen, daß die Unternehmensleitung der Ansicht ist, ein Gewinn von 80 000 DM

werde sich sicherlich mit dem Wahrscheinlichkeitsgrad 8 und ein Gewinn
von 60 000 DM sogar mit einem Wahrscheinlichkeitsgrad 9 erreichen lassen. Den Überlegungen der Unternehmensleitung liegt also die Vorstellung zugrunde, daß, falls zum Beispiel eine geplante Aktion V_{e1} auf eine
ganz bestimmte Konstellation V_{f3} stößt, geringere Gewinne mit größerer,
größere Gewinne mit geringerer Wahrscheinlichkeit erwartet werden. Es
wird also stets angenommen, daß eine Aktion in Verbindung mit einer bestimmten Datenkonstellation zu verschieden hohen Gewinnen mit unterschiedlichen Wahrscheinlichkeitsgraden führt. Bezogen auf eine bestimmte, durch V_{ei} und V_{fj} charakterisierte Kombination rechnet die Unternehmensleitung mit Gewinnen, die zwischen einem maximalen Gewinn mit
einer niedrigen Wahrscheinlichkeit und einem minimalen Gewinn mit
einer hohen Wahrscheinlichkeit liegen. Die Gewinnwahrscheinlichkeiten
sind von grundsätzlich anderer Art als die Konstellationswahrscheinlich-
keiten, von denen oben die Rede war.

Für jede Kombination $\{V_{ei}, V_{fj}\}$ lassen sich auf diese Weise Kombinationen von Gewinnen und zugehörigen Wahrscheinlichkeitsgraden angeben. Zeichnet man diese Kombination als Punkte in ein Koordinatensystem
ein, dann lassen sich diese durch eine Kurve verbinden. In der Abb. 2 a
sind auf der Abszissenachse die Zusatzgewinne ΔG und auf der Ordinatenachse die Wahrscheinlichkeitsgrade w abgetragen. Die Kurve fällt von
einem Gewinnpunkt, der als relativ sicher angesehen wird, bis zu einem
Gewinnpunkt, der den größten Gewinn mit einer relativ geringen Wahrscheinlichkeit angibt. Jede Kombination $\{V_{ei}, V_{fj}\}$ läßt sich durch eine
derartige Kurve kennzeichnen.

Eine Aktion wird also durch ein Bündel derartiger Kurven charakterisiert.

Bis zu einem gewissen Wahrscheinlichkeitsgrade sind die erwarteten
Gewinne aus den Kombinationen (V_{ei}, V_{fj}) ohne Interesse. Diejenigen
V_{fj}, die mit einem Wahrscheinlichkeitsgrad erwartet werden, der unter
einer bestimmten Grenze w^* liegt, scheiden von vornherein aus den Planungsüberlegungen aus. Sie sind in die Abb. 2 a nicht eingetragen. Die
Unternehmensleitung wird diejenigen Gewinne der eingezeichneten Kurven, die ebenfalls mit einem Wahrscheinlichkeitsgrad erwartet werden, der
kleiner als w^* ist, bei ihren weiteren Überlegungen unberücksichtigt lassen. Die zugehörigen Kurven bzw. Kurvenabschnitte sind gestrichelt eingezeichnet. Wo diese Grenze liegt, läßt sich nicht allgemeingültig sagen.
Informationen, Sachverstand und Urteilskraft derjenigen, die für die Entscheidung zuständig sind, bestimmen darüber, welche Kombinationen aus
Verhaltensweisen und Trends (V_{fj}) als so unwahrscheinlich anzusehen
sind, daß sie bei den Entscheidungen unberücksichtigt bleiben, weil sie
keine hinreichend fundierte Grundlage für so schwerwiegende Entscheidungen bilden, wie sie geplant werden.

In der Abb. 2 a stellt $w = w^*$ diese Wahrscheinlichkeitsgrenze dar. Sie wird im allgemeinen verhältnismäßig hoch liegen (zum Beispiel bei 6 oder 7). Alle Kurven bzw. Kurvenstücke, die unterhalb der Geraden $w = w^*$ liegen, scheiden aus den Planungen aus.

Die verlangte Mindestwahrscheinlichkeit w^* ist eine in den Entscheidungskalkül eingefügte Sicherheitsgrenze für die Auslese unter den für eine bestimmte absatzpolitische Aufgabe in Betracht kommenden Maßnahmen. Alle Dispositionen, deren Erfolg nicht mit dieser Mindestwahrscheinlichkeit erwartet werden kann, sind zu unsicher, als daß die Unternehmensleitung glaubt, berechtigt zu sein, sie wagen zu können. Sie scheiden deshalb aus den in Betracht kommenden Projekten aus.

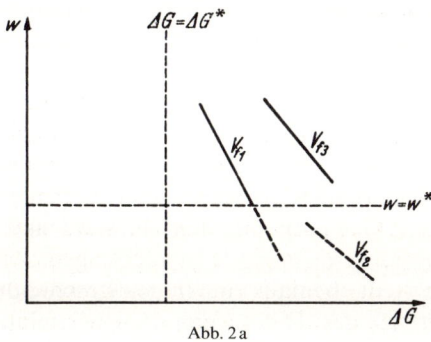

Abb. 2 a

Die Unternehmensleitung wird nun aber ihre eigenen Maßnahmen durch die Maßnahmen der Konkurrenzunternehmen, das Verhalten der Käufer und gewisse Trendentwicklungen als gefährdet ansehen, wenn nicht in jedem Falle ein gewisser Mindestgewinn erzielt wird. Glaubt sie, diese Mindestzusatzgewinne mit ihrer eigenen Aktion (V_{ei}) nicht erreichen zu können, dann wird sie die geplante Aktion unterlassen. Die Höhe dieses Mindestgewinnes ist von einer Anzahl betrieblicher Faktoren abhängig. Wenn die Aktion einen so geringen zusätzlichen Gewinn erbringt, daß die Gesamtrentabilität des Unternehmens verschlechtert wird, oder wenn die Aktion die finanziellen Mittel des Unternehmens über Gebühr belastet oder wenn das Ansehen des Unternehmens selbst oder seiner Erzeugnisse die Aktion erschwert oder die betriebswirtschaftliche Gesamtlage des Unternehmens starke zusätzliche Belastungen nicht erlaubt, dann wird ein solches Unternehmen durch Mißerfolge in einem weit höheren Maße gefährdet als Unternehmen, die in dieser Hinsicht günstigere Verhältnisse aufweisen. Diese günstigeren oder ungünstigeren Umstände beeinflussen die Höhe des Mindestgewinns. Die Bereitschaft der Unternehmensleitung, Risiken zu übernehmen, spielt in diese betriebswirtschaftlichen Überlegungen hinein; aber es wäre unzutreffend, anzunehmen, daß dieses subjektive Moment die Summe aller betriebswirtschaftlichen Überlegungen und Berechnungen außer Kraft setzen würde. Dieser Mindestgewinn ΔG^* ist in der Regel das Ergebnis vieler, von Sachkundigen vorgenommenen Überlegungen und Untersuchungen. Er ist bestimmt nicht als sehr niedrig anzunehmen.

In Abb. 2 a ist der Mindestgewinn ΔG^* durch die Gerade $\Delta G = \Delta G^*$ dargestellt. Wenn für eine gegebene Aktion V_{ei} Zusatzgewinne (Gewinnpunkte bzw. Kurvenstücke) links von der Geraden $\Delta G = \Delta G^*$ liegen, dann erscheint die eigene Aktion als so gefährdet und aussichtslos, daß auf sie verzichtet werden muß. In diesem Falle rechnet die Unternehmensleitung mit einem Verhalten der Käufer und Konkurrenten, unter Umständen auch mit Trendentwicklungen, die die eigene Aktion mit hoher Wahrscheinlichkeit ($w > w^*$) gefährden ($\Delta G < \Delta G^*$). Sind dagegen die denkba­ren Zusatzgewinne, die ein gewisses Maß an Wahrscheinlichkeit über­schreiten ($w > w^*$), größer oder gleich dem Mindestgewinn ($\Delta G \geqq \Delta G^*$), dann wird die Unternehmensleitung grundsätzlich bereit sein, die zugrunde liegende Aktion vorzunehmen. In diesem Falle liegen alle Kurvenstücke rechts von der Geraden $\Delta G = \Delta G^*$. Eine Aktion wird also nicht vorgenommen, wenn ein Gewinnpunkt oder ein Kurvenstück im linken oberen Rechteck liegt.

Die Größe ΔG^* stellt ebenfalls eine in den Entscheidungsprozeß eingebaute Sicherheitsgrenze dar. Denn wenn dieser Gewinn nicht mindestens erwartet werden kann, leistet er keinen akzeptablen Beitrag zur Rendite des Unternehmens, die den Mindestgewinnvorstellungen der Unternehmensleitung entspricht.

Für praktische Überlegungen erscheinen die Grenzen zwischen den Mindestgewinnerwartungen und den Mindestgraden an Wahrscheinlichkeit zu hart. Sie werden deshalb durch mehr oder weniger große Intervalle (Grenzstreifen) zu ersetzen sein.

Ein Unternehmen, das sich in der angegebenen Lage befindet und überlegt, wie es das gesteckte Ziel am besten erreichen kann, hat häufig die Möglichkeit, auch durch andere Maßnahmen zu diesem Ziel zu gelangen. Außer der durch V_{e1} beschriebenen Aktion stehen noch andere Aktionen V_{e2}, V_{e3}, ..., V_{em} zur Verfügung. Bei der Aktion V_{e2} mag zum Beispiel eine andere Art der Werbung geplant sein als bei der Aktion V_{e1}. Die beiden Aktionen V_{e1} und V_{e2} sollen sich in ihren übrigen Bestandteilen nicht unterscheiden. Werden die Aktionen V_{ei} auf ihre Konsequenzen hin durchdacht, dann wird das Unternehmen wiederum auf gewisse Situationen V_{fj} stoßen, deren Eintritt für mehr oder weniger wahrscheinlich gehalten wird. Folgt man hier dem gleichen Verfahren, wie es für die Aktion V_{e1} angewandt wurde, dann bleiben nur diejenigen V_{fj} übrig, die das verlangte Maß an Wahrscheinlichkeit aufweisen. Nach dem gleichen Verfahren werden aus der Planung diejenigen V_{ei} ausgeschlossen, die nicht den Gewinn erwarten lassen, den die Geschäftsleitung als Voraussetzung für ihre Planung ansieht. Diejenigen V_{ei} scheiden aus den planenden Überlegungen aus, die analog Abb. 2 a in dem linken oberen Rechteck mindestens einen Gewinnpunkt (ein Kurvenstück) aufweisen. Nur diejenigen Aktionen bleiben im Bereich der planenden Überlegungen, deren Gewinnpunkte (Gewinnkurven) oberhalb der Geraden $w = w^*$ und rechts von der Geraden $\Delta G = \Delta G^*$ liegen. Die Vorauswahl kann nach der hier vorgetragenen Konzeption absatzpolitischer Entscheidungen unter Berücksichtigung von Sicherheitsgrenzen für die Entscheidungen zu dem Ergebnis führen, daß keine Aktion oder eine Aktion oder mehrere Aktionen als durchführbar anzusehen ist.

a) Für den Fall, daß keine Aktion den Anforderungen dieser Vorauswahl genügt, lautet die Entscheidung: Es wird nichts unternommen; denn es gibt keine Aktion, die das gesteckte Ziel mit einem gewissen Maß an Sicherheit erreichen läßt.

b) Für den Fall, daß genau eine Aktion den Bedingungen der Vorauswahl genügt, liegt die Entscheidung auf der Hand. Es ist diese eine Aktion vorzunehmen.

c) Versprechen zwei oder mehrere Aktionen erfolgreich zu sein, dann reichen die bisher genannten Regeln nicht aus, um diesen Fall entscheiden zu können. Eine verhältnismäßig einfache, für viele Fälle in der Praxis genügende Entscheidungsregel erhält man dann, wenn man davon ausgeht, daß die Unterschiede in den Wahrscheinlichkeiten, die die einzelnen Datenkonstellationen aufweisen, so gering sind, daß man sie vernachlässigen zu können glaubt. Wenn bereits eine sehr strenge Vorauswahl unter den in Frage kommenden Aktionen getroffen ist, dann kann in der Tat der Fall eintreten, daß die Wahrscheinlichkeitsunterschiede bei den erwarteten V_{fj} nicht allzu groß sind. In diesem Falle werden die Erfolgschancen für alle Datenkonstellationen als in etwa gleich wahrscheinlich angesehen. Unter diesen Umständen lautet die Entscheidungsregel: Entscheide dich für diejenige Aktion, die unter den gegebenen Möglichkeiten den höchsten Gewinn erwarten läßt.

Diese Regel reicht aber für viele Entscheidungsfälle nicht aus. Damit entsteht die Frage, wie grundsätzlich und allgemein entschieden werden soll, wenn für die einzelnen Aktionen mit unterschiedlich wahrscheinlichen Datenkonstellationen (V_{fj}) und unterschiedlich hohen Gewinnen gerechnet werden muß. Die Situation läßt sich so beschreiben: Jede der in Frage stehenden Aktionen V_{ei} kennzeichnet sich dadurch, daß mehrere V_{fj} bestehen, mit denen die Unternehmensleitung rechnen muß. Jede Kombination (V_{ei}, V_{fj}) wird durch eine bestimmte Gewinnkurve charakterisiert. Im oberen rechten Bereich analog Abb. 2 a findet sich also für jede Aktion V_{ei} eine Anzahl von Gewinnkurven.

Jedes V_{fj} stellt eine bestimmte Konstellation von erwarteten Aktionen oder Reaktionen der Käufer und Konkurrenten und von Trendverläufen dar. In Hinsicht auf eine bestimmte Aktion V_{ei} hat jede dieser Datenkonstellationen eine bestimmte Wahrscheinlichkeit. Welche Datenkonstellation, welches V_{fj} soll nun für eine bestimmte Aktion V_{ei} als repräsentativ angesehen werden, wenn die Aktionen miteinander verglichen werden, um eine Auswahl unter ihnen zu treffen und sich für eine Aktion zu entscheiden? Eine verhältnismäßig einfache Lage entsteht dann, wenn für jede Aktion V_{ei} jeweils nur ein bestimmtes V_{fj} übrigbleibt. Diese Situation ist jedoch nur ein Spezialfall der allgemeineren, wonach jedes in Frage kommende V_{ei} mit mehreren V_{fj} verknüpft ist, die als unterschiedlich wahrscheinlich angesehen werden. Welches V_{fj} soll unter diesen Umständen als für eine Aktion V_{ei} repräsentativ angesehen werden?

Es gibt viele Möglichkeiten, eine Auswahl unter den verschiedenen wahrscheinlichen V_{fj} zu treffen. So besteht zum Beispiel die Möglichkeit, die wahrscheinlichste oder die unwahrscheinlichste, die gewinngünstigste oder die gewinnungünstigste Datenkonstellation oder irgendeine dazwischenliegende Kombination zu wählen. Betrachtet man die Lage in möglichst großer Annäherung an das Verhalten der Unternehmen in der Praxis, dann wird man davon ausgehen können, daß sich die Unternehmen in derartigen Fällen bei ihren Entscheidungen an der von ihnen für am meisten wahrscheinlich gehaltenen Datenkonstellation orientieren. Nun kann aber die wahrscheinlichste Konstellation Gewinne aufweisen, die die höchsten oder die niedrigsten sind oder zwischen diesen Grenzwerten liegen. Lassen alle übrigen, für weniger wahrscheinlich gehaltenen Datenkonstellationen, mit denen die Leitung eines Unternehmens im Falle einer bestimmten Aktion rechnen muß, Gewinne erwarten, die größer sind als der Gewinn der wahrscheinlichsten Datenkonstellation, dann würde der Eintritt der weniger wahrscheinlichen Konstellationen die Lage des Unternehmens nur verbessern. Die sich an der wahrscheinlichsten Datenkonstellation orientierende Aktion würde in diesem Falle durch die anderen Konstellationen nicht gefährdet. Auch wenn angenommen wird, daß die für weniger wahrscheinlich gehaltenen Datenkonstellationen zu Gewinnen führen werden, die sich der Höhe nach nur wenig von dem Gewinn der wahrscheinlichsten Datenkonstellation unterscheiden, wird die Leitung des Unternehmens ihre Maßnahmen nicht als ernsthaft gefährdet ansehen.

Für den Fall jedoch, daß Datenkonstellationen mit ungünstigen Gewinnentwicklungen als wahrscheinlich, wenn auch nicht als am meisten wahrscheinlich, anzusehen sind, stellt die Orientierung der Entscheidung an der wahrscheinlichsten Datenkonstellation eine verhältnismäßig optimistische Entscheidungsregel dar, unter der Voraussetzung allerdings, daß nicht auch mit etwa gleicher Wahrscheinlichkeit günstigere Gewinne erwartet werden können. Dieses Risiko kann durch nichts anderes aufgefangen werden als durch eine Ergänzung der Planung durch Ausweichpläne. Es ist nicht anzunehmen – und würde auch weitgehend allen Erfahrungen widersprechen –, daß die Leitungen der Unternehmen ihr Planungsziel wechseln und auf Konstellationen umstellen würden, deren Eintritt sie für wenig wahrscheinlich halten. Entscheidung für eine bestimmte Aktion bedeutet keineswegs Verzicht auf Elastizität und Freiheit absatzpolitischen Operierens. Ausweichpläne sind fester Bestandteil einer jeden Planung auf mittlere und weite, oft auch auf kurze Sicht. Wenn eine geplante Aktion zu besseren Erfolgen führt als angenommen wurde, dann muß dafür Vorsorge getroffen sein, daß die der Aktion zugrunde liegenden und geplanten Maßnahmen jederzeit verlangsamt oder gestoppt werden können, ohne daß die Planung dadurch in Mitleidenschaft gezogen wird. So würde es als völlig verfehlt anzusehen sein, wenn die Werbung „nach dem Plan" fortgesetzt würde, falls das Unternehmen bereits die Grenze seiner Produktions- und Lieferfähigkeit erreicht haben sollte. Umgekehrt würde eine Aktion unzulänglich geplant sein, wenn nicht für hinreichend finanzielle Mittel vorgesorgt wäre, um durch konzentrierten Einsatz von Werbemitteln oder durch andere absatzpolitische Maßnahmen da eingreifen zu können, wo der Absatz hinter dem vorgegebenen Soll zurückbleibt; oder, um noch einen anderen Fall zu nennen: wenn nicht wenigstens dafür Vorsorge getroffen würde, die Entwicklung eines neuen Modells für den Fall beschleunigen zu können, daß ein Konkurrenzunternehmen wider Erwarten vorzeitig ein neues Modell auf den Markt bringt. Die Tatsache, daß ein Unternehmen auf alle Eventualitäten vorbereitet sein muß, um schnell und wirksam auf günstige oder ungünstige Entwicklungen reagieren zu können, ist ein allgemeiner Grundsatz der Geschäftspolitik. Die Frage ist lediglich, ob die Mittel und Möglichkeiten, die der Unternehmensleitung zur Verfügung stehen, dazu ausreichen, Entwicklungen erfolgreich zu begegnen, von denen erwartet wurde, daß sie anders verlaufen würden als sie tatsächlich verlaufen sind. Nach allgemeiner betriebswirtschaftlicher Übung werden Risiken dadurch berücksichtigt und aufgefangen, daß Planung und Entscheidung auf die mit der größten Wahrscheinlichkeit erwartete Datenkonstellation abgestellt werden und daß für die Durchführung von Maßnahmen Vorsorge getroffen wird, die sich als notwendig ergeben könnten, wenn sich die Dinge anders entwickeln, als nach sorgfältiger Prüfung aller Umstände erwartet werden konnte.

Für das hier interessierende Problem bleibt es ohne Bedeutung, in welcher Art, in welchem Maße und mit welchem Kostenaufwand die Ausweichplanungen als Ergänzungsplanungen das erwartete Gewinnergebnis belasten, sofern die Gewinne nicht unter die verlangte Mindestgewinnhöhe heruntergedrückt werden. Die Entscheidung richtet sich grundsätzlich nach der wahrscheinlichsten Datenkonstellation, dem wahrscheinlichsten

V_{fj}, ohne Rücksicht auf die Höhe der Gewinnerwartung, sofern sie über ΔG^* liegt.

Für jede der in Frage kommenden Aktionen erhält man nun eine repräsentative Gewinnkurve, die durch zunehmende Zusatzgewinne mit abnehmender Wahrscheinlichkeit charakterisiert wird. Ihr liegt die Vorstellung zugrunde, daß die Unternehmensleitung, falls sie die Aktion durchführen sollte, ihre Maßnahmen auf die für am meisten wahrscheinlich gehaltene Datenkonstellation ausrichtet, wobei davon ausgegangen wird, daß Risiken, die in den für weniger wahrscheinlich, aber möglich gehaltenen Datenkonstellationen enthalten sind, in Form von Ausweichplanungen berücksichtigt und, soweit es im wirtschaftlichen Leben überhaupt möglich ist, abgefangen werden.

Es gilt nunmehr zu zeigen, nach welcher Regel die Wahl zwischen mehreren Aktionen V_{ei} getroffen wird. Gegeben seien die beiden Aktionen (V_{e1}, V_{f1}) und (V_{e2}, V_{f2}). Beide Aktionen sollen durch Gewinne gekennzeichnet sein, die mit abnehmender Wahrscheinlichkeit eine zunehmende Größe aufweisen.

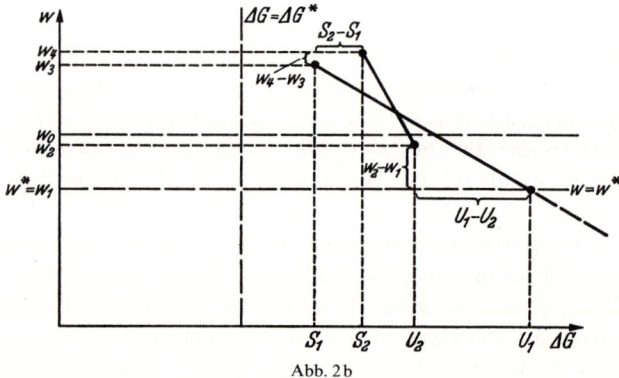

Abb. 2 b

In Abb. 2 b sind auf der Abszissenachse die Gewinne ΔG und auf der Ordinatenachse die Wahrscheinlichkeitsgrade w abgetragen. Die Kurve, die durch die Punkte S_1w_3 und U_1w_1 geht, gebe den Gewinnverlauf für die Aktion V_{e1}, die Kurve, die durch S_2w_4 und U_2w_2 geht, den Gewinnverlauf für die Aktion V_{e2} an. Mit w_3 und w_4 sollen die Wahrscheinlichkeitsgrade bezeichnet werden, mit denen die Leitung des Unternehmens den Eintritt der Gewinne S_1 bzw. S_2 erwartet. Der Wahrscheinlichkeitsgrad, den das Unternehmen für seine geplanten Aktionen gerade noch glaubt akzeptieren zu dürfen, sei w_1 genannt ($w_1 = w^*$). Zwischen w_3 und w_1 bzw. w_4 und w_2 liegen Gewinne, die für unterschiedlich wahrscheinlich gehalten werden. Man könnte nun von der Annahme ausgehen, daß die Unternehmensleitung bei ihren Entscheidungen einen Wahrscheinlichkeitsgrad zugrunde legen wird, der zwar gewisse Risiken enthält, die Entscheidung aber doch nicht als zu riskant erscheinen läßt. Die Wahl dieses Wahrscheinlichkeitsgrades ist von der betriebstechnischen bzw. betriebswirtschaftlichen Konstitution und Situation des Unternehmens und der hieraus und aus persönlichen Umständen resultierenden Bereitschaft, Risiken zu übernehmen, abhängig. Er ist also gewissermaßen vorgegeben und kann von Unternehmen zu Unternehmen, auch von Geschäftsperiode zu Geschäftsperiode verschieden sein.

Würde die Leitung des Unternehmens auf der Grundlage dieses Wahrscheinlichkeitsgrades, der in der Abb. 2 b mit w_0 bezeichnet ist, entscheiden, dann würde die Wahl auf die Aktion V_{e1} fallen, weil im Falle der Wahrscheinlichkeit w_0 für diese Aktion ein größerer Gewinn erzielbar sein würde als für die Aktion V_{e2}. Nun bleibt aber, wenn die Entscheidung auf der Grundlage dieser Überlegungen getroffen wird, eine Anzahl von Faktoren unberücksichtigt, denen eine gewisse, unter Umständen große Bedeutung für die Beschlußfassung über die vorzunehmenden Maßnahmen nicht abgesprochen werden kann.

Angenommen, die Leitung des Unternehmens habe sich nach der angegebenen Regel für die Aktion V_{e1} entschieden. Würde sich später herausstellen, daß die Gewinne nicht in der erwarteten Höhe erreichbar sind, dann würde das Unternehmen, wenn man auf die als so gut wie sicher angesehenen Gewinne zurückgreift, mit der Aktion V_{e2} einen höheren Gewinn erzielt haben als mit der Aktion V_{e1}. Die Differenz zwischen den als relativ sicher anzusehenden Gewinnen $S_2 - S_1$ kann aber für die Entscheidung sehr wichtig sein. So ist es durchaus vorstellbar, daß die Leitung des Unternehmens in dem Sinne „auf Sicherheit geht", daß sie sich sagt: wenn die Entwicklung nicht so sein sollte, wie wir annahmen, dann würde für den Fall, daß die Entscheidung nicht wie zuerst angenommen auf die Aktion V_{e1}, sondern auf die Aktion V_{e2} gefallen wäre, die Aktion V_{e2} die günstigere sein. Im Grenzfall würde immerhin eine Gewinndifferenz in Höhe von $S_2 - S_1$ erwartet werden können, wenn für die Aktion V_{e2} entschieden worden wäre (vorausgesetzt, daß die Gewinnentwicklung über den Schnittpunkt der beiden Kurven zurückgeht).

Auf der anderen Seite würde, falls die Wahl nach der zuerst angegebenen, nicht für ausreichend erachteten Regel auf die Aktion V_{e1} gefallen wäre, unberücksichtigt bleiben, daß beide Aktionen noch Chancen enthalten, die für die Aktion V_{e1} Gewinne bis zur Höhe von U_1 und für die Aktion V_{e2} Gewinne bis zur Höhe von U_2 erwarten lassen. Im Grenzfall würde, falls die Entscheidung zugunsten der Aktion V_{e1} gefallen wäre, im günstigsten Falle zusätzlich eine Gewinndifferenz in Höhe von $U_1 - U_2$ erzielt werden können.

Nun ist aber offenbar die Wahrscheinlichkeit, die Spitzengewinne U_1 oder U_2 zu erreichen, unterschiedlich groß, ebenso können die Wahrscheinlichkeiten, mit denen die Gewinne S_1 und S_2 erwartet werden, verschieden hoch sein. Die Wahrscheinlichkeitsdifferenzen $w_2 - w_1$ und $w_4 - w_3$ (vgl. Abb. 2 b) werden deshalb die Entscheidungen nicht weniger beeinflussen als die Gewinndifferenzen $S_2 - S_1$ und $U_1 - U_2$.

Damit sind vier Größen in den Entscheidungsgang eingefügt, die, wenn sie berücksichtigt werden, die ursprünglich angegebene Entscheidungsregel modifizieren und sie lediglich als eine erste Orientierung erscheinen lassen.

In welcher Weise beeinflussen diese vier Größen die Entscheidung für die eine oder andere Aktion? Offenbar muß das Unternehmen seine Entscheidung sowohl an den relativ sicheren Gewinnen S_1 und S_2 als auch an den relativ unsicheren Spitzengewinnen U_1 und U_2 orientieren. Hierbei sei davon ausgegangen, daß $S_1 < S_2$ und $U_1 > U_2$ ist.

Entscheidet sich das Unternehmen für die Aktion V_{e1}, dann kann es mit dieser Aktion – wenn sich die Erwartungen erfüllen – den niedrigeren der beiden Gewinne S_1 bzw. S_2 (das ist in diesem Falle S_1), aber auch den höheren der relativ unsicheren Gewinne U_1 bzw. U_2 (das ist in diesem Falle U_1) erreichen. Entscheidet sich dagegen die Leitung des Unternehmens für die Aktion V_{e2}, dann werden die Gewinnmöglichkeiten des Unternehmens zwischen dem höheren relativ sicheren Gewinn S_2 und dem niedrigeren der unsicheren Gewinne U_2 liegen. Eine Entscheidung für die zweite Aktion würde bedeuten, daß das Unternehmen auf die Chance, den höheren Spitzengewinn U_1 zu erreichen, verzichtet und nicht gewillt ist, den relativ hohen und sicheren Gewinn S_2 aufzugeben. Die Situation kennzeichnet sich also dadurch, daß die Unternehmensleitung vor der Wahl steht, einen kleineren, sicheren Zusatzgewinn $(S_2 - S_1)$ für einen größeren, aber erheblich weniger sicheren Zusatzgewinn $(U_1 - U_2)$ aufzugeben. Ob die Leitung des Unternehmens hierzu bereit ist, hängt von dem Verhältnis der Gewinndifferenzen $S_2 - S_1$ und $U_1 - U_2$, von den Wahrscheinlichkeitsdifferenzen $w_2 - w_1$ und $w_4 - w_3$ und von den sachlichen und persönlichen Faktoren ab, die die Risikobereitschaft des Unternehmens bestimmen. Ist die Differenz $S_2 - S_1$ klein, die Differenz $U_1 - U_2$ dagegen groß, dann stellt sich eine völlig andere Entscheidungssituation ein als für den umgekehrten Fall. In der soeben geschilderten Situation wird der Unternehmensleitung die Entscheidung zugunsten der Aktion V_{e2} leichter fallen als unter den Bedingungen, die den angenommenen Größen entgegengesetzt sein würden.

Immer muß bei der Wahl zwischen zwei oder mehreren Aktionen eine Angabe über das Risikoverhalten des Entscheidenden gemacht sein, wenn die Resultate der Aktionen unsicher sind. Die Lösung des Entscheidungsproblems unter Unsicherheit kann also nie auf Grund objektiv gegebener

Entscheidungsdaten allein gefunden werden. Vielmehr müssen Angaben über die besondere betriebswirtschaftliche und betriebstechnische Lage des Unternehmens und die hieraus und aus persönlichen Umständen resultierende Risikobereitschaft vorliegen.

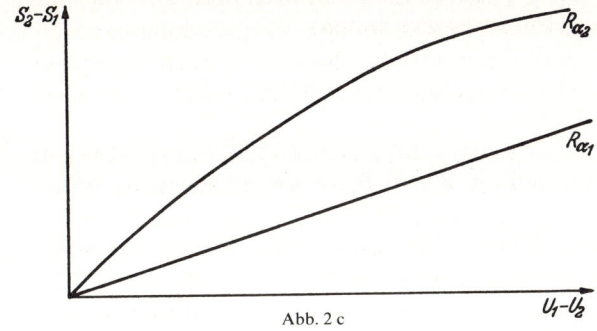

Abb. 2 c

Ein Unternehmen mag nun von folgender Überlegung ausgehen: Wenn bei einer gegebenen Wahrscheinlichkeitsdifferenz die Differenz zwischen den Spitzengewinnen U_1 und U_2 zum Beispiel mehr als das Dreifache der Differenz der relativ sicheren Gewinne S_2 und S_1 betragen würde, dann würde das Unternehmen bereit sein, die Aktion V_{e1} durchzuführen. In diesem Fall ist

$$(S_2 - S_1) < \tfrac{1}{3}\,(U_1 - U_2).$$

Liegen die Verhältnisse dagegen so, daß die Differenz der sicheren Gewinne größer als der dritte Teil der Differenz der Spitzengewinne ist, dann würde die Entscheidung zugunsten von V_{e2} fallen. Für den Grenzfall, daß die Differenz $U_1 - U_2$ gleich dem Dreifachen der Differenz $S_2 - S_1$ ist, würden für die Unternehmensleitung beide Aktionen in gleicher Weise in Frage kommen. Durch die Gleichung

$$(S_2 - S_1) = \tfrac{1}{3}\,(U_1 - U_2)$$

werden die Differenzen angegeben, für die keine Entscheidung angegeben werden kann. Die Aktionen V_{e1} und V_{e2} würden für diese Fälle von der Unternehmensleitung als gleichwertig angesehen werden.

Trägt man die Differenz der Spitzengewinne $U_1 - U_2$ auf der Abszissenachse und die Differenz der Gewinne $S_2 - S_1$ auf der Ordinatenachse ab (Abb. 2 c), dann können die beiden Aktionen V_{e1} und V_{e2} durch einen Punkt wiedergegeben werden. In dem Beispiel wird davon ausgegangen, daß eine Proportionalitätsbeziehung zwischen den Gewinndifferenzen besteht. Das muß nicht unbedingt der Fall sein. Dieser Zusammenhang kann auch durch eine allgemeine Funktion wiedergegeben werden, wobei die Größe α, die von den Kombinationen der Wahrscheinlichkeitsdifferenzen $w_2 - w_1$ und $w_4 - w_3$ und von dem aus den sachlichen und persönlichen Tatbeständen resultierenden Risikoverhalten abhängig ist, eine diesen Umständen entsprechende Funktion bestimmt. Die Gleichung einer solchen Funktion würde etwa so lauten:

$$(S_2 - S_1) = \Phi_\alpha (U_1 - U_2).$$

In Abb. 2 c sind zwei Kurven eingezeichnet, von denen die Kurve $R_{\alpha 1}$ einen linearen und die Kurve $R_{\alpha 2}$ einen allgemeinen, nichtlinearen Verlauf anzeigt.

Der Index α kennzeichnet die jeweils zugrunde liegenden Differenzen der Wahrscheinlichkeitsgrade und die Risikobereitschaft der Unternehmensleitung. Liegen mehrere V_{ei} zur Entscheidung vor, dann muß dieser Auswahlprozeß paarweise für alle Aktionen vorgenommen werden.

Es sei nochmals ausdrücklich darauf hingewiesen, daß die bisher angestellten Überlegungen den Weg nachzuzeichnen versuchen, den der Entscheidungsprozeß geht, wenn es sich um eine unternehmenspolitische, insbesondere um eine absatzpolitische Entscheidung handelt. Der Prozeßverlauf ist lediglich mit einem höheren Grad an Abstraktion beschrieben, um eine allgemeine Form zu finden, die es erlaubt, die Vielzahl der möglichen Entscheidungssituationen eines Unternehmens auf eine Grundform zurückzuführen.

Der hier dargestellte Prozeßverlauf ist kein Entscheidungsmodell in dem Sinne, daß das Modell durch Eingabe der notwendigen Daten die gesuchte Entscheidung liefert. Bei einem derartigen Entscheidungsmodell müssen einmal alle Daten, die irgendwie die Entscheidung beeinflussen können, quantifizierbar sein, und weiterhin muß das Modell auch lösbar sein, damit eine Entscheidung, die nach gewissen Kriterien optimal sein soll, bestimmt werden kann. Dieser Fall ist aber bei Entscheidungen der hier geschilderten Art nicht immer gegeben.

6. Im folgenden soll die Beziehung zwischen den vorstehenden Ausführungen und dem Grundmodell der Entscheidungstheorie hergestellt werden.

a) Angenommen, zwei Unternehmen A und B verfügen über bestimmte absatzpolitische Möglichkeiten. Macht das Unternehmen A von einer dieser Möglichkeiten Gebrauch, ermäßigt es zum Beispiel den Preis, dann wird es alle absatzpolitischen Gegenmaßnahmen durchdenken, die seinem Konkurrenten B zur Verfügung stehen. Das Unternehmen A überlegt also, mit welchen Maßnahmen $b_1, \ldots, b_n$ das Unternehmen B den eigenen Maßnahmen $a_1, \ldots, a_m$ begegnen kann. Ähnliche Überlegungen wird auch das Unternehmen B anstellen. Auf die geschilderte Weise werden beide Unternehmen zu gewissen Vorstellungen darüber zu gelangen versuchen, welchen Erfolg (Gewinn oder Verlust) sie voraussichtlich erzielen werden, wenn sie bestimmte absatzpolitische Maßnahmen ergreifen und die Konkurrenten gleichzeitig entsprechende absatzpolitische Maßnahmen durchführen.

Im Grundmodell der Entscheidungstheorie wird unterstellt, daß sich die aus dem Aufeinandertreffen je zweier Maßnahmen a_i ($i = 1, \ldots, n$) und b_j ($j = 1, \ldots, m$) resultierenden Konsequenzen im voraus mit Sicherheit angeben lassen.

Die Situation läßt sich dann für jedes der beiden Unternehmen in je einer Ergebnismatrix darstellen, in der die sich für das Unternehmen ergebenden Konsequenzen zusammengefaßt sind (vgl. Tabelle 1 als Ergebnismatrix des Unternehmens A).

Tabelle 1

B〈A	b_1	b_2	b_3	Zeilen-Min.
a_1	1	− 2	5	− 2
a_2	2	3	4	2
a_3	0	4	1	0
Spalt.-Max.	2	4	5	

Bedeutet die aus dem Zusammentreffen von a_i und b_j resultierende Konsequenz für den einen Partner einen Gewinn (Verlust) und für den anderen einen Verlust (Gewinn) in gleicher Höhe, so reicht eine einzige Ergebnismatrix (z. B. die des Unternehmens A, Tab. 1) zur vollständigen Darstellung der gesamten Situation aus, die dann als die eines Zwei-Personen-Nullsummenspiels bezeichnet wird.

Welche Entscheidungen werden die Unternehmen treffen, wenn sie sich rational verhalten, d. h. wenn jedes seinen Gewinn maximieren bzw. den des anderen minimieren will und die Summe der von beiden erzielten Erfolge immer gleich Null ist? Die Entstehung von Gewinnen oder Verlusten kann man sich in diesem Fall so vorstellen, daß B an A bzw. A an B Zahlungen zu leisten hat.

Die Werte der Matrix geben die Zahlungen an, die B an A zu leisten hat, wenn A und B jeweils eine bestimmte absatzpolitische Maßnahme ergreifen. Angenommen, das Unternehmen A führt die absatzpolitische Aktion a_2 durch. In diesem Falle hat das Unternehmen B an A zwei oder drei oder vier Einheiten zu zahlen, wenn es jeweils die Maßnahmen b_1, b_2 oder b_3 ergreift. Unter den in der Matrix angegebenen Verhältnissen könnte A die Maßnahme a_1 ergreifen, weil sie zu dem höchsten Gewinn (5) führen würde; B wird das aber nicht zulassen, weil es den Gewinn des Gegners auf -2 Einheiten reduzieren kann, wenn es die Maßnahme b_2 ergreift. Das Unternehmen A wird also festzustellen versuchen, wie groß das mindeste dessen ist, was es sicher von B erhalten kann, und das Unternehmen B wird seinerseits zu ermitteln bestrebt sein, welches der geringste Betrag ist, den es an A zu zahlen hat. In der Matrix wird für A die Maßnahme a_2 und für B die Maßnahme b_1 die den Umständen nach günstigste sein. Das Unternehmen A wird das Maximum der drei Minima (2) und das Unternehmen B das Minimum der drei Maxima (2) wählen. Im vorstehenden Fall ist also das Maximum der Zeilen-Minima gleich dem Minimum der Spalten-Maxima. Wenn das Unternehmen A die Maßnahme a_2 und das Unternehmen B die Maßnahme b_1 ergreift, machen beide Unternehmen das Beste aus der Situation, das sich bei der gegebenen Sachlage erreichen läßt. Der Gewinn in Höhe von zwei Einheiten ist zwar nicht der absolut höchste Gewinn, aber der angesichts dieser Situation optimale Gewinn für das Unternehmen A.

Diese Orientierung am Minimaxprinzip ist die bekannteste Entscheidungsregel für solche Entscheidungen unter Unsicherheit, bei denen also lediglich die möglichen Strategien des Gegners, jedoch keinerlei Wahrscheinlichkeitsannahmen für deren Anwendung vorausgesetzt werden.

b) Eine andere Situation entsteht dann, wenn ein Unternehmen zum Beispiel drei verschiedene Entwicklungen s_1, s_2, s_3 seines Branchentrends für möglich hält, die seine zukünftige Absatzlage entscheidend mitbestimmen werden. Angesichts dieser möglichen Trendentwicklungen überlegt sich nun das Unternehmen, welche langfristigen absatzpolitischen Maßnahmen zu treffen sind. Dabei mag es in der Lage sein, drei verschiedene Programme a_1, a_2, a_3 durchzuführen. Unter Berücksichtigung der Tatsache, daß der langfristige Markterfolg der Unternehmen sowohl von den eigenen Maßnahmen als auch von den möglichen Trendentwicklungen bestimmt wird, überlegt das Unternehmen, zu welchem Erfolg die Kombination aus a_i und s_j führen wird ($i = 1, 2, 3; j = 1, 2, 3$).

Auch hier lassen sich die Ergebnisse der Überlegungen in einer Matrix zusammenfassen.

Jedoch unterscheiden sich die zugrunde liegenden Entscheidungssituationen dadurch, daß im vorangehenden Fall das Unternehmen sich einem Gegner (Konkurrenzunternehmen) gegenübersieht, der sich rational verhält, während dies im vorliegenden Beispiel nicht der Fall ist. Denn das Unternehmen trifft mit seinen Absatzanstrengungen hier nicht auf die Gegenmaßnahmen seiner Konkurrenten, sondern auf mögliche Entwicklungen seines Branchentrends. Die Trendentwicklungen können als Aktionen eines neutralen Gegners aufgefaßt werden, von dem angenommen wird, daß er sich nicht rational verhält.

Die Entscheidungstheorie spricht hier von Spielen gegen die Natur beziehungsweise gegen die Umwelt. Die Strategien des „Gegenspielers" sind dann die verschiedenen Umweltzustände. Sobald es möglich ist, jedem Umweltzustand eine Wahrscheinlichkeit derart zuzuordnen, daß man insgesamt eine Wahrscheinlichkeitsverteilung über alle möglichen Umweltzustände erhält, die in der Regel außerbetriebliche gesamtwirtschaftliche Konstellationen sein werden, entsteht eine Entscheidungssituation unter Risiko. Die bekannteste Entscheidungsregel ist hier die Bayes-Regel: zu wählen ist demnach diejenige Maßnahme a_i, für die der Erwartungswert des Ergebnisses am größten ist [1].

c) Zwei Charakteristika des Grundmodells der Entscheidungstheorie sind mithin festzuhalten: erstens wird die Entscheidungssituation grundsätzlich als ein Zwei-Personen-Spiel interpretiert, zweitens wird Sicherheit über das Ergebnis des Zusammentreffens je zweier Strategien a_i und b_j unterstellt. Die Ungewißheit der Entscheidungssituation ist hier immer und ausschließlich eine Ungewißheit über die Strategie des einen Gegenübers, handele es sich nun um einen bewußt agierenden Gegenspieler oder – alternativ – um eine nicht personifizierte Umwelt.

In diesem Begriffsrahmen stellt sich die im vorhergehenden Abschnitt (5) geschilderte Entscheidungssituation als ein Drei-Personen-Spiel dar, bei dem die Verhaltensweisen von Käufern und Wettbewerbern zu Strategien (V_f) eines bewußt handelnden Gegenspielers zusammengefaßt sind, die Umwelt mit ihren Zuständen und Entwicklungstendenzen (V_t) aber nicht mehr alternativ zu diesem Gegenspieler, sondern zusätzlich als dritter Partner im „Spiel" wirksam wird. Der Ergebnismatrix des Zwei-Personen-Spiels entspricht hier ein Ergebnisquader: ein bestimmtes Ergebnis wird nicht schon dem Zusammentreffen je zweier Maßnahmen der bewußt handelnden Spieler zugeordnet; erst wenn außerdem ein bestimmter Umweltzustand eintritt, wird das Ergebnis eindeutig. Kann man über der Menge der möglichen Umweltzustände eine Wahrscheinlichkeitsverteilung erklären, dann läßt sich dem Zusammentreffen je einer eigenen und

---

[1] In Situationen, in denen die Eintragungen der Ergebnismatrix den Nutzen des Entscheidungsträgers darstellen oder in denen jedem Ergebnis über eine lineare Nutzenfunktion ein bestimmter Nutzen zugeordnet wird, geht die Bayes-Regel in das Bernoulli-Prinzip über; vgl. dazu und zu weiteren Entscheidungsregeln etwa Schneeweiß, H., Entscheidungskriterien bei Risiko, Berlin-Heidelberg-New York 1967, und die dort angegebene Literatur.

einer fremden Maßnahme oder Verhaltensweise eine Wahrscheinlichkeitsverteilung des Gewinns zuordnen.

7. Die Lösung des Problems der Entscheidung unter Unsicherheit, wie
sie hier versucht wurde, zeigt, wie schwierig, vielleicht sogar unmöglich es
ist, eine allgemein gültige Lösung für dieses Problem zu finden. Der Versuch zu formalisieren, um einen genaueren Ausdruck für die Präferenzkriterien zu gewinnen, ist legitim. Denn es kommt im Rahmen einer theoretischen Konzeption nur darauf an, in der Fülle und Unübersichtlichkeit empirischen Geschehens die formenden und gestaltenden Kräfte sichtbar zu
machen, die in ihr enthalten sind. Niemand wird annehmen, daß die
Unternehmen die Vorteilhaftigkeit absatzpolitischer Maßnahmen so ermitteln, wie die Entscheidungsmodelle plausibel zu machen versuchen.
Diese Konstruktionen sind nur der überdeutliche Ausdruck eines sehr wa-
chen Bewußtseins für Präferenzkriterien, die verdeckt und unscharf in dem
unternehmerischen Verhalten wirksam sind. Hierin besteht der Sinn des
theoretischen Bemühens um ein gedankliches Durchdringen des Unsicher-
heitsphänomens und zugleich sein Wert für die betriebswirtschaftliche
Orientierung in dieser Welt absatzpolitischer Ungewißheiten [1].

Drittes Kapitel

Die absatzpolitische Information

1. Zielgruppeninformationen.
2. Instrumentalinformationen.
3. Zur Technik der Gewinnung von Zielgruppendaten und Instrumentalinformationen.
4. Konkurrenzinformationen.
5. Trendinformationen.

1 a) Entscheidungssituationen unter Unsicherheit verbessern sich in
dem Maße, in dem es gelingt, zuverlässige Informationen über das absatzwirtschaftliche Einflußsystem, also über die Variablen $\{V_k, V_e, V_w, V_t\}$
der allgemeinen Absatzgleichung zu gewinnen. Zwar lassen sich durch Informationen über diese Größen unsichere nicht in sichere Erwartungen

---

[1] In diesem Sinn auch WITTMANN, W., Unternehmung und unvollkommene Information, Köln und Opladen 1959.

überführen, aber es ist doch möglich, durch Verbesserungen der Informationssituation Entscheidungsvoraussetzungen im absatzpolitischen Spielraum der Unternehmungen zu schaffen, die die Wahrscheinlichkeit erhöhen, daß die absatzpolitischen Maßnahmen keine Fehlentscheidungen werden. Eine der Absatzeinflußgrößen, von denen das Absatzniveau der Unternehmen abhängt, ist das Verhalten der für die Erzeugnisse des Unternehmens in Betracht kommenden Personen oder Organisationen (V_k). Über sie möglichst umfangreiche und zuverlässige Unterrichtung zu erhalten, ist eines der absatzpolitischen Hauptanliegen der Unternehmen.

Für jedes Erzeugnis oder jede Dienstleistung gibt es ein sich im Zeitablauf veränderndes Kaufpotential. An diesem Potential partizipiert ein Unternehmen, sofern es Güter dieser Art verkauft oder Dienste entsprechender Art leistet. Da dieses Kaufpotential durch Maßnahmen der Unternehmen beeinflußbar ist, besteht für jedes an ihm teilhabende Unternehmen das Bedürfnis, über die Größe, Struktur und die Veränderungen dieses Potentials, auch über die Partizipationsquoten an ihm informiert zu sein. Hoher Informationsstand bedeutet nicht hohe Treffsicherheit der auf Grundlage dieses Insormationsniveaus getroffenen Entscheidungen. Nicht die Informationen als solche, sondern die bewerteten Informationen bilden die Grundlage absatzpolitischer Entscheidungen. Damit ergibt sich die Frage nach der Art der Informationen, die für absatzpolitische Maßnahmen benötigt und benutzt werden und zum anderen die Frage, wie, mit welchen Methoden sich Informationen über die potentiellen Käufer der von dem Unternehmen angebotenen Güter gewinnen lassen. Die erste Frage ist eine im spezifischen Sinn betriebswirtschaftliche Frage, denn die absatzwirtschaftliche Information ist immer nur Mittel zum Zweck absatzpolitischer Maßnahmen. Die zweite Frage greift über den betriebswirtschaftlichen Bereich hinaus, insofern sie ihr Interesse auf methodische Prozeduren richtet, die anderen Disziplinen, zum Beispiel der empirischen Sozialforschung, der Sozial- und Individualpsychologie angehören. Es kann sein, daß sich die fachlichen Voraussetzungen für die betriebswirtschaftlichen Aktivitäten im absatzpolitischen Raume und die fachliche Qualifikation, die Methoden der Informationsgewinnung für eben diese Zwecke sachkundig auszuwählen und zu praktizieren, in einer Person vereinigen. Liegt dieser Tatbestand nicht vor, dann besteht entweder die Möglichkeit, Experten mit der Durchführung der Informationsgewinnung zu beauftragen oder ein Team zu bilden, in dem die Vertriebsexperten und die Experten der Informationsgewinnung gemeinsam tätig sind. Da beide Expertengruppen auf Zusammenarbeit miteinander angewiesen sind, ist ein sachbezogenes gegenseitiges Verständnis für die Zielvorstellungen und den Informationsbedarf der Vertriebsleitung und für die vorhandenen Möglichkeiten und Grenzen der Gewinnung von Informationen notwendig.

Unternehmen, die dem Konsumgüterbereich angehören, sind in gleicher Weise wie die dem Produktionsgüter- und dem Distributionsbereich (Absatzmittler) zugehörenden Unternehmen daran interessiert, zu möglichst präzisen Informationen über diejenigen Personen und Organisationen zu gelangen, aus denen sich das Nachfragepotential für die Güter zusammensetzt, die die Unternehmen auf dem Markt anbieten oder anzubieten beabsichtigen. Da sich die potentiellen Käufer im Konsumgüterbereich durch andere Merkmale charakterisieren als die Käufer im Produktionsgüter- und im Distributionsbereich, müssen die Informationsinhalte notwendig anderer Art sein. Wie beschaffen sind zunächst die Käuferinformationen (Informationen über die Käufer) im Konsumgüterbereich?

Nachdem sich nun einmal für die Personen oder Organisationen, von denen anzunehmen ist, daß sie Bedarf für die Erzeugnisse eines Unternehmens haben könnten, der Ausdruck Zielpersonen oder Zielgruppen eingebürgert hat, geht es darum, diese Zielgruppen durch Merkmale zu beschreiben, die auch Schlüsse auf das voraussichtliche Kaufverhalten dieser Personen gegenüber den verkaufenden Unternehmen und seinen Erzeugnissen zulassen. In diesem Sinne ist der Ausdruck Zielgruppeninformation zu verstehen.

Die Größe und Struktur konsumtiver Bedarfe richtet sich einmal nach der Zahl und den besonderen personellen, sozialen und Kaufkraftverhältnissen der Zielpersonen. Angaben über diese Verhältnisse sind demographische Daten, die für die Bildung von Zielgruppen, Zieluntergruppen, Marktsegmente verwandt werden [1]. Wenn die Daten ausreichen, läßt sich mit ihnen das Nachfragepotential bestimmen, dem sich die Unternehmen gegenüberfinden und die Struktur dieses Potentials aufklären. Zu den personellen Daten rechnen zum Beispiel das Alter und das Geschlecht der Zielpersonen, zu den sozialen Merkmalen der Familienstand, die Berufszugehörigkeit, die Stellung im Beruf, die Zahl und Größe der Haushalte. Aufschlüsse über die Kaufkraftsituation in den Zielgruppen und Untergruppen verschaffen Informationen über die Einkommensdichte, die regionale Streuung der Kaufkraft und den Betrag an Kaufkraft, der gegebenenfalls für den Erwerb von Gütern der angebotenen Art zur Verfügung steht.

Von besonderer Bedeutung für absatzpolitische Maßnahmen können auch Informationen über die regionale Verteilung der Bevölkerung in den Märkten und Teilmärkten, auch über die Verkehrs- und Transportverhält-

---

[1] Vgl. hierzu u. a. FRANK, R. E., MASSY, W. F., WIND, Y., Market Segmentation, Englewood Cliffs, N. Y. 1972; MASSY, W. F., Model Building in Marketing, An Overview, in: FERBER, F., (ed.) Handbook of Marketing Research, New York u. a. 1974, S. 2 – 499 ff.; GEIST, M., Selektive Absatzpolitik auf der Grundlage der Absatzsegmentrechnung, Stuttgart 1963; HASENAUER, R., und BEDNAR, L., Selektive Absatzpolitik und lineare Programmierung, in: Der Markt, Jg. 1973, S. 14 ff.

nisse auf den Märkten und über die Stabilität der Märkte im Zeitablauf sein. Die Aufgliederung der Bevölkerung auf Stadt und Land, auf Klein-, Mittel- und Großstädte sind unter Umständen für Marktsegmentierungen wichtige Zielgruppenmerkmale.

Nur von Fall zu Fall läßt sich sagen, ob demographische Daten für die Beschreibung von Zielgruppen und damit für absatzpolitische Entscheidungen ausreichen. Die Erfahrung lehrt allerdings, daß sie dem Informationsbedürfnis vieler Unternehmen genügen und zum Beispiel auch Entscheidungen darüber zulassen, ob Marktsegmente forciert oder aufgegeben werden sollten.

Der informatorische Wert von absatzpolitischen Informationen nimmt in dem Maße zu, in dem es gelingt, durch Befragungen und entsprechende Hochrechnungen Angaben quantitativer Art über die Ausgaben bestimmter Personengruppen für Güter einer bestimmten Art in einer bestimmten Zeitperiode zu erhalten. Liegen derartige Angaben vor, dann lassen sich Zielgruppen nach Verwendern oder aufgrund von Verbrauchs- oder Konsumdaten definieren. Diese Daten informieren zum Beispiel über folgende Vorgänge: Zahl und Art der kaufenden Personen (definiert nach demographischen Merkmalen), die Ausgaben dieser Personen für Güter bestimmter Art, Verteilung der Ausgaben auf die Güter des Produktbereichs und damit auf die verschiedenen Hersteller (auch auf die Marken, die Art und Größe der Packungen u. a.). Über Angaben dieser Art verfügen zum Beispiel Unternehmen der Pharmazeutika und Kosmetika herstellenden Industrie (Nielsen Panels).

Das Informationsbedürfnis der Hersteller kann aber noch weiter gehen und sich auf bestimmte psychologische Merkmale der Zielpersonen konzentrieren. In diesem Fall interessieren Angaben über den Käufertyp, mit dem das verkaufende Unternehmen zu rechnen hat (Impulskäufer oder bewußt planende und recherchierende Käufer, konservativer oder für Neuerungen besonders offener Typ, durch Vorstellungen von sozialem Prestige bestimmte, oder von ihnen freie Käufer u. ä.). Spezielle psychologische Merkmale der Käufer können in solchen Zusammenhängen besonders bedeutsam werden, zum Beispiel: Preisbewußtsein, Qualitätsbewußtsein, Markentreue. Die Skala psychologischer Zielgruppenmerkmale ist ungewöhnlich groß. Psychologische Merkmale, insbesondere die Einstellungen der Käufer zu den Produkten oder den verkaufenden Unternehmen und die aus den Einstellungen resultierenden Bevorzugungen oder Ablehnungen werden allein oder in Verbindung mit anderen Zielgruppenmerkmalen für Aufgaben der Marktsegmentierung verwandt.

Die Definition der Zielgruppen nach demographischen Daten, nach Verbrauchsdaten und nach psychologischen Daten umgreift den absatzpolitisch wichtigsten Teil möglicher Marktsegmentierungen. Durch Merkmalskombinationen aus den drei Zielgruppendefinitionen lassen sich dem jeweiligen Informationsbedürfnis der Unternehmen angepaßte Zielgruppen bilden.

Die Brauchbarkeit von Zielgruppendefinitionen für absatzpolitische Zwecke hängt davon ab, ob und in welchem Maße es die vorhandenen informatorischen Möglichkeiten zulassen, in sich homogene und zugleich diskriminierungsfähige Marktsegmente zu bilden. Homogen in bezug auf die Konformität des Verhaltens der zu dem Segment gehörenden Zielpersonen, soweit es sich um das Verhalten beim Kauf bestimmter Erzeugnisse handelt, und diskriminierungsfähig, soweit es um die Trennschärfe der einzelnen Segmente voneinander geht. Ob sich im konkreten Fall Segmente mit hinreichend marktkonformem Verhalten der Käufer und genügend scharfer Abgrenzbarkeit von den anderen Segmenten schaffen lassen, hängt vor allem von der Diskriminierungsfähigkeit der Informationen selbst und der hinreichenden Versorgung mit solchen Informationen ab. Psychologische Daten bereiten oft besonders große Diskriminierungsschwierigkeiten. Die Benutzung mathematisch-statistischer Klassifikationsverfahren [1] erleichtert die Segmentierung und damit die Verwendung von Käufer- oder Zielgruppeninformationen für absatzpolitische Zwecke.

1 b Im Investitionsgüterbereich ist das Zielgruppen-Informationsproblem nicht grundsätzlich von dem der Konsumgüterindustrie verschieden. Auch die industrielle Anlagen, Rohstoffe, Werkstoffe, Einbauteile und Kleinmaterial herstellenden Unternehmen bedürfen der Information über die für sie relevanten Zielgruppen, die in diesem Falle jedoch nicht aus Konsumenten, sondern aus Herstellern und Weiterverarbeitern bestehen. Nicht der persönliche Bedarf, sondern das Produktionsprogramm und die angewandten Technologien bestimmen den für die Gewinnung der Rohstoffe oder die Herstellung der Erzeugnisse notwendigen Bedarf an Produktionsgütern. Zwischen dem Bedarf an zur Produktion notwendigen Sachgütern, Arbeits- und Dienstleistungen und den Produktionsprogrammen wie auch zwischen den Betriebseinrichtungen und dem Bedarf an derartigen Einrichtungsgütern besteht bei sich ändernden Produktprogrammen und Technologien keine lineare Beziehung. Die Produktionskoeffizienten sind nicht konstant, und die Größe und Zusammensetzung der Nachfrage nach Produktivgütern ist dann die Resultante vieler betrieblicher und außerbetrieblicher Umstände, die zudem weitgehend dispositionsbestimmt, also von betriebsindividuellen Planungen und Entschlüssen abhängig sind.

Die den Unternehmen des Investitions- und Produktionsbereichs gegenüberstehenden Bedarfsträger unterscheiden sich von den Bedarfsträgern des Konsumgüterbereichs auch dadurch, daß die Einkaufsentschei-

---

[1] Vgl. Bock, H. H., Automatische Klassifikation, Göttingen 1974.

dungen strenger an rationale Kalküle gebunden sind als im Konsumbereich. In dem Maße, in dem technische Daten und der Zwang „zu kalkulieren" die Einkaufsdispositionen bestimmen, engt sich der Spielraum für freie Ermessensentscheidungen ein. Gewiß sind Einkäufe und Einkaufsverhandlungen auch im Bereich der Industrie nicht frei von Subjektivitäten, aber daß im Einkaufssystem der Industrie gegen technische Notwendigkeiten und gegen die Zwänge kalkulierenden Denkens entschieden würde, diese in Einzelfällen nicht auszuschließende Möglichkeit des Einkaufsverhaltens kann nur als eine Ausnahmesituation verstanden werden [1].

Es wird auch nicht als Regelfall anzusehen sein, daß die Produktivgütermärkte ein höheres Maß an Transparenz aufweisen als Konsumgütermärkte. Wie auf diesen Märkten, so gibt es auch im Investitionsgüterbereich überschaubare Angebots- und Nachfrageverhältnisse. Eine solche Situation wird zum Beispiel für den Großanlagenbau oder für Industriezweige charakteristisch sein, die aus nur wenigen großen Betrieben bestehen. Wenn aber Werkstoffe, Einbauteile oder Kleinmaterial wie Schrauben, Muttern, Splinte, Ventile, Installationsmaterial oder kleines Werkzeug in Massen hergestellt und nachgefragt werden oder wenn gängige Werkzeugmaschinen oder Apparate verkauft werden müssen, dann verliert ein solcher Markt an Überschaubarkeit und die Hersteller sehen sich einer ähnlichen Lage gegenüber wie die Produzenten von Konsumgütern in vielen Sparten dieser Industrie.

Es besteht also in der Investitions- und Produktionsgüterindustrie ein gleich großer Informationsbedarf wie in den anderen Bereichen der Wirtschaft. Die Unternehmen kennen zwar die technischen Eigenschaften ihrer Erzeugnisse, aber sie müssen wissen, ob sie den technischen und den wirtschaftlichen Anforderungen der nachfragenden Unternehmen genügen. Es ist den Herstellern von Industriebedarf wie den Produzenten von Verbrauchs- oder Gebrauchsgütern daran gelegen zu erfahren, ob und in welchem Maß ihre Erzeugnisse den speziellen Anforderungen der Hersteller gerecht zu werden vermögen, welche Gründe die Nachfrager veranlassen, die Aufträge nicht an sie, sondern an andere Unternehmen zu geben. Welche Umstände erschweren die geschäftlichen Beziehungen, welche Faktoren gewähren die Aussicht, sie zu verbessern? Sind es vor allem die technischen Daten der Erzeugnisse des Lieferwerks, die mit den konstruktiven oder verfahrenstechnischen Daten des zu beliefernden Werks nicht in Einklang zu bringen sind? Gelten die Erzeugnisse des Anbieters als nicht modern genug oder als technisch noch nicht genügend ausgereift und erprobt? Sind die Marktanteile der den Markt beliefernden Unternehmen zu sehr verfestigt, ist das Image des sich um den Auftrag bemühenden Unter-

[1] Vgl. hierzu auch Gutenberg, E., Investitionsentscheidungen in industriellen Unternehmungen, Köln und Opladen 1959.

nehmens nicht groß genug? Warum sollte auch ein Unternehmen seine
Geschäftsbeziehungen ändern, wenn es mit den technischen Eigenschaften
der Erzeugnisse der bisherigen Lieferanten und den Preis-, Lieferungs-
und Zahlungsbedingungen einverstanden ist? Auch die Frage kann für absatzpolitische Entscheidungen wichtig sein: wie groß ist überhaupt das
Nachfragepotential für die von dem Unternehmen hergestellten Erzeugnisse, auf welche regionale und nach Branchen aufgegliederte Teilmärkte
verteilt es sich? Wie groß ist die Aufnahmefähigkeit dieser Märkte, und
welche Faktoren bestimmen diese Aufnahmefähigkeit nach Art und Zeit?

Der Bedarf an Informationen über Zielgruppen und Marktsegmente
ist also in der Investitions- und Produktionsgüterindustrie nicht geringer
als in der Konsumgüterindustrie. Aber die Struktur dieses Bedarfs und damit der Bedarfsträger ist anders als im Konsumbereich. In den Zielgruppenmerkmalen des Investitions- und Produktionsgüterbereichs kommt diese
Andersartigkeit zum Ausdruck. Die Präzision absatzpolitischer Planungen
ist in diesen beiden Unternehmensbereichen von den Zielgruppeninformationen nicht weniger abhängig als in der Konsumgüterindustrie.

2. Die mit absatzpolitischen Maßnahmen bei Mitgliedern von Zielgruppen erreichbaren Wirkungen hängen wesentlich von der informatorischen Vorbereitung des Einsatzes dieser Aktivitäten ab. Auf welche Informationen konzentriert sich das Interesse der Unternehmen, wenn sie von
ihrem absatzpolitischen Instrumentarium $V_{e1}, \ldots, V_{e4}$ Gebrauch machen
wollen?

Was zunächst die Instrumentalvariable „Absatzmethode" anbetrifft, so
kann davon ausgegangen werden, daß im Unternehmen sachkundig auf-
bereitete und ausgewertete Informationen über die Effizienz des Vertriebssystems, des Außendienstes und der eingeschlagenen Absatzwege vorliegen. Aber diese Erfahrungstatbestände sind für die Planung „historische
Daten", ein Umstand, der ihren Wert für absatzpolitische Entscheidungen
nicht grundsätzlich herabsetzen muß. Die in der nahen oder auch in der
ferneren Zukunft zu ergreifenden Maßnahmen verlangen jedoch nach der
Ausarbeitung von Alternativen, in denen zukünftige Entwicklungen berücksichtigt werden und die auf die Frage Aufschluß geben sollen: wie
wird sich voraussichtlich die Änderung einer Position im Bereich absatz-
methodischen Vorgehens auf den Absatz des Unternehmens oder auf Teile dieses Absatzes auswirken? Für das Verhältnis zwischen der für erreichbar gehaltenen Wirkung von Methodenvariationen im Absatzbereich und
den Ausgaben, die sie verursachen, läßt sich der Begriff der Elastizität verwenden. In diesem Fall geht es um das Verhältnis zwischen der relativen
Änderung der Absatzmenge zur sie bewirkenden Änderung der Ausgaben
für die vorgenommene oder beabsichtigte Methodenänderung. Es kann
angenommen werden, daß die zu treffenden absatzpolitischen Maßnah-

men wesentlich von den Werten abhängig sein werden, die sich für die Elastizität des Absatzes in bezug auf eine Variable des Bereichs der Absatzmethode ergeben. Das informatorische Interesse der für den Absatz der Erzeugnisse zuständigen Personen ist auf diese Elastizität im Absatzmethodenbereich gerichtet. Würde man sie kennen, würden die absatzpolitischen Probleme wesentlich leichter zu lösen sein. Aber man kennt sie nicht oder nur unvollständig und lückenhaft. Alle informatorischen Energien sind deshalb darauf gerichtet, dieses Informationsdefizit in den Grenzen des Möglichen zu beseitigen.

Im allgemeinen ist es üblich, die in dem angegebenen Elastizitätsbegriff formulierten Beziehungen zwischen Methodenvariation und Absatzmenge in dem Begriff der Reaktionsfunktion zum Ausdruck zu bringen. Diese Funktion gibt die Reaktion der präsumtiven Käufer auf – in diesem Fall – Änderungen im Bereich der Absatzmethode an, so, wenn zum Beispiel Aussagen darüber gemacht werden, wie sich das mit einem Absatzmittler (Handelsbetrieb) getätigte Geschäftsvolumen ändert, wenn die Besuchsfrequenz der Vertreter oder Reisenden erhöht oder verringert wird. Auch dann, wenn traditionelle Entscheidungstechniken angewandt werden, beruhen die zu treffenden Maßnahmen auf quantitativen Vorstellungen, die sich die für die Entscheidungen zuständigen Personen über die zu erwartenden Reaktionen der Kontrahenten machen. Der Bedarf an informatorischen Daten nimmt noch zu, wenn quantitative Modelle benutzt werden, um möglichst günstige Lösungen für die gestellte Aufgabe zu finden. Dabei ist es unwesentlich, ob die Modellanalyse mit Optimierungs-, heuristischen oder Simulationsmodellen vorgenommen wird und in welchem Maße von den Möglichkeiten der elektronischen Rechenanlagen Gebrauch zu machen möglich ist.

Ähnlich ist die Situation im Bereich der zweiten Instrumentalvariablen, der „Preispolitik". Auch hier bilden die Erfahrungen der jüngsten preispolitischen Vergangenheit die Grundlage für gegenwärtige oder später zu ergreifende preispolitische Maßnahmen. Auch in diesem Fall geht es darum, zu möglichst genauen Informationen darüber zu gelangen, welche Wirkungen eine Preismaßnahme auf den Absatz eines Erzeugnisses haben wird. In dem Begriff der Preiselastizität kommt das Verhältnis zwischen der relativen Absatzänderung und der relativen Preisänderung zum Ausdruck. Da die Änderung des Verkaufspreises eines Erzeugnisses im Verkaufsprogramm eines Mehrproduktunternehmens nicht nur den Absatz des Erzeugnisses, sondern auch den Absatz anderer im Verkaufsprogramm enthaltener Produkte zu beeinflussen vermag, interessiert unter solchen Umständen zugleich die Kreuz-Preiselastizität der im Programm geführten Produkte. Bestehen substitutionale Beziehungen zwischen den im Verkaufsprogramm enthaltenen Erzeugnissen, dann besagt der Begriff der Kreuz-Preiselastizität, daß, wenn der Verkaufspreis für das Produkt A erhöht wird, zwar der Absatz für das Produkt A fällt, gleichzeitig sich aber der Absatz für das Produkt B erhöht, unter der Voraussetzung, daß alle anderen Preise unverändert bleiben. Im Fall der Komplementarität steigt der Absatz der beiden Produkte A und B, wenn der Preis für A ermäßigt wird.

Es würde einen großen Vorteil für preispolitische Entscheidungen bedeuten, wenn die Preiselastizitäten beziehungsweise die Kreuz-Preiselastizitäten bekannt sein würden, aber sie sind es nicht. Man hat nur auf Erfahrung gründende Vorstellungen über die zu erwartenden Elastizitäten, Vorstellungen, die durch Expertenbefragungen, Stichprobenerhebungen, Testmarktuntersuchungen abzusichern versucht werden. Empirische Studien und theoretische Analysen haben viel zur Erklärung dieser Sachverhalte beigetragen. Noch aber besteht auch hier eine große Informationslücke. Auch hier gilt, daß dieses Informationsdefizit um so stärker empfunden wird, je mehr die Methoden der Modellanalyse in das Gebiet dieser Instrumentalvariablen eindringen. Denn diese Methoden verlangen Preisabsatzfunktionen, die die Reaktionen der potentiellen Käufer mit einem möglichst hohen Maß an Aussagegenauigkeit indizieren.

Auch die Aufgaben, die im Bereich der Absatzeinflußgröße „Werbung" zu lösen sind, erfordern ein hohes Maß an Informationsgenauigkeit über die Zielgruppen beziehungsweise ihre Reaktionen auf die Werbemaßnahmen. Das informatorische Interesse konzentriert sich in diesem Fall auf Zusammenhänge, die in dem Begriff der Werbeelastizität und dem der Werbewirkungsfunktion zum Ausdruck kommen. Unter Werbeelastizität wird das Verhältnis zwischen relativer Absatzänderung und relativer Änderung der Werbeausgaben verstanden, unter der Werbewirkungskurve die Abhängigkeit der Werbewirkung von der Zahl der von einem Werbeträger oder einer Kombination von Werbeträgern mit Mitgliedern von Zielgruppen hergestellten Kontakte.

Die Mediaforschung hat die Bedeutung des Informationsproblems für den Erfolg von Werbemaßnahmen seit langem erkannt und große Anstrengungen gemacht, die Informationssituation für die Auslese von Werbeträgern (Zeitungen, Zeitschriften, Fernsehanstalten) und Werbemitteln (Inseraten, Plakaten, Fernsehspots) zu verbessern. Der Bedarf an Zielgruppen- und Mediadaten richtet sich nach der Art und der Größe der Werbekampagnen. Der Mediaforschung ist es gelungen, auf ihrem Gebiet, dem der „Werbung", informatorische Erfolge zu erzielen, die der Werbeplanung von großem Nutzen sind.

Im System der Absatzeinflußgrößen nimmt die „Produktgestaltung" eine besondere Stellung ein, weil Existenz und Wachstum der Unternehmen in besonders starkem Maße von den Eigenschaften abhängen, mit denen sie ihre Erzeugnisse oder Dienstleistungen ausstatten und anbieten. So gewiß kein Produkt und keine Dienstleistung losgelöst vom Vertriebsapparat des Unternehmens, herausgenommen aus dem Preiszusammenhang, in dem es steht und ohne die Werbeaktionen, die ihm gelten, zur vollen Entfaltung seiner akquisitorischen Möglichkeiten kommen kann, so bleibt doch hiervon unabhängig die Tatsache bestehen, daß die Sachgüter oder Dienstleistungen, die eine Unternehmung produziert oder bereitstellt, die eigentlichen Medien seiner Existenz sind. Mit ihnen beteiligt sich das Unternehmen am gesamtwirtschaftlichen Warensortiment, und diese Beteiligung gibt ihm recht eigentlich seinen Sinn und seine Legitimation.

Grundsätzlich läßt sich sagen, daß bereits jedes Produkt und jede angebotene Dienstleistung durch sich, allein schon durch sein Vorhandensein, Informationen über Eigenschaften ausstrahlt, die es besitzt [1]. Nur ein Teil dieser Eigenschaften gelangt zwar in das Bewußtsein der kaufenden Bevölkerung und wie groß dieser Teil ist, hängt nicht nur von der Sachkenntnis und dem Informationsbemühen der potentiellen Käufer, sondern auch von den Informationsanstrengungen der Unternehmen ab.

Trotz der Erfolge, die auf diesem Gebiet erzielt worden sind, bleibt dennoch eine bisher weder durch empirische Untersuchungen noch durch theoretische Analysen auch nur annähernd geschlossene informatorische Lücke. Es geht dabei um die Beantwortung der Frage, welche Wirkungen Änderungen im Absatzprogramm auf die Absatzmenge ausüben. Wie ändert sich das Absatzvolumen, wenn die Zahl der Erzeugnis- oder Dienstleistungsarten im Absatzprogramm, also die Breite des Absatzprogramms geändert wird oder wenn die Zahl der Varianten je Erzeugnisart vermehrt oder vermindert, die Tiefe des Absatzprogramms also variiert wird? Bei derartigen Überlegungen ist davon auszugehen, daß das Verkaufsprogramm eines Unternehmens eine absatzpolitische Einheit bildet (soweit es nicht Güter enthält, die verschiedenen Branchen angehören). In dem Maße, in dem es gelingt, gesicherte Informationen über die Produktprogramm-Absatzfunktion (Programm-Absatzfunktion) und ihre Elastizitäten zu erhalten, verbessert sich die Planungs- und Entscheidungssituation für den Einsatz dieser Instrumentalvariablen. Das gilt sowohl für den Fall, daß diese Funktion für Modellanalysen benutzt wird, als dafür, daß mit traditionellen Verfahren gearbeitet wird. Auch diese Verfahren beruhen auf Vorstellungen über quantitative Beziehungen zwischen der Ausstattung der Verkaufsprogramme mit Produktarten oder Produktvarianten und den Absatzmengen, die sich mit alternativen Produktausstattungen erzielen lassen.

---

[1] Vgl. hierzu ELLINGER, Th., Die Informationsfunktion des Produkts, in: Produktionstheorie und Produktionsplanung, Festschrift für K. HAX, Köln und Opladen 1966, S. 257 ff.; WITTMANN, W., Unternehmung und unvollkommene Information, Köln und Opladen 1959, S. 23 ff.

3 a) Für die Gewinnung von Informationen über die potentiellen Käufer der Erzeugnisse eines Unternehmens werden im wesentlichen die gleichen Methoden angewandt wie für die Gewinnung von Informationen über die Reaktion der Käufer auf absatzpolitische Maßnahmen der Unternehmen. Aus diesem Grund erscheint es angebracht, die Gewinnung von für absatzpolitische Entscheidungen wichtigen Informationen über die Absatzeinflußgrößen: Käuferverhalten und Reaktionsverhalten der Käufer in einem Zusammenhang zu erörtern. Es wird davon ausgegangen, daß zur Beurteilung des Wertes solcher Informationen ein gewisses Maß an Kenntnis der Verfahren erwünscht ist, mit deren Hilfe die Zielgruppen- und die Instrumentalinformationen gewonnen werden.

Eine der wichtigsten Quellen für Informationen dieser Art sind die geschäftlichen Beziehungen selbst, die die Unternehmen mit den Verwendern für ihre Erzeugnisse und den in den Verkaufsgang eingeschalteten Absatzmittler (Handelsbetrieben) haben. Wenn zum Beispiel der Inhaber einer Fabrik, die Lederwaren herstellt, selbst reist und seine Kunden besucht, seien es Verbraucher oder Absatzmittler, dann erfährt er aus den Unterhaltungen mit seinen Gesprächspartnern, ob die von ihm angebotenen Waren gefallen, welche Muster bevorzugt werden, ob die Preise für seine Erzeugnisse den Vergleich mit den Preisen der Konkurrenz aushalten, wie seine Werbung „ankommt" und anderes mehr. Verkauft ein Unternehmen mit Hilfe von autorisierten Händlern oder Reisenden oder Vertretern, dann werden die Auskünfte dieser Personen zu einer wichtigen Informationsquelle über die Lage auf den Absatzmärkten des Unternehmens. Schreibt ein Unternehmen seinen Verkaufsorganen vor, in regelmäßigen Zeitabständen bestimmte, auf eigens hierfür entworfenen Formularen aufgeführte Fragen zu beantworten, dann nimmt die Gewinnung dieser Informationen bereits systematische Formen an. Das gilt zum Beispiel für den Fall, daß eine Automobilfabrik von den von ihr autorisierten Händlern Berichte über jedes angebahnte Geschäft verlangt, ohne Rücksicht darauf, ob das Geschäft zustande gekommen ist. In diesem Fall nimmt das Unternehmen durch seine Verkaufsorgane eine Befragung von Interessenten und Kunden vor.

Die eigenen Markterfahrungen der Unternehmen finden in der Absatzstatistik ihren Niederschlag. Diese Statistik stellt in Verbindung mit der gesamten Unternehmungsstatistik ein besonders wertvolles Informationsmaterial für absatzwirtschaftliche Dispositionen dar. Von ihr wird deshalb in der Regel auch am meisten Gebrauch gemacht. Die routinemäßige Auswertung dieser „historischen" Daten ist jedoch dann nicht ohne Gefahr, wenn das Absatzsystem des Unternehmens starken Wandlungen unterworfen ist. Bei hinreichender methodischer Absicherung jedoch können die betrieblichen Erfahrungstatbestände (Absatzstatistik, Besuchsberichte, Vertriebskostenrechnung) in Verbindung mit gegebenenfalls eigenen Produktforschungen von großem Nutzen für die Absatzentscheidungen in den Unternehmen sein. Die Bedeutung, die diese „historischen Daten" gleichwohl für die Absatzplanungen vor allem mehr kurz- und mittelfristiger Art haben können, kommen auch darin zum Ausdruck, daß die Vergangenheitswerte der Absatzstatistik die Grundlage für Absatzprognosen bilden, die auf Trendextrapolationen der verschiedensten Art und auf der Verwendung von Markov-Ketten beruhen.

3 b) Für die Gewinnung von Zielgruppen- und Instrumentalinformationen stehen aber noch andere Informationsmöglichkeiten zur Verfügung. Eine von ihnen bildet die allgemeine Statistik. In diesem Fall geht es um die Ergebnisse statistischer Erhebungen, die den gesamten Bereich wirtschaftlich relevanter Tatbestände umfassen und nicht von einem Unternehmen für seine eigenen absatzwirtschaftlichen Zwecke vorgenommen werden. Im ersten Fall spricht man von Marktuntersuchungen, die auf sekundärstatistischem Material beruhen, im zweiten Fall von Marktuntersuchungen, deren Ergebnisse durch Primärerhebungen gewonnen werden.

Das hier zunächst interessierende, für die absatzwirtschaftliche Informationsgewinnung benutzte sekundärstatistische Material stammt aus vielen Quellen. Eine dieser Quellen ist die amtliche und halbamtliche Statistik, eine andere die Statistik der Wirtschaftsverbände einschließlich der der Industrie- und Handelskammern und eine dritte schließlich die Statistik der wirtschaftswissenschaftlichen Forschungsinstitute. Zur amtlichen und halbamtlichen Statistik rechnen in der Bundesrepublik Deutschland die Veröffentlichungen des Statistischen Bundesamts, der statistischen Ämter der Länder, Kreise und Gemeinden. Auch die statistischen Veröffentlichungen anderer staatlicher oder kommunaler Dienststellen sind hier anzuführen, insbesondere die der Ministerien und der ihnen nachgeordneten Behörden, insbesondere der Finanz- und Zollverwaltungen, des Kraftfahrt-Bundesamts, der Landesplanungsbehörden u. a. Wichtige Informationen über wirtschaftliche Vorgänge liefern die zentralen und regionalen Kreditinstitute, insbesondere die Bundesbank. Auch die Veröffentlichungen der amtlichen und halbamtlichen Statistik des Auslands stehen für Marktforschungszwecke zur Verfügung, insbesondere die Veröffentlichungen der EWG, der OECD, der Weltbank und anderer übernationaler Institutionen. Über wertvolles, für absatzwirtschaftliche Analysen verwendbares statistisches Material verfügen auch die Verbände der Wirtschaft und der Industrie- und Handelskammern. Die wirtschaftswissenschaftlichen Forschungsinstitute liefern in der Regel besonders wichtige Daten für absatzwirtschaftliche Untersuchungen. Fachbücher, Handbücher, Adreßbücher, Kataloge, Veröffentlichungen in Zeitschriften und Zeitungen ergänzen das Informationsmaterial [1].

Die aus derartigen Veröffentlichungen stammenden sekundärstatistischen Daten haben den Nachteil, daß sie unter Umständen für die Absatzanalysen nicht rechtzeitig genug zur Verfügung stehen. Oft sind sie auch für die speziellen Zwecke der Analysen zu stark aggregiert. Manchmal bereiten auch begriffliche Abgrenzungen der statistischen Daten Schwierigkeiten. Ergänzungsuntersuchungen in Form von Primärerhebungen können dann notwendig werden.

Im allgemeinen aber bietet das sekundärstatistische Material große Chancen vor allem für die Definition von Zielgruppen. Sobald es aber darum geht, Marktsegmentierungen vorzunehmen, die psychologische Informationen über zu erwartendes oder praktiziertes Verhalten der Käufer verlangen, werden die Grenzen der auf sekundärstatistischem Material beruhenden Analysen sichtbar. Von demographischen, aus sekundärstatistischem Material gewonnenen Zielgruppenmerkmalen auf ein bestimmtes Kaufverhalten der Zielpersonen zu schließen, ist gewiß zulässig. Daß aber derartige Schlüsse den gleichen Aussagewert besitzen sollen wie auf Primärerhebungen beruhende Verhaltensinformationen, wird auch dann nicht anzunehmen sein, wenn starke Vorbehalte gegenüber dem Informationswert der Ergebnisse von Befragungen gemacht werden. Auch bei voller Anerkennung der Vorzüge und Chancen einer lediglich sekundärstatistisches Material verwendenden Marktanalyse kann nicht verkannt werden, daß die statistische Primärerhebung die intensivere Form der Marktuntersuchung ist [2].

3 c) Zielgruppendefinitionen, die durch Verbrauchsdaten oder durch psychologische Merkmale charakterisiert werden, beruhen in der Regel auf statistischen Primärerhebungen, die in Form von Stichprobenbefragungen vorgenommen werden. Das Ergebnis derartiger Befragungen wird um so genauer sein, je mehr die als Teilmasse bezeichnete Gruppe der

---

[1] Vgl. über die Verwendbarkeit sekundärstatistischen Materials für marktanalytische Zwecke SCHÄFER, E., Grundlagen der Marktforschung, 4. Aufl. Köln und Opladen 1966; BEHRENS, K. Chr., Demoskopische Marktforschung, 2. Aufl. Wiesbaden 1966; HÜTTNER, W., Grundzüge der Marktforschung, Wiesbaden 1965; GERTH, E., Betriebswirtschaftliche Absatz- und Marktforschung, Wiesbaden 1970; KAPFERER, C., Quellen für statistische Marktdaten, Hamburg 1964; JOHN, E., Quellen für betriebliche Marktforschung, 3. Aufl. Berlin, Köln, Frankfurt 1964; ANTE, B. und B. SCHMIDT, Amtliche und halbamtliche Statistiken als Quellen von Sekundäranalysen, in: Handbuch der Marktforschung, Wiesbaden 1974, S. 722 ff.; NIESCHLAG, R., DICHTL, E., HÖRSCHGEN, H., Marketing. Ein entscheidungstheoretischer Ansatz, 7. Aufl., Berlin 1974, S. 419 ff.; BIDLINGMAIER, J., Marketing, I. Bd., Hamburg 1973, S. 69 ff.

[2] In diesem Sinn auch SCHÄFER, E., Marktforschung, 4. Aufl., Köln und Opladen 1966, S. 286.

Grundgesamtheit entspricht. Das Resultat einer Teilbefragung ist dann als repräsentativ für das Verhalten der Käufergesamtheit anzusehen, wenn eine Gesamtbefragung zum gleichen Ergebnis führen würde wie die Teilbefragung. Ein solches Ergebnis ist das Ziel jeder Teilbefragung.

Das Hauptproblem alle Befragungen, die als Stichprobenerhebungen vorgenommen werden, besteht deshalb darin, die richtige Teilmasse zu bilden. Wie soll aus einer Vielzahl von Einzelpersonen, Haushalten, Betrieben usw. jene kleine Gruppe ausgewählt werden, die stellvertretend für die Gesamtheit Antwort auf die gestellten Fragen gibt? Die Auslese läßt sich einmal gezielt vornehmen, sie kann aber auch dem Zufall überlassen bleiben. Bei der gezielten Auswahl wird die Teilmasse so bestimmt, daß sie ein getreues Spiegelbild der Gesamtmasse darstellt (Purposive Selection; Sampling). Die Marktforschung kann für diese gezielte Bestimmung der Teilmasse das „Quotenverfahren" benutzen, etwa wenn es für vorteilhaft gehalten wird, daß eine bestimmte Quote der zu befragenden Personen männlichen Geschlechts sein muß, daß außerdem eine bestimmte Quote der zu befragenden Personen einer bestimmten Altersklasse oder bestimmten Berufsgruppen angehören soll. Bleiben wichtige Merkmale unberücksichtigt, dann besteht die Gefahr, daß die Befragten nicht die Gesamtmasse repräsentieren. Wenn zum Beispiel für irgendeine Marktuntersuchung die Einkommensschichtung innerhalb einer bestimmten Käufergruppe ein wichtiges Merkmal ist, dann besteht die Gefahr, daß die Untersuchung zu einem unrichtigen Ergebnis führt, wenn dieses Merkmal bei der Erhebung vernachlässigt wird. Solche Verzerrungen können zum Beispiel eintreten, wenn die Befragten überwiegend den unteren Einkommensschichten angehören, der Gegenstand aber, für den die Untersuchung vorgenommen wird, vornehmlich von Angehörigen mittlerer Einkommensgruppen gekauft wird. In diesem Fall würden die Absatzchancen für den Gegenstand unterschätzt werden. Die Durchführung einer solchen Untersuchung bereitet in der Praxis immer dann große Schwierigkeiten, wenn das statistische Material nicht ausreicht, um zu ermitteln, in welchen Proportionen die einzelnen Einkommensklassen zueinander stehen. Man ist dann auf Schätzungen angewiesen, und es ist klar, daß die Grundlagen für die Bildung von Teilmassen um so unsicherer und die Ergebnisse der Untersuchung um so unzuverlässiger werden, je mehr die Untersuchung auf Schätzungen angewiesen ist.

Da das Quotenverfahren kein wahrscheinlichkeitstheoretisch gesichertes Auswahlsystem darstellt, richtet sich die Genauigkeit der Befragungsergebnisse allein nach der fachlichen Kompetenz der die Teilmasse bestimmenden Personen.

Die Unzulänglichkeiten, die in dem Quotenverfahren liegen, haben dazu geführt, eine Methode zu entwickeln, die als „zufallsgesteuertes

Stichprobenverfahren" (Random Sampling; Probability-Methode) bezeichnet wird. Über die Auswahl entscheidet bei dieser Methode allein der Zufall. Das subjektive Moment in der Teilmassenbildung bleibt ausgeschlossen. Die Zufallsauswahl vollzieht sich in der Form, daß aus einer listenmäßig erfaßten Grundgesamtheit willkürlich, das heißt durch Auslosung, eine bestimmte Anzahl der die Grundgesamtheit bildenden Einheiten (Personen, Haushalte, Betriebe) herausgegriffen und zu einer Stichprobe zusammengefaßt wird. Man benutzt hierzu in der Regel Tabellen von Zufallszahlen (Random-Tabellen), in denen die Ergebnisse tatsächlich durchgeführter Auslosungen von verschieden großen Teilmassen nummernmäßig festgelegt sind. Aus den vorliegenden Listen werden diejenigen Einheiten ausgewählt, die durch die Nummern der Zufalls-Tabellen bezeichnet werden. Der Vorteil eines solchen Vorgehens liegt darin, daß sich auf diese Weise eine tatsächliche, im allgemeinen zeitraubende Auslosung erübrigt.

Die Auswahl der Teilmassen nach dem Zufallsprinzip ordnet jeder Einheit der Gesamtmasse die gleiche – und damit bekannte – Wahrscheinlichkeit zu, in die Stichprobe (Teilmasse) einzugehen. Die Teilmasse wird daher die Struktur der Grundgesamtheit widerspiegeln, und zwar um so genauer, je mehr das Gesetz der großen Zahl erfüllt ist, je größer also die Stichprobe gewählt wird. Hierbei kommt es allein auf die absolute Größe der Stichprobe an und nicht auf das Verhältnis von Stichprobe und Grundgesamtheit.

Da die Wahrscheinlichkeit, mit der die Einheiten der Gesamtmasse in die Stichprobe eingehen, bekannt ist, besteht die Möglichkeit, die Methoden der Wahrscheinlichkeitsrechnung anzuwenden und den Sicherheits- und Genauigkeitsgrad der Stichprobenergebnisse zu berechnen. Diese Möglichkeit besteht für das Quotenverfahren nicht.

Mathematische Überlegungen, auf die hier im einzelnen nicht eingegangen wird, zeigen, daß, wenn zufallsgesteuerte Stichprobenverfahren angewandt werden, die Stichprobe vervierfacht bzw. verneunfacht werden muß, wenn eine doppelte bzw. dreifache Genauigkeit erreicht werden soll.

Der Genauigkeitsgrad einer solchen Stichprobenerhebung kann erhöht werden, wenn sich die Grundgesamtheit nach einem bestimmten Merkmal schichten läßt, das in korrelativer Beziehung zu dem Untersuchungsmerkmal steht. In diesem Fall liegen die Voraussetzungen für die sogenannte geschichtete Stichprobe (stratified sample) vor. Jede Schicht oder Gruppe ist dann an der Teilmasse in dem Umfang beteiligt, wie es für den Genauigkeitsgrad unter sonst gleichen Bedingungen am günstigsten ist.

Auch die Bildung von Teilmassen nach der sogenannten Area-Methode, die eine Sonderform der Random-Methode darstellt, bedeutet einen Fortschritt für den Fall, daß zum Beispiel keine Adressenlisten vorliegen. Verteilen sich die zu einer Gesamtmasse gehörenden Personen auf ein bestimmtes Gebiet und wird dieses Gebiet in Teilgebiete zerlegt, dann können diese „Areas" in ein Verzeichnis aufgenommen und aus der Gesamtheit der Teilgebiete nach der Willkür des Zufalls in gleicher Weise Teilmassen gebildet werden, wie dies im Falle einer listenmäßigen Erfassung der Einzelpersonen, Haushalte, Betriebe möglich gewesen wäre. Die Methode erlaubt es also, ohne Kenntnis der Namen der zu Befragenden mit Hilfe des Verzeichnisses der Teilgebiete eine Auswahl zu treffen, die ebenso repräsentativ sein kann wie eine Auswahl, die auf Grund von Namenslisten getroffen wird. Auch hier besteht die Möglichkeit, eine Schichtung vorzunehmen. In diesem Fall können zum Beispiel die Wohnsitze oder der durchschnittliche Mietwert Schichtungsmerkmale sein.

Eine Unterart der Area-Methode bildet die Clustermethode (Haufen- oder Klumpenauswahlmethode). In diesem Fall werden nicht die einzelnen, oft weit verstreut in dem Befragungsgebiet wohnenden, zur Stichprobe gehörenden Personen oder Haushalte, sondern ganze Wohnblocks befragt. Auf diese Weise erleichtert sich zwar die Erhebung. Aber es besteht die Gefahr, daß die Befragung nicht mehr vollständig den Voraussetzungen systematischer Zufallsauswahl entspricht. Aus diesem Grunde muß dann die Zahl der befragten Blocks erhöht werden.

Die zufallsgesteuerten Stichprobenverfahren lassen sich ganz allgemein für die Bildung von Teilmassen verwenden. Dies ist um so bedeutsamer, als diese Methode es nicht nur ermöglicht, Teilmassen in geeigneter Weise auszuwählen, sondern außerdem eine Handhabe gibt, worauf hier nochmals hingewiesen sei, den Genauigkeitsgrad der gebildeten Stichproben zu berechnen. Hierin ist sie dem Quotenverfahren überlegen. Ist die Teilmasse als repräsentativer Querschnitt ermittelt, dann gilt es zu bestimmen, wie die Befragung selbst vorgenommen werden soll, insbesondere, ob sie mündlich oder schriftlich oder auch kombiniert zu praktizieren ist.

Der Vorteil der mündlichen Befragung kann darin bestehen, daß es zu einem persönlichen Kontakt zwischen den befragten Personen und dem Fragenden kommt. Ist dieser Kontakt positiv, dann wird er sich günstig auf die Befragung auswirken; ist er negativ, dann können sich bei den Befragten Hemmungen einstellen, die das Befragungsergebnis verzerren.

In der Praxis wird von vielen Möglichkeiten der mündlichen Befragung Gebrauch gemacht. Werden Wortlaut und Reihenfolge der zu stellenden Fragen von vornherein festgelegt, dann liegt eine standardisierte Befragung vor. Die Antworten können entweder offen oder durch vorformulierte Alternativen eingeschränkt gegeben werden. Die ausschließliche Verwendung offener Fragen, bei denen den Befragten die Formulierung der Antworten überlassen bleibt, wird auch als teilstandardisierte Befragung bezeichnet, und zwar auch dann, wenn der Wortlaut und die Reihenfolge der Fragen festgelegt ist. Der Fragende hat in diesem Fall die Möglichkeit, Ergänzungsfragen in Form von Sondierungsfragen zu stellen [1].

Die „nicht-standardisierte" Befragung, auch als Intensivbefragung oder als Tiefeninterview bezeichnet, kennzeichnet sich dadurch, daß völlig frei exploriert wird oder allenfalls der Fragende sich an einen Leitfaden als Gedächtnisstütze hält. Diese Form der Befragung setzt zwar nicht unbedingt, in der Regel jedoch voraus, daß der Fragende mit dem Gegenstand der Befragung sachkundig vertraut ist. Die für Investitionsentscheidungen großer Unternehmen zuständigen Personen lassen sich im freien Gespräch über die Anlässe und Ziele ihrer betrieblichen Investitionen nur mit Erfolg befragen, wenn sie bei dem Fragenden hinreichenden Sachverstand voraussetzen können.

Daß sich sowohl mit Hilfe standardisierter, teilstandardisierter und nicht-standardisierter mündlicher Befragungen verläßliche, insbesondere auch für die Nachprüfung von Hypothesen erforderliche Informationen gewinnen lassen, zeigt die Erfahrung. Über die Richtigkeit der Wahl einer dieser Methoden läßt sich nur von Fall zu Fall urteilen.

Wird es im Zusammenhang mit der Befragung einer Person über einen absatzwirtschaftlich relevanten Gegenstand für erforderlich gehalten, die Einstellungen potentieller Käufer zu bestimmten Gegenständen zu erfahren und werden zu diesem Zweck nicht-standardisierte Einzelbefragungen vorgenommen, bei denen sich hinsichtlich der Aussagebereitschaft und Aussagefähigkeit der befragten Personen Schwierigkeiten ergeben, kann es sich als zweckmäßig erweisen, die Exploration als Intensivbefragung, also mit tiefenpsychologischen Methoden durchzuführen. Dieses Vorgehen bedeutet aber unter den beschriebenen Voraussetzungen lediglich, daß zwar gewisse Methoden der Tiefenpsychologie angewandt werden, nicht aber, daß die Ziele der Exploration tiefenpsychologischer Art sind. Denn es geht in derartigen Fällen nicht um psychotherapeutische Aufgaben, sondern lediglich um das Bewußtmachen von Kaufmotiven, also um die Gewinnung von Aufschlüssen darüber, aus welchen Gründen sich ein Kaufender für diese oder jene Kaufalternative entscheidet. Die Methoden also, nicht die Gegenstände der Exploration, sind tiefenpsychologischer Art.

Ob und in welchem Maße derartige Intensivbefragungen vorgenommen werden sollten, läßt sich nicht allgemeingültig sagen. Es bleibt außerdem zu beachten, daß sich tiefenpsychologische Methoden ihres individuellen Charakters wegen nur in sehr begrenztem Maße auf ein repräsentatives Personengesamt anwenden lassen und daß der häufige Wechsel der Motivkonstellationen – sie können zum Zeitpunkt des Kaufentschlusses

---

[1] Vgl. hierzu auch SCHEUCH, E. K., Das Interview in der Sozialforschung, in: Handbuch der empirischen Sozialforschung, Stuttgart 1962; ANGER, H., Befragung und Erhebung, in: Handbuch der Psychologie, Göttingen 1969, Band 7 (1. Halbband), S. 507 ff.

ganz anders sein als zum Zeitpunkt des Interviews – den Wert einer solchen Befragung und ihres Ergebnisses stark beeinträchtigen kann.

Schriftliche Befragungen über absatzwirtschaftliche Tatbestände werden vor allem mit Hilfe von Fragebögen vorgenommen, die entweder mit der Post versandt oder persönlich überreicht werden. Im Fall postalischer Zusendung besteht im allgemeinen keine Gefahr, daß der Fragende die Antworten auf die gestellten Fragen zu beeinflussen vermag. Für den Fall persönlicher Überreichung der Fragebögen an die Befragten und der Ausfüllung der Bögen unter Aufsicht der die Befragung vornehmenden Personen läßt sich die Möglichkeit der Beeinflussung nicht ausschließen. Dieser Kontakt zwischen Fragenden und Befragten kann günstige, aber auch ungünstige Folgen für die Richtigkeit der Antworten haben.

Die Fragebögen selbst sind im allgemeinen Prototypen standardisierter Befragungen. In welchem Maße die durch Fragebögen gewonnenen Informationen repräsentativ und zuverlässig sind, ist wesentlich abhängig von der Formulierung und Reihenfolge der Fragen (mit Rücksicht auf die besonderen Umstände von Fragebogenerhebungen), von der Zuverlässigkeit der Ausfüllung der Bögen und von der Rücklaufquote.

Es gibt Befragungsgruppen mit wechselnden und für einen längeren Zeitraum konstant bleibenden repräsentativen Querschnitten. Diese Gruppen werden als Panels bezeichnet. Im Bereich der Marktforschung sind Befragungsgruppen mit gleichbleibendem Bestand an Befragten entweder Verbraucher- oder Handelspanels. Die Auskünfte der zu derartigen Panels gehörenden Personen oder Betriebe können schriftlich oder mündlich gegeben werden. Verbraucherpanels finden im allgemeinen für langperiodische Befragungen über den gleichen Befragungsgegenstand Verwendung. Die Befragungsgegenstände können aber auch wechseln. In diesem Fall besteht die Gefahr, daß Befragungsgruppe und Befragungsgegenstand nicht aufeinander abgestimmt sind. Die Schwierigkeiten, die die Gewinnung interessierter Personen für derartige Aufgaben bereitet, sind bekannt. Wichtiger aber ist die Tatsache, daß bei wiederholter Inanspruchnahme der Gruppe für Befragungszwecke Lernprozesse einsetzen, die die Eignung der Gruppen für Befragungen mindern. Die Wahrscheinlichkeit, daß diese als Paneleffekt bezeichnete Erscheinung eintritt, ist verhältnismäßig gering, wenn die Gruppe über quantitative Größen (zum Beispiel Geldausgaben für bestimmte Zwecke) zu berichten hat. Bilden aber Meinungen und Einstellungen der zur Gruppe gehörenden Personen den Gegenstand der wiederholt vorgenommenen Befragungen, dann können Lerneffekte zu starken Verzerrungen der Befragungsergebnisse führen.

In einigen Zweigen der Konsumgüterindustrie, zum Beispiel in der pharmazeutischen Industrie, haben Handelspanels große Bedeutung erlangt. In solchen Fällen setzen sich die in regelmäßigen Zeitabständen befragten Panels im wesentlichen aus Einzelhandelsbetrieben zusammen, die sich verpflichten, Aufzeichnungen über den Verkauf bestimmter Artikel zu machen. Die Aufzeichnungen werden durch Mitarbeiter des Außendienstes derartige Untersuchungen durchführender Firmen geprüft und aufbereitet. Eines der bekanntesten Unternehmen auf diesem Gebiet ist die A. C. Nielsen Company. Die zum Panel gehörenden Betriebe machen detaillierte Aufzeichnungen über die zu bestimmten Zeitpunkten in den Geschäften vorhandenen Produktbestände, über die Produktzu- oder -abgänge, die Verkaufspreise, die Zahl und Größe der verkauften Packungen u. ä. Die Angaben der befragten Betriebe sind so spezifiziert, werden im allgemeinen auch so genau kontrolliert, die Stichproben zudem so sachkundig vorgenommen, daß Hochrechnungen möglich sind. Sie ergeben die Marktanteile für die befragten Artikel und die Änderungen dieser Anteile im Zeitablauf, regional und nach Betriebsarten, und andere Informationen, die für die Herstellerunternehmen von großem Wert sein können.

Lassen sich die Bedingungen für die Befragung einer Gruppe bewußt und nach einem bestimmten Plan ändern, dann beruht die Informationsgewinnung auf der Vornahme von Experimenten. Ein solches Experiment kann zum Beispiel darin bestehen, daß verschiedene Entwürfe für Werbemittel durch die Gruppe getestet oder daß von einem Erzeugnis mehrere Ausführungen angefertigt und den Versuchspersonen zum Test vorgeführt werden. Die Gefahr derartiger Labor-Experimente resultiert vor allem daraus, daß bei den Herstellern der Eindruck erweckt wird, mit dem Votum der Befragten sei bereits über den Verkaufserfolg entschieden. Dem ist aber nicht so. Einmal würde in dem angedeuteten Fall die Frage offen bleiben, wie sich die Befragten entscheiden würden, wenn sie die Möglichkeit hätten, die von ihnen bevorzugte Ausführung mit ähnlichen Erzeugnissen der Konkurrenzunternehmen zu vergleichen. Zum anderen darf nicht unberücksichtigt gelassen werden, daß sich die befragten Personen in einer außergewöhnlichen Entscheidungssituation befinden. Denn die Versuchspersonen urteilen nicht als Konsumenten, die sich in einer konkreten Einkaufssituation befinden, sondern als Menschen, die gewissermaßen als Schiedsrichter in Sachen des allgemeinen Geschmacks oder als Personen mit besonderer Zuständigkeit für die Beurteilung des zu testenden Gegenstandes in Funktion treten. Insofern ist die Laborsituation „unnatürlich", verglichen mit „natürlichen" Kaufsituationen [1]. Im übrigen läßt sich dieses Verfahren nur bei Waren in niedrigen Preislagen durchführen. Gleichwohl vermögen Labor-Experimente wichtige Einblicke in die Verkaufsituation zu gewähren, denen sich herstellende Unternehmen gegenübergestellt sehen.

---

[1] Vgl. hierzu auch MEYER, P. W., Marktforschung, ihre Möglichkeiten und Grenzen, Düsseldorf 1957, S. 290 ff; ferner die Ausführungen bei OPITZ, L., Prognosen in der Marktforschung, Wiesbaden 1969, vor allem S. 49 ff.

Die mit den modernen Methoden der Marktforschung gewonnenen Erfahrungen haben gezeigt, daß, worauf schon aufmerksam gemacht wurde, die von den befragten Personen geäußerten Ansichten und Meinungen sich nicht immer mit den tatsächlichen Motiven ihres Kaufverhaltens decken. Diese merkwürdige Diskrepanz ist darauf zurückzuführen, daß die befragten Personen auf die von den Fragern gestellten Fragen antworten, indem sie sich die Situation, über die sie gefragt werden, bewußt machen und versuchen, rational zu begründen, was sie veranlassen würde, so oder so zu handeln. Die Marktforschung, hier insbesondere die Erhebung in Form von Befragungen, vermag also nur rationale und rationalisierte Wünsche und Vorstellungen zu ermitteln, nicht dagegen jene Beweggründe, die nicht Teil des reflektierenden Bewußtseins sind. In einer konkreten Kaufsituation können aber die emotionalen Momente so stark werden, daß sie die Kaufentscheidung dominierend bestimmen. Es ist also etwas anderes, ob ein Mensch über sein mögliches Kaufverhalten befragt wird, oder ob er sich in einer konkreten Situation zu entscheiden hat. Der ganze Mensch ist dann in Aktion, wie er leibt und lebt. Sein primitiver Kern redet bei solchen Gelegenheiten ein gewichtiges Wort mit [1]. Dabei ist davon auszugehen, daß die Befragten die von ihnen angegebenen Gründe als die wirklichen ansehen. Dieses instinktive und unwillkürliche Zurechtlegen vernünftiger Gründe für ein Verhalten, dessen wirkliche Motive den Menschen zum Teil unbewußt sind, wird als „Rationalisieren" bezeichnet. Aus diesem Grund verlangt vor allem im Konsumgütersektor die Marktforschung nach Methoden, die Rationales von Rationalisiertem trennen und damit zugleich irrationale Gründe aufspüren. Dieses Ziel verfolgt die Motivforschung, die auch die unbewußten Antriebskräfte des Kaufverhaltens offenzulegen bemüht ist. In diesem Sinne ist die Motivforschung ein Teil der modernen Marktforschung.

4 a) In der allgemeinen Absatzgleichung sind die Konkurrenzverhältnisse als Variable V_w enthalten. Unternehmen, die unter den Bedingungen marktwirtschaftlicher Systeme arbeiten, sehen sich ständig mit ihren Wettbewerbern um die Gunst der Käufer konfrontiert. Hierauf ist es zurückzuführen, daß die Unternehmen über die Konkurrenzverhältnisse relativ gut unterrichtet sind, sofern es sich um die Anzahl, Art, Betriebsgröße, technische Leistungsfähigkeit, Standorte, Verkaufsprogramme, Produktschwerpunkte, Absatzgebiete und die besonderen Verkaufsanstrengungen der Wettbewerber handelt. Diese und andere Merkmale der Konkurrenzsituation bedürfen jedoch einer speziellen Konkurrenzanalyse, wenn Produkte auf bis dahin wenig oder überhaupt nicht belieferten Märkten einzuführen in Erwägung gezogen wird oder wenn Erzeugnisse aus diversifikatorischen

---

[1] Vgl. hierzu HOLZSCHUHER, L. v., Praktische Psychologie, Seebrück 1949, S. 28 ff.

Gründen in die Verkaufsprogramme aufzunehmen beabsichtigt ist, von deren spezieller Konkurrenzsituation das Unternehmen nur wenig Erfahrung besitzt. In solchen und ähnlichen Fällen wird die Marktanalyse zu einer einmalig vorgenommenen Untersuchung der Aufnahmefähigkeit bestimmter räumlich abgegrenzter Märkte für ein bestimmtes Produkt. Die Kapazität eines solchen Marktes läßt sich nur ermitteln, wenn mit der Analyse der Konkurrenzsituation eine Bedarfsanalyse verbunden wird; also mit einer Untersuchung über die Größe, Richtung, Struktur des Bedarfs für das in Frage stehende Gut, über die Zahl und räumliche Verteilung der Bedarfsträger innerhalb regional abgegrenzter Markträume, über den Lebensstandard der Bevölkerung (Einkommensgröße, Einkommensschichtung, die wirtschaftlichen Grundlagen, die Lebensart, die Präferenzen und die Kaufgewohnheiten, die Stärke und Schichtung der wirksamen Nachfrage nach den Erzeugnissen des Wirtschaftszweigs, genauer: nach Erzeugnissen etwa der Art, wie sie das recherchierende Unternehmen herstellt oder herzustellen beabsichtigt). Untersuchungen der soeben als Kapazitätsanalysen beschriebenen Art, die sich also aus Analysen der Konkurrenz- und der Bedarfssituation, bezogen auf die Absatzchancen eines bestimmten Produkts in einem räumlich abgegrenzten und zeitlich fixierten Markt, zusammensetzen, sind „Marktanalysen" (ad-hoc) in dem speziellen Sinn dieses Wortes.

Reicht das sekundärstatistische Material zur Gewinnung von Informationen der beschriebenen Art nicht aus, dann müssen primärstatistische Erhebungen in Form von Befragungen vorgenommen werden. In solchen Fällen ist Marktanalyse eine Kombination zweier unterschiedlicher Methoden der Informationsgewinnung, der Aufbereitung von sekundärstatistischem Material und der Vornahme von Primärerhebungen.

4 b) Absatzpolitik ist weitgehend Marktanteilspolitik. Eine solche Politik setzt voraus, daß die Unternehmensleitung den Marktanteil des Unternehmens und die Anteile der Hauptwettbewerber kennt und über Änderungen dieser Größen laufend mit den erforderlichen Informationen versorgt wird. Mit Recht kann die Leitung eines Unternehmens von den mit Informationsaufgaben betrauten Abteilungen genaue Unterrichtung über die Veränderungen im Marktanteilsgefüge des Produktions- oder Geschäftszweigs verlangen. Denn die Maßnahmen der Konkurrenzunternehmen sind es, die die Marktstellung und damit den Marktanteil des Unternehmens bedrohen. Das Interesse an diesen Informationen erstreckt sich nicht nur auf genaue Unterrichtung über die zu einem bestimmten Zeitpunkt gegebene Konkurrenzsituation in den Hauptabsatzgebieten des Unternehmens, also auf Informationen über die Hauptkonkurrenten, ihr Ansehen und die Art und Intensität ihrer absatzpolitischen Anstrengungen, sondern auch auf die Wandlungen, die sich hier vollziehen. Die Ab-

satzpolitik verlangt laufende Beobachtung des Warenangebots der Konkurrenzunternehmen, rechtzeitige Kenntnis von Änderungen in diesem Angebot und seiner Präsentation, insbesondere der Preise, Rabatte, Produkteigenschaften und Sortimente, auch laufende Informationen über Art, Schwerpunkte und Termine der Werbung, der Vertriebsmethoden, der Lieferungs- und Zahlungsbedingungen und der Zeitpunkte, zu denen mit der neuen Situation gerechnet werden muß, auch der Gründe, die die gegnerischen Unternehmen veranlassen, ihre Absatztaktik zu ändern. So liegt das absatzpolitische Instrumentarium der gegnerischen Unternehmen ständig im Scheinwerferlicht der eigenen Marktforschung, hier der sich auf Zeiträume erstreckenden „Marktbeobachtung".

Für die Errechnung und Kontrolle des Marktanteils eines Unternehmens liefert in der Regel das sekundärstatistische Material, insbesondere die Verbandsstatistik, eine ausreichende Grundlage. Es gibt aber auch Industriezweige, die Informationen über Marktanteilsentwicklungen auf anderen Wegen, zum Beispiel mit Hilfe von Handelspanels erhalten. Das gilt für die Pharmazeutika oder Kosmetika herstellenden Industrien.

4 c) Die Grenzen der Gewinnung von Informationen über die Konkurrenzsituation und die Aktivitäten der Wettbewerbsunternehmen werden dann deutlich sichtbar, wenn es um die Informierung über die unternehmungs- insbesondere absatzpolitischen Maßnahmen geht, die die Wettbewerbsunternehmen planen, handele es sich dabei um initiierendes oder reagierendes Verhalten der Wettbewerber. Diese Unsicherheit bleibt. Sie ist durch kein Verfahren der Marktforschung zu beheben. Es mag Möglichkeiten geben, aus gewissen Verhaltensweisen der Konkurrenzunternehmen auf derartige Planungen dieser Unternehmen zu schließen, aber, wenn man von großen Projekten einzelner Unternehmen absieht, die in der Öffentlichkeit oder unter Fachleuten diskutiert werden oder von Verlautbarungen der Unternehmen selbst, in der Presse oder in Geschäftsberichten, bleiben der Informationsgewinnung hier Grenzen gesetzt, die im allgemeinen nicht überschritten, sondern respektiert werden.

5 a) Als vierte Variable enthält die allgemeine Absatzgleichung eine Größe, die als Trendvariable bezeichnet wurde (V_t). Diese Variable indiziert sowohl den Trend der allgemeinen wirtschaftlichen Entwicklung als auch die Trends der Produktions- oder Geschäftszweige, denen die Unternehmen angehören, und den Trend der wirtschaftlichen Entwicklung des Unternehmens selbst. Da unternehmungspolitische Entscheidungen im wesentlichen unter Unsicherheit getroffen werden, besteht ein besonders großes Interesse an Informationen über die voraussichtliche Entwicklung des eigenen Trends und der gesamtwirtschaftlichen Trends, in die die eigene Absatzentwicklung des Unternehmens auf so vielfältige Weise ver-

knüpft ist. Da diese Trends von dem Unternehmen in der Vergangenheit
erfahren sind, liegt es nahe, die Absatzentwicklung der zurückliegenden
Jahre daraufhin zu untersuchen, ob sich aus ihr nicht Schlüsse auf die voraussichtliche Absatzentwicklung in naher, aber auch in ferner Zukunft ziehen lassen. Für diese Zwecke bieten sich die Methoden der Zeitreihenanalyse an.

Wenn anzunehmen ist, daß das gesamte Einflußsystem, welches die
Struktur und das Niveau des Absatzes in der Vergangenheit, vor allem in
den letzten Jahren bestimmt hat, in der nahen oder auch in der ferneren
Zukunft mit in etwa gleicher Stärke und in der gleichen Richtung wirksam
werden wird, dann lassen sich die Methoden der Trendextrapolation mit
Aussicht auf Erfolg für Absatzprognosen des Unternehmens verwenden.
Das Verfahren beruht darauf, daß eine bestimmte Größe, hier der Absatz
des Unternehmens, lediglich als eine Funktion der Zeit betrachtet und so,
isoliert, aus ihren eigenen Vergangenheitswerten heraus in die Zukunft
projiziert wird. Die Trendextrapolation kann zu einem linearen, aber auch
zu einem exponentiellen, durch Logarithmusbildung leicht zu linearisie-
renden Funktionstyp führen. Nur im konkreten Fall läßt sich sagen, welcher Trendform der Vorzug zu geben ist. Grundsätzlich gebührt derjenigen Trendform der Vorrang, die den Verlauf der jeweils interessierenden
Variablen in der Vergangenheit, hier also die in den vergangenen Geschäftsperioden abgesetzten Produktmengen am besten beschreibt. Daß
ein Lineartrend nur für kurze Zeitspannen und nur als erste Annäherung
gelten kann, folgt aus der Tatsache, daß es für aus ökonomischen Größen
bestehende Zeitreihen keinen auf die Dauer anhaltenden linearen Trend
geben kann. Das gilt entsprechend für Exponentialtrends. Auch sie setzen
ein hohes Maß an Konstanz der Verhältnisse voraus, auf denen sie beruhen [1].

Die Trendextrapolation ist verhältnismäßig einfach vorzunehmen. Sie
wird deshalb auch häufig angewandt und hat viele Anhänger vor allem
auf dem Gebiet der demoskopischen Marktforschung, obwohl sie den Einfluß anderer Variabler als der Zeit auf die zu erklärende Variable unberücksichtigt läßt. Dieser Nachteil der Trendextrapolation wird solange in
Kauf genommen, als das Verfahren in den jeweils für zulässig erachteten
Grenzen liegende, befriedigende Resultate liefert.

---

[1] Hinsichtlich der mathematischen Einzelheiten der Verfahren sei auf die Lehrbücher der mathematischen Statistik hingewiesen, insbesondere auf GERFIN, H.,
Langfristige Wirtschaftsprognose, Tübingen/Zürich 1964; MERTENS, P., Prognose
im Rahmen unternehmerischer Entscheidungen, in: Schriften des Vereins für Soci-
alpolitik NF. Bd. 25, Berlin 1962, S. 201; ders., (Hrsg.), Prognoserechnung, Würzburg und Wien 1973; WEINHOLD-STÜNZI, H., Grundlagen wirtschaftlicher Absatzführung, Bern 1964; BIDLINGMAIER, J., Marketing Bd. I, Hamburg 1973, S 108 ff.;
NIESCHLAG, R., DICHTL, E., HÖRSCHGEN, H., Marketing. Ein entscheidungstheoretischer Ansatz, 7. Aufl., Berlin 1974, S. 340 ff.

Kurzfristige Absatzprognosen mit begrenztem Ziel benutzen die mit den bisher genannten Zeitreihenverfahren verwandten Methoden der gleitenden Durchschnittswerte und der exponentiellen Glättung.

Eine Prognose der zuerst genannten Art errechnet als Prognosewert den Durchschnitt einer bestimmten Anzahl von Vergangenheitswerten der Beobachtungsgröße. Damit wird unterstellt, daß diese Beobachtungsgröße keinen trendmäßigen Einflüssen unterliegt, der Prozeßverlauf also – von zufallsbedingten Störungen abgesehen – im wesentlichen konstant ist. Wenn das vorliegende Datenmaterial diese Voraussetzung hinreichend erfüllt, ergibt sich die Frage, wieviel Vergangenheitswerte jeweils zu berücksichtigen sind. Sie ist nur aus der konkreten Situation heraus zu beantworten. Wenn bei wiederholter Anwendung des Verfahrens der jeweils älteste Beobachtungswert durch den neuesten ersetzt wird, arbeitet das Verfahren mit „Gleitenden Durchschnitten"; der Zeitraum, aus dem die der Prognose zugrunde liegenden Beobachtungswerte stammen, gleitet also gewissermaßen als Zeitintervall mit konstanter Länge an der Zeitachse entlang.

Ein Nachteil der Methode der gleitenden Durchschnitte kann unter Umständen darin liegen, daß bei dieser Methode der jeweils älteste, noch berücksichtigte Beobachtungswert mit dem gleichen Gewicht wie der neueste in die Berechnung eingeht, und daß der nächstältere Wert unberücksichtigt bleibt. Diesen Einwänden kommt das Verfahren der „Exponentiellen Glättung" entgegen. In diesem Fall werden im Prinzip sämtliche verfügbaren Vergangenheitsdaten für die Prognose verwandt, jedoch wird ihnen ein um so geringeres Gewicht zugemessen, je weiter sie zurückliegen. Die Gewichtungsfaktoren, in denen die Zeit als Exponent auftritt (daher der Name des Verfahrens), haben eine recht einfache Struktur; sie hängen von einem einzigen Parameter ab, mit dessen Wahl der Anwender ausdrückt, welche Bedeutung er der allerjüngsten Entwicklung beimißt und in welchem Maße er die Vergangenheit zu berücksichtigen für richtig hält.

5 b) Zeitreihenanalysen der bisher erwähnten Art erklären die zu prognostizierenden Größen allein aus ihren Vergangenheitswerten. In Wirklichkeit sind die betrieblichen Zeitreihen, hier die Absatzmengen in der Vergangenheit, von einer Vielzahl von Größen abhängig. Sind für die Vergangenheit gute Korrelationen zwischen den relevanten Größen ermittelt worden, dann kann unter Umständen angenommen werden, daß sie auch für die Zukunft gelten werden. Die Prognose benutzt für diese Zwecke die Verfahren der Einfachregression und der multiplen Regression. Für Regressionen lassen sich lineare und nichtlineare Funktionstypen verwenden. Die multiple Regression hat den Vorzug, daß sie es ermöglicht, den Einfluß mehrerer als relevant angesehener Größen auf die zu erklärende Größe (hier: die Absatzmengen) zu ermitteln. Es muß jedoch die Bedingung

erfüllt sein, daß die erklärenden Variablen voneinander unabhängig sind [1].

Neben der Zeit als erklärender Variabler werden in der betrieblichen Praxis sowohl gesamtwirtschaftliche Größen als auch branchenspezifische Indikatoren für Prognosezwecke benutzt. Dabei ist es von wesentlicher Bedeutung, ob sich die in einer Regressionsgleichung einander gegenübergestellten Größen auf jeweils gleiche oder unterschiedliche Zeitabschnitte beziehen. Die Prognose bereitet dann verhältnismäßig geringe technische Schwierigkeiten, wenn der Absatz jeweils in einer funktionalen Abhängigkeit von Vergangenheitswerten der erklärenden Größen gesehen werden kann. Beziehen sich die erklärenden Größen in der Regressionsgleichung jedoch auf den gleichen Zeitabschnitt wie die zu erklärenden Größen (hier also auf den Absatz des Unternehmens), dann ist die Sicherheit, mit der die zu prognostizierende Variable vorausgeschätzt wird, abhängig von der Prognosegenauigkeit der ihren Wert bestimmenden Variablen, also zum Beispiel von der Genauigkeit der Prognosen des Bruttosozialprodukts, der privaten Bruttoinvestitionen, des Exportvolumens, der Preisentwicklung und anderer für die Prognose verwendbarer Größen. Je realistischer die Prognosedaten sind, um so sicherer sind die Prognosebefunde. Jedoch enthält die Berechnung und damit die Prognose derartiger Wachstumskurven stets viele Unsicherheiten.

Gesamtwirtschaftliche Daten lassen sich in betrieblichen Prognoserechnungen also nur mit Vorbehalten verwenden.

Die Erfahrungen, die mit den Methoden der Zeitreihenanalyse gemacht wurden, haben zu dem Ergebnis geführt, daß die Absatzentwicklung eines bestimmten Unternehmens mit den durchschnittlichen gesamtwirtschaftlichen Wachstumsraten in der Regel nicht genug korreliert ist, um annehmen zu können, der Trend dieser Wachstumsraten lasse als solcher bereits zuverlässige Prognosen über die voraussichtliche Absatzentwicklung eines Unternehmens zu. Die Bindung einzelwirtschaftlicher Absatzprognosen allein an gesamtwirtschaftliche Wachstumstrends stellt in der Regel eine zu große Vereinfachung der Prognosearbeit dar. Zwar vermag die relativ enge Korrelation zwischen Sozialprodukt und Stahlabsatz, um nur ein Beispiel zu nennen, wichtige Unterlagen für die allgemeine Entwicklungsrichtung der Stahlindustrie insgesamt und damit für die Schaffung der in absehbarer Zeit erforderlichen Roheisen- und Rohstahlkapazitäten einer Volkswirtschaft zu liefern. Planungen für die Errichtung von Hochöfen oder Stahlwerken können sich deshalb dieser Prognosen mit Erfolg bedienen. Für die Prognose der voraussichtlichen Entwicklung einzelner Walzwerkserzeugnisse läßt sich die gesamtwirtschaftliche Größe Sozialprodukt aber nicht verwenden. Für diese Prognose muß nach ande-

---

[1] Im einzelnen sei hier auf die Lehrbücher der mathematischen Statistik verwiesen.

ren gesamtwirtschaftlichen Größen gesucht werden, die sich für einzelbetriebliche Prognosen mehr eignen als der allgemeine Wachstumstrend des Sozialprodukts. Da zudem die Erzeugnisse der Eisen- und Stahlindustrie für eine Vielzahl von Verwendungen in Betracht kommen, ist das Augenmerk der einzelbetrieblichen Prognose vor allem darauf gerichtet, den voraussichtlichen Bedarf der Stahlverbraucher zu prognostizieren, um auf diese Weise zur Berechnung des künftigen Absatzes je Walzstahlerzeugnis zu gelangen [1].

Die Korrelation zwischen den Trends der Wachstumsraten des Sozialprodukts und der Produktion der elektrotechnischen Industrie ist von Huppert untersucht worden [2]. Er ist dabei zu dem Ergebnis gelangt, daß zwischen dem Sozialprodukt und der gesamten Produktion an elektrischen Erzeugnissen keine gleichbleibenden Wachstumsrelationen bestehen. Die Produktion elektrotechnischer Investitionsgüter (Inlandversorgung) hat zwar in den letzten Jahren in fast gleichbleibender Relation mit den gesamtwirtschaftlichen Bau- und Ausrüstungsinvestitionen zugenommen, jedoch haben sich die beiden Größen Bruttosozialprodukt und Anlageinvestitionen nicht gleichläufig entwickelt. Über das Sozialprodukt (und dessen Investitionsquote) lassen sich also die Anlageinvestitionen und speziell die Ausrüstungsinvestitionen nicht vorausschätzen. Damit scheidet eine unmittelbar an das Sozialprodukt angehängte Prognose der voraussichtlichen elektrotechnischen Investitionsvolumina aus. Dagegen besteht die Möglichkeit, die gesamtwirtschaftlichen Ausrüstungsinvestitionen selbständig vorauszuschätzen und die Elektroinvestitionen mit ihnen zu verknüpfen. Zwischen diesen beiden Größen besteht eine hinreichend enge Korrelation.

Ähnliche Verhältnisse weist die Prognosesituation auch in anderen Industrie- und Handelszweigen auf. Fast alle an der zukünftigen Entwicklung des Automobilmarktes interessierten Firmen, vor allem in den Vereinigten Staaten, in Großbritannien und in Deutschland, benutzen bei der Vorausschätzung des Absatzes und des künftigen Automobilbestandes gesamtwirtschaftliche Trends des Volkseinkommens. In intertemporären und internationalen Vergleichen lassen sich zwar eindeutige Korrelationen zwischen Sozialprodukt und Automobilkauf bzw. Automobilabsatz nachweisen. Es hat sich jedoch als unmöglich erwiesen, die Absatzvorausschät-

---

[1] Vgl. hierzu: GUTENBERG, E., Die Absatzplanung als Instrument der Unternehmensführung, in: Absatzplanung in der Praxis, Hrsg. E. GUTENBERG, Wiesbaden 1962, S. 285 ff. und die Beiträge, die sich in diesem Buch mit dem hier erörterten Problem beschäftigen, insbesondere hier die Beiträge von H. ULRICH, W. P. SCHMIDT, U. BRINKMANN und P. G. W. LADEWIG, H. BERTRAM, K. DIETZLER und G. SCHEVEN.

[2] HUPPERT, W., Zur Absatzentwicklung der elektrotechnischen Erzeugnisse, herausgegeben vom Zentralverband der Elektrotechnischen Industrie, e. V., Abteilung Volkswirtschaft und Statistik, Frankfurt (Main)-Berlin 1962.

zungen in den einzelnen Automobilfabriken unmittelbar an die Entwicklungstrends des Sozialprodukts anzuhängen. Vielmehr hat es sich gezeigt, daß sich nur dann hinreichend sichere einzelbetriebliche Prognosen vornehmen lassen, wenn die Wachstumstrends der Sozialprodukte durch andere gesamtwirtschaftliche Größen ergänzt werden, zum Beispiel durch Untersuchungen über den Automobilbestand in den einzelnen Einkommensklassen, über den Anteil der Ausgaben für die private Motorisierung an dem gesamten Haushaltseinkommen und über die künstliche Verkürzung der wirtschaftlichen Lebensdauer von Automobilen bei steigendem Wohlstand. Die Analysen lassen jedoch nur Schlüsse auf die vom Einkommen bestimmte obere Grenze der Motorisierung zu. Bei eintretender Marktübersättigung verliert diese Grenze an Bedeutung, da dann zunehmend andere Bedürfnisse in Konkurrenz zum Automobil treten. Bei der Prognose des Absatzes von Lastkraftwagen wird das Sozialprodukt mit dem gesamten inländischen Transportbedarf korreliert, der auf die Binnenschiffahrt, den Luftverkehr, die Eisenbahn und den Straßenverkehr entfällt. Aus diesen Größen läßt sich der künftige Bestand an Lastkraftwagen, unterteilt nach Gewichtsklassen, ermitteln.

Auch in der Landmaschinenindustrie führt das Anhängen der Prognose an den gesamtwirtschaftlichen Wachstumstrend zu keinen brauchbaren Ergebnissen. Die Investitionsneigung der Landwirte hängt weitgehend von ihrer Einkommensentwicklung, der betrieblichen Kostensituation, der staatlichen Agrarpolitik, den technischen Trends auf dem Landmaschinenmarkt und vielen anderen, vor allem auch von regionalen Umständen ab. Diese und andere gesamtwirtschaftliche Größen bilden die Grundlage für die Absatzvorausschätzungen auf diesem Gebiet der Industrie.

5 c) Besondere Voraussetzungen für die Vorausschätzung des zu erwartenden Absatzvolumens weisen solche Unternehmen auf, die branchenspezifische Indikatoren verwenden können. In diesem Fall besteht zwischen der als Indikator dienenden Größe und der Nachfrage nach den Produkten des Unternehmens eine besonders enge Beziehung. So beruhen zum Beispiel die Absatzpläne für Fernmeldegeräte auf den beabsichtigten, den Herstellerfirmen bekannten Investitionen, die die Bundespost im Bereich des Fernmeldewesens vorzunehmen beabsichtigt. Der zeitliche Abstand zwischen den Investitionen der Bundespost und dem Absatz der Geräte läßt sich unschwer ermitteln, ebenso die Anzahl der Apparate, die ein Hersteller nach seinem Marktanteil wird liefern können. Die Planungen der Bundespost sind in diesem Fall der Indikator und damit die Leitgröße für die Planung des Absatzes von Fernmeldegeräten.

Ähnliche Verhältnisse zeigen sich im Braunkohlenbergbau. Die Absatz- (und Produktions-)Planung der Braunkohlenbergwerke richtet sich fast ausschließlich nach den Planungen der energieerzeugenden Unternehmen. Sind diese Planungen bekannt, dann ist es nicht schwierig, die Absatzplanung bei den Braunkohlenbergwerken durchzuführen. Die Energieplanungen – den verantwortlichen Stellen in den Braunkohlenbergwerken weitgehend bekannt – bilden den Indikator für die Planungen der Braunkohlenbergwerke.

Derartige branchenspezifische Indikatoren lassen sich für viele Industriezweige und Unternehmen ermitteln. So besteht zum Beispiel zwischen Baugenehmigungen und dem Bedarf an Herden, Gasbadeöfen usf. eine verhältnismäßig enge Korrelation. Die Baugenehmigungen gehen dem Absatz von Gegenständen der beschriebenen Art zeitlich voraus. Die Erfahrung hat gezeigt, daß der Bedarf an derartigen Gegenständen mit der Zahl der genehmigten Bauvorhaben steigt und fällt. Baugenehmigungen können deshalb als Indikatoren für die voraussichtliche Entwicklung des Bedarfes an Gegenständen der erwähnten Art dienen. Die Absatzkurve der Gasbadeöfen usw. „folgt" der Kurve der Baugenehmigungen.

Indikatoren, die die Bewegungen des Absatzes eines Unternehmens „führen", können sich aus mehreren Indikatoren zusammensetzen. In einem bestimmten Falle haben sich die Auftragszugänge in verschiedenen Wirtschaftszweigen und auch sehr früh reagierende andere wirtschaftliche Indikatoren als besonders wertvoll erwiesen [1].

5 d) In einer besonders schwierigen Lage befinden sich Unternehmen, die Halbfabrikate produzieren. Angenommen, ein Unternehmen stelle Chemiefasern her. Die Webereien, an die das Unternehmen seine Garne liefert, verkaufen die Gewebe, in denen die Garne zu unterschiedlichen Teilen enthalten sind, an die verschiedenartigsten Abnehmer im In- und Ausland. Die Entwicklungen auf den Märkten der Fertigwaren sind es, die über den Absatz des Chemieunternehmens bestimmen. Über die Vorgänge auf diesen Märkten sind aber nur mit großen Schwierigkeiten Informationen zu gewinnen, wobei zu beachten ist, daß den Chemieunternehmen nicht oder nur unzureichend bekannt ist, auf welche Märkte die Waren gehen und welchen Bedarf sie decken. Es sind also die Trends der Fertigwarenmärkte, über die hinreichend genaue Informationen vorliegen müßten, wenn die Absatzerwartungen des Chemieunternehmens hinreichend genau präzisiert werden sollen. Hier werden die Schwierigkeiten und wohl auch gewisse Grenzen der Informationsgewinnung für Absatzvorausschätzungen der Unternehmen sichtbar. Das Problem ist nicht prinzipiell unlösbar. Es bedarf jedoch besonders großer Anstrengungen, ein Maß an Informationsgenauigkeit zu erreichen, das die Informationen für die Absatzprognosen verwendbar macht.

---

[1] AMA-Schriftenreihe, Band III, Düsseldorf 1959, S. 135 ff.

Viertes Kapitel

Die Absatzplanung

1. Planungszeiträume.
2. Die Ermittlung langfristiger Planwerte.
3. Merkmale der mittelfristigen Absatzplanung.
4. Merkmale der kurzfristigen Absatzplanung.
5. Absatzplanung in Form eines Modells der Linearen Programmierung.
6. Simulationsmodelle als Planungshilfen.

1. Die Absatzplanung ist ein Instrument aktiver Unternehmungspolitik. Den Absatz planen, bedeutet deshalb nicht nur, den voraussichtlichen Absatz für einen bestimmten Zeitraum zu schätzen, sondern bewußt gestaltend auf die mit Maßnahmen des Unternehmens erreichbaren Absatzeinflußgrößen einzuwirken, um die Ziele zu verwirklichen, die die Unternehmensleitung für erstrebenswert und realistisch hält. Die Absatzziele selbst setzt und verantwortet die Unternehmensleitung nach Maßgabe ihrer Beurteilung der Lage des Unternehmens und der gesamtwirtschaftlichen Situation. Aber die Ziele müssen mit den Mitteln und Möglichkeiten abgestimmt sein, über die die Unternehmen verfügen. Diese Abstimmung vollzieht sich als ein oft langwieriger und komplizierter Prozeß, weil Absatzplanungen, vor allem solche langfristiger Art, mit den Investitions-, Entwicklungs-, Produktions-, Finanz- und Gewinnplanungen eng verbunden sind. Nur diese Planungen zusammen geben Aufschluß darüber, wie sich die Unternehmensleitung die Zukunft des Unternehmens denkt und wie sie diese Zukunft zu realisieren beabsichtigt.

Der Planungszeitraum erstreckt sich von dem jeweils heutigen Planungszeitpunkt bis zu dem Planungshorizont, also jenem Zeitpunkt, der sinnvolle, realistische Planungen zuläßt. Planungen, die ein Unternehmen für solche Zeiträume vornimmt, werden als langfristige, auch als strategische Planungen bezeichnet. In diesem Sinn ist die langfristige Absatzplanung ein Teil der langfristigen Planungskonzeption des Unternehmens überhaupt. Langfristige Absatzplanung operiert, falls die Lage sich so ergibt, mit gegenüber dem gegenwärtigen Zustand veränderten Betriebs- und Vertriebskapazitäten, mit verbesserten oder neu entwickelten Technologien, gestrafften oder erweiterten Produktprogrammen, mit neuen Modellen, Absatzräumen, Konkurrenzsituationen und Umweltbedingungen. Die Ziele, die diese Planung anstrebt, sind mehr Richtwerte, in Bandbreiten gehalten und flexibel. Sie unterliegen ständig der Kontrolle und Korrektur durch neue Informationen gesamt- oder branchenwirtschaftlicher, technischer und unternehmensspezifischer Art.

Das zeitliche Intervall, das der langfristigen Absatzplanung in den Unternehmen jeweils zugrunde liegt, bleibt in der Regel unverändert. Aber es bewegt sich auf der Zeitachse der planenden Vorausschau des Unternehmens und ist dem jetzigen Planungszeitpunkt stets um das festgelegte Zeitintervall voraus.

Der Zeitraum der langfristigen Absatzplanung setzt sich aus mehreren Planungsperioden zusammen. Für jede dieser Perioden sind die Ziele bestimmt, die in ihr erreicht werden sollen. Es sind gewissermaßen transitorische Ziele auf dem Weg zur Realisierung der absatzpolitischen Langfristplanung. Je näher eine Planungsperiode am Anfang des gesamtperiodischen Planungszeitraums liegt, um so konkreter werden die Ziele, die in ihr mit den für sie vorgesehenen Mitteln erreicht werden sollen. Je weiter entfernt die Teilperiode von dem jeweiligen Planungsanfang entfernt ist, um so mehr haben die in ihr enthaltenen Planwerte den Charakter globaler Größen. Jede zeitliche Einteilung der Absatzplanung, wie sie in den Begriffen der lang-, mittel- und kurzfristigen Absatzplanung zum Ausdruck kommt, ist deshalb willkürlich.

Die mittelfristige Absatzplanung kennzeichnet sich vor allem dadurch, daß sie ihre Planwerte,abgestimmt mit den Zielwerten der Langfristplanung, auf der Grundlage jeweils gegebener betriebstechnischer Kapazität und gegebener Elastizität der Produktionseinrichtungen festlegt und daß ihre Planungsaktivität im wesentlichen auf den Einsatz des absatzpolitischen Instrumentariums beschränkt ist. In diesem Sinn wird in der Literatur auch von operativer Absatzplanung gesprochen.

Die Ziele der kurzfristigen Absatzplanung sind in der Regel zugleich Sollvorgaben für die zu erbringenden Verkaufsleistungen. Sie dienen zugleich der Kontrolle eben dieser Leistungen. In diesem Sinne besitzen die kurzfristigen Absatzplanungen mehr den Charakter von gegenwärtig praktizierten Verkaufsplänen.

Während des gesamten Planungszeitraums unterliegen alle Planwerte, sowohl die lang- wie auch die mittelfristigen, wie auch die kurzfristigen, der Überprüfung; und zwar nach Maßgabe der Verkaufserfahrungen des Unternehmens selbst, des Zugangs an neuen Informationen über die für das Unternehmen relevanten Absatzeinflußgrößen und der Korrekturen, die die Unternehmens- oder Vertriebsleitung an den Planwerten vornimmt, wenn ihr derartige Änderungen aufgrund neuerer Entwicklungen und Erkenntnisse notwendig erscheinen. So werden die Planwerte laufend an die neuen Informationsergebnisse angepaßt. Für derartige Aktualisierungen bietet die Verwendung elektronischer Rechenanlagen besonders günstige Voraussetzungen. Von den sich hier bietenden Möglichkeiten wird in ständig zunehmendem Maße Gebrauch gemacht.

2 a) Der Satz, daß Politik die Kunst des Möglichen sei, gilt auch für die Politik, die die Leitung eines Unternehmens auf kurze und auf lange Sicht zu treiben gedenkt. Von der Stärke der eigenen Position, den ökonomischen Umweltbedingungen und dem Geschick ihres taktischen Vorgehens hängt es ab, in welchem Maße es der Unternehmensleitung gelingt, ihre absatzpolitischen Zielvorstellungen durchzusetzen. Es gibt Zeiten und Situationen, die die Entfaltung starker absatzpolitischer Energie verlangen, aber auch Zeiten, die es zweckmäßig erscheinen lassen, hinhaltend zu operieren und abzuwarten, wie sich die Dinge entwickeln werden. Es ist also Sache der Unternehmensleitung zu bestimmen, ob der Marktanteil erweitert oder nur gehalten werden soll, welche Maßnahmen ergriffen werden sollen, um ein weiteres Absinken des Absatzes zu verhindern und drohenden Gefahren zu begegnen. Die Unternehmensleitung hat darüber zu bestimmen, ob die Planung auf schnelle Realisierung von Gewinnen abgestellt werden soll oder ob es die Lage des Unternehmens zuläßt, auf kurzfristige Gewinnrealisierungen zu verzichten, um später um so günstiger prozedieren zu können.

Die Unternehmenspolitik der Geschäftsleitung ist es, die in der langfristigen Absatzplanung ihren Niederschlag oder ihren Ausdruck findet. Wie sie im Augenblick ihre Nah- und Fernziele setzt, wie zu operieren sie taktisch für richtig befindet, hängt allein von ihrer Lagebeurteilung und den Vorstellungen ab, die sie von der Zukunft des Unternehmens hat. Die Unternehmungspolitik ist die Voraussetzung der Absatzplanung. Nicht die Planung, sondern die Unternehmensleitung formuliert die Absatzziele. Die langfristige Absatzplanung ist lediglich ein Instrument der Unternehmungspolitik auf weite Sicht.

Es gibt Unternehmen, die diesen Planungen nur in gewissen Grenzen einen exakten zahlenmäßigen Ausdruck zu geben vermögen. Vor allem handelt es sich hierbei um auftragsorientierte Unternehmen. Das sind solche Unternehmen, die erst dann zu fabrizieren beginnen können, wenn die Kunden die Aufträge erteilt haben. Die Unternehmen produzieren nicht eigentlich für einen Markt, sondern „auf Bestellung". Aus diesem Grunde können sie weder einen langfristigen Absatzplan mit fest vorgegebenen Absatzzielen noch einen detaillierten kurzfristigen Verkaufsplan aufstellen. Eine solche Lage schließt langfristige Absatzplanung nicht grundsätzlich aus, nur nimmt diese Planung unter solchen Umständen die Form einer allgemeinen Direktive oder eines allgemeinen Programms an, das keine spezifizierten und terminierten Absatzvorstellungen enthält.

Andere Unternehmen planen mehr den Einsatz der absatzpolitischen Mittel und legen so die absatzpolitische Taktik auf nahe, aber auch auf weitere Sicht fest, und zwar in der Regel nach eingehenden und systematischen Untersuchungen der absatzpolitischen Möglichkeiten. Aber sie bestimmen nicht eigentlich die Absatzziele, das heißt die Absatzvolumina, die zu den angegebenen Zeitpunkten erreicht werden sollen.

Die Unternehmen mit praktizierter lang-, mittel- und kurzfristiger Absatzplanung stehen hier im Mittelpunkt des Interesses.

2 b) Zunächst: Wie kommen die Zielwerte für langfristige Absatzplanungen zustande? Sie stammen wesentlich aus den Vorstellungen, die der unternehmungspolitischen Konzeption der Unternehmensleitung zugrunde liegen. Die Konzeptionen selbst aber sind einmal das Ergebnis der Informationen über die Absatzeinflußgrößen, welche das Absatzniveau des Unternehmens und seine Tendenz bestimmen, zum anderen das Ergebnis der eigenen Mittel und Möglichkeiten, über die das Unternehmen verfügt, sich bietende Absatzchancen auszunutzen und sich abzeichnenden Gefahren zu begegnen. Diese Möglichkeiten sind von Unternehmen zu Unternehmen verschieden. Sie schwanken auch im Zeitablauf. Die Stellung eines Unternehmens im Markt, seine Marktanteile, die Marktsegmente, die es beliefert, sein Image und das seiner Erzeugnisse, sein technisches Potential, die Anpassungsfähigkeit seiner Produktionseinrichtungen an notwendig werdende Umstrukturierungen im Absatzprogramm, seine finanzielle Kapazität, – diese und andere Faktoren sind bestimmende Größen für das Maß, in dem das Unternehmen seinen prognostizierten absatzpolitischen Spielraum ausnutzen kann. So sind die Planwerte von Langfristplanungen im absatzwirtschaftlichen Raum die Resultante aus den Informationen über die zu erwartenden Entwicklungen in den Produktbereichen, die jeweils planerisch interessieren, und der eigenen Lagebeurteilung.

Da die absatzwirtschaftliche Langfristplanung Teil der unternehmungspolitischen Gesamtplanung ist, ihre Planwerte also nicht ohne Rekurs auf die ihr gleichgeordneten und mit ihr in Wechselwirkung stehenden langfristigen Produktions-, Entwicklungs-, Beschaffungs- und Finanzplanung verständlich sind, setzt sich auch in der Praxis der langfristigen Absatzplanung der Grundsatz der Simultaneität der Planung immer mehr durch. Der Begriff „simultan" ist dabei nicht im spezifisch mathematischen Sinn zu verstehen, vielmehr in dem Sinn, daß die betrieblichen Interdependenzen und Rückkoppelungen bei der Erarbeitung der Planwerte in höchstmöglichem Maße berücksichtigt werden. Planungsprozeduren dieser Art finden in Großbetrieben Anwendung.

Langfristplanungen mit sukzessiver Planungsprozedur gehen dagegen Schritt für Schritt vor. Kotler beschreibt sie so: „Die langfristige Planung legt demgemäß zunächst markt- und produktbezogene Ziele fest, in einem nächsten Schritt folgt daraufhin die Kapazitäts- und Finanzplanung" [1].

---

[1] KOTLER, Ph., Marketing Management: Analysis, Planning and Control, 2.ed. Englewood Cliffs, N. Y. 1972, deutsche Übersetzung Stuttgart 1974, S. 362.

Unternehmungen, die in den Grenzen des praktisch Möglichen die langfristigen Absatz-Planwerte simultan, und nicht, wie soeben angegeben sukzessiv zu erarbeiten bestrebt sind, gehen etwa so vor:

Der Planungsprozeß wird eingeleitet, indem die Unternehmensleitung der Verkaufsleitung, der Betriebsleitung, der Finanzleitung und anderen an dem Planungsvorhaben beteiligten Abteilungen den Auftrag gibt, Erwägungen darüber anzustellen und Vorschläge auszuarbeiten, welche absatzpolitischen, betriebstechnischen und finanziellen Aktivitäten notwendig sein werden, wenn das Absatzvolumen des Unternehmens zu bestimmten Zeitpunkten eine bestimmte Größenordnung erreichen soll.

Welche Maßnahmen würden also nach Ansicht der Vertriebsleitung zu ergreifen sein, wenn der Absatz eines bestimmten Erzeugnisses oder einer bestimmten Erzeugnisart, der zum gegenwärtigen Zeitpunkt x_0 beträgt, nach einer bestimmten Zeit (zum Beispiel nach drei Jahren) x_1 oder x_2 oder x_3 erreichen soll. Da diese Absatzzahlen noch nichts über die absatzpolitische Aktivität des Unternehmens aussagen, müßte noch hinzugefügt werden, ob mit den Absatzalternativen x_1, x_2, x_3 eine Erweiterung oder nur eine Erhaltung des Marktanteils beabsichtigt ist. Die Alternativen könnten auch so lauten: Welche absatzpolitischen Maßnahmen müssen ergriffen werden, wenn der Rückgang des Absatzes oder die Schrumpfung des Marktanteils bei x_{r1} oder x_{r2} gestoppt werden soll?

Der Verkaufsleitung wird damit zugleich aufgegeben – so sei angenommen – auch darüber zu berichten, in welchem Umfang Investitionen im Absatzbereich vorgenommen werden müßten, welche Vertriebskosten bei den Alternativen x_1, x_2, x_3, x_{r1}, x_{r2} entstehen würden, welche Erlöse diesen Alternativen zuzuordnen wären. Diese Aufgabe konkretisiert sich im Absatzbereich zu der Frage: Welcher Gebrauch soll von dem absatzpolitischen Instrumentarium gemacht werden, wenn die zu überprüfenden Ziele erreicht werden sollen?

Angenommen, der hierfür zuständigen Abteilung wird nun wiederum von der Vertriebsleitung der Auftrag erteilt, Untersuchungen darüber anzustellen, ob und wieviel neue Verkaufsniederlassungen, autorisierte Händler, Reisende oder Vertreter erforderlich sind, wenn im Zusammenhang mit anderen absatzpolitischen Maßnahmen der Absatz auf der bisherigen Höhe gehalten oder ein weiteres Absinken vermieden oder der Absatz von gegenwärtig x_0 auf x_1, x_2 oder x_3 gesteigert werden soll.

Der Absatz läßt sich im positiven Sinne beeinflussen, wenn zum Beispiel in einem bisher noch wenig belieferten Gebiet (im In- oder Ausland) neue Niederlassungen errichtet oder 50 neue Vertreterbezirke geschaffen würden. Die Absatzanstrengungen könnten auf diese Weise intensiviert werden, denn die Zahl der Kundenbesuche ließe sich erhöhen und bisher vernachlässigte Käuferbezirke wären intensiver zu bearbeiten. Ähnliche Überlegungen gelten für den Fall, daß eine Änderung der Absatzwege erwogen wird. Ein Markenartikelunternehmen verkauft bisher 50% seines Umsatzes im Direktabsatz an den Einzelhandel und 50% im indirekten Absatz über den Großhandel. Im Rahmen der Planungsüberlegungen, von denen hier die Rede ist, wird überprüft werden, ob sich nicht ein besseres Ergebnis erzielen läßt, wenn die Proportion zwischen direktem und indirektem Absatz geändert wird. Mit diesen Fragen steht die Organisation, Lokalisierung und Errichtung von Auslieferungslägern in engstem Zusammenhang.

Die Überlegungen könnten im Beispiel zu diesem Ergebnis führen: Wenn 20% der verlangten Absatzsteigerung x_1 allein durch vertriebsorganisatorische Maßnahmen der geschilderten Art bewirkt werden sollen, dann würde es erforderlich sein, in der Stadt X eine oder in dem Lande Y mehrere Niederlassungen zu errichten, die in einer bestimmten Weise ausgestattet und organisiert sein müßten. Außerdem wäre die Zahl der den Reisenden oder Vertretern zuzuteilenden Bezirke um 20 zu erhöhen, an den Orten M, N, O, P müßten Auslieferungsläger eingerichtet werden. Die Bezüge der Reisenden oder Vertreter müßten überprüft und die Fixa, die Provisionen und die Leistungsprämien neu geregelt werden.

Es ist nicht nötig, eingehend auszuführen, daß diese Vorschläge auf bestimmten Annahmen darüber beruhen, wie sich die Zielgruppe der Käufer zusammensetzt und wie sich Käufer und Konkurrenten verhalten werden, wenn die Vorschläge durchgeführt werden sollten. Die für die Ausarbeitung der Vorschläge zuständigen Personen werden nach Maßgabe der ihnen zur Verfügung stehenden Informationen und nach Maßgabe ihrer Erfahrung und Sachkenntnis überlegen, welche Gegenmaßnahmen die Konkurrenzunternehmen wahrscheinlich ergreifen werden, wenn die Aktionen des planenden Unternehmens bekannt werden. Auf diese erwarteten gegnerischen Maßnahmen werden sie gedanklich die eigenen Maßnahmen abstellen, und sie werden überlegen: Wenn wir die Maßnahme a ergreifen, welche Maßnahmen b_1 oder b_2 oder b_3 stehen den Konkurrenzunternehmen zur Verfügung, welche werden sie ergreifen, und wie werden wir den gegnerischen Reaktionen begegnen? Das ganze Feld der alternativen eigenen und gegnerischen Möglichkeiten muß also durchdacht werden, und zwar unter Berücksichtigung alternativer Trenderwartungen. Man wird diejenigen Konstellationen auswählen und dem vorläufigen Planungskalkül zugrunde legen, die für am meisten wahrscheinlich gehalten werden. Die Forderung nach Elastizität der Planung verlangt, daß auch für Möglichkeiten Vorsorge getroffen wird, die für wenig wahrscheinlich angesehen werden.

Auf die soeben geschilderte Weise werden die Vorschläge zustande kommen, die den Planungsbeitrag der mit diesen Spezialaufgaben betrauten Stellen darstellen.

In ähnlicher Weise werden Überlegungen im Zusammenhang mit der
Frage angestellt, welchen Beitrag Änderungen oder Verbesserungen des
Warenangebotes zur Stabilisierung oder Erhöhung des Absatzes leisten
können. Diese Überlegungen mögen zum Beispiel zu dem Ergebnis geführt haben: Wenn allein durch Änderung der Produkt- und Sortimentsgestaltung ein bestimmter Prozentsatz (zum Beispiel 30%) der verlangten
Absatzsteigerung erreicht werden soll, dann ist es erforderlich, daß die bisherigen Modelle erhebliche Verbesserungen erfahren, vielleicht eine völlig
neue Modellgeneration geschaffen wird. Die Herstellung bestimmter Baumuster oder Artikel sollte eingestellt werden und bestimmte neue Erzeugnisse sollten unter Umständen in einer niedrigeren Preislage und zu bestimmten Zeitpunkten verkaufsbereit sein. Die Verbesserungen der Produkteigenschaften können zum Beispiel darin bestehen, daß besseres Material genommen wird (bei der Herstellung von Lederkoffern u. ä.), bessere Zutaten verwandt werden (bei der Anfertigung von Kleidungsstücken
u. ä.), bisher gesondert berechnetes Zubehör in die Listenpreise einbezogen oder maschinelle Verbesserungen vorgenommen werden (in der Auto-
mobilfabrikation) oder die Markierung, Aufmachung oder Verpackung
geändert wird (bei der Herstellung von Markenartikeln u. ä.). Wird die
Einstellung der Fabrikation bestimmter Erzeugnisse verlangt und/oder
gefordert, daß neue Modelle zu bestimmten Preisen und Zeiten hergestellt
werden, dann greifen die Vorschläge in das produktionstechnische Gefüge
des Unternehmens über.

Wie immer diese Dinge im einzelnen liegen – alle Vorschläge beruhen
auf Erwartungen über die voraussichtliche Reaktion der Kunden und
Konkurrenten auf die neuen oder verbesserten Erzeugnisse. In den einzelnen Produktionszweigen liegen die Dinge in dieser Hinsicht verschieden.
Es gibt Produktionszweige, deren Erzeugnisse verhältnismäßig ausgereift
sind. In diesen Fällen werden schnelle Reaktionen der Konkurrenz auf eigene Änderungen des Warenangebotes kaum zu erwarten sein. Aber es
gibt Wirtschaftszweige, in denen der Prozeß der Produktgestaltung noch
nicht abgeschlossen ist. Unter solchen Umständen müssen die Unternehmen damit rechnen, daß die Konkurrenzbetriebe an Neukonstruktionen
oder Rezeptverbesserungen arbeiten. Alle Unternehmen beziehen in ihre
Planungen solche Überlegungen ein. Die Kenntnis dieser Dinge ist oft viel
genauer, als man gemeinhin anzunehmen geneigt ist. Dennoch sind Über-
raschungen nicht selten. Gerade also in Industriezweigen, in denen der
Wettbewerbskampf vornehmlich mit den Mitteln der Qualitätskonkurrenz
ausgefochten wird, bilden die erwarteten Verbesserungen der gegnerischen
Erzeugnisse oder neue Erzeugnisse der Konkurrenz ein – wenn auch besonders unsicheres – Datum der eigenen Absatzplanung.

Solange man sich im Stadium der Vorerwägung befindet, werden gedanklich alle Möglichkeiten des Kundenverhaltens und des gegnerischen

Verhaltens durchprobt. Befragungen, Experimente, Tests sind die gerade in diesem Teil der Absatzplanung mit besonderer Vorliebe benutzten Instrumente der Marktaufhellung. Gleichwohl bleibt es auch hier bei der mit keinem Verfahren vollständig überwindbaren Unsicherheit über das Verhalten der Käufer und Konkurrenten, und immer wieder wird in solchen Zusammenhängen die Frage diskutiert: Kommt es überhaupt zu Gegenmaßnahmen der Konkurrenten? Wenn wir diese Maßnahmen ergreifen, welches sind die voraussichtlichen Gegenmaßnahmen der Konkurrenz, wie werden wir ihnen begegnen? Einmal aber müssen die vielen Überlegungen, Befragungen und Absicherungen zu einem Ende kommen. Es bleibt dann nur übrig, sich über die wahrscheinlichsten Reaktionen der Käufer und der Konkurrenten ein endgültiges Urteil zu bilden und das verbleibende Risiko durch eine entsprechende Plangestaltung abzufangen.

Vor die gleiche Aufgabe wird die Werbeabteilung gestellt. Auch sie muß auf die Frage antworten: Welche Werbestrategien werden langfristig notwendig sein, wenn der Absatz jeweils um den vorgegebenen Betrag gesteigert werden soll? Genauer gesagt, wenn der Absatz in einer Zeiteinheit um Δx_1, Δx_2 oder Δx_3 gesteigert werden soll – welche Werbekonzeptionen sind erforderlich, wenn zum Beispiel 30% dieser Absatzsteigerung allein durch Werbemaßnahmen bewirkt werden soll? Diese Aufgabe gliedert sich innerhalb der Werbeabteilung in viele Spezialfragen auf. Zum Beispiel wird man sich fragen: Sind neue Werbekonzeptionen nötig, welche Medienkombination wird am zweckmäßigsten sein, um welche Beträge wird der Werbeetat erhöht werden müssen, wenn die verlangte Werbeleistung erfüllt werden soll?

Schwer nur sind die Chancen gerade auf diesem Gebiete abzuschätzen, denn die gleichen Werbekampagnen können zu verschiedenen Zeiten sehr unterschiedliche Erfolge haben. Aber die Aufgabe bleibt gleichwohl bestehen, und in dem vorsichtigen Abtasten möglicher Werbewirksamkeit und möglicher Werbeaktionen und Gegenaktionen gilt es, sich darüber schlüssig zu werden, welche Werbekonzeptionen die größte Aussicht versprechen, die zu überprüfenden Ziele zu erreichen.

Nicht anders liegen die Dinge, wenn im Rahmen der hier erörterten Planungsüberlegungen Erwägungen über die vorteilhaftesten Preise der Erzeugnisse oder Waren angestellt werden. Wäre die Elastizität der Nachfrage bekannt, bestünden keine unlösbaren Aufgaben. Wie die Dinge aber nun einmal liegen, bleibt nichts anderes übrig, als die alternativen Preis-Absatzmöglichkeiten zu durchdenken und nach Maßgabe des vorhandenen Informationsstandes, der Erfahrung und der Einsicht in die gegenwärtige Lage und der erreichbaren Voraussicht in die kommenden Dinge zu einer Entscheidung zu kommen, etwa derart: Wenn der Beitrag preispolitischer Maßnahmen an der verlangten Absatzerhöhung zum Beispiel 20% betragen soll, dann müssen die Produktpreise und die Händlerrabatte in der vorgeschlagenen Höhe angesetzt werden. Auch hier müssen die Überlegungen, gegebenenfalls auch die Vorschläge, das weite Feld alternativer Möglichkeiten abtasten und die Alternativen im Planungskalkül berücksichtigen.

Die Untersuchungen münden nunmehr in die Frage ein, welche Vertriebskosten zusätzlich entstehen, wenn x_1 oder x_2 oder x_3 oder irgendein anderes x_i erreicht werden soll? [1] Hierbei kann es sich um erhöhten Werbeaufwand, um Kosten der Produktverbesserung, um erhöhten Aufwand für Außenorganisation, um höhere Rabatte, Preisermäßigungen u. ä. handeln. Die Untersuchungen der in diesem Fall als Experten fungierenden Verkaufsabteilungen haben also zur Aufgabe, jedem zur Begutachtung vorgelegten langfristigen Absatzziel bestimmte Schätzwerte für Kombinationen der absatzpolitischen Instrumente zuzuordnen und es mit Angaben darüber zu versehen, welche Vertriebskosten voraussichtlich im Zusammenhang mit dem für erforderlich gehaltenen Mitteleinsatz entstehen. Mit dieser, so ließe sich sagen, Stellungnahme der Vertriebsleitung sind wichtige Unterlagen für die Entscheidungen geschaffen, die die Unternehmensleitung später zu treffen hat.

2 c) In ähnlicher Weise kann sich die Betriebsleitung vor die Aufgabe gestellt sehen, Überlegungen darüber anzustellen, welche Maßnahmen erforderlich sein werden, wenn die Produktion bis zu bestimmten Zeitpunkten auf bestimmte Mengen gesteigert werden soll, und welche Kosten diese Mengen verursachen. Die Betriebsleitung hat also zu erwägen und darüber Untersuchungen anzustellen, welcher zusätzliche Bedarf an Gebäuden, maschineller Ausrüstung, Werkstoffen, Arbeitskräften, Entwicklungseinrichtungen u. ä. notwendig sein würde, wenn das Produktionsvolumen, das zum gegenwärtigen Zeitpunkt w_0 betragen mag, auf w_1 oder w_2 oder w_3 erhöht werden soll. Wird eine Einschränkung des Produktionsumfangs verlangt, dann sind Überlegungen darüber anzustellen und Vorschläge auszuarbeiten, aus denen hervorgeht, wie sich die Betriebsleitung die Produktion auf dieser Grundlage denkt.

Die Berechnungen müssen nicht nur für alternative Produktionsvolumina, sondern auch für unterschiedliche Produktionsprogramme durchgeführt werden, die dann aber der Betriebsleitung von der Geschäftsleitung vorzugeben sind.

Besteht Klarheit über die technischen Voraussetzungen für die Produktionsvolumina w_1, w_2 und w_3 – unter Berücksichtigung alternativer

---

[1] Vgl. über die Möglichkeiten, die die Deckungsbeitragsrechnung für diese Zwecke gewährt. RIEBEL, P., Die Deckungsbeitragsrechnung als Instrument der Absatzanalyse, in: Absatzwirtschaft, Hrsg. B. HESSENMÜLLER und E. SCHNAUFER, Baden-Baden 1964, S. 595 ff.; GERTH, E., Probleme der Absatzkostenrechnung, in: Betriebswirtschaftliche Forschung und Praxis Jg. 1969, S. 692 ff.; THIELE, H.-H., Das System der mittelfristigen Absatzpolitik, Würzburg-Wien 1974, S. 51 ff.

Produktionsprogramme –, dann ist weiter zu klären, welche Kosten entstehen werden, wenn w_1, w_2 oder w_3 produziert werden sollen. Sind die Mengen w_1, w_2 oder w_3 mit den bisherigen Produktionseinrichtungen nicht herzustellen, müssen Betriebserweiterungen vorgenommen werden. Im allgemeinen bereiten die Schätzungen der voraussichtlich entstehenden Produktionskosten keine allzu großen Schwierigkeiten, wenn sich der Produktionsmittelbestand aus einer großen Zahl verhältnismäßig kleiner Maschinen zusammensetzt, zum Beispiel aus Drehbänken, Webstühlen, Batteriesystemen bei Misch- und Lagergefäßen u. a. In diesem Fall kann eine Kapazitätserweiterung ohne wesentliche Kapazitätssprünge vorgenommen werden. Die Gesamtkostenkurve der Produktion verläuft dann der Tendenz nach linear und ohne große Kostensprünge.

Eine andere Situation liegt vor, wenn die technischen Einrichtungen des Betriebes aus verhältnismäßig wenigen großen Aggregaten bestehen (Fließbänder, Transferstraßen, Destillationsanlagen, Trockenanlagen, Öfen, Preßwerke u. a.). Diese Anlagen sind nicht beliebig teilbar und transformierbar. Ihre harmonische Zuordnung zu den einzelnen Produktionsvolumina und Produktionsprogrammen kann deshalb große Schwierigkeiten bereiten. Trotz aller Bestrebungen der Produktionsmittelfirmen, leistungsfähige Aggregate mit geringer Kapazität herzustellen, bleibt das Problem für viele Produktionszweige ungelöst. Stimmen die Leistungsquerschnitte der zusätzlich erforderlichen Betriebsmittel mit den verlangten w_1, w_2, w_3 nicht überein, dann besteht die Gefahr, daß ungenutzte Produktionskapazitäten entstehen, die Leerkosten zur Folge haben und die Produktionskosten erhöhen. Wenn ein vollkommen harmonischer Aufbau der Betriebsmittel und Produktionseinrichtungen in der Mehrzahl der Fälle auch nicht möglich ist, so gibt es doch Ausbringungen, bei denen die Leistungsquerschnitte der Betriebseinrichtungen besser aufeinander abgestimmt sind als bei anderen Herstellmengen. Engpässe und Leerkapazitäten sind in solchen Fällen auf ein Minimum reduziert. Erscheint ein solcher Zustand bei w_1 und w_3 nicht, bei w_2 dagegen erreichbar, dann werden die Erzeugniskosten bei den drei Ausbringungen unterschiedlich hoch sein. Die Einheit der Ausbringungsmenge w_2 würde sich zu niedrigeren Kosten herstellen lassen als die der Menge w_1 oder w_3. Entspricht w_2 der alternativen Absatzmenge x_2, dann lassen sich x_2 niedrigere Erzeugniskosten zuordnen als den beiden anderen Alternativen x_1 und x_3.

Dabei blieb bisher die Tatsache unberücksichtigt, daß in der Regel größere Erzeugnismengen die Verwendung günstigerer Produktionsverfahren zulassen. Liegen also in dem Produktionsabschnitt w_0 bis w_3 Übergangsstellen zu rationelleren Verfahren, dann würden auch aus diesem Grunde den alternativen Absatzmengen x_1, x_2 und x_3 verschieden hohe Erzeugniskosten zuzurechnen sein.

Die Überlegungen und Untersuchungen der technischen Leitung würden also über die technischen Erfordernisse informieren, die sich im Falle einer Produktion w_1, w_2 oder w_3 ergeben würden (wobei w_1, w_2 und w_3 den Absatzalternativen x_1, x_2 und x_3 entsprechen mögen). Die Untersuchungen würden gleichzeitig aufzeigen, welche Produktionskosten den Absatzalternativen zuzuordnen sind.

Die Ergebnisse dieser möglichst alle relevanten technischen Chancen und Restriktionen berücksichtigenden Untersuchungen bilden einen der wichtigsten Bestimmungsgründe langfristiger Absatzplanung.

2 d) Liegen die für unterschiedliche x_1, x_2, x_3 beziehungsweise w_1, w_2, w_3 angestellten Untersuchungen der Vertriebs- und der Betriebsleitung vor, dann läßt sich auf Grund dieser Untersuchungsbefunde der finanzielle Aufwand ermitteln, den die unterschiedlichen Absatzziele voraussichtlich verursachen werden. Es ist nun Sache der Finanzdirektion, sich Klarheit darüber zu verschaffen, ob, auf welche Weise und zu welchen Zeitpunkten die finanziellen Mittel beschafft und bereitgestellt werden können, die die Verwirklichung der von der Unternehmensleitung in Erwägung gezogenen Absatzziele erforderlich macht. In welchem Maße die finanziellen Möglichkeiten des Unternehmens die absatzpolitische Aktivität der Unternehmensleitung zu hemmen oder anzuregen vermögen, läßt sich nicht generell sagen. Es gibt große Unternehmen, in denen sich die Kapitalbereitstellung weitgehend nach den absatzpolitischen Zielen der Unternehmensleitung zu richten hat, dem Finanzdirektor also gesagt wird, daß es seine Aufgabe sei, die erforderlichen Mittel zu beschaffen und bereitzustellen, weil das absatzpolitische Ziel unter allen Umständen erreicht werden müsse. Im allgemeinen jedoch stellen die finanziellen Möglichkeiten einen Faktor dar, der die absatzpolitische Aktivität der Unternehmensleitung begrenzt.

2 e) Mit den Berechnungen und Vorschlägen der Vertriebs-, der Betriebs- und der Finanzleitung des Unternehmens sind – ergänzt durch entsprechende Untersuchungen anderer Dienststellen des Unternehmens – wichtige Voraussetzungen für die Planentscheidungen der Unternehmensleitung geschaffen. Sie weiß nun, welche absatzpolitischen, betriebstechnischen, auch entwicklungstechnischen und finanziellen Maßnahmen ergriffen werden müssen, wenn die Absatzziele x_1 oder x_2 oder x_3 oder die Absatzziele x_{r1} oder x_{r2} erreicht werden sollen. Sie weiß auch, welche Vertriebskosten, welche Fertigungskosten und welche finanziellen Anforderungen voraussichtlich entstehen, wenn sie sich für eines der genannten Absatzziele entscheidet. Sind aber die Vertriebs-, die Produktions- und die Finanzierungskosten und die voraussichtlichen Erlöse bei unterschiedlichen Absatzzielen bekannt, dann sind damit auch die Voraussetzungen für die langfristige Gewinnplanung gegeben.

Jedem Absatzziel (x_1, x_2 ...) sind nunmehr die gegebenenfalls erforderlichen produktionstechnischen, absatzpolitischen und finanziellen Maßnahmen und die nach Ansicht der zuständigen Ressorts zu erwartenden Kosten, Erlöse und damit Gewinne zugeordnet. Damit sind dem Prinzip nach die Aufgaben, denen sich die Ressorts zu unterziehen hatten, getan. Alles übrige liegt nun bei der Unternehmensleitung. Sie hat allein zu bestimmen, welches Absatzziel der langfristigen Planung vorgegeben werden soll. Es handelt sich hierbei um eine unternehmerische Entscheidung auf weite Sicht, die in Übereinstimmung mit der Politik getroffen werden muß, die die Unternehmensleitung zu treiben für richtig befindet, für die sie allein zuständig ist und für die sie deshalb auch allein die Verantwortung trägt. Die Aufgabe der an der Planungsvorbereitung beteiligten Stellen kann immer nur darin bestehen, die ihnen aufgegebenen Möglichkeiten nach allen Seiten und so konsequent wie möglich zu durchdenken, über die Ergebnisse ihrer Untersuchungen zu berichten und Vorschläge zu machen. Nur die Unternehmensleitung aber hat das Ganze im Blick, und nur aus dem Ganzen des Unternehmens heraus kann die Entscheidung darüber getroffen werden, welche absatzpolitische Vorstellung von der Unternehmensleitung verwirklicht werden soll.

Zu diesen Arbeiten gehört auch, dem endgültigen Plan jene Elastizität zu geben, ohne die er nicht funktionsfähig sein würde. Elastizität in dem hier verstandenen Sinne bedeutet nicht, daß alle nur irgendwie in Frage kommenden Absatzziele Berücksichtigung finden müßten, derart, daß für den Fall, daß das beschlossene Ziel x_2 nicht erreicht wird, gleichzeitig Vorsorge dafür zu treffen ist, jederzeit auf x_1 oder x_3 oder ein beliebiges anderes x_i umstellen zu können. Sind x_1 und x_3 Absatzziele, die weit von x_2 entfernt liegen, dann hieße es die Möglichkeiten der Planung überfordern, wenn für alle nur möglichen Absatzziele geplant werden sollte. Der langfristige Absatzplan würde dann ein Konglomerat vieler Absatzziele sein. In diesem Sinne soll die langfristige Absatzplanung nicht verstanden werden. Aus diesem Grunde wird hier auch nur von Ergänzungs- oder Ausweichplänen (in der Sprache der Praxis von „Pannenplänen") und nicht von Alternativplänen gesprochen. Ausweichpläne sind Pläne gewissermaßen entlang dem beschlossenen und dekretierten Plan. Wird auf sie zurückgegriffen, dann bedeutet das nicht den Übergang auf eine völlig neue Alternative mit einem neuen, völlig anderem Absatzziel, sondern lediglich ein Ausweichen, um alles wieder in die Richtung zu bringen, in die der Absatz geplant war. So sind die langfristigen Absatzpläne mit einem Netz von Ausweichplänen umgeben, gewissermaßen in sie eingebettet, aber Grundplan und Ausweichsystem sind gleichgerichtet. Sie streben nach dem gleichen Ziel, so wie es vorgesehen ist. Wenn offenbar wird, daß sich das gesteckte Absatzziel nicht erreichen läßt, weil die Dinge sich völlig anders entwickeln als angenommen wurde, oder weil nicht mehr korrigier-

bare Planungsfehler gemacht wurden, dann muß die bisherige langfristige
Absatzplanung aufgegeben und auf ein neues Absatzziel, zum Beispiel x_3,
umgeschaltet werden. Damit entstehen neue Ausweichpläne als Bestandteil der neuen Planung. Die langfristige Absatzplanung ist kein Konglomerat von Alternativplänen. Sie besteht vielmehr aus einem Grundplan
und ihm zugehörigen Ausweichplänen, die auf das gleiche Absatzziel (die
gleiche, eine Alternative) gerichtet sind [1].

3. Die Zäsur der Absatzplanung in kurz-, mittel- und langfristige Planungszeiträume verstellt den Zugang zu den Problemen dieser Planung
mehr als daß sie ihn öffnet. Der Planungsprozeß im Absatzbereich der
Unternehmen ist ein zeitliches Kontinuum, zwar der Sache und Methode
nach nicht homogen, dennoch aber eine sinnvoll aufeinander abgestimmte
Abfolge planerischer Aktionen und Reaktionen. Aus diesem Zusammenhang wird ein Teilstück herausgelöst, auf einen Zeitraum von ein bis zwei,
gelegentlich auch bis drei Jahre bezogen und als mittelfristige Absatzplanung einer besonderen Verantwortung unterworfen.

3 a) An dieser mittelfristigen Absatzplanung interessieren hier drei
Merkmale, die sie von der lang- und kurzfristigen Absatzplanung abhe-
ben, wiewohl ihren Zusammenhang mit diesen beiden Planungen nicht lösen. Eines dieser besonderen Merkmale der mittelfristigen Absatzplanung
kennzeichnet sich dadurch, daß der geringe zeitliche Abstand zwischen
der zu planenden Periode und dem Planungszeitpunkt eine Informationssituation schafft, die sich von der der absatzwirtschaftlichen Langfristplanung, auch von der der kurzfristigen Absatzplanung deutlich unterscheidet. Die Nähe und Unmittelbarkeit der jüngsten absatzwirtschaftlichen
Erfahrungen liefern Informationen von so großer Eindringlichkeit, in der
Regel auch mit so starkem Realitätsbezug, daß sie sich als Ausgangs- und
Orientierungspunkte für die Planung der nächsten Periode oder Perioden
oft geradezu aufdrängen, auch als berechtigte Regulative der neuen Planungen gelten müssen, wenn das Absatzeinflußsystem keinen wesentlichen Änderungen unterworfen ist. Aus dieser Vergangenheitsnähe der
mittelfristigen Absatzplanung, die zugleich Gegenwartsnähe der Planung
ist, erklärt es sich, daß die Unternehmen zu Extrapolationen der Absatzwerte jüngst vergangener Perioden und zur Verwendung von Markov-Ketten tendieren, deren Übergangswahrscheinlichkeiten dann als bekannt angenommen werden. Der enge zeitliche Bezug der mittelfristigen Absatz-

---

[1] In diesem Zusammenhang sei verwiesen auf: KOCH, H., Grundlagen der
Wirtschaftlichkeitsrechnung, Wiesbaden 1970, S. 155 und den dort entwickelten Be-
griff der Sekundäranpassung, und auf JACOB, H., Unsicherheit und Flexibilität, in:
Zeitschrift für betriebswirtschaftliche Forschung, 44. Jg. (1974) S. 299 ff. S. 401 und
S. 505 ff.

planung zu ihren Planungsperioden verschafft den Untersuchungsergebnissen von im Zusammenhang mit dieser Planung vorgenommenen Produkt-, Preis-, Werbe-, Verkaufsförderungstests, auch den Prüfungen auf Testmärkten und den Tests über das Verhalten der Absatzmittler einen großen planerischen Wert. So finden denn auch behavioristische und Lernmodelle, analytische, heuristische und nicht optimierende Simulationsmodelle bevorzugt Anwendung im Rahmen und System der mittelfristigen Absatzplanung.

3 b) Wie die absatzwirtschaftliche Langfristplanung, so ist auch die mittelfristige Absatzplanung an betriebliche Daten gebunden. Der Einfluß der betrieblichen Gegebenheiten auf die Zielwerte der Absatzplanung nimmt mit der Verkürzung der Planungszeiträume zu. Die Langfristplanung rechnet mit Produktionskapazitäten und Produktionselastizitäten, die – im Rahmen des betrieblich und zeitlich Möglichen – als weitgehend variabel angenommen werden können. Aber Änderungen und Umstrukturierungen der betrieblichen Kapazität erfordern unter Umständen viel Zeit. Das gilt sowohl für den Fall einer auf Expansion gerichteten Absatzplanung als auch für den Fall einer Zurücknahme der Planwerte bei nachlassender Konjunktur. Je kürzer aber der Zeitraum ist, für den es zu planen gilt, um so starrer und weniger disponibel sind die Produktionseinrichtungen und um so mehr ist die Planung gezwungen, mit gegebenen Kapazitäten in der Planungsperiode zu rechnen. Da die betrieblichen Umstellungen, der Ausbau und Abbau der Kapazitäten, langfristigen Planungen folgen, müssen die Planer in den von ihnen zu planenden Perioden gegebenenfalls mit unterschiedlichen Produktionsvolumen rechnen. Für die Planung ist dann – ihrem Zeitraum entsprechend – derjenige Produktausstoß maßgebend, der dem jeweiligen Kapazitätsstand entspricht. Die Kapazitätsengpässe und die Überflußkapazitäten (Leerkapazitäten) sind also mehr Gegebenheiten der mittelfristigen als der langfristigen Absatzplanung, in der sie unter Umständen überhaupt nicht existieren.

Der relativen Unbeweglichkeit der Produktionskapazitäten steht eine unter Umständen ähnlich starre Unbeweglichkeit gewisser Absatzdaten gegenüber. Die langfristige Planung kann bereits mit neuen Niederlassungen und entsprechenden Verkaufsanstrengungen in bisher nicht oder nur geringfügig belieferten Teilen des Auslands rechnen, falls sie geplant sind. Für die mittelfristige Planung aber sind die Marktpotentiale, an denen das Unternehmen zur Zeit der Planung partizipiert, gegebene Größen. Die Langfristplanung kann auch mit neuen Verkaufsprogrammen planen, die mittelfristige Absatzplanung aber nur mit der in dem Planungsjahr verfügbaren Produktpalette.

Die mittelfristige Absatzplanung ist also an eine verhältnismäßig große Zahl ihren Planungsspielraum einengende Beschränkungen gebunden. In

dieser Hinsicht unterscheidet sie sich von der absatzpolitischen Langfristplanung, deren Daten in der Regel eine weit größere planerische Variier-
barkeit und Flexibilität aufweisen.

3 c) Das operative Instrumentarium, mit dem die mittelfristige Planung arbeitet, beschränkt sich in der Regel auf das absatzpolitische Instrumentarium, und zwar auf seine Verwendung innerhalb der Grenzen, in
denen es für die Unternehmen verfügbar ist. Die Abstimmungen mit den
anderen, an der Planung beteiligten betrieblichen Teilbereichen werden in
Rahmen und System der Langfristplanung vorgenommen, falls das Unternehmen überhaupt langfristig spezifiziert plant. Den im Rahmen der mittelfristigen Planung ermittelten Planwerten für die Absatzvolumina ist
mithin eine bestimmte Kombination des absatzpolitischen Instrumentariums zuzuordnen, und zwar diejenige, deren Planwerte den – nicht bekannten – Optimalwerten der Instrumentalvariablen am nächsten liegen.

So kann ein bestimmtes Planungsziel x_i mit unterschiedlichen Intensitäten der absatzpolitischen Instrumente erreicht werden. In diesem Fall
erhält man ein Indifferenzsystem, das sich so darstellen läßt:

$$
\begin{array}{cccc}
v_1', & v_2', & v_3', & v_4' \\
v_1'', & v_2'', & v_3'', & v_4'' \\
\cdot & \cdot & \cdot & \cdot \\
\cdot & \cdot & \cdot & \cdot \\
v_1^{(N)}, & v_2^{(N)}, & v_3^{(N)}, & v_4^{(N)}
\end{array}
$$

Jede Zeile dieser Anordnung stellt eine Kombination derjenigen Intensitäten dar, mit denen die absatzpolitischen Instrumente $v_{e1}, \ldots, v_{e4}$
eingesetzt werden müssen, um ein bestimmtes Absatzvolumen zu erreichen. Zu jedem x_i gehört ein solches Indifferenzsystem, bezogen auf
eine Zeiteinheit.

Die Intensitäten der zur Kombination gehörenden Instrumentalvariablen sind jedoch nicht beliebig gegeneinander austauschbar. Mithin läßt
sich nicht sagen, die Ermäßigung des Verkaufspreisniveaus um einen bestimmten Betrag sei äquivalent einer bestimmten Ausweitung des Verkaufsapparates (oder einer bestimmten Investition in den Verkaufsapparat) oder bestimmten Verbesserungen der Erzeugnisse im Verkaufsprogramm. Hierin bestehen zu einem wesentlichen Teil die auch mit quantitativen Methoden noch nicht lösbaren Probleme der Auswahl und Zuordnung optimaler Kombinationen von Instrumentalvariablen zu den Ab-
satzplanwerten der Planperioden.

Ein zweites Moment spielt in dieses Problem hinein. Die Bestimmung
der Planwerte für das Absatzniveau der mittelfristigen Planungsperioden
ist an die Planwerte der Absatz-Langfristplanung gebunden. Die Werte

dieser Planung rücken im Lauf der Zeit an die Planungszeitpunkte der Mittelfristplanung heran, bis sie zu Daten dieser Planung werden. Zwar sind diese Planwerte, wenn sie als Bestandteile in die aktuelle Planung eingehen, nur noch in Ausnahmefällen mit den Werten identisch, mit denen sie ursprünglich in die Langfristplanung eingesetzt wurden. Sie werden laufend an die neuesten Informationen über für sie wesentliche Ereignisse angepaßt, auch an die Wandlungen, denen die Langfristzielsetzungen selbst im Langfristplanungszeitraum ausgesetzt gewesen sind. Grundsätzlich wird jedoch davon auszugehen sein, daß die Planwerte der Mittelfristplanung – wenn auch innerhalb gewisser vorgegebener Bandbreiten – in der Nähe der Planwerte liegen sollen, die die Langfristplanung vorsieht.

Unter der Voraussetzung, daß die für die mittelfristige Planung zuständigen Personen mit Energie um optimale Lösungen für die Kombination der absatzpolitischen Instrumentalvariablen bemüht sind und sich nicht mit routinemäßigen Entscheidungen begnügen, kann sich folgendes Dilemma ergeben: Sollen die Planwerte der Langfristplanung ihre regulierende Kraft für die Festlegung der mittelfristigen Absatzplanwerte behalten, dann müssen sie zu Daten der mittelfristigen Absatzplanung werden. Gesucht sind in diesem Fall die optimalen Werte für diejenigen Instrumentalvariablen, von denen Gebrauch zu machen ist, wenn die Planwerte erreicht werden sollen. Es wird also die optimale absatzpolitische Kombination für vorgegebene, aus der Langfristplanung stammende Absatzwerte gesucht. Das Planungsziel ist Kostenminimierung. Diejenige Kombination ist unter diesen Umständen die optimale, die unter den indifferenten Kombinationen die kostengünstigste ist. Der Absatzplanwert, der in diesem Fall nicht die Zielgröße ist, figuriert als Nebenbedingung in dem Kalkül. Die Zielgrößen sind die Optimalwerte für die absatzpolitischen Instrumente, mit deren Einsatz das angestrebte Ziel, die vorgegebenen Absatzmengen, erreicht werden soll.

In einem zweiten Fall kann sich eine Situation derart ergeben, daß ein bestimmter oder in Grenzen variierbarer Absatzetat besteht, aus dem der Einsatz des absatzpolitischen Instrumentariums finanziert werden soll. Dieser Etat ist so auf die absatzpolitischen Instrumente aufzuteilen, daß in den zu planenden Perioden eine möglichst große Absatzmenge zu erreichen ist. In diesem Fall liegt dem Prinzip nach Umsatz-, bzw. Gewinnmaximierung vor. Die Absatzmengen je Planperiode bilden unter diesen Voraussetzungen die Zielgrößen.

Unter solchen Umständen besteht die Gefahr, daß sich die Absatzplanwerte der Mittelfristplanung von den Planwerten der Langfristplanung lösen – eine Konsequenz, die dann unerwünscht sein kann, wenn die Planwerte der Langfristplanung in den vorgesehenen Bandbreiten verbindlich sein sollen. Ob aber eine solche Verbindlichkeit anzunehmen ist, kann nur von Fall zu Fall entschieden werden.

4. Die kurzfristige Absatzplanung stellt den Verkaufsplan oder auch den Budgetplan des Unternehmens für einen Monat, ein Quartal, ein halbes Jahr selten für ein Jahr dar. Er wird oft ergänzt durch monatliche Abschlüsse in Form von Bilanzrechnungen. Der Verkaufsplan gibt an, was, wohin, zu welchen Zeitpunkten und mit welchen Mitteln in der Planperiode verkauft werden soll. Das Absatzbudget, falls mit ihm gearbeitet wird, faßt die Budgets der einzelnen absatzwirtschaftlichen Aktivitäten zusammen und sichert so die Einhaltung der Ausgabenplanung für die entsprechenden Perioden.

Eine besonders praktische Ausprägung erhält die kurzfristige Absatzplanung dadurch, daß sie die Verkaufssolls enthält, die den betriebseigenen und betriebsfremden Verkaufsorganen, den Verkaufsabteilungen, Händlern, Vertretern und Reisenden vorgegeben werden, die sie, unterteilt nach Art, Mengen und Verkaufszeitpunkten und Konditionen, zu erfüllen haben. Diese Solls und die Kontrolle der Abweichungen der Ists von den Solls halten den Verkaufsgang auf dem Kurs, den die langfristige und mittelfristige Absatzplanung angibt. Die kurzfristigen Verkaufspläne folgen so zwar der Linie, die die lang- und mittelfristige Absatzplanung angibt, aber sie sind nach Form, Inhalt und Funktion Pläne mit besonderen Aufgaben.

Die kurzfristige Absatzplanung vermag als Verkaufsplan ihre besondere Funktion nur dann zu erfüllen, wenn die jeweils neuesten Informationen über den bisherigen Erfolg oder Mißerfolg der Verkaufsanstrengungen und alle anderen für den Verkauf der Erzeugnisse des Unternehmens wichtigen Informationen bei der Aufstellung und der Korrektur der kurzfristigen Absatzpläne berücksichtigt werden. Mit der Aktualisierung des Informationsstandes nimmt die Prognosegewißheit zu.

Wird der kurzfristige Absatzplan als der gegenwärtig gültige, für die Verkaufsorgane des Unternehmens verbindliche Verkaufsplan aufgefaßt, dann wird deutlich, daß der kurzfristige Absatzplan im Gegensatz zu dem langfristigen Absatzplan Saisonbewegungen und Lagerbestandsveränderungen enthalten muß.

5. Der komplexe Charakter der Planungsprozesse im absatzwirtschaftlichen Raum der Unternehmen läßt sich mit Hilfe eines Modells der Linearen Programmierung besonders gut deutlich machen. Das Modell ist ein Optimierungsmodell. Das Absatzprogramm einer Teilperiode bildet die zu bestimmende Zielgröße.

Das Modell ist dazu bestimmt, Zusammenhänge aufzuhellen und formal zur Darstellung zu bringen. In diesem Sinn ist es ein der wissenschaftlichen Analyse dienendes Erklärungsmodell. Es beansprucht nicht, in dieser Form praktikabel zu sein. Operationale Optimierungsmodelle mit dem weitgesteckten Rahmen des Modells stehen den Unternehmen noch nicht zur Verfügung.

Angenommen, ein Unternehmen kann nach Ablauf des der langfristigen Planung zugrunde liegenden Zeitraums das Produktionsvolumen x realisieren. Da das Produktionsprogramm aus s Erzeugnisarten bestehen soll, setzt sich die Größe x aus den Produktmengen $x_1, \ldots, x_s$ zusammen ($x = (x_1, \ldots, x_s)$).

Das Verkaufsprogramm soll mit bestimmten Schwerpunkten geplant werden. Die Leitung des Unternehmens hält einige Erzeugnisse (Erzeugnisarten) für besonders entwicklungsfähig und glaubt, daß sie den Kampf um den Marktanteil später gerade mit diesen Erzeugnissen wird führen müssen. Aus diesem Grund verlangt sie, daß diese Erzeugnisgruppe mit einem bestimmten Prozentsatz zu den anderen Erzeugnisarten in das Programm aufgenommen wird. Die Erzeugnisse müssen zum gegenwärtigen Zeitpunkt nicht einmal besonders kosten- oder preisgünstig sein. Außerdem soll der Verkauf eines Erzeugnisses forciert werden, weil die Aussichten für seinen Export als besonders günstig angesehen werden. Schließlich möge die Anweisung gegeben sein, von einigen Erzeugnissen gewisse Mindestmengen im Plan zu berücksichtigen. Der Produktionsumfang für diese Erzeugnisse läßt zwar eine rentable Produktion nicht zu, aber aus absatzpolitischen Gründen kann auf diese Erzeugnisse nicht verzichtet werden.

Die Planungsaufgabe besteht darin, eine solche Kombination der absatzpolitischen Instrumente zu finden, die die kostengünstigste ist und die den angegebenen besonderen Forderungen für die Aufstellung des Verkaufsprogramms gerecht wird.

Die Darstellung dieses Sachverhaltes macht es erforderlich, in diesem Falle den Begriff des Umsatzes zu verwenden, der als Summe der Einzelumsätze aufzufassen ist. Jeder Einzelumsatz berechnet sich aus der entsprechenden Absatzmenge und dem Durchschnittserlös.

Das Absatzvolumen x entspreche dem Umsatzvolumen u. Um diesen Umsatz zu erreichen, kann von den absatzpolitischen Instrumenten mit unterschiedlicher Intensität Gebrauch gemacht werden. Diese Intensität kommt zum Beispiel darin zum Ausdruck, daß im Rahmen der Absatzmethode eine unterschiedlich große Anzahl von Vertreterbezirken geschaffen werden kann oder Produktverbesserungen in unterschiedlichem Maße vorgenommen werden. Auch vermag die Werbung mit verschieden großem Aufwand betrieben zu werden. Preisermäßigungen oder -erhöhungen können in unterschiedlicher Weise vorgenommen und Rabatte differenziert werden.

Die Intensitäten $v_1, \ldots, v_4$ der einzusetzenden absatzpolitischen Instrumente $V_{e1}, \ldots, V_{e4}$ sollen in Einheiten der Kosten gemessen werden. Die Intensität der Werbeanstrengungen, die für eine bestimmte Erzeugnisart k ($k = 1, \ldots, s$) gemacht werden, sei mit $v_3^{(k)}$ bezeichnet. Entsprechend werden die Intensitäten der übrigen Instrumente benannt. Wenn also nur das Produkt k abgesetzt werden soll, dann erhält man die Gesamtkosten des absatzpolitischen Instrumentariums:

$$l_k = v_1^{(k)} + v_2^{(k)} + v_3^{(k)} + v_4^{(k)}.$$

Für die s Produkte ist der angegebene Ausdruck für alle k zu summieren, und man erhält dann:

$$L = \sum_{k=1}^{s} (v_1^{(k)} + v_2^{(k)} + v_3^{(k)} + v_4^{(k)})$$
$$= \sum_{k=1}^{s} \sum_{j=1}^{4} v_j^{(k)}.$$

Diese Funktion stellt die Kosten des absatzpolitischen Instrumentariums für alle Erzeugnisse allgemein dar. Sie soll minimiert werden.

Nun lautet aber eine Bedingung, daß mindestens das Umsatzvolumen u erreicht werden soll. Um die gesamte zu erwartende Umsatzsteigerung ermitteln zu können, sind nunmehr gewisse Annahmen darüber erforderlich, welche Wirkung der Einsatz einer Einheit des jeweiligen absatzpolitischen Instrumentes auf den Umsatz eines bestimmten Produktes ausübt. Es sei angenommen, daß in bestimmten, in diesem Falle eingehaltenen Grenzen die absatzpolitischen Instrumente linear ansteigende Beiträge zur Umsatzsteigerung leisten. $a_j^{(k)}$ bezeichnet zum Beispiel die Umsatzsteigerung des Erzeugnisses k durch den Einsatz einer Einheit des absatzpolitischen Instrumentes j. Die Gesamtumsatzsteigerung ergibt sich dann als folgende Summe:

$$\sum_{k=1}^{s} (a_1^{(k)} v_1^{(k)} + a_2^{(k)} v_2^{(k)} + a_3^{(k)} v_3^{(k)} + a_4^{(k)} v_4^{(k)})$$
$$= \sum_{k=1}^{s} \sum_{j=1}^{4} a_j^{(k)} v_j^{(k)}.$$

Diese Summe ist noch unbestimmt, da die $v_j^{(k)}$ unbekannt sind. Sie soll aber auf jeden Fall größer oder gleich u sein. Man erhält folglich die Bedingung:

$$\sum_{k=1}^{s} \sum_{j=1}^{4} a_j^{(k)} v_j^{(k)} \geqq u.$$

Damit ist eine erste Nebenbedingung gefunden, nämlich die, daß durch die absatzpolitische Aktivität mindestens der Umsatz u erreicht werden soll.

Die übrigen, vorher genannten Bedingungen lassen sich folgendermaßen ausdrücken: Es wird angenommen, daß eine gewisse Schwerpunktbildung im Verkaufsprogramm die Absatzplanung bestimmen soll. Zum Beispiel sollen auf das Erzeugnis 1 mindestens p % des Gesamtumsatzes entfallen. Ferner sollen die Erzeugnisse 1 und 3 mit der Mindestmenge C

bzw. *D* abgesetzt werden. Demnach lassen sich folgende Ungleichungen aufstellen:

$$\sum_{j=1}^{4} a_j^{(1)} v_j^{(1)} \geqq \frac{p}{100} \sum_{k=1}^{s} \sum_{j=1}^{4} a_j^{(k)} v_j^{(k)}$$

$$\sum_{j=1}^{4} a_j^{(1)} v_j^{(1)} \geqq C$$

$$\sum_{j=1}^{4} a_j^{(3)} v_j^{(3)} \geqq D.$$

Da negative Werte von $v_j^{(k)}$, das heißt negative Intensitäten des absatzpolitischen Mitteleinsatzes, keinen Sinn haben, muß folgende Nichtnegativitätsbedingung eingeführt werden:

$$v_j^{(k)} \geqq 0 \text{ (für alle } k \text{ und } j).$$

Damit ist die absatzpolitische Situation grundsätzlich beschrieben und der Planung zur Vorbereitung von absatzpolitischen Entscheidungen zugänglich. Diese Form, in die das Planungsproblem gefaßt ist, wird als ein Lineares Programm bezeichnet. Es lautet also: „Man minimiere die in den $v_j^{(k)}$ lineare Funktion

$$L = \sum_{k=1}^{s} \sum_{j=1}^{4} v_j^{(k)}$$

unter den in den $v_j^{(k)}$ linearen Nebenbedingungen

$$\sum_{k=1}^{s} \sum_{j=1}^{4} a_j^{(k)} v_j^{(k)} \geqq u$$

$$\sum_{j=1}^{4} a_j^{(1)} v_j^{(1)} - \frac{p}{100} \sum_{k=1}^{s} \sum_{j=1}^{4} a_j^{(k)} v_j^{(k)} \geqq 0$$

$$\sum_{j=1}^{4} a_j^{(1)} v_j^{(1)} \geqq C$$

$$\sum_{j=1}^{4} a_j^{(3)} v_j^{(3)} \geqq D$$

$$v_j^{(k)} \geqq 0 \quad (k=1,\ldots,s; \quad j=1,\ldots,4)!``$$

Dieses Programm läßt sich grundsätzlich nach der Simplex-Methode lösen. Zu dem Modell sei bemerkt:

Was die Operationalität derartiger Modelle anbetrifft, so ist einmal darauf hinzuweisen, daß die Anwendung von Optimierungsmodellen der beschriebenen Art Linearität der Beziehungen zwischen den im Modell verwandten Variablen voraussetzt. Diese Linearitätsbedingung ist aber regelmäßig nicht gegeben. In diesem Fall gelten kompliziertere Ansätze mit methodisch einengenden Möglichkeiten für die Lösung der Modelle. Erschwerend steht der Operationalität solcher Modelle außerdem entgegen, daß sie ein Volumen an Informationen, auch an Speicherkapazitäten voraussetzen, das die Grenzen des den Unternehmen Realisierbaren weit übersteigt. Zudem sind die Informationen, die die Voraussetzung für die Anwendung der Modelle bilden, in der Regel, zumal bei stark wechselnden Wirtschaftsverhältnissen, so unbeständig und sich gegenseitig aufhebend, daß sich schon aus diesen Gründen die Benutzung von Modellen mit so großem Totalitätsanspruch, wie ihn das beschriebene Modell kennzeichnet, ausschließt. Das gilt dem Grunde nach auch für heuristische Modelle. Auf Gründe dieser Art ist es zurückzuführen, daß operationale Optimierungsmodelle im absatzpolitischen Bereich im allgemeinen nur für die Lösung von Spezialfragen zu entwickeln gelungen ist und breit angelegte Modelle, die mit Notwendigkeit stochastischer Art sein müssen, den kontrollierbaren Beweis ihrer Praktikabilität, noch mehr: den Beweis ihrer Überlegenheit über die in der Praxis angewandten ständig verfeinerten Prognose- und Planungsmethoden schuldig geblieben sind. So ist es auch zu verstehen, daß im absatzpolitischen Raum die Tendenz mehr in Richtung auf die Verwendung von Simulationsmodellen als auf die Benutzung von Optimierungsmodellen geht.

6. Modelle der Absatzprognose und der Bestimmung von Marktanteilen, insbesondere industrieller Unternehmungen gewinnen in dem Maße an praktischer Bedeutung, in dem es gelingt, die Zahl der Variablen, die sie enthalten, zu erhöhen und das System der zwischen ihnen bestehenden Interdependenzen durchsichtig und meßbar zu machen. Die den Absatzprozeß bestimmenden Variablen stammen einmal aus dem absatzpolitischen Verhalten der Unternehmen, zum anderen aus dem Verhalten der Käufer und schließlich dem Verhalten der Absatzmittler, die sich zwischen die herstellenden Unternehmen und die Käufer der Erzeugnisse dieser Unternehmen einschieben (Außendienst der Hersteller selbst, Großhandels-, Einzelhandelsbetriebe). Diese drei Zentren absatz- und konsumwirtschaftlicher Aktivität sind über die Einholung und Erteilung von Aufträgen, über die Lieferung und den Empfang von Waren und über die Leistung von Zahlungen miteinander zu einer höchst komplexen Einheit verbunden. In diese Abfolge geschäftlicher Kontakte ist eine Abfolge kommunikativer Kontakte quer durch das ganze System hindurch hineingekoppelt. Das System transportiert die in vielfältigen Richtungen verlaufenden Informationen. Man müßte die Gesamtheit, den Verlauf, die Intensität und die Abhängigkeiten dieser vielfältigen Kontakte kennen, wenn man die zu erwartende Wirkung, insbesondere produktpolitischer Maßnahmen prognostizieren will.

Mit einem solchen System geschäftlicher und kommunikativer Kontakte zwischen allen am Absatz- oder Einkaufsprozeß beteiligten Personen und Organisationen ist das Prognosemodell von AMSTUTZ ausgestattet [1]. Es ist dazu bestimmt, mit Hilfe von Simulationen und unter Verzicht auf Maximierungs- oder Minimierungsalgorithmen Voraussagen über zu erwartende Wirkungen absatzpolitischer Maßnahmen zu machen. Das Modell berücksichtigt, daß der Erfolg oder Mißerfolg absatzpolitischer Maßnahmen von den absatzpolitischen Instrumenten abhängig ist, von denen das Unternehmen im Zusammenhang mit seinen absatzpolitischen Anstrengungen Gebrauch macht. Das Modell bezieht die Außendienste und die Groß- und Einzelhandelsbetriebe in seinen Bestand an Variablen ein, weil sie nicht nur als Träger rationaler Kalküle, sondern auch als Gebilde verstanden werden müssen, die im Spannungsfeld vielfältiger Motivationen stehen. Informatorische Rückkoppelungen sind Bestandteil des Modellzusammenhangs. In diesem weitgesteckten Rahmen sucht das Modell nach den für die absatzpolitische Entscheidung günstigsten Alternativen. Da es jedoch keine Optimierungsalgorithmen verwendet, sondern eine möglichst große Anzahl absatzpolitischer Situationen mit Hilfe von Simulationen durchspielt, kann es nicht die schlechthin optimale Entscheidung liefern, aber es vermag, indem es die Konsequenzen der in Betracht kommenden Alternativen aufzeigt, unter Umständen wichtige Entscheidungshilfen zu leisten.

Der Autor bezeichnet seine methodische Position als „complex computerized microanalytic simulations of dynamic processes", Simulation in dem Sinne, daß der Prozeßablauf für unterschiedliche Wertekombinationen der das Ergebnis letztlich bestimmenden Parameter durchgespielt werden kann, microanalytic in dem Sinn, daß das Verhalten eines jeden am Marktprozeß Beteiligten (stets bezogen auf ein bestimmtes Produkt oder eine gegebene Produktart) simuliert wird, derart, daß die Reaktionen einer jeden zur Befragungsgruppe gehörenden Person individuell ermittelt werden. Hierbei wird vorausgesetzt, daß die Größe der Stichprobe eine Hochrechnung zuläßt. Das Gesamtmodell besteht also aus Mikromodellen. Es weist mithin einen hohen Grad an Disaggregierung auf. Ob und wie das Modell die Aggregationsproblematik meistert, ist hier nicht im einzelnen zu erörtern. Es gilt lediglich aufzuzeigen, daß der Verfasser aus der Heterogenität des Verhaltens produktbezogener Käufergruppen die Konsequenzen zieht, indem er sich für die Verwendung disaggregierter, auf den einzelnen Konsumenten abstellender Mikromodelle entschließt.

Im Rahmen und im Zusammenhang des Mikromodells für das Konsumentenverhalten, auf dessen Skizzierung sich die Ausführungen hier beschränken mögen, verwendet AMSTUTZ eine Anzahl von demo- und soziographischen, verhaltenstheoretischen und psychologischen Merkmalen und Merkmalsausprägungen. Mit ihrer Hilfe werden die Haushalte, aus

---

[1] AMSTUTZ, A. E., Computer Simulation of Competitive Market Response, Cambridge-London 1970.

denen sich die cell structure des Modells zusammensetzt, beschrieben und simuliert. Die Merkmale und ihre Ausprägungen beruhen auf sekundär-statistischem Material und auf Primärerhebungen. Entsprechend der Aufgabe, der das Modell zu dienen bestimmt ist, werden für alle Variablen und Parameter, die das Modell enthält, numerische Werte angegeben. Die zwischen den Variablen bestehenden Abhängigkeiten bringt das Modell in einem umfassenden und detaillierten System von Gleichungen zum Ausdruck. Wie immer man zu diesen Gleichungen und dem hohen Maß an Quantifizierung von Verhaltensgrößen und Verhaltensbeziehungen stehen mag, die Grenzen des Modells liegen weniger in der Behandlung von Teilproblemen als in seinem Totalitätsanspruch.

Im einzelnen bestehen die demo- und soziographischen Daten, die den auf ein bestimmtes Produkt bezogenen Konsumenten beschreiben, aus Angaben über die Größe, geographische Lage und Beschaffenheit der Wohnorte und Wohnregionen, über das Alter der Haushaltsvorstände, ihre Bildung und Ausbildung. Das zu erwartende Kaufverhalten der simulierten Konsumenten wird durch Angaben über ihre Kaufgewohnheiten, ihren Vorrat an Gütern der in Frage stehenden Art und ihr Verhältnis zu den Werbeträgern beschrieben, mit denen sie Kontakt haben. Die psychologischen Merkmale bestehen im wesentlichen aus Angaben über das Maß, in dem der präsumtive Käufer Kenntnis von den für die Deckung seiner Bedürfnisse in Betracht kommenden Produkten besitzt, aus Informationen vor allem über die Einstellungen der einzelnen Konsumenten zu den besonderen Eigenschaften der Erzeugnisse, zu den Marken, in denen die Erzeugnisse einer bestimmten Art angeboten werden, zur Werbung für die Erzeugnisse, vor allem aber aus Angaben über die Einstellung der Käufer zu den Geschäften, in denen der Konsument die Waren kaufen kann.

Der Entschluß, überhaupt zu kaufen und die entsprechenden Informationen einzuholen (the shopping decision), gewissermaßen die erste Phase des Kaufprozesses, hängt wesentlich von der Stärke ab, mit der das Bedürfnis, das es zu decken gilt, von dem Konsumenten empfunden wird (perceived need) und von der Einkommenslage, in der sich der Konsument befindet, und zwar in dem Sinne, daß der Konsument sucht, ob es Artikel in der Preislage gibt, die seinen Einkommensverhältnissen entspricht. Das Interesse der Konsumenten ist in dieser Phase der Kaufvorbereitungen wesentlich darauf gerichtet, weitere und auch genauere Informationen über die Waren zu erhalten, die für die Deckung des das shopping auslösenden Bedürfnisses geeignet erscheinen. Die shopping decision, also die Intensivierung der Kaufvorbereitung wird in dem Modell als eine Funktion von perceived need und income level des sich um Intensivierung der Information bemühenden Konsumenten aufgefaßt. Die Wahrscheinlichkeit dafür, daß der präsumtive Käufer seine Vorbereitungen für den

Kauf eines bestimmten Erzeugnisses fortsetzt, gegebenenfalls verstärkt, ist von dem Maß abhängig, in dem ihm die Produkte des in Betracht kommenden Produktbereichs bekannt sind, auch von seiner Einstellung zu den besonderen Eigenschaften der Produkte beziehungsweise Marken, und von den Ergebnissen der aus früheren Erprobungen gewonnenen Erfahrungen, soweit sie vorliegen. Diese Faktoren bilden die bestimmenden Variablen der perceive need function. Ihr Einfluß auf die shopping decision wird nach den für sie als gültig und ausreichend angesehenen Gleichungen ermittelt. Das gilt auch für den Einfluß der Einkommenshöhe auf den Entschluß, in den Einkaufsvorbereitungen fortzufahren. Der Relation zwischen Einkommensniveau und Preis kommt hierbei eine entscheidende Bedeutung zu.

Die Shopping-Wahrscheinlichkeit (in dem hier verstandenen Sinn) ermittelt das Modell nach Maßgabe der für die formulierten Abhängigkeiten angegebenen Gleichungen.

Der eigentliche Kaufentschluß (decision to purchase), gewissermaßen die zweite Phase des Kaufprozesses [1], wird bestimmt durch den Produktpreis, bezogen auf das Einkommensniveau der Käufer (the income-dependent price effect). Preiseffekt hier in dem Sinne verstanden, als das Einkommensniveau der Käufer die Preis- und Qualitätsklasse bestimmt, in der der Käufer seine Einkäufe tätigt [2]. Den Kaufentschluß beeinflussen weiter die überzeugende Kraft der Verkaufanstrengungen der Verkäufer in den Einzelhandelsgeschäften (the effect of selling effort), und schließlich die Prädisposition der Käufer für ein bestimmtes Erzeugnis und ein bestimmtes Geschäft aufgrund ihrer in der ersten Phase des Kaufprozesses erworbenen Kenntnisse über Waren und Marken und ihrer Einstellungen zu den Erzeugnissen, Marken und Geschäften (the effect of consumer orientation). Diese drei Größen bestimmen die Wahrscheinlichkeit, daß ein Konsument ein bestimmtes Erzeugnis oder eine bestimmte Marke in einem bestimmten Einzelhandelsgeschäft kauft. Es wird vorausgesetzt, daß das Erzeugnis in dem Geschäft vorhanden ist.

Das Modell berücksichtigt den Informationsaustausch nach dem Kauf der Ware, die Erfahrungen mit ihrer Erprobung und jenen Sachverhalt, der als kognitive Dissonanz bezeichnet wird [3].

Das Mikromodell des Konsumentenverhaltens ist so breit angelegt, daß von ihm nur einige Aspekte aufgezeigt werden konnten. Im Rahmen und System des Gesamtmodells wird es erweitert und ergänzt durch ebenfalls Mikromodelle, in denen das Verhalten der Einzelhändler, der Großhändler und des Außendienstes der Herstellerfirmen auf die gleiche Weise

---

[1] Vgl. AMSTUTZ, a.a.O., S. 169 ff.
[2] Vgl. AMSTUTZ, a.a.O., S. 169 ff.
[3] Vgl. AMSTUTZ, a.a.O., S. 180 ff.

analysiert und aus numerischen Werten abgeleitet wird, wie das Konsumentenverhalten in dem für die Verbraucher entwickelten Mikromodell. Die Teilmodelle fügen sich in eine relativ geschlossene Modellkonzeption ein, die alle wesentlichen Variablen der Verkaufs- und Kaufprozesse einschließlich der von den Herstellern zu den Konsumenten und von diesen zu den Herstellern über die zwischengeschalteten Verteilungsorgane enthält. Allerdings muß auch hier, wie in allen Prognosemodellen – außer den auf spieltheoretischen Grundlagen aufbauenden Modellen – darauf verzichtet werden, die zu erwartenden Aktionen und Reaktionen der Konkurrenzunternehmen in das Modell einzubeziehen. Diese Ausklammerung des Konkurrenzverhaltens mindert den Totalitätsanspruch, mit dem das Modell auftritt. Gleichwohl bleiben die Ziele, die mit Hilfe des Modells erreicht werden sollen, weitgesteckt, und die Konzeption des Modells ist auch ganz auf diese Ziele abgestellt. Um so bedeutsamer ist deshalb die Frage nach dem Realitätsbezug des Modells. Denn die Prognosen, zu denen das Modell verhelfen soll, sind von vielen Voraussetzungen abhängig, insbesondere davon, in welchem Maße die Hypothesen, aus denen die Voraussagen abgeleitet werden, empirisch abgesichert erscheinen und zum anderen davon, in welchem Maße es gelingt, die im Modell verwandten Parameter numerisch zu bestimmen. Je mehr es gelingt, diesen Forderungen zu genügen, um so größer ist die Wahrscheinlichkeit, daß sich die Ergebnisse der Simulation mit den tatsächlichen Vorgängen decken. In dieser Hinsicht sind dem Modell gegenüber große Vorbehalte zu machen. Sie sind in der Literatur auch vorgetragen worden.

Stellt man die Frage nach der Praktikabilität des Modells als Totalmodell zurück, und beschränkt man sich auf Spezialsituationen, insbesondere solche produktpolitischer Art, die mit Hilfe des Modells analysiert und auf ihre Konsequenzen hin prognostiziert werden sollen, dann läßt sich eine wenn auch begrenzte Operationalität des Modells nicht bestreiten [1].

Unabhängig hiervon aber bleibt das wissenschaftliche Interesse an dem Modell als einem breit angelegten Versuch, über die Deskription verhaltenstheoretischer und psychologischer Tatbestände hinauszugelangen und die für absatzpolitische Entscheidungen relevanten Variablen in ein System von Gleichungen einzufangen, das die noch unausgeschöpften Möglichkeiten, aber auch die Grenzen quantifizierenden Vorgehens auf dem Gebiet absatzwirtschaftlicher Methodik sichtbar macht.

---

[1] In dieser Hinsicht sei hingewiesen auf das Modell von M. R. LAVINGTON, A Practical Microsimulation Model for Consumer Marketing, in: Operational Research Quarterly, vol. 21 (1970), S. 25 ff., deutsche Übersetzung in: Marketingtheorie, hrsg. von W. KROEBER-RIEL, Köln 1972, S. 332 ff. und auf KLENGER, F. und I. KRAUTTER, Simulation des Käuferverhaltens, 3 Bde. hier vor allem Bd. 2, Wiesbaden 1972.

Fünftes Kapitel

Die innerbetriebliche Absatzorganisation

1. Der Absatz im System funktionsorientierter Unternehmungsorganisation.
2. Der Absatz im System produktorientierter Unternehmungsorganisation.
3. Funktion und Organisation der Verkaufsabteilungen im Absatzbereich der Unternehmen.

1. Absatzpolitische Konzeptionen lassen sich nur dann mit Erfolg in die Tat umsetzen, wenn hierfür die notwendigen organisatorischen Voraussetzungen bestehen. Hierbei geht es einmal um das Problem der Einordnung des Absatzbereichs in das organisatorische Gefüge des Unternehmens als Ganzes und zum anderen um die interne Organisation des Absatzbereichs selbst.

Im allgemeinen wird zwischen Unternehmungen mit einer grundsätzlich funktionsorientierten oder einer grundsätzlich produktorientierten Organisationsstruktur unterschieden. Im ersten Fall wird das Unternehmen in die großen betrieblichen Funktionsbereiche (Beschaffung, Forschung und Entwicklung, Produktion, Absatz, Finanzen u. a.) gegliedert, im zweiten Fall werden die Produktarten, die ein Unternehmen herstellt, zum organisatorischen Gliederungskriterium gemacht (Sparten, Geschäftsbereiche u. ä.). Eine funktionale Organisationsstruktur schließt nicht aus, daß innerhalb der Funktionsressorts produktorientiert organisiert wird. In der chemischen Industrie finden sich zum Beispiel funktionale und produktbezogene Organisationen derart, daß der Funktionsbereich Produktion in Produktbereiche untergliedert wird, zum Beispiel in die Produktbereiche Pharmazeutika, Farben, Fasern, Folien u. a.

An welcher Stelle lassen sich in ein Unternehmen mit grundsätzlich funktionaler Organisationsstruktur die absatzwirtschaftlichen Aktivitäten einbauen? Sofern es in einem Unternehmen überhaupt zu einer Ausgliederung des „Verkaufs" aus dem Funktionsbereich der Unternehmensleitung kommt und damit zur organisatorischen Verselbständigung der Absatzfunktion, kann eine Regelung dahingehend getroffen werden, daß das Ressort „Verkauf" bei grundsätzlicher Unterstellung unter die Unternehmensleitung den anderen großen Ressorts: Beschaffung, Entwicklung, Produktion, Finanzen, Administration, gleichrangig gegenübergestellt wird. Es gibt also zwischen diesen Funktionsbereichen kein Unterstellungsverhältnis; sie sind auf Zusammenarbeit miteinander angewiesen. In

Konfliktfällen fungiert die Unternehmensleitung als Entscheidungsinstanz.

Nun besteht aber die Aufgabe des „Verkaufs" in einer Vielzahl von Teilfunktionen, einmal aus der Anbahnung, dem Abschluß und der Ausführung der Produktverkäufe, – eine Aufgabe, die wesentlich der Außen- und der Innenorganisation des Verkaufsressorts obliegt – und aus speziellen absatzpolitischen Aufgaben, wie dem Ausbau der Verkaufsorganisation einschließlich der Verkaufsförderung, der Festsetzung der Verkaufspreise, der Produktgestaltung und der Werbung. Damit ergibt sich die organisatorische Frage, wie weit die Kompetenz des Ressorts „Verkauf" reichen soll, sofern es sich um den Verkauf der Produkte als solche, die Festlegung der Verkaufspreise, die Gewinnung absatzwirtschaftlich relevanter Informationen und um die Durchführung von Werbemaßnahmen handelt. Im Rahmen der der Verkaufsleitung von der Geschäftsleitung übertragenen Vollmachten ist es sinnvoll, die mit den eigentlichen Verkaufsakten oder Verkaufsaktionen zusammenhängenden Aufgaben in die alleinige Kompetenz des Verkaufsressorts zu stellen. Das ist in der Regel bei nach dem Funktionsprinzip organisierten Unternehmen auch der Fall. In diesem Fall unterstehen der Verkaufsleitung der Innen- und der Außendienst mit allen seinen Einrichtungen und Tätigkeiten. Inwieweit der Verkaufsleitung preispolitische Zuständigkeit übertragen wird, richtet sich nach den besonderen Bedingungen des einzelnen Falles. Im allgemeinen läßt sich sagen, daß das Vertriebsressort nur im Rahmen der preispolitischen Direktiven der Geschäftsleitung Preiskompetenz hat. Die kritische Stelle in der Kompetenzzuteilung bildet die Ressortabgrenzung mit den Funktionsbereichen Entwicklung und Produktion, sofern es sich um die Gestaltung der Produktprogramme handelt. Hier bedarf es besonderer organisatorischer Regelungen, jedenfalls fällt die Entscheidung in Fragen der Produktgestaltung, insbesondere der Modellpolitik, nur in Ausnahmefällen in den alleinigen Zuständigkeitsbereich der Verkaufsabteilung. In Unternehmen, vor allem konsumnaher Art, wird die Aktualisierung der Produktgestaltung einer besonderen Dienststelle „Produktmanagement" übertragen. Ist das nicht der Fall, dann gibt es im Bereich absatzpolitischer Aktivitäten nur die auf die Gewinnung von Informationen gerichteten Tätigkeiten und die Werbemaßnahmen (wenn sie ein gewisses Maß übersteigen) als institutionalisierte, organisierbare und unterstellbare Einheiten.

Unter der Voraussetzung, daß es überhaupt zur Bildung selbständiger Marktforschungs- und Werbeabteilungen in einem Unternehmen kommt, gibt es in nach dem Funktionsprinzip organisierten Abteilungen zwei prinzipiell mögliche Lösungen: entweder werden die beiden Abteilungen der Unternehmungsleitung oder der Verkaufsleitung unterstellt. In beiden Fällen üben die Abteilungen die Funktion von Stäben aus. Sie haben in diesem Fall keine selbständigen Anordnungsbefugnisse. Beide organisato-

rischen Regelungen werfen Fragen auf, die das Verhältnis zwischen „Stab"
und „Linie" betreffen, und wenn man dieses Verhältnis heute auch anders
sieht als früher, so läßt sich doch nicht verkennen, daß sich zwischen Informationsgewinnung und Umsetzung der Information in die Praxis des betrieblichen Vollzugs Spannungen ergeben können. Sie liegen in der Situation und nicht nur in den Personen, die Informationen mit Hilfe hierfür
verwendbarer Prognosemethoden gewinnen und von ihnen den Gebrauch
machen, der ihnen angesichts ihrer Verkaufserfahrungen angemessen erscheint. Um Schwierigkeiten dieser Art zu vermeiden, wird in der Organi-
sationspraxis auch so vorgegangen, daß Marktforschungs- und Werbeabteilungen zu einer selbständigen organisatorischen Einheit zusammengefaßt und gleichrangig neben den „Verkauf" gestellt werden. Bezeichnet
man diese mit Absatzaufgaben der beschriebenen Art betraute organisatorische Einheit mit dem amerikanischen Ausdruck „Marketing", dann steht
das Ressort „Marketing" gleichrangig neben dem Ressort „Verkauf" im
Organisationsschema eines solchen Unternehmens. Auch diese zweite organisatorische Lösung weist Mängel auf, die in diesem Fall aus der Funk-
tions- und Kompetenzabgrenzung und der Gefahr mangelnder Koordina-
tion der Verkaufsaktivitäten stammen. Gleichwohl gibt es vor allem im
mittelständischen Unternehmensbereich eine verhältnismäßig große Anzahl von Betrieben, die sich dieser organisatorischen Lösung mit Erfolg
bedienen. Aber auch von der „Stabslösung" wird viel Gebrauch gemacht [1].

Die Praxis kennt noch eine dritte Lösung des Problems. Die Mißhellig-
keiten, die aus dem Nebeneinander zweier gleichgeordneter Linieninstan-
zen im Verkaufsbereich der Unternehmen entstehen können, lassen sich
vermeiden, wenn sowohl die mit der Durchführung der Verkaufsakte betrauten Abteilungen als auch die speziell mit absatzpolitischen Aufgaben
betrauten Abteilungen einer übergeordneten Instanz unterstellt werden.
Es ist dabei bedeutungslos, wie diese Instanz bezeichnet wird. Organisatorisch wichtig ist allein die Tatsache, daß Verkaufsfunktionen und absatzpolitische Funktionen in einem Ressort zusammengeschlossen sind und
nur ein dem Absatzbereich zugehörendes Ressort in die Unternehmensführung integriert ist. Wird diese Instanz als Ressort „Absatz" bezeichnet,
dann unterstehen ihm die mit der eigentlichen Durchführung der Verkaufsaktionen und die mit absatzpolitischen Funktionen betrauten Abteilungen. Die gleiche organisatorische Regelung läßt sich unter der Bezeich-
nung Verkauf oder Vertrieb oder Marketing treffen.

---

[1] Es wird hier auf die Untersuchung von M. HARTAN, Marketing- und Vertriebsorganisation in mittelständischen Unternehmen, Teil I, Eingliederung des Marketing in die Aufbauorganisation der befragten Unternehmen, Rationalisierungs-Ku-
ratorium der Deutschen Wirtschaft (RKW), Frankfurt/M. 1974, hingewiesen.

Die Frage, welche Möglichkeiten bestehen, innerhalb des für alle Absatzfragen zuständigen Ressorts die Beziehungen zwischen den Abteilungen des Ressorts zu regeln, soll hier nicht weiter untersucht werden.

2. Produktorientierte Organisationsformen weisen für die Eingliederung des Absatzbereichs in den gesamtbetrieblichen Zusammenhang andere Voraussetzungen auf als nach dem Funktionsprinzip organisierte Unternehmungen [1]. Das organisatorische Gliederungskriterium bildet nunmehr das Produkt, realistischer: die hergestellte Produktart oder bestimmte Gruppen von fabrizierten Produktarten, die fertigungs- oder bedarfs- beziehungsweise nachfrageverwandt sind. Im Zuge ihrer Produktion passieren die Produkte viele Arten und Stufen betrieblicher Verrichtungen. Die organisatorische Achse verläuft im Fall produktorientierter Organisation des Unternehmens vertikal durch die horizontale Schichtung der Funktionsbereiche. Die Produktgruppen, organisiert zu Sparten oder Geschäftsbereichen (divisions), bilden nunmehr die großen organisatorischen Einheiten, aus denen sich das Unternehmen zusammensetzt.

Die Geschäftsbereiche werden entweder durch eine einzige Person geleitet, in deren Hand sich alle Kompetenz auf Geschäftsbereichsebene vereinigt, oder durch mehrere Personen, in der Regel einem Techniker und einem Verkaufsfachmann. Die Leitung kann aber auch einer Gruppe von Entwicklungs-, Produktions- und Verkaufsfachleuten übertragen werden. Im Rahmen der von der Unternehmensleitung gesetzten langfristigen Ziele handeln die Geschäftsbereiche selbständig und in eigener Verantwortung. Ihr geschäftlicher Erfolg wird durch den Gewinn gemessen, den sie erzielen. Sie sind also Gewinnzentren (profit centers).

Es sind mehrere Gründe, die zur Bildung von Sparten in den Unternehmen geführt haben. Dabei ist es nicht von ungefähr, daß gerade die großen, weltweiten Konzerne zur Spartenorganisation übergegangen sind. Die großen Dimensionen ihres Geschäftsvolumens, ihre weltweiten Verflechtungen, die ständigen Erweiterungen ihrer Kapazität, verbunden mit der Einführung neuer Technologien, haben Großgebilde entstehen lassen, deren Leitung zunehmend Schwierigkeiten bereitete. Es ist leicht einzusehen, daß es zur Prüfung der Frage kommen mußte, ob nicht eine Organisationsform mit einer stärker ausgeprägten dezentralistischen Tendenz die Leitungsaufgaben erleichtern würde. Hier nun bot sich das Spartensystem an mit seiner Tendenz zum dezentralen Aufbau des Unternehmungsganzen. In diesem Fall ist es also ein führungsorganisatorisches Motiv, das zur Überprüfung der bisherigen, mehr zentralistischen, nach Funktionen sich

---

[1] Vgl. hierzu vor allem POENSGEN, O. H., Geschäftsbereichsorganisation, Opladen 1973, insbesondere S. 62 ff.; MERTENS, P., Divisionalisierung, in: Neue Betriebswirtschaft und betriebswirtschaftliche Datenverarbeitung, 22. Jg. (1969), S. 1 ff.; SUNDHOFF, E., Absatzorganisation, Wiesbaden 1958; BIDLINGMAIER, J., Marketing, Bd. I, Hamburg 1973, S. 178 ff.

gliedernden Organisationsform und damit zum Übergang von der funktions- auf die produktorientierte Organisationsform geführt hat.

Dem funktionsorientierten Organisationssystem – so wird gesagt – wohne eine gewisse Tendenz zur Immobilität inne. Die beiden Funktionsbereiche Produktion und Vertrieb ständen sich im Schema dieser Organisation zu isoliert gegenüber und es bedürfe besonderer organisatorischer Regelungen, oft auch persönlichen Eingreifens der für die Ressorts zuständigen Personen, um nicht nur eine reibungslose, sondern auch eine effiziente Zusammenarbeit zu erreichen. Ob die These von der Immobilität produktions-absatzwirtschaftlicher Zusammenhänge in nach dem Funktionsprinzip organisierten Unternehmen zutrifft und zu welchem Maße das der Fall ist – diese Frage soll hier nicht weiter untersucht werden. Im Schema funktionaler Führungsorganisation stehen zwar die beiden Funktionsbereiche Produktion und Verkauf isoliert nebeneinander. Aber das Schema zeichnet die Vielzahl kommunikativer Beziehungen nicht auf, die zwischen diesen beiden großen organisatorischen Zentren bestehen und die sich, wie die Erfahrung zeigt, auch in Großbetrieben als belastbar, wandlungsfähig und initiativ genug erwiesen haben, um die Unternehmen in weltweitem Rahmen funktionsfähig und effizient zu gestalten. Ob ein Unternehmen am Markt vorbei produziert, ist sicherlich mehr eine Personen- als eine Organisationsfrage. Sieht man von dieser mehr prinzipiellen Frage ab, dann lassen sich ohne Zweifel viele Gründe dafür vortragen, daß in Großbetrieben der Industrie produktorientierten Organisationssystemen eine besonders ausgeprägte Tendenz zu marktorientierter Produktion innewohnt. Aber es muß wohl doch auch nochmals gesagt sein, daß sich Teams mit besonders wachem technischem und akquisitorischem Bewußtsein in jedes Organisationsschema einbauen und in ihm zum Erfolg bringen lassen.

Es sind also führungsorganisatorische und auf stärkere Marktorientierung drängende Gründe, die unter bestimmten Bedingungen produktorientierten gegenüber funktionsorientierten Organisationsformen den Vorzug geben.

Die Organisation der Spartenstruktur setzt an der Nahtstelle zwischen Produktion und Absatz an. Sollen innerhalb des Unternehmens Sparten nach dem Vorbild selbständiger Unternehmen gebildet werden, dann müssen die beiden Funktionen Produktion und Verkauf in eine enge Verknüpfung gebracht werden. Verkauft die Sparte die von ihr fabrizierten Erzeugnisse gewissermaßen in eigener Regie, sind also die von ihr hergestellten und verkauften Erzeugnisse identisch, dann liegt reine Spartenbildung nach dem produktorientierten Prinzip vor. Dieser Grundsatz wird aber nicht unbedingt durchgehalten. Wenn es zum Beispiel Absatzgebiete gibt, in denen es vorteilhafter erscheint, das gesamte Produktionsprogramm des Unternehmens, also die Produktion aller Sparten (oder mehrerer Sparten) zu verkaufen, dann tritt neben das produktbezogene Prinzip das Regionalprinzip als gestaltendes Kriterium der Bildung von Sparten. So gilt zum Beispiel für einen großen westdeutschen Chemiekonzern die Regelung, daß die Sparten ihre Erzeugnisse nur innerhalb Europas zu verkaufen berechtigt sind. Für außereuropäische Länder wird der gesamte Verkauf in einer Regionalsparte zusammengefaßt. Die Sparten haben dann nur, falls es erforderlich ist, die technische Betreuung für die Verkäufe innerhalb der jeweiligen regionalen Sparte. Diese Sparten sind intern, in entsprechend abgewandelter Form, nach den gleichen Grundsätzen organisiert wie die produktbezogenen Sparten.

Die Trennung zwischen Unternehmungs- und Spartenleitung wirft viele, oft schwer zu lösende Fragen der Funktions- und Kompetenzabgrenzung auf. Grundsätzlich wird daran festgehalten, daß die Bestimmung der Unternehmensziele eine nicht zu delegierende Aufgabe der Unternehmensleitung ist. Da sie die Verantwortung für das Gesamtunternehmen trägt, bei dezentralisierter Unternehmensorganisation der geschäftliche Erfolg des Unternehmens aber von den geschäftlichen Erfolgen der Sparten abhängig ist, obliegt der Unternehmensleitung die Sicherung der Bindung der Spartengeschäftspolitik in ihre Geschäftspolitik auf nahe und weite Sicht.

Es liegt in der Natur so weitgehender Dezentralisation, wie sie der Spartenorganisation eigentümlich ist, daß die Planungsschwerpunkte der Unternehmensleitung vor allem langfristiger, die der Sparten dagegen mittel- und kurzfristiger Art sind. Die starke Überantwortung von Kompetenz und Entscheidungsfreiheit auf die Sparten führt notwendig zur Ausbildung weitgehend formalisierter Berichts-, Genehmigungs- und Kontrollsysteme. Das besondere Meßinstrument aber für den Erfolg oder Mißerfolg der Sparten bildet der Spartengewinn. Seine anspruchsvollen Kontrollzwecken genügende Errechnung ist nicht ohne Schwierigkeiten. In dem Maße, in dem mit betriebsinternen Verrechnungspreisen für Leistungen zwischen betrieblichen Einheiten operiert werden muß – das ist bei Spartenorganisation weitgehend notwendig –, besteht die Gefahr, daß mit den gewählten Verrechnungspreisen das Betriebsergebnis nicht hinreichend frei von aus den gegenseitigen Leistungsverrechnungen stammenden Verzerrungen ermittelt werden kann und damit gegebenenfalls an Kontrollfunktion einbüßt. Da die Fragen der Gewinnermittlung der Sparten und des Ansatzes der Verrechnungspreise organisatorisch-abrechnungstechnischer und nicht spezifisch absatzpolitischer Art sind, wird hier auf diese Fragen nicht eingegangen [1].

[1] Bezüglich dieser Propleme sei verwiesen auf die Ausführungen, die POENSGEN diesem Problem widmet (a.a.O., S. 457 ff.) und auf die Erörterungen bei ALBACH, H., Innerbetriebliche Lenkpreise als Instrument dezentraler Unternehmensführung, in: Zeitschrift für betriebswirtschaftliche Forschung, N.F. 26. Jg. (1974), S. 216 ff.

Wenn nun auch die Sparten als im Verband des Gesamtunternehmens arbeitende quasi-selbständige Unternehmen aufgefaßt werden, denen die Herstellung und der Verkauf ihrer Erzeugnisse überantwortet sind, so resultieren doch gerade aus dieser Als-ob-Konstruktion der Spartenorganisation Fragen, die in dem hier interessierenden absatzpolitischen Zusammenhang von Bedeutung sind. Soll durch die gewählte Organisationsform eine größere Marktaufgeschlossenheit erreicht werden, dann muß die Sparte auf die Produktentwicklung maßgebenden Einfluß haben. Beziehen sich die Forschungs- und Entwicklungsarbeiten besonders eng auf das Produktionsprogramm einer Sparte, dann entspricht es den Forderungen der Spartenorganisation, die Forschungs-, Entwicklungs- und Konstruktionsarbeiten ganz in die Sparte zu integrieren. Die Voraussetzungen für eine solche vollständige Einbeziehung der Forschungs- und Entwicklungsarbeiten in die Sparte sind um so günstiger, je größer die Zahl fabrikatorisch verwandter Erzeugnisarten ist, die zum Produktions- und Vertriebsprogramm der Sparte gehören. Je weniger aber die Ziele der Forschung und Entwicklung auf eine Sparte bezogen sind, je mehr sie also im Dienst der unternehmenspolitischen Zielkonzeption auf mittlere und weite Sicht stehen, um so mehr können Überschneidungen von Sparte zu Sparte und zwischen Sparte und langfristiger Produktplanung der Unternehmungsleitung eintreten. Wenn aber überhaupt die Spartenorganisation sich als in besonderem Maße effizient erweisen soll, dann liegt die Voraussetzung hierfür in der vollständigen oder weitreichenden Integration der Produktentwicklung in den Entscheidungsbereich der Sparte.

Absatzpolitisch – nur dieser Aspekt interessiert hier – nicht weniger bedeutsam ist die Durchsetzung preispolitischer Forderungen der Sparte bei der Entwicklung der Produktion ihrer Erzeugnisse, andererseits aber auch die Durchsetzung technischer Überlegungen innerhalb der Sparte bei der Planung der Produktarten und Produktmengen im Verkaufsprogramm, weil die Realisierung von Preiswünschen der Verkaufsabteilungen innerhalb der Sparte von den Produktionsmengen abhängig ist, die hergestellt werden. Daß die größere Unmittelbarkeit zwischen den für diese Fragen zuständigen Personen und Abteilungen im Rahmen einer Spartenorganisation und die Nähe der Entscheidungsinstanz in der Sparte zu den anstehenden Problemen Vorteile gerade auch für preispolitische Maßnahmen bieten können, steht außer Frage. Das gilt insbesondere auch für Preisprobleme, wie sie im Zusammenhang mit der Einführung neuer Produkte oder mit Verkaufsförderungsmaßnahmen oder der kurzfristigen Abstimmung der eigenen Preise mit denen der Konkurrenz entstehen. Jedoch bedarf es auch auf preispolitischem Gebiete der Kompetenzabgrenzung. Denn die grundsätzlich zu befolgende preispolitische Linie zeichnet die Unternehmensleitung vor, und nur im Rahmen dieser Direktiven kann Entscheidungsfreiheit innerhalb der Sparten bestehen.

Abgrenzungsfragen tauchen auch dann auf, wenn es um Änderungen in den Absatzformen und um Entscheidungen über die Wahl der Absatzwege geht. Auch hier kann es sich um Maßnahmen handeln, die ein so großes absatzpolitisches Gewicht haben, daß sie ohne die Unternehmensleitung nicht getroffen werden können. Entscheidungen über eine prinzipielle Umstellung der Außendienstorganisation von Reisenden auf Vertreter oder des Verkaufs über bisher werkseigene Niederlassungen auf nunmehr selbständige Handelsfirmen (zum Beispiel Vertragshändler) lassen sich ohne Zustimmung der Unternehmensleitung nur in Ausnahmefällen spartenintern treffen. In dieser Hinsicht wird sich das Spartensystem nur wenig von dem Funktionssystem unterscheiden. Daß aber gerade auf dem Gebiet der Vertriebsorganisation große Freiheitsräume für starteninterne Regelungen bestehen, ist ohne weiteres einleuchtend.

Überlegungen ähnlicher Art gelten auch für das Gebiet der Werbung. Sofern es sich um Werbemaßnahmen speziell für die von der Sparte hergestellten und vertretbaren Erzeugnisse handelt, wird sich die Zuordnung von Kompetenz für Maßnahmen der Werbung zu den einzelnen Sparten nützlich erweisen. Wenn die einzelnen Werbemaßnahmen Teil einer bestimmten Werbekonzeption sind, und wenn die Sparten selbst derartige Konzeptionen entwerfen und praktizieren, besteht nicht nur die Gefahr der Zersplitterung, sondern auch die fehlender Abstimmung oder Hinstimmung auf die Werbevorstellungen, die das Unternehmen insgesamt beherrschen. Denn Werbung ist immer zugleich Imagewerbung, und Image ist unteilbar. Sie betrifft stets das Ganze des Unternehmens zugleich und seine Erzeugnisse.

Eine besondere Situation kennzeichnet die Marktforschung, sofern sie unternehmensrelevant und mit Hilfe von Verfahren der empirischen Sozialforschung und mit psychologischen Methoden betrieben wird. Auf den Ergebnissen dieser Untersuchungen bauen nicht nur die kurz-, mittel- und langfristigen Absatzplanungen des Unternehmens, sondern auch die Spezialplanungen der Sparten, vor allem aber auch produkt-, preis-, werbe- und vertriebspolitische Maßnahmen auf. Aus diesem Grunde wird die Marktforschung in Unternehmen mit Spartenorganisation regelmäßig zentral organisiert und nicht in die Kompetenz der einzelnen Sparte gestellt.

Die Untersuchungen machen deutlich, daß die Spartenorganisation in Hinsicht auf die hier allein interessierenden absatzpolitischen Probleme kaum Entscheidungsspielräume gewähren kann, die mit den Entscheidungsfreiheiten selbständiger Unternehmen verglichen werden können. Ob die Spartenorganisation für einen erfolgreichen Einsatz des absatzpolitischen Instrumentariums wesentlich günstigere Voraussetzungen aufweist als die funktionale Organisation, wird sich nur von Fall zu Fall sagen lassen. Insofern jedoch scheinen vorteilhafte Bedingungen vorzuliegen, als die Spartenorganisation Produktentwicklung, Produktion und Produktverkauf zu einer organisatorischen Einheit mit weitgehender, wenn auch begrenzter Entscheidungskompetenz zusammenzufassen möglich macht. Auf dem Gebiet des absatzpolitischen Instrumentariums der Produkt- beziehungsweise der Produktprogrammgestaltung bietet die Spartenorganisation Chancen, die, wenn zugleich die persönlichen Voraussetzungen hierfür gegeben sind, eine größere Marktnähe und Reagibilität der Produktentscheidungen erwarten lassen.

Bei Entscheidungen darüber, ob ein Unternehmen die funktionale durch die Spartenorganisation ersetzen soll, hat das organisatorische Motiv besonders starkes Gewicht. Es wird immer wieder von Großunternehmen hervorgehoben, daß die Spartenorganisation komplexe Unternehmen mit stark diversifizierten Programmen und weltweiten Verflechtungen durchsichtiger macht und damit besonders günstige Voraussetzungen für ihre Leitung schafft. Welches Gewicht, im Verhältnis zu diesem Argument, das zweite, das absatzpolitische Motiv: die stärkere Marktorientierung der Entscheidungen, besitzt, läßt sich nur von Fall zu Fall sagen.

3 a) Unter den zahlreichen Teilfunktionen im Absatzbereich der Unternehmen gibt es zwei Verrichtungen, von deren organisatorischer Präzision der reibungslose Vollzug der Verkaufshandlungen im Unternehmen selbst abhängig ist, die Bearbeitung und Abwicklung der unmittelbar oder über den Außendienst bei dem Unternehmen eingehenden Anfragen und Bestellungen. Diese beiden Verrichtungen, ihre Funktion und Organisation, bilden nur einen Teilbereich im Gesamtsystem absatzwirtschaftlicher Organisation. Da sie eng an die Verkaufsakte anschließen und sich nicht im „Außendienst", sondern im „Innendienst" vollziehen, bedürfen sie einer Untersuchung, die durch die Erörterungen über das absatzpolitische Instrumentarium und die Vorbereitungen für seinen Einsatz nicht abgedeckt wird.

Angenommen, ein Unternehmen A erteilt einem Unternehmen B den Auftrag, bestimmte Waren zu Bedingungen zu liefern, die in der Bestellung angegeben sind. Das Unternehmen B verfüge über keine Mitarbeiter im Außendienst, beschäftige also weder Reisende noch Vertreter. Es wird prüfen, ob es in der Lage ist, den von A erteilten Auftrag auszuführen, insbesondere wird es sich erkundigen, ob die von A gewünschten Waren überhaupt lieferbar sind. Es wird sich weiter darüber unterrichten, ob die Waren zu den verlangten Terminen geliefert werden können. Das Unternehmen wird ferner die Preisstellung prüfen. Es wird sich außerdem über die Bonität des Unternehmens A unterrichten und sich entscheiden, ob es die von A angebotenen Zahlungsbedingungen anzunehmen bereit ist. Führt die Prüfung zu dem Ergebnis, daß der Auftrag unter den von A angegebenen Bedingungen nicht ausgeführt werden kann, dann wird B entweder mit A verhandeln, um neue Bedingungen für die Lieferung zu erhalten, oder B wird den Auftrag ablehnen. Führt die Prüfung dagegen zu einem positiven Ergebnis, so wird B den Auftrag bestätigen und ausführen.

Diese Arbeiten sind Bestandteile einer innerbetrieblichen Funktion, die als „Auftragsbearbeitung" bezeichnet sei.

Verlangt dagegen das Unternehmen A von dem Unternehmen B zunächst lediglich ein Angebot, dann gehört zur „Auftragsbearbeitung" auch die Ausarbeitung des Angebots. Es enthält die erforderlichen Angaben über die technischen Einzelheiten der angebotenen Gegenstände, die Preise beziehungsweise die zu gewährenden Rabatte, die Lieferfristen und die sonstigen Zahlungs- und Lieferungsbedingungen. Bei Unternehmen, die große Anlagen herstellen, gehören eine eingehende vorherige technische Bearbeitung des Objektes und eine entsprechende Angebotskalkulation zur Abgabe des Angebots. Oft sind in diesen Fällen vor Abgabe der Offerte Verhandlungen mit dem Auftraggeber erforderlich, die sich auch nach Abgabe des Angebots fortsetzen können. Alle diese Tätigkeiten gehören zur „Auftragsbearbeitung".

Wird der Auftrag durch Mitarbeiter des Außendienstes, also durch Reisende, Vertreter oder Akquisitions-Ingenieure hereingeholt, dann muß er ebenfalls im Unternehmen bearbeitet werden, bevor es zur endgültigen Auftragserteilung kommt. In diesem Falle gehört zu den im Rahmen der innerbetrieblichen Auftragsbearbeitung zu leistenden Arbeiten auch die Korrespondenz mit dem Außendienst.

Die innerbetriebliche Auftragsbearbeitung vollzieht sich in der soeben angegebenen Weise nur dann reibungslos, wenn die entsprechenden organisatorischen Voraussetzungen geschaffen werden. Hat der Geschäftsumfang eines Unternehmens ein gewisses Maß erreicht und sind die Geschäftsinhaber oder die Leiter des Unternehmens nicht mehr in der Lage, neben ihren leitenden Aufgaben auch den Verkauf zu übernehmen, dann findet in der Regel eine Arbeitsteilung unter den leitenden Persönlichkeiten selbst statt. Damit sind die Voraussetzungen für die Bildung von selbständigen „Verkaufsabteilungen" gegeben, in denen die Verkaufsaufträge bearbeitet werden. Diese Verkaufsabteilungen können sowohl Stellen sein, die die Aufträge hereinholen, als auch Stellen, die Anfragen oder Aufträge lediglich entgegennehmen. Hier interessieren sie nur insoweit, als ihnen die Bearbeitung der Verkaufsaufträge obliegt.

Zur Bildung selbständiger Verkaufsabteilungen wird es dann nicht kommen, wenn sich die Verkaufshandlungen auf den Abschluß von Lieferungskontrakten beschränken. Angenommen, ein Großbetrieb der chemischen Industrie stellt Treibstoff her. Der Ölkonzern X verpflichtet sich, die gesamte Produktion zu übernehmen. Für das Hydrierwerk werden die Verhandlungen von der Geschäftsleitung geführt. Nach Abschluß des

Kontraktes ist für „Verkaufshandlungen" kein Raum mehr. Damit entfällt auch die Voraussetzung für die Schaffung einer eigenen Verkaufsabteilung. Nun enthält allerdings ein solcher Vertrag in der Regel eine Anzahl von Bestimmungen, deren Erfüllung laufend überwacht werden muß. Sie können auch gelegentlich zu Verhandlungen Anlaß geben. Sofern es sich hierbei um wichtige Fragen handelt, werden sie von der Geschäftsleitung geführt werden. Im übrigen beschränkt sich der Verkauf und der dafür unterhaltene Apparat auf einige mit der Überwachung der Vertragserfüllung betraute Personen. Im organisatorischen Gefüge des Hydrierwerks besteht für die Schaffung einer eigenen Verkaufsabteilung mit besonderen Vollmachten und mit Funktionen, die über Hilfsdienste hinausgehen, kein Raum.

Oder: Eine Schraubenfabrik stellt im großen Umfange Spezialschrauben her. Das Unternehmen schließt mit einer Automobilfabrik einen Vertrag, in dem sich die Automobilfabrik verpflichtet, die gesamte Produktion der Schrauben abzunehmen. Sofern es sich um diese Schrauben handelt, ist bei der Lieferfirma eine mit selbständigen Aufgaben betraute Verkaufsabteilung nicht notwendig. Das gilt auch für den Fall, daß die Schraubenfabrik den Lieferungskontrakt nicht mit einer Automobilfabrik, sondern mit einem Großhandelsunternehmen abschließt.

Noch ein anderes Beispiel: Eine Automobilfabrik stellt den Aufbau ihrer Spezialfahrzeuge für Müllabfuhr nicht selbst her, schließt vielmehr einen Vertrag mit einer Firma, die sich verpflichtet, diese Aufbauten in der verlangten Art zu den in dem Vertrag festgelegten Bedingungen zu liefern. Die Verhandlungen werden von der Geschäftsleitung des Lieferwerkes selbst geführt. In diesem Unternehmen hat die Verkaufsabteilung, sofern sich ihre Tätigkeit auf dieses Geschäft erstreckt, lediglich die Auftragsabwicklung zu überwachen.

Alle Betriebe, die „Zulieferungsbetriebe" sind, oder besser: insoweit sie Zulieferungsbetriebe sind, weisen im allgemeinen wenig entwickelte, lediglich auf die Überwachung der Lieferungen beschränkte absatzorganisatorische Einrichtungen auf.

Betriebe mit gering entwickelten Verkaufsabteilungen finden sich besonders häufig in Produktionszweigen, die aufgrund direkter Kundenbestellungen verkaufen. Das ist zum Beispiel in den Werken der Fall, die Eisen- und Stahlkonstruktionen für den Brücken- und Hafenbau, für Kraftanlagen, Hochhäuser usw. liefern. In solchen Unternehmen pflegen die Angebote von den technischen Abteilungen bearbeitet zu werden. Die Auftragsbearbeitung, auch die Auftragsabwicklung, wird im Rahmen der technischen Abteilungen vorgenommen. Die durch die Sache gebotene enge Beziehung zwischen der Angebotsabgabe und den Konstruktions- und Fertigungsabteilungen macht die Bildung von selbständigen Verkaufsabteilungen mit eigenen Vollmachten und Funktionen entbehrlich.

Das gilt aber nur für den Fall, daß es sich um Objekte handelt, für deren Vertrieb nur technische Fachkräfte in Frage kommen.

Eine andere Situation ergibt sich in Unternehmen, die standardisierte Erzeugnisse herstellen. Für ihren Verkauf sind in der Regel spezielle Fachkenntnisse nicht erforderlich oder nur in einem solchen Umfange, wie sie ohne besondere fachliche Ausbildung erworben werden können. Der Absatz derartiger Waren setzt keine umfangreichen Verkaufsverhandlungen voraus; Verkaufsgespräche genügen, die allerdings mit sehr unterschiedlichem Geschick geführt werden können.

Sobald es sich um den Absatz solcher Waren handelt und das Geschäftsvolumen einen gewissen Umfang überschreitet, verlangt die Absatzfunktion die Bildung von Verkaufsabteilungen, denen die „Bearbeitung" der Aufträge obliegt.

Die Leitung dieser Verkaufsabteilungen pflegt in der Regel Personen mit mehr kaufmännischer als ausgesprochen technischer Ausbildung übertragen zu werden.

Die Unterstellung der Verkaufsorganisation unter einen Kaufmann hat unzweifelhaft gewisse Vorteile, weil bei ihm wahrscheinlich die wirtschaftlichen Überlegungen im Vordergrund stehen. Damit kann jedoch der Nachteil verbunden sein, daß die technischen Fragen zu wenig berücksichtigt werden. Das gilt vor allem für den Fall, daß die Verkäufer einseitig kaufmännisch eingestellt sind. Auf jeden Fall ist in der Praxis bei den Verkaufspersonen eine Kombination von technischem Wissen und wirtschaftlichem Können notwendig, um einerseits die Eigenarten der Bestellerbetriebe bei der Marktbearbeitung berücksichtigen und andererseits die Forderungen des Marktes den Erzeugungsbetrieben dienstbar machen zu können.

3 b) Die organisatorische Form, die solchen Verkaufsabteilungen gegeben werden kann, wird vor allem von den Absatzmethoden bestimmt, von denen das Unternehmen Gebrauch macht. Verkauft ein Unternehmen ohne eigene Außenorganisation, dann trägt die Verkaufsabteilung organisatorisch ein vollkommen anderes Gepräge als dann, wenn das Unternehmen einen großen Vertreterstab im In- und Ausland unterhält. Setzt ein Unternehmen seine Erzeugnisse mit Hilfe werkseigener Niederlassungen ab, so entsteht bei der Zentrale eine andere organisatorische Aufgabe als dann, wenn das Unternehmen auf dem Wege über freie oder lizenzierte Unternehmer verkauft. Die Art der Außenorganisation formt grundsätzlich die innere Organisation der Verkaufsabteilungen mit.

Die Verkaufsabteilungen können organisatorisch

a) nach Produktarten
b) nach Kundengruppen und
c) regional nach Absatzbezirken

gegliedert werden.

Das erste Prinzip kommt nur für Mehrproduktbetriebe in Frage und hier in erster Linie wiederum für solche Betriebe, die ein verhältnismäßig heterogenes Verkaufsprogramm aufweisen, also stark diversifiziert sind, zum Beispiel Bremsbeläge und Grubenstempel herstellen. Die Verkaufsabteilung einer großen Buntweberei gliedert sich nach Artikeln in Abteilungen für Kleiderstoffe, Hemdenstoffe, Schürzenstoffe, Vorhangstoffe, Zwirnstoffe, Rohgewebe, Wäschestoffe u. ä. Das zweite Gliederungsprinzip ist verhältnismäßig selten. Von ihm wird vor allem dann Gebrauch gemacht, wenn ein Unternehmen an verschiedenartige Käuferschichten absetzt, zum Beispiel sowohl an Verbraucher als auch an den Großhandel, Industriebetriebe oder große Verwaltungen. In dem soeben erwähnten Webereibeispiel findet sich neben der Unterteilung nach Artikelgruppen eine weitere Gliederung der Abteilungen in solche, die an Konfektionsbetriebe (Herren-, Damenkleiderfabriken, Berufskleiderfabriken u. a.), Warenhäuser, Versandhäuser und Einkaufsverbände (zum Beispiel Bayerischer Textileinkaufsverband, eine Vereinigung bayerischer Textilkaufleute zum Zwecke der Erlangung von Großhandelspreisen durch gemeinschaftlichen Einfluß) verkaufen. Der Geschäftsumfang ist so groß, daß sich die Einrichtung besonderer Verkaufsabteilungen trotz der geringen Zahl von Kunden lohnt. Die Organisation der Verkaufsabteilung nach dem dritten Prinzip findet sich dann, wenn das Verkaufsprogramm aus standardisierten Erzeugnissen besteht und die Aufträge über Vertreter oder eigene Niederlassungen an das Unternehmen gelangen. Für den Auslandsverkauf werden Abteilungen für die verschiedenen Länder gebildet.

Häufig findet sich eine Kombination der beiden Organisationsprinzipien nach Produktgruppen und nach Absatzbezirken. Allgemeine Regeln lassen sich hierfür bei der Vielgestaltigkeit der wirtschaftlichen Erscheinungen nicht aufstellen.

Wenn es sich bei der innerbetrieblichen Auftragsbearbeitung, wie sie in den Verkaufsabteilungen der geschilderten Art vorgenommen wird, um verhältnismäßig gleichartige Arbeitsaufgaben handelt, besteht eine gewisse Möglichkeit für Schemaregelungen, insbesondere für die Anwendung von Formularen bei der Bearbeitung der Kundenaufträge. Besonders stark standardisiert pflegen die Lieferungs- und Zahlungsbedingungen zu sein. Sonderabmachungen, zum Beispiel über geltende Preisklauseln, werden zudem zentral bearbeitet. In der Regel machen jedoch die größeren Aufträge und Aufträge mit speziellen Vereinbarungen eine individuelle Behandlung erforderlich. Das gilt beispielsweise für die oft sehr verschiedenartigen Vereinbarungen über die Liefertermine, zu verwendendes Material, Abmessungen, zu übernehmende Garantien u. a. Dabei wird unterstellt, daß die Unternehmen zu festgelegten Preisen verkaufen. Was aber besagen schon derartige feste Listenpreise angesichts des ausgeklügelten Systems von Rabatten, mit denen sie verbunden zu sein pflegen? Zudem können viele Unternehmen auf preispolitisch freies Operieren nicht verzichten.

3 c) Den Verkaufsabteilungen obliegt im Regelfall auch die Kontrolle der „Auftragsabwicklung". Hierunter ist a) die Lieferung der verkauften Gegenstände an den Auftraggeber und b) die finanzielle Abwicklung der Aufträge zu verstehen.

Handelt es sich bei dem Verkauf um Erzeugnisse, die auf Grund von Bestellungen in Einzelfertigung hergestellt werden müssen, dann ist die Verkaufsabteilung auf engste Zusammenarbeit mit den Konstruktions- und Fertigungsabteilungen angewiesen. Die Herstellung und Lieferung des bestellten Aggregates sind Sache der Fertigung. Aber die Kontrolle der Auftragsabwicklung, insbesondere die Überwachung der Termine, ist und bleibt Aufgabe des Vertriebs. Ihm obliegt auch die Bearbeitung von Reklamationen. Er hat zu veranlassen, daß die Beanstandungen überprüft und Mängel von den hierfür zuständigen Stellen beseitigt werden.

In Betrieben, die vom Lager verkaufen, gehört es zu den Obliegenheiten der Verkaufsabteilung, für die Auffüllung, Sortierung und Überwachung der Fertiglager Sorge zu tragen. Im Falle des Verkaufes tritt in solchen Fällen an die Stelle eines Fertigungsauftrages, der an den Betrieb gegeben wird, der Auftrag an die Lagerverwaltung, den Verkaufsgegenstand an den Käufer zu schicken. Der Versand der Waren, ihre Verpackung, Verladung, Verfrachtung gehört zur Auftragsabwicklung. Für diese Funktionen werden in der Regel selbständige Versand- oder Expeditionsabteilungen gebildet, deren Verhältnis zu den Verkaufsabteilungen organisatorisch so geregelt werden muß, daß ein reibungsloses Zusammenarbeiten zwischen diesen Abteilungen gewährleistet ist.

Der betriebliche Umsatzprozeß endet nicht mit der Ablieferung der Erzeugnisse oder Waren an den Auftraggeber, sondern mit der „finanziellen Abwicklung" der Aufträge durch den Auftraggeber.

Es geht hier darum zu überwachen, ob der Käufer die Zahlungsbedingungen, die vereinbart wurden und die er angenommen hat, innehält. Ist das nicht der Fall, dann entsteht die Aufgabe, die finanzielle Auftragsabwicklung zu sichern. Diese Aufgabe wird in Unternehmungen, bei denen es sich um Großobjekte handelt, Sache der Verkaufsabteilungen sein. In Fällen, in denen es sich um kleinere Verkäufe handelt, wird diese Aufgabe im Rahmen der Buchhaltungsabteilung vorgenommen. Ihr ist oft eine besondere Mahnabteilung angegliedert. Andere Betriebe richten eine besondere Kreditabteilung ein, der es obliegt, die Finanzierungsfragen zu bearbeiten. Das organisatorische Problem besteht in diesem Falle darin, die Beziehungen zwischen den verschiedenen Abteilungen, die sich mit der finanziellen Abwicklung der Aufträge beschäftigen, zu regeln. Es muß eine eindeutige und klare Abgrenzung der Befugnisse vorliegen, wenn ein rei-

bungsloses Zusammenspiel zwischen diesen Abteilungen und den Verkaufsabteilungen gewährleistet sein soll.

Oft wird beim Verkauf von Erzeugnissen eine Garantie übernommen.
Ein Auftrag kann erst dann als endgültig abgewickelt angesehen werden,
wenn die eingeräumte Frist verstrichen ist.

Zweiter Teil

Das absatzpolitische Instrumentarium

Sechstes Kapitel

Die Absatzmethoden

I. Der Begriff der Absatzmethode

Was ist unter „Absatzmethode" zu verstehen, wie weit soll der Begriff gefaßt, welche Tatbestände sollen in ihn einbezogen werden?

a) Ein Unternehmen kann die mit dem Verkauf seiner Waren oder Erzeugnisse verbundenen absatzpolitischen Aktivitäten zentralisieren oder dezentralisieren. Es hat auch die Möglichkeit, seine Erzeugnisse oder Waren selbst zu verkaufen oder den Verkauf auszugliedern und auf andere, selbständige oder unselbständige Unternehmen zu übertragen. Organisatorische Regelungen der beschriebenen Art werden hier als Entscheidungen für das eine oder andere Vertriebssystem angesehen.

b) Es gibt Unternehmen, die ihre Erzeugnisse mit Hilfe betriebseigener Verkaufsorgane, zum Beispiel angestellter Reisender, verkaufen. Andere Unternehmen schalten in ihren Verkaufsgang selbständige Kaufleute, zum Beispiel Handelsvertreter, ein und übertragen ihnen den Verkauf ihrer Erzeugnisse oder Waren. In diesem Fall liegt Absatz mit Hilfe betriebsfremder Verkaufsorgane vor. Ob ein Unternehmen seine Erzeugnisse oder Waren mit Hilfe betriebseigener oder betriebsfremder Verkaufsorgane verkauft, ist eine Entscheidung über die Absatzform.

c) Die Unternehmen können ihre Erzeugnisse oder Waren direkt an Verbraucher, Gebraucher oder Weiterverarbeiter verkaufen. In diesem Fall wird von direktem Absatz oder Vertrieb gesprochen. Wenn die Unternehmen dagegen an Unternehmen verkaufen, die die Erzeugnisse des Herstellerbetriebes weiterverkaufen, dann liegt indirekter Absatz vor. Diejenigen Unternehmen, die die Erzeugnisse eines Herstellerunternehmens in der Absicht kaufen, sie wieder zu verkaufen, ohne sie be- oder verarbeitet zu haben, sind Handelsbetriebe. Der Begriff der Bearbeitung soll Manipulierungen nicht einschließen, die dazu dienen, die Erzeugnisse oder Waren leichter verkäuflich zu machen. Unternehmen, die direkt oder indirekt verkaufen, schlagen bestimmte Absatzwege ein. Macht ein bestimmtes Unternehmen von beiden Möglichkeiten Gebrauch, verkauft es also seine Erzeugnisse zum Teil direkt, zum Teil indirekt, dann hat es beide Absatzwege für den Verkauf seiner Erzeugnisse gewählt. Die Entscheidung für einen der genannten Absatzwege ist eine Entscheidung für eine Absatzmethode.

Die absatzpolitische Entscheidung für die Absatzmethode umfaßt also Entscheidungen über das Vertriebssystem, die Absatzform und die Absatzwege. Damit ist der Begriff der Absatzmethode inhaltlich so festgelegt, wie er hier verstanden werden soll.

II. Die Vertriebssysteme

1. Werkseigenes Vertriebssystem.
2. Werksgebundenes Vertriebssystem.
3. Rechtlich und wirtschaftlich ausgegliederter Vertrieb.
4. Vertrieb in total planwirtschaftlichen Systemen.

1. Verkaufsniederlassungen oder Verkaufsfilialen sind wirtschaftlich und rechtlich unselbständige Teile des Unternehmens. Sie sind personell, finanziell und organisatorisch Teil des Unternehmens. Aus diesem Grunde wird diese Art der Vertriebsgestaltung als werkseigenes Vertriebssystem bezeichnet.

Die Leiter der Niederlassungen sind an die Weisungen der Geschäftsleitung gebunden. Der Rahmen, in dem sie selbständig zu entscheiden berechtigt sind, kann eng, aber auch weit gezogen sein. Welche Aufgaben auch immer der selbständigen Entscheidung durch den Leiter der Niederlassung überlassen sind, die Entscheidungsbefugnisse sind genau geregelt, die Verantwortung ist nicht abwälzbar und die Kontrolle nicht aufhebbar.

Die Unternehmungspraxis weist gerade in dieser Hinsicht große Unterschiedlichkeiten auf. Es gibt Unternehmen, die ihren Niederlassungen bei Abschluß der Geschäfte viel Selbständigkeit gewähren und ihre Leiter mit großen Vollmachten ausstatten. Andere Unternehmen engen die geschäftliche Bewegungsfreiheit ihrer Außenstellenleiter stark ein und lassen verbindliche Erklärungen immer nur durch das Stammhaus abgeben.

Die Niederlassungen solcher Unternehmungen, die Konsumgüter herstellen, unterhalten gelegentlich Läden, in denen die Erzeugnisse des Herstellerbetriebes – nicht selten ergänzt durch andere Waren – ausgestellt und verkauft werden. In diesem Falle spricht man von Fabrikläden, wie man sie vor allem in der Süßwaren-, Schuh-, Metallwaren-, neuerdings auch in der Textilindustrie und in anderen Geschäftszweigen findet.

Es gibt Automobilfabriken, die sich dieses Vertriebssystems bedienen. Sie unterhalten eigene Verkaufsniederlassungen, die über Ausstellungsräume, Läger, Werkstätten und Einrichtungen für den Kundendienst verfügen. In der elektrotechnischen Industrie finden sich ähnliche Vertriebssysteme. Die Unternehmen dieses Produktionszweiges richten in den Hauptbedarfszentren Niederlassungen ein, denen der Verkauf ihrer Erzeugnisse obliegt. In der Regel bestehen bei diesen Niederlassungen Abteilungen für die Projektbearbeitung, auch für die Bearbeitung von Finanzierungsfragen. Im einzelnen Falle kann eine Regelung derart getroffen sein, daß sich das Stammhaus vorbehält, bestimmte Projekte von der Zentrale bearbeiten zu lassen, während alle übrigen Aufträge, auch Großaufträge, von den Verkaufsniederlassungen bearbeitet werden. So hat sich in einem bestimmten Fall das Stammhaus den Entwurf und die Ausführung von elektrischen Theatereinrichtungen vorbehalten, weil die technischen Abteilungen der Zentrale über besonders große Erfahrungen auf diesem Gebiete verfügen. Alle übrigen Aufträge, auch die Großaufträge, werden grundsätzlich von den Verkaufsniederlassungen projektiert und ausgeführt, falls erforderlich, unter Hinzuziehung der technischen Büros des Stammhauses.

Die Niederlassungen können mit Hilfe betriebseigener oder betriebsfremder Organe verkaufen. Im einen Falle arbeitet die Niederlassung mit angestellten Reisenden und Akquisitionsingenieuren, im anderen Falle mit Handelsvertretern, Kommissionären u. ä. Die Absatzform wird dabei im wesentlichen durch die Absatzform bestimmt, die das Unternehmen als solches nach Maßgabe seiner betriebstechnischen Eigenart und absatzpolitischen Situation bevorzugt. Jedoch können die verschiedenen Niederlassungen ein und desselben Unternehmens durchaus verschiedene Absatzformen aufweisen. Das gilt auch für die Absatzwege, die die Niederlassungen wählen. Auch hier gilt, daß die allgemeine betriebstechnische und absatzwirtschaftliche Struktur die Grundstruktur der Niederlassungen bestimmt. Da die einzelnen Niederlassungen jedoch gezwungen sind, sich der besonderen Verhältnisse der Absatzmärkte anzupassen, auf denen sie verkaufen, und da diese Verhältnisse durchaus unterschiedlicher Art sein können, benutzen die Niederlassungen desselben Unternehmens durchaus nicht immer die gleichen Absatzwege.

2. Die mit werkseigenen Niederlassungen arbeitenden Unternehmen verkaufen ihre Erzeugnisse oder Waren selbst, gewissermaßen in eigener Regie. Eine andere Art von Vertriebssystem kennzeichnet sich abweichend von dem reinen Filialsystem dadurch, daß die Verkaufstätigkeit und damit die gesamte Vertriebstätigkeit noch stärker dezentralisiert aus dem Unternehmen ausgegliedert und rechtlich selbständigen Unternehmen übertragen wird. Diese Verkaufsgesellschaften sind aber keine wirtschaftlich selbständigen Unternehmen. Sie sind personell, organisatorisch und wirtschaftlich abhängig und ähneln aus diesem Grunde trotz ihrer rechtlichen Selbständigkeit den wirtschaftlich und rechtlich unselbständigen Werksniederlassungen. Wegen der rechtlichen Selbständigkeit der Verkaufsgesellschaften soll diese Art, das Verkaufsproblem organisatorisch zu lösen, als werksgebundenes Vertriebssystem im Gegensatz zu dem werkseigenen Vertriebssystem (Filialsystem) bezeichnet werden.

Das Stammhaus sichert sich bei diesem dezentralisierten System seinen Einfluß auf die Vertriebsgesellschaft und damit auf die Handhabung der Verkaufstätigkeit der Vertriebsgesellschaft durch Kapitalbesitz und/oder Organverträge. Die Bindung zwischen Hersteller- und Vertriebsunternehmen ist so eng, daß die Vertriebsgesellschaft finanziell, wirtschaftlich und organisatorisch als Organ der Hauptgesellschaft angesehen werden kann.

Als charakteristisches Beispiel eines solchen werksgebundenen Vertriebssystems sei die Vertriebsorganisation geschildert, die ein großes deutsches Unternehmen aufgebaut hat, das schwere Lastwagen herstellt. Das Werk überläßt den Vertrieb rechtlich selbständigen Verkaufsgesellschaften, die in einer größeren Zahl von Städten als Gesellschaft mit beschränkter Haftung betrieben werden. Die Leiter der Niederlassungen haben den Weisungen der Zentrale zu folgen. Trotz ihrer rechtlichen Selbständigkeit besitzen sie betriebswirtschaftlich den Charakter von Niederlassungen. Die Verkaufsstellen übernehmen nicht nur den Verkauf der Kraftfahrzeuge. Sie unterhalten auch Reparaturwerkstätten und haben gleichzeitig die Aufgabe, die Kunden technisch zu beraten und zu betreuen. Das Programm dieser Gesellschaften beschränkt sich ausschließlich auf den Verkauf der von der Hauptgesellschaft hergestellten Kraftfahrzeuge und den Betrieb der Reparaturwerkstätten, die gleichzeitig auch Ersatzteillager unterhalten.

3. Es gibt Unternehmen, die ihre Vertriebstätigkeit vollständig, das heißt hier: rechtlich und wirtschaftlich ausgliedern und auf Verkaufsgesellschaften übertragen. Sie nehmen den Verkauf für mehrere Unternehmen des gleichen Produktionszweigs vor. Die Herstellerunternehmen üben in diesem Fall keinerlei Vertriebstätigkeit mehr aus. Sie sind nur noch Träger technischer Aufgaben. Da der Verkauf der Erzeugnisse derartiger Unternehmen durch die Verkaufsgesellschaft vollzogen wird, die die Erzeugnisse vieler Unternehmen vertreibt, bleiben die Herstellerbetriebe, absatzpolitisch gesehen, anonym. Ihre Firma tritt beim Verkauf ihrer Erzeugnisse nach außen hin nicht mehr in Erscheinung. Die Vertriebsgesellschaft treibt für sie die Verkaufspolitik. Sie baut eine eigene Vertriebsorganisation auf, treibt Werbung und Preispolitik. Die Unternehmen selbst konkurrieren auf den Märkten nicht mehr miteinander.

Den Prototyp dieses Vertriebssystems stellen die Verkaufssyndikate dar, in denen der Gedanke der Kartellbildung seine höchste Ausbildung erfahren hat. Für die Syndikate gelten alle Merkmale, wie sie soeben aufgeführt wurden. In der Regel sind sie, wirtschaftlich gesehen, mehr als lediglich mit dem Verkauf beauftragte Stellen, denn sie verkaufen nicht nur die Erzeugnisse der zum Syndikat gehörenden Unternehmen; oft nehmen sie auch auf den Produktionsumfang der zum Syndikat gehörenden Werke Einfluß. Hiermit verbindet sich oft auch die Berechtigung zu Investitions- und Kapazitätskontrollen (ganz abgesehen davon, daß sie auch die Aufstellung von Qualitäts- und Warenklassen und betriebswirtschaftliche Funktionen anderer Art übertragen erhalten). Dieser Tendenz der Verkaufssyndikate zur Einflußnahme auf die Höhe der Produktion und der Investitionen steht die Tendenz gegenüber, den Markt zu beeinflussen.

Das Gesetz gegen Wettbewerbsbeschränkungen vom 28. 7. 1957 in der Fassung vom 3. 1. 1966 verbietet in der Bundesrepublik Deutschland alle Verträge, die Unternehmungen oder Vereinigungen von Unternehmungen zu einem gemeinsamen Zweck schließen, soweit sie geeignet sind, die Erzeugung oder die Marktverhältnisse für den Verkehr mit Waren oder gewerblichen Leistungen durch Beschränkung des Wettbewerbs zu beeinflussen. – Der Übertragung preispolitischer Maßnahmen auf Preiskartelle oder Verkaufssyndikate sind damit die Voraussetzungen entzogen.

4. In marktwirtschaftlichen Systemen gibt es grundsätzlich keine Unternehmungen, die sich nicht um den Verkauf ihrer Erzeugnisse bemühen müssen. Dabei ist ohne Bedeutung, ob der Verkauf bei der Zentrale konzentriert bleibt, ob die Verkaufstätigkeit im reinen Filialsystem regional aufgegliedert wird, ob die Betriebe ihre Verkaufsaufgabe in einer durch Organverträge oder Kapitalbesitz gesicherten Form ausgliedern oder ob sie den Vertrieb ihrer Erzeugnisse voll aufgeben und auf gemeinsame Verkaufsstellen übertragen.

In Wirtschaftssystemen dagegen, in denen die Produktion von Gütern nach Maßgabe eines von übergeordneten Planungsstellen vorgeschriebenen Solls geschieht, arbeiten die Betriebe nicht für einen Markt. Die Abnahme und Verwendung der erstellten Leistungen übernimmt die Planungsstelle, die die Erzeugnisse der Betriebe an diejenigen Stellen disponiert, für die sie vorgesehen sind. Die einzelnen Betriebe sind nicht gezwungen, sich selbst um Abnehmer für ihre Erzeugnisse zu bemühen. Eine solche Situation schließt Wettbewerb unter den Betrieben nicht grundsätzlich aus. Nur müssen sich andere Formen des Wettbewerbs herausbilden. Hierfür gibt es in totalplanwirtschaftlichen Systemen genug Beispiele.

Diese Betriebe üben keine Verkaufstätigkeit wie die unter marktwirtschaftlichen Wettbewerbsbedingungen arbeitenden Betriebe aus. Die anordnenden und dirigierenden Planungsstellen sind keine ausgegliederten Vertriebsstellen an sich autonomer, sich um den Absatz ihrer Erzeugnisse selbst bemühender Betriebe. Sie sind Verwaltungsstellen und damit Bestandteil einer Organisation, die nicht die Aufgabe hat, zu produzieren und Kunden zu gewinnen, sondern Erzeugung und Verteilung zu lenken. Auch in diesen Systemen gibt es Übergänge und Varianten. Kein Abnehmer, ob er nun Waren zugewiesen erhält oder ob er sie frei wählt, wird sich auf die Dauer mit unzureichenden Leistungen zufrieden geben. Aber wenn der Verkauf den Betrieben nicht grundsätzlich selbst überlassen bleibt, sondern durch besondere Planungsinstanzen vollzogen wird, dann übernehmen diese Instanzen die spezifische Vertriebsfunktion, die in marktwirtschaftlichen Systemen die Unternehmen selbst ausüben. Betriebe ohne Vertriebsfunktion beziehungsweise mit bis auf gewisse Hilfstätigkeiten reduzierten Vertriebsfunktionen (Verpacken, Versenden, Fakturieren usw.) stellen also in Systemen totaler Planwirtschaft systemgerechte Gebilde dar.

III. Die Absatzformen

A. Absatz mit Hilfe betriebseigener Verkaufsorgane.
B. Absatz mit Hilfe betriebsfremder Verkaufsorgane.

A. Absatz mit Hilfe betriebseigener Verkaufsorgane

1. Verkauf durch Mitglieder der Geschäftsleitung.
2. Verkauf durch Reisende.
3. Verkauf auf Grund von Anfragen der Kundschaft ohne Einschaltung betriebsfremder Verkaufsorgane.
4. Verkauf in Läden.
5. Selbstbedienungsläden.
6. Warenverkauf mit Hilfe von Automaten.

1. In vielen Betrieben spielt sich der Verkaufsvorgang so ab, daß die Geschäftsinhaber oder die Geschäftsführer die Kunden aufsuchen, um ihnen die Erzeugnisse oder Waren des Unternehmens anzubieten. So pflegen die Geschäftsinhaber mittlerer und kleinerer Fabriken der Lederindustrie selbst zu „reisen" und ihre Musterkollektion den Kunden vorzulegen. Verfügen diese Personen über akquisitorische Begabung, dann kann diese Art des Verkaufes sehr erfolgreich sein. Denn es ist anzunehmen, daß diese Verkäufer eingehende Markt-, Branchen- und Kundenkenntnis besitzen. Sie sind mit der besonderen technischen, kommerziellen und finanziellen Situation des Unternehmens vertraut und kennen seine Vorzüge und Schwächen. Da sie an keine Weisungen Dritter gebunden sind, können sie an Ort und Stelle eine Entscheidung über die Verkaufsbedingungen, insbesondere über die Preise, die Lieferungs- und Zahlungsbedingungen verantwortlich treffen. Es handelt sich also um eine Absatzform, die sehr elastisch ist und im konkreten Fall ein Höchstmaß an Verkaufsintensität zu erreichen erlaubt.

Diese Form des Absatzes hat in der physischen Leistungsfähigkeit dieser Personen ihre Grenze. Verhältnismäßig günstige Voraussetzungen für diese Art des Verkaufes sind deshalb da gegeben, wo sich die Reisetätigkeit auf wenige Wochen im Jahre beschränkt. Erscheint es dagegen aus betrieblichen Gründen erforderlich, die Kunden ständig zu betreuen, dann sind die Grenzen dieser Absatzform bald erreicht. Ist der Kundenkreis groß und erstreckt er sich über weite Gebiete, dann erweisen sich die Möglichkeiten, den Verkauf allein mit Hilfe von Kundenbesuchen durch Mitglieder der Geschäftsleitung vorzunehmen, als zu begrenzt. Die Unternehmen müssen dann zu einer anderen Form ihres Warenabsatzes übergehen, wenn sie konkurrenzfähig bleiben wollen.

2. Ein Unternehmen kann zum Beispiel Angestellte damit beauftragen, seine Erzeugnisse oder Waren außerhalb des Unternehmens zu verkaufen. Diese Verkäufer bezeichnet man als „Reisende". Sind sie außerhalb des Ortes tätig, an dem das Unternehmen domiziliert, dann nennt man sie Fernreisende; sind sie innerhalb dieses Ortes tätig, dann bezeichnet man sie als Stadtreisende oder Platzreisende (mißverständlich auch als Platzagenten).

Die Vollmachten, über die diese Reisenden verfügen, können von durchaus unterschiedlicher Art sein. Allgemein läßt sich sagen, daß die Reisenden entweder nur Geschäfte für das Unternehmen vermitteln dürfen, von dem sie angestellt sind, oder, daß sie bevollmächtigt sind, Geschäfte im Namen dieses Unternehmens abzuschließen. Man kann also Reisende mit oder ohne Abschlußvollmacht unterscheiden.

Nicht jeder Reisende ist ohne weiteres Handlungsbevollmächtigter im Sinne des § 54 HGB. Nur wenn ihm ausdrücklich Handlungsvollmacht erteilt ist, hat er die Berechtigung, alle Geschäfte und Rechtshandlungen vorzunehmen, zu denen eine solche Vollmacht ermächtigt.

Reisende, denen eine Vollmacht zum Abschluß von Geschäften nicht erteilt ist, sind lediglich befugt, Geschäfte zu vermitteln, das heißt, Angebote zu machen und Bestellungen entgegenzunehmen. Die Firma bestätigt in diesem Falle den Auftrag und nimmt dabei den Abschluß des Geschäftes selbst vor.

In manchen Fällen üben die Reisenden ihre Tätigkeit neben der Reisetätigkeit der Mitglieder der Geschäftsleitung aus. Oft aber übernehmen sie allein die Kundenbesuche und die Vermittlung oder den Abschluß der Geschäfte. Da sie das Unternehmen repräsentieren, für das sie tätig sind, so gelten für ihre Tätigkeit weitgehend die gleichen persönlichen und fachlichen Voraussetzungen wie für die reisenden Inhaber und Geschäftsführer der Unternehmen. Ohne persönliche Verkaufsbegabung fehlen auch hier die Voraussetzungen für Verkaufserfolge, und ein natürlicher Ausleseprozeß sorgt dafür, daß sich nur akquisitorisch gut veranlagte Personen im Außendienst durchsetzen und in ihm Verwendung finden.

Sachliche Voraussetzung für eine erfolgreiche Tätigkeit der Reisenden ist eine gewisse Warenkenntnis, über die der Reisende, der ständig für den gleichen Betrieb tätig ist, in der Regel auch verfügt. Die detaillierte Kenntnis, die die für ein bestimmtes Unternehmen Reisenden von den Herstellungsverfahren, dem verwendeten Material und den Absatzproblemen der Unternehmen besitzen, ist sowohl für das Unternehmen als auch für die Reisenden von großem Wert. Die enge persönliche Verbindung der Reisenden mit dem Markt macht sie außerdem zu einer guten Informationsquelle über die Verhältnisse auf den Absatzmärkten. Da die Reisenden in der Regel ihren Wohnsitz am Ort der Niederlassung des Unternehmens haben, stehen die Platzreisenden, falls es erforderlich ist, täglich, Fernreisende in kurzen Zeitabständen für die Berichterstattung zur Verfügung.

Reisende sind verpflichtet, den Weisungen zu folgen, die sie von ihren Unternehmen erhalten. Diese Tatsache erlaubt es den Unternehmen, auf die Reisedispositionen ihrer Reisenden Einfluß zu nehmen und ihre Tätigkeit zu überwachen. In vielen Betrieben ist es üblich, daß zum Beispiel die Stadtreisenden im Betrieb zu Arbeiten herangezogen werden, wenn sie keine Kundenbesuche machen.

Aber gerade die Tatsache, daß die Reisenden, sofern sie Fernreisende sind, nicht ständig im Verkaufsgebiet anwesend sind, bedeutet häufig einen nicht unerheblichen Nachteil gegenüber den Möglichkeiten, die sich für einen selbständigen Vertreter aus seiner Ortsansässigkeit ergeben. Und zwar vor allem dann, wenn es sich um laufende Anfragen und Bestellungen der Kunden und nicht um einmalige Bestellungen während der Besuchszeit der Reisenden handelt. Andererseits wird ein Reisender durch häufige Besuche und schriftliche Kontaktnahme den Nachteil nicht ständiger Anwesenheit ausgleichen können. Die Größe der zu betreuenden Bezirke und die Entfernung dieser Bezirke von dem Standort des verkaufenden Unternehmens spielen hierbei eine gewisse Rolle. Immerhin ist nicht zu bestreiten, daß der nicht ständige Wohnsitz im Bereiche der Kunden und Interessenten Nachteile mit sich bringt. Das ist wohl häufig auch der Grund dafür, daß die Unternehmen diese Vertriebsform wechseln und zum Verkauf mit Hilfe selbständiger Vertreter übergehen.

Die Leistung der Reisenden ist abhängig von ihrer Eignung für die verkaufende Tätigkeit und von der akquisitorischen Unterstützung, die sie von dem Unternehmen erhalten, für das sie tätig sind; schließlich auch von der Art ihrer Entlohnung. Sie besteht in der Regel aus einem festen Grundgehalt mit Zuschlägen, die nach den Umsätzen berechnet werden. Die Reisespesen (meist in Form von Tagegeldern) trägt das Unternehmen.

Diese Art der Entlohnung bedeutet, daß die Kosten für einen Vertriebsapparat, der sich vornehmlich Reisender bedient, in verhältnismäßig hohem Maße fixen Charakter tragen. Denn ein Teil dieser Kosten entsteht ohne Rücksicht auf die Höhe des Umsatzes.

Die Teile des Entgelts, die sich nach der Höhe der Umsätze richten, die der Reisende tätigt, haben variablen, in diesem Falle umsatzproportionalen Charakter.

Besondere Schwierigkeiten, die der Verkauf von Waren oder Erzeugnissen bietet, können außerdem in der Höhe der Provisionssätze berücksichtigt werden. Dabei besteht die Möglichkeit, die Provisionshöhe nach der Umsatzgröße, nach Warengattungen und nach der leichteren oder schwierigeren Verkäuflichkeit der Waren zu staffeln. Überdurchschnittliche oder aus besonderen Gründen abzugeltende Leistungen pflegen in Form eines Bonus vergütet zu werden. Gelegentlich kommt es auch vor, daß dem Reisenden (wie beim Akkordlohn) ein gewisses Verkaufssoll vorgegeben wird, für das ein bestimmter Provisionssatz gewährt wird. Umsätze, die dieses Soll übersteigen, werden mit einem höheren Provisionssatz vergütet.

3. Eine dritte Form des Absatzes mit Hilfe betriebseigener Verkaufsorgane liegt dann vor, wenn der Verkauf durch die Verkaufsabteilungen selbst aufgrund von Offerten vorgenommen wird, welche die nachfragenden Unternehmen, auch Einzelkäufer, bei den verkaufenden Unternehmen einholen, ohne daß betriebsfremde Verkaufsorgane eingeschaltet werden. Diese Absatzform gibt es in einer großen Zahl von Varianten, von denen hier einige dargestellt seien. Im Neuwieder Becken (Rheinland) wird Bimskies (Vulkanasche) gefördert, der zu Steinen, Platten und dergleichen weiterverarbeitet wird. Der Verkauf dieses Kieses vollzieht sich in der Regel so, daß die Leiter der Unternehmen, die diesen Kies verarbeiten, die Gewinnungsbetriebe aufsuchen und mündlich Offerten einholen.

Das Geschäft wird dann an Ort und Stelle verhandelt und abgeschlossen. Oft kommt es dabei zum Abschluß von Lieferungskontrakten, die auf ein oder zwei Jahre laufen. Vertreter werden in der Regel nicht eingeschaltet. Diese Form des Warenverkaufes setzt voraus, daß den Beziehern von Kies diejenigen Firmen bekannt sind, die solchen Kies liefern.

Im allgemeinen ist es jedoch so, daß die Firmen mit Hilfe von Katalogen, Prospekten, Preislisten, Annoncen in der Fachpresse, gegebenenfalls auch durch Werbung geschäftliche Verbindung anzuknüpfen versuchen. Gelegentlich unterstützen die Unternehmungen diese Art der Anbahnung von geschäftlichen Beziehungen durch Vertreterbesuche. Damit verbindet sich dann allerdings ein fremdes Element mit dieser Absatzform.

Der Verkaufsvorgang spielt sich unter diesen Umständen so ab, daß die von den Interessenten einlaufenden Anfragen durch Offerten beantwortet werden, auf die hin dann gegebenenfalls der Auftrag erteilt wird und das Geschäft zustande kommt. Bei technisch schwierigen Objekten sind mündliche Verhandlungen vor Abgabe des Angebotes nicht zu umgehen. Die öffentliche Ausschreibung von Aufträgen stellt wirtschaftlich gesehen nichts anderes dar als die Aufforderung, ein Angebot zu machen. Ein prinzipieller Unterschied gegenüber dem zuerst beschriebenen Fall, in dem Offerten von den Interessenten direkt angefordert werden, besteht nicht.

Diese Methode des Warenverkaufs ist vor allem dann üblich, wenn es sich um die Lieferung von Massengütern, genormtem Material oder von Teilen handelt, die nach technischen Angaben (z. B. Zeichnungen) angefertigt werden müssen. In vielen Sparten der Maschinenindustrie ist dies die allgemeine Form, in der sich die Verkaufsvorgänge abspielen.

Wenn man von dem Fall der öffentlichen Ausschreibung absieht, dann handelt es sich bei dieser Art von Verkaufsvorgängen nicht um einen einseitig von den Käufern in Richtung auf die Verkäufer verlaufenden Prozeß. Denn neben diesem so gerichteten Vorgang verläuft ein Prozeß, der sich in entgegengesetzter Richtung bewegt, nämlich die von den verkaufenden Unternehmen ausgehenden Anstrengungen, die präsumtiven Kunden von der Lieferbereitschaft in Kenntnis zu setzen, um sie für sich zu gewinnen. Jedenfalls zeigt sich, daß hier eine Absatzform vorliegt, die sich nicht spezieller Absatzhelfer bedient und die sich von der zuerst genannten Form dadurch unterscheidet, daß die Geschäftsabschlüsse aufgrund von Angeboten zustande kommen, mit denen die verkaufenden Unternehmen die Anfragen der Kunden beantworten.

4. Im Bereiche des lebensnotwendigen und auch des gehobenen konsumtiven Bedarfes vollzieht sich der Warenverkauf ohne Einschaltung von Vertretern häufig so, daß die an Verbraucher oder Gebraucher zu verkaufende Ware dem Interessenten in Ausstellungsräumen, vor allem in Läden,

vorgeführt wird. Der Verkäufer zeigt auf diese Weise seine Bereitschaft, bestimmte Waren, die er vorrätig hat, zu verkaufen. Der Laden gibt aber nicht nur von der Absicht zu verkaufen Kenntnis, er ist zugleich auch der Ort, an dem Käufer und Verkäufer zusammentreffen, um ihre Geschäfte zu tätigen. Aber auch darin erschöpfen sich nicht die Funktionen des Ladens. Da die Waren, die ein Verkäufer verkaufen will, im wesentlichen im Laden vorrätig sind, gewährt der Laden dem Käufer die Möglichkeit, sich über das Warenangebot des Verkäufers, über das Warensortiment, die Warenqualität, die Warenpreise usw. zu unterrichten, wie andererseits die Verkäufer die Gelegenheit haben, sich über die Wünsche der Käufer zu orientieren. Diese zweiseitige Informierung, die die Läden ermöglichen, kann sich bis zu intensiver Werbung steigern. Lage, Bedienung, Ausstattung, Sortiment, Preise, Verkaufsförderung – alle diese Faktoren verschmelzen im Laden zu einer individuellen akquisitorischen Einheit. Dabei ist grundsätzlich ohne Bedeutung, ob der Verkauf auf individuelle Bedienung oder auf Selbstbedienung abgestellt ist.

Fabrikationsbetriebe unterhalten selten eigene Läden. Der Großhandel bedient sich auch gelegentlich der Läden. Dagegen stellt der Laden die charakteristische Absatzform des Einzelhandels in seinen klein- und großbetrieblichen Formen dar.

5. An dieser Stelle soll kurz auf die „Selbstbedienungsläden" eingegangen werden, die den Verkaufsvorgang vornehmlich im Bereiche des Lebensmitteleinzelhandels weitgehend revolutioniert haben [1]. Das Prinzip dieser Verkaufsmethoden besteht darin, daß die Käufer die in den Regalen und auf den Tischen liegenden, mit Preisen versehenen, abgepackten Waren selbst nehmen können, in hierfür zur Verfügung gestellten Körben oder Behältern sammeln, um dann an der Kasse abzurechnen und zu bezahlen. Dieses System setzt voraus, daß es sich um standardisierbare Waren des differenzierten Massenbedarfes handelt und die absatzpolitische Lage es erlaubt, das Warensortiment auf nur relativ wenige Sorten einer Warengattung zu reduzieren. Liegen diese Voraussetzungen vor und empfinden die Käufer die freie und selbständige Handhabung der Warenauswahl als bequem und praktisch, dann kann in solchen Läden auf eine individuelle Kundenbehandlung verzichtet werden. Es kann deshalb ohne Verkaufspersonal verkauft werden. Auf die in den Läden beschäftigten

---

[1] Wenn diese Form des Warenabsatzes auch nicht unmittelbar für Industrieunternehmen in Frage kommt, so soll auf sie in diesem Zusammenhang doch kurz eingegangen werden, um den Prozeß der Entpersönlichung zu zeigen, der sich in weiten Bereichen des Verkaufes zeigt und insbesondere auch bei dem Verkauf mit Hilfe von Automaten in Erscheinung tritt, wie unter 6. gezeigt wird.

Personen, vor allem das Kassen- und Sortimentsergänzungspersonal entfällt ein verhältnismäßig großer Umsatz.

Dieses Verkaufssystem wäre ohne die Fortschritte der Technik auf
dem Gebiete der Konstruktion von Verpackungs- und Abfüllmaschinen,
von Transportanlagen, automatischen Wiegeeinrichtungen u. ä. nicht
möglich gewesen. Die Aufgabe jedoch, die zu verkaufenden Waren zu verpacken, besteht auch in Selbstbedienungsläden, vorausgesetzt allerdings,
daß die Waren nicht in verkaufsfähigen Packungen von den Herstellern
geliefert werden, wie das vor allem bei Markenartikeln überwiegend der
Fall ist. Aber die Herstellung von Verkaufspackungen kann in den Geschäften im voraus maschinell und zentral durchgeführt werden. Auch die
Lagerhaltung vermag zentralisiert zu werden. Da in Selbstbedienungsläden Wert darauf gelegt wird, auch den Zahlungsvorgang nach Möglichkeit
zu vereinfachen und glatt und reibungslos zu gestalten (Kreditverkäufe
werden praktisch nicht getätigt), so müssen die einzelnen Verkaufspreise
auf runde Beträge lauten. Das kann Schwierigkeiten bereiten. In solchen
Fällen geht man gegebenenfalls dazu über, den Inhalt der Packungen ge-
wichtsmäßig den „runden" Preisen anzupassen. Das ist ohne Zweifel ein
Mangel des Systems, weil die Käufer mit den üblichen Gewichts- und
Mengeneinheiten zu rechnen gewohnt sind.

6. Eine sechste, in diesem Falle voll mechanisierte Form des Warenabsatzes stellt der automatische Warenverkauf dar. Für diese Form des
Warenverkaufs ist charakteristisch, daß der Verkauf nur zum geringsten
Teil in Verkaufslokalen der verkaufenden Unternehmen vor sich geht, da
die Automaten vor allem an öffentlichen Plätzen, Bahnhöfen, Gastwirt-
schaften oder in der Nähe von Einzelhandelsgeschäften aufgestellt werden,
also stets an solchen Stellen, an denen sich Interessenten sammeln.

Die Anwendungsmöglichkeiten der Verkaufsautomaten sind zwar
nicht, wie wir bereits sahen, auf Warenarten des konsumtiven Bedarfs beschränkt, jedoch sind es vornehmlich kleine Packungen, z. B. von Zigaretten, Süßwaren, Fotofilmen, Parfümen usw., die mit Hilfe von Automaten
vertrieben werden. Der Vorteil des Verkaufs mit Hilfe von Automaten besteht dabei vor allem darin, daß die Automaten den Interessenten auch
außerhalb der Geschäftszeit die Möglichkeit geben, sich mit den gewünschten Gegenständen zu versehen. Wenn die Automaten durch die
Aufstellerfirmen oder die Einzelhandelsgeschäfte sorgfältig gewartet werden, besteht durchaus die Möglichkeit, sie mit qualitativ guten Waren und
einem Sortiment zu versehen, das dem Sortiment in den Einzelhandelsgeschäften nicht weit nachzustehen braucht (Zigaretten). Das gilt auch für
Verkaufsautomaten in Restaurants, sofern es sich um Waren in niedrigen
Preislagen handelt.

B. Absatz mit Hilfe betriebsfremder Verkaufsorgane

1. Verkauf mit Hilfe von Handelsvertretern.
2. Verkauf mit Hilfe von Kommissionären.
3. Verkauf mit Hilfe von Maklern.

1. Eine zweite Form des Warenabsatzes bildet der Verkauf mit Hilfe von betriebsfremden Verkaufsorganen.

a) Die wichtigsten Repräsentanten dieser Absatzform stellen die Handelsvertreter dar. Sie sind selbständige Gewerbetreibende und ständig damit betraut, für einen anderen Unternehmer, der auch ein Handelsvertreter sein kann, Geschäfte zu vermitteln oder in dessen Namen abzuschließen. Es handelt sich also um Kaufleute. Ihre Selbständigkeit kommt darin zum Ausdruck, daß sie ihre Tätigkeit im wesentlichen frei gestalten und ihre Arbeitszeit selbst bestimmen können. In dieser ihrer Selbständigkeit unterscheiden sie sich von den unselbständigen angestellten Reisenden. In der Regel vertreten die Handelsvertreter mehrere Firmen. Sie können aber auch wie Reisende ständig mit dem Verkauf der Erzeugnisse nur eines Unternehmens betraut sein. Beide, die Handelsvertreter wie die Reisenden, können Geschäfte lediglich vermitteln oder im Namen eines Dritten abschließen [1].

Als selbständiger Gewerbetreibender trägt der Vertreter selbst das Risiko aus seiner beruflichen Existenz. Zwar trägt er nicht das Preisrisiko, wie etwa ein Handelsbetrieb, weil er nicht auf eigene Rechnung einkauft und wieder verkauft, aber er trägt das allgemeine Geschäfts- und Unternehmungsrisiko wie jeder selbständige Gewerbetreibende. Daß die speziellen Risiken eines Vertreterbetriebes zum Teil völlig anderer Art sind als die Risiken, mit denen Fabrikations- oder Handelsbetriebe belastet sind, liegt auf der Hand. Auf eine Analyse dieser speziellen Risiken wird hier verzichtet.

Die Tätigkeit von Handelsvertretern erstreckt sich einmal auf die Vermittlung oder den Abschluß von Verträgen, die Warenlieferungen zum Gegenstand haben. Diese Vertreter bezeichnet man (nicht ganz unmißverständlich) als Warenvertreter. Zum anderen gibt es Vertreter, deren Tätigkeit auf die Vermittlung und den Abschluß von anderen Verträgen, z. B. von Miet- und Pachtverträgen, Versicherungsverträgen, Grundstückskaufverträgen, Beleihungsverträgen, Beförderungsverträgen usw. gerichtet ist. Handelsvertreter, die Grundstückskäufe oder Beleihungsverträge vermitteln, sind allerdings sehr selten.

[1] Siehe auch das Gesetz zur Änderung des Handelsgesetzbuchs vom 6. 8. 1953; insbesondere sei auch auf die §§ 84 bis 92 c HGB verwiesen, die durch das soeben erwähnte Gesetz vom 6. 8. 1953 in das HGB eingefügt worden sind.

Das Verhältnis zwischen Fern- und Platzvertretern beträgt mit großen Unterschieden in den einzelnen Städten etwa 10 : 1. Wie bei den angestellten Reisenden unterscheidet man auch bei den Vertretern Fernvertreter (fernreisende Agenten) und Platzvertreter (Platzagenten, stadtreisende Agenten). Diese Unterscheidung fällt nicht stark ins Gewicht. Platzvertreter besagt, daß der Vertreter am Orte der Niederlassung seiner Firma tätig ist. Im anderen Fall ist er Fernvertreter.

Unter Versandhandelsvertretern versteht man solche Handelsvertreter, die für Versandhandelsfirmen (Handels- oder Industriebetriebe) an Privatpersonen (Endverbraucher) Waren für persönlichen und Haushaltsbedarf verkaufen. Unter diesen Vertretern sind Einführungsvertreter sehr zahlreich. Sie arbeiten auch in Kolonnen. Oft üben diese Vertreter ihre Tätigkeit nur nebenberuflich aus. Für die Einführung neuer Artikel kommt ihnen eine erhebliche Bedeutung zu.

Von anderer Art ist der rechtliche Begriff des Bezirksvertreters, so wie er in Deutschland verwendet wird [1]. Bezirksvertreter bedeutet hier, daß der Handelsvertreter, wenn ihm ein bestimmter Bezirk oder ein bestimmter Kundenkreis zugewiesen ist, Anspruch auf Provision auch für Geschäfte hat, die ohne seine Mitwirkung mit Personen bzw. Firmen seines Bezirkes oder seines Kundenkreises während des Vertragsverhältnisses abgeschlossen sind (Ausnahmen sind möglich).

Der Bezirksvertreter ist bei den Handelsvertretern, die Gewerbetreibende als Kunden besuchen, die Regel; Vertreter, die Privatkundschaft besuchen, die also Versandvertreter sind, sind regelmäßig keine Bezirksvertreter.

Es gibt Fälle, in denen es im Interesse der Unternehmen liegt, viele relativ kleine Vertreterbezirke zu bilden, dabei jedoch aus Gründen der Vertriebsrationalisierung mit einigen wenigen Handelsvertreterfirmen zu arbeiten. Unter solchen Umständen pflegen Verträge mit Generalvertretern abgeschlossen zu werden, die die Bearbeitung der kleineren Bezirke Untervertretern übertragen. Das gilt beispielsweise bevorzugt für Importgeschäfte, bei denen ausländische Lieferanten möglichst nur mit einer Handelsvertreterfirma arbeiten möchten. Untervertreter ist also derjenige, der von dem Generalvertreter ständig mit der Vermittlung und dem Abschluß von Geschäften betraut ist, mit deren Vermittlung und Abschluß der Generalvertreter seinerseits beauftragt wurde. Die Untervertreter sind Handelsvertreter, obwohl sie für den Generalvertreter und nicht für das Unternehmen tätig sind, für dessen Rechnung die Geschäfte betrieben werden. Wenn zum Beispiel eine französische Kognakfirma ihre Vertretung für das Bundesgebiet einem Hamburger Handelsvertreter als Generalvertreter übertragen hat, dann bearbeitet dieser Generalvertreter seinen Bezirk für die französische Firma genauso wie er für die anderen von ihm

[1] § 87 Abs. 2 HGB.

vertretenen Firmen arbeitet; in den anderen Bezirken sind für ihn Untervertreter tätig.

Je nach den Vollmachten, die einem Vertreter gewährt werden, unterscheidet man Vermittlungsvertreter und Abschlußvertreter. Die Handelsvertreter ohne Abschlußvollmacht vermitteln, ähnlich wie die Reisenden,
Geschäfte derart, daß sie den Interessenten Angebote unterbreiten und
Bestellungen entgegennehmen. Der Kaufvertrag kommt erst zustande,
wenn das Unternehmen, für welches der Vertreter tätig ist, den Auftrag
bestätigt. Erst damit wird der Vertrag rechtsverbindlich. Nur dann, wenn
einem Vertreter eine besondere Abschlußvollmacht erteilt ist, ist er berechtigt, unmittelbar mit dem Kunden abzuschließen, und zwar nicht im
eigenen, sondern im Namen des von ihm vertretenen Unternehmens.

Im Regelfall handelt es sich bei der Mehrzahl der Handelsvertreter um
Vermittlungsvertreter. Das gilt sowohl für die Warenvertreter wie auch für
die Versicherungsvertreter.

b) Die Handelsvertreter sind grundsätzlich berechtigt, die Vertretung
mehrerer Firmen zu übernehmen. Aus der Pflicht des Handelsvertreters,
die Interessen des vertretenen Unternehmens mit der Sorgfalt eines ordentlichen Kaufmanns wahrzunehmen, ergibt sich, daß er Vertretungen,
die eine direkte Konkurrenz zu dem bereits vertretenen Unternehmen
darstellen, nicht übernehmen darf. Das gilt nicht für den Fall, daß die Firmen damit einverstanden sind oder es nach dem Handelsbrauch üblich ist.
Für Rohkaffee und Baumwolle ist es zum Beispiel die Regel, daß der Handelsvertreter Konkurrenzvertretungen übernimmt. Hierauf wird von den
vertretenen Firmen häufig sogar Wert gelegt, weil der Handelsvertreter
ständig im Geschäft mit den Kunden bleibt. Das ist vor allem für den Fall
von Vorteil, daß eine Firma unter Umständen einmal keine passenden
Partien anzubieten in der Lage ist.

Die Zahl der Vertretungen, die zu übernehmen ein Vertreter verantworten kann, richtet sich nach seiner persönlichen Leistungsfähigkeit und
nach der Art seiner Vertretungen. So wird zum Beispiel ein Vertreter, der
die Vertretung einer Weberei für Futterstoffe übernommen hat, bemüht
sein, auch die Vertretung von Webereien zu erhalten, die Anzugstoffe herstellen. Der Verkauf von Futterstoffen allein wird in der Regel nicht ausreichen, die wirtschaftliche Existenz des Vertreters zu sichern.

Oft liegt es sogar im Interesse der Unternehmen, daß ein Vertreter
mehrere Firmen vertritt. Denn viele Unternehmen sind gar nicht in der
Lage, nur mit Hilfe eigener Reisender zu verkaufen oder Handelsvertretern so hohe Provisionen zu zahlen, daß die Vertreter von einer Vertretung
allein leben können. Viele Unternehmen vor allem der Kleineisen- und
Metallindustrie sind nur deshalb imstande, sich einen vollwertigen Ver-

triebsapparat aufzubauen, weil ihre Vertreter zugleich auch für andere Unternehmen tätig sind.

Handelt es sich um die Einführung eines neuen Erzeugnisses oder um den Absatz in einem bisher noch nicht belieferten Bezirk, dann kann ein gut eingeführter Vertreter, der auch andere Unternehmen in dem Bezirk vertritt, geradezu die Voraussetzung für den erfolgreichen Vertrieb eines solchen Erzeugnisses oder für das Eindringen des Unternehmens in diesen Bezirk sein. Es gibt Fälle, in denen ein gut arbeitender Verkaufsapparat mit verhältnismäßig niedrigen Kosten nur deshalb aufgebaut zu werden vermag, weil die Handelsvertreter bereits über einen „Kundenstamm" verfügen, den sie dem neuen Unternehmen zur Verfügung stellen können. Die Tatsache also, daß Handelsvertreter mehrere Unternehmen vertreten, ist durchaus positiv zu bewerten, wenn es sich um Produktionszweige und Branchen handelt, bei denen das ohne Interessenkollision möglich ist.

c) Die Vielgestaltigkeit der vertraglichen Abmachungen zwischen den Unternehmungen und den von ihnen mit dem Verkauf ihrer Erzeugnisse Betrauten ließ oft Zweifel darüber entstehen, wie das Verhältnis rechtlich zu beurteilen sei, ob es sich im konkreten Falle um einen Angestellten oder um einen Handelsvertreter handelt. Ursprünglich ging man bei der Beurteilung solcher Situationen von dem Maß an wirtschaftlicher Selbständigkeit aus, das sich für den mit dem Warenverkauf Betrauten ergab. Nun zeigt aber die Erfahrung sowohl wirtschaftlich abhängige als auch wirtschaftlich weitgehend unabhängige Vertreter bzw. Vertreterfirmen. Das Kriterium der wirtschaftlichen Abhängigkeit versagt damit bei der Entscheidung darüber, ob man es im konkreten Falle mit einem Angestellten oder einem Vertreter zu tun hat.

Heute stellt man bei der Beantwortung dieser Fragen weniger auf die wirtschaftliche als auf die persönliche Abhängigkeit ab [1]. Zwar hat jeder, der für andere Geschäfte vermittelt oder abschließt, den Weisungen seines Auftraggebers zu folgen. Aber als selbständiger Kaufmann besitzt der Vertreter die Freiheit, über seine Arbeitszeit und deren Einteilung selbst zu verfügen und seine Tätigkeit nach seinem Ermessen einzurichten und zu gestalten. Diese Freiheit hat ein Angestellter, auch wenn er eine reisende Tätigkeit ausübt, nicht oder doch nur in einem sehr viel geringeren Umfange, da er dem Unternehmen, für das er reist, Rechenschaft über seine Tätigkeit schuldig ist und auf Grund seines Anstellungsverhältnisses gezwungen ist, den Anordnungen derjenigen zu folgen, denen er im Betriebe untersteht.

Außer diesem Kriterium werden andere Maßstäbe zur Beantwortung der Frage herangezogen werden müssen, ob es sich im konkreten Fall um

---

[1] In diesem Sinne auch der § 84 des Gesetzes zur Änderung des Handelsgesetzbuches vom 6. 8. 1953.

einen Angestellten oder um einen selbständigen Vertreter handelt. So wird es beispielsweise ein Indiz für die Eigenschaft als Handelsvetreter sein, wenn der Vertreter Inhaber einer eingetragenen Firma ist, wenn er ein eigenes Büro unterhält, seine Geschäftsunkosten selbst trägt und ihm nur eine Provision vergütet wird. Auch dann wird man im Zweifelsfall von einem Vertreter sprechen, wenn er mehrere Firmen vertritt, oder wenn die Vertreterfirma in Form einer Aktiengesellschaft oder einer offenen Handelsgesellschaft betrieben wird.

Aus den geschilderten Abgrenzungsschwierigkeiten ergibt sich, wie die Erfahrung immer wieder zeigt, eine wichtige Forderung. Wenn ein Unternehmen die Dienste eines Vertreters in Anspruch nimmt, dann sollte auf eine klare und rechtlich eindeutige Fassung des Vertragsverhältnisses Wert gelegt werden. Viele Unternehmungen verstoßen gegen diese Forderung. An sich besteht für den Abschluß von Verträgen mit Handelsvertretern in Deutschland keine Formvorschrift. Der Vertrag kann mündlich oder schriftlich, ausdrücklich oder stillschweigend abgeschlossen werden. Wenn aber die Zusammenarbeit mit den Vertretern, von deren Tätigkeit das Gedeihen der Unternehmungen abhängig ist, auf unklaren und ungenauen Vereinbarungen beruht, dann kommt es leicht zu Verärgerungen und Zerwürfnissen. Das aber sollte man unter allen Umständen vermeiden, da die Schäden oft nur schwer zu beseitigen sind.

Aus dem gleichen Grunde sollten die Unternehmungen ihre Vertreter mit allen Mitteln bei ihrer Tätigkeit unterstützen. Es genügt nicht, daß die Vertreter die erforderlichen Unterlagen, Muster, Zeichnungen, Preislisten, Werbedrucksachen und Geschäftsbedingungen erhalten und über geplante Verkaufsförderungsmaßnahmen unterrichtet sind. Eine gute Zusammenarbeit setzt voraus, daß die Vertreter rechtzeitig darüber informiert werden, ob das Unternehmen die von ihnen vermittelten Geschäfte (oder gegebenenfalls ohne Vollmacht abgeschlossenen Geschäfte) akzeptiert hat. Wichtiger noch für eine gute Zusammenarbeit zwischen Vertreter und der vertretenen Firma ist die Tatsache, daß das Unternehmen die Vertreter rechtzeitig und umfassend genug über die Geschäftspolitik unterrichtet, die es auf kurze oder längere Sicht in seinem Absatzbereich einzuschlagen gedenkt, und über die Erwartungen, die es hinsichtlich der weiteren Entwicklung der Geschäfte hegt. Nur wenn so verfahren wird, bildet sich, wie die Erfahrung immer wieder zeigt, jener enge Kontakt zwischen den Vertretern und den vertretenen Unternehmungen, der die Voraussetzung für ein erfolgreiches Zusammenwirken von Unternehmensführung und Vertreterschaft bildet.

d) Die zunehmende Differenzierung des volkswirtschaftlichen Warensortiments vornehmlich seit der Jahrhundertwende, die räumliche Ausweitung der Absatzmärkte, der steigende Geschäftsumfang der Unternehmen (auf das Ganze gesehen), die zunehmende Härte des Wettbewerbskampfes und die steigenden Ansprüche der Kunden haben zur Folge gehabt, daß sich der Warenverkauf oder überhaupt die Verwertung betrieblicher Leistungen mit Hilfe von Vertretern in ungewöhnlicher Weise entwickelt hat. So sind heute die selbständigen Vertreter neben die ihre Kunden aufsuchenden Firmeninhaber und neben die angestellten Reisenden als entscheidend wichtige Verkaufsorgane der Unternehmungen getreten.

Die Unternehmungen machen in immer noch zunehmendem Umfange von den Vorteilen Gebrauch, die ihnen der Verkauf mit Hilfe von Vertretern bietet. Das gilt vornehmlich für solche Produktionszweige und Branchen, die mit differenzierten Fertigungsprogrammen und Warensortimenten arbeiten. Je größer die Differenzierung der Erzeugnisse und Waren ist, um so günstigere Voraussetzungen sind für die Einschaltung von selbständigen Vertretern in den Absatzprozeß gegeben. Die Zahl der Handelsvertreter verteilt sich denn auch sehr ungleichmäßig auf die einzelnen Produktionszweige und Branchen.

e) Wie für die Geschäftsinhaber, die die Kunden bereisen, und die angestellten Reisenden gilt auch für die Vertreter die Forderung, daß sie über Verkaufsgeschick verfügen müssen. Die Auswahl der für die Zwecke eines Unternehmens geeigneten Vertreter gehört deshalb zu den schwierigsten Aufgaben der für den Warenverkauf zuständigen Personen. Diese Auswahl ist oft eine langjährige und mühsame Aufgabe. Rückschläge, Zeit- und Geldverluste sind beim Aufbau eines guten Vertreterstabes nicht zu vermeiden. Man schafft eine gute Vertreterorganisation nicht von heute auf morgen. Denn die besten Vertreter haben bereits ihre Vertretungen. Immerhin ist es verhältnismäßig leicht, gute Vertreter für eingeführte Betriebe zu finden. Schwierig ist es dagegen für Unternehmen, die sich erst einführen wollen, einen qualifizierten Vertreterstab zu schaffen. Ob schließlich jemand für den Vertreterberuf geeignet ist, ob er die fachlichen und charakterlichen Voraussetzungen erfüllt, muß sich in der Regel erst erweisen, und Fälle mangelnder Eignung gehen in der Regel zu Lasten der Unternehmen. Für die Einführung neuer Artikel ist der Vertreter in vielen Fällen geradezu prädestiniert, denn er ist in der Regel der eingeführte, über gute Geschäftsverbindungen verfügende Fachmann. Da er im allgemeinen nur Provision erhält, ist das Kostenrisiko, das die Firma mit der Betrauung eines solchen Vertreters eingeht, verhältnismäßig gering.

Nur allmählich also schafft sich ein Unternehmen einen guten Vertreterstab. Ist ihm das gelungen, dann ist eine schwierige Aufgabe im Absatzbereich gelöst.

f) Der große Vorzug der Verwendung von Vertretern gegenüber den Reisenden besteht darin, daß die Vertreter ortsansässig sind und ihre Geschäfte von einem Standort aus betreiben können, der verhältnismäßig günstig gelegen ist und es erlaubt, die Kunden ohne großen Zeitverlust aufzusuchen. Unter solchen Umständen bildet sich oft ein gewisses Vertrauensverhältnis heraus, das nicht nur auf einigen gelegentlichen Besuchen im Laufe des Geschäftsjahres, sondern auf mehr oder weniger ständiger Verbindung mit den Kunden beruht. Die Vertreter erhalten auf die Dauer durch den ständigen Aufenthalt in ihren Bezirken eine Kenntnis der Kunden, der Marktlage, der Konkurrenzverhältnisse, wie sie Reisende – auch bei langjährigen Geschäftsverbindungen – kaum gewinnen können. Der dauernde Kontakt mit den von ihnen betrauten Unternehmungen und Geschäften läßt sie auch um die Vorzüge und Schwächen gerade dieser Betriebe wissen. Ansässigkeit in dem vom Vertreter zu betreuenden Bezirk schafft mithin an sich günstige Voraussetzungen für hohe Verkaufsleistungen.

Die Schwierigkeiten beim Aufbau einer guten Vertreterorganisation bestehen aber nicht nur darin, fachlich geeignete und im Bezirk ansässige Persönlichkeiten zu gewinnen, sondern vor allem auch darin, die Vertreterbezirke so groß zu machen, daß für die Vertreter hinreichend Anreiz besteht, den Bezirk zu betreuen. Nun nehmen die Vorteile der Ortsansässigkeit in dem Maße ab, wie sich die Vertreterbezirke vergrößern. Andererseits läßt der Leistungsanreiz nach, wenn die Vertreterbezirke zu klein sind. Es gilt also, zur optimalen Größe der Vertreterbezirke zu gelangen. Oft kann hierbei auf eingehende Marktanalyse nicht verzichtet werden, insbesondere dann nicht, wenn über die Bedarfsgröße, die Bedarfsstreuung, die Bedarfsdichte eines bestimmten Raumes, über den Lebensstandard und die Einkommensverhältnisse der Bevölkerung keine ausreichenden Informationen vorliegen. Auch kennt man oft nicht die Anzahl der Konkurrenzfirmen, die den Raum beliefern, welche Firmen es sind und zu welchen Bedingungen sie ihre Waren anbieten. Man hat auch oft wenig Kenntnis davon, wie eng der Kontakt zwischen den Konkurrenzfirmen und ihrer Kundschaft ist.

Die optimale Größe der Vertreterbezirke ist aber nicht nur von der Kundendichte, sondern auch von der Häufigkeit abhängig, mit der die Kunden von dem Vertreter besucht werden sollen, und von der Zahl der Kunden, die in einer Zeiteinheit durchschnittlich besucht werden können [1]. Außerdem ist zu berücksichtigen, daß einem Handelsvertreter um so größere Kosten entstehen, je größer der Bezirk ist, den er betreut. Denn mit zunehmender Größe seines Bezirkes muß er unter Umständen mehr Angestellte beschäftigen, mehr Kraftfahrzeuge anschaffen und unterhalten. Die Reisespesen wachsen ebenfalls mit zunehmender Bezirksgröße.

---

[1] Die quantitativen Methoden, die hierfür entwickelt wurden, sind im Abschnitt IV dieses Kapitels beschrieben.

Es läßt sich jedenfalls nicht sagen, man müsse die Vertreterbezirke vergrößern und könne dementsprechend geringere Provisionen zahlen. Ein Bezirk ist für einen Vertreter keineswegs um so ertragreicher, je größer er ist.

Ein besonderer Vorteil der Ortsansässigkeit der Vertreter besteht zudem darin, daß die Lieferfirma häufig am Wohnsitz der Vertreter oder in der Nähe dieses Wohnsitzes ein Auslieferungslager für einen Vertreterbezirk oder für mehrere Vertreterbezirke unterhält, so daß eine schnelle Belieferung der Kunden gewährleistet wird. Das Lagerrisiko trägt in diesem Fall der Betrieb selbst, nicht der Vertreter, solange er nicht als Eigenhändler in Funktion tritt. In diesem Falle würde er das Lager- und auch das Preisrisiko selbst tragen. Damit ist er aber nicht mehr Vertreter, sondern selbständiger Händler.

Es ist keineswegs so, daß die Verkaufstätigkeit der angestellten Reisenden besser kontrollierbar sei als die der Vertreter. Moderne Betriebe verfügen über so ausgebaute statistische und organisatorische Kontrollen, daß sie die Verkaufstätigkeit ihrer Vertreter mit hinreichender Genauigkeit überwachen können [1]. Gleichwohl findet man in der Praxis oft unzulängliche Maßnahmen zur Kontrolle der Verkaufstätigkeit der Vertreter. Das ist dann allerdings ein großer Mangel. Gerade bei fertigungstechnisch hochstehenden Betrieben werden diese Dinge im Absatzraum oft vernachlässigt, obwohl im System freier Marktwirtschaft die Bedeutung der Vertreterleistungen für das verkaufende Unternehmen nicht hoch genug veranschlagt werden kann.

g) Nun ist aber in diesem Zusammenhang noch auf einen anderen, für die Praxis wichtigen Umstand hinzuweisen. Bei sehr vielen Betrieben hat sich zwischen Betrieb und Vertreter ein Vertrauensverhältnis herausgebildet. Diese Tatsache kommt beispielsweise darin zum Ausdruck, daß die Vertreter zur Bereinigung von Meinungsverschiedenheiten zwischen Lieferfirma und Kunden herangezogen werden.

Auf der anderen Seite ist jedoch zu sagen, daß im Falle eines Konfliktes zwischen Unternehmen und Vertreter die Position des Unternehmens um so schwieriger ist, je geringer der unmittelbare Kontakt des Unternehmens mit seinen Kunden ist. Wenn sich die Erzeugnisse des Unternehmens weder qualitativ noch preislich von den Erzeugnissen der Konkurrenz wesentlich unterscheiden, muß unter Umständen damit gerechnet werden, daß im Konfliktsfalle ein Teil der Kunden, die von dem ausscheidenden Vertreter betreut werden, dem Betrieb verlorengeht. Je individuel-

---

[1] Vgl. hierzu insbesondere RUBERG, C., Verkaufsorganisation, Essen 1953, S. 34 ff.; GEIST, M., Selektive Absatzpolitik auf der Grundlage der Absatzsegmentrechnung, Stuttgart 1963; GEIST, M. und WETT, J., Erfolgskontrolle der Verkaufbezirke, Hamburg-Berlin-Düsseldorf 1965.

ler die Erzeugnisse eines Unternehmens sind und je enger der unmittelbare geschäftliche Kontakt des Unternehmens mit seinen Abnehmern ist, um so stärker ist die Position des Unternehmens für den Fall, daß ein Vertreter ausscheidet und es hierbei zu Spannungen kommt.

h) Die Provision ist die typische Vergütung für Handelsvertreter. Nach deutschem Recht haben sie Anspruch auf Provision für alle während des Vertragsverhältnisses abgeschlossenen Geschäfte, sofern sie auf ihre Tätigkeit zurückzuführen sind. Das gilt auch für Geschäfte mit Firmen oder Personen, die sie als Kunden für Geschäfte der gleichen Art geworben haben.

Für „Bezirksvertreter" (im rechtlichen Sinne) gilt, daß sie Anspruch auf Provision auch für Geschäfte haben, die ohne ihre Mitwirkung mit Personen oder Firmen ihres Bezirkes oder ihres Kundenkreises während des Vertragsverhältnisses abgeschlossen werden.

Die oft umstrittene Frage, ob Handelsvertreter noch Anspruch auf Provision für Geschäfte haben, die erst abgeschlossen werden, wenn sie bereits aus den Diensten eines Unternehmens ausgeschieden sind, ist heute so geregelt, daß der Anspruch auf Provision dann besteht, wenn der Handelsvertreter das Geschäft vermittelt oder eingeleitet und so vorbereitet hat, daß der Abschluß überwiegend auf seine Tätigkeit zurückzuführen ist. Das Geschäft muß allerdings innerhalb eines angemessenen Zeitraumes nach Beendigung des Vertragsverhältnisses abgeschlossen sein. Neben dem Anspruch auf Provision haben die Handelsvertreter Anspruch auf eine Inkassoprovision für die Beträge, die sie aufgrund der ihnen erteilten Vollmachten einziehen.

Verpflichtet sich ein Handelsvertreter für die Erfüllung der Verbindlichkeit aus einem Geschäft einzustehen, dann kann er hierfür eine besondere Vergütung (Delkredere-Provision) beanspruchen.

Die Übernahme des Delkredere ist allerdings nur in bestimmten Grenzen möglich.

Die Provision wird in Prozenten vom umgesetzten Warenwert berechnet. Dabei sind die von den Kunden in Anspruch genommenen Skonti nicht abzugsfähig. Dasselbe gilt für Nebenkosten, namentlich für Fracht, Verpackung, Zoll, Steuern, es sei denn, daß die Nebenkosten den Kunden besonders in Rechnung gestellt sind.

Die Provisionssätze pflegen gestaffelt zu werden, um Leistungsanreize zu schaffen. Im allgemeinen richtet sich die Höhe der Provisionssätze nach der Größe der Umsätze in einer Zeiteinheit (Monat, Jahr u. a.). Besondere Stimulantien der geschäftlichen Aktivität von Vertretern können darin bestehen, daß unterschiedlich hohe Provisionssätze bewilligt werden, wenn es dem Vertreter gelingt, bestimmte Auftragsgrößen zu erreichen oder die Umsätze mit bestimmten Kundengruppen oder in bestimmten Produktarten zu forcieren. Auf diese Weise versucht das Unternehmen, die Verkaufstätigkeit der Vertreter in die Richtung zu steuern, die sie aus segmentpolitischen Gründen anstrebt [1].

Ähnlichen Zielen dient die Gewährung von Prämien, die für Leistungen spezieller Art, zum Beispiel für die Übernahme von Verkaufsförderungsaufgaben (Aufstellung von Display-Material) oder für die Neugewinnung von Kunden u. ä. gewährt werden.

Die Grenzen zwischen Provision und Prämie werden nicht immer streng gezogen.

Um den Vertreter wirtschaftlich zu sichern, ist es üblich, daß ihm ein von der Höhe der erzielten Umsätze unabhängiges Fixum gezahlt wird (Grundgehalt, Festgehalt). Das Entlohnungssystem besteht dann aus einer Kombination von variablen und festen Arbeitsentgelten. Je größer der Anteil der festen Einkommensteile aus dem Gesamteinkommen eines Vertreters, um so geringer ist die Steuerungswirkung des Entlohnungssystems [2].

Es kommt vor, daß ein bestimmter Betrag (zum Beispiel monatlich oder jährlich) als Mindestprovision garantiert wird. Es ist auch möglich, daß ein Fixum oder ein fester Zuschuß zusätzlich zur Provision vereinbart wird. Feste Zuschüsse werden gelegentlich aus einem bestimmten Anlaß gegeben, zum Beispiel ein Einführungszuschuß für eine bestimmte Zeit. Es läßt sich jedoch nicht sagen, daß das die Regel sei.

Bei der Festsetzung des Arbeitsentgeltes kann auch von der Pensum-Idee Gebrauch gemacht werden. Dem Vertreter wird in diesem Fall ein bestimmter Umsatz vorgegeben, den er in einer bestimmten Zeit erreichen soll. Überschreitet er diesen Umsatz, dann erhält er eine entsprechende Provision. Mit dieser Regelung der Entgeltsfrage treten alle Schwierigkeiten auf, wie sie aus dem Bereich der Fertigung für den Fall der Pensum-Entlohnung bekannt sind. Das gilt auch für das aus dem Bereiche der Fertigung bekannte Punktsystem. Man findet es im Absatzbereich vor allem ausländischer Unternehmungen. Dem Vertreter werden für besondere Leistungen Punkte gutgeschrieben. Für schlecht erfüllte Aufgaben wird er mit Punkten entsprechend belastet. Die Höhe der Provision, die er erhält, richtet sich in diesem Falle nach der Punktzahl, die er erreicht hat.

In Deutschland wird von der Pensum-Idee kaum Gebrauch gemacht, ebensowenig auch von dem Punktsystem. Auch in den USA scheinen diese Verfahren nur in begrenztem Maß angewandt zu werden, in erster Linie wohl bei eigenen Verkaufskräften (Geschäftsreisenden).

---

[1] Vgl. hierzu GEIST, M., BIRKIGT, K., LINDNER, H.-Chr. und U. WICHMANN, Die Steuerung des Vertriebs durch gezielte Außendienstentlohnung, RKW Schriftenreihe „Industrieller Vertrieb und Einkauf", H. 10, Berlin-Köln-Frankfurt a. M. 1969.

[2] dies., a.a.O., S. 18.

Aus der Provision hat der Handelsvertreter zu decken: die Reisekosten (Verzehrspesen, Übernachtungskosten, Wagen oder mehrere Wagen), die Kosten des Büros, des Fernsprechers, gegebenenfalls des Fernschreibers, die Postgebühren, die Gehälter seiner Angestellten, gegebenenfalls von Reisenden und die Kosten von Werbemaßnahmen u. a.

2. Auch die Kommissionäre sind betriebsfremde Verkaufsorgane. Sie übernehmen gewerbsmäßig den Ein- und Verkauf von Waren oder Wertpapieren im eigenen Namen, aber für Rechnung eines Auftraggebers, eben des Kommittenten.

Der Verkaufskommissionär wird grundsätzlich nicht Eigentümer des Kommissionsgutes. Die Kommissionswaren sind für ihn fremde Sachen. Das Kommissionsverhältnis erschöpft sich in dem Veräußerungsrecht des Verkaufskommissionärs und in seiner Pflicht, den Gegenwert für die veräußerten Sachen an den Auftraggeber, den Kommittenten, abzuliefern. Nur ausnahmsweise wird der Kommissionär Eigentümer des Kommissionsgutes, und zwar dann, wenn die Voraussetzungen für den „Selbsteintritt" vorliegen. In solchen Fällen wird vereinbart, daß der als Eigenhändler fungierende Kommissionär dem Kommittenten Waren oder Wertpapiere zu einem bestimmten Preise abkauft oder verkauft. Hier stehen sich Kommissionär und Auftraggeber als Käufer und Verkäufer gegenüber. Der Kommissionär ist aber nur dann zum Selbsteintritt ermächtigt, wenn es sich um Waren handelt, die einen Börsen- oder Marktpreis haben, oder um Wertpapiere, deren Kurse amtlich festgestellt werden. Der Selbsteintritt kommt praktisch nur bei bank- und börsenmäßigen Kommissionen vor.

In der kaufmännischen Praxis gehen Kommission und Eigenhandel häufig ineinander über.

Wird dem Kommissionär Ware zum Verkauf übergeben, dann spricht man von „Konsignation" bzw. „Konsignationslägern". Der Kommittent wird in diesem Fall Konsignant, der Kommissionär Konsignatar genannt.

Da der Kommissionär im eigenen Namen abschließt, hat er dem Drittkontrahenten gegenüber die Rechte und Pflichten eines Käufers bzw. Verkäufers. Er ist nicht verpflichtet, dem Drittkontrahenten den Namen seines Auftraggebers (Kommittenten) anzugeben. Dagegen ist er gehalten, dem Kommittenten den Namen des Drittkontrahenten zu nennen. Diese Pflicht ergibt sich aus seiner Rechenschaftspflicht dem Kommittenten gegenüber.

Dem Kommissionär ist die Verpflichtung auferlegt, das Geschäft sorgfältig und nach den Weisungen des Kommittenten auszuführen. Hat im Falle einer Einkaufskommission der Kommittent darauf verzichtet, den Preis anzugeben, über den der Kommissionär nicht hinausgehen soll (zu limitieren), oder hat umgekehrt im Falle der Verkaufskommission der

Kommittent davon abgesehen, den Verkaufspreis zu limitieren, so hat der Kommissionär mit der Sorgfalt eines ordentlichen Kaufmanns zu handeln und die Interessen seines Auftraggebers wahrzunehmen. Ist vom Kommittenten jeweils für den Verkaufspreis oder den Einkaufspreis ein festes Limit vorgegeben, dann muß der Kommissionär dies berücksichtigen. Ist er von dem ihm vorgeschriebenen Limit abgewichen, dann hat er dem Kontrahenten hiervon unverzüglich Kenntnis zu geben. Der Kommittent seinerseits muß unverzüglich das Geschäft ablehnen, wenn es nicht rechtswirksam werden soll. Macht der Kommissionär, was zulässig ist, den Kommittenten nicht namhaft, um seine Geschäftsbeziehungen nicht aufzudecken, so haftet er selbst. Gibt er den Namen des Drittkontrahenten bekannt und übernimmt er trotzdem die Haftung, so steht ihm eine Delkredereprovision zu.

Die Vergütung des Kommissionärs, die „Kommission" oder „Provision", wird in der Regel vom umgesetzten Warenwert berechnet. Die Art der umgesetzten Ware ist maßgebend für die Höhe der Provision (etwa ½ – 10%, am häufigsten 2 – 5% im Warengeschäft, im Bankgeschäft erheblich niedrigere Sätze). Die Provision pflegt dabei um so höher zu sein, je niedriger der relative Wert der Ware ist und je kleiner die Umsatzwerte sind, die sich bei den einzelnen Geschäften ergeben. Außerdem sind die Ortsusancen, die Schwierigkeiten, die die Auftragserledigung bereitet, das Ansehen und die Leistungsfähigkeit des Kommissionärs selbst von Einfluß auf die Höhe der Kommission.

Im übrigen hat der Kommissionär Anspruch auf Ersatz der Spesen, die mit der Ausführung des Kommissionsgeschäftes in Zusammenhang stehen.

Das Kommissionsgeschäft hat große Bedeutung beim An- und Verkauf von Wertpapieren (Effektenkommission). Im Binnen-Warenhandel finden sich Kommissionäre bevorzugt nur noch im Einkaufsgeschäft. Kommissionäre trifft man vor allem auf Ur- und Rohstoffmärkten an, besonders auf Märkten für organische Erzeugnisse, beispielsweise als Weinkommissionäre. Derartige Kommissionäre pflegen innerhalb der Produktionsgebiete selbst ansässig zu sein und die örtlichen betrieblichen Verhältnisse der Erzeuger sehr genau zu kennen. Im Vertrauen auf diese intime Kenntnis der Einkaufsmöglichkeiten bedienen sich die Auftraggeber dieser Kommissionäre und geben ihnen oft von vornherein völlig freie Hand für den Abschluß von Käufen. Im Importgeschäft von Rohprodukten ist das Kommissionsgeschäft sehr häufig anzutreffen.

In den genannten Fällen beruht die Übertragung des Einkaufs der Waren oder Erzeugnisse weitgehend auf einer Vertrauensgrundlage. Das gilt insbesondere für den Außenhandel. Wenn sich zum Beispiel ausländische Firmen bei ihren Wareneinkäufen in Deutschland gern der großen Exporthäuser bedienen, so beruht das auf dem Ansehen und der Solidität, zum Teil auch auf der Kapitalkraft dieser Häuser. Umgekehrt gilt das auch für den Verkauf von Erzeugnissen und Waren in das Ausland. Das ausführende Unternehmen übernimmt ein großes Risiko, wenn es den Verkauf seiner Erzeugnisse einem ausländischen Kommissionär anvertraut. Handelt es sich um ein zuverlässiges Unternehmen, das sich des Verkaufs der Erzeugnisse mit Interesse, Intensität und Sachkenntnis annimmt und das sich an Preisanweisungen hält (seien sie „bestens" oder limitiert gegeben), dann kann die Überantwortung des Warenverkaufs an ein solches Unternehmen für den Kommittenten sehr vorteilhaft sein. Das ist insbesondere dann der Fall, wenn das exportierende Unternehmen die wirtschaftlichen Verhältnisse im Ausland wenig kennt, Waren neu einführt oder in kleinen Partien verkauft oder sich in einer gewissen Zwangslage befindet, aus der heraus es verkaufen muß, zum Beispiel wenn sich die Waren bereits im Ausland befinden. Erfüllt dagegen der Kommissionär, der mit dem Verkauf der Waren betraut ist, die in ihn gesetzten Erwartungen nicht, dann zeigt sich die große Problematik, die dem Kommissionsgeschäft gerade beim Export nach Übersee innewohnt.

Das Kommissionsgeschäft hat als Vertriebsform gewerblicher Betriebe an Bedeutung sehr stark nachgelassen. Im Effektengeschäft dagegen findet sich das Kommissionsgeschäft noch sehr häufig, und auch im Einzelhandel übernimmt man unter Umständen den Verkauf von Waren in Kommission. So beispielsweise, wenn dem Einzelhandel die Einführung eines bestimmten Erzeugnisses zu riskant erscheint. Unter solchen Umständen übernimmt dann das Einzelhandelsgeschäft für die Herstellerfirma den Verkauf dieser Waren in Kommission. In ähnlicher Weise werden gelegentlich schwer verkäufliche Großobjekte dem Groß- oder auch dem Einzelhandel im Kommisionsverhältnis übergeben. Diese Kommissionsgeschäfte kommen nur in einzelnen Fällen zustande. Sie können nicht als Dauererscheinungen angesehen werden [1].

Daß diese Vertriebsform fast völlig verschwunden ist, wird vor allem darauf zurückgeführt, daß die Unternehmen ihr Verkaufsgeschäft unter eigener Kontrolle haben wollen. Angesichts der modernen Mittel und Möglichkeiten, die der Wirtschaftsverkehr geschaffen hat, ist das durchaus möglich. Warum soll man den Verkauf einer Ware Dritten als Kommissionären anvertrauen, wenn man ihn selbst mit betriebseigenen oder auch betriebsfremden Organen durchführen kann? Auch tritt das verkaufende Unternehmen nach außen nicht in Erscheinung, da ja der Kommissionär im eigenen Namen abschließt. Heute legen die Unternehmen aber in der Regel den allergrößten Wert darauf, daß ihre Firma und ihre Erzeugnisse bekannt werden. Dies wird bei der Verwendung des Kommissionsgeschäftes als Vertriebsform aber verhindert. So erweisen sich denn gewisse Vor-

---

[1] SCHÄFER, E., Die Aufgabe der Absatzwirtschaft. Köln-Opladen 1950, S. 72.

züge, die das Kommissionsgeschäft in früheren Jahrhunderten zu einer bevorzugten Vertriebsform gemacht haben, als absatzpolitisch überholt. Deshalb ist der Kommissionär heute als selbständiges Verkaufsorgan aus dem Warenabsatz in der Industrie so gut wie vollständig verdrängt, wenn man von den wenigen Ausnahmen absieht, auf die oben hingewiesen wurde.

3. Zu den betriebsfremden Verkaufsorganen rechnen schließlich die Makler. Ihre Tätigkeit beschränkt sich auf den Nachweis einer Gelegenheit zum Abschluß eines Vertrages oder auf die Vermittlung eines Vertrages. Den Vertragsabschluß selbst überlassen sie den von ihnen zusammengeführten Parteien. Die gesetzlichen Bestimmungen über das Maklergeschäft sind weitgehend nachgiebiger Natur. Aus diesem Grunde besteht auch die Möglichkeit, daß die Makler Eigengeschäfte abschließen oder Vollmacht haben, Verträge abzuschließen. Das ist zum Beispiel bei den Versicherungsmaklern häufig der Fall.

Nach deutschem Recht ist zwischen Zivil- und Handelsmaklern zu unterscheiden [1]. Ein Handelsmaklergeschäft liegt dann vor, wenn jemand gegen Entgelt übernimmt, zwischen anderen Personen Vertragsabschlüsse zu vermitteln, vorausgesetzt, daß er von keiner der Parteien, zwischen denen er vermittelt, mit einer solchen Vermittlung ständig betraut ist. Es wird weiter vorausgesetzt, daß der Makler seine Vermittlertätigkeit gewerbsmäßig betreibt und die von ihm vermittelten Verträge Gegenstände des Handelsverkehrs sind, wie zum Beispiel die Vermittlung von Verträgen über Anschaffung oder Veräußerung von Waren oder Wertpapieren, von Güterbeförderungen, Schiffsmieten, Versicherungen u. a. Wenn jemand Verträge vermittelt, die nicht Gegenstand des Handelsverkehrs sind, gleichgültig, ob er dies gewerbsmäßig oder nicht gewerbsmäßig tut, und wenn der Vermittlungsauftrag zwar einen Gegenstand des Handelsverkehrs betrifft, der Makler sich aber nicht gewerbsmäßig, sondern nur gelegentlich damit befaßt, dann ist ein solcher Makler ein Zivilmakler. Zu dieser Gruppe von Maklern gehören insbesondere die Grundstücks- und Hypothekenmakler, ferner Makler, die Mietverträge vermitteln, und solche, die Anstellungsverträge vermitteln. Der Nachweismakler spielt im Hypotheken- und Grundstücksgeschäft praktisch nur eine geringe Rolle. Von Bedeutung ist er dagegen bei Wohnungsvermietungen.

Eine besondere Stellung nehmen die Schiffsmakler ein. Sie übernehmen die Vermittlung von Verträgen über Gegenstände des Seeverkehrs wie Frachten, Schiffsmieten, Verkäufe von Schiffen, Bergungen u. a. Der Tätigkeitsbereich dieser Schiffsmakler geht oft weit über den Bereich der reinen Maklertätigkeit hinaus. Soweit das der Fall ist, treten sie dann als Kommissionäre oder als Handelsvertreter in Tätigkeit. Unter den im Wa-

---

[1] §§ 652–656 BGB §§ 93–104 HGB.

ren- und Wertpapierhandel tätigen Maklern sind vor allem die Börsenmakler hervorzuheben.

Im rechtlichen Sinne ist der Handelsmakler stets Kaufmann. Der Zivilmakler ist es nicht ohne weiteres. Der Handelsmakler hat beiden Parteien objektiv zu dienen und haftet auch beiden Parteien für Verschulden. Sein Entgelt hat er von beiden Parteien je zur Hälfte zu fordern. So weit die gesetzliche Gestaltung des Falles, die aber durch Parteivereinbarung abgeändert werden kann. Im konkreten Fall kann er ausdrücklich damit betraut sein, nur einer Partei zu dienen. Gleichwohl ist seine Tätigkeit in diesem Falle die eines Handelsmaklers.

Der Handelsmakler hat jedes von ihm vermittelte Geschäft zweifach zu beurkunden. Die Beurkundung selbst geschieht durch Ausstellung einer Schlußnote, welche die Namen der Parteien, den Gegenstand und die Bedingungen des Geschäftes enthält. Der Zweck der Schlußnote besteht lediglich darin, den Beweis zu führen, daß und in welcher Weise das Geschäft zustande gekommen ist.

Das dem Makler für seine Tätigkeit zustehende Entgelt wird Maklerlohn, Maklergebühr, Maklerprovision, auch Courtage oder Sensarie genannt. Schuldner des Entgelts ist jede Partei zur Hälfte, es sei denn, der Makler vertrete abweichend vom Regelfall nur eine Partei. Wenn nichts anderes vereinbart wird, ist jede Partei zur Hälfte Schuldner des Entgeltes. Verhandlungen und Bemühungen werden ebensowenig bezahlt wie die Auslagen, sofern nicht etwas anderes vereinbart ist. Für das Entstehen des Provisionsanspruches ist lediglich der Abschluß, nicht die Ausführung des Geschäftes Voraussetzung. Die Maklergebühr wird in der Regel in Prozenten des Warenwertes, selten von der Warenmenge berechnet. Im Warengeschäft beträgt der Provisionssatz ½–2%, im Grundstücksgeschäft in Deutschland 3%. Die Gebühr ist von jeder der beiden Parteien zu zahlen.

Im laufenden Verkaufsgeschäft von Industrieunternehmungen kommt den Maklern nur eine verhältnismäßig geringe Bedeutung zu.

Der Handelsmakler spielt dagegen eine wesentliche Rolle beim Einfuhrgeschäft mit bestimmten Waren (Rohtabak, Rohbaumwolle, Wolle, Öle und Fette, Trockenfrüchte usw.); in diesen Fällen ist das Handelsmaklergeschäft allerdings meistens mit dem Handelsvertretergeschäft verbunden. Bei der Vermittlung von Holzgeschäften ist der Handelsmakler sowohl in der Einfuhr wie im Binnenhandel stark tätig. Die Handelsmaklerfirmen haben ihren Sitz überwiegend an den großen Seehafenplätzen (in Deutschland vor allem in Hamburg und Bremen), für einzelne Erzeugnisse (Holz, Öle und Fette) teilweise auch im Inland.

Die Handelsmakler haben für die Bildung und das Funktionieren internationaler Märkte an den großen Handelsplätzen (Hamburg, Bremen, Antwerpen, Amsterdam, London, Liverpool usw.) eine erhebliche

Bedeutung. Sie sind dort vielfach auch mit der Durchführung der Auktionen betraut.

IV. Die Wahl der günstigsten Absatzform

1. Kostenvergleiche.
2. Optimierungsmodelle der Besuchspolitik.

1. Steht ein Unternehmen vor der Wahl, seine Erzeugnisse durch betriebseigene oder betriebsfremde Verkaufsorgane abzusetzen, dann ist die Entscheidung über die zu praktizierende Absatzform nicht allein von Kostenüberlegungen abhängig. Es läßt sich jedoch nicht verkennen, daß kalkulatorische Aspekte im Zusammenhang mit derartigen Überlegungen große Bedeutung besitzen können.

Kostenvergleiche zwischen dem Verkauf der Erzeugnisse eines Unternehmens durch angestellte Reisende oder selbständige Handelsvertreter lassen sich, soweit es sich um quantifizierbare Sachverhalte handelt, so durchführen:

Es sei angenommen, ein Reisender erhalte ein gewisses Fixum in Form eines Gehalts. Außerdem sollen dem Unternehmen gewisse Kosten entstehen, die nicht anfallen, wenn Vertreter beschäftigt würden. Vor allem handelt es sich hier um Reisekosten, insbesondere Verzehrspesen, Übernachtungskosten, anteilige Abschreibungen und Unterhaltungskosten für Kraftwagen, Fernsprechgebühren, Postgebühren, unter Umständen gewisse Anteile an den Verwaltungskosten der Vertriebsabteilung, sofern höhere Kosten dieser Art entstehen als bei der Verwendung von Vertretern.

Ein Teil dieser Kosten wird mit dem Umsatz variieren, ein anderer Teil wird mehr fixen Charakter tragen. Wie das Verhältnis im einzelnen ist, läßt sich selbstverständlich nur für den konkreten Fall sagen.

Das Gehalt der Reisenden und die fixen Kostenbestandteile seien mit f_1, die Provisionen und die variablen Kostenbestandteile je Werteinheit des Umsatzes mit q_1, der Umsatz mit u bezeichnet. Die Kosten der Reisenden betragen also $k_1 = f_1 + q_1 \cdot u$.

Die Kosten, die bei der Verwendung von Vertretern anfallen, sind vor allem die Provisionsbeträge. In den meisten Fällen sind sie wahrscheinlich die einzigen Kosten, die dem Unternehmen entstehen. Um unser Problem nun aber ganz allgemein behandeln zu können, sei angenommen, daß auch an Vertreter ein gewisses Fixum (f_2) gezahlt wird. Für die Provision sei das Symbol q_2 verwandt. Als Kosten der Vertreter erhält man hiernach $k_2 = f_2 + q_2 \cdot u$. Ausdrücklich sei nochmals betont, daß es sich hier nicht um die Untersuchung eines konkreten Falles, sondern um die Darstellung eines Instrumentariums handelt, wie es bei Verfahrensvergleichen (auch bei Vergleichen von Fertigungsverfahren) ganz allgemein üblich ist.

Wenn man beide Gleichungen in ein Koordinatensystem mit den Achsen u und k_1 bzw. k_2 einzeichnet, erhält man, wie Abb. 3 zeigt, einen Schnittpunkt, der den kritischen Umsatz angibt. Rechts (links) von dem

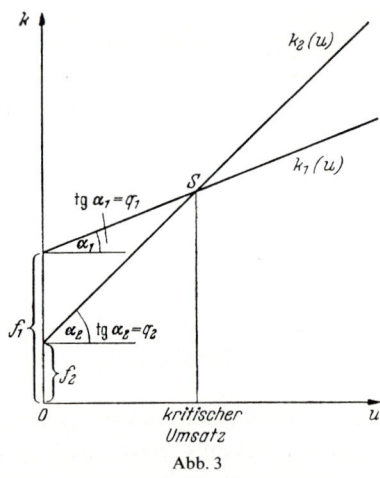

Abb. 3

kritischen Umsatz wird sich der Verkauf durch eigenes Personal billiger (teurer) stellen als der Verkauf durch Vertreter. Der kritische Umsatz (u_k) errechnet sich aus der Gleichsetzung beider Gleichungen

$$f_1 + q_1 u_k = f_2 + q_2 u_k \, ,$$

$$u_k = \frac{f_2 - f_1}{q_1 - q_2} \, .$$

Ist ein bestimmter Umsatz geplant, dann läßt sich sagen, ob man eigenes Personal oder Vertreter einsetzen soll, sofern es sich zunächst um die quantitativen Überlegungen handelt.

Da der Umsatz das Produkt aus Menge (x) mal Preis je Einheit des verkauften Erzeugnisses (p) ist, hängen k_1 und k_2 von der Absatzmenge x und dem Preise p ab.

Es ist

$$k_1 = f_1 + q_1 x p,$$

$$k_2 = f_2 + q_2 x p.$$

Solange p unverändert bleibt ($p=$const.), behalten die Kostenkurven ihren geradlinigen Verlauf [1].

Die Bestimmung des Verlaufes der Kostenkurve kompliziert sich, wenn man statt einer Einproduktunternehmung eine Mehrproduktunternehmung betrachtet. Es ist dann

$$u = x_1 p_1 + x_2 p_2 + \ldots + x_n p_n .$$

Bisher wurde der Provisionssatz q als gleichbleibend angenommen. Nun kann es aber auch sein, daß der Provisionssatz je nach Größe des Umsatzes (oft auch mit der Schwierigkeit zu verkaufen) schwankt. In diesem Falle ist q von u abhängig $q=q(u)$. Der Produktpreis kann dabei konstant bleiben oder auch variieren. In diesem Falle würde sich ergeben

$$k_1 = f_1 + u\, q_1\,(u)$$
$$k_2 = f_2 + u\, q_2\,(u).$$

Wenn der Provisionssatz q mit der Veränderung des vom Reisenden bzw. Vertreter erzielten Umsatzes u variiert, so erhält man k_1 und k_2 als nichtlineare Funktion von u. Häufig wird es jedoch so sein, daß ein höherer oder niedrigerer Provisionssatz immer nur nach bestimmten Umsatzintervallen zur Verrechnung kommt. In diesem Fall verlaufen die Kostenkurven k_1 und k_2 nicht notwendig stetig. Es lassen sich auch für die zuletzt genannten Fälle auf die gleiche Weise kritische Mengen ermitteln, wie es oben für den Fall des linearen Verlaufes der Kurven durchgeführt wurde.

Wenn ein Unternehmen seinen Reisenden oder Vertretern für die verschiedenen Warenarten A, B . . ., die es herstellt, verschiedene Provisionssätze q_a, q_b . . . vergütet, dann erhält man

$$k_1 = f_1 + q_{a1}\, x_a p_a + q_{b1}\, x_b p_b + \ldots$$
$$k_2 = f_2 + q_{a2}\, x_a p_a + q_{b2}\, x_b p_b + \ldots$$

---

[1] Die Kostenkurven verändern aber ihre Gestalt, wenn man annimmt, daß die Produktpreise von der Absatzmenge abhängen, also $p=p\,(x)$ ist, etwa in der Form der Gleichung

$$p = a - b\, x,$$

worin a der Höchstpreis sein soll und b die Steigung der Nachfragefunktion angibt (zum Begriff der Nachfragefunktion s. siebtes Kapitel, Abschnitt II 2). Man erhält dann für k_1 und k_2

$$k_1 = f_1 + q_1\, x\,(a - b\, x)$$
$$k_1 = f_1 + q_1\, a\, x - q_1\, b\, x^2$$
$$k_2 = f_2 + q_2\, x\,(a - b\, x)$$
$$k_2 = f_2 + q_2\, a\, x - q_2\, b\, x^2.$$

Hieraus ergibt sich, daß die Kosten k_1 bzw. k_2 in Abhängigkeit von x erst steigen und dann fallen. Auch hier läßt sich eine Berechnung der kritischen Absatzmenge durchführen.

Grundsätzlich läßt sich auch für diesen Fall die Annahme machen, daß die Provisionssätze q stetig oder jeweils nach Erreichen eines bestimmten Umsatzes geändert werden. Die an betriebseigene und betriebsfremde Verkaufsorgane zu zahlenden Entgelte, die ja einen wesentlichen Teil der Vertriebskosten darstellen, hängen also von einer großen Anzahl von Variablen ab, und es kommt ganz auf die Beziehungen an, die zwischen ihnen bestehen, wie die Arbeitskosten im Vertriebsbereich mit schwankenden Umsätzen variieren.

Im konkreten Falle pflegt ein ausreichendes Zahlenmaterial zur Verfügung zu stehen, um einen Verfahrensvergleich in der soeben angeführten Art und Weise durchführen zu können. Diese Zahlen spiegeln die jeweils besonderen Verhältnisse, wie sie für das Unternehmen nun einmal gegeben sind, wider. Hierbei ist, worauf noch hingewiesen sei, zu berücksichtigen, daß bei der Ermittlung der Kosten für Reisende festgestellt werden muß, wieviel Reisende jeweils für einen bestimmten Umsatz erforderlich sind, wie groß also der Aufwand an Gehältern ist und welcher Apparat für die Reisenden unterhalten werden muß, wenn sie diesen Umsatz erzielen sollen.

An diese erste Phase möglichst genauen Rechnens schließt sich eine zweite Phase an, nämlich die Berücksichtigung der nicht zahlenmäßig erfaßbaren Tatbestände. Es wurde bereits darauf hingewiesen, daß diese Imponderabilien eine ganz entscheidende Bedeutung für die Verfahrenswahl haben können.

Welcher Art diese Imponderabilien sind, ist ausführlich bei der Erörterung der allgemeinen Fragen besprochen worden, die den Einsatz von Reisenden und von Vertretern betreffen [1]. Insbesondere handelt es sich hier um Fragen der Arbeitsintensität, die das Unternehmen glaubt, von Vertretern oder Reisenden erwarten zu können. Außerdem werden dabei Überlegungen über die Frage der Steuerung und Kontrolle des Arbeitseinsatzes von Vertretern oder Reisenden von Bedeutung sein. In vielen Fällen wird es wichtig sein, sich darüber Klarheit zu verschaffen, ob der Verkauf durch Reisende oder durch Vertreter einen engeren Kontakt mit der Kundschaft gewährleistet. Vor allem aber wird in Erwägung zu ziehen sein, wie sich die Ortsansässigkeit der Vertreter und die Möglichkeit, bei ihnen Auslieferungslager zu unterhalten, auf die Umsatzgestaltung des Unternehmens auswirken wird.

Es ist nicht generell zu sagen, welches Gewicht jeweils dem einen oder dem anderen der geschilderten Umstände zukommt, auch nicht, ob noch andere Imponderabilien die Entscheidung für das eine oder das andere Verfahren beeinflussen können. Das Gewicht der einzelnen Argumente wird von Fall zu Fall verschieden sein.

---

[1] Vgl. die Ausführungen unter III A2 und B1 dieses Kapitels.

Nur auf der Grundlage einer möglichst genauen und umfassenden Rechnung und vorsichtigen und sachkundigen Abwägens der imponderablen Tatbestände läßt sich eine richtige Entscheidung treffen.

2 a) Die allgemeine Situation auf dem Gebiet des Personal Selling zeichnet sich durch ein hohes Maß an Differenzierung und Unstabilität aus. So besteht der Außendienst der Hersteller aus betriebseigenen und betriebsfremden Verkaufsorganen mit höchst unterschiedlichen Leistungsstandards und dispositiven Freiheiten. Die gleiche Differenzierung persönlicher wie sachlicher Art charakterisiert die Kontrahenten der im Außendienst tätigen Personen. Branchenbestimmte, regionale und lokale Eigenheiten, unterschiedliche Betriebsgrößen, Betriebsformen und Sortimente, Geschäftsbeziehungen, zum Teil seit Jahren, zum Teil erst seit kurzem bestehend, voneinander abweichende Interessenlagen und Verhandlungspositionen, auf persönlichen oder geschäftlichen Umständen beruhende Präferenzen der Absatzmittler gegenüber den Herstellern geben der Verkaufssituation, in der sich die Reisenden oder Vertreter befinden, ein sehr individuelles Gepräge. Auch das informierende Verhalten der Unternehmen gegenüber ihren im Außendienst tätigen Mitarbeitern zeigt große Unterschiede. Das gilt sowohl für den Umfang, die Güte und die Rechtzeitigkeit der Informationen über die zu verkaufenden Produkte, die Absatzmittler, die spezielle Konkurrenz- und Marktsituation im Produktbereich als auch für die Unterrichtung der Verkäufer über die verkaufspolitischen Absichten und Schwerpunkte des Unternehmens selbst. Zudem weisen die einzelnen Tageszeiten, Wochentage und Jahreszeiten unterschiedlich günstige Bedingungen für den Abschluß von Geschäften auf. Die zeitlichen Dispositionen der Reisenden oder Vertreter sind zudem von der standortlichen Verteilung der Kunden im Verkaufsbezirk, vom eigenen Wohnort des Reisenden oder Vertreters und von den benutzten Beförderungsmitteln abhängig.

In der Vielzahl der Aufgaben, die im Zusammenhang mit der rationellen Gestaltung der Verkaufstätigkeit im Außendienst gelöst werden müssen, zeichnen sich einige ab, die eine Verwendung quantitativer Verfahren zulassen. Vor allem handelt es sich hier um Fragen der optimalen Gestaltung der Besuchspolitik, der Reiserouten und der Verkaufsbezirke.

2 b) Unter optimaler Besuchspolitik wird im wesentlichen die optimale Bestimmung der Besuchsdauer, der Besuchshäufigkeit und der Sortimentsteile verstanden, die die Reisenden oder Vertreter während ihrer Besuchszeit den bereits gewonnenen oder noch zu gewinnenden Kunden aus dem Gesamtsortiment des Unternehmens anbieten sollen. Sind die optimalen Werte für diese Größen bekannt, dann sind damit wichtige Voraussetzungen für eine optimale Zuteilung der Außendienstmitarbeiter auf die

effektiven oder potentiellen Kunden in den Verkaufsbezirken gewonnen. Es geht in diesem Fall also nicht so sehr um die individuelle Besuchsplanung des einzelnen Reisenden oder Vertreters, sondern um taktisch operative Planungen im Außendienstbereich der herstellenden Unternehmen.

Das Problem läßt sich mit quantitativen Methoden nur dann lösen, wenn deterministische oder stochastische Aussagen darüber gemacht werden können, wie die besuchten oder die zu besuchenden Geschäfte auf unterschiedliche Besuchsdauern, Besuchsfrequenzen oder unterbreitete Sortimentsausschnitte reagieren werden, diese Reaktionen gemessen an dem Umfang der getätigten Geschäftsabschlüsse (Umsätze mit dem herstellenden Unternehmen). Liegen derartige Kunden-Reaktionsfunktionen vor, dann können aus dem Verlauf dieser Kurven die optimalen Werte für die Besuchsdauern, die Besuchsfrequenzen und die Sortimentssegmente bestimmt werden.

Die für die Konstruktion der Kunden-Reaktionsfunktionen notwendigen Informationen lassen sich aus dem verkaufsstatistischen Material der Unternehmen, aus den Erfahrungsbeständen der Experten und aus Testuntersuchungen gewinnen. In der Literatur werden Modelle beschrieben, die von diesen drei Möglichkeiten Gebrauch machen.

In seinem Modell *Callplan* versucht LODISH gewinnmaximale Besuchsfrequenzen zu ermitteln [1]. Die einem Verkäufer innerhalb einer Planungsperiode zur Verfügung stehende Zeit soll also mit Hilfe des Modells so eingeteilt werden, daß der zu erwartende Verkaufserfolg maximiert wird.

Dieser Verkaufserfolg wird in Umsatzerlösen gemessen, von denen die mit der Besuchspolitik verbundenen Kosten zu subtrahieren sind. Die Besuchspolitik – und damit die Gesamtheit der Entscheidungsvariablen des Modells – wird beschrieben durch die Zahl der Besuche, die jeder innerhalb des Vertreterbezirks ansässige Kunde in der Planungsperiode erfährt.

Zwischen den mit einem bestimmten Kunden getätigten Umsätzen und der Zahl der ihm gewidmeten Besuche wird eine funktionale Abhängigkeit unterstellt. Die Vorstellungen über den Verlauf dieser Reaktionsfunktionen werden mittels subjektiver Schätzungen bestimmter Parameter im Rahmen eines interaktiven Computerprogramms durch die Außendienstmitarbeiter selbst konkretisiert.

Zur modellmäßigen Erfassung der mit einer bestimmten Besuchspolitik verbundenen Kosten denkt sich LODISH den Verkaufsbezirk eines Vertreters in eine Reihe von sich nicht überlappenden Unterbezirken derart aufgeteilt, daß jeder Reise in einen solchen Unterbezirk ein bestimmter Kostensatz zugeordnet werden kann. Das Produkt aus diesen Kosten und der Zahl der Reisen in einen Unterbezirk, summiert über alle Unterbezirke, bildet den Kostenbestandteil der Zielfunktion.

---

[1] Vgl. LODISH, M., Callplan. An Interactive Salesman's Call Planning System, in: Management Science, Vol. 18 (1971), Nr. 4, Part II, P-25 ff.

Diese Reisen in die Unterbezirke werden außerdem noch hinsichtlich des für sie erforderlichen Zeitaufwandes in einer das Zeitbudget repräsentierenden Nebenbedingung erfaßt. In dieser Nebenbedingung wird außerdem der für Kundenbesuche innerhalb eines Unterbezirkes, die gemäß der Modellannahme kostenmäßig nicht mehr zu Buche schlagen, notwendige Zeitaufwand berücksichtigt.

Eine weitere Nebenbedingung stellt den Zusammenhang zwischen den Entscheidungsvariablen und der Zahl der Reisen in einen Unterbezirk her. Diese Zahl wird hier definiert als die Maximalzahl von Besuchen, die der Vertreter einem einzelnen Kunden aus dem betreffenden Unterbezirk widmet.

Schließlich wird in einer letzten Nebenbedingung festgehalten, daß die einem einzelnen Kunden zukommende Zahl von Besuchen bestimmten vorgegebenen Ober- und Untergrenzen unterliegt.

Daneben gibt es eine Reihe von anderen Optimierungsannahmen für Probleme der Besuchspolitik.

Lodish gibt einen Algorithmus zur numerischen Behandlung dieses Modells an, in dem auch die Möglichkeit eingeräumt wird, die Planungsperiode („response period") derart in eine Reihe von Teilperioden („effort periods") zu zerlegen, daß sich die für eine Teilperiode gefundene optimale Besuchspolitik dann zyklisch wiederholt [1].

2 c) Zu den mit quantitativen Methoden häufig behandelten Fragen der Besuchspolitik gehört das Traveling Salesman Problem. Die Aufgabe besteht in diesem Fall darin, aus der Vielzahl möglicher Reiserouten, die ein Vertreter oder Reisender in seinem Verkaufsbezirk einschlagen kann,

---

[1] In dem von A. A. Brown, F. T. Hülswitt und J. D. Kettelle entwickelten Modell, A Study of Sales Operations, Operations Research, Jg. 1956, S. 296 ff. wird davon ausgegangen, daß die einem Außendienstmitarbeiter zur Verfügung stehende Zeit auf die Betreuung zweier Kundenkategorien aufzuteilen ist: zum einen sind früher bereits gewonnene Kunden zu besuchen, um sie als Auftraggeber zu behalten, zum anderen gilt es, bisherige Kunden der Konkurrenz zur „Konversion" zum eigenen Hause zu bewegen, sie also neu zu gewinnen. Die Autoren versuchen, das Problem für einen konkreten Fall numerisch zu lösen, bevor seine allgemeine Struktur analysiert worden ist. So unterläuft ihnen u. a. bei der Suche nach einer zweiten Bestimmungsgleichung für zwei Entscheidungsvariable der Fehler, nicht nur Gleichheit der Grenzerträge der beiden beschriebenen Aktivitäten, sondern auch Gleichheit der absoluten Erträge zu postulieren. Vgl. die deutschsprachige Darstellung des Ansatzes bei Meffert, H., Die Anwendung mathematischer Modelle im Marketing – Teil 2 –, in: Schriften zur Unternehmensführung, Band 15, Wiesbaden 1971, S. 23 ff., hier S. 27 – 29.
Hingewiesen sei auch auf das Allokationsmodell von Montgomery, D. B., Silk, A. J. und C. E. Zaragoza, A Multiple-Product Sales Force Allocation Model, in: Management Science: Application, vol. 18 (Jg. 1971), Part II. P-3.
Vgl. auch Stanton, W. J. und R. H. Buskirk, Management of Sales Force, 4. ed. Homewood, Ill, 1974, S. 602 ff.

den Reiseweg auszuwählen, der die Zielorte in der Reihenfolge aufzusuchen erlaubt, die die geringsten Kosten verursacht. Unter Besuchsroute ist der Reiseweg vom Ausgangspunkt der Reise zu den Zielorten und zurück zu verstehen. Es wird vorausgesetzt, daß die Zielorte in einer Rundreise besucht werden und daß die Zahl der Zielorte gegeben ist.

Das Problem ist mit Hilfe ganzzahliger linearer Programmierungsmodelle, mit Entscheidungsbaumverfahren und heuristischen Modellen zu lösen versucht worden. Analytische Verfahren lassen sich nur anwenden, wenn die Zahl der Besuchsorte sehr klein ist. Heuristische Verfahren erfordern bei einer großen Zahl von Zielorten sehr viel Rechenzeit. Modelle dieser Art sind also kaum operabel [1].

2 d) Jedem Unternehmen, das sich Reisender oder Vertreter für den Absatz seiner Erzeugnisse bedient, stellt sich die Frage, wie groß die Verkaufsbezirke sein sollen, die von einem oder mehreren seiner Mitarbeiter im Außendienst betreut werden sollen. Eine Vielzahl von verkaufspolitisch relevanten Faktoren spielt in diese Überlegungen hinein. Sie sind in der Regel höchst betriebsindividueller Art. Das Image des verkaufenden Unternehmens oder seiner Erzeugnisse, das Maß, in dem das Unternehmen in den zu schaffenden oder umzuorganisierenden Verkaufsbezirken bereits eingeführt ist, die unterschiedliche Intensität, mit der aus absatz-, insbesondere segmentpolitischen Gründen der Verkauf in den einzelnen räumlichen Bezirken forciert werden soll, das Domizil des Unternehmens und das seiner Mitarbeiter, seine finanziellen Möglichkeiten für Investitionen in die Verkaufsorganisation, die unterschiedlichen sachlichen und personellen Voraussetzungen für Einzel- und Mehrfachvertretungen, die Zahl, Art, Größe und regionale Verteilung der Besuchspartner, die Verkehrsverhältnisse in den einzelnen Bezirken, die angestrebten Besuchsdauern, Besuchsfrequenzen und Besuchsperiodizitäten, die individuellen Leistungsunterschiede der Außendienstmitarbeiter, das Maß ihrer Beauftragung mit Aufgaben der Verkaufsförderung, zum Beispiel ihrer Mitarbeit an der Gestaltung der Verkaufsräume der von ihnen zu betreuenden Kunden, ihre Ausbildung und ihr Training, die Unterschiede in den Leistungsanreizen, die das Entgeltsystem, also die jeweils gewählte Kombination von Fixum, Provision und Prämie auf die Verkaufstätigkeit der Reisenden oder Vertreter ausübt, das Maß auch, in dem die Vertriebsleitung des Unternehmens Einfluß auf die Gestaltung der Arbeit in den Verkaufsbezirken auszuüben beabsichtigt – diese und viele andere meßbaren und nicht meßbaren Faktoren, aus denen sich die Außendienstkonzeption ei-

---

[1] Vgl. hierzu u. a. LITTLE, I. D. C.; MURTY, K. G.; SWEENY, D. W. und C. KAREL, An Algorithm for the Traveling-Salesman Problem, in: Operations Research, Jg. 1963, S. 972; MÜLLER-MERBACH, H., Optimale Reihenfolgen, Berlin-Heidelberg-New York 1970 und die dort angegebene Literatur.

nes Unternehmens mit ihren Gegebenheiten, Freiheiten und Zwängen zusammensetzt, bilden die bestimmenden Einflußgrößen für die regionale
Aufteilung des gesamten unternehmerischen Absatzraumes [1] [2].

Auf diesen Hintergrund projiziert, ist es unschwer zu verstehen, daß
quantitative Methoden auf diesem Gebiet nur in engen Grenzen und stets
nur auf Spezialprobleme bezogen zu praktikablen Ergebnissen führen
können. Um aufzuzeigen, in welche Richtung diese Bemühungen tendieren, soll kurz auf das von HESS und SAMUELS entwickelte Modell eingegangen werden, das versucht, in Anlehnung an Verfahren, die sich bei der Abgrenzung politischer Bezirke bewährt haben sollen, einen Beitrag zur Bestimmung optimaler Verkaufsbezirke zu leisten [3]. Die Autoren setzen voraus, daß sich das zu gliedernde Gebiet als eine Gesamtheit von geographischen Einheiten (zum Beispiel Postleitgebieten) darstellen läßt, deren Zentren durch eine Nord- oder y-Koordinate n_j und eine Ost- oder x-Koordi-
nate e_j zu beschreiben sind ($j = 1, \ldots, n$).

Die j-te geographische Einheit verlangt nun ein gewisses Maß a_j an Betreuung durch die Mitglieder des Außendienstes. Dieses Maß kann nach
den Vorstellungen der Planer auf verschiedene Weise, zum Beispiel durch
die Zahl der dort ansässigen Kunden oder die Zahl der notwendigen Besuche, auch durch die zur Betreuung der Kunden notwendige Zeit definiert
werden. In dieser Terminologie stellt also der Ausdruck

$$\sum_{j=1}^{n} a_j$$

die gesamte nachgefragte, also vom Außendienst zu erbringende Betreu-
ungsleistung dar.

Das Problem besteht nun darin, die geographischen Einheiten so in
eine vorgegebene Zahl m von Verkaufsbezirken zusammenzufassen, daß
die zu einem Bezirk gehörigen Einheiten möglichst nahe beieinander lie-

---

[1] Das Problem muß in Zusammenhang mit den grundsätzlichen Erörterungen
über die Gestaltung des Außendienstes im Abschnitt B1 dieses Kapitels gesehen
werden.

[2] Vgl. hierzu insbesondere MEYER, C. W., Grundzüge moderner Vertriebspoli-
tik – Marketing Maßnahmen, Berlin 1967; GEIST, M., Selektive Absatzpolitik auf
der Grundlage der Absatzsegmentierung, Stuttgart 1963; KLEIN-BLENKERS, F., Die
Ökonomisierung der Distribution, Köln und Opladen 1964; LINDNER, H.-Chr., Die
Bestimmung von Verkaufsbezirken, Stuttgart 1970; STANTON, W. J., und R. H. BUS-
KIRK, Management of the Sales Force, 4. ed. 1974, Homewood, Ill., S. 607 ff.; BID-
LINGMAIER, J., Marketing. Bd. I, Hamburg 1973, Bd. II, S. 327 ff., NIESCHLAG, R.,
DICHTL, E., HÖRSCHGEN, H., Marketing. Ein entscheidungstheoretischer Ansatz,
7. Aufl., Berlin, S. 127 ff.

[3] HESS, S. W. und S. A. SAMUELS, Experiences with a Sales Districting Model:
Criteria and Implication, in: Management Science, Vol. 18 (1971), No. 4. Part II,
P-41 ff.

gen. Außerdem sollte den neu zu schaffenden Verkaufsbezirken möglichst gleiches Gewicht zukommen; ihnen ist also jeweils der Anteil

$$\frac{1}{m} \sum_{j=1}^{n} a_j$$

als in ihren jeweiligen Zentren lokalisiertes Angebot des Außendienstes zuzuweisen.

Setzt man voraus, daß Ausgangslösungen für die geographische Lage der Zentren der neu zu schaffenden Bezirke gefunden und in Nord- und Ostkoordinaten N_i und E_i ($i = 1, \ldots, m$) ausgedrückt seien, so legt die Formulierung der Gliederungsaufgabe in den auf Außendienstleistungen bezogenen Begriffen von Angebot und Nachfrage ihre Behandlung als Transportproblem nahe. Die Entscheidungsvariable X_{ij} bezeichnet dann den Bruchteil der Nachfrage der geographischen Einheit j, der vom neu geschaffenen Zentrum i aus befriedigt werden soll ($0 \leq X_{ij} \leq 1$).

Die Zielfunktion der entsprechenden Programmierungsaufgabe lautet

$$\sum_{i=1}^{m} \sum_{j=1}^{n} c_{ij} X_{ij} a_j \rightarrow \min!,$$

wobei die Koeffizienten c_{ij} dem Quadrat der Entfernung zwischen Zentrum i und geographischer Einheit j entsprechen,

$$c_{ij} = (N_i - n_j)^2 + (E_i - e_j)^2.$$

Die „angebotsorientierte" Nebenbedingung

$$\sum_{j=1}^{n} X_{ij} a_j = \frac{1}{m} \sum_{j=1}^{n} a_j \ (i = 1, \ldots, m)$$

stellt sicher, daß vom neuen Zentrum i aus nicht mehr Betreuungsleistungen angeboten werden als dort verfügbar sind, die „nachfrageorientierte" Nebenbedingung

$$\sum_{i=1}^{m} X_{ij} = 1 \qquad (j = 1, \ldots, n)$$

sorgt dafür, daß der Bedarf der geographischen Einheit j voll befriedigt wird.

Da nur ganzzahlige Ergebnisse sinnvoll sind, geben die Autoren Regeln zur Umrechnung der erzielten Lösungen X_{ij} auf die Werte 0 oder 1 an. Mit deren Hilfe werden die Koordinaten N_i und E_i korrigiert. Die korrigierten Werte dienen als Ausgangsdaten für eine neue Berechnung des eben beschriebenen Programms. Das gesamte Verfahren endet, wenn zwei aufeinanderfolgende Berechnungen des Transportproblems zu den gleichen Lösungen führen, beziehungsweise wenn eine vorab festgesetzte Höchstzahl von Iterationen erreicht worden ist.

Bisher behandeln alle Versuche, mit Hilfe quantitativer Methoden zur Lösung des Problems optimaler Besuchspolitik einen Beitrag zu leisten, stets nur spezielle Aspekte der Besuchspolitik. Trotz der starken Formalisierung, die diese Spezialfragen in den Modellen gefunden haben, ist es noch nicht gelungen, ein alle Aspekte umfassendes Gesamtmodell der Kunden-Besuchspolitik zu entwerfen, wie auch wohl eine mehr vorsichtige Beurteilung der Modellmöglichkeiten auf diesem Gebiet der Absatzpolitik Platz gegriffen hat.

V. Die Absatzwege

1. Die Begriffe.
2. Die Dienste der Einzelhandelsbetriebe für den Verbraucher.
3. Die Dienste der Einzelhandelsbetriebe für die Hersteller.
4. Die Dienste der Großhandelsbetriebe.
5. Die „Produktivität" des Handels.
6. Zur Frage der Absatzformen und der Absatzwege im Export.

1. Wenn sich Unternehmen bei der Verwertung ihrer betrieblichen Leistungen auf dem Markt, insbesondere also bei der Veräußerung ihrer Erzeugnisse, unmittelbar an die Bedarfsträger wenden, also an die Verbraucher, Gebraucher und an die Weiterverarbeiter, dann spricht man von „direktem Absatz". Verkaufen Unternehmungen dagegen an solche Personen oder Betriebe, welche die Erzeugnisse nicht für eigene konsumtive oder produktive Zwecke verwenden, die Erzeugnisse vielmehr kaufen, mit der Absicht, sie wieder zu verkaufen, dann liegt „indirekter Absatz" vor.

Direkter und indirekter Absatz sind die zwei „Absatzwege", die ein Unternehmen beim Verkauf seiner Erzeugnisse oder Waren einschlagen kann. Für den Begriff des Absatzweges, wie er hier verstanden wird, bleibt es ohne Bedeutung, ob sich die verkaufenden Unternehmen bei ihrem Warenverkauf betriebseigener oder betriebsfremder Verkaufsorgane bedienen, ob sie beim Verkauf ihrer Erzeugnisse eigene Verkaufsniederlassungen mit oder ohne Läden verwenden oder ob sie ihre Geschäfte mit oder ohne Katalogwerbung tätigen [1].

---

[1] Zum Begriff der Absatzwege sei insbesondere hingewiesen auf SCHÄFER, E., Die Aufgabe der Absatzwirtschaft, 2. Aufl. Köln und Opladen 1950; ders., Grundlagen der Marktforschung, 4. Aufl. 1966, S. 195 ff.; SEYFFERT, R., Wirtschaftslehre des Handels, 5. Aufl., Köln und Opladen 1972, S. 146 ff.; SUNDHOFF, E., Absatzorganisation, Wiesbaden 1959, S. 49 ff.; KLEIN-BLENKERS, F., Die Ökonomisierung der Distribution, Köln und Opladen 1964, S. 397 ff.; NIESCHLAG, R., DICHTL, E. und H. HÖRSCHGEN, Marketing, 7. Aufl., Berlin 1974, S. 138 ff. und S. 593 ff.; HILL, W., Marketing, Bd. II, 2. Aufl., Bern und Stuttgart 1972, S. 74 ff.; BIDLINGMAIER, J., Marketing, Bd. II, Hamburg 1973, S. 330 ff.; POTH, L. G., Marketing im Fallstudium, München 1973, S. 72 ff., insbesondere S. 90 ff.

Diejenigen Betriebe, die Waren kaufen, um sie wieder zu verkaufen, werden Handelsbetriebe genannt. Gewisse, im Interesse leichterer Verkäuflichkeit der Waren vorgenommene Manipulationen und Veredlungen heben den Charakter dieser Betriebe als Handelsbetriebe nicht auf. Dagegen müssen Handelsbetriebe nach der hier vertretenen Auffassung der Bedingung genügen, daß sie Waren im eigenen Namen und für eigene Rechnung und Gefahr einkaufen, um sie, ohne aus ihnen neue Erzeugnisse herzustellen, wieder für eigene Rechnung und Gefahr zu verkaufen. Handelsbetriebe tragen also das „Preisrisiko". Da weder Handelsvertreter noch Kommissionäre, wenn man vom Selbsteintritt absieht, noch Makler Waren auf eigene Rechnung und eigenes Risiko kaufen und verkaufen, so tragen sie auch nicht das Preisrisiko. Sie sind also keine „Händler", und ihre Unternehmungen sind keine „Handelsbetriebe", sondern betriebsfremde Verkaufsorgane privater oder öffentlicher Unternehmungen [1].

Bei genauerer Betrachtung zeigt sich nun, daß die Übernahme des Preisrisikos noch nicht ausreicht, um die Trennungslinie zwischen Handelsbetrieben und Nichthandelsbetrieben scharf genug zu ziehen. Man kann zum Beispiel sagen, daß die rechtlich selbständige Verkaufsgesellschaft eines Unternehmens oder einer Gruppe von Unternehmungen das Risiko aus den Preisen trägt. Da aber eine solche Vertriebsgesellschaft in dem einen Falle durch Kapitalbesitz oder Organschaft, in dem anderen Falle durch Syndikatsverträge an andere Unternehmen gebunden ist, gehen die Gewinne oder Verluste aus der Preisgestaltung im Endeffekt zugunsten oder zu Lasten des Stammhauses oder der Syndikatsfirmen. Obwohl also eine solche Gesellschaft de jure das Preisrisiko trägt, bleibt sie doch immer im Grunde das unselbständige Verkaufsorgan eines Unternehmens oder mehrerer Unternehmungen. Da aber nach der hier vertretenen Auffassung für einen Handelsbetrieb gelten muß, daß die sich aus dem Warenumsatz ergebenden Gewinne oder Verluste endgültig auf eigene Rechnung und Gefahr gehen und nicht auf andere Unternehmungen übertragbar sind, so kann eine solche werksgebundene Vertriebsgesellschaft oder ein Verkaufssyndikat nicht als ein Handelsbetrieb im strengen Sinne des Wortes angesehen werden.

Aber auch dieses Kriterium der de-facto-Selbständigkeit genügt noch nicht, um den Begriff des Handelsbetriebes rein herauszuarbeiten. Es gibt Unternehmen, deren Gegenstand der Ankauf und der Verkauf von Waren ist und die nicht nur de facto das Preisrisiko, sondern auch alle Risiken

---

[1] Zum Begriff und zur Funktion der Handelsbetriebe sei verwiesen auf SEYFFERT, R., a.a.O., S. 146 ff.; BUDDEBERG, H., Betriebslehre des Binnenhandels, Wiesbaden 1959, NIESCHLAG, R., Binnenhandel und Binnenhandelspolitik, Berlin 1959.

Die Frage der wirtschaftlichen Gestaltung dieser Betriebe wird sehr aufschlußreich und grundlegend untersucht von KLEIN-BLENKERS, F., Die Ökonomisierung der Distribution, Köln und Opladen 1964.

tragen, die mit dem Betriebe eines Handelsgeschäftes verbunden zu sein pflegen. Sie sind aber nach der hier vertretenen Auffassung dennoch keine Handelsbetriebe. Gedacht wird dabei an solche Unternehmen, die die Verpflichtung eingegangen sind, ihre Waren nur von einer bestimmten Herstellerfirma zu beziehen und nur die Erzeugnisse dieses Herstellers zu verkaufen; das ist der Fall bei den sog. „autorisierten" oder auch „lizenzierten" oder auch „gebundenen" Händlern, wie man sie im Automobilhandel, in der Radioindustrie und in anderen Industriezweigen trifft. Obwohl diese Firmen nicht nur das Preisrisiko, sondern auch das ganze Unternehmungsrisiko tragen, obwohl es das eigene Kapital ist, das in ihren Fabrikatelägern, Ersatzteillägern und Reparaturwerkstätten investiert ist, kann man sie dennoch nicht als reinen Typ des Händlers oder eines Handelsbetriebes ansprechen. Hierzu sind die Abhängigkeiten zu groß, die sich aus der Beschränkung auf den Verkauf der Erzeugnisse eines Herstellerbetriebes ergeben. Es ist also die fehlende Dispositionsfreiheit, die diesen Firmen den Charakter reiner Handelsbetriebe nimmt. Sie stellen Zwischenformen zwischen Handelsbetrieben und Verkaufsorganen von Unternehmen dar. Nur von Fall zu Fall läßt sich entscheiden, ob sich die geschäftliche Struktur einer solchen „Handelsfirma" mehr dem Typ des reinen Handelsbetriebes oder mehr dem Typ des Verkaufsorgans annähert.

Bei den Handelsbetrieben sind zu unterscheiden Großhandels- und Einzelhandelsbetrieb. Großhandelsbetriebe liegen dann vor, wenn ein Handelsbetrieb die Waren handelsmäßig weitergibt, also als Zwischenhändler in Funktion tritt. Seine Abnehmer sind dann Wiederverkäufer. Großhandelsbetriebe können aber auch solche Betriebe sein, die unmittelbar an Weiterverarbeiter, Gebraucher oder Verbraucher verkaufen. In diesem Falle muß jedoch der Umfang der einzelnen Geschäftsabschlüsse eine gewisse, nicht generell angebbare Größe erreichen.

Einzelhandelsbetriebe liegen immer dann vor, wenn unmittelbar an Verbraucher, Gebraucher und Weiterverarbeiter verkauft wird und die jeweils abgesetzten Mengen relativ klein sind.

In einem konkreten Handelsbetrieb können Großhandels- und Einzelhandelsfunktionen gleichzeitig vorhanden sein.

2. Die Handelsbetriebe sind ihrer Natur nach weder Gewinnungs- (Urproduktions-) noch Produktionsbetriebe. Sie sind vielmehr Dienstleistungsbetriebe. Worin, so lautet nunmehr die Frage, bestehen diese Dienste und für wen werden sie geleistet?

Zunächst: Welcher Art sind die Dienste, die die Einzelhandelsbetriebe ihren Kunden leisten?

a) Für die breite Masse der Verbraucher und einen Teil der Weiterverarbeiter ist es charakteristisch, daß sie die Waren, die sie zu erwerben beabsichtigen, möglichst dort zu kaufen wünschen, wo sie wohnen bzw. ihren betrieblichen Standort haben. Und zwar einmal, weil es bequem ist, und zum andern, weil sie die Ware, die sie kaufen wollen, vorher sehen möchten. Diese Wünsche erfüllt ihnen der Einzelhandel. Man kann also sagen: die Dienste der Einzelhandelsbetriebe für ihre Kunden bestehen darin, daß sie den Verbrauchern, auch Weiterverarbeitern, die Möglichkeit geben, an Ort und Stelle kaufen zu können.

b) Die Wünsche dieser Käufer gehen weiter dahin, Waren, die sie zu kaufen beabsichtigen, im Rahmen eines Sortiments zu sehen, um sie vergleichen und eine Auswahl treffen zu können. Dieses Anbieten im Sortiment gehört ebenfalls zu den Diensten, die die Einzelhandelsbetriebe ihren Kunden leisten.

c) Für jeden Verbraucher ist es heute selbstverständlich zu verlangen, daß er Waren stets in solchen Mengen erwerben kann, wie er sie gerade benötigt. Indem die Einzelhandelsbetriebe ihren Kunden diese Möglichkeit gewähren, leisten sie ihnen einen weiteren Dienst.

d) Die Reichhaltigkeit und der schnelle Wechsel des modernen Warensortiments lassen es kaum noch zu, daß sich die Käufer eine auch nur annähernd vollständige Übersicht über das Warenangebot verschaffen können. Zudem fehlt es ihnen in der Regel an Sachkunde. Daher verlangen die Konsumenten eine gewisse Beratung vom Einzelhändler. Das gilt zwar weniger für eingeführte und bekannte Markenwaren, die heute in fast allen Sparten des Einzelhandels einen großen Teil des Warensortiments ausmachen. In diesen Fällen pflegt sich die „Beratung" auf eine Art von Empfehlung zu beschränken, sofern es überhaupt zu einer solchen kommt. Fachmännische Beratung, wenn auch in den Grenzen, die durch die Natur der Sache gegeben sind, verlangen die Käufer vor allem dann, wenn es sich um Gegenstände handelt, die einer Erklärung, insbesondere einer technischen Erklärung, bedürfen, oder wenn es sich um den Kauf von Gegenständen handelt, die verhältnismäßig große Geldausgaben erfordern, z. B. Küchenherde, Uhren, Möbel usw. Daß aber viele Güter auch ohne Beratung verkauft werden können, zeigen die Selbstbedienungsläden und die Verkaufsautomaten.

Verlangen also Käufer angesichts der Sortimentsfülle und der Sortimentsunbeständigkeit beim Einkauf eine gewisse Unterrichtung über die Eigenschaften der zu kaufenden Gegenstände oder gar eine gewisse Beratung, dann müssen die Einzelhandelsbetriebe diese Kundenwünsche erfüllen.

e) Auch alle in den Bereich des Kundendienstes fallenden Leistungen sind Dienste, die die Einzelhandelsbetriebe ihren Kunden gewähren, zum Beispiel Verkauf von Waren in hygienisch einwandfreiem Zustand und entsprechender Verpackung, Erleichterung bei der Zustellung der eingekaufen Waren, unter Umständen sogar Auswahlsendungen, Entgegennahme von telefonischen Bestellungen u. ä.

Von dieser Art etwa sind die Dienste der Einzelhandelsbetriebe für die Verbraucher, Gebraucher und Weiterverarbeiter. Sie bilden die eine Gruppe von Diensten, die den Handelsbetrieben den Charakter von Dienstleistungsbetrieben verleihen. Die unter e) genannten Dienste werden jedoch nicht notwendig von Handelsbetrieben erbracht.

3. Welches sind die Dienste, die die Einzelhandelsbetriebe den Produzenten leisten?

a) Durch die Einschaltung von selbständigen Handelsbetrieben, in diesem Falle also zunächst von Einzelhandelsbetrieben, in den Absatzweg werden die Hersteller von der Aufgabe befreit, ihre Erzeugnisse jeweils am Ort der Konsumenten oder der Weiterverarbeiter anzubieten.

Die Verlegung des Warenangebots in die Hauptzentren des konsumtiven und produktiven Bedarfs bezeichnet man auch als die räumliche Ausgleichsfunktion des Handels, und zwar in dem Sinne, daß die Handelsbetriebe einen lokalen Ausgleich zwischen den Standorten der Warenerzeugung und des Warenbedarfes schaffen.

b) Der Absatzweg über den Einzelhandel hat ferner den Vorzug, daß die Herstellerbetriebe auf breiter Front absetzen können, indem sie sich der bereits bestehenden Verkaufsmöglichkeiten und Einrichtungen, die die Einzelhandelsbetriebe bieten, bedienen und eigene Kapitalinvestierungen ersparen. Der Absatzmarkt wird auf diese Weise räumlich erweitert und erstreckt sich nun auch über Gebiete, in die aus eigener Kraft einzudringen, dem Hersteller vielleicht nicht möglich gewesen wäre. Indem der Einzelhandel den Produzenten dieses Einrücken in eine breite Verkaufsfront ermöglicht, leistet er ihnen einen wichtigen Dienst.

c) Es gibt Unternehmen, für die es vorteilhaft ist, in großen Serien zu produzieren und sich fabrikationstechnisch zu spezialisieren. In solchen Fällen werden die Fabrikationsbetriebe davon entlastet, ladenfüllende Sortimente zu produzieren. Die Zusammenstellung des Sortiments übernehmen für sie die Einzelhandelsgeschäfte. Dabei hat der Einzelhandel die Möglichkeit, bedarfsverwandte Sortimente zu bilden, und zwar in einem Maße, wie es den Herstellerbetrieben nur in Ausnahmefällen möglich sein würde [1].

Die Sortimentsfunktion des Einzelhandels gewährt nicht allen Herstellerbetrieben die Möglichkeit, produktionstechnische Vorteile zu verwirklichen, und zwar dann nicht, wenn der Einzelhandel selbst von den Herstellern ein breites Sortiment verlangt. Diese Situation kommt etwa in dem Satz eines Kleiderfabrikanten zum Ausdruck, dem man riet, sein Ferti-

---

[1] Über den Begriff „bedarfsverwandte Erzeugnisse" siehe SCHÄFER, E., Die Aufgabe der Absatzwirtschaft, Köln-Opladen 1950, S. 65 ff.

gungsprogramm auf einige wenige Muster zu beschränken: „Aber, ich
muß meinen Vertretern doch etwas bieten", d. h. ich muß sie mit einer so
reichhaltigen Kollektion ausstatten, daß sie in dem Kampf um den Kunden, hier um die Einzelhandelsbetriebe, Verkaufschancen haben. In einem
gewissen Umfange wird also hier die Sortimentsfunktion auf den Produzenten abgewälzt. Grundsätzlich wird man jedoch sagen können, daß, je
mehr der Händler die Sortimentierung übernimmt, die Herstellerbetriebe
davon entlastet werden, umfangreiche Sortimente zu produzieren. Das ist
der dritte große Dienst, den der Einzelhandel den Produzenten leisten
kann.

d) Mit der Sortimentsfunktion steht nun ein anderer Dienst in Zusammenhang, den Handelsbetriebe, wenn auch nur unter gewissen Voraussetzungen, der Industrie zu leisten vermögen. In allen Industriezweigen, in
denen die Gütermengen gering sind, die der einzelne Konsument oder
Verarbeiter zu erwerben willens ist, muß sich der Zwang zur fabrikatorischen und absatzorganisatorischen Bewältigung einer großen Zahl verhältnismäßig kleiner Bestellungen beziehungsweise Verkaufsaufträge auf die
Gestaltung der Produktions- und Absatzkosten ungünstig auswirken. Indem die einzelnen Handelsbetriebe die vielen kleinen Verkaufseinheiten
zu großen Einkaufseinheiten und damit Verkaufs- und Produktionsein-
heiten bei den Herstellern umformen, verschaffen sie diesen Betrieben
produktions- und absatztechnische Vorteile. Man bezeichnet diese Funktion auch als die Quantitätsfunktion des Handels. Sie ist im Grunde eine
Umformungsfunktion vieler kleiner in wenige große Aufträge.

Bei genauer Betrachtung zeigt sich allerdings, daß auch diese Funktion
von betriebswirtschaftlich durchaus unterschiedlicher Bedeutung sein
kann. Worin sollen die Vorteile dieser quantitativen Funktion des Handels
für die Hersteller in folgendem Fall bestehen: Angenommen, zwei Webe-
reien stellen Futterstoffe her. A verkauft an den Handel (Zwischenhandel).
B verkauft an die Schneidermeister. A wird an eine kleine Zahl von Kun-
den verhältnismäßig große Mengen liefern. B wird an eine große Zahl von
Kunden verhältnismäßig kleine Mengen verkaufen. Aber die Größe der
Fertigungsaufträge braucht hierdurch nicht beeinflußt zu werden. Die
Weberei A würde in gleicher Weise produzieren, wenn sie statt an den
Handel an die Verarbeiter unmittelbar liefern würde. Ähnlich liegen die
Dinge für die Weberei B.

Das Beispiel zeigt, daß die Umformung kleiner Bestellmengen in große
Aufträge bei den Herstellern nicht unbedingt zu produktionstechnischen
Vorteilen führen muß. Dagegen werden die Absatzkosten bei Auslieferung
großer Aufträge niedriger sein als bei der Ausführung zahlreicher kleiner
Aufträge.

e) In vielen Branchen ermöglicht die Lagerhaltung des Einzelhandels
den Herstellern, ihre Lagerbestände in relativ engen Grenzen zu halten.

f) In der Literatur wird häufig die Auffassung vertreten, daß der Einzelhandel werbende Aufgaben für die Produzenten erfülle. Das kann aber nur in begrenztem Umfange der Fall sein.

Sofern in den Verkaufsräumen und Läden des Einzelhandels Markenware ausgestellt wird, unterstützt diese sichtbare Ausstellung zwar die allgemeine Werbung der Markenartikelfirmen, die aber im übrigen direkte Werbung bei den Konsumenten betreiben. Sofern es sich nicht um Markenartikel oder Markenware handelt, die in den Läden oder Schaufenstern ausgestellt ist, kann von Werbung der Einzelhandelsbetriebe für die Produzenten keineswegs die Rede sein. Die Einzelhandelsbetriebe werben für sich, nicht aber für die Produzenten, die sie in ihrer Werbung nicht nennen.

g) Ohne Zweifel gehörte es in früheren Jahrhunderten zur Aufgabe des Handels, die Güter an den Ort des Verkaufes zu bringen. Da die Entwicklung des modernen Transportwesens zu einer Verselbständigung dieser Transportfunktion geführt hat, kann man heute nicht mehr davon sprechen, daß es ein wesentliches Merkmal der Handelsbetriebe sei, Transporte selbst durchzuführen. Hält es ein Handelsbetrieb für zweckmäßig, die von ihm zu verkaufenden Waren mit eigenen Fahrzeugen heranzuschaffen, dann übt er keine spezifische Handelsfunktion aus. Er könnte ebensogut einen Spediteur mit dieser Aufgabe betrauen, ohne daß er hierdurch die Händlereigenschaft einbüßen würde.

h) In einigen Sparten des Einzelhandels nehmen die einzelnen Betriebe gewisse Manipulierungen und Veredlungen vor, zum Beispiel Sortieren, Reinigen, Mischen, Umpacken, Veredlungen in Form von Rösten, Appretieren usw. Strenggenommen handelt es sich auch hier nicht um eine Handelsfunktion, sondern um eine Aufgabe, die an sich den Herstellern obliegt, also mehr um eine Produktionsaufgabe.

i) Die Frage, ob der Einzelhandel für die Hersteller Finanzierungsaufgaben zu übernehmen in der Lage ist und ob er überregional und intertemporär preisausgleichend wirkt, ist für den Einzelhandel von so geringer Bedeutung, daß es genügt, sie im Zusammenhang mit der Frage nach den Diensten des Großhandels zu erörtern.

Zusammenfassend ist zu sagen:

Die zu 3 a bis 3 e genannten Dienste, die der Einzelhandel den Produzenten leistet, stellen zusammen mit den zu 2 a bis 2 d genannten Diensten, die der Einzelhandel den Verbrauchern bzw. den Weiterverarbeitern gewährt, diejenige Gruppe von Diensten dar, die den Handelsbetrieben den Charakter von „Dienstleistungsbetrieben" geben.

Diese Dienste sind es auch, welche die Existenz des Einzelhandels in der modernen Wirtschaft rechtfertigen.

Demgegenüber stellen die zu 2 e und zu 3 f bis 3 i erwähnten Dienste keine den Einzelhandelsbetrieben wesensnotwendig zugehörenden Merkmale dar.

4. Es ist nun zu untersuchen, welche Dienste der Großhandel seinen Kunden und Lieferanten gewährt.

Sofern die Kunden aus Verbrauchern, Gebrauchern oder Weiterverarbeitern bestehen, gilt sinngemäß das über den Einzelhandel Gesagte. Aus diesem Grunde kann darauf verzichtet werden, hierauf nochmals einzugehen. Dagegen interessiert die Frage, welcher Art die Dienste sind, die der Großhandel dem Einzelhandel auf der einen, der Industrie auf der anderen Seite leistet.

Welches sind die Dienste des Großhandels für den Einzelhandel?

a) Es gibt Einzelhandelsbetriebe, deren Sortiment aus einer großen Zahl nicht nur fertigungsverwandter, sondern auch bedarfsverwandter Waren besteht. Wenn derartige Betriebe ihr Sortiment zusammenstellen wollen, sind sie an sich gezwungen, bei einer großen Zahl industrieller Unternehmungen einzukaufen. Es kann deshalb für derartige Einzelhandelsbetriebe eine Erleichterung bedeuten, wenn ihnen die Möglichkeit gegeben wird, ihr eigenes Sortiment aus den Sortimenten vorgelagerter Großhandelsbetriebe zusammenzustellen bzw. zu ergänzen. Besteht ein echtes Bedürfnis für eine solche Vorsortimentierung des Einzelhandels durch Großhandelsunternehmungen, dann leistet der Großhandel dem Einzelhandel einen betriebs- und volkswirtschaftlich wertvollen Dienst.

b) In solchen Fällen, in denen es die Kraft von Einzelhandelsbetrieben übersteigt, ihre Läger auf dem erforderlichen Stande zu halten, kann der Großhandel dem Einzelhandel eine gewisse Unterstützung gewähren, indem er, wenigstens in einem bestimmten Umfange, die Lagerhaltung für den Einzelhandel übernimmt.

c) In früheren Zeiten finanzierte der oft sehr kapitalkräftige Großhandel den Einzelhandel. Er gewährte langfristig Warenkredite, daneben aber auch Einrichtungs- und Investitionskredite. Die wirtschaftliche Entwicklung – insbesondere die des Bankwesens – in den letzten Jahrzehnten hat dahin geführt, daß diese Art von finanzieller Unterstützung des Einzelhandels durch den Großhandel an Bedeutung verloren hat.

Wenn Großhandelsunternehmen Einzelhandelsunternehmen Warenkredite in Form von Kaufpreisstundungen gewähren, dann stellt eine solche Kreditgewährung keine Besonderheit gegenüber Warenkrediten dar, wie sie auch Industrieunternehmen dem Einzelhandel einräumen. Würden die Einzelhandelsbetriebe direkt von den Herstellern Waren bezogen haben, würden diese Unternehmen ebenfalls die Kaufpreise auf eine gewisse Zeit stunden.

Aus der Tatsache schließlich, daß Einzelhandelsbetriebe in Zeiten schlechten Geschäftsganges schleppend zahlen, kann eine besondere Kredit- und Finanzierungsfunktion des Großhandels gegenüber dem Einzelhandel nicht abgeleitet werden. In diesem Falle handelt es sich praktisch um eine erzwungene Kreditgewährung des Großhandels an den Einzelhandel.

Nunmehr sei noch kurz auf die Frage eingegangen, welches die Dienste sind, die der Großhandel industriellen Unternehmen zu leisten vermag.

a) Mit der Übernahme von Sortimentierungsaufgaben gibt der Großhandel den Herstellerbetrieben die Möglichkeit, die Fabrikationsprogramme auf wenige Typen zu beschränken. Die Hersteller sind in diesem Falle in der Lage, günstiger zu produzieren und Kosten einsparen zu können. Oft legen allerdings die Herstellerfirmen nicht nur aus absatzpolitischen, sondern auch aus fabrikatorischen Gründen Wert darauf, ein verhältnismäßig reichhaltiges Sortiment zu produzieren. In diesen Fällen ist eine zweimalige Sortimentierung, einmal beim Großhandel und dann beim Einzelhandel, vom Standpunkte des industriellen Unternehmens aus gesehen, nicht unbedingt notwendig. Diese Unternehmen könnten an sich auf die Sortimentierungsfunktion des Großhandels verzichten.

b) Es gibt Produktionszweige, in denen der Großhandel den Herstellerfirmen, wenn auch nur in Grenzen, die Lagerhaltung abnimmt. Zwar lassen sich extreme Fälle nachweisen, in denen Herstellerfirmen praktisch keine Läger unterhalten, weil sie von den Händlern verlangen, die Erzeugnisse, die sie glauben im Laufe des Jahres absetzen zu können, bereits zu Beginn des Jahres zu kaufen. Dieser Extremfall ist aber nur dann möglich, wenn „gebundener" Handel vorliegt.

Im übrigen steht außer Zweifel, daß der Großhandel viele industrielle Unternehmen weitgehend von der Notwendigkeit befreit, große Läger zu unterhalten. Das gilt vor allem für den Sortimentsgroßhandel. Der Spezialgroßhandel ist meist in der Lage, seine Kunden direkt vom Werk aus zu beliefern. Er kann also auf Lagerhaltung verzichten.

Im übrigen hat die zunehmende Unterhaltung von Auslieferungslägern durch Industrieunternehmen und die Möglichkeit jederzeitiger Inanspruchnahme dieser Läger durch den Einzelhandel die Lagerhaltungsfunktion des Großhandels in bestimmten Geschäftssparten beträchtlich an Bedeutung verlieren lassen.

c) Wenn die durchschnittlichen Bestellmengen der Einzelhandelsbetriebe bei den industriellen Unternehmungen klein sind und ihre Erledigung verhältnismäßig großen Arbeitsaufwand erfordert, dann sind die Herstellerfirmen aus Gründen der Ersparnis an Vertriebskosten daran interessiert, Großhandelsbetriebe einzuschalten, weil sie die vielen kleinen Bestellungen in wenige große Aufträge an die Industrie umformen. Es gibt

Industriezweige, in denen die Herstellerfirmen gewisse Mengen festsetzen, die mindestens abgenommen werden müssen. Sie übersteigen vielfach den Bedarf der Einzelhandelsbetriebe. Im Handel mit Walzeisen und Röhren liegt diese Menge in Deutschland bei 12 000 t im Jahr.

d) Die Dienste des Großhandels für die Industrie erschöpfen sich nicht in der Übernahme der geschilderten Sortimentierungs-, Lagerhaltungs- und Transformierungsaufgaben. Von größter Bedeutung für das Verhältnis zwischen Großhandel und Industrie ist ferner die Tatsache, daß die Großhandelsunternehmen in der Regel über einen Kundenstamm verfügen, mit dem sie durch langjährige Geschäftsbeziehungen verknüpft sind. Diese Geschäftsbeziehungen stellen sie gewissermaßen den industriellen Unternehmen zur Verfügung, wenn diese Unternehmen an den Großhandel liefern. Auf diese Weise werden die Herstellerbetriebe von der Notwendigkeit befreit, mit vielen Hunderten oder Tausenden von Kunden in Beziehung zu treten, um an sie zu liefern. Die Folge ist, daß die industriellen Unternehmen ihren Vertriebsapparat verhältnismäßig klein halten können. Für bestimmte Geschäftszweige sind die Dienste, die der Großhandel auf diese Weise der Industrie leistet, nicht hoch genug einzuschätzen. In anderen Geschäftszweigen sind sie praktisch ohne Bedeutung.

e) Es kann keinem Zweifel unterliegen, daß der Großhandel die fertigungstechnischen Maßnahmen und die Lagerdispositionen industrieller Unternehmen erheblich erleichtert, wenn er rechtzeitig disponiert. Die Herstellerbetriebe haben dann die Möglichkeit, ihre Planung langfristig vornehmen zu können. Sie sind damit auch in der Lage, den Fabrikationsprozeß von kurzfristigen Umdispositionen freizuhalten. Früher gehörte vor allem der Textilgroßhandel zu diesem „vordisponierenden" Großhandel. Heute hat dieser Zweig des Großhandels in Deutschland stark an Bedeutung verloren. Die Webereien verkaufen nur noch verhältnismäßig geringe Teile ihrer Produktion an den Großhandel. In der Regel liefern sie unmittelbar an Konfektionsbetriebe, Einzelhandels-Einkaufsverbände, Kaufhäuser und Warenhäuser und an den Detailhandel. Diese Änderung in den Abnehmergruppen hat die Disposition der Webereien erschwert, da der Einzelhandel kurzfristiger abzurufen pflegt als der Großhandel.

In der Teppich- und in der Tapetenindustrie zum Beispiel hat der vordisponierende Großhandel nicht an Bedeutung verloren.

f) In der Literatur wird die Ansicht vertreten, daß die geschäftlichen Maßnahmen des Großhandels zwischenzeitliche und zwischenräumliche Preisangleichungen zur Folge haben. Ob dieser Funktion des Großhandels heute noch größere Bedeutung zukommt, erscheint zweifelhaft.

5. Im allgemeinen wird die besondere produktive Leistung des Handels in den räumlichen, zeitlichen, quantitativen und qualitativen Aus-

gleichsprozessen gesehen, die er vollzieht. Daß der Rückgriff auf diese dem Handel eigentümlichen Funktionen nicht ausreicht, um das Besondere der Produktivität des Handels einsichtig zu machen und zu erklären, hat H. H. WEBER überzeugend nachgewiesen [1]. Ausgehend von der Theorie des isolierten Tausches (jeder Tausch läßt sich als eine Handelstätigkeit auffassen), zeigt er, daß ein Austausch von Waren zwischen zwei Wirtschaftssubjekten, also Handel zwischen ihnen nur dann vollzogen werden kann, wenn abweichende Grenzraten der Substitution bei den Wirtschaftssubjekten vorliegen [2]. In diesem Fall verbessern die miteinander Handel treibenden Subjekte ihre wirtschaftliche Lage. Danach setzt Handel nicht notwendig voraus, daß sich die angegebenen, in der Literatur als Handelsfunktionen bezeichneten Ausgleichsprozesse vollziehen. Handel liegt vielmehr immer dann vor, wenn unterschiedliche Grenzraten der Substitution durch Warentausch, also Handel, zum Ausgleich gebracht werden. In diesem Ausgleich besteht die besondere Leistung des Handels, und sie ist deshalb produktiv, weil sie die Bedürfnisbefriedigung der am Warenaustausch beteiligten Subjekte verbessert, und zwar ohne die Voraussetzung, daß neue Waren produziert werden. Mit der Rückführung der produktiven Leistung des Handels auf das Phänomen der Grenzrate der Substitution werden die in der Literatur als Handelsfunktionen bezeichneten Ausgleichsmechanismen zu lediglich instrumentalen Explikationen der ursprünglichen Produktivitätsbeziehung, wie sie eben den Handel charakterisiert. Die Grenzrate der Substitution und die sie beherrschenden Regulative bilden, wie WEBER dann deutlich zeigt, zugleich das stimulierende und gestaltende Element für die institutionalisierte Ausprägung der Handelsbetriebe in den verschiedenen Marktformen, in denen sich marktlicher Warenaustausch vollzieht.

6. Es gilt nun noch, die Absatzmethoden zu skizzieren, wie sie im Export üblich sind.

Im allgemeinen wird zwischen direktem und indirektem Export unterschieden. Unter direktem Export wird dabei im allgemeinen der Verkauf von Waren eines inländischen Unternehmens an Verbraucher, Weiterverarbeiter oder Wiederverkäufer im Ausland ohne Einschaltung inländischer spezieller Exportfirmen verstanden. Das inländische Unternehmen, welches seine Erzeugnisse in das Ausland verkauft, ist in diesem Falle selbst „Exporteur". Indirekter Export liegt in der Regel dann vor, wenn sich ein inländisches Unternehmen bei seinen Lieferungen in das Ausland

---

[1] Vgl. WEBER, H. H., Grundlagen einer quantitativen Theorie des Handels. Köln und Opladen 1966.

[2] Vgl. hierzu die Ausführungen über die Grenzrate der Substitution im ersten Band „Die Produktion", achtes Kapitel, dritter Abschnitt.

spezieller inländischer Exportfirmen bedient. Das seine Erzeugnisse ausführende Unternehmen ist in diesem Falle nur mittelbarer Exporteur [1].

Im Zusammenhange mit Exportfragen werden also die Begriffe direkter und indirekter Absatz in einem anderen Sinne gebraucht, als das bei
Warenverkäufen im Inland der Fall zu sein pflegt. Der Unterschied
kommt insbesondere darin zum Ausdruck, daß man beim Warenexport
auch dann von direktem Absatz spricht, wenn das exportierende Unternehmen an Wiederverkäufer im Ausland liefert. Nach der bisherigen Terminologie ist ein solcher Absatzvorgang als indirekter Absatz zu bezeichnen, obwohl auch hier die begrifflichen Unterscheidungen in Praxis und
Wissenschaft nicht einheitlich sind. Das im Zusammenhange mit Exportfragen gültige Unterscheidungsmerkmal zwischen direktem und indirektem Absatz knüpft also lediglich an die Frage an, ob ein inländisches Exporthandelsunternehmen in den Ausfuhrvorgang eingeschaltet ist oder
nicht.

a) Bei dem direkten Export lassen sich grundsätzlich zwei Möglichkeiten unterscheiden. Entweder tritt das inländische Unternehmen mit
ausländischen Importeuren oder ihren Beauftragten im Ausland in Verbindung, oder das inländische Unternehmen steht mit den inländischen
Niederlassungen oder Beauftragten der ausländischen Importeure in geschäftlicher Beziehung. In beiden Fällen vollzieht sich der Exportvorgang
ohne Hinzuziehung inländischer Exporthändler. Es liegt also direkter
Export vor.

Von den Möglichkeiten des direkten Exportes machen vor allem Herstellerbetriebe aus gewissen Sparten der Großindustrie Gebrauch. So exportieren in Deutschland Werften, Lokomotivfabriken, Unternehmen des
Maschinenbaues, der elektrotechnischen Industrie u. a., soweit sie technische Großobjekte herstellen, also zum Beispiel komplette Einrichtungen
für Zementfabriken, Kraftwerke usw., fast stets in direktem Export. In solchen Fällen sind entweder von den ausländischen Unternehmungen direkt
bei den Werken oder ihren Vertretungen im Ausland oder aber von den
inländischen Vertretungen der ausländischen Unternehmungen Offerten
bei den inländischen Herstellern eingeholt worden. Vielfach kommen derartige Exportaufträge auch aufgrund von Ausschreibungen zustande.

---

[1] Über die im Außenhandel möglichen Absatzwege geben unter anderen R.
SEYFFERT im Zusammenhang mit seiner Darstellung „Handelsketten" in: „Wirtschaftslehre des Handels", 5. Aufl., Köln-Opladen 1972, S. 623 ff.; ferner SCHÄFER,
E., Die Aufgabe der Absatzwirtschaft, Köln-Opladen 1950, S. 88 ff.; KAPFERER, C.
und J. SCHWENZNER, Export-Betriebslehre, Mannheim-Dresden-Leipzig 1935; ferner HENZLER, R., Außenhandel, Betriebswirtschaftliche Hauptfragen von Export
und Import, in: Die Wirtschaftswissenschaften, Wiesbaden 1961; ders., Betriebswirtschaftslehre des Außenhandels, Wiesbaden 1962; MEISSNER, H. G., Das Entwick-
lungsgeschäft, Theoretische Grundlagen, Betriebliche Probleme, Weltwirtschaftliche
Zusammenhänge, Berlin 1966.

Von besonderer Bedeutung sind heute die Consulting-Engineer-Büros, die vornehmlich im Rahmen der Erschließung wirtschaftlich unterentwikkelter Länder eine oft sehr erfolgreiche Tätigkeit ausüben. Ihre Aufgabe besteht an sich nur in der technischen Planung und Kalkulation industrieller Großvorhaben. Unternehmen der stahl- und eisenverarbeitenden Industrie bedienen sich in steigendem Maße derartiger Büros. Bei deutschen Industriefirmen bestehen oft noch gewisse Widerstände, diese Büros zu benutzen. Nordamerikanische und englische Großunternehmen machen dagegen von den Diensten dieser Beratungsbüros in großem Umfange Gebrauch.

b) Die Vertriebssysteme, die sich auf dem Gebiete des direkten Exports finden, weisen eine große Mannigfaltigkeit auf. Eine dieser Möglichkeiten stellt die eigene Niederlassung eines inländischen Unternehmens im Ausland dar. Diese Niederlassung kann die Form einer rechtlich unselbständigen Zweigniederlassung (Filiale) aufweisen. Oft werden derartige in der Form von Filialen betriebene Niederlassungen von Angestellten geleitet, die über langjährige Erfahrungen im Exportgeschäft des inländischen Unternehmens verfügen. In ihnen verbindet sich dann meist eine intensive Kenntnis der technischen und vertriebspolitischen Eigenarten des inländischen Werkes mit einer intimen Kenntnis der wirtschaftlichen Besonderheiten des Landes, in dem die Filiale unterhalten wird. In vielen Fällen wird jedoch die Errichtung einer rechtlich selbständigen Niederlassung im Ausland vorgezogen. Dabei kann man so vorgehen, daß man den Firmennamen des inländischen Unternehmens im Firmennamen der ausländischen Niederlassung in Erscheinung treten läßt. Oft wird aber auch ein neutraler Firmenname bevorzugt.

Die rechtlich selbständigen (wirtschaftlich gebundenen) Niederlassungen inländischer Unternehmen im Ausland sind nicht immer Gründungen des inländischen Unternehmens. Häufig ist die Entwicklung so gewesen, daß das inländische Unternehmen ein bereits bestehendes ausländisches Unternehmen aufgekauft oder sich an einem solchen Unternehmen maßgeblich beteiligt hat. Eine äußerste Steigerung des Niederlassungsprinzips stellt die Errichtung von Fabriken im Ausland dar, die entweder nur als Montagewerke oder als komplette Fabriken in oft enger, manchmal aber nur sehr lockerer Bindung an das Stammwerk Erzeugnisse gleicher oder ähnlicher Art wie das Stammwerk herstellen. Das Produktionsprogramm kann dabei dem des Stammwerkes vollständig entsprechen. Oft besteht es nur aus Teilen dieses Fabrikationsprogramms. Die Errichtung selbständiger Tochtergesellschaften im Ausland setzt voraus, daß der Absatz dieser Tochtergesellschaften im Ausland gesichert erscheint und daß die zoll- und devisenrechtlichen Bestimmungen im Ausland und die Wirtschaftspolitik in diesen Ländern der Gründung solcher Tochterunternehmungen günstig sind.

Eigene Niederlassungen im Ausland findet man sehr häufig bei Investitionsgüterindustrien, so zum Beispiel bei Werken der eisenschaffenden Industrie, des Großmaschinenbaues, der elektrotechnischen und chemischen Industrie. Auch Großunternehmen auf dem Gebiete des Eisen- und Stahlhandels unterhalten eigene Verkaufsbüros im Ausland, wie es auch vorkommt, daß Markenartikelunternehmen ihren Export über eigene Verkaufsbüros im Ausland leiten.

Es gibt aber auch viele inländische Unternehmen, die darauf verzichten, im Ausland eigene Verkaufsniederlassungen in Form rechtlich unselbständiger Filialen oder in Form von rechtlich selbständigen Vertriebsunternehmen zu unterhalten. Diese Unternehmen ziehen es vor, lediglich mit Vertretern zu arbeiten, die, ähnlich wie die bereits erwähnten Leiter von Verkaufsniederlassungen im Ausland, langjährige Angestellte des inländischen Unternehmens sein können. Hierbei lassen sich (in Anlehnung an die Auslandsorganisation eines großen deutschen Werkes der eisenschaffenden Industrie) zwei Arten von Vertretern unterscheiden, die Gehaltsvertreter und die reinen Provisionsvertreter. Die Gehaltsvertreter sind rechtlich in der Regel Angestellte des Unternehmens und beziehen zusätzlich zu ihrem festen Gehalt auch Provisionen und Prämien als Anreiz für ihre Tätigkeit. Sie sind verpflichtet, ausschließlich die eigene Firma zu vertreten. Ihre geschäftlichen Aufwendungen gehen zu Lasten der Hauptverwaltung des inländischen Unternehmens.

Die Provisionsvertreter erhalten lediglich Provisionen, die sich nach der Höhe des Auftragswertes richten. (Nur für die Anlaufzeit wird eine Pauschale gewährt.) Ihre geschäftlichen Aufwendungen tragen die Provisionsvertreter grundsätzlich selbst. Für einzelne Fälle bestehen Sonderabmachungen. Die Provisionsvertreter sind im allgemeinen nicht verpflichtet, nur für ein Unternehmen tätig zu sein.

Ob es zweckmäßiger erscheint, in einem Lande eine Provisionsvertretung oder eine Angestelltenvertretung einzurichten, läßt sich nicht grundsätzlich sagen. Die Entscheidungen hierüber sind von den besonderen Verhältnissen in dem jeweiligen Exportland abhängig. Die wichtigsten Vertretungen pflegen jedoch Gehaltsvertretungen zu sein.

In vielen Fällen arbeiten die inländischen Unternehmungen mit ausländischen Vertretern; das gilt bevorzugt für reine Provisionsvertretungen. Die ausländischen Vertreterfirmen gelten dann als „unsere Vertreter" im Ausland[1]. Agenten (im Sinne von Vertretern) versucht man dann gern einzuschieben, wenn die Exportfabrikation zu geringfügig oder die Nachfrage zu wenig dauerhaft ist. Die Auswahl geeigneter Vertreter ist schwierig, weil man oft auf bloße Empfehlungen angewiesen ist. Häufig ist die

---

[1] LOHMANN, M., Wandlungen in den Betriebs- und Finanzierungsformen des deutschen Außenhandels, Jena 1938, S. 30 ff.

technische Instruktion eines ausländischen Vertreters vom Inland aus schon aus sprachlichen Gründen nicht ohne Schwierigkeiten durchzuführen. Andererseits ist das mittlere Unternehmen für Marktinformationen ganz auf ihn angewiesen. Die große Anzahl der Vertretungen, die ein Vertreter im Ausland übernimmt, ist der äußersten Forcierung des Absatzes der Erzeugnisse eines Unternehmens nicht immer zuträglich. Auf der anderen Seite läßt sich der große Vorteil der ausländischen Vertreter nicht übersehen, der darin besteht, daß sie auf das genaueste mit den wirtschaftlichen und gesellschaftlichen Verhältnissen ihres Landes vertraut sind. Dieser Umstand ist es, der die ausländischen Vertreter inländischer Unternehmungen oft zu unentbehrlichen Verkaufshelfern werden läßt. Manchmal sind diese „Vertreter" in Wirklichkeit Eigenhändler, also selbständige Handelsunternehmungen. In diesem Falle kann man allerdings nicht mehr von betriebseigenen oder betriebsfremden Verkaufsorganen sprechen.

An dieser Stelle muß jedoch darauf hingewiesen werden, daß unter Exportvertretern (Exportagenten) oft inländische Vertreter verstanden werden, die an inländischen Exporthandelsplätzen ansässig sind und die Vermittlung von geschäftlichen Kontakten zwischen Fabrikanten und Großhändlern auf der einen, Exporthandelsfirmen auf der anderen Seite besorgen. Oft unterhalten diese Exportvertreter, die in der Regel Mehrfirmenvertreter sind, Musterläger. Die Geschäftsabschlüsse erfolgen zwischen den Exportvertretern und den Exporthandelshäusern. Für Hamburg und Bremen haben diese Exporthändler eine gewisse Bedeutung.

c) Von direktem Export kann man auch dann sprechen, wenn der inländische Hersteller mit ausländischen Unternehmen bzw. deren Bevollmächtigten im Inland in Verbindung tritt und diese Verbindung zum Abschluß von Kaufverträgen führt. Hierbei besteht dann wiederum die Möglichkeit, daß die ausländischen Unternehmen im Inland rechtlich unselbständige oder rechtlich selbständige Niederlassungen oder eigene Fabrikationsbetriebe in Form von Montagebetrieben oder vollständigen Fabriken unterhalten oder daß sie sich als ausländische Firmen im Inlande betriebseigener oder betriebsfremder Verkaufsorgane bedienen. Die geschäftliche Kontaktnahme findet dann im Inland statt. Wenden sich die ausländischen Interessenten an ein inländisches spezielles Exporthandelsunternehmen, indem sie dieses Unternehmen beauftragen, mit Herstellerfirmen in Verbindung zu treten und als Kommissionär oder in einer anderen Form als ihr Beauftragter bei inländischen Herstellern, Groß- oder Einzelhändlern einzukaufen, dann liegt kein direkter Export vor, weil in diesem Falle der Exporthändler zwischen den inländischen Lieferer und den ausländischen Käufer eingeschaltet ist und nur dann von direktem Export gesprochen werden kann, wenn dieses Zwischenglied fehlt.

d) Unter indirektem Absatz versteht man im Exportgeschäft einen Absatz, bei dem sich die inländischen Hersteller oder die Waren ins Ausland verkaufenden inländischen Handelsunternehmen (Großhandels- und Einzelhandelsunternehmen – diese in der Regel nur dann, wenn sie in großbetrieblicher Form betrieben werden, zum Beispiel: Versandgeschäfte) eines speziellen Exporthändlers bedienen. Diese Exporthandelsbetriebe sind dem Prinzip nach Großhandelsunternehmen, deren geschäftliche Tätigkeit speziell den Export von Waren zum Gegenstand hat. Diese speziellen Exporthandelsunternehmen werden meist in der Form von Einzelunternehmen oder in der Form von Personengesellschaften betrieben. Aktiengesellschaften sind selten. Auch der kommissionsweise Verkauf von Erzeugnissen eines Herstellerbetriebes durch den Exporthändler an das Ausland gehört hierher. Im allgemeinen sind die speziellen Exporthändler bemüht, ihre Waren direkt von den Herstellern zu beziehen. Ist die Ware praktisch nur über den Handel zu erhalten oder ist ein solcher Verkauf im konkreten Falle vorteilhafter als der direkte Bezug von vielen kleinen Produzenten, dann treten die Exporthändler auch mit Großhandelsbetrieben in Verbindung. Geschäftliche Verbindung mit Einzelhandelsunternehmen ist selten. Sie kann zum Beispiel vorkommen, wenn sich große Versandhäuser des speziellen Exporthandels bedienen.

In Deutschland domizilieren die speziellen Exporthandelsunternehmen vor allem in den großen Hafenstädten wie Hamburg und Bremen. Aber auch in den großen deutschen Binnenstädten gibt es spezielle Exporthäuser. Ihr Hauptarbeitsgebiet ist das Überseegeschäft. Im europäischen Geschäft sind sie nur selten tätig. Die speziellen Exporthäuser sind in Deutschland fast ausschließlich nach regionalen Absatzräumen und nicht nach Warengattungen spezialisiert. Da sie alle Arten von Erzeugnissen oder Waren in ihre Handelstätigkeit aufnehmen, die sich mit Aussicht auf Erfolg in den von ihnen bevorzugten Ländern absetzen lassen, so weist ihr Sortiment in der Regel eine große Mannigfaltigkeit auf. Im allgemeinen schließen die nicht branchenmäßig spezialisierten Exporthäuser keine Warenart aus ihrem Verkaufsprogramm aus, für die Absatzchancen in dem von ihnen bevorzugt belieferten Lande bestehen. Nur solche Gegenstände werden die Exporthäuser nicht in ihr Exportprogramm aufnehmen, deren Verkauf spezielle technische Fachkenntnisse voraussetzt. Gleichwohl werden viele, vor allem standardisierte Kraft- und Arbeitsmaschinen über die speziellen Exporthäuser nach Übersee verkauft. Wenn es sich um technische Spezialeinrichtungen handelt oder um Anlagen, deren Bau technische Fachkenntnisse und spezielle Erfahrungen voraussetzt, schließt sich der indirekte Absatzweg über ein Exporthaus aus. Das Exporthaus bahnt gegebenenfalls lediglich die Verbindung mit einer ausländischen Firma an und fungiert als Makler, indem es einem Produktionsbetrieb den Auftrag gegen Provision vermittelt. Die Heranziehung technischer Experten ist aber nur in engen Grenzen möglich. Oder aber die Leitung des Exporthauses besteht aus technischen Fachleuten. Dieser Fall kommt selten vor.

Der spezielle Exporthandel ist für industrielle Unternehmungen, die bestrebt sind, ein Exportgeschäft aufzubauen, denen es aber an Exporterfahrung fehlt, ein in der Regel unerläßlicher und sachkundiger Helfer. Das gilt auch für Unternehmungen, die bereits nach Übersee exportieren, deren Exportvolumen aber verhältnismäßig klein und deren Fertigungsprogramm stark differenziert ist.

Für Deutschland läßt sich feststellen, daß die Unternehmen immer mehr von den Möglichkeiten des direkten Exportes Gebrauch machen. Diese Tatsache ist darauf zurückzuführen, daß die exportierenden Unternehmen bestrebt sind, sich die Vorteile zunutze zu machen, welche die unmittelbare Einflußnahme auf ihre Verkaufsorgane im Ausland bietet. Man stößt hier auf eine ähnliche Erscheinung wie im Binnenhandel. Auch hier war festzustellen, daß die Unternehmen in vielen Fällen dem Verkauf mit eigenen Absatzorganen den Vorzug vor dem Verkauf über den Großhandel geben. Und zwar deshalb, weil sie der Auffassung sind, daß sie den Absatz besser unter Kontrolle haben, wenn sie mit eigenen Verkaufsorganen arbeiten.

Mit Recht weist HENZLER darauf hin, daß mit der Konzentration von Handelsfunktionen bei den exportierenden Produktionsbetrieben eine Kosten- und Risikokonzentration verbunden ist, da sie zu einem Ausbau der Absatzorganisation gezwungen sind [1].

Die zunehmende Verlagerung des Exportgeschäftes vom indirekten auf das direkte Geschäft erklärt sich weiter aus der Tatsache, daß sich die wirtschaftlichen Organisationsformen und Einrichtungen bisher wenig entwickelter Länder immer mehr den wirtschaftlichen Organisationsformen und Einrichtungen wirtschaftlich hoch entwickelter Völker annähern. Je mehr das der Fall ist, um so mehr wird man sich der Absatzmethoden bedienen, wie sie im Geschäftsverkehr zwischen wirtschaftlich hoch entwickelten Völkern üblich sind.

Die modernen Formen der Marktberichterstattung und der Markterkundung, die Beschleunigung des Personen-, Güter- und Nachrichtenverkehrs, die den Exportproduzenten und den Exporthandel entlastenden Außenhandelsbanken und die das Exportrisiko mindernden Exportförderungsmaßnahmen sind es, welche die Tendenz zum Direktexport immer stärker werden lassen [2].

---

[1] HENZLER, R., Über die Tendenz zum Direktexport, in: Zeitschr. f. Betriebswirtschaft, 26. Jg. (1956) S. 340 ff.
[2] Vgl. HENZLER, R., a.a.O., S. 345, und SUNDHOFF, E., Schwerpunktverlagerung im Bereich der betrieblichen und Außenhandelsrisiken und ihre Folge, in: Schriften des Vereins für Sozialpolitik, 1954, S. 345 ff.

Große Exporthäuser unterhalten oft eigene Niederlassungen im Ausland, die in der Regel über ein Auslieferungslager unter Zollverschluß verfügen. Die Niederlassungen sind entweder rechtlich unselbständige Zweigniederlassungen der Exporthäuser oder rechtlich selbständige, wirtschaftlich an die Exporthäuser gebundene Firmen. Der zuletzt genannte Fall ist jedoch verhältnismäßig selten. Oft kommen dagegen Beteiligungen von Exporthäusern an ausländischen Firmen vor.

Die Auslandsniederlassungen der Exporthäuser dienen dem Handel der Exporthäuser in dem Niederlassungsland bzw. in Ländern, die von den Auslandsniederlassungen bearbeitet werden. Sie stellen, so gesehen, ein großes Aktivum der Exporthäuser dar, weil sie in der Regel über langjährige Geschäftsbeziehungen mit Handels- und Herstellerfirmen der Länder, in denen sie domizilieren, verfügen. Sie pflegen zudem mit den wirtschaftlichen, sozialen und politischen Verhältnissen ihrer Länder gut vertraut zu sein. Die Niederlassungen besorgen aber auch die Importgeschäfte der Außenhandelshäuser. Oft liegt überhaupt das Schwergewicht ihrer geschäftlichen Tätigkeit auf der Anbahnung dieser Geschäfte.

VI. Die Wahl der günstigsten Absatzwege

1. Empirische Grundlagen.
2. Zur optimalen Gestaltung der Absatzwege.

1. Hat sich ein Unternehmen darüber zu entscheiden, welche Absatzwege es einschlagen soll, um seine Erzeugnisse auf den Markt zu bringen, dann steht es vor einem besonders schwierigen Problem. Betriebsindividuelle, branchenspezifische, gesamtwirtschaftliche Faktoren spielen in die Überlegungen hinein. Vertriebs- und verkaufstechnische Trends verlangen Berücksichtigung. Abhängigkeiten der verschiedensten Art entstehen. Der Verkauf der Erzeugnisse in den Stätten des Warendurchgangs, insbesondere also des Groß- und des Einzelhandels, unterliegt Einflüssen, die vom Hersteller oft nur schwer zu kontrollieren sind. Es ist also eine Fülle von Fragen, in die die Entscheidung über die zu wählenden Absatzwege hineinstößt.

Im Zusammenhang mit der Beschreibung der Funktionen, die die Absatzmittler ausüben, ist versucht worden, deutlich zu machen, wie sehr rationale und imponderable Faktoren die Entscheidung über die Wahl der Absatzwege mitbestimmen. Selbst dann, wenn sich die Überlegungen auf Kalküle beschränken, die nur mit Kosten, Erlösen, Gewinnen, Investitionen arbeiten, bleibt eine verwirrende Anzahl von Größen und gegenseitigen Abhängigkeiten zwischen Herstellern und Absatzmittlern, die in die Berechnungen einbezogen werden müssen [1].

Auf der Grundlage empirischen Materials soll an zwei Fällen aufgezeigt werden, vor welchen Entscheidungssituationen ein Unternehmen stehen kann. Im ersten Fall überlegt ein Unternehmen, das Güter für den gehobenen Konsumbedarf herstellt, ob es die bisher von ihm praktizierte Methode, nur über den Großhandel zu verkaufen, aufgeben soll. Es ist also zu prüfen, ob nicht der Absatz der Erzeugnisse direkt an Einzelhandelsunternehmen dem Absatzweg über den Großhandel vorzuziehen sei.

α) Von dem Unternehmen werden etwa 8000 bis 10 000 Einzelhändler über etwa 70 Großhandelsbetriebe beliefert. Wird das Verfahren geändert und nur noch an Einzelhändler verkauft, dann würde sich in den Verkaufsabteilungen der Arbeitsaufwand erhöhen, da nunmehr statt 70 Großhändler schätzungsweise 8000 bis 10 000 Einzelhändler geschäftlich zu betreuen sind. Hierzu muß ein großer organisatorischer Apparat geschaffen werden.

In dem Unternehmen müßten für die Verkaufsabteilung zusätzlich mindestens fünf bis sechs Arbeitskräfte neu eingestellt werden. In der Lagerabteilung würden etwa drei bis vier Lageristen zusätzlich benötigt, da die Lagerhaltung des Großhandels nunmehr ganz von dem Herstellerbetrieb übernommen werden muß.

Auch die Auslieferung der Waren verursacht zusätzliche Kosten. Da es in dem geschilderten Fall üblich ist, die Waren mit Lastkraftwagen frei Haus zu liefern, entsteht nunmehr ein zusätzlicher Bedarf an Lastkraftwagen und damit an Fahrern für die Belieferung wenigstens der größeren Einzelhandelsgeschäfte. Im Zusammenhang hiermit werden die Transportkosten und die Verpackungskosten für die vielen einzelnen Sendungen steigen. Hierbei erscheint es allerdings möglich, daß durch die Einrichtung von Auslieferungslägern Kosten eingespart werden. Die Unterhaltung dieser Läger verursacht dann aber wiederum Kosten.

In der Abteilung Rechnungswesen fällt bei dieser Änderung der Absatzmethode wesentlich mehr Arbeit an, weil sich die Zahl der zu unterhaltenden Kontokorrentkonten und der vorzunehmenden Buchungen erheblich erhöht. Außerdem wird man auf eine gut organisierte Mahnabtei-

---

[1] Zur Frage der Analyse der Absatzwege sei vor allem hingewiesen auf SUNDHOFF, E., Absatzorganisation, Wiesbaden 1958, S. 49 ff.; KLEIN-BLENKERS, F., Die Ökonomisierung der Distribution, Köln und Opladen 1964, S. 359; ders., Distributionsanalyse mit Hilfe von Handelsketten, in: Betriebsökonomisierung, Festschrift für R. SEYFFERT, Köln und Opladen 1958, S. 127 ff.; HILL, W., Marketing II, Bern 1972, S. 74 ff.; NIESCHLAG, R., DICHTL, E. und H. HÖRSCHGEN, Marketing, 7. Auflage, Berlin 1974, S. 138 ff.; BIDLINGMAIER, J., Marketing II, Hamburg 1974, S. 330 ff.; KOTLER, Ph., Marketing Management, Englewood Cliffs, N. Y., 2. Aufl., 1972, deutsche Übersetzung: Marketing Management, Stuttgart 1974, S. 542 ff.

lung Wert legen müssen. In den statistischen Abteilungen entsteht ebenfalls ein höherer Arbeitsanfall.

Die Notwendigkeit, die am Fabrikationsort vorhandenen Lagerräume
zu erweitern, den Fuhrpark zu vergrößern und Auslieferungsläger einzurichten, verursacht zusätzlichen Investitions-, und damit Abschreibungs-
und Zinsaufwand.

Die Tatsache, daß die Aufträge im Falle der Belieferung von Einzelhandelsgeschäften nicht so groß sind wie die Aufträge, die die Großhandelsbetriebe erteilen, stellt zwar die Arbeitsvorbereitung vor neue Aufgaben, jedoch kann damit gerechnet werden, daß diese Aufgaben ohne Mehraufwand zu bewältigen ist.

Den geschilderten Nachteilen steht der Vorteil gegenüber, daß die Rabatte wegfallen, die dem Großhandel gewährt werden. Außer den Grundrabatten handelt es sich hierbei auch um Mengenrabatte, Treuerabatte,
Sonderrabatte der verschiedensten Art, Umsatzboni u. a. An die Stelle dieser Rabatte treten nun die Vergütungen, die das Unternehmen den Vertretern zu zahlen hat. Diese Vergütungen können reine Umsatzprovisionen
sein. Sie können aber auch aus einem Fixum und Provisionen bestehen.
Daneben werden den Vertretern von den Unternehmen oft Personenkraftwagen zur Verfügung gestellt.

Aus der Gegenüberstellung von Kosteneinsparungen, die sich im Falle
einer Änderung der Vertriebsmethoden ergeben, und den zusätzlich entstehenden Kosten läßt sich ermitteln, welcher Absatzweg der kostengünstigere ist. Da alle derartigen Berechnungen weitgehend auf Schätzungen
beruhen, sind Fehler nicht zu vermeiden.

Die geschilderten rein kostenrechnerischen Ermittlungen genügen nun
aber noch nicht, um die Frage endgültig zu entscheiden, welcher von den
in Frage kommenden Absatzwegen der gewinngünstigere ist. Denn in den
bisherigen Überlegungen ist der Einfluß unberücksichtigt geblieben, den
die verschiedenen Absatzwege auf die Umsatzentwicklung ausüben bzw.
auszuüben ermöglichen. In vielen Fällen wird sich die Verkaufspolitik mit
Hilfe betriebseigener und betriebsfremder Organe leichter durchführen
lassen als mit Hilfe des Großhandels. Der Vorteil des eigenen Verkaufsapparates besteht vor allem darin, daß die Unternehmungen unmittelbar auf
ihre Reisenden und Vertreter Einfluß nehmen können. Andererseits haben auch die Reisenden und Vertreter selbst ein großes Interesse an dem
Unternehmen, für das sie tätig sind, denn ihre berufliche Existenz hängt
weitgehend von dem Gedeihen des Unternehmens ab. Der Vertrieb mit
eigenem Verkaufsapparat gibt den Unternehmen ferner die Möglichkeit,
ihre Reisenden und Vertreter zu schulen, ihre Verkaufserfolge zu überwachen und damit eine Auslese unter ihnen vorzunehmen. Diese Möglichkeiten sind auch der Grund dafür, daß sich in gewissen Bereichen der Industrie das Bestreben bemerkbar macht, nach Möglichkeit mit eigenen

Verkaufsorganen zu arbeiten. Dem steht allerdings gegenüber, daß das Vertreter- und Reisendensystem eine viel größere Außen- und Innenorganisation erforderlich macht als der Absatz an den Großhandel. Den auf einem mehr individuellen Zuschnitt beruhenden Vorteilen des Vertretersystems steht die Tatsache entgegen, daß viele Großhandelsunternehmen gut eingeführte Firmen sind, die über langjährige Geschäftsbeziehungen mit ihren Kunden verfügen. Diese Geschäftsbeziehungen stellen die Großhandelsbetriebe den Produzenten zur Verfügung, wenn die Produzenten über den Großhandel verkaufen. Außerdem hat der Großhandel ein starkes Interesse an den Herstellerbetrieben, denn ihm muß daran gelegen sein, auch in Zukunft die Erzeugnisse dieser Unternehmen zu verkaufen.

Das Maß, in dem die verschiedenen Absatzverfahren auf die Gestaltung und Entwicklung des Absatzes Einfluß nehmen lassen, muß in Form erwarteter Absatzsteigerungen bei den Berechnungen berücksichtigt werden, die zum Zwecke der Ermittlung des günstigsten Absatzweges angestellt werden. Die Größe dieses Einflusses läßt sich im allgemeinen nur schätzen. Gleichwohl darf sie nicht unberücksichtigt bleiben, denn sonst würde eine der Hauptkomponenten des absatzpolitischen Vergleiches fehlen. Der Vergleich wäre unvollständig. Er ließe keine Entscheidung darüber zu, welcher Absatzweg absatzpolitisch der günstigere ist.

β) Im zweiten Fall handelt es sich um ein Unternehmen der Körperpflegemittel-Industrie. Das Unternehmen liefert einen Teil seiner Erzeugnisse an den Großhandel, den anderen Teil seiner Produkte direkt an den Einzelhandel. Es verfügt also selbst über ein Informationsmaterial, das Aufschluß insbesondere über die Kosten des einen und des anderen Absatzweges gibt. Wie sehr die Vertriebskosten voneinander abweichen, wenn verschiedene Absatzwege gewählt werden, zeigen die Tabellen 2 und 3 [1]. Der Umsatz des Unternehmens verteilt sich zur Hälfte auf die Belieferung von Großhandelsbetrieben und zur anderen Hälfte auf die direkte Belieferung von Einzelhandelsunternehmen. Es wird zwischen Kosten der Grundfunktionen des Vertriebs: Verkauf, Lieferung, Zahlungsabwicklung und den Kosten der Vorbereitung und der Sicherung des Absatzes: Werbung, Lagerhaltung und Vertriebsverwaltung (Vertriebsleitung und Vertriebsstatistik), unterschieden.

Setzt man den Nettoumsatz des Unternehmens (Bruttoumsatz abzüglich Erlösschmälerungen, abzüglich Grundrabatte an Groß- und/oder Einzelhandel) gleich 100%, dann erhält man, wie die Tabelle 2 zeigt, beim Vertrieb über den Großhandel folgende Anteile:

---

[1] Vgl. hierzu die Untersuchung von WALGER, H., Vertriebskosten und Produktionsplanung bei Markenartikeln der Körperpflegemittel-Industrie, Diss. Köln 1954.

Tabelle 2

Verkauf Großhandel	1,46%	vom Nettoumsatz mit Großhandel
Lieferung Großhandel . . .	3,80%	vom Nettoumsatz mit Großhandel
Zahlungsabwicklung	5,04%	vom Nettoumsatz mit Großhandel
Grundfunktionen	10,30%	vom Nettoumsatz mit Großhandel
Sicherung und Vorbereitung des Absatzes	16,58%	vom Gesamtnettoumsatz
Vertriebskosten Großhandel .	26,88%	vom Nettoumsatz mit Großhandel

Beim Vertrieb an Einzelhandlungen ergeben sich bei derselben Betrachtungsweise folgende Zahlen:

Vertreter für Einzelhandel .	10,90%	vom Nettoumsatz mit Einzelhandel
Verkauf an Einzelhandel . .	1,95%	vom Nettoumsatz mit Einzelhandel
Lieferung an Einzelhandel .	8,76%	vom Nettoumsatz mit Einzelhandel
Zahlungsabwicklung	6,77%	vom Nettoumsatz mit Einzelhandel
Grundfunktionen	28,38%	vom Nettoumsatz mit Einzelhandel
Sicherung und Vorbereitung des Absatzes	16,58%	vom Gesamtnettoumsatz
Vertriebskosten Einzelhandel	44,96%	vom Nettoumsatz mit Einzelhandel

Tabelle 3

Beim Konsumentenpreis von	DM 1,00	
gewährt der Hersteller dem Großhandel 43% Rabatt auf den Konsumentenpreis	DM 0,43	Großhandelsrabatt
Bruttoerlös des Herstellers	DM 0,57	
./. 6,5%	DM 0,04	Erlösschmälerungen
	DM 0,53	Nettoerlös des Herstellers
./. 10,3% für die Grundfunktionen des Vertriebes.	DM 0,06	
Überschuß	DM 0,47	
Beim Vertrieb an den Einzelhandel stellt sich der Bruttoerlös des Herstellers bei einem Konsumentenpreis von	DM 1,00	
./. Grundrabatt.	DM 0,33	
auf.	DM 0,67	
./. 11,7%.	DM 0,08	Erlösschmälerungen
	DM 0,59	Nettoerlös
Grundfunktion 28,38% vom Nettoerlös .	DM 0,167	
Überschuß	DM 0,423	

Die Tabelle 3 zeigt deutlich, daß – ausgehend von einem Verbraucherpreis von 1,00 DM – beim Vertrieb an den Großhandel 0,047 DM mehr zur Deckung der restlichen Vertriebskosten, der Herstellkosten und der Verwaltungskosten zur Verfügung stehen als bei dem direkten Vertrieb an den Einzelhandel. Dabei ist unberücksichtigt geblieben, daß in den Kosten für die Vertriebsverwaltung und die Vertriebsleitung Kostenteile enthalten sind, die nur durch die große Anzahl von Einzelhandelskunden verursacht werden. Die Tabelle läßt zudem erkennen, daß die eingesparten Rabattbeträge nicht ausreichen, um den erhöhten Kostenanfall zu decken, der durch die Übernahme zusätzlicher Funktionen im Falle einer Belieferung des Einzelhandels entsteht.

Im einzelnen sei hierzu bemerkt:

a) Der Großhandelskundenkreis des Unternehmens besteht aus etwa 300 bis 500 Betrieben, die sämtlich sehr leistungsfähig sind. Die Betreuung dieser Großhandelskunden erfordert zwei bis drei Sachbearbeiter.

b) Der Durchschnittswert der Großhandelsaufträge ist etwa siebenbis achtmal so groß wie der durchschnittliche Auftragswert der Einzelhandelsbetriebe. Die auftragsfesten Kosten – die Kosten für die Bearbeitung des Auftrages, die Erteilung der Rechnung, die Verbuchung der Rechnung und des Zahlungseinganges – machen mit zunehmendem Auftragswert einen immer geringeren Prozentsatz des Auftragswertes aus. Die Auftragskosten, die von der Größe des Auftrages abhängen, insbesondere die Verpackungskosten, nehmen mit der Größe des Auftrages (der Pakete, der Kisten u. a.) zu. Auf den Auftragswert bezogen wird ihr Anteil jedoch immer geringer. Das gilt auch für die Frachten, Packerlöhne usw., unter der Voraussetzung allerdings, daß die gleiche Entfernung zugrunde gelegt wird. Im anderen Falle kann die erwähnte Degressionserscheinung durch Fracht- und Portosteigerungen kompensiert werden.

c) Die Kosten des Reisendenstabes, die im untersuchten Betriebe höher sind als die gesamten Kosten der Grundfunktionen bei Belieferung des Großhandels, werden von der Einteilung der Reisendenbezirke, der Struktur dieser Bezirke, der Entlohnungsform und der Art der Ausstattung der Reisenden mit Kraftfahrzeugen bestimmt. Die Reisenden erhalten ihr Tarifgehalt, eine bestimmte Provision, falls ihr Umsatz einen bestimmten Betrag übersteigt, Tagesspesen und einen Ersatz der Unterhaltungskosten für die firmeneigenen Personenwagen. Die durch die Reisenden verursachten Kosten haben die Tendenz, mit steigenden Umsätzen zu sinken. Dabei ist zu berücksichtigen, daß die Gewinnung von Aufträgen in den einzelnen Bezirken sehr unterschiedlich hohe Kosten verursacht. Diese Kosten sind außerdem von dem verkaufstaktischen Verhalten der Reisenden abhängig.

d) Die Kosten der innerbetrieblichen Bearbeitung der Kundenaufträge hängen nicht nur von den Auftragswerten, sondern auch von der Stückelung der Aufträge, der Zusammensetzung des Umsatzes ab. Da bei gleich großem Umsatz die Zahl der zu bearbeitenden Aufträge bei direkter Belieferung des Einzelhandels erheblich größer ist als bei Belieferung des Großhandels, sind auch die Kosten der innerbetrieblichen Bearbeitung der Kundenaufträge bei Direktbelieferung des Einzelhandels erheblich größer als bei der Belieferung des Großhandels. Dieser Sachverhalt kommt in den Tabellen 2 und 3 deutlich zum Ausdruck.

e) Die Kosten der Absatzvorbereitung und der Absatzsicherung bestehen bei Markenartikelunternehmen vor allem aus den Kosten der Werbung. Da die Werbung gerade bei diesem Unternehmen das bevorzugte Instrument verkaufspolitischer Aktivität darstellt, so sind die Ausgaben für Werbung verhältnismäßig hoch, ein Umstand, der in den Tabellen deutlich in Erscheinung tritt. Ein allgemeines Maß für die Höhe des Werbeaufwandes läßt sich nicht angeben. Häufig bemessen Markenartikelunternehmen ihre Ausgaben für Werbung nach der Höhe des Umsatzes.

Aber es kann sein, daß 10% vom Umsatz für ein großes Markenartikelunternehmen eine verhältnismäßig hohe, für ein kleines Unternehmen desselben Geschäftszweiges eine verhältnismäßig niedrige Ausgabe für Werbezwecke darstellen. Aber auch der umgekehrte Fall ist durchaus denkbar. Es gibt keine Regel für die Höhe der Werbeausgaben in einer Branche, wie sich auch keine Regel für die regionale, zeitliche, instrumentale und sortimentspolitische Verteilung des Werbeaufwandes angeben läßt.

Die Tabellen 2 und 3 zeigen, daß der direkte Absatz an die Einzelhandelsbetriebe größere Kosten als der Absatz über Großhandelsbetriebe verursacht. Wenn die Unternehmen gleichwohl den direkten Absatzweg nicht aufgeben, so sind die Gründe hierfür die gleichen, wie sie bereits geschildert wurden. Die Chance, mit dem Einzelhandel unmittelbar und ständig Kontakt zu halten und sein Verkaufsverhalten zu beeinflussen, lassen sich die Markenartikelunternehmen nicht entgehen. Sie befürchten immer, daß die Aktivität der Konkurrenzunternehmen sie bei den Einzelhandelsgeschäften verdrängen könnte. Sie glauben auch, daß der Direktabsatz an den Einzelhandel mittelbar den Absatz über den Großhandel günstig beeinflußt. Aus diesem Grunde werden oft die höheren Vertriebskosten des Direktabsatzes an den Einzelhandel in Kauf genommen. Die Beantwortung der Frage nach dem richtigen Absatzweg verlangt also die Berücksichtigung von Faktoren, die sich rechnerisch nur mit großen Schwierigkeiten erfassen lassen.

2. Zur optimalen Gestaltung der Absatzwege

Die beiden der betrieblichen Praxis entnommenen Beispiele machen den komplexen Charakter der Aufgabe, den vorteilhaftesten Absatzweg zu bestimmen, hinreichend deutlich. Damit stellt sich die Frage, ob sich Absatzwegmodelle entwerfen und praktizieren lassen, die als reine Optimierungsmodelle die beste Lösung und, als heuristische Modelle, in der Nähe des Optimums liegende Lösungen gewinnen lassen. Die beiden Fallanalysen zeigen, daß Probleme des Personaleinsatzes und der Außendienstgestaltung, Lagerhaltungsprobleme, Fragen der Standortwahl, Transport-, Informations-, Investitions-, Preis- und Rabattprobleme, Auswahlprobleme unter den Absatzmitteln mit Rücksicht auf ihre Leistungsfähigkeit, ihre standortlichen Gegebenheiten, ihr Image und ihre Interessenlage, Fragen der Abhängigkeit des Umsatzes von der Zahl, Art und Größe der eingeschalteten Absatzmittel, Fragen ferner der Verkaufsförderung, der Abstimmung der eigenen Sortimentswünsche mit denen der Absatzmittler, Fragen der Konfrontation mit Zielen und Praktiken der Wettbewerber und viele andere Probleme gelöst werden müssen. Jeder Absatzweg enthält seine eigenen Konfliktmöglichkeiten. In jeder der zur Wahl stehenden Absatzalternativen sind Risiken und Chancen auf ungleiche Weise gemischt und für die Möglichkeit, einzugreifen und die eigenen Absatzvorstellungen durchzusetzen, weisen die Absatzwege und die Absatzmittler sehr unterschiedliche Voraussetzungen auf. Wenn eine Automobilfabrik oder ein Unternehmen der elektronischen Industrie von dem Verkauf über eigene Niederlassungen zum Verkauf über selbständige Handelsfirmen (oder umgekehrt) übergehen will, dann ist das eine schon aus dem Rahmen des Absatzpolitischen herausfallende, bereits unternehmungspolitische Entscheidung, und wenn der Übergang von einem Absatzweg auf einen anderen Investitionen in Größenordnungen notwendig macht, die die finanziellen Möglichkeiten des Unternehmens spürbar beanspruchen, dann nimmt das Problem eine Dimension an, die es fraglich erscheinen läßt, ob quantitative Modelle einen wesentlichen Beitrag zur Lösung dieser Absatzwegprobleme zu leisten vermögen. Viele Fragen, über die unter solchen Umständen entschieden werden muß, sind zudem langfristiger Natur und es ist sicher richtig, wenn W. Kilger die Ansicht vertritt, daß quantitative Modelle im Absatzbereich mehr für sich kurzfristig vollziehende Prozesse als für Vorgänge geeignet seien, die lange Zeiträume in Anspruch nehmen [1].

Vor diesem Hintergrund gesehen erscheint es einleuchtend, daß Versuche, optimale Absatzwegesysteme analytisch zu ermitteln, bisher verhältnismäßig wenig erfolgreich geblieben sind. Um zu zeigen, in welche Richtung sich derartige Versuche in etwa bewegen können, sei stellvertretend für alle, dieser Aufgabe gewidmeten Bemühungen auf die Modellkonzep-

---

[1] KILGER, W., Optimale Produktions- und Absatzplanung, Köln und Opladen 1973, S. 513.

tion von D. B. Montgomery und G. L. Urban eingegangen, obwohl sie fragmentarisch geblieben ist [1].

Die beiden Autoren untersuchen die Frage, wann es für ein Produktionsunternehmen vorteilhafter ist, direkt an die Verbraucher abzusetzen oder Einzelhandelsbetriebe oder zusätzlich Großhandelsbetriebe in den Absatzgang einzuschalten. Gesucht ist diejenige Lösung, die dem Unternehmen den größten Gewinn einbringt oder die Kosten des Absatzes minimiert. Diese Kosten entstehen dadurch, daß entweder die herstellenden Unternehmen selbst oder die Groß- und Einzelhandelsbetriebe bestimmte Absatzfunktionen ausüben, die Kosten verursachen (functions of distribution).

Eine dieser Funktionen besteht darin, den potentiellen Käufern die angebotene Ware verfügbar zu machen, sie also zur rechten Zeit am rechten Ort bereitzustellen (availability functions). Die Produktbereitstellung verursacht Kosten der verschiedensten Art, von denen im Anschluß an die beiden Autoren u. a. erwähnt werden die Kosten der Lagerhaltung, der Aufrechterhaltung der Betriebsbereitschaft, die Kosten der Auftragsabwicklung, zu denen u. U. auch Transportkosten gehören können, die Kosten des Auftragsentgangs u. a. Errechnet man das Minimum dieser Kosten der Produktbereitstellung für die drei unterschiedlich strukturierten Absatzwege, dann würde das Produktionsunternehmen dann einen Absatzmittler in den Absatzweg der Erzeugnisse seines Unternehmens einschalten, wenn sich hierdurch die Kosten der Produktbereitstellung, also die Kosten der Lagerhaltung, die Transportkosten und die Kosten der Auftragserfüllung vermindern lassen.

Der Verkauf von Waren verlangt zweitens außer ihrer Bereitstellung Informationen über ihre Verfügbarkeit (information functions). Der Informationsstrom verläuft wechselseitig zwischen Produzenten und Käufern. Wenn der Produzent jeden Käufer über sein Warenangebot informieren und von jedem Informationen über sein Angebot (oder auch das der Konkurrenten) erhalten will, dann sind die Kosten der Informationsfunktion gleich den Kosten eines Informationsaustausches multipliziert mit der Zahl der Informationskontakte. Für den Fall, daß Absatzmittler in den Informationsaustausch eingeschaltet werden, hat der Produzent – unter den vereinfachenden Bedingungen des Modells – nur Kontakte mit dem eingeschalteten Absatzmittler und jeder Absatzmittler nur einen Kontakt (so wird angenommen) mit dem Käufer. In dem Modell wird unter Verwendung einiger Methoden der Kombinatorik nachgewiesen, daß es für ein Produktionsunternehmen nur dann vorteilhaft ist, den Weg über Einzel- oder Großhandelsbetriebe zu wählen, wenn das Informationssystem an

---

[1] Montgomery, D. B. und G. L. Urban, Management Science in Marketing, Englewood Cliffs, N. Y. 1969, S. 203 – 224; deutsche Übersetzung in: Marketingtheorie, hrsg. von W. Kroeber-Riel, Köln 1972, 72, S. 359 – 382.

Wirksamkeit zunimmt und der gesamte Informationsvollzug niedrigere Kosten verursacht.

Die beiden Autoren untersuchen noch eine dritte Funktion, die sie als demand creation function bezeichnen [1]. Im einzelnen werden hierunter der Kundenservice (service), Einkaufserleichterungen (consumer efficiency) und die Möglichkeit der Einflußnahme auf die Kaufentscheidungen der Käufer (persuation) verstanden.

Diese dritte Funktion im Fall des Direktabsatzes oder des Verkaufs über Groß- oder Einzelhändler besteht vollständig aus qualitativen Annahmen, die von den beiden Autoren verbal beschrieben werden, ohne den Versuch zu unternehmen, die Verkaufsaktivitäten quantitativ zu fassen.

Das Modell zeigt, insofern es auf die drei Funktionen Availability, Information und Demand Creation rekurriert, ein gewisses Maß an Geschlossenheit. Es macht aber auch die Schwierigkeit deutlich, ein so komplexes Phänomen, wie die richtige Wahl der Absatzwege, mit Hilfe quantitativer Methoden in den Griff zu bekommen [2].

VII. Verkaufsförderung als Ergänzung der Absatzmethoden

1. Verkaufsförderungsmaßnahmen.
2. Flankierende Maßnahmen zur Verkaufsförderung.

1 a) Die absatzwirtschaftlichen Maßnahmen sind darauf gerichtet, die Verkaufsleistung der Unternehmen auf einen möglichst hohen Stand zu bringen. Eine dieser Aktivitäten ist jenes Bündel von Maßnahmen, das unter dem Begriff der Verkaufsförderung (sales promotion) zusammengefaßt wird. Dieser Begriff wird heute in seinem sehr speziellen Sinne verstanden [3]. Gemeint sind mit „Verkaufsförderung" im wesentlichen diejenigen Maßnahmen, die in den Stätten des Warenverkaufs, den Verkaufs-

---

[1] a.a.O., S. 213; in der Übersetzung a.a.O., S. 362 wird hierfür der Ausdruck „Nachfragebildung" verwandt.

[2] Das gilt auch für die kurze Skizze des Rekursionsmodells, das die beiden Autoren selbst als embryonic model bezeichnen. (a.a.O., S. 223).

[3] Vgl. hierzu: BEREKOVEN, L., Die Bedeutung von „Sales Promotion" in der modernen Absatzwirtschaft, in: Zeitschrift für Betriebswirtschaft, 32. Jg. (1962), S. 371 ff. SCHADE, H. C., Planvolle Absatzförderung, München 1964; LINNERT, P., Die neuen Techniken des Marketing, Teil I, 4. Aufl., München 1973; SPILLARD, P., Praktische Verkaufsförderung, 2. Aufl. München 1970; BIRKIGT, K., Verkaufsförderung, Hamburg 1971; ZAHRT, H. R., Verkaufsförderung, in: Management Enzyklopädie, Bd. 6, München 1972; D. PFLAUM und G. F. KUNZE, Moderne Verkaufsförderung, München 1973; NIESCHLAG, R., DICHTL, E., und H. HÖRSCHGEN, Marketing, 5. Aufl. Berlin 1972.

räumen oder Läden, in den Orten also, in denen die Verbraucher oder
Verwender ihre Einkäufe tätigen (point of sales, p. o. s., oder point of purchase, p. o. p.) ergriffen werden, um die Verkaufsleistung in eben diesen
Stätten der Begegnung von Käufern und Verkäufern auf ein Höchstmaß
zu bringen. Das Besondere der Situation besteht darin, daß die Personen,
die einen Laden betreten, mag es sich dabei um klein-, mittel- oder groß-
betriebliche Einzelhandelsgeschäfte handeln, bereits insofern eine Vorent-
scheidung getroffen haben, als sie in der Absicht gekommen sind, sich
über die Alternativen, die das Sortiment enthält, zu informieren und sich
für eine dieser Alternativen zu entscheiden, wenn sie ihre Erwartungen erfüllt. In dieser Verfassung also befinden sich die präsumtiven Käufer, und
es bedarf keiner weiteren Begründung, daß diese Situation eine hervorra-
gende Möglichkeit bietet, auf die Entscheidungen der Käufer Einfluß zu
nehmen, um auf diese Weise die Verkaufsleistung des Unternehmens zu
steigern. Die Verkaufsförderungsmaßnahmen werden in der Regel durch
Aktionen ergänzt, die die präsumtiven Käufer auch außerhalb der Verkaufsräume des Handels zu treffen versuchen (Preisausschreiben, Direktwerbung u. ä.).

Die Hersteller orientieren sich bei ihren Verkaufsförderungsmaßnahmen entweder mehr an dem Konsumenten in den Stätten seiner Einkäufe
oder an dem Handel, der ihre Erzeugnisse in seinem Sortiment führt. Sind
die Maßnahmen stärker auf den Konsumenten gerichtet, dann übernimmt
die Verkaufsförderung damit eine Funktion, wie sie die Werbung mit ihren klassischen Werbemitteln ausübt: Kommunikation. So werden zum
Beispiel durch Degustationen Geschmack und Qualität der im Sortiment
befindlichen Produkte kommuniziert, oder Plakate und Displays besorgen
am point of sales eine Steigerung des Images solcher Firmen oder Marken,
die am Sortiment des Handels beteiligt sind. Die Kommunikationswir-
kung der Verkaufsförderung muß jedoch nicht unbedingt auf eine Steigerung des Images gerichtet sein. In vielen, vielleicht den häufigsten Fällen
hat die Verkaufsförderung vorrangig die Aufgabe, die Aufmerksamkeit
der Käufer besonders stark auf das ausgestellte Produkt zu lenken. Daß
zugleich versucht werden wird, durch die verkaufsfördernden Maßnahmen das Image des Produkts oder des Unternehmens zu steigern, steht
außer Frage. Häufig nimmt der Hersteller sogar einen Imagebruch bewußt
in Kauf, um den Aufmerksamkeitsgrad zu erhöhen. Es gibt in großer Zahl
Unternehmen, die auf die klassischen Werbemittel verzichten und es vor-
ziehen, an Ort und Stelle mit Mitteln der Verkaufsförderung zu werben.
Diese direkte Art der Werbung hat zudem den Vorteil, daß ihre Erfolge
wesentlich genauer gemessen werden können als die der klassischen Werbung.

Die kommunikative Funktion der Verkaufsförderung ist auch der
Grund dafür, daß von vielen Autoren die Verkaufsförderung als ein Teil

der Werbung und nicht, wie hier, als eine besondere Art von Verkaufs-
oder Absatzmethodik angesehen wird.

Auf den Handel sind Verkaufsförderungsmaßnahmen primär dann bezogen, wenn sie darauf gerichtet sind, zu erreichen, daß die Produkte des
Herstellers in das Sortiment eines Einzelhandelsgeschäfts aufgenommen
werden. Oder es geht darum, Handelsbetriebe von der Vorteilhaftigkeit
gemeinsam durchzuführender Verkaufsaktionen zu überzeugen. Im allgemeinen ist damit zu rechnen, daß Verkaufsförderungsmaßnahmen im
Rahmen einer Aktion einen wesentlich höheren Umsatz zur Folge haben.
Verkaufsförderungsmaßnahmen sind meist kurzfristiger Art und in der
Regel auf einen begrenzten Aktionszeitraum bezogen. Bei den Herstellern
besteht die Tendenz, den Handel davon zu überzeugen, daß der während
der Verkaufsförderungsaktion erzielte Mehrumsatz durch weitere Verkaufsförderungsmaßnahmen noch gesteigert werden kann.

Die Verkaufsförderung gewährt den Herstellern und Großhändlern
mannigfache Argumentationshilfen. So sind Händlerwettbewerbe oder
von den Herstellern oder Großhändlern veranstaltete Reisen in Stätten
der Produktion oder der Gewinnung ihrer Erzeugnisse Argumentationshilfen in Form von Verkaufsförderungsmaßnahmen (etwa wenn eine Wein-
importfirma mit Geschäftsführern oder Einkäufern von Großhandelsfir-
men eine Reise in bisher wenig bekannte Weinanbaugebiete unternimmt,
aus denen sie Weine bezieht, die sie über den Einzelhandel abzusetzen beabsichtigt).

Die zweifache Orientierung der Verkaufsförderung in Richtung Konsumenten und Handel findet in der besonderen Verflechtung von Produktmanagement, Verkaufsförderung und Verkaufsleitung ihren organisatorischen Ausdruck. In vielen Unternehmen stehen diese drei Abteilungen
koordiniert nebeneinander. Der Marketingdirektor oder Marketingleiter
hat dann in der Regel die Gesamtleitung dieser drei Teilgebiete des Verkaufs. Im einzelnen finden sich viele organisatorische Unterschiedlichkeiten.

Während das Produktmanagement sein Interesse vor allem auf die
Entwicklung und Planung produktpolitischer Konzeptionen richtet und
die Verkaufsleitung die Realisierung dieser Konzeptionen vollzieht, ist die
Verkaufsförderung sowohl an der Entwicklung der Konzeptionen als auch
ihrer Durchführung beteiligt. Häufig untersteht dem Leiter der Verkaufs-
förderungsabteilung ein Reiseinspektor, dem der Außendienst und mit
ihm auch die Schulung seiner Mitarbeiter übertragen ist.

Je stärker der Konkurrenzdruck ist, um so wichtiger wird die Verkaufsförderung. Es gibt Warengruppen, deren Absatz in ganz besonderem
Maße durch Impulskäufe beeinflußt wird. Die Käufer betreten ein Geschäft nur selten in der festen Absicht, Artikel einer bestimmten Art zu
kaufen. In der Regel sind die Einkäufe nicht auf eine bestimmte Ware

oder Marke „programmiert". In den Fällen, in denen der Käufer zu Beginn der Kaufhandlung noch nicht zum Erwerb eines ganz bestimmten Erzeugnisses entschlossen ist, können Doppelplazierungen, Degustationen und Displays einen besonders starken Einfluß auf die Entschlüsse der Käufer ausüben. Vielfältig sind die Überlegungen, die die Aufteilung des Sortiments in den Verkaufsräumen bestimmen. So werden Impulsartikel, meist Sonderangebote zu besonders niedrigen Preisen, nach Möglichkeit an solchen Wegen plaziert, die eine besonders hohe Zahl von Kontakten mit den Kunden erwarten lassen. Diese Artikel werden meist aus dem Augenblick heraus zusätzlich und ohne langes Überlegen gekauft. In der Regel sind die Räume um die Kassen besonders kontaktstarke Zonen. Aber es gibt auch andere derartige Stellen auf dem Weg, den die Käufer durch die Verkaufsräume passieren und die besonders geeignete Plätze für die Aufstellung von Impulsartikeln bilden. Derartige Artikel unterliegen anderen Lokalisierungsgrundsätzen als die Unterbringung und Darbietung von Waren, deren Einkauf von den Kunden beabsichtigt und bewußt geplant wird. So wird aus Gründen der Einkaufsbequemlichkeit Obst und Gemüse, sofern es nicht fest verpackt ist, am Ende der Einkaufsstrecke plaziert, weil es für die Käufer unzweckmäßig sein würde, diese Artikel unter die in den Einkaufskörben sich stapelnden Waren zu legen. Aus wiederum anderen Gründen werden zum Beispiel Spirituosen häufig am Ende der Einkaufswege, in der Nähe der Kassen also, untergebracht. Die Erfahrung hat gelehrt, daß die Kunden zuerst die für den Lebensunterhalt und den Haushalt geplanten Artikel kaufen und erst am Ende ihres Einkaufsweges durch die Läden an den Kauf der Spirituosen denken. Bei der Plazierung von Sonderangeboten finden derartige Überlegungen Berücksichtigung.

In der amerikanischen Verkaufspraxis spricht man von Pull- und Push-Strategien. Mit diesen beiden Ausdrücken wird entweder der Versuch gekennzeichnet, über die Sogwirkungen der klassischen Werbung die Verbraucher zum Kauf von Produkten zu veranlassen (Pull-Effekt) oder aber durch Druck auf die Vertriebswege mit starkem Einsatz von Verkaufsförderungsmaßnahmen die Waren durch die Absatzkanäle zu „drükken" (Push-Effekt). Oft bedienen sich die Hersteller einer gemischten Strategie.

Im Zusammenhang mit der Einführung eines neuen Produktes kann sich herausstellen, daß zu Beginn seines Lebenszyklus das für die klassische Werbung erforderliche Verkaufsvolumen noch nicht erreicht ist. In diesem Fall müssen die Unternehmen auf die Push-Strategie zurückgreifen. Vor der Benutzung der klassischen Werbemittel wird unter diesen Umständen von den Mitteln der Verkaufsförderung Gebrauch gemacht.

1 b) Verkaufsförderungsaktionen umschließen stets ein ganzes Paket von Maßnahmen, geplant für einen bestimmten Zeitraum. Von Verkaufs-

förderungsmaterial (Displays, Plakate, Dispenses und ähnlichem) wird dabei regelmäßig in starkem Maße Gebrauch gemacht. Parallel hierzu laufen preispolitische Maßnahmen, insbesondere Preisermäßigungen für den vorgesehenen Aktionszeitraum. Dem Handel werden spezielle Verkaufsförderungsrabatte gewährt, die er an die kaufenden Konsumenten weiterzugeben hat. Oft auch wird im Rahmen und im Zusammenhang mit einer Verkaufsförderungsaktion zusätzlich in den Tageszeitungen inseriert. Das Ziel derartiger Verkaufsförderungsaktionen ist es, Zweitplazierungen (meist in Displays, oft aber auch in Form von Stapelplazierungen) zu erreichen. Sie bringen in der Regel erheblich höhere Umsätze als die üblichen Plazierungen.

Für den Erfolg von Verkaufsförderungsaktionen ist von unter Umständen ausschlaggebender Bedeutung, daß das Verkaufspersonal in den Geschäften über das Ziel und die Durchführung der geplanten Maßnahmen eingehend informiert wird. Diese Unterrichtungen werden von den Herstellern, öfter aber noch vom Großhandel vorgenommen. Händlerseminare können sich hierbei als zweckdienlich erweisen. In Anbetracht der großen Zahl von Artikeln jedoch, die in Einzelhandelsgeschäften verkauft werden, und auch unter Berücksichtigung der Tatsache, daß für viele dieser Artikel Händlerseminare veranstaltet werden müßten, wenn für sie Verkaufsförderungsmaßnahmen ergriffen werden, stoßen diese Veranstaltungen bald an ihre Grenzen. Die Informationen, die der Hersteller oder der Großhandel gibt, beschränken sich deshalb in der Regel auf Unterrichtungen der Geschäftsführer und Einkäufer über die geplanten Aktionen. Die Mitarbeiter des Außendienstes geben im Rahmen ihrer regulären Besuchstätigkeit weitere Aufschlüsse über die vorgesehenen Aktionen.

Intensive Schulung und Weiterbildung des Außendienstpersonals der Herstellerbetriebe sind heute mehr denn je notwendig. Neben der allgemeinen Schulung (Verkaufstraining), die Kenntnisse über Verkaufstechniken sachlicher und psychologischer Art, Warenkenntnisse und Einblicke in die Entwicklungstendenzen der Branche und in die gesamtwirtschaftlichen Zusammenhänge vermittelt, werden die kurz- und mittelfristigen Absatzziele des Unternehmens und die geplanten Verkaufsförderungsmaßnahmen diskutiert.

Leistungsanreize für den Außendienst des Produzenten in Form variabler Entlohnungen sind ein wichtiges Steuerungsmittel für den Absatz. Hauptproblem dabei ist jedoch, alle für die Aufgabenstellung des Außendienstes notwendigen Faktoren in ein solches System einzubeziehen und dabei täglich meßbare und auch kontrollierbare Vorgaben zu setzen. Häufig werden als Maßstab Umsatzplanzahlen gewählt. Problematisch wird dies jedoch bei den Verkaufsmitarbeitern, die im Einzelhandel tätig sind und dort auch Merchandising-Aufgaben übernehmen müssen. Sie sollen dort neben dem reinen Verkauf auch das Regal betreuen, Auszeichnungs-

arbeiten teilweise übernehmen und Displaymaterial aufstellen. Hier sind
die Vorgaben für die einzelnen Faktoren und die Gewichtung dieser Vorgaben für eine Leistungsentlohnung außerordentlich schwierig.

Prämien der verschiedensten Art bilden wichtige Stimulantien und
Steuerungsmittel der Verkaufsförderung. Soll das besondere Interesse der
im Außendienst tätigen Personen auf Schwerpunktverkäufe gelenkt werden, dann läßt sich dieses Ziel unter Umständen durch entsprechende Prä-
miendifferenzierungen erreichen. Auch für die Übernahme von Merchandising-Aufgaben durch Mitarbeiter des Außendienstes lassen sich finanzielle Anreize schaffen.

Bar- und Naturalrabatte sind integrierender Bestandteil von Verkaufsförderungsaktionen, die fast stets mit Preiszugeständnissen an den Handel
kombiniert sind. Sie bilden wichtige finanzielle Anreize für die gemeinsame Durchführung von Verkaufsförderungsaktionen.

1 c) Vergegenwärtigt man sich nochmals die Situation, in der sich die
potentiellen Käufer befinden, wenn sie in den Stätten des Wareneinkaufs
entschlossen oder unentschlossen Umschau halten, wie sie am besten ihre
Einkäufe tätigen können, dann zeigt sich deutlich, daß sich das gesamte
Sortiment, so wie es sich in den Verkaufsräumen des Handels präsentiert,
in das Bewußtsein der Käufer als greifbare reale Möglichkeit und als
Chance hineindrängt. Die Käufer sehen sich mit den bereits gewußten
oder erst jetzt durch unmittelbare Anschauung in Erfahrung gebrachten
Alternativen konfrontiert und zur Stellungnahme gezwungen. In dieser
Konfrontation entfaltet das Sortiment in seiner Unmittelbarkeit und
Gegenwärtigkeit eine stimulierende, den Kaufentschluß beeinflußende
Kraft. Diese Kraft läßt sich dadurch steigern, daß das Sortiment den po-
tentiellen Käufern in einer Weise präsentiert wird, die seine Anziehungs-
kraft auf die Käufer noch erhöht. Das Wie der Warenpräsentation in den
Verkaufsräumen der Handelsbetriebe bildet also einen akquisitorischen
Faktor eigener Art. Das von den Herstellern oder dem Großhandel zur
Verfügung gestellte Displaymaterial ist so ein wichtiges Ingredienz der akquisitorischen Möglichkeiten der Warenpräsentation in Einzelhandelsgeschäften. Das Displaymaterial besteht im wesentlichen aus Ausstattungs-
und Werbematerial, zum Beispiel aus Bodenaufstellern, Thekenständern,
Transparenten, Regal- und Schaufensterdekorationen, Türklebern, Klein-
plakaten zum Anbringen an Einkaufskörbe oder -wagen in Selbstbedie-
nungsgeschäften, aus Prospekten und Tragetaschen mit dem Aufdruck der
Händlerfirma, aber auch aus Veranstaltungen der verschiedensten Art,
zum Beispiel aus Lautsprecherdurchsagen, gemischt mit Musik, aus den
bereits des öfteren erwähnten Zweit- und Drittplazierungen neben den regulären Plazierungen in den Regalen (Stammplazierungen), aus Degustationen, also Probieraktionen zum Kosten von Speisen und Getränken und
aus anderen Veranstaltungen dieser Art.

Oft bieten die Hersteller in einem solchen Maße Displaymaterial an, daß es zweifelhaft erscheinen kann, ob sich ihre Absicht, eine günstige Plazierung in der Gesamtpräsentation des Händlerwarensortiments auf dem Wege über die Bereitstellung von Displaymaterial zu erreichen, realisieren läßt. So gewiß es richtig ist, daß heute oft schon von einem Überangebot von Displaymaterial gesprochen werden kann, so läßt sich doch nicht verkennen, daß mit guten Verkaufsförderungsideen und relativ teurem Displaymaterial auch heute noch Erfolge erzielt werden können. Viele Displaystücke sind einfach zu billig und zu unattraktiv, als daß sie den Handel mit Erfolg ansprechen könnten, aber noch immer gibt es Möglichkeiten, Displaystücke, wenn sie wirklich auf neuen Ideen beruhen und sich als attraktiv erweisen, beim Handel anzubringen. Es gibt allerdings Einzelhandelsunternehmen, vor allem großbetrieblicher Art, die die Verwendung fremden Displaymaterials nicht zulassen. In diesem Fall handelt es sich in der Regel um straff organisierte Unternehmen, wie zum Beispiel Filialunternehmen (mit eigenem Einzelhandelsgeschäft).

Die werbende Wirkung von Plazierungen hängt von vielen Umständen ab, so vom Standort der Warenpräsentation in den Verkaufsräumen des Handelsbetriebs, von der Länge und Höhe der Regale, von ihrer Sichtbarkeit und Zugänglichkeit, von der Ausstattung der Regale und der Anordnung der Waren in den Regalen. Von größter Bedeutung ist dabei die Frage, ob die Erzeugnisse des Herstellers dauernd an derselben Stelle angeboten werden können. So ist es zu verstehen, daß von den Herstellern Stammplazierungen im Regal und ein Dauerdisplay für eine Zweitplazierung angestrebt werden. Heute ist es auf größeren Verbrauchermärkten bereits schwierig, einen ständigen größeren Platz im Regal zu erhalten. Zum Teil übernehmen die Hersteller die Pflege und Betreuung ihrer Standorte selbst mit eigenem Personal, zum Teil übertragen sie diese Aufgaben an Spezialfirmen, die sich dem Merchandising widmen.

Verkaufsförderungsmaßnahmen der Hersteller oder des Großhandels verlangen, mit den Einzelhandelsunternehmen zusammenzuarbeiten. Bei dem Streben der Hersteller nach günstiger Stammplazierung und nach Mehrfachplazierungen, insbesondere bei der Planung und Durchführung von Sonderaktionen, können sich Konfliktsituationen ergeben, da die Sortimentsinteressen und die zeitlichen Dispositionen der in solchen Fällen auf Zusammenarbeit angewiesenen Partner nicht miteinander übereinstimmen müssen. Je stärker die Hersteller auf günstige Plazierung drängen, je mehr sie ihre Sortimente oder Teile ihrer Sortimente bevorzugt verkaufen möchten, um so mehr ist es möglich, daß ihre Absichten mit den Sortimentsvorstellungen des Einzelhandelsunternehmens kollidieren. Jedoch sind Konflikte zwischen Großhandel und Einzelhandel verhältnismäßig selten. Die meisten Großhändler besitzen feste Verträge mit den Einzelhändlern. Die modernen Großhandelsunternehmen haben eine

Verkaufsförderung, die von den Einzelhändlern fast ausnahmslos übernommen wird.

Eine schwierige Situation kann sich besonders dann einstellen, wenn die Produzenten oder Großhändler kurzfristig spezielle Verkaufsaktionen planen, in die viele Einzelhandelsunternehmen einbezogen sind und die vom Produkt her und zeitlich koordiniert werden müssen. In diesem Fall können sich Schwierigkeiten daraus ergeben, daß Hersteller, Großhändler und Einzelhandelsfirma hinsichtlich der Art und Zahl, vor allem aber hinsichtlich der zeitlichen Planung der Verkaufsförderungsaktion unterschiedliche Vorstellungen haben. Hier ist auf die Partnerschaftsaktionen hinzuweisen, die, falls Koordinierungsschwierigkeiten der erwähnten Art entstehen sollten, auf besonders weitgehende Unterstützung der Planung und Durchführung der Verkaufsförderungsmaßnahmen des Handels gerichtet sind.

2 a) Verkaufsförderungsmaßnahmen sind stets Teil einer absatzwirtschaftlichen Konzeption, aus der sie ihren Sinn und ihre Funktion empfangen. Sie stehen deshalb nicht allein und für sich da, unterstützen vielmehr einerseits andere absatzpolitische Aktivitäten und werden andererseits von ihnen unterstützt. Aus dieser gegenseitigen absatzwirtschaftlichen Bezogenheit folgt, daß Verkaufsförderungsmaßnahmen abgestimmt mit anderen Verkaufsmaßnahmen entworfen und vollzogen werden müssen. Hierbei lassen sich einige Maßnahmen absatzwirtschaftlicher Art feststellen, die besonders enge Verbindungen zu Verkaufsförderungsmaßnahmen aufweisen und sie flankierend unterstützen. Es handelt sich hierbei um Aktionen, deren werblicher Charakter unbestritten ist, die zwar nicht notwendig mit Verkaufsförderungsmaßnahmen verbunden sein müssen, sehr häufig jedoch kombiniert mit ihnen vorgenommen werden. Sie vollziehen sich zum Teil im unmittelbaren Zusammenhang mit den Verkäufen in den Verkaufsräumen des Einzelhandels, zum Teil aber suchen sie außerhalb der praktizierten Verkäufe in den Einzelhandelsgeschäften unmittelbar Kontakt mit den Verbrauchern oder Verwendern. Auf einige dieser flankierenden Maßnahmen der Verkaufsförderung soll kurz eingegangen werden.

2 b) Eine der besonders häufig benutzten Möglichkeiten, die Verkaufsförderungsmaßnahmen zu unterstützen, sind die Warenprämien oder Zugaben. Es handelt sich hierbei um freiwillige zusätzliche Leistungen der Verkäufer an den Käufer. In den meisten Industrieländern bestehen Zugabeverbote, die allerdings unterschiedlich streng gehandhabt werden, aber Mißbräuchen im Zugabewesen vorbeugen sollen. In der Bundesrepublik sind Zugaben grundsätzlich verboten, können jedoch gemacht werden, wenn sie erstens im Vergleich zum Warenwert von geringem Wert sind

und zweitens nicht zu einem Verkaufszwang führen. So werden häufig Probierprodukte bei Verkaufsförderungsaktionen an die Konsumenten gegeben. Auch Trinkgläser, Flaschenöffner, in anderen Fällen Kalender oder Aschenbecher, sind häufig. Handelsübliches Zubehör, auch Kundenzeitschriften, sind erlaubt. Unzulässig ist dagegen die unentgeltliche Hingabe von Gutscheinen, mit denen die spätere Abgabe einer nicht geringwertigen Leistung in Aussicht gestellt wird. Sammelbilder gelten, im allgemeinen als geringwertig [1].

Daß Zugaben oder Zugabesysteme, wie sie heute in vielen Ländern üblich sind, einen akquisitorischen Reiz auf Verbraucher auszuüben vermögen, ist unbestritten. Es läßt aber auch nicht verkennen, daß die Gewährung von Warenprämien insofern gewisse Gefahren in sich birgt, als in den Zugaben neben Preis- und Qualitätsüberlegungen ein Kaufmotiv wirksam zu werden vermag, das die Kaufentscheidungen in keineswegs immer erwünschtem Sinn beeinflußt. Auch bedeutet die Gewährung von Zugaben grundsätzlich eine Erhöhung der Vertriebskosten, der allerdings dann kompensatorische Wirkungen gegenüberstehen, wenn die Zugaben zu einer spürbaren Erhöhung des Umsatzes und zu einer besseren Ausnutzung der Produktionskapazitäten führen.

In allen Ländern wird im Rahmen der jeweils bestehenden gesetzlichen Bestimmungen von Zugaben Gebrauch gemacht. Aber die Bestimmungen spannen den Rahmen des Zulässigen und damit des absatzwirtschaftlich Möglichen sehr unterschiedlich weit. Sieht man von diesen Begrenzungen der nationalen Spielräume, Zugaben zu machen, ab, dann zeigt sich, daß von der Möglichkeit, die Käufer zum Sammeln von Kupons, Gutscheinen, Bons, Marken, Punkten zu veranlassen und auf sie hin Warenprämien zu gewähren, in durchaus unterschiedlicher Weise Gebrauch gemacht werden kann.

Die älteste Form des Zugabekaufs ist der Warenrabatt. In diesem Fall werden Waren gleicher Art wie die gekauften Waren als „Rabatte" gegeben. Dieses Verfahren wird heute nur noch von kleineren und mittleren Unternehmen angewandt. Im zweiten Fall erhält der Käufer mit der gekauften Ware einen Artikel, der der Warenpackung beigefügt ist; zum Beispiel bei Spirituosen, Trinkgläser, Korken, Flaschenöffner u. ä. Diese Art von Warenprämien stößt bald an ihre Grenzen, da sich der Bedarf an derartigen Gegenständen schnell erschöpft, auch der persönliche Geschmack unberücksichtigt bleiben muß. Eine dritte, weitere Art von Warenkauf mit Warenprämien besteht darin, daß die beim Wareneinkauf erworbenen Gutscheine den Käufer berechtigen, aus einem breiten Sortiment von Waren unterschiedlicher Qualitäts- und Preislagen der gleichen Warengattung Artikel zu erwerben, die wertmäßig in einem angemessenen

---

[1] Vgl. die Zugabeverordnung vom 9. 3. 1932 und das Gesetz vom 20. 8. 1953.

Verhältnis zu den erworbenen Punkten stehen. Diese Art, Warenprämien zu gewähren, findet sich in Ländern, in denen es erlaubt ist, auch in der Variante, daß die gesammelten Punkte zu einem besonders preisgünstigen Kauf der in breit gestreuten Sortimentskatalogen angebotenen Artikel berechtigen. Die Waren, die in diesem Fall in keiner Beziehung zur Art der ursprünglich gekauften Waren stehen, werden billiger als im konkurrierenden Handel angeboten. Da der Wert der offerierten Waren in der Regel größer ist als der Wert der Gutscheine, muß der überschießende Betrag vom Käufer in bar gezahlt werden. Dieses System ist in den USA als self liquidating promotion bekannt. In anderen Fällen schließlich bestehen die Zugaben in Bilderschecks, die zum unentgeltlichen Bezug von Bilderserien berechtigen.

Die verhältnismäßig strengen, gegen unlauteren Wettbewerb absichernden Bestimmungen der Zugabeverordnung in der Bundesrepublik setzen dem Zugabewesen engere Grenzen, als es in vielen anderen großen Industrienationen der Fall ist.

2 c) In den modernen Industrieländern sind Preisausschreiben, Preisrätsel oder Verlosungen häufig angewandte Mittel der Verkaufsförderung. Zielpersonen sind in diesem Fall die Verbraucher und Verwender der von den Unternehmen des Produktions- und des Distributionsbereiches angebotenen Waren, auch von Dienstleistungen. Preisausschreiben, Preisrätsel und Verlosungen haben jedoch den Nachteil, daß in der Regel nur selten gerade die Personen getroffen werden, die man erreichen möchte. Oft sind es immer dieselben Personen, die sich an den Wettbewerben beteiligen. Unter solchen Umständen werden Preisausschreiben als Mittel des Wettbewerbs fragwürdig. Im allgemeinen wird mit derartigen Preisausschreiben wohl auch weniger beabsichtigt, eine bestimmte Zielgruppe zu treffen, als vielmehr den allgemeinen Bekanntheitsgrad der Erzeugnisse des Unternehmens zu erhöhen.

Die Preisausschreiben stellen ganz eindeutig auf den Spieltrieb des Menschen ab. Die Gefahr, daß es in diesem Zusammenhang zu unlauterem Wettbewerb kommt, ist nicht zu übersehen. In der Bundesrepublik bildet zur Zeit noch der § 1 des Gesetzes gegen unlauteren Wettbewerb die rechtliche Handhabe gegen Mißbräuche, die mit Gewinnspielen (game promotion) verbunden sein können. In den großen Industrieländern weichen die Vorstellungen darüber, was unter unlauterem Wettbewerb zu verstehen ist, stark voneinander ab. Demgemäß bieten sich in diesen Ländern unterschiedliche Möglichkeiten, von Preisausschreiben Gebrauch zu machen. Grundsätzlich ist jedoch daran festzuhalten, daß Preisausschreiben zu den legitimen Mitteln des Wettbewerbs gehören. Erforderlich hierfür ist allerdings, daß die Unternehmen die Voraussetzungen für eine seriöse Durchführung der Gewinnausspielung schaffen. Preisausschreiben, die als reine Aufmerksamkeitswerbung ein Unternehmen, eine Ware oder eine Dienstleistung bekannt machen sollen, sind im Wirtschaftsleben allgemein üblich. Es steht nur eben in Frage, ob die Tatsache, daß die Teilnehmer an dem Spiel gezwungen werden, sich mit dem Waren- und Dienstleistungsangebot des Veranstalters auseinanderzusetzen, genügt, um den großen Apparat eines Preisausschreibens in Gang zu setzen.

Die Erzielung von Aufmerksamkeitseffekten, so wichtig sie verkaufspolitisch sind, reicht in vielen Fällen nicht aus, weiter gesteckte Zielsetzungen, insbesondere Umsatzsteigerungen, zu befriedigen. Auch für Maßnahmen der Verkaufsförderung gilt grundsätzlich, daß es das Ziel sein muß, die akquisitorisch relevante Zielgruppe zu erreichen. Teilnahme an einem Preiswettbewerb ist auch ohne Tätigung von Einkäufen möglich. Die Aktion muß aber so gesteuert werden, daß sich gerade die Personen an dem Gewinnspiel beteiligen, die für den Verkauf der Erzeugnisse des Unternehmens oder die Inanspruchnahme seiner Dienste von besonderem Interesse sind. Bei der im allgemeinen breiten Anlage von Preisausschreiben und Verlosungen bildet aber die Einengung des Teilnehmerspektrums auf die Zielgruppe die Hauptschwierigkeit. Bei dem Bestreben, diese Selektion vorzunehmen, entstehen die häufigsten Verstöße gegen die Grundsätze des lauteren Wettbewerbs. Gleichwohl sind Gewinnspiele ein wichtiges akquisitorisches Instrument der Verkaufsförderung.

2 d) Eine besondere Form der Verkaufsförderung bilden Sonderpreise, die im Rahmen zeitlich begrenzter Verkaufsförderungsmaßnahmen gewährt werden. Derartige Preise werden nicht nur in den USA und in England, sondern auch in der Bundesrepublik Deutschland im Rahmen von Verkaufsförderungsmaßnahmen gewährt. Es handelt sich hierbei um Angebote von Waren zu reduzierten Preisen, derart, daß im Rahmen zeitlich begrenzter Verkaufsförderungsaktionen ein bestimmter Anteil der Normalpackungen von Markenwaren zu einem Preis verkauft wird, der unter dem regulären Preis der Packungen liegt. Durch Aufkleben von priceoff-labels wird deutlich gemacht, daß es sich um eine Sonderaktion handelt, die der Werbung dient, und daß eben der Preis ein Sonderpreis ist. Das Verfahren wird vor allem im Zusammenhang mit der Einführung neuer Artikel oder Wiederaufnahme von Artikeln in das Sortiment verwandt, die in veränderten Qualitäten, Verpackungen oder zu neuen Preisen angeboten werden. Die Preise haben also mehr den Charakter von Probierpreisen.

Sonderpreise und damit verbundene Verkaufsförderungsmaßnahmen sind verkaufspolitisch deshalb von besonderem Interesse, weil die Erfahrung zeigt, daß zunächst neue Verbraucherschichten zu Käufen angeregt werden, Konkurrenzerzeugnisse für die Zeit der Verkaufsförderungsaktionen verdrängt werden und die Produkte allgemein an Aktualität gewinnen. Aus diesen Gründen sind die Hersteller bestrebt, in regelmäßigen zeitlichen Abständen durch Sonderpreise und Verkaufsförderungsmaßnahmen ihre Erzeugnisse den Käufern ins Bewußtsein zu bringen.

Preissonderaktionen sind in der Vergangenheit häufig auch von den Händlern dazu benutzt worden, Waren unter dem Einstandspreis zu verkaufen. Nach § 3 des Gesetzes gegen den Unlauteren Wettbewerb in der Fassung vom 26. 6. 1969 sind im Wettbewerb Angaben unzulässig, die über die Preisbemessung irreführen. Das Gesetz will damit die sogenannten „loss leader" verbieten. (Vgl. hierzu auch das sog. Lockvogelurteil des Bundesverfassungsgerichts vom 17. 9. 1969) Hierbei handelt es sich um Artikel, die zu besonders niedrigen Preisen, u. U. sogar zu unter dem Einstandspreis liegenden Preisen angeboten werden. Es besteht in solchen Fällen die Gefahr, daß der Verbraucher diese niedrigen Preise als für die gesamte Preisstellung des Unternehmens beispielhaft ansieht, während in Wirklichkeit die übrigen Artikel des Sortiments normal oder sogar überhöht kalkuliert werden. Entscheidendes Merkmal für die Unzulässigkeit ist ausschließlich die Täuschung des Käufers über das Preisniveau des Gesamtsortiments. Wenn der Verkäufer hinreichend deutlich zu erkennen gibt, daß nur die beworbenen Waren besonders billig sind, besteht kein unzulässiges Sonderangebot. Allerdings sind Sonderangebote nur zulässig, wenn sie keine zeitliche Begrenzung enthalten, weil sonst der Eindruck erweckt werden könnte, daß sie außerhalb des regelmäßigen Geschäftsverkehrs vorgenommen werden.

2 e) Wenn die Direktwerbung, also die Versendung von Warenproben und Werbedrucksachen, auch nicht zu den „klassischen" Werbemitteln gerechnet wird, so hat sie doch von jeher große Bedeutung für die Absatzwerbung besessen. Neuerdings wird die Direktwerbung vor allem mit der Verkaufsförderung in Verbindung gebracht und als ein wichtiges Mittel zur flankierenden Unterstützung von Verkaufsförderungsmaßnahmen angesehen. Wenn der Versand von Werbebriefen, Prospekten, Katalogen, Warenproben und -mustern, auch von dreidimensionalen Mitteln, die sich immer mehr durchsetzen, über die Post vorgenommen wird, bilden in diesem Fall die Postanstalten die Werbeträger für die Werbemittel der Direktwerbung, hier im besonderen für die Direktwerbung im Zusammenhang mit Verkaufsförderungsmaßnahmen. Die mit Hilfe dieser Werbemittel verbreiteten Informationen gewähren zugleich die Möglichkeit für werbliche Ausprägungen, die das Direct-Mailing als Teil von Werbekonzeptionen auf besonders eindrucksvolle Weise wirksam werden lassen. Mit der Direktwerbung lassen sich verhältnismäßig große Streuleistungen erzielen. Sie ist regional leicht zu steuern und mit den besonderen Verhältnissen und Zielsetzungen einer Verkaufsförderungsaktion abzustimmen. Die Direktwerbung hat auch den Vorzug, daß sie mit den klassischen

Werbemitteln ohne besonders große Schwierigkeiten koordinierbar ist und daß ihre Werbewirkung mit Hilfe quantitativer Methoden der Werbeerfolgskontrolle erfaßt werden kann. Die Planung der Direktwerbung liegt bei dem werbenden Unternehmen selbst, falls nicht Werbeagenturen, von denen einige Spezialinstitute für Direktwerbung sind, mit der Durchführung der Planungen beauftragt werden. Trotz der Überflutung von Handel und Verbrauchern mit Erzeugnissen der Direktwerbung bleibt dennoch die Auffassung vorherrschend, daß gerade mit Rücksicht auf die nachlassende Wirkung der klassischen Werbemittel die Direktwerbung, zumal im Zusammenhang mit Verkaufsförderungsmaßnahmen große Chancen bietet.

VIII. Zur Bestimmung der günstigsten Lagerstandorte

Mit der Entscheidung über die vorteilhafteste Wahl der Absatzwege steht die Bestimmung der optimalen Lagerstandorte in engstem Zusammenhang. Diese in Anlehnung an die amerikanische Terminologie als logistisches Problem bezeichnete Entscheidungssituation wird in den Vereinigten Staaten intensiv diskutiert. Um die besondere Aufgabenstellung aufzuzeigen, um die es hier geht, sei das von A. A. Kuehn und M. J. Hamburger entwickelte Modell soweit dargestellt, daß seine Konstruktionsprinzipien deutlich werden [1]. Trotz der starken Abweichungen im methodischen Detail, zum Teil auch in der Fragestellung, die die Modelle anderer Autoren aufweisen, behält das hier skizzierte Modell seinen für den gesamten Forschungsbereich kennzeichnenden Charakter [2].

Die mit Hilfe des Modells zu lösende Aufgabe besteht darin, die Anzahl und die Standorte regionaler Absatzläger in großangelegten Vertriebsnetzen zu bestimmen. Die vorgegebenen Elemente eines solchen Vertriebsnetzes sind einerseits die Standorte verschiedener Fabriken, in

---

[1] Vgl. KUEHN, A. A., HAMBURGER, M. J., A heuristic program for locating ware houses, in: Management Science, vol. 9 (1963), S. 643 ff.; deutsche Übersetzung in: Marketingentscheidungen, hrsg. von WEINBERG, T., BEHRENS, G., KAAS, P. K., Köln 1974, S. 290 ff.

[2] Vgl. ferner: MAGEE, J. F., Industrial Logistics, Analysis and Management of Physical Supply and Distribution Systems, New York 1968; TOPRITZHOFER, E., Modelltheoretische Ansätze zur optimalen Lösung von Logistics-Problemen im Marketing, in: Der Markt, Jg. 1970, S. 71 ff.; POTH, L. G., Praxis der betrieblichen Warenverteilung, in: Marketing-Logistik, Schriften zum Marketing, Bd. 4, Düsseldorf 1970; PFOHL, H.-Chr., Marketing Logistik, Mainz 1972; BLOECH, J. und G. B. IHDE, Betriebliche Distributionsplanung zur Optimierung logistischer Prozesse, Würzburg-Wien 1972; KIRSCH, W., J. BAMBERGER, GABELE, E. und H. K. KLEIN, Betriebswirtschaftliche Logistik, Systeme, Entscheidungen, Methoden, Wiesbaden 1973; KILGER, W., Optimale Produktions- und Absatzplanung, Opladen 1973, S. 499 ff.

denen jeweils mehrere Produkte hergestellt werden, andererseits die Be-
stimmungsorte der Produkte mit den dort nachgefragten Produktmengen.
Gesucht ist diejenige Lösung, die der Unternehmung den größten Gewinn
einbringt beziehungsweise die, da die Absatzmengen als gegeben betrachtet werden, die Kosten des Absatznetzes minimiert.

Als Kostenbestandteile werden in der Zielfunktion berücksichtigt die
Transportkosten von der Fabrik über ein Absatzlager zum Kunden, fixe
und variable Kosten der Absatzläger sowie die Kosten von Lieferverzöge-
rungen (die im Extremfall als unendlich groß angenommen werden, falls
eine vom Kunden gesetzte maximale Lieferfrist überschritten wird). Als
Nebenbedingungen sind die Befriedigung der vorgegebenen Nachfrage
sowie Kapazitätsrestriktionen der Fabriken und der Absatzläger zu beachten.

Ein solches Problem ist in dieser Formulierung einer direkten Lösung
mit den bekannten Methoden der mathematischen Optimierung nicht zugänglich, weil die eigentlichen Entscheidungsvariablen die Indexmengen
(Mengen von Indizes möglicher Absatzlagerstandorte) sind, über die in
Zielfunktion und Nebenbedingungen summiert wird.

Die Autoren schlagen deshalb einen heuristischen Ansatz vor, der aus
zwei Teilen besteht. Den ersten Teil bildet ein Hauptprogramm, das anhand eines Vergleichs der Grenzkosten des Einsatzes von Absatzlägern
mit den Einsparungen an Transportkosten und dem sich aus der schnelle-
ren Belieferung ergebenden Gewinnzuwachs sukzessive so viele Standorte
von Absatzlägern bestimmt, bis kein weiteres Absatzlager in das Vertriebs-
netz aufgenommen werden kann, ohne daß sich die Gesamtkosten erhöhen würden. Ein im zweiten Teil sich anschließendes Verfahren versucht,
„die im Hauptprogramm erzielten Lösungen zu modifizieren, indem die
Implikationen für den Gewinn errechnet werden, die sich aus dem Verzicht oder der Standortverlegung einzelner Absatzläger ergeben" [1].

Günstige Voraussetzungen für die Bearbeitung des anstehenden Problems mit Hilfe eines heuristischen Verfahrens sehen die Autoren darin,
daß sich geeignete Standorte ohnehin in der näheren Umgebung von
Nachfrageschwerpunkten befinden werden und nur ein geringer Teil aller
möglichen Standorte analysiert zu werden braucht. Ihr Verfahren, dessen
Kernstück eben die schrittweise Einbeziehung jeweils desjenigen Standortes ist, der die größten Kostenersparnisse für das Gesamtsystem verspricht, bezeichnen sie selbst mehrfach als „nahezu optimal" [2]. Das An-
wendungsbeispiel, das dem Aufsatz beigefügt ist, zeigt freilich auch einige
wenige Situationen, in denen Verbesserungen gegenüber den mit Hilfe des
heuristischen Programms entworfenen Absatzlagersystemen gefunden
werden konnten.

---

[1] KUEHN, A. A. und M. J. HAMBURGER, a.a.O., S. 292.
[2] a.a.O., S. 292, 304, 305.

Modelle dieser Art können sich für die Lösung logistischer Probleme im Absatzbereich der Unternehmen als brauchbar erweisen. Sie sind jedoch mehr absatzorganisatorischer als absatzpolitischer Art.

Siebtes Kapitel

Die Preispolitik

   I. Die Grundlagen der betrieblichen Preispolitik.
  II. Die Preispolitik monopolistischer Anbieter.
 III. Die Preispolitik bei atomistischer Konkurrenz.
 IV. Die Preispolitik bei oligopolistischer Konkurrenz.
  V. Preisdifferenzierung.

I. Die Grundlagen der betrieblichen Preispolitik

1. Ziele und Methodik preispolitischer Untersuchungen.
2. Das Marktformenschema und die Triffinschen Koeffizienten.
3. Die Verhaltensweisen.

1. Die Frage nach dem richtigen Preis bildet das Zentralthema einer einzelwirtschaftlichen Theorie der Preispolitik [1]. Welches sind die Krite-

---

[1] Zu den weiteren Ausführungen vgl. folgende Literatur: SCHMALENBACH, E., Grundlagen der Selbstkostenrechnung und Preispolitik, 6. Aufl., Leipzig 1934, STACKELBERG, H. v., Grundlagen der Theoretischen Volkswirtschaftslehre, Bern-Tübingen 1951, MÖLLER, H., Kalkulation, Absatzpolitik und Preisbildung, Wien 1941 (Nachdruck Tübingen 1962), SCHNEIDER, E., Einführung in die Wirtschaftstheorie, II. Teil, 13. Aufl., Tübingen 1972, BRANDT, K., Preistheorie, Ludwigshafen 1960, KRELLE, W., Preistheorie, Tübingen-Zürich 1961, JACOB, H., Preispolitik, Wiesbaden 1971; OTT, A. E., Grundzüge der Preistheorie, 2. Aufl., Göttingen 1974.
   MARSHALL, A., Principles of Economics, 8th Ed., London 1947, CHAMBERLIN, E. H., The Theory of Monopolistic Competition, 6th Ed., Cambridge Mass. 1950, ROBINSON, J., The Economics of Imperfect Competition, 2. Aufl., London/New York 1969, STIGLER, G. J., The Theory of Price, New York 1949, BOULDING, K. E., Economic Analysis, New York 1948, BAIN, J. S., Price Theory, New York 1952, MACHLUP, F., The Economics of Sellers' Competition, Baltimore 1952, CHAMBLEY, P., L'Oligopole, Paris 1944, MARCHAL, J., Le Mécanisme des Prix, Paris 1948, MARJOLIN, R., Prix, Monnaie, Production Paris 1941, NEUMANN, J. v., und O. MORGENSTERN, Theory of Games and Economic Behavior, 3rd Ed., Princeton N. J. 1953, dtsch. Übers., Spieltheorie und wirtschaftliches Verhalten, Würzburg 1961, SHUBIK, M., Strategy and Market Structure, New York 1959.
   Vgl. auch NIESCHLAG, R., DICHTL, E., HÖRSCHGEN, H., Marketing. Ein entscheidungstheoretischer Ansatz, 7. Aufl., Berlin 1974, S. 195 ff.; BIDLINGMAIER, J., Marketing, Bd. II, Hamburg 1973, S. 279 ff.

rien, die Aussagen darüber zulassen, ob ein Preis richtig gestellt ist? Wann kann man sagen, daß ein Unternehmen sich preispolitisch richtig verhält? In welcher Weise wird dieses Verhalten von der konkreten Lage bestimmt, in der sich ein Unternehmen befindet? Liefert das erwerbswirtschaftliche Prinzip die Kriterien, nach denen hier gefragt wird?

Ohne Zweifel stellt dieses Prinzip eine Leitmaxime preispolitischen Verhaltens von Unternehmungen dar, die unter marktwirtschaftlichen Bedingungen arbeiten. Aber dieses Prinzip ist sehr dehnbar, denn es gibt viele Abwandlungen, in denen es sich praktizieren läßt, ganz abgesehen von seiner vielgestaltigen Verwurzelung in der Sphäre persönlicher und gesellschaftlicher Motive.

Eine breit angelegte und verzweigte Theorie der einzelwirtschaftlichen Preispolitik muß der Fülle an Varianten, in denen das erwerbswirtschaftliche Prinzip auftritt, gerecht zu werden versuchen. Die Bedingungen absoluter Gewinnmaximierung können nicht als die alleinigen und schlechthin geltenden Voraussetzungen preispolitischer Analyse angesehen werden. Die vielen Fälle und Möglichkeiten, in denen das erwerbswirtschaftliche Prinzip nur näherungsweise oder in bestimmten Abwandlungen gilt, verlangen mit Recht Berücksichtigung. Eine Theorie der Preispolitik kann sich auch nicht auf die Fälle beschränken, in denen vollständige Marktübersicht besteht und in denen die Voraussetzungen der Preisstellung bekannt sind. Denn die Unternehmen fassen ihre preispolitischen Entschlüsse in der Regel unter Unsicherheit. Die Theorie kann deshalb den besonderen Fragen nicht ausweichen, die aus der Ungewißheit über das voraussichtliche Verhalten der Käufer und Konkurrenten entstehen.

Dabei gilt es zu berücksichtigen, daß sich die wirtschaftlichen Aktionen und Reaktionen nicht sofort und mit ganzer Stärke vollziehen. Die betriebliche Anpassung an sich ändernde betriebliche oder marktliche Situationen verlangt Zeit. Sie beträgt bei Börsengeschäften nur wenige Stunden oder Minuten. In anderen Fällen kann sie Jahre benötigen. Jedem der vielen und kaum zu übersehenden Anpassungsvorgänge, wie sie sich täglich in der Wirtschaft vollziehen, haftet also ein Zeitindex an. Passen sich die Konsumgüterpreise, die Produktionsgüterpreise, die Investitionsausgaben, die Löhne, Zinsen u. ä. nicht sofort an Datenänderungen an, dann können Disproportionierungen, zum Beispiel vertikale Ungleichgewichte im Aufbau der Konsumgüter- und der Produktionsgüterindustrien entstehen, die den Ablauf des Wirtschaftsgeschehens hemmen und beeinträchtigen.

Eine einzelwirtschaftliche Theorie der Preispolitik muß so weit angelegt sein, daß sie mit ihren Instrumenten die vielen Möglichkeiten zeitlicher Verzögerung der Anpassungsvorgänge zu erfassen erlaubt. Der Untersuchungszweck kann verlangen, daß die Wirkung preispolitischer Maßnahmen unter der Annahme vorgenommen wird, die Anpassungsprozesse vollzögen sich simultan und gewissermaßen zeitlos. Andererseits besteht die Möglichkeit, daß gerade die zeitlichen Verwerfungen der Anpassungen, die time-lags, den Gegenstand preispolitischer Untersuchungen bilden. In diesem Falle wäre es unsinnig, den Marktvorgängen ihre Zeitindizes zu nehmen. Im ersten Falle würde die Reaktionsgeschwindigkeit der betrieblichen und marktlichen Anpassungsvorgänge als unendlich groß angenommen werden, im zweiten Falle würde die Trägheit der betrieblichen und marktlichen Anpassungen einen Bestandteil preispolitischer Untersuchungen bilden.

Mit der räumlichen Ausdehnung der modernen Märkte hat die Zahl der Warengattungen und die Differenzierung dieser Gattungen in einem Maße zugenommen, das die Fülle des weltwirtschaftlichen Warensortiments kaum noch überschauen läßt. Auf der anderen Seite hat die moderne Technik der Nachrichtenübermittlung und des Warentransportes ein Maß an Information über die weltweiten Vorgänge auf den Warenmärkten geschaffen, das früheren Generationen unvorstellbar gewesen ist. So kommt es, daß trotz des Reichtums an Warenarten und -varianten Käufer und Verkäufer verhältnismäßig gute Markt- und Warenkenntnis besitzen, mit sehr großen Unterschieden allerdings in den einzelnen Sparten der Wirtschaft.

Für die Unternehmen ist aber das Maß an Warenkenntnis und an Marktübersicht, das sie voraussetzen können, preispolitisch von entscheidend großer Bedeutung. Unzureichende Markttransparenz hemmt das glatte und sofortige Einspielen marktlicher Anpassungs- und Ausgleichsvorgänge. Interessieren im Rahmen einer preispolitischen Untersuchung die Wirkungen nicht, die aus unzureichender Marktübersicht folgen, so wird die Untersuchung unter der Annahme vorgenommen werden, daß vollkommene Marktübersicht besteht. Ist es aber gerade der Einfluß mangelnder Marktübersicht auf die Preisstellung, der den Gegenstand des wissenschaftlichen Interesses bildet, dann wird unzureichende Marktübersicht angenommen werden müssen, wenn das Ziel der Untersuchung nicht verfehlt werden soll. Die Theorie hat die Freiheit, die Bedingungen ihrer Analysen so zu wählen, wie es der Untersuchungsgegenstand erfordert.

Mit völlig verschiedenen preispolitischen Verhaltensweisen ist im Fall homogenen oder nicht-homogenen Warenangebots zu rechnen. Die Produktdifferenzierung kann darin bestehen, daß, vom Standpunkt des Käufers aus gesehen, an sich gleichartige Waren durch zeitliche oder räumliche Differenzierung zu „heterogenen" Waren werden. Man denke an die Bedeutung der Standortunterschiede für die Industrie, insbesondere auch für die Einzelhandelsgeschäfte. Nur wenn der räumliche Abstand der Käufer von den Verkäufern gleich groß ist, wird man von standortlicher Indifferenz sprechen können. In diesem Falle fehlen die Voraussetzungen, die aus an sich gleichartigen Waren nicht-homogene Waren machen.

Das gleiche gilt in zeitlicher Hinsicht dann, wenn zwei oder mehrere Firmen völlig gleichartige Erzeugnisse anbieten, die Lieferzeiten aber verschieden sind. Es ist unter diesen Umständen klar, daß die unterschiedlichen Lieferzeiten eine Bevorzugung schaffen können, die die Waren trotz ihrer qualitativen Gleichartigkeit dennoch zu ökonomisch ungleichartigen Waren machen. Auch dann kann von Produktdifferenzierung bei an sich qualitativ gleichartigen Waren gesprochen werden, wenn die Warendarbietung Unterschiede aufweist, die zu Bevorzugungen Anlaß geben. Diese Bevorzugungen können persönlicher Art sein, also zum Beispiel in persönlichen Bevorzugungen gewisser Verkäufer durch die Käufer (oder auch umgekehrt) bestehen. In diesem Falle beeinflussen persönliche Umstände die Kaufentscheidungen. In anderen Fällen sind es sachliche Umstände, zum Beispiel besondere Formen der Warendarbietung (der Läden, der Bedienung, des Kundendienstes, der Kreditgewährung u. a.), die die Käufer dazu veranlassen, bestimmte Firmen anderen vorzuziehen. Ein besonders bedeutsames Mittel, derartige Präferenzen entstehen zu lassen, ist die Werbung in ihren vielen Formen und Möglichkeiten. Die Motive, die die Käufer gerade diese Verkäufer vor anderen Verkäufern bevorzugen lassen, sind oft so ineinander verwoben, daß die Grenzen rationaler Faßbarkeit der Vorgänge auf den Märkten erreicht werden. Tradition, Bequemlichkeit, Indolenz, Sympathien und Antipathien bestimmen die Kaufentscheidungen mehr als rationale Erwägungen. Worauf es hier aber einzig und allein ankommt, ist, daß nicht nur Präferenzen räumlicher und zeitlicher Art, sondern auch Unterschiede in der Warendarbietung (persönlicher wie sachlicher Art) aus gleichartigen Erzeugnissen ökonomisch ungleichartige Waren machen können.

Produktdifferenzierung besagt aber nicht nur, daß stofflich gleichartige Güter durch Präferenzen der geschilderten Art zu wirtschaftlich ungleichartigen Gütern werden. Gemeint ist mit Produktdifferenzierung auch die Tatsache, daß zur Befriedigung gewisser Bedürfnisse und zur Erfüllung bestimmter produktiver Zwecke Güter angeboten werden, die sich in ihren Eigenschaften und damit in ihrer qualitativen Beschaffenheit voneinander unterscheiden. Auf zahlreichen Konsumgüter- und Produktivgütermärkten werden gleichen Zwecken dienende Waren von Herstellern in vielen Qualitäten, Typen, Baumustern, Dessins auf den Markt gebracht. Sie stehen in einem engen Substitutionsverhältnis zueinander, ohne jedoch völlig gleichartig zu sein. Von einem identischen Gut und einem identischen Markt kann man in diesem Falle nicht mehr sprechen. In der Regel handelt es sich dabei um Güter, die nur in mehreren Varianten vorhanden sind. Dementsprechend gibt es nicht eigentlich einen Preis für ein Gut, sondern ganze Preisbündel für die unzähligen, miteinander verwandten, miteinander konkurrierenden und gegeneinander substituierbaren Formen ein und desselben Gutes. Von einheitlicher Preisbildung, von Einheitspreisen identischer Güter auf identischen Märkten kann unter solchen Umständen nicht mehr die Rede sein. Die Analyse preispolitischer Vorgänge wird zu verschiedenen Ergebnissen führen, wenn sie Produktdifferenzierung annimmt oder ausschließt.

Wenn eine preistheoretische Analyse aus dem unverbindlichen Ungefähr ihrer Beweisführung hinauskommen will, ist sie gezwungen, die Bedingungen anzugeben, unter denen die Untersuchung vorgenommen wird. Alle Theorieaussagen haben immer nur Gültigkeit in Hinsicht auf die Annahmen, auf denen sie beruhen. Nur so sind derartige Aussagen nachprüfbar. Dieser höhere Grad an Exaktheit muß unter Umständen mit einem größeren Abstand von der Wirklichkeit erkauft werden. Ist ein Autor hierzu bereit und gelangt er auf diese Weise zu gewissen Modellkonstruktionen, dann ist es unwesentlich, ob es sich hierbei um ideal- oder realtypische Gebilde handelt. Wichtig ist allein, daß methodisch einwandfrei gearbeitet wird und die Prämissen angegeben werden, auf denen die Ergebnisse der Untersuchung beruhen.

Von der Freiheit, zu isolieren und mit Annahmen zu arbeiten, kann in der Weise Gebrauch gemacht werden, daß ein ganz bestimmter Satz von Annahmen fixiert wird, etwa so:

a) Alle Marktteilnehmer handeln nach dem Maximumprinzip derart, daß die Käufer (Konsumenten) ein Maximum an Nutzen, die Verkäufer (Produzenten) ein Maximum an Gewinn zu erzielen versuchen. Dieses Maximumprinzip möge mit äußerster Strenge gelten. Die Preise sollen sich dabei lediglich aus dem Verhalten der Marktbeteiligten ergeben, d. h. die Preisbildung selbst soll von staatlichen und anderen überbetrieblichen Eingriffen frei sein.

b) Die Reaktionsgeschwindigkeit der marktlichen und betrieblichen Anpassungsprozesse sei unendlich groß.

c) Es herrsche vollkommene Markttransparenz.

d) Sowohl auf der Angebots- wie auf der Nachfrageseite sollen Präferenzen fehlen (Homogenitätsbedingung).

Beruht irgend eine Preisanalyse auf diesem System von Annahmen, dann pflegt man in der Wirtschaftstheorie zu sagen, es liege ein „vollkommener Markt" vor.

Hebt man eine oder mehrere oder alle Annahmen auf, die zu dem Bedingungssatz gehören, wie er für vollkommene Märkte unterstellt wird, dann spricht man von „unvollkommenen Märkten". Die in der Wirtschaftstheorie gebräuchliche Konstruktion unvollkommener Märkte unterscheidet sich in der Regel lediglich dadurch von dem Modell vollkommener Märkte, daß die Homogenitätsbedingung aufgehoben und durch die Heterogenitätsbedingung ersetzt wird. Im übrigen bleibt es dann bei den Bedingungen vollkommener Märkte.

Es ist jedoch nicht einzusehen, warum nur das Fehlen der Homogenitätsbedingung ein Marktmodell zu einem Modell unvollkommener Märkte machen soll. Die Aufhebung anderer Bedingungen, zum Beispiel der Transparenzbedingung, kann einen Markt ebenfalls zu einem unvollkommenen Markt machen. Je mehr von den Bedingungen, die vollkommene Märkte kennzeichnen, aufgegeben wird, um so mehr nähert man sich Marktsituationen, wie sie für empirisches Marktgeschehen charakteristisch sind. Werden die Bedingungen dem Untersuchungszweck entsprechend gewählt, dann ergibt sich ein System unvollkommener Märkte, das nach oben an das Modell vollkommener Märkte, nach unten an empirisches Marktgeschehen grenzt.

2. Bei der Untersuchung preispolitischer Fragen hat es sich als zweckmäßig herausgestellt, in das System vollkommener oder unvollkommener Märkte ein Gliederungsschema einzufügen, das bestimmte Annahmen über die Struktur des Angebots und der Nachfrage enthält. Dabei wird die Zahl der Marktbeteiligten auf der Angebots- bzw. Nachfrageseite zum Einteilungskriterium für die verschiedenen „Marktformen" gewählt.

Ist für eine bestimmte Ware nur ein Anbieter vorhanden, dann liegt monopolistische Angebotsstruktur vor. Setzt sich die Angebotsseite aus einer sehr großen Zahl von Verkäufern zusammen, deren Marktanteil so gering ist, daß eine Erhöhung oder Verminderung ihrer Angebotsmengen den Warenpreis nur geringfügig beeinflußt und dieser Einfluß vernachlässigt werden kann, dann spricht man von atomistischer Angebotsstruktur. Sprachlich wäre es richtiger, von polypolistischer Angebotsstruktur zu sprechen, weil der Markt von vielen Anbietern beschickt wird. Da nun aber der Ausdruck polypolistische Konkurrenz in der Literatur für den Fall atomistischer Angebotsstruktur auf unvollkommenen Märkten verwandt wird und hier möglichst eng Anschluß an den herrschenden wissenschaftlichen Sprachgebrauch angestrebt wird, so soll grundsätzlich der Ausdruck atomistische Angebotsstruktur verwendet werden, wenn von einer Marktsituation die Rede ist, welche sich durch sehr viele Anbieter mit geringen Marktanteilen und entsprechend geringem Markteinfluß kennzeichnet. Besteht die Angebotsseite zwar aus mehreren Anbietern, sind die Marktanteile der Anbieter und damit ihre Markteinflüsse jedoch so groß, daß eine Änderung ihrer Angebotsmengen oder ihrer Preise das Angebotsverhalten der Konkurrenz beeinflußt, dann liegt eine oligopolistische Angebotsstruktur vor.

Die Nachfrageseite kann ebenfalls nach der Zahl der Marktteilnehmer aufgegliedert werden. Auf diese Weise ergeben sich verschiedenartige Nachfragestrukturen.

Nun besteht die Möglichkeit, jeweils monopolistische, atomistische oder oligopolistische Angebots- bzw. Nachfragestrukturen sowohl in das

Schema vollkommener als auch unvollkommener Märkte einzubauen. Das Kriterium „Zahl der Marktteilnehmer" ist von der Einteilung der Märkte in vollkommene oder unvollkommene Märkte innerhalb gewisser Grenzen unabhängig.

Wird eine atomistische Angebotsstruktur in das Schema vollkommener Märkte eingefügt, dann spricht man von vollkommener, reiner, homogener oder von atomistischer Konkurrenz. Wird eine monopolistische Angebotsstruktur auf vollkommenen Märkten angenommen, dann verwendet man auch den Ausdruck vollkommenes, reines oder isoliertes Monopol. Bei oligopolistischer Angebotsstruktur auf vollkommenen Märkten sind die Ausdrücke vollkommenes, homogenes oder reines Oligopol gebräuchlich.

Wird eine atomistische Angebotsstruktur in den Bedingungssatz unvollkommener Märkte eingefügt, dann liegt unvollkommene, monopolistische, heterogene oder auch polypolistische Konkurrenz vor. Monopolistische Angebotsstruktur auf einem unvollkommenen Markt wird als unvollkommenes, unvollständiges Monopol oder auch als Monopoloid bezeichnet. Oligopolistische Angebotsstruktur auf unvollkommenen Märkten ergibt ein unvollkommenes oder heterogenes Oligopol oder ein Oligopoloid.

Für die Nachfrageseite gelten ähnliche Einteilungsprinzipien. Durch eine systematische Verknüpfung der einzelnen Angebots- und Nachfragestrukturen, einmal unter den Bedingungen vollkommener, zum anderen unter den Bedingungen unvollkommener Märkte, läßt sich ein System von Marktformen entwerfen. Jede Marktform kann noch mit einem besonderen Ausdruck gekennzeichnet werden. Ein alle Möglichkeiten umfassendes Marktformenschema ist von OTT entworfen [1]. Es enthält 25 Marktformen. Hier sei das Marktformenschema von H. MÖLLER [2] angeführt:

In den weiteren Untersuchungen soll stets von atomistischer, oligopolistischer oder monopolistischer Angebotsstruktur gesprochen und hinzugefügt werden, ob diese Strukturen jeweils vollkommenen oder unvollkommenen Märkten zugehören. Dabei wird stets atomistische Nachfragestruktur angenommen.

Diese Grundkonzeption wandelt R. TRIFFIN in einer bestimmten Richtung ab [3]. Er versucht, eine Marktformenkonzeption zu entwickeln, die auf die Zahl und Größe der Marktteilnehmer als Gliederungsprinzip verzichtet. Er wählt die Stärke der Wirkung von Preisänderungen irgendeines Unternehmens auf das Absatzvolumen der Konkurrenten als Kriterium

---

[1] Vgl. hierzu die Untersuchungen OTTs zu dem Problem der Marktschemata überhaupt auf S. 41 ff., in OTT, A. E., Grundzüge der Preistheorie, 2. Aufl., Göttingen 1974.

[2] MÖLLER, H., Kalkulation, Absatzpolitik und Preisbildung. Wien 1941 (Nachdruck 1962), S. 39. Im Schema bedeutet a vollkommene, b unvollkommene Märkte.

[3] TRIFFIN, R., Monopolistic Competition and General Equilibrium Theory, Cambridge, Mass. 1949, p. 97 – 105.

Nachfrage		Angebot		
		Atomistisch	Oligopolistisch	Monopolistisch
Ato- mistisch	a b	freie Konkurrenz polypolistische Konkurrenz	Angebots-Oligopol Angebots-Oligopoloid	Angebots-Monopol Angebots-Monopoloid
Oligo- polistisch	a b	Nachfrage- Oligopol Nachfrage- Oligopoloid	Bilaterales Oligopol Bilaterales Oligopoloid	Beschränktes Angebots-Monopol Beschränktes Angebots-Monopoloid
Mono- polistisch	a b	Nachfrage- Monopol Nachfrage- Monopoloid	Beschränktes Nachfrage- Monopol Beschränktes Nachfrage- Monopoloid	Bilaterales Monopol Bilaterales Monopol

für die jeweils vorherrschende Angebotsstruktur. Damit versucht er gleichzeitig, die Unterscheidung in vollkommene und unvollkommene Märkte
überflüssig zu machen.

Die TRIFFINSCHE Grundbeziehung läßt sich auf folgende Weise darstellen: Irgendein Unternehmen, nennen wir es A, ändert den Verkaufspreis
seiner Erzeugnisse p_A um irgendeinen Betrag ∂p_A. Diese Preisänderung
∂p_A kann das Absatzvolumen eines beliebigen Konkurrenzunternehmens
B beeinflussen. Das Absatzvolumen dieses Unternehmens B sei x_B, und
die Änderung der Absatzmenge sei ∂x_B. Statt der absoluten Preisänderung
∂p_A verwendet TRIFFIN die relative Preisänderung $\partial p_A : p_A$ und statt der
absoluten Mengenänderung ∂x_B die relative Mengenänderung $\partial x_B : x_B$.
TRIFFIN setzt nun die gegebenenfalls eintretende relative Änderung des Absatzvolumens $\partial x_B : x_B$ zu der sie verursachenden relativen Preisänderung
$\partial p_A : p_A$ in Beziehung. Den sich hierbei ergebenden Quotienten aus der relativen Mengenänderung des Unternehmens B und der relativen Preisänderung des Unternehmens A kann man als TRIFFININSCHEN Koeffizienten τ
bezeichnen.

$$\tau = \frac{\partial x_B}{x_B} \ \frac{\partial p_A}{p_A} = \frac{p_A}{x_B} \frac{\partial x_B}{\partial p_A}.$$

Dieser Quotient stellt einen Elastizitätsquotienten der Substitution dar
und ist als solcher ein Maßstab für die Stärke der Konkurrenzbeziehung
zwischen den beiden (aus der Vielzahl der Unternehmen herausgegriffe-

nen) Unternehmen A und B[1]. Im einzelnen lassen sich nach TRIFFIN drei Fälle unterscheiden:

a) Das Unternehmen A nimmt eine Veränderung seines Preises vor. Das Absatzvolumen des Unternehmens B wird hierdurch stark beeinflußt. Für den Grenzfall, daß auch die kleinste Preisänderung des Unternehmens A das Absatzvolumen des Unternehmens B beeinflußt, wird der Koeffizient unendlich groß ($\tau = \infty$). Diese Tatsache bedeutet, daß zwischen den Unternehmen A und B eine äußerst enge und intensive Konkurrenzbeziehung vorhanden ist. TRIFFIN nimmt an, daß dieser Fall um so wahrscheinlicher ist, je homogener die Erzeugnisse sind, die die Unternehmen A und B auf den Markt bringen. Dieser Fall wird deshalb von TRIFFIN als „homogene Konkurrenz" bezeichnet.

b) Das Unternehmen A verändert wiederum seinen Preis. Das Absatzvolumen des Unternehmens B wird hierdurch überhaupt nicht beeinflußt. Der Koeffizient ist in diesem Fall gleich Null ($\tau = 0$). Hierdurch wird zum Ausdruck gebracht, daß zwischen den beiden Unternehmen keine Konkurrenzbeziehung besteht. Eine Marktsituation, bei der die beiden Unternehmen in dieser Weise voneinander isoliert sind, bezeichnet TRIFFIN als „isolated selling" oder auch als „pure monopoly". Wenn τ zwischen den Unternehmen A und B gleich Null ist, dann braucht das nicht zu bedeuten, daß ein absolutes Monopol vorliegt. Die Tatsache besagt vielmehr lediglich, daß zwischen den Unternehmen A und B keine Verbindung hinsichtlich der Preisveränderung des einen und der Absatzveränderung des anderen besteht.

c) Das Unternehmen A ändert seinen Preis. Das Absatzvolumen des Unternehmens B wird zwar nicht übermäßig stark, aber doch durchaus spürbar beeinflußt. Der TRIFFINSCHE Koeffizient liegt in diesem Fall zwischen Null und Unendlich ($0 < \tau < \infty$), also zwischen den beiden möglichen Extremwerten. Während die Substitutionselastizitäten 0 und ∞ praktisch nicht vorkommen, enthält der Fall c die ganze Skala der in der Praxis auftretenden Konkurrenzbeziehungen. TRIFFIN nennt diese Konkurrenzbeziehungen, da sie mehr oder weniger starke Produktdifferenzierung und eine mehr oder weniger große Unvollkommenheit des Marktes voraussetzen, „heterogene Konkurrenz".

Um die Fülle der Möglichkeiten anzudeuten, die die Marktform der heterogenen Konkurrenz enthält, seien drei Beispiele durchgerechnet[2]:

---

[1] Bei Substitutionsgütern ist die Kreuz-Preis-Elastizität immer positiv, bei komplementären Gütern negativ. Bezüglich der Voraussetzungen der TRIFFINSCHEN Koeffizienten sei verwiesen auf JACOB, H., Preispolitik, 2. Aufl., Wiesbaden, S. 28 ff.

[2] Da hier mit endlichen Größen gerechnet wird, werden statt der Differentiale Differenzen verwendet. Dadurch wird der Ausdruck für den TRIFFINSCHEN Koeffizienten grundsätzlich nicht geändert.

1. $p_A = 10$ $x_B = 1200$
       $\Delta p_A = 0,10$ $\Delta x_B = 1200$

$$\tau = \frac{10 \cdot 1200}{1200 \cdot 0,10} = 100.$$

2. $p_A = 10$ $x_B = 1200$
       $\Delta p_A = 0,10$ $\Delta x_B = 120$

$$\tau = \frac{10 \cdot 120}{1200 \cdot 0,10} = 10.$$

3. $p_A = 10$ $x_B = 1200$
       $\Delta p_A = 0,10$ $\Delta x_B = 6$

$$\tau = \frac{10 \cdot 6}{1200 \cdot 0,10} = 0,5.$$

In jedem dieser drei Beispiele erhöht das Unternehmen A seinen Preis von DM 10,– auf DM 10,10. Im ersten Fall führt diese Preiserhöhung bei dem Unternehmen B zu einer relativ hohen Zunahme der Absatzmenge. Der TRIFFINSche Koeffizient beträgt 100, so daß in diesem Falle die heterogene Konkurrenz zum Grenzfall der homogenen Konkurrenz tendiert. Im zweiten Beispiel führt die gleiche Preisveränderung des Unternehmens A nur zu einer Vermehrung der Absatzmenge des Unternehmens B von 120 Einheiten. Der TRIFFINSche Koeffizient beträgt 10. Das letzte Beispiel tendiert in Richtung auf eine völlige absatzpolitische Unabhängigkeit der beiden Unternehmen A und B, da der TRIFFINSche Koeffizient nur 0,5 beträgt.

TRIFFIN unterscheidet also insgesamt drei Marktsituationen, oder anders ausgedrückt, drei Formen der Konkurrenzgebundenheit, die zwischen je zwei anbietenden Unternehmen vorliegen können: die homogene Konkurrenz, die Monopolsituation und die heterogene Konkurrenz. Hierbei sind diese drei Formen der Konkurrenzbeziehung nicht scharf gegeneinander abgegrenzt. Die Grenzen zwischen ihnen sind vielmehr flüssig. Der TRIFFINSche Koeffizient gibt an, ob ein konkreter Einzelfall mehr zu der einen oder der anderen Form der Konkurrenzgebundenheit tendiert.

In die beiden Formen der Konkurrenzbeziehungen baut TRIFFIN noch je zwei Unterfälle ein, und zwar unterscheidet er die beiden Fälle danach, ob Elemente oligopolistischer Rückwirkungen vorhanden sind oder nicht. Oligopolistische Rückwirkungen sind nur in den beiden Konkurrenzfällen, d. h. dann, wenn τ genügend von Null verschieden ist, denkbar. Sie werden durch einen ähnlichen Koeffizienten gemessen wie der Koeffizient τ. Der neue Koeffizient enthält jedoch im Nenner die relative Mengenänderung des Unternehmens B, welche A durch seine erste Preisveränderung hervorgerufen hat, und im Zähler die hierdurch verursachte zweite Preisveränderung des Unternehmens A [1]. Ist der Wert dieses Koeffizienten von Null verschieden, dann liegt eine oligopolistische oder, wie TRIFFIN auch sagt, zirkulare Konkurrenzbeziehung vor. Insgesamt kennt TRIFFIN also die folgenden fünf Marktformen beziehungsweise Konkurrenzbeziehungen:

1. Keine Konkurrenzbeziehungen (isolated selling).
2. Heterogene Konkurrenz
a) oligopolistisch oder zirkular,
b) nicht oligopolistisch oder atomistisch.
3. Homogene Konkurrenz
a) oligopolistisch (reines Oligopol),
b) nicht oligopolistisch (reine Konkurrenz).

Die TRIFFINschen Marktformen gehen, wie dargestellt worden ist, nicht von der Anzahl der Marktteilnehmer aus, wie das bei dem allgemeinen Marktformenschema der Fall ist. TRIFFIN stellt vielmehr sein Einteilungskriterium rein auf die Wirkung von Preisänderungen eines Anbieters auf die Absatzmenge eines anderen Anbieters ab, ohne deren Ursachen (z. B. Größe der Marktanteile, Grad der Produktdifferenzierung) in sein Kriterium einzubeziehen. Trotzdem weisen aber die Beziehungen „oligopolistisch" und „nicht-oligopolistisch" darauf hin, daß TRIFFIN mit zirkularen Rückwirkungen zwischen den Unternehmen in erster Linie rechnet, wenn ihre Marktanteile relativ groß sind. Ferner zeigen die Ausdrücke „homogen" und „heterogen", auch die weiteren zur Charakterisierung der beiden Konkurrenzsituationen gemachten Ausführungen, daß er sich im Grunde an der „Marktunvollkommenheit" orientiert, die das System kennzeichnet. Andererseits ist es nicht so, daß das Marktformenschema nur die Anzahl und Größe der Marktteilnehmer als Kriterium wählt, ohne die gegenseitige absatzpolitische Beeinflussung zu berücksichtigen. Es ist daher nicht richtig, in der TRIFFINschen Klassifikation etwas völlig anderes zu sehen als in dem Marktformenschema. Der Unterschied ist mehr formaler Natur. Das Marktformenschema verwendet die Ursachen, TRIFFIN dagegen die Wirkungen von Preisänderungen als Kriterium für die Einteilung der Märkte.

3. Die Daten der Absatzpolitik sind den Unternehmungen nur in den wenigsten Fällen genau bekannt. Sie haben in der Regel weder Kenntnis von der Reaktion der Nachfrager noch von der Reaktion der Konkurrenten und sind daher darauf angewiesen, das fehlende Wissen durch „Erwartungen" zu ersetzen. Aus diesem Grunde hat in der neueren Preistheorie eine Entwicklung eingesetzt, die dahin tendiert, jeder Marktformeneintei-

---

[1] $$\tau' = \frac{\partial p_A}{p_A} \quad \frac{\partial x_B}{x_B}$$

lung für die Theorie der betrieblichen Preispolitik nur eine sekundäre Bedeutung zuzumessen: Viel wichtiger als eine „morphologische Einteilung" der Märkte erscheine unter diesem Gesichtspunkte die Verhaltensweise der anbietenden Unternehmen, wobei zunächst nicht von Bedeutung ist, wie weit diese Verhaltensweisen mit den wirklichen Marktsituationen korrespondieren oder wie weit sie auf falschen Erwartungen beruhen. Diese Entwicklung in der Theorie hat mit R. Frisch eingesetzt und von E. Schneider fortgeführt worden [1] [2]. Beide Autoren vertreten den Standpunkt, daß nur die Verhaltensweisen für die Theorie der betrieblichen Preispolitik entscheidend seien. Grundsätzlich werden zwei Typen unterschieden:

a) Ein Unternehmer rechnet damit, daß sein Absatz nur von seinen eigenen preispolitischen Maßnahmen und dem Verhalten der Käufer, nicht dagegen auch von Konkurrenzunternehmen abhängt. In diesem Fall verhält sich der Unternehmer monopolistisch.

b) Ein Unternehmer rechnet damit, daß sein Absatz nicht nur von seinen eigenen preispolitischen Maßnahmen und dem Verhalten der Käufer, sondern auch von den Konkurrenzunternehmen abhängt. In diesem Fall verhält sich der Unternehmer konkurrenzgebunden. Das Verhalten kann hierbei relativ stark oder relativ schwach konkurrenzgebunden sein. Im ersten Fall liegt homogene, im zweiten Fall heterogene Konkurrenz vor.

Die beiden Formen konkurrenzgebundenen Verhaltens unterteilt Schneider noch weiter in das „polypolistische" und das „oligopolistische" Verhalten. Im ersten Fall rechnet der Unternehmer zwar damit, daß seine Absatzmenge von den übrigen Unternehmen mit beeinflußt wird, er rechnet aber nicht mit Rückwirkungen der Konkurrenten als Folge seiner preispolitischen Maßnahmen. Eine polypolistische Verhaltensweise geht also von der Annahme oder Erwartung aus, daß die Konkurrenten ihre Preise unverändert lassen, wenn man selbst seinen Preis verändert. Oligopolistisches Verhalten wird dagegen von der Erwartung bestimmt, daß als Folge eigener preispolitischer Maßnahmen Rückwirkungen eintreten, die Konkurrenten ihre Preise also ebenfalls verändern werden, wenn ein Unternehmen seinen Preis erhöht oder senkt.

Während die Marktformenschemata und das Triffinsche System auf objektiven Marktgegebenheiten aufbauen, löst Schneider seine „Verhaltensweisen" von den „Marktformen" ab.

---

[1] Vgl. Frisch, R., Monopole – Polypole, La Notion de Force dans l'Economie, Westergaard-Festschrift 1933.

[2] Vgl. Schneider, E., Einführung in die Wirtschaftstheorie, II. Teil, 13. Aufl., Tübingen 1972.

Auch die preistheoretischen Ausführungen von H. Möller lassen, obwohl er vom Marktformenschema ausgeht, erkennen, daß er den Verhaltensweisen eine große Bedeutung beimißt. Vgl. Möller, H., Kalkulation, Absatzpolitik und Preisbildung, Wien 1941.

Es läßt sich jedoch nicht verkennen, daß die von SCHNEIDER angegebenen Verhaltensweisen weitgehend mit den konkreten Marktsituationen in Übereinstimmung sind, die in den Marktformen bzw. in dem TRIFFINSCHEN System systematisiert werden. Wenn sich Unternehmen in monopolistischen Situationen befinden, so müssen sie sich nicht unbedingt wie Monopolisten verhalten. Insofern hat SCHNEIDER recht. Man wird aber annehmen können, daß sich solche Unternehmen so verhalten werden, wie es der Situation entspricht. Unternehmen, die unter oligopolistischen Verhältnissen Preispolitik betreiben, werden sich wahrscheinlich so verhalten, wie es ihre Angebotssituation erfordert.

Aus diesen Gründen läßt sich eine Theorie der betrieblichen Preispolitik nicht völlig losgelöst vom Marktformenschema entwickeln.

II. Die Preispolitik monopolistischer Anbieter

1. Wesen und Bedeutung des vollkommenen Monopols.
2. Absatzkurve, Absatzelastizität, Erlöskurve und Grenzerlöskurve eines Monopolisten.
3. Der gewinnmaximale Preis eines Monopolisten bei gegebener Absatz- und Kostenfunktion (COURNOTscher Punkt).
4. Der Einfluß von Absatzverschiebungen auf den gewinngünstigsten Preis.
5. Der Einfluß von Kostenverschiebungen auf den gewinngünstigsten Preis.
6. Monopolpreisbildung im Falle von Mehrproduktunternehmungen unter der Voraussetzung linearer stetiger Absatzfunktionen.
7. Monopolpreisbildung im Falle von Mehrproduktunternehmungen unter der Voraussetzung unstetiger Absatzfunktionen.
8. Unvollkommenes Monopol.
9. Kriterien der Marktbeherrschung.

1. Welche Preispolitik erweist sich für einen Betrieb, der ein vollkommenes Monopol besitzt, als die gewinngünstigste? Ein solcher Betrieb liegt vor, wenn nur ein Anbieter eine bestimmte Ware anbietet (Marktformenschema) oder, was auf dasselbe herauskommt, wenn der TRIFFINSCHE Koeffizient in bezug auf alle Unternehmen gleich Null ist. Es gibt also keinen Konkurrenzbetrieb, dessen Preis- und Absatzpolitik den monopolistischen Anbieter beeinflußt. Ein solcher monopolistischer Anbieter braucht preispolitisch keine Rücksichten auf irgendwelche anderen Anbieter zu nehmen, d. h. er kann sich preispolitisch völlig autonom verhalten.

Die Ausschließlichkeitsposition, die ein solcher Verkäufer besitzt, also das Fehlen jeglicher Konkurrenz, insbesondere auch der Surrogatkonkurrenz, stellt kein empirisches Faktum dar. Es handelt sich vielmehr bei einem vollkommenen Monopol um eine theoretische Grenzsituation, die dem anderen, später noch zu behandelnden Grenzfall der atomistischen vollkommenen Konkurrenz entgegengesetzt ist. Damit schließt sich von selbst aus, daß die Ergebnisse der Analyse dieser preispolitischen Grenzsituation auf empirische Monopolsituationen unmittelbar anwendbar und übertragbar sind, denn in der wirtschaftlichen Wirklichkeit befinden sich Monopole, sofern es sie im strengen Sinne des Wortes überhaupt gibt, in Situationen, für die der Bedingungssatz vollkommener Märkte niemals vollständig erfüllt ist.

Die Theorie des Monopols ist von Cournot geschaffen und später vielfältig weiterentwickelt worden [1].

2. Ein Monopolbetrieb der geschilderten hypothetischen Struktur sieht sich also als Alleinanbieter der gesamten Nachfrage gegenüber. Die Gesamtabsatzmenge x, weilche die Nachfrager abnehmen, ist aber nicht konstant, sondern abhängig von dem Preis, den der Monopolbetrieb verlangt. Steigt dieser Preis über einen bestimmten Höchstpreis, so kann der Monopolist nichts mehr absetzen. Die Lage dieses Höchstpreises hängt von den Nutzenschätzungen der kaufkräftigsten Nachfrager ab. Unter dem Höchstpreis nimmt die Absatzmenge x mit fallenden Preisen p in irgendeiner Weise zu. Die zu dem Preise $p=0$ gehörende Menge bezeichnet man als die Sättigungsmenge der Nachfrager. Ein Monopolbetrieb der geschilderten hypothetischen Struktur sieht sich einer fallenden Preis-Absatzkurve gegenüber, welche jedem Preis eine ganz bestimmte Absatzmenge zuordnet. In dieser Preis-Absatzfunktion kommt die besondere Marktsituation des Monopolbetriebs zum Ausdruck.

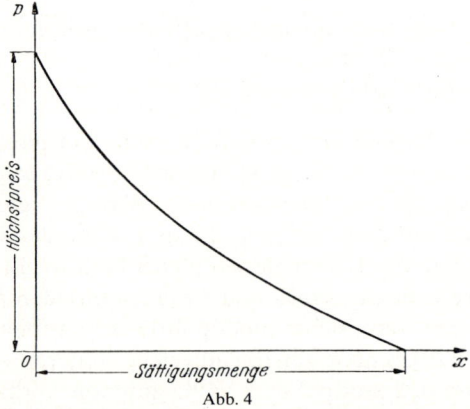

Abb. 4

[1] Vgl. Cournot, A., Untersuchungen über die mathematischen Grundlagen der Theorie des Reichtums, Jena 1924, Sammlung sozialwissenschaftlicher Meister, Übersetzung von W. G. Waffenschmidt.

Die Preis-Absatzkurven können linear, aber auch nichtlinear fallen.
Die Abb. 4 zeigt eine nichtlinear fallende Preis-Absatzkurve.

Sie gibt an, wie sich die Absatzmenge verändert, wenn der Preis variiert wird. Das Maß für eine Absatzänderung bei einer bestimmten Preisänderung heißt Preis-Absatzelastizität (Preiselastizität). Sie wird als das Verhältnis von relativer Absatzänderung zu relativer Preisänderung definiert. Ist p der Preis und x die Absatzmenge und sind dp und dx die Preis- bzw. Absatzmengenänderung, dann lautet die Elastizität η von x in bezug auf p:

$$\eta = -\frac{dx}{x} : \frac{dp}{p} = -\frac{dx}{dp} \cdot \frac{p}{x}.$$

Das Minuszeichen wird eingeführt, um zu verhindern, daß η bei normalen Absatzfunktionen negative Werte annimmt.

Bei der Kreuz-Preiselastizität wird die Änderung des Absatzes eines Gutes i mit der Preisänderung eines anderen Gutes j in Verbindung gebracht:

$$\eta_{x_i p_j} = \frac{dx_i}{x_i} : \frac{dp_j}{p_j} = \frac{dx_i}{dp_j} \cdot \frac{p_j}{x_i}.$$

Bei Substitutionsgütern (konkurrierenden) Gütern ist diese Elastizität immer positiv. Die Güter sind im Bewußtsein der Käufer Substitute. Wird der Preis für das Gut j erhöht, vergrößert sich der Absatz des Gutes i (die Nachfrage nach dem Gut i). Besteht zwischen den Gütern j und i eine komplementäre Beziehung (werden die beiden Güter von den Käufern als Komplemente aufgefaßt), dann führt eine Erhöhung des Preises des Gutes j nicht nur zu einer Abnahme des Absatzes bei j, sondern auch bei dem Gut i. Der Unterschied zwischen substitutionalen und komplementären Gütern wird also durch das Vorzeichen der Kreuzelastizität gekennzeichnet.

Ein Beispiel mag den Begriff der Preis-Absatzelastizität verdeutlichen [1]. Der Produktpreis sinke von 10,– DM auf 9,– DM und die Absatzmenge möge von 100 Einheiten auf 105 Einheiten steigen. In diesem Falle erhält man

$$\eta = -\frac{105 - 100}{100} : \frac{9 - 10}{10} = 0,5.$$

Die Mengenänderung beträgt 5% bei einer Preisänderung von 10%. Die Elastizität gibt an, daß einer einprozentigen Preisänderung eine 0,5%ige Mengenänderung entspricht [2].

---

[1] Die Tatsache, daß hier mit endlichen Größen gerechnet wird, ändert grundsätzlich nichts an dem oben gegebenen Elastizitätsausdruck.

[2] Bei größeren Differenzen erscheint es zweckmäßig, mit Durchschnittswerten zu rechnen.

Von „elastischem" (starrem) Absatz spricht man, wenn der Elastizitäts-
koeffizient größer (kleiner) als 1 ist. Ist die Elastizität unendlich (Null),
dann ist der Absatz vollkommen elastisch (starr). Es soll nun kurz dargestellt werden, wie man bei einer gegebenen Absatzkurve die Elastizität für
eine bestimmte Preis-Mengenkombination feststellen kann.

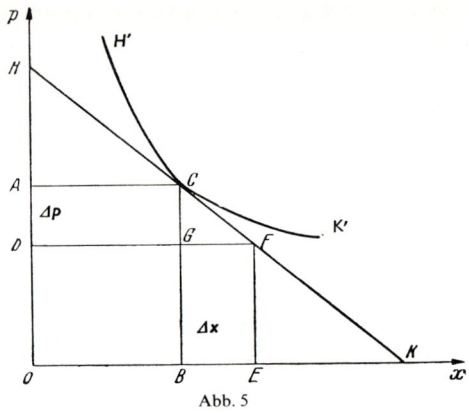

Abb. 5

Der Ausgangspreis sei OA und die zugehörige Absatzmenge OB. Nun
sinke der Preis um $\Delta p = AD$. Der Absatz steige um $\Delta x = BE$ (vgl. Abb. 5).
Die Preiselastizität lautet dann

$$\eta = \frac{p}{x} \cdot \frac{\Delta x}{\Delta p} = \frac{OA}{OB} \cdot \frac{BE}{AD} \cdot {}^1$$

Es sind $OB = AC$, $BE = FG$ und $AD = CG$.

$$\eta = \frac{OA}{AC} \cdot \frac{FG}{CG} \cdot$$

Die beiden Dreiecke CFG und ACH sind einander ähnlich. Daraus
folgt die Relation

$$\frac{AC}{AH} = \frac{FG}{CG} \cdot$$

Der Ausdruck für die Elastizität ist nun

$$\eta = \frac{OA}{AC} \cdot \frac{AC}{AH} = \frac{OA}{AH} \cdot$$

Nach dem Strahlensatz läßt sich schreiben:

$$\eta = \frac{KC}{CH} \cdot$$

_____

[1] Von dem negativen Vorzeichen kann hier abgesehen werden.

Will man die Elastizität eines bestimmten Punktes auf der Absatzkurve ermitteln, so braucht man, wenn es sich um eine linear fallende Absatzkurve handelt, nur den Abschnitt der unterhalb des Punktes liegenden Absatzkurve durch den Abschnitt der oberhalb des Punktes liegenden Absatzkurve zu dividieren. So ist in Abb. 5 zum Beispiel $CK : CH > 1$ und $FK : FH < 1$. Der Punkt, der genau auf der Mitte der Absatzkurve HK liegt, weist die Elastizität 1 auf. Ist die Absatzkurve gebogen, etwa wie $H'K'$, und soll die Elastizität für den Punkt C festgestellt werden, dann legt man die Tangente an diesen Punkt und stellt genau die gleichen Überlegungen mit den Tangentenabschnitten an, wie sie eben mit den Abschnitten der geradlinigen Nachfragekurve angestellt wurden.

Jeder Punkt der Absatzkurve weist eine andere Absatzelastizität auf. Die Grenzfälle des vollkommen elastischen und vollkommen starren Absatzes würden kurvenmäßig so aussehen, daß die Absatzkurve bei vollkommen elastischer Nachfrage parallel zur Abszissenachse und bei vollkommen starrer Nachfrage parallel zur Ordinatenachse verläuft.

Es wäre noch zu untersuchen, wie sich die Elastizitäten des Absatzes in bezug auf den Preis verändern, wenn sich die Lage der Absatzkurve verschiebt.

Geht man von einem bestimmten Ausgangspreis aus, dann wird bei einer Parallelverschiebung der Absatzkurve nach rechts (links) die Elastizität für diesen Ausgangspreis immer kleiner (größer), je stärker die Parallelverschiebung ist. Aus Abb. 6 erkennt man, daß $C_1 K_1 : C_1 H_1 > C_2 K_2 : C_2 H_2$.

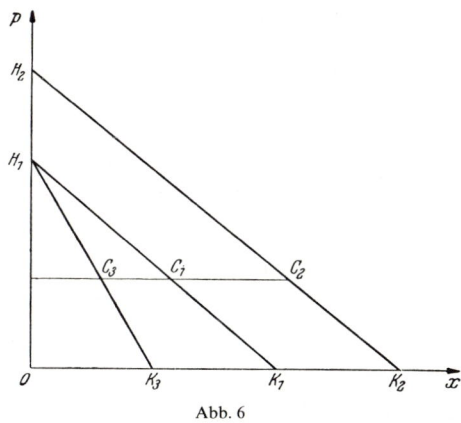

Abb. 6

Dreht sich dagegen die Absatzkurve um den Höchstpreis, dann verändern sich die Elastizitäten nach dem Strahlensatz nicht $C_1 K_1 : C_1 H_1 = C_3 K_3 : C_3 H_1$. Dreht sich die Absatzkurve schließlich um die Sättigungsmenge im Uhrzeigersinn, dann werden die Elastizitäten zu dem gegebenen Ausgangspreis abnehmen.

Im Regelfalle war es bisher so, daß die Absatzkurve eine ganze Skala von Elastizitäten aufwies. Es ist aber sehr wohl möglich, daß es Absatzkurven mit (in jedem Punkt) konstanter Elastizität gibt. Eine solche Iso-Elastizitätskurve mit $\eta = 1$ bezeichnete MARSHALL als constant outlay curve. Sie hat die Form einer Hyperbel.

Ein Monopolbetrieb mit einer Preis-Absatzfunktion, wie sie soeben beschrieben wurde, hat sowohl die Möglichkeit, den Preis als Aktionsparameter zu benutzen, als auch die Möglichkeit, die Absatzmenge als Aktionsparameter zu verwenden. Setzt er den Preis autonom fest, so bestimmt das Verhalten der Käufer, welche Mengen der Monopolist zu diesem Preis absetzen kann. Benutzt er dagegen die Absatzmenge als Aktionsparameter und läßt er die Preise sich auf diese Menge einspielen, dann bestimmt das Verhalten der Käufer darüber, welcher Preis bei alternativ angebotenen Absatzmengen zustande kommt. Im Regelfall wird ein Monopolbetrieb den ersten Weg wählen und den Preis bestimmen. Es zeigt sich aber auch, daß ein Monopolbetrieb der angenommenen Art keineswegs den Käufern gegenüber autonom ist.

Natürlich kann die effektive Absatzkurve eines Monopolbetriebes von derjenigen Absatzkurve abweichen, die er seiner Preisentscheidung zugrunde legt. Aber mit dem Bedingungssatz vollkommener Märkte, welcher die Voraussetzung vollkommener Markttransparenz enthält, fallen tatsächliche und erwartete Absatzkurve zusammen. Die Markttransparenz sowie die ebenfalls zu dem Bedingungssatz vollkommener Märkte gehörende unendlich große Anpassungsgeschwindigkeit aller ökonomischen Größen schließen für den Monopolisten die Möglichkeit aus, auf mehreren Absatzkurven gleichzeitig zu operieren. Dies ist lediglich in Form der Preisdifferenzierung auf unvollkommenen monopolistischen Märkten möglich, wie sie später im Abschnitt V dieses Kapitels behandelt wird.

Multipliziert der Monopolist jede Absatzmenge mit dem zugehörigen Preis, so erhält er seinen Erlös. Setzt er z. B. 200 Einheiten zu einem Preis von 10,50 DM ab, so beträgt der zugehörige Erlös 2100,– DM. Allgemein kann man für den Erlös schreiben:

$$E = x \cdot p.$$

Graphisch betrachtet, muß jede Erlöskurve bei fallender Absatzkurve sowohl im Nullpunkt als auch bei der Sättigungsmenge die x-Achse schneiden; denn im Nullpunkt ist die Absatzmenge und im Sättigungspunkt ist der Preis gleich Null. Hieraus folgt, daß der Erlös als Produkt aus p und x in beiden Punkten gleich Null sein muß. Zwischen diesen beiden Nullstellen steigt die Erlöskurve bis zu einem Maximum an und fällt dann wieder ab. Die zu der Absatzkurve der Abb. 4 gehörende Erlöskurve hat die in Abb. 7 wiedergegebene Form.

Der Gesamterlös nimmt also von O bis A monoton mit fallendem Preis und steigender Absatzmenge zu, erreicht in C seinen maximalen Wert und sinkt dann mit fallenden Preisen und steigenden Absatzmengen auf B ab. Innerhalb des Bereiches $O\,A$ kompensiert bzw. überkompensiert also die Mengenzunahme erlösmäßig die Preisabnahme, während das in dem Bereich $A\,B$ nicht mehr der Fall ist.

Die Erlöszu- oder -abnahme der letzten Produkteinheit bezeichnet man als Grenzerlös (E').

Man kann nun sagen:

a) Im elastischen Bereich, also für $\eta > 1$, ist E' positiv, aber kleiner als der Preis. Der Erlös steigt also mit fallenden Preisen, da auf Grund der Elastizität der Käufer die Mengenzunahmen die Preisabnahmen überkompensieren. Vergleiche in Abb. 7 den Bereich $O\,A$.

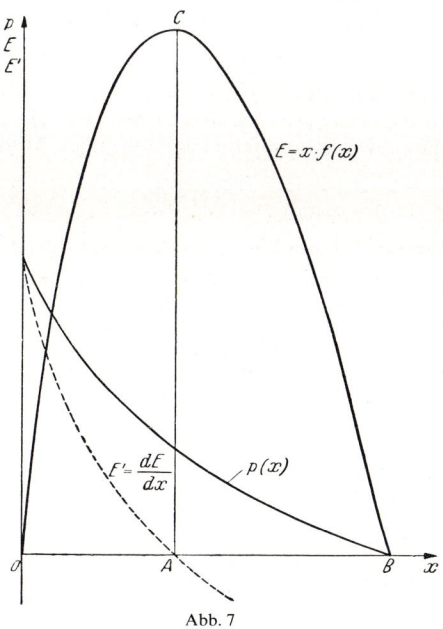

Abb. 7

b) Für $\eta = 1$ ist E' gleich Null. Der Erlös hat bei dieser Absatzmenge seinen maximalen Wert erreicht. Die Elastizität der Nachfrage ist hier so beschaffen, daß die Preisabnahme die Mengenzunahme gerade kompensiert (oder umgekehrt). Vergleiche in Abb. 7 den Punkt C.

c) Im unelastischen Bereich, also für $\eta < 1$, ist E' negativ. Der Erlös fällt mit fallenden Preisen, da auf Grund der Starrheit der Nachfrage die

Preisabnahmen durch die Mengenzunahmen nicht mehr kompensiert werden. Vergleiche in Abb. 7 den Bereich $A\,B$[1].

---

[1] Mathematisch gesehen ist der Grenzerlös der Anstieg oder die erste Ableitung der Erlösfunktion:

$$E = x \cdot p$$
$$E = x \cdot f(x)$$
$$E' = x\,f'(x) + f(x).$$

Im Bereich $O\,A$ steigt der Erlös, so daß der Grenzerlös positiv sein muß. Für $x = 0$ ergibt sich aus der obigen Formel

$$E' = f(0) = \text{Höchstpreis der Absatzfunktion.}$$

Hieraus folgt, daß die Grenzerlöskurve die Ordinate im gleichen Punkt schneiden muß wie die Absatzkurve. Im Maximum der Erlöskurve ist der Anstieg gleich Null. Die Grenzerlöskurve muß also an dieser Stelle die x-Achse schneiden. Im Bereich $O\,A$ der Abb. 7 verläuft die Grenzerlöskurve fallend. Auch hinter dem Punkt A, also im Bereich $A\,B$ fällt der Grenzerlös, der jetzt aber nicht positiv, sondern negativ ist. Wir erhalten also den in Abb. 7 gestrichelt eingezeichneten Verlauf der Grenzerlöskurve.

AMOROSO und J. ROBINSON haben nachgewiesen, daß ein eindeutiger Zusammenhang zwischen dem Verlauf des Grenzerlöses, also der Änderungsrichtung des Erlöses, und der Elastizität der Absatzkurve besteht. Für den Grenzerlös erhielten wir durch Differentiation der Erlösfunktion den folgenden Ausdruck:

$$E' = x\,f'(x) + f(x).$$

Hierin ist $f(x)$ gleich p und folglich können wir auch für $f'(x)$ den Ausdruck $d\,p : d\,x$ einsetzen:

$$E' = x\,\frac{d\,p}{d\,x} + p.$$

Klammern wir auf der rechten Seite p aus, so erhalten wir:

$$E' = p\left[\frac{x}{p}\,\frac{d\,p}{d\,x} + 1\right].$$

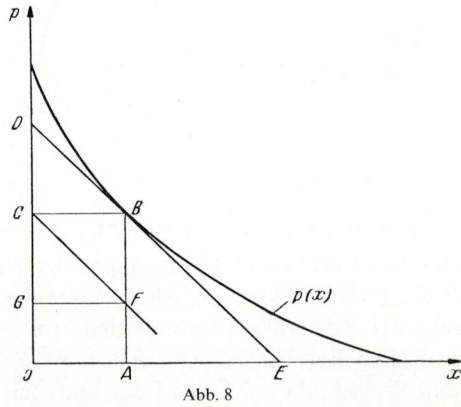

Abb. 8

3. Angenommen, ein Monopolbetrieb sehe sich einer ganz bestimmten Absatzkurve gegenüber. Sie ist das eine Datum seiner Preispolitik. Das zweite Datum bildet seine Kostenkurve, denn bei seinen preispolitischen Überlegungen muß er, da er vom Prinzip der Gewinnmaximierung geleitet wird, bei jeder Absatzmenge wissen, mit welchen Kosten er sie herstellen kann. Mit der gegebenen Kostenkurve wird zugleich eine gegebene Betriebsgröße mit gegebenen Produktionsverhältnissen unterstellt. Da die Untersuchungen über den Verlauf von Kostenkurven zu dem Ergebnis führten, daß in der Mehrzahl der Fälle mit linearem Gesamtkostenverlauf zu rechnen ist, seien auch hier zunächst lineare Gesamtkosten unterstellt.

Es gilt nunmehr, bei gegebener Absatzkurve und gegebener Kostenkurve denjenigen Preis und diejenige Menge des Monopolbetriebes zu bestimmen, welche den größten Gewinn erbringt.

Da die Elastizität der Nachfrage nichts anderes ist, als $\eta = -\dfrac{d\,x}{d\,p}\,\dfrac{p}{x}$, so können wir also den Grenzerlös wie folgt ausdrücken:

$$E' = p\left[1 - \frac{1}{\eta}\right].$$

Ausgehend von einer gegebenen Absatzkurve ermöglicht die AMOROSO-ROBINSON-Formel eine einfache geometrische Konstruktion der zugehörigen Grenzerlöskurve. Für eine beliebige Absatzmenge $O\,A$ ergibt sich der Grenzerlös so, wie es die Abb. 8 darstellt. Man legt über der Absatzmenge $O\,A$ an die Absatzkurve die Tangente $D\,E$ und verschiebt sie parallel, so daß sie die Ordinatenachse gerade in dem zu der Absatzmenge $O\,A$ gehörenden Preis $O\,C$ schneidet. Die so verschobene Tangente schneidet dann auf $A\,B$ den zugehörigen Grenzerlös $A\,F$ ab. Konstruiert man auf diese Weise den Grenzerlös auch für alle übrigen Absatzmengen und verbindet man sie miteinander, dann erhält man die Grenzerlöskurve.

Den Beweis für die Richtigkeit dieser Konstruktion kann man wie folgt führen: Bedenkt man, daß $E\,B : B\,D$ die Preisabsatzelastizität für den Preis $P = A\,B$ ist, so läßt sich die AMOROSO-ROBINSON-Formel folgendermaßen ausdrücken:

$$E' = A\,B\left(1 - \frac{B\,D}{E\,B}\right).$$

Nach dem Strahlensatz ist $B\,D : E\,B = C\,D : O\,C$. $O\,C$ ist aber gleich dem Preis $A\,B$, so daß wir in die obige Formel für $B\,D : E\,B$ den Ausdruck $C\,D : A\,B$ einsetzen können:

$$E' = A\,B\left(1 - \frac{C\,D}{A\,B}\right)$$

$$E' = A\,B - C\,D$$

oder da $C\,D = B\,F$ ist, kann man schreiben:

$$E' = A\,B - B\,F = A\,F.$$

Einfacher läßt sich die Konstruktion der Grenzerlöskurve durchführen, wenn die Absatzkurve linear verläuft. Führt man hier die oben beschriebene Konstruktion durch, so sieht man, daß die Grenzerlöskurve die x-Achse stets bei der halben Sättigungsmenge schneiden muß. Sie läßt sich auf diese Art leicht konstruieren (vgl. Abb. 9).

Angenommen, ein Monopolist sehe sich folgender Absatzlage gegenüber: Der Grenzerlös beträgt bei einer Absatzmenge von 49 Einheiten
3,06 DM, bei einer Absatzmenge von 50 Einheiten 3,– DM und bei einer
Absatzmenge von 51 Einheiten 2,94 DM. Die Absatzmenge 49 sei zu einem Preis von 4,53 DM, die Absatzmenge 50 zu einem Preis von 4,50 DM
und die Absatzmenge 51 zu einem Preis von 4,47 DM zu verkaufen. Das
ergebe sich aus der Absatzkurve des Monopolisten. Die Grenzkosten sollen in unserem Beispiel für jede Absatzmenge 3,– DM und die fixen Ko-

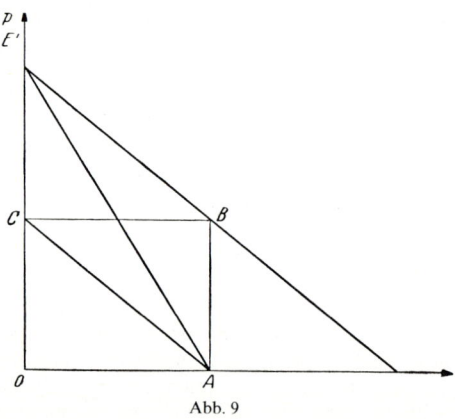

Abb. 9

sten 50,– DM betragen. Die Grenzkosten sind bei einer solchen Kostenstruktur gleich den proportionalen Stückkosten[1]. Setzt der Monopolist in
dieser Situation seinen Preis z. B. von 4,53 auf 4,50 herab, so vergrößert
sich sein Gewinn um 0,03:

$$\text{Gewinn (bei } p = 4,50) = 50 \, (4,50 - 3,00) - 50 = 25,00 \text{ DM}$$
$$\text{∕. Gewinn (bei } p = 4,53) = 49 \, (4,53 - 3,00) - 50 = 24,97 \text{ DM}$$

= Gewinnveränderung	= + 0,03 DM

Diese Gewinnzunahme ergibt sich offensichtlich dadurch, daß die
Preissenkung den Erlös in stärkerem Maße erhöht als die zugehörige Absatzmengenzunahme die Kosten ansteigen läßt. Anders ausgedrückt: Die
Gewinnzunahme ist darauf zurückzuführen, daß der Grenzerlös für den
alten Preis von 4,53 größer als die zugehörigen Grenzkosten ist. Wie würde sich nun der Gewinn des Monopolisten verändern, wenn er seinen Preis
senken, ihn also z. B. von 4,50 auf 4,47 verringern würde? Die Rechnung

[1] Dem Beispiel liegt eine Absatzkurve der Gleichung $p = 6,00 - 0,03 \, x$ und eine
Kostenkurve der Gleichung $K = 50 + 3,00 \, x$ zugrunde.

zeigt, daß sich dann der Gewinn nicht weiter vermehren würde, sondern eine Gewinnverminderung um 0,03 DM eintreten müßte.

$$\text{Gewinn bei } (p = 4,47) = 51 \, (4,47 - 3,00) - 50 = 24,97 \text{ DM}$$
$$\div \text{ Gewinn bei } (p = 4,50) = 50 \, (4,50 - 3,00) - 50 = 25,00 \text{ DM}$$

$$= \text{Gewinnveränderung} \qquad\qquad\qquad = \div \, 0,03 \text{ DM}$$

Diese Gewinnabnahme tritt offensichtlich deshalb ein, weil die Preissenkung den Erlös nur in geringerem Maße vermehrt als die zugehörige Absatzmengenzunahme die Kosten ansteigen läßt, oder anders ausgedrückt, weil der Grenzerlös für den neuen Preis von 4,47 geringer als die zugehörigen Grenzkosten ist. Das Beispiel läßt erkennen, daß eine Preissteigerung die Gewinnlage verbessert, wenn und solange der Grenzerlös kleiner als die Grenzkosten ist, und daß stets dann eine Preissenkung die Gewinnlage verbessert, wenn und solange der Grenzerlös größer als die Grenzkosten ist. Hieraus folgt, daß das Gewinnmaximum bei dem Preise liegen muß, bei dem Grenzkosten und Grenzerlös einander gleich sind.

Diese These läßt sich auf folgende Weise unter Verwendung mathematischer Symbole exakt ableiten.

So erhält man den folgenden Ausdruck für den Gewinn eines Monopolbetriebes:

$$G\,(x) = E\,(x) - K\,(x).$$

Diese Gewinnfunktion besitzt dort ihr Maximum, wo die erste Ableitung des Gewinnes nach der Absatzmenge gleich Null und zugleich die zweite Ableitung dort negativ ist [1]:

$$G'\,(x) = E'\,(x) - K'\,(x) = 0,$$

woraus folgt $E'\,(x) = K'\,(x).$

Das Gewinnmaximum eines Monopolbetriebes ist dann realisiert, wenn er denjenigen Preis setzt bzw. diejenige Menge anbietet, für die Grenzkosten und Grenzerlös einander gleich sind. Diese Preis-Mengen-Kombination nennt man zu Ehren von A. Cournot den Counotschen Mo-

---

[1] Die Bedingung, daß zugleich die zweite Ableitung negativ sein muß, sagt in diesem Fall aus, daß das Gewinnmaximum nur bei einer Absatzmenge möglich ist, bei der die Grenzerlöskurve weniger stark ansteigt als die Grenzkostenkurve: $G''\,(x) = E''\,(x) - K''\,(x) < 0$. Hieraus folgt: $E''\,(x) < K''\,(x)$. Für lineare Gesamtkosten ist $K''\,(x) = 0$, so daß bei monoton fallenden Grenzerlöskurven diese Bedingung immer erfüllt ist.

nopolpunkt (*C*). Die zugehörige Absatzmenge ist die Cournotsche Menge (x_c), der zugehörige Preis ist der Cournotsche Preis (p_c).

Graphisch läßt sich der Cournotsche Punkt auf zweifache Weise ermitteln. Zunächst sei von der Abb. 10 ausgegangen, welche die Absatzkurve, die Grenzerlöskurve, die Grenzkostenkurve [1] und die Durchschnittskostenkurve des Monopolbetriebes graphisch darstellt. Die Grenzkosten $K'(x)$ schneiden im Punkte *A* die Grenzerlöskurve $E'(x)$. Erhöht der Monopolbetrieb seine Absatzmenge um eine Einheit, so liegen die Grenzkosten über dem zugehörigen Grenzerlös. Der Grenzgewinn ist also negativ, und der Gesamtgewinn nimmt ab. Vermindert der Monopolbetrieb seine Absatzmenge um eine Einheit, so liegt der Grenzerlös über den Grenzko-

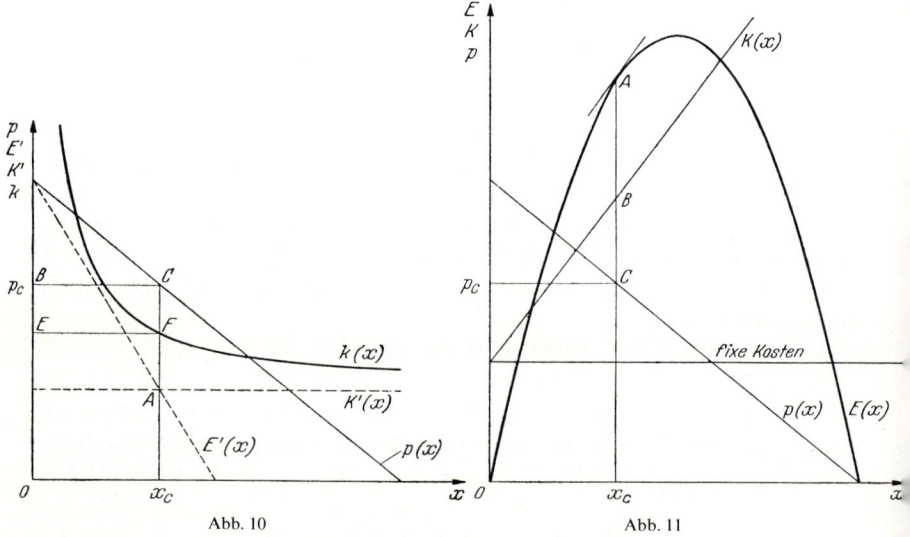

Abb. 10   Abb. 11

sten, der Erlös vermindert sich also stärker als die Kosten. Somit ist die gewinngünstigste Absatzmenge bei x_c gegeben. Benutzt der Monopolbetrieb nicht die Absatzmenge, sondern den Preis als Aktionsparameter, so muß er, um sein Gewinnmaximum zu realisieren, gerade den Preis setzen, für den er die Absatzmenge x_c absetzen kann. Diesen Preis erhält man in Abb. 10 dadurch, daß man durch Punkt *A* die Parallele zur Ordinatenachse legt. Der Schnittpunkt mit der Absatzkurve ist der Cournotsche Punkt *C*.

Ausgehend von der Gesamtkostenkurve $K(x)$ und der Erlöskurve $E(x)$ erhält man den Cournotschen Punkt auch auf die Weise, daß man

---

[1] Die Grenzkosten sind konstant, da eine lineare Gesamtkostenfunktion unterstellt wird.

an die Erlöskurve diejenige Tangente zeichnet, die den gleichen Anstieg wie die Gesamtkostenkurve hat (Abb. 11). Lotet man von dem Tangentialpunkt A auf die Abszissenachse, so erhält man die Cournotsche Menge x_c, lotet man vom Cournotschen Punkt auf die Ordinatenachse, so erhält man den Cournotschen Preis p_c, denn an der Stelle x_c sind Grenzkosten und Grenzerlös einander gleich, da der Anstieg der Gesamtkostenkurve gleich dem Anstieg der Erlöskurve ist.

Der Cournotsche Punkt stellt unter den angegebenen Bedingungen das betriebsindividuelle Gleichgewicht des Monopolbetriebes dar. Der in dieser Lage erzielte Gewinn, ist der unter den zugehörigen Bedingungen größte Gewinn, den der Monopolbetrieb überhaupt erzielen kann. In der Abb. 10 ist der Monopolgewinn gleich dem Viereck $E F C B$. In der Abb. 11 ist der Monopolgewinn gleich der Strecke $A B$. Für den Fall, daß die Stückkosten $k(x)$ völlig über der Absatzkurve und die Gesamtkosten $K(x)$ völlig über der Erlöskurve liegen, gibt der Cournotsche Punkt den minimalen Verlust an.

Die Abb. 10 zeigt, daß der Cournotsche Preis immer höher als die Grenzkosten sein muß. Ein Monopolbetrieb der geschilderten Art begrenzt seine Absatzmenge also bereits an einer Stelle, bei der jede zusätzliche Einheit geringere Grenzkosten verursacht, als ihr Marktpreis beträgt. Trotzdem wäre es für den Monopolbetrieb ungünstig, seine Absatzmenge weiter auszudehnen.

4. Bisher wurde das Problem der Gewinnmaximierung eines Monopolbetriebes nur unter der Voraussetzung betrachtet, daß er sich einer gegebenen Absatzkurve gegenübersieht. Aus Gründen, die hier nicht weiter untersucht werden sollen, können sich nun aber die Marktbedingungen selbst ändern, d. h. die Absatzkurve des Monopolbetriebes verschiebt sich

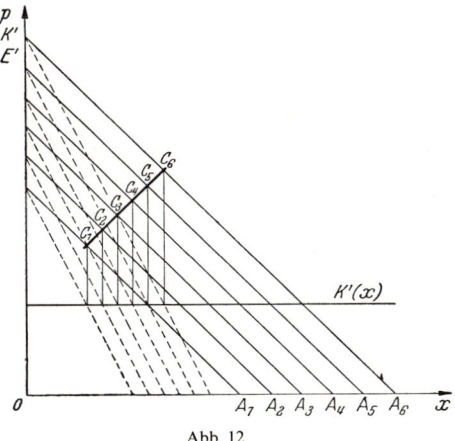

Abb. 12

im Zeitablauf. Der Monopolbetrieb sieht sich dann in jeder Absatzperiode einer anderen Absatzkurve gegenüber, die mit A_1, A_2, A_3 usw. bezeichnet werden. Jede dieser Absatzkurven sagt aus, zu welchem Preis der Monopolist bestimmte Absatzmengen verkaufen kann, und für jede dieser verschiedenen Absatzkurven muß der Monopolbetrieb sein Gewinnmaximum bestimmen (vgl. Abb. 12).

Angenommen, der Monopolist sieht sich einer Abfolge von sechs Absatzkurven gegenüber, die parallel zueinander verlaufen und den gleichen Abstand voneinander haben, wobei die Kurve A_1 den niedrigsten Höchstpreis und die geringste Sättigungsmenge und A_6 den größten Höchstpreis und die größte Sättigungsmenge aufweisen möge. Erfolgt im Zeitablauf eine Verschiebung von A_1 nach A_6, so sagt man, die Absatzlage des Monopolisten hat sich verbessert, während sie sich im umgekehrten Fall verschlechtert hat.

Für jede einzelne Absatzkurve erfolgt die Bestimmung der gewinnmaximalen Absatzmenge so, wie es im vorigen Abschnitt bereits beschrieben wurde, indem von dem Schnittpunkt zwischen der zugehörigen Grenzerlöskurve und der Grenzkostenkurve das Lot auf die Abszissenachse gefällt wird. Im Beispiel ergeben sich sechs COURNOTsche Punkte C_1 bis C_6, wie Abb. 12 zeigt.

In gleicher Weise erhält man für jede andersartige Abfolge von Absatzkurven, zum Beispiel für Scharen von Absatzkurven mit verschiedenen Anstiegen, verschiedenen Krümmungen usw. eine zugehörige Abfolge von COURNOTschen Punkten. Die Verbindungslinie dieser COURNOTschen Punkte bezeichnet man als die COURNOTsche Kurve. Diese COURNOTsche Kurve ist die zu einer bestimmten Schar von Absatzkurven gehörende Angebotskurve eines Monopolbetriebes.

5. Bisher war stets eine unveränderte Kostenstruktur des Monopolbetriebes, und zwar eine lineare Gesamtkostenkurve angenommen worden. Jetzt soll untersucht werden, wie Veränderungen der Kostenstruktur die Lage des COURNOTschen Punktes beeinflussen.

Zunächst sei untersucht, ob sich Veränderungen im Bereich der fixen Kosten auf den COURNOTschen Preis auswirken. Da der COURNOTsche Punkt durch die Grenzkosten und den Grenzerlös bestimmt wird und beide Größen völlig unabhängig von den fixen Kosten sind, ist die Höhe der fixen Kosten ohne Einfluß auf die Lage des COURNOTschen Punktes. Die Höhe der fixen Kosten bestimmt aber entscheidend den in dieser Preislage erzielten Monopolgewinn, wie die Abb. 13 erkennen läßt. Hierin sind K_{C1}, K_{C2} und K_{C3} die verschiedenen Fixkostenbeträge von drei linearen Gesamtkostenkurven K_1, K_2 und K_3, die in der Struktur der proportionalen Kosten übereinstimmen, also lediglich parallel zueinander verschoben sind. Die Abb. 13 zeigt, daß für alle drei Gesamtkostenkurven der COUR-

NOTsche Punkt bei C liegt, daß aber mit wachsenden fixen Kosten der Gewinn abnimmt (G_1 und G_2), bis im Fall der Gesamtkostenkurve K_3 sogar eine Verlustsituation erreicht ist (V).

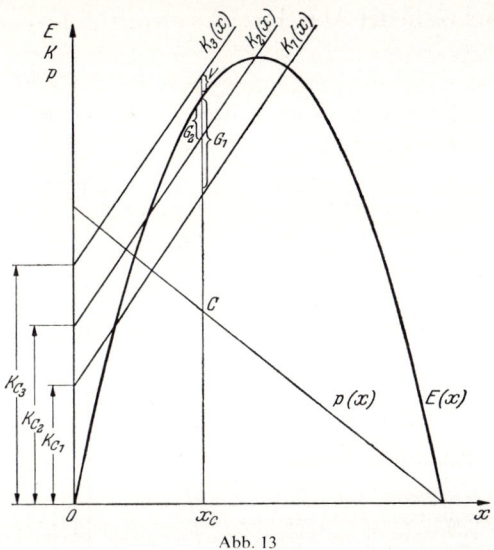

Abb. 13

Anders liegen die Dinge, wenn sich die Struktur der proportionalen Kosten verändert, da eine solche Änderung die Grenzkostenkurve beeinflußt. In solchen Fällen ändert sich also nicht nur die Höhe des Monopolgewinnes, sondern auch die Lage des COURNOTschen Punktes. Die Abb. 14 und 15 verdeutlichen diesen Sachverhalt für drei Gesamtkostenkurven K_1, K_2 und K_3, die sich im Anstieg ihrer proportionalen Kosten unterscheiden. Mit fallendem Anstieg der Gesamtkostenkurve fallen die Grenzkosten, und der COURNOTsche Punkt verschiebt sich immer weiter nach rechts. Die Absatzmenge des Monopolbetriebes steigt, und der Monopolpreis fällt mit niedrigeren Grenzkosten. Da die Grenzerlöskurve steiler verlaufen muß als die Preisabsatzkurve, nimmt jedoch der Preis stets nur in geringerem Maße als die Grenzkosten ab. Bei linearen Absatzkurven muß die Preisabnahme stets genau die Hälfte der sie verursachenden Grenzerlössenkung betragen, da die Grenzerlöskurve doppelt so steil fällt wie die Absatzkurve. Als theoretischer Extremfall wäre ein Betrieb denkbar, der nur mit fixen Kosten arbeitet [1]. Die Grenzkosten eines solchen Betriebes wären gleich Null. In unserem Beispiel würde ein solcher Be-

---

[1] Praktisch gibt es solche Betriebe natürlich nicht. Angenähert ist dieser Extremfall aber zum Beispiel bei Wasserkraft-Elektrizitätswerken gegeben, die nahezu ausschließlich mit fixen Kosten arbeiten.

trieb also die halbe Sättigungsmenge zum halben Höchstpreis absetzen, oder, anders ausgedrückt, er würde sein Erlösmaximum realisieren. Bei gegebenen fixen Kosten sind die Monopolgewinne um so größer, je flacher die proportionalen Kosten verlaufen und umgekehrt. Vergleiche die Gewinne G_1, G_2 und G_3 in der Abb. 15.

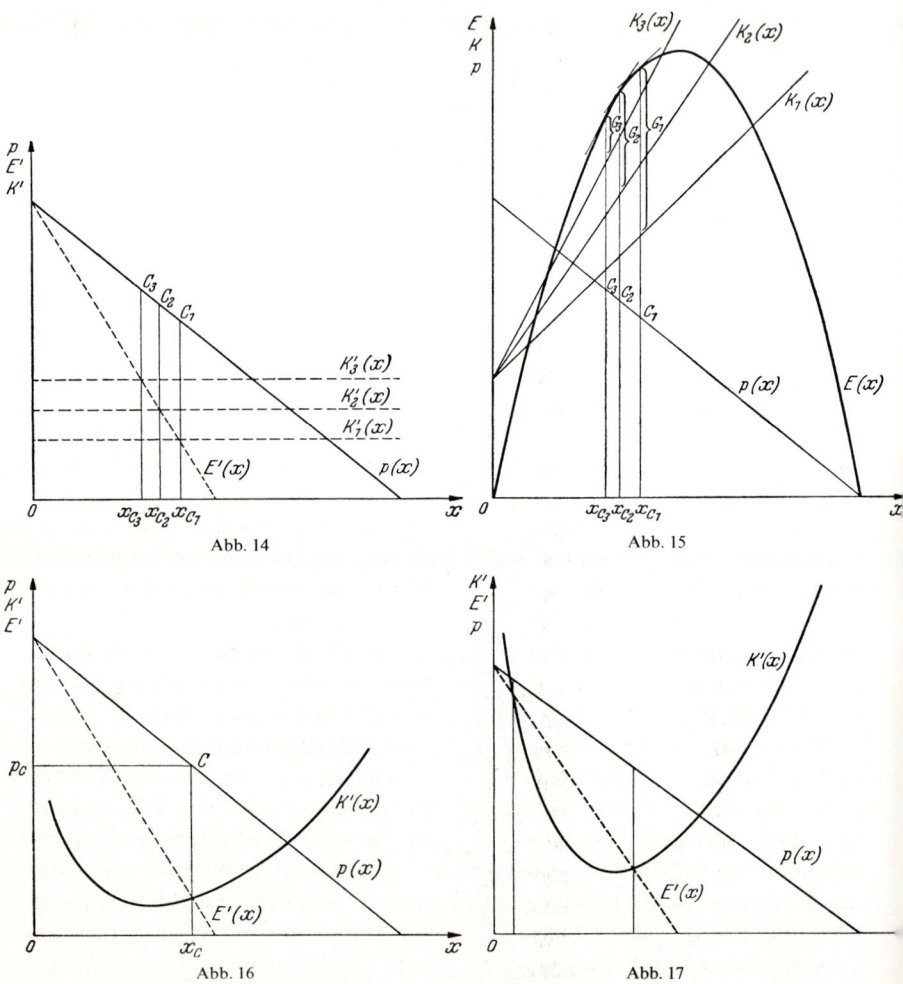

Abb. 14

Abb. 15

Abb. 16

Abb. 17

Bisher wurde stets angenommen, daß die Gesamtkostenkurve linear verläuft, so wie es wohl auch in vielen Fällen der betrieblichen Praxis sein dürfte. Der Vollständigkeit wegen soll aber jetzt noch dargestellt werden, wie sich die Monopolpreisbildung gestaltet, wenn ein Monopolbetrieb mit gekrümmter Gesamtkostenkurve und U-förmiger Grenzkostenkurve gegeben ist. Wie die Abb. 16 zeigt, ergibt sich auch hier in ganz analoger Weise der COURNOTsche Punkt, nämlich an der Stelle, an der die Grenzerlöskurve die Grenzkostenkurve schneidet [1]. Liegt dieser Schnittpunkt in der Zone progressiver Grenzkosten, so ist die Kapazität des Betriebes für seine Absatzlage zu klein. Liegt der COURNOTsche Punkt dagegen in der Degressionszone, so ist sie für seine Absatzlage zu groß.

6 a) Bisher wurde unterstellt, daß das Monopolunternehmen nur ein Erzeugnis herstellt und daß die vorhandene Produktionskapazität ausreicht, jede verlangte Menge zu produzieren. Wenn nun die vorhandene Kapazität des Unternehmens nicht ausreichen sollte, um eine bestimmte Produktmenge herzustellen, dann bleibt dem Unternehmen lediglich die Wahl zwischen Auslastung der vorgegebenen Kapazität oder einer Kapazitätsausweitung.

Dagegen ergibt sich eine neue Situation, wenn ein Monopolunternehmen mit seinen verfügbaren Betriebsmitteln zugleich mehrere Erzeugnisse herzustellen vermag. Auch in diesem Fall kann die Produktionskapazität als beschränkt angenommen werden. Zunächst sei aber davon ausgegangen, daß die Produktionsanlagen ausreichen, um jede verlangte Produktmenge herstellen zu können. Die Frage lautet: Welche Preise und Absatzmengen sind am gewinngünstigsten? Zunächst sei unterstellt, daß die Produktion keine Kosten verursacht.

Angenommen, ein Monopolunternehmen stellt die beiden Produkte A und B her. Zwischen den beiden Erzeugnissen möge ein substitutives Verhältnis derart bestehen, daß, wenn sich der Absatz des einen Gutes vermehrt, sich die Absatzmenge des anderen Gutes vermindert. Wird zum Beispiel der Preis p_1 des Gutes A um eine Geldeinheit erhöht und der Preis p_2 des Gutes B unverändert gelassen, dann möge die Absatzmenge x_1 des Gutes A um $3/5$ Mengeneinheiten (ME) (zum Beispiel 1 ME = 1000 kg) zurückgehen, die des Gutes B soll dagegen um $1/5$ ME steigen. Umgekehrt: Bleibt der Preis p_1 des Gutes A konstant, während sich der Preis p_2 des Gutes B um eine Geldeinheit erhöht, dann sollen von Gut A $1/5$ ME mehr abgesetzt werden können, während sich die Absatzmenge x_2 des Gutes B um $2/5$ ME vermindert. In dem Beispiel wird also ein verhältnismäßig hoher Grad an Substitutionalität angenommen.

---

[1] Es ist zu bemerken, daß bei U-förmigen Grenzkosten zwei Schnittpunkte zwischen der Grenzerlös- und der Grenzkostenkurve entstehen können. Hier entscheidet die Bedingung, daß die zweite Ableitung der Gewinnfunktion negativ sein muß, darüber, bei welchem dieser beiden Schnittpunkte das Gewinnmaximum liegt:

$$G''(x) = E''(x) - K''(x) < 0 \text{ also } E''(x) < K''(x).$$

Diese Bedingung kann aber, wie man sich leicht überzeugen kann, stets nur im zweiten Schnittpunkt erfüllt sein (vgl. Abb. 17).

Sind die Preise p_1 und p_2 gleich Null, dann mögen die Sättigungsmengen für beide Güter je 10 ME sein. Für die Güter A und B ergeben sich demnach fogende Preis-Absatzfunktionen, die als stetig und linear angenommen werden sollen:

$$x_1 = 10 - \frac{3}{5}\,p_1 + \frac{1}{5}\,p_2$$

$$x_2 = 10 + \frac{1}{5}\,p_1 - \frac{2}{5}\,p_2.$$

Den Erlös findet man, indem man die Absatzmengen mit den zugehörigen Preisen multipliziert und dann für alle Güter addiert:

$$E = x_1\,p_1 + x_2\,p_2.$$

Um den Erlös nicht als Funktion der Preise und der Mengen beider Güter, sondern nur als Funktion der Mengen zu erhalten, sind die obigen Preisabsatzfunktionen nach p_1 und p_2 aufzulösen und in die Erlösgleichung einzusetzen. Für den Erlös gilt dann die Gleichung:

$$E = 30\,x_1 + 40\,x_2 - 2\,x_1^2 - 2\,x_1\,x_2 - 3\,x_2^2.$$

Das Monopolunternehmen strebt nun nach maximalem Gewinn. Da die Produktion keine Kosten verursachen soll, ist der maximale Gesamtgewinn gleich dem maximalen Gesamterlös. Die vorliegende Erlösfunktion soll also maximiert werden. Hierzu bildet man die partiellen Ableitungen der Erlösfunktion und setzt diese gleich Null.

$$\frac{\partial E}{\partial x_1} = 30 - 4\,x_1 - 2\,x_2 = 0$$

$$\frac{\partial E}{\partial x_2} = 40 - 2\,x_1 - 6\,x_2 = 0.$$

Löst man dieses Gleichungssystem auf, so erhält man als gewinngünstigste Absatzmengen und Absatzpreise des Monopolunternehmens [1]:

$$\bar{x}_1 = 5 \qquad \bar{p}_1 = 15$$
$$\bar{x}_2 = 5 \qquad \bar{p}_2 = 20.$$

Der maximale Gesamterlös beträgt in diesem Falle 175 Geldeinheiten.

b) Nunmehr sei der Fall untersucht, daß das Unternehmen nicht in der Lage ist, beliebig viele Erzeugnisse der Güter A und B zu produzieren. Es sei unterstellt, daß die Produktion der beiden Erzeugnisse A und B in

---

[1] Die hinreichenden Bedingungen für den Eintritt eines Maximums sind ebenfalls erfüllt.

zwei hintereinander geschalteten Produktionsprozessen erfolgt. Von beiden Gütern können im ersten Prozeß maximal 9 ME in der zu betrachtenden Zeitperiode hergestellt werden. Die Herstellung einer Einheit von Gut *A* oder *B* soll in diesem Prozeß die gleiche Fertigungszeit in Anspruch nehmen. Die gewinngünstigste Gesamtausbringungsmenge, die bei a) ermittelt wurde, liegt demnach jetzt außerhalb dieser Kapazitätsgrenze. Die Frage lautet nun: Welche gewinngünstigsten Absatzmengen und Preise ergeben sich nach Einführung der genannten Kapazitätsbeschränkung, die sich durch folgende Ungleichung ausdrücken läßt.

(I) $$x_1 + x_2 \leqq 9.$$

Der Fall sei in der Weise fortgeführt, daß die Herstellung einer Einheit des Gutes *A* in dem zweiten Prozeß die doppelte Fertigungszeit in Anspruch nimmt wie die des Gutes *B*. Zum Bespiel soll die Herstellung einer ME des Gutes *A* zwei Zeiteinheiten (ZE) in Anspruch nehmen, während die Fertigungszeit für eine ME des Gutes *B* eine ZE benötigt. Maximal sollen pro Zeitperiode 11 ZE zur Verfügung stehen. Diese Produktionsbeschränkung läßt sich demnach in folgender Ungleichung ausdrücken:

(II) $$2\,x_1 + x_2 \leqq 11.$$

Zusammenfassend ergibt sich folgende Aufgabe: Maximiere die Funktion

$$E = 30\,x_1 + 40\,x_2 - 2\,x_1^2 - 2\,x_1\,x_2 - 3\,x_2^2$$

unter Beachtung der Nebenbedingungen

(I) $$x_1 + x_2 \leqq \ 9$$

(II) $$2\,x_1 + \ x_2 \leqq 11$$

$$x_1,\,x_2 \geqq \ 0.$$

Diese quadratische Programmierungsaufgabe läßt sich nicht mit partiellen Ableitungen allein lösen, da in diesem Fall die gewinngünstigsten Absatzmengen außerhalb der Kapazitätsgrenzen liegen. Die Aufgabe ist auch nicht mt Hilfe der Lagrangeschen Multiplikatormethode lösbar, denn die Kapazitätsgrenzen sind obere Grenzen und brauchen nicht notwendig erreicht werden, das heißt, es können und werden sogar „freie Kapazitäten" übrig bleiben.

Derartige Aufgaben lassen sich mit Hilfe der Verfahren des Operations Research lösen. Es sei auf die entsprechende Fachliteratur hingewiesen [1].

Für den Fall, daß nur die Ungleichung (I) gilt, erhält man für das Monopolunternehmen als gewinngünstigste Absatzmengen und Preise:

$$\bar{\bar{x}}_1 = 4\tfrac{1}{3} \qquad \bar{\bar{p}}_1 = 16\tfrac{2}{3}$$

$$\bar{\bar{x}}_2 = 4\tfrac{2}{3} \qquad \bar{\bar{p}}_2 = 21\tfrac{2}{3}.$$

Wird das vollständige Programm [also mit (I) und (II)] durchgerechnet, so liefert die Rechnung folgende Ergebnisse:

$$\bar{\bar{x}}_1 = 3 \qquad \bar{\bar{p}}_1 = 19$$

$$\bar{\bar{x}} = 5 \qquad \bar{\bar{p}}_2 = 22.$$

Im letzten Fall wird die kapazitätsmäßige Beschränkung des ersten Prozesses (Ungleichung I) nicht voll ausgenutzt (3 + 5 = 8). Auffallend gegenüber der ersten Lösung ist ferner, daß sich nicht beide Produktmengen verringern, sondern nur die des Gutes *A*, während die des Gutes *B* wieder zunimmt.

c) Die folgende Tabelle bringt eine Zusammenstellung der gewinngünstigsten Absatzmengen und Preise der in a) und b) dargestellten Beispiele.

Tabelle 4

	$x_{1opt.}$	$p_{1opt.}$	$x_{2opt.}$	$p_{2opt.}$	$x_1 + x_2$	Erlös-Maximum
Ohne Kapazitätsbeschränkung	5	15	5	20	10	175
Mit (I)	$4\tfrac{1}{3}$	$16\tfrac{2}{3}$	$4\tfrac{2}{3}$	$21\tfrac{2}{3}$	9	$173\tfrac{1}{3}$
Mit (II) (I)	3	19	5	22	8	167

[1] BARANKIN, E. W., and R. DORFMAN, On Quadratic Programming, University of California Publications in Statistics, Vol. 2 (1958), S. 285 – 318. HOUTHAKKER, H. S., The Capacity Method of Quadratic Programming, Econometrica, Vol. 28 (1960), S. 62 – 87. THEIL, H., and C. VAN DE PANNE, Quadratic Programming as an Extension of Classical Quadratic Maximization, Management Science, Vol. 7 (1960), S. 1 – 20. WOLFE, P., The Simplex Method for Quadratic Programming, Econometrica, Vol. 27 (1959), S. 382 – 398. FRANK, M., and P. WOLFE, An Algorithm for Quadratic Programming, Naval Research Logistics Quarterly, Vol. 3 (1956), S. 95. KÜNZI, H. P., und W. KRELLE, Nichtlineare Programmierung, Berlin-Göttingen-Heidelberg 1962. HADLEY, G., Nonlinear and Dynamic Programming, Reading, Mass. 1964.

Der eben dargestellte Sachverhalt soll durch eine zeichnerische Darstellung veranschaulicht werden (Abb. 18). Die in der (x_1, x_2)-Ebene eingezeichneten Geraden sind die Kapazitätslinien: Die Lösung muß die Ungleichung (I) erfüllen, das heißt, sie muß unterhalb $B\,D$ liegen; wegen (II) muß sie unterhalb $A\,C$ liegen. Da die Lösung weiterhin im positiven Quadranten liegen muß, wird der zulässige Lösungsbereich durch das Viereck $O\,B\,G\,C$ begrenzt. Die zu maximierende Funktion (Zielfunktion) stellt für $E\,(x_1, x_2) = $ const. eine Ellipse dar. Das Maximum ohne Nebenbedingungen wird immer dann erreicht, wenn die Ellipse auf einen Punkt (ihren Mittelpunkt) zusammengeschrumpft ist. Liegt der Ellipsenmittelpunkt innerhalb des Lösungsbereiches, so sind die Koordinaten dieses Mittelpunktes die optimalen Absatzmengen. Liegt er außerhalb des Lösungsbereiches (wie im obigen Beispiel), dann ist die Ellipse so lange „aufzublähen", das heißt, der Gewinn ist so lange zu vermindern, bis die Ellipse den Lösungsbereich berührt (das braucht nicht notwendig eine tangentiale Berührung zu sein, die Ellipse kann den Lösungsbereich auch in einer Ecke berühren).

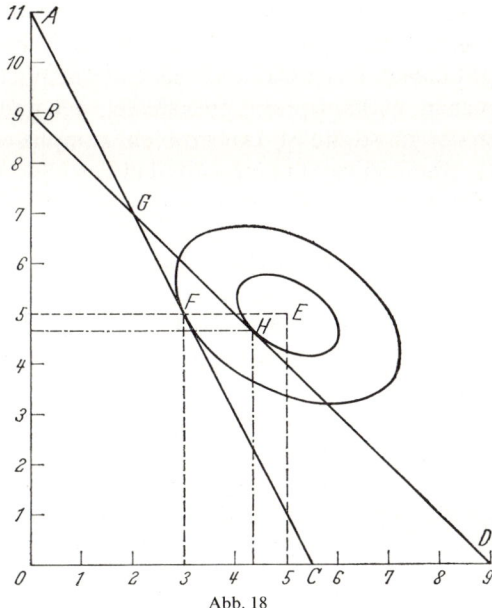

Abb. 18

Es gilt nun zu untersuchen, wie sich das Modell ändert, wenn Kosten berücksichtigt werden. Bei linearem Kostenverlauf ändern sich in der Zielfunktion nur die Koeffizienten. Man erkennt das leicht, wenn von E die Kosten k_1 und k_2 subtrahiert werden. Für das Gut A gelte: $k_1 = q_1 + s_1\,x_1 + t_1\,x_2$ und für das Gut B: $k_2 = q_2 + s_2\,x_1 + t_2\,x_2$. Liegt keine Abhängigkeit zwischen den Kosten der beiden Güter vor, dann ist $t_1 = s_2 = 0$ zu setzen. Die Fixkostenbeträge q_1 und q_2 können unberücksichtigt bleiben, da sie auf die Rechnung keinen Einfluß haben. Das formulierte Modell bleibt also prinzipiell bestehen.

Damit sind die gewinngünstigsten Preise und Absatzmengen eines Monopolunternehmens für den Fall bestimmt, daß das Unternehmen zwei Produkte herstellt. Der Fall, daß mehr als zwei Erzeugnisse produziert werden, läßt sich in entsprechender Abwandlung mit den gleichen Verfahren lösen.

7. Im folgenden soll ebenfalls ein Monopolunternehmen, das vor Preisentscheidungen steht, betrachtet werden. Im Gegensatz zu Punkt 6 soll das Unternehmen nicht alle möglichen Preisstellungen gedanklich durchexperimentieren, etwa in der Art, daß es sich bei seinen Preisüberlegungen entlang einer stetigen Preis-Absatzfunktion bewegt. Vielmehr sollen, wie das in der Praxis zu sein pflegt, nur drei oder vier Preise als mögliche Verkaufspreise eines Erzeugnisses in Frage kommen. Für diese begrenzte Zahl von Preisen (die sich nicht unerheblich voneinander unterscheiden mögen) soll nun der jeweils zu erzielende Höchstabsatz bestimmt werden. Diejenigen Preise, die zwischen den ausgewählten Preisen liegen, sollen unberücksichtigt bleiben. Es ist klar, daß das Unternehmen sich für denjenigen der möglichen Verkaufspreise entscheidet, der unter Berücksichtigung der Kosten der günstigste ist. Das Problem kompliziert sich jedoch in dem Augenblick, wenn angenommen wird, daß das Unternehmen mehrere Erzeugnisse (zum Beispiel A und B) zu jeweils einem von mehreren möglichen Preisen auf den Markt bringen will. Handelt es sich um Güter, die weder komplementären noch substitutiven Charakter besitzen, dann bereitet die Lösung des Problems keine Schwierigkeiten, solange nicht die Erzeugnisse im wesentlichen auf den gleichen Anlagen hergestellt werden und die Kapazität dieser Anlagen als begrenzt angenommen wird.

Für das folgende Beispiel sei jedoch unterstellt, daß die Erzeugnisse A und B im wesentlichen unter Benutzung der gleichen Produktionseinrichtungen hergestellt werden und daß die Kapazität dieser Anlagen nicht erweitert werden kann. Weiterhin soll zunächst davon ausgegangen werden, daß die Produktion keine Kosten verursacht. Zur Vereinfachung des Beispiels soll weiterhin angenommen werden, daß für Gut B nur ein möglicher Preis existiert, während für Gut A drei mögliche Preise in Frage kommen. Für jeden der möglichen Preise soll eine maximale Absatzmenge gegeben sein. Nach Ansicht des Unternehmens sei p_3 der niedrigste Preis für Gut A, der überhaupt in Frage kommt. Die zu diesem Preis maximal absetzbare Menge des Erzeugnisses A möge die Produktionsmöglichkeiten übersteigen, wenn das Gut B im bisherigen Umfang hergestellt wird. Es ergibt sich nun die Frage, ob es vorteilhaft ist, die bisherige Menge des Erzeugnisses B herzustellen und von dem Gut A zu dem niedrigsten

Preis p_3 nur so viel zu produzieren, wie die Produktionseinrichtungen herzustellen erlauben. Andererseits ist zu prüfen, ob es nicht vorteilhafter ist, die Produktion von B zugunsten von A einzuschränken. – Die Menge des Gutes A, die das Unternehmen zum Preis p_1 absetzen kann, wird mit x_1 bezeichnet, die Menge, die es zum Preis p_2 absetzen kann, mit x_2, und die Menge, die es zum Preis p_3 absetzen kann, mit x_3. Das Unternehmen kann das Erzeugnis A nur zu einem Preis verkaufen (entweder p_1, p_2 oder p_3); d. h. in der Lösung darf nur eine der drei Variablen x_1, x_2 oder x_3 einen positiven Wert annehmen. Dies sei am folgenden Zahlenbeispiel erläutert:

Das Unternehmen geht davon aus, daß von Erzeugnis A

> zum Preise $p_1 = 1{,}25$ DM maximal $x_{1\,max} = 150$ ME,
> zum Preise $p_2 = 1{,}00$ DM maximal $x_{2\,max} = 200$ ME,
> zum Preise $p_3 = 0{,}90$ DM maximal $x_{3\,max} = 250$ ME,
> von Erzeugnis B
> zum Preise $p_4 = 2{,}00$ DM maximal $x_{4\,max} = 100$ ME

abgesetzt werden können. Die Herstellung von 1 ME Gut A benötige 5 ZE (Zeiteinheiten), die von Gut B 8 ZE. Insgesamt stehen in der betrachteten Zeitperiode nur 1700 ZE (zum Beispiel Maschinenstunden) zur Verfügung. Die Aufgabe lautet, herauszufinden, welche Mengen zu welchem der möglichen Preise unter Beachtung der vorgegebenen kapazitätsmäßigen Beschränkung produziert und abgesetzt werden sollen. Hierbei soll sich das Unternehmen von dem Ziel leiten lassen, den Gesamtgewinn (in diesem Beispiel: den Gesamterlös) in der betrachteten Periode zu maximieren.

Aufgaben dieser Art sind in besonders einfachen Fällen durch Probieren lösbar. Komplizierte Fälle verlangen besondere mathematische Methoden.

Das eben beschriebene Beispiel führt zu folgendem Programm:
Maximiere den Gesamterlös

$$E = 1{,}25\,x_1 + 1{,}00\,x_2 + 0{,}90\,x_3 + 2{,}00\,x_4$$

unter den Nebenbedingungen

$$
\begin{aligned}
x_1 &\leqq 150\,u_1 \\
x_2 &\leqq 200\,u_2 \\
x_3 &\leqq 250\,u_3 \\
x_4 &\leqq 100 \\
5\,(x_1 + x_2 + x_3) + 8\,x_4 &\leqq 1700 \\
u_1 + u_2 + u_3 &\leqq 1 \\
x_i,\,u_j &\geqq 0 \quad i = 1,2,3,4;\ j = 1,2,3. \\
u_j &\quad \text{ganzzahlig!}
\end{aligned}
$$

Durch die Einführung von u_1 bis u_3 wird erreicht, daß Gut A nur zu einem Preise angeboten wird, das heißt, daß Preisdifferenzierung ausgeschlossen ist [1].

Diese Aufgabe läßt sich nach den Methoden der linearen Programmierung, insbesondere der gemischt ganzzahligen Programmierung, lösen [2]. Das Ergebnis lautet: Das Monopolunternehmen stellt von Gut A 150 ME und von Gut B 100 ME her. Das Unternehmen verkauft Gut A zum Preise von 1,25 DM und Gut B nach wie vor zum Preise von 2,– DM. Wenn es sich so verhält, dann erzielt das Unternehmen den maximalen Erlös von 387,50 DM. Würde man Kosten berücksichtigen, so kompliziert sich das Modell, die prinzipielle Lösbarkeit wird dadurch aber nicht in Frage gestellt.

Damit ist die Frage nach dem günstigsten Monopolpreis eines Mehrproduktunternehmens unter der Annahme begrenzter Kapazität und unstetiger Preis-Absatzfunktionen gelöst.

8. Das reine Angebotsmonopol stellt einen Grenzfall durchaus hypothetischen Charakters dar. In Wirklichkeit gibt es kein Unternehmen, dessen Erzeugnisse nicht in irgendeiner Weise mit Gütern anderer Art konkurrieren. Die Breite des modernen volkswirtschaftlichen Warensortiments rückt das Produktionsprogramm eines Unternehmens in den Zusammenhang mit dem Produktionsprogramm von Unternehmen, die Erzeugnisse vergleichbarer Art auf den Markt bringen. Die Produktdifferenzierung hat jene Art von Wettbewerb zur Folge, die gemeinhin als Surrogatkonkurrenz bezeichnet wird und die Produkte eines bestimmten Unternehmens in einem wie weit auch immer gezogenen Rahmen durch Produkte mit ähnlichen Eigenschaften oder Wirkungen anderer Unternehmen ersetzbar macht. Zudem stehen alle Unternehmen in jener totalen Konkurrenz, die die Leistungen eines Unternehmens mit Leistungen völlig anderer Art konkurrieren läßt. In diesem Sinne konkurriert zum Bei-

---

[1] Die Variablen u_1, u_2, u_3 können, da jedes u ganzzahlig und die Summe aller u kleiner oder gleich 1 sein soll, nur die Werte 0 oder 1 annehmen. Diese Bedingung besagt ferner, daß höchstens ein u, zum Bespiel u_1, gleich 1 werden kann, während dann alle anderen u gleich 0 sind, das heißt, daß die Mengen des Gutes A, die zum Preise von 1,00 DM und 0,90 DM angeboten werden sollen, gleich 0 sind, also nicht in das Verkaufsprogramm aufgenommen werden, während das Gut A zum Preise von 1,25 DM bis zu der vorgegebenen Höchstmenge produziert und abgesetzt werden kann.

[2] DANTZIG, G. B., On the Significance of Solving Linear Programming Problems with Some Integer Variables, Econometrica, Vol. 28 (1960), S. 30 – 44. GASS, S. I., Linear Programming, New York-Toronto-London 1958. GOMORY, R. E., An Algorithm for the Mixed Integer Problem, The RAND Corporation, Paper 1855, 1960. GOMORY, R. E., and W. J. BAUMOL, Integer Programming and Pricing, Econometrica, Vol. 28 (1960), S. 521 – 550.

spiel Bekleidungsbedarf mit dem Bedarf an Kraftfahrzeugen oder Reisen. In diesem Falle spricht man von „unvollkommenem Monopol" [1].

Unternehmen, die sich eine dominierende, monopolartige Stellung auf einem bestimmten Waren- oder Leistungsmarkt erworben haben, müssen damit rechnen, daß ihre Monopolstellung eines Tages untergraben ist. Eine solche ungünstige Entwicklung kann auf mehrere Umstände zurückzuführen sein. Einmal sind es die Nachahmer, die trotz des Erfindungsschutzes in Form von Patenten Erzeugnisse mit ähnlichen Eigenschaften herzustellen in der Lage sind, zum anderen die Neuerer, die den Markt mit verbesserten oder völlig neuartigen Erzeugnissen beliefern. Es gibt kein Monopolunternehmen, das nicht mit Vorgängen der geschilderten Art rechnen müßte. Zum anderen aber ziehen Unternehmen, die eine monopolartige Stellung besitzen, die Aufmerksamkeit der Öffentlichkeit auf sich, wenn sie Preise fordern, die den Käufern überhöht erscheinen. In Ländern, die bestimmte Institutionen zur Bekämpfung von Monopolmacht geschaffen haben, werden die marktbeherrschenden Unternehmen ihre Monopolstellung auch deshalb nur in gewissen Grenzen ausnutzen, weil sie befürchten müssen, daß sie mit den Gesetzen und den Antimonopol-Instituten in Konflikt geraten, wenn sie ihre Erzeugnisse zu teuer verkaufen.

Angesichts dieser Umstände sind Unternehmungen, die eine dominierende, monopolartige Stellung besitzen, bestrebt, eine Preispolitik zu betreiben, die auf kurzfristige Gewinnmaximierung verzichtet und auf weite Sicht gerichtet ist. Würde ein Monopolunternehmen seine Stellung im Markte preispolitisch kurzfristig ausnutzen, dann kann die Gefahr bestehen, daß damit Konkurrenten auf Gewinnchancen aufmerksam gemacht werden, die sie sich wahrscheinlich nicht entgehen lassen wollen. Die Unternehmen werden auch alles tun, um zu vermeiden, daß die Öffentlichkeit verärgert wird und die Antimonopolgesetzgebung in Kraft tritt. Das Streben nach Sicherheit verlangt also eine Preispolitik, die den Monopolmarkt auf die Dauer erhält und die gleichwohl zu – langfristig gesehen – hoher Rentabilität führt. Sie ist ihrerseits wiederum die Voraussetzung für die Vornahme von Investitionen, ohne die sich die technische und absatzwirtschaftliche Führung auf die Dauer nicht erhalten läßt.

Die Frage, um welchen Betrag der COURNOTsche Angebotspreis ermäßigt werden muß, wenn ein Monopolunternehmen sicher sein will, daß die zu verhindernden Ereignisse (Substitutionskonkurrenz, Verärgerung der

---

[1] Das Teilmonopol kann als eine Unterart des unvollkommenen Monopols aufgefaßt werden. In diesem Falle steht einem großen Unternehmen eine große Zahl kleiner Unternehmen gegenüber. Diese Unternehmen akzeptieren die Preise des Großen, da ihre Gesamterzeugung so klein ist, daß der Große an keinen Preiskampf denkt. Die Kleinen verhalten sich wie Mengenanpasser. Dieser Fall wird in dem Abschnitt über Preisführerschaft beschrieben.

öffentlichen Meinung) nicht eintreten, läßt sich nicht nach einer bestimmten Regel errechnen. Diesen gerade auf der Grenze liegenden Preis bezeichnet J. S. BAIN als limit price und seine Ermittlung als limit price analysis [1].

9 a) Die Frage, welche Maßstäbe geeignet sind zu messen, in welchem Umfang ein Markt durch ein oder einige Unternehmen beherrscht und der Wettbewerb ausgeschaltet oder eingeschränkt wird, läßt sich nicht völlig befriedigend lösen. Zu viele Einflußgrößen sind im Spiel, als daß sich jede einzelne Größe isolieren oder gar messen ließe.

Konzentriert sich das Angebot an Waren oder Leistungen bestimmter Art auf ein Unternehmen oder einige wenige Unternehmen derart, daß das auf dieses oder diese Unternehmen entfallende Angebot den Hauptanteil des Gesamtangebotes des Produktonszweiges darstellt, dann heißt es, der Produktionszweig weist einen hohen Konzentrationsgrad auf. Ein solcher Fall kann zum Beispiel vorliegen, wenn der Marktanteil eines Unternehmens 60%, der der anderen Unternehmen dagegen jeweils nur 10% beträgt oder 60% des Gesamtangebotes auf zwei oder drei Unternehmen entfallen.

Als Anhaltspunkte für das Maß an Konzentration in einem Industriezweig können der relative Anteil eines Unternehmens oder einer kleinen Zahl von Unternehmen an der Gesamterzeugung oder am Gesamtumsatz oder der Beschäftigtenzahl oder den Bilanzaktiva des Industriezweiges dienen. Wie immer man diese Anhaltspunkte wählen und für praktische statistische Zwecke verfeinern mag – ein hohes Maß an Konzentration bedeutet keineswegs das Fehlen von Wettbewerb wie andererseits ein geringes Maß an Konzentration keineswegs mit starkem Wettbewerb verbunden. sein muß. Dabei ist zu berücksichtigen, daß der Wettbewerbskampf nicht nur in den Formen des Preiskampfes, sondern auch der Qualitäts- und der Werbekonkurrenz ausgefochten wird. Man muß wissen, in welchem Maße die Erzeugnisse oder Leistungen der anbietenden Unternehmen mit den Erzeugnissen oder Leistungen der Wettbewerber konkurrieren und inwieweit sie gegeneinander substituierbar sind. Selbst wenn bekannt wäre, wo die Substitutionsketten enden, würde immer noch jene – totale – Konkurrenz zu berücksichtigen sein, in der bestimmte Bedürfnisse mit Bedürfnissen anderer Art stehen. Es läßt sich also nicht sagen, daß das Maß an Konzentration, das einen bestimmten Produktionszweig kennzeichnet, oder die Größe der Marktanteile an sich schon ein Urteil darüber zulassen, in welchem Maße ein Industrie- oder Geschäftszweig monopolisiert ist.

---

[1] Vgl. hierzu: BAIN, J. S., A Note on Pricing in Monopoly and Oligopoly, American Economic Review, Vol. 39 (1949), S. 454 ff.

b) Es liegt nahe, bei der Beantwortung der Frage nach Anhaltspunkten für die monopolistische Beherrschung eines Marktes durch ein Unternehmen oder eine kleine Anzahl von Unternehmungen von der Überlegung auszugehen, daß die Kreuzpreiselastizität TRIFFINS die Monopolmacht eines Unternehmens wenigstens grundsätzlich zum Ausdruck bringen müsse. Der TRIFFINSche Koeffizient indiziert die Wirkung, die die Änderung eines Preises durch das Unternehmen i auf den Absatz des Unternehmens j unter der Bedingung gleichbleibender Preise der übrigen Wettbewerber und des Unternehmens j selbst ausübt. Im einzelnen sei hierbei auf die Ausführungen über den TRIFFINSchen Koeffizienten im Abschnitt I, 2 dieses Kapitels verwiesen. Der TRIFFINSche Koeffizient lautet:

$\tau_{ij} = \dfrac{dx_j}{x_j} : \dfrac{dp_i}{p_i}$. Ist τ_{ij} endlich und von Null unterschieden, so liegt heterogene Konkurrenz vor. Treten zirkuläre Rückwirkungen ein, beeinflußt also die durch das Unternehmen i hervorgerufene Absatzänderung des Unternehmens j wiederum den Preis des Unternehmens i, weist also

$\tau'_{ji} = \dfrac{dp_i}{p_i} : \dfrac{dx_j}{x_j}$ einen von Null verschiedenen Wert auf, ist also $0 < \tau'_{ji} < \infty$, dann liegt heterogene Konkurrenz mit zirkularen Rückwirkungen vor. Je kleiner τ'_{ji} wird, um so schwächer sind die Rückwirkungen der eigenen preispolitischen Maßnahmen des Unternehmens i, um so stärker ist also die monopolistisch-marktbeherrschende Stellung dieses Unternehmens.

Mit dem TRIFFINSchen Koeffizienten koppelt MORGAN die Marktanteile der Unternehmen. Es ist jederzeit möglich, daß das Unternehmen i einen großen und j nur einen kleinen Marktanteil besitzt. Die Position des Unternehmens i wird deshalb stärker sein als die des Unternehmens j. Die Monopolmacht eines Unternehmens wird so als Resultante aus der Substituierbarkeit seiner Erzeugnisse (Heterogenität) und der Größe seines Marktanteils aufgefaßt. Je geringer die Substitutionskoeffizienten und je größer der Marktanteil, um so ausgeprägter ist die Monopolstellung eines Unternehmens. Damit hat die TRIFFINSche Klassifizierung der Märkte nach Elastizitätskoeffizienten eine interessante Abwandlung erfahren [1].

Ausgehend von den Koeffizienten TRIFFINS, versucht PAPANDREOU die Kreuzpreiselastizität der Nachfrage nach den Erzeugnissen eines Unternehmens und die direkte Elastizität der Nachfrage durch einen Faktor zu ergänzen, der die Fähigkeit des Unternehmens zum Ausdruck bringt, die als Folge einer Preissenkung eintretende Nachfragesteigerung auch tatsächlich befriedigen zu können [2]. Indem er die Angebotselastizität als dritte Komponente einführt, entwickelt er einen Koeffizienten, der darüber

---

[1] MORGAN, TH., A Measure of Monopoly in Selling, Quarterly Journal of Economics, Vol. 60 (1946), S. 461 ff.

[2] PAPANDREOU A. G., Market Structure and Monopoly Power, American Economic Review, Vol. 39 (1949).

Auskunft gibt, in welchem Maße ein Unternehmen in die Märkte seiner Konkurrenten auch tatsächlich einzudringen, also Kunden zu gewinnen und ihre Nachfrage zu decken, in der Lage ist (Coefficient of Penetration). Dieser Koeffizient sagt aber noch nichts darüber aus, in welchem Maße das Unternehmen selbst imstande ist, sein eigenes Absatzvolumen gegen die Wirkung von Preissenkungen seiner Konkurrenten zu verteidigen. Diese Fähigkeit hängt von der Kreuz-Preiselastizität und der direkten Elastizität der Nachfrage nach seinen Erzeugnissen und denen der Konkurrenten und von seiner eigenen Abgebotselastizität und der der Konkurrenten ab. Der sich aus diesen Faktoren zusammensetzende Koeffizient (Coefficient of Insulation) zeigt die relative Abwehrkraft des Unternehmens. Je mehr ein Unternehmen von den preispolitischen Maßnahmen des Wettbewerbes unberührt bleibt, um so stärker ist offenbar seine Stellung im Markt.

Die Berücksichtigung der freien Kapazitäten, der Kreuz-Preiselastizitäten und der direkten Nachfrageelastizitäten, in denen auch die Größe der Marktanteile zum Ausdruck kommt, und die Verdoppelung der Monopolaspekte stellt einen instruktiven Beitrag zur Lösung der Frage dar, wie der Grad an Monopolisierung auf Märkten gemessen werden kann.

Es ist nicht nötig, im einzelnen zu untersuchen, in welchem Maße die Koeffizienten von MORGAN und PAPANDREOU praktisch für die Monopolgrad-Messung verwendbar sind. Die herrschende Meinung ist, daß die aufgezeigten Koeffizienten ebensowenig wie die von ROTHSCHILD [1], LERNER [2], BAIN [3] u. a. das Problem befriedigend, das heißt praktikabel gelöst haben. Da die Erweiterungen der TRIFFINSCHEN Kreuzpreiselastizitäten vor allem durch MORGAN und PAPANDREOU interessante Aufschlüsse über die Abhängigkeit der Monopolmacht von einer Anzahl theoretisch und empirisch interessanter Faktoren bieten, erschien es angebracht, auf diese Fragen kurz einzugehen [4].

---

[1] ROTHSCHILD, K. W., The Degree of Monopoly, in: Economica, NS. Vol. 10 (1942). Er betrachtet das Neigungsverhältnis zwischen den Nachfragekurven eines Industriezweiges und eines zur Gruppe gehörenden Unternehmens als Indiz für Marktbeherrschung eines Unternehmens (ausgehend von der Theorie CHAMBERLINS).

[2] LERNER, A. P., The Concept of Monopoly and the Measurement of Monopoly Power, Review of Economic Studies, Vol. 1 (1934). Er verwendet die Differenz zwischen Preis und Grenzkosten als Grundlage für die Entwicklung eines Monopolgradmaßstabes.

[3] BAIN, J. S., The Profit Rate as a Measure of Monopoly Power, Quarterly Journal of Economics, Vol. 55 (1941), S. 246.

[4] Vgl. hierzu auch die Darlegungen bei F. MACHLUP über das Monopol, Hdwb. d. Sozw., 7. Bd. (1961), S. 427 ff., u. The Economics of Sellers' Competition, Baltimore 1952, S. 559 ff.

III. Die Preispolitik bei atomistischer Konkurrenz

A. Die Preispolitik bei atomistischer Konkurrenz auf vollkommenen Märkten.
B. Die Preispolitik bei atomistischer Konkurrenz auf unvollkommenen Märkten.

A. Die Preispolitik bei atomistischer Konkurrenz auf vollkommenen Märkten

1. Zur geschichtlichen Entwicklung der Theorie der vollkommenen atomistischen Konkurrenz.
2. Das Wesen der vollkommenen atomistischen Konkurrenz.
3. Absatzkurve, Erlöskurve und Grenzerlöskurve eines Betriebes bei vollkommener atomistischer Konkurrenz.
4. Die gewinnmaximale Absatzmenge bei gegebenem Preis und gekrümmter Kostenkurve.
5. Die gewinnmaximale Absatzmenge bei gegebenem Preis und linearer Kostenkurve.
6. Der Einfluß von Preisänderungen auf die gewinnmaximale Absatzmenge.
7. Der Einfluß von Kostenverschiebungen auf die gewinnmaximale Absatzmenge.
8. Das Gruppengleichgewicht.
9. Vergleichende Betrachtung des vollkommenen Monopols und der vollkommenen atomistischen Konkurrenz.

1. Bei der vollkommenen atomistischen Konkurrenz handelt es sich wie beim vollkommenen Monopol um einen Grenzfall der Theorie. Die Konkurrenzpreisbildung unter den Bedingungen, die diesem Fall zugrunde liegen, begreift keineswegs die Fülle konkurrenzwirtschaftlicher Möglichkeiten der Preisbildung in sich ein. Es wäre jedoch verfehlt anzunehmen, daß das System von Bedingungen, das die vollkommene atomistische Konkurrenz kennzeichnet, gewissermaßen einem Spiel abstrakter Phantasie entsprungen sei. Vielmehr ist es so, daß, historisch gesehen, das System von Annahmen und Voraussetzungen, das heute der Analyse der Preispolitik bei atomistischer Konkurrenz zugrunde liegt, nicht am Anfang der Preisbildungsdiskussion stand. Vielmehr ist das Modell der vollkommenen atomistischen Konkurrenz das Ergebnis einer jahrzehntelangen Diskussion des klassischen Preisbildungsschemas bei freier Konkurrenz und der Besinnung darauf, ob das klassische Kostengesetz, strenger gefaßt, ob der Satz von der Proportionalität zwischen Tauschwert und Arbeitsaufwand imstande ist, die Vielförmigkeit und Vielschichtigkeit empirischer

Preisbildungsvorgänge hinreichend genau zu beschreiben. Es hat sich gezeigt, daß in der klassischen Theorie überhaupt nur eine Grenzsituation mehr oder weniger hypothetischen Charakters diskutiert wurde. Diese Lage muß man sich vor Augen halten, wenn man in der Theorie heute die Bedingungen und Annahmen, die der Analyse und damit den Untersuchungsergebnissen zugrunde liegen, von vornherein klar und nachprüfbar angibt. Man kann sich nun mit einer Theorieaussage auf die Weise auseinandersetzen, daß man entweder die Voraussetzungen des Gedankenganges oder den Gedankengang selbst, d. h. seine Schlüssigkeit, angreift. Die Ausgangslage der Kritik ist in beiden Fällen verschieden. Ohne Zweifel ist eine solche Trennung der kritischen Gesichtspunkte ein Vorteil wissenschaftlicher Erörterungen, und diesen Vorteil besitzt ein methodisches Vorgehen, das die Bedingungen der Analyse von vornherein genau festlegt. Ein solches Vorgehen führt dann dazu, daß der Schwerpunkt der Analyse auf diejenige Bedingungskonstellation gelegt wird, die den tatsächlichen Vorgängen am nächsten kommt.

Wie das Modell der vollkommenen atomistischen Konkurrenz nicht als gewissermaßen a priori geschaffen, sondern als Ergebnis kritischer Auseinandersetzungen mit den klassischen Formulierungen der Preisbildung bei freier Konkurrenz verstanden werden muß, so ist auch das Generalthema der Preistheorie, die Frage nach dem Gleichgewicht, nicht erst eine neuere Erfindung. In Wirklichkeit beherrscht dieses Thema die Preistheorie von Anfang an. Indem zwischen dem „natürlichen" (oder „notwendigen" oder „dauernden") Preis und dem Marktpreis unterschieden wurde, ist der Akzent der Erörterungen auf preistheoretischem Gebiete eindeutig in eine ganz bestimmte Richtung gelegt. Denn im Sinne der klassischen Nationalökonomie ist der natürliche Preis derjenige Preis, der sich in der Konkurrenzwirtschaft, die als frei von außerökonomischen Einflüssen angenommen wird, zustande kommt, wenn keine Änderungen in den Grundbedingungen des Systems eintreten. Auf dieses Tendenzzentrum marktlicher Preisoszillationen konzentrierte sich das Interesse von Anfang an. Der Marktpreis und seine Bewegung wurde nur als ein akzidenteller Fall betrachtet und aus Angebots- und Nachfragevorgängen, nicht aus dem essentiellen Preisbildungsgesetz zu erklären versucht. Nicht die Marktpreise, sondern die „natürlichen" Preise sind es, auf deren Erklärung das Schwergewicht der klassischen Deutung der Preisbildungsprozesse liegt. So etwa wenn J. St. Mill sagt, daß die Güter außer ihrem „zeitweiligen" Marktpreis einen „dauernden" („natürlichen") Wert haben, zu dem der Marktpreis nach jeder Veränderung zurückzukehren die Tendenz habe [1]. Die Oszillationen, fährt er fort, gleichen sich aus, so daß durch-

---

[1] Mill, J. St., Principles of Political Economy, with some of their Applications to Social Psychology, 1st ed., London 1848, übersetzt von A. Wäntig, Jena 1924. Hier interessiert vor allem der dritte Teil des ersten Bandes, besonders S. 701.

schnittlich die Güter nach ihrem natürlichen Wert ausgetauscht werden. Dieser natürliche Wert aber bilde sich nicht nach Angebot und Nachfrage, vielmehr bestimme er sich nach den Arbeitsmengen, die in den Gütern enthalten sind. Der natürliche Wert der Güter (ihr Tauschverhältnis) sei den in ihnen enthaltenen Arbeitsmengen proportional. Wenn das Gleichgewicht von den Klassikern grundsätzlich auch als eine langfristige Erscheinung betrachtet wird, läßt sich doch nicht verkennen, daß das Gleichgewichtsthema die Diskussion über die Preisbildung in marktwirtschaftlichen Systemen von jeher beherrscht hat und nicht erst neueren Datums ist.

2. Zunächst sei die Frage untersucht, ob unter den Bedingungen der vollkommenen atomistischen Konkurrenz für einen Betrieb die Möglichkeit gegeben ist, aktiv Preispolitik zu betreiben. Bei atomistischer Angebots- und Nachfragestruktur stehen sich Käufer und Verkäufer in großer Zahl mit geringen, in der Masse der Marktteilnehmer verschwindenden Marktanteilen gegenüber. Betrachtet man alle Nachfragenden zusammen, so wird die von ihenen nachgefragte Menge eine fallende Funktion des Preises sein. Es existiert hier also die gleiche Gesamtnachfragekurve, der sich auch ein Monopolist gegenübersieht. Im Gegensatz zum Monopolfall steht aber dieser Gesamtnachfragekurve bei atomistischer Konkurrenz nicht nur ein Anbieter, sondern eine sehr große Anzahl von Anbietern gegenüber. Jedes einzelne Unternehmen wird um so mehr anbieten, je höher der Preis ist, zu dem es verkaufen kann, d. h. jeder Betrieb wird auf einer steigenden individuellen Angebotskurve operieren. Ohne zunächst im einzelnen darauf einzugehen, wie sie zustande kommt, ist es offensichtlich, daß die Horizontaladdition [1] aller betriebsindividuellen Angebotskurven stets eine Gesamtangebotskurve ergeben muß, die in irgendeiner Weise steigend verläuft.

Das Gleichgewicht auf einem vollkommenen atomistischen Markt kann allein bei einem Preis liegen, bei dem die Gesamtangebotsmenge und die Gesamtnachfragemenge einander gleich sind. Graphisch erhält man diesen Preis, indem man die Gesamtnachfragekurve $N\,N'$ mit der Gesamtangebotskurve $A\,A'$ zum Schnitt bringt, wie es die Abb. 19 zeigt.

Unter den Voraussetzungen vollkommener atomistischer Konkurrenz kann es nur den so ermittelten einheitlichen Marktpreis geben. Dieser Marktpreis ändert sich nur dann, wenn im Verhältnis zum Gesamtangebot und zur Gesamtnachfrage erhebliche Änderungen des Angebots bzw. der Nachfrage vorliegen, d. h. wenn sich die Gesamtnachfragekurve bzw. die

---

[1] Die Horizontaladdition der individuellen Angebotskurven zur Gesamtangebotskurve ist ein makroökonomisches Problem und wird deshalb nicht hier im einzelnen behandelt. Vgl. hierüber E. SCHNEIDER, Einführung in die Wirtschaftstheorie, II. Teil, 3. Aufl., Tübingen 1972.

Gesamtangebotskurve in irgendeiner Weise verschiebt. Der Marktanteil eines einzelnen Anbieters (oder natürlich auch eines einzelnen Nachfragenden) ist aber als so gering angenommen, daß durch eine Änderung der Größe seines Angebotes (Nachfrage) der Preis nur so geringfügig beeinflußt zu werden vermag, daß dieser Einfluß unberücksichtigt bleiben kann. Würde andererseits ein Anbieter versuchen, einen Preis zu setzen, der von dem einheitlichen Marktpreis abweicht, so würde sich der Bedingungssatz des vollkommenen Marktes derart auswirken, daß der Anbieter im Falle der Preiserhöhung alle Kunden verlieren würde, während im Fal-

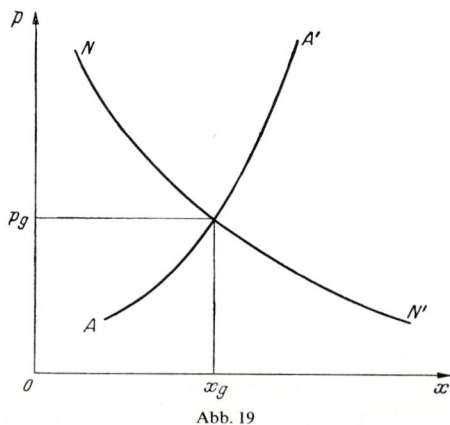

Abb. 19

le der Preisunterbietung alle Nachfrager auf ihn allein übergehen müßten. Unter diesen Umständen kann also nur *ein* Preis existieren [1]. Dieser Preis muß für die einzelnen Anbieter als „gegeben" angesehen werden, die einzelnen Betriebe können also keine aktive Preispolitik treiben, d. h. sie können nicht den Preis als absatzpolitischen Parameter benutzen. Bei dem Modell der vollständigen atomistischen Konkurrenz kann also nicht von einer Preispolitik der Betriebe gesprochen werden. Vielmehr bleibt den Betrieben in einem solchen System nur die Möglichkeit, sich mit ihren Absatzmengen dem durch das konkurrenzwirtschaftliche System vorgegebenen Preis so anzupasssen, daß sie ihr Gewinnmaximum realisieren. Hierin kommt das Wesen der vollkommenen atomistischen Konkurrenz zum Ausdruck.

3. Da der Marktanteil eines einzelnen Betriebes bei atomistischer Angebotsstruktur auf vollkommenen Märkten so gering ist, daß der Betrieb jede innerhalb seiner Kapazitätsgrenze liegende Absatzmenge anbieten

---

[1] „Law of indifference" nach Jevons.

kann, ohne daß der Marktpreis eine Änderung erfährt, muß seine Absatz-kurve unendlich elastisch sein, d. h. waagerecht zur x-Achse verlaufen, so wie es die Abb. 20 zeigt.

Den Erlös erhält man, indem die abgesetzten Mengeneinheiten mit ihrem Preise multipliziert werden. Da der Preis in bezug auf die Absatz-menge eines einzelnen Betriebes konstant ist, ist der Erlös der Absatz-menge proportional:

$$E = p \cdot x \quad (p = \text{konstant}).$$

Die Erlöskurve stellt also eine Gerade dar, die durch den Nullpunkt ver-läuft und deren Anstieg um so größer ist, je größer der Marktpreis ist und umgekehrt (Abb. 21).

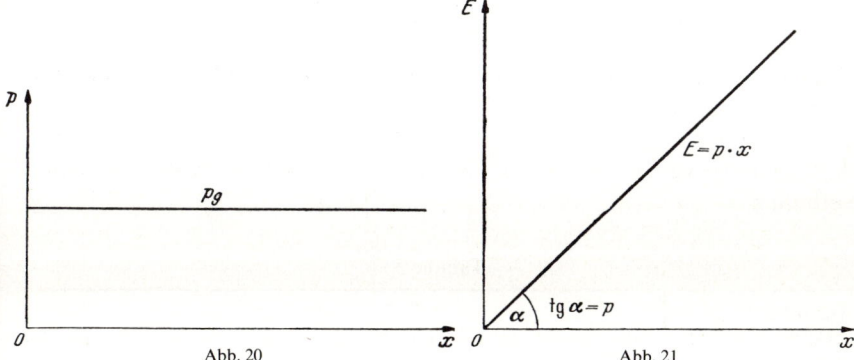

Abb. 20   Abb. 21

Wird die Absatzmenge sukzessiv um eine Einheit erhöht, so vermehrt sich der Erlös jeweils um den konstanten Preis. Der Grenzerlös ist in die-sem Falle gleich dem Preise [1].

Graphisch gesehen deckt sich in diesem Fall die Absatzkurve mit der Grenzerlöskurve.

4. Angenommen, der einheitliche Marktpreis habe sich auf ein ganz bestimmtes Niveau eingespielt. Die Frage lautet jetzt: Wie soll ein Betrieb bei gegebener Kostenstruktur seine Absatzmengen regulieren, damit sein Gewinn unter den vorliegenden Umständen am größten wird? Die Daten einer solchen Absatzpolitik der „Mengenanpassung" sind also der kon-

---

[1] Mathematisch ausgedrückt ist unter den gegebenen Umständen der Grenzer-lös die erste Ableitung der Erlösfunktion

$$E' = p.$$

Setzt man in die AMOROSO-ROBINSON-Formel $\eta = \infty$ ein, so erhält man ebenfalls für E' den Wert p.

stante Marktpreis und die Kostenstruktur des Betriebes. Bezüglich der Kostenstruktur ist bereits bei der Analyse des vollkommenen Monopols darauf hingewiesen, daß angenähert linearen Gesamtkostenkurven mehr Bedeutung zukommt als gekrümmten und daß deshalb auch in der Preistheorie in erster Linie lineare Gesamtkostenkurven unterstellt werden müssen. Diese Tatsache ist für die meisten Marktformen ohne wesentlichen Einfluß auf die Preispolitik. Im Falle der vollkommenen atomistischen Konkurrenz jedoch bedeutet die Zugrundelegung linearer Gesamtkostenkurven einen wesentlichen Bruch mit der bisherigen traditionellen Darstellung. Aus diesem Grund sei bei der Erörterung der Frage nach der gewinnmaximalen Absatzmenge zunächst von der Annahme einer gekrümmten Gesamtkostenkurve ausgegangen, der ein U-förmiger Grenzkostenverlauf entspricht [1].

Das zu lösende Problem sei auch hier an Hand eines Zahlenbeispiels beleuchtet. Angenommen, ein Betriebe bei vollständiger atomistischer Konkurrenz sehe sich einem von ihm nicht beeinflußbaren Preis von 8,20 DM gegenüber. Zu diesem Preise kann der Anbieter jede innerhalb seiner Kapazitätsgrenze, die bei 150 Einheiten angenommen sei, liegende Absatzmenge verkaufen. Hierbei mögen sich seine Grenzkosten wie folgt verhalten:

Tabelle 5

Anzahl der Produkteinheiten	0	20	40	60	80	100	120	121	122	123	124	130	140	150
Grenzkosten	7,0	6,0	5,4	5,2	5,4	6,2	8,0	8,1	8,2	8,3	8,4	9,1	10,5	12,3

Angenommen, der Anbieter bringt zunächst 20 Einheiten auf den Markt. Er wird einen gewissen Gewinn erzielen. Vermehrt er seine Absatzmenge über 20 Einheiten, so bringt ihm die letzte Einheit einen Erlöszuwachs (Grenzerlös = Preis) von 8,20 DM, wohingegen seine Kosten sich nur um 6,00 DM vermehren. Der Grenzerlös ist also bei der Absatzmenge 20 größer als die Grenzkosten. Die Differenz Grenzerlös minus Grenzkosten, also der Grenzgewinn, ist positiv. Der Gewinn steigt folglich, wenn der Anbieter seine Absatzmenge über 20 erhöht. Führen wir diese gleiche Überlegung zum Beispiel für die Absatzmengen 40, 60, 80, 100, 120 und 121 durch, so ergeben sich jedesmal positive Grenzgewinne, da der Grenzerlös von 8,20 DM stets über den Grenzkosten liegt. Erst bei der Absatzmenge von 122 nehmen im Fall einer weiteren Absatzausweitung die

---

[1] Ein solcher Verlauf ist auch dann möglich, wenn das Ertragsgesetz nicht in seiner bisherigen Formulierung Gültigkeit hat; denn auch die *Produktionsfunktion B* kann hierzu führen, wenn allerdings auch nur in Ausnahmefällen (s. Band I, Teil II).

Kosten um den gleichen Betrag zu wie die Erlöse, d. h. in diesem Punkte sind die Grenzkosten gleich dem Grenzerlös, und der Grenzgewinn ist gleich Null. Würde der Anbieter trotzdem seinen Absatz auf 123 erhöhen, so würde die letzte Absatzeinheit seinen Erlös um 8,20 DM und seine Kosten um 8,30 DM erhöhen, der Gewinn würde also unter dem Gewinn liegen, welchen der Anbieter erzielt, wenn er 122 Mengeneinheiten anbieten würde. Die gewinnmaximale Absatzmenge eines Betriebes bei vollkommener atomistischer Konkurrenz liegt also dort, wo die Grenzkosten gleich dem Preise sind [1].

Graphisch läßt sich die gewinnmaximale Absatzmenge auf zweifache Weise ermitteln: Zunächst sei von der Abb. 22 ausgegangen, welche die Preisgerade, die Grenzkostenkurve und Durchschnittskostenkurve einer Unternehmung bei vollständiger atomistischer Konkurrenz darstellt.

In dieser Abbildung schneidet die Grenzkostenkurve die Preisgerade in den Punkten F und B. Es ist aber offensichtlich, daß der erste dieser beiden Schnittpunkte kein Gewinnmaximum sein kann, denn die Grenzkostenkurve schneidet hier die Preisgerade von oben nach unten. Erst bei einer rechts von diesem Punkt liegenden Absatzmenge kann daher überhaupt ein Gewinn erzielt werden. Bei geringen Absatzmengen sind die Kostenverhältnisse so ungünstig, daß jede weitere Einheit zusätzliche Kosten (Grenzkosten) verursacht, die über dem Absatzpreis liegen [2]. Das Ge-

---

[1] Diese These läßt sich exakter und übersichtlicher unter Verwendung mathematischer Symbole ableiten. Der Gewinn eines Unternehmens ist die Differenz zwischen dem Erlös und den Kosten in einer bestimmten Zeitperiode, wobei Erlös und Kosten als eine Funktion der Produktmenge aufgefaßt sind. Bezeichnet man den Gewinn als $G(x)$, den Erlös als $E(x)$ und die Kosten als $K(x)$, so kann man schreiben:

$$G(x) = E(x) - K(x).$$

Da im Falle der vollständigen atomistischen Konkurrenz der Preis p konstant ist – der Betrieb vermag absatzpolitisch ja nur Mengenanpassung zu treiben – so kann man für den Erlös in die obige Formel $p\,x$ einsetzen:

$$G(x) = p\,x - K(x).$$

Diese Funktion hat dort ein Maximum, wo die erste Ableitung gleich Null ist.

$$G'(x) = p - K'(x),$$
$$p - K'(x) = 0,$$
$$p = K'(x).$$

Diese Bedingung sagt aus, daß die gewinnmaximale Absatzmenge eines Betriebes bei vollkommener atomistischer Konkurrenz nur dort liegen kann, wo die Grenzkosten gleich dem Preis sind.

[2] Es ist weiterhin noch zu berücksichtigen, daß bei geringen Absatzmengen die fixen Stückkosten sehr hoch sind, so daß hier in der Regel kein Gewinn erzielt werden kann. Im übrigen wirken sich aber auch hier die fixen Kosten auf die Lage der günstigsten Absatzmenge nicht aus, wie im einzelnen noch zu zeigen sein wird.

winnmaximum kann also nur im Punkte B, d. h. also bei der Absatzmenge x_g, liegen.

In analoger Weise läßt sich die gewinnmaximale Absatzmenge x_g auch finden, indem man von der Erlöskurve und der Gesamtkostenkurve ausgeht, wie die Abb. 23 zeigt. Der Gewinn oder Verlust ist hierbei graphisch gesehen nichts anderes als die Differenz der entsprechenden Ordinaten

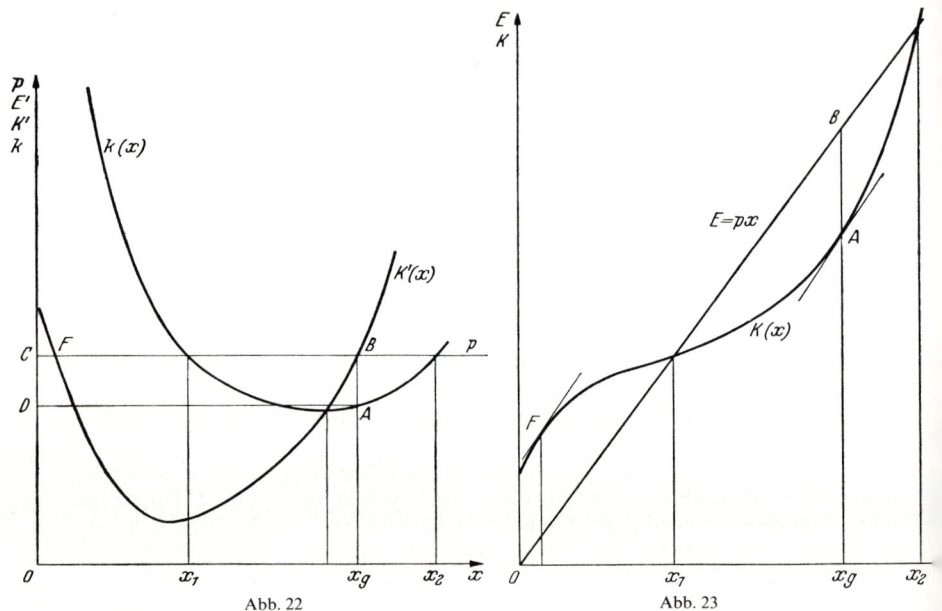

Abb. 22   Abb. 23

der Erlöskurve und der Gesamtkostenkurve. Bei den Absatzmengen, bei denen die Gesamtkosten über den Erlösen liegen, erleidet der Betrieb Verluste. Dies ist bei Absatzmengen der Fall, die kleiner als x_1 und größer als x_2 sind. Bei Absatzmengen, die über x_1 und unter x_2 liegen, erzielt der Betrieb dagegen Gewinne. Diese Tatsache ist auch aus der Abb. 22 zu ersehen, da in dem Bereich x_1 bis x_2 die Stückkosten geringer als der Preis sind. Man nennt diesen Bereich auch die Gewinnlinse eines Betriebes und seine Begrenzungen die obere und untere Gewinnschwelle. Die Abb. 23 zeigt, daß der günstigste Punkt in dieser Gewinnlinse dort liegen muß, wo die Tangente an die Gesamtkostenkurve parallel zur Erlöskurve verläuft, denn hier muß die Differenz der Ordinaten beider Kurvenpunkte und damit der Gewinn am größten sein. Da der Anstieg der Tangente an die Gesamtkostenkurve gleich den Grenzkosten und der Anstieg der Erlöskurve gleich dem Preis ist, so sind in diesem Punkt die Grenzkosten gleich dem Preise. Vergleiche den Punkt B in Abb. 22.

In der Wirtschaftstheorie wird die Situation eines Betriebes bei vollkommener atomistischer Konkurrenz, in der die Grenzkosten dieses Betriebes gleich dem Marktpreis sind, als „betriebsindividuelles Gleichgewicht" bezeichnet. Wenn also keine Datenänderung eintritt, dann besteht bei einem solchen Betrieb keine Tendenz, diese für ihn gewinngünstigste Situation durch Veränderung seiner Angebotsmenge zu ändern.

5. Bisher ist nur der traditionelle Fall der vollkommenen atomistischen Konkurrenz betrachtet, in welchem angenommen wird, daß die Betriebe Kostenstrukturen mit aufsteigenden Grenzkosten aufweisen. Nunmehr sei in Anlehnung an die Ergebnisse der modernen Kostentheorie die Frage untersucht, wie sich die gewinnmaximale Absatzmenge ergibt, wenn die Gesamtkosten linear verlaufen.

Wiederum sei angenommen, der allgemeine Marktpreis liege bei 8,20 DM. Die Gesamtkosten aber mögen jetzt bei jeder zusätzlichen Produkteinheit um 7,50 DM zunehmen. Die Grenzkosten dieses Betriebes liegen dann konstant bei 7,50 DM. Es ist offensichtlich, daß es sich für einen solchen Betrieb lohnt, den Absatz soweit wie möglich auszudehnen, denn jede zusätzliche Einheit vermehrt den Erlös um 8,20 DM, während die Kosten nur um 7,50 DM zunehmen. Unter diesen Umständen liegt die gewinnmaximale Absatzmenge an der oberen Kapazitätsgrenze, d. h. bei der im Rahmen der gegebenen technischen und organisatorischen Einrichtungen möglichen Maximalausbringung. Das klassische Kriterium Grenzkosten gleich Preis versagt also bei linearem Gesamtkostenverlauf[1].

Diesen Sachverhalt zeigt Abb. 24. In dieses Diagramm sind der Preis, die Grenzkosten und die Stückkosten eingezeichnet.

---

[1] Geht man von der Gewinngleichung

$$G(x) = p\,x - K(x)$$

aus, dann kann die Gesamtkostenfunktion $K(x)$ durch die lineare Funktion $K(x) = x\,k_p + K_c$ ersetzt werden, wobei k_p die proportionalen Durchschnittskosten bzw. die (konstanten) Grenzkosten und K_c die fixen Gesamtkosten sind. Man erhält dann:

$$G(x) = p\,x - (x\,k_p + K_c)$$
$$\text{oder } G(x) = x\,(p - k_p) - K_c.$$

Durch Differenzieren ergibt sich demnach hier:

$$G'(x) = p - k_p.$$

Ein Gewinnmaximum liegt stets dann vor, wenn die erste Ableitung der Gewinnfunktion gleich Null ist. Da aber sowohl der Preis p als auch die Grenzkosten k_p konstant sind und die beiden Größen im Regelfall keineswegs einander gleich zu sein brauchen, kann keine Absatzmenge x angegeben werden, für die die erste Ableitung der Gewinnfunktion gleich Null ist, also der Gewinn vom Steigen zum Fallen umkehrt.

Die Grenzkostenkurve und die Preisgerade laufen parallel zueinander und schneiden sich nicht. Bei der Ausbringung x_1 liegt die untere Gewinnschwelle. Eine obere Gewinnschwelle gibt es nicht. Die Gewinne nehmen bis zur Kapazitätsgrenze x_2 zu. Dieser Tatbestand läßt sich aus der Abb. 25 ersehen, welche die Erlöskurve und die Gesamtkostenkurve enthält. Bei Absatzmengen, die geringer als x_1 sind, erleidet der Betrieb Verluste, da die Erlöse hier geringer als die Gesamtkosten sind. Von der Absatzmenge x_1 an werden Gewinne erzielt, die mit jeder abgesetzten Einheit größer werden, um an der Kapazitätsgrenze x_2 ihr Maximum zu erreichen. Hier ist der Abstand der Erlöskurve von der Kostenkurve am größten.

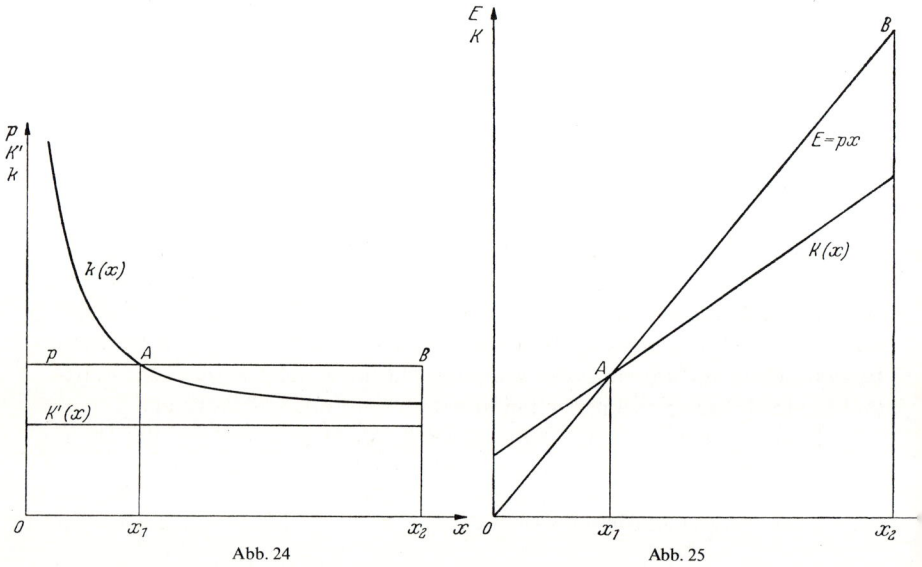

Abb. 24   Abb. 25

6. Bisher wurde angenommen, daß sich das hier betrachtete Unternehmen einem ganz bestimmten Preise gegenübersieht. Nunmehr sei untersucht, wie sich die gewinnmaximale Absatzmenge verändert, wenn sich der Marktpreis sukzessive verändert, weil sich zum Beispiel die Gesamtnachfragekurve aus irgendwelchen Gründen verschiebt. Hierbei sei zunächst wieder von gekrümmten Kostenkurven ausgegangen, um den Anschluß an die traditionelle Theorie der vollkommenen atomistischen Konkurrenz zu wahren.

Nimmt man an, der Preis falle sukzessiv von p_1 bis auf p_5, wie es die Abb. 26 zeigt, dann schrumpft die Gewinnzone immer mehr zusammen, bis bei dem Preis p_3 kein Gewinn mehr entsteht (vgl. den Punkt Q).

Der Preis ist in diesem Fall sowohl gleich den Stückkosten als auch gleich den Grenzkosten: $p = k(x) = K'(x)$.

Abb. 27 zeigt, daß mit fallenden Preisen der Anstieg der Erlösgeraden Zug um Zug abnimmt. Beim Preise p_3 tangiert die Erlösgerade E_3 die Gesamtkostenkurve. Ein Gewinn kann folglich für keine Absatzmenge mehr entstehen.

Ist der Betrieb nicht gewillt, auf einen Teil seiner Kosten zugunsten der Weiterführung des Betriebes zu verzichten, so bildet der Preis p_3 im obigen Beispiel die Preisuntergrenze. Bei Preisen unterhalb dieses Preises würde der Betrieb aus dem Markt ausscheiden. Da für jeden über p_3 liegenden

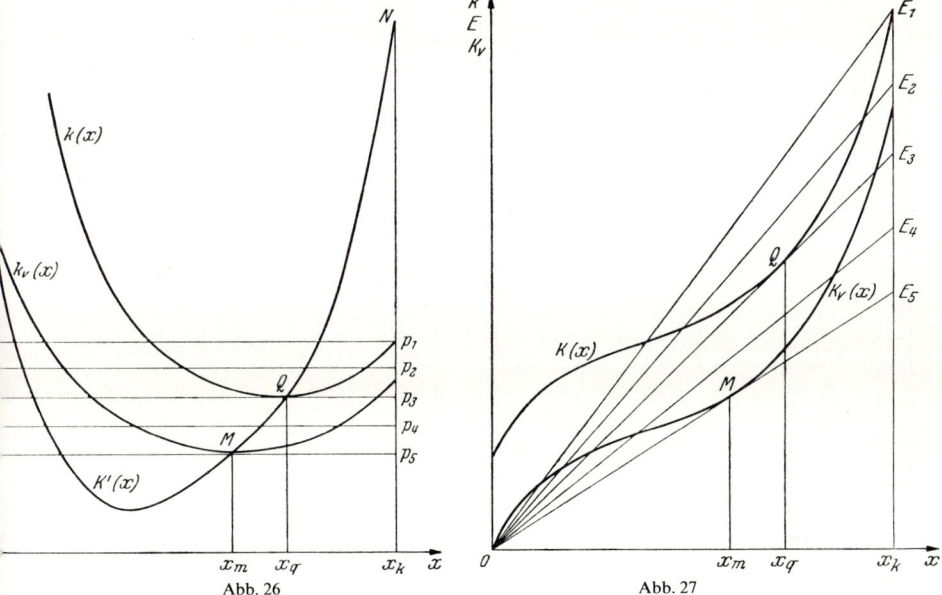

Abb. 26   Abb. 27

Preis diejenige Menge angeboten wird, für die $K'(x) = p$ ist, so ist bei vollkommener atomistischer Konkurrenz die betriebsindividuelle Angebotskurve identisch mit der Grenzkostenkurve vom Punkte Q, also vom Betriebsoptimum an, bis zur Kapazitätsgrenze x_k [1]. Man kann davon ausgehen, daß das Unternehmen „kurzfristig" in der Lage ist, auf die Deckung eines Teiles seiner fixen Kosten zu verzichten, und diesen Fall einer Stillegung vorzieht. Nimmt man an, daß der Betrieb völlig auf die Deckung seiner fixen Kosten verzichtet, wenn der Preis entsprechend sinkt, und erst dann zur Stillegung übergeht, wenn der Preis niedriger liegt als die proportionalen Stückkosten, so ist auch in diesem Fall, wie die Abb. 26 und 27 für die Preise p_4 und p_5 erkennen lassen, die betriebsindividuelle Ange-

---

[1] Auch hier gilt, daß diese Grenze durch quantitative Anpassung verschoben werden kann.

botskurve gleich der Grenzkostenkurve, aber bereits vom Punkte M, also vom sog. Betriebsminimum [1] an. Ob eine solche Unterstellung, die ja den Begriff „kurzfristig" enthält, also auf den Zeitfaktor irgendwie Bezug nimmt, mit der oben gegebenen statistischen Analyse zu vereinbaren ist, dürfte zweifelhaft sein. Hierauf soll jedoch nicht näher eingegangen werden.

Nunmehr sei untersucht, wie sich Preisveränderungen bei linearem Gesamtkostenverlauf auswirken. Die Abb. 28 und 29 lassen erkennen, daß sich auch hier der Gewinnbereich verringert, wenn der Preis von p_1 auf p_5 sinkt.

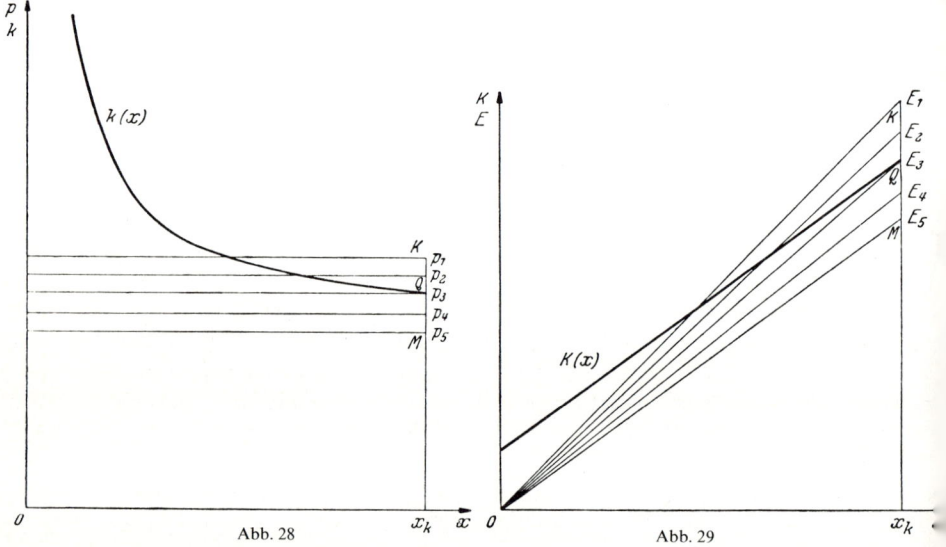

Abb. 28   Abb. 29

Hierbei bleibt die günstigste Absatzmenge unverändert. Sie beträgt stets x_k. Für den Preis p_3 ist der Gewinn gleich Null, denn dieser Preis ist, wie die Abb. 28 erkennen läßt, gerade gleich den Stückkosten der maximalen Absatzmenge. Die Erlöskurve schneidet in diesem Fall die Gesamtkostenkurve bei x_k. Sinkt der Preis weiter, z. B. auf p_4, so wird ein Teil der fixen Kosten nicht mehr gedeckt. Der Betrieb wird also zu diesem Preis

---

[1] Liegen für alle Betriebe auf diese Weise die individuellen Angebotskurven fest, so ergibt sich aus diesen die Gesamtangebotsfunktion genau so durch Horizontaladdition, wie sich die Gesamtnachfragefunktion durch Horizontaladdition der individuellen Nachfragefunktionen ergibt. Hierauf soll aber in diesen, allein auf die betriebsindividuellen Probleme der Absatzpolitik abgestellten Abhandlungen nicht näher eingegangen werden. Vgl. hierüber vor allem SCHNEIDER, E., a.a.O., S. 127 ff. Im Rahmen diessc Abhandlungen interessiert nur der durch den Schnittpunkt der Gesamtangebots- und der Gesamtnachfragekurve festgelegte Preis als Datum der betriebsindividuellen Absatzpolitik.

nur dann noch anbieten, wenn er bereit ist, diesen teilweisen Verlust an fixen Kosten in Kauf zu nehmen, um beschäftigt zu bleiben. Bei dem Preis p_5 sind die gesamten fixen Kosten ungedeckt, denn dieser Preis ist gleich den proportionalen Durchschnittskosten bzw. Grenzkosten. Die zu diesem Preise gehörende Erlöskurve läuft zur Gesamtkostenkurve parallel. Hier liegt also die absolute Preisuntergrenze des Betriebes. Auch durch Ausweitung der Kapazitätsgrenze ist bei diesem Preise keine Verlustminderung mehr möglich, während bei den über P_5 (aber unter p_3) liegenden Preisen diese Möglichkeit besteht. Die Punkte Q in den Abb. 28 und 29 entsprechen dem Optimum bei gekrümmten Kostenkurven. Hierbei ist aber zu bemerken, daß sich dieser Punkt mit jeder Kapazitätsausweitung verschiebt. Der Punkt M in den Abb. 28 und 29 entspricht dem Betriebsminimum bei gekrümmten Kostenkurven.

Im Gegensatz zu den betriebsindividuellen Angebotskurven, wie sie sich bei gekrümmten Kostenkurven ergaben, ergibt sich hier eine über der jeweiligen Kapazitätsgrenze von der Grenzkostenkurve an senkrecht nach oben verlaufende individuelle Angebotskurve. Auch hier ist die Gesamtangebotskurve die Horizontaladdition sämtlicher betriebsindividueller Angebotskurven.

7. Bisher wurde angenommen, daß die Kostenstruktur der Unternehmen unverändert bleibt, wobei in beiden Fällen unterstellt wurde, daß die Gesamtkostenkurve entweder gekrümmt oder linear verläuft. Nunmehr sei untersucht, wie Verschiebungen der Kostenkurve die gewinnmaximale Absatzpolitik eines Betriebes bei vollkommener atomistischer Konkurrenz beeinflussen.

Zunächst sei wieder von gekrümmten Kostenkurven ausgegangen, wie sie den Abb. 22 und 23 zugrunde liegen. An Hand der Abb. 22 und 23 wird besonders deutlich, daß die Höhe der fixen Kosten die Lage der gewinnmaximalen Absatzmenge x_g nicht beeinflußt. Denn, wenn die Gesamtkostenkurve $K(x)$ parallel verschoben wird, also größere oder kleinere fixe Kosten angenommen werden, bleibt der größte vertikale Abstand von der Erlöskurve immer über der gleichen Absatzmenge x_g. Allerdings beeinflußt die absolute Höhe der fixen Kosten den Gewinn. Werden in dem der Abb. 23 zugrunde liegenden Beispiel die fixen Kosten um $A\,B$ nach oben verschoben, so wird gerade kein Gewinn mehr erzielt. In diesem Fall tangiert in Abb. 23 die Erlöskurve die Kostenkurve und in Abb. 22 die Stückkostenkurve die Preisgerade. Bei noch höheren fixen Kosten entstehen Verluste.

Änderungen in der Struktur der variablen Kosten beeinflussen dagegen sowohl die Gewinnhöhe als auch die Lage der gewinnmaximalen Absatzmenge. Allgemein kann wegen der Vielgestaltigkeit der möglichen variablen Gesamtkosten keine Aussage über die Lage der gewinnmaximalen

Absatzmenge gemacht werden. Die Abb. 26 und 27 lassen jedoch erkennen, daß die gewinnmaximale Absatzmenge bei gegebenem Preise um so größer ist, je flacher und je langgestreckter die variablen Gesamtkosten- und damit auch die Grenzkostenkurven verlaufen.

Nunmehr sei noch der Einfluß betrachtet, den Änderungen der Kostenstruktur bei linearen Gesamtkosten auf die gewinnmaximale Absatzmenge ausüben. Aus den Abb. 24 und 25 ist ersichtlich, daß die Höhe der fixen Kosten die gewinnmaximale Absatzmenge auch hier nicht beeinflußt. Sie liegt immer an der jeweiligen Kapazitätsgrenze.

Sind die fixen Kosten so groß, daß sich die Gesamtkostenkurve und die Erlöskurve gerade über der Kapazitätsgrenze x_2 schneiden, dann wird kein Gewinn mehr erzielt.

Bisher wurde immer von einem gegebenen produktionstechnischen und organisatorischen Apparat der Betriebe und damit von einer gegebenen begrenzten Kapazität ausgegangen. Hierbei lag die gewinnmaximale Absatzmenge bei linearem Gesamtkostenverlauf stets an der äußersten Kapazitätsgrenze. Diese Erscheinung führte bereits oben zu dem Gedanken, daß es vielleicht für einen solchen Betrieb vorteilhaft sein könnte, seine Kapazität zu erweitern. Angenommen, eine solche Erweiterung sei möglich, ohne daß sich die proportionalen Stückkosten verändern, indem jeweils nach einer Absatzmenge von x_1 ein Fixkostensprung erfolgt [1], wobei der Einfachheit halber die Höhe der Fixkostensprünge als gleich angenommen sei.

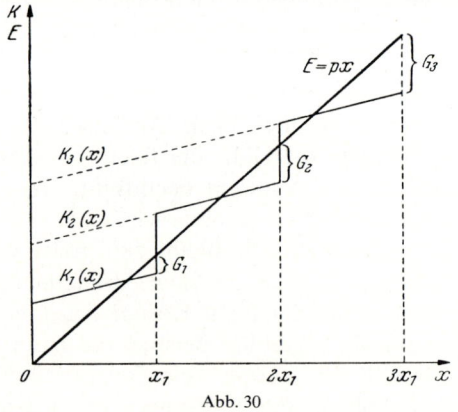

Abb. 30

Abb. 30 zeigt, daß für die gegebene Erlöskurve $E(x)$ bei der Kostenkurve $K_1(x)$, d. h. bei der Kapazität x_1, der Gewinn G_1 beträgt. Wird die

---

[1] Dieser Fall ist ausführlich in Band I beschrieben. Vgl. ferner GUTENBERG, E., Über den Verlauf von Kostenkurven und seine Begründung, Z. f. handelswissenschaftliche Forschung, N.F., 5. Jahrg. (1953), S. 1 ff.

Kapazität auf $2 x_1$ verdoppelt, so ergibt sich die Kostenkurve $K_2(x)$. Der Gewinn beträgt in diesem Fall G_2. Er nimmt um 100% zu. Wird die Kapazität auf $3 x_1$ verdreifacht, so erhält man die Kostenkurve $K_3(x)$. Der Gewinn steigt auf G_3 an, d. h. er nimmt gegenüber G_1 um 200% zu, wie aus der Abb. 30 leicht zu ersehen ist. Unter den Bedingungen des stark vereinfachenden Beispiels steigen die Gewinne proportional zur Kapazitätsausweitung. Hieraus resultiert notwendigerweise eine entsprechend starke Wachstumstendenz der Unternehmen. Praktisch liegt der Fall der vollkommenen atomistischen Konkurrenz höchstens nur tendenziell vor, so daß von einem gewissen Punkt an Absatzausweitungen auf marktliche Grenzen stoßen müssen.

8. Wird eine Gruppe von Unternehmungen angenommen, die die Bedingungen vollkommener atomistischer Konkurrenz erfüllt, dann wird ein Preis, der mit großem Gewinn zu produzieren erlaubt, dem Marktprozeß zusätzliche Konkurrenten zuführen. Die zusätzliche Produktion wird die Gesamtangebotskurve nach rechts verschieben und damit den Preis sinken lassen. Wenn die Preisgerade so weit sinkt, daß sie für einen Betrieb die Stückkostenkurve im Minimum, also in dem Punkt berührt, an dem die Durchschnittskosten den Grenzkosten gleich sind, dann erzielt dieser Betrieb keinen Gewinn mehr. Sinkt der Preis weiter, so muß der Betrieb langfristig entweder aus der Gruppe ausscheiden oder seine Kostenstruktur durch produktionstechnische oder organisatorische Maßnahmen verbessern. Solange der Zustrom an neuen Konkurrenten anhält, d. h. solange es in der Gruppe noch Unternehmungen gibt, für die der Preis über dem Minimum der Stückkostenkurve [1] liegt, wobei in die Stückkosten ein gewisser Gewinnbetrag einbezogen sein mag, der nicht hoch genug ist, um neue Unternehmer anzulocken, aber auch nicht klein genug, um die Produktion einzustellen, werden immer wieder Unternehmen vor die Alternative gestellt, auszuscheiden oder ihre Kostenstruktur zu verbessern. Ein Unternehmen, das vor diese Entscheidung gestellt ist, weil der Preis unter sein Stückkostenminimum abzusinken droht, wird in der ökonomischen Theorie als Grenzbetrieb bezeichnet. Durch den ständigen Prozeß von Gründungen und Stillegungen, Betriebserweiterungen und Einschränkungen gleichen sich die Minimalpunkte der Stückkostenkurven aller Betriebe der Gruppe aneinander an. Auf diese Weise entsteht eine Gleichgewichtslage, die durch die dreifache Bedingung: Grenzkosten = Stückkosten = Preis charakterisiert wird. Die Unternehmen arbeiten unter diesen Umständen im Kostenoptimum, d. h. mit den geringsten Kosten je Erzeugungseinheit, wie es die Abb. 31 erkennen läßt [2].

---

[1] Dieses liegt bei linearen Gesamtkosten an der jeweiligen Kapazitätsgrenze.

[2] Selbstverständlich liegt bei drei Anbietern keine atomistische Konkurrenz vor. Man muß sich die in Abb. 31 wiedergegebene Gruppe entsprechend erweitert vorstellen.

Ein betriebsindividuelles Gleichgewicht liegt dann vor, wenn die Bedingung Grenzkosten = Preis (bzw. Grenzerlös) erfüllt ist, Gruppengleichgewicht besteht dann, wenn zusätzlich die Stückkosten gleich dem Preis sind, also die Bedingung Grenzkosten = Preis = Stückkosten gegeben ist.

Im Falle des betriebsindividuellen Gleichgewichts ist die Ausbringung im allgemeinen größer als die kostengünstigste (kostenminimale) Produktmenge. Nur dann, wenn gleichzeitig auch ein Gruppengleichgewicht vorliegt, produzieren alle Betriebe ihre Ausbringung mit den geringsten Kosten je Erzeugungseinheit.

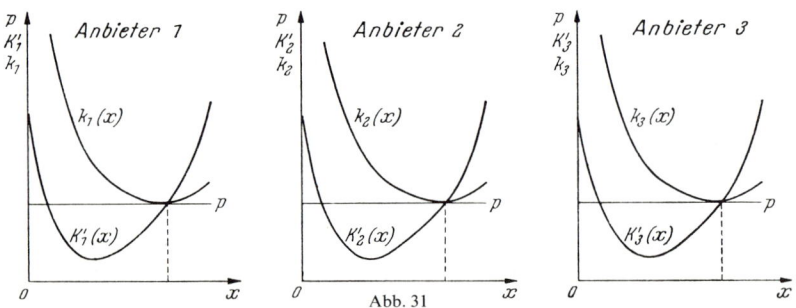

Abb. 31

Wenn nun für alle Betriebe gilt, daß die zur Produktion erforderlichen Sachgüter, Arbeits- und Dienstleistungen einschließlich der dispositiven Leistungen beliebig verfügbar sind, dann werden die Betriebe bei atomistischer Konkurrenz mit gleichen Produktionsfunktionen, also auch Kostenfunktionen, arbeiten. Berücksichtigt man jedoch die Möglichkeit, daß einige Betriebe über gewisse Produktionsvorteile verfügen, die den anderen Betrieben nicht erreichbar sind (z. B. besondere Rohstoffe, knapper Grund und Boden, besondere technische oder dispositive Leistungen, günstige Lage), dann verschaffen diese natürlichen Produktionsvorteile denjenigen Betrieben, die sie besitzen, gewisse Vorzugsstellungen. Sie wirken sich als eine Art von Renten auf diese Vorzugspositionen aus und können auch dadurch nicht beseitigt werden, daß die Märkte „offen" sind.

Nimmt man an, die Märkte seien nicht „offen" (alle übrigen Bedingungen unverändert), dann kann das System offenbar die Preise und Mengen bei Gruppengleichgewicht nicht erreichen. Vielmehr gilt in diesem Falle für alle zur Gruppe gehörenden Betriebe die Bedingung: Grenzkosten gleich Preis, d. h. nur das betriebsindividuelle Gleichgewicht wird realisiert. Die Betriebe arbeiten mit Gewinn.

Unter den Voraussetzungen vollkommener atomistischer Konkurrenz gibt es also keinen Grenzbetrieb, denn alle Betriebe sind nach den gemachten Annahmen in der Lage, die zur Produktion erforderlichen Güter zu beschaffen. Ist das der Fall, dann besteht für jeden Betrieb die Möglichkeit, sich fertigungstechnisch genau so einzurichten wie die anderen Betriebe. Theoretisch kommt das darin zum Ausdruck, daß alle Betriebe mit der gleichen Produktions- bzw. Kostenkurve arbeiten. Wenn man zu unterschiedlichem Kostenniveau der Betriebe gelangen will, muß die Voraussetzung vollkommener Märkte aufgehoben und die Anpassungsgeschwindigkeit der betrieblichen Vorgänge nicht mehr als unendlich angenommen werden. Werden „time-lags" zugelassen, wird also eine Grenzüberschreitung in Richtung auf unvollkommene Märkte vorgenommen [1], dann arbeiten die Betriebe mit verschiedenen Produktions- bzw. Kostenfunktionen, solange der Anpassungsprozeß noch nicht vollständig vollzogen ist.

Die Folge ist, daß es einige Betriebe gibt, die die Bedingung: Grenzkosten = Durchschnittskosten = Preis erfüllen, andere Betriebe realisieren dagegen lediglich die Bedingung Grenzkosten = Preis. Das System enthält in diesem Falle zwei Arten von Betrieben. Diejenigen Betriebe, die die Bedingung: Grenzkosten = Durchschnittskosten = Preis erfüllen, werden als „Grenzbetriebe" bezeichnet, denn eine weitere Preissenkung stellt diese Betriebe, langfristig gesehen, vor die Alternative, aus dem Markt auszuscheiden oder ihre Kostenstruktur zu verbessern. Es sind die innerhalb einer Gruppe von Betrieben mit den ungünstigsten Kosten arbeitenden Betriebe. Da Kostenunterschiede nur auf unvollkommenen Märkten bestehen können, gehört der Begriff „Grenzbetrieb" nicht in den Vorstellungsbereich vollkommener Märkte.

Es ist zu beachten, daß der Begriff „Grenzbetrieb", wenn er so verstanden wird, wie er hier aufgefaßt wird, ein Begriff der Theorie ist. Zu ihm gelangt man, wenn im hypothetischen System der Theorie gewisse Annahmen gemacht oder fallen gelassen werden. Man sollte sich dieser Tatsache bewußt sein, wenn man diesen Begriff in wirtschaftspolitischen Diskussionen verwendet.

Nimmt man an, daß die Märkte unter im übrigen gleichen Bedingungen nicht offen sind, dann besteht keine Möglichkeit, daß unbegrenzt neue Konkurrenzbetriebe in den Markt eintreten. Das Gruppengleichgewicht wird also nicht erreicht, weil die Betriebe mit verschieden hohen Kosten arbeiten. Der Preis wird bis auf die Höhe des Kostenminimums des kostenmäßig ungünstigsten Betriebes sinken. Die übrigen (intramarginalen) Betriebe arbeiten mit Gewinn. Das Vorhandensein von Gewinnen zeigt an, daß sich die gesamte Gruppe in einer Lage befindet, die gewisse monopolistische Elemente enthält.

9. Noch kurz seien die beiden bisher geschilderten absatzpolitischen Grenzsituationen, das vollkommene Monopol und die vollkommene atomistische Konkurrenz miteinander verglichen.

---

[1] Wobei dieser Begriff nunmehr in dem hier für zulässig erachteten weiteren Sinne gebraucht wird.

Der Monopolbetrieb der Theorie ist in dem ganzen, durch seine Absatzkurve charakterisierten Preisbereich absatzpolitisch autonom. Er kann entweder den Preis oder die Absatzmenge frei bestimmen und sich mit den übrigen Größen anpassen. Ein Betrieb im System der vollständigen atomistischen Konkurrenz hat dagegen diese Möglichkeit nicht. Er kann sich vielmehr nur mengenmäßig an den von ihm nicht beeinflußbaren Marktpreis anpassen, d. h. er ist absatzpolitisch völlig konkurrenzgebunden.

Vergleicht man die betriebsindividuellen Gleichgewichtslagen eines Monopolbetriebes und eines Betriebes im System der vollkommenen atomistischen Konkurrenz miteinander, dann zeigt sich, daß der Monopolpreis stets über den Grenzkosten liegt. Der Angebotspreis des Konkurrenzbetriebes ist stets gleich den Grenzkosten. Die Abgebotsmenge ist unter sonst gleichen Umständen im Monopolfalle kleiner als im Konkurrenzfalle.

Tendenziell läßt sich also sagen, der Monopolpreis liege höher als der Konkurrenzpreis und die Monopolmenge sei geringer als das gesamte Konkurrenzangebot. Hieraus ist der Satz abzuleiten: je größer die absatzpolitische Autonomie eines Unternehmens ist, um so höher ist der Preis und um so geringer ist die Absatzmenge; je konkurrenzgebundener die Absatzpolitik eines Unternehmens ist, um so niedriger ist der Preis und um so größer ist die Absatzmenge. Dieser Satz ist aber nur unter Vorbehalt richtig, denn in der Regel verschieben sich mit zunehmender absatzpolitischer Autonomie die Größenverhältnisse der Betriebe. So kann zum Beispiel angenommen werden, daß in vielen Fällen die Kostenstruktur eines großen Betriebes günstiger als die der kleineren Konkurrenzbetriebe ist. Seine Größe gibt dem Monopolbetrieb, falls es sich hierbei um einen Großbetrieb handelt, die Möglichkeit, Produktionsvorteile zu verwirklichen, die die Konkurrenzbetriebe nicht zu realisieren vermögen. Hierdurch können die Grenzkosten eines Monopolbetriebes im Grenzfall so günstig werden, daß der CoURNoTsche Monopolpreis nicht mehr weit über dem Konkurrenzpreis liegt. Unter Umständen kann der sogar unter ihm liegen.

B. Die Preispolitik bei atomistischer Konkurrenz auf unvollkommenen Märkten

1. Wesen und Bedeutung der unvollständigen atomistischen Konkurrenz.
2. Preislagen und Produktqualitäten.
3. Der Begriff des akquisitorischen Potentials.
4. Der Begriff des Intervalls preispolitischer Autonomie.

1. Nunmehr sei die Preispolitik von Unternehmen mit atomistischer Angebotsstruktur auf unvollkommenen Märkten (polypolistische Konkurrenz) untersucht. Zu diesem Zwecke seien zunächst alle Voraussetzungen und Theoreme, wie sie bisher für die Fragen der Preispolitik unter den Bedingungen atomistischer Konkurrenz auf vollkommenen Märkten benutzt wurden, beiseite gelassen. Zunächst sei kurz ein Fall betrachtet, wie er sich in der Wirklichkeit täglich abspielen kann. Für die Analyse dieses Falles sei lediglich die Annahme gemacht, daß die Zahl der Konkurrenten so groß ist, daß eine preispolitische Maßnahme eines Anbieters die Absatzmengen der übrigen Unternehmen nicht merklich beeinflußt.

Ein Käufer möge beabsichtigen, einen Anzug zu kaufen. Der Verkäufer wird den präsumtiven Käufer fragen: „In welcher Preislage etwa wünschen Sie den Anzug?" Der Käufer mag sagen: „Etwa um 180 DM", oder (zu sich selbst), „etwa zwischen 170 und 190 DM". Der Verkäufer führt dem Kunden eine Anzahl von Anzügen vor, die zwischen 170 und 190 DM kosten. Der Käufer wird sich („wenn er etwas Passendes findet") für einen Anzug entscheiden, der seinen persönlichen Wünschen entspricht und den er für preiswert hält.

Dieser einfache Fall gibt zu folgenden Überlegungen Anlaß: Dem Käufer werden Anzüge vorgelegt, die sich in ihren besonderen Eigenschaften voneinander unterscheiden, etwa hinsichtlich ihres Schnittes, ihrer Stoffart, ihrer Farbe u. a. Es gibt also nicht „einen" Anzug zu einem bestimmten Preis, sondern eine Anzahl von Anzügen, die sich in ihren Eigenschaften (in gewissen Grenzen) unterscheiden. Mithin handelt es sich nicht um völlig gleichartige, sondern um mehr oder weniger gleichartige Waren, in der Sprache der Theorie gesprochen: nicht um homogene, sondern um heterogene, differenzierte Erzeugnisse. Sie dienen alle dem gleichen Verwendungszweck, sind aber doch nicht von jener Gleichförmigkeit, die die Erzeugnisse kennzeichnet, wie man sie für vollkommene Märkte unterstellt. In dem Bedingungssatz für unvollkommene Märkte ist die Homogenitätsbedingung durch die Heterogenitätsbedingung ersetzt worden.

Im Beispiel wird der Käufer den Anzug nur dann kaufen, wenn er der Ansicht ist, daß der Anzug preiswert sei. Diese Tatsache besagt, daß der Käufer sich ein Urteil darüber zu bilden versucht, ob die Art und Qualität des ihm vorgelegten Anzuges in einem ihm günstig erscheinenden Verhältnis zu dem geforderten Preise steht. Denn jeder Käufer möchte preiswert kaufen, d. h. eine Ware erwerben, deren Preis ihm in Hinsicht auf ihre Eigenschaften günstig erscheint [1].

Die Überlegungen des Käufers gehen aber noch weiter. Der Käufer wird sich sagen: „In dieser Preislage kann ich keine bessere Qualität verlangen" oder: „In dieser Preislage kann ich eine bessere Qualität fordern". Nur Waren, die dem gleichen Verwendungszweck zu dienen in der Lage sind und die Eigenschaften aufweisen, wie sie füglich bei diesem Preise oder etwa bei diesen Preisen (einem oberen oder unteren Preise) verlangt werden können, gehören zur gleichen „Preisklasse" oder „Preislage".

Offenbar gibt es eine Art mittlerer Produktbeschaffenheit, von der die Waren, die zu einer Preislage gehören, bis zu einem oberen oder unteren Grenzwert abweichen können, ohne einer anderen Preislage zugeordnet werden zu müssen oder ohne das Gleichgewicht zwischen den Preislagen zu stören. Dieser mittlere Wert an Produkteigenschaften, die „qualitative Norm" der Preislage, ist kein statistischer Wert, denn die verschiedenen Produkteigenschaften lassen sich nicht auf einen numerischen Nenner bringen. Es gibt im Bewußtsein der Käufer und Verkäufer aber so etwas wie eine mittlere Beschaffenheit bei Gegenständen, die zu einer Preislage gehören. Jeder Produzent kennt sie, und jeder Käufer hat manchmal sehr konkrete, oft wenig genaue Vorstellungen über das, was er an Qualität innerhalb einer Preislage verlangen kann. Ganz ohne Zweifel ist dabei das Urteil der Käufer von Subjektivismen durchsetzt, die um so mehr in den Vordergrund treten, je mehr die Käufer glauben, ein wirkliches Urteil über die Eigenschaften der Kaufgegenstände zu haben, obwohl sie keine Fachkenntnisse besitzen. Zudem fehlen oft die Vergleichsmaßstäbe, denn der Erfahrungsbereich der einzelnen Käufer, vornehmlich hier der Konsumenten, ist angesichts der Fülle an Warenqualitäten, die angeboten werden, begrenzt. Aber auf einem derartigen Boden entstehen nun einmal die

---

[1] Auf die Bedeutung des Verhältnisses zwischen Warenpreis und Warenqualität hat vor allem SANDIG aufmerksam gemacht. Er weist hierbei darauf hin, daß im Sortiment jede Preisstufe, jede Qualität, jede Form- und Farbgebung mit einer anderen konkurriert. So sieht er denn auch deutlich, daß die betriebswirtschaftliche Preispolitik nur ein Ausschnitt aus der gesamten Absatzpolitik ist. Damit hat SANDIG die Preispolitik und damit die Absatzpolitik in das Ganze des betrieblichen Geschehens eingeordnet, ein Bemühen, das in der gleichen Richtung liegt, in der hier vorgegangen wird. Vgl. SANDIG, C., Die Führung des Betriebes, Betriebswirtschaftspolitik, Stuttgart 1953, insbesondere S. 189/190.

Preis- und Qualitätsurteile der Käufer. Es gibt kaum einen Verkäufer, der um diese Situation nicht wüßte und nicht mit ihr rechnete.

Vom verkaufenden Unternehmen aus gesehen gibt es innerhalb einer Preislage zwei Grenzsituationen. Im ersten Falle verbindet sich mit niedrigstem Preise ein Höchstmaß an Produktqualität, im zweiten Falle dagegen mit höchstem Preise ein sehr geringes Maß an Produktqualität. Zwischen diesen beiden Grenzen setzen die Betriebe ihre Preise an, wobei sie in der Regel bestrebt sind, bei den Käufern den Eindruck zu erwecken, daß sie „preiswert" kaufen.

Als besonders preiswert gilt ein Kauf, bei dem der Käufer der Ansicht ist, daß er bei dem von ihm gezahlten Preis eine Qualität in der Nähe der oberen qualitativen Grenze erhält. Wenig preiswert wird er gekauft haben, wenn die Qualität bei dem von ihm gezahlten Preis an der unteren qualitativen Grenze der Preislage liegt.

Für diese beiden Begriffe „Preislage" und „preiswert" ist im System vollkommener Märkte kein Raum, denn in ihm ist jedem Preis ein Gut mit eindeutig bestimmten Eigenschaften zugeordnet. Man muß deshalb unter den Voraussetzungen vollkommener Märkte für jede Produktvariante einen besonderen isolierten Markt annehmen (Begriff der „Industrie" bei MARSHALL). Aber dieser Weg führt gerade an der praktisch entscheidenden Tatsache vorbei, daß in weitaus der Mehrzahl aller Fälle jedes Gut immer nur als Variante eines an sich gar nicht existierenden Gutes gegeben ist. Sieht man von dieser Tatsache ab, dann kann man zwar sagen, eine Ware sei billig oder teuer. Aber man kann es nur sagen in Hinsicht auf frühere Preise, zu denen sie gekauft wurde. Es läßt sich jedoch nicht sagen, die Ware sei zwar teuer, aber sie sei trotzdem preiswert, d. h. der Preis sei angesichts der Wareneigenschaften im Verhältnis zu den von anderen Unternehmen in der gleichen Preislage angebotenen Qualitäten niedrig. Der Begriff preiswert setzt also Vergleichsmöglichkeiten mit Waren ähnlicher Art voraus. Derartige Möglichkeiten sind aber nur auf unvollkommenen Märkten gegeben. Also kann es die Begriffe „preiswert" und „Preislage" nur im Rahmen unvollkommener Märkte geben.

2. Der Begriff der Preislage läßt sich nicht entbehren, wenn die Produktdifferenzierung zum Angelpunkt preistheoretischer Erörterungen gemacht wird. Aus diesem Grunde muß der Begriff der Preislage noch genauer untersucht werden.

Es gibt Märkte, auf denen in bestimmten Preislagen Erzeugnisse mit Eigenschaften angeboten werden, die von der durchschnittlichen qualitativen Norm aller Erzeugnisse dieser Art, wenigstens innerhalb gewisser Zeitspannen, nicht wesentlich abweichen. In solchen Fällen handelt es sich mehr um eine gewisse Streuung der Produkteigenschaften und weniger um eine Verbesserung der Warenbeschaffenheit, also mehr um eine Auswechselung und reine Variation von Eigenschaften als um eine Hebung des Qualitätsniveaus. Die Preislagen sind also, qualitativ gesehen, relativ konstant, d. h. es liegen zwar Abweichungen von der qualitativen Norm vor, die für eine Preislage gilt, aber die Norm selbst ist eben verhältnismäßig unverändert. Derart liegen die Dinge häufig in konsumnahen Produktionszweigen oder in Industrien, deren Erzeugnisse fertigungstechnisch ausgereift sind. Man ändert die Produkteigenschaften, aber man ändert nicht das qualitative Niveau der Preislage. In solchen Fällen sei hier von Preislagen mit relativer Konstanz der Produktqualität gesprochen.

Eine andere Situation weisen Industriezweige auf, die technisch noch nicht zu einer gewissen, wenn auch nur vorübergehenden Ruhelage gelangt sind. In solchen Produktionszweigen hat sich weder die Produktgestaltung noch die Fertigungstechnik stabilisiert. Je weniger das der Fall ist, um so schneller „veralten" die Erzeugnisse. In der Automobilindustrie beispielsweise verändern technische Fortschritte in ständiger Abfolge das Verhältnis zwischen Produktqualität und Produktpreis. Jedes neue Modell, das auf den Markt gebracht wird, soll eine Verbesserung des bisherigen Typs sein. Unter solchen Umständen ändert sich, mehr oder weniger schnell, die qualitative Norm, die für die Preislage oder Preisklasse gilt. Es sind also in diesem Falle nicht so sehr Marktvorgänge, die die Preislage in Unruhe halten, vielmehr sind es technische Umstände, die die Unruhe innerhalb einer Preislage oder zwischen den Preislagen verursachen. Die technische Entwicklung läßt in diesem Falle die Preislage „qualitativ" nicht zur Ruhe kommen – ein Umstand, der später noch eingehend auf seine preispolitischen Konsequenzen hin untersucht wird.

Liegen die Dinge so, dann erhält man Preislagen, die sich durch relative Veränderlichkeit ihrer qualitativen Norm kennzeichnen.

Die Erfahrung zeigt weiter, daß sich in den höheren Preislagen die Beziehungen zwischen Produktqualität und Produktpreis lockern. Und zwar in dem Sinne, daß mit zunehmender Höhe der Preislagen der Preis als kaufentscheidender Faktor zurücktritt und damit die Produktbeschaffenheit in den Vordergrund des Kaufinteresses rückt. Hoher Lebensstandard beispielsweise gibt dem Käufer freiere Wahl bei seinen Kaufentscheidungen, d. h. der Produktpreis begrenzt sein Kaufbegehren nicht in dem Maße, wie er das Kaufbegehren von Käufern bestimmt, die einen niedrigen Lebensstandard aufweisen. In unteren Preislagen steigt deshalb die Bedeutung des Warenpreises für den Kaufentschluß. Die Folge ist, daß nicht nur der Käufer, sondern auch der Verkäufer gerade in den unteren Preislagen „äußerst kalkuliert", wie die Praxis sagt. In größeren Umsätzen findet der Verkäufer hierfür einen Ausgleich.

Es ist also zwischen Preislagen zu unterscheiden, bei denen mehr der Produktpreis oder mehr die Produktqualität die Entscheidungen der Käufer beeinflußt.

3. Im tatsächlichen Marktgeschehen sind die Betriebe bestrebt, im Rahmen der ihnen gegebenen Möglichkeiten ihren Absatzmarkt zu individualisieren, um sich auf diese Weise einen „Firmenmarkt" zu schaffen. Zu diesem Zwecke versuchen sie, ihre Absatzorganisation so zu gestalten, daß ein möglichst enger Kontakt mit den Kunden hergestellt wird. Sie sind weiter bemüht, ihren Erzeugnissen die Formen und Eigenschaften zu geben, die sie den Käufern besonders begehrenswert erscheinen lassen. Dabei pflegt in unterschiedlicher Weise in den einzelnen Produktionszweigen von der Fülle an Möglichkeiten Gebrauch gemacht zu werden, die die modernen Methoden der Werbung [1] in ihrer vielfältigen Art gewähren. Mit der Qualität der Waren, die angeboten werden, dem Ansehen des Unternehmens, seinem Kundendienst, seinen Lieferungs- und Zahlungsbedingungen und gegebenenfalls auch mit seinem Standort verschmelzen alle diese, oft rational gar nicht faßbaren Umstände zu einer Einheit, die das „akquisitorische Potential" eines Unternehmens genannt sei.

Ein Blick auf das tatsächliche marktliche Geschehen genügt, um zu erkennen, daß die größere oder geringere, zunehmende oder abnehmende Wirkung dieses Potentials in dem Verhalten der Käufer dem Unternehmen gegenüber zum Ausdruck kommt. Oft führt dieses akquisitorische Potential mit den Präferenzen, die es auf seiten der Käufer schafft, zu einer Kundschaft, die sich in ihren Kaufentscheidungen weitgehend auf das Ansehen des Unternehmens verläßt, bei dem sie auf Grund eigener oder fremder Erfahrungen glaubt, günstig zu kaufen. Eine solche Kundschaft wird als Stammkundschaft bezeichnet, im Gegensatz zur Laufkundschaft, als einer Käufergruppe, die keine engen Bindungen an ein bestimmtes Unternehmen aufweist. Ist es einem Unternehmen gelungen, eine enge Verbindung mit seinen Kunden herzustellen, dann verfügt ein solches Unternehmen offenbar über ein großes akquisitorisches Potential.

Welche Bewandtnis es nun in diesem Zusammenhang mit der Stammkundschaft auch immer haben mag, grundsätzlich wird sich sagen lassen, daß verschieden hohes akquisitorisches Potential verschiedene Möglichkeiten preispolitischen Verhaltens bietet. Es ist klar, daß ein Unternehmen, das eine hohe Anziehungskraft auf die Kunden ausübt, bei einem bestimmten Preise für eine bestimmte Warenqualität eine andere Nachfrage erwarten kann (und eine andere Reaktion der Käufer bei Änderung des Verkaufspreises) als ein Unternehmen, dessen akquisitorisches Potential nur gering ist. In diesem Falle wirken die Präferenzen nur schwach, sofern Präferenzen überhaupt vorhanden sind. In der Sprache der Theorie ausgedrückt heißt das: jedes Unternehmen hat eine andere individuelle Absatzkurve. Sie bringt jeweils das für ein bestimmtes Unternehmen charakteristische Verhältnis zwischen Absatzmengen und Absatzpreisen zum Ausdruck.

---

[1] Vgl. hierüber die Ausführungen im achten Kapitel.

4. Nunmehr sei ein Betrieb gegeben, dessen akquisitorisches Potential nur gering ist. Es mögen zwar auf seiten der Käufer Präferenzen für den verkaufenden Betrieb bestehen, aber ihre Wirkung soll nur schwach sein. Die von dem Betriebe hergestellte Ware soll gegenüber den Waren der Konkurrenzbetriebe nur wenig Qualitätsunterschiede aufweisen. Es sei angenommen, daß diese Bedingungen für eine Anzahl etwa gleich großer Getreidemühlen gelten. Die Kostenstruktur der Mühlen und die Entfernung zu den Käufern weisen nur geringe Unterschiede auf. Sie sollen vernachlässigt werden können.

Jede Mühle stehe seit Jahren mit ihren Kunden in Geschäftsbeziehungen. Die Kunden wechseln sehr selten. Gewohnheit, persönliche Bekanntschaft, Zufriedenheit mit den Leistungen der Mühle, Vertrautsein mit der qualitativen Beschaffenheit der gelieferten Mehlsorten, Annehmlichkeiten bei der Mehlanlieferung und in den Zahlungs- und Kreditbedingungen haben geschäftliche Beziehungen zwischen den Mühlen und ihrer Kundschaft entstehen lassen, die von einer gewissen, nicht allzu großen Intensität sind. Jede Mühle verfügt also über ein bestimmtes, im vorliegenden Falle nicht allzu großes akquisitorisches Potential. Die Präferenzen sollen nur schwach wirksam sein. Ihre Intensität sei aber immerhin so groß, daß die Kunden ihre Geschäftsbeziehungen mit einer Mühle nicht sofort aufgeben, wenn zwischen den Mühlen kleine Unterschiede in den Preisen, besser: in den Rabatten, bestehen.

Angenommen, der Verkaufspreis für einen Doppelzentner Weizenmehl betrage im Durchschnitt 61,– DM. Wie dieser Preis zustande kommt, bleibe unerörtert. Er sei als Ausgangsdatum gegeben. Tatsächlich liefern die Mühlen nicht alle zu dem gleichen Preise. Vor allem gewähren sie unterschiedliche Rabatte, die nach außen hin nicht deutlich in Erscheinung treten. Jeder Kunde weiß aber, daß solche Rabatte (in gewissen Grenzen) gewährt werden. Der Verkaufspreis der Mühlen ist infolge der Gewährung von Rabatten verschieden hoch.

Würde nun die Mühle A den Preis für ihre Erzeugnisse etwas erhöhen, während die Mühlen B, C, D . . . ihre Preise unverändert lassen, dann würde sie die Kunden verlieren, denen die Erzeugnisse damit zu teuer werden. Wenn die Preiserhöhung aber nicht zu groß ist, dann wird trotzdem ein erheblicher Teil der Käufer nach wie vor bei der Mühle A einkaufen. Das sind diejenigen Käufer, die bereit sind, wegen der persönlichen, sachlichen oder standortlichen Vorzüge, die ihnen der Einkauf bei der Mühle A bietet, einen etwas höheren Preis in Kauf zu nehmen. Überschreitet die Preiserhöhung aber ein gewisses Maß, dann gibt es einen Punkt, bei dem diese Vorteile nicht mehr groß genug sind, um die Kunden an die Mühle A zu binden. Die Bevorzugung der Mühle A durch die Käufer läßt nach, die Präferenzen verlieren an Wirksamkeit. Wieviel Kunden die Mühle bei dieser Situation verliert, hängt neben der Preiserhöhung davon ab, wie groß die Anziehungskraft ist, die das Unternehmen auf seine Käufer ausübt, von der Schnelligkeit, mit der die Preisänderung bekannt wird und von der Gewöhnung der Käufer an das Unternehmen.

Umgekehrt: Wenn die Mühle A ihre Preise nur geringfügig senkt, während die Mühlen B, C, D . . . ihre Preise unverändert lassen, dann wird die Mühle A zunächst nur die Käufer gewinnen, deren finanzielle Verhältnisse es nunmehr zulassen, zu dem niedrigeren Preise zu kaufen. In diesem Falle mobilisiert die Preissenkung latente Nachfrage. Wenn die Preisermäßigung aber ein gewisses Maß überschreitet, dann werden sich zusätzlich auch Käufer der Mühle A zuwenden, deren finanzielle Verhältnisse es an sich erlaubt hätten, weiterhin zu den höheren Preisen zu kaufen. Je größer der Abstand des Preises, den die Mühle A fordert, von den (unverändert hohen) Preisen der Mühlen B, C, D . . . wird, um so mehr lockern sich die Bindungen der Käufer an diese Mühlen. Nunmehr gewinnt die Mühle A Käufer, die sie von den Konkurrenzunternehmen abzieht.

Überschreitet also der Preis eine gewisse Grenze nach unten, dann kaufen nicht nur diejenigen bei der Mühle A, deren finanzielle Verhältnisse den Kauf bisher nicht zuließen (latente Nachfrage), sondern auch diejenigen, die, an sich durchaus kaufkräftig, ihre Beziehungen zu den Konkurrenzmühlen lösen, mit denen sie bisher in geschäftlicher Verbindung gestanden haben.

Im Beispiel verfügt somit jede Mühle in einem kleinen Preisintervall über die Möglichkeit, ihre Verkaufspreise zu erhöhen oder zu senken, ohne daß sie spürbar Käufer an ihre Konkurrenzunternehmen abgeben müßte oder von ihnen abzieht.

Dieses Preisintervall soll als der monopolistische Abschnitt der polypolistischen Absatzkurve bezeichnet werden. Er wird durch einen oberen und einen unteren Grenzpreis bestimmt.

5. Ganz allgemein lassen sich nach ihrem Verhalten im Falle von Preiserhöhungen drei Gruppen von Käufern unterscheiden, erstens diejenigen, die im Falle einer Erhöhung der Verkaufspreise von dem Kauf der Güter bei dem die Preiserhöhung vornehmenden Unternehmen Abstand nehmen, weil der erhöhte Preis über dem Preislimit liegt, das sie sich nach Maßgabe ihrer Einkommens- und Bedarfsverhältnisse gesetzt haben, zweitens diejenigen Käufer, die auch bei den erhöhten Preisen ihre Einkäufe bei dem Unternehmen tätigen, aber einschränken und drittens diejenigen Käufer, deren Preislimit über den erhöhten Preisen liegt und die die Freiheit besitzen, weiter bei dem Unternehmen zu kaufen oder ihre Einkäufe bei anderen Unternehmen vorzunehmen.

Wenn ein Unternehmen den Preis für seine Erzeugnisse von p_0 auf p_1 erhöht, wird es diejenigen Käufer verlieren, deren Preislimit zwischen den Preisen p_0 und p_1 liegt (vgl. Abb. 32a). Das Umsatzvolumen wird weiter um den Betrag zurückgehen, um den die zweite Käufergruppe ihre Einkäufe einschränkt. Die dritte Käufergruppe hat die Wahl, entweder bei dem Unternehmen zu bleiben oder abzuwandern und seine Einkäufe bei anderen Unternehmen zu tätigen.

Mit zunehmendem Abstand der Preisforderung des seinen Verkaufspreis erhöhenden Unternehmens von dem Ausgangspreis soll, so sei angenommen, die werbende Kraft des akquisitorischen Potentials nachlassen. Die dritte Käufergruppe trifft nun ihre Entscheidungen in Abhängigkeit vom Ausmaß der Preisänderung. Sie bleibt nicht bei dem Unternehmen über den gesamten Preisbereich, verläßt vielmehr das Unternehmen in um so größerem Maße, je größer der Abstand vom Ausgangspreis p_0 ist. Das besondere Kennzeichen der absatzpolitischen Situation, in der sich die Polypolunternehmen befinden, liegt nicht so sehr darin, daß Fluktuationen grundsätzlich zugelassen sind, sondern darin, daß der Umfang der Fluktuationen progressiv zunimmt, je weiter sich die Preiserhöhung vom Ausgangspreis entfernt.

Im Rahmen dieser Annahmen gibt es viele Möglichkeiten des Kaufverhaltens, hier speziell des Verhaltens der dritten Käufergruppe. Eine geringe Erhöhung der Verkaufspreise kann in einem Unternehmen bereits zu einem stark spürbaren Verlust an Käufern der dritten Gruppe führen, umgekehrt sind Fälle denkbar, in denen erst bei sehr beträchtlichen Preiserhöhungen ein Verlust an Käufern spürbar in Erscheinung tritt. In beiden Fällen wird allerdings angenommen, daß die Zahl der sich von den Unternehmen abwendenden Käufer der dritten Gruppe mit zunehmendem Abstand vom Ausgangspreis progressiv wächst. Diese Vorstellung erscheint durchaus realistisch. Denn je größer der Abstand des Preises des verkaufenden Unternehmens von den durchschnittlichen Preisen der Preisklasse ist, um so mehr Personen werden sich sagen, daß der Vorzug, bei dem die Preise erhöhenden Unternehmen kaufen zu können, den immer größer werdenden Abstand der Verkaufspreise des Unternehmens von den Preisen anderer Unternehmen, bei denen Waren ähnlicher Art und Qualität nunmehr erheblich billiger gekauft werden können, nicht mehr lohnt. Die Absatzkurve verläuft jetzt nicht nur deshalb nach links geneigt, weil Käufer der ersten beiden Gruppen ausfallen bzw. ihre Einkäufe einschränken, sondern auch deshalb, weil in zunehmendem Maße Käufer der dritten Gruppe verlorengehen.

Es ist nun leicht einzusehen, daß dasjenige Unternehmen am spätesten einen spürbaren Verlust an Käufern (der Gruppe drei) zu verzeichnen haben wird, das über das höchste akquisitorische Potential verfügt. Dieser Effekt wird in dem Maße verstärkt, in dem sich die akquisitorischen Potentiale der Konkurrenzunternehmen als schwach erweisen. Berücksichtigt man die sich progressiv vollziehenden Fluktuationen, dann muß der Verlauf der Absatzkurve mit zunehmendem Abstand des Verkaufspreises von den Durchschnittspreisen der Preisklasse immer flacher verlaufen, bis schließlich der Preis erreicht ist, bei dem sowohl die Käufer der Gruppe eins als auch die der Gruppe zwei als auch die der Gruppe drei ausfallen (vgl. hierzu die Abb. 32 a und 32 b).

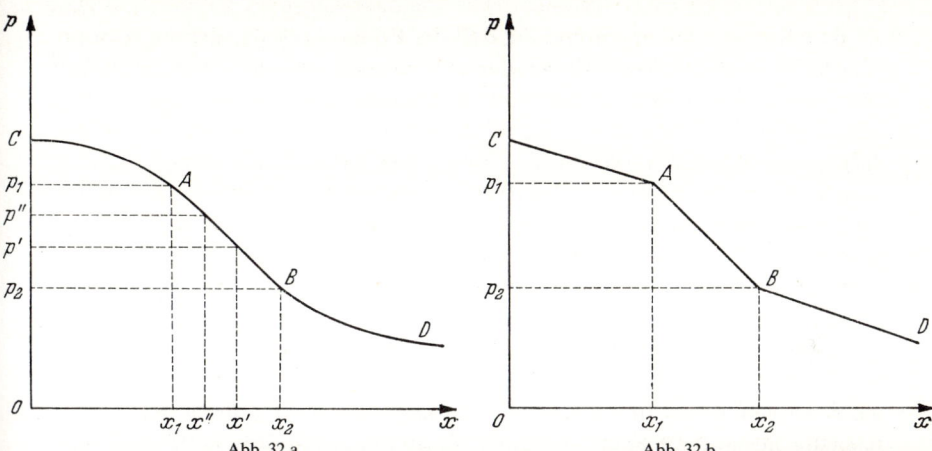

Abb. 32 a   Abb. 32 b

Ist das akquisitorische Potential eines Unternehmens stark und sind die akquisitorischen Potentiale der Konkurrenzunternehmen schwach, dann wird das Unternehmen im Falle von Preisermäßigungen nicht nur Käufer gewinnen, die bisher ihrer niedrigen Preislimite wegen nicht kaufen konnten, und Käufer, die bisher Kunden des Unternehmens waren, nunmehr aber ihre Einkäufe vergrößern, sondern auch Käufer, die von den Konkurrenzunternehmen abwandern. Wiederum wird dabei davon auszugehen sein, daß sich die Fluktuationen der Käufer zwischen den Unternehmen nunmehr so vollziehen werden, daß mit zunehmendem Abstand der eigenen Verkaufspreise von den Durchschnittspreisen der Preisklasse, progressiv Käufer zuwandern, die bisher bei den Konkurrenzunternehmen gekauft haben. Die Kurve wird also bei starkem Potential des den Preis senkenden Unternehmens und schwachem Potential der Konkurrenzunternehmen im unteren Abschnitt zunehmend flacher verlaufen.

Der Verlauf der Absatzkurve im Fall polypolistischer Konkurrenz beruht mithin darauf, daß die Wirkung des akquisitorischen Potentials vom Abstand der Preisforderungen eines Unternehmens zum Durchschnittspreis der Preisklasse abhängig ist, und zwar derart, daß diese Wirkung im Falle einer Erhöhung der Preisforderungen immer geringer umd im Falle einer Ermäßigung der Preisforderungen eines Unternehmens immer größer wird. Da jedes Unternehmen unter den Bedingungen der polypolistischen Konkurrenz im Wettbewerb mit den anderen steht, beeinflussen die akquisitorischen Potentiale der Konkurrenten die Wirksamkeit des eigenen akquisitorischen Potentials. Die von links oben nach rechts unten verlaufende doppelt geknickte Absatzkurve unterstellt also akquisitorische Potentiale, die so stark zu sein vermögen, daß sie für bestimmte Abschnitte der Kurve Käuferfluktuationen ausschließen [1,2].

    6. Nunmehr sei angenommen, daß die Präferenzen der dritten Käufergruppe so groß sind, daß die Käufer sich entschließen, dem Unternehmen über das ganze Preisintervall treu zu bleiben. Die Anziehungskraft des Unternehmens, die Wirkung seines akquisitorischen Potentials ist so stark, daß es alle Käufer bindet außer denjenigen, deren Einkommensverhältnisse es nicht mehr zulassen, bei dem Unternehmen zu kaufen. Das akquisitorische Potential schirmt das die Preiserhöhung vornehmende Unternehmen so intensiv gegen die konkurrierenden Unternehmen ab, daß es in dem Intervall p_0 bis p_{max} seine Preise wie ein Monopolunternehmen setzen kann.

    Erhöht das Unternehmen seine Verkaufspreise bis p_{max}, dann wird es jeweils die Käufer verlieren, deren Preislimit den verlangten Preis nicht mehr erreicht oder zur Einschränkung der Käufe führt. Bleibt der jeweils restliche Bestand an Käufern dem Unternehmen erhalten, weil diese Abnehmer bereit sind, aus welchen Gründen auch immer, die höheren Preise

---

[1] Hierin besteht der Unterschied zur dd'-Kurve CHAMBERLINS, der Fluktuationen entlang der gesamten dd'-Kurve zuläßt. CHAMBERLIN kennt nur einen Grund, der Fluktuationen ausschließt, nämlich paralleles preispolitisches Verhalten der Konkurrenten. Die polypolistische Absatzkurve mit doppelten Knicks kennt dagegen noch einen zweiten Grund für das Ausschließen von Fluktuationen, die akquisitorischen Potentiale. Die doppelt geknickte Absatzkurve stellt deshalb neben der dd'-Kurve und der DD'-Kurve CHAMBERLINS eine dritte polypolistische Absatzkurve eigener Art dar. Vgl. hierzu im einzelnen GUTENBERG, E., Zur Diskussion der polypolistischen Absatzkurve, Jahrbücher für Nationalökonomie und Statistik, Band 177 (1965).

[2] Vgl. hierzu OTT, A. E., Preistheorie, in: Jahrbuch für Sozialwissenschaft, Bd. 13 (1962), S. 1 – 60; ders., Grundzüge der Preistheorie, 2. Aufl., Göttingen 1974, S. 176 ff.; BRANDT, K., Preistheorie, Ludwigshafen 1960, S. 46; JACOB, H., Preispolitik, 2. Aufl., Wiesbaden 1971, S. 138 ff.; KILGER, W., Die quantitative Ableitung polypolistischer Preisabsatzfunktionen aus den Heterogenitätsbedingungen atomistischer Märkte, in: Zur Theorie der Unternehmung, hersg. von H. KOCH, Wiesbaden 1962, S. 269 ff.; HILKE, W., Statische und dynamische Oligopolmodelle, Wiesbaden 1973.

Bezüglich der empirischen Relevanz doppelt geknickter Preis-Absatzfunktionen sei verwiesen auf die diese Relevanz weitgehend bestätigenden empirischen Untersuchungen von Susanne WIED-NEBBELING, Industrielle Preissetzung, Eine Überprüfung der marginal- und vollkostentheoretischen Hypothesen auf empirischer Grundlage, Tübingen 1975, Bd. 27 der Schriftenreihe des Instituts für angewandte Wirtschaftsforschung, Tübingen und die in diesem Buch angegebene und ausgewertete internationale Literatur über Untersuchungen des preispolitischen Verhaltens in der Industrie.

zu bewilligen, dann erstreckt sich die bindende Kraft des akquisitorischen Potentials über den gesamten Preisbereich vom Ausgangspreis bis zu dem Preis, den kein Käufer mehr zu bewilligen in der Lage ist. Unter diesen Umständen ersetzt die in diesem Falle hohe Intensität des akquisitorischen Potentials die aus der Marktform stammende Position des monopolistischen Anbieters. Das Polypolunternehmen kann sich wie ein Monopolist verhalten, nicht, weil es als einziges Unternehmen der Nachfrage gegenübersteht, nicht also aufgrund einer bestimmten volkswirtschaftlichen Angebotsstruktur, sondern weil in ihm Kräfte wirksam sind, die ihm trotz seiner Konkurrenzgebundenheit eine solche Marktposition verschaffen, daß ihm die gleichen preispolitischen Möglichkeiten zur Verfügung stehen, über die auch ein Monopolist verfügt. Die Nachfragekurve des Polypolunternehmens ist in diesem Falle also formal identisch mit der Nachfragekurve des Monopolunternehmens. Aber diese Identität kommt nur zustande, wenn die polypolistische Nachfragekurve die Bedingung erfüllt, daß keine Fluktuationen eintreten, daß also das akquisitorische Potential des die Preiserhöhung vornehmenden Unternehmens so stark und das akquisitorische Potential der Konkurrenzunternehmen so schwach ist, daß die Voraussetzungen für ein monopolistisches Verhalten polypolistischer Unternehmen gegeben sind.

Geht man nun davon aus, daß das Polypolunternehmen seine Preise senkt, dann wird kein Käuferschwund eintreten. Die bisherigen Käufer erhalten die bisherige Qualität zu niedrigen Preisen. Es ist deshalb nicht einzusehen, aus welchem Grund die Käufer das Unternehmen verlassen sollten. Die Preisermäßigung wird jedoch zur Folge haben, daß sich Personen zum Kauf der Erzeugnisse des Unternehmens entschließen, deren Einkommensverhältnisse es bisher nicht erlaubten, die Erzeugnisse des Unternehmens zu erwerben. Entweder haben diese neuen Käufer ihren Bedarf an derartigen Erzeugnissen überhaupt noch nicht decken können, oder sie kaufen nun von dem Unternehmen bessere Qualitäten zu den niedrigeren Preisen. Andere Käufer werden, veranlaßt durch die niedrigeren Preise, ihre Einkäufe bei dem Unternehmen erweitern. Die Preisermäßigung hat also eine Absatzausweitung zur Folge, die der Absatzerhöhung vergleichbar ist, wie sie ein Monopolunternehmen zu verzeichnen haben würde, wenn es seine Preise entlang seiner Absatzkurve ermäßigt. Die Tatsache, daß Märkte mit Produktdifferenzierung mit vielen Varianten einer Erzeugnisart ausgestattet sind, läßt eine vollständige Identifizierung des Nachfragezuwachses im Falle des Polypols und im Falle des Monopols bei Preissenkung nicht zu. Gleichwohl soll, um die Darstellung zu erleichtern, diese Identität angenommen werden.

Wie aber steht es mit denjenigen Personen, die ihren Bedarf an Gütern dieser Art bei den Konkurrenzunternehmen decken? Wenn das akquisitorische Potential dieser Unternehmen sehr stark ist, werden sie ihre bisherigen Käufer halten. Diese Wirkung wird um so wahrscheinlicher sein, je geringer das akquisitorische Potential des die Preissenkung vornehmenden Unternehmens ist. Angenommen, dieses Potential sei äußerst schwach, das Potential der Konkurrenzunternehmen jedoch äußerst stark, dann gewinnt das die Preissenkung vornehmende Unternehmen nur diejenigen Käufer, die nunmehr kaufen können, weil ihr Preislimit nicht mehr unter dem Verkaufspreis des anbietenden Unternehmens liegt, außerdem den Nachfragezuwachs, der darauf zurückzuführen ist, daß die bisherigen Käufer ihre Einkäufe steigern. Tritt also keine Fluktuation von den Konkurrenzunternehmen zu den die Preissenkung vornehmenden Unternehmen ein, schirmen also die akquisitorischen Potentiale die Konkurrenzunternehmen gegen die preispolitische Aktivität des den Preis senkenden Unternehmens ab, dann verläuft die Absatzkurve dieses Unternehmens wie die Absatzkurve eines Monopolunternehmens im Falle von Preissenkungen. Die Nachfragekurven von Polypolunternehmen und von Monopolunternehmen sind also unter diesen Umständen formal weitgehend (als Folge der unterstellten Produktdifferenzierung nicht voll) identisch, obwohl die Marktstrukturen völlig verschiedener Art sind. Es liegt hier insofern ein unsymmetrisches Verhältnis zwischen dem vom Durchschnittspreis der Preisklasse gerechneten oberen und unteren Teil der Nachfragekurven im Falle polypolistischer Konkurrenz vor, als der obere Teil extrem hohes akquisitorisches Potential des die Preiserhöhung vornehmenden Unternehmens und extrem niedriges Potential der Konkurrenzunternehmen voraussetzt. Dagegen verlangt der untere Kurvenabschnitt ein extrem schwaches akquisitorisches Potential des die Preisermäßigung vornehmenden Unternehmens und extrem starke Potentiale der Konkurrenzunternehmen. Nur wenn diese Voraussetzungen gegeben sind, kann unter den Bedingungen polypolistischer Konkurrenz eine Nachfragekurve zustande

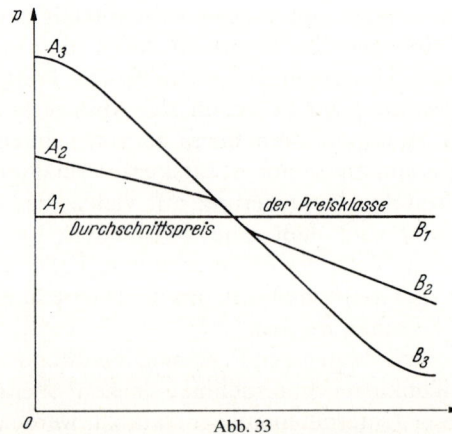

Abb. 33

kommen, die formal mit der Nachfragekurve im reinen Monopol identisch ist oder ihr doch weitgehend gleicht. Die Voraussetzungen, auf denen eine derartige Nachfragekurve beruht, zeigen, daß es sich hier um einen Grenzfall – wahrscheinlich wenig realistischer Art – handelt[1] (vgl. Abb. 33).

Der andere Grenzfall ergibt sich, wenn man die akquisitorischen Potentiale der Unternehmen auf Null zusammenschrumpfen läßt, ein Umstand, der zugleich bedeutet, daß die Produktdifferenzierung völlig aufgehoben ist. In diesem Fall wird die Nachfragekurve zu einer Preisgeraden. Eine eigene betriebsindividuelle Nachfragekurve läßt sich nicht mehr aufbauen. Dieser Grenzfall erscheint ebenso exzeptionell wie der Fall, daß die Nachfragekurven von Polypol- und Monopolunternehmen formal identisch sind.

Es entspricht der der doppelt geknickten Absatzkurve zugrunde liegenden Konzeption, daß der obere und der untere Kurvenast geneigt verlaufen. In bestimmten Grenzsituationen ist im Fall von Preisstellungen außerhalb der Grenzpreise der Schutz von Präferenzen nicht mehr gewährleistet. Die Elastizitäten tendieren nach unendlich. Das anbietende Unternehmen sieht sich mit den Bedingungen vollkommener Märkte konfrontiert. In diesem Grenzfall steht das Unternehmen außerhalb des monopolistischen Bereiches parallel zur Abszissenachse verlaufenden Abschnitten der Preisabsatzfunktion gegenüber (vgl. Abb. 33).

7. Die polypolistische Absatzkurve soll genauer untersucht werden. Zunächst sei der monopolistische Bereich der Kurve analysiert: Hier geht es insbesondere um die Frage, wie sich die oberen und unteren Grenzpreise bestimmen, die den monopolistischen Bereich der Kurve nach oben und unten gegen die atomistischen Bereiche abgrenzen.

Bereits an anderer Stelle wurde gezeigt, welche Gründe einen Käufer veranlassen könnten, einem Unternehmen vor anderen den Vorzug zu geben.

---

[1] E. SCHNEIDER behandelt in „Preisbildung und Preispolitik unter Berücksichtigung der geographischen Verteilung von Erzeugern und Verbrauchern", SCHMOLLERS Jahrbuch, 58. Jahrg., 1934 I, die Preisbildung bei polypolistischer Konkurrenz unter der Voraussetzung, daß nur die Punktförmigkeitsbedingung aufgehoben ist, also keine lokalen Präferenzen bestehen. Er kommt dabei zu zwei möglichen Ergebnissen:

1. Es ergeben sich n-Monopole und damit stabiles Gleichgewicht.

2. Es ergibt sich eine unbestimmte Konkurrenzlage und damit labiles Gleichgewicht.

Der erste Fall entspricht der hier gefundenen Lösung völlig, wenn es sich allerdings auch um den Extremfall handelt, daß die Transportkostendifferenz den Höchstpreis der individuellen Nachfragekurve eines Anbieters überschreitet und diese folglich nicht umbiegt.

Der zweite Fall kann erst beurteilt werden, wenn die Gewinnmaximierung bei Zugrundelegung der typischen Nachfragekurve, wie sie den Verhältnissen unvollkommener atomistischer Konkurrenz entspricht, behandelt worden ist.

a) Der Abstand der oberen und der unteren Intervallgrenze ist um so größer, je stärker die Bindung der Käufer an jeweils ein Unternehmen ist, d. h. also, je individueller die Unternehmen ihren Absatzmarkt zu gestalten vermögen. Diese Tatsache soll nicht besagen, daß keine Käufer von Betrieb zu Betrieb fluktuieren. Zwischen den Betrieben findet sogar ständig ein gewisser Ausgleich von Käufern statt, die einmal bei diesem, dann bei jenem Unternehmen kaufen. Allein die Tatsache, daß die einzelnen Unternehmen keine gleich hohen Umsätze haben, ist ein Zeichen dafür, daß die Präferenzen mit verschiedener Stärke wirksam sind. Trotz des Käuferausgleiches sind also verschieden stark wirksame Anziehungskräfte der Unternehmen auf Käufer vorhanden. Auf diese Tatsache ist es zurückzuführen, daß sie durchaus individuelle Absatzkurven aufweisen. Wären alle Präferenzen gleich stark, dann würden sich die Präferenzwirkungen aufheben. Die einzelnen Betriebe würden sich nicht mehr individuell verschiedenen Absatzkurven gegenübersehen.

Wären die Präferenzen alle gleich stark wirksam, dann würde sich eine Situation ergeben, wie sie für atomistische Konkurrenz auf einem vollkommenen Markte charakteristisch ist. Würden sich die Präferenzen der Käufer einseitig auf einen Betrieb konzentrieren, dann würde man eine Monopolkurve wie bei einem Meinungsmonopol erhalten. Also nur dann, wenn die verschiedenen Präferenzen ungleichmäßig und verschieden stark auf die konkurrierenden Unternehmen verteilt sind, die einen bestimmten Markt mit Waren beschicken, erhält man individuelle Absatzkurven, in deren Form und Lage die Anziehungskraft zum Ausdruck kommt, die das Unternehmen auf die Käufer ausübt.

b) Nunmehr sei untersucht, wie die unteren und oberen Grenzpunkte des monopolistischen Bereiches zu bestimmen sind, wenn zunächst die Bedingung homogener Produktqualitäten und zugleich auch die Bedingung vollständiger Markttransparenz (einschließlich Qualitätstransparenz) aufgehoben werden.

Zunächst ist auf die Tatsache aufmerksam zu machen, daß der monopolistische Bereich um so kleiner sein wird, je größer die Substituierbarkeit der innerhalb einer Preislage für einen bestimmten Verwendungszweck auf den Markt gebrachten Waren ist. Wenn sich die miteinander konkurrierenden Waren in ihren Eigenschaften wenig voneinander unterscheiden, dann nähert sich die Situation einer Lage, wie sie für vollkommene Märkte charakteristisch ist, auf denen homogene Erzeugnisse angeboten werden. Homogene Erzeugnisse aber schließen das gleichzeitige Vorhandensein mehrerer Preise für ein und dieselbe Ware aus. Die Verkäufer sind in diesem Falle preispolitisch stets konkurrenzgebunden, d. h. es fehlt ihnen hier die Möglichkeit, auch in engen Grenzen preispolitisch frei vorgehen zu können. Diese Tatsache läßt sich auch so ausdrücken: die

oberen und unteren Grenzpreise des monopolistischen Preisbereiches rük-
ken mit zunehmender Substituierbarkeit der Waren aneinander, bis sie zusammenfallen, wie das unter den Bedingungen vollkommener Märkte der
Fall ist.

Umgekehrt rücken die Grenzpreise um so mehr auseinander, je mehr
sich die Eigenschaften der miteinander konkurrierenden Waren gleichen
Verwendungszweckes voneinander unterscheiden, je mehr sie sich also individualisieren und Präferenzen wirksam werden. Die Lage nähert sich
mit zunehmender Verkaufsisolierung als Folge geringer Substituierbarkeit
der angebotenen Waren einer monopolistischen Angebotssituation an, bis
dann im Grenzfalle der Verkäufer als isolierter Alleinanbieter für diese
bestimmte Ware auf dem Markte ist. Der Abstand der oberen und unteren
Grenzpreise ist also von dem Grade an Substituierbarkeit, d. h. an qualitativer Homogenität bzw. Heterogenität abhängig, den die Waren aufweisen. Sind die Substitutionsmöglichkeiten groß, dann ist der Abstand
der beiden Grenzpreise voneinander, also das monopolistische Intervall,
klein. Sind die Substitutionsmöglichkeiten dagegen gering, dann ist das
Intervall groß.

Diese Tatsache läßt sich auch in einer anderen Weise beschreiben. Ein
Betrieb hat es zum Beispiel mit Käufern zu tun, die einen verhältnismäßig
hohen Lebensstandard aufweisen und deshalb in der Lage sind, ihre Kaufentscheidungen nicht so sehr nach den Preisen als nach ihren individuellen, in der Regel differenzierten Wünschen zu treffen. Dementsprechend
pflegen in solchen Geschäften Waren angeboten zu werden, die diesem
Wunsche nach Individualisierung bzw. den gesteigerten Ansprüchen der
Käufer an die von ihnen zu kaufende Ware entsprechen. Diese Waren gehören meist höheren Preislagen an. Die Käufer pflegen unter solchen Umständen mehr auf die Qualität der Ware als auf den Preis zu sehen. Diese
Tatsache bedeutet für das anbietende Unternehmen, daß sich der monopolistische Bereich erweitert. In hohen Preislagen pflegt er also größer zu
sein als bei niedrigen Preislagen, denn die Käufer, die einen niedrigeren
Lebensstandard aufweisen, müssen bei ihren Wareneinkäufen auf gewisse
Wünsche nach Individualisierung verzichten. Da die Waren einen höheren Grad an Gleichförmigkeit, d. h. hier an Ersetzbarkeit, aufweisen, ver-
engt sich der Spielraum zwischen den oberen und unteren Grenzpreisen.

Sind die Verkäufer oder, hier bedeutsamer, die Käufer unzureichend
über Warenqualitäten und Warenpreise, über die Solidität und die Ver-
kaufsumstände der Unternehmen unterrichtet, bei denen sie zu kaufen
pflegen, dann kann der Fall eintreten, daß die Käufer für die gleiche Ware
bei dem einen Unternehmen einen höheren Preis zahlen als bei dem anderen. Das bedeutet aber nichts anderes, als daß sich bei mangelnder Marktübersicht der preispolitische Spielraum der Verkäufer ausweitet, der monopolistische Preisbereich also verhältnismäßig groß wird.

Bedeutsamer noch als dieser mehr objektive Tatbestand mangelnder Marktübersicht ist ein anderer, mehr subjektiver Sachverhalt, der in diesen Zusammenhang gehört. Die Tatsache nämlich, daß eine bestimmte Ware in einer großen Anzahl von Varianten auf den Markt gebracht wird, erschwert den Käufern ein Urteil darüber, ob die Ware preiswert ist, d. h., ob Warenqualität und Warenpreis in einem der Preislage entsprechenden Verhältnis zueinander stehen. Oft sind überhaupt nur Sachverständige in der Lage, ein Urteil darüber abzugeben, ob eine Ware den qualitativen Anforderungen genügt, die ein Käufer bei diesem Preise zu stellen berechtigt ist. Nun scheinen sich zwar viele Menschen, vor allem in konsumnahen Bereichen, für sachverständig zu halten, obwohl ihre Warenkenntnis in Wirklichkeit gering ist. Dieser Mangel an wirklichem Urteil über Warenpreis und Warenqualität ist aber für die Vorgänge beim Warenkauf ungemein bedeutsam. Man denke daran, daß beim Verkauf an Grossisten, die über genaue Warenkenntnis und große Marktübersicht verfügen, oder überhaupt beim Verkauf an sachkundige Käufer, der Spielraum preispolitischer Möglichkeiten viel stärker eingeengt ist als bei Verkäufen an Personen, die über diese Warenkenntnis und über diese Marktübersicht nicht verfügen. Wie dem im einzelnen auch sei, die Schwierigkeiten der Kunden, die qualitative Norm der Preislage beurteilen zu können, verstärkt bei unvollkommener, allgemeiner Marktübersicht die Tendenz zu preispolitischer Autonomie der verkaufenden Unternehmen und weitet die Zone zwischen oberen und unteren Grenzpreisen aus.

Die Breite des monopolistischen Bereiches richtet sich also nach der Substituierbarkeit der angebotenen Güter und nach dem Maß an allgemeiner Markt- und Qualitätstransparenz.

c) Die Bedingung unendlich schneller Reaktionsgeschwindigkeit sei nunmehr fallen gelassen. Die Frage lautet: wie beeinflußt die Tatsache, daß die Reaktionen und Anpassungsprozesse Zeit verlangen, die Form der Absatzkurve auf unvollkommenen Märkten.

Unter diesen Umständen werden die Käufer nicht sofort, sondern erst allmählich abwandern, wenn der obere Grenzpreis von dem verkaufenden Unternehmen überschritten wird. Entsprechend wird auch die Zuwanderung bei einer Unterschreitung des unteren Grenzpreises erst langsam einsetzen. Der Zuwachs an Kunden, den ein Unternehmen beim Unterschreiten des unteren Grenzpreises erzielt, wird um so größer sein, je größer die Unterschreitung des unteren Grenzpreises ist, je länger der Zustand dauert und je größer die Geschwindigkeit ist, mit der die Käufer auf den niedrigeren Preis reagieren. Diese Geschwindigkeit ist abhängig von der Transparenz der Märkte und von der Stärke des akquisitorischen Potentials der Unternehmen, die von den Käufern verlassen werden.

In der Abb. 34 ist sowohl der Einfluß der Zeitdauer als auch der Einfluß der Größe der Unterschreitung des unteren Grenzpreises dargestellt, und zwar unter der Voraussetzung konstanter Reaktionsgeschwindigkeit der Käufer. Angenommen, das Unternehmen setzt einen Preis auf p_1 fest. Nach Ablauf des Zeitraumes t_1 (z. B. eines Monats) wird die Absatzmenge x_1 betragen. Würde das Unternehmen einen noch niedrigeren Preis, z. B. p_2 wählen, dann würde die Absatzmenge x_2 sein, wenn das Zeitintervall ebenfalls t_1 beträgt. Die Kurve $A_1 B_1$ zeigt die Abhängigkeit der Absatzmenge von dem verlangten Verkaufspreis bei gegebener Reaktionsgeschwindigkeit der Käufer und nach Ablauf des Zeitraumes t_1. Aus ihr geht ebenfalls die Lage des oberen bzw. unteren Grenzpreises hervor.

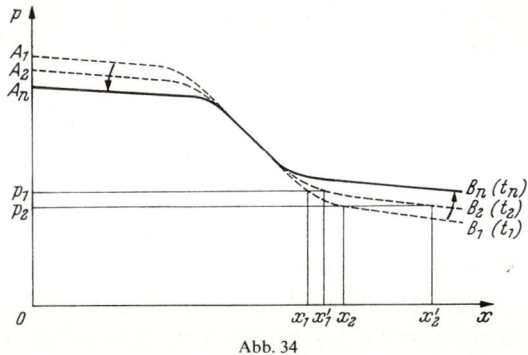

Abb. 34

Nunmehr sei die Beziehung zwischen den Preisen und den Absatzmengen für einen längeren Zeitraum t_2, z. B. für zwei Monate betrachtet. In dieser Zeit wird eine größere Zahl an Käufern von den niedrigeren bzw. höheren Preisen Kenntnis erhalten und dementsprechend reagiert haben. Die Absatzmengen zu den Preisen p_1 und p_2 werden dann z. B. x_1' und x_2' betragen. Man erhält dann die Absatzkurve $A_2 B_2$.

Läßt man den Zeitraum t immer größer werden, so verlaufen die Kurvenäste immer flacher. Der Grenzfall wird durch die Kurve $A_n B_n$ dargestellt. Die Bewegung ist durch die in Abb 34 eingezeichneten Pfeile angedeutet.

Bisher wurde von einer konstanten Reaktionsgeschwindigkeit ausgegangen. Nunmehr sei kurz untersucht, wie sich unterschiedliche Reaktionsgeschwindigkeiten auf den Kurvenverlauf auswirken. Hierbei wird unterstellt, daß die Zeitdauer t konstant ist. Es kann zum Beispiel sein, daß sich die Käufer bei einigen Waren schneller zu einem Wechsel entschließen als bei anderen Waren. Oder auch, daß bei einzelnen Warengruppen die Preisänderung schneller in das Bewußtsein der Käufer eindringt als bei anderen. Je größer die durchschnittliche Reaktionsgeschwindigkeit der Käufer ist, um so flacher werden die Kurvenäste verlaufen. Würde man diesen Sachverhalt zeichnerisch darstellen, dann würde man ähnliche

Kurvenscharen erhalten, wie für die in Abb. 34 dargestellten Abhängigkeiten.

In diesem Zusammenhange sei darauf hingewiesen, daß die Absatzkurve bei einer Unterschreitung des unteren Grenzpreises nicht unbegrenzt nach rechts weiter verläuft. Da es sich bei den hier diskutierten Fällen um atomistische Konkurrenz handelt, wird die Kapazität der Betriebe bei weiterer Zuwanderung an Käufern bald erreicht sein. Hält es die Leitung des Unternehmens für vorteilhaft, dem Druck der steigenden Nachfrage nachzugeben, dann wird sie eine Erweiterung der Kapazität vornehmen müssen. Damit mündet die Preistheorie in die Investitionstheorie ein, d. h. alle Kriterien, die die Vorteilhaftigkeit einer Investition bestimmen, müßten berücksichtigt werden, um einen solchen Investitionsentschluß gerechtfertigt erscheinen zu lassen. Dies bedeutet aber einen Übergang von preispolitischen auf investitionspolitische Entscheidungen. Deshalb läßt sich diese Frage nicht im Rahmen und mit Mitteln der polypolistischen Konkurrenz behandeln.

Damit ist die typische Form der Absatzkurve von Unternehmungen bei atomistischer Angebotsstruktur auf unvollkommenen Märkten entwickelt. Gleichzeitig sind die Faktoren aufgezeigt, von denen der Abstand der unteren und oberen Grenzpreise des monopolistischen Kurvenabschnittes abhängig ist.

8. Es ist jetzt zu untersuchen, wie sich bei der polypolistischen Absatzkurve, deren Form im vorigen Abschnitt abgeleitet wurde, die Erlöskurve und die zugehörige Grenzerlöskurve verhalten.

Tabelle 6

Preis	Absatzmenge	Erlös
6,0	40	240,00
5,5	45	247,50
5,0	50	250,00
4,5	55	247,50
4,0	60	240,00

Zunächst sei der Verlauf der zu einer solchen Absatzkurve gehörenden Erlöskurve betrachtet und dabei von der Frage ausgegangen, wo unter diesen Bedingungen das Maximum des Erlöses liegt. Der Erlös ist gleich dem Produkt aus der Absatzmenge x und dem zugehörigen Preis p. Es gilt also auch hier der Satz: Der Erlös steigt, solange die Elastizität größer als 1 ist, der Erlös erreicht sein Maximum, wenn die Elastizität der Nachfrage gleich 1 ist, der Erlös nimmt ab, wenn die Elastizität der Nachfrage kleiner als 1 ist. Im Hinblick auf die zugehörige Erlösgestaltung sind die folgenden drei Fälle zu untersuchen, wobei der monopolistische Bereich der individuellen Absatzkurve der Einfachheit halber als geradlinig angenommen sei.

a) Der monopolistische Bereich enthalte einen Preis, für den die Elastizität der Nachfrage gleich 1 ist, so daß die Erlöskurve über diesem Bereich ein Maximum aufweist. Diesen Sachverhalt möge das folgende Beispiel verdeutlichen, wobei $p = 6$ der obere und $p = 4$ der untere Grenzpreis der monopolistischen Zone sei.

Bei $p = 5$ liegt ein Erlösmaximum. Graphisch ist dieser Fall in der Abb. 35 dargestellt, in der das Erlösmaximum im Punkte A liegt. Für den zugehörigen Preis p_1 ist die Elastizität gerade gleich 1, was sich graphisch daraus ergibt, daß die Strecke $B\,C$ gleich der Strecke $C\,D$ ist [1].

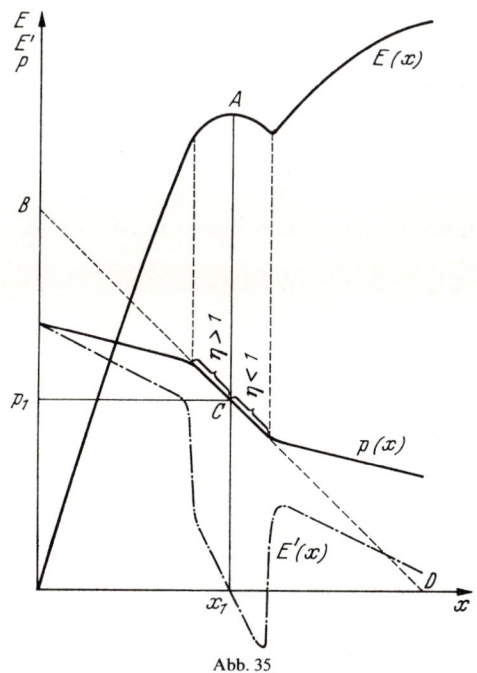

Abb. 35

Den Grenzerlös $E'\,(x)$ für den als linear angenommenen monopolistischen Bereich erhält man graphisch auf gleiche Weise, wie es für die monopolistische Absatzkurve geschildert wurde [2]. Die Abb. 35 läßt erkennen,

---

[1] Vgl. den in Abschnitt II, 2 dieses Kapitels abgeleiteten geometrischen Ausdruck für die Elastizität der Nachfrage.

[2] Vgl. die Ausführungen in Abschnitt II dieses Kapitels.

daß der Grenzerlös bis zur Absatzmenge x_1 positiv und bei größeren Absatzmengen negativ ist, um dann wieder positiv zu werden.

Links von der monopolistischen Zone zeigt die Erlöskurve einen schwach konkaven Verlauf. Die Absatzkurve verläuft in ihrem oberen atomistischen Bereich linear und etwas geneigt. Die Grenzerlöskurve $E'(x)$ ist infolgedessen in diesem Bereich ebenfalls linear. Falls der Übergang zum monopolistischen Bereich in einem scharfen Knick erfolgt, weist die Grenzerlöskurve bei dem oberen Grenzpreis einen Sprung auf. Wenn der Übergang allmählich ohne Knick erfolgt, wie es in der Abb. 35 angenommen ist, wird der Übergang der Grenzerlöskurve vom oberen atomistischen zum monopolistischen Kurvenabschnitt stetig.

Rechts von der monopolistischen Zone steigen die Erlöse wieder an, da die Grenzerlöse wieder positiv sind. Der weitere Verlauf hängt von der Form der Absatzkurve im rechten atomistischen Bereich ab. Unter Umständen kann sich hier ein zweites Maximum ergeben.

b) Der monopolistische Bereich enthalte nur Preise, für die die Elastizität der Nachfrage größer als 1 ist, so daß die Erlöskurve über diesem Kurvenabschnitt kein Maximum aufweisen kann. Sie muß vielmehr über dem gesamten Intervall monoton ansteigen. Dieser Sachverhalt sei wiederum durch ein Beispiel verdeutlicht, wobei $p = 11$ der obere und $p = 7$ der untere Grenzpreis des monopolistischen Bereiches sei.

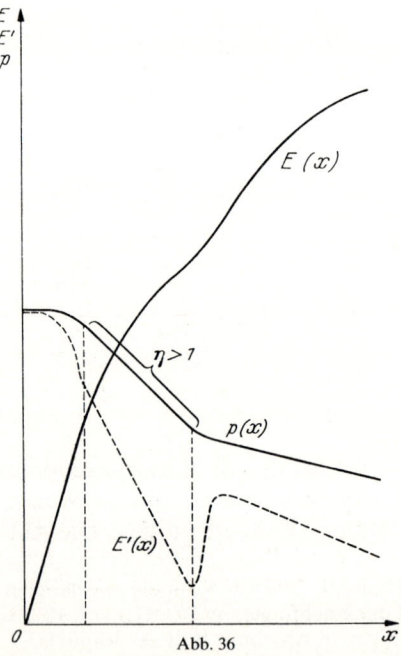

Abb. 36

In diesem Falle erhält man in der monopolistischen Zone kein Erlösmaximum. Der höchstmögliche Erlös liegt bei dem niedrigsten Preis der
Preisklasse. Dieser Fall ist in der Abb. 36 dargestellt.

Für alle Preise des Intervalls ist die Elastizität größer als 1. Die Grenzerlöskurve $E'(x)$ ist innerhalb des gesamten monopolistischen Bereiches
positiv. Die Gesamterlöskurve steigt über diesem Abschnitt an, jedoch
nimmt der Anstieg bis zum unteren Grenzpreis ab. Rechts vom monopolistischen Bereich nimmt der Anstieg der Gesamterlöskurve wieder zu. Die
Ausführungen für den Fall a) gelten hier entsprechend.

c) Die monopolistische Zone enthalte nur Preise, für die die Elastizität
der Nachfrage kleiner als 1 ist. Auch in diesem Falle kann folglich die Erlöskurve über diesem Bereiche kein Maximum aufweisen, vielmehr muß
sie über ihm monoton fallen. Auch dieser Sachverhalt sei an einem Beispiel verdeutlicht, in dem $p = 8$ der obere und $p = 6$ der untere Grenzpreis der monopolistischen Zone ist.

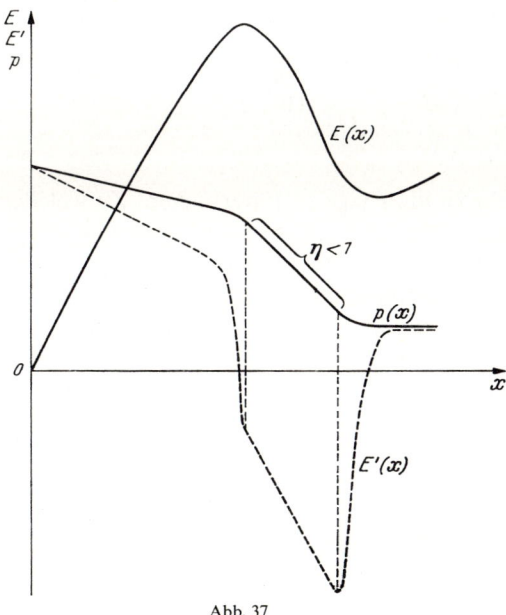

Abb. 37

In diesem Falle erhält man ebenfalls über dem monopolistischen Abschnitt kein Erlösmaximum. Graphisch ist dieser Fall in Abb. 37 dargestellt. Für alle Preise des Intervalles ist die Elastizität kleiner als 1. Der
Grenzerlös $E'(x)$ ist innerhalb des gesamten monopolistischen Bereiches
negativ.

Es besteht auch die Möglichkeit, daß die Gesamterlöse über der monopolistischen Zone konstant bleiben. Dieser Verlauf ergibt sich dann, wenn die Absatzkurve im monopolistischen Abschnitt die Form einer Hyperbel aufweist.

Tabelle 7

Preis	Absatzmenge	Erlös
11	20	220
10	30	300
9	40	360
8	50	400
7	60	420

Tabelle 8

Preis	Absatzmenge	Erlös
8,0	90	720,00
7,5	95	712,50
7,0	100	700,00
6,5	105	682,50
6,0	110	660,00

9. Nunmehr ist die Frage zu untersuchen: Zu welchem Preise werden Unternehmungen ihre Erzeugnisse oder Dienste anbieten, wenn atomistische Angebotsstruktur auf unvollkommenen Märkten angenommen wird? Die Homogenitätsbedingung soll dabei fallen gelassen und auch die Bedingung vollkommener Markt- und Qualitätstransparenz aufgegeben werden. Jedoch wird daran festgehalten, daß die Betriebe ihr Gewinnmaximum anstreben.

Im Gegensatz zur Lage bei atomistischer Angebotsstruktur auf vollkommenen Märkten bedeutet atomistische Angebotsstruktur auf unvollkommenen Märkten, daß die verkaufenden Unternehmen infolge des Vorhandenseins von regionalen, zeitlichen, persönlichen und sachlichen Präferenzen, also von Produktdifferenzierung, Preispolitik betreiben können. Diese Tatsache kommt in der für polypolistische Konkurrenz typischen Absatzkurve zum Ausdruck. Die Spannung zwischen betriebsindividueller Absatzstruktur und betriebsindividueller Kostenstruktur findet im Angebotspreis ihren Ausgleich.

a) Die Probleme der Preispolitik bei atomistischer Angebotsstruktur auf unvollkommenen Märkten seien an Hand eines Zahlenbeispiels untersucht. Um die Darstellung zu vereinfachen, wurde eine Absatzkurve gewählt, die sich aus drei linearen Abschnitten zusammensetzt (s. Abb. 38). Die Übergänge von dem oberen atomistischen Kurvenabschnitt zum mittleren monopolistischen Abschnitt und von diesem zum unteren atomistischen Kurvenabschnitt weisen an diesen Stellen Knicke auf. An sich wäre es richtiger, diese Übergangsstellen ohne Knick anzunehmen. Hierdurch würde sich aber das Zahlenbeispiel komplizieren. Die Ergebnisse der Untersuchungen werden durch diese Vereinfachung des Kurvenverlaufes nicht beeinflußt.

Die Spalten 1 und 2 in der Tabelle 9 geben die Zahlenwerte an, die die Absatzkurve repräsentieren [1].

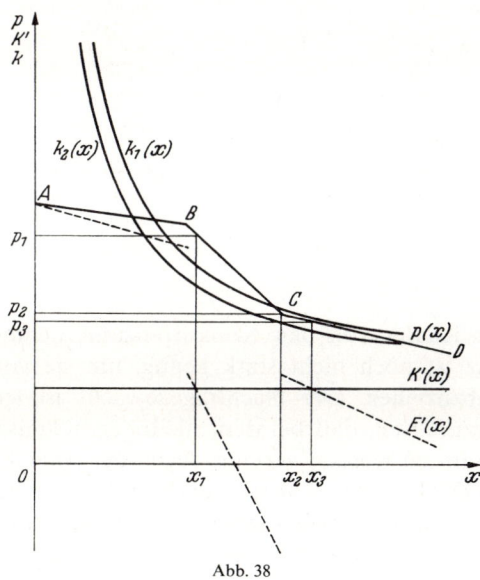

Abb. 38

Der obere Grenzpreis des monopolistischen Bereiches beträgt 8,– DM. Würde das Unternehmen einen höheren Preis wählen, so würde der Absatz stark zurückgehen, denn das Unternehmen würde nunmehr seine Erzeugnisse zu Preisen verkaufen, zu denen die Konkurrenzunternehmen Erzeugnisse mit entsprechend besseren Eigenschaften anbieten. Hierauf ist es zurückzuführen, daß die Käufer zu denjenigen Unternehmen abwandern, die in dieser Preislage bessere Qualitäten verkaufen. Wenn das Unternehmen den Preis 8,– DM wählt, dann wird es 50 Mengeneinheiten absetzen können. Bei einer Ermäßigung des Preises auf 7,– DM steigt der Absatz zwar an, aber nur in verhältnismäßig geringem Maße, da in diesem

---

[1] Die Absatzfunktion entspricht der Gleichung:

$$p = \begin{cases} 9 - \frac{1}{50}\,x \text{ für } 0 \leqq x \leqq 50 \\ 13 - \frac{1}{10}\,x \text{ für } 50 \leqq x \leqq 80 \\ 7 - \frac{1}{40}\,x \text{ für } 80 \leqq x \leqq 280. \end{cases}$$

Tabelle 9

p	x	E	E'	K_1	K_2	$K'_{1,2}$	k_1	k_2	G_1	G_2
1	2	3	4	5	6	7	8	9	10	11
8,8	10	88	8,6	245	205	2,50	24,50	20,50	− 157	− 117
8,6	20	172	8,2	270	230	2,50	13,50	11,50	− 98	− 58
8,4	30	252	7,8	295	255	2,50	9,83	8,50	− 43	− 3
8,2	40	328	7,4	320	280	2,50	8,00	7,00	8	48
8	50	400	$\frac{7}{3}$	345	305	2,50	6,90	6,10	55	95
7,75	52,5	406,9	2,5	351,25	311,25	2,50	6,69	5,93	55,65	95,65
7	60	420	1	370	330	2,50	6,17	5,50	50	90
6	70	420	− 1	395	355	2,50	5,64	5,07	25	65
5	80	400	$-\frac{3}{3}$	420	380	2,50	5,25	4,75	− 20	20
4,75	90	427,5	2,5	445	405	2,50	4,94	4,50	− 17,50	22,50
4,50	100	450	2,0	470	430	2,50	4,70	4,30	− 20,00	20
4,25	110	467,5	1,5	495	455	2,50	4,50	4,14	− 27,50	12,50
4,00	120	480	1,0	520	480	2,50	4,33	4,00	− 40,00	0

Fall noch keine Käufer von den Konkurrenzunternehmen abwandern. Der Preis-Anreiz ist noch nicht stark genug, um sie von den anderen Unternehmen abzuziehen. Der Nachfragezuwachs ist lediglich auf die Tatsache zurückzuführen, daß bei dem niedrigeren Preise bisher latente Nachfrage wirksam zu werden vermag. Auch bei einer Ermäßigung des Preises auf 6,– DM bzw. 5,– DM ist der Nachfragezuwachs im wesentlichen auf die Mobilisierung bisher latenter Nachfrage zurückzuführen und daher ebenfalls noch relativ gering. Die Situation ändert sich grundlegend, wenn das Unternehmen den Preis unter 5,– DM herabsetzt. Es bildet in unserem Beispiel den unteren Grenzpunkt des monopolistischen Kurven-abschnittes. Ermäßigt das Unternehmen seinen Verkaufspreis von 5,– DM auf 4,– DM, so nimmt die Absatzmenge um 40 Mengeneinheiten zu, während sie bei einer gleichgroßen Preissenkung innerhalb des monopolistischen Bereiches jeweils nur um 10 Mengeneinheiten ansteigt. Diese erheblich größere Wirkung der Preissenkung ist darauf zurückzuführen, daß nun nicht mehr lediglich latente Nachfrage mobilisiert wird, sondern eine Zuwanderung von Käufern einsetzt, die bisher bei Konkurrenzunternehmen kauften. Sie wandern von diesem Unternehmen ab, weil sie nunmehr die gleichen Qualitäten zu niedrigeren Preisen kaufen können. Zugleich aber ragt das Unternehmen mit seinem neuen Preis in die Preisklasse hinein, in der bisher nur Waren weniger guter Qualität angeboten wurden. Diese Tatsache ist ebenfalls eine Ursache für das starke Anwachsen der Nachfrage nach den Erzeugnissen des aus seiner bisherigen Preisklasse nach unten ausbrechenden Unternehmens.

Wie bei atomistischer Konkurrenz wirkt sich nun auch bei polypolistischer Konkurrenz die besondere Angebotsstruktur aus. Der Marktanteil der Beteiligten ist so klein und die Markttransparenz so ungenügend, daß die Zunahme von Kunden zwar bei dem unterbietenden Unternehmen in Erscheinung tritt (eben in Form der nach rechts abbiegenden Absatzkurve), aber die Konkurrenten spüren diese Abwanderung nicht und so löst sie bei ihnen auch keine preispolitischen Gegenmaßnahmen aus.

Da nach den Bedingungen der atomistischen Konkurrenz die Marktanteile der einzelnen Unternehmen sehr klein sind, wird davon auszugehen sein, daß die Kapazität dieser Unternehmen nicht allzu groß ist. Wenn also als Folge der Herabsetzung des Preises unter den unteren Grenzpreis die Nachfrage stark zunimmt, dann wird die Kapazität des Unternehmens einer solchen Nachfragesteigerung nur in engen Grenzen gewachsen sein. Der untere rechte Kurvenabschnitt ist deshalb nur insoweit interessant, als das Unternehmen diese Nachfrage mit seiner vorhandenen Kapazität bewältigen kann.

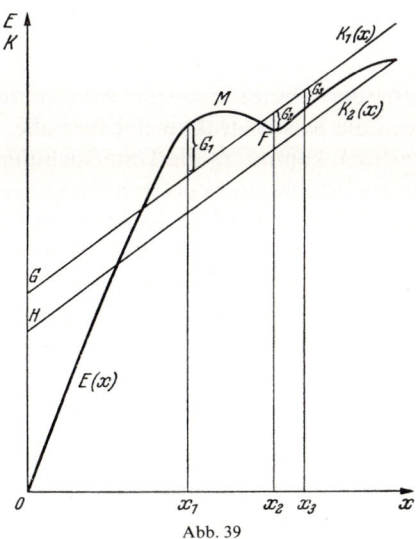

Abb. 39

b) Auf Grund der soeben beschriebenen Absatzkurve sieht sich das Unternehmen nunmehr folgender Erlössituation gegenüber: Wie sich aus Spalte 3 der Tabelle 10 und aus Abb. 39 ergibt, steigt die Erlöskurve im unteren atomistischen Bereich monoton an und zwar bis zum Absatz von 50 Mengeneinheiten. Im Beispiel muß das Unternehmen den Preis unter 8,– DM je Mengeneinheit senken um zu erreichen, daß die Absatzmenge über x_1 hinaus zunimmt. Erlösmäßig gesehen bedeutet aber diese preispolitische Maßnahme einen Knick im bisherigen Kurvenverlauf. Zwar steigen die Erlöse bei einer Senkung des Preises bis auf 6,50 DM noch an, jedoch wird der Anstieg immer schwächer. Er ist bei einem Preise von 6,50 DM gleich Null (s. das in der Abb. 39 mit M bezeichnete relative Erlösmaximum). Bei einer weiteren Senkung des Preises nimmt die Gesamterlöskurve sogar ab, und zwar in unserem Beispiel bis zum unteren Grenzpreis (5,– DM) des monopolistischen Bereiches der Absatzkurve. Der Gesamterlös beträgt an dieser Stelle lediglich 400,– DM gegenüber 422,50 DM im relativen Erlösmaximum. Ist der untere Grenzpreis überschritten, dann führen weitere Preissenkungen zunächst zu einer so starken Zunahme der Absatzmenge, daß die Mengenzunahme die Preissenkung kompensiert und somit der Gesamterlös wieder ansteigt.

Die besondere Form der Absatzkurve hat also zur Folge, daß der Erlösanstieg in einem bestimmten (nämlich dem monopolistischen) Bereich abnimmt und unter Umständen sogar negativ wird. Diese Tatsache ist für preispolitische Erwägungen von ganz entscheidender Bedeutung.

Die Grenzerlöskurve [s. Spalte 4 der Tabelle 9 und die Kurve $E'(x)$ in der Abb. 38] bringt diesen Sachverhalt klar zum Ausdruck.

c) Zur Beantwortung der Frage, welcher Preis der günstigste ist, genügt eine Betrachtung der Absatz- bzw. der Erlöskurve nicht. Es ist vielmehr notwendig, auch die Kostenstruktur der Betriebe, wie sie in den Kostenkurven zum Ausdruck kommt, in die Untersuchung einzubeziehen. In dem Beispiel wurde von zwei Kostenkurven ausgegangen. Die Kostenkurve K_1 [s. Spalte 5 der Tabelle 9 und die Kurve $K_1(x)$ in der Abb. 39] beruht auf der Annahme proportionaler Stückkosten von 2,50 DM (konstante Grenzkosten) und fixer Kosten von insgesamt 220,– DM [1]. Die zweite, aus Darstellungsgründen in das Beispiel aufgenommene Kostenkurve K_2 [s. Spalte 6 der Tabelle 9 und die Kurve $K_2(x)$ in der Abb. 39] unterscheidet sich von der ersten Kostenkurve nur dadurch, daß die fixen Kosten statt mit 220,– DM hier mit 180,– DM angenommen werden [2].

d) Aus der Tabelle 9 und Abb. 38 und 39 ist zu ersehen, daß ein relatives Gewinnmaximum bei der Absatzmenge $x_1 = 52{,}5$ liegt. Der zugehörige Preis beträgt $p_1 = 7{,}75$ DM.

Dem unteren Grenzpreis des monopolistischen Kurvenabschnittes von 5,– DM entspricht eine Absatzmenge von x_2 gleich 80. Das Beispiel zeigt einen zweiten Schnittpunkt bei der Absatzmenge $x_3 = 90$. Der zugehörige Preis beträgt 4,75 DM [3].

---

[1] Diese Kostenkurve entspricht der Gleichung $K_1 = 220 + 2{,}50\,x$.
[2] Diese Kostenkurve entspricht der Gleichung $K_2 = 180 + 2{,}50\,x$.
[3] Falls in der Umgebung von x_2 der Übergang von negativen zu positiven Grenzerlösen stetig verläuft, ist dort ein weiterer Schnittpunkt der Grenzerlöskurve mit der Grenzkostenkurve gegeben.

Um feststellen zu können, welche Bedeutung diesen zwei (eventuell drei, vgl. Fußnote 3) Schnittpunkten der Grenzkosten- mit der Grenzerlöskurve zukommt, muß zunächst auf die Gesamtkosten und den Gesamterlös eingegangen werden. Der Abstand zwischen den entsprechenden Ordinaten der Erlöskurve und der Kostenkurve gibt den jeweiligen Gewinn bzw. Verlust an. Aus Abb. 38 und 39 und der Spalte 10 der Tabelle 9 ergibt sich, daß bei der Absatzmenge x_1 ein relatives Gewinnmaximum vorliegt. Demgegenüber ergibt sich bei der Menge x_2 ein relatives Verlustmaximum (Abb. 38). Von der Menge x_2 an nimmt der Verlust wieder ab und erreicht sein Minimum bei der Menge x_3.

Wird das Problem unter Berücksichtigung der Kostenkurve K_2 betrachtet, so zeigen sich insofern Unterschiede, als bei x_2 nunmehr kein Verlustmaximum, sondern ein Gewinnminimum und bei x_3 statt eines Verlustminimums ein relatives Gewinnmaximum vorliegt. Gemeinsam ist beiden Beispielen, daß die dem zweiten Schnittpunkt entsprechenden Preise und Absatzmengen die ungünstigste Situation darstellen, die in dem in Frage kommenden Bereich überhaupt möglich ist. Die Frage, die das Unternehmen beantworten muß, besteht also darin zu entscheiden, ob es günstiger ist, die Menge x_1 oder die Menge x_3 anzubieten bzw. die Preise für die Erzeugnisse auf p_1 oder p_3 festzusetzen. Im vorliegenden Beispiel wird der Betrieb den Preis p_1 fordern, denn er erzielt damit sein absolutes Gewinnmaximum (G_1), ohne Rücksicht darauf, ob für ihn die Kostenkurve K_1 oder die Kostenkurve K_2 gilt.

Grundsätzlich läßt sich sagen, daß bei gegebener Absatzkurve und damit gegebener Gesamt- bzw. Grenzerlöskurve mehrere Fälle zu unterscheiden sind.

Sind die Grenzkosten höher als die Grenzerlöse nach Unterschreiten des unteren Grenzpreises des monopolistischen Bereiches, dann gibt es nur einen Schnittpunkt zwischen der Grenzkosten- und der Grenzerlöskurve. Damit ist grundsätzlich geklärt, zu welchen Preisen ein solches Unternehmen seine Erzeugnisse verkaufen muß, wenn es seine gewinngünstigste Situation verwirklichen will.

Wenn dagegen die Grenzkosten zunächst nach Unterschreiten des unteren Grenzpreises (also im Bereich des unteren atomistischen Astes) niedriger sind als die Grenzerlöse, dann entstehen ein, eventuell zwei weitere Schnittpunkte, von denen der erste nicht interessiert. Auf welchem Wege ist nun grundsätzlich festzustellen, welcher Preis in diesem Falle für das Warenangebot zu wählen ist?

10. Zur Beantwortung dieser Frage stehen grundsätzlich zwei Wege offen. Hierbei sei davon ausgegangen, daß die Unternehmen mit linearen Gesamtkosten arbeiten.

a) Zunächst kann in der Weise verfahren werden, daß die Gesamt-
erlös- und die Gesamtkostenkurve zur Lösung dieses Problems herangezogen werden. Zeichnet man beide Kurven in das gleiche Koordinatensystem ein, dann ist der Abstand zwischen den entsprechenden Ordinaten
beider Kurven der Gewinn bzw. Verlust, der sich bei der jeweiligen Absatzmenge ergibt. Der Gewinn bzw. Verlust wird in diesem Falle durch
eine Strecke gekennzeichnet. Aus diesem Grunde sei hier von „Streckenanalyse" gesprochen.

Das Gewinnmaximum liegt bei der Ausbringung, bei der die Grenzkosten gleich den Grenzerlösen sind, d. h. bei der Ausbringung, bei der die
Anstiege der Gesamtkostenkurve und der Gesamterlöskurve gleich sind.
Diese Punkte werden gefunden, indem die Kostenkurve so lange parallel
verschoben wird, bis sie die Gesamterlöskurve tangiert. Das ist in der Abb.
40 geschehen. Aus ihr ist folgender Zusammenhang ersichtlich:

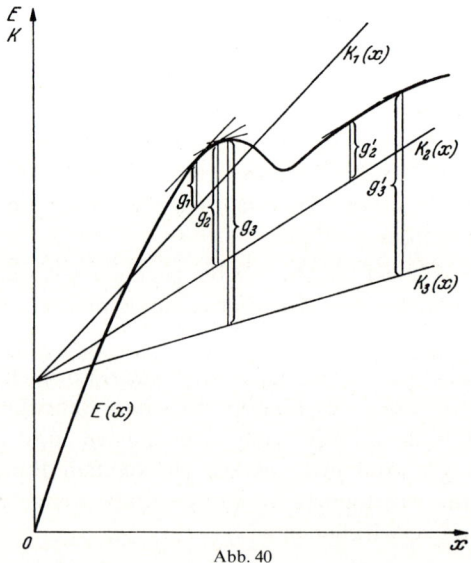

Abb. 40

Für den Fall, daß die Kostenkurve K_1 gegeben ist, ergibt sich nur ein
Gewinnmaximum. Es ist in Abb. 40 durch die Strecke g_1 dargestellt. Damit ist auch die preispolitische Frage gelöst. Es muß derjenige Preis gestellt werden, der der zu g_1 gehörenden Absatzmenge entspricht.

Ist dagegen die Kostenkurve K_2 für das Unternehmen charakteristisch,
dann erhalten wir nach der Abb. 40 zwei relative Gewinnmaxima g_2 und
g'_2, von denen g_2 das größere Maximum ist. Preispolitisch ist damit das
Problem ebenfalls gelöst. Das Unternehmen wird denjenigen Preis stellen,

der dem Gewinn g_2 entspricht. So besteht kein Anlaß für das Unternehmen, den monopolistischen Bereich zu verlassen und preispolitisch auf dem rechten unteren atomistischen Kurvenabschnitt zu operieren.

Wird die Kostensituation eines Unternehmens durch die Kostenkurve K_3 charakterisiert, dann ergeben sich wiederum zwei Gewinnmaxima g_3 und g_3', von denen g_3' das größere ist. In einer solchen Absatzlage würde es für das Unternehmen unter dem Gesichtspunkte der Gewinnmaximierung lohnend sein, den unteren Grenzpunkt des monopolistischen Bereiches zu unterschreiten und Preispolitik entlang dem unteren atomistischen Kurvenabschnitt zu betreiben. In diesem Falle stellt die in dem monopolistischen Abschnitt der Absatzkurve zum Ausdruck kommende Preissituation kein Hindernis für eine Preispolitik jenseits des monopolistischen Preisbereiches dar.

Die angenommenen Kostenkurven unterscheiden sich lediglich in der Höhe der proportionalen Stückkosten, die den Anstieg der Gesamtkostenkurven bestimmen. Die fixen Kosten haben auf die Lage der Gewinnmaxima keinen Einfluß, da ihre Änderung lediglich eine Parallelverschiebung der Kostenkurven zur Folge hat. Eine derartige Verschiebung führt nur zu einer Änderung der absoluten Höhe der Gewinne bzw. Verluste.

Bei dem zuletzt charakterisierten Fall, bei dem die gegebene Absatzkurve es zuläßt, daß das Unternehmen den monopolistischen Bereich verläßt und außerhalb dieses Bereichs, also entlang des unteren atomistischen Kurvenabschnittes, seine Preispolitik betreibt, ergibt sich eine Absatzmenge, die sehr viel größer ist als die im monopolistischen Bereich. Kann das Unternehmen mit den vorhandenen Produktionsmitteln diese Absatzmenge überhaupt herstellen? Es ist möglich, daß ein Unternehmen ohne große Änderungen, insbesondere ohne gewisse Investitionen, eine solche Erweiterung seiner gegenwärtigen Produktions- bzw. Absatzmenge nicht vornehmen kann. Um den Gewinn g_3', der auf Grund der Marktsituation möglich erscheint, auch realisieren zu können, muß also das Unternehmen möglicherweise eine Kapazitätserweiterung vornehmen. Hier verschmelzen die Fragen des Absatzes mit denen der Investition. Denn erst eine Investitionsüberlegung über die zur Verwirklichung des Gewinnes g_3' notwendigen Erweiterungen kann die Entscheidung bringen, ob auch nach einer eventuellen Vornahme einer Betriebserweiterung der Gewinn g_3' noch der maximale sein wird.

b) Es gibt noch eine zweite Möglichkeit, die hier erörterten Probleme zur Darstellung zu bringen. In diesem Falle wird nicht von den Gesamterlösen und den Gesamtkosten, sondern von den Grenzerlösen und den Grenzkosten ausgegangen. Diese Methode soll an dem Fall konstanter Grenzkosten (d. h. linear verlaufender Gesamtkostenkurve) demonstriert werden (vgl. Abb. 41).

Die Differenz zwischen Grenzerlös und Grenzkosten läßt sich als Grenzgewinn bezeichnen, wobei zum Beispiel $O\,A$ die Grenzkosten und $O\,B$ den Grenzerlös angeben. Die Differenz zwischen diesen beiden Größen ist der Grenzgewinn an der Stelle x gleich Null.

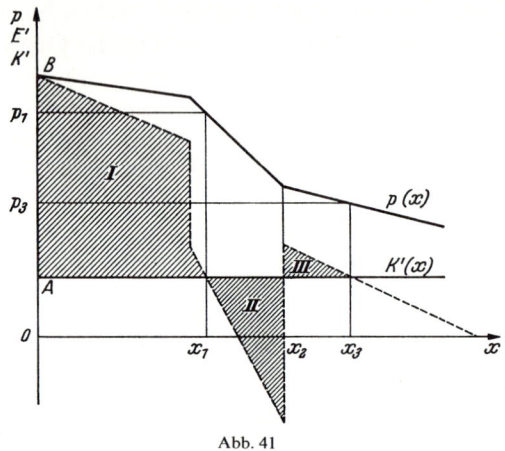

Abb. 41

Die gestrichelte Fläche I in Abb. 41 gibt die Summe der Grenzgewinne mit zunehmendem Absatz x an [1]. Bei steigendem Absatz fällt der Grenzgewinn bis kurz vor x_1 zunächst schwach, um dann stärker abzunehmen, da die Grenzkosten konstant bleiben und der Grenzerlös zunächst allmählich und dann steil abfällt. Der Grenzgewinn ist aber immer positiv, so daß der Gesamtgewinn zunimmt. Bei dem Absatz x_1 sind Grenzkosten und Grenzerlös gleich groß. An dieser Stelle erreicht der Betrieb ein relatives Gewinnmaximum.

Nimmt der Absatz weiter zu, dann werden die Grenzerlöse weiter sinken. Sie sind nunmehr kleiner als die Grenzkosten. Die Grenzgewinne sind mithin jetzt negativ. Der Gesamtgewinn vermindert sich. Da die Grenzerlöse zunächst noch ständig sinken, wird der negative Grenzgewinn immer größer. Der Gesamtgewinn nimmt mithin immer stärker ab. An der Stelle x_2 hört die Minderung des Gesamtgewinnes auf. Hat die Summe der Grenzverluste zu einem Verlust geführt, dann hört an dieser Stelle die Verlustzunahme auf. Bei x_2 ergibt sich also in diesem Falle ein Verlustmaximum. Hat aber die Summe der Grenzverluste den Gesamtgewinn nicht aufgezehrt, dann ist an dieser Stelle ein relatives Gewinnminimum

---

[1] Die Analyse wird hier in Anlehnung an die Flächenbetrachtung von ROBINSON, J., The Economics of Imperfect Competition, London 1948, S. 57 ff., vorgenommen.

gegeben. Diese Lage muß also immer ungünstiger sein als das relative Gewinnmaximum bei x_1.

Nimmt die Absatzmenge über x_2 hinaus zu, dann entstehen wieder positive Grenzgewinne, denn die Grenzerlöse sind nunmehr wieder größer als die Grenzkosten.

Damit entsteht die Frage: Wann ist ein über x_2 hinausgehender Absatz günstiger als der Absatz in Höhe von x_1?

Will ein Betrieb eine günstigere Absatzsituation erreichen als sie bei x_1 gegeben ist, dann muß die Summe der Grenzgewinne der Ausbringungen x_2 bis x_3 größer sein als die Summe der negativen Grenzgewinne der Ausbringung x_1 bis x_2. Dies ist der Fall, wenn die Fläche III größer ist als die Fläche II. Erst wenn diese Bedingung erfüllt ist, wird eine gewinngünstigere Situation als bei der Absatzmenge x_1 erreicht. Es zeigt sich also, daß der Absatz im Regelfall erheblich vergrößert werden muß, wenn die Summe der Gewinnminderungen (Fläche II, negative Grenzgewinne) wieder ausgeglichen werden soll.

In vielen Fällen werden die technischen Möglichkeiten der Produktion nicht ausreichen, so viel zu produzieren, daß die Summe negativer Grenzgewinne (Fläche II) durch die Summe der positiven Grenzgewinne (Fläche III) überkompensiert wird. Denn es gibt in der Regel eine Höchstausbringung, die ohne beträchtliche Erweiterungen des Produktionsapparates nicht überschritten werden kann, d. h. die nicht zuläßt, die Menge x_3 zu produzieren. Selbst dann, wenn die Kapazität nicht ausreichen würde, die Menge x_3 zu produzieren, könnte es vorteilhaft sein, bis zur Kapazitätsgrenze zu gehen. Das wäre dann der Fall, wenn die Fläche III bis zur Kapazitätsgrenze größer wäre als die Fläche II.

Im allgemeinen wird die Ausbringung x_1 die wahrscheinlichere sein. Und zwar deshalb, weil erstens der Bereich negativer Grenzgewinne ($x_1 \leqq x \leqq x_2$) preispolitisch wie eine Bremse wirkt und weil zweitens in der Regel das Kostenniveau der Betriebe so hoch liegen wird, daß es keine so große Preisermäßigung zuläßt, daß der zur Überwindung der Zone der negativen Grenzgewinne erforderliche Mehrabsatz erreicht wird [1].

c) Bei der Beschreibung der Erlösgestaltung im Falle einer polypolistischen Absatzkurve unter Punkt 8 dieses Abschnittes wurden drei Fälle unterschieden. Im Falle a) war die Absatzkurve über dem speziellen monopolistischen Bereich teils elastisch, teils unelastisch, im Falle b) war sie

---

[1] Es soll hier darauf verzichtet werden, die oben erörterten Fragen für den Fall zu untersuchen, daß man es mit U-förmigen Grenzkostenkurven zu tun hat. Bei diesem Falle ist es infolge des Ansteigens der Grenzkostenkurve sehr viel unwahrscheinlicher, daß bei der Menge x_3 ein relatives Gewinnmaximum entsteht, das günstiger als das Gewinnmaximum bei der Absatzmenge x_1 ist. Im Prinzip ist die Analyse hier genau so durchzuführen, wie bei linearen Gesamtkostenverläufen.

in diesem Bereich an jeder Stelle elastisch und im Falle c) an jeder Stelle unelastisch.

Bisher wurde die Ableitung des gewinngünstigsten Preises bei atomistischer Konkurrenz auf unvollkommenen Märkten nur für den Fall a) untersucht. Nunmehr soll nachgewiesen werden, daß sich in den übrigen beiden Fällen die Ableitung des gewinngünstigsten Preises auf die gleiche Weise vornehmen läßt.

Ausgangspunkt sei eine polypolistische Absatzkurve, deren monopolistischer Abschnitt völlig elastisch ist, wie sie in der Abb. 42 dargestellt wurde. Wiederum sei angenommen, daß das Unternehmen mit einer linearen Gesamtkostenkurve und somit mit konstanten Grenzkosten arbeitet. Der Gesamterlös steigt dann mindestens bis zum unteren atomistischen Kurvenast monoton an.

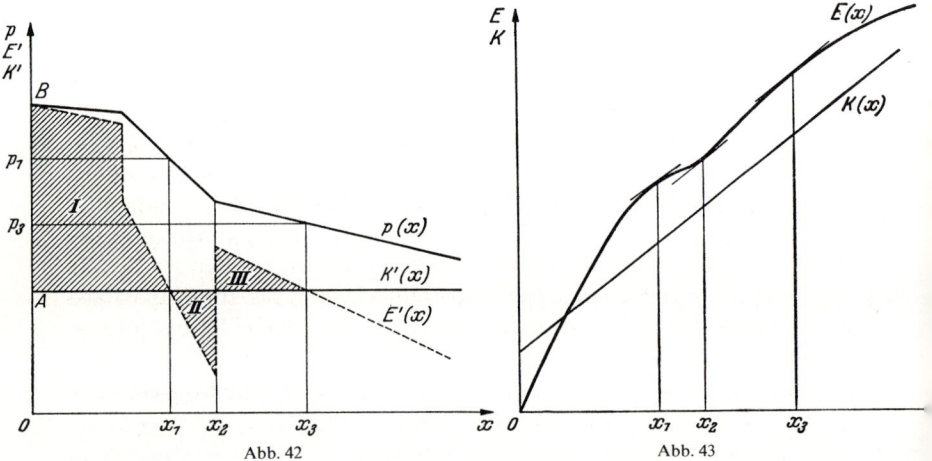

Abb. 42   Abb. 43

Auch unter diesen Verhältnissen ergibt sowohl die Flächenanalyse (vgl. Abb. 42) als auch die Streckenanalyse (vgl. Abb. 43), daß entweder der Preis p_1 oder der Preis p_3 am gewinngünstigsten ist. Im Beispiel ergibt sich die günstigste Situation für den Preis p_3. Ein Vergleich der Abb. 42 und 41 läßt erkennen, daß im Falle des elastischen monopolistischen Bereiches (Abb. 42) die Fläche II bei gleicher Kostenstruktur in der Regel erheblich kleiner ausfallen muß. Dies bedeutet, daß in diesem Falle regelmäßig mit einer viel schwächeren Bremswirkung der monopolistischen Zone zu rechnen ist.

Auch für den Fall c), in dem der monopolistische Abschnitt an jeder Stelle unelastisch ist, läßt sich der gewinngünstigste Preis auf die gleiche Weise durch die Streckenanalyse bzw. die Flächenanalyse bestimmen. Auf die graphische Darstellung dieses Falles kann somit verzichtet werden. Es sei nur angemerkt, daß der gewinngünstigste Preis hier nicht im monopolistischen Kurvenabschnitt liegen kann, da über ihm die Grenzerlöse überall negativ sind und somit kein Schnittpunkt mit der Grenzkostenkurve zustande kommen kann [1].

11. Kurz sei noch untersucht, von welchen Faktoren die soeben geschilderte Bremswirkung des monopolistischen Kurvenabschnittes abhängig ist. Der hemmende Einfluß, den der monopolistische Bereich auf Preissenkungen ausübt, wird einmal von der Form und Lage der Absatzkurve und zum andern von der Form und Lage der Kostenkurve bestimmt. Je unelastischer der Verlauf der Absatzkurve im monopolistischen Abschnitt ist, je größer der Abstand zwischen dem oberen und unteren Grenzpreis ist und je höher die Grenzkosten liegen, um so mehr wird sich der gewinngünstigste Preis dem oberen Grenzpreise des monopolistischen Bereiches nähern (und umgekehrt). Liegt der gewinngünstigste Preis verhältnismäßig hoch über dem unteren Grenzpreise, dann sind erhebliche Preissenkungen erforderlich, um eine Zunahme der Absatzmenge zu erreichen, die groß genug ist, um erwarten zu können, daß sich ein neues günstigeres Gewinnmaximum rechts vom unteren Grenzpreis des monopolistischen Bereiches aufbauen läßt. Im anderen Falle sind nur verhältnismäßig geringe Preissenkungen erforderlich, um den gewünschten Effekt zu erzielen.

In beiden Fällen entstehen bei Preissenkungen innerhalb des monopolistischen Bereiches zunächst Gewinnminderungen, die überwunden werden müssen, bevor die Aussicht besteht, eine neue gewinngünstigere Situation erreichen zu können. Diese Gewinnminderungen stellen eine Art Barriere dar, die erst übersprungen werden muß, wenn Unternehmen mit Hilfe von Preissenkungen ihre Gewinnsituation verbessern wollen. Eine Ursache für die Erstarrung des preispolitischen Verhaltens der Unternehmen in marktwirtschaftlichen Systemen wird damit deutlich sichtbar.

12. Die Untersuchungen haben zu dem Ergebnis geführt, daß im Falle atomistischer Angebotsstruktur auf unvollkommenen Märkten das monopolistische und das konkurrenzwirtschaftliche Preisbildungsprinzip zu einer Einheit verbunden sind. Diese Einheit bringt die Absatzkurve, wie sie soeben entwickelt wurde, zum Ausdruck.

Die Absatzkurven, wie sie E. CHAMBERLIN für den Fall der „monopolistic competition" und J. ROBINSON [2] für den Fall der „imperfect competition" bringen, tragen diesem Umstande nicht genügend Rechnung. Beide Autoren halten das Prinzip der Produktdifferenzierung, das sie ihrem theoretischen Ansatz zugrunde legen, nicht streng genug durch. Die Ab-

---

[1] Die Gewinnmaxima liegen dort, wo der monopolistische Bereich endet.
[2] CHAMBERLIN, E. H., The Theory of Monopolistic Competition. Cambridge, Mass. 1950. ROBINSON, J., The Economics of Imperfect Competition. London 1948.

satzkurve, wie sie J. Robinson verwendet, weicht von der Absatzkurve Marshalls nur unwesentlich ab.

Chamberlin verwendet bei seinen Untersuchungen über die Preisbildung im Falle monopolistischer Konkurrenz Absatzkurven, die die gleiche Form aufweisen, wie sie bei der Analyse der monopolistischen Preispolitik benutzt werden. Das Charakteristische seiner Leistung liegt nicht in der Form der Absatzkurven, die er wählt, sondern in der Tangentenlösung, die es ihm erlaubt, die Frage nach der Preisbildung im Falle monopolistischer Konkurrenz zu beantworten.

Es ist ohne Zweifel richtig, für den Fall der atomistischen Angebotsstruktur auf unvollkommenen Märkten davon auszugehen, daß die anderen Unternehmen ihre Preise unverändert lassen, wenn ein Unternehmen seinen eigenen Preis variiert, wie das auch von den beiden genannten Autoren unterstellt wird. Trotzdem hat die Absatzkurve der Unternehmen bei polypolistischer Konkurrenz nicht die gleiche Form wie die Absatzkurve monopolistischer Anbieter. Denn die betriebsindividuelle Absatzkurve bei polypolistischer Konkurrenz ist gerade dadurch charakterisiert, daß sie zwei Preisprinzipien in sich zu einer Einheit verknüpft. Die hier für atomistische Angebotsstruktur auf unvollkommenen Märkten und damit für weite Bereiche der empirischen Wirtschaft als typisch nachgewiesene Form der Absatzkurve folgt mit Notwendigkeit aus dem Prinzip der Produktdifferenzierung, wenn es konsequent durchgehalten wird.

IV. Die Preispolitik bei oligopolistischer Konkurrenz

A. Die typische Oligopolsituation

1. Verteilt sich das Angebot an bestimmten Waren oder Leistungen auf eine geringe Zahl von Unternehmen, deren Marktanteile so groß sind,

daß Änderungen im absatzpolitischen Verhalten eines Unternehmens den Absatz der anderen Unternehmen spürbar beeinflussen, dann liegt eine oligopolistische Struktur des Waren- und Leistungsangebotes vor [1]. Besteht die Angebotsseite nur aus zwei Unternehmen mit entsprechend großen Marktanteilen, dann spricht man von einem Angebotsdyopol. Setzt sich die Angebotsseite aus einer Oligopolgruppe und einer Anzahl von Unternehmen mit geringfügigen Marktanteilen zusammen, dann ist ein Teiloligopol gegeben. Je größer die Zahl der Oligopolunternehmen ist, und je kleiner ihre Marktanteile sind, um so mehr nähert sich das Oligopol dem Polypol bzw. der atomistischen Konkurrenz an.

Die zur Oligopolgruppe gehörenden Unternehmen haben die Möglichkeit, mit dem gesamten absatzpolitischen Instrumentarium zu operieren. Sie können sich bei ihren absatzpolitischen Maßnahmen also der Preispolitik, der Produktvariation, der Werbung und aller Verfahren der Absatztechnik bedienen. Hier wird grundsätzlich davon ausgegangen, daß die Unternehmen nur die Preispolitik als absatzpolitisches Instrument verwenden.

Dem Angebotsoligopol kann ein Nachfragemonopol, ein Nachfrageoligopol oder ein Nachfragepolypol gegenüberstehen. Hier wird grundsätzlich angenommen, daß die Nachfrage polypolistisch-atomistischen Charakter besitzt.

2. Die zu einer Oligopolgruppe gehörenden Unternehmen haben drei Möglichkeiten, sich preispolitisch zu verhalten:

---

[1] Zur Oligopolliteratur sei auf folgende Arbeiten verwiesen: CHAMBLEY, P., L'Oligopole, Paris 1944; MARCHAL, J., Le Mécanisme des Prix, 3. Aufl., Paris 1948; STACKELBERG, H. v., Marktform und Gleichgewicht, Wien und Berlin 1934; ders., Grundlagen der theoretischen Volkswirtschaftslehre, 2. Aufl., Bern-Tübingen 1951; MACHLUP, F., The Economics of Sellers' Competition, Baltimore 1952; RICHTER, R., Das Konkurrenzproblem im Oligopol, Berlin 1954; SHUBIK, M., Strategy and Market Structure, New York 1959; SCHNEIDER, E., Reine Theorie monopolistischer Wirtschaftsformen, Tübingen 1932; ders., Einführung in die Wirtschaftstheorie, II. Teil, 13. Aufl., Tübingen 1972; BRANDT, K., Preistheorie, Ludwigshafen 1960; KRELLE, W., Preistheorie, Tübingen-Zürich 1961; JACOB, H., Preispolitik, 2. Aufl., Wiesbaden 1971, S. 155 ff.; OTT, A. E., Grundzüge der Preistheorie, 2. Aufl., Göttingen 1974, S. 244 ff.; HILKE, W., Statische und dynamische Oligopolmodelle, Wiesbaden 1973; HAMMANN, P., Modelle zur Preispolitik, in: HANSEN, H. R. (Hrsg.), Computergestützte Marketing-Planung, München 1974; ZIMMERMANN, G., Preistheorie der Mehrproduktunternehmung, Frankfurt-Zürich 1974; KÖHLER, R., Das Problem „richtiger" preispolitischer Entscheidungen bei unvollkommener Voraussicht, Zeitschrift für betriebswirtschaftliche Forschung, 20. Jg. (1968), S. 249; SPREMANN, K., Optimale Preispolitik bei dynamischen deterministischen Absatzmodellen, in: Zeitschrift für Nationalökonomie, 35. Jg. (1975), S. 63 ff.; SCHMALEN, H., Preispolitik, Stuttgart 1982; SIMON, H., Preismanagement, Wiesbaden 1982. Vgl. hierzu auch die Anmerkung auf S. 291.

Speziell zum Realitätsbezug doppelt geknickter Preis-Absatzfunktionen sei auf die empirische Untersuchung von Susanne WIED-NEBBELING, Industrielle Preissetzung, Eine Überprüfung der marginal- und vollkostentheoretischen Hypothesen auf empirischer Grundlage, Tübingen 1975, verwiesen.

a) Die Unternehmen treffen ihre absatzpolitischen Entscheidungen nach den Regeln geordneten Preiswettbewerbs. Der Wettbewerb wird in diesen Fällen mit wirtschaftsfriedlichen Mitteln ausgetragen.

b) Die Geschäftspolitik der Unternehmen ist darauf gerichtet, die Position anderer zur Gruppe gehörender Unternehmen mit solchen preispolitischen Methoden zu schwächen, die mehr einen Ausdruck der Macht als Spielregeln geordneten Wettbewerbs darstellen. Das gleiche gilt für die angegriffenen Unternehmen, wenn sie zu ähnlichen preispolitischen Mitteln greifen, um den Kampf zu bestehen und zu überleben. Die Oligopolgruppe kennzeichnet sich in diesem Fall durch preispolitischen Kampf.

c) Die Unternehmen sind stillschweigend oder durch Abreden oder durch Vertrag übereingekommen, sich preispolitisch keine Konkurrenz zu machen. Die Preispolitik der Unternehmen beruht in diesem Falle auf Verständigung.

Die drei preispolitischen Verhaltensweisen – wirtschaftsfriedliches Verhalten, Kampf, Verständigung – sind nicht ableitbar. Sie stellen ein Datum des oligopolistischen Preisbildungsprozesses dar.

3. Jedes zu einer Oligopolgruppe gehörende Unternehmen sieht sich einer bestimmten Preis-Absatzfunktion gegenüber. Es hat also die Möglichkeit, entweder seine Angebotsmengen zu regulieren, um auf diese Weise die Preise zu beeinflussen, oder die Preise festzusetzen, um es den Käufern zu überlassen, welche Menge sie bei diesem Preise kaufen. Im ersten Falle bilden die Angebotsmengen, im zweiten die Preise den Aktionsparameter. Das Unternehmen treibt dementsprechend Mengen- oder Preispolitik. Benutzt es nicht nur die Angebotsmenge und die Angebotspreise, sondern auch die anderen Instrumente des absatzpolitischen Instrumentariums als Aktionsparameter, dann treibt es Absatzpolitik im weitesten Sinne des Wortes.

Ob ein Oligopolunternehmen die Angebotsmengen oder die Angebotspreise als Mittel seiner preispolitischen Planungen verwendet, berührt nicht die Tatsache, daß es mit seinen Maßnahmen im Reaktionsbereich der Konkurrenzbetriebe liegt, wenn die Bedingungen vollkommener Märkte unterstellt werden. Angenommen, die Oligopolgruppe bestehe aus den beiden Unternehmen A und B. Beide Unternehmen benutzen die Angebotspreise als preispolitische Instrumente. Das Unternehmen A ändere den Preis für das Erzeugnis X. Da jedem Preis eine andere Absatzmenge zugeordnet ist, ändert sich die Menge der verkauften Erzeugnisse. Der durch die Maßnahme des Unternehmens A verursachten Änderung der Absatzsituation muß B durch preispolitische Gegenmaßnahmen begegnen, wenn B weiterhin seinen Gewinn maximieren will. Die auf die Maßnahmen des Unternehmens B zurückzuführende Änderung der Absatzsituation muß nun wiederum das Unternehmen A preispolitisch berücksichtigen und einen Preis wählen, der einer Verschlechterung seiner Gewinnsituation wirksam zu begegnen erlaubt. Damit ergibt sich für das Unternehmen B eine neue Situation, der es preispolitisch entsprechen muß. Diese Kette von Wirkungen und Rückwirkungen preispolitischer Maßnahmen ist ein Kennzeichen der Preisbildung unter den Bedingungen oligopolistischer Konkurrenz auf vollkommenen Märkten. Hat jede, auch die kleinste Änderung des preis- oder mengenpolitischen Verhaltens eines zur Gruppe gehörenden Unternehmens Gegenmaßnahmen der anderen Unternehmen zur Folge, dann liegt totale mengen- oder preispolitische Inderdependenz vor. Sie ist für die Oligopolpreisbildung auf vollkommenen Märkten kennzeichnend.

Bilden die Angebotsmengen den Aktionsparameter, dann stellt sich der oligopolistische Preisbildungsprozeß als ein System mengenpolitischer Interdependenz dar, werden die Angebotspreise als Aktionsparameter verwandt, dann ist der oligopolistische Prozeß ein System preispolitischer Interdependenz.

Grundsätzlich erstreckt sich die oligopolistische Interdependenz auf das gesamte absatzpolitische Instrumentarium. Ändert also zum Beispiel ein oligopolistischer Anbieter die Qualität seiner Erzeugnisse, so besteht die Möglichkeit, daß die Konkurrenten hierauf ebenfalls mit einer Änderung der Erzeugniseigenschaften reagieren. Es ist jedoch keineswegs ausgeschlossen, daß sie ein anderes absatzpolitisches Instrument, zum Beispiel die Preise oder die Werbung, als Aktionsparameter benutzen. Preispolitische und mengenpolitische Interdependenz bilden also nur einen Ausschnitt aus dem großen System absatzpolitischer Interdependenz.

4. Mit Hilfe der Oligopolpreistheorie gilt es die Frage zu beantworten, ob sich unter Oligopolbedingungen Preise ableiten lassen, die zu ändern im Interesse keines Unternehmens liegt. Führt also der Preisbildungsprozeß im Oligopol zu Gleichgewichtspreisen, oder ist das Oligopol ein gleichgewichtsloses System? Die Aufgabe besteht mithin darin, den gewinngünstigsten Preis unter Berücksichtigung der zu erwartenden absatzpolitischen Reaktionen der Konkurrenten zu bestimmen.

Die Absatzmengen der beiden Dyopolunternehmen A und B seien mit x_A und x_B, die Angebotspreise mit p_A und p_B, die Erlöse mit E_A und E_B, die Produktionskosten mit K_A und K_B und die Gewinne mit G_A und G_B bezeichnet. Die Absatzfunktionen der beiden Unternehmen lassen sich dann schreiben:

$$x_A = f(p_A, p_B)$$
$$x_B = g(p_B, p_A).$$

Für die Gewinne der Unternehmungen A und B gelten die Gleichungen:

$$G_A = E_A - K_A$$
$$G_A = p_A \cdot x_A - K_A(x_A)$$
$$G_A = p_A \cdot [f(p_A, p_B)] - K_A[f(p_A, p_B)]$$

und

$$G_B = E_B - K_B$$
$$G_B = p_B \cdot x_B - K_B(x_B)$$
$$G_B = p_B \cdot [g(p_B, p_A)] - K_B[g(p_B, p_A)].$$

In diesen Gleichungen kommen die Interdependenzen zum Ausdruck, die das Oligopol kennzeichnen.

Eine eindeutige Entscheidung über den gewinngünstigsten Preis kann nur dann getroffen werden, wenn in die Gewinnfunktion, die zu maximieren ist, Größen eingehen, die das Unternehmen kontrolliert. In Wirklichkeit sind aber zum Entscheidungszeitpunkt die preis- oder mengenpolitischen Reaktionen der Konkurrenzunternehmen und die durch sie verursachten eigenen preis- und mengenpolitischen Gegenaktionen nicht bekannt. Die Unternehmen kontrollieren also nicht alle Variablen ihrer Gewinnfunktionen. Die bisherige Oligopolpreistheorie hat diese Schwierigkeiten auf die Weise zu umgehen versucht, daß sie in die Analyse des Preisbildungsprozesses gewisse Erwartungsstrukturen eingebaut hat, die Aussagen darüber enthalten, wie sich nach Ansicht der eine Preis- oder Mengenaktion vornehmenden Unternehmung die Gegner verhalten werden. Die Schwierigkeiten der Oligopolpreistheorie werden dadurch mehr umgangen als gelöst. Trotz aller Anstrengungen und Verfeinerungen ist es der Theorie nicht gelungen, eine vollständig befriedigende Lösung des Oligopolpreisproblems zu entwickeln. Ob die neueren Ansätze der Spieltheorie zu befriedigenden Lösungen führen werden, soll hier noch nicht untersucht werden [1].

Die Einfügung von Erwartungsstrukturen in den theoretischen Zusammenhang ist keineswegs unrealistisch. Denn auch in der betrieblichen Praxis haben die Unternehmungen bestimmte Anschauungen darüber, wie sich die Konkurrenzunternehmen auf preis- oder mengenpolitische Maßnahmen ihrer Gegner voraussichtlich verhalten werden. Man sagt etwa: Wir rechnen damit, daß die Konkurrenzunternehmen so oder so reagieren werden. In der Wendung „wir rechnen damit . . ." kommt eine bestimmte Erwartung zum Ausdruck. Diese Erwartungen können zutreffen. Sie müssen es aber nicht. Unabhängig hiervon sind sie ein bestimmendes Datum der oligopolistischen Preispolitik (Mengenpolitik). Die Theorie steht also nicht im grundsätzlichen Gegensatz zum Verhalten der Praxis, wenn sie mit Erwartungsstrukturen arbeitet.

---

[1] Vgl. hierzu die Ausführungen unter Punkt D dieses Abschnittes.

B. Die oligopolistische Absatzpolitik
unter der Voraussetzung totaler Interdependenz

1. Autonomes Verhalten.
2. Autonom-konjekturales Verhalten.
3. Konjekturales Verhalten unter Verwendung von Reaktionskoeffizienten.

1. Welche Erwartungsstrukturen benutzt die Oligopoltheorie – sofern sie nicht spieltheoretische Ansätze verwendet – zur Lösung ihrer Probleme? Wie sind diese Strukturen einmal als Bestandteile der theoretischen Konzeption, zum anderen betriebswirtschaftlich zu beurteilen? Welcher Art ist der theoretische Apparat, der zur Analyse des Prozesses geschaffen wurde?

Die Beantwortung dieser Fragen soll sich auf drei Strukturtypen beschränken. Dabei wird wirtschaftsfriedliches Verhalten vorausgesetzt. Die Oligopolpreisbildung im Falle kämpferischen Verhaltens und gemeinsamer Preispolitik wird hier nicht untersucht.

a) Die erste Erwartungsstruktur, auf die eingegangen werden soll, läßt sich so beschreiben: Jedes zur Oligopolgruppe gehörende Unternehmen nimmt an, daß die Konkurrenzunternehmen ihre Angebotsmengen oder ihre Angebotspreise nicht ändern werden, wenn es sein Angebot oder seine Preise ändert. Die gegnerischen Angebotsmengen oder Angebotspreise sind Daten der eigenen mengen- oder preispolitischen Überlegungen. Im Falle des Dyopols nimmt zum Beispiel das Unternehmen A die Angebotsmenge x_{B1} des Unternehmens als konstant an, wenn es die Menge x_{A1} auf den Markt bringen will, um seine Gewinnlage zu verbessern. Das Unternehmen B betrachtet die Angebotsmenge x_{A1} des Unternehmens A als unveränderlich, wenn es die Menge x_{B2} anbietet. Jedes der beiden Unternehmen unterstellt also, daß der Gegner nicht reagieren wird, wenn es seine mengen- oder preispolitischen Maßnahmen trifft. Da jedes Unternehmen vom anderen das gleiche mengen- oder preispolitische Verhalten erwartet, kann man sagen, die Erwartungsstrukturen der beiden Unternehmen sind symmetrisch. Das Verhalten der Konkurrenten wird als autonom bezeichnet.

Die Verhaltensweise der Unternehmen ist unverständlich. Sie legen ihren Entscheidungen ein gegnerisches Verhalten zugrunde, von dem sie aus Erfahrung wissen müssen, daß es völlig unrealistisch ist. Denn wenn die Unternehmen ihren Gewinn maximieren wollen, dann müssen sie notwendig ihre Angebotsmengen oder Angebotspreise der neuen Situation anpassen. In Wirklichkeit ist die Preisbildung im Oligopol ein Prozeß ständiger Anpassungen an die Entscheidungen der anderen. So, vom Empirischen her gesehen, stellt sich der Anpassungsprozeß als eine Abfolge irrtümlicher Erwartungen dar.

Als Arbeitshypothese läßt sich die autonome Erwartungsstruktur jedoch halten. In diesem Sinne besagt sie: die Unternehmen verhalten sich so, als ob die Konkurrenten ihre Mengen oder Preise unverändert lassen würden, wenn sie eigene Maßnahmen ergreifen. Deutet man die Erwartungsstruktur im Sinne einer Als-ob-Konstruktion, dann behält sie ihren Wert als Mittel der theoretischen Analyse. Dem steht nicht entgegen, daß die Annahmen über das Verhalten der Konkurrenz, die diesem Erwartungstyp zugrunde liegen, betriebswirtschaftlich wenig sinnvoll erscheinen.

Gleichwohl ist die Art, wie das Problem gestellt und gelöst wird, auch betriebswirtschaftlich von großem Interesse. COURNOT untersuchte als erster die oligopolistische Preisbildung, und zwar für den Fall der Mengenpolitik [1]. Später ist der Prozeß der Oligopolpreisbildung von BERTRAND, EDGEWORTH und im Prinzip auch von LAUNHARDT und HOTELLING für den Fall untersucht worden, daß die Unternehmen nicht ihre Angebotsmengen, sondern ihre Verkaufspreise als Aktionsparameter benutzen [2]. Die Erwartungsstruktur ist die gleiche, mit der COURNOT arbeitet. Insofern unterscheiden sich die Untersuchungen dieser Autoren nicht von dem methodischen Vorgehen COURNOTS.

Als Beispiel für autonomes Verhalten im Oligopolprozeß sei die Theorie von COURNOT behandelt. Hierbei soll von der Preisabsatzfunktion

$$p = p_A = p_B = a - b(x_A + x_B)$$

und den Abb. 44 und 45 ausgegangen werden. Ihnen liegt die Annahme zugrunde, daß die beiden Unternehmen A und B mit ihren Angebotsmengen operieren.

In den beiden Abbildungen gibt $A\,B$ die Gesamtabsatzkurve von A oder B unter der Voraussetzung an, daß der Konkurrent keine Waren an-

---

[1] Vgl. COURNOT, A., Recherches sur les Principes Mathématiques de la Théorie des Richesses, Paris 1838. Dtsch. Übersetzung von W. G. WAFFENSCHMIDT, Jena 1924, S. 68 – 78, erschienen in der Sammlung sozialwissenschaftlicher Meister. Vgl. ferner STACKELBERG, H. v., Grundlagen der theoretischen Volkswirtschaftslehre, 2. Aufl., Bern-Tübingen 1951; SCHNEIDER, E., Einführung in die Wirtschaftstheorie, II. Teil, 13. Aufl., Tübingen 1972; MÖLLER, H., Kalkulation, Absatzpolitik und Preisbildung, Wien 1941 (Nachdruck 1962); KRELLE, W., Preistheorie, Tübingen-Zürich 1961; JACOB, H., Preispolitik, 2. Aufl. Wiesbaden 1971, S. 155 ff. und 187 ff.; OTT, A. E., Grundzüge der Preistheorie, 2. Aufl., Göttingen 1974, S. 209 ff.

[2] Vgl. BERTRAND, J., Théorie Mathématique de la Richesse Sociale, Jour. des Savants, Paris 1883; EDGEWORTH, F. Y., La Teoria Pura del Monopolio, Giornale degli Economisti, Vol. 15 (1897), engl. Übersetzung in: Papers Relating to Political Economy, Vol. I, London 1925; LAUNHARDT, W., Mathematische Begründung der Volkswirtschaftslehre, Leipzig 1885; HOTELLING, H., Stability in Competition, Economic Journal, Vol. 39 (1929), S. 41 ff.

bietet und daher nicht auf dem Markt erscheint. Wenn nun das Unternehmen B beispielsweise 10 Mengeneinheiten auf den Markt bringt, also der Wert von x_B 10 beträgt, dann erhält man für A die Absatzkurve $A_1 B_1$, der der Index $x_B = 10$ beigefügt wird. Mit jeder weiteren Zunahme der Angebotsmenge x_B und mithin einer Reduzierung der Preise p_B verschiebt sich die Kurve $A_1 B_1$ des A weiter nach links zu $A_2 B_2$, $A_3 B_3$ und $A_4 B_4$, wobei die Indices $x_B = 20, 30, 40$ die jeweils zugehörige Angebotsmenge des B

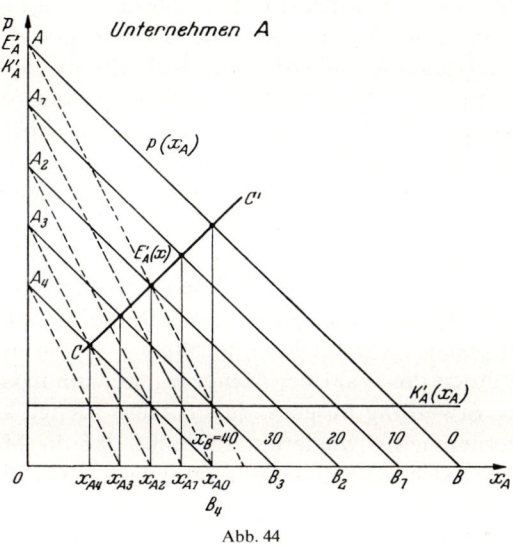

Abb. 44

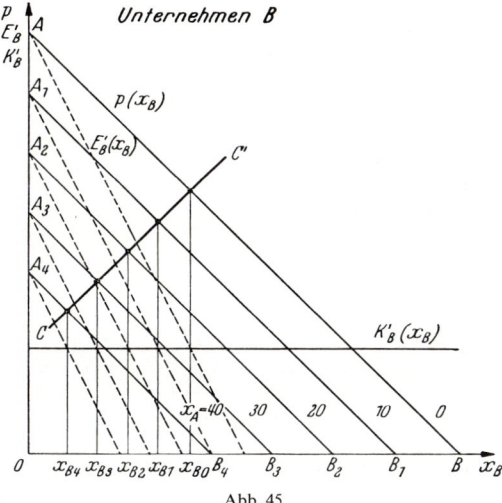

Abb. 45

angeben. In entsprechender Weise verfährt man auch für das Unternehmen B (s. Abb. 45). Zeichnet man nun die zu den einzelnen Absatzkurven
gehörenden Grenzerlös- bzw. Grenzkostenkurven der beiden Unternehmen ein und errichtet man in ihren Schnittpunkten die Senkrechten, so erhält man eine Anzahl von Schnittpunkten mit den Absatzkurven (Cournotsche Punkte), die miteinander verbunden zur Cournotschen Linie oder
auch mengenbezogenen Reaktionslinie CC' für jedes der beiden Unternehmen führen. Sie gibt an, mit welchen gewinnmaximalen Mengen
$x_{AO} \ldots x_{A4}$ bzw. $x_{BO} \ldots x_{B4}$ sich A oder B der dem Index der zugehörenden Absatzkurve entsprechenden gegnerischen Angebotsmenge unter der
Voraussetzung anpassen werden, daß der Konkurrent diese Menge konstant hält. Überträgt man diese Mengen in Abhängigkeit von der gegnerischen Ausbringung in ein Koordinatensystem, dessen Abszissenachse die
Angebotsmenge des A und dessen Ordinatenachse die des B bezeichnen,
dann erhält man, wie die Abb. 46 zeigt, zwei sich schneidende Reaktionslinien, nach denen sich der Anpassungsprozeß der beiden Unternehmen
vollzieht:

Angenommen A biete seine Monopolmenge $O B$ gleich x_{AO} an, bei der
B zunächst nichts absetzt, und B biete sodann die Menge x_{B1} an, dann
wird sich A entsprechend seiner Reaktionslinie $A B$, wie sich aus der Abbildung ergibt, durch die Wahl der Menge x_{A1} gewinnmaximal anpassen,
weil er von der Erwartung ausgeht, daß B diese Menge konstant hält [1].
Wenn das Unternehmen B wiederum annimmt, daß die Menge x_{A1} konstant bleibt, wird es sich entlang seiner Reaktionslinie $C D$ durch die Wahl

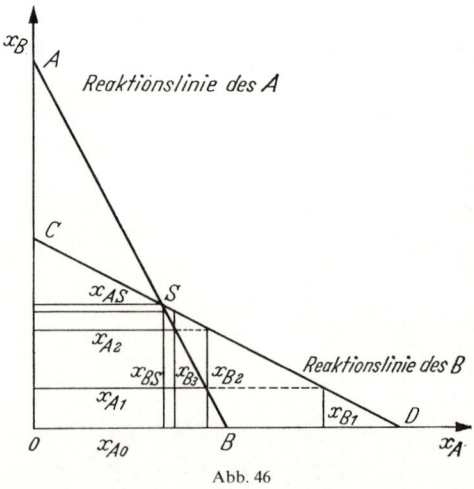

Abb. 46

---

[1] Die in der Abb. 46 verwendeten Bezeichnungen stimmen nicht mit denen der
Abb. 44 und 45 überein.

der Menge x_{B2} gewinnmaximal anpassen, weil es seinerseits davon ausgeht, daß die Menge x_{A1} unverändert angeboten wird. Die weiteren Anpassungen des A führen unter diesen Bedingungen zu einer Reduzierung seiner Menge auf x_{A2}, x_{A3} und die des B zu einer Erhöhung seiner Ausbringung auf x_{B3}. Auf diese Weise nähert sich der Anpassungsprozeß, der bei einer beliebigen Ausgangsmengenkombination seinen Anfang nehmen kann, entlang den beiden Reaktionslinien $A\,B$ und $C\,D$ schließlich den Koordinaten x_{AS} und x_{BS} des Schnittpunktes S. Unter der Voraussetzung, daß jedes der beiden Unternehmen die nicht kontrollierbare Variable, d. h. die Angebotsmenge des Konkurrenten, als konstant und daher als unabhängig von der eigenen Ausbringung betrachtet, stellt sich eine stabile Gleichgewichtslage zwischen A und B ein.

Da jedes der beiden Unternehmen seine Angebotsmenge in Abhängigkeit von der als konstant angesehenen Angebotsmenge des Gegners festsetzt, wird das geschilderte Verhalten auch als abhängig bezeichnet. Besser spricht man von autonomem Verhalten, weil keiner der beiden Konkurrenten Reaktionen des Gegners erwartet [1].

b) Im Cournotschen Falle wurde ein unvollkommener Markt unterstellt, auf dem für beide Anbieter nur ein einziger Preis bestehen kann. Nun sei angenommen, daß zwei Unternehmen auf einem unvollkommenen Markt anbieten und ihre Angebotspreise als Aktionsparameter benutzen. Für jeden von beiden gibt es dann eine individuelle Preisabsatzfunktion:

$$x_A = a - b\,p_A + c\,p_B$$
$$x_B = d - e\,p_B + f\,p_A\,.$$

Jedem Wert von p_B entspricht eine Absatzkurve von A; je größer p_B ist, desto weiter nach rechts verschiebt sich diese Kurve [2].

Wenn nun beide wieder das abhängige Verhalten wählen, also von der Annahme ausgehen, daß der Gegner den einmal gewählten Preis beibehält, kann man für jeden der beiden die verschiedenen Preisen des Gegners entsprechenden Cournotschen Punkte ermitteln. Man erhält so zwei sich schneidende preisbezogene Reaktionslinien, wie sie in Abb. 47 dargestellt sind. Entlang diesen beiden Reaktionslinien vollzieht sich der Anpassungsprozeß in ähnlicher Weise wie im Fall des Cournotschen Dyopols.

In Abb. 47 möge das Unternehmen B seinen Preis auf p_{B1} für die kommende Periode festsetzen und A glauben, daß dieser Preis konstant gehalten wird. In diesem Falle wird sich A entsprechend seiner Reaktionslinie

---

[1] Vgl. Frisch, R., Monopole – Polypole – La Notion de Force dans L'Economie, Westergaard-Festschrift 1933, S. 249 – 251. Frisch spricht in diesem Zusammenhang von „action autonome".

[2] Vgl. auch die Darstellung bei Schneider, E., Einführung in die Wirtschaftstheorie, II. Teil, 8. Aufl., Tübingen 1963, S. 333 ff.

AB gewinnmaximal anpassen, indem es den Preis p_{A1} wählt. Wenn B davon ausgeht, daß der Preis p_{A1} konstant bleibt, wird es entsprechend seiner Reaktionslinie CD den Preis p_{B2} fixieren. Dadurch paßt es sich dem Preis des Unternehmens A am vorteilhaftesten an. Die weiteren Anpassungen des Unternehmens A führen sodann zur Wahl der Preise p_{A2}, p_{A3}, die des B zu p_{B3}, bis der Anpassungsprozeß zu den beiden Gleichgewichtspreisen p_{AS} und p_{BS} führt, die als Koordinaten des Schnittpunktes S das System zum Ausgleich bringen. Auch in diesem Fall ist die Verwirklichung einer stabilen Gleichgewichtslage an die Bedingung gebunden, daß jedes von beiden Unternehmen die nicht kontrollierbare Variable, den Preis des Konkurrenten, als konstant, das heißt daher als unabhängig von der eigenen Preishöhe, betrachtet und sich durch die Wahl des eigenen Preises abhängig anpaßt. Das Problem erscheint auf diese Weise grundsätzlich gelöst. Die Erwartungsstruktur, die dieser Lösung zugrunde liegt, befriedigt betriebswirtschaftlich ebenso wenig wie die der Cournotschen Konzeption zugrunde liegende Erwartungsstruktur.

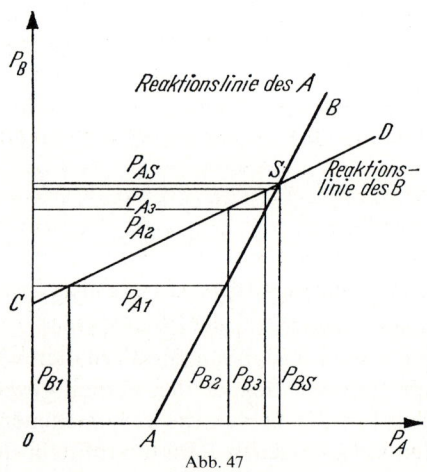

Abb. 47

2. Die zweite Erwartungsstruktur, hier als autonom-konjektural bezeichnet, unterscheidet sich in wesentlichen Punkten von dem bisher behandelten Erwartungstyp. Der Erwartungsstruktur liegt die Annahme zugrunde, daß zur Oligopolgruppe gehörende Unternehmen die Angebotsmengen oder die Angebotspreise der Konkurrenten nicht als konstant ansehen. Vielmehr bieten sie einfach eine bestimmte Angebotsmenge „drauflos" an, und zwar gerade die Menge, von der die mengenpolitisch aktiv werdenden Unternehmen haben möchten, daß sich die Konkurrenten nach ihr richten. Das ist die Gutsmenge, die die aktiv werdenden Unter-

nehmen anbieten würden, wenn sie den Markt bereits beherrschen und ihre Konkurrenten ihre Mitläufer sein würden. Diese Mitläufer ordnen jedem beliebigen Angebot ihrer Konkurrenten ein bestimmtes eigenes Angebot zu, das ihnen unter den gegebenen Bedingungen den größten Gewinn liefert. Das Angebot der zweiten Anbieter erscheint also als Funktion des Angebots der aktiven Anbieter.

Jedes Unternehmen, das sich in der beschriebenen Weise unabhängig verhält, strebt nach der Marktherrschaft. Sie läßt sich aber nur erreichen, wenn es dem Unternehmen gelingt, den anderen Unternehmen die Überzeugung beizubringen, daß sie das jeweilige Angebot des ersten Oligopolisten als eine unabhängige Größe anzusehen haben. Wenn die Unternehmen diese Beeinflussung der Konkurrenten durchzusetzen vermögen, dann beziehen die anderen, die Mitläufer, die Abhängigkeitsposition. In diesem Fall liegt ein asymmetrisches Dyopol bzw. Oligopol vor.

Gelingt es nicht, den Konkurrenzunternehmen die Überzeugung beizubringen, daß es für sie vorteilhafter ist, sich abhängig anzupassen, ziehen diese Unternehmen es ebenfalls vor, sich mengenpolitisch unabhängig zu verhalten, dann liegt ein symmetrisches Dyopol bzw. Oligopol vor. In diesem Falle streben beide nach der Marktherrschaft. Jeder versucht, dem anderen beizubringen, daß es für ihn günstiger ist, sich gewinnmaximierend anzupassen, also Mitläufer zu sein.

Von Stackelberg hat den Beweis zu erbringen versucht, daß das asymmetrische Dyopol zu einem – labilen – Gleichgewicht führen müsse, während das symmetrische Dyopol – beide Unternehmen verhalten sich unabhängig – Kampf zur Folge habe [1], weil jedes Unternehmen weiß, daß die Unabhängigkeitsposition zu höheren Gewinnen als die Abhängigkeitsposition führt [2]. Aus diesem Grunde erscheint es betriebswirtschaftlich wenig wahrscheinlich, daß ein Unternehmen sich abhängig anpaßt, weil es damit seine Lage verschlechtern würde. Die Erwartung der aktiv Mengenpolitik betreibenden Unternehmen beruht jedenfalls auf der Annahme, daß sich die Konkurrenzunternehmen abhängig verhalten, d. h. daß sie den aktiven Unternehmen bewußt die günstigere Position überlassen. Eine solche Erwartungsstruktur ist allerdings wenig realistisch.

Dieser Sachverhalt, d. h. die Kombination der möglichen Abhängigkeits- und Unabhängigkeitsverhalten, ist für den Fall des Dyopols in der Abb. 48 dargestellt worden. Sie unterscheidet sich von der Darstellung des Cournotschen Mengendyopols (vgl. Abb. 46) nur dadurch, daß außer den

---

[1] Das symmetrische Dyopol, in dem beide Unternehmen die Unabhängigkeitsposition beziehen, ist zuerst von Bowley beschrieben worden. Es wird deshalb als Bowleysches Dyopol bezeichnet.

[2] Vgl. Stackelberg, H. v., Marktform und Gleichgewicht, Wien und Berlin 1934, insbesondere S. 18 ff.; ders., Grundlagen der theoretischen Volkswirtschaftslehre, Bern-Tübingen 1951, S. 210 ff.; Möller, H., Kalkulation, Absatzpolitik und Preisbildung, Wien 1941.

beiden Abhängigkeitslinien $A\,B$ und $C\,D$ die beiden Unabhängigkeitsmengen x_{AU} und x_{BU} der Unternehmen A und B auf den Achsen abgetragen und die ihnen entsprechenden Unabhängigkeitslinien $B\,U$ und $C\,U$ in
die Abbildung eingezeichnet worden sind.

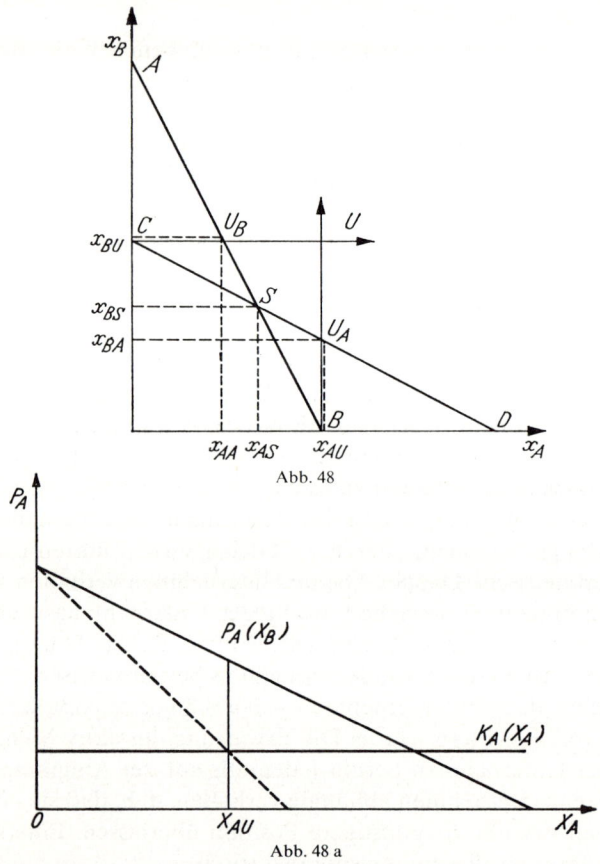

Abb. 48

Abb. 48 a

Die Unabhängigkeitsmenge x_{AU} des Unternehmens A wird nun in der
Weise ermittelt, daß A einer jeden als konstant angenommenen Absatzmenge x_B in der Abb. 44 einen eigenen gewinnmaximalen Preis p_A zuordnet, den es dann setzen wird, wenn das Unternehmen B diese Menge absetzt. Angenommen B setzt keine Waren ab, so gilt für das Unternehmen
A die Preisabsatzgerade $A\,B$. Der zugehörige Preis ist unter diesen Umständen am höchsten. Mit steigender Absatzmenge x_B werden die entsprechenden Absatzgeraden und damit auch die zugehörigen gewinnmaximalen Preise p_A immer kleiner, so daß man schließlich, wie die Abb. 48 a

zeigt, eine monoton fallende Preisabsatzgerade erhält, die für alle alternativ konstant gehaltenen Mengen x_B die zugehörigen Preise des Unternehmens A angibt.

Zeichnet man in dieses Diagramm sodann die Grenzerlöskurve und die Grenzkostengerade $K'_A(x_A)$ ein, so erhält man im Schnittpunkt der beiden Kurven die gewinnmaximale Unabhängigkeitsmenge x_{AU}, die das Unternehmen A im Falle einer angestrebten Marktbeherrschung auf den Markt bringt. Entsprechende Überlegungen gelten auch für die Ermittlung der Unabhängigkeitsmenge x_{BU} des Unternehmens B, so daß man schließlich bei einer Gegenüberstellung der möglichen Verhaltensweisen beider Unternehmen folgende Marktkonstellationen in der Abb. 48 erhält[1]:

Wenn A seine Unabhängigkeitsmenge x_{AU} wählt, indem er entlang der Linie $B\,U$ operiert, und B sich entlang seiner Reaktionslinie $C\,D$ durch die Wahl der Abhängigkeitsmenge x_{BA} anpaßt, dann entsteht das asymmetrische Dyopol U_A, das durch die Unabhängigkeitsposition des A und die Abhängigkeitsposition des B gekennzeichnet wird. Wenn B hingegen seine Unabhängigkeitsmenge x_{BU} anstrebt, indem er entlang der Linie $C\,U$ vorgeht, und sich A entlang seiner Reaktionslinie $A\,B$ durch die Wahl der Abhängigkeitsmenge x_{AA} anpaßt, dann entwickelt sich das asymmetrische Dyopol U_B, das in umgekehrter Weise durch die Unabhängigkeitsposition des B und die Abhängigkeitsposition des A bestimmt wird. Wenn beide Unternehmen jedoch ihre Unabhängigkeitsposition zu verwirklichen suchen, indem sie ihre Mengen x_{AU} bzw. x_{BU} entlang den Linien $B\,U$ und $C\,U$ auf den Markt bringen, dann ergibt sich das sog. BOWLEYsche Dyopol U, das durch eine ausgesprochene Kampfsituation der beiden Anbieter gekennzeichnet wird.

Das Verhalten des Unternehmens, das die Unabhängigkeitsposition zu beziehen sucht, charakterisiert sich dadurch, daß es die voraussichtlichen Reaktionen des Konkurrenzunternehmens berücksichtigt. Ein solches Verhalten wird dem Prinzip nach als konjekturales Verhalten bezeichnet[2].

3. Die dritte Art oligopolistischen Verhaltens wird dadurch gekennzeichnet, daß die Unternehmen zwar ebenfalls die erwarteten Reaktionen der Konkurrenzunternehmen in Rechnung stellen, diese Reaktionen aber durch konkrete Reaktionskoeffizienten bestimmt werden.

---

[1] Aus Gründen der zeichnerischen Vereinfachung ist für das Unternehmen B die gleiche Kostenstruktur wie für A unterstellt worden, so daß sich die Unabhängigkeitsmengen x_{AU} und x_{BU} in der Abb. 48 miteinander decken.

[2] Vgl. FRISCH, R., a.a.O., S. 252. Die Erwartungsstrukturen, welche der oligopolistischen Interdependenz Rechnung tragen, faßt FRISCH unter dem Begriff der „adaption conjecturale" zusammen. FRISCH kennt außerdem noch eine Situation, die er als „adaption supérieur" bezeichnet. In diesem Fall wird angenommen, daß sich ein Teil der Unternehmen autonom, der andere konjektural verhält.

Aufgrund von Erfahrungen und aus ihrer Kenntnis der konkurrenzwirtschaftlichen Situation heraus haben die Betriebe gewisse Vorstellungen darüber, wie sich die Konkurrenten bei mengen- oder preispolitischen Aktionen verhalten werden. Diese Vorstellungen konkretisieren sich
zu bestimmten Erwartungen, etwa derart, daß das Unternehmen A annimmt, das Konkurrenzunternehmen B werde seinen Preis um 5,– DM
herabsetzen, wenn es selbst seinen Preis um 6,– DM senkt. Das Verhältnis
zwischen der als Reaktion erwarteten Preisermäßigung des Unternehmens
B und der sie verursachenden Preissenkung des Unternehmens A wird dabei als „Reaktionskoeffizient" bezeichnet. Er kennzeichnet die Erwartungsstruktur des Unternehmens A. Im Beispiel beträgt er absolut gesehen
5 : 6 = 0,83. Die Reaktionskoeffizienten können für mehrere Preisänderungen im Zeitablauf als konstant angesehen werden. Es besteht aber auch
die Möglichkeit, daß die Erwartungsstrukturen und damit die Koeffizienten von Preisänderung zu Preisänderung variieren.

Das Problem besteht nun darin, die gewinngünstigsten Preise unter
Berücksichtigung der erwarteten preispolitischen Reaktionen der Konkurrenzbetriebe zu bestimmen. Hierbei soll davon ausgegangen werden, daß
zwei im wesentlichen gleich strukturierte Unternehmen A und B im Wettbewerbskampf miteinander stehen. Insofern liegt also eine symmetrische
Dyopolsituation vor. Für beide Unternehmen gilt eine bestimmte Reaktionsfunktion von gleicher Art. Auf diese Weise wird das Problem grundsätzlich lösbar gemacht. Die sich aus der Zirkularität des Verhaltens ergebenden Schwierigkeiten werden beseitigt, weil in eindeutiger Weise festgelegt ist, wie B sich verhält, wenn A eine Preisänderung vornimmt, und wie
A antwortet, wenn B sich zu einer Änderung seiner Verkaufspreise entschließt. Auch für den Fall von wiederholten Aktionen und Reaktionen
sollen diese Koeffizienten erhalten bleiben. Es ist allerdings dabei zu berücksichtigen, daß die Reaktionskoeffizienten beider Unternehmen nicht
die tatsächlichen, sondern die erwarteten Reaktionen des Konkurrenten
angeben. Stimmen die eingetretenen Reaktionen nicht mit den erwarteten
überein, dann stellt sich ein fortlaufender Prozeß von preispolitischen Aktionen und Reaktionen ein, der nur mit den Mitteln der Sequenzanalyse
untersucht werden kann [1], d. h. die Frage nach dem Gleichgewicht läßt
sich in diesem Zusammenhang nur dann hinreichend genau beantworten,
wenn für Ā eine Kurve entwickelt wird, die angibt, welche alternativen
Preise von B das Unternehmen A seinen verschiedenen Preisen konjektural zuordnet, und eine Kurve für B, die darüber Aufschluß gibt, welche
Preise von A das Unternehmen B erwartet, wenn es seine Preise in unterschiedlicher Höhe ansetzt.

---

[1] Vgl. hierzu SCHNEIDER, E., Einführung in die Wirtschaftstheorie, II. Teil, 13,
verbess. Aufl., Tübingen 1972, S. 344 ff.; KAYSEN, C., Dynamic Aspects of Oligopoly
Price Theory, American Economic Review, Pap. and Proc., Vol. 42 (1952), S. 198 ff.

In der Oligopoltheorie wird diese von FRISCH entwickelte Konzeption der gegenseitigen Reaktionsverbundenheit [1] unter Verwendung von sog. Iso-Gewinnkurven, d. h. Kurven gleicher Gewinnhöhe, dargestellt [2]. Eine solche Gewinnkurve gibt an, welche alternativen Preise des Unternehmens A und B bei gegebenen Absatz- und Kostenfunktionen zu einem bestimmten Gewinn führen. Wenn derartige Preiskombinationen von p_A und p_B für verschieden hohe Gewinne konstruiert werden, dann erhält man schließlich eine Schar von Iso-Gewinnkurven, die sich aus der Sicht des Unternehmens A in der in den Abb. 49 und 50 dargestellten Form über das Koordinatensystem verteilen [3].

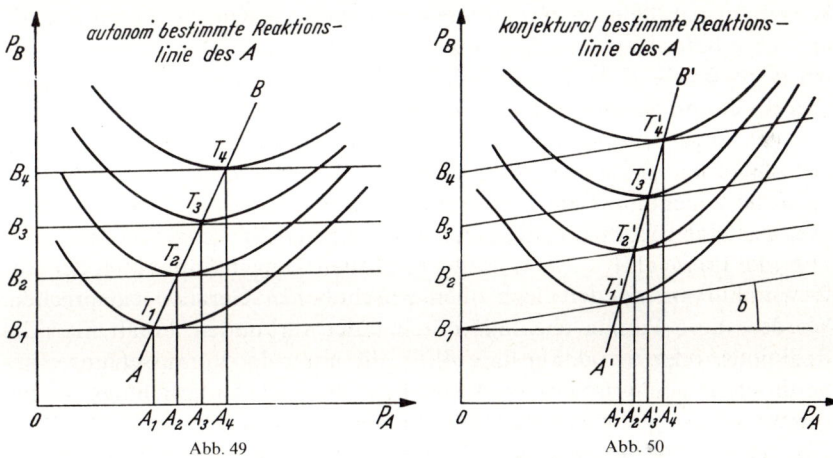

Abb. 49   Abb. 50

Wenn nun das Unternehmen A wie im Falle autonomen Verhaltens davon ausgeht, daß das Unternehmen B zum Beispiel seine Preise p_B von $O\,B_1 \ldots O\,B_4$ bei einer Änderung seines eigenen Preises jeweils konstant halten wird, also nicht auf Maßnahmen von A reagieren wird, dann läßt sich diese Erwartung in der Abb. 49 durch eine Schar von Geraden wiedergeben, die im Abstand $O\,B_1 \ldots O\,B_4$ parallel zur p_A-Achse verlaufen; denn sie stellen alle diejenigen Preiskombinationen von p_A und p_B dar, für

[1] FRISCH, R., a.a.O., S. 252.
[2] SCHNEIDER, E., a.a.O., S. 339 ff.; KRELLE, W., a.a.O., S. 247 ff.
[3] Eine Iso-Gewinnkurve des Unternehmens A läßt sich für den betrachteten Fall in der Weise bestimmen, daß man im System der parallelen Preisabsatzfunktion eine bestimmte dyopolistische Funktion unterstellt, in der die Erwartungen des Unternehmens A über das voraussichtliche Verhalten des Unternehmens B zum Ausdruck kommen. Ermittelt man sodann die zugehörige Gewinnfunktion und setzt bei einer gegebenen Gewinngröße alternative Werte des Preises p_A in diese Funktion ein, dann erhält man die entsprechenden Preise p_B, die, kombiniert mit p_A, zur Iso-Gewinnkurve des Unternehmens A für die angenommene Gewinngröße führen.

die der Preis p_B jeweils eine konstante Höhe hat. Wenn es seine gewinnmaximalen Anpassungspreise für diese von B zu ermitteln sucht, dann
wird es offensichtlich die Preise von $O\,A_1 \ldots O\,A_4$ wählen, die den Tangentialpunkten $T_1 \ldots T_4$ der Iso-Gewinnkurven mit den Geraden entsprechen. Verbindet man diese Punkte miteinander, dann erhält man die Reaktionslinie $A\,B$, die unter der Voraussetzung konstant angenommener ge-
gnerischer Preise mit der Linie $A\,B$ in der Abb. 47 identisch ist.

Wenn das Unternehmen A jedoch damit rechnet, daß, wenn es selbst
seinen Preis um eine Einheit erhöht oder senkt, das Unternehmen B mit
einer Erhöhung oder Senkung seiner Preise $O\,B_1 \ldots O\,B_4$ um b Einheiten
reagieren wird, so kann diese Erwartung, wie die Abb. 50 zeigt, durch eine
Schar von parallelen Geraden wiedergegeben werden, die einen auf die
p_A-Achse bezogenen Anstiegswinkel von b aufweisen. Der Tangens dieses
Anstiegswinkels, d. h. das Verhältnis zwischen der erwarteten Preisreak-
tion des B und der sie verursachenden Preisänderung des A, gibt den Wert
des von dem Unternehmen A unterstellten Reaktionskoeffizienten wieder [1]. Werden die gewinngünstigsten Preise von A unter der Voraussetzung der angenommenen Erwartungsstruktur ermittelt (s. Abb. 50), dann
wird das Unternehmen A bei einer Änderung der Preise p_B von $O\,B_1 \ldots$ -
$O\,B_4$ die Preise $O\,A_1' \ldots O\,A_4'$ wählen, die den Tangentialpunkten der Iso-
Gewinnkurven mit den nach oben verschobenen Geraden entsprechen.
Werden diese Punkte ebenfalls miteinander verbunden, erhält man die
Reaktions- oder Attraktionslinie $A'\,B'$, die unter der Voraussetzung eines
bestimmten gegnerischen Preisverhaltens für das Unternehmen A bestimmt ist [2]. In gleicher Weise läßt sich auch die Attraktionslinie $C'\,D'$ des
Unternehmens B für alternative Werte des Preises p_A als die Verbindungslinie derjenigen Punkte ableiten, in denen die die Erwartungen des B dar-
stellende Parallelenschar die Iso-Gewinnkurven des B berührt, so daß man
bei einer Gegenüberstellung gegebenenfalls zwei sich schneidende Linien
erhält. Sie unterscheiden sich von denen der Abb. 47 dadurch, daß sie
nicht autonom, sondern nach Maßgabe der erwarteten Reaktion des Konkurrenzunternehmens bestimmt worden sind. Wenn sich also jedes der
beiden Unternehmen nach Maßgabe dieser beiden Reaktionslinien anpaßt und damit von der Erwartung ausgeht, daß das Konkurrenzunternehmen auf eine Preisänderung in einer bestimmten Weise mit einer Änderung seines Preises reagieren wird, dann wird in ihrem Schnittpunkt S' ein
Gleichgewicht erreicht. Dieser Schnittpunkt besagt, daß der von A erwartete Preis des Unternehmens B für A der gewinngünstigste ist und daß zu-

---

[1] Es ist unmittelbar aus den beiden Abbildungen zu ersehen, daß die autonome
Anpassung als ein Spezialfall der konjekturalen mit einem Reaktionskoeffizienten
von Null betrachtet werden kann.

[2] FRISCH spricht in diesem Zusammenhang von einer Reaktionslinie, die er als
„frontière d'attraction" bezeichnet. Vgl. ebenda, S. 256.

gleich der von B erwartete Preis des Unternehmens A für B den gewinn-maximalen Preis darstellt.

Die drei bisher beschriebenen Versuche, das Oligopolpreisproblem zu lösen, verwenden also Erwartungsstrukturen völlig verschiedener Art:

1. Die Erwartung, daß die Konkurrenzunternehmen ihre Angebots-mengen oder ihre Angebotspreise unverändert lassen werden, wenn ein zur Gruppe gehörendes Unternehmen preispolitisch aktiv wird oder re-agiert. Die Erwartung kann dabei entweder auf einer irrtümlichen Annah-me über das gegnerische Verhalten oder auf einer Als-ob-Vorstellung be-ruhen. Ein solches mengen- oder preispolitisches Verhalten wird als „auto-nom" bezeichnet.

2. Die Erwartung, daß die Konkurrenzunternehmen auf die Änderung der Angebotsmengen und damit der Angebotspreise eines Unternehmens derart mengenpolitisch reagieren werden, daß sie sich an jede mengenpo-litische Maßnahme eines Unternehmens abhängig, und zwar gewinnmaxi-mierend anpassen. Ein solches Verhalten wird als „konjektural" bezeich-net, hier mit dem besonderen Merkmal der abhängigen Gewinnmaximie-rung.

3. Die Erwartung, daß die Konkurrenzunternehmen auf eine Ände-rung der Angebotsmengen oder Angebotspreise eines Unternehmens nach Maßgabe bestimmter Reaktionskoefizienten reagieren werden. Auch in diesem Fall liegt ein konjekturales Verhalten vor. Jedoch wird nicht ange-nommen, daß sich die Reaktionen gewinnmaximierend vollziehen.

Die beiden ersten Erwartungsstrukturen sind für eine betriebswirt-schaftlich befriedigende Theorie oligopolistischer Preispolitik nicht geeig-net, zumal sich automatisch die Reaktionsfunktionen der Unternehmen ändern werden, wenn sich ihre Erwartungen nicht erfüllen. Damit wird es aber unwahrscheinlich, daß jemals ein Gleichgewicht zustande kommt. Es erscheint mithin fraglich, ob die Reaktionsfunktionen überhaupt den ge-eigneten Weg zur Lösung des Oligopolproblems darstellen.

Die dritte Erwartungsstruktur entspricht dagegen in höherem Maße dem betrieblichen Verhalten in der Praxis. Denn in der wirtschaftlichen Wirklichkeit beruhen alle preispolitischen Maßnahmen eines jeden Unter-nehmens auf bestimmten Vorstellungen über die voraussichtliche Stärke der gegnerischen Reaktionen. Die Annahme unveränderter Erwartungs-koeffizienten schränkt jedoch auch hier den Geltungsbereich der Theorie stark ein.

Wie später noch zu zeigen sein wird, sind die Erwartungen, mit denen die Unternehmen preispolitisch rechnen, viel komplexer als die drei bisher beschriebenen Erwartungen. Es scheint deshalb angebracht, das preispoli-tische Verhalten der Unternehmen unter Oligopolbedingungen ganz un-mittelbar, d. h. unter Verzicht auf für theoretische Zwecke konstruierte oder a priori gegebene Erwartungsstrukturen, zu analysieren, um auf diese

Weise herauszufinden, ob Gleichgewichtspreise bei oligopolistischer Angebotsstruktur unter der Bedingung unvollkommener Märkte möglich sind, und wenn ja, wie sie zustande kommen.

C. Die oligopolistische Preispolitik auf unvollkommenen Märkten unter der Voraussetzung partieller Interdependenz

1. Partielle Interdependenz.
2. Oligopolistische Preispolitik, wenn alle Anbieter preispolitisch innerhalb des reaktionsfreien Preisintervalls operieren.
3. Die Verschiebung der Preisabsatzkurve beim Überschreiten der oberen und unteren Grenzpreise.
4. Die oligopolistische Preispolitik, wenn ein oder mehrere Anbieter preispolitisch außerhalb des autonomen Preisintervalls operieren.
5. Preispolitische Entscheidungen und Erwartungen über das Konkurrentenverhalten.
6. Die Berücksichtigung von Käuferreaktionen im Oligopolmodell.

1. Unter den Bedingungen unvollkommener Märkte weist jedes Unternehmen eine ihm eigentümliche Präferenzstruktur auf, die in seinem akquisitorischen Potential zum Ausdruck kommt. Standortliche, sachliche und persönliche Umstände bestimmen dieses Potential, das in den Entscheidungen der Käufer wirksam ist. Es kann zur Folge haben, daß die Fabrikate gewisser Unternehmen auch dann von bestimmten Käufern oder Käufergruppen bevorzugt werden, wenn der Preis der Erzeugnisse des Unternehmens, verglichen mit den Preisen der Konkurrenzunternehmen für ähnliche, gleichwertige Produkte, verhältnismäßig hoch ist. Ein Unternehmen mit starkem akquisitorischen Potential braucht dann noch nicht mit der Abwanderung von Käufern zu den Konkurrenzunternehmen zu rechnen, wenn es seine Preise erhöht und diese Preiserhöhungen in gewissen Grenzen bleiben. Die Unternehmen haben also durchaus die Möglichkeit, innerhalb eines bestimmten Preisintervalls Preisänderungen vorzunehmen, ohne daß die Konkurrenten preispolitisch reagieren. So wird eine Automobilfabrik innerhalb der Zweiliterklasse sowohl einen Preis von 9400,– DM als auch von 9200,– DM oder 9600,– DM fordern können, ohne daß die Konkurrenzfirmen hiervon Notiz nehmen. Das freie Preisintervall ist von Unternehmen zu Unternehmen und zu verschiedenen Zeitpunkten verschieden groß. Aber die Tatsache ändert nichts daran, daß, wie jederzeit empirisch nachweisbar ist, derartige freie Preisintervalle bestehen. In diesem Zusammenhang sei auf die Textilindustrie und die Lederindustrie hingewiesen, auch auf Fabriken, die Kühlschränke, Nähmaschinen, Radio- und Fernsehapparate, Schreib- und Rechenmaschinen, Elektromotoren, Milchzentrifugen und andere Güter nicht homogener Art herstellen.

Der Abstand zwischen den beiden Grenzpreisen des preisautonomen Intervalls bei Oligopolunternehmen hängt von den gleichen Faktoren ab, die die Lage des oberen und unteren Grenzpreises des monopolistischen Kurvenabschnittes im Falle polypolistischer Konkurrenz bestimmen [1]. Der monopolistische Abschnitt polypolistischer Absatzkurven ist wie der reaktionsfreie Bereich der oligopolistischen Absatzkurven eine Folge der

---

[1] Vgl. hierzu die Ausführungen Teil III, B dieses Kapitels. Zur Fortführung der Theorie der doppelt geknickten Absatzkurve für den Fall des Oligopols sei verwiesen auf ALBACH, H., Das Gutenberg-Oligopol, in: Zur Theorie des Absatzes, hrsg. von H. KOCH, Wiesbaden 1973. S. 11 ff., WILLEKE, F. U., Monopolistische und autonome Preisintervalle, in: Jahrbücher für Nationalökonomie und Statistik, Bd. 176 (1964), S. 407 ff., ders., Autonome Preisintervalle im heterogenen Dyopol, ebenda, Bd. 180 (1967), S. 373 ff., ders., Ansätze zu einer allgemeinen Theorie autonomer Preisintervalle im heterogenen Oligopol, ebenda, Bd. 181 (1967), S. 306 ff.; A. E. OTT, Preistheorie, in: Jahrbuch für Sozialwissenschaft, Bd. 13 (1962), S. 53 ff., ders., Zur logischen Konsistenz der doppelt geknickten Preis-Absatzfunktion, in: Jahrbücher für Nationalökonomie und Statistik, Bd. 195 (1980), S. 153 ff.; HILKE, W., Statische und dynamische Oligopolmodelle, Wiesbaden 1973, S. 41 ff.; PIEKENBROCK, D., Preisabsatzfunktionen und Preisautonomie im heterogenen Wettbewerb, Frankfurt a. M. 1978, ders., Zur Entwicklung der Theorie autonomer Preisintervalle, in: Jahrbücher für Nationalökonomie und Statistik, Bd. 195 (1980), S. 19 ff., ders., Zur Konsistenz der Theorie autonomer Preisintervalle, ebenda, Bd. 195 (1980), S. 551 ff., SABEL, H., unter Mitarbeit von V. PÖPPING und W. LAUFNER, Zur Diskussion des Gutenberg-Oligopols, in: Zeitschrift für Betriebswirtschaft, 46. Jg. (1976), S. 205 ff.; KILGER, W., Die quantitative Ableitung polypolistischer Preisabsatzfunktionen aus Heterogenitätsbedingungen atomistischer Märkte, in: Zur Theorie der Unternehmung, hrsg. von H. KOCH, Wiesbaden 1962, S. 269 ff.; HELMEDAG, F., Zur Diskussion und Konstruktion von Gutenbergs doppelt geknickter Preis-Absatzfunktion, in: Jahrbücher für Nationalökonomie und Statistik, Bd. 197 (1982), S. 545; WIED-NEBBELING, Susanne, Industrielle Preissetzung, Eine Überprüfung der marginal- und vollkostentheoretischen Hypothesen auf empirischer Grundlage, Tübingen 1975, insbesondere S. 203, dies., zur Preis-Absatz-Funktion beim Oligopol auf dem unvollkommenen Markt. Empirische Evidenz und theoretisch-analytische Probleme der Gutenberg-Funktion, in: Jahrbücher für Nationalökonomie und Statistik, Bd. 198 (1983), S. 123 ff.

In diesen Untersuchungen werden die theoretischen Bedingungen für die Existenz der doppelt geknickten Preis-Absatzfunktion und auch die Möglichkeiten für eine Formalisierung dieser Funktion untersucht. Größe, Form und Lage der autonomen Intervalle sind danach abhängig von der Verteilung der Käuferpräferenzen, der Stärke der akquisitorischen Potentiale der Unternehmen und ihrem preispolitischen Verhalten, bzw. von den Annahmen, die man hierüber macht.

Zum anderen wird die Hypothese, daß sich Anbieter auf Märkten mit Produktdifferenzierung und unterschiedlichen Käuferpräferenzen doppelt geknickten Nachfragefunktionen gegenübersehen, anhand empirisch gewonnener Daten getestet. Die Untersuchungen zeigten, daß sich die Hypothese weitgehend in Übereinstimmung mit der Wirklichkeit befindet. Vgl. hierzu die empirischen Untersuchungen in dem bereits erwähnten Buch von S. WIED-NEBBELING, Industrielle Preissetzung, Tübingen 1975; ferner KAAS, K. P., Empirische Preisabsatzfunktionen bei Konsumgütern, Heidelberg 1977 mit zum Teil abweichenden Ergebnissen; FOG, B., Industrial Pricing Polices, Amsterdam 1960; ferner die hierher gehörende Arbeit von H. SIMON, Preismanagement, Wiesbaden 1982 und die Untersuchungen von ABRAMS, I., A New Method for Testing Priving Decisions, Journal of Marketing (July 1964); PECKHAM, I. O., The Wheel of Marketing, NIELSON C., o. O. 1973.

Unvollkommenheit des Marktes, insbesondere fehlender Homogenität der Güter und unzureichender Markttransparenz. Je geringer die Substituierbarkeit der miteinander konkurrierenden Güter oder Produktvarianten ist, um so größer ist der reaktionsfreie Preisbereich. Umgekehrt grenzt die Substituierbarkeit der von den Unternehmen angebotenen Güter den Raum reaktionsfreier preispolitischer Aktivität um so mehr ein, je größer die Substituierbarkeit der Güter ist. Je stärker zudem die Bindung der Käufer an das Unternehmen, um so größer ist der Raum reaktionsfreier preispolitischer Aktivität. Mangelnde Warenkenntnis und unzureichende Markttransparenz erhöhen den Spielraum des reaktionsfreien preispolitischen Verhaltens.

Von einer gewissen Grenze an werden die Konkurrenzunternehmen auf preispolitische Gegenmaßnahmen nicht verzichten können, wenn sie im Wettbewerbskampf bestehen wollen.

Nimmt zum Beispiel ein Unternehmen mit oligopolistischer Angebotsstruktur eine Preisermäßigung in einem solchen Umfang vor, daß damit das Preisklassengleichgewicht gestört wird, dann wird es einmal für seine Erzeugnisse Käufer gewinnen, deren Einkommensverhältnisse bisher den Kauf der Erzeugnisse des Unternehmens nicht zuließen, zum anderen aber auch Käufer, die bisher bei den Konkurrenzunternehmen kauften, nunmehr aber von der billigeren Einkaufsmöglichkeit Gebrauch machen. Denn sie erhalten nun eine gleichwertige Ware zu niedrigerem Preis. Mit zunehmendem Abstand der neuen Preise lockert sich die Bindung der Käufer an die Unternehmen, bei denen sie bisher kauften. Die Käufer lösen sich immer dann aus dem Anziehungsbereich von Unternehmen (ihrem akquisitorischen Potential oder ihrer Präferenzstrahlung), wenn das Unternehmen preispolitisch aus der bisherigen Preisklasse ausbricht. Denn in diesem Falle bietet das Unternehmen Warenqualitäten zu Preisen an, die einer niedrigeren Preisklasse angehören. Das Preisklassengleichgewicht ist gestört.

Die gleiche Situation zeigt sich dann, wenn das Unternehmen den oberen Grenzpreis überschreitet. Folgen die Konkurrenten dem preispolitischen Vorgehen des preispolitisch aktiven Unternehmens nicht, dann verliert das Unternehmen einmal Käufer, deren Einkommensverhältnisse einen Kauf zu den erhöhten Preisen nicht zulassen, und zum anderen Käufer, die die Chance ausnutzen, gleichartige oder gleichwertige Güter zu Preisen zu kaufen, die niedriger als die Preise sind, zu denen das Unternehmen nunmehr seine Erzeugnisse anbietet. Störung des Preisklassengleichgewichtes durch ein Unternehmen bedeutet auch hier Verlust an attraktiver Wirkung. Die Präferenzen binden nicht mehr, das akquisitorische Potential erlischt.

Innerhalb eines Intervalls, das durch einen oberen und einen unteren Grenzpreis begrenzt wird, kann ein Unternehmen, wie die Abb. 51 zeigt, auch für den Fall autonome Preispolitik betreiben, daß seine Angebotsstruktur oligopolistischen Charakter besitzt. In diesem reaktionsfreien

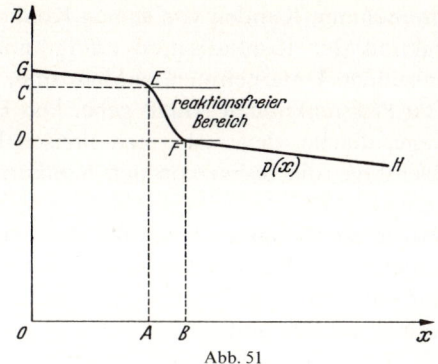

Abb. 51

Preisbereich haben zu einer Oligopolgruppe gehörende Unternehmen die Freiheit, sich preispolitisch wie Monopolisten zu verhalten. Die reaktionsfreie Zone läßt sich auch als Monopolbereich eines Oligopolisten bezeichnen. Er ist jeweils nach oben und unten durch zwei Abschnitte oligopolistischer Konkurrenzgebundenheit abgegrenzt.

Der autonome Bereich ist frei von Konkurrenzreaktionen. Die beiden nach oben und unten angrenzenden Preisbereiche sind dagegen nicht frei von preispolitischen Konkurrenzreaktionen. Ist zwischen zwei oligopolistischen Kurvenabschnitten ein Kurvenabschnitt eingegliedert, der die Möglichkeit preispolitisch autonomen Verhaltens zum Ausdruck bringt, dann liegt eine partielle preispolitische Interdependenz bei oligopolistischer Angebotsstruktur auf unvollkommenen Märkten vor.

Für den Fall, daß die Konkurrenzunternehmen in ihrem autonomen Intervall bleiben, weist die Absatzkurve einen Verlauf auf, wie ihn Abb. 51 zeigt.

In dieser Abbildung ist $E\,F$ der Bereich preispolitisch autonomen Verhaltens bzw. der reaktionsfreie Bereich und $C\,D$ das autonome Preisintervall. $G\,E$ ist der obere und $F\,H$ der untere oligopolistische Kurvenabschnitt. Operiert ein Unternehmen unter den angegebenen Bedingungen preispolitisch auf dem Kurvenabschnitt $E\,F$, dann treten keine preispolitischen Reaktionen der Konkurrenzunternehmen ein. Im Gegensatz hierzu können Preisänderungen, die ein Verlassen des monopolistischen Bereiches der Absatzkurve zur Folge haben, eine große Variation der Absatzmengen mit sich bringen. Diese Absatzzu- oder -abnahme wirkt sich im Absatzbereich der Konkurrenzunternehmen spürbar aus. Sie führt dazu, daß diese Unternehmen preispolitische Gegenmaßnahmen ergreifen.

Die oligopolistische Absatzkurve stimmt insofern mit der polypolistischen überein, als im monopolistischen Bereich der polypolistischen Kurve und im reaktionsfreien Bereich der oligopolistischen Kurve (unter der Bedingung unvollkommener Märkte) die Konkurrenzunternehmen auf Preisänderungen nicht reagieren. Wenn bei der polypolistischen Konkurrenz der Preis unter den unteren Grenzpreis sinkt, dann zieht das den

Preis senkende Unternehmen Kunden von seinen Konkurrenten ab. Eine preispolitische Reaktion der Konkurrenten erfolgt aber nicht, da die Marktanteile der einzelnen Unternehmen zu klein sind, als daß der Ausfall an Nachfrage zu Preisreaktionen Anlaß gebe. Das Unternehmen gewinnt also Nachfrage, die bei den bisherigen Preisen latent blieb, und außerdem noch Nachfrage, die bisher von den Konkurrenzunternehmen befriedigt wurde.

Bei der oligopolistischen Situation treten die gleichen Wirkungen auf, wie sie soeben geschildert wurden, nur daß in diesem Falle außerhalb des reaktionsfreien Bereiches mit preispolitischen Gegenmaßnahmen der Konkurrenten gerechnet werden muß.

So wie nun im Falle der polypolistischen Absatzkurve der mittlere monopolistische Bereich Absatzelastizitäten aufweisen kann, die

a) kleiner, gleich und größer als 1, b) sämtlich größer als 1, oder c) sämtlich kleiner als 1

sind, so kann auch der reaktionsfreie Kurvenabschnitt Absatzelastizitäten der drei oben aufgeführten Strukturen aufweisen. Entsprechend der jeweils vorliegenden Elastizitätsstruktur zeigt dann die Erlöskurve im Falle a) zunächst zunehmende, dann, nach Erreichen eines Maximums, abnehmende Erlöse. Im Falle b) erhält man nur steigende, im Falle c) nur sinkende Erlöse. Im Falle a) verläuft die Grenzerlöskurve bis zum Maximum abnehmend positiv und danach abnehmend negativ. Im Falle b) ergeben sich nur fallend positive und im Falle c) nur fallend negative Grenzerlöse. Auf die graphische Darstellung dieser Sachverhalte kann hier verzichtet werden, da sie bereits im Zusammenhang mit der Analyse der polypolistischen Absatzkurve vorgenommen wurde [1]. Die besondere Lage bei oligopolistischer Angebotsstruktur auf unvollkommenen Märkten hat also zur Folge, daß sich ein Unternehmen streng genommen nur dem Kurvenabschnitt gegenübersieht, der den von Konkurrenzreaktionen freien Bereich angibt. Sobald ein zur Oligopolgruppe gehörendes Unternehmen dazu übergeht, preispolitisch auf einem der beiden oligopolistischen Kurvenabschnitte zu operieren, löst es bei Käufern und Konkurrenten Reaktionen aus, die bedeuten, daß sich praktisch für alle anbietenden Unternehmen neue Absatzkurven bilden.

2. Nunmehr sei die Preispolitik von Unternehmungen mit oligopolistischer Angebotsstruktur unter den Bedingungen unvollkommener Märkte untersucht. Hier sind zwei Fälle zu unterscheiden. Erstens der Fall, daß sich die Preispolitik aller Unternehmungen in ihren reaktionsfreien Bereichen abspielt. Das besagt: Keines der anbietenden Unternehmen stellt einen Preis, der außerhalb der Grenzpreise liegt, die den reaktionsfreien Bereich begrenzen. Der zweite Fall kennzeichnet sich dadurch, daß mindestens eines der zur Oligopolgruppe gehörenden Unternehmen preispolitisch außerhalb der Intervall-Grenzpreise operiert.

---

[1] Vgl. hierzu die Abb. 35, 36 und 37.

Zunächst sei der erste Fall behandelt. Hierbei sei davon ausgegangen, daß zwei Unternehmen A und B miteinander konkurrieren. Beide Unternehmen sollen mit einer linear verlaufenden Gesamtkostenkurve arbeiten, deren Anstiege verschieden sind. Dabei soll angenommen werden, daß die Grenzkosten des Unternehmens B größer als die Grenzkosten des Unternehmens A sind. Das Unternehmen A operiere preispolitisch in seinem reaktionsfreien Bereich a und das Unternehmen B in seinem reaktionsfreien Bereich b. Beide Unternehmen sehen sich also einer individuellen Absatzkurve gegenüber. In den Abb. 52 und 53 ist AB die Absatzkurve des Unternehmens A und CD die Absatzkurve des Unternehmens B. Da die außerhalb der reaktionsfreien Bereiche a und b liegenden Kurvenäste gemäß den Annahmen hier für preispolitische Zwecke nicht in Frage kommen, sind sie hier gestrichelt gezeichnet.

K'_A bzw. K'_B sind die Grenzkostenkurven der beiden Betriebe und E'_A und E'_B die Grenzerlöskurven, die hier nur für die reaktionsfreien Bereiche gezeichnet sind [2].

Unter den angegebenen Bedingungen erhält man für das Unternehmen A den Preis p_{A1} und für das Unternehmen B den Preis p_{B1} als gewinngünstigsten Preis.

Wie die Abb. 52 und 53 zeigen, sind beide Preise verschieden hoch. Diese Tatsache ist auf die Verschiedenartigkeit der Kostenkurven und auf die Verschiedenartigkeit der individuellen Absatzkurven zurückzuführen. Da beide Unternehmungen bei diesen Preisen ihr Gewinnmaximum realisieren, befinden sie sich in ihrem betriebsindividuellen Gleichgewicht, d. h. sie weisen keine Tendenz auf, ihre Preise zu ändern.

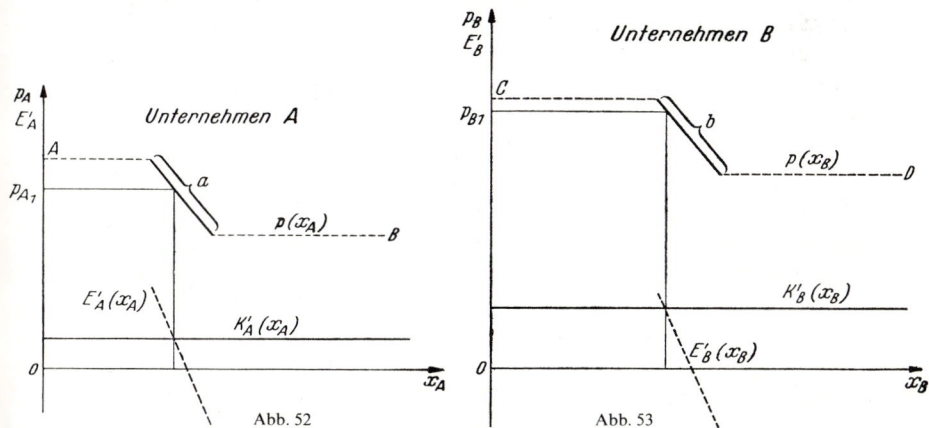

Abb. 52   Abb. 53

Dieser Gleichgewichtszustand ist solange stabil, als sich die Bedingungen nicht ändern, insbesondere solange keine neuen Anbieter auftreten, sich also keine Nachfrageverschiebungen ergeben.

---

[2] Die Konstruktion dieser Kurven ist aus den Ausführungen in Teil II dieses Kapitels zu ersehen.

Verändert sich die Kostensituation der Betriebe, erhöhen sich z. B. die Grenzkosten, dann verschiebt sich auch der Schnittpunkt zwischen der Grenzkosten- und der Grenzerlöskurve nach links oben. Das Unternehmen wird also seinen Preis erhöhen, um das der neuen Kostensituation entsprechende Gewinnmaximum zu realisieren. Solange der neue Angebotspreis innerhalb des reaktionsfreien Bereiches liegt, wird eine solche preispolitische Maßnahme keine Reaktionen der Konkurrenzbetriebe auslösen. Würde es jedoch als Folge der Kostenerhöhung seinen Verkaufspreis über den oberen Grenzpreis erhöhen, dann muß es mit Reaktionen seiner Konkurrenten rechnen. Auf die Frage, wann ein Unternehmen Preispolitik außerhalb der beiden Grenzpreise betreibt, wird später eingegangen.

Häufig ist die Verschlechterung der Kostenlage auf Umstände zurückzuführen, die alle Unternehmen der Oligopolgruppe mehr oder weniger gleichmäßig treffen. Dabei wird an den Fall gedacht, daß gewisse Rohstoffpreise steigen oder Lohnerhöhungen vorgenommen werden u. ä. Unter solchen Umständen sehen sich alle Unternehmen gezwungen, die Preise zu erhöhen. Die gleichen Überlegungen gelten umgekehrt für den Fall, daß die Preise der Kostengüter (Rohstoffpreise, Löhne usw.) sinken.

Für den Fall, daß allgemein Nachfrageveränderungen eintreten, weil sich zum Beispiel die Absatzsituation für den gesamten Wirtschaftszweig verschlechtert, verschiebt sich bei unveränderter Kostenstruktur der Betriebe der Schnittpunkt zwischen der Grenzkosten- und der Grenzerlöskurve nach links. Die Unternehmen werden ihre Preise herabsetzen. Oft werden die neuen Preise in dem neuen reaktionsfreien Bereich der Anbieter liegen. Es ist aber auch der Fall denkbar, daß Nachfrageveränderungen ein Unternehmen dazu zwingen, seine Verkaufspreise außerhalb seines reaktionsfreien Bereiches anzusetzen. Dieser Fall wird später erörtert werden.

Die bei den Preisen p_{A1} und p_{B1} erreichte Gleichgewichtslage ist zustande gekommen, ohne daß jenes System von Aktionen und Reaktionen zum Zuge gekommen wäre, welches die Oligopoltheorie bei totaler absatzpolitischer Interdependenz der Anbieter charakterisiert. Diese Loslösung der Preispolitik aus dem preispolitischen Reaktionsprozeß, wie ihn die klassische Oligopoltheorie beschreibt, ist nichts anderes als die konsequente Durchführung der Grundgedanken, die der Konzeption unvollkommener Märkte, insbesondere dem Phänomen der Produktdifferenzierung zugrunde liegen. Das Prinzip der „Unvollkommenheit" erlaubt, die Konkurrenten partiell, d. h. für bestimmte Preisintervalle gegeneinander zu isolieren. Auf diese Weise wird es möglich, die Oligopolisten praktisch wie Monopolisten zu behandeln und das Preisbildungsproblem für bestimmte Preisintervalle aus den oligopolistischen Reaktionszusammenhängen zu lösen.

Damit ist zugleich eine gewisse Annäherung der preistheoretischen Konzeption an das preispolitische Verhalten der Praxis erreicht. Denn viele Unternehmen, die unter Oligopolbedingungen anbieten, besitzen tatsächlich innerhalb gewisser Grenzen jene Freiheit der Preisstellung, die es ihnen erlaubt, Preisveränderungen vorzunehmen, ohne befürchten zu müssen, daß sie hierdurch die Konkurrenzunternehmen zu preispolitischen Gegenmaßnahmen veranlassen. Es ist in Wirklichkeit nicht immer so, daß die Unternehmen bei jeder eigenen Preisheraufsetzung oder bei jeder Preissenkung der Konkurrenzunternehmen ins Gewicht fallende Einbußen an Kunden erleiden. Auch läßt sich keineswegs sagen, daß ein Unternehmen unbedingt jeder Preisänderung der Konkurrenzunternehmen folgen müßte. Die Unvollkommenheit der Märkte, insbesondere die Produktdifferenzierung, schaltet sich gewissermaßen wie ein Widerstand vor die Auslösung des preispolitischen Aktions- und Reaktionssystems. Der Widerstand ist um so geringer, d. h. die Auslösung des oligopolistischen Reaktionssystems geschieht um so schneller, je größer die Substituierbarkeit der Erzeugnisse, die Transparenz der Märkte und je geringer die Intensität der Präferenzen ist. Der Auslösung des oligopolistischen Aktions- und Reaktionssystems stehen um so größere Widerstände entgegen, je unvollkommener die Märkte, d. h. je heterogener die Erzeugnisse oder Leistungen sind, je geringer die Marktübersicht, und je stärker die Bindung der Käufer an die Unternehmen, je größer also die Intensität der Präferenzen bzw. die attraktive Wirkung des akquisitorischen Potentials der Unternehmungen ist.

3. Bisher wurde das preispolitische Verhalten oligopolistischer Unternehmungen für den Fall untersucht, daß sich ihre Verkaufspreise in dem Preisintervall bewegen, in dem autonome Preispolitik betrieben werden kann. Nunmehr gilt es zu untersuchen, welche Umstände die Unternehmen veranlassen können, Preise zu wählen, die außerhalb des oberen und unteren Grenzpreises liegen.

Zunächst sei die Wirkung eines solchen Verhaltens auf die Form und Lage der Absatzkurve betrachtet.

Wie bereits im Zusammenhang mit der Darstellung der Absatzkurve bei polypolistischer Konkurrenz gezeigt wurde, liegen die oberen und unteren Grenzpreise des monopolistischen Bereiches in einem jeweils durch die Präferenzstruktur oder, wie man auch sagen kann, durch das akquisitorische Potential der Unternehmen bestimmten Abstand von dem Durchschnittspreis der Preisklasse. Sinkt nun aus irgendwelchen Gründen der Durchschnittspreis der Preisklasse, dann wird hiervon die Präferenzstruktur der Unternehmen nicht berührt. So bleiben zum Beispiel die Standortvorteile, auch die Bevorzugungen, die die Käufer den Unternehmungen aus persönlichen oder sachlichen Gründen entgegenbringen, erhalten. Wenn also die oberen und unteren Grenzpreise der autonomen Bereiche, wie angegeben, in einem durch die Präferenzstruktur der Unternehmen bestimmten Abstand von den Durchschnittspreisen der Preisklassen stehen und die Durchschnittspreise sinken, dann müssen auch die oberen und die unteren Grenzpreise der autonomen Bereiche sinken. Solange die Präferenzstruktur bleibt, kann der Abstand der beiden Grenzpreise voneinander nicht wesentlich verändert werden. Man kommt also zu dem

Ergebnis, daß auch bei einer Verschiebung der Absatzkurven die Form dieser Kurven unverändert bleibt.

Was geschieht, wenn ein zu einer Oligopolgruppe gehörendes Unternehmen preispolitisch den reaktionsfreien Bereich verläßt?

Die beiden Unternehmen A und B sollen miteinander konkurrieren. Das Unternehmen A hat seine Erzeugnisse bisher zu Preisen angeboten, die innerhalb des autonomen Intervalls liegen, welches durch die Strecke a_1 in Abb. 54 gekennzeichnet sei. Die Verkaufspreise des Unternehmens B liegen in dem autonomen Intervall, dargestellt durch die Strecke b_1 in Abb. 55.

Aus irgendeinem, hier nicht weiter interessierenden Grunde nehme das Unternehmen A eine Preissenkung vor. Solange sie im Preisintervall a_1 liegt, bleiben Konkurrenzreaktionen preispolitischer Art aus. Die Absatzkurven beider Unternehmen, also die Kurven $A_1 B_1$ und $C_1 D_1$, bleiben unverändert.

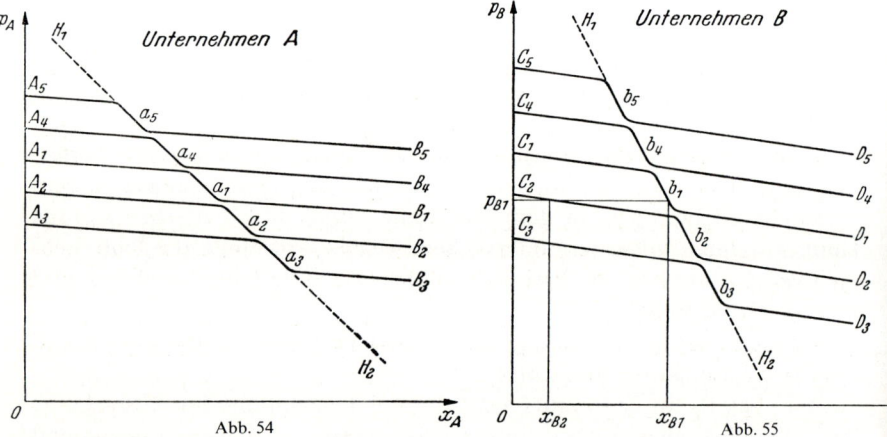

Abb. 54   Abb. 55

Nun senkt aber das Unternehmen A seinen Preis unter den unteren Grenzpreis der Zone a_1. Die Folge ist, daß das Unternehmen B Käufer verliert. Nimmt es daraufhin selbst eine entsprechende Preissenkung vor, dann baut es sich auf Grund der neuen Absatzerwartungen eine neue Preis-Absatzkurve auf, etwa $C_2 D_2$ mit dem nach rechts unten verschobenen reaktionsfreien Bereich b_2. Die Verschiebung wird um so größer sein, je größer der Abstand des neuen, durch A gesetzten Preises von dem bisher für A geltenden unteren Grenzpreis seines reaktionsfreien Bereiches ist.

In diesem Falle würde die Kurve $C_3 D_3$ mit dem reaktionsfreien Bereich b_3 gelten. Die reaktionsfreien Zonen b_1, b_2, b_3 liegen auf der Gleitkurve $H_1 H_2$. Falls das Unternehmen B preispolitisch nicht reagiert, sondern an seinem Preise p_{B_1} festhält[1], erleidet es eine Absatzeinbuße von

---

[1] Für das Unternehmen A gilt in diesem Falle nach wie vor die Absatzkurve $A_1 B_1$.

x_{B1} auf x_{B2}, sofern die Kurve $C_2 D_2$ gilt. Wenn dagegen die Preissenkung des Unternehmens A so beträchtlich ist, daß die neue Absatzsituation des Unternehmens B durch die Kurve $C_3 D_3$ dargestellt wird, würde das Unternehmen B zu dem Preise p_{B1} nichts mehr absetzen können. Es ist aber nicht wahrscheinlich, daß sich das Unternehmen B einer solchen Situation aussetzt, vielmehr ist anzunehmen, daß es ebenfalls seinen Preis senken wird. Das bedeutet für das Unternehmen A eine neue Absatzsituation, denn seine bisherige Absatzkurve verschiebt sich nach rechts unten und nimmt zum Beispiel die Lage der Kurve $A_2 B_2$ oder $A_3 B_3$ an.

Entsprechende Verschiebungen der Absatzkurve bzw. -kurven kommen zustande, wenn eines der beiden Unternehmen den oberen Grenzpreis überschreitet.

Diese Kurvenverschiebungen nach rechts unten, wie sie in den Abb. 54 und 55 dargestellt sind, bringen zum Ausdruck: die Preisvorteile, die das Unternehmen A seinen Käufern im Falle einer Herabsetzung seines Preises unter den unteren Grenzpreis bietet, sind so groß, daß hierdurch die Präferenz-Bindungen neutralisiert werden, die bisher einen großen Teil der Verbraucher veranlaßten, bei dem Unternehmen B zu kaufen. Diese Käufer streben dem Unternehmen A zu, weil sie bei ihm Erzeugnisse zu erheblich niedrigeren Preisen kaufen können, die in etwa der gleichen Qualität von dem Unternehmen B zu den bisherigen, d. h. höheren Preisen angeboten werden. Die Käufer, die nunmehr ihren Bedarf bei dem Unternehmen A decken, kommen also von Unternehmen, die bisher Güter der gleichen Preisklasse auf den Markt gebracht haben und somit zu der gleichen Preisklassengruppe gehörten.

In der Regel sind die Unternehmungen in ein bestimmtes Preisklassengefüge eingeordnet. Das heißt, die von ihnen angebotenen Güter gleichen Verwendungszweckes staffeln sich nach Preisen, zu denen bestimmte Arten und Qualitäten gehören. Es besteht also nicht nur eine absatzpolitische Interdependenz zwischen Unternehmen, die Erzeugnisse der gleichen Preisklasse anbieten, sondern auch zwischen Unternehmungen, die Erzeugnisse in verschiedenen Preisklassen auf den Markt bringen [1].

Wenn ein Unternehmen seinen Preis genügend tief senkt, dann ruft es auch in der nach unten anschließenden Preisklassengruppe Bewegungen hervor. Und zwar derart, daß nunmehr Käufer von den Unternehmen der preisklassenmäßig anschließenden Gruppe zu dem Unternehmen A herüberwechseln, denn sie können nunmehr dort zu den gleichen Preisen Waren erheblich besserer Qualität kaufen.

Der Zustrom an Käufern, der in dem unteren nach rechts abbiegenden Kurvenast der Absatzkurve des Unternehmens zum Ausdruck kommt, stammt also einmal von denjenigen Unternehmen, die bis zum Zeitpunkt der Preissenkung der gleichen Preisklasse angehört haben, zum andern

---

[1] Es muß sich in den hier geschilderten Fällen nicht immer um verschiedene Unternehmen handeln, vielmehr können die einzelnen Unternehmungen selbst Erzeugnisse verschiedener Art sowie verschiedener Qualität herstellen.

aber von denjenigen Unternehmen, die preisklassenmäßig nach unten anschließen.

4. Nachdem die Wirkung von Preisänderungen auf die Lage der Absatzkurve untersucht worden ist, gilt es nunmehr zu erörtern, welche
Gründe die Unternehmungen veranlassen können, Preispolitik außerhalb
ihrer reaktionsfreien Zone zu treiben, und zu beschreiben, welche preispolitischen Vorgänge sich dann abspielen werden.

Zunächst sei untersucht, ob es für die Unternehmen möglich und sinnvoll ist, preispolitisch oberhalb des oberen Grenzpreises zu operieren. Anschließend soll dann die Frage behandelt werden, ob ein preispolitisches
Operieren unterhalb des unteren Grenzpreises möglich und sinnvoll ist,
und, wenn ja, welche Gründe die Unternehmen zu einem solchen Vorgehen veranlassen können.

a) Geht man davon aus, daß ein Unternehmen sein Gewinnmaximum
in der preisautonomen Zone realisiert hat, dann wird es eine Änderung seiner Preissituation vor allem dann in Betracht ziehen, wenn Änderungen in
seinen Produktionsbedingungen – hier Verschlechterungen – eintreten.

Eine solche Entwicklung kann darauf zurückzuführen sein, daß ein
Unternehmen unwirtschaftlicher als bisher arbeitet. Möglicherweise ist es
dem Unternehmen nicht gelungen, seine maschinellen Einrichtungen
rechtzeitig zu erneuern. Die hierauf zurückzuführende Verschlechterung
der Kostenlage kommt darin zum Ausdruck, daß das Unternehmen mit
höheren Kosten, insbesondere mit höheren Grenzkosten, arbeitet. Die
neue Grenzkostenkurve kann sich dabei so hoch nach oben verschieben,
daß der Preis in der Nähe des oberen Grenzpreises liegt.

Die Absatz- und Kostensituation eines zur Oligopolgruppe gehörenden Unternehmens A sei durch die Absatzkurve $A\,D$ und die Grenzkostenkurve K'_{A_1} in der Abb. 56 gekennzeichnet. Das Unternehmen stelle bei

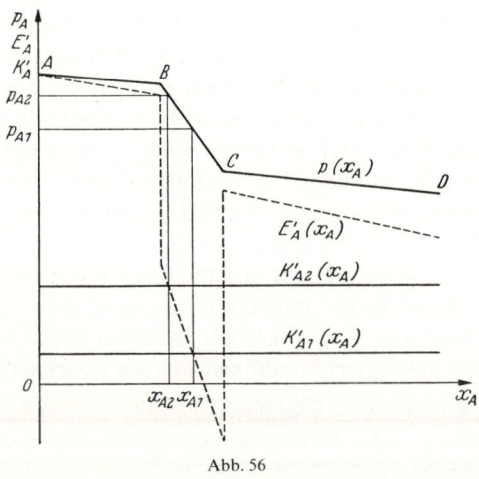

Abb. 56

dieser Situation den Preis p_{A1}, bei dem es sein Gewinnmaximum realisiert. Nun verschlechtert sich die Produktions- und Kostenlage und die
Grenzkostenkurve K'_{A1} verschiebt sich nach oben. Als Grenzkostenkurve
nach der Kostenverschlechterung sei zunächst K'_{A2} angenommen. Der gewinngünstigste Preis ist in diesem Falle p_{A2}. Er deckt sich annähernd mit
dem oberen Grenzpreis des reaktionsfreien Bereiches. Verschiebt sich die
Grenzkostenkurve als Folge der Produktionsverschlechterung noch weiter
nach oben, dann erhält man als gewinngünstigsten Preis einen Preis, der
etwas über p_{A2} liegt. Die Gewinne nehmen hierbei immer mehr ab.

Der Verlauf der Kurven zeigt, daß nur eine ganz erhebliche Kostenerhöhung das Unternehmen veranlassen kann, seine Preise über den oberen
Grenzpreis zu erhöhen. Würde ein Unternehmen eine solche Preiserhöhung als Reaktion auf eine Kostenverschlechterung vornehmen, so würde
es eine derartige Umsatzeinbuße erleiden, daß es praktisch aus dem Wettbewerbskampf ausscheiden müßte.

Zu dem gleichen Ergebnis gelangt man, wenn man die Absatzkurve
nicht so stark nach links abbiegen läßt, wie das in Abb. 56 der Fall ist. Verläuft die obere Grenzzone des reaktionsfreien Bereiches leicht gekrümmt,
um dann parallel zur Abszissenachse zu verlaufen, dann kann sich ein gewinngünstiger Preis in dieser Krümmung ergeben. Niemals jedoch kann
dieser Preis bei konstanten Grenzkosten in dem parallel zur Abszissenachse verlaufenden Abschnitt der Absatzkurve liegen. Was für das Unternehmen A zutrifft, gilt grundsätzlich auch für die anderen zur Oligopolgruppe
gehörenden Unternehmen.

Bisher wurde davon ausgegangen, daß die Kosten nur in einem Unternehmen der Gruppe als Folge betriebsindividueller Verschlechterungen
der Produktionsbedingungen gestiegen sind. Nun kann es aber auch sein,
daß Umstände zu einer Kostenerhöhung führen, die für alle Unternehmungen der Gruppe zutreffen. Eine solche gemeinsame Änderung in den
Produktionsbedingungen wird jedes Unternehmen veranlassen, der ungünstigen Kostenentwicklung durch Preiserhöhungen Rechnung zu tragen. Auch in diesem Falle sind Preiserhöhungen nur in begrenztem Maße
möglich. Ist in der anschließenden höheren Preisklassengruppe nicht der
gleiche kostenerhöhende Umstand wirksam gewesen, dann besteht für die
obere Anschlußgruppe kein Anlaß, davon abzugehen, ihre bisherigen
Qualitäten zu den bisherigen Preisen zu verkaufen. Würden alle Unternehmen der Gruppe, in der die Kostenverschlechterung eingetreten ist,
ihre Preise über einen gewissen Punkt hinaus erhöhen, dann würden alle
diese Unternehmen in den Reaktionsbereich der qualitätsmäßig nach
oben anschließenden Gruppe geraten.

Der soeben geschilderte Fall wird aber verhältnismäßig selten sein. Als
Regelfall wird man annehmen können, daß eine Kostenverschlechterung,
etwa als Folge einer Steigerung der Werkstoffpreise oder einer Lohn- und

Gehaltserhöhung, alle Qualitätsgruppen eines Wirtschaftszweiges gleichmäßig trifft. Eine solche Entwicklung wird dahin führen, daß die Preise des gesamten Wirtschaftszweiges erhöht werden, ohne daß sich hierdurch das Preisklassengefüge prinzipiell ändern würde; der Abstand der Durchschnittspreise der hintereinander gestaffelten Preisklassen bleibt im wesentlichen gleich. Lediglich die absolute Höhe der Durchschnittspreise der einzelnen Preisklassen steigt an. Die betriebsindividuellen Absatzkurven behalten ihre charakteristische Form. Dagegen verändert sich ihre Lage. Die Kurven sämtlicher Unternehmen verschieben sich nach links oben. Das oligopolistische Reaktionssystem wird in diesem Falle nicht ausgelöst.

b) Angenommen, eine Oligopolgruppe bestehe aus den beiden Unternehmen A und B. Die Verkaufspreise der beiden Unternehmen sollen in den reaktionsfreien Bereichen liegen. Dabei seien die Preise so gestellt, daß sowohl A als auch B das Gewinnmaximum verwirklichen. Das Unternehmen A sehe sich in diesem Zusammenhang einer Absatzsituation gegenüber, wie sie durch die Absatzkurve $A_1 B_1$ in Abb. 57 a dargestellt wird. Die Kurve K'_{A1} sei die zugehörige Grenzkostenkurve, p_{A1} sei der für das Unternehmen A gewinngünstigste Preis.

Einer ähnlichen Absatzlage sehe sich auch das Unternehmen B gegenüber. Auch sein Preis sei der gewinngünstigste und liege im reaktionsfreien Bereiche des Unternehmens.

In Abb. 57 b stellt die Kurve $E_A(x)$ die der Absatzkurve $A_1 B_1$ entsprechende Erlöskurve dar. Bei der Produktmenge x_1 erziele das Unternehmen A den durch die Strecke g_1 angezeigten maximalen Gewinn.

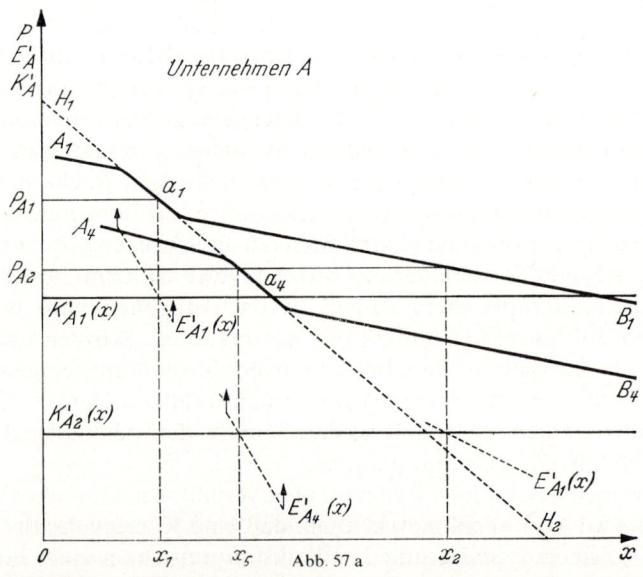

Abb. 57 a

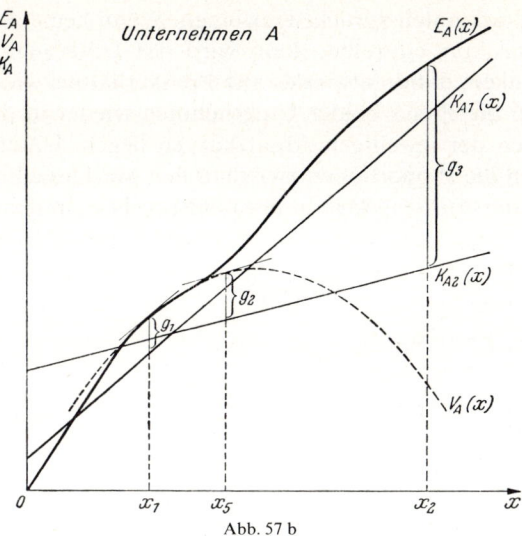

Abb. 57 b

Nun möge das Unternehmen A in der Lage sein, Produktionsvorteile zu realisieren, die die Produktionskosten erheblich zu senken erlauben. Macht das Unternehmen von diesen Möglichkeiten Gebrauch, dann arbeitet es mit der Kostenkurve K_{A2} (s. Abb. 57 b).

In diesem Falle kann es seinen Preis unter den unteren Grenzpreis senken. Solange die Konkurrenten nicht reagieren, entwickelt sich sein Erlös entsprechend der Kurve $E_A(x)$ in Abb. 57 b. Der neue Gewinn beträgt in diesem Falle g_3. Die günstigste Erlösgestaltung ist darauf zurückzuführen, daß der niedrigere Preis für das Unternehmen bisher latente Nachfrage wirksam werden läßt und daß Käufer dem Unternehmen zuwandern, die bisher bei dem Konkurrenzunternehmen gekauft haben.

Der preispolitische Anpassungsprozeß, wie er sich unter den soeben genannten Bedingungen abspielen wird, sei zunächst ganz allgemein an Hand der Abb. 58 betrachtet. Ein Unternehmen senke auf Grund seiner günstigeren Kostensituation seinen Preis von p_{A1} auf p_{A2}. Das Unternehmen B, dessen Preis in seinem preisautonomen Intervall liegt, reagiere noch nicht. Die Folge ist, daß beim Unternehmen A der Absatz von x_1 auf x_2 steigt. Da der Preis p_{A2} unter dem unteren Grenzpreis und damit auf dem unteren elastischen Ast der Kurve A_1B_1 liegt, so nimmt der Absatz des Unternehmens A erheblich zu. Diese Zunahme ist zurückzuführen auf mobilisierte latente Nachfrage und vom Unternehmen B abgezogene Käufer. Der Prozeß vollzieht sich jedoch nicht ruckartig, er benötigt vielmehr Zeit.

Der starke Verlust an Käufern veranlaßt das Unternehmen B, seine Preise ebenfalls zu senken, und zwar mit der Absicht, seinen verlorenen prozentualen Marktanteil zurückzugewinnen. Wenn keine Änderungen in der Präferenzstruktur eintreten, dann wird das Unternehmen B seinen Preis so tief senken, daß in etwa das alte Preisverhältnis wiederhergestellt wird, d. h., daß die Preise beider Unternehmen wieder in den reaktionsfreien Bereichen der jeweiligen Absatzkurven liegen. Unter diesen Umständen werden die Proportionen zwischen den Marktanteilen der beiden Unternehmen der Ausgangslage in etwa entsprechen. In dem Augenblick,

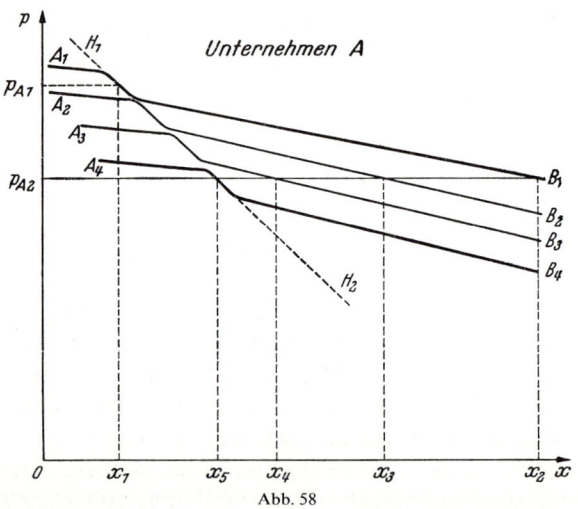

Abb. 58

in dem das Unternehmen preispolitisch reagiert, hört die Kurve $A_1 B_1$ auf, für das Unternehmen A aktuell zu sein. Da die Käufer auf die Preissenkung des B nicht sofort reagieren, wird B erst nach und nach seine Käufer wiedergewinnen. Diese Situation wurde beispielsweise zum Zeitpunkt t_2 durch die Kurve $A_2 B_2$ dargestellt. In diesem Falle hat das Unternehmen B seine Käufer noch nicht vollständig zurückgewonnen. Jedoch ist beim Unternehmen A der Absatz von x_2 auf x_3 zurückgegangen. Im weiteren Verlaufe des Prozesses vermindert sich als Folge des preispolitischen Verhaltens von B der Absatz bei dem Unternehmen A weiter auf x_4. Für den Zeitpunkt t_3 gilt die Kurve $A_3 B_3$.

Wenn es nun dem Unternehmen B zum Zeitpunkt t_4 gelungen ist, seinen alten prozentualen Marktanteil wiederzugewinnen, und der Anpassungsprozeß zum Abschluß gelangt ist, dann beträgt der Absatz des Unternehmens A x_5. Diese Absatzmenge und der zugehörige Preis fallen in den preisautonomen Bereich der Absatzkurve $A_4 B_4$. Das Unternehmen A hat nun alle Käufer wieder abgegeben, die es vorübergehend von B gewonnen hatte. Es hat lediglich eine Absatzsteigerung von x_1 auf x_5 erzielt. Sie ist allein auf die Mobilisierung bis dahin latenter Nachfrage zurückzuführen.

Die Proportion zwischen den Marktanteilen der Unternehmen A und B bleibt also grundsätzlich erhalten, wenn die preispolitische Aktion des Unternehmens A keine Änderungen in der Präferenzstruktur der beiden Unternehmen auslöst.

Ist das jedoch der Fall, haben beispielsweise die preispolitischen Maßnahmen des Unternehmens A zur Folge, daß die von ihm vorgenommenen Preisermäßigungen zusätzliche Präferenzen schaffen, dann kann die für den Abschluß des Prozesses geltende Absatzkurve $A_4 B_4$ ihre Form und Lage verändert haben. Das gilt insbesondere für den preisautonomen Bereich der Kurve $A_4 B_4$, der dann nicht mehr auf der ursprünglichen Gleitkurve $H_1 H_2$ liegt. Dieser Fall sei nicht weiter untersucht.

Nunmehr sei der soeben geschilderte Prozeß unter Einbeziehung von Kostenkurven erörtert. In Abb. 57 a stellt a_1 den Bereich preispolitischer Autonomie dar. Der Preis p_{A1} ist der gewinnmaximale Preis. Er ergibt sich bei demjenigen Absatz, bei dem der Grenzerlös den Grenzkosten der Gesamtkostenkurve K_{A1} in Abb. 57 a entspricht. Die Endsituation wird durch den Preis p_{A2} gekennzeichnet, bei dem die zur Kurve $A_4 B_4$ gehörende Grenzerlöskurve die Grenzkostenkurve K'_{A2} schneidet.

In Abb. 57 b entspricht die Kurve $E_A(x)$ der Absatzkurve $A_1' B_1$ in Abb. 57 a. Sie gilt für den Fall, daß das Unternehmen B preispolitisch noch nicht reagiert hat. Die Gewinnsituation g_3 ist aber für das Unternehmen A auf die Dauer nicht zu halten. Es muß damit rechnen, daß das Unternehmen B seinen Preis in etwa gleichem Umfang senken wird, um seinen prozentualen Marktanteil zu erhalten. Von der Endsituation aus gesehen kann also das Unternehmen A nur damit rechnen, daß ihm seine günstige Kostenentwicklung (Kostenkurve K_{A2}) einen Gewinn in Höhe von g_2 bringt. Diesen Gewinn wird es auf die Dauer realisieren können, weil er nur auf die zusätzlich mobilisierte latente Nachfrage zurückzuführen ist, nicht aber darauf, daß den Konkurrenzunternehmen Nachfrage entzogen wurde. Das Unternehmen A operiert also bei seiner preispolitischen Planung in Wirklichkeit auf der Erlöskurve $V_A(x)$, die der Gleitkurve $H_1 H_2$ entspricht. Die V-Kurve stellt aber eine Erlöskurve dar, die lediglich die Beziehung zwischen Produktpreis und der mobilisierten latenten Nachfrage zum Ausdruck bringt.

Der Gewinn g_2 ist so lange nicht im eigentlichen Sinne gefährdet, als das Unternehmen B bzw. die anderen zur Oligopolgruppe gehörenden Unternehmen nicht ihrerseits neue Kostenvorteile zu verwirklichen imstande sind, die es erlauben, den neuen unteren Grenzpreis des Unternehmens A zu unterbieten. Solange das nicht der Fall ist, hat das Unternehmen A die Macht, seinen Preis p_{A2} und seine Ausbringung x_5 durchzusetzen.

Die Konkurrenzunternehmen müssen sich dem durch A bestimmten Preisniveau anpassen, auch wenn ihre Produktionskosten ungünstig sind, und zwar ohne Rücksicht auf ihre Kostenlage [1]. Gelingt ihnen die fertigungstechnische und damit kostenmäßige Anpassung nicht oder nicht schnell genug, dann verschlechtert sich ihre Gewinnlage. Unter Umständen treten sogar Verluste ein, und es kann sich der Fall ergeben, daß das Unternehmen zusammenbricht. In dem Maße jedoch, in welchem die fertigungstechnische Anpassung gelingt, verbessert sich die Gewinnlage der Konkurrenzunternehmen bei unverändertem, durch das Unternehmen A bestimmten Preisspiegel der Oligopolgruppe.

Das Unternehmen A wird in der gegebenen Situation denjenigen Preis anstreben, der auf Grund der Kurve $V_A(x)$ und nicht auf Grund der Kurve $E_A(x)$ der gewinngünstigste ist. Für die preispolitischen Entscheidungen des Unternehmens sind die durch den oligopolistischen Reaktionsmechanismus ausgelösten Zu- und Abwanderungen innerhalb der Oligopolgruppe von sekundärer Bedeutung. Der von preispolitischen Wettbewerbsaktionen und Reaktionen freie, lediglich auf die Mobilisierung latenter Nachfrage abgestellte Preis bildet das preispolitische Zentrum, auf das die oligopolistische Preispolitik im Falle einer möglichen Realisierung von Produktionsvorteilen tendiert.

So gesehen sind also die Verkaufspreise der Unternehmen nicht so sehr ein Mittel des Wettbewerbskampfes, mit dem die Unternehmen versuchen, Käufer von den Konkurrenten abzuziehen, als vielmehr lediglich ein Mittel, um Käuferschichten zu gewinnen, deren Kaufkraft nicht ausreichte, die zu den bisherigen höheren Preisen angebotenen Erzeugnisse zu erwerben.

Es wurde bereits darauf hingewiesen, daß die Reaktionen der Käufer und der Konkurrenten auf die preispolitischen Maßnahmen eines Unternehmens Zeit erfordern. Man kann zwar davon ausgehen, wie das bei der klassischen Oligopoltheorie der Fall ist, daß die Käufer eines Unternehmens auf eine Preissenkung sofort reagieren und ihre Einkäufe nur noch bei diesem Unternehmen tätigen. Aber dieser Fall unendlich großer Reaktionsgeschwindigkeit ist unwahrscheinlich, denn im allgemeinen dauert es eine gewisse Zeit, bis die Preisermäßigung, die ein Unternehmen durchgeführt hat, bekannt wird. Die Schnelligkeit, mit der die Käufer bzw. die Konkurrenzunternehmen auf die Preissenkung des Unternehmens A re-

---

[1] Die Abb. 57 a und 57 b lassen übrigens erkennen, daß es im wesentlichen auf die Elastizität der latenten Nachfrage ankommt, ob eine Kostenverbesserung eine Preissenkung unter den unteren Grenzpreis als günstig erscheinen läßt. Solange die Elastizität der latenten Nachfrage größer als 1, der Bedarf also noch nicht gesättigt ist, steigt die Kurve $V(x)$. In diesem Falle führt das Verlassen des reaktionsfreien Bereiches, falls eine Kostenverbesserung vorliegt, in der Regel zu größeren Gewinnen. Wenn die Elastizität der Kurve $V(x)$ dagegen kleiner als 1 ist, dann ergibt sich eine sehr viel ungünstigere Situation. Dieses Risiko bedroht jede preissenkende Maßnahme, denn es ist im Anfang noch nicht abzusehen, zu welcher Absatz- bzw. Gewinnentwicklung eine preispolitische Aktion führen wird.

agieren werden, ist also von der Zeit abhängig, die verstreicht, bis die Preisermäßigung bekannt wird, also von der „Markttransparenz".

Bei der Betrachtung dieser Vorgänge ist weiter zu berücksichtigen, daß die zur Oligopolgruppe gehörenden anderen Unternehmen ihre eigenen Käufer in sehr verschieden starkem Maße binden. Die Präferenzwirkungen des Standortes und persönlicher oder sachlicher Umstände hören nicht sofort auf, die Kaufentscheidungen der Käufer zu beeinflussen. Das akquisitorische Potential verleiht den Unternehmen nicht nur eine gewisse absatzpolitische Aktivität, sondern auch ein gewisses absatzpolitisches Beharrungsvermögen. Je stärker nun die akquisitorische Anziehungskraft ist, die die Konkurrenzunternehmen auf Grund der geltenden Präferenzen auf ihre Käufer ausüben, um so langsamer wird sich die Abwanderung der Käufer von den Unternehmen vollziehen, bei denen sie bisher ihre Käufe tätigten.

Weiter wird man davon ausgehen müssen, daß der Sog des die Preisermäßigung vornehmenden Unternehmens um so größer ist, je mehr der neue Preis, z. B. des Unternehmens A, unter dem bisherigen unteren Grenzpreise des preisautonomen Bereiches liegt. Bei diesem Sog handelt es sich einmal um Käufer, die bisher in der niedrigeren Preisklasse kauften und nun sehen, daß sie zu den bisherigen Preisen eine bessere Qualität erwerben können, zum anderen um Käufer, die nunmehr die gleiche Qualität wie bisher zu niedrigeren Preisen zu erwerben imstande sind [1].

Je größer mithin die Markttransparenz ist, je schwächer die Bindungen der Käufer an die Konkurrenzunternehmen, also die Präferenzwirkungen sind, und je größer der Abstand des neuen Verkaufspreises eines Unternehmens von dem unteren Grenzpreis der bisherigen Preisklasse ist, um so schneller werden die Konkurrenzunternehmen mit Preisherabsetzungen folgen müssen, wenn sie sich nicht gefährden wollen.

Angenommen, das Unternehmen A habe bei dem Ausgangspreise p_{A1} und der zugehörigen Absatzmenge x_1 einen Erlös von E_1 erzielt. Auf eine Zeiteinheit bezogen (z. B. Tag, Monat, Quartal) läßt sich dieser Erlös oder, wie man gleichbedeutend sagen kann, dieser Umsatz in der in Abb. 59 angegebenen Weise darstellen. In dieser Abbildung sind auf der Abszissenachse die Zeiteinheiten, auf der Ordinatenachse die Erlöse je Zeiteinheit bzw. Umsätze je Zeiteinheit eingetragen. Die Linie E_1 gibt die Erlöse oder auch Umsätze beim Preise p_{A1} an (Ausgangslage). Die Linie zeigt die im Durchschnitt bei diesen Preisen auf die Zeiteinheit entfallenden Erlös- bzw. Umsatzbeträge.

---

[1] Die Frage nach den Möglichkeiten eines Gleichgewichtes ist für den Fall konstanter Gesamtnachfrage bei homogener Konkurrenz untersucht worden von H. Jacob, Die dynamische Problematik der Oligopolpreisbildung, Diss. Frankfurt 1954.

Würden nun die Konkurrenzunternehmen ihre Preise sofort auf die durch den Preis p_{A2} fixierte Höhe herabsetzen, würde sich für das Unternehmen A ein neues, zweites Erlös- oder Umsatzvolumen E_2 ergeben. Die Linie E_2 zeigt im Beispiel die nach Vornahme der Preisherabsetzung bei unendlicher Reaktionsgeschwindigkeit der Käufer im Durchschnitt auf eine Zeiteinheit, z. B. einen Monat, entfallenden Umsatzbeträge.

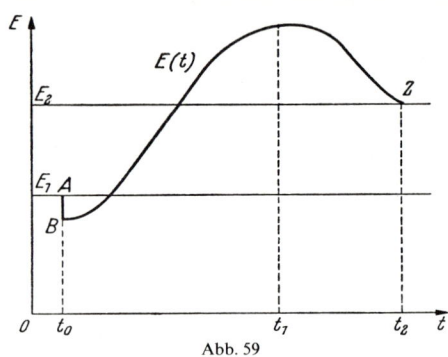

Abb. 59

Nun vollzieht sich aber, wie bereits gezeigt wurde, die Reaktion von Käufern und Konkurrenten auf Preissenkungen eines Unternehmens in der Regel nicht sofort und ruckartig, sondern in allmählichem Übergang. Das Unternehmen A wird als Folge der Ermäßigung seines Verkaufspreises (bei konstanten Präferenzbedingungen) Nachfrage gewinnen und zwar einmal Käufer von denjenigen Unternehmen, die bis zum Zeitpunkt der Preissenkung in der gleichen Preisklasse verkauft haben; zum anderen aber auch Käufer von denjenigen Unternehmen, die preis- und qualitätsklassenmäßig nach unten anschließen. Da die von dem Unternehmen A durchgesetzte Preissenkung erst allmählich bekannt wird, vermag die Preisermäßigung erst im Laufe der Zeit wirksam zu werden. Im Zeitpunkt der Preissenkung t_0 muß das Unternehmen A gegebenenfalls in Kauf nehmen, daß der Erlös (Umsatz) zunächst absinkt ($A\,B$ in Abb. 59), da die Preisherabsetzung noch nicht nachfragewirksam geworden ist. Dann aber wird der Erlös je Zeiteinheit steigen, vorausgesetzt, daß die Konkurrenzunternehmen noch nicht reagieren. Der Erlös wird außerdem um so schneller zunehmen, je geringer im einzelnen die Bindung der Käufer an die Konkurrenzunternehmen ist. Je mehr nun die Preissenkung den präsumtiven Käufern bekannt wird, um so mehr wird der Erlös anwachsen, also z. B. der Umsatz je Woche oder Monat über die Umsatzlinie E_1 und, solange die Konkurrenzunternehmen noch nicht reagieren, auch über die Umsatzlinie E_2 steigen. Der Umsatz E_2 wird durch die Umsatzsteigerung bestimmt, die lediglich auf die Mobilisierung bisher latenter Nachfrage

zurückzuführen ist. Die Erlös- bzw. Umsatzentwicklung, die soeben geschildert wurde, wird durch die Kurve $E(t)$ in Abb. 59 wiedergegeben. Sie
fällt zunächst ab, erreicht dann wieder den Ausgangsumsatz E_1 und übersteigt die Umsatzlinie E_2. Im Zeitpunkte t_1 möge die preispolitische Reaktion der Konkurrenzunternehmen einsetzen. Sie wird, wie gezeigt, um so
früher beginnen, je geringer die Bindungen der Käufer an die Konkurrenzunternehmen und je größer Markttransparenz und Preissenkung sind.
Die ursprünglich von diesen Unternehmen stammenden Käufer wandern
von dem Unternehmen A wieder ab, sofern die Präferenzstrukturen bzw.
die akquisitorischen Potentiale der Konkurrenzunternehmen unverändert
geblieben sind. Es dauert wiederum eine gewisse Zeit, bis die Masse der
Käufer von der Preisherabsetzung des Unternehmens B bzw. der anderen
zur Oligopolgruppe gehörenden Unternehmen Kenntnis erhält. Wenn das
Unternehmen A die von dem Unternehmen B oder den anderen Konkurrenzunternehmen vorübergehend gewonnenen Käufer wieder abgegeben
hat und ihm nur die aus der Mobilisierung latenter Nachfrage stammenden Käufer als effektiver Nachfragezuwachs verbleiben, dann erreicht die
Kurve $E(t)$ wieder die Erlös- bzw. Umsatzlinie E_2. Das mag zum Zeitpunkt t_2 der Fall sein. Zu diesem Zeitpunkte erreicht der Prozeß sein
Ende. Der Schnittpunkt der Kurve $E(t)$ mit dem das Erlös- bzw. Umsatzvolumen E_2 andeutenden Linienzug, also der Punkt Z, stellt das Tendenzzentrum dar, auf das der oligopolistische Prozeß unter den angegebenen
Bedingungen hinstrebt. Die Preise der zur Oligopolgruppe gehörenden
Unternehmen stehen zum Zeitpunkte t_2 dann in etwa wieder in den alten,
durch die verschiedenen Präferenzstrukturen der Unternehmen bestimmten Proportionen. Diese Preise liegen nun wiederum in den Bereichen, in
denen die Unternehmen preisautonom sind. Aber das neue Preisniveau
der Gruppe wird nun durch den Preis desjenigen Unternehmens bestimmt, das in der Lage war, Produktionsvorteile zu realisieren.

Es mag sein, daß es Situationen gibt, in denen es zu einem zeitweiligen
Oszillieren der Preise kommen kann. Im allgemeinen wird man jedoch davon ausgehen können, daß sich der preispolitische Reaktionsprozeß ohne
oszillierende Schwankungen vollzieht.

In diesem Zusammenhang ist es weiterhin von Bedeutung, daß der
Preis um einen bestimmten, oft recht erheblichen Betrag gesenkt werden
muß, wenn eine ins Gewicht fallende Umsatzsteigerung erreicht werden
soll. Wird der Preis nur geringfügig geändert und bleibt er im preispolitisch autonomen Bereich, dann wird sich die Gewinnlage des Unternehmens verschlechtern, sofern es bereits in diesem Bereich seinen günstigsten
Preis gewählt hatte. Will das Unternehmen eine vollkommen neue, verbesserte Gewinnsituation realisieren, dann muß es in der Lage sein, diesen
Graben zu überspringen, d. h. es muß für das Unternehmen vorteilhafter
sein, seinen Preis unter den unteren Grenzpreis zu senken. Es kann aber

nicht damit gerechnet werden, daß diese Bedingung immer erfüllt ist. Diese Unsicherheit legt sich wie eine Barriere vor alle Entschlüsse, Preissenkungen vorzunehmen. Insofern wirkt sie preisstabilisierend.

Aber selbst dann, wenn für ein Unternehmen die Chance besteht, durch eine erhebliche Preisermäßigung zunächst eine günstigere Gewinnlage zu realisieren, muß es damit rechnen, daß die Konkurrenten preispolitisch reagieren werden. Der zunächst erzielte Gewinn kann also nur vorübergehender Natur, nur ein Zwischengewinn sein. Dabei ist keineswegs ausgeschlossen, daß die Gewinnsituation nach dem Wirksamwerden der preispolitischen Gegenmaßnahmen der Konkurrenten ungünstiger ist als die Situation vor Beginn der Aktion. Diese Lage wird sich immer dann ergeben, wenn die aktiv gewordene latente Nachfrage, die dem Unternehmen nach der preispolitischen Reaktion der Konkurrenten verbleibt, den Erlösverlust nicht ausgleicht, den die Preissenkung als solche – Erlösverlust je Produkteinheit – verursacht. Die Möglichkeit, daß diese unerwünschte Situation eintreten kann, hemmt den Entschluß, Preissenkungen größeren Umfanges vorzunehmen. Sie wirkt als ein retardierendes Moment in der Preispolitik der Unternehmen.

In die gleiche Richtung tendiert auch die – im Regelfall zu Recht bestehende – Befürchtung, einen einmal ermäßigten Preis nicht mehr erhöhen zu können, weil die Konkurrenten dieser Preispolitik nicht folgen.

Im Zuge des oben beschriebenen Prozesses können sich die Proportionen zwischen den Marktanteilen der einzelnen Unternehmen nicht wesentlich ändern, wenn die Präferenzstrukturen unverändert bleiben. Für die preispolitischen Maßnahmen eines Unternehmens ist also, wie die Untersuchungen gezeigt haben, in erster Linie die Aussicht entscheidend, latente Nachfrage zu gewinnen. Dagegen wird dem anderen preispolitischen Motiv, nämlich die preispolitischen Maßnahmen für die Zwecke des speziellen Wettbewerbskampfes zu benutzen, um Nachfrage von anderen Unternehmen abzuziehen, von den Unternehmen nur sekundäre Bedeutung beigemessen. Denn sie müssen damit rechnen (und rechnen auch damit), daß die auf diese Weise gewonnene Nachfrage ganz oder zum weitaus größten Teile wieder verlorengeht, sobald sich die Konkurrenzunternehmen preispolitisch angepaßt haben und die Präferenzstruktur unverändert bleibt. Die geschilderten preispolitischen Maßnahmen führen also lediglich zu dem Ergebnis, daß die nunmehr niedrigeren Preise der gesamten Oligopolgruppe bisher latente Nachfrage zuführen. Die Proportionen zwischen den Marktanteilen der Unternehmen aber ändern sich nicht, wenn und solange keine Änderung in den Präferenzstrukturen eintritt. Die Kurve $E(t)$ bringt diese Tatsache deutlich zum Ausdruck.

Eine nachhaltige Änderung der Marktanteile kann also über den Preis nicht erreicht werden, weil eine Preisänderung in der Regel durch eine entsprechende Preisänderung der Konkurrenzunternehmen neutralisiert wird, die Unternehmen also doch nur latente, nicht aber Nachfrage (Käufer) von den Konkurrenzunternehmen gewinnen können. Den Unternehmen bleiben also nur absatzorganisatorische, produktgestaltende und Werbemaßnahmen, um ihre Marktanteile gegenüber den Konkurrenzunternehmen zu erhalten oder zu vergrößern. Diese Maßnahmen bestimmen die Präferenzstruktur der Unternehmen. Und diese Strukturen sind es ihrerseits wieder, von denen die Größe der Marktanteile der Unternehmungen (die Form und Lage ihrer individuellen Absatzkurven) abhängig ist.

Unter gewissen Voraussetzungen besteht die Möglichkeit, daß sich im Zusammenhang mit rein preispolitischen Maßnahmen auch die Präferenzstruktur und damit der Marktanteil eines Unternehmens ändert. Werden beispielsweise gewisse preispolitische Maßnahmen eines Unternehmens (z. B. einer Automobilfabrik) in der Öffentlichkeit stark diskutiert, dann kann sich als Folge dieser Tatsache der Marktanteil des Unternehmens ändern. Aber diese Änderung ist dann mehr auf eine Reklamewirkung des preispolitischen Vorgehens als auf die preispolitische Maßnahme selbst zurückzuführen. Unter den geschilderten Verhältnissen kann die Änderung des Marktanteils (über die geschilderte Änderung der Präferenzstruktur) auch dann bestehen bleiben, wenn die Konkurrenzunternehmen preispolitisch reagiert haben [1].

Im übrigen zeigt sich deutlich, daß Unternehmen, die vor preispolitischen Entscheidungen stehen, zwei völlig verschiedene Gewinnerwartungen haben. Die erste Gewinnerwartung kennzeichnet sich als eine Erwartung von Gewinnen, die aus der Mobilisierung bisher latenter Nachfrage entstehen; die zweite Gewinnerwartung dagegen als eine Erwartung von Gewinnen, die auf der vorübergehenden Anziehung von Kunden der Konkurrenzunternehmen beruhen (sofern sich die Präferenzstrukturen nicht wesentlich ändern). Die erste Gewinnerwartung gibt für preispolitische Maßnahmen den Ausschlag, denn sie hat die Aussicht, von Dauer zu sein. Die zweite Gewinnerwartung kann immer nur einen zusätzlichen Anreiz für Preisänderungen, insbesondere Preisermäßigungen, darstellen. Der Anreiz ist dann groß, wenn starke Reaktionsverzögerungen große zwischenzeitliche Gewinne erwarten lassen.

Sollte die Kurve $E(t)$ den Punkt Z nicht erreichen, dann wird das vor allem darauf zurückzuführen sein, daß der Marktanteil des Unternehmens A im Verhältnis zu dem Anteil der anderen Unternehmen klein ist. In diesen Fällen kann es für die Konkurrenzunternehmen vorteilhafter sein, die Preise nicht ganz auf die Höhe des Unternehmens A zu senken. Das System nähert sich in diesem Falle der Preispolitik bei atomistischer Angebotsstruktur auf unvollkommenen Märkten (polypolistische Konkurrenz), und es gilt entsprechend die für diesen Fall im Abschnitt III B dieses Kapitels entwickelte Theorie.

---

[1] In diesem Falle ändert auch die Gleitkurve ihre Form und Lage.

c) Betriebs- und volkswirtschaftlich ist das soeben beschriebene preispolitische Verhalten des Unternehmens A zu verantworten, da das Unternehmen einen echten Produktionsvorteil zu realisieren in der Lage ist und es die Konkurrenzunternehmen dazu zwingt, im Fertigungsbereich Rationalisierungen vorzunehmen.

Anders liegen dagegen die Dinge bei solchen Unternehmen, die gezwungen sind, ihre Preise herabzusetzen, ohne daß ein produktionstechnischer Vorsprung dazu Anlaß gibt.

Es kann sein, daß ein Unternehmen auf Grund von Umständen, die es selbst verschuldet oder auch nicht selbst verschuldet hat, in eine schwierige finanzielle Lage gerät. Diese Situation kommt darin zum Ausdruck, daß sich die Proportionen zwischen den Vermögens- und Kapitalteilen ungünstig entwickeln. Jeder normale Geschäftsablauf setzt aber voraus, daß zwischen den einzelnen Vermögens- und Kapitalgrößen Beziehungen bestehen, die den finanziellen Ablauf des betrieblichen und absatzwirtschaftlichen Geschehens nicht stören. Solange sich ein Unternehmen im „finanziellen Gleichgewicht" befindet, ist das gesamtbetriebliche Geschehen von der finanziellen Seite her gesichert.

Es kann jedoch der Fall eintreten, daß aus irgendwelchen Gründen die Fristen der Kapitalüberlassung und die Fristen der betrieblichen Kapitalnutzung nicht mehr in Übereinstimmung zu bringen sind. Dann entstehen Spannungen im finanziellen Gefüge des Unternehmens. Je größer diese Spannungen sind, um so mehr wird das finanzielle Gleichgewicht gestört, und es muß alles versucht werden, um es wieder herzustellen.

Nun können in solchen Fällen die in dem Anlagevermögen festliegenden Kapitalbeträge nur schwer wieder freigemacht werden. Aus diesem Grunde wird die Geschäftsleitung versuchen, zunächst die in dem Umlaufvermögen, vor allem in den Warenbeständen festliegenden Kapitalbeträge dadurch möglichst bald wieder freizusetzen, daß die Verkaufspreise ermäßigt werden.

Unter solchen Umständen sind die Verkaufspreise aus ihrem Zusammenhang mit den Kosten gelöst. Sie sind nichts anderes als ein Mittel, um Spannungen, die sich im finanziellen Gefüge eines Unternehmens finden, auszugleichen und das finanzielle Gleichgewicht wieder herzustellen.

Bei oligopolistischer Angebotsstruktur dringt das Unternehmen, von dem hier gesprochen wird, unter Umständen preispolitisch in eine niedrigere Preisklasse ein. Solange die Konkurrenzbetriebe nicht reagieren, biegt seine Absatzkurve nach rechts um. Falls alle anderen betrieblichen Bedingungen es zulassen, vermag das Unternehmen seine Warenvorräte bei niedrigen Preisen unter Umständen schnell zu mobilisieren. Damit kann es sich aus der schwierigen finanziellen Lage befreien, in die es mit oder ohne Verschulden geraten ist.

Zieht das Unternehmen das ganze Preisniveau auf die von ihm angegebene Höhe herab, dann hat das Unternehmen, wie man in der Praxis
sagt, „die Preise verdorben".

Man sieht, daß es sich hier um einen völlig anderen Fall handelt, als er
unter b) besprochen wurde. Dort ging es darum, Produktionsvorteile und
damit Gewinnvorteile mit Hilfe einer nach unten tendierenden Preispolitik zu verwirklichen. Es war ein fertigungstechnisch und seiner Kostensituation nach bevorzugtes Unternehmen, um nicht zu sagen, ein Spitzenun-
ternehmen, das seine Preise senkte und seine fertigungstechnisch nachhinkenden Konkurrenten in eine schwierige Lage brachte. In dem Falle c)
handelt es sich jedoch um ein Unternehmen, das infolge von unglück-
lichen Umständen oder infolge von Fehlmaßnahmen der Geschäftsleitung
in eine schwierige finanzielle Lage geriet. Es will sich mit Hilfe preispolitischer Maßnahmen wieder konsolidieren, bringt aber damit die guten
Unternehmen in eine schwierige Lage. Gleichwohl kann man nicht sagen,
daß grundsätzlich preispolitische Maßnahmen zum Zwecke der Wiederherstellung des gestörten finanziellen Gleichgewichtes betriebs- und volkswirtschaftlich abzulehnen seien. Aber es muß bedenklich stimmen, wenn
auf der anderen Seite ein finanziell schlecht stehendes Unternehmen die
guten in Gefahr bringt. Betriebs- und volkswirtschaftlich erwünscht ist der
umgekehrte Fall, daß nämlich die guten Unternehmen die weniger guten
dazu zwingen, technisch aufzuholen.

d) Der soeben beschriebene Fall kennzeichnet sich durch eine Loslösung der einzelbetrieblichen Preisstellung vom Prinzip der Gewinnmaximierung. Störungen im finanziellen Gleichgewicht der Unternehmungen
können also unter Umständen die Preispolitik bestimmen.

Eine wenigstens zeitweilige Loslösung von dem Prinzip maximaler Gewinnerzielung liegt auch dann vor, wenn zwei oder mehrere miteinander
im Wettbewerb stehende Unternehmen den Konkurrenzkampf nicht mehr
mit wirtschaftsfriedlichen Mitteln, sondern in den Formen kämpfenden
Wettbewerbs führen. Das Ziel eines solchen Kampfes besteht darin, daß
ein Unternehmen ein anderes Unternehmen oder mehrere andere Unternehmen vom Markt verdrängen will. Ein solcher Kampf der Unternehmen gegeneinander kann mit Mitteln der Preispolitik ausgetragen werden.
Solange eine Kampfsituation besteht, bestimmen nicht mehr Gewinn-,
sondern Kampfüberlegungen das preispolitische Verhalten. Das den
Kampf beginnende Unternehmen versucht, seine Verkaufspreise so zu setzen, daß das andere Unternehmen dem Preisdruck auf die Dauer nicht wi-
derstehen kann. Der Gegner muß seine Preise ebenfalls herabsetzen und
versuchen, aus der schwierigen Situation herauszukommen, in die er von
dem den Kampf führenden Unternehmen hineingedrängt wird. Läßt die
Preis- und Kostenlage des um seine Existenz kämpfenden Unternehmens
Verluste entstehen, die sein Kapital aufzehren, dann können die Span-

nungen im Vermögens- und Kapitalaufbau zur Störung des finanziellen Gleichgewichtes führen. Sind diese Störungen nicht wieder zu beseitigen, dann kommt es zum Zusammenbruch des Unternehmens. In solchen Lagen wird es in der Regel nicht bis zum völligen Niedergang des bekämpften Unternehmens kommen. Vielmehr wird man versuchen, zu einer Einigung zu gelangen, die die Machtverhältnisse zwischen den sich bekämpfenden Unternehmen berücksichtigt.

5 a) Die klassische Oligopoltheorie legt ihrer Erklärung des oligopolistischen Preisbildungsprozesses Unternehmenserwartungen zugrunde, die genereller Art sind und für den ganzen Ablauf des Prozesses beibehalten werden. Hierauf sind die großen Schwierigkeiten und Unzulänglichkeiten der Oligopoltheorie zurückzuführen. Es ist deshalb zu prüfen, ob die oligopolistische Preisbildung dem Verständnis nicht dadurch nähergebracht werden kann, daß die generellen Verhaltensmaximen durch betriebsindividuelle, situationsgebundene Verhaltensweisen ersetzt werden.

Steht ein zur Oligopolgruppe gehörendes Unternehmen vor der Frage, ob es vorteilhaft sein würde, gewisse Korrekturen seiner Verkaufspreise vorzunehmen, dann hängt seine Entscheidung ganz offenbar von seiner Beurteilung der eigenen Lage, der Lage der Konkurrenten und der allgemeinen wirtschaftlichen Lage ab. Die eigene Lage kann sich dadurch kennzeichnen, daß die Situation im fertigungstechnischen und finanziellen Bereich, auch das akquisitorische Potential ein hohes Maß an absatzpolitischer Aktivität erlaubt. In gleicher Weise ist es möglich, daß die angegebenen Faktoren absatzpolitische Zurückhaltung zweckmäßig erscheinen lassen. Ein starkes Unternehmen, d. h. hier ein Unternehmen mit hohem Fertigungsstand, starken finanziellen Rücklagen und mit Erzeugnissen, die großes Ansehen genießen, weist günstigere Voraussetzungen für eine offensive Preispolitik auf als ein Unternehmen, dessen Position schwach ist. Preispolitik ist kein isoliertes betriebliches Phänomen. Sie gründet vielmehr in allen betrieblichen Teilbereichen. Ob das Wagnis preispolitischer Aktivität übernommen werden kann, richtet sich also nicht nur nach der Lage in einem Sektor, sondern nach dem Gesamtzusammenhang betrieblicher Tatbestände.

Es ist klar, daß vor allem solche Unternehmen zu preispolitischer Aktivität neigen, die einen fertigungstechnischen Zustand erreicht haben, der echte und große Kostenvorteile bringt. In diesem Falle liegt es nahe zu prüfen, ob nicht Preiskorrekturen eine günstigere Gewinnentwicklung erwarten lassen. Auch Unternehmen, die sich so stark fühlen, daß sie eine Vergrößerung ihrer Marktanteile glauben erreichen zu können, werden preispolitische Aktionen in Erwägung ziehen.

Die Entscheidung darüber, ob die Zeit für eine Änderung der Preispolitik gekommen ist, hängt zum anderen davon ab, wie die Unternehmen die Lage der Wettbewerbsunternehmen beurteilen. Die entscheidend wichtige Frage lautet: Wie stark ist die Position der gegnerischen Unternehmen, welchen fertigungstechnischen Stand haben sie erreicht, wie ist ihre finanzielle Lage, welche Stellung haben sie im Markt, welche Geschäftspolitik betreiben sie? Mit welchem Widerstand ist bei ihnen zu rechnen? Werden sie sich mehr passiv verhalten, oder erlaubt ihnen ihre Lage, zu preispolitischer Gegenoffensive überzugehen?

Auch weiß jedes Unternehmen, das glaubt, die Voraussetzungen für eine Überprüfung seiner Verkaufspreise aufzuweisen, daß die Wirkung der eigenen und gegnerischen Maßnahmen von dem Trend der allgemeinen wirtschaftlichen Entwicklung und dem Trend des Produktions- oder Geschäftszweiges abhängig ist, dem es angehört.

Diese drei Tatbestände: eigene Lage, Lage der Konkurrenten und Lage des allgemeinen und des speziellen Trends, bilden in der Praxis die Grundlage für preispolitische Entscheidungen von zu einer Oligopolgruppe gehörenden Unternehmen. Die Entscheidungen bereiten um so geringere Schwierigkeiten, je vollkommener die Informationen sind, über die die Unternehmen verfügen. Im allgemeinen wird man davon ausgehen dürfen, daß ein gewisses Mindestmaß an Information über die gegnerischen Unternehmen vorliegen muß, wenn absatzpolitische Entscheidungen getroffen werden. Die Gefahr von Fehlentscheidungen ist um so größer, je unvollständiger und schlechter die Informationen sind, über die die Unternehmen verfügen. Grundsätzlich wird man davon ausgehen können, daß die wenigen zu einer Oligopolgruppe gehörenden Unternehmen sehr konkrete Vorstellungen über ihre eigene Lage und die der Konkurrenten haben. Sie beruhen auf Erfahrungen, die die Unternehmen im engen Nebeneinander oligopolistischen Wettbewerbs machen.

b) Wenn ein Oligopolunternehmen überlegt, wie sich die Konkurrenzunternehmen bei einer Änderung seiner Angebotspreise verhalten werden, weiß es aus Erfahrung, daß die Konkurrenten keine Änderung ihrer Verkaufspreise vornehmen werden, wenn die eigenen Preisänderungen in gewissen, nicht zu weiten Grenzen bleiben. Die Erwartung, daß die Konkurrenzunternehmen in einem bestimmten Preisintervall voraussichtlich nicht reagieren werden, beruht also auf Erfahrung und nicht auf Irrtum oder auf einer Als-ob-Konstruktion wie bei Cournot. Die Unternehmen erwarten auch nicht, daß, wenn sie preispolitisch im autonomen Intervall operieren, die Gegner eine Abhängigkeitsposition beziehen werden, ein Verhalten, das die Konstruktion des asymmetrischen Dyopols bei v. Stackelberg beherrscht. Der typische Oligopolfall in der Praxis kennzeichnet sich vielmehr dadurch, daß die Unternehmen preis- oder mengenpolitisch aktiv gegeneinander operieren, und nicht dadurch, daß sich ein Unternehmen an ein anderes passiv anpaßt. Im Gegensatz zu v. Stackelbergs Ansicht, daß sich kein Marktgleichgewicht einstellen wird, wenn beide Unternehmen die Unabhängigkeitsposition beziehen, zeigt ein Blick auf die wirtschaftliche Wirklichkeit, daß es tatsächlich einen Gleichgewichtszustand unter Oligopolbedingungen gibt. Offenbar reichen die klassischen Erwartungsstrukturen (einschließlich der von v. STACKELBERG verwandten) nicht aus, um zu erklären, wie Preisgleichgewichte unter Oligopolbedingungen in der wirtschaftlichen Praxis zustande kommen.

Eine völlig andere Lage erhält man, wenn ein zur Oligopolgruppe gehörendes Unternehmen erwägt, unterhalb des bisherigen unteren Grenzpreises seiner reaktionsfreien Zone zu operieren. Ein solches Unternehmen wird überlegen, mit welchen Reaktionen der Konkurrenten es rechnen muß, wenn es – so sei zunächst angenommen – seinen Verkaufspreis für ein von ihm hergestelltes oder auf den Markt gebrachtes Erzeugnis so stark ermäßigt, daß der untere Grenzpreis des bisherigen autonomen Preisbereiches unterschritten wird. Da dem Unternehmen bekannt ist, daß die Stärke der Gegenmaßnahmen seiner Wettbewerber unter anderem von der Stärke der Preisermäßigung abhängt, es also in gewissem Maße die Möglichkeit hat, auf die Stärke der Gegenmaßnahmen Einfluß zu nehmen, wird es Überlegungen für eine Anzahl von Preisermäßigungen anstellen. Damit entsteht die Frage: Wie werden die Konkurrenzunternehmen wahrscheinlich reagieren, wenn der Verkaufspreis von p_0 auf p_1 oder p_2 oder $p_3 \ldots$ ermäßigt wird, wobei $p_1 > p_2 > p_3$? Die Preise sollen unter dem bisherigen unteren Grenzpreis liegen.

Das Unternehmen wird den Preisen p_1, p_2, p_3 eine Anzahl von Möglichkeiten gegnerischen preispolitischen Verhaltens zuordnen. Von ihnen sind vor allem drei Fälle interessant, auf die sich die nachstehende Analyse beschränken soll. Der Einfachheit halber sei eine dyopolistische Situation angenommen. Das Unternehmen A sei das die preispolitische Maßnahme erwägende Unternehmen. Das Unternehmen B sei der Konkurrent.

Als Reaktion auf das preispolitische Verhalten des Unternehmens A kann das Unternehmen B seinen Preis derart ändern, daß er

a) über dem neuen reaktionsfreien Bereich des Unternehmens A bleibt oder

b) in dem neuen reaktionsfreien Bereich von A oder

c) unterhalb der neuen reaktionsfreien Zone von A liegt.

Glaubt das Unternehmen A auf Grund seiner Beurteilung der allgemeinen Lage und der speziellen Lage des B damit rechnen zu dürfen, daß B sich gemäß a) verhält, dann wird eine solche Beurteilung des B den Preisermäßigungsbeschluß nicht hemmen, da dem Unternehmen A Nachfrage von B zuwachsen wird, solange B an den relativ hohen Preisen festhält.

Die Lage ist anders zu beurteilen, wenn das Unternehmen B imstande ist, durch Änderung der Produkteigenschaften oder durch Werbung den

Verlust an Käufern – zurückzuführen auf die relativ hohen Preise – auszugleichen. In diesem Falle baut B sich eine neue Absatzkurve auf. Diese Möglichkeiten sollen hier nicht weiter untersucht werden.

Vollzieht sich der Anpassungsprozeß so, daß das Unternehmen B kurzfristig oder nach mehreren preispolitischen Experimenten einen Preis stellt, der in der neuen reaktionsfreien Zone von A liegt, dann wird, wenn nicht Qualitäts- oder Werbekonkurrenz oder besondere Umstände eine Änderung von Form und Lage der Absatzkurve von A und B zur Folge haben, der Absatz von A und B absolut zunehmen, aber die relativen Marktanteile werden gleichbleiben. Rechnet A damit, daß die Anpassungsverzögerung zusätzliche Gewinne entstehen läßt, dann wird nicht anzunehmen sein, daß diese Gewinnerwartung die preispolitische Aktivität des Unternehmens A wesentlich beeinflussen wird, weil diese Gewinne nur vorübergehenden Charakter haben können. Glaubt aber A bei dem neuen Preis und dem für wahrscheinlich angenommenen Verhalten von B eine Gewinnlage verwirklichen zu können, die günstiger ist als die bisherige Gewinnlage, dann ist nicht einzusehen, warum das Unternehmen A seine preispolitischen Ziele nicht verwirklichen soll.

Rechnet jedoch das Unternehmen A mit Preisreaktionen gemäß c), die es ihm unmöglich machen, seinen Umsatz auf den geplanten, für günstig gehaltenen Umfang einzuspielen, dann ergibt sich eine andere Situation. Wird B von A für so stark angesehen, daß B den Preiskampf aufnimmt, dann kann das Unternehmen nicht damit rechnen, daß es den für erstrebenswert angesehenen Umsatz zu stabilisieren vermag. Es muß vielmehr davon ausgehen, daß es, wenn es dem offenbar stärkeren oder zum Kampf entschlossenen B preispolitisch nicht folgt, in eine sehr ungünstige Lage hineinmanövriert wird. Sieht man hier wieder davon ab, daß es auch andere als preispolitische Möglichkeiten gibt, die schwierige Lage zu meistern, dann ist es wahrscheinlich, daß das Unternehmen vor einer Preisstellung zurückschrecken wird, die derartige Folgen hat. Will also das Unternehmen A keinen Preiskampf um jeden Preis, dann wird es prüfen, ob mit einer ähnlichen Situation bei einer geringen Preisermäßigung gerechnet werden muß.

Nunmehr werden die Möglichkeiten bei dem Preise p_2 ($p_2 < p_1$) durchkalkuliert usf., bis der Preis gefunden ist, bei dem das Unternehmen A glaubt, preispolitische Reaktionen des Unternehmens B erwarten zu dürfen, die einer Verbesserung seiner Rentabilitätssituation nicht entgegenstehen. Führt aber das Durchdenken der wahrscheinlichen Reaktionen der Konkurrenten zu dem Ergebnis, daß eine Verbesserung der gegenwärtigen Lage nur mit großem Risiko zu erreichen ist, und glaubt das Unternehmen, im eigenen Interesse ein solches Risiko nicht wagen zu sollen, dann wird die Geschäftsleitung zu dem Entschluß kommen, daß es besser ist,

die preispolitische Aktivität zu bremsen und von Preiskorrekturen abzusehen.

Wird ex-ante eine für ein Unternehmen unerwünschte preispolitische
Reaktion der Konkurrenten erwartet, dann legt sich diese Erwartung wie
eine Barriere vor den Entschluß, die Preise herabsetzen. Wird außerdem
mit einer unerwünschten Elastizität der Nachfrage gerechnet, dann hemmen zwei Barrieren die preispolitische Aktivität.

d) In der Sicht des Unternehmens B spielt sich der Prozeß etwas anders ab. Für B bedeutet eine von A vorgenommene Preisänderung (hier:
Preisherabsetzung) Änderung eines Datums seiner preispolitischen Entscheidungen. Das bisherige Preisgleichgewicht wird gestört. B muß sich für
eine preispolitische Maßnahme entscheiden. (Von durchaus möglichen
Maßnahmen der Produktgestaltung und der Werbung sei hier wiederum
abgesehen.) Die Lage möge sich ferner dadurch kennzeichnen, daß B von
sich aus keinen Anlaß gehabt hat, preispolitisch aktiv zu werden. Das Gesetz des Handelns wird ihm aufgezwungen. Viele Möglichkeiten, auf die
Preisermäßigung des A zu antworten, stehen dem B zur Verfügung. Welche Maßnahme B ergreift, hängt wiederum ab von der Stärke seiner eigenen Position, von seinem Urteil über die Stärke, Beweggründe, Erfolgschancen der gegnerischen Maßnahmen und von seiner Beurteilung der
allgemeinen und speziellen Lage in naher und ferner Zeit. Glaubt B, daß
sein akquisitorisches Potential, also die Anziehungskraft seiner Erzeugnisse auf die Käufer, so groß ist, daß eine mäßige Preissenkung genügt, um
die gegnerische Maßnahme aufzufangen und auszugleichen, dann wird es
den Preismaßnahmen des A vorsichtig oder überhaupt nicht folgen. Es
kommt hierbei wesentlich darauf an, für wie stark sich B hält, insbesondere auch darauf, für wie stark sich die übrigen zum Oligopol gehörenden
Unternehmen fühlen und wie sie die Entwicklung auf die Dauer beurteilen. Unternehmen mit starker Stellung im Markt, also hohem Marktanteil, werden sich in einer solchen Lage anders verhalten als Unternehmen,
die zufrieden sind, wenn sie überleben. Ergibt dagegen ein Durchrechnen
der preispolitischen Möglichkeiten, daß das Unternehmen B höhere Gewinne erzielt, wenn es einen Preis innerhalb des eigenen, sich neu einspie-
lenden reaktionsfreien Bereiches stellt, der das Ergebnis experimentieren-
den Versuchens sein kann, dann wird es sich in diesem Sinne entscheiden.
Nur sehr starke Unternehmen werden die Preissenkung des Unternehmens A zum Anlaß nehmen, den Kampf um den Marktanteil von einer
Position aus zu beginnen, die für sie keineswegs die günstige Ausgangslage
für derartige Maßnahmen sein muß. Wie B sich entscheidet, ist aber nicht
nur von seiner eigenen, sondern auch von der unternehmerischen Stärke
des A und der der übrigen Konkurrenten abhängig.

Die Entscheidungen beruhen auf der Beurteilung der eigenen Lage,
der Beurteilung der Markt- und Konkurrenzverhältnisse und der Beurtei-

lung der Wirksamkeit der eigenen absatzpolitischen Instrumente. Es sind die wahrscheinlichsten Werte, die die Grundlage absatzpolitischer, hier preispolitischer Entscheidungen bilden.

Treffen die Erwartungen nicht zu, verhalten sich die Konkurrenten anders als angenommen wurde, dann vollzieht sich der oligopolistische Preisbildungsprozeß als eine Abfolge von Korrekturen. Die Theorie wird dann zu einer Sequenzanalyse, auf deren Darstellung hier verzichtet wird.

Der oligopolistische Anpassungsprozeß kann sich nicht in der Form des beweglichen Konkurrenzsystems entlang der Gleitkurve vollziehen, wenn durch Maßnahmen produkt- und werbepolitischer Art neue Präferenzstrukturen entstehen und sich die Marktanteile verschieben. Die oligopolistische Absatzkurve ändert dann ihre Form und Lage. Der Abstand der oberen und unteren Grenzpreise nimmt zu oder ab, d. h., das Maß an Substituierbarkeit und der Elastizität der Nachfrage innerhalb des autonomen Bereiches nimmt neue Formen an. Die Unternehmen bauen Absatzkurven auf, die sich von den bisherigen unterscheiden. Die Analyse dieses Prozesses setzt voraus, daß Produktvariation und Werbung als zusätzliche Bestimmungsfaktoren in den oligopolistischen Preisbildungsprozeß einbezogen werden [1].

6 a) In der klassischen Oligopoltheorie werden die Reaktionen der Konkurrenz in den Mittelpunkt der Analyse gestellt, eine Analyse des Käuferverhaltens fehlt dagegen. Auf unvollkommenen oligopolistischen Märkten mit partieller Inderdependenz versuchen die Anbieter jedoch, durch ihre Absatzpolitik das Käuferverhalten zu beeinflussen. Sie bieten den Abnehmern anwendungstechnische Dienste, Service, spezielle Problemlösungen und versuchen damit, ihre Abnehmer so stark an sich zu binden, daß sie zur „Stammkundschaft" werden und auch durch Preiszugeständnisse, die ihnen von der Konkurrenz gemacht werden, nicht dazu bewogen werden können, den Lieferanten zu wechseln.

b) In seinem Oligopolmodell hat ALBACH den Versuch unternommen [2], neben den Konkurrenzreaktionen auch die Käuferreaktionen zu berücksichtigen. Er interpretiert die doppelt geknickte individuelle Preis-Absatzfunktion im Oligopol als eine Kurve unterschiedlicher Beweglichkeit der Nachfrage. Die unterschiedliche Beweglichkeit der Nachfrage wird aus der Reaktion der Käufer auf Preisdifferenzen zwischen den Anbietern heterogener Produkte abgeleitet. Auf geringe Preisdifferenzen reagieren die meisten Käufer nicht. Bei größeren Preisdifferenzen dagegen wandern sie zum Anbieter mit den niedrigeren Preisen ab. Ein solches

---

[1] Vgl. hierzu die Ausführungen über Produktvariation und Marktbeherrschung des neunten Kapitels (Punkt 9).

[2] ALBACH, H., Das Gutenberg-Oligopol, in: KOCH, H. (Hrsg.), Zur Theorie des Absatzes, Wiesbaden 1973, S. 9 ff.

Käuferverhalten erscheint plausibel, wenn man es auf die Kosten des Lieferantenwechsels zurückführt.

Jeder Lieferantenwechsel setzt Informationsbeschaffung über die Preise und Lieferkonditionen und den Service eines neuen Lieferanten voraus und erfordert Umstellungskosten, Umrüstkosten und gegebenenfalls Versuchskosten, bis die Produktion mit dem neuen Material wieder läuft. Derartige Umstellungen lohnen sich bei geringen Preisdifferenzen nicht. Sie werden aber mit steigenden Preisdifferenzen für eine immer größere Zahl von Käufern vorteilhaft.

Mit Hilfe des Begriffs der Kosten des Lieferantenwechsels interpretiert ALBACH die doppelt geknickte Nachfragefunktion so, daß im reaktionsfreien Bereich praktisch überhaupt kein Wechsel der Abnehmer eines Oligopolisten stattfindet. In den reaktionsbezogenen Bereichen erfolgt dagegen ein Lieferantenwechsel, und zwar oberhalb des oberen Grenzpunktes von dem Oligopolisten zu anderen Anbietern und unterhalb des unteren Grenzpunktes von der Konkurrenz zu dem Oligopolisten. In dem Modell ist die gesamte doppelt geknickte Nachfragekurve dagegen dadurch gekennzeichnet, daß die Konkurrenten ihre Preise unverändert halten.

c) Um neben den Käuferreaktionen auch die Konkurrenzreaktionen analysieren zu können, beschreibt ALBACH die doppelt geknickte Nachfragekurve des unvollkommenen Oligopols formal durch eine stetige Funktion. Dabei geht er so vor, daß aus den individuellen Nachfragekurven für jeden Oligopolisten das preispolitische Lösungsgebiet abgeleitet wird, welches die Analyse von Konkurrenzreaktionen ermöglicht. Es zeigt sich, daß ein Anreiz für die Oligopolisten besteht, Preisunterbietungen in der Hoffnung vorzunehmen, daß die anderen Konkurrenten nicht reagieren. Es ist im unvollkommenen Oligopol bei partieller Interdependenz also stets vorteilhaft, einzelne Abnehmer durch sehr deutliche Preiszugeständnisse zu bewegen, den Lieferanten zu wechseln, allerdings unter der Voraussetzung, daß dadurch keine preispolitischen Reaktionen der Konkurrenz ausgelöst werden. Da jeder Oligopolist versucht ist, eine solche Politik der gezielten Preisunterbietung zu betreiben, um seine Gewinnsituation individuell zu verbessern, tritt nach einiger Zeit doch der Zustand ein, daß das Preisniveau insgesamt so deutlich abgesunken ist, daß alle Anbieter unbefriedigende Gewinne erzielen. Sie erhöhen dann entweder gemeinsam ihre Preise deutlich oder reagieren auf Preiserhöhungen eines Konkurrenten ebenfalls durch Preiserhöhungen.

d) Die Analyse unter Berücksichtigung von Käuferreaktionen zeigt also, daß nicht Preisstarrheit allein für oligopolistische Märkte mit partieller Interdependenz charakteristisch ist, wie sie von der Theorie der einfach geknickten Nachfragekurve behauptet wird. Vielmehr sind für einen solchen Markt deutlich ausgeprägte Preisschwankungen kennzeichnend. Dieses Ergebnis gilt aber nur dann, wenn die Oligopolisten ihr akquisitorisches Potential nicht so stark ausgebaut haben, daß ein Lieferantenwechsel praktisch ausgeschlossen ist. Es hängt also von der Beweglichkeit der Nachfrage ab, ob auf oligopolistischen Märkten starre Preise vorherrschen oder nicht. Bei sehr geringer Beweglichkeit der Nachfrage ist jeder Anbieter Quasi-Monopolist und hat keine Veranlassung, seine Preise zu verändern. Ist die Beweglichkeit der Nachfrage groß, wird jeder Oligopolist aus Angst vor Reaktionen seiner Konkurrenten seine Preise nicht ändern. In dem Zwischenbereich der Beweglichkeit der Nachfrage dagegen ist eine „Politik der gezielten Preisunterbietung" für die Oligopolisten interessant. Gezielte Preisunterbietungen bei einzelnen Kunden erhöhen zunächst den Gewinn der Oligopolisten, führen aber doch schließlich zu einem allmählichen Verfall des Preisniveaus auf dem Gesamtmarkt, bis durch eine gleichzeitige und gleichmäßige Preiserhöhung wieder ein allgemeines Preisniveau hergestellt wird, das ausreichende Gewinne gewährleistet und gleichzeitig die Voraussetzungen für die Fortführung der Preispolitik der gezielten Unterbietung wiederherstellt. Bei Einsicht in die Marktsituation braucht diese gleichmäßige und gleichzeitige Preiserhöhung nicht auf Absprachen der Oligopolisten zu beruhen. Derjenige Oligopolist, der eine solche Preiserhöhung ankündigt, kann vielmehr mit an Sicherheit grenzender Wahrscheinlichkeit damit rechnen, daß die Konkurrenten aus Einsicht in die Marktsituation der Preiserhöhung folgen werden, und sei es nur, um ihrerseits die Politik der gezielten Preisunterbietung fortsetzen zu können.

D. Spieltheoretische Lösungsansätze des Oligopolproblems

1. Kritische Anmerkungen zur Theorie der Nullsummen-Matrix-Spiele.
2. Ausblick auf weitere Spieltypen.

1. Nunmehr soll die Frage untersucht werden, wie die Theorie der Spiele das Oligopolproblem oder Teile desselben zu lösen versucht hat. Dabei ist insbesondere zu klären, welche Erwartungsstrukturen der spieltheoretischen Konzeption zugrunde liegen.

Angewandt auf eine Oligopolsituation, geht die Spieltheorie davon aus, daß in Analogie zu den beiden Spielern I und II die beiden Unternehmen A und B alle möglichen eigenen und gegnerischen absatzpolitischen Maßnahmen in ihre Überlegungen einbeziehen. Insofern entspricht diese Ausgangssituation der Vorstellung von konjekturalem Verhalten der Konkurrenten. Im Gegensatz zur klassichen Oligopoltheorie machen aber die Unternehmen im Falle des spieltheoretischen Ansatzes zunächst keine eindeutig bestimmten Annahmen darüber, welche preispolitische Maßnahme der Gegner jeweils ergreifen wird. Das Unternehmen A kann *m*, das Unternehmen B *n* Maßnahmen ergreifen. Welche Maßnahme A ergreift, weiß B nicht, und umgekehrt weiß A im Zeitpunkt seiner Entscheidung nicht, wozu sich sein Gegner B entscheidet. Die Wahl der Strategien vollzieht sich also unabhängig voneinander. Das Unternehmen A legt seine Maßnahmen autonom und unwiderruflich fest, bevor es Kenntnis von den Maßnahmen des gegnerischen Unternehmens erlangt hat. Beide müssen ihre Maßnahmen so kundtun, daß der eine auf Grund seiner Kenntnis der Maßnahmen des anderen seine Maßnahmen nicht mehr ändern kann. Die Reaktionsverbundenheit, wie sie in der klassischen Oligopoltheorie so stark hervortritt, ist also in diesem Sinne nicht typisch für den klassischen spieltheoretischen Ansatz im Rahmen der Oligopoltheorie. Insofern sind hier Elemente autonomen absatzpolitischen Verhaltens vorhanden.

Die Spieltheorie setzt voraus, daß beide Spieler, hier beide Unternehmen, die eigenen und gegnerischen Gewinnfunktionen kennen, die zwar nicht in Form einer Matrix angegeben werden müssen, für die jedoch in der Spieltheorie vorherrschend diese Form verwandt wird. Aus dieser Gewinnmatrix können die Spielteilnehmer, wenn sie ihre Strategien ausgewählt und aufgedeckt haben, ihren Gewinn bzw. ihren Verlust ablesen. Wird die gleiche Voraussetzung für die beiden Oligopolunternehmen A und B gemacht, entscheiden sie sich also im oben erwähnten Sinne unabhängig – ohne Kenntnis der gegnerischen Entscheidungen – voneinander, dann können die beiden Unternehmen die Gewinne bzw. Verluste, die sie erzielt haben, der Matrix entnehmen.

Eine solche Situation entspricht einem Zweipersonenspiel der Spieltheorie, in deren Mittelpunkt diejenigen Spiele stehen, die die zusätzliche Voraussetzung erfüllen, daß die Summe der Gewinne und Verluste der beiden Unternehmen bei jeder Entscheidungssituation gleich einer Konstanten, speziell gleich Null ist. Man spricht unter diesen Umständen von einem Zweipersonenspiel mit der Spielsumme Null (Nullsummenspiel).

Die Lösung, die die Spieltheorie unter diesen Voraussetzungen gibt, setzt weiterhin voraus, daß die beiden Unternehmen A und B sich gewinnmaximierend verhalten, und zwar hier in dem Sinne, daß jedes der beiden Unternehmen die bei gegebener Lage günstigste Situation zu erreichen bestrebt ist. Die nicht in der Matrix berücksichtigten betrieblichen Umstände, Unwägbarkeiten, Langfristigkeiten u. a. üben keinen Einfluß auf die Entscheidung aus.

Nach den Regeln der Spieltheorie kommt es dadurch zu einem Gleichgewicht, also zu einem Ausgleich der entgegengesetzten Interessen beider Spieler bzw. Unternehmen, daß ein Spieler bzw. ein Unternehmen, wenn es von seiner Gleichgewichtsstrategie abweicht, seinen Gewinn nur verringern, aber niemals vergrößern kann, sofern sein Gegner seine Gleichgewichtsstrategie beibehält. Das Minimaxprinzip bestimmt ein solches

Gleichgewicht, und die Minimaxstrategien, hier auch optimale Strategien genannt, haben also zur Folge, daß wenn A (bzw. B) seine optimale Strategie spielt, B (bzw. A) seinen Gewinn durch Abweichen von seiner optimalen Strategie nur verringern bzw. seinen Verlust nur vergrößern kann.

Diese kurze Skizze zeigt:

Erstens: Die Spieltheorie setzt die Kenntnis der Gewinnfunktionen voraus. Insofern liegt kein Fortschritt gegenüber der bisherigen Oligopoltheorie vor.

Zweitens: Die Spieltheorie verlangt, daß die Oligopolunternehmen ihre absatzpolitischen Maßnahmen unabhängig und unwiderruflich festlegen. In diesem Sinne wurde oben von Gleichzeitigkeit gesprochen. Die Spieltheorie vermag nicht die für die oligopolistische Wettbewerbssituation so typische Reaktionsverbundenheit zu berücksichtigen. Denn in Wirklichkeit vollziehen sich die absatzpolitischen Maßnahmen in einer bestimmten zeitlichen Abfolge, nur in wenigen Ausnahmefällen simultan. Nach jedem Zuge, nach jeder absatzpolitischen Maßnahme ändern sich die Gewinnkonstellationen, d. h., es muß eine neue Matrix aufgestellt werden.

Drittens: Der strenge Interessengegensatz, der die Voraussetzung des Minimaxprinzips ist, kommt in der Nullsummenbedingung zum Ausdruck [1]. In der wirtschaftlichen Wirklichkeit ist es jedoch nicht so, daß der Gewinn des einen Unternehmens notwendig gleich dem Verlust des anderen Unternehmens ist.

Viertens: Die Spieltheorie kennt auch den Begriff der gemischten Strategie. In diesem Falle hat der Spieler zwischen mehreren einzelnen (reinen) Strategien nach bestimmten Wahrscheinlichkeiten regellos zu wechseln, die auf Grund der Gewinnfunktionen so bestimmt werden, daß sich insgesamt wieder ein Gleichgewicht ergibt. Ohne auf diese spieltheoretische Konstruktion näher einzugehen, läßt sich leicht einsehen, daß eine mit einer bestimmten Wahrscheinlichkeit versehene Entscheidung betriebswirtschaftlich nur dann sinnvoll ist, wenn sich die Entscheidungssituation mehrmals identisch, d. h. unter gleichen Bedingungen, wiederholt. Die preispolitischen Entscheidungen, die die Oligopolunternehmen vorzunehmen haben, kennzeichnen sich aber gerade dadurch, daß sie einmalig sind. Selbst wenn sich Entscheidungen über den gleichen Gegenstand

---

[1] Hier sei auf die Ausführungen im ersten Kapitel verwiesen. Vgl. hierzu unter anderem: NEUMANN, J. v., and O. MORGENSTERN, Theory of Games and Economic Behavior, Princeton 1944, 3. Aufl. 1953 (deutsche Übersetzung: Spieltheorie und wirtschaftliches Verhalten, Würzburg 1961); McKINSEY, J. C. C., Introduction to the Theory of Games, New York 1952; VAJDA, S., The Theory of Games and Linear Programming, London 1956; BURGER, E., Einführung in die Theorie der Spiele, Berlin 1959.

häufig wiederholen, so ändern sich doch die Voraussetzungen, hier insbesondere auch die Gewinnfunktionen, ständig.

Fünftens: Das Minimaxprinzip stellt eine sehr vorsichtige Verhaltensvorschrift dar, denn die Unternehmen gehen unter den genannten Voraussetzungen praktisch kein Risiko ein. Der Minimaxgewinn, der sich ergibt, wenn beide Partner ihre optimalen Strategien spielen, ist zwar nicht der absolut höchste, aber der sicherste Gewinn. Hierbei werden jedoch gewisse spielexterne Gegebenheiten, Trends der allgemeinen und speziellen wirtschaftlichen Entwicklung u. a. nicht berücksichtigt. Die Spieltheorie sieht hiervon ab; sie sind aber Bestandteil der wirtschaftlichen Wirklichkeit. So kann zum Beispiel das Monopolunternehmen A bereits eine starke Marktstellung erreicht haben oder aber über finanzielle Reserven verfügen, die ihm eine Art Rückendeckung geben und ihm erlauben, gewisse risikoreiche Maßnahmen zu ergreifen, die ein anderes, nicht so starkes Unternehmen nicht wagen kann.

Wird das Zweipersonen-Nullsummenspiel durch Aufnahme weiterer Spieler zum Drei-, Vier-, oder n-Personenspiel mit der Summe Null erweitert, dann rückt damit das Problem der Bildung von Koalitionen und der Verteilung des Gewinnes unter die Partner in den Vordergrund. Da aber auch für den Fall des kooperativen n-Personenspiels die Nullsummen- bzw. Konstantsummenbedingung besteht und vollständige Information über die Gewinnfunktionen angenommen wird, bleiben die Bedenken gegen die Verwendbarkeit der bisher betrachteten Spieltypen für die Lösung der oligopolistischen Preisprobleme bestehen.

2 a) Die Spieltheorie hat dadurch, daß sie das Gleichgewichtsproblem im Rahmen ihrer Voraussetzungen und Verfahren in eine neue und weite Sicht gerückt hat, wesentlich zur Weiterentwicklung der oligopoltheoretischen Diskussion beigetragen. Das gilt vor allem insofern, als sie auch Spielsituationen erörtert hat, die für die theoretische Behandlung des Oligopolproblems günstigere Voraussetzungen aufweisen als die bisher erwähnten Nullsummenspiele. Zwar ist das Nullsummenspiel zusammen mit dem Minimaxprinzip wesentlicher Bestandteil der von v. NEUMANN und MORGENSTERN entwickelten Spieltheorie. Aber die Nicht-Nullsummenspiele weisen für wirtschaftliche Anwendungen gewisse Vorzüge auf, wie nun zu zeigen ist.

Eine erste Erweiterung der Nullsummen-Matrixspiele besteht darin, daß zwei Ergebnismatrizen vorliegen, eine erste für das Unternehmen A (Spieler 1) und eine zweite für das Unternehmen B (Spieler 2). Um eine gute Übersicht über die Gewinne (Auszahlungswerte) zu bekommen, ist es üblich, die zwei Matrizen ineinanderzuschreiben, d. h., zu jeder Zeilen-Spalten-Kombination gehören zwei Gewinnbeträge, ein erster für das Unternehmen A und ein zweiter für das Unternehmen B. Erwägen zum

Beispiel die beiden Unternehmen je zwei mögliche Preisstellungen (das Unternehmen A möge die Preise von 11,– DM und 6,– DM, das Unternehmen B von 10,– DM und 5,– DM in Betracht ziehen) und hat jedes Unternehmen Vorstellungen darüber, wie der Gewinn des eigenen und des gegnerischen Unternehmens für alle möglichen Preiskombinationen sein wird, dann könnte die Gewinnmatrix zum Beispiel folgende Gestalt haben:

		B	
		10	5
A	11	(50,50)	(30,85)
	6	(80,25)	(55,55)

Würde Unternehmen A seinen hohen Preis von 11,– DM fordern, das Unternehmen B dagegen seinen Preis auf 5,– DM festsetzen, dann würde das Unternehmen B, da mehr Käufer jetzt bei ihm kaufen als bei seinem Konkurrenten A, einen Gewinn von 85 erzielen, der um 55 größer ist als der des Unternehmens A, da sich auf Grund der unterschiedlichen Preisstellung der Umsatz zugunsten des Unternehmens B verschieben wird.

In dieser Lage ist also die Nullsummenbeschränkung weggefallen, dafür entstehen auf der anderen Seite Schwierigkeiten bei der Frage nach einer optimalen Strategie. Es hat zwar NASH [1] die Existenz wenigstens einer (gemischten) Gleichgewichtsstrategie nachgewiesen, doch können durchaus mehrere, untereinander nicht äquivalente Gleichgewichte existieren. Die Theorie ist also im allgemeinen nicht imstande, hier eine eindeutige Lösung zu ermitteln.

Eine etwas andere Situation ergibt sich, wenn das Unternehmen A von der Zielsetzung ausgeht, die Differenz zwischen seinem eigenen Gewinn und dem des Unternehmens B zu maximieren. Wenn das Unternehmen B die gleichen Absichten verfolgt, so ist das gleichbedeutend damit, daß das Unternehmen B die Differenz zwischen dem Gewinn des Unternehmens A und dem eigenen Gewinn zu minimieren sucht. Diese Lage entspricht dann einem Nullsummenspiel mit diesen Differenzen als Spielergebnissen, in dem Beispiel also:

		B	
		10	5
A	11	0	– 55
	6	+ 55	0

---

[1] NASH, I. F., Non-cooperative games, Annals of Mathematics, Vol. 54 (1951) S. 286 – 295. Siehe auch LUCE, R. D., and H. RAIFFA, Games and Decisions, New York, 1957, insbesondere Kapitel 5.

Diejenigen Strategien (Preiskombinationen), die dieses Spiel lösen, können als Drohstrategien aufgefaßt werden, die jedem Unternehmen eine gewisse Gewinndifferenz garantieren. Man kann diese sicher zu erreichende Gewinndifferenz nun dazu benutzen, den Gewinn, der durch die gemeinsame Gewinnmaximierung zu erzielen ist, aufzuteilen.

b) Geht man statt von Gewinnmatrizen von stetigen Gewinnfunktionen aus, so kann eine solche Situation durch folgendes Beispiel erläutert werden: Zwei Dyopolisten, deren Kostenfunktionen $K_A(x_A)$ und $K_B(x_B)$ gegeben seien, beabsichtigen, ihren Gewinn zu maximieren unter der Annahme, daß eine gemeinsame Preisabsatzfunktion $f(x_A, x_B)$ vorliege. Die Gewinne der beiden Unternehmen werden dann durch folgende Gleichungen ausgedrückt:

$$G_A = x_A \cdot f(x_A, x_B) - K_A(x_A),$$
$$G_B = x_B \cdot f(x_A, x_B) - K_B(x_B).$$

Auch hier ist die Nullsummenbeschränkung nicht erforderlich. Die Strategien, die den einzelnen Unternehmen zur Verfügung stehen, sind in diesem Beispiel die zur Anbietung gelangenden Mengen x_A und x_B. Durch sie ist dann der Preis gleichzeitig durch die Preis-Absatzfunktion $f(x_A, x_B)$ mitbestimmt.

Die Lösung eines solchen Beispiels führt, wenn man jegliche Zusammenarbeit untersagt, also völlige Unabhängigkeit vorliegt, auf die bekannte Cournot-Lösung. Im Rahmen allgemeiner spieltheoretischer Überlegungen findet sich hier also einer der bekannten klassischen Lösungsvorschläge wieder. Die v. Neumann-Morgensternsche Lösung allgemeiner Spiele führt auf die gemeinsame Gewinnmaximierung ohne Angabe der Gewinnaufteilung. Diese könnte beispielsweise mit Hilfe der oben erwähnten Drohstrategien vorgenommen werden [1].

c) Bei den sogenannten Ruinspielen (Games of Survival), die so lange gespielt, besser vielleicht, gekämpft werden, bis einer der beiden Teilnehmer ruiniert ist, das heißt seine finanziellen Mittel unter eine vorher festzulegende Grenze gesunken sind, werden sowohl der dynamische Prozeß als auch die finanziellen Ausgangssituationen der Unternehmen in die Betrachtung einbezogen. Ein solches Spiel kann zum Beispiel durch folgende Daten charakterisiert werden:

---

[1] Eine Übersicht über die verschiedenen Lösungsmöglichkeiten einer Dyopolsituation enthält der Aufsatz von Mayberry, I. P., I. F. Nash, and M. Shubik, A Comparison of Treatments of a Duopoly Situation, Econometrica, Vol. 21 (1953), S. 141–154. Siehe auch Shubik, M., Strategy and Market Structure, New York 1959, und Burger, E., Einführung in die Theorie der Spiele, Berlin 1959.

1. die Spieleinsätze, das heißt diejenigen Beträge an finanziellen Mitteln, die die Unternehmen für den Einsatz gewisser Preis-, Werbe- oder
sonstiger Aktionen bei Beginn der Auseinandersetzung auszugeben bereit
sind;

2. die „Preise des Spieles", das heißt diejenigen Beträge, die das jeweils
„überlebende" Unternehmen als Belohnung erhält;

3. die Gewinnfunktionen, die die Beträge angeben, die bei irgendeiner
Aktion des Unternehmens A und irgendeiner Aktion des Unternehmens B
an einen der Partner zur Auszahlung gelangen;

4. der Abzinsungsfaktor.

Wie schon erwähnt, können die den Unternehmen zur Verfügung stehenden Aktionen aus dem gesamten Bereich der Absatzpolitik stammen [1].
Auch hier geht, wie so oft, eine größere Wirklichkeitsnähe auf Kosten der
Lösbarkeit dieser Probleme. Die Erörterungen dieser Fragen sind noch zu
sehr im Fluß, als daß ein abschließendes Urteil über die betriebswirtschaftliche Brauchbarkeit dieser theoretischen Ansätze abgegeben werden
könnte.

E. Verdrängungs- und Kampfsituationen
unter der Voraussetzung totaler Interdependenz

Wenn alle Oligopolunternehmen unter den Bedingungen vollkommener Märkte und totaler Inderdependenz eine auf Marktbeherrschung
zielende Politik betreiben, also die Unabhängigkeitsposition einzunehmen
bestrebt sind, dann kommt kein Gleichgewichtspreis zustande. Das System
ist gleichgewichtslos. Die Untersuchungen von v. STACKELBERG und BOWLEY
haben diesen Satz bewiesen.

Mit Aussicht auf Erfolg kann allerdings ein solches Ziel, Verdrängung
eines anderen Unternehmens vom Markt, nur von solchen Unternehmungen erreicht werden, die wesentlich stärker sind, vor allem von solchen, die
besonders günstige Gestehungskosten haben und die finanziell zu einem
Machtkampf gerüstet sind.

Die beiden Unternehmen A und B mögen bei gleicher Nachfragestruktur unterschiedliche Kostenstrukturen aufweisen. Diese Lage ist in
den Abb. 60 und 61 dargestellt worden. Die Kostenstruktur des Unternehmens A sei günstiger als die des Unternehmens B. Dies kommt darin zum
Ausdruck, daß die Grenzkostenkurve K_A' des A niedriger als die Kurve
K_B' des B liegt. Die Verläufe der Stückkosten zeigen die Kurven k_A und
k_B. Der gewinngünstigste Preis für A ist p_1. Sein Gewinn zu diesem Preis
beträgt $HEFG$. Bei diesem Preis ist keine Verdrängung des B möglich,

---

[1] Vgl. hierzu SHUBIK, a.a.O., Kapitel X.

weil die Durchschnittskosten des Unternehmens B unter p_1 liegen. Das Unternehmen A muß also seinen Preis so tief herabsetzen, daß er kleiner ist als die geringsten Stückkosten, mit denen das Unternehmen B bei gegebener Kapazität produzieren kann. Man kann noch einen Schritt weiter gehen und sagen, daß der Preis bis auf die Grenzkosten des Unternehmens B, die ja in diesem Fall die proportionalen Stückkosten sind, gesenkt werden müsse. Erst hier wird eine Verdrängung wirklich wirksam, weil das Unternehmen B kurzfristig auf die vollständige Deckung seiner fixen Kosten verzichten kann. Im Beispiel ist der Preis p_2 der Verdrängungspreis. Der Gewinn des Unternehmens A vermindert sich während der Verdrängung im Beispiel bis auf $L\ Q\ N\ M$. Nach der Verdrängung ergibt sich eine Situation, wie sie die Abb. 62 zeigt.

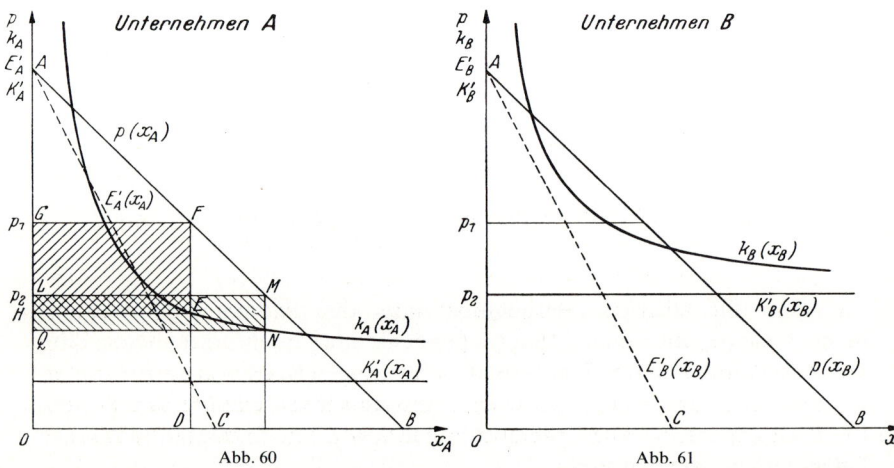

Abb. 60   Abb. 61

Dem Unternehmen A ist bei dem Preis p_2 die gesamte Nachfrage zugewachsen. Es erzielt unter diesen Umständen den Gewinn $L\ N\ J\ M$. Die Verdrängung hat sich dann gelohnt, wenn der Gewinn $L\ N\ J\ M$ größer ist als der Gewinn $G\ H\ E\ F$ in Abb. 60.

Aus der Abb. 62 wird weiterhin ersichtlich, daß der Monopolgewinn $G\ H\ E\ F$ größer sein kann als der Gewinn bei dem Verdrängungspreis p_2. Das Unternehmen A wird so lange sein absolutes Gewinnmaximum (bei dem Preis p_1) nicht realisieren können, wie es damit rechnen muß, daß wiederum ein Konkurrenzunternehmen auf den Markt tritt. Bei dem Verdrängungspreis p_2 vermag es seine Position zu halten, solange kein Betrieb existiert, dessen Grenzkosten niedriger sind als dieser Preis. Gegen neue Unternehmen mit günstigeren Kostenstrukturen ist das Unternehmen A jedoch auch zu diesem Preis nicht gesichert. Damit wird bereits unter so einfachen Bedingungen, wie sie hier angenommen worden sind, die Problematik der sog. Kampf- und Verdrängungspolitik offensichtlich, wie sie auch in den Modellen von BERTRAND, EDGEWORTH und BOWLEY bereits enthalten ist.

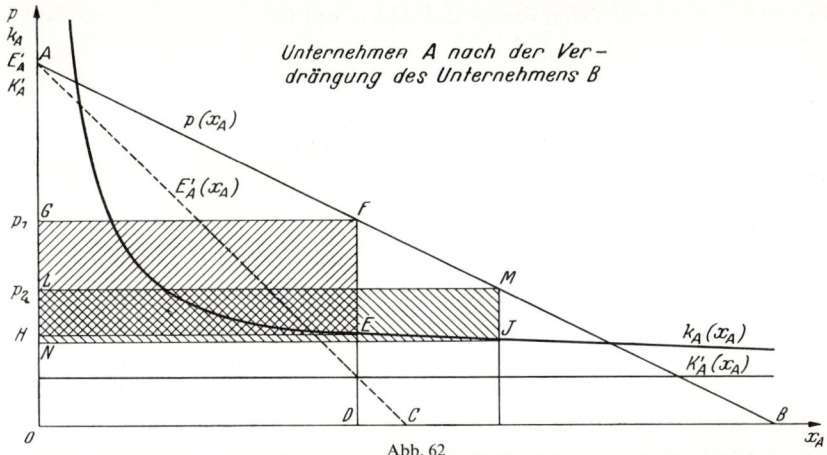

Abb. 62

Diese Problematik wird aber noch deutlicher, wenn davon ausgegangen wird, daß bei dem Verdrängungspreis die Kapazität des Unternehmens A nicht ausreicht, die gesamte Nachfrage zu befriedigen. Unter diesen Umständen ist der Konkurrenzbetrieb zur Deckung der Nachfrage schlechthin erforderlich. Er wird auch zu einem Preis verkaufen können, der über dem Verdrängungspreis p_2 liegt, denn es ist genug kaufkräftige Nachfrage übriggeblieben, die einen höheren Preis zahlen werde. Das Unternehmen A wird also seinen Preis ebenfalls erhöhen. Eine Verdrängung ist ihm wegen seiner zu geringen Kapazität nicht gelungen. Ob es zu einem Oszillieren der Preise kommen muß, wie EDGEWORTH glaubt nachgewiesen zu haben, soll nicht weiter untersucht werden [1], da es hier nur darum geht, die für nicht wirtschaftsfriedliches Verhalten charakteristischen preispolitischen Situationen aufzuzeigen. Es mag jedoch noch darauf hingewiesen werden, daß dann, wenn die Kapazität des Unternehmens A nicht groß genug ist, um zu dem Verdrängungspreis die gesamte Nachfrage zu befriedigen, bei dem Versuch, die Produktion bis zum Äußersten auszuweiten, Kosten der Überbeanspruchung entstehen können. Sie ver-

---

[1] Die Tatsache, daß EDGEWORTH zu dem Ergebnis kommt, daß die Preise zwischen zwei Grenzen oszillieren, beruht, wie auch A. J. NICHOL in EDGEWORTHS Theory of Duopoly Price, Econ. Jour. 1935, S. 66, richtig sagt, vor allem darauf, daß EDGEWORTH Verhaltensweisen der Anbieter annimmt, die bei der Unterstellung vollkommener Markttransparenz unmöglich sind.

schlechtern die Gewinnlage des Unternehmens. Bei quantitativer Anpassung kann es sein, daß bei der Kapazitätsausweitung Sprungkosten auftreten, die die Durchschnittskosten ruckartig erhöhen. Auch in diesem Fall verschlechtert sich die Gewinnlage des Unternehmens A nach der Verdrängung. Beide Umstände verstärken also die Schwierigkeiten einer auf Verdrängung abzielenden Preis- und Absatzpolitik.

F. Die kollektive Preispolitik

1. Gemeinsame Gewinnmaximierung.
2. Preisführerschaft.

1 a) Die Untersuchungen über die Preispolitik von Unternehmungen mit oligopolistischer Angebotsstruktur haben gezeigt, daß die Möglichkeiten preispolitisch autonomen Verhaltens abnehmen, je mehr sich das System totaler preispolitischer Interdependenz nähert. Die starke Abhängigkeit des preispolitischen Verhaltens jedes Unternehmens von der Preispolitik der Konkurrenzunternehmen kann dazu führen, daß keine Gleichgewichtssituationen erreicht werden und die Unternehmen mit geringen Gewinnen oder unter Umständen sogar mit Verlusten arbeiten müssen. Oft führen derartige Situationen zu Kämpfen, welche die Existenz der Unternehmen gefährden.

Diese Situation hat dazu geführt, daß sich Unternehmen entschlossen haben, auf eine selbständige Preispolitik zu verzichten, um mit den Wettbewerbsunternehmen zu ausdrücklichen oder stillschweigenden Vereinbarungen über eine gemeinsame Preispolitik zu gelangen. Da ein solches preispolitisches Verhalten mit den Grundsätzen des freien Wettbewerbs, wie sie für marktwirtschaftliche Systeme gelten, nicht zu vereinbaren ist, verbietet das Gesetz gegen Wettbewerbsbeschränkungen vom 27. 7. 1957, in der Fassung vom 3. 1. 1966, alle Verträge, die Unternehmen oder Vereinigungen von Unternehmen zu einem gemeinsamen Zweck schließen, soweit sie geeignet sind, die Erzeugung oder die Marktverhältnisse für den Verkehr mit Waren oder gewerblichen Leistungen durch Beschränkung des Wettbewerbs zu beeinflussen. Unter dieses Verbot fallen Preiskartelle und auch Vereinbarungen über die Preisbindung bei Markenartikeln. Auf die speziellen Probleme der Kartellpreisbildung und der Preisbindung der zweiten Hand wird hier deshalb nicht mehr eingegangen. Jedoch soll die Theorie der gemeinsamen Gewinnmaximierung kurz diskutiert werden.

1 b) Die sogenannte Theorie gemeinsamer Gewinnmaximierung ist zum ersten Mal von CHAMBERLIN entworfen und dann von v. STACKELBERG

und anderen Autoren weiterentwickelt worden [1]. Gegen diese Theorie von CHAMBERLIN sind eine Reihe von Einwendungen erhoben worden [2]. FELLNER hat sie in der Weise zu berücksichtigen versucht, daß er an Stelle der reinen eine „eingeschränkte" Theorie gemeinsamer Gewinnmaximierung entwickelte [3]. Dabei geht er davon aus, daß die von der traditionellen Oligopoltheorie verwandten Absatz- und Reaktionsfunktionen angesichts der Zirkularität des unternehmerischen Verhaltens unbestimmt bleiben müssen und daher für die Ableitung einer eindeutig bestimmten Gleichgewichtslage nicht geeignet sind. Die Erfahrung lehrt zudem, daß in vielen Oligopolgruppen die Tendenz wirksam ist, den Gewinn gemeinsam zu maximieren, also auf individuelle Gewinnmaximierung zu verzichten. Diese Tendenz äußert sich in stillschweigender oder bewußter Koordinierung aller preispolitischen Maßnahmen der zur Gruppe gehörenden Unternehmen. Sie beabsichtigen, für die Gruppe einen Gewinn zu erzielen, der größer als die Summe der Gewinne ist, die sich bei individueller Gewinnmaximierung ergeben würde. Jedes Unternehmen strebt danach, mit einem möglichst großen Anteil am Gesamtgewinn der Gruppe beteiligt zu sein. „Joint profit maximization" bedeutet also nicht nur ein Gewinnmaximierungs-, sondern zugleich auch ein Verteilungsproblem.

Das reine Prinzip gemeinsamer Gewinnmaximierung wird bei FELLNER eingeschränkt durch Berücksichtigung langfristiger Zielsetzungen und des Strebens nach Sicherheit. Diese Faktoren verhindern nach Ansicht von FELLNER die radikale Ausnutzung der Oligopolsituation durch die Anbieter.

FELLNER sieht deutlich, daß die gemeinsame Gewinnpolitik ständig durch Interessenkonflikte bedroht ist. Unterschiede in der Höhe der Produktionskosten, Produktvariation, Werbung und andere Mittel oder Ungleichheiten des Wettbewerbs tragen die Gefahr in sich, daß der Wettbewerb aggressive Formen annimmt. Diesen Gefahren werden die Unternehmen dadurch zu begegnen versuchen, daß sie zu einer Politik starrer Preise übergehen, ihre Marktanteile, Kapazitäten und Gewinne zusam-

---

[1] Vgl. STACKELBERG, H. v., Grundlagen der theoretischen Volkswirtschaftslehre, Bern-Tübingen 1951, insbesondere S. 218; CHAMBERLIN, E. H., Duopoly: Value Where Sellers are Few, Quarterly Journal of Economics, Vol. 44 (1929), S. 63 ff.; ders., The Theory of Monopolistic Competition, 6th ed., Cambridge (Mass.) 1950, S. 30 ff.

[2] Vgl. hierzu die speziellen Arbeiten von NICHOL, A. J., Professor CHAMBERLIN's Theory of Limited Competition, Quarterly Journal of Economics, Vol. 48 (1934), S. 317 – 337; KAHN, R. F., The Problem of Duopoly, Economic Journal, Vol. 47 (1937), S. 1 – 20; STIGLER, G. J., Notes on the Theory of Duopoly, Journal of Political Economy, Vol. 48 (1940), S. 521 – 541; HALL, R. L., u. C. J. HITCH, Price Theory and Business Behaviour, Oxford Economic Papers, Nr. 2 (1939), S. 12 ff.; ROTHSCHILD, K. W., Price Theory and Oligopoly, Economic Journal, Vol. 42 (1947), S. 299 – 320.

[3] FELLNER, W., Competition Among the Few, New York 1949.

menlegen, gegebenenfalls zwischenbetriebliche Ausgleichszahlungen vornehmen.

Wenn im Fall des Dyopols die beiden Unternehmen A und B auf einem vollkommenen Markt über die gleichen Marktanteile, die gleiche Stärke und damit über gleiche Absatz- und Kostenkurven verfügen, dann ergibt sich in den Abb. 63 und 64 ein gewinnmaximaler Preis für beide Unternehmen, d. h., unter diesen Voraussetzungen stimmen die Bedingun-

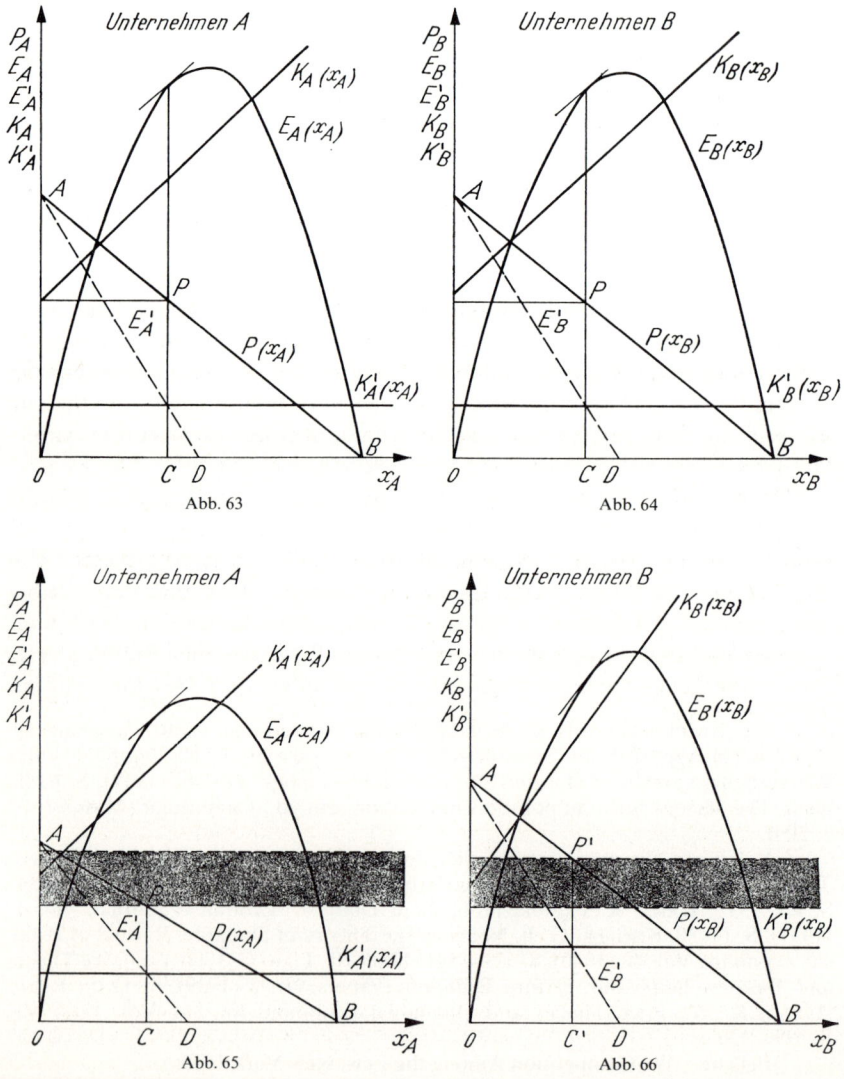

Abb. 63

Abb. 64

Abb. 65

Abb. 66

gen der individuellen Gewinnmaximierung mit denen der gemeinsamen Maximierung überein, so daß jedes der beiden Unternehmen ein Interesse an der gemeinsamen Preispolitik haben muß. Wenn beide Unternehmen jedoch unterschiedlich stark sind, so daß die Absatzkurve des A in der Abb. 65 nach unten und die Kostenkurve des B in der Abb. 66 nach oben verschoben werden muß, dann entstehen zwei unterschiedliche gewinnmaximale Preise und damit ein Preisbereich (vgl. die getönte Fläche in den Abb. 65 und 66), innerhalb dessen die Interessen der beiden Unternehmen entgegengesetzt sind. Der für beide Unternehmen optimale Preis läßt sich unter diesen Bedingungen nicht mehr eindeutig ableiten und kann nur durch Verhandlungen unter Berücksichtigung der individuellen Stärke gefunden werden. Entweder kommen die Unternehmen überein, preispolitisch zu experimentieren, um einen für beide Betriebe annehmbaren Preis zu finden, oder sie erkennen im Falle des Oligopols ein Unternehmen als Preisführer an. Damit wird aber der Oligopolpreistheorie eine Wendung gegeben, die nicht mehr den Kern des Problems, die individuelle Gewinnmaximierung, trifft [1].

2. Preisführerschaft liegt dann vor, wenn die Preisbildung sich auf einem Markt in der Weise vollzieht, daß alle Anbieter sich in ihrer Preisstellung nach einem Preisführer richten, also auf eine autonome Preissetzung verzichten. Handelt es sich um das Angebot eines homogenen Gutes, so setzen alle Anbieter den Preis in gleicher Höhe wie der Preisführer fest.

In Anlehnung an STIGLER wird zwischen dominierender und barometrischer Preisführerschaft unterschieden [2]. Dominierende Preisführerschaft liegt vor, wenn der Preisführer infolge seines hohen Marktanteils die preispolitische Situation so beherrscht, daß die übrigen Unternehmen sich seinen Preisen anschließen. Das große Unternehmen weiß, daß die vielen

---

[1] Zur Kritik an FELLNER vgl. insbesondere STIGLER, G. J., Competition Among the Few by W. FELLNER, American Economic Review, Vol. 40 (1950), S. 699 ff.; ROTHSCHILD, K. W., FELLNER on Competition Among the Few, Quarterly Journal of Economics, Vol. 66 (1952), S. 128 ff.; KAYSEN, C., Dynamic Aspects of Oligopoly Price Theory, American Economic Review, Pap. and Proc., Vol. 42 (1952), S. 198 ff.

[2] STIGLER, G. J., The Kinky Oligopoly Demand Curve and Rigid Prices, Journal of Political Economy, 1947, S. 432 ff.; mit dem Problem der Preisführerschaft befaßt sich eingehend der Aufsatz von LAMPERT, H., Die Preisführerschaft, Jahrbücher für Nationalökonomie und Statistik, Bd. 172 (1960), S. 203 ff.; vgl. ferner MACHLUP, F., The Economics of Sellers' Competition, Baltimore 1952, S. 491 ff.; NICHOL, A. J., Partial Monopoly and Price Leadership, New York 1930; MARKHAM, J. W., The Nature and Significance of Price Leadership, American Economic Review 1951, S. 891 ff.; OXENFELDT, A. R., Professor Markham on Price Leadership, American Economic Review 1952, S. 380 ff.; SEITZ, T., Preisführerschaft im Oligopol, Köln, Berlin, München 1965; SPECHT, G., Grundlagen der Preisführerschaft, Eine betriebswirtschaftliche Betrachtung unter besonderer Berücksichtigung des Einzelhandels. Wiesbaden 1971.

kleinen Unternehmen seinen Preis übernehmen. Für die Kleinen ist der Preis des Großen ein Datum[1].

Als Beispiel für dominierende Preisführerschaft werden in der amerikanischen Literatur die Verhältnisse auf dem Ölmarkt angegeben, auf dem die Nachfolgegesellschaften der ehemaligen Standard Oil Company in den einzelnen Staaten der USA den Preis bestimmt haben. Diese Gesellschaften wiesen den größten Geschäftsumsatz in allen Staaten auf. Zudem galten sie als am besten über die wirtschaftliche Lage informiert. Im Verkaufsgebiet Mid-Continent wurden in der Zeit von Januar 1922 bis Juni 1927 von 39 Preisänderungen für Rohöl nur zwei Preisänderungen von Konkurrenten der Standard Oil Company vorgenommen. Von den Konkurrenten der Standard Oil Company sind langfristige Lieferverträge auf Grundlage der jeweils geltenden Preise der Standard Oil Company abgeschlossen worden. Anhaltspunkte für eine Kampfpreispolitik der Standard Oil Company haben sich nicht ergeben[2]. Weitere Beispiele für dominierende Preisführerschaft werden aus der amerikanischen Aluminium-, Nikkel- und Landmaschinenindustrie angegeben.

Diese Art der Preisführerschaft setzt, wie auch die oben erwähnten Beispiele zeigen, weitgehend homogene Erzeugnisse voraus. Außerdem muß die Bedingung erfüllt sein, daß der Marktanteil des Preisführers sehr groß ist und die übrigen Unternehmen auf eine aktive Preispolitik verzichten.

Die Unterordnung der anderen Anbieter unter die Preisführerschaft des dominierenden Unternehmens kann auf verschiedenen Gründen beruhen[3]:

a) Die kleineren Anbieter verzichten auf Unter- oder Überbietung des vom dominierenden Unternehmen gesetzten Preises, weil sie bei diesem Preis jede beliebige Menge absetzen können. Das dominierende Unternehmen findet sich mit jedem Mengenangebot der kleineren Anbieter ab, weil sein Umsatz im Verhältnis zur Kapazität dieser Anbieter so groß ist, daß deren Mengenvariationen für ihn überhaupt nicht ins Gewicht fallen. Die kleineren Anbieter verhalten sich in diesem Fall als Mengenanpasser. Eine solche Lage ist nur bei sehr großem Marktanteil des dominierenden Anbieters denkbar.

b) Die kleineren Anbieter können sich stets dem dominierenden Unternehmen unterordnen, weil sie andernfalls Repressalien des Großunternehmens befürchten müssen, etwa ruinösen Wettbewerb, bei dem sich das Großunternehmen auf die Dauer durchsetzen würde. Denkbar ist auch, daß die kleineren Anbieter nicht so sehr Vergeltungsmaßnahmen

---

[1] Diese Preisführerschaft stellt einen Fall des Teilmonopols dar: Ein großes Unternehmen und viele kleine Unternehmen, die sich preispolitisch anpassen.
[2] BURNS, A. R., The Decline of Competition, New York 1936, S. 93 ff.
[3] Vgl. MACHLUP, a.a.O., S. 494.

des Großen befürchten, von sich aus aber keine Veranlassung sehen, ein günstiges Preisniveau durch Unterbietungen zu verderben; hier liegt allerdings schon ein Grenzfall zur barometrischen Preisführerschaft vor. Kennzeichnend für den Fall b) ist, daß die kleineren Anbieter zu dem durch den Preisführer bestimmten Preis nicht beliebige Mengen absetzen können, sondern sich mit der Nachfrage begnügen müssen, die sich ihnen bei diesem Preis zuwendet.

c) Als Fall der dominierenden Preisführerschaft wird von einigen Autoren auch eine bestimmte Oligopolsituation genannt, bei der sich alle Anbieter einem Preisführer anpassen müssen, der infolge seiner besonderen Kosten- und Absatzlage einen niedrigeren Preis als alle anderen zu wählen in der Lage ist. [1]. Für diesen Fall müssen besondere Annahmen über die Marktaufteilung gemacht werden. BOULDING erörtert ein Dyopolmodell unter der Annahme, daß bei unterschiedlichen Preisen die gesamte Nachfrage stets dem zum niedrigsten Preise anbietenden Unternehmen zufließt, während bei gleichen Preisen eine konstante Marktaufteilung gegeben sein soll. Diese Annahme ist sehr willkürlich. Im übrigen handelt es sich um ein typisches Oligopolproblem. Es erscheint deshalb nicht zweckmäßig, hier von Preisführerschaft zu sprechen.

Somit bleiben die Fälle a) und b) als typische Fälle dominierender Preisführerschaft. Die Frage lautet: Wie bestimmt das dominierende Unternehmen in diesen beiden Fällen seinen gewinnmaximalen Preis?

Zu Fall a) [2]: Angenommen, eine Oligopolgruppe bestehe aus einem Unternehmen mit einem verhältnismäßig großen Marktanteil und aus mehreren kleinen Unternehmen. Angesichts der überragenden Stellung auf dem Markt, welche das große Unternehmen innehat, sollen, so sei weiter unterstellt, die kleinen Unternehmen von vornherein auf eine eigene Preispolitik verzichten und den jeweiligen Preis des großen Unternehmens, das damit zum Preisführer wird, übernehmen [3].

Unter dieser Voraussetzung gibt es jeweils nur einen einheitlichen Marktpreis, und zwar den, den der Preisführer festsetzt. Die Frage lautet nun, auf welche Weise und in welcher Höhe der Preisführer diesen Preis bestimmt. Hierbei sei angenommen, daß der Preisführer unter den gegebenen Voraussetzungen sein Gewinnmaximum realisieren will. In der Abb. 67 stellt $A\,B$ die Gesamtabsatzkurve dar, der sich die Oligopolgruppe unter den Voraussetzungen eines einheitlichen Preises gegenübersieht. Sie

---

[1] BOULDING, K. E., Economic Analysis, 3. Aufl., New York 1955, S. 645; vgl. die Darstellung und Kritik des Modells von BOULDING bei LAMPERT, a.a.O., S. 211 ff.

[2] Vgl. NICHOL, A. J., Partial Monopoly and Price Leadership, Philadelphia 1930; STIGLER, G. J., The Theory of Price, New York 1947, S. 227 ff.

[3] Etwas anders liegen die Verhältnisse, wenn das große Unternehmen nicht von vornherein als Preisführer anerkannt wird, sondern mit den übrigen Unternehmen in eine Kampfsituation gerät.

gibt an, welche Mengen x zu den einzelnen von dem Preisführer festge-
setzten Preisen p insgesamt abgesetzt werden können. Da sich die übrigen
Anbieter absatzpolitisch genau so wie unter den Bedingungen der atomistischen Konkurrenz auf vollkommenen Märkten verhalten, stellt ihre Angebotskurve nichts anderes dar als die Horizontaladdition ihrer Grenzkostenkurven vom Betriebsminimum an. Denn zu dem vom Preisführer fest-
gesetzten Preis bringen sie jeweils gerade die Menge auf den Markt, für
den der Preis gleich den Grenzkosten ist. Die Unternehmen sollen verschiedene Grenzkosten aufweisen. Die Horizontaladdition derselben stelle

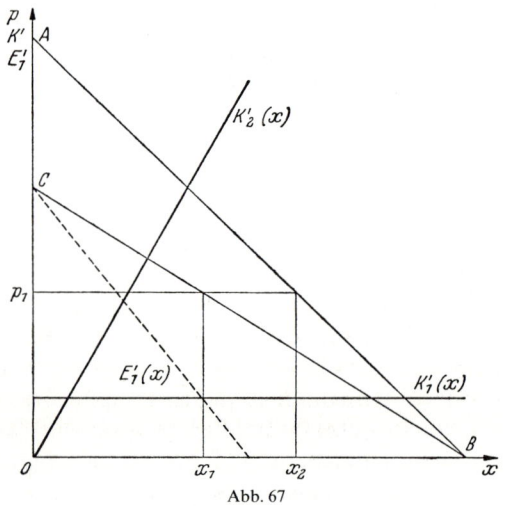

Abb. 67

den ansteigenden Linienzug K_2' in Abb. 67 dar [1]. Diese Kurve ist die Gesamtangebotskurve der übrigen Unternehmen. Dem Preisführer bleibt jeweils nur die Differenz zwischen der durch $A\,B$ wiedergegebenen Gesamtabsatzmenge und der durch K_2' bestimmten Angebotsmenge der übrigen
Unternehmen. Er sieht sich also der durch horizontale Subtraktion von
$A\,B$ und K_2' entstehenden Absatzkurve $C\,B$ gegenüber. Die zugehörige
Grenzerlöskurve E_1' schneidet die in diesem Falle als konstant angenommene Grenzkostenkurve des Preisführers K_1' über der Absatzmenge x_1.
Der für den Preisführer günstigste Preis beträgt also p_1. Zu diesem Preis
wird insgesamt die Menge x_2 abgesetzt, von der x_1 auf den Preisführer und
$x_2 - x_1$ auf die übrigen Unternehmen entfällt.

---

[1] Strenggenommen stellt K_2' eine Treppenkurve dar, und zwar um so ausgeprägter, je kleiner die Anzahl der übrigen Marktteilnehmer ist. Das Ergebnis wird
jedoch dadurch, daß diese Treppenkurve durch eine gerade Linie ersetzt wird, nicht
wesentlich beeinflußt, die Darstellung dagegen wird erheblich vereinfacht.

Zu Fall b): Der Fall b) unterscheidet sich von dem Fall a) dadurch, daß die kleineren Anbieter zwar den Preis des dominierenden Unternehmens übernehmen, aber nicht, weil sie bei diesem Preis beliebig viel absetzen können, sondern weil sie Repressalien befürchten. Es muß also angenommen werden, daß der Markt bei jedem beliebigen Preis in einer bestimmten Weise aufgeteilt ist. Damit müssen sich die kleineren Anbieter zufriedengeben. Dieser Fall ist im Gegensatz zu dem unter a) erwähnten auch dann noch denkbar, wenn der dominierende Anbieter zwar noch den größten Marktanteil hat, aber doch nicht mehr einen so großen Anteil, daß die auf die anderen Anbieter entfallende Nachfrage für ihn völlig bedeutungslos ist. Im Falle a) muß das dominierende Unternehmen doch mindestens einen Marktanteil von über 90% haben, während Fall b) schon bei einem Anteil von etwa 40 bis 50% denkbar ist.

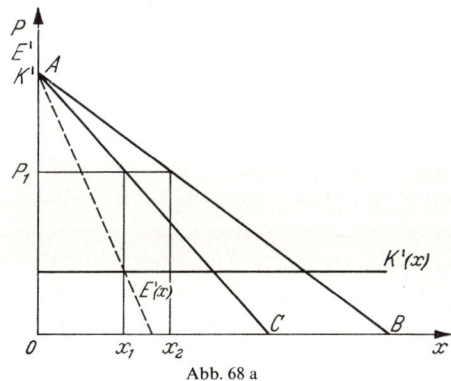

Abb. 68 a

Wie vollzieht sich nun die Preisbildung im Fall b)? In der Abb. 68 a stellt $A\,B$ die Gesamtabsatzkurve der Gruppe dar. Der Preisführer muß damit rechnen, daß sich bei jedem Preis ein Teil der Nachfrage den kleineren Anbietern zuwendet. Unter der Annahme stets gleichbleibender Marktanteile hat seine individuelle Nachfragekurve die Form einer Geraden wie $A\,C$. Wird von einer anderen Marktaufteilung ausgegangen, so entsteht eine andere Gerade, möglicherweise sogar eine gekrümmte Linie. Aus dieser individuellen Absatzkurve des Preisführers läßt sich eine Grenzerlöskurve herleiten, deren Schnittpunkt mit der Grenzkostenkurve $K'\,(x)$ des Preisführers das Gewinnmaximum des Preisführers angibt. Der Preisführer wird also den Preis p_1 wählen und hierbei die Menge x_1 absetzen. Den kleineren Anbietern, die sich seiner Preisstellung anschließen, verbleibt dann noch die Nachfragemenge $x_2 - x_1$.

Während im Falle dominierender Preisführerschaft ein Unternehmen eine beherrschende Stellung am Markt einnimmt und alle anderen Anbieter sich diesem dominierenden Unternehmen unterordnen, gibt es im Gegensatz hierzu bei barometrischer Preisführerschaft kein beherrschendes Unternehmen, sondern nur eine Gruppe von Anbietern annähernd gleicher Größe, die ihre Preise an den Preisen des Preisführers ausrichten. Dieser Preisführer muß nicht unbedingt der Anbieter mit dem größten Marktanteil sein. Denkbar ist auch, daß die Rolle des Preisführers gelegentlich von einem Mitglied der Gruppe auf ein anderes übergeht.

Welche Gründe können die Mitglieder einer Gruppe von Unternehmen veranlassen, in dieser Weise auf autonome Preispolitik zu verzichten? Im allgemeinen die Überlegung, daß ein Abweichen von der Preisstellung des Preisführers nur zu einem allgemeinen Preiskampf und damit zur Verschlechterung der Situation aller Unternehmen führen kann. Der Verzicht auf autonome Preispolitik eines Unternehmens als verbindlich für alle Unternehmen liegt unter solchen Umständen im Interesse aller Unternehmen. Die Preisführerschaft ist in diesem Falle also nur ein Mittel zur Bildung eines Quasi-Agreements.

STIGLER, der die barometrische Preisführerschaft eingehend untersucht hat, führt unter anderem ein Beispiel aus der amerikanischen Zigarettenindustrie an. Bis zum Jahre 1923 bestand eine langandauernde Periode der Preiskämpfe und aggressiver Absatzpolitik unter den drei führenden amerikanischen Zigarettenfabriken. Von 1923 bis 1940 haben die „großen Drei" für ihre Erzeugnisse, von geringfügigen Ausnahmen abgesehen, die gleichen Preise gefordert. In dieser Zeit sind achtmal die Preise geändert worden. Hierbei führte fast ausschließlich der größte Produzent. Sobald dieses Unternehmen seine Preise herauf- oder herabsetzte, folgten die anderen Unternehmen innerhalb weniger Tage [1]. Der Wettbewerbskampf ist von den Unternehmen vornehmlich mit den Mitteln der Werbung geführt worden.

Damit ergibt sich die Frage, in welcher Weise ein Unternehmen, dessen Preispolitik sich durch barometrische Preisführerschaft kennzeichnet, seine besondere preispolitische Lage ausnutzen kann. Die Konkurrenten werden den Preisführer nur anerkennen, wenn er die Bedingung erfüllt, daß er einen Preis bestimmen wird, bei dem alle günstiger gestellt sind als bei ungehemmtem Preiswettbewerb. Die Unternehmen erkennen seine Preisführerschaft an, weil sie glauben, er habe die beste Marktübersicht und sei am ehesten befähigt, den für die Gruppe günstigsten Preis zu finden. Die Unternehmen vertrauen auch darauf, daß der Preisführer seine Stellung nicht zum Nachteil der Gruppe ausnutzen wird.

Zunächst sei angenommen, daß die verschiedenen Anbieter bei jeweils gleichen Preisen gleichgroße Marktanteile besitzen und daß es keine

---

[1] Vgl. STIGLER, G. J., The Kinky Oligopoly Demand Curve and Rigid Prices, Journal of Political Economy, Vol. 55 (1947), S. 432 ff.

Unterschiede in der Kostenstruktur der Unternehmen gibt. Dieser Fall ist für drei Anbieter in Abb. 68 b dargestellt.

A B ist hier die Gesamtnachfragekurve, *A C* die Nachfragekurve des Preisführers, dem bei jedem Preis ein Drittel der Nachfrage zufällt. Die Nachfragekurve des Preisführers stimmt hierbei mit den individuellen Nachfragekurven der beiden anderen Anbieter (stets unter der Annahme gleicher Preise) überein. Da auch keine Kostenunterschiede bestehen, stimmen auch die COURNOTschen Punkte der drei Kurven miteinander überein. Wenn der Preisführer also seinen gewinnmaximalen Preis setzt,

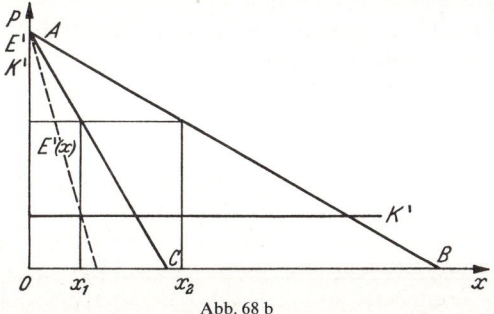

Abb. 68 b

wird er damit auch den Interessen seiner Konkurrenten gerecht. Mit dieser Preisstellung wird gleichzeitig der Gesamtgewinn der Gruppe maximiert. Es handelt sich also um einen eindeutigen Fall gemeinsamer Gewinnmaximierung einer Gruppe von Oligopolisten. Die Preisführerschaft dient hier dazu, zu verhindern, daß einer der Anbieter durch Unterbietung seinen Marktanteil zu erhöhen sucht, dadurch die Preise verdirbt, so daß letztlich alle schlechter stehen als zuvor.

Infolge der Gleichheit von Marktanteilen und Kostenverläufen tritt in dem zunächst behandelten Beispiel kein Interessenkonflikt zwischen den Anbietern hinsichtlich der Preishöhe auf. Der Realisierung des gemeinsamen Gewinnmaximums steht also nichts im Wege. Nicht so einfach gestaltet sich die Lösung bei unterschiedlichen Kosten und Marktanteilen. In Abb. 68 c ist zunächst die Gesamtnachfragekurve dargestellt, dann wie sich die Nachfrage bei jeweils gleicher Preisstellung auf die drei Anbieter verteilt. Die Grenzkosten sind bei den Anbietern unterschiedlich hoch. Der gewinnmaximale Preis des Preisführers stimmt in diesem Fall nicht mehr mit den gewinnmaximalen Preisen seiner Konkurrenten überein. Eine eindeutige Lösung im Sinne der gemeinsamen Gewinnmaximierung ergibt sich hier nicht.

Es ist denkbar, daß es trotz des bestehenden Interessenkonflikts zu einer Anerkennung der Preisführerschaft kommt, weil die beiden anderen

Anbieter der Ansicht sind, der von ihrem gewinnmaximalen Preis abweichende Preis des Preisführers sei für sie immer noch günstiger als ein Preis, der bei gegenseitiger Unterbietung zustande kommt. Möglich ist auch, daß der Preisführer aus der gleichen Erwägung heraus geneigt ist, von seinem gewinnmaximalen Preis abzuweichen und eine Kompromißlösung zwischen seiner Optimallösung und der seiner Konkurrenten zu suchen. Zu einem derartigen Kompromiß wird es stets kommen, wenn die Unterschiede in Marktanteil und Kostenstruktur gering sind. Es ist allerdings auch nicht unwahrscheinlich, daß der Interessenkonflikt so stark wird, daß keine Einigung zu erzielen ist. Der Preisführer wird dann nicht gewillt sein, so weit von seinem gewinnmaximalen Preis abzuweichen, wie erforderlich wäre, um den Preis den anderen Anbietern annehmbar zu machen. Die Preisführerschaft bricht dann zusammen.

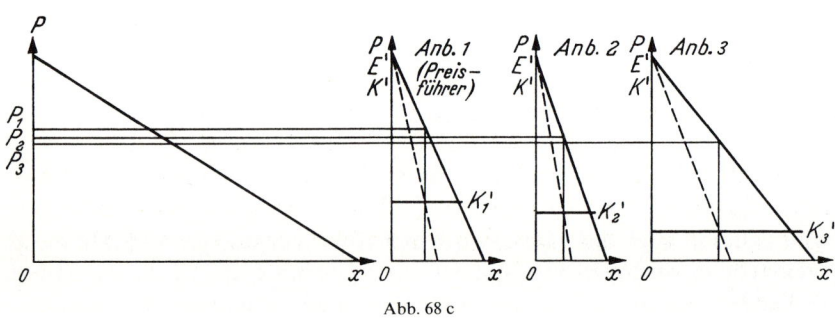

Abb. 68 c

Barometrische Preisführerschaft kann unter Umständen auch beim Angebot heterogener Güter vorliegen. Dann haben die Preise der Anbieter nicht stets die gleiche Höhe. Sie sind vielmehr nach Qualitätsunterschieden abgestuft. Auf Preisänderungen des Preisführers reagieren die Anbieter mit relativ gleichen Änderungen ihrer Preise, so daß also die Relationen zwischen den Preisen stets erhalten bleiben. Voraussetzung für ein Funktionieren dieser Art der Preisführerschaft ist allerdings, daß sich bei den Preisänderungen die Marktanteile nicht verändern. Eine Verschiebung in den Marktanteilen tritt ein, wenn sich bei einer allgemeinen Preiserhöhung die Nachfrage in stärkerem Maße als bisher den Anbietern qualitativ geringwertigerer und billigerer Waren zuwendet. Treten derartige Verschiebungen ein, dann wird Preisführerschaft kaum entstehen können. Die Unternehmen können im Höchstfall stillschweigend übereinkommen, das gegebene Preisniveau unverändert zu lassen, also keine Unterbietungen vorzunehmen.

V. Preisdifferenzierung

a) Preisdifferenzierung liegt dann vor, wenn ein Unternehmer seinen Kunden Güter gleicher Art zu verschiedenen Preisen verkauft. Dazu ist erforderlich, daß der Gesamtmarkt des betrachteten Gutes in isolierte Teilmärkte aufspaltbar ist. Grundsätzlich kann dabei zwischen einer horizontalen und einer vertikalen Aufspaltung des Marktes unterschieden werden.

Im Falle der horizontalen Marktaufspaltung wird der Gesamtmarkt in mehrere, in sich gleiche Käuferschichten zerlegt. Sie unterscheiden sich dadurch, daß die Käufer der einen Schicht für das angebotene Gut einen höheren oder auch niedrigeren Preis zu zahlen gewillt sind als die Käufer der anderen Schichten (vgl. Abb. 69). Eine Aufteilung des Marktes nach Käuferschichten kann gegebenenfalls in der Weise erreicht werden, daß das in Frage stehende Gut in verschiedenen Ausführungen angeboten wird. Preisdifferenzierung und Produktvariation sind hier eng miteinander verknüpft. Man wird solange noch von einer echten Preisdifferenzierung sprechen können, als das Anbieten unterschiedlicher Ausführungen und Qualitätsstufen eines bestimmten Gutes in der Hauptsache dem Zwecke dient, eine Aufspaltung des Gesamtmarktes in mehr oder weniger gut voneinander isolierte Teilmärkte zu ermöglichen, und die Qualitäts- bzw. Kostenunterschiede geringer sind als die Preisunterschiede. Dagegen liegt eine Preisdifferenzierung in dem hier gemeinten Sinne nicht mehr vor, wenn die Kosten- und Preisunterschiede der verschiedenen Qualitätsstufen einander entsprechen.

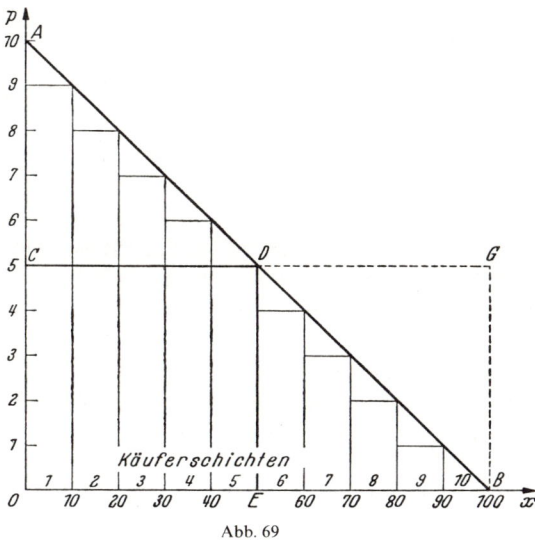

Abb. 69

Statt horizontal kann der Gesamtmarkt gegebenenfalls auch vertikal aufgespalten werden. Eine solche vertikale Marktaufteilung ist dann gegeben, wenn jeder Teilmarkt Käufer aller oder doch mehrerer Preisschichten umfaßt, d. h. die Nachfragesituation durch eine von links oben (maximaler Preis) nach rechts unten verlaufende Nachfragekurve gekennzeichnet ist. Wie noch gezeigt werden soll, ist eine vertikale Aufteilung des Gesamtmarktes für das Unternehmen nur dann vorteilhaft, wenn die Elastizitäten der Nachfragekurven auf den Teilmärkten bei gleichen Preisen unterschiedlich sind, einfacher ausgedrückt: die einzelnen Nachfragekurven unterschiedliche Neigungswinkel aufweisen.

Abgesehen von dem soeben aufgezeigten grundsätzlichen Unterschied in der Marktaufspaltung, lassen sich nach der Art, wie die Marktaufteilung in der einen oder anderen Weise erreicht wird, mehrere Formen der Preisdifferenzierung unterscheiden.

Von räumlicher Preisdifferenzierung spricht man, wenn ein Unternehmen auf regional abgegrenzten Märkten seine Waren zu verschieden hohen Preisen verkauft.

Zeitliche Preisdifferenzierung liegt dann vor, wenn ein Unternehmen für gleiche Leistungen je nach ihrer zeitlichen Inanspruchnahme verschieden hohe Preise fordert.

Preisdifferenzierung nach Absatzmengen ist dann gegeben, wenn ein Unternehmen seine Preise nach der Menge der abgenommenen Waren staffelt.

Werden die Preise nach dem Verwendungszweck der Ware unterschiedlich angesetzt, dann liegt Preisdifferenzierung nach dem Verwendungszweck vor.

b) Nunmehr sei das Prinzip der Preisdifferenzierung herausgearbeitet, und zwar zunächst für den Fall einer Teilung des Marktes nach Käuferschichten. Zu diesem Zweck sei angenommen, ein Unternehmen sehe sich einer Absatzkurve $A\,B$ gegenüber, wie sie in der Abb. 69 dargestellt ist. Diese Absatzkurve entspricht den Zahlenwerten der Tabelle 10.

Verlangt das Unternehmen von allen Käufern den gleichen Preis, dann kann es höchstens den Erlös $C\,D\,E\,O = 250,-$ DM erzielen (s. Spalte 3).

Dieser maximale Erlöswert liegt bei einem Preise von $O\,C = 5,-$ DM und einer Absatzmenge von $O\,E = 50$ Mengeneinheiten. Bei diesem Preis entsteht eine Konsumentenrente [1], die den zwischen O und E liegenden Käufern zufällt. Sie wären an sich bereit, einen höheren Preis als $E\,D$ zu

---

[1] Der Ausdruck Konsumentenrente stammt von A. MARSHALL. Er ist für unsere Begriffe etwas zu eng, da nicht jeder Käufer Konsument zu sein braucht. Richtiger wäre daher der Ausdruck „Käuferrente". Wir wollen aber trotzdem an dem alten Begriff festhalten und ihn in diesem weiteren Sinne verstehen.

Zum Begriff der Konsumentenrente vgl. z. B. BOULDING, K. E., Economic Analysis, New York, rev. ed. 1948, S. 545.

zahlen. Da sie aber nur den Preis ED (5,– DM) zu entrichten haben, gelangen sie in den Genuß einer Rente, eben der „Konsumentenrente". Bei 10,– DM würde der Absatz gleich Null sein, bei 9,90 DM würde 1 Mengeneinheit verkauft werden, bei 9,80 DM eine weitere, bei 9,70 DM wiederum 1 Einheit usw. Bei dem Preis von 5,– DM erzielen der erste, zweite, dritte Käufer usw. „Renten' von 4,90 DM, 4,80 DM, 4,70 DM usw.

Tabelle 10

Preis	Menge	Erlös ohne Preis- differenzierung	Erlös bei fünffacher Preisdifferenzierung		Erlös bei neunfacher Preisdifferenzierung	
			je Käufer- schicht	gesamt	je Käufer- schicht	gesamt
1	2	3	4	5	6	7
10	0	0			0	0
9	10	90	90	90	90	90
8	20	160			80	170
7	30	210	140	230	70	240
6	40	240			60	300
5	50	250	100	330	50	350
4	60	240			40	390
3	70	210	60	390	30	420
2	80	160			20	440
1	90	90	20	410	10	450
0	100	0			0	

Das Ziel der Preisdifferenzierung ist es, diese Konsumentenrenten abzuschöpfen und in Erlös umzuwandeln, um den Gewinn zu steigern. Hierbei spielen Kostenüberlegungen eine entscheidende Rolle: der zusätzliche Erlös muß den eventuellen Mehrkosten gegenübergestellt werden. Erst dann ist eine Aussage darüber möglich, ob eine Preisdifferenzierung den Gewinn steigert; bleiben die Kosten konstant, nimmt der Gewinn im Umfang des Mehrerlöses zu.

Offenbar setzt eine Preisdifferenzierung voraus, daß eine Konsumentenrente existiert; die Absatzkurve muß also geneigt sein (Abb. 69). Mit anderen Worten: Eine Preisdifferenzierung ist nur auf unvollkommenen Märkten möglich, und zwar nur dort, wo die Marktstruktur so geartet ist, daß sie dem Unternehmen einen monopolistischen Spielraum läßt. Bei der Betrachtung von Teilmärkten ist diese Bedingung notwendig, aber nicht hinreichend, wie noch zu zeigen sein wird.

Nunmehr sei unterstellt, die Unvollkommenheit des Marktes erlaube einem Monopolbetrieb, den Gesamtmarkt in fünf Teilmärkte (Käufergruppen) aufzuspalten und auf jedem dieser Märkte, also von jeder Käufergruppe, einen anderen Preis zu verlangen. Käufe und Verkäufe zwischen den Gruppen seien ausgeschlossen, so daß also keine Verbindung zwischen den Teilmärkten besteht. Von den Käufern des ersten Teilmarktes [1] fordert das Unternehmen den Preis 9,00 DM und setzt zu diesem Preis auf diesem Markte 10 Einheiten ab. Der Erlös beträgt 90,– DM. Von den Käufern auf dem zweiten Teilmarkt wird der Preis 7,00 DM verlangt. Bei diesem Preis werden 20 Einheiten verkauft, so daß der Erlös aus dieser Gruppe 140,– DM beträgt. Der Preis für die dritte Käufergruppe (Teilmarkt 3) liegt bei 5,– DM, die Absatzmenge beträgt wieder 20 Mengeneinheiten, der Erlös also 100,– DM [2]. Ermäßigt das Unternehmen seinen Preis nicht unter 5,– DM, verkauft es also auf dem ersten Teilmarkt für 9,– DM, auf dem zweiten Teilmarkt für 7,– DM und auf dem dritten Teilmarkt für 5,– DM, dann setzt es insgesamt 50 Mengeneinheiten ab. Sein Absatz und seine Kosten stimmen mit den Absatzmengen und Kosten überein [3], die sich ergeben hätten, wenn es von allen Käufern den einheitlichen Preis von DM 5,– verlangt hätte. Der Erlös ist aber um 80,– DM höher als im Falle einheitlicher Preisstellung. Diese 80,– DM stellen abgeschöpfte Konsumentenrente dar. Verkauft der Monopolbetrieb an die übrigen beiden Käufergruppen zu Preisen von 3,– und 1,– DM, so nimmt der Gesamterlös auf maximal 410,– DM zu, während bei einem einheitlichen Preis dagegen im Höchstfall ein Erlös von 250,– DM hätte erzielt werden können.

Noch kurz sei der Fall untersucht, daß die Unvollkommenheit des Marktes dem Monopolbetrieb erlaube, die gesamte Nachfrage in neun Käuferschichten (auf neun Teilmärkte) aufzuspalten. Von diesen fordert das Unternehmen 9,–, 8,– usw. bis 1,– DM. Für diesen Fall zeigt die Tabelle 10, daß an die ersten fünf Käufergruppen 50 Einheiten abgesetzt werden (Spalte 2). Aus diesen Verkäufen erzielt das Unternehmen einen Erlös von 350,– DM (Spalte 7). Der Erlös liegt also um 100,– DM über dem Erlös, der sich für die gleiche Absatzmenge ohne Preisdifferenzierung ergeben würde. Gegenüber dem Erlös bei fünffacher Preisdifferenzierung liegt der Erlös bei neunfacher Preisdifferenzierung um 20,– DM höher. Wird an alle neun Käuferschichten verkauft, dann würde das Unternehmen einen Erlös von insgesamt 450,– DM erzielen. Er liegt um 200,– DM über dem maximalen Erlös bei einheitlicher Preisfestsetzung (5,– DM).

Die beiden in der Tabelle 10 zusammengefaßten Zahlenbeispiele lassen deutlich erkennen, daß Preisdifferenzierungen bei im übrigen gleichen

---

[1] An Stelle dieses Begriffes verwendet H. v. STACKELBERG auch den Ausdruck „Absatzschicht" in seinem Aufsatz: Preisdiskrimination bei willkürlicher Teilung des Marktes, Arch. f. Math. Wirtschafts- und Sozialforschung 1939, S. 1 ff.

[2] Vgl. die Spalten 4 und 5 der Tabelle 10, in denen die Erlöse je Käuferschicht (Teilmarkt) sowie auch die kumulierten Gesamterlöse enthalten sind.

[3] Für die Preisdifferenzierung dürfen keine besonderen Kosten anfallen.

Absatzbedingungen zu höheren Erlösen führen als Verkauf zu einheitlichen Preisen. Die Umwandlung von Konsumentenrenten in Erlöse führt zu Erlösen, die um so größer sind, je höher der Grad an Preisdifferenzierung ist, d. h. in je mehr Teilmärkte (Käuferschichten) der Gesamtmarkt aufgespalten wird.

Die Abb. 69 zeigt, daß beim Verkauf zu einem für alle Käufer gleich hohen Preise der größtmögliche Erlös $OCDE$ beträgt, und daß die Preisdifferenzierung im Falle von neun Käufergruppen zu einem höheren Gesamterlös führt. Die neun unterhalb der Absatzkurve eingezeichneten Rechtecke zeigen diesen Tatbestand. Sie geben die Erlöse aus dem Verkauf an die einzelnen Käuferschichten an. Die zwischen der Absatzkurve und den oberen Rechteckseiten liegenden kleinen rechtwinkligen Dreiecke stellen die trotz der Preisdifferenzierung verbleibenden Konsumentenrenten dar. Je höher der Grad der Preisdifferenzierung ist, d. h. je mehr es gelingt, den Gesamtmarkt in Käufergruppen aufzuspalten, um so kleiner ist die Flächensumme dieser Dreiecke, d. h. um so mehr Konsumentenrente wird abgeschöpft. Den Extremfall würde totale Preisdifferenzierung darstellen. In diesem Falle wären so viele Preisstufen gebildet, wie Preispunkte auf der Absatzkurve vorhanden sind, und für jede Absatzeinheit würde unter diesen Umständen der höchstmögliche Preis verlangt und bezahlt werden. In diesem Grenzfall blieben keine Konsumentenrenten übrig. Der höchstmögliche Gesamterlös wäre gleich der Fläche AOB, die gleich dem Rechteck $COBG$ ist, und der Maximalerlös wäre hierbei doppelt so hoch wie der Maximalerlös $COED$ bei einheitlichem Preis. Pigou spricht in diesem Fall von einer perfekten Preisdifferenzierung oder einer Preisdifferenzierung ersten Grades (all-or-nothing bargain) [1].

c) Nunmehr sei der Fall der Preisdifferenzierung bei regionaler Aufspaltung des Absatzmarktes untersucht. Hierzu wird angenommen, daß zwischen den Teilmärkten – beschränkt auf den Fall von nur zwei Teilmärkten – keine Verbindung besteht. Es soll also nicht möglich sein, daß zwischen den Teilmärkten eine Art Arbitrage betrieben wird, die dahin tendiert, die Preisunterschiede auf den verschiedenen Teilmärkten auszugleichen. Die regionale Abgrenzung der Märkte wird im zwischenstaatlichen Verkehr vornehmlich auf zollpolitische Maßnahmen, im inländischen Verkehr auf tarifpolitische Gründe, Frachtkosten usw. (bestrittenes – unbestrittenes Gebiet u. ä.) zurückzuführen sein. Ausländische Märkte kennzeichnen sich durch eine unterschiedlich starke Elastizität der Nach-

---

[1] Vgl. Pigou, A. C., Economics of Welfare, 4th ed. London 1932. Zur Frage der perfekten Preisdifferenzierung vgl. auch vor allem Bain, J. S., Price Theory, New York 1952, 2. Aufl., S. 400 ff. Alle übrigen Fälle der Preisdifferenzierung bezeichnet man in der angloamerikanischen Literatur in Anlehnung an A. C. Pigou vielfach als „Preisdifferenzierung zweiten Grades". Dieser Begriff ist aber nicht eindeutig, da er viele Variationsmöglichkeiten enthält.

frage. Man erhält dementsprechend für die Teilmärkte Absatzkurven, die nach Form und Lage voneinander abweichen.

In der Abb. 70 stellt der Linienzug *A B C* die Gesamtnachfragekurve dar [1]. Diese Gesamtnachfragekurve setzt sich zusammen aus den beiden Nachfragekurven der Teilmärkte 1 und 2, die in den Abb. 71 und 72 durch die Kurven *D E* und *F G* dargestellt sind. Die Gesamtnachfragekurve *A B C* ist also nichts anderes als die Horizontaladdition der beiden Teilnachfragekurven. Man erhält sie, indem man zu jedem Preise die auf beiden Teilmärkten absetzbaren Mengen horizontal, d. h. in Richtung der Abszissenachse, addiert und in ein gemeinsames Achsenkreuz einträgt.

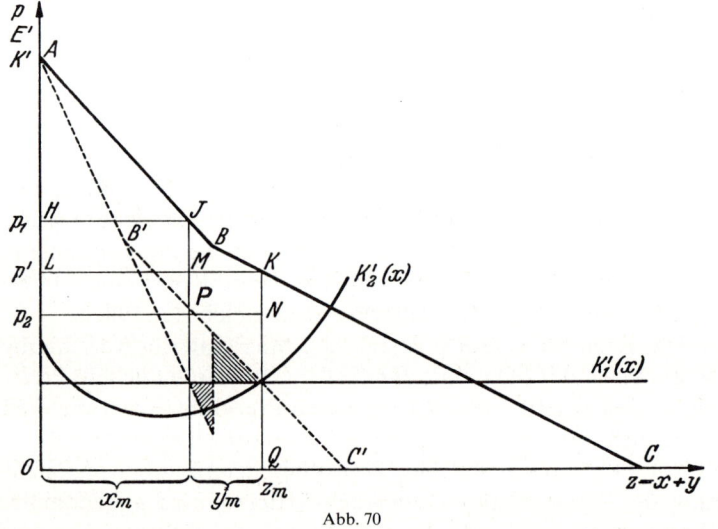

Abb. 70

Die auf dem Teilmarkt 1 absetzbaren Mengen seien mit x und die auf dem Teilmarkt 2 absetzbaren Mengen mit y bezeichnet. Da sich x und y qualitativ nicht (oder nur sehr unbedeutend) voneinander unterscheiden, bezie-

[1] Bezüglich der hier durchgeführten Analyse vgl. vor allem die entsprechenden Abschnitte der folgenden Werke: BAIN, J. S., Price Theory, New York, 2. Aufl., 1952; BOULDING, K. E., Economic Analysis, New York, rev. ed. 1948; WEINTRAUB, S., Price Theory, New York-Toronto-London 1949; PIGOU, A. C., Economics of Welfare, London 1932; ROBINSON, J., The Economics of Imperfect Competition, London 1933; SCHNEIDER, E., Einführung in die Wirtschaftstheorie, Teil II, 3. Aufl., Tübingen 1972; JACOB, H. und M. JACOB, Preisdifferenzierung bei willkürlicher Teilung des Marktes und ihre Verwirklichung mit Hilfe der Produktdifferenzierung, in: Jahrb. für Nationalökonomie und Statistik, Bd. 124 (1964), S. 1 ff.; JACOB, H., Preispolitik, 2. Aufl. Wiesbaden 1971; KILGER, W., Optimale Produktions- und Absatzplanung, Opladen 1973, S. 524 ff.

hen sich die verschiedenen Symbole nur auf den Absatzmarkt. Die gesamte Absatzmenge wird mit z bezeichnet, so daß stets gilt $x + y = z$. Bei Preisen, die über $O\,F$ liegen (s. Abb. 72) deckt sich die Gesamtnachfragekurve völlig mit der Absatzkurve des Teilmarktes 1, und zwar deshalb, weil $O\,F$ der Höchstpreis auf dem Teilmarkt 2 ist. Zu über $O\,F$ liegenden Preisen kann daher nur auf dem ersten Teilmarkt abgesetzt werden. Für alle unter $O\,F$ liegenden Preise addieren sich die Absatzmengen beider Teilmärkte horizontal, so daß die Gesamtabsatzkurve bei diesem Preis einen Knick erhält.

Die Grenzerlöskurven lassen sich sowohl für die Gesamtabsatzkurve als auch für die Teilmärkte in der üblichen Weise angeben. Die Grenzerlöskurve der Gesamtabsatzkurve weist unter dem Knick bei B einen Sprung auf (s. den gestrichelt gezeichneten Linienzug in der Abb. 70).

Zunächst sei unterstellt, daß das hier betrachtete Unternehmen mit konstanten Grenzkosten K_1' arbeitet. Unter dieser Bedingung würde das Unternehmen, wenn es von einer Preisdifferenzierung absieht, den Preis p' stellen, charakterisiert durch den am weitesten rechts liegenden Schnittpunkt der Grenzerlöskurve mit der Grenzkostenkurve [1] (CournotscherPunkt). Hierbei würde die Gesamtabsatzmenge z_m abgesetzt und der Gesamterlös $O\,Q\,K\,L$ erzielt (s. die Abb. 70).

Es bleibt nun zu untersuchen, ob das Unternehmen seine Gewinnlage nicht verbessern kann, wenn es auf beiden Teilmärkten getrennt Preispolitik betreibt, d. h. für jeden Teilmarkt einen gesonderten Preis stellt.

Da die Grenzkosten konstant sind, läßt sich die Grenzkostenkurve „zerlegen" und in die Abb. 71 und 72 für die beiden Teilmärkte einzeichnen. Die Abbildungen lassen nun folgenden Tatbestand erkennen:

Der bisherige gemeinsame Preis p' ist für den Teilmarkt 1 zu niedrig, denn bei diesem Preis liegt der Grenzerlös E_1' unter den Grenzkosten. Auf diesem Teilmarkt muß folglich der Preis so lange erhöht werden, bis die Grenzerlöse gleich den Grenzkosten sind ($E_1' = K_1'$). Auf dem Teilmarkt 1 liegt der gewinngünstigste Preis also bei p_1. Bei diesem Preise wird die Absatzmenge x_m abgesetzt und der Erlös $E_1 = O\,R\,S\,T$ erzielt.

Für den Teilmarkt 2 erweist sich der bisherige Preis p' als zu hoch, denn bei diesem Preise liegt der Grenzererlös E_2' über den Grenzkosten. Auf diesem Teilmarkt muß daher der Preis so lange gesenkt werden, bis die Grenzerlöse gleich den Grenzkosten sind ($E_2' = K_1'$). Solange nun die Preissenkung den Erlös stärker steigen läßt als die Kosten zunehmen, steigt der Gewinn an. Auf dem Teilmarkt 2 liegt der gewinngünstigste

---

[1] Wäre die Fläche des unter der Grenzkostenkurve liegenden schraffierten Dreiecks größer als die Fläche des über der Grenzkostenkurve liegenden schraffierten Dreiecks, so entspräche der am weitesten links liegende Schnittpunkt der Grenzerlöskurve mit der Grenzkostenkurve dem CournotschenPunkt, und p' würde mit p_1 zusammenfallen.

Preis also bei p_2. Zu diesem Preise wird die Absatzmenge y_m verkauft und
der Erlös $E_2 = O\ U\ V\ W$ erzielt.

Der in der Abb. 70 eingezeichnete, gebrochene Linienzug $A\ B'\ C'$ ist
die Horizontaladdition der partiellen Grenzerlöse E_1' und E_2'. Im Falle
der Preispolitik ohne Preisdifferenzierung ist die Absatzmenge z_m die
COURNOTsche Menge. Solange sich über dieser Absatzmenge die Grenzerlöskurve der Gesamtabsatzkurve mit der Horizontaladdition der partiellen

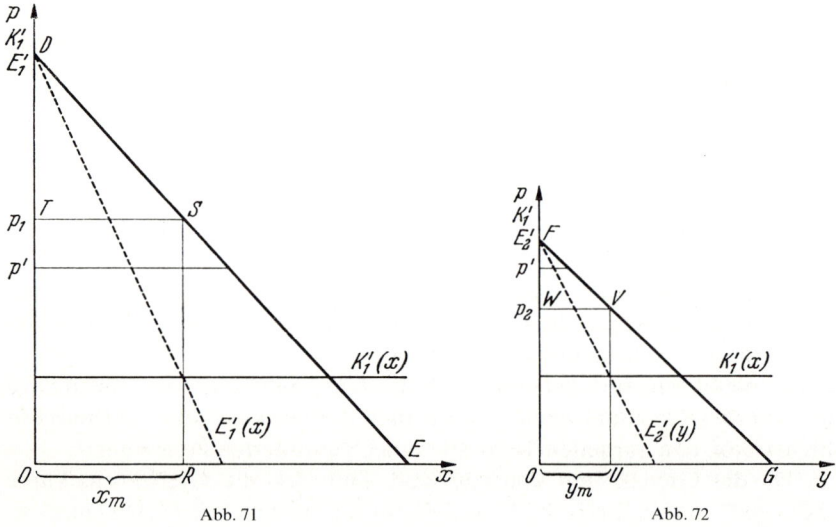

Abb. 71   Abb. 72

Grenzerlöse deckt, muß die Summe der partiellen gewinnmaximalen Absatzmengen $x_m + y_m$ stets gleich z_m sein. Die Preisdifferenzierung führt in
diesen Fällen also nicht zu einer Veränderung der Gesamtabsatzmenge
gegenüber der einheitlichen Preispolitik [1]. Da die Gesamtabsatzmenge
nicht verändert wird, so können sich auch die Gesamtkosten nicht verändert haben [2], wobei dann aber die Preisdifferenzierung auf beiden Teil-

---

[1] Eine etwas andere Situation kann sich ergeben, wenn der COURNOTsche
Punkt im Falle der einheitlichen Preispolitik links von der Unstetigkeitsstelle der
Gesamtabsatzkurve liegt, und zwar gerade da, wo sich die Grenzerlöskurve mit der
Horizontaladdition der partiellen Grenzerlöse nicht mehr deckt. Diese Situation
kann aber nur bei abnorm hohen Grenzkosten eintreten, so daß hier auf ihre Be-
handlung verzichtet werden kann.

Vgl. über die Behandlung von Fällen, in denen die Preisdifferenzierung zu anderen Absatzmengen als die einheitliche Preispolitik führt, vor allem J. ROBINSON,
The Economics of Imperfect Competition, London 1933, S. 103, 181 ff. und 190 ff.

[2] Es sei davon abgesehen, daß die Preisdifferenzierung mit besonderen Vertriebskosten und Verwaltungskosten verbunden ist.

märkten zu einer Erlössteigerung führt und – bei den genannten Annahmen – auch den Gewinn in gleichem Maße erhöht.

Ohne Preisdifferenzierung wurde der Gesamterlös $O\,Q\,K\,L$ erzielt.
Die Abb. 70 läßt erkennen, daß die Summe der durch die Preisdifferenzierung erzielbaren Teilerlöse größer als $O\,Q\,K\,L$ ist. Das Rechteck $L\,M\,J\,H$
ist größer als das Rechteck $P\,N\,K\,M$.

Das Unternehmen erreicht also dann seine gewinngünstigste Situation,
wenn sowohl der Grenzerlös auf dem Teilmarkt 1 als auch der Grenzerlös
auf dem Teilmarkt 2 gleich den Grenzkosten ist:

$$E_1'(x) = E_2'(y) = K_1'(z).$$

Bisher ist immer angenommen worden, daß das hier betrachtete
Unternehmen mit konstanten Grenzkosten arbeitet. Jetzt ist noch kurz zu
untersuchen, wie sich die Preisdifferenzierung abspielen würde, wenn das
Unternehmen eine Kostenstruktur mit U-förmigem Grenzkostenverlauf
aufweist. In der Abb. 70 ist eine U-förmige Grenzkostenkurve K_2' eingezeichnet. Um die Zeichnung nicht zu überlasten, sei angenommen, daß
diese Grenzkostenkurve die Grenzerlöskurve an der gleichen Stelle
schneidet wie die konstanten Grenzkosten. Die Abb. 70 zeigt, daß sich die
Preispolitik mit Hilfe der Preisdifferenzierung hier genau so abspielt wie
bei konstanten Grenzkosten. Ein formaler Unterschied liegt lediglich darin, daß man hier die Grenzkostenkurve nicht mehr „aufteilen" und in die
Abb. 71 und 72 einzeichnen kann. Nun ist man in der Lage, die Horizontaladdition der partiellen Grenzerlöskurve (siehe den gebrochenen Kur-
venzug $A\,B'\,C'$) in der Abb. 70 mit der Grenzkostenkurve zum Schnitt zu
bringen. An dieser Stelle ist die Bedingung erfüllt, daß die Grenzkosten
gleich den Grenzerlösen 1 und gleich den Grenzerlösen 2 sind, also $K_2' =$
$E_1' = E_2'$. Lotet man diesen Schnittpunkt parallel zu den Abszissenachsen in
die Abb. 71 und 72 hinüber und von den Schnittpunkten dieses Lotes mit
den partiellen Grenzerlöskurven senkrecht auf die zugehörigen Absatzkurven, dann erhält man die gewinnmaximalen Preise auf den Teilmärkten.

Aus den Abb. 71 und 72 ist deutlich zu ersehen, daß die Elastizitäten
der Absatzkurven auf den beiden Teilmärkten verschieden sind. Diese
Tatsache ist die Voraussetzung dafür, daß es möglich ist, durch eine differenzierte Preisstellung auf beiden Märkten die Gewinnlage zu verbessern.
Wären die Elastizitäten der beiden Kurven bei jedem Preise gleich, dann
ergäbe sich auch für jeden Teilmarkt der gleiche gewinngünstigste Preis[1].

---

[1] Man kann den Beweis hierfür auch mittels der AMOROSO-ROBINSON-Formel
führen. Vgl. hierzu K. E. BOULDING, a.a.O., S. 536, und E. SCHNEIDER, a.a.O., S.
105 f.

Die Tatsache, daß gerade im internationalen Verkehr von dem gleichen Unternehmen für seine Erzeugnisse verschieden hohe Preise gefordert werden, erklärt sich aus der unterschiedlichen Elastizität der Nachfrage auf diesen Märkten. Insbesondere ist auch das sog. Dumping hierauf zurückzuführen.

d) Es gilt nun den Fall zu betrachten, daß sich ein Unternehmen zu verschiedenen Zeiten verschiedenen Nachfragesituationen gegenübersieht, und zwar innerhalb eines gegebenen Wirtschaftsraumes. In diesem Falle kann man sagen, daß sich der Markt zeitlich aufspaltet. So sind zum Beispiel die Elastizitäten der Nachfrage nach Beförderungsleistungen von Straßenbahnen, Omnibussen, Autotaxen usw. im Laufe des Tages verschieden groß. Mit einem gegebenen Preise verbindet sich in den Hauptzeiten des Verkehrs eine andere Nachfrage nach Transportleistungen als in den verkehrsarmen Zeiten. Die Folge ist, daß sich die Transportunternehmen dieser Sachlage preispolitisch anpassen, also die Preise für Transport- bzw. Beförderungsleistungen in den verkehrsarmen Zeiten ermäßigen. Ähnliche Überlegungen gelten für die Preisfixierung in Lichtspieltheatern zu verschiedenen Zeiten oder auch für Kohlepreise in Sommer- und Wintermonaten[1].

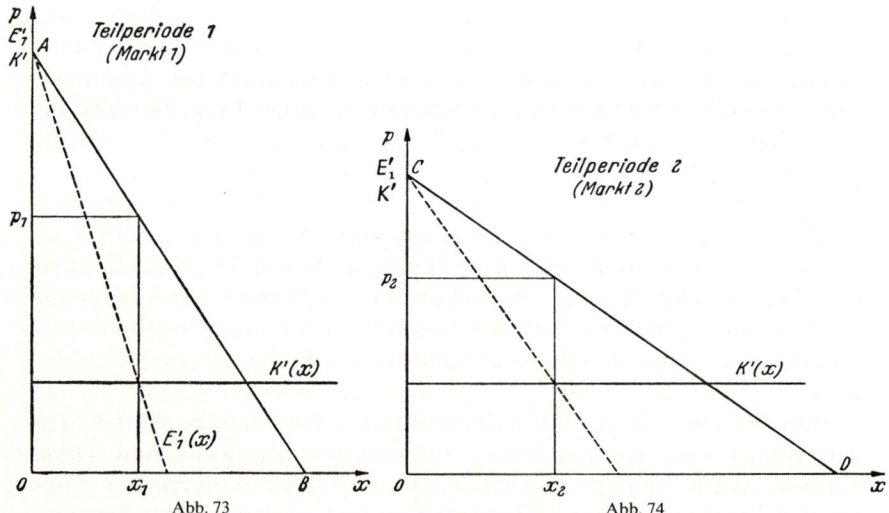

Abb. 73   Abb. 74

Auf die Probleme der zeitlichen Preisdifferenzierung soll nur kurz eingegangen und dabei angenommen werden, daß ein seine Preise zeitlich

---

[1] Im deutschen Steinkohlenbergbau werden zu den Kohlenpreisen Ab- und Aufschläge berechnet.

differenzierendes Unternehmen seine Erzeugnisse oder Leistungen zu konstanten Grenzkosten zu produzieren in der Lage ist. Die Grenzkostenkurve verläuft in diesem Falle also parallel zur Abszissenachse. Will ein solcher Betrieb sein Gewinnmaximum realisieren, dann wird er zu erreichen versuchen, daß die Grenzerlöse auf den zeitlich verschiedenen Märkten einander gleich sind und daß diese Grenzerlöse mit den Grenzkosten übereinstimmen. Es vollzieht sich also, rein theoretisch gesehen, der gleiche Anpassungsprozeß, wie er unter c) für den Fall der Preisdifferenzierung bei regionaler Teilung des Marktes beschrieben wurde. Auch für den Fall zeitlich verschiedener Absatzkurven ist es gewinngünstiger, die gleichen Erzeugnisse oder Leistungen zu verschiedenen Preisen anzubieten, und zwar sind die Preise am gewinngünstigsten, bei denen wiederum die Bedingung: Grenzerlös 1 = Grenzerlös 2 = Grenzkosten erfüllt ist (s. Abb. 73 und 74).

e) Preisdifferenzierung kann auch dann vorliegen, wenn die Preise nach der Menge der abgenommenen Waren gestaffelt werden.

So ist zum Beispiel Elektrizitätswerken auf Grund der Tatsache, daß sie stets auf die Spitzenbelastung des Stromnetzes eingestellt sein müssen und nur in geringem Umfange Strom speichern können, daran gelegen, eine möglichst ausgeglichene Belastung des Stromnetzes zu erreichen. Das kann unter anderem auf die Weise geschehen, daß Großabnehmern „Sonderpreise" gewährt werden, die unter den Tarifpreisen liegen. Die Einräumung derartiger Sonderpreise an industrielle Großabnehmer hat einmal zur Folge, daß diese Unternehmen auf eigene Stromerzeugungsanlagen verzichten. Der Vorteil der Sonderpreise für Werke der geschilderten Art besteht auch darin, daß diese Werke gerade in den Stunden zwischen den Belastungsspitzen Strom beziehen.

Aus gleichen oder ähnlichen Gründen vereinbaren auch Gas- und Wasserwerke, Eisenbahnen, Schiffahrtsunternehmen u. a. Sonderpreise mit Großabnehmern.

Die Gewährung von solchen Mengenrabatten stellt ebenfalls eine Preisdifferenzierung dar. Diese Rabatte werden entweder gewährt, wenn innerhalb eines bestimmten Zeitraumes eine bestimmte Mindestmenge von Waren abgenommen wird, oder wenn die von den Kunden erteilten Aufträge eine gewisse Mindestgröße überschreiten. So werden von Eisenbahnunternehmen die Streckensätze in DM für das Tonnenkilometer nicht nur nach der Länge des Transportweges, sondern auch nach der Menge der von den Kunden abgenommenen Verkehrsleistungen gestaffelt. Markenartikelunternehmungen gewähren ihren Kunden nicht nur Rabatte nach Maßgabe der Größe des Jahresumsatzes, sondern auch nach Maßgabe der Größe der einzelnen Bestellung.

Eine gewisse Abwandlung des Prinzips der Preisdifferenzierung nach der Menge der abgenommenen Waren ergibt sich für den Fall, daß Rabatte für regelmäßigen Warenbezug gewährt werden. Man bezeichnet diese Rabatte auch als Treurabatte. Sie sind im Zusammenhang mit der Einfügung einer Treuklausel in die vertraglichen Abmachungen zwischen Kartellen und ihren Kunden entstanden. Durch die Gewährung von Vorzugspreisen soll erreicht werden, daß die Kunden grundsätzlich beim Kartell und nicht bei Außenseitern kaufen. Heute ist dieser Ausdruck Treurabatt auch für den Fall geblieben, daß Kunden von den Unternehmungen regelmäßig Waren beziehen[1].

f) Preisdifferenzierung findet sich schließlich in der Form, daß die Verkaufspreise nach dem Verwendungszweck der Waren gestaffelt werden. Für eine solche Differenzierung der Preise ist Voraussetzung, daß die Ware nur für den Zweck verwandt werden kann, für den der Sonderpreis festgesetzt ist. Besteht diese Möglichkeit nicht, dann würde sofort eine Art Zwischenhandel unter den zu verschieden hohen Preisen auf den Markt kommenden Waren einsetzen. Aus diesem Grunde werden beispielsweise beim Salz die Verwendungszwecke durch Denaturierung des Salzes bestimmt, indem man das Speisesalz dadurch vom Viehsalz unterscheidet, daß man es zum Gebrauch als Viehsalz mit Eisenoxyd färbt und zum Gebrauch als Industriesalz mit Glaubersalz vermengt. Ähnliche Verfahren werden auch beim Verkauf von Branntwein, gegebenenfalls auch beim Verkauf von Roggen und Gerste angewendet, wenn man für spezielle Verwendungszwecke dieser Güter spezielle Preise festsetzen will. Auch die elektrische Energie stellt ein Gut dar, das in Form von Licht, Kraft oder Wärme zu verschiedenen Zwecken benutzt werden kann. Die Elektrizitätswerke haben zwar, was den Haushaltsstrom anbetrifft (Strom für Licht und kleine elektrische Geräte), eine fast vollkommene Monopolstellung inne, wenn sie auch nicht von privatwirtschaftlicher Art ist, sondern mehr gemeinwirtschaftlichen Gesichtspunkten Rechnung trägt. Hinsichtlich der Bereitstellung von Energie für Kraft- und Heizzwecke stehen sie jedoch mit den Gaswerken und den Elektrizitätswerken großer Unternehmungen in oft sehr starkem Wettbewerb. Diesem Umstande versuchen sie durch Preisdifferenzierung Rechnung zu tragen, indem sie für Kraftstrom einen anderen Tarif verlangen als für Haushaltsstrom. Hierzu besteht deshalb rein technisch die Möglichkeit, weil der Strom je nach Verwendungszweck durch besondere Stromzähler erfaßt werden kann. Die Preisdifferenzierung setzt die Unternehmen also in die Lage, mit den anderen Energieträgern konkurrieren zu können.

---

[1] Skonti werden hier grundsätzlich als Äquivalent für beschleunigte Bezahlung des Kaufpreises verstanden. Sie gehören also der finanziellen, nicht der absatzpolitischen Sphäre an. Es kann aber auch sein, daß das Skonto als absatzpolitisches Instrument verwandt wird, und zwar dann, wenn die Skontosätze sehr hoch sind. In diesem Falle haben sie eine Art von Rabattfunktion.

Eine ähnliche Differenzierung der Preise nach dem Verwendungszweck gibt es auch bei Gas- und Wasserwerken.

Die Unternehmen können nur dann von dem absatzpolitischen Instrument der Preisdifferenzierung Gebrauch machen, wenn gewisse Voraussetzungen hierfür vorliegen. Zu diesen Voraussetzungen gehört nicht unbedingt das Vorhandensein einer Monopolsituation. Sie würde nur für den Extremfall bestehen müssen, daß ein Unternehmen alle Konsumentenrenten in Erlöse umwandelt. Sobald Konkurrenzunternehmen vorhanden wären, die gleiche oder ähnliche Waren anbieten, wäre der geschilderten Preisdifferenzierung extremer Art der Boden entzogen. Denn die Preisbildung würde sich unter diesen Umständen nach den Prinzipien der Konkurrenzpreisbildung vollziehen und damit nach dem Prinzip des Ausgleichs von Angebot und Nachfrage durch einen Einheitspreis. Dagegen setzt Preisdifferenzierung auf regional voneinander abgegrenzten Märkten eine absolute Monopolstellung der eine solche Preispolitik betreibenden Unternehmen nicht voraus. Die Unternehmen konkurrieren vielmehr in der Regel mit solchen Unternehmen, die ebenfalls den ausländischen Markt beliefern. Voraussetzung für eine solche regionale Preisdifferenzierung ist lediglich, daß die Märkte so gegeneinander isoliert sind, daß keine Arbitrage zwischen ihnen entstehen kann.

Eine Monopolstellung ist nicht Voraussetzung für die Anwendung zeitlicher Preisdifferenzierungen. Warum sollen beispielsweise Bergwerksgesellschaften nicht auch unter Wettbewerbsbedingungen Saisonabschläge und Saisonzuschläge zu den Kohlenpreisen machen können? Eine solche Preisdifferenzierung liegt in ihrem Interesse. Und warum sollten mehrere, den gleichen Markt beliefernde Elektrizitätsgesellschaften nicht zu niedrigeren Nachtstromtarifen Strom liefern können?

Preisdifferenzierung nach Maßgabe der von dem Kunden abgenommenen Warenmenge setzt eine Monopolstellung nicht voraus, vielmehr genügen monopolistische Bereiche, die sich aus der Unvollkommenheit der Märkte ergeben. Fast jedes Unternehmen betreibt Rabattpolitik und versucht, Großabnehmer für seine Erzeugnisse und Leistungen durch Einräumen besonders günstiger Preise zu gewinnen.

Auch für den Fall der Preisdifferenzierung nach dem Verwendungszweck der Waren läßt sich nicht generell sagen, daß das Vorliegen einer absoluten Monopolstellung die Voraussetzung für eine solche Preispolitik sei. Wahrscheinlich wird zwischen den Unternehmungen eine gewisse Tendenz bestehen, zu einem Übereinkommen darüber zu gelangen, wie man sich hinsichtlich der Preisdifferenzierung verhalten solle. Aber, wenn beispielsweise mehrere Elektrizitätsunternehmungen in Konkurrenz miteinander stehen, warum sollten sie nicht Haushalts- oder Kraftstrom zu verschiedenen Preisen liefern?

Der entscheidende Gesichtspunkt dafür, ob Preisdifferenzierung in der geschilderten Form vorgenommen werden kann, besteht darin, daß das Unternehmen jedem seiner Kunden die Vorteile der Preisdifferenzierung einräumen muß.

Dabei ist zu beachten, daß die Unternehmen, die Preisdifferenzierung betreiben, hiermit nicht nur absatzpolitische Zwecke verfolgen, vielmehr spielen hierbei in erster Linie Kostenüberlegungen eine Rolle. Denn entweder soll die Preisdifferenzierung zu einer kostengünstigen, ausgeglichenen Beschäftigung des Unternehmens führen oder sie soll die Voraussetzung dafür schaffen, daß die Fertigungsaufträge eine optimale Größe aufweisen, oder es sollen Einsparungen an Vertriebskosten ermöglicht werden.

Soweit alle diese Zwecke mit Hilfe der Preisdifferenzierung erreicht werden, ist die Preisdifferenzierung als absatzpolitisches Instrument anzusehen.

Achtes Kapitel

Die Werbung

I. Begriff und Funktionen der Werbung

1. Zur Frage der werbenden Wirkung absatzpolitischer Maßnahmen überhaupt.

2. Werbung als selbständiger Bestandteil des absatzpolitischen Instrumentariums.

3. Akzidentelle und dominante Werbung.

4. Werbung als Mittel des Wettbewerbs.

5. Einzel- und Gemeinschaftswerbung.

6. Abgrenzung zwischen Werbung und „Public Relations".

7. Gesamtwirtschaftliche Aspekte.

1. Der Sinn einer jeden absatzpolitischen Maßnahme besteht darin, werbende Wirkungen zu erzielen. Es läßt sich geradezu sagen, daß das akquisitorische Potential eines Unternehmens nichts anderes sei als die Summe, besser: die Integration aller absatzpolitischen Maßnahmen, in denen sich der Wille eines Unternehmens kundtut, seine Absatzlage möglichst günstig zu gestalten[1].

Diese werbenden Wirkungen, wie sie mehr oder weniger mit allen Absatzäußerungen eines Unternehmens verbunden zu sein pflegen, sofern es sich nicht um rein interne Maßnahmen handelt, können nicht jene spezielle „Werbung" sein, wie sie hier als selbständiges absatzpolitisches Instrument aufgefaßt wird. Die Unternehmen machen vielmehr von gewissen Werbemöglichkeiten besonderer Art Gebrauch, die zusätzlich und neben die Preisstellung, die Produktgestaltung und die Absatzmethodik als ein besonderes absatzpolitisches Instrument treten. Um es konkret auszudrücken: Wenn ein Unternehmen Inserate oder Plakate oder Drucksachen bestimmter Art, etwa Prospekte, Broschüren, Kataloge, Handzettel oder auch Etiketten, Firmenvordrucke in besonders ausgestatteter Art (Formulare, Rechnungen, Briefbogen u. a.) benutzt, wenn es den Film oder den Rundfunk für seine Zwecke verwendet, von Leuchtmitteln Gebrauch macht, Vorführungen oder Vorträge veranstaltet, Warenproben versendet, seinen Kunden Werbegeschenke überreicht oder seine Geschäftsräume, insbesondere Verkaufsräume (Läden) attraktiv gestaltet – alles zu dem Zweck, günstige Voraussetzungen für seinen Absatz zu schaffen, dann tritt damit ein neuer zusätzlicher Faktor in das absatzpolitische Spiel ein: Werbung mit Hilfe der Verwendung von Werbemitteln. Die wichtigsten von ihnen sind soeben genannt. An anderer Stelle wird auf diese Werbemittel im einzelnen einzugehen sein.

Werbung als selbständiges, absatzpolitisches Instrument liegt nur dann vor, wenn von Werbemitteln Gebrauch gemacht wird, um bestimmte Absatzleistungen zu erzielen.

Werbung aus nicht ökonomischen Gründen, also etwa Werbung aus politischen oder kulturellen Motiven, fällt nicht in den Bereich dieser Betrachtung. In diesen Fällen ist die Werbung kein absatzpolitisches Instrument.

---

[1] Zur Literatur über Werbung sei verwiesen auf das zweibändige Werk von SEYFFERT, R., Werbelehre – Theorie und Praxis der Werbung, Stuttgart 1966; BEHRENS, K. CHR., Absatzwerbung, Wiesbaden 1963, ders. Hrsg., Handbuch der Werbung, Wiesbaden 1970; LEITHERER, E., Werbelehre, Stuttgart 1966; HUNDHAUSEN, K., Wirtschaftswerbung, Essen 1963; ALBACH, H., Werbung, in: Handwörterbuch der Sozialwissenschaften 1961. Bd. XI Sp 624 ff.; BIDLINGMAIER, Marketing, Bd. II, Hamburg 1973, S. 377 ff.; NIESCHLAG, R., DICHTL, E., HÖRSCHGEN, H., Marketing 7. Aufl., Berlin 1974, S. 267 ff.; KOTLER, PH., Marketing Mangement, Englewood Cliffs, N. Y. 1972, deutsche Übersetzung, Stuttgart 1974, S. 655 ff.

2. Die Konzeption des absatzpolitischen Instrumentariums macht es möglich, gewisse Abgrenzungen und Unterscheidungen vorzunehmen, auf die verzichtet werden muß, wenn unter Werbung alle werbenden Wirkungen absatzpolitischer Maßnahmen ohne Unterschied verstanden werden. Wird davon ausgegangen, daß ein Unternehmen von den drei absatzpolitischen Möglichkeiten der Produktgestaltung, der Preispolitik und der speziellen Verkaufsgestaltung (Absatzmethodik) Gebrauch macht, dann fällt Werbung in dem hier verstandenen Sinne unter keine dieser drei Möglichkeiten. Preispolitische Maßnahmen können zwar werbende Wirkungen haben, insbesondere dann, wenn die Verkaufspreise eines Unternehmens in günstigen Proportionen zu den Preisen der Konkurrenzunternehmen und zu den Warenqualitäten stehen, die das Unternehmen zu diesen Preisen anbietet. Aber die Preisstellung ist darum noch nicht selbst Werbung. Sie ist ein selbständiges, neben der Werbung stehendes absatzpolitisches Instrument eigener Art.

Aus dem gleichen Grunde ist auch die Produktgestaltung, also jede qualitäts- und sortimentspolitische Maßnahme nicht Werbung in dem Sinne, wie der Begriff hier verstanden wird. Grundsätzlich ist jedes Unternehmen bemüht, seine Erzeugnisse mit Eigenschaften auszustatten, die möglichst große werbende Wirkungen ausüben. Damit ist aber nicht gesagt, daß es zusätzlich von Werbemitteln Gebrauch machen muß. Ob sich mit den Erzeugnissen eines Unternehmens oder mit seinem Sortiment die Vorstellung von Qualität und Zuverlässigkeit, gegebenenfalls von Preiswürdigkeit verbindet, hängt vor allem davon ab, welche Erfahrungen die Käufer mit den Erzeugnissen des Unternehmens machen.

Verknüpft ein Unternehmen seine produkt- und sortimentspolitischen Maßnahmen mit speziellen Werbeaktionen, dann bedient es sich in diesem Falle eines zusätzlichen absatzpolitischen Instruments. Es ist aber grundsätzlich eine andere Sache, ob es sich um Maßnahmen handelt, die darauf gerichtet sind, die Erzeugnisse absatzpolitisch mit möglichst günstigen Eigenschaften auszustatten, oder ob es sich um Maßnahmen handelt, die in dem Einsatz von Werbemitteln, wie z. B. Rundfunksendungen, Inseraten usw., bestehen. Produktgestaltung und Werbung werden hier also als zwei verschiedene absatzpolitische Instrumente auseinandergehalten.

Wenn ein Unternehmen seine Erzeugnisse durch Warenzeichen oder Packungen bestimmter Art markiert, um sie zu individualisieren, dann ist das zunächst lediglich ein Akt der Produktgestaltung, aber noch nicht ein Akt der Werbung. Die Markierung der Ware wird zum Beispiel zu dem Zweck vorgenommen, sie später für Werbezwecke zu benutzen. Das ist dann aber eine neue, zusätzliche absatzpolitische Aktion.

Zwischen Maßnahmen der Produktgestaltung und Maßnahmen der Werbung (Einsatz von Werbemitteln) ist zu unterscheiden, wenn der Begriff der Werbung eine klare Abgrenzung erhalten soll.

Die Werbung ist also weder mit preispolitischen noch mit qualitäts- und sortimentspolitischen Maßnahmen zu identifizieren. Ebenso sind die Absatzmethoden, insbesondere auch das „Verkaufsgespräch", nicht Werbung in dem hier verstandenen Sinne.

Angenommen, ein technischer Experte verhandelt als Leiter der Verkaufsabteilung einer Maschinenfabrik mit seinen Geschäftspartnern über die Lieferung der technischen Einrichtung für eine Zementfabrik. Er würde kein Verständnis dafür haben, wenn ihm gesagt würde, er betreibe Werbung. Er will verkaufen, nicht werben. Gelingt es ihm, das Geschäft zum Abschluß zu bringen, dann hat er die ihm übertragene Verkaufsaufgabe erfüllt.

Grundsätzlich gilt das auch für jeden Reisenden und Vertreter, der Verkaufsverhandlungen führt. Er kann sich dabei seiner Aufgabe mit mehr oder weniger großem Geschick entledigen. Aber grundsätzlich muß doch daran festgehalten werden, daß großes oder geringes Verkaufsgeschick mit guter oder schlechter Werbung nicht identisch ist. Verkaufen und Werben sind zwei verschiedene Dinge, die auseinandergehalten werden müssen.

Handelt es sich um Vertreterbesuche im Zusammenhang mit besonderen Werbekampagnen oder übergibt der Vertreter bei seinen Kundenbesuchen Werbedrucksachen, dann liegt in solchen Fällen zusätzlich Werbung vor.

Noch ein Beispiel: Eine Verkäuferin hat in einem Schuhgeschäft die Aufgabe, Schuhe zu verkaufen. Zu diesem Zwecke führt sie Verkaufsgespräche. Sie kann diese Gespräche geschickt oder ungeschickt, mit Erfolg oder ohne Erfolg führen. Solange und insoweit sie sich bemüht, den Käufer dahingehend zu beeinflussen, daß er sich zum Kauf der Schuhe entschließt, versucht sie zu „verkaufen". Damit treibt sie aber noch keine Werbung. Trägt sie jedoch eine besondere Kleidung, die erkennen läßt, daß sie Verkäuferin in einem Schuhgeschäft einer bestimmten Firma ist, dann liegt insofern zusätzlich Werbung vor.

Die Verkaufsakte selbst, also die Verkaufsverhandlungen oder die Verkaufsgespräche, sind also nicht Bestandteile des absatzpolitischen Instruments Werbung. Sie gehören vielmehr dem absatzpolitischen Instrument Absatzmethode (Verkaufsmethode) an.

3 a) Nachdem die Werbung als besonderes absatzpolitisches Instrument von den drei anderen absatzpolitischen Instrumenten – der Preispolitik, der Produktgestaltung und den Absatzmethoden – abgegrenzt und ihre Selbständigkeit nachgewiesen ist, läßt sich sagen, daß Werbung den

Versuch darstellt, die Absatzbedingungen eines Unternehmens oder einer Gruppe von Unternehmungen mit Hilfe des Einsatzes von Werbemitteln möglichst günstig zu gestalten.

Da die Erfahrung zeigt, daß die Unternehmungen in sehr unterschiedlichem Umfange ihren Absatz mit Hilfe von Werbemitteln zu steigern versuchen. Wenn zum Beispiel eine kleine oder mittlere Fabrik landwirtschaftlicher Maschinen Kalender mit ihrem Firmenaufdruck in Dorfwirtschaften aufhängen läßt, dann betreibt sie Werbung. Aber die Verhandlung des Fabrikanten mit einem Landwirt über den Verkauf einer Dreschmaschine ist keine Werbung, sondern eben eine Verkaufsverhandlung. Oder wenn eine Fachbuchhandlung ihrem Briefkopf mit Hilfe von Vierfarbendrucken eine besondere Kennzeichnung gibt, dann treibt sie ebenfalls Werbung. Aber man sieht sofort, daß es sich hier um einen Werbemitteleinsatz handelt, der durchaus subsidiären Charakter trägt, also den Verkaufsvorgang mehr unterstützt und begleitet als ihn beherrschend trägt. Für viele Bereiche der Industrie ist diese mehr begleitende, oft durchaus nicht planmäßig und systematisch, sondern mehr gelegentlich und fallweise vorgenommene Werbung charakteristisch. Das gilt auch für den Einzelhandel. Man denke an die Kinoreklame, die gelegentlich von Einzelhandelsbetrieben vorgenommen wird. Im Absatzprozeß der Unternehmen ist unter solchen Umständen zwar Werbung enthalten, weil in ihm von Werbemitteln (Kalendern, Vierfarben-Briefköpfen, Kinoreklame) Gebrauch gemacht wird. Aber der Einsatz der Werbemittel ist in den geschilderten Fällen nicht die Hauptsache im Gesamtgang des Absatzprozesses, sondern nur ein Akzidens. Deshalb sei diese Werbung als akzidentelle Werbung bezeichnet.

b) Je mehr es im Laufe der volkswirtschaftlichen Entwicklung erforderlich wurde, Massenbedarf differenzierter Art zu decken, um so mehr wandelten sich die Formen des Absatzes. Hierbei schob sich die Werbung als dominanter Faktor in den Absatzprozeß hinein, und zwar im Extremfall so stark, daß sie der Gestaltung des Absatzes ihr Gepräge gibt. Diese Werbung sei als dominante Werbung bezeichnet.

Im Falle differenzierten Massenbedarfes, bei dem die Käufer individuelle Ansprüche an die Erzeugnisse der Unternehmen stellen, der Bedarf aber andererseits so groß ist, daß er nur durch Massenproduktion befriedigt werden kann, ist es den Herstellerfirmen unmöglich, ihre Erzeugnisse unmittelbar an einzelne Käufer oder Gruppen von Käufern abzusetzen. Aus diesem Grunde sind die Firmen gezwungen, den Handel in Anspruch zu nehmen. Hierbei besteht für sie die große Gefahr, daß der Absatz ihrer Erzeugnisse nicht mehr allein von ihrer Initiative abhängig ist, sondern auch von der Bereitschaft der Händler, sich für den Verkauf dieser Erzeugnisse einzusetzen. Die Herstellerfirmen müssen deshalb versuchen, dieser

Abhängigkeit vom Handel entgegenzuwirken. Das geschieht auf die Weise, daß sie direkt bei den Verbrauchern Werbung treiben, um auf diese
Weise den Kontakt mit den Käufern herzustellen und zu erhalten. An diesem Kontakt muß ihnen aus unternehmungspolitischen Gründen gelegen
sein.

Angesichts einer solchen Situation droht umgekehrt dem Handel die
Gefahr, nur noch als Verteiler von Ware fungieren zu können. Denn in
solchen Fällen würde der Verkauf von Ware nur noch in ihrer Aushändi-
gung an die Käufer gegen Entrichtung des für sie geforderten Entgeltes
bestehen (z. B. Verkauf von Zigaretten).

Eine Verkaufsverhandlung findet unter solchen Umständen kaum
noch statt. Das Verkaufsgespräch wird zu einer mehr oder weniger standardisierten Floskel.

Sowohl akzidentelle als auch dominante Werbung sind Werbung in
dem Sinne, in dem sie hier als selbständiger Bestandteil des absatzpolitischen Instrumentariums verstanden werden soll.

4 a) In marktwirtschaftlichen Systemen ist es Sache der Unternehmen
selbst, für die marktliche Verwertung ihrer Erzeugnisse oder Dienste bemüht zu sein. Die Unternehmungen müssen also die Initiative ergreifen
und bekanntgeben, daß sie Waren bestimmter Art zu verkaufen oder
Dienste gegen Entgelt zu leisten willens sind. Bedienen sie sich hierbei der
Verwendung von Werbemitteln, dann enthält die Werbung insofern eine
Bekanntmachungsfunktion. Da in der Ankündigung der Verkaufsbereit-
schaft in gewisser Beziehung ein Angebot enthalten ist, könnte man auch
von einer Offertfunktion der Werbung sprechen. Dabei bleibt dann allerdings zu beachten, daß in der Regel kein konkretes Lieferungsangebot im
rechtlichen Sinne abgegeben wird.

Die Bekanntmachungs- bzw. Offertfunktion der Werbung umschließt
noch nicht das Ganze der Werbung. In jeder Werbemaßnahme sind aber
diese Funktionen enthalten.

In diesem Zusammenhange mag kurz auf die Ansicht eingegangen
werden, es sei die Aufgabe der Werbung, den Käufern ein möglichst hohes
Maß an Information über den Markt zu verschaffen. Zweifellos hat die
Werbung auch solche Informationsfunktionen, denn die Käufer erfahren
auf diese Weise, was an Waren und Diensten bestimmter Art und Güte
angeboten wird. Spricht man in diesem Sinne von einer informatorischen
Wirkung der Werbung, dann wird das Problem der Werbung offenbar von
der Seite der Verbraucher bzw. Gebraucher her gesehen.

Man muß sich jedoch darüber klar sein, daß die Erhöhung der Markttransparenz nicht der ursprüngliche und beherrschende Zweck der Werbung sein kann, sondern, daß es sich hierbei mehr um eine Nebenwirkung

der Werbung handelt, die sogar in ihr Gegenteil umschlagen kann. Das zentrale Anliegen der Werbenden ist und bleibt, die in Frage kommenden Käufer bzw. Interessenten so zu beeinflussen, daß sie ihre Kaufentscheidungen zugunsten der die Werbung betreibenden Unternehmen bzw. Gruppen treffen. Nur für diese Zwecke investieren Unternehmungen, die unter konkurrenzwirtschaftlichen Bedingungen arbeiten, Kapital in die Werbung. Sie treiben Werbung nicht im Interesse der Verbraucher oder Gebraucher, sondern in ihrem eigenen betrieblichen Interesse, das sich mit dem der Käufer decken kann.

So richtig es nun auch ist, daß Werbung die Orientierungsmöglichkeiten der Käufer über die Beschickung der Märkte erhöht, so läßt sich doch auf der anderen Seite nicht verkennen, daß die Fülle an Informationen und Kaufanregungen, welche die Käufer auf dem Wege über die Werbung erhalten, häufig mehr verwirrt als klärt. Wenn alle Unternehmen, die für ein bestimmtes Objekt werben, behaupten, ihre Erzeugnisse seien von ganz besonderer Güte und besonders preiswert, welche Möglichkeit hat dann der Verbraucher, sich ein Bild von der wirklichen Qualität der angebotenen Ware und ihrer Preiswürdigkeit zu machen? Die Vielzahl der Werbeeindrücke, denen die Käufer heute ausgesetzt sind, mindert die klärende Wirkung der einzelnen Werbeakte. Angesichts dieser Sachlage wird nur mit Vorbehalt gesagt werden können, daß Werbung notwendigerweise die Markttransparenz erhöhen müsse. Sicherlich ist es richtig, daß, wie man in den USA sagt, die Märkte weitgehend „blind" wären, wenn sie fehlte. Eine wirkliche Aufklärung über Güte und Preiswürdigkeit der angebotenen Waren vermag die Werbung nicht zu leisten. Dieser Effekt kann erst durch Erprobung erzielt werden.

b) Der Zweck von Werbemaßnahmen besteht nicht darin, lediglich bekanntzumachen, daß ein Unternehmen bereit ist, Erzeugnisse bestimmter Art zu verkaufen oder Dienste bestimmter Art gegen Entgelt zu leisten. Diejenigen, die Werbung betreiben, wollen offenbar darüber hinaus erreichen, daß sich die Käufer bei Bedarf gerade für die Gegenstände oder Dienste entscheiden, die sie anbieten. Dieses Ziel der Werbung wird auf die Weise zu verwirklichen versucht, daß der Gegenstand der Werbung in einer Weise dargestellt wird, die ihn besonders attraktiv macht.

Es ist nun eine Frage des Werbestils, auch des Geschmacks, wie das Werbeobjekt präsentiert wird. Seine Darstellung kann von einer einfachen Beschreibung des Gegenstandes über eindringliche Kaufempfehlungen bis zur aufdringlichen Anpreisung der Waren oder Dienste gehen. Die modernen, verfeinerten Methoden der Werbung vermeiden zwar die Anpreisung, vor allem in den marktschreierischen Formen, in denen Werbung früher betrieben wurde. Die Tendenz jedoch, Waren oder Leistungen zu preisen, wohnt jeder, auch der seriösen Werbung inne. Man könnte geradezu sagen, daß nur dann wirklich Werbung vorliege, wenn ein Warenangebot diesen Charakter besitzt.

Bei jeder seriösen Werbung versuchen die werbenden Unternehmen, in ihren präsumtiven Käufern die Vorstellung von besonderer Güte der Waren oder Dienste zu erzeugen, für die sie werben. Wenn allerdings gesagt wird, Werbung habe die Aufgabe, die präsumtiven Käufer von der Güte der angebotenen Waren zu überzeugen, dann liegt hierin eine Überforderung der Möglichkeiten, die die Werbung bietet. Denn durch Werbemaßnahmen ist dieses Ziel allein nicht zu erreichen. Nur ihre Erprobung kann von der Güte der Gegenstände oder Dienste überzeugen, für die mit Hilfe des Einsatzes von Werbemitteln geworben wird. Nur dann, wenn die in der Werbung behaupteten Eigenschaften der Waren oder die Vorteile, die ihre Benutzung oder Verwendung bringen soll, den Tatsachen entsprechen, sind die Käufer von der Güte der Waren oder Erzeugnisse bzw. Dienste, für die die Unternehmen werben, überzeugt. Aber, wie gesagt, nicht durch die Werbung allein, sondern durch die Werbung in Verbindung mit der tatsächlichen Erprobung der Gegenstände oder Dienste![1]

Im Zusammenhang mit der Betrachtung der Werbeprobleme darf nicht übersehen werden, daß der Ruf eines Unternehmens bzw. seiner Erzeugnisse in erster Linie davon abhängt, was diese Erzeugnisse oder Dienste in Wirklichkeit sind, und nicht davon, was die Werbung sagt und verspricht. Werbemaßnahmen können zwar den Prozeß der Bildung von Gütevorstellungen im Bewußtsein der Käufer unterstützen. Aber niemals kann Werbung allein den Erzeugnissen oder Diensten eines Unternehmens ein Image und damit einen hohen Rang im Bewußtsein der Käufer verschaffen.

In fast allen Veröffentlichungen zur Werbung wird allgemein gefordert, daß sich die Werbung der alten marktschreierischen Formen zu enthalten habe. So weist SEYFFERT darauf hin, daß ein Höchstmaß an Werbewirkung nur erreicht werden könne, wenn nach dem Grundsatz der Wahrheit gehandelt würde. Dieser Grundsatz besage, daß die Werbeinhalte in allen Teilen richtig und zuverlässig sein müßten. In der Frühzeit der Reklame hätten die Werber das Unmögliche versprochen, und die Häufung der Superlative sei so allgemein gewesen, daß darin geradezu ein Wesensmerkmal der Werbung zu sehen war. Die Dauerwirkung der Werbung hänge aber wesentlich von dem Vertrauen ab, das ihr die Umworbenen entgegenbringen. Es liege deshalb im wohlverstandenen Interesse der Werber, dem Grundsatz der Wahrheit in der Werbung zur Allgemeingel-

---

[1] Das Bemühen, die Gründe ausfindig zu machen und unter werblichen Gesichtspunkten richtig zu formulieren, aus denen die angebotenen Waren oder Dienste besonders vorteilhaft seien, bezeichnet man in der Werbepraxis als die „Argumentation". Sie ist das bevorzugte Spielfeld der Könner, aber auch der Nichtkönner im Bereiche der Werbung.

tung zu verhelfen[1]. Im gleichen Sinne verlangt auch HUNDHAUSEN, daß sich die Werbung bei der Hervorhebung der Vorteile oder der Beschreibung der besonderen Eigenschaften der Waren oder Dienstleistungen sachlicher Beweise zu bedienen habe. Durch die sachliche Beweisführung werde von den Übertreibungen und Superlativen Abstand genommen, die der Reklame ein Gepräge der Marktschreierei gegeben hätten[2]. Auf den gleichen Tenor sind auch die Ausführungen gestimmt, die KOCH[3], LISOWSKY[4], vor allem aber auch KROPFF[5], DOMIZLAFF[6], MAECKER[7] und andere Autoren bis in die jüngste Zeit diesen Fragen gewidmet haben.

c) Es kann jedoch nicht bestritten werden, daß die Werbung, zumal unter dem Druck von Absatzsituationen, wie sie für „Käufermärkte" kennzeichnend sind, auf gewissen Gebieten Formen angenommen hat, gegen die mit Recht Einwände erhoben werden können. Das übersteigerte Marketingdenken nordamerikanischer Unternehmungen hat diese Entwicklung gefördert. Die Vorbehalte richten sich einmal gegen den Umfang, weniger der Fach- als der Publikumswerbung, also gegen die Überflutung der Verbraucher mit Werbeeindrücken, zum anderen gegen die Gestaltung der Werbemittel, also der Inserate, Plakate, Werbefunk- und Werbefernsehsendungen u. a. Gegen eine Werbemittelgestaltung, die Vorzüge der eigenen Erzeugnisse oder Leistungen herausstellt und dabei sachlich bleibt, werden im allgemeinen keine Bedenken erhoben. Wenn aber bei der Gestaltung der Werbemittel mehr mit psychologischen als mit sachlichen Argumenten, mehr mit der bewußten Auslösung emotionaler Affekte als mit gegenstandsbezogenen Informationen gearbeitet wird, die suggestive Kraft einer Werbemittelgestaltung also zu Lasten der sachlichen Unterrichtung geht, ist die Gefahr nicht auszuschließen, daß Käufer irregeführt werden. Das Argument verstärkt sich noch in dem Maße, als Werbung auch gegen schutzbedürftige Interessen der Verbraucher (Gesundheitsschutz, Jugendschutz) verstoßen kann. Wenn Informationsmängel oder Gefährdungen der erwähnten Art vorliegen und mit Recht beanstandet werden, dann ist nicht einzusehen, warum, wenn sich die Werbung

---

[1] SEYFFERT, R., Wirtschaftliche Werbelehre, 4. Aufl., Wiesbaden 1952, S. 18.
[2] HUNDHAUSEN, C., Wesen und Formen der Werbung, Teil I, Wirtschaftswerbung, Essen 1963, S. 257 ff.; ders., Über das Wesen der Werbung, Z. f. handelswissenschaftliche Forschung, N. F., 11. Jg. (1959), S. 413 ff.
[3] KOCH, W., Grundlagen und Technik des Vertriebes, Berlin 1950, Bd. I, S. 303 ff.
[4] LISOWSKY, A., Grundprobleme der Betriebswirtschaftslehre, insbesondere Teil III, Zürich 1954.
[5] KROPFF, H. F. J., Die Werbemittel und ihre psychologische, künstlerische und technische Gestaltung, Essen 1961; derselbe, Wörterbuch der Werbung, Essen 1958.
[6] DOMIZLAFF, H., Die Gewinnung des öffentlichen Vertrauens, 2. Aufl., Hamburg 1951.
[7] MAECKER, E. J., Planvolle Werbung, a.a.O.

gewisse Beschränkungen auferlegt, hierdurch die gestalterischen (kreativen) Möglichkeiten und das Streben nach optimaler Aufteilung der Werbeetats, mithin die akquisitorischen Chancen von Werbemaßnahmen beeinträchtigt werden sollten.

Das in der Bundesrepublik geltende Werberecht beruht auf dem Gesetz gegen den unlauteren Wettbewerb, das aus dem Jahre 1909 stammt, aber viele Änderungen erfahren hat (zuletzt geändert am 2. 3. 1974). Es ist durch eine Anzahl von Gesetzen ergänzt worden, die zum Teil der gegenwärtigen Situation auf dem Gebiet der Werbung Rechnung tragen. So sei u. a. hingewiesen auf das Gesetz zur Neuordnung und Bereinigung des Rechts im Verkehr mit Lebensmitteln, Tabakerzeugnissen, kosmetischen Mitteln und sonstigen Bedarfsgegenständen vom 15. 8. 1974 (Verbot der gesundheitsbezogenen Werbung; Werbeverbote für Zigaretten im Rundfunk und im Fernsehen); das Heilmittelwerbegesetz vom 11. 7. 1965 mit Änderungen vom 18. 6. 1974. Eine Anzahl anderer Gesetze (Straßenverkehrsordnung, Landesbauordnungen u. a.) enthält Vorschriften über die Gestaltung von Werbemitteln bestimmter Art (zum Beispiel für die Plakatwerbung). Außer gesetzlichen Regelungen bestehen zahlreiche Selbstbeschränkungsabkommen einzelner Industriezweige, auch Werberichtlinien von Verbänden, vom Zentralausschuß der Werbewirtschaft, dem Selbstkontrollorgan der Werbewirtschaft, dem Deutschen Werberat (zum Beispiel für die Werbung mit und vor Kindern in Funk und Fernsehen), Gutachten und Empfehlungen des Gemeinschaftsausschusses zur Selbstkontrolle in der Heilmittelwerbung u. ä. Bekannt sind die Selbstbeschränkungsabkommen in der Zigarettenindustrie, in der Werbung mit gesundheitlichen Argumenten. Zu erwarten sind Verhaltensregeln in der Werbung für alkoholische Getränke.

Die Verbraucherverbände sind bestrebt, durch Informationsstellen für die Verbraucher ein höheres Maß an Unterrichtung über die auf dem Markt angebotenen Waren oder Leistungen zu erreichen. Sie sind auch bemüht, über die bereits bestehenden gesetzlichen Bestimmungen hinaus für die Verbraucher einen größeren Schutz gegen unlauteren Wettbewerb zu erwirken.

Andere Einrichtungen, wie die „Stiftung Warentest", versuchen sich auf dem gleichen Gebiet, sofern es sich um Verbesserungen der Informationen über Waren- und Dienstleistungseigenschaften handelt.

Aber das Dilemma bleibt. Auf der einen Seite ist die Absatzwerbung ein Instrument im Wettbewerbskampf der Unternehmen, auf der anderen Seite ist sie ein Instrument, dazu bestimmt, Informationen über die von den Unternehmen angebotenen Güter und Leistungen an die Verbraucher zu vermitteln. Sofern es sich um die Beziehung zwischen den werbenden Unternehmen und ihren Mitbewerbern auf den Märkten handelt, haben die Bestimmungen des Gesetzes gegen den unlauteren Wettbewerb und die Rechtsprechung zu diesem Gesetz viel zur Klärung und Rechtssicherheit auf diesem Gebiet der Werbung beigetragen. Ob vergleichende Werbung grundsätzlich als unerlaubt oder unter gewissen Voraussetzungen als erlaubt anzusehen ist – unwahre, die Waren und Leistungen der Wettbewerbsunternehmen herabsetzende Werbung bedeutet auf jeden Fall unlauteren Wettbewerb. Sofern es um das Informationsverhältnis zwischen Hersteller und Verbraucher geht, ist Werbung dann unerlaubt, wenn sie den Kunden irreführt oder ihn grob unsachlich beeinflußt. Aber das Problem besteht eben darin, ob diese Anforderungen an die Absatzwerbung den gegenwärtigen Vorstellungen an Wahrheit und Vollständigkeit werblicher Informationen genügen. Die bereits aufgezeigte Entwicklung läßt deutlich erkennen, daß ein gewisser Ausgleich zwischen den Vorstellungen der Unternehmen und der Verbraucherschaft von Sinn und Funktion der Werbung eingeleitet ist. Ob es zu einer vollkommenen Konvergenz der Auffassungen über den Informationsgehalt von Werbemaßnahmen vor allem in der Publikumswerbung kommen wird, läßt sich zur Zeit noch nicht übersehen.

Erschwerend fällt hierbei ins Gewicht, daß die Ansichten über die Wirkung von Werbemaßnahmen auf das Verhalten der Käufer noch sehr kontrovers sind. Die methodische Apparatur, die für die Messung derartiger Wirkungen benutzt wird, ist zur Zeit noch nicht in der Lage, beweisbare und nachprüfbare Ergebnisse für generelle Aussagen auf diesem Gebiet zu machen. Außerdem steht außer Zweifel, daß Erprobung und Erfahrung stärkere Beeinflussungsgrößen für Kaufentscheidungen sind als Informationen, die die Verbraucher über den Weg der Werbung erfahren. Das gilt vor allem für repetierende Einkäufe, die zudem stark durch habituelles Verhalten bestimmt werden.

Nun besitzen, wie die Untersuchungen von Klein-Blenkers und Robl gezeigt haben, gerade diejenigen Teilbereiche der Wirtschaftswerbung, die nach Art und Umfang besonders starker Kritik ausgesetzt sind, gemessen am Gesamtumfang der Wirtschaftswerbung, quantitativ keine sehr große Bedeutung[1]. Er dürfte in der Bundesrepublik zur Zeit bei etwa 5% des gesamten, für die Wirtschaftswerbung aufgewandten finanziellen Aufwands liegen. Da diese Werbebereiche aber wegen ihrer Breitenstreuung einen sehr großen Empfängerkreis haben, findet gerade dieser stark kritisierte Teil der Wirtschaftswerbung besonders große Beachtung. Die Untersuchungen von KLEIN-BLENKERS und ROBL haben auch ergeben, daß die Auffassung, die Werbeintensität sei in der Konsumgüterindustrie besonders groß, im Gesamt nicht zutrifft. Aus den Untersuchungsbefunden könne, so die beiden Verfasser, nicht geschlossen werden, daß die Werbeinten-

---

[1] Vgl. KLEIN-BLENKERS, F. und ROBL, K., Die Werbekosten in der Bundesrepublik Deutschland 1972, in: Mitteilungen des Instituts für Handelsforschung an der Universität zu Köln, 27. Jg. (1975), S. 61 ff., hier insbesondere S. 72.

sität im Bereich der Produktionsgüterindustrie höher sei als im Bereich der Konsumgüterindustrie [1].

5. Für weite Bereiche der modernen Wirtschaft ist es charakteristisch, daß der Kampf um den Marktanteil, den die Unternehmen gegeneinander führen, immer mehr mit den Mitteln der Werbung ausgetragen wird. „Einzelwerbung"[2] ist immer ein Mittel des Wettbewerbs[3]. Sie liegt vor, wenn ein Unternehmen für seine eigenen absatzpolitischen Zwecke und Interessen Werbung durchführt.

Werbung kann aber auch von einer Gruppe von Unternehmen innerhalb eines Wirtschaftszweiges oder von allen Unternehmen eines Wirtschaftszweiges gemeinschaftlich vorgenommen werden. In diesem Falle liegt „Gemeinschaftswerbung" vor. Sie ist dann ein Mittel des Wettbewerbs, wenn innerhalb eines Wirtschaftszweiges eine Gruppe gegen eine andere mit den Mitteln der Werbung kämpft. Dagegen ist Gemeinschaftswerbung kein Mittel einzelbetrieblichen Wettbewerbs, wenn alle Unternehmungen eines Wirtschaftszweiges versuchen, durch Werbung generell die Voraussetzungen für den Absatz ihrer Erzeugnisse zu verbessern. Als Beispiel für derartige Gemeinschaftswerbungen sei auf Werbeaktionen hingewiesen, wie sie für Obst, Fisch, Bier, Tapeten, Gas, Elektrizität, neuerdings auch für Wolle, Milch, Zigarren u. a. betrieben werden. In diesen Fällen kämpfen nicht Unternehmungen, die zu dem gleichen Wirtschaftszweige gehören, mit den Mitteln der Werbung gegeneinander. Man könnte vielmehr sagen, daß sich der Wettbewerb gegen andere Wirtschaftszweige richte, mit dem der Wirtschaftszweig in Surrogatkonkurrenz steht, der die Gemeinschaftswerbung betreibt. Häufig schließen sich die Unternehmungen eines ganzen Wirtschaftszweiges zu einer solchen Gemeinschaftswerbung zusammen, wenn bestimmte Vorgänge die Gesamtlage des Wirtschaftszweiges gefährdet erscheinen lassen. Dieser Bedrohung soll dann mit Hilfe des konzentrierten Einsatzes der Mittel entgegengewirkt werden, die die Gemeinschaftswerbung bietet.

Anders liegen die Dinge bei der sog. Sammelwerbung. In diesem Falle wirbt ebenfalls eine Gruppe von Unternehmungen, die aber nicht dem gleichen Produktionszweige angehören, sondern lediglich durch einen gemeinsamen Vorgang miteinander verbunden sind. Beispielsweise finden sich heute häufig alle an einem größeren Bauobjekt beteiligten Firmen zu einem solchen Werbekollektiv zusammen. Nach Fertigstellung des Baues, über den dann im Regelfall auch im redaktionellen Teil der Zeitung be-

---

[1] Vgl. KLEIN-BLENKERS, F. und ROBL, K., a.a.O., S. 64 ff. und S. 72.

[2] Eine andere Definition des Begriffes der Einzelwerbung s. SEYFFERT, R., Wirtschaftliche Werbelehre, a.a.O.

[3] Vgl. hierzu, EISERMANN, G., Werbung und Wettbewerb, Zeitschr. f. d. ges. Staatsw., Bd. 117 (1961), S. 258 ff.

richtet wird, geben sie in einer äußerlich geschlossenen Form gemeinsam Inserate in der gleichen Zeitung auf, um sich damit als die am Bau beteiligten Firmen zu präsentieren. Wobei es dann der Bau ist, der primär das Interesse der Leser weckt. Dieses Interesse soll sich auf die beteiligten Firmen übertragen.

In solchen Fällen läßt sich sagen, daß das Inserat ein echtes Mittel des Wettbewerbs ist. Denn die Firmen benutzen ihre Mitarbeit an diesem die Allgemeinheit interessierenden Bau dazu, sich als besonders leistungsfähig herauszustellen. Die Werbung ist ein echtes Mittel des Wettbewerbs, weil die zum Werbekollektiv gehörenden Firmen jeweils einem anderen Wirtschaftszweige angehören.

6. Es ist nun noch notwendig, die Werbung gegen die Public Relations abzugrenzen. In den Bereich dieser Public Relations gehören alle Bestrebungen der Unternehmungen, die darauf gerichtet sind, das Ansehen in der Öffentlichkeit zu festigen bzw. zu steigern. Dieses Ansehen wird dann gefördert, wenn die Öffentlichkeit in einer Weise über Vorgänge in dem Unternehmen selbst oder in seinem Marktbereich unterrichtet wird, die anspricht, weil sie sachlich ist und interessiert. Hierbei kann es sich um eine Unterrichtung über die Pläne der Unternehmungen in naher oder ferner Zukunft, über die gegenwärtige oder die zu erwartende Geschäftsentwicklung, über die leitenden Persönlichkeiten und ihre Aufgaben, über innerbetriebliche Vorgänge technischer und betriebswirtschaftlicher Art und um sonstige Tatbestände handeln, die in der Öffentlichkeit eine Atmosphäre des Vertrauens entstehen lassen. „Öffentlichkeit" ist dabei in ganz weitem Sinne gemeint. Unter ihr werden nicht nur die speziell an dem Unternehmen Interessierten, also die in dem Unternehmen Beschäftigten, die Kunden und Lieferanten, die Kreditgeber und die Kapitaleigner verstanden, sondern auch jene Personen, Unternehmungen, Verwaltungen usw., bei denen das Unternehmen erreichen möchte, daß sich in ihnen mit seinem Namen die Vorstellung von Zuverlässigkeit, Solidität und Güte verbindet.

Wird der Begriff „Public Relations" in diesem Sinne verstanden, dann zeigt sich, daß zwischen ihnen und der Werbung ein sehr wesentlicher Unterschied besteht. HUNDHAUSEN sieht den Unterschied zwischen ihnen und der Werbung darin, daß die Werbung die Aufgabe hat, über die Eigenschaften von Waren und Dienstleistungen in, wie er sagt, sachlicher Beweisführung zu unterrichten[1]. Das Bestreben dagegen, die Öffentlichkeit über das Unternehmen selbst, seine technische und wirtschaftliche Situa-

---

[1] HUNDHAUSEN, C., Industrielle Publizität als Public Relations, Essen 1957, ders., Public Relations als eigenständige wissenschaftliche Disziplin, in: Jahrbuch für Absatz- und Verbrauchsforschung, 20 (1974), S. 247 ff.; STEPHENSON, H., Hrsg., Handbook of Public Relations, New York 1971.

tion, seine Pläne und seine internen und externen Geschäftsbedingungen
in, wie ebenfalls hinzufügen wäre, sachlicher Beweisführung aufzuklä-
ren, sei Aufgabe der Public Relations. Es handelt sich also um völlig verschiedenartige Maßnahmen. Stehen sie im Zusammenhang mit Zwecken
der Werbung für die Erzeugnisse oder Dienstleistungen des Unternehmens, dann liegt Werbung vor. Stehen sie im Zusammenhang mit Zwek-
ken der Unterrichtung der Öffentlichkeit über Fragen, die das Unternehmen selbst in dem soeben angegebenen Rahmen angehen, dann handelt es
sich um die Pflege der Public Relations. Damit ist die Werbung gegen die
Public Relations abgegrenzt.

7 a) Die moderne wirtschaftliche Entwicklung kennzeichnet sich dadurch, daß der Wettbewerb der Unternehmungen mehr als früher mit den
Mitteln der Werbung ausgetragen wird. Damit erhebt sich die Frage, wie
diese Entwicklung vom gesamtwirtschaftlichen Standpunkte aus zu beurteilen sei.

Bei der Beantwortung dieser Frage ist davon auszugehen, daß die modernen großbetrieblichen Formen der Erzeugung von Gütern des differenzierten Massenbedarfes die Unternehmen dazu zwingen, ihre Erzeugnisse
mit den Mitteln der Werbung bekannt zu machen. Sofern Werbung nichts
anderes als Mittel und Möglichkeit der Bekanntgabe konkreten Warenangebotes bildet, ist ihre volkswirtschaftliche Notwendigkeit unbestritten.
Nun charakterisiert sich aber die moderne Werbung durch eine Dynamik,
die zu immer neuen Formen und Methoden führt. Unternehmungen mit
dominanter Werbung (werbeintensive Unternehmungen) werden infolge
des übersteigerten Werbe-Konkurrenzkampfes gezwungen, ihre Werbung
ständig zu aktualisieren. Gelingt es einem Unternehmen, durch eine *besonders* wirkungsvolle Werbung, etwa durch ein *besonders* attraktives Plakat oder Inserat, einen Vorsprung vor den Konkurrenzunternehmen zu gewinnen, dann sind die Konkurrenzunternehmen gezwungen, möglichst
schnell zu reagieren und neue Plakate oder Inserate oder Inseratserien
usw. herauszubringen, um werbemäßig einen Ausgleich herbeizuführen
oder selbst in Führung zu gehen. Die Tatsache, daß jeder Werbevorsprung
ständig bedroht ist und daß die Unternehmen unablässig bemüht sein
müssen, gegen starke Werbekonkurrenz zu kämpfen, sei es, daß sie sich
verteidigen, sei es, daß sie angreifen, führt jenen Zustand herbei, der als
Kompensation der Werbewirkungen bezeichnet werden soll. Damit erhebt
sich die Frage, ob es nicht gerade diese kompensatorischen Wirkungen
sind, auf die die übersteigerte Tendenz zur Expansion der Werbung
zurückzuführen ist. Diese Frage ist zu bejahen.

Macht ein Unternehmen, welches einem Wirtschaftszweig mit dominanter Werbung angehört, die Werbung nicht in der Art und in dem Umfang mit wie seine Konkurrenten, dann wird es an Absatz verlieren und

damit gezwungen, zu anderen absatzpolitischen Mitteln zu greifen, etwa Preissenkungen vorzunehmen, seine Erzeugnisse zu ändern oder seine Vertriebsorganisation auszubauen. Die Frage, ob solche Maßnahmen seine Lage verbessern können, ist nicht generell zu beantworten. Jedenfalls ist die Chance, die Position im Markte zu halten, größer, wenn das Unternehmen Stil und Tempo der ihm von seinen Konkurrenten vorgegebenen Werbung mitmacht. Diese Situation wird am besten durch den Ausdruck „Konkurrenzwerbung" gekennzeichnet. In diesem Sinne ist die moderne Werbung zum größten Teil Konkurrenzwerbung. So wie bei homogenen Erzeugnissen ein Unternehmen gezwungen ist, Preisherabsetzungen seiner Konkurrenten zu folgen, so wird auch ein Unternehmen, das einem werbeintensiven Produktionszweig angehört, gezwungen, seine Werbemaßnahmen an die der Konkurrenten anzupassen. Daß diese Konkurrenzwerbung nicht frei ist von Exzessen, die aus wirtschaftlichen, gesellschaftlichen und ästhetischen Gründen abzulehnen sind, lehrt die tägliche Erfahrung. Mithin bleibt zu fragen, ob nicht das gleiche Maß an absatzpolitischer Wirkung erreicht werden kann, wenn die Unternehmen ihre Werbung nicht so übersteigern würden, wie das heute oft der Fall ist. Unter solchen Umständen würde die Werbung ihrer Bekanntmachungsaufgabe in gleicher Weise genügen wie die exzessive Werbung, die heute in den großen Industrieländern so sehr vorherrscht. Es ist auch zu überlegen, ob nicht mit der Verminderung der Werbeeindrücke bei den Konsumenten ein höheres Maß an akquisitorischer Wirkung erzielbar sein würde. Es läßt sich nicht bestreiten, daß die Fülle an Werbeeindrücken, denen die Käufer heute ausgesetzt sind, die Intensität und Nachhaltigkeit der Wirkung herabsetzen, die mit der Werbung erzielt werden soll. Auch hierin ist ein Grund dafür zu suchen, daß die Verkaufsförderung einen immer stärkeren Raum in den Absatzanstrengungen der Unternehmen einnimmt.

So ist auch die Ansicht von MARSHALL[1] zu verstehen, daß Werbung weitgehend „social waste" sei. Ganz sicher hat MARSHALL in den neunziger Jahren, in denen er zu seiner Ansicht kam, weder die Bekanntmachungsfunktion noch den akquisitorischen Wert der Werbung in der modernen Wirtschaftsorganisation voll übersehen und zu würdigen gewußt. Daß aber exzessive Konkurrenzwerbung eine Fehllenkung der gesamtwirtschaftlichen produktiven Kräfte bedeuten kann, steht außer Zweifel.

b) Es wurde bereits darauf hingewiesen, daß die Werbung ein Mittel des Wettbewerbes in der modernen Wirtschaft ist. Wenn es nun einem Unternehmen gelingt, mit Hilfe der Werbung seinen Absatz zu steigern, und diese Absatzsteigerung vornehmlich darauf zurückzuführen ist, daß das Unternehmen Käufer von seinen Konkurrenten abzieht, so ist diese Wirkung nur dann positiv zu beurteilen, wenn das werbemäßig stärkere

---

[1] MARSHALL, A., Industry and Trade, 4. Aufl., 1923, S. 306.

Unternehmen gleichzeitig das betriebstechnisch und betriebswirtschaftlich bessere Unternehmen ist. Indem die Werbung die Position des an der Spitze liegenden Unternehmens stärkt, zwingt sie indirekt die weniger guten Unternehmen, den Vorsprung des führenden Unternehmens aufzuholen und sich fabrikationstechnisch, qualitätsmäßig, unter Umständen auch preispolitisch dem Vorsprungunternehmen anzupassen. Unter den geschilderten Verhältnissen fördert die Werbung den technischen Fortschritt. Damit hilft sie zugleich, das gesamtwirtschaftliche Produktionsniveau zu heben. Die soeben gemachten Voraussetzungen sind nun aber durchaus nicht immer gegeben. Kommt ein Unternehmen, welches in dem oben angegebenen Sinne betriebswirtschaftlich nicht als führend anzusehen ist, lediglich als Folge geschickter Werbung, z. B. eines guten Texters oder Gebrauchsgraphikers, in den Genuß von Absatzvorteilen und zieht es von den Wettbewerbsunternehmen Käufer ab, dann ist ein solcher Effekt der Werbung keineswegs als volkswirtschaftlich erwünscht anzusehen. Das gilt insbesondere für den Fall, daß die Konkurrenzunternehmen fabrikationstechnisch und qualitätsmäßig erheblich höhere Leistungen aufzuweisen haben als das mit Hilfe von Werbung in den Vordergrund getretene Unternehmen.

c) In den soeben geschilderten Fällen tritt bereits eine gewisse lenkende Funktion der Werbung in Erscheinung, und zwar in dem Sinne, daß Verbraucher oder Verarbeiter einen Teil ihres Bedarfes nunmehr bei einem Unternehmen decken, bei dem sie bisher nicht eingekauft haben. Ein ähnlicher Vorgang zeigt sich dann, wenn die Werbung eines Produktionszweiges oder einer Branche die Wirkung hat, daß die Käufer von anderen Produktionszweigen oder Branchen abgezogen werden und zu den werbemäßig erfolgreichen Branchen übergehen. Die Werbung kann in diesem Falle Gemeinschaftswerbung sein derart, daß ein bestimmter Wirtschaftszweig durch seine eigenen Organe Werbung betreiben läßt, aber auch derart, daß gewissermaßen die Summe aller Werbemaßnahmen der zu einem Produktionszweige gehörenden Unternehmen diesen Erfolg bewirkt. Die Werbung lenkt also den Bedarf in die von ihr gewollte Richtung. In den geschilderten Fällen stehen nun nicht mehr die einzelnen Unternehmen, sondern die einzelnen Produktions- oder Wirtschaftszweige in Werbekonkurrenz miteinander. Da im Wirtschaftsleben im allgemeinen eine Aktion eine Gegenaktion auszulösen pflegt, entsteht zwischen den Wirtschaftszweigen eine Werbung, die die Formen der Konkurrenzwerbung annehmen kann. Je stärker diese Werbekonkurrenz ist, um so geringer ist der Einfluß der Werbung eines Produktionszweiges auf die Richtung der gesamtwirtschaftlichen Güterströme.

In engem Zusammenhang mit der bedarfslenkenden Funktion der Werbung steht ihre bedarfsweckende Funktion. Diese Funktion ist in dem Sinne zu verstehen, daß es die Werbung ermöglicht, Bedarf überhaupt erst zum Entstehen zu bringen. In solchen Fällen genügt nicht die reine Bekanntgabe des neuen Warenangebotes. Das Spezifische der Werbung muß noch hinzukommen, wenn Bedarf geweckt und nachfragewirksam gemacht werden soll. Erst wenn die Werbung mit ihren besonderen Mitteln die gegebenenfalls in Frage kommenden Käufer dazu zwingt, dem neuen Erzeugnis ihre Aufmerksamkeit zu widmen, erst wenn den Käufern bewußt gemacht ist, daß das neue Gut Bedürfnisse zu decken vermag, die es sich lohnt zu befriedigen, dann wird mit Hilfe der Werbung erreicht, daß bis dahin latenter Bedarf geweckt wird. In dem Maße, in dem das nun geschieht, ändert sich das gesamtwirtschaftliche Warensortiment und der Strom der gesamtwirtschaftlichen Gütererzeugung wird nunmehr in eine neue Richtung gelenkt. Es kommt auf die Art des Bedarfes an, ob die bedarfslenkende und bedarfsweckende Funktion der Werbung gesamtwirtschaftlich erwünscht ist. Diese Frage braucht im Rahmen der Untersuchung nicht beantwortet zu werden.

d) Vermag die Werbung die Größe des Volkseinkommens zu beeinflussen?

Im allgemeinen wird angenommen, daß die Werbung zwar die Einkommensströme lenken, nicht dagegen die Größe des Volkseinkommens beeinflussen könne.

Nun hängt aber die Höhe des Volkseinkommens von der Konsumfunktion und von der Höhe der Investitionen ab. Die Konsumfunktion gibt an, welcher Teil des Volkseinkommens für konsumtive Zwecke verbraucht wird. Die Größe des Konsums wird in der modernen Wirtschaft durch die Intensität und Wirkung der Werbung für Verbrauchsgüter mitbeeinflußt. Die innerhalb eines bestimmten Zeitraumes in einer Volkswirtschaft durchgeführte Werbung stellt also eine unabhängige Variable der Konsumfunktion dar.

Liegt nun Unterbeschäftigung vor und wird die Werbung in einem gesamtwirtschaftlich relevanten Maße verstärkt, dann wird die Konsumrate steigen, die Sparrate dagegen abnehmen. Bei gleichbleibender Investition steigt also die effektive Nachfrage und damit das Volkseinkommen. Darüber hinaus kann der zunehmende Konsum auch einen Anreiz für vermehrte Investitionen bilden, die das Volkseinkommen weiter zunehmen lassen. Erhöhte Werbung kann also in einer solchen Situation zu einem Steigen des gesamtwirtschaftlichen Beschäftigungsgrades und damit zu einer Zunahme des Volkseinkommens führen.

Im Falle der Vollbeschäftigung kann das Volkseinkommen realiter nicht steigen. Je nach den Umständen wird mit abnehmender Sparrate auch die Investition abnehmen oder eine inflationistische Entwicklung eintreten.

Mit diesen Überlegungen mündet das volkswirtschaftliche Problem der Werbung in Zusammenhänge ein, die sich nur mit Hilfe des Apparates der modernen Wirtschaftstheorie genauer untersuchen lassen. Eine solche makroökonomische Analyse würde aber den Rahmen dieser Untersuchung sprengen.

II. Werbeziele

In absatzpolitischen Konzeptionen finden betriebliche Tatbestände aus allen Bereichen unternehmungswirtschaftlicher Betätigung ihren Niederschlag. Fertigungsengpässe oder überschüssige Kapazitäten, technisch-organisatorische Fortschrittlichkeit oder Rückständigkeit, erfolgreiche oder fehlgeschlagene Neuentwicklungen von Produkten, günstige oder ungünstige Marktkonstellationen gehen in diese Konzeptionen ebenso ein wie Situationen, in denen die finanzielle Stärke oder Schwäche des Unternehmens zum Ausdruck kommt. Absatzpolitische Konzeptionen sind also stets Projektionen gesamtbetrieblicher Ereignisse in den Raum absatzwirtschaftlicher Überlegungen und Gestaltungen. Würde versucht, die vertriebspolitische Gesamtplanung nur vom Markt her aufzubauen, dann läge ein Verstoß gegen das Gesetz der gesamtbetrieblichen Interdependenz vor, das alle Bereiche des Unternehmens verknüpft und beherrscht. Für die Durchsetzung ihrer absatzpolitischen Konzeptionen steht der Unternehmensleitung das gesamte absatzpolitische Instrumentarium zur Verfügung. Die Werbung ist nur ein Teil dieses Instrumentariums. Damit stellt sich die Frage nach dem Verhältnis der Werbeziele zu den Zielen, die die Unternehmensleitung verfolgt und die sie unter anderem mit dem absatzpolitischen Instrumentarium zu erreichen bestrebt ist[1].

Hat ein Unternehmen ein bestimmtes Geschäftsvolumen erreicht, genügen aber seine technischen, akquisitorischen und finanziellen Möglichkeiten nicht, den Widerstand zu überwinden, den der Markt seiner weiteren Expansion entgegensetzt, dann besteht die Möglichkeit, daß die Unternehmensleitung sich lediglich auf die Erhaltung und Sicherung des erreichten Geschäftsvolumens konzentriert. Die absatzpolitischen Instrumente und mit ihnen die Werbung werden unter diesen Umständen so geplant und eingesetzt, daß qualitativ und quantitativ nur solche Nachfrage induziert wird, die mit den bestehenden Kapazitäten befriedigt werden kann. Eine Werbung, die diesen Zielvorstellungen der Unternehmensleitung und der aus ihnen abgeleiteten absatzpolitischen Konzeptionen entspricht, wird auch als „Erhaltungswerbung" bezeichnet. Erhaltung und Sicherung des Geschäftsvolumens sind aber unternehmungspolitische Ziele und keine im eigentlichen Sinne operationalen Ziele der Werbung.

---

[1] Vgl. auch BIDLINGMAIER, J., Festlegung der Werbeziele, in: K. Ch. BEHRENS (Hrsg.), Handbuch der Werbung, Wiesbaden 1970, S. 403 ff, und Kategorien des Werbeerfolgs, ebenda S. 699 ff.

Mit dem Ausdruck „Erhaltungswerbung" läßt sich auch nicht die Vorstellung von einer ganz bestimmten Werbeart im Sinne einer eindeutigen
Zuordnung ganz bestimmter Werbemittel oder kommunikativer Techniken zu eben diesem besonderen absatzpolitischen Ziel verbinden. Auf die
Erhaltung des Geschäftsvolumens gerichtete unternehmungspolitische
Zielsetzungen schränken die Freiheit kreativer oder kommunikativer
Möglichkeiten nicht ein. Sie beschlagnahmen auch nicht einen bestimmten Katalog werblicher Anstrengungen und Techniken für sich. Bestimmte
gestalterische und kommunikative Teilpotentiale der Werbung sind niemals für bestimmte Globalziele präokkupiert. Sie stehen vielmehr sämtlich zur Verfügung unabhängig davon, welche Wirkung auf das Absatzvolumen angestrebt wird.

Reichen die technischen, finanziellen und akquisitorischen Mittel aus,
das Geschäftsvolumen zu erweitern, dann kann eine auf Expansion gerichtete Politik betrieben werden. Im Dienste dieser Unternehmungspolitik
stehende Werbemaßnahmen werden auch als „Expansionswerbung" bezeichnet. Aber betriebliche Expansion ist ein unternehmungspolitisches
Ziel. Unternehmungswachstum umfaßt Maßnahmen in allen Bereichen
des betrieblichen Geschehens, kapazitative Entwicklungen, Umstrukturierungen des Produktionsprogramms, auch finanzielle Dispositionen auf
kurze und lange Sicht. Absatzpolitischen Maßnahmen kommt in wachs-
tumspolitischen Entscheidungen eine große Bedeutung zu und damit auch
den Werbemaßnahmen, wenn es sich um besonders werbeintensive Unternehmen und Geschäftszweige handelt. Ebensowenig wie die Erhaltung des
Geschäftsvolumens kann Unternehmensexpansion als solche aber schon
ein mit den Mitteln der Werbung erreichbares, in diesem Sinne operatio-
nales Ziel sein.

Erscheint in einem anderen Falle die geschäftliche Lage eines Unternehmens aus Gründen, die hier nicht weiter interessieren, bedroht, dann
wird die Geschäftsleitung jeden nur möglichen Schritt unternehmen, um
die Lage zu stabilisieren. Die Maßnahmen, die zu diesem Zweck ergriffen
werden müssen, bleiben dann in der Regel nicht auf absatzpolitische Umstellungen und Neuorientierungen beschränkt. Führt zum Beispiel eine
Überprüfung zu dem Ergebnis, daß auch auf personellem Gebiet Umorganisationen notwendig sind, dann müssen diese Maßnahmen ergriffen werden, wenn die gefahrdrohende Entwicklung des Unternehmens beseitigt
werden soll. Im Gesamtkomplex dieser Um- und Neuorientierungen besitzen auch Werbemaßnahmen ihren Rang, in werbeintensiven Unternehmen mehr als in Unternehmen mit einer Werbung, der nur akzidentelle
Bedeutung zukommt. Die Werbung ist unter solchen Umständen aber
überfordert, wenn sie leisten soll, was nur mit Hilfe einer neuen, das Ganze des Unternehmens umfassenden unternehmungspolitischen Konzeption zu schaffen ist. Grenzen werblicher Möglichkeiten werden hier sicht-

bar. Wird in dieser konkreten Situation von Werbemöglichkeiten Gebrauch gemacht, dann zeigt sich auch hier wiederum der instrumentale Charakter der Werbung. Die Werbemaßnahmen unterstützen die auf Stabilisierung gerichteten Maßnahmen der Geschäftsleitung. Das unternehmungspolitische Ziel selbst, die Wiederherstellung der Funktions- und Leistungsfähigkeit des Unternehmens, greift weit über die Möglichkeiten der Werbung hinaus. Es gibt kein spezifisches Werbeziel „Stabilisierung des Unternehmens" und auch keine spezifischen Methoden der Werbung für diese Aufgabe. Stabilisierung ist ein unternehmungspolitisches Ziel. In der Gesamtkonzeption, die den Versuchen, die Lage des Unternehmens zu stabilisieren, zugrunde liegen mag, können auch Werbemaßnahmen enthalten sein, aber dann stets nur als Teil – oft nicht als der wichtigste – einer gesamtbetrieblichen, auf Wiederherstellung der Existenzfähigkeit des Unternehmens gerichteten Politik.

Werbung muß nicht notwendig in großen unternehmungspolitischen Zusammenhängen gesehen werden. Es gibt unübersehbar viele, gewissermaßen aktuelle Anlässe, die die Unterstützung der Verkaufsanstrengungen des Unternehmens durch Werbemaßnahmen zweckmäßig und erfolgversprechend erscheinen lassen. So etwa, wenn Werbung mit begrenztem Ziel betrieben wird, um besondere geschäftliche Situationen, zum Beispiel das Weihnachtsgeschäft, auszunutzen, oder weil der Verkauf der Erzeugnisse des Unternehmens in Ballungsräumen mit besonderer Struktur und Entwicklung unterstützende Werbemaßnahmen erforderlich macht. In anderen Fällen kann es sich als notwendig erweisen, besondere werbliche Aktivität in Vertreterbezirken zu entfalten, deren Verkaufsergebnisse enttäuschten und die die vorgegebenen Planziele nicht erreichten. Die Werbemaßnahmen dienen unter diesen Umständen gewissermaßen zur Einhaltung der kurzfristigen Absatzplanung. Auch in diesen Fällen sind die Werbemaßnahmen Teil einer bestimmten absatzpolitischen Vorstellung, und nur in ihrer Kombination mit den anderen absatzpolitischen Instrumenten werden sie dazu beitragen, das angestrebte absatzpolitische Ziel zu erreichen.

Unter diesen Umständen mag es zweifelhaft erscheinen, ob das Charakteristische des Sachverhalts richtig getroffen wird, wenn von Erhaltungs-, Expansions- und Stabilisierungswerbung als spezifischen Werbezielen oder auch als spezifischen Arten der Werbung gesprochen wird. Diese Ziele sind keine für die Werbung operationalen Ziele. Erhaltungs-, Expansions- und Stabilisierungspolitik sind unternehmungspolitische Zielsetzungen, und die Konzeptionen zur Erreichung dieser Zielsetzungen sind nicht aus der Werbung, sondern aus dem Ganzen des Unternehmens heraus gedacht. Das gilt auch für Werbemaßnahmen mit begrenztem Ziel. Sie sind dazu bestimmt, die Verkaufsanstrengungen des Unternehmens zu unterstützen, und zwar auf ihre sich von absatzorganisatorischen, preispo-

litischen und produktpolitischen Maßnahmen abhebende Weise. Das verkaufspolitisch Angestrebte besitzt auch hier das Prius vor den werblichen
Spezialitäten. Je mehr die Werbung mit den ihr zur Verfügung stehenden,
ihr eigentümlichen Mitteln die absatzpolitischen Zielvorstellungen der
Unternehmensleitung fördernd unterstützt, um so größer ist ihr Beitrag
zur Verwirklichung der absatzpolitischen Intentionen und Konzeptionen,
die die Leitung des Unternehmens beherrschen.

Welches aber ist die die Werbung bestimmende Tendenz?

Zwei verschiedene Möglichkeiten sind denkbar: Zunächst die eine
Tendenz, latente Bedürfnisse für eine vom Unternehmen angebotene Produktart zu wecken, also solche Umworbene zu potentiellen Käufern der
Produktart zu machen, die diese Produkte bisher noch nicht verwendet haben. Insofern Werbung dieser Absicht folgt, kommt sie allen Anbietern
der Produktart potentiell zugute. Die zweite mögliche Tendenz besteht
darin, die potentiellen Käufer einer bestimmten Produktart in dem Sinn
zu beeinflussen, daß sie die Erzeugnisse des Unternehmens und nicht die
der Konkurrenzunternehmen kaufen. Mit Hilfe von Werbemaßnahmen
wird in diesem Falle also versucht, in den potentiellen Käufern Präferenzen aufzubauen, die das Verhalten der Käufer zugunsten der Waren- oder
Dienstleistungsangebote des werbenden Unternehmens beeinflussen sollen. Die Werbung ist dann ein Mittel des Wettbewerbs, den die Unternehmen um Abnehmer für ihre Erzeugnisse, Waren oder Dienste führen, hier
unter der Voraussetzung, daß die Unternehmen unter marktwirtschaftlichen Bedingungen arbeiten. Wenn Unternehmen mit den Mitteln der
Werbung im Sinne der zweiten Tendenz auf das Kaufverhalten der Verbraucher oder Verwender für ihre Waren oder Dienste Einfluß zu nehmen
versuchen, dann geht es ihnen stets um die Erhaltung oder Erweiterung ihrer Marktanteile. Der ersten Tendenz folgt die in manchen Geschäftszweigen übliche Gemeinschaftswerbung. Wird jedoch Werbung von einem bestimmten Unternehmen betrieben, dann verfolgt es damit immer auch die
zweite Tendenz.

Das unter marktwirtschaftlichen Bedingungen vorherrschende Ziel
der Werbung besteht also darin, die potentiellen Käufer in der Weise
zu beeinflussen, daß sie die Güter oder Dienste nachfragen, die das jeweils
werbende Unternehmen anbietet. Das Unternehmen nimmt so mit Hilfe
der Werbung Einfluß auf seinen Umsatz. In diesem Sinne ist jede Absatzwerbung umsatzbezogen. Dieser Satz gilt ohne Rücksicht darauf, ob die
Wirkung der Einflußnahme auf die Entscheidungen der Käufer in Umsatzgrößen gemessen werden kann. Zwar bereiten derartige Messungen
zur Zeit noch große Schwierigkeiten. Nur in Spezialfällen sind sie möglich.
Dieser Umstand kann aber die grundsätzliche Bezogenheit der Werbung
auf den Umsatz der werbenden Unternehmen nicht aufheben.

Andererseits zeigen die Ergebnisse zahlreicher, mit den Methoden der
empirischen Sozialforschung und der Marktpsychologie vorgenommener
Untersuchungen, daß zwischen den Werbeimpulsen, die ein potentieller
Käufer empfängt, und den Kaufentschlüssen, die er trifft, keine unmittelbare und eindeutige Beziehung besteht. Die Komplexität des Erlebniszu-
sammenhanges, in die ein Werbeimpuls hineinstößt, wenn er ein Individuum erreicht, läßt die Annahme einer solchen eindeutigen Beziehung zwischen Werbeimpuls und Kaufentschluß nicht zu. Sachliche Notwendigkeiten der Bedürfnisbefriedigung, drängende oder gesättigte Bedarfe, finanzielle Möglichkeiten und Dispositionen bestimmen ebenso die Kaufentscheidung wie Temperament, Enge oder Weite des Lebenshorizonts,
Erziehung, soziale Ehrgeize und Anpassungen, Selbständigkeit des Urteils
und des Geschmacks, Abhängigkeit von gesellschaftlichen Normen oder
Vorstellungen, Einstellungen zu Personen oder Sachen (auch zur Werbung), Erwartungen, Wunschvorstellungen. Unreflektierte Abneigungen
oder Sympathien, Vorurteile, Suggestion und Faszination, Mangel an rationaler Distanz wie andererseits rationale Kalküle spielen in den Entscheidungsprozeß ebenso hinein wie Täuschung über die eigenen Motive
und die der anderen, Reizüberflutung durch Werbung, Abstumpfung oder
Provokation durch Exzesse der Werbung, fehlendes oder ausgeprägtes
Sensorium für werbliche Eindrücke, Uninformiertheit trotz Überangebots
an werblichen Informationen, Unsicherheit auch, resultierend aus der Unstabilität des einzel- und gesamtwirtschaftlichen Warenangebots. Diese
und andere ökonomische, psychische und soziale Faktoren bestimmen
und beeinflussen jene trotz aller Konformität doch individuellen Motiva-
tionszusammenhänge, die die Person eines Menschen ausmachen und aus
denen heraus Kaufentschlüsse gefaßt werden. In derartig komplexe Zusammenhänge werden die Werbebotschaften hineingesteuert. Oft werden
sie überhaupt nicht wahrgenommen, oft nisten sie sich in das wache Bewußtsein oder in andere Bewußtseinsschichten der Käufer ein, lösen Aktionen aus oder werden vergessen. Nur wenige Werbeimpulse dringen bis
zu den von der Werbung gemeinten Personen (oder Institutionen) vor.
Eine große Anzahl der in die Bevölkerung eines Landes hineingegebenen
Werbeimpulse geht in der Komplexität der Kaufmotive und in der Insta-
bilität der äußeren Kaufbedingungen verloren.

Die Werbeimpulse, die in eine bestimmte Person hineingegeben werden, lassen sich also auf ihrem Weg durch die psychischen oder kognitiven
Prozesse nicht verfolgen, die sich in dieser Person vollziehen und die dann
schließlich einen so oder so gearteten Kaufentschluß auslösen. Sie entziehen sich weitgehend der Kontrolle der Werbegestalter und Werbeplaner,
denen doch in besonders starkem Maße daran gelegen sein muß zu wissen,
wie sich in der kontaktierten Person ein Werbeimpuls in einen Kaufentschluß oder in einen Verzicht auf Kauf umsetzt. Da ihnen aber die Infor-

mationen über den tatsächlichen Einfluß der von ihnen ausgestreuten und gelenkten Werbeimpulse auf das konkrete Kaufverhalten der von den Impulsen erreichten Personen fehlen, sind sie darauf angewiesen, ihre Ziele in einer Weise zu formulieren, die den unmittelbaren Bezug zu dem eigentlich verfolgten Ziel, nämlich die Einflußnahme auf den Umsatz des Unternehmens, entbehrt.

Sie werden zum Beispiel anstreben, ihre Werbevorhaben so zu gestalten und zu planen, daß ein hohes Maß an Aufmerksamkeit und nachhaltiger Wirkung in den zur Zielgruppe gehörenden Personen erzielt wird. Von Gedächtnis- und Beeindruckungswirkung, von Hinstimmung und Verkettung, von hohen oder geringen Bekanntheitsgraden für das werbende Unternehmen selbst oder seine Marken, Erzeugnisse oder Dienste wird als anzustrebenden Zielen gesprochen. Von awareness, comprehension, conviction und persuasion ist die Rede. Es werden Tests vorgenommen, die darüber Aufschluß geben sollen, in welchem Maße sich die Einstellungen (Attitüden), die Kaufintentionen und andere Elemente des Kaufverhaltens bestimmter (befragter) Personen durch die Werbekontakte ändern, denen sie ausgesetzt werden. Diesen Zielen ist gemeinsam, daß sie psychologischer Art sind und nur in einem lockeren, weitgehend indefiniten Zusammenhang mit betrieblichen Umsätzen stehen. Die Ziele sind mit den Mitteln und Möglichkeiten, über die die Gestalter der Werbemittel verfügen, praktizierbar. Diese Auffassung ist in Praxis und Literatur unbestritten. Das gilt auch für eine die neuzeitliche Werbung in besonderem Maße kennzeichnende Situation. In dem Bestreben, die Wirkung von Werbemaßnahmen zu steigern und auf ein besonders hohes Maß zu bringen, ist man von einer punktuellen zu einer mehr ganzheitlichen Betrachtung der Werbewirkung übergegangen.

Die einzelnen Anzeigen, Plakate, Fernsehspots werden nicht mehr isoliert und auf eine ganz bestimmte Situation bezogen gesehen, sondern als Bestandteile eines Systems von Werbeaktivitäten betrachtet, die darauf gerichtet sind, in dem Kaufbewußtsein der breiten Massen ein bestimmtes Firmen- oder Markenimage zu erzeugen oder zu erhalten. Der auf den Erwerb und die Sicherung eines Firmen- oder Markenimage gerichteten Werbung liegt der Gedanke zugrunde, daß jede einzelne Werbemaßnahme des Unternehmens an dem Firmen- oder Markenimage partizipiert. Das Image bündelt außerdem die Wirkung der Werbung und verstärkt sie auf diese Weise. Auch hier liegt ein psychologischer Effekt vor.

In einer anderen Sicht lassen sich Werbeziele auch so formulieren: Die kommunikative Leistung von Werbeaktionen hängt nicht nur von der kreativen Gestaltung, sondern auch von der Verbreitung der Werbemittel ab. Das Interesse richtet sich dabei auf die Zahl und Art der Kontakte, die mit den Umworbenen hergestellt werden, und zwar über die Benutzung von Medien, die als Werbeträger fungieren. Da die Kontakte sehr verschiedenartig und von unterschiedlichem Wert für das werbende Unternehmen sein können, werden sie, wenn es notwendig erscheint, gewichtet. Angestrebt wird dann ein Maximum der Summe an gewichteten Kontakthäufigkeiten über die verschiedenen Arten von Kontakten. Die Bestimmung der Kontaktmenge, die Verteilung und Dosierung der Kontakte, die Auswahl der Medien, die die Kontakte herstellen sollen, die Aufgabe, den Werbeetat möglichst optimal zu verwenden – diese in meßbaren Größen angebbaren Planungsziele der Werbung sind mit den der Werbepraxis heute zur Verfügung stehenden Verfahren der empirischen Sozialforschung, der Marktpsychologie und der Mediaforschung konkretisierbar. Die Ziele sind wie die der Werbemittelgestaltung operational, d. h. mit den Mitteln der Werbung erreichbar.

Wie aber ist das Verhältnis zwischen dem allgemeinen Ziel der Werbung und den im engeren Sinn kommunikativen Werbezielen zu bestimmen? Während das allgemeine Ziel der Werbung darin besteht, auf die Entscheidungen der präsumtiven Käufer und über sie auf die Umsatzentwicklung gestaltend Einfluß zu nehmen, beschränken sich die hier als im engeren Sinn kommunikativ bezeichneten Ziele der Werbemittelgestaltung und der Werbeplanung darauf, ein möglichst hohes Maß an Aufmerksamkeit zu erregen, hohe Bekanntheitsgrade und Imagewerte zu erzielen, die Kontakte günstig zu steuern, die Kontaktmengen möglichst vorteilhaft zu dosieren, um optimale Medienkombinationen ausfindig zu machen (um nur einige dieser Ziele zu nennen). Die Annahme allerdings, daß das Erreichen hoher kommunikativer Werte auf eine hohe Effizienz der Werbung, also starken Einfluß auf die Entscheidungen der Käufer und auf die Entwicklung des Umsatzes zur Folge haben müsse, wird durch die Erfahrung nicht generell bestätigt. Eine große Zahl zustande gekommener gewichteter Kontakte muß nicht notwendig zu einer Werbung mit besonders starker Käuferbeeinflussung führen. Tests, die als Folge von Werbeimpulsen Änderungen in den Attitüden befragter Personen registrieren, bedeuten keineswegs, daß diese Personen ihr Einkaufsverhalten auch ändern. Wenn sich eine befragte Person gut an eine bestimmte Werbung erinnert, dann muß sie die Marken, für die geworben wird, deshalb noch nicht unbedingt kaufen oder zu ihnen übergehen. Ist es gelungen, die optimale Kontaktdosis zu treffen, dann bleibt gleichwohl offen, ob es deshalb zu einer Änderung des Kaufverhaltens kommt. Mit Recht aber streben die Werbeplaner gleichwohl optimale Kontaktdosierungen und Einschalthäufigkeiten an. Auch ist es sinnvoll, die Werbemittel so zu gestalten, daß sie ein hohes Maß an Aufmerksamkeit erregen und zum Image des Unternehmens oder der Marke beitragen. Die Gestalter der Werbemittel und die Werbeplaner verfolgen mit Recht diese Ziele, wenn sie ihren Teil zum Gelingen der Werbung beitragen wollen. Es besteht immerhin ein hoher Grad an Wahrscheinlichkeit dafür, daß die Wirkung der Werbung auf den

Umsatz von dem Maß abhängt, in dem es gelingt, diese Ziele zu erreichen. Aber es ist nicht gesagt, daß hohe Zielerreichung in den Bereichen der im engeren Sinne kommunikativen Werbeziele hinreichende Bedingung für hohe Effizienz des Werbevorhabens ist, gemessen an der Stärke des Einflusses auf das Verhalten der Käufer und die Entwicklung des Umsatzes. Die im engeren Sinne kommunikativen Ziele der Werbemittelgestaltung und der Werbemittelverbreitung besitzen mehr den Charakter von Hilfszielen oder von Ersatzzielen. Hohe Werte für sie sind ein Zeichen hoher Leistungen kreativer oder planerischer Art. Die Ziele sind verhältnismäßig leicht faßbar; sie sind meßbar und operational. Aber das Niveau, das sie erreichen, läßt noch keinen zwingenden Schluß auf das Maß an ökonomischer Effizienz zu, das die getroffenen Maßnahmen wirklich erzielen werden. Zwischen der obersten Zielsetzung der Absatzwerbung, Einfluß auf die Kaufentscheidungen und damit auf die Entwicklung des Umsatzes des werbenden Unternehmens zu gewinnen, und den werbetechnischen, innerhalb des Kommunikativen bleibenden Zielen der Werbemittelgestaltung und der Werbemittelverbreitung besteht insofern Identität, als alle Anstrengungen der an dem Werbevorhaben Beteiligten auf eben das gemeinsame Ziel gerichtet sind, Einfluß auf die Entscheidungen der präsumtiven Käufer zu gewinnen. Aber diese intentionelle Identität schließt nicht aus, daß die im engeren Sinne kommunikativen Ziele der Werbemittelgestaltung und -verbreitung doch eben anderer Art sind. Sie sind es deshalb, weil sich der eigentliche Akt des Kaufens und seine vollständige Motivation der Kontrolle der Werbung entziehen.

III. Die Gestaltung der Werbemittel

1. Begriff und Arten der Werbemittel.
2. Allgemeine Grundsätze der Werbemittelgestaltung.
3. Merkmale der Hauptwerbemittel.

1. Unter Werbemitteln sind die verbal oder visuell gestalteten, für die Verbreitung durch Werbeträger bestimmten Werbebotschaften (Werbeaussagen) zu verstehen, also das Inserat, der Plakatanschlag, die Werbedrucksache, der Werbefilm, die Werbefernseh- oder die Werbefunksendung u. ä. Danach sind Werbemittel stets auf bestimmte Werbeträger (Medien) bezogen, für sie entworfen und gestaltet. Werbeträger sind der Kommunikation zwischen Werbenden und Umworbenen dienende Einrichtungen, die in der Regel nicht primär werblichen Zwecken zu dienen bestimmt sind, aber für werbliche Maßnahmen benutzt werden können. Vor allem handelt es sich hierbei um Tages- oder Wochenzeitungen regionaler oder überregionaler Art, Zeitschriften, insbesondere um aktuelle Il-

lustrierte, Programmzeitschriften, Frauenzeitschriften, Fachzeitschriften, Plakatanschlagflächen in Form allgemeiner Stellen, Ganzstellen, Großflächen, um den Rundfunk und das Fernsehen, Geschäftsräume, Ladeneinrichtungen u. a. Wegen der unterschiedlichen Voraussetzungen, die die Werbeträger für die Gestaltung und Verbreitung der Werbemittel aufweisen, können sie nicht in gleicher Weise für alle Werbemittel verwandt werden.

Hinsichtlich der Werbemittel lassen sich unterscheiden:

1. Werbeanschläge (Werbeplakate), und zwar Bogenanschläge (angebracht an Plakatsäulen, Plakatwänden u. a.);
   Daueranschläge (in Form von Beschriftungen an Hauswänden, Giebeln, Brückenbogen, Fuhrwerken u. a.; Schilder der verschiedensten Art, z. B. Blech-, Glas-, Emailleschilder u. a.);
   Sonderanschläge (z. B. in Form von Plakaten an Fesselballons, Flugzeugen; Sandwichmänner u. a.).
2. Werbeanzeigen (Einzelanzeigen, Serienanzeigen in Zeitungen, Zeitschriften und sonstigen Publikationsorganen).
3. Werbedrucke (Handzettel, Flugblätter, Empfehlungsschreiben, Gütezeugnisse, Geschäftsberichte, Hauszeitschriften, Preislisten, Broschüren, Prospekte, Kataloge).
4. Werbebriefe (Einzelwerbebriefe, vervielfältigte Werbebriefe).
5. Leuchtwerbemittel (in Schaufenstern und Verkaufsräumen, an Läden, Häuserfronten, Giebeln u. a.; in Bahnhofs- und Wartehallen, bei Werbeveranstaltungen u. a.).
6. Projektionswerbemittel (Diapositive, Werbefilme, Himmelsschreiber).
7. Werbefunksendungen.
8. Werbefernsehsendungen.
9. Werbeveranstaltungen (Werbevorträge, Werbevorführungen, Modeschauen, Presseempfänge, Betriebsbesichtigungen, Veranstaltungen auf Ausstellungen und Messen; Ausstellungswagen, Lautsprecherwagen u. a.).
10. Ausstattungen der Geschäfts-, insbesondere der Verkaufsräume, sofern bei ihrer Ausgestaltung Werbegesichtspunkten Rechnung getragen wird (Mobiliar, Schaukästen, Vitrinen, Innenbeleuchtung, Schaufenster).
11. Werbeverkaufshilfen (Warenproben, Kostproben, Modelle, Attrappen, Werbegeschenke, Verpackungsmittel, z. B. Schachteln, Beutel, Körbe, Zellophanhüllen, bedrucktes Pack- bzw. Einschlagpapier, Tragegriffe, Schnüre, Anhänger, Siegel, Etiketten, Ankleber u. a.).
12. Firmenvordrucke, sofern nach Werbegesichtspunkten gestaltet (auf Briefbögen, Umschlägen, Rechnungsformularen, Versandanzeigen, Kassenzetteln, Quittungen u. a.).

13. Kundendienst (Zustellung und Abholung von Waren, Installierung und Wartung von maschinellen Aggregaten, Unterhaltung von Reparaturwerkstätten und Ersatzteillagern, Abschleppdienste u. a.).
14. Sonstige Werbemittel (Lehrmittel, Preisausschreiben, Freiexemplare u. a.).

Die unter 9, 10 und 11 aufgeführten Maßnahmen, die an sich Werbemittel sind, bilden das Hauptinstrumentarium der „Verkaufsförderung"[1]. Ein vollständiger Katalog der heute gebräuchlichen Werbemittel ist nicht möglich, weil außer den üblichen und immer wiederkehrenden Werbemitteln stets von neuen Möglichkeiten der Werbung Gebrauch gemacht wird. Werbemittel, die heute in einer bestimmten Weise benutzt werden, zeigen morgen bereits neue Formen und Entwicklungen. Dies alles ist ein Prozeß sich ständig wandelnder Möglichkeiten und sich immer mehr steigernder Aktualität. Die Erfindungskraft der Menschen scheint auf diesem Gebiete keine Grenzen zu kennen. Das ist die Situation, wie sie heute für das Gebiet der Werbemittel und ihre Entwicklung typisch ist. Im großen und ganzen vermittelt der Katalog ein Bild von der Vielzahl und Vielgestaltigkeit der Werbemittel, über welche die Werbung heute verfügt. Im einzelnen mag auch die Zuordnung der Werbemittel zu dieser oder jener Gruppe willkürlich erscheinen. Die Grenzen zwischen den einzelnen Werbemitteln und Werbemittelgruppen lassen sich nicht immer scharf ziehen.

2. Wie müssen die einzelnen Werbemittel beschaffen sein, wenn sie werbewirksam sein sollen? Gibt es bestimmte Grundsätze und Forderungen, die bei der Gestaltung von Werbemitteln berücksichtigt werden müssen?

Bei der Beantwortung dieser Fragen muß man sich der Tatsache bewußt bleiben, daß jedes Werbemittel seine Individualität hat und daß, wenn sie nicht vorhanden ist, gerade das Charakteristische eines Werbemittels fehlt. Gleichwohl lassen sich einige Grundsätze und Postulate herausarbeiten, die für jedes Werbemittel gelten, wenn es werbewirksam werden soll[2].

a) Die erste Forderung besagt, daß jedes Werbemittel durch seine Art und Beschaffenheit eine möglichst große Aufmerksamkeitswirkung erzielen soll, und zwar in dem Sinne, daß diejenigen, die von dem Werbemittel

---

[1] Vgl. hierzu die Ausführungen unter Abschnitt V des sechsten Kapitels.

[2] Diese Probleme sind grundlegend untersucht worden, SEYFFERT, R., Werbelehre – Theorie und Praxis der Werbung, 2 Bde., Stuttgart 1966, hier vor allem die Ausführungen im ersten Band, 3. Teil, S. 235 ff.; vgl. auch SPIEGEL, B., Werbepsychologische Untersuchungsmethoden, 2. Aufl., Berlin 1970; HOLZSCHUHER, L., v., Psychologische Grundlagen der Werbung, 2. Aufl., Essen 1960; JACOBI, H., Werbepsychologie – Ganzheits- und gestaltungspsychologische Grundlagen der Werbung Wiesbaden 1963; HOFMANN, H.-J., Werbepsychologie, Berlin 1972.

erreicht werden, den Werbeappell auch vernehmen, den es aussendet. Dieser Appell soll diese Personen veranlassen, von dem Text und den Argumenten des Werbemittels Kenntnis zu nehmen, sofern es sich um Werbemittel handelt, die Text und Argumentation enthalten. Allgemeiner: der Werbeanruf soll von einer solchen Intensität sein, daß diejenigen, die er erreicht, stutzig werden und hinschauen oder hinhören, um den Eindruck in sich aufzunehmen, den die Werbemittel erzielen sollen.

Mit der Tatsache jedoch, daß Werbemittel die Forderung erfüllen, Aufmerksamkeit zu erregen, ist an sich noch nicht viel erreicht. Es kann durchaus die Möglichkeit bestehen, daß ein Werbemittel auffällt, daß es sogar diskutiert und seine Fortsetzung mit einer gewissen Spannung erwartet wird. Bleibt es aber bei diesem gegenwärtigen Interesse und verlöschen die Eindrücke bald wieder, dann führen solche Werbemittel nicht zu einer wirklichen Einflußnahme auf den Kaufwillen der für das Werbeobjekt in Frage kommenden Käufer.

b) Ein Werbemittel erfüllt also noch nicht alle Forderungen, denen es genügen sollte, wenn es lediglich die Aufmerksamkeit derjenigen erregt, die seinen Appell vernehmen. Das Werbemittel muß vielmehr eine „nachhaltige" Wirkung erzielen. Diese Wirkung ist nun allerdings nicht allein von der Einprägsamkeit und der suggestiven Wirkung der Werbemittel abhängig, sondern zusätzlich auch von der Zweckmäßigkeit des Einsatzes der Werbemittel. Dieses Problem soll hier noch nicht behandelt werden. Nur so viel sei hierzu bereits angemerkt, daß ein Werbemittel nur dann zur vollen Entfaltung seiner Werbeenergie gelangt, wenn es in ständiger Wiederholung diejenigen trifft, um die geworben wird. Dieser repetierende Einsatz soll zur Folge haben, daß das Werbeobjekt in das Bewußtsein der in Frage kommenden Käufer eingeht und sich in ihrem Kaufbewußtsein, wenigstens auf eine gewisse Zeit, hält. Mag jedoch dieser Einsatz noch so kenntnisreich vorgenommen werden und mag allen Forderungen Rechnung getragen werden, die für die Verwendung von Werbemitteln gelten, dann bleibt der Werbemitteleinsatz doch ohne Erfolg, wenn die Werbemittel nicht so gestaltet sind, daß sie die Voraussetzung für eine nachhaltige Wirkung auf die Käufer enthalten.

c) Im Sprachgebrauch der Werbepraxis haben sich immer mehr zwei Ausdrücke durchgesetzt, die in diesem Zusammenhange von Bedeutung sind. Man sagt, ein Werbemittel müsse so entworfen und ausgeführt sein, daß es den Lebensgewohnheiten, dem Lebensstandard und dem geistigen Habitus derjenigen entspricht, um die geworben wird. In diesem Sinne wird der Ausdruck „Hinstimmung" verwendet [1]. Diese Hinstimmung ist ein wichtiges Postulat für den Entwurf und die Gestaltung von Werbemit-

---

[1] So auch MAECKER, E. J., Planvolle Werbung, 3. Aufl., Essen 1962; ALBACH, H., Werbung, in: Handwörterbuch der Sozialwissenschaften, Band XI, Sp. 624, 1961.

teln. Ein Werbemittel verfehlt seinen Zweck, wenn es diejenigen nicht anspricht, für die es bestimmt ist. Dieses Hinstimmen und Abstellen der Werbemittel auf die Aufnahmefähigkeit, den Geschmack und die Lebens- und Wertvorstellungen derjenigen sozialen Gruppen, an die sich die Werbung wendet, unterscheidet den Einsatz künstlerischer Mittel für Werbezwecke grundsätzlich von dem Einsatz künstlerischer Mittel unter rein ästhetischen Aspekten. Der unaufhebbare Abstand zwischen Werbegraphik und freier bildnerischer Gestaltung liegt in der für Werbemittel geltenden Forderung nach Hinstimmung begründet. Das bedeutet kein Werturteil. Nur läßt sich der Unterschied zwischen den beiden Formen künstlerischen Gestaltens mit besonderer Eindringlichkeit an der Tatsache sichtbar machen, daß Hinstimmung ein Kriterium für die künstlerische Gestaltung von Werbemitteln ist, dieses Kriterium aber versagt, wenn es sich um die künstlerische Gestaltung rein ästhetischer Formen und Kompositionen handelt. Nicht die Höhe der kreativen Leistung, sondern die Tatsache, ob ein Werbemittel beim Publikum „ankommt", entscheidet über seine Effizienz.

d) In vielen Fällen wird im Zusammenhang mit einer Werbeaktion gleichzeitig von mehreren Werbemitteln Gebrauch gemacht. Im Falle solcher Werbemittelkombinationen besteht die Gefahr, daß die Werbemittel nicht hinreichend aufeinander abgestimmt, oder wie man auch sagt, nicht hinreichend miteinander „verkettet" sind [1]. Versteht man unter Verkettung mehr die äußere Verknüpfung der Werbemittel miteinander, beispielsweise auch die Verknüpfung von Werbemitteln, die ein bestimmtes Unternehmen verwendet, mit Werbemitteln, die im Rahmen einer Gemeinschaftswerbung benutzt werden, dann ist Verkettung Sache des Werbemitteleinsatzes, also des Zusammenspiels der Werbemittel in ihrer zeitlichen Abfolge und räumlichen Verknüpfung. Wird aber Verkettung als innere, fast möchte man sagen, ästhetische Abstimmung der von einem Unternehmen benutzten Werbemittel aufgefaßt, dann ist Verkettung mehr ein Akt der Werbemittelgestaltung. Tragen die für die Werbung eines Unternehmens verantwortlichen Personen, die Werbeplaner, Gebrauchsgraphiker und Texter, diesem Grundsatz der inneren Verkettung auf einem hohen Niveau Rechnung, dann kann sich hieraus ein Werbestil entwickeln, der den Werbemaßnahmen des Unternehmens ein charakteristisches Gepräge gibt. Mittel einer solchen inneren, stilgebundenen Verkettung können zum Beispiel ganz bestimmte Formen der Verpackung, Warenzeichen, Schriftformen, Farben, Farbzusammenstellungen, Werbesprüche, Stereotypfiguren sein. Von Werbestil läßt sich aber erst dann sprechen, wenn alle Werbeäußerungen eines Unternehmens ein einheitliches, gemeinsames und für die Werbung des Unternehmens charakteristisches Gepräge aufweisen.

---

[1] In diesem Sinne auch MAECKER, E. J., a.a.O., S. 65 ff.

Es wurde bereits darauf hingewiesen, daß die Warenzeichen, insbesondere auch die Aufmachung bzw. Verpackung der Waren, sofern sie sich nicht durch besondere werbewirksame Gestaltung kennzeichnet, hier nicht zu den Werbemitteln gerechnet werden. Sie gehören in den Bereich der Produktgestaltung. Denn alle Markierung von Waren durch Warenzeichen oder alle Kennzeichnung von Waren durch eine bestimmte Art der Aufmachung dient der Individualisierung der Erzeugnisse bzw. der Warensortimente, mit denen ein Unternehmen den Markt beliefert. Treibt nun ein solches Unternehmen Werbung, die in diesem Fall dominante und nicht nur akzidentelle Werbung sein wird, dann bedient es sich hierbei der Schutzmarken, die oft sogar zu diesem Zweck geschaffen werden, und auch der Formen und Farben der Verpackung, um sie mit den Methoden der Werbung, also weitgehend mit Methoden der modernen Massenbeeinflussung, zum Bestandteil des Bewußtseins breiter Käuferschichten zu machen.

3. Die Hauptwerbemittel, auf die kurz eingegangen werden soll, bieten sehr unterschiedliche Möglichkeiten für eine eindrucksvolle und überzeugende Gestaltung der Werbebotschaft.

a) Die Plakatwerbung kann nur dann zur vollen Entfaltung ihrer Möglichkeiten gelangen, wenn sie von allen störenden Einzelheiten, allem technischen und kaufmännischen Detail des Warenangebotes frei ist. Denn das Plakat muß, wenn es wirken soll, mit Stilisierungen, Kontrasten, Pointierungen arbeiten [1]. Dazu bedarf es möglichst großer Freiheit von den technischen und kommerziellen Einzelheiten des Angebots. Erst wenn diese Freiheit gegeben ist, läßt sich jene äußerste Konzentration gebrauchsgraphischer Mittel erreichen, die das Geheimnis der Wirkung großer Plakatwerbung bildet. Aber es zeigt sich auch, daß das Plakat nur dort für Werbezwecke verwendbar ist, wo die technischen Einzelheiten des beworbenen Gegenstands nicht wesentlich interessieren, also vornehmlich bei der Verbrauchswerbung. Eigentümlicherweise findet man aber vorzügliche Gebrauchsgraphiken in Form von Plakaten und Anzeigen auch in Industriezweigen, in denen die Zahl der für die Kaufentscheidung wichtigen technischen Einzelheiten des Warenangebots so groß ist, daß die Werbung bereits wieder auf sie verzichten kann. Das Plakat bringt den Interessenten unter diesen Umständen die bereits bekannte Firma und ihre Erzeugnisse in Erinnerung. Das im Plakat stilisierte Erzeugnis oder die Fabrikmarke oder der Firmenname wird unter solchen Umständen gewissermaßen stellvertretend für die stofflichen und funktionalen Einzelheiten des Warenangebots verwandt. Eine solche Werbung betreiben Maschinenfabriken und andere Unternehmungen der eisenschaffenden Industrie. Sie

---

[1] Vgl. hierzu auch DOHMEN, J., Plakatanalyse vor der Bewährungsprobe, in: Absatzwirtschaft, 1971, S. 27 ff.

wird als Repräsentativwerbung bezeichnet und ist im wesentlichen Imagewerbung, nicht so sehr unmittelbar Verkaufswerbung.

α) Gebrauchsgraphische Arbeiten sind Zweckarbeiten. Der Wert eines
Plakates richtet sich nicht nach seinem ästhetischen Gehalt, sondern nach
der Intensität, mit der es Menschen in seinen Bann zieht, die ihm an sich
gleichgültig, wenn nicht sogar abweisend gegenüberstehen. Man muß sich
dabei vor Augen halten, wie groß und wie ungeordnet die Zahl der optischen Eindrücke ist, denen die modernen Menschen täglich ausgesetzt
sind. Trotzdem nimmt ein gutes Plakat von den Menschen Besitz, ohne
daß sie sich dieser Tatsache bewußt werden. Wenn dann der Tag kommt,
an dem ein bestimmter Bedarf gedeckt werden soll, dann tritt plötzlich ins
Bewußtsein, daß es ein Erzeugnis Z gibt, welches in der Lage sein soll, dieses Bedürfnis zu befriedigen, daß es sicherlich gut ist und daß man es kaufen sollte.

Wenn ein Plakat diese Wirkung erreicht, dann erfüllt es seinen Sinn
und seine Aufgabe.

Der Abstand zwischen reiner Kunst und im Dienste der Werbung ste-
hender Gebrauchsgraphik ist unaufhebbar. Aber die künstlerischen Mittel, die in der reinen Kunst und in der Gebrauchsgraphik verwandt werden, sind weitgehend die gleichen. Bei genauerer Betrachtung würde man
wahrscheinlich zu dem Ergebnis kommen, daß die Stiltendenzen der jeweils zeitgenössischen Kunst nicht ohne Einfluß auf die gebrauchsgraphische Gestaltung der Plakate sind. Wie sollte es auch anders sein, da sich
Künstler von Rang den praktischen Tagesfragen nicht versagen und entscheidend zur Entwicklung der modernen Plakatwerbung beitragen.

β) Es geht über den Rahmen einer betriebswirtschaftlichen Untersuchung hinaus, aufzuzeigen, wie ein Gebrauchsgraphiker ein Plakat ent-
wirft. Jeder gute Gebrauchsgraphiker, der seine bildnerischen Darstel-
lungsmittel beherrscht, weiß, welche Wirkungen er mit dem jedem Maler
bekannten Komplementäreffekt erzielen kann. Aber er weiß auch, daß
sich interessante und wirkungsvolle Farbwirkungen erreichen lassen, ohne
das Komplementärprinzip zu verwenden, etwa, indem statt mit komplementären mit benachbarten Farben gearbeitet wird. Jeder Künstler kennt
auch die Wirkung des Kontrastes zwischen warmen und kalten Farben,
und viele Maler setzen sich ihr Leben lang mit diesem Problem auseinander.

Kein Gebrauchsgraphiker arbeitet ohne Verwendung des Kontrastes
zwischen Hell und Dunkel, zwischen reinen und trüben Farben. Er kennt
die raumbildenden Eigenschaften der Farben, die Wirkungen, die er mit
dem Spiel von Licht und Schatten erzielen kann. Er weiß, wie jeder Maler,
um die Wirkung eines mehr pastosen oder mehr lasierend vorgenommenen Farbauftrages und um die Möglichkeiten, die ihm die Spannung zwischen großen und kleinen Flächen, zwischen Flächen und Linien, zwi-

schen oben und unten, links und rechts in der Bildfläche gibt. Er weiß auch, daß er starke Farbigkeit vermeiden muß, wenn er einen bestimmten Bildteil plastisch herausarbeiten will. Und daß er um so mehr auf klaren Umriß, einfache Formen, pointierende Farben und kurze, nach Möglichkeit frappierende Texte Wert legen muß, je mehr es sich um Plakate handelt, die an Anschlagsäulen (Plakatsäulen), Giebelwänden usw. angebracht werden, also an Stellen, an denen Menschen vorbeihasten, die oft nur Bruchteile von Sekunden für den „Anruf des Plakates" zur Verfügung stehen, um einen Ausdruck von Kropff zu verwenden. Hat aber der Gebrauchsgraphiker ein Plakat zu entwerfen, das in Räumen oder an Haltestellen von Straßenbahnen usw., also überall da angebracht werden soll, wo Menschen warten müssen, mithin mehr Zeit verfügbar ist, um die Plakate wirken zu lassen, dann wird er das Plakat so gestalten, daß es dieser Tatsache gerecht wird.

Dabei ist zu berücksichtigen, daß Plakate in der Regel nicht nur aus Bildern, sondern auch aus Texten bestehen und daß der Textgestaltung für die Wirkung eines Plakates keine geringere Bedeutung zukommt als einer bildnerischen Gestaltung. Die zeichnerische oder typographische Formung des Textes, die Schlagkraft seiner Aussage wirkt nur dann, wenn sie sich mit dem Plakatbild in innerer und äußerer Übereinstimmung befindet. Bild und Text müssen aus derselben Idee stammen, auf die das Plakat abgestimmt ist.

Nun ist allerdings das Verhältnis zwischen Bild und Text bei Plakaten grundsätzlich ein anderes als zum Beispiel bei Inseraten. Da Plakate oft nur Augenblicke zur Wirkung kommen, muß nicht nur das Bild, sondern auch der Text entsprechend gestaltet sein. Das heißt aber: der Text muß „ins Auge springen". Er muß kurz und prägnant sein; für lange Texte ist auf Plakaten kein Raum. Der Schwerpunkt der Plakate liegt in der bildnerischen Darstellung. Man kann geradezu sagen: ein Plakat, dessen Text man erst bewußt lesen muß, wenn man es verstehen will, ist grundsätzlich als verfehlt anzusehen.

Die Tatsache, daß bei Plakatanschlägen der Text im Dienste der Wirkung des Plakatbildes steht, erklärt es auch, daß reine Textplakate selten sind. Sie stellen ganz besonders große Anforderungen an das Stilgefühl des Graphikers und an sein Gespür für die werbliche Wirkung typographischer Formen.

Erst die Zuordnung von Bild und Text schafft jene plakative Einheit, von der die Effizienz des Werbemittels abhängig ist. Dieser kompositorische Vorgang bei der Plakatgestaltung bzw. auch bei der Gestaltung von Inseraten und Werbedrucksachen wird als „Lay-out" bezeichnet. Die Verteilung von Bild und Text auf der Plakatfläche muß so vorgenommen werden, daß weder die äußere noch die innere Einheit des Plakates zerstört wird. Oft steht der Text sinnlos an irgendeiner Stelle auf der Plakatfläche.

Offenbar wußte man nicht, wohin man ihn bringen sollte. Es scheint, daß das Problem des Lay-out nur dann lösbar ist, wenn Bild und Text in der ursprünglichen Konzeption als eine Einheit gedacht sind.

Allein, die genaueste Kenntnis von Funktion und Wirkung des Plakates, die vollkommenste Beherrschung der gebrauchsgraphischen Techniken, die Ausschöpfung aller Möglichkeiten der Textgestaltung und des Lay-out lassen noch keinen wirkungsvollen und überzeugenden Plakatanschlag entstehen. Wer kein Organ für Farben, Lineament und Flächen hat, wem keine Pointen einfallen und wer kein Gefühl für werbliche Wirkung besitzt, dessen Plakate sind ohne Reiz, und es bleibt dann bei jener phantasie- und temperamentlosen Gebrauchsgraphik, jenen langweiligen Photos und trivialen Texten, an denen die moderne Plakatwerbung nicht arm ist.

b) α) Betrachtet man in diesem Blickwinkel Anzeigen (Inserate, Annoncen) als Mittel der Werbung, dann zeigt sich, daß Inserate mehr als Plakate mit der ursprünglichen Bekanntmachungsfunktion der Werbung verbunden sind. Denn viele Anzeigen enthalten eingehende fachliche Angaben über technische und qualitative Eigenschaften der angebotenen Gegenstände, über Preise, auch über Lieferungs- und Zahlungsbedingungen. Derartige „Annoncen" findet man vor allem in technischen Fachzeitschriften und in der Tagespresse, hier besonders häufig unter den sog. „kleinen Anzeigen". Der spezifisch werbliche Charakter solcher Anzeigen tritt um so mehr zurück, je mehr die Anzeigen die Funktion reiner Offerten erfüllen, wie sie im normalen Geschäftsverkehr üblich sind. Je mehr die Anzeigen jedoch bewußt nach Prinzipien der Werbung gestaltet werden, um so stärker tritt der besondere Charakter solcher Anzeigen als Mittel der Werbung zutage.

β) Ob ein Inserat die werbende Kraft besitzt, die sich diejenigen von ihm versprechen, die es für Werbezwecke verwenden, ist von vielen Umständen abhängig. Von ihnen interessiert hier nur die Gestaltung des Inserats. Besteht eine Anzeige nur aus Text, dann sind Inhalt und Form des Textes und seine typographische Gestaltung die Faktoren, die den Werbewert der Anzeige bestimmen. Enthält ein Inserat dagegen Text und Bild, dann ist es weder der Text noch das Bild allein, sondern die Zusammenordnung von Text und Bild, das Lay-out, das auf den Betrachter die gewünschte Wirkung ausüben soll.

Plakate verlangen in der Regel kurze Texte, weil oft nur wenige Sekunden zur Verfügung stehen, in denen auf die Betrachter eine Wirkung ausgeübt werden kann. Die Werbung mit Hilfe von Inseraten weist in dieser Hinsicht nicht die gleichen Voraussetzungen auf wie die Werbung mit Hilfe von Plakaten. Denn derjenige, der die Anzeigenteile der Tageszeitungen, Zeitschriften oder Buchveröffentlichungen liest, wird, sofern er überhaupt auf die Inserate reagiert, bereit sein, den Anzeigen mehr Zeit zu widmen, als ihm das in der Regel bei einem Plakat möglich ist. Hieraus ergibt sich, daß die Inseratwerbung längere Texte bringen kann. Da aber ein langer Text im Rahmen eines Inserats nicht als solcher bereits Anziehungskraft auf den Leser ausübt, muß der Leser gewissermaßen dazu gezwungen werden, diesen Text auch zu lesen. Das geschieht in der Regel auf die Weise, daß der Text mit einer Textüberschrift versehen wird, die durch ihren Inhalt und durch ihre typographische Formgebung den Blick des Lesers auf sich zieht. Ist die „Schlagzeile", besser: der Werbespruch, der „Slogan", blaß und ohne Akzent, dann wird es zur Lektüre des Inseratentextes wahrscheinlich gar nicht kommen. Das Inserat bleibt dann ohne Wirkung.

Wird für ein Inserat ein längerer Text gewählt, dann muß der Text bestimmte Eigenschaften der Werbeobjekte oder Vorteile, die den Käufer beim Erwerb der Waren erwarten, so attraktiv wie möglich schildern, denn nicht das Was, sondern das Wie des Textes, die Argumentation entscheidet über seine Wirkung auf die Käufer. Ob und in welchem Umfange die Methodik der Argumentation erlernbar ist, soll hier nicht erörtert werden. Zu großen Leistungen gehört aber auch hier Begabung, d. h. nicht nur Sinn für sprachliche Möglichkeiten und Wirkungen, sondern auch Anpassungsfähigkeit an den geistigen Habitus derjenigen, an die sich das Inserat wendet.

Daß von dem Schriftbild, welches für den Werbetext gewählt wird, unterschiedlich starke Wirkungen auf die Leser ausgehen, ist bekannt. Aber das Schriftbild ist auch hier wiederum an den Stil gebunden, den ein Unternehmen für seine Werbung bevorzugt und der im Grunde der Stil des Unternehmens selbst ist. Ist dabei das Schriftbild nicht auf den Leserkreis abgestimmt, auf den das Unternehmen für seine Erzeugnisse oder Dienste reflektiert, dann bleibt ohne Wirkung, was unter Umständen für andere Käufergruppen wirkungsvoll gewesen wäre.

In diesem Zusammenhang ist auch zu berücksichtigen, daß die Wirkung des Schriftbildes nicht nur von der typographischen Gestaltung, sondern auch von der Qualität des Drucks und des Papiers abhängig ist.

Nun steht aber für die Inseratwerbung auch die Illustration mit ihren vielen Möglichkeiten zur Verfügung, sei es, daß es sich hierbei um farbige Darstellungen oder um Illustrationen in Schwarzweißmanier oder um Photographien handelt. Das Bild, die Zeichnung oder die Photographie kann den Text so stark zurückdrängen, daß sich das Inserat mehr dem Stil des Plakates nähert. Das Bild kann im Inserat aber auch eine mehr illustrierende Aufgabe haben derart, daß es mit seinen Mitteln nochmals unterstreicht, was der Text sagt. In diesem Falle ersetzt das Bild gewissermaßen den Werbespruch, der bei reiner Textwerbung die Aufgabe hat, die Aufmerksamkeit der Leser auf das Inserat und damit auf den Inhalt des Textes zu ziehen.

Spricht in einem Inserat das Bild für sich selbst, bringt es mit einfachen, mehr primitiven oder mit künstlerischen Mitteln zur Darstellung, was auszusagen ist, dann gelten für die Gestaltung solcher Illustrationen alle Überlegungen, die im Zusammenhang mit der künstlerischen und werbewirksamen Gestaltung von Plakaten erörtert wurden. Wie bei den Plakaten wird der Gebrauchsgraphiker versuchen, mit den Mitteln der Zeichnung, der Farbe und der Komposition, hier Komposition im Sinne von „Lay-out" verstanden, jene Wirkung zu erzielen, die von seiner Zeichnung oder seinem Bild verlangt wird.

Ein großes und schwieriges Problem der Inseratwerbung besteht jedoch darin, daß Text und Illustration nach Inhalt und formaler Gestaltung auf den gleichen Ton gestimmt sein müssen, wenn das Inserat wirken soll. Ist beispielsweise der Text sehr unmittelbar und zupackend gehalten, dann kann es ein Fehler sein, wenn die Illustration zu diesem Text in einer sehr dezenten Federzeichnung besteht. Und es geht auch nicht an, einen sehr überlegen und elegant geschriebenen Text mit einer in Form und Farbe groben Illustration zu versehen, wie man es oft findet. Im Grunde ist es Sache des Stilgefühls von Textern und Graphikern, daß jene innere Einheit zwischen Text und Illustration hergestellt wird, die zu einem guten Inserat gehört.

Bei Inseraten als Werbemittel muß stets berücksichtigt werden, daß für die Gestaltung der Anzeigen nicht der Raum zur Verfügung steht wie etwa bei dem Entwurf von Plakaten. Natürlich kann man nicht sagen, daß die Wirkung einer Anzeige in erster Linie eine Funktion ihrer Größe sei. Sie ist vielmehr in erster Linie eine Funktion der kreativen Leistung. Im übrigen gilt: wenn für ein Inserat nur wenig Raum zur Verfügung steht, dann muß diesem Umstande bereits beim Entwurf der Anzeige Rechnung getragen werden, denn große Inserate lassen andere Mittel und Möglichkeiten der Inseratgestaltung zu als kleine Inserate.

Nicht jedes Inserat ist für jede Zeitschrift oder Zeitung oder überhaupt für jedes Publikationsorgan geeignet. Denn es setzt, um werbewirksam zu werden, ein bestimmtes Druckverfahren voraus. Diese Verfahren zeigen aber große Unterschiedlichkeiten. Außer dem Druckverfahren ist es das von der Zeitung, Zeitschrift u. a. verwandte Papier, das beim Entwurf eines Inserates, insbesondere beim Entwurf von Großinseraten, berücksichtigt werden muß. Wenn es sich um Anzeigen handelt, die in Tageszeitungen erscheinen sollen, dann läßt das verwandte Rotationspapier nur in seltenen Fällen eine differenzierte Wiedergabe zu. Anders steht es mit den wöchentlich erscheinenden Beilagen, die oft in Tiefdruck und auf glattem Papier gebracht werden. Illustrierte Zeitungen erlauben im allgemeinen einen besseren Druck (Tiefdruck, Offsetdruck, Buchdruck) auf Illustrations- und Kunstdruckpapier. Sie stehen auch für farbige Wiedergaben zur Verfügung. Aus allen diesen Gründen gibt es für die werbliche Ausgestaltung von Anzeigen in solchen Publikationsorganen mehr Freiheit als in Tageszeitungen.

Ein besonderer Sachverhalt liegt vor, wenn die Anzeigenwerbung in Fachzeitschriften betrieben wird, zum Beispiel in Fachzeitschriften für bestimmte Industriezweige, Sparten des Einzelhandels oder des Großhandels. Die Tatsache, daß es sich in diesem Fall um Fachleute handelt, auf die die Werbung zielt, bedeutet, daß auch die Anzeigen anders gestaltet werden müssen als dann, wenn direkt um Verbraucher geworben wird. Probleme ganz besonderer Art bietet die Werbung, die mit Serienanzeigen arbeitet. Wie die Erfahrung zeigt, machen vor allem die großen Markenfirmen von dieser Art der Anzeigenwerbung Gebrauch. (Das gilt in entsprechender Weise auch für die Plakatwerbung.) Im Falle der Serienwerbung sind die einzelnen Anzeigen (bzw. Plakate) Teile einer ganz bestimmten Abfolge von Inseraten (oder Plakaten). Die besondere werbepolitische Aufgabe besteht nun darin, der mit einer Abfolge monotoner Eindrücke verbundenen Gefahr der Ermüdung und des Desinteresses zu entgehen. Aus diesem Grunde verfährt man im allgemeinen so, daß die Inserate oder Plakate das Thema, auf das die ganze Serie abgestimmt ist, abwandeln. Zwar lassen sich starke Werbewirkungen mit der monotonen Herausstellung immer des gleichen Inserates oder Plakates während eines längeren Zeitraumes erzielen. Aber im allgemeinen herrscht doch die Tendenz vor, nicht immer wieder die gleichen Inserate oder Plakate zu verwenden, sondern das Thema abzuwandeln, und zwar derart, daß gemäß dem Prinzip der Verkettung alle zur Serie gehörenden Anzeigen gleichbleibende Bestandteile enthalten, also zum Beispiel gleiche Wort- oder Bildmarken, bestimmte Farbenzusammenstellungen, Verpackungen usw. Oft auch wird eine bestimmte Werbefigur verwendet, beispielsweise ein erfolgreicher Geschäftsmann oder ein Seemann von einem bestimmten Typ oder ein Fachmann, der für die Qualität der angebotenen Ware bürgen soll. Das Detail dagegen wird variiert. Diese Serienanzeigen (wie auch die Serienplakate) finden in immer stärkerem Maße Anwendung. Die Erfolge, die sich mit ihnen erzielen lassen, sind groß.

c) Die Leuchtwerbung (Lichtreklame) beruht weitgehend auf dem Kontrast von Hell und Dunkel. Schwarz ist stets eine Farbe, die andere Farben zum Leuchten bringt. Nicht nur weißes, sondern auch buntes Licht gewinnt an Intensität, wenn es vor einem dunklen Hintergrund, zum Beispiel einer dunklen Hausfassade, oder dem Nachthimmel strahlt. Dieser Helldunkelkontrast läßt sich auf mannigfache Weise nutzen.

Im Falle unbeweglicher Leuchtwerbung bleibt der Werbetext im Zeitablauf unverändert. Bewegliche Leuchtwerbung liegt dagegen vor, wenn sich die Werbung der Wechselschrift oder der Wanderschrift (Laufschrift) bedient. Mit der Mischung von Werbetexten und aktuellen Nachrichten lassen sich gewisse Wirkungen erzielen. Größere Bedeutung wird diese Methode aber nicht besitzen.

Die Wirkung der Leuchtwerbung hängt zwar nicht allein, aber doch in entscheidendem Maße davon ab, ob die Leuchtmittel so ausgewählt und gestaltet sind, wie es die konkrete Situation erfordert. Es gibt hier viele Gestaltungsmöglichkeiten, und es läßt sich nicht allgemein sagen, welches die richtige Form der Leuchtwerbung ist. Hat zum Beispiel ein großes Versicherungsunternehmen ein bei Tage weithin sichtbares Hochhaus errichtet, dann kann dieses Hochhaus für Werbezwecke verwandt werden, wenn es in der Dunkelheit mit Hilfe von Scheinwerfern angestrahlt wird. Auf ähnliche Weise lassen sich auch Plakate oder Firmenschilder beleuchten. Als sehr wirksam hat sich eine Leuchtwerbung erwiesen, bei der die Reklamefläche, zum Beispiel Hauswand und Giebelwand, indirekt beleuchtet wird, so daß sich das eigentliche Werbeobjekt dunkel bzw. matt erleuchtet gegen die helle Wand abhebt.

Die heute am meisten gebräuchlichen Leuchtmittel sind neben der elektrischen Glühlampe die Leuchtstoffröhren. Sie lassen sich leicht zu Schriftzeichen oder zu irgendeiner anderen Ornamentik formen und besitzen auch eine für Werbezwecke ausreichende Farbskala. Von diesen Möglichkeiten der Leuchtwerbung machen beispielsweise die großen Markenartikelunternehmen Gebrauch, wenn sie in den Hauptzentren des Verkehrs und in den Hauptgeschäftsstraßen der Städte für ihre Erzeugnisse werben. Die weite Entfernung, auf die die Werbung wirken soll, zwingt dazu, möglichst wenig Buchstaben zu wählen oder sich überhaupt nur auf das Markenzeichen oder auf ganz wenige kennzeichnende Elemente zu beschränken. Die Leuchtkörper müssen dann entsprechend groß gewählt werden.

Die optischen Wirkungen der Leuchtwerbung in den Hauptverkehrszentren werden in die Fülle von Licht- und Farbeffekten der an diesen Stellen konzentrierten Werbung eingesogen. Damit entsteht die Gefahr, daß die Leuchtwerbung eines einzelnen Unternehmens ihre individuelle Wirkung verliert. Konkurrenzwerbung zwingt in diesem Fall die Werbetreibenden dazu, immer neue Leuchteffekte ausfindig zu machen, weil sonst die Wirkung der eigenen Werbung in dem großen Strom von Helligkeiten und Farben untergeht. Es ist bekannt, daß ein bestimmter Helligkeitsgrad, der für einen Gegenstand gewählt wird, einen Gegenstand mit etwas niedrigerem Helligkeitsgrad dunkler erscheinen läßt, als er in Wirklichkeit ist. Und eine starke Farbe kann weniger starken Farben jede Wirkung nehmen.

Da die Leuchtwerbung eines Unternehmens auf die geschilderte Weise in Farb- und Helligkeitskonkurrenz mit der Leuchtreklame der anderen, an dieser Stelle ebenfalls Leuchtwerbung treibenden Unternehmen steht, bedürfte es an sich der Abstimmung der gewählten Farben und Hellig-

keitsgrade mit den Farben und Helligkeitsgraden der an dieser Stelle konkurrierenden Werbung. Da das aber nicht ständig möglich ist, bleibt immer die Gefahr bestehen, daß sich die Wirkung der eigenen Werbung in
der Fülle von Farb- und Lichteffekten verliert. Diese bunte Farbigkeit
wird noch dadurch gesteigert, daß die Firmenschilder, auch die Konturen
und Schaufenster der Einzelhandelsgeschäfte, unter Verwendung von bun-
tem Neonlicht beleuchtet werden. Für diese Beleuchtungswerbung gilt
dann allerdings die Forderung, daß sie sich dem Stil der Geschäfte anpaßt,
für die sie wirbt.

d) Den Prototyp unter den neuzeitlichen Massenmedien stellt das
Fernsehen dar. Es vermittelt optische und akustische Eindrücke, die sich
mit großem Erfolg für die Absatzwerbung verwenden lassen. Die Werbefernsehsendungen (Werbespots) bestehen aus kurzen Werbefilmen, die
zum Teil im Filmstudio, zum Teil außerhalb des Ateliers gedreht werden
und aus Trickfilmen, die auf Zeichentricks, auch auf Puppen- und Foto-
tricks beruhen. Zu den schwarzweiß oder farbig gehaltenen optischen Ele-
menten des Werbespots im Fernsehen gehören akustische Elemente in
Form von gesprochenem Wort, Musik und Geräuschkulissen. Der Fern-
sehwerbespot ist also ein über Auge und Ohr wirkendes multisensorisches
Gebilde. Es gewährt dem Werbenden die Möglichkeit, den Gebrauchs-
und den Geltungsnutzen der Werbeobjekte auf mannigfache Weise zur
Darstellung zu bringen, einmal indem die Eigenschaften des Werbeobjektes und ihr Wert für den Zuschauer der Werbesendung durch Kommentie-
rungen mannigfacher Art expliziert werden (Gegenstandsbeschreibungen
durch gesprochenes Wort und bewegtes Bild), zum anderen, indem über
den beworbenen Gegenstand in Form einer Spielhandlung informiert
wird. Wie zu jeder wirksamen werblichen Äußerung eines Unternehmens
gehört auch zum Fernsehspot eine bestimmte Werbeidee, ein bestimmter
Einfall oder ein methodisch erarbeiteter kreativer Aspekt. Das Fernsehen
gewährt aber die besondere Möglichkeit, eine Spielhandlung zu erfinden,
die die beabsichtigte werbliche Information in Form einer vor allem auf
Unterhaltung abgestellten szenischen Abfolge von Bildern bringen soll.
Eine Story ist mit Werbespots nicht notwendig verbunden. Kaufwirksame
Argumente lassen sich im Werbefernsehen auch ohne Spielhandlung vor-
tragen. Jedoch eröffnet eine Spielhandlung in ganz besonderem Maße die
Möglichkeit, den Gegenstand der Werbung in Situationen und in einer
Atmosphäre vorzuführen, die den Zuschauer emotional reagieren läßt.
Hierin liegen die besonderen Chancen des Werbefernsehens.
    Werbesendungen im Fernsehen erschöpfen sich selten in einem Spot,
der einmal oder mehrere Male eingeblendet wird. Oft erstreckt sich die
Werbung über mehrere Sendungen mit festem Kern der werblichen Aus-
sage, aber wechselndem Szenarium. Die Werbestory wird also in mehre-

ren Abwandlungen erzählt. Auf diese Weise wird einer gewissen Flüchtigkeit entgegengewirkt, die dem Fernsehspot nun einmal anhaftet.

Wie die akustischen, optischen und die szenischen Möglichkeiten des Werbefernsehens genutzt werden, entzieht sich rationaler Regelung. Den kreativen Möglichkeiten der Werbegestalter sind offenbar keine Grenzen gesetzt.

e) Im Gegensatz zum Werbefernsehen gründet der Werbehörfunk ganz auf das gesprochene Wort und die Musik. Das Szenarium ist unsichtbar. Trotz des Fehlens aller optischen Möglichkeiten bleibt die Faszination, die vom gesprochenen Wort ausgeht, auch wenn der Sprecher nicht sichtbar ist. Worin diese Faszination besteht, die sich der Werbefunk zunutze macht, ist im einzelnen schwer auszumachen. Sie geht aber sicherlich von der menschlichen Stimme selbst aus, von ihrer Fähigkeit zu erregen und allein schon durch ihren Klang, eben ihre „Stimmung", Persönliches auszudrücken und auf andere Menschen zu übertragen. Gewiß, es gibt stark und wenig expressive Stimmen, und sie sind unterschiedlich modulationsfähig. Aus diesem Grunde läßt sich im Werbefunk nicht alles durch die gleiche Stimme sagen. Wenn aber zwischen dem Inhalt der Werbebotschaft und der Stimme, die für dieses Ziel wirbt, eine innere Korrespondenz besteht, dann ist die menschliche Stimme wie nichts anderes geeignet zu appellieren, die Zuhörer aufhorchen zu lassen und für sich zu gewinnen.

Die Faszination, die der menschlichen Stimme innewohnen kann, findet ihre Unterstützung durch den Reichtum an Ausdrucksmöglichkeiten, über die das gesprochene Wort verfügt. Die Wahl der Worte, der Bau der Sätze, ihre Straffung und Dehnung, die metaphorische Fülle sprachlicher Möglichkeiten, ihre Bildhaftigkeit, aber auch ihre Fähigkeit zu abstrakter Formulierung, ihre Rhythmik, ihre Antithetik, ihre Steigerungsmöglichkeiten nach dem Leisen und nach dem Lauten hin, auch ihre Übersteigerungen, die an die Grenzen der Verfremdung führen können, alle diese Möglichkeiten, anschaulicher und abstrakter Phantasie Ausdruck zu geben, lassen der lediglich akustischen Werbung ihren Raum in der Gesamtordnung neuzeitlicher Absatzwerbung. Auch diese Werbung bietet die Möglichkeit, Handlung zu bringen, sei es in der Weise, daß die Gegenstände oder Dienste, für die geworben wird, in vielfältiger Weise beschrieben, kommentiert und die Kaufargumente formuliert werden, sei es, daß Spielhandlungen dazu benutzt werden, die Werbung effizienter zu machen. Die Regie steht hier vor besonders großen Schwierigkeiten.

Die zweite Komponente der Werbesendungen im Rundfunk, die musikalische Darstellung, hat mannigfache und durchaus unterschiedliche Funktionen. Im allgemeinen untermalt sie mehr als daß sie führt. Nur das Werbefunk-Musical formt die Werbeaussage vom speziell Musikalischen her. Funkwerbung verlangt einfache musikalische Themen und Harmo-

nik. Starke Rhythmisierung, Lyrismen, aber auch dramatische Akzentu-
ierung vermögen die Ausdruckskraft des vom unsichtbaren Sprecher gesprochenen Worts oder die Spannung im Ablauf der Handlung zu stärken
und damit zu steigern. Die leitmotivische Behandlung des für den Werbe-
slogan gefundenen Themas über mehrere Sendungen hinweg ist ein be-
liebtes Mittel der musikalischen Gestaltung von Werbespots im Rundfunk. Dem Repetieren derartiger Slogans setzt die Aufnahmewilligkeit der
Hörer jedoch sehr bald Grenzen.

Die Gestaltung von Werbesendungen im Rundfunk verlangt in besonderem Maße Begabung für sprachlichen Ausdruck und Phantasie. Ohne
Einfälle und Spontaneität lassen sich werbewirksame Rundfunkspots nicht
schaffen.

Die Tatsache, daß das Werbefernsehen akustische und optische Eindrücke vermittelt, hat die Rundfunkwerbung hinter die Fernsehwerbung
zurücktreten lassen. Die Hörfunkwerbung hat heute mehr den Charakter
und die Funktion ergänzender Werbung angenommen.

f) Die Herstellung und Verbreitung von Werbefilmen ist nicht auf das
Fernsehen begrenzt. Älter als die Vorführung von Werbefilmen im Fernsehen ist die Verwendung von Werbefilmen in den Lichtspieltheatern. Die
Werbefilme in den Kinos verwenden sprachliche und optische Effekte. Sie
geben die Möglichkeit, die beworbenen Gegenstände in Wort und – be-
wegtem – Bild zu beschreiben. Wie in einem Fernsehspot lassen sich der
Herstellungsprozeß des Werbeobjektes oder die vielfachen Möglichkeiten
seines Gebrauchs und seiner Bedienung so werbewirksam vorführen, daß
die Zuschauer gefesselt werden. Es ist bekannt, daß viele Menschen heute
ein sehr starkes Interesse für technische Vorgänge besitzen. Werden außerdem die Vorteile, die der Besitz eines solchen Gegenstandes für den Konsumenten hat, ansprechend und amüsant gebracht, dann pflegt ein solcher
Film seine Wirkung nicht zu verfehlen. Da die eigentlichen Werbefilme,
wie sie in Kinos vorgeführt werden, eine Länge von 44 sec (20 m) bis zu
66 sec (33 m) aufweisen, während die Fernsehspots in der Regel nicht länger als 20 oder 30 sec dauern, gewährt der Kino-Werbefilm, weniger vielleicht das Filmlet (Länge 10 – 19 m, Laufzeit 22 – 41,8 sec) günstige Voraussetzungen auch für eine Spielhandlung, in der der Gegenstand der
Werbung repräsentiert wird.

Die Filmwerbung in Lichtspieltheatern bietet deshalb günstige Voraussetzungen für einen guten Werbeerfolg, weil die Zuschauer im abge-
dunkelten Raum sitzend, fast könnte man sagen: gezwungen werden, den
Film anzusehen. Nun laufen aber Werbefilme nur eine kurze Zeit, und in
der Regel werden mehrere solcher Filme hintereinander vorgeführt. Dieses kurzfristige Nacheinander der Filme birgt die Gefahr in sich, daß sich
die Eindrücke verwischen und nicht haften bleiben. Werden Filme mit
verhältnismäßig langer Laufzeit vorgeführt, geraten sie unter Umständen

in Konkurrenz mit dem Hauptfilm. Ist der Niveauunterschied zwischen dem Werbefilm und dem Hauptfilm zu groß, dann wird möglicherweise der Eindruck, den der Zuschauer vom Werbefilm erhalten soll, durch den stärkeren Eindruck des Hauptfilms ausgelöscht.

In diesem Zusammenhange sei noch kurz auf die Werbung mit Hilfe von Diapositiven eingegangen. Man findet sie vor allem in Lichtspieltheatern. Bei der Diapositivwerbung handelt es sich um die Vorführung von unbeweglichen Bildern. Die Stehdauer der vorgeführten Diapositive ist sehr kurz. Innerhalb kürzester Zeit jagt deshalb ein Eindruck den anderen. Oft stößt überhaupt die Vorführung solcher Diapositive auf Ablehnung. Immerhin gewährt die Diapositivwerbung den Vorteil, daß man die Lichtspieltheater aussuchen kann, in denen Diapositive vorgeführt werden sollen. Damit erhält man die Möglichkeit, die Werbung in diejenigen regionalen Bezirke und in diejenigen Käufergruppen zu streuen, an denen den Werbenden besonders gelegen ist.

g) Bei den Werbebriefen wird zwischen Einzelwerbebriefen und Massenwerbebriefen unterschieden. Die Einzelwerbebriefe sind in der Regel mit der Maschine geschriebene, individuell gehaltene, an bestimmte Adressaten gerichtete Schreiben, in denen der Werbende in möglichst enger Anlehnung an die geschäftsüblichen Offerten Angebote unterbreitet. Die Möglichkeiten, mit Hilfe dieser Einzelwerbebriefe zu werben, sind sehr begrenzt, insbesondere dann, wenn der Streubereich und die Streudichte der Werbung groß sein sollen. Unter solchen Umständen besteht werbetechnisch ein gewisser Zwang, mechanisch vervielfältigte Werbebriefe herzustellen, die dann wie Einzelwerbebriefe an die Adressaten persönlich gerichtet werden. Die Werbung mit Hilfe solcher Werbebriefe kann auch in Form von Werbebriefserien vorgenommen werden. In diesem Fall werden die Werbebriefe in einer bestimmten zeitlichen Abfolge, verkettet durch sich zunehmend ergänzende Argumentation, den Adressaten zugestellt.

Werbebriefe der zuletzt geschilderten Art pflegen um so wirksamer zu sein, je mehr sie nach Form und Inhalt einem regulären Warenangebot gleichen. Dieses Ziel ist selbstverständlich nur in Annäherung erreichbar. Aber je mehr man ihm bei der äußeren und inneren Gestaltung der Werbebriefe nahe kommt, um so größer werden die Chancen sein, daß die Briefe gelesen werden.

Die modernen Vervielfältigungsmittel sind in der Lage, einer solchen Forderung, wenigstens was die äußere Aufmachung von Werbebriefen anbetrifft, weitgehend gerecht zu werden. Aber wie viele Werbebriefe gehen täglich in den Büros großer Industrieunternehmen oder Handelshäuser, in den Einzelhandelsgeschäften, bei Architekten, Anwälten, Ärzten usw. ein, die gar nicht gelesen werden, da sie sofort als Werbebriefe kenntlich sind. Im allgemeinen wird nur von denjenigen Werbebriefen Kenntnis genommen, die wenigstens zunächst den Eindruck erwecken, daß sie reguläre Geschäftsbriefe sind. Man fragt sich oft, ob es nicht richtiger sei, eine geringere Zahl von individuell geschriebenen Briefen zu versenden, als jene Flut von Werbebriefen, mit denen die Käufer heute überschüttet werden.

Oft wird die Frage diskutiert, ob es zweckmäßig sei, Werbebriefe zu drucken und mit Illustrationen zu versehen. Wenn man an der hier vertretenen Auffassung festhält, daß Werbebriefe um so wirksamer zu sein pflegen, je mehr sie nach Form und Inhalt regulären geschäftlichen Angeboten entsprechen, dann wird man dem Druck und der Illustration von Werbebriefen nur mit Vorbehalten zustimmen können. Es erscheint auch fraglich, ob es richtig ist, einem Werbebrief Prospekte beizulegen.

Nun ist aber der Erfolg von Werbebriefen nicht nur von ihrer äußeren Aufmachung, sondern auch von der inhaltlichen Gestaltung des Textes abhängig. Daß dieser Text auf den besonderen Zweck und die konkrete Sachlage abgestimmt sein muß, ist selbstverständlich. Handelt es sich zum Beispiel darum, ein bestimmtes Textilerzeugnis oder einen bestimmten Haushaltsgegenstand neu einzuführen, dann richtet sich die Werbung für diese Gegenstände in erster Linie an die Geschäfte des Einzelhandels. Daß die Verwendung von Werbebriefen unter solchen Umständen eine besonders zweckmäßige Form der Werbung ist, steht außer Zweifel. Aber es ist auch ebenso klar, daß Werbebriefe nach Form und Inhalt auf eine andere Weise zu gestalten sind, wenn es sich um Werbung bei Verbrauchern handelt. Schließlich gilt auch hier, daß die Werbebriefe nach Form und Inhalt in geschickter Weise variiert, aber auch verkettet sein müssen, wenn die Briefe in einer bestimmten Abfolge versandt werden sollen.

h) Zu den Werbedrucken rechnen vornehmlich Handzettel, Flugblätter, Werbeschriften, Gütezeugnisse, Empfehlungsschreiben, Hauszeitschriften, Broschüren, Prospekte, Preislisten, Gebrauchsanweisungen, Kataloge u. a. Nur auf zwei dieser Werbedrucke sei hier kurz eingegangen, da das, was für sie gilt, in mehr oder weniger großer Annäherung auch für die anderen Werbedrucke gilt.

α) Den Prototyp der modernen Werbedrucksache bildet der Prospekt. Es gibt ihn in vielen Abwandlungen, angefangen vom gefalteten oder nicht gefalteten Handzettel über die Gebrauchsanweisung bis zum eigentlichen Werbeprospekt, der sich bereits dem Katalog annähert. In der Regel enthalten die Prospekte eine genaue Beschreibung der angebotenen Waren, vor allem Angaben über Maße, Gewichte, Raumbedarf, Energieverbrauch, Arbeitsweise, Leistungsfähigkeit, Verwendbarkeit usw. der Gegenstände, außerdem Angaben über Preise, Lieferungs- und Zahlungsbedingungen.

Die Prospekte sind im Regelfall mit Abbildungen der Erzeugnisse oder Waren versehen. Auf eine wirklichkeitsgetreue Form dieser Abbildungen muß Wert gelegt werden. Aus diesem Grunde werden Photographien, gegebenenfalls auch technische Zeichnungen bevorzugt.

Die Gestaltung der Prospekte gibt Raum für die Entfaltung vieler werbewirksamer Möglichkeiten. Format, Umfang, Papier, Farbe, Textgestaltung, Abbildungen, Drucktechnik und Lay-out, alle diese Faktoren lassen ungezählte Formen erfolgreicher Gestaltung von Prospekten zu.

β) Wie bereits angedeutet, sind die Übergänge zwischen Prospekten und Katalogen fließend. Denn wie ein guter Prospekt, so unterrichtet auch ein Katalog über die Eigenschaften und technischen Einzelheiten der angebotenen Waren, über Preise und Lieferungsbedingungen usw. Da die Preise im allgemeinen mehr schwanken als die Eigenschaften der Erzeugnisse, werden die Preise oft zu besonderen Preislisten zusammengestellt. Dabei bieten diese Preislisten dann wiederum Möglichkeiten für werbliche Ausgestaltungen.

Es gibt Kataloge, die das ganze Warensortiment eines Unternehmens enthalten. Oft aber geben die Unternehmen auch nur für bestimmte Waren oder Erzeugnisse Teil- oder Spezialkataloge heraus.

Die Kataloge großer Unternehmen mit umfangreichem Produktionsprogramm oder Warensortiment kennzeichnen sich oft durch Hunderte von Positionen mit den für die Aufgabe von Bestellungen erforderlichen Einzelheiten. Handelt es sich um die Kataloge von Versandhäusern, so geben sie in der Regel auch Anweisungen darüber, wie die Maße der zu bestellenden Waren ermittelt werden sollen.

Fragt man nach den Prinzipien der Gestaltung von Katalogen, dann zeigt sich sofort, daß eine große Anzahl von Forderungen Berücksichtigung verlangt. Es gibt Geschäftszweige, in denen die Kataloge vollkommen sachlich ohne jedes spezifisch werbliche Attribut hergestellt werden. Rein technische Angaben, Zeichnungen, sachgetreue Abbildungen füllen solche Kataloge. Man kann im Zweifel darüber sein, ob sie infolge dieses Fehlens jeglichen werblichen Details überhaupt den Charakter spezifischer Werbemittel besitzen. Sie wirken mehr durch den Reichtum ihres Inhalts, die Vorzüglichkeit und gegebenenfalls auch durch die Preiswürdigkeit der angebotenen Waren als durch besonders werbewirksame Textgestaltung, Argumentation oder graphische Ausgestaltung. Das Sortiment ist es, durch das unter diesen Umständen die Kataloge wirken und nicht die Hand des Gebrauchsgraphikers oder der Einfall des Textschreibers. In anderen Fällen gibt dann wiederum die Kataloggestaltung den Textern und Gebrauchsgraphikern und der gestaltenden Kraft des Lay-out um so mehr Raum. In der Regel aber wird man sagen können, daß die werbende, hier besser: die akquisitorische Wirkung von Katalogen sowohl auf der Reichhaltigkeit und Güte des Produktionsprogramms bzw. Sortimentes, also auf „Produktdifferenzierung", als auch auf dem Einsatz typischer werblicher Mittel wie Textgestaltung, Argumentation, Gebrauchsgraphik,

Lay-out usw. beruht. Die akquisitorische Wirkung von Katalogen ist in dem einen Fall mehr die Folge der Produkt- und Sortimentsgestaltung des Unternehmens, im anderen Falle mehr das Ergebnis der wirksamen Verwendung spezifisch werblicher Mittel bei der Kataloggestaltung.

i) Nur kurz sei zum Abschluß dieser Erörterungen über die Prinzipien wirkungsvoller Gestaltung von Werbemitteln auf die sog. Schaufensterwerbung eingegangen. Der Ausdruck Schaufensterwerbung trifft nicht ganz den Sachverhalt, der hier gemeint wird. Denn das Schaufenster, das raffinierteste Werbemittel moderner Verkaufstechnik, bildet heute in der Regel nur einen Teil jener Werbeeinheit, die aus Außenfront, Schaufenstern und Inneneinrichtung der Verkaufsräume besteht. Indem die Außenfront in die werbende Wirkung der Schaufenstergestaltung einbezogen wird, um sich in der Raumgestaltung der Läden und ihrer Einrichtungen erneut zu dokumentieren, steigert sich das akquisitorische Potential derartiger Geschäfte weit über die werbenden Wirkungen hinaus, die die Schaufensterauslage als solche bereits in früheren Zeiten zu erreichen imstande war.

So sehr es nun richtig ist, daß die Schaufensterwerbung vor allen anderen Werbemitteln den Vorteil besitzt, das Warenangebot im Original vorzuführen, so unbestreitbar ist es auf der anderen Seite, daß diese Tatsache allein noch nicht genügt, um die besondere Wirkung der Schaufensterwerbung zu erklären. Erst die gestaltende Kraft des Innenarchitekten, die Kunst der Dekorateure, die werbewirksamen Formen der Markenartikel und der Markenwaren in den Schaufenstern, Regalen, Vitrinen, in den Läden selbst und ihre Anordnung und die Unterstützung, die oft die großen Markenartikelunternehmen den Ladengeschäften bei der Ausgestaltung ihrer Schaufenster und Verkaufsräume durch die Bereitstellung von Mustern, Schaupackungen, Modellen, Plakaten und anderem gewähren, lassen jene erhöhte Kaufbereitschaft unter den Kunden entstehen, an der allen Verkaufenden so sehr gelegen ist.

Man mag im einzelnen darüber streiten, welches der richtige Dekorationsstil für ein Unternehmen ist, ob für das Unternehmen „leere" oder „volle" Schaufenster vorzuziehen sind. Auf diese und viele andere Fragen, die mit der Schaufensterwerbung in Zusammenhang stehen, läßt sich keine allgemein gültige Antwort finden.

IV. Die Verbreitung der Werbemittel

Vorbemerkung: Der kommunikative Charakter der Werbung.
1. Reichweite und Kontakte.
2. Die Zielgruppe als Kriterium der Werbeträgerauslese.

3. Qualitative Merkmale der Werbeträger als Kriterium der Werbeträgerauslese.
4. Die Kontakthäufigkeit als Kriterium der Werbeträgerauslese.
5. Begrenzungen des Auslesespielraums.
6. Kostenbezogene Leistungswerte als Optimierungskriterium.
7. Über Mediaselektionsmodelle.

Die Wirkung einer Werbekampagne hängt in gleicher Weise von der
Gestaltung wie von der Verbreitung der Werbemittel ab. Fehlt es dem
Werbemittel an Eindringlichkeit und Überzeugungskraft, dann können
auch große kommunikative Leistungen der Werbeplanung wirkungs-
schwachen Werbemitteln nicht zum Erfolg verhelfen. Ist es gelungen, den
Werbemitteln verbal oder visuell eine Form zu geben, die mit Recht eine
hohe Werbeleistung erwarten läßt, dann werden die Werbemittel nicht zu
ihrer vollen Entfaltung und Wirksamkeit gelangen, wenn unzulängliche
Kommunikationswege eingeschlagen werden. Nur hohe gestalterische und
kommunikative Leistungen sichern Werbeaktionen einen Erfolg.

Werbung bedeutet keinen Akt einseitiger Informationsübermittlung.
Sie ist vielmehr Teil eines Verkaufsgesprächs zwischen Herstellern und
Verbrauchern, nur daß sich dieses Gespräch nicht in den konventionellen
Formen vollzieht. Der wesentliche Unterschied besteht darin, daß die Informationen über die Einstellungen, Wünsche und Verhaltensweisen der
potentiellen Käufer nicht durch persönliche Kontakte, sondern als Ergebnisse der demographischen und psychologischen Marktforschung gewonnen werden. Diese Informationen sind zwar durch die Unternehmen initi-
iert, bilden aber den ersten Teil eines Kommunikationsprozesses, der in
diesem Fall von den Verbrauchern zu den Herstellern verläuft. In einem
zweiten Informationsgang werden dann den Verbrauchern – aufgrund der
bei ihnen eingeholten Erkundigungen von den Herstellern – Informationen über Waren oder Dienste unterbreitet. Bei diesem Informationsgang dient die Werbung als Kommunikationsmittel. Der Informationsstrom läuft nun in entgegengesetzter Richtung, von den Herstellern zu den
Verbrauchern. Werden hiernach Informationen darüber eingeholt, aus
welchen sachlichen oder werblichen Gründen das Angebot an Waren oder
Diensten den Ansprüchen der Käufer gerecht geworden ist oder nicht oder
nur mit Vorbehalt akzeptiert wurde, dann schließt sich an die beiden In-
formationsgänge eine wiederum in entgegengesetzter Richtung – von den
Verbrauchern zu den Herstellern – verlaufende dritte Informationsproze-
dur an, die den Kommunikationsprozeß entweder abschließt oder neu
eröffnet. Dieser Informationsgang benutzt die Methoden der empirischen
Sozialforschung.

Die Formen, Techniken und die Intensität der so in wechselnden Richtungen verlaufenden Kommunikationsprozesse zwischen Herstellern und

Verbrauchern weisen von Unternehmen zu Unternehmen, von Geschäftszweig zu Geschäftszweig große Unterschiede auf. Die Kommunikation ist auch insofern nicht ohne eine gewisse Einseitigkeit, als die Verbraucher zur Zeit noch verhältnismäßig geringe eigene Informationsinitiativen entwickeln und deshalb von sich aus wenig zur Kommunikation beitragen. Die Verbraucher machen den herstellenden Unternehmen ihren Bedarf, ihre Erwartungen und ihre Enttäuschungen von sich aus nicht hinreichend deutlich klar. Es liegt aber in ihrem eigenen wie im Interesse der Hersteller, daß das Gespräch nicht einseitig geführt wird.

Wie immer sich die Dinge unter dem Druck der öffentlichen Meinung, insbesondere von Verbraucherverbänden und ähnlichen Einrichtungen entwickeln werden: Auch in Unternehmen oder Geschäftszweigen mit dominanter Werbung werden Verkaufsgespräche mit wechselseitiger Information geführt. Die Formen dieser Verkaufsgespräche sind allerdings anderer Art als solche Gespräche, wie sie in der traditionellen Weise zwischen den Geschäftspartnern vollzogen werden. Methoden der empirischen Sozialforschung und der Massenmedien treten an die Stelle des persönlich geführten Verkaufsgesprächs oder drängen diese Form des Kontaktes zwischen Herstellern und Käufern zurück. Aber das Gespräch ist deshalb nicht weniger eindringlich. Der Kommunikationsprozeß zwischen Herstellern und Verbrauchern, in den die Werbung eingeordnet ist, hat in Unternehmen und Geschäftszweigen mit dominanter Werbung zwar seine Form gewechselt, das Gespräch muß deshalb aber nicht notwendig an Informationskraft verloren haben.

Es gibt viele Werbebotschaften, die nicht mit Hilfe so hochgezüchteter Kommunikationssysteme verbreitet werden, wie sie für Unternehmen und Geschäftszweige mit dominanter Werbung typisch sind. Die Informationen fließen dann im wesentlichen über die organisatorischen Einrichtungen der Absatzwege, mit deren Hilfe die Unternehmen ihre Erzeugnisse vertreiben oder ihre Dienste anbieten. Unter solchen Umständen unterstützt die Werbung das Verkaufsgespräch mehr als daß sie es führt. Je stärker aber in absatzpolitischen Konzeptionen die Werbung die Akzente setzt, um so mehr entpersönlicht sich das Verkaufsgespräch, um sich zugleich auf andere Weise zu intensivieren [1].

1 a) In dem vor allem mit den Methoden der demographischen und der psychologischen Sozialforschung und den Mitteln der Massenmedien geführten Verkaufsgespräch ist es Aufgabe der Werbeträger, die Werbebotschaften mit Hilfe der Werbemittel denjenigen Personen oder Institutionen zu vermitteln, von denen angenommen wird, daß sie für die ange-

---

[1] Vgl. hierzu auch HASELOFF, O. W., Kommunikationstheoretische Probleme der Werbung, in: K. Ch. BEHRENS (Hrsg.), Handbuch der Werbung, Wiesbaden 1970, S. 157 ff.

botenen Waren oder Dienste Interesse besitzen. In dieser Verbreitung von Werbebotschaften besteht die kommunikative Leistung der Werbeträger. Es ist deshalb zu fragen: Von welchen Größen ist diese Kommunikationsleistung abhängig, wie kann sie gemessen werden, nach welchen Kriterien soll die Auswahl unter den für ein Werbevorhaben benutzbaren Werbeträgern getroffen werden? Zu bestimmen gilt es dann die Kombination von Werbeträgern und Werbeträgereinheiten, die, bezogen auf einen Etat, ein Maximum an Kommunikationsleistung zu liefern verspricht.

Für die Durchführung einer Werbekampagne stehen Werbeträger in großer Zahl und Vielfalt zur Verfügung. Unter ihnen muß im Rahmen einer bestimmten Werbeplanung eine Auswahl getroffen werden. Eine solche Auslese setzt voraus, daß Informationen über die Leistung der Werbeträger vorliegen, aus denen auf ihre Eignung für Werbevorhaben geschlossen werden kann.

Für die Auslese unter den Werbeträgern ist es wichtig zu wissen, wie groß die Zahl der Personen oder Institutionen ist, die sich mit einem Werbeträger erreichen lassen. Die moderne Mediaforschung stellt den Werbeplanern ein äußerst reichhaltiges und instruktives Informationsmaterial über die „Reichweite" der Werbeträger zur Verfügung. Dieses Material gibt Aufschluß über die Größe, Zusammensetzung und regionale Verteilung der Leser-, Zuhörer- und Zuschauerschaften der Werbeträger, auch über die Personen, die bestimmte Plakatstellen passieren.

In der Werbepraxis wird ganz allgemein unter der Reichweite eines Werbeträgers die Anzahl von Personen verstanden, die von den Werbeträgern erreicht werden. Die Reichweite kann als Prozentzahl der Gesamtbevölkerung eines bestimmten Raumes angegeben werden; sie läßt sich aber auch in absoluten Zahlen ausdrücken, indem die Anzahl der in der Stichprobe befragten Personen auf die Gesamtbevölkerung projiziert wird. Als grundlegende Maßzahl für die Reichweite von Zeitschriften gilt der „Leser pro Nummer" (LpN), das heißt, die durchschnittliche Leserschaft einer Ausgabe der Zeitung oder Zeitschrift [1].

Die Werbeplanung kann es vorteilhaft erscheinen lassen, Werbeträger wiederholt einzuschalten, also zum Beispiel in einer Zeitperiode mehrere Ausgaben eines Publikationsorgans zu belegen oder Werbespots im Hörfunk oder Fernsehen zu wiederholen. In diesem Fall spricht man von ku-

---

[1] So läßt sich zum Beispiel die Reichweite einer Zeitung oder Zeitschrift aus der Höhe der Druckauflage abzüglich der nicht verkauften Exemplare ermitteln. Die Auflage besteht aus Exemplaren, die im Abonnement bezogen oder an Verkaufsstellen gekauft werden, zuzüglich derjenigen Exemplare, die von den als „Mitleser" bezeichneten Personen gelesen werden (Ausleihen von Exemplaren bei Freunden und Bekannten, Lesen der Zeitungen oder Zeitschriften in Büchereien, Wartezimmern u. ä.). Erhöht man die verbreitete Auflage um die Zahl der von den Mitlesern gelesenen Exemplare, dann erhält man die Reichweite des Publikationsorgans. Sie kann bei den großen Publikumszeitschriften das Vielfache der Auflage betragen.

mulierter Reichweite. Sie läßt sich als die Anzahl derjenigen Personen definieren, die bei Mehrfacheinschaltungen mindestens einmal erreicht werden[1]. Ist im Fall von Mehrfacheinschaltungen die Anzahl der Leser, Hörer
oder Zuschauer je Einschaltung gleich groß und sind es dieselben Personen, die die Ausgaben lesen oder die Werbespots hören oder sehen, dann
ist die Reichweite unabhängig von der Zahl der Einschaltungen. Für die
Kumulation der Wiederholungseinschaltungen ergibt sich der Wert Null.
Wenn sich dagegen die Anzahl und Zusammensetzung des Auditoriums
bei einer neuen Einschaltung beziehungsweise bei neuen Einschaltungen
ändern, dann ändert sich auch die Zahl der bei Mehrfacheinschaltungen mindestens einmal erreichten Personen. Die Anzahl der durch
Repetieren der Einschaltungen neu erreichten Leser, Hörer oder Zuschauer indiziert die Kumulation dieser Einschaltungen.

Der Verlauf der Kumulation hängt vor allem von der Art und Zusammensetzung der Auditorien ab. Die Reichweite von Publikationsorganen
mit wenig wechselnden Leserschaften (in diesem Fall vor allem mit Leser mit
festem Abonnement, Exklusivleser) wird mit zunehmender Zahl der Belegungen nur verhältnismäßig wenig ansteigen. Zeitungen und Zeitschriften
mit stark wechselnden Leserschaften werden im Fall von Mehrfachbelegungen dagegen ansteigende kumulative Reichweiten aufweisen. So ist
zum Beispiel damit zu rechnen, daß bei der zweiten Belegung einer Zeitschrift auch eine Verbindung mit Personen zustande kommt, die kein
Exemplar der ersten Belegung gelesen haben. Bei den dritten, vierten und
den weiteren Belegungen wiederholt sich der Vorgang mit der Folge, daß
die Anzahl der Personen, die insgesamt von der Zeitschrift erreicht werden, zunimmt. Die kumulierte Reichweite steigt an.

Werden mehrere Werbeträger mit jeweils einer Einschaltung für ein
Werbevorhaben benutzt, dann erhält man durch Addition der Einzelreich-
weiten der Werbeträger die Bruttoreichweite der Werbeträgerkombination. Falls sich die Reichweiten der zur Kombination gehörenden Werbeträger überschneiden, also zum Beispiel einige Personen mehrere zur
Kombination gehörende Zeitschriften lesen, müssen die Überschneidungs-
fälle von den Bruttoreichweiten abgezogen werden, wenn man die Nettoreichweite der Kombination erhalten will. Liest zum Beispiel eine Person
zwei zur Kombination gehörende Medien, dann liegt Duplikation oder
ganz allgemein Quantiplikation vor. Die Nettoreichweite einer Werbeträgerkombination gibt also die Anzahl derjenigen Personen an, die von einer Werbeträgerkombination mindestens einmal erreicht werden. Die
Doppellesertabellen der Arbeitsgemeinschaft Leseranalyse (LA) geben
dieÜberschneidungen bei allen möglichen Kombinationen von zwei Zeitschriften (Duplikation) an. Quantiplikationswerte höherer Ordnung lassen

---

[1] LA, 1968, a.a.O., S. 7 ff., S. 68 ff.; vgl. auch ZV + ZV, 66. (1969), Nr. 41, S.
194 ff.

sich durch eine Sortierung der von der LA herausgegebenen Basisdaten errechnen [1]. Eine von Agostini entwickelte Formel gibt die Möglichkeit, die Überschneidungen auch auf andere Weise zu ermitteln [2].

1 b) Die Werbepraxis denkt heute weniger in Reichweiten als vielmehr in Kontakten. Dabei bezeichnet „Kontakt" lediglich den Vorgang der Begegnung einer Person mit dem Werbeträger, nicht mit dem Werbemittel oder der Werbebotschaft, die das Werbemittel präsentiert (physische, nicht psychische Kontakte). Im Rahmen der Werbeplanung besagt der Begriff des Kontaktes lediglich, daß, wenn ein Kontakt hergestellt ist, die Chance besteht, es werde im Falle eines Kontakts mit dem Werbeträger auch zu einer Begegnung mit dem Werbemittel kommen [3]. Solange es nicht gelingt, Kontakte als Begegnungen mit dem Werbemittel und seiner Botschaft statt mit dem Werbeträger zu explizieren, muß es bei der Bestimmung des Kontaktbegriffs als letztlich einer Chance für die Begegnung der kontaktierten Person mit einem Werbemittel bleiben.

Unter der Bedingung, daß keine Überschneidungen vorliegen und keine Mehrfacheinschaltungen vorgenommen werden, ist die Gesamtzahl der durch eine Werbeträgerkombination vermittelten Kontakte gleich der Nettoreichweite der Kombination. Jede von der Kombination erreichte Person erhält genau einen Kontakt. Liegen Überschneidungen vor und werden Werbeträger mehrfach eingeschaltet, dann ist die Anzahl der durch die Werbeträgerkombination hergestellten Kontakte größer als die Nettoreichweite der Kombination.

Wird die Zahl der Kontakte, falls Überschneidungen und Mehrfachbelegungen vorliegen, auf die Personen bezogen, die mindestens einen Kontakt erhalten haben, also auf die kumulierte Nettoreichweite, dann erhält man die durchschnittliche Kontaktzahl je erreichte Person. Die Zahl der Durchschnittskontakte bildet einen Maßstab für die erzielte Kontaktdichte. Für den Ausdruck Durchschnittskontakt werden auch die Ausdrücke Kontakthäufigkeit oder Kontaktdosis verwandt. Es ist jedoch auseinanderzuhalten, ob die Kontakte auf die Zahl der im Rahmen einer Werbekampagne erreichten Personen oder auf die Zahl der zur Zielgruppe gehörenden Personen bezogen wird. Die beiden Bezugsgrößen müssen nicht miteinander übereinstimmen.

Da in statistischen Durchschnittswerten die individuellen Besonderheiten der zum Grundgesamt gehörenden Personen untergehen, diese In-

---

[1] Vgl. Berichtsband der Arbeitsgemeinschaft Leseranalyse e. V. (LA), Essen 1968/69, S. 6 ff.

[2] AGOSTINI, J. M., How to estimate unduplicated audiences, Journal of Advertising Research. Vol. 1 (1961), S. 11 ff.

[3] Vgl. Rahmenschema für Werbeträgeranalysen von Massenmedien, ZAW 1968; s. auch: Troost KG, Vom Heftkontakt zum Anzeigenkontakt, Neder-Marketing CMC-Paris, Düsseldorf 1969.

dividualitäten aber von besonders großem Interesse sein können, wird bei der Beurteilung des Ergebnisses von Mediaselektionen großer Wert auf die Verteilung der Kontakte innerhalb der erreichten Personengruppen oder der Personenuntergruppen gelegt. Die Kontaktverteilung gliedert die Kontakte in Klassen mit gleicher durchschnittlicher Kontakthäufigkeit. Sie gibt dann Aufschluß darüber, in welchem Maße es gelungen erscheint, die Kontakte gerade in die Personengruppen hinein zu steuern, die für das werbende Unternehmen und damit für die Werbekampagne von besonderem Interesse sind.

Der Mediaforschung ist es gelungen, Kontaktzahlen zu ermitteln, die das individuelle Medienverhalten (Informationsverhalten) der zur Stichprobe gehörenden Personen berücksichtigen. Die Beurteilung der Leistungsfähigkeit von Werbeträgern wird damit auf eine neue Grundlage gestellt.

Die sich früher mehr auf Zeitschriften beschränkende Leseranalyse hat sich immer mehr zur Mediaanalyse entwickelt. Damit stehen den Werbeplanern nicht nur Daten über Zeitschriften, sondern auch über andere Medien, insbesondere Werbefunk und Werbefernsehen zur Verfügung. Diese Daten genügen im wesentlichen der Forderung, sie als für einen längeren Zeitraum konstant und damit endgültig ansehen zu können. Die Vorstellung von dieser Konstanz des Verhaltens einzelner Personen oder Personengruppen hat zu dem Begriff der Nutzungswahrscheinlichkeit geführt. Sie gibt die relative Anzahl von Kontakten an, die ein Individuum mit einem bestimmten Werbeträger hat.

Der Begriff der Nutzung umfaßt grundsätzlich jede Art der Kontaktgewinnung mit Medien durch einzelne Individuen oder Gruppen von Individuen, zur Zeit vor allem das Lesen oder Sehen und Hören von Werbebotschaften durch die zur Stichprobe und damit zur Zielgruppe gehörenden Personen, bei Zeitungen und Zeitschriften also das Lesen oder wenigstens das Durchblättern der Publikationsorgane, das Aufnehmen der Werbespots vor dem eingeschalteten Gerät im Werbefunk oder Werbefernsehen. Die Mediaanalyse arbeitet mit Modellen, die derartige Nutzungswahrscheinlichkeiten verwenden [1].

Wenn also zum Beispiel eine Zeitschrift im Jahr 12 Ausgaben herausbringt und wenn durch Befragung ermittelt wird, daß die Person A von den 12 Ausgaben im Durchschnitt 6 Ausgaben liest (zur Hand nimmt, durchblättert), dann beträgt die Lesewahrscheinlichkeit für A 0,5. Führt die Befragung bei der Person B zu dem Ergebnis, daß sie nur 4 Ausgaben der Zeitschrift liest, dann ergibt sich für B eine Lesewahrscheinlichkeit von 0,33. Durch Befragung läßt sich also für jede zur Stichprobe und damit zur Zielgruppe gehörende Person die individuelle Nutzungswahrscheinlichkeit als Ausdruck ihres Kommunikationsverhaltens feststellen.

[1] Vgl. auch WENDT, F., Leser-Analyse (LA) 1971, S. 23 ff.

Die individuelle Wahrscheinlichkeit, einen Werbeträger zu nutzen, bedeutet nichts anderes, als die Wahrscheinlichkeit, einen Kontakt mit dem Medium zu haben.

Bei Zeitschriften wird allgemein als kleinste belegbare Einheit ein Exemplar, ein Heft angenommen, obwohl die Heftkontakte nicht ohne Problematik sind. Bei Hörfunk- und Fernsehwerbesendungen treten an die Stelle der Zeitblöcke immer mehr die Zeitabschnitte oder die Tagesabschnitte.

Sind die individuellen Nutzungswahrscheinlichkeiten der Werbeträger beziehungsweise der Werbeträgereinheiten bekannt, dann steht die Mediaforschung vor der Aufgabe, aus den Nutzungswahrscheinlichkeiten die Kontaktzahlen abzuleiten.

Für die Lösung dieser Aufgabe gibt es mehrere Möglichkeiten. In jedem Fall wird der Erwartungswert K der Kontaktzahl nach einer Rechenvorschrift bestimmt, die folgende Struktur aufweist:

$$K = \sum_i n_i\, b_i\, .$$

Darin kennzeichnet der Index i eine Person aus der Stichprobe in Hinsicht auf ihre Nutzungswahrscheinlichkeiten, und n_i ist ein Faktor, der angibt, wie viele Personen aus der Zielgruppe in bezug auf das beobachtete Merkmal die gleichen Eigenschaften aufweisen wie die Person i. Die verschiedenen Möglichkeiten der Berechnung von Kontaktzahlen beruhen auf unterschiedlichen Bedeutungen des Faktors b_i, mit dem allgemein das Maß angegeben wird, in dem die Person i in einem bestimmten Sinn als kontaktiert gelten kann. In einer ersten Interpretation wird dieser Faktor b_i allein aus den Nutzungswahrscheinlichkeiten der Person i für bestimmte Werbeträger abgeleitet. Bei der Ermittlung der individuellen Kontaktzahlen und der die Gesamtkontaktzahl bestimmenden Größen lassen sich drei Situationen unterscheiden.

α) Wenn im Rahmen eines bestimmten Werbevorhabens beabsichtigt wird, in einer periodisch erscheinenden Zeitschrift eine Ausgabe mit einem Werbeinserat zu belegen und wenn die Lesewahrscheinlichkeiten für die Zeitschrift bekannt sind, dann läßt sich die Zahl der mit Hilfe einer Belegung hergestellten Kontakte durch Addition der einzelnen Lesewahrscheinlichkeiten ermitteln.

Besteht zum Beispiel eine Gruppe aus $n_1 = 3000$ Personen, von denen jede für den Werbeträger j eine Lesewahrscheinlichkeit $p_{1j} = 0{,}6$ hat, und eine zweite Gruppe aus $n_2 = 7000$ Personen mit der Lesewahrscheinlichkeit $p_{2j} = 0{,}8$, dann ergibt sich eine mittlere Anzahl von $K = 3000 \cdot 0{,}6 + 7000 \cdot 0{,}8 = 7400$ Kontakten. In diesem Fall wird also der Faktor b_i aus der allgemeinen Formel für K der Lesewahrscheinlichkeit p_{ij} gleichgesetzt.

In diesem einfachsten Fall einer einzigen Belegung eines Werbeträgers entspricht die gesuchte Kontaktzahl also unmittelbar der Zahl der Personen aus der Grundgesamtheit, die mit einer Ausgabe des Werbeträgers durchschnittlich in Berührung kommen.

β) Für bestimmte Aufgaben der Mediaplanung kann es von Interesse sein zu ermitteln, wieviel Kontakte ein und dieselbe Person bei mehrfachen Belegungen eines Werbeträgers haben wird. Es ist in diesen Fällen also bei gegebener Grundwahrscheinlichkeit eine individuelle Wahrscheinlichkeitsverteilung für alle möglichen Kontaktzahlen bei einer bestimmten Anzahl von Belegungen beziehungsweise Inseraten zu ermitteln.

Derartige Kontaktwahrscheinlichkeiten werden in der Mediaforschung mit Hilfe von Binomialverteilungen ermittelt. Da die Kontaktwahrscheinlichkeit im Fall der Binomialverteilung allein von der Grundwahrscheinlichkeit p_{ij} und den Belegungsfrequenzen m_j abhängig ist, lassen sich die individuellen Kontaktwahrscheinlichkeiten ohne weiteres aus der Binomialverteilung ableiten.

Im Binomialmodell ergibt die Formel

$$w_{ij}\,(k/p_{ij}\cdot m_j)=\binom{m_j}{k}\cdot p_{ij}^{k}\,(1-p_{ij})^{m_j-k}\quad (k=0,1,\ldots,m_j)$$

die Wahrscheinlichkeit w_{ij} der i-ten Person aus der Grundgesamtheit, k Kontakte mit dem Werbeträger j zu haben unter der Bedingung, daß die Lesewahrscheinlichkeit p_{ij} und die Zahl der Belegungen m_j ist.

Der Übergang von den individuellen Kontaktwahrscheinlichkeiten zu den für die Werbeträgerauslese benötigten absoluten Kontaktzahlen vollzieht sich aufgrund der Tatsache, daß man die durchschnittliche Zahl der Personen, die bei m_j Belegungen gerade k Kontakte mit dem Werbeträger j haben, durch Multiplikation der Wahrscheinlichkeiten w_{ij} mit den Faktoren n_i und anschließender Summation über alle i erhält.

Wenn etwa wie im oben angegebenen Beispiel eine Grundgesamtheit von 10 000 Personen aus zwei Gruppen besteht, von denen sich eine Gruppe aus 3000 Personen mit einer Grundwahrscheinlichkeit p_{1j} von 0,6 und die andere Gruppe aus 7000 Personen mit einer Grundwahrscheinlichkeit p_{2j} von 0,8 zusammensetzt, dann erhält man als Wahrscheinlichkeiten für keinen einzigen Kontakt bei zwei Belegungen des Werbeträgers j die Werte $w_{1j}(0/0{,}6;2) = 0{,}16$ und $w_{2j}(0/0{,}8;2) = 0{,}04$ [1]. Die Wahrscheinlichkeit, bei zwei Belegungen mindestens einen Kontakt zu erhalten, beträgt dann in der ersten Gruppe $1-w_{1j}(0/0{,}6;2) = 0{,}84$ und in der zweiten Gruppe $1-w_{2j}(0/0{,}8;2) = 0{,}96$.

Insgesamt erhalten also

$$K=3000\cdot 0{,}84+7000\cdot 0{,}96=2520+6720=9240$$

---

[1] $w_{1j}=\binom{2}{0}\cdot 0{,}6^{0}\cdot(1-0{,}6)^{2}=1\cdot 1\cdot 0{,}16=0{,}16$

$w_{2j}=\binom{2}{0}\cdot 0{,}8^{0}\cdot(1-0{,}8)^{2}=1\cdot 1\cdot 0{,}04=0{,}04$

Personen im Durchschnitt mindestens einen Kontakt. Damit ist einerseits das Prinzip illustriert, nach dem die Zahl der Kontakte, mit denen die Mediaanalyse zu arbeiten hat, aus den individuellen Kontaktwahrscheinlichkeiten abgeleitet wird und andererseits zugleich ein Beispiel für die Berechnung der Nettoreichweite des Werbeträgers j gegeben. Diese Reichweite erhält man also bei mehrfacher Belegung eines einzigen Werbeträgers aus der allgemeinen Formel für K, indem man für den dort auftretenden Faktor b_i den Ausdruck

$$b_i = 1 - w_{ij} \, (0/p_{ij}; \, m_j)$$

einsetzt. Entsprechend würde man den Ausdruck für die Bruttoreichweite des Werbeträgers j aus dem Ansatz

$$b_i = \sum_{k=0}^{m_j} k \cdot w_{ij} \, (k/p_{ij}; \, m_j) = p_{ij} \, m_j$$

erhalten.

Während bisher nur ein Werbeträger betrachtet wurde, gilt es nunmehr, die Kontaktzahlen für den Fall des Vorliegens einer Werbeträgerkombination zu ermitteln.

Liest eine zur Zielgruppe gehörende Person mehrere Zeitschriften, zum Beispiel die beiden Zeitschriften 1 und 2, und betragen die mit den jeweiligen Werbeträgergewichten multiplizierten Lesewahrscheinlichkeiten der Person i p_{i1} und p_{i2} und die Belegungshäufigkeiten m_1 und m_2, dann erhält man für den Leser i der Zeitschriften 1 und 2 zwei getrennte Kontaktwahrscheinlichkeitsverteilungen, und zwar für jede Zeitschrift eine Verteilung.

In der Sicht der Werbeplaner interessiert nun die Frage, mit welcher Wahrscheinlichkeit die umworbenen Personen mit der gesamten Werbeträgerkombination k Kontakte erhalten. Diese Wahrscheinlichkeitsverteilung ergibt sich durch eine Faltung der Einzelwahrscheinlichkeitsverteilungen. Die Wahrscheinlichkeit, insgesamt k Kontakte zu erhalten, berechnet sich nach der Formel $w_i \, (k) = \sum w_{i1}(k_1) \cdot w_{i2}(k_2)$, wobei die Summation über alle Kombinationen von k_1 und k_2 auszuführen ist, für die $k_1 + k_2 = k$ gilt.

Die Wahrscheinlichkeit, daß zwischen der Person i und der Werbeträgerkombination kein Kontakt zustande kommt ($k = 0$), ist also $w_i \, (0) = w_{i1} \, (0) \cdot w_{i2} \, (0)$. Die Wahrscheinlichkeit, daß genau ein Kontakt erhalten wird ($k = 1$), ist

$$w_i \, (1) = w_{i1} \, (0) \cdot w_{i2} \, (1) + w_{i1} \, (1) \cdot w_{i2} \, (0),$$

usw.

Würde man in der allgemeinen Formel für K den Faktor $b_i = w_i \, (k)$ setzen, dann würde auch K von der Zahl k der Kontakte einer Person mit der Werbeträgerkombination abhängig. Auf diese Weise erhält man die Kontaktverteilung. Häufig soll dagegen der Erfolg einer mehrfachen Belegung mehrerer Werbeträger durch eine einzige Meßzahl ausgedrückt werden. Aus der allgemeinen Formel für den Wert K ergibt sich dann die Netto-reichweite der Werbeträgerkombination, wenn man

$$b_i = 1 - w_i(0)$$

und die Bruttoreichweite, hier die Anzahl der insgesamt zustande gekommenen Kontakte

$$b_i = \sum_{k=1}^{m} k \cdot w_i(k)$$

setzt. Im letzten Ausdruck stellt m die Summe der Belegungszahlen aller Werbeträger dar. Es gilt mithin

$$m = \sum_j m_j.$$

Die Ermittlung der Verteilungen $w_i(k)$ und der aus diesen Verteilungen resultierenden effektiven Gesamtkontaktzahlen führt bei stark differenzierten Grundgesamtheiten und umfangreichen Werbeträgerkombinationen zu einem großen Rechenaufwand und langen Rechenzeiten der EDV-Anlage. Es bieten sich mehrere Wege an, diese Schwierigkeiten zu umgehen. Einer dieser Wege ist das Mittelwertverfahren. Hier bedient man sich der Tatsache, daß der Mittelwert einer Summe zufälliger Größen gleich der Summe der Mittelwerte dieser zufälligen Größen ist. Hat also eine Person i mit den m_j Belegungen eines Werbeträgers j im Mittel $p_{ij} \cdot m_j$ Kontakte, dann beträgt der Mittelwert der Kontakte mit der Werbeträger-kombination

$$b_i = \sum_j p_{ij} m_j.$$

Hier wird die Bruttoreichweite auf einem Weg berechnet, der die Kenntnis der Wahrscheinlichkeit $w_i(k)$ und damit die aufwendige Berechnung der Faltung von Wahrscheinlichkeiten nicht voraussetzt [1]. Die Beliebtheit des Mittelwertverfahrens in der Praxis beruht vor allem auf seiner verhältnis-mäßig leichten Handhabung.

Ein anderes Verfahren, mit dessen Hilfe sich die Schwierigkeiten einer exakten Berechnung dieser Kontaktwahrscheinlichkeiten umgehen lassen, bedient sich der Simulationstechnik. Auch hier werden die effektiv einge-tretenen Kontakte zunächst für ein Individuum ermittelt.

Die für die Mitglieder einer Stichprobe ermittelten Nutzungswahr-scheinlichkeiten besagen grundsätzlich nur, daß ein Leser von einer be-stimmten Anzahl von Inseraten oder von Werbesendungen im Rundfunk oder im Fernsehen durchschnittlich eine bestimmte Teilmenge liest, hört

---

[1] Vgl. hierzu GRAWE, H., Mathematische Methoden der Mediaplanung, SCS-Schriftenreihe, Bd. 3, Hamburg 1971, S. 33 ff.

oder sieht. Damit ist aber nicht gesagt, welche dieser Ausgaben oder Sendungen er sieht oder hört. Mit Hilfe von Simulationsverfahren, hier der Monte-Carlo-Methode, wird für jede einzelne Belegung eines Werbeträgers simuliert, ob die Person einen Kontakt erhält oder ohne Kontakte bleibt. Auch hier bildet die Lesewahrscheinlichkeit die Grundlage für die Ermittlung der Kontaktzahlen. Diese Lesewahrscheinlichkeit wird mit einer für jede Belegung neu erzeugten Zufallszahl verglichen. Im vorliegenden Fall werden mit einem Zufallszahlengenerator Zahlen zwischen 0 und 1 erzeugt, wobei jede Zahl in diesem Intervall die gleiche Wahrscheinlichkeit besitzt. Ist die Lese- (Hör- und Zuschau-)wahrscheinlichkeit gleich oder größer als die Zufallszahl, dann wird ein Kontakt als entstanden angesehen. Damit ist die Grundlage der Simulationstechnik klar: Die Wahrscheinlichkeit, daß eine Zufallszahl in das Intervall von 0 bis zum Beispiel 0,8 fällt und damit die Chance, daß ein Kontakt ausgewiesen wird, entspricht genau einer Lesewahrscheinlichkeit von 0,8. Bei einer hohen Lesewahrscheinlichkeit wird eher ein Kontakt ausgewiesen als bei einer geringeren Wahrscheinlichkeit. Dieser Vergleich wird für jede Belegung vorgenommen, um zu ermitteln, ob sich ein Kontakt ergibt oder ob kein Kontakt zustande gekommen ist. Wenn die Simulation für jede in Betracht kommende Belegung eines für eine Medienkombination vorgesehenen Werbeträgers durchgeführt wird, erhält man durch reines Abzählen der simulierten Einzelkontakte die Gesamtzahl der Kontakte, die die Medienkombination der Person i bei der beabsichtigten Belegungshäufigkeit vermittelt. Die Errechnung der gesamten in der Stichprobe zustande gekommenen Kontakte vollzieht sich dann in der gleichen Weise wie beim Mittelwertverfahren.

Wird das Simulationsverfahren für jede in der Grundgesamtheit enthaltene Person hinreichend oft wiederholt, dann läßt sich für jede Kontaktzahl k die Wahrscheinlichkeit $w_i(k)$ approximativ als relative Häufigkeit der Personen errechnen, die mit den Werbeträgern jeweils k Kontakte haben. Die Simulation stellt also keine weitere theoretische Alternative zur Bestimmung der insgesamt zu erwartenden Kontakte K dar, sie erleichtert lediglich die praktische Berechnung von K.

Der Katalog möglicher Interpretationen des Maßes b_i, zu dem die i-te Person als mit Kontakten versehen gelten kann, ist mit den hier erörterten Fällen noch nicht erschöpft. In den folgenden Abschnitten wird auf diese Frage zurückzukommen sein.

2 a) Der Erfolg von Werbemaßnahmen hängt wesentlich von der Güte der Informationen ab, über die die Werbeplaner verfügen. Eine der wichtigsten Informationen für den Entwurf und die Planung werblicher Konzeptionen bildet die Unterrichtung über die Ziele, die mit dem Werbevorhaben erreicht werden sollen, und über die besonderen Anlässe, die zur

Werbekampagne führen. Diese beiden Informationen geben die Grundrichtung an, in der die Lösungen für die gestellte Aufgabe gesucht werden müssen. Sie bedürfen der Ergänzung durch Spezifikationen produktpolitischer Art. Die Werbeabteilungen der Unternehmen oder die Werbeagenturen müssen wissen, welche Produkt- und Sortimentsvorstellungen die Unternehmens- oder die Vertriebsleitung beherrschen. Soll für ein im wesentlichen unverändert bleibendes Verkaufsprogramm geworben, also vor allem Imagewerbung betrieben werden? Soll die Werbung Umstrukturierungen im Verkaufsprogramm, insbesondere Neueinführungen taktisch unterstützen, sollen neue Käuferschichten erobert, Marktnischen ausgenutzt oder die regionalen Schwerpunkte geändert werden? Die Ergebnisse der Produktanalyse gewinnen hier unmittelbar werbliche Bedeutung. Wie lassen sich wirksame Kaufargumente finden, wenn die sie formulierenden Werbefachleute die besonderen Merkmale der Produkte nicht kennen, für die sie werben sollen? Jedes Gut besitzt eine Vielzahl von für seinen Erwerb wichtigen Eigenschaften. Der ganze Katalog von Gebrauchs-, Verbrauchs- und Geltungsnutzen, von funktionalen und akquisitorischen Produkteigenschaften kommt hier ins Spiel. Ohne Kenntnis auch der Konkurrenzerzeugnisse und ihrer Eigenschaften läßt sich keine verbal oder visuell wirksame Lösung für die gestellte Werbeaufgabe finden.

2 b) Jedes Unternehmen, jede von ihm angebotene Sach- oder Dienstleistung tendiert auf einen bestimmten Kreis von Personen oder Institutionen, von dem angenommen wird oder die Erfahrung lehrt, daß er Interesse für die von dem werbenden Unternehmen angebotenen Waren oder Dienste hat. Die Werbung vermag mit dieser Gruppe von Personen oder Organisationen nur dann wirksam Kontakte herzustellen, wenn sie über Informationen verfügt, die über das Kaufverhalten dieser Gruppe unterrichten. Die als Zielgruppen bezeichneten Personen oder Institutionen weisen nun allerdings erhebliche Unterschiede auf, zunächst insofern, als sie Hersteller, Händler oder Verbraucher sein können. Unternehmen aus dem Gebiete der Investitionsgüterindustrie kennzeichnen sich dadurch, daß sie in der Regel nicht Konsumenten, sondern Herstellerunternehmen beliefern. Ihre Abnehmer sind an Produktionsprogramme gebunden, die ganz bestimmte maschinelle Apparaturen, Rohstoffe und Werkstoffe verlangen. Die zu beschaffenden Güter (und Dienste) sind also durch Produktart, Produktionsvolumen und Produktionstechnik in verhältnismäßig eindeutiger Weise festgelegt. Die verlangten technischen Details lassen deshalb auch nur wenig Spiel für Beschaffungsalternativen. Gewiß bestehen auch hier Freiheitsgrade im technischen Detail, aber sie sind verhältnismäßig gering, etwa verglichen mit dem Spielraum, in dem angesichts der Fülle des gesamtwirtschaftlichen Warensortiments Konsumenten ihre Kaufentscheidungen treffen. Der Markt für Investitionsgüter besitzt zu-

dem eine größere Transparenz. Sachkenntnis der Käufer und Prüfungstechniken zwingen die Lieferer zu präzisen Angaben über die Produkteigenschaften. Für Produktdifferenzierung, dem eigentümlichen Stigma für werbliche Spontaneität, bleibt zwar Raum. Verglichen mit den Verhältnissen in der Konsumgüterindustrie ist er jedoch eng und begrenzt die Möglichkeiten effizienter Werbung auf eine schmale Bahn. Selbst dann, wenn Interessenten für Neuentwicklungen gewonnen werden sollen, stoßen die Werbemaßnahmen in dieser Zielgruppe auf ein solches Maß an rationalen Kalkülen, wie es die Werbung für Konsumgüter nicht kennt. Es kommt hinzu, daß die Einkaufsentscheidungen, wenn sie von einer gewissen betrieblichen Relevanz sind, in Entscheidungsgremien getroffen werden und oft viele Personen und Instanzen an ihnen beteiligt sind. Deshalb ist der Entscheidungsprozeß auch in Unternehmen mit hochgradig rationalisierten Beschaffungsprozeduren nicht frei von Einflüssen und Entscheidungsstimulantien persönlicher oder institutioneller Art. Es ist aber eben die Frage, ob die Werbemaßnahmen diese Personen und Instanzen treffen. Langfristige Lieferverträge, wie sie in den Investitionsgüterindustrien üblich sind, schließen zudem die Möglichkeit aus, solange diese Verträge laufen, auf die Einkaufsentscheidungen mit werblichen Mitteln Einfluß zu gewinnen. Die geschilderte Sachlage und die besonderen Merkmalsstrukturen von Zielgruppen in der Investitionsgüterindustrie zwingen die Werbung in diesem Industriebereich zu im wesentlichen fachlich unterrichtender Information, sofern nicht reine Erinnerungswerbung angestrebt wird.

In einer ähnlichen Lage wie die Unternehmen der Investitionsgüterindustrie befinden sich die Unternehmen der Konsumgüterindustrie, wenn sie sich Handelsbetrieben als Zielgruppe für ihre Werbung gegenübersehen. Auch diese Zielgruppe kennzeichnet sich weitgehend durch rationale Kalküle bei ihren Einkaufsentscheidungen, oft auch durch hohen wirtschaftlichen Sachverstand. Die zu einer solchen Zielgruppe gehörenden Unternehmen sind nicht nur aufgrund ihrer Produktkenntnisse, sondern auch ihrer Markterfahrung und ihres engen Kontakts mit den Käufern in der Lage zu beurteilen, ob eine Ware für den Verkauf an die Verwender für die Produkte oder ihre Verbraucher geeignet ist. Zwischen Herstellern und Händlern besteht zudem eine wechselseitig enge Kommunikation. Durch Empfehlungen vermögen die Handelsbetriebe Einfluß auf das Kaufverhalten ihrer Kunden zu gewinnen. Oft auch haben die Mitglieder dieser Zielgruppe eine starke Stellung ihren Lieferanten gegenüber. Lieferungs- und Zahlungsbedingungen besitzen eine größere Bedeutung für die Einkaufsentscheidungen der Handelsbetriebe als Imagewerbung.

Im Konsumgüterbereich gibt es noch eine zweite Zielgruppe, die sich wesentlich von den bisher genannten beiden Gruppen unterscheidet, die Konsumenten, also diejenigen Personen, die die Produkte endgültig kau-

fen oder die angebotenen Dienste in Anspruch nehmen. Diese Zielgruppe
drückt der modernen Werbung ihren Stempel auf.

2 c) Informationen über diese Zielpersonen einzuholen, ist äußerst
wichtig, aber nicht recht eigentlich Sache der Werbeplaner selbst. Vielmehr ist es die Aufgabe derjenigen, die den Auftrag geben, eine Werbekampagne zu entwerfen und durchzuführen. Ob der Werbeauftrag an Spe-
zialisten im eigenen Unternehmen oder an Werbeagenturen erteilt wird,
ist in diesem Zusammenhang ohne Bedeutung. Es bedarf aber auf jeden
Fall hinreichender Unterrichtung der Werbegestalter und Werbeplaner
über die Größe, Zusammensetzung und die Beurteilung der Zielgruppen
durch die für den Werbeauftrag verantwortlichen Personen oder betrieblichen Instanzen.

Die Informationen können aus den besonderen Erfahrungen der die
Werbung für ihre Waren oder Dienste betreibenden Unternehmen, aber
auch aus Expertisen stammen, die im eigenen Unternehmen oder von
Spezialinstituten angefertigt werden. Nur selten werden für eine Werbekampagne Spezialinformationen über Zielgruppen eingeholt. Im allgemeinen stammen die informatorischen Voraussetzungen für die Planung von
Werbevorhaben aus jenem allgemeinen Fonds absatzpolitischer Erfahrungen, Kenntnisse und Expertisen der Marktforschung, der für alle absatzpolitischen Anstrengungen des Unternehmens zur Verfügung steht,
möge es sich dabei um produktpolitische, vertriebsorganisatorische, preispolitische oder eben um Maßnahmen der Werbung handeln. Stets sind es
die gleichen Zielpersonen, auf die sich die absatzpolitischen Anstrengungen des Unternehmens richten. Auf diesen Fonds absatzwirtschaftlicher
Informationen greift grundsätzlich auch die Werbung zurück, nur daß sie
in diesem Fall aus ihrer Aufgabe heraus ihre besonderen Akzente setzt, die
Informationen sichtet und interpretiert, nach Ergänzung und Erweiterung
verlangt, wenn es notwendig erscheint, und vernachlässigt, was ihr ohne
aktuelle Bedeutung für ihr Vorhaben zu sein scheint. Werbung steht auch
informatorisch nicht im leeren Raum. Die informatorischen Kontakte
spielen durch das Ganze des absatzwirtschaftlichen Geschehens. Nur so
läßt sich die Voraussetzung und Forderung erfüllen, daß in jeder einzelnen werblichen Maßnahme alle absatzwirtschaftlichen Perspektiven des
Unternehmens als Elemente enthalten sind.

Zielgruppen lassen sich im Konsumgüterbereich nach vielen Merkmalen definieren. Stets interessiert an ihnen das gegenwärtige oder zu erwartende Kaufverhalten der Personen, aus denen sie sich zusammensetzen.
Die Methoden, Einblicke in die Kaufgewohnheiten, das Kaufverhalten
und damit in die von den Zielpersonen getätigten Käufe oder zu erwartenden Verbrauche zu gewinnen, sind von sehr unterschiedlicher, für die
Wirksamkeit der Werbeplanungen höchst bedeutsamer Art. Eine dieser

Möglichkeiten, Zielgruppen zu beschreiben, besteht darin, die Zielgruppe nach demographischen Merkmalen, insbesondere nach solchen personaler, sozialer, ökonomischer und regionaler Art zu definieren. Diese demographischen Daten besitzen für die Werbeplanung nur deshalb Bedeutung, weil sie Schlüsse auf das tatsächliche oder zu erwartende Verbrauchsverhalten der zur Zielgruppe gehörenden Personen zulassen. In diesem Fall wird mittelbar auf dem Umweg über die demographischen Daten versucht, zu Vorstellungen darüber zu gelangen, wie sich die zur Zielgruppe zu rechnenden Personen zu Produkten eines bestimmten Produktbereiches oder zu den diesem Bereich angehörenden Erzeugnissen des werbenden Unternehmens verhalten werden. Dieses sind die interessierenden Informationen. Da sie sich im hier erörterten Fall nicht direkt bei den Zielpersonen einholen lassen, sondern aus demographischen Merkmalen erschlossen werden müssen, können sie nicht jene Sicherheit aufweisen, die sich erreichen ließe, wenn die Zielpersonen oder die sie repräsentierenden Gruppen selbst befragt würden, um Aufschluß über ihr Konsumverhalten zu gewinnen.

Nun spricht allerdings vieles dafür, daß Alter, Geschlecht, Familienstand, Haushaltsgröße, Schulbildung, Berufsausbildung, Stellung im Beruf, Individual- und Haushaltsnettoeinkommen, Relationen zwischen gebundenen und freien Einkommensteilen, Besitzstand, Wohndichte, Wohnverhalten und die geographische Verteilung der zu den Zielgruppen zu rechnenden Personen bestimmende Größen des Produktbedarfs sind. Es läßt sich nicht bestreiten, daß grundsätzlich Schlüsse von diesen Daten auf das wahrscheinlich praktizierte oder zu erwartende Kaufverhalten zulässig sind. In Frage steht nur, ob sich mit der notwendigen Genauigkeit Gruppen von Verbrauchern oder Verwendern bilden lassen, die in Hinsicht auf den potentiellen Erwerb bestimmter Erzeugnisse hinreichend homogen strukturiert erscheinen, also sich weitgehend durch übereinstimmendes Kaufverhalten kennzeichnen, und ob die so gebildeten Gruppen effektiver und potentieller Käufer hinreichend stark unterscheidbar und quantitativ abgrenzbar sind. Hier eben wird fraglich, ob die demographischen Daten im Fall ihrer Benutzung für Marktsegmentierungen genügend genaue Sicherheit dafür bieten, ob sich die zur Gruppe gehörenden Personen auch gleich verhalten werden, wenn es um den Erwerb bestimmter Waren geht. Diese Zweifel sind der Anlaß dafür zu versuchen, durch unmittelbare Befragung der als Käufer in Betracht kommenden Personen beziehungsweise einer sie repräsentierenden Stichprobe zuverlässigere Informationen über das Verhalten der präsumtiven Käufer zu gewinnen, mit denen die Werbeplanung dann später zu tun hat.

Die moderne Marktforschung und, wie hinzugefügt werden muß, auch die moderne Mediaforschung haben die allein auf demographischen Merkmalen beruhenden Zielgruppenbeschreibungen dadurch um eine wichtige Dimension erweitert, daß sie, um zu Informationen über das praktizierte oder zu erwartende Kaufverhalten zu gelangen, auf den Umweg über demographische Merkmalsstrukturen verzichten und zur unmittelbaren Befragung der Zielpersonen bzw. der zu einer entsprechenden Stichprobe gehörenden Gruppen übergegangen sind. Die Personen werden gefragt, ob sie in einer bestimmten Zeitperiode, etwa einem halben Jahr, Konsumartikel eines bestimmten Produktbedarfs gekauft haben, für welches Produkt oder welche Marke sie sich entschieden, gegebenenfalls auch, wieviel sie von dem Produkt oder der Marke erwarben. Die Befragung kann sich auch darauf erstrecken zu erfahren, in welchem Umfang und mit welchen Prioritäten für die nächste Zeit (ein halbes Jahr) Anschaffungen vor allem langfristiger Konsumgüter beabsichtigt sind. Untersuchungen der angegebenen Art werden vor allem für die Produktbereiche Putz- und Pflegemittel, Waschmittel, Haut- und Körperpflegemittel, photographische und optische Apparate, Elektrogeräte, Personenkraftwagen, Touristik u. ä. vorgenommen [1].

Das Ergebnis der Befragungen sind Angaben darüber, wieviel zur Zielgruppe (Stichprobe) gehörende Personen Artikel der beschriebenen Art und speziell Artikel des werbenden Unternehmens gekauft haben oder kaufen werden. Beschränkt man sich zunächst auf diese Informationen, dann läßt sich nicht nur sagen, daß eine bestimmte Anzahl von Personen vorhanden ist, die, soweit es nach ihren demographischen Merkmalen zu beurteilen möglich ist, Artikel der angegebenen Art gekauft haben oder als präsumtive Käufer in Betracht kommen müßten, sondern es lassen sich genaue Angaben darüber machen, wieviel Personen, die zur Zielgruppe rechnen, einen Artikel eines bestimmten Produktbereichs und eine zu diesem Produktbereich gehörende Marke gekauft haben, unter Umständen auch, zu kaufen beabsichtigen. Die Zielgruppe wird in diesem Fall nach der Zahl und Art der Verwender für Erzeugnisse eines Produktbereiches oder einer zu diesem Bereich gehörenden Marke (sofern sie bereits eingeführt ist) definiert. Man spricht in diesem Fall von einer Zielgruppendefinition nach der Verwendung der Produkte oder von Zielgruppendefinitionen, die nicht auf demographischen, sondern auf Konsumdaten beruhen (konsumorientierte Zielgruppendefinition).

Je mehr Segmente gebildet werden, um so stärker müssen die Verbrauche in den einzelnen Segmenten voneinander abweichen. Der Verbrauch des in Rede stehenden Konsumguts bildet in diesem Fall das selegierende Kriterium.

---

[1] Informationsmaterial über diesen Gegenstand liefern vor allem die Arbeitsgemeinschaft Media-Analyse (AGMA), die Infratest Multi-Media-Analyse (IMMA) und die Allensbacher Werbeträger Analyse (AWA).

Die gewonnenen Informationen beruhen also auf direkt erfragten empirischen Befunden[1]. So hat eine mit den von Infratest entwickelten Methoden[2] durchgeführte Befragung von Zielpersonen darüber, ob sie in einer bestimmten Zeitperiode ein Konsumgut, darunter auch die Marke X erworben haben, zu für die Werbeplanung höchst instruktiven Einblicken in das Konsumverhalten geführt. Bei dieser Befragung wird zum Beispiel von einem Segment ausgegangen, das sich aus Personen zwischen 14 bis 29 Jahren zusammensetzt. Sie leben in Haushalten, die aus ein bis zu fünf Mitgliedern bestehen, und zwar in Orten unter 2000 Einwohnern und in mittleren Orten zwischen 20 000 bis 100 000 Einwohnern. In diesem Segment, dessen Größe sich genau bestimmen läßt, haben 8,5 % der angegebenen Personen die Marke X gekauft. In einem anderen Segment, das 30 und mehr Jahre alte, nicht berufstätige Personen in zwei bestimmten Nielsengebieten umfaßt, beträgt der Anteil der Personen, die die Marke X gekauft haben, nur 8 %. Alle Segmente weisen unterschiedliche Verbrauche auf. Ist der Segmentierungsprozeß vollständig durchgeführt, dann lassen sich aus den Konsumdaten unschwer die Segmente ermitteln, die aus Käufern mit besonders hohem Verbrauch an Produkten der Marke X bestehen.

Die bei den Untersuchungen gewonnenen Konsumdaten ermöglichen es auch, Verwendungsintensitäten zu errechnen. Man erfährt dann, in welchem Maße die Zielpersonen (demographisch untergliedert) starke, mittlere oder schwache Verwender von Konsumgütern einer bestimmten Art sind, auch, wie hoch der Anteil der Nichtverwender ist. In diesem Fall werden quantitative Größen in Verwendungsintensitäten transformiert. Die Definition von Zielgruppen der Produktverwendung kann also zu einer wesentlichen Erweiterung des Informationsbestands für die Planung von Werbevorhaben führen.

Werden die in einer Zeitperiode von Zielpersonen durchschnittlich gekauften Mengeneinheiten abgefragt, dann läßt sich aus dem durchschnittlichen Bedarf pro Kopf je Merkmalsausprägung im Segment der Gesamtbedarf für diese Ausprägung errechnen (zum Beispiel für die einzelnen Merkmalsausprägungen: Hausfrauen in unterschiedlichem Alter). Unter diesen Umständen bereitet es auch keine Schwierigkeit, für den Verbrauch der Konsumgüter starke, mittlere und schwache Verwender zu ermitteln[3]. Auch in diesem Fall werden quantitative produktspezifische Konsumdaten in Verhaltensintensitäten umgerechnet. Insofern greifen die nach der

---

[1] Vgl. hierzu auch BOYD, A. W., LEVY, S. Y., Neue Dimensionen in der Konsumentenanalyse, in: BRITT, St. H. und H. W. BOYD (Hrsg.), Marketing Management und Organisation, München 1971, S. 133 ff.

[2] Vgl.: Das System IMMA-imd, Infratest, Multi-Media-Analyse, München 1971.

[3] Vgl. hierzu: Kaufgewohnheiten und Medianutzung. Daten zur Zielgruppengewichtung in Media-Selektions-Modellen, Infratest, München 1968.

Produktverwendung definierten Zielgruppen auch auf psychische Tatbestände über.

Gleichwohl vermögen Zielgruppendefinitionen nach Konsumdaten
(oder nach Verwendern) die Forderung nach Erhöhung der Markttransparenz nur in Grenzen zu erfüllen. Denn die Beziehungen, die in diesem Fall
zwischen Konsumdaten und aus ihnen erschlossenen Persönlichkeitsmerk-
malen (Kaufintensitäten) hergestellt werden, erfassen nur Teilaspekte des
Problems. Für die Bildung von Verhaltenssstereotypen im Konsumbereich
oder von psychologischen Typologien reichen sie nicht aus [1]. Die Komplexität und Flexibilität der Kaufmotive sind hierfür zu groß.

Zielgruppen lassen sich auch durch psychologische Merkmale beschreiben. Von ihnen wird ein größerer Realitätsbezug und ein höheres
Maß an Homogenität des Verbraucherverhaltens erwartet als von Zielgruppen, die nach demographischen Merkmalen oder nach Konsumdaten
(Daten der Produktverwendung) gebildet werden.

Psychologisch definierte Zielgruppen oder Marktsegmente beruhen
auf der Frage: warum verhalten sich die Verbraucher bei dem Einkauf
von Waren oder der Inanspruchnahme von Dienstleistungen gerade so
und nicht anders? Aus welchen Gründen geben sie einem Erzeugnis oder
einer Dienstleistung den Vorzug vor anderen gleichartigen Produkten oder
Diensten? Wie kommt der Reichtum an Nuancierungen zustande, durch
den sich die Produktpräferenzen der Verbraucher oder Verwender kennzeichnen?

Zur Aufhellung dieser Fragen vorgenommene Untersuchungen haben
die allgemein herrschende Auffassung bestätigt, daß das Einkaufsverhalten der Konsumenten nicht so sehr durch die tatsächlichen als durch die
vermeintlichen Eigenschaften der Waren oder Dienste bestimmt wird.
Diese Meinungen verdichten und verfestigen sich im Bewußtsein der Käufer zu bestimmten Vorstellungen von der Beschaffenheit der Ware oder
der Dienstleistung. Diese Vorstellungen bilden die hauptsächlichen Orien-
tierungsdaten und Einflußgrößen des Wareneinkaufs und der Inanspruchnahme von Dienstleistungen. Für die Unternehmen ist es deshalb wichtig
zu erfahren, wie sich ihre Erzeugnisse oder Dienste im Bewußtsein der
kaufenden Bevölkerung spiegeln, welches Image sie besitzen. So ist die
psychologische Marktforschung weithin Imageforschung geworden, wenn
man Image ganz allgemein als die Meinung von Käufern über Gegenstände ihres Erwerbs definiert [2].

---

[1] Vgl. hierzu auch BERGLER, R., Konsumententypologie, in: Vorträge zur
Marktforschung, H. 11, 1968.

[2] Vgl. hierzu SPIEGEL, B., Die Struktur der Meinungsbildung im sozialen Feld,
das psychologische Marktmodell, Stuttgart 1961; BERGLER, R., Psychologische
Marktanalyse Bern und Stuttgart 1965; derselbe, Psychologie des Marken- und Fir-
menbildes, Göttingen 1963; GUTJAHR, G., Markt- und Werbepsychologie, Heidelberg 1972; BOULDING, K. E., The Image, Michigan 1956.

Das Kaufverhalten wird wesentlich auch durch das Temperament, also durch Eigenschaften bestimmt, die in der Person der Käufer liegen. So gibt es Verbraucher, die ihre Käufe informiert, überlegt, planmäßig und unter Ausnutzung aller Preischancen tätigen, während andere Käufer aus der Situation heraus spontan, wenn auch nicht unüberlegt handeln. Damit sind in der Rationalität und Spontaneität des Kaufverhaltens zwei für psychologische Zielgruppendefinitionen wichtige Verhaltensmerkmale sichtbar geworden.

In der individuellen Persönlichkeitsstruktur liegen auch die unterschiedlichen Voraussetzungen dafür begründet, daß es Käufer gibt, die stets auf neue Informationen über Vorgänge in bestimmten, sie interessierenden Produktbereichen bedacht sind, insbesondere auch auf neue Produkte oder Dienstleistungen schnell reagieren. Sie sind informations- und produktfreudig, probierwillig und erweisen sich oft als „Konsumpioniere". Wenn es ihren Produktbevorzugungen auch oft an Beständigkeit fehlt und ihre Bindungen an Produkte oder etablierte Marken verhältnismäßig schwach, auch ihre Produkterwartungen oft wenig präzise sind, so übernehmen sie doch oft die Rolle von „Meinungsführern", die durch ihr Verhalten noch unentschlossene oder von der Werbung überhaupt nicht berührte Personen zum Kauf der Waren veranlassen. Für den Erfolg von Werbemaßnahmen besitzen diese Personen große Bedeutung, und es läßt sich nicht bestreiten, daß eine Werbung, die sie erreicht, ihr Ziel trifft [1]. Andere Konsumenten stehen jedem Produkt- oder Markenwechsel skeptisch und mit Vorbehalt gegenüber. Sie versuchen ihm auszuweichen, so lange es geht. Rasch zugreifendes und schnell entschlossenes Kaufen ist ihnen fremd. In der Regel äußert sich ihr Kaufverhalten in einer gewissen gewohnheitsmäßigen, oft auch inneren Bindung an die seit langem gekauften Waren oder in Anspruch genommenen Dienste. In diesem Sinne wird auch der Ausdruck „Markentreue" verstanden, wenn es sich um Konsumenten handelt, die an den Marken festhalten, die sie erprobt haben und mit denen sie zufrieden sind.

Auch hier also zeigen sich zwei unterschiedliche menschliche Eigenschaften, die das Kauf- oder Verbrauchsverhalten von Konsumenten bestimmen.

Das gleiche gilt für Verhaltensweisen, die in einem Fall von mehr individualisierenden, im anderen Fall von mehr konformistischen Tendenzen beherrscht werden. Personen der ersten Art sind bestrebt, sich gegen die Verhaltensgewohnheiten der sozialen Gruppe, zu der sie gehören oder gegen die Verhaltensgewohnheiten anderer Gruppen abzuheben, d. h. ihre Eigenart oder ihren persönlichen Stil zu betonen. Konsumenten der zweiten Art passen sich an die Gewohnheiten ihrer Gruppe oder ihrer sozialen

---

[1] Vgl. hierzu auch HASELOFF, O. W., a.a.O., S. 174 ff.; NOELLE-NEUMANN, E., Meinungsführer und Massenmedien, in: Markenartikel, Jg. 1963, S. 1137 ff.

Umwelt an, folgen auch verhältnismäßig schnell Änderungen in diesen Gewohnheiten oder in den Verhaltensnormen. Der einzelne reagiert also in der ihm eigenen sozialen Umwelt, sich anpassend oder widerstrebend. Soziale Abhängigkeit oder Unabhängigkeit beeinflußt in diesem Falle das Kaufverhalten der Konsumenten.

Aus der unübersehbaren Vielzahl möglicher Verhaltensmerkmale von Konsumenten beim Kauf kommt zwei Eigenschaften besonders große Bedeutung zu, dem Qualitäts- und dem Preisbewußtsein. Es gibt Konsumenten mit hohen und ausgeprägten Qualitätsansprüchen. Ihnen stehen Käufer gegenüber, die genau rechnen und deren Kaufüberlegungen besonders stark von den Warenpreisen beeinflußt werden. Auf welche Schwierigkeiten die psychologische Marktsegmentierung trifft, wird deutlich, wenn man überlegt, daß ein und dieselbe Person sich in einem Produktbereich als äußerst sparsam und genau rechnend, in anderen Produktbereichen aber als ausgabefreudig und wenig „preisbewußt" erweist [1]. Qualitäts- und Preisverhalten differieren also bereits in einer Person für verschiedene Produktbereiche.

Die Psychologisierung der Zielgruppenbildung und der Marktsegmentierung vermag instruktive Unterlagen für die Gestaltung und Verbreitung der Werbemittel zu liefern. So hat zum Beispiel eine Untersuchung über das Verbrauchsverhalten der 14 bis 49 Jahre alten Frauen, die die kaufkräftigste Zielgruppe in der Bundesrepublik bilden, zu dem Ergebnis geführt, daß 28 % dieser Frauen nur verhältnismäßig wenig Interesse und Aufgeschlossenheit für die Entwicklungen auf den Gebrauchsgüter- und Verbrauchsgütermärkten zeigen [2]. Dieser großen Gruppe „desinteressierter Konsumfremder" steht mit 23 % eine zweite Gruppe, die der „typischen Hausfrau" gegenüber, deren Interesse und Sorge vornehmlich dem Haushalt und der Familie gilt. Sie verhält sich im allgemeinen vorsichtig und abwartend. Der Typ der „renommierfreudigen Verbraucherin" rangiert mit 20 % Anteil an der Zielgruppe an dritter Stelle. Diese Frauen unter 50 Jahren bevorzugen technischen Komfort, kleiden sich elegant und geben viel Geld für Kosmetika aus. Nur 15 % der zur Zielgruppe gehörenden Frauen lassen sich als „kauffreudige Neugierige" bezeichnen. Sie sind meist zwischen 14 und 24 Jahre alt und haben ein vergleichsweise hohes Haushaltsnettoeinkommen. Die „preisbewußten Spontaneinkäuferinnen" bilden mit nur 13 % die kleinste Gruppe der so durch psychologische Merkmale beschriebenen Zielgruppen.

---

[1] Vgl. NOELLE-NEUMANN, E., Umgang mit psychologisch definierten Zielgruppen, in: Der Markenartikel, Jg. 1971, H. 1; BERGLER, R., Konsumententypologie, in: Vorträge zur Marktforschung, Hrsg. HOHN, K.-F. und H. ALPERS, Bd. 11, Itzehoe; GERLOFF, ebenda, S. 17 ff.

[2] Vgl. eine vom Verlag Gruner + Jahr in Auftrag gegebene Repräsentativumfrage, in: ZAW-Service Bonn v. 10. 7. 1973.

Die Frage, ob durch psychologische Daten definierte Zielgruppen echte Alternative zu den durch demographische oder konsumorientierte Daten beschriebenen Zielgruppen sind, ob sie sich hinreichend scharf quantitativ voneinander abgrenzen lassen und ob sie eine genügend enge Beziehung zu einem bestimmten Produkt (oder Produktbereich) aufweisen – diese und ähnliche Fragen sind noch nicht befriedigend geklärt. Da jeder Verbraucher, hier Interessent für ein bestimmtes Produkt, eine individuelle Reaktionsfunktion oder, anders formuliert, eine individuelle Nachfragefunktion aufweist, die Werbemaßnahmen aber nicht gezielt auf das einzelne Individuum gerichtet werden können, so bleibt nur übrig, die Interessenten für das Produkt möglichst homogen zu aggregieren. Die Erfahrung lehrt allerdings, daß, welches psychologische Aggregierungskriterium immer gewählt wird, nur die Extremfälle die Bildung von Gruppen zulassen, die, in sich homogen, hinreichend stark voneinander abweichende Reaktionsfunktionen aufweisen. Da sich die breite Masse der Interessenten für ein Produkt verhältnismäßig gleichmäßig verhält, bereitet in diesem Bereich das Aggregationsproblem besondere Schwierigkeiten. Aus diesem Grund erscheint es fraglich, ob das Problem der optimalen Marktsegmentierung mit psychologischen Typologien grundsätzlich besser gelöst werden kann als mit den anderen, in der Praxis gebräuchlichen Kriterien und Methoden der Segmentierung [1].

Diese Tatsache schließt nicht aus, daß psychologische Daten wertvolle Ergänzungen zu demographischen oder konsumorientierten Daten bilden. In diesem Sinne sind auch die Einstellungsskalen der Gesellschaft für Konsumforschung (GfK) zu verstehen [2]. Sie liefern zum Beispiel Informationen über Qualitätsbevorzugungen der Verbraucher, über ihr Preisbewußtsein, ihre Aufgeschlossenheit für Werbung und das Maß ihrer Orientierung über Innovationen.

Oft ist jedoch die Korrelation zwischen dem Kaufverhalten der umworbenen Zielpersonen und den persönlichen Daten, mögen sie demographischer, konsumorientierter oder psychologischer Art sein, nicht eng genug, um Zielgruppen zu definieren, die hohen Segmentierungsansprüchen genügen. Die Entwicklung geht denn auch dahin, die drei unterschied-

---

[1] Vgl. hierzu auch FRANK, R. E., MASSY, W. F., WIND, J., Market Segmentation, Englewood Cliffs, N. J. 1972; DICHTL, E., Die Marktsegmentierung als Voraussetzung differenzierter Marktbearbeitung, in: Wirtschaftswissenschaftliches Studium 3. Jg. (1974), S. 27; GEIST, M., Selektive Absatzpolitik auf der Grundlage der Absatzsegmentierung, Stuttgart 1963.

[2] Vgl. GfK-Forschungsreihe „Der Verbraucher – Mittler oder Bremser des wirtschaftlichen Wachstums", Nürnberg, seit 1953; Die GfK-Skalen, Ansatz, Methodik und Verfahren der psychologischen Einstellungsmessung durch die GfK-Nürnberg, in: Jahrbuch der Absatz- und Verbrauchsforschung Jg. 1968, S. 261 ff.; ferner: Jahrbuch für Absatz- und Verbrauchsforschung, Jg. 1968, S. 281; Media-Bibliothek, Kernstück Nielsen II, Bad Godesberg 1970.

lichen Segmentierungsdaten für die Beschreibung von Zielgruppen gemeinsam zu verwenden. Aus den Daten werden dann diejenigen ausgewählt, die ein besonders hohes Maß an Gleichartigkeit des Kauf- und des Mediaverhaltens erwarten lassen. Für derartige Segmentierungen werden neben Kreuzauswertungen und Segmentanalysen vor allem die Methoden der Faktorenanalyse, der Haufenanalyse (Clusteranalyse) und der multiplen Regressions- und Diskriminanzanalyse verwendet [1].

2 d) Wie die Informationen über die Zielgruppen, so gehören auch die Informationen über den unterschiedlichen Wert der Zielpersonen für das Werbevorhaben zu den Daten der Werbeplanung, für die nicht die Werbeplaner, sondern die den Werbeauftrag erteilenden Instanzen zuständig sind [2]. Dieser Tatbestand schließt nicht aus, daß die Werbeplaner und die den Werbeauftrag erteilenden Personen oder Dienststellen bei der Bewertung der Zielgruppen und der Marktsegmente eng zusammenarbeiten.

Ob die Zielgruppenbewertung in Form einer expliziten Gewichtung vorgenommen wird oder ob man glaubt, hierauf verzichten zu sollen – auf jeden Fall muß die unterschiedliche Bedeutung der zur Zielgruppe gehörenden Personen für das werbende Unternehmen bei der Werbeträgerplanung berücksichtigt werden. Solange objektive, aus empirischem Material abgeleitete Bewertungsmaßstäbe fehlen, bleibt es die Aufgabe der für diese Fragen zuständigen Personen, aus ihrer persönlichen Erfahrung heraus die Wertakzente zu setzen. In einem Fall mag die Bewertung mehr Sache individueller Entscheidung, im anderen Fall das Ergebnis einer methodisch abgesicherten kollektiven Bewertungsprozedur sein – zur Zeit besteht jedenfalls keine Möglichkeit, die Zielgruppengewichtung Bewertungsmechanismen zu überantworten. Da die Zielgruppengewichte in Mediaselektionsmodellen als Steuerungsgrößen figurieren, beruht die Mediaauslese in diesen Modellen insoweit auch auf den subjektiven Grundlagen der Personenbewertung in Zielgruppen.

Im Rahmen der Zielgruppengewichtung werden die einzelnen Personen derart gewichtet, daß den sie kennzeichnenden Merkmalsausprägungen ordinale Werte zugeordnet werden, die der numerische Ausdruck der Bedeutung sind, die die Person beziehungsweise die Personen für die absatzwirtschaftlichen Anstrengungen des Unternehmens besitzen. Die Gewichtungswerte (Äquivalenzziffern) können aus Zahlen bestehen, die zum Beispiel von 1 bis 10, auch bis 100 laufen, aber auch aus Dezimalzahlen

---

[1] Diese Fragen sind in der amerikanischen Marketingliteratur eingehend erörtert worden. Vor allem sei in diesem Zusammenhang auf das Buch von FRANK, R. E., MASSY, W. F. und Y. WIND, Marktsegmentation, Englewood Cliffs, N. Y., 1972, insbesondere die Ausführungen auf den Seiten 25 – 89 und 115 ff. und auf die Lehrbücher der mathematischen Statistik hingewiesen.

[2] In diesem Sinne auch DOHMEN, J., Das müssen Sie Ihren Werbeplaner fragen, in: Absatzwirtschaft, H. 2, 1972, S. 32 ff.

zwischen 0,00 und 1,00. Jede zur Merkmalskombination gehörende Merkmalsausprägung der Person wird einzeln gewichtet. Das Personengewicht erhält man dann zum Beispiel durch multiplikative Verknüpfung der zuerst unabhängig voneinander und isoliert zugeteilten Gewichtungswerte (Gewichtungsindices). Das Personengewicht ist in diesem Fall also das Produkt aus den Einzelgewichten aller Merkmalsausprägungen, die die Person in dem gegebenen absatzwirtschaftlichen Zusammenhang charakterisieren [1].

Da die Einzelgewichte in der Regel kleiner als 1 sind, verringert sich das Personengewicht tendenziell mit zunehmender Zahl der multiplikativ miteinander verknüpften Einzelgewichte.

Die multiplikative Gewichtung ist nur eine der Möglichkeiten, für eine Person ein Gesamtgewicht zu entwickeln. Es lassen sich auch das arithmetische oder geometrische Mittel, ebenso wie die Methode der kleinsten Quadrate für die Personengewichtung verwenden.

Die multiplikative Verknüpfung von Zielgruppenmerkmalen verlangt, daß die Einzelgewichte voneinander unabhängig sind. Oft werden die beiden Merkmale Alter und Einkommen miteinander korreliert sein. In diesem Fall würde bei multiplikativer Verknüpfung der beiden Gewichtungswerte für Alter und Einkommen ein die Kaufentscheidung bestimmendes Stimulans zweimal in der Gewichtungsrechnung vorkommen. Um diesen Fehler zu vermeiden, dürfen nur solche Merkmale miteinander verknüpft werden, die ein möglichst hohes Maß an Trennschärfe aufweisen. Für den Segmentierungsprozeß kommen also nur Gewichte mit starker Diskriminierungsfähigkeit in Betracht. Sie allein bieten die Gewähr dafür, daß Segmente mit echt differenzierten Bedeutungswerten für die Planung der Werbevorhaben verwandt werden.

Die Gewichtung läßt sich unter Umständen dadurch verbessern, daß die korrelierenden Merkmale nochmals gewichtet und mit den gewählten Gewichtungsfaktoren multipliziert werden (Spreizen).

Ein anderes Verfahren der Zielgruppengewichtung besteht darin, daß von einer multiplikativen oder einer anderen Verknüpfung der einzelnen Merkmale und Merkmalsausprägungen überhaupt abgesehen wird. Auch in diesem Fall müssen Segmente gebildet werden, die sich aus Personen mit gleichen Merkmalen zusammensetzen, zum Beispiel: berufstätige Hausfrauen, die einer bestimmten Einkommens- und Altersklasse angehören. Nicht aber jedes einzelne dieser Merkmale wird für sich bewertet und gewichtet, um dann zum Beispiel miteinander multiplikativ verbunden zu

---

[1] Vgl. hierzu im einzelnen auch die Ausführungen in Kaufgewohnheiten und Medianutzung, Daten zur Zielgruppengewichtung in Media-Selektions-Modellen, Infratest, München, im Auftrag des Verlagshauses Axel Springer, Hamburg, 1968; insbesondere S. VIII ff. und die Erörterung über die Gewichtung einer Kombination von Produktgruppen.

werden. Vielmehr wird das aus diesen Frauen bestehende Segment bewertet und gewichtet. Das Gewicht der zu einem Segment gehörenden Person ist dann gleich dem Segmentgewicht.

Diese Art von Gewichtung setzt voraus, daß die einzelnen Zellen hinreichend scharf voneinander abgrenzbar sind. Die Methoden der Kreuzauswertung und der Segmentanalyse bieten sich hier in Verbindung mit den anderen quantitativen Methoden der Segmentierung an.

Das Verfahren läßt sich besonders gut für die Definition von Zielgruppen oder Marktsegmenten benutzen, die auf dem Prinzip der Produktverwendung (Konsumdaten) aufbauen. Dem im Zusammenhang mit den Erörterungen über Segmentierungen nach der Produktverwendung gebrachten Beispiel liegt eine solche Zellengewichtung zugrunde.

2 e) Ist eine Zielgruppe durch demographische Daten oder durch Merkmale der Produktverwendung oder durch psychologische Tatbestände hinreichend genau umschrieben und ist bekannt, welche Bedeutung die einzelnen Marktsegmente für die absatzpolitischen Planungen des werbenden Unternehmens besitzen, dann gilt es, nach Maßgabe dieser Informationen eine Auslese unter den für das Werbevorhaben in Betracht kommenden Werbeträgern zu treffen. Die Auswahl kann nur dann mit Aussicht auf Erfolg vorgenommen werden, wenn Informationen über die Medien selbst und über das Mediaverhalten der Personen vorliegen, an die die Medien die Werbebotschaft richten. Die moderne Mediaforschung stellt für die Werbeplanung Mediadaten und Informationen über das Mediaverhalten in einem solchen Umfang und in einer solchen Qualität zur Verfügung, daß die informatorischen Voraussetzungen für eine erfolgreiche Werbeträgerauslese insofern als weitgehend erfüllt angesehen werden müssen, so viele Wünsche im konkreten Fall auch unerfüllt bleiben. Den großen Gemeinschaftsuntersuchungen auf dem Gebiete der Mediaforschung ist es gelungen, erstaunlich präzise Einblicke in die Reichweite der Werbeträger und in die Zusammensetzung ihres Publikums zu gewinnen [1]. Die Frage nach der Zahl der Leser pro Nummer (LpN) oder der Hörer oder Seher pro Werbespot besitzt nach wie vor großes Interesse. Als Beispiel sei das Ergebnis einer Untersuchung angeführt, die im Auftrag einer Zeitungsgruppe im Gebiet Nielsen II (Nordrhein-Westfalen) durchgeführt wurde [2]. Danach lesen in diesem Gebiet 30 % der Bevölkerung (LpN) zwischen 14 und 70 Jahren (901 000 Personen), 42 % aller Leser von

---

[1] Auf die großen Verdienste, die sich die Arbeitsgemeinschaft Leser-Analyse (AGLA), später Arbeitsgemeinschaft Media-Analyse (AGMA) auf dem Gebiete der Werbeträgeranalyse erworben hat, auch auf die Jahrgänge der Allensbacher Werbeträger-Analyse (awa), 15. Jg. 1972 sei ausdrücklich hingewiesen.

[2] Media-Bibliothek Kernstück Nielsen II, Band 2, Kaufkraftstriche, Die Mediasituation, hrsg. von der Zeitungsgruppe Rhein-Wupper-Ruhr, in Zusammenarbeit mit der Firma H. Ennemann, Bad Godesberg 1969.

Tageszeitungen und 51 % der Leser aller Abonnementszeitungen die Zeitungen der Gruppe. Als Leser pro Woche erreichen die Zeitungen der Gruppe 35 % der Bevölkerung zwischen 14 und 70 Jahren mindestens einmal (1 049 000 Personen). Ein Exemplar der von der Zeitungsgruppe herausgebrachten Zeitungen wird im Durchschnitt von 2,8 Personen gelesen. Die kumulierte Reichweite beträgt in Prozent der erwachsenen Gesamtbevölkerung: Leser pro Tag (LpN) 30%, Leser je 2 Tage 33%, je 3 Tage 34%, je Woche 35%. Nichtleser je Woche 65%. Auch über den Anteil der Exklusivleser gegenüber anderen regionalen Abonnementszeitungen, Kaufzeitungen, national verbreiteten Zeitungen und anderen Tageszeitungen werden präzise Angaben gemacht. Das gleiche gilt für Informationen darüber, in welchem Maße Leser pro Nummer Exklusivleser gegenüber Zeitschriften der verschiedensten Art, auch gegenüber dem Kino sind. Diese und noch tiefer in die Leserschaftsstruktur eindringende Informationen verschaffen den Werbeplanern die Möglichkeit zu sehr genauen Einblicken in die Leistungsfähigkeit der Medien und in ihre Eignung für die besonderen Aufgaben, die mit der geplanten Werbekampagne erfüllt werden sollen.

Diese kurze Spezifikation mag stellvertretend für die Vielfältigkeit von Reichweitenanalysen und -beschreibungen stehen, wie sie die Mediaforschung für alle Medien, vor allem für die großen Massenmedien zur Verfügung stellt. Die Mediaforschung hat ihr Interesse vor allem aber auf die Analyse des Mediaverhaltens gerichtet, also auf die Beantwortung der Frage nach den Informationsgewohnheiten und damit der Informationswahrscheinlichkeiten des lesenden, zuhörenden, zuschauenden Publikums vornehmlich der klassischen Medien, der Publikumszeitschriften, der Tageszeitungen regionaler und überregionaler Art, der Wochenzeitungen, des Werbefunks, des Werbefernsehens, und der Plakatwerbung. Wie bereits an anderer Stelle ausgeführt [1], geht es hier darum, die Informations- und Nutzungswahrscheinlichkeit der verschiedenen Medien für jedes Individuum abzuleiten, und zwar mit Hilfe von Mittelwertverfahren, von auf wahrscheinlichkeitstheoretischen Grundlagen beruhenden Methoden oder Simulationstechniken. Das Ergebnis der auf diese Weise für die einzelnen Werbeträger durchgeführten Untersuchungen sind Spezifikationen über das Volumen, die Verteilung, die Dichte der Kontakte, die sich mit den Werbeträgern herstellen lassen. Angaben dieser Art stehen für die Werbeplanung mit in der Regel hinreichender Präzision zur Verfügung.

Die besondere Situation bei der Planung bestimmter Werbevorhaben kann es zweckmäßig erscheinen lassen, zusätzlich Spezialinformationen über das Mediaverhalten von Personen einzuholen, von denen angenommen wird, daß sie für das Werbevorhaben von ganz besonderem Interesse sind. Auch in diesem Falle geht es um die Gewinnung von Einsicht in Nutzungswahrscheinlichkeiten, die auf Angaben der befragten Personen

---

[1] Vgl. Abschnitt III 1.

zum Beispiel darüber beruhen, wie oft, zu welchen Zeiten und unter welchen räumlichen und menschlichen Verhältnissen Werbesendungen im Hörfunk und im Fernsehen gehört oder gesehen werden, einige Male, etwa einmal oder weniger als einmal in der Woche oder nie, ob zu bestimmten oder zu unterschiedlichen Zeiten, konzentriert oder abgelenkt durch andere Beschäftigungen oder durch Unterhaltungen. So wird denn auch ermittelt, in welchem Umfang sich die Leser von Zeitschriften aus Intensivlesern, Häufiglesern, Fast-, Nie- oder Nichtlesern zusammensetzen, und es läßt sich weiter erfragen, ob die Leser Vielleser weniger Titel, Vielleser vieler Titel sind, ob Vielleser und zugleich Vielfernseher, Wenigfernseher und Vielzeitschriftenleser sind usf. Bei Plakaten lassen sich die Passagewahrscheinlichkeiten durch Ermittlung von Mobilitätsfaktoren je Person errechnen.

Die Chancen der Werbeplaner, Einsicht in das Mediaverhalten der von ihnen umworbenen Personen zu erhalten, sind also groß. Es sind weniger Unzulänglichkeiten in der Methodik als vielmehr Wirtschaftlichkeitsüberlegungen, die dem Bedürfnis nach Informationen über das Mediaverhalten der Zielpersonen Grenzen setzen.

Solange Marktforschung (Zielgruppenanalyse) und Mediaforschung ihre Untersuchungen getrennt durchführen, ist das erzielbare Höchstmaß an Informationsintensität noch nicht erreicht. Das Bestreben der Mediaforscher geht denn auch dahin, die Markt- und die Mediaforschung so zu integrieren, daß alle Produkt- und Mediainformationen auf personenidentische Verbraucher bezogen werden [1]. Wird die Zielgruppe nach Merkmalen der Produktverwendung beschrieben und werden die notwendigen Segmentierungen vorgenommen, dann besteht grundsätzlich und auch praktikabel die Möglichkeit, das Konsumverhalten der Verwender zugleich mit dem Mediaverhalten zu untersuchen. Für die einzelnen Segmente, die durch demographische Merkmale beschrieben werden, werden in diesem Fall nicht nur Informationen über die Höhe des Verbrauchs der Verwender, sondern gleichzeitig auch Informationen über ihre Medianutzung gewonnen. Es läßt sich also genau angeben, welche Zeitungen oder Zeitschriften diese identischen Verbraucher lesen mit allem Detail, das hiermit verbunden ist – wann, wie oft und unter welchen Umständen sie Werbefernsehsendungen sehen, wie oft sie mit Werbeplakaten kontaktieren usf. Unter diesen Umständen kennt man die Konsumgewohnheiten, das Konsumverhalten und das Mediaverhalten eben dieser identischen Zielgruppenpersonen. Die simultane (wenn auch nicht zu einem Zeitpunkt durchführbare) Einholung von Informationen über das Kauf- und über das Mediaverhalten identischer Personen stellt in der Tat das äußerste Maß an informatorischer Verknüpfung zwischen Zielgruppe und Me-

---

[1] Vgl. hierzu: Das System IMMA-imd (Infratest-Multi-Media-Analyse), Infratest GmbH, München 1971.

dien dar. Die Werbeplanung ist unter diesen Umständen der Aufgabe enthoben, unabhängig voneinander gewonnenes Informationsmaterial zu verwenden und für die Abstimmung zwischen Zielgruppen und Werbeträgern zu benutzen.

Die Frage ist jedoch, ob personenidentische Konsum- und Mediadaten zu erheblich günstigeren Planungsergebnissen führen müssen als unabhängig voneinander ermittelte Informationen über das Konsum- und das Mediaverhalten der Personen, an die sich die Werbung richtet. In einer diesen Fragen gewidmeten Analyse wird untersucht, ob sich für die Werbeplanung wesentliche Unterschiede ergeben, wenn die Zielgruppe nach demographischen Merkmalen oder nach Merkmalen der Produktverwendung (nach Konsumdaten) definiert wird [1]. Die Verwendung von durch Konsumdaten umschriebenen Zielgruppen ist die Voraussetzung für kombinierte Zielgruppen- und Mediaanalysen. Wenn zwischen nach demographischen und nach Konsumdaten definierten Zielgruppen in Hinsicht auf die Werbeträgerauslese keine wesentlichen Unterschiede nachweisbar sind, dann würde auch der Wert personenidentischer Zielgruppen- und Mediaanalysen fraglich werden. Das Ergebnis der im Auftrage des Düsseldorfer Arbeitskreises von Werbeagenturen durchgeführten Untersuchung wird von dem Arbeitskreis in dem Sinne interpretiert, daß die Verwendung von Zielgruppenbeschreibungen nach dem Prinzip der Produktverwendung werbeplanerisch nur in verhältnismäßig wenig Fällen zu Ergebnissen geführt hat, die von den auf der Grundlage demographisch definierter Zielgruppen ermittelten Ergebnissen abweichen. Den konventionellen Planungsverfahren wird dann auch unter Berücksichtigung finanzieller Erwägungen der Vorzug gegeben.

Das Problem ist sicherlich noch nicht ausdiskutiert. Die Fortführung der Untersuchungen erscheint vor allem mit Rücksicht auf gewisse methodische Engen der Untersuchung notwendig.

2 f) Die Kommunikationsleistung von Werbeträgern wird in Reichweiten oder in Kontakten gemessen. In der Werbepraxis und in der Mediaforschung haben sich die aufgrund von Nutzungswahrscheinlichkeiten für die einzelnen Werbeträger ermittelten Kontakte als Maßstäbe für die von den Werbeträgern erbrachten Kommunikationsleistungen durchgesetzt. Mit Hinsicht auf ein bestimmtes Werbevorhaben und die für dieses Vorhaben relevante Zielgruppe, aufgefaßt als ein System von Marktsegmenten, weisen nicht alle Werbeträger gleich günstige Voraussetzungen dafür auf, daß sich ihr „Publikum" nach Größe und Struktur mit den Zielgruppen deckt. Nicht alle Empfänger von Kontakten, die die Werbeträger

---

[1] Vgl. Der Düsseldorfer Versuch: Sind personenidentische Media- und Konsumdaten wirklich besser für die Mediaplanung? Der Versuch ist durchgeführt im Auftrag von zehn Düsseldorfer Werbeagenturen.

vermitteln, sind zugleich Mitglieder der Zielgruppe, an die sich die Werbung richtet. Nur ein Teil derjenigen, die die Werbeträger mit den von ihnen ausgehenden Werbeimpulsen erreichen, werden Zielpersonen der Werbekampagne sein. Die Kunst der Werbeplanung besteht aber gerade darin, ein Höchstmaß an Identität zwischen Zielpersonen und Empfängern der Werbeimpulse zu realisieren.

Wenn alle zur Zielgruppe gehörenden Personen für das absatzpolitische Vorhaben des werbenden Unternehmens gleich wichtig sind, dann gibt es im wesentlichen nur zwei Arten von Werbeimpulsen, einmal diejenigen, die die Zielgruppe erreichen und zum anderen diejenigen, die sie verfehlen. Unter der Voraussetzung, daß der kommunikative Effekt der Werbeträger nicht auch noch durch andere Faktoren bestimmt wird, würde die Zahl der an die Zielgruppe gegebenen Kontakte als ein Indiz dafür dienen können, in welchem Maß dem Identitätspostulat Genüge getan wird.

Wenn dagegen die Auffassung vertreten wird, daß nicht jeder mit der Zielgruppe hergestellte Kontakt für das werbende Unternehmen von gleich großer Bedeutung ist, dann müssen die Kontakte bewertet, in diesem Zusammenhang: gewichtet werden. Diese Gewichtung setzt voraus, daß die Zielgruppe bereits gewichtet ist. Ist das der Fall, dann lassen sich die für die Zielgruppe ermittelten Personengewichte oder die Segmentgewichte für die Bewertung und damit für die Gewichtung der Werbeträgerkontakte verwenden. Wenn z. B. das Segment 5 für den Absatz der Erzeugnisse des werbenden Unternehmens eine geringere Bedeutung besitzt als die Segmente 1 oder 17, dann muß dieser Unterschied in den für die Segmente ermittelten Gewichtungsfaktoren zum Ausdruck kommen. Multipliziert man die Zahl der in ein Segment fallenden Kontakte mit dem Segmentgewicht, dann erhält man gewichtete Kontakte. Ist der Gewichtungsfaktor 1,00, dann besteht zwischen der Zahl der ungewichteten und der gewichteten Kontakte kein Unterschied. Ist der Gewichtungsfaktor des Segments kleiner als 1, dann ist die Zahl der gewichteten kleiner als die Zahl der nicht gewichteten Kontakte. Beträgt der Gewichtungsfaktor des ersten Segments 0,7 und der des zweiten 0,5 und sind – um das frühere Beispiel wieder aufzugreifen – dem ersten Segment 2520, dem zweiten 6720 ungewichtete Kontakte zuzurechnen, dann beträgt die Zahl der gewichteten Kontakte im ersten Segment $2520 \cdot 0,7 = 1764$ und im zweiten Segment $6720 \cdot 0,5 = 3360$, zusammen 5124 Kontakte. Die im Abschnitt 1 b angegebene allgemeine Rechenvorschrift für die Kontaktzahl K muß in diesem Fall also erweitert werden zu

$$K = \sum_i n_i \, g_i \, b_i \,,$$

wobei g_i das Gewicht der i-ten Person bzw. einer das Segment i (mit dem

Umfang n_i) repräsentierenden Person ist. In dieser neuen Fassung der Formel für K ist die alte ($K = \sum_i n_i b_i$) als Spezialfall enthalten, in dem allen Segmenten das gleiche Gewicht zugemessen wird.

Führt man dieses Verfahren für alle Zielgruppensegmente durch, dann erhält man den Leistungswert des Werbeträgers, gemessen in Kontaktzahlen, die nach Maßgabe der Zielgruppenbewertung gewichtet sind. Die zielgruppengewichteten Kontakte bilden die Grundlage für die Werbeträgerauslese, sofern nicht noch andere Gewichtungen vorgenommen werden. In den so gewichteten Kontaktzahlen kommt der Eignungswert eines Werbeträgers für ein Werbevorhaben signifikanter zum Ausdruck als in den nicht gewichteten Kontakten. Das Auslesekriterium ist in diesem Fall die der Mediaselektion vorgegebene Zielgruppenstruktur. Sie ist im Rahmen eines Werbevorhabens nicht auswechselbar. Die Medien bilden dagegen Alternativen zueinander. Auf welches Medium und damit auf welche Alternative die Wahl fällt, entscheidet sich nach der Zielgruppe als einer der wichtigsten Ausleseinstanzen im Mediaselektionsprozeß.

Die Bewertung und Gewichtung der Mediakontakte mit Hilfe der Zielgruppengewichte gehört heute zu den Gepflogenheiten der Werbeträgerauslese. Es sind jedoch Stimmen laut geworden, die vor einer Überschätzung der Kontaktgewichtung auf der Grundlage der Zielgruppengewichtungen warnen.

Die der Zielgruppengewichtung und damit der Kontaktgewichtung zugrunde liegenden Daten werden mit sich verfeinernden aber auch aufwendigeren Methoden gewonnen. Angesichts des ständig anwachsenden Informationsstroms auch über die Mediadaten erscheint die Frage verständlich, ob effiziente Werbeträgerplanung Informationen in solcher Breite und von so hohem Rang wirklich verlangt, wie sie die moderne Markt- und Mediaforschung zu liefern in der Lage ist.

Die Beantwortung dieser Frage hängt wesentlich von dem Einfluß ab, den Marktsegmentierungen und Zielgruppengewichtungen tatsächlich auf die Auslese von Werbeträgern für Werbevorhaben ausüben. Dieser Frage wird in einer Untersuchung nachgegangen, die Einblicke in dieses für die Mediaselektion wichtige Problem liefert. In einer von Nauwerk durchgeführten Untersuchung [1] wird eine Zielgruppe unterstellt, die aus Frauen und Männern besteht. In der Zielgruppe Frauen sind im ersten Fall alle Frauen mit 1,00 gewichtet worden, im zweiten und im dritten Fall wurden hiervon abweichende, unterschiedliche Gewichtungsstrukturen gewählt. Zum Beispiel (Werte der dritten Gewichtungsstruktur in Klammern): Frauen zwischen 14 bis 19 Jahren 0,00 (0,00), zwischen 20 und 29 Jahren 0,61 (0,50), zwischen 30 und 49 Jahren 0,71 (0,50); Einkommen bis

---

[1] NAUWERK, M., Vom Mythos der Personengewichtung in: ZV + ZV, 1971, S. 2120 ff.

999 DM 1,00 (1,00), bis 1499 DM o,82 (0,50) usf.; Nielsen I 0,96 (0,50), II
0,82 (0,50), III 0,95 (1,00) usf. Auf der Grundlage des VIP-Verfahrens wurden 25 Zeitschriften geprüft [1]. Nach dem Ergebnis der Bewertungsprozedur ergeben sich drei Media-Rangreihen, denen die drei unterschiedlichen
Zielgruppengewichtungen zugrunde liegen. Die Untersuchungen zeigen,
daß die Rangreihen sich den Personengewichten gegenüber sehr stabil
verhalten. Die Rangstellen der geprüften Zeitschriftentitel weisen nur geringfügige Verschiebungen auf. Der Einfluß der Personengewichtung auf
die Mediapläne ist also – nach dem Befund dieser Untersuchungen – gering. Nur bei ungewöhnlich großen Unterschieden in den Gewichtungs-
werten zeigen sich Veränderungen in den Rangreihen, die für die Planung
wichtig sind. Die verhältnismäßig geringe Sensitivität der Werbepläne
gegenüber Zielgruppengewichtungen wird vor allem darauf zurückgeführt, daß die großen Massenmedien relativ ähnliche Publikumsstruktu-
ren, hier Leserstrukturen, aufweisen.

Das Ergebnis der Untersuchungen würde gegen eine Überschätzung
des Einflusses von Zielgruppengewichtungen auf die Mediaplanung und
-auslese sprechen. Das Problem bedarf aber noch weiterer Untersuchungen.

3 a) Der Wert von Werbeträgern für Werbevorhaben hängt nicht nur
von ihren Reichweiten oder der Zahl der Kontakte ab, die sie vermitteln,
sondern auch von Eigenschaften mehr besonderer, qualitativer Art, erstens
von Umständen, die mit dem Image der Werbeträger in Zusammenhang
stehen, zweitens von Unterschieden in den Bedingungen und Möglichkeiten, die Werbemittel zu präsentieren, und drittens von ihrer Fähigkeit,
schnelle und nachhaltige Werbewirkungen zu erzielen. Zu den Eigenschaften, von denen hier die Rede ist, gehört nicht das Verhältnis der Werbeträger zu den besonderen Umständen (Ort, Zeit, Situation), unter denen
die Leser, Hörer, Zuschauer, Passanten die Werbebotschaft empfangen.
Diese Beziehungen finden in den Nutzungswahrscheinlichkeiten ihren
(quantitativen) Niederschlag. Auch die Methoden, mit denen diese Wahrscheinlichkeiten ermittelt werden, sind hier ohne Interesse.

In dem Image profiliert sich ein Werbeträger, mögen seine speziellen
Tendenzen bevorzugt auf Unterhaltung, Unterrichtung über Fragen politischer, künstlerischer, auch wissenschaftlicher Art gerichtet sein. Das informatorische Spektrum, in dem sich ein Werbeträger seinem Publikum präsentiert, die Zuverlässigkeit seiner Berichterstattung, seine Glaubwürdig-
keit, seine Aktualität und die besondere Note seiner verbalen und optischen Äußerungen, das redaktionelle Klima, sein Stil, die Ansprüche, die
er an sein Publikum stellt, und die Art, wie er diese Ansprüche befriedigt,
– diese und andere Faktoren bilden die Elemente, die das Image von Wer-

---

[1] Zum VIP-Index s. die Ausführungen im Abschnitt IV, 7 dieses Kapitels.

beträgern formen. Es läßt sich weder in seine Bestandteile zerlegen noch aus ihnen zusammensetzen, wenn nicht gegen seinen ganzheitlichen Charakter verstoßen werden soll. Kein Element ist in ihm ohne die anderen Elemente denkbar. Es kann nur als unablösbarer Teil des Ganzen wirksam werden, zu dem es gehört. Aus dieser Auffassung vom Wesen des Image resultieren die Vorbehalte, die einer Analyse gegenüber bestehen, welche das Image in seine vermeintlichen Bestandteile zerlegt, um sie dann wieder, bewertend und gewichtend zusammenzufügen.

Das Image eines Werbeträgers hat mit der Werbung zunächst nichts zu tun. Aber es kann für Werbezwecke benutzt werden. Das geschieht dann auch Tag für Tag in aller Welt.

Der Prozeß, der sich hierbei nach den Vorstellungen der Theorie abspielt, verläuft so, daß sich das Image des Werbeträgers auf das Werbemittel, das er bringt, überträgt, der Wert des Werbemittels sich also dadurch erhöht, daß es an dem Image des Werbeträgers partizipiert. Auf diese Weise gelangt, so lautet die Theorie, ein qualitatives Moment in die Werbeträgerkonzeption und damit in die Werbeträgerauslese, es stammt nicht aus dem Werbemittel, sondern aus dem Werbeträger. Daß ein derartiger Transfer von Werbeträgerimage auf Werbemittel möglich ist, wird nirgends bestritten, daß er sich tatsächlich vollzieht, ist für viele Fälle nachgewiesen. Welches aber die Bedingungen sind, die erfüllt sein müssen, damit er stattfindet, und welche Faktoren die Intensität des Transfers bestimmen, diese Fragen sind bis heute noch nicht überzeugend geklärt. Hieraus resultieren auch die großen Schwierigkeiten, vor denen die Werbeplanung steht, wenn es gilt, die Werbeträger nach ihrem Image zu bewerten und Gewichtungsindices zu bestimmen, die dann zum Beispiel als Steuerungsgrößen in Mediaselektionsprogrammen verwandt werden können.

3 b) Werbeträger unterscheiden sich zum anderen dadurch, daß sie unterschiedliche technische Voraussetzungen für die Präsentation der Werbemittel aufweisen. Es gibt Planungsfälle, in denen es sich als vorteilhaft erweisen würde, wenn das Werbeobjekt gewissermaßen in Tätigkeit, im Gebrauch, gezeigt werden könnte. In einer solchen Situation wird die Wahl auf diejenigen Werbeträger fallen, die die Voraussetzung für eine solche Demonstration der Werbeobjekte erfüllen. In anderen Fällen mag es sich empfehlen, den Gewinnungs- oder Herstellungsprozeß des beworbenen Gutes vorzuführen, um zu zeigen, mit welcher Sorgfalt der Gegenstand fabriziert wird. Andere werbliche Vorführungen sollen zeigen, wie leicht das Werbeobjekt zu handhaben ist und bedient werden kann. Es ist klar, daß unter diesen Umständen nur solche Werbeträger in die engere Wahl kommen, die die technischen Voraussetzungen für derartige Demonstrationen aufweisen.

Wird in anderen Fällen die Farbgebung des Werbeobjektes als ein besonders wirksames Kaufargument aufgefaßt, dann wird die Wahl unter den Werbeträgern vor allem auf jene treffen, die die technischen Voraussetzungen für eine farbige Gestaltung der Werbebotschaft besitzen. Besteht der besondere Reiz eines Werbeobjekts bevorzugt in der Zweckmäßigkeit oder der Eleganz seiner Formgebung, dann wird sich das Interesse der Werbeplaner auf jene Medien richten, deren technische Einrichtungen Schwarzweißdarstellungen mit Raffinement in Lay-out oder Graphik zu bringen in der Lage sind.

In wieder anderen Fällen können die Werbeplaner vor der Entscheidung stehen, ob es nicht vorteilhafter sein könnte, auf die Darstellung technischer Details überhaupt zu verzichten und statt dessen eine plakative Form zu wählen, die eine hohe Aufmerksamkeitswirkung erwarten läßt, und eben unter Verzicht auf technisches Detail und Bedienungsanweisungen mehr auf das Image als auf spezielle Kaufargumente abstellt. Im Zusammenhang mit einem bestimmten Werbevorhaben gesehen: wenn von den Möglichkeiten der Außenwerbung Gebrauch zu machen für vorteilhaft angesehen wird, würden unter den hierfür in Betracht kommenden, Plakatflächen vermietenden Firmen jene bevorzugt werden, die die für die besonderen Umstände eines solchen Werbevorhabens am besten geeigneten Plakatstellen anzubieten in der Lage sind.

Die werbewirksame Übermittlung von Werbebotschaften ist aber nicht nur von den technischen Möglichkeiten der Werbeträger als solchen, sondern auch davon abhängig, ob sie für ein bestimmtes Werbevorhaben raum- und zeitgerecht zur Verfügung stehen. Entscheidend wichtig für die Werbeträgerauslese ist also, ob und in welchem Maße die Kapazität der Werbeträger für die Werbevorhaben ausgenutzt werden kann. Nicht nutzbare Kapazität von Werbeträgern hat für die Planung einer bestimmten Werbekampagne den Wert Null, mag der Werbeträger noch so qualifiziert erscheinen. So ist zum Beispiel die Kapazität der Fernseh- und Rundfunkanstalten für Werbezwecke knapp, und es bedarf planender Voraussorge, wenn die Kapazität dieser Anstalten zur gewünschten Zeit verfügbar sein soll. Es ist bekannt, daß die werbende Wirkung von Werbespots im Fernsehen oder Hörfunk sehr stark von den Sendezeiten und von der regionalen Streuung der Spots abhängig ist.

So richtet sich die Wirkung der Außenwerbung einmal nach der zeitlichen und räumlichen Verfügbarkeit von Großflächen und Ganzstellen, zum anderen aber – ganz nach den besonderen Umständen der Werbekampagne – auch nach der Verfügbarkeit über günstig gelegene Klein- oder Mittelflächen. In besonderen Fällen kann es sich als werbenotwendig erweisen, die Plakatstellen von Umgebungseinflüssen freizuhalten, die stören und die Werbewirkung beeinträchtigen. Wenn also zum Beispiel von den Werbeplanern ein verhältnismäßig kostspieliger Ganzstellenanschlag für erstrebenswert und auch finanziell tragbar gehalten wird, im Planungszeitraum die gewünschte Plakatkapazität aber nicht beschafft werden kann, dann lassen sich die Möglichkeiten und Chancen der Ganzstellenwerbung nicht ausnutzen.

Diese Überlegungen gelten für alle Werbeträger, zum Beispiel auch für die Inseratwerbung in Zeitungen oder Zeitschriften. Die werbliche Wirkung der Inserate hängt von vielen Umständen, aber auch von ihrer Größe und der Art ihrer Plazierung ab. Besteht keine Möglichkeit, die für die Werbekampagne am vorteilhaftesten gehaltenen Formate und Plazierungsstellen zu erhalten, dann mindert sich insofern der Wert der Werbeträger, als sie die verlangten Formate und Plazierungen nicht liefern können. Auch in diesen Fällen spielt ein qualitatives Moment in die Werbeträgerauslese hinein. Es stammt aus den technisch-kapazitativen Voraussetzungen der Werbeträger, nicht aus der kreativen Gestaltung der Werbebotschaft. Es liegt im Wesen der Werbeträgerauslese, daß unter den oft unübersehbar großen Auswahlmöglichkeiten denjenigen Werbeträgern der Vorzug gegeben wird, die für ein bestimmtes Werbevorhaben auch hinsichtlich der Formate und Plazierung von Werbeanzeigen die jeweils günstigsten Voraussetzungen aufweisen.

Der Katalog von Eigenschaften, die die Werbeträger ganz allgemein und speziell für ein bestimmtes Werbevorhaben aufweisen, ist unübersehbar groß. Von Fall zu Fall schwankt zudem die Bedeutung der einzelnen Eigenschaften für die Planung der Werbekampagnen. Ob die Medienauslese in der traditionellen Form oder unter Benutzung von Bewertungs- oder Optimierungsmodellen vorgenommen wird – der Sachverhalt bleibt und verlangt sein Recht. Er erweist sich als im hohen Maße differenziert und widersetzt sich sowohl Erfahrung und intuitivem Erfassen als auch dem vereinfachenden Zwang rationaler Kalküle. Aber deshalb ist die Bedeutung der qualitativen Werbeträgereigenschaften für die Medienauslese nicht geringer als die der quantitativen Eigenschaften, mit denen die Werbeträger am Prozeß der Medienauslese beteiligt sind.

3 c) Neuere, mit Hilfe von Regressions- und Korrelationsanalysen vorgenommene Untersuchungen haben zu dem Ergebnis geführt, daß die Schnelligkeit und Nachhaltigkeit, mit der Werbemittel wirksam werden, von der Art der Werbeträger abhängig sind, die für ihre Verbreitung benutzt werden [1]. So übt nach dem Befund dieser Untersuchungen tendenziell das Werbefernsehen ganz offenbar eine verhältnismäßig schnelle, aber nicht eben nachhaltige Wirkung auf die umworbenen Personen aus. Dagegen lassen sich durch Werbung in Zeitschriften nachhaltigere Wirkungen erzielen. Für Programmzeitschriften gilt diese Feststellung aller-

---

[1] Vgl. hierzu: Werbedosis – Werbewirkung 2; Wege zur Werbewirkungsprognose, inter- und intramediale Analyse von Werbekampagnen, i. A. der Zeitschriften HÖR ZU und FUNK-UHR, durchgeführt von der delta-Marketingforschung, Konstanz 1971, siehe hier insbesondere S. 70 ff. und 137 ff.

dings nicht. Werbung in derartigen Medien löst wie die Werbung im Fernsehen ziemlich schnell einsetzende Reaktionen aus, führt aber zu keinen nachhaltigen Wirkungen bei den potentiellen Käufern.

Bei etablierten Marken bildet die Markengeschichte einen stabilisierenden Faktor. Auf ihn ist es zurückzuführen, daß kurze Werbestöße das Verhalten der Käufer nur in einem verhältnismäßig geringen Maße beeinflussen. Handelt es sich um neu eingeführte Marken, dann werden, auf lange Sicht gesehen, die Käufer durch Tageszeitungen und Publikumszeitschriften stärker beeindruckt als durch das Werbefernsehen. Kurzfristig erreichen allerdings auch hier elektronische Medien größere Wirkungen als gedruckte Medien [1].

Bei etablierten Marken wird der Werbedruck, also die Werbung der Konkurrenz, von den umworbenen Personen besonders stark empfunden, wenn die Wettbewerbsunternehmen sich der Programmzeitschriften, der aktuellen Illustrierten und auch des Werbefunks bedienen.

Die Schnelligkeit und die Nachhaltigkeit der Wirkung von Werbemaßnahmen sind mithin von gewissen qualitativen Merkmalen der Werbeträger abhängig. Soll eine schnelle Werbewirkung erreicht werden, dann müssen offenbar andere Werbeträger benutzt werden als dann, wenn mehr auf nachhaltige Werbewirkungen Wert gelegt wird. Auch hier sind qualitative, in den Werbeträgern selbst begründete Eigenschaften Kriterien der Werbeträgerauslese.

3 d) Die Mediaforschung hat gerade in letzter Zeit große Fortschritte gemacht. Trotzdem ist es ihr noch nicht gelungen, die Frage nach der Vergleichbarkeit von Werbewirkungen befriedigend zu lösen. Im Grunde handelt es sich hier um ein Indifferenzproblem. Läßt sich sagen, eine im Vierfarbendruck gebrachte ¹⁄₁-Anzeige in der Publikumszeitschrift X habe die gleiche Wirkung wie ein Werbespot im Fernsehen von 20 Sekunden Dauer, oder eine Schwarzweißanzeige von ½ Seite Umfang in einer überregionalen Tageszeitung habe die gleiche Wirkung wie ein Werbespot im Rundfunk? Selbst dann, wenn die Aktionen in den Werbeträgern die gleiche Kontaktzahl bringen würden, ließe sich dennoch nicht sagen, daß eine bestimmte Kontaktmenge im Fernsehen die gleiche Wirkung wie die gleiche Kontaktmenge in einer Tageszeitung oder in einer Zeitschrift haben werde. Derartige Indifferenzrelationen müßten aber bekannt sein, wenn Intra- oder Intermediavergleiche vorgenommen werden sollen. Solange sich Indifferenzkurven nicht aufstellen lassen (die Zahl nicht kontrollierbarer Variablen der Werbewirkung ist hierfür noch zu groß), kann auch die Frage nicht beantwortet werden, wieviel Kontakteinheiten bei welcher

---

[1] In den Untersuchungen, auf die hier Bezug genommen wird, weisen die Publikumszeitschriften einen höheren Regressionskoeffizienten auf als das Werbefernsehen, a.a.O., S. 137.

Werbemittelausstattung für jedes in Frage kommende Medium erforderlich sind, um die gleiche Werbewirkung zu erzielen [1].

Gleichwohl sind die Mediaplaner gezwungen, sich mit diesem Problem bei jeder Planung von Werbevorhaben auseinanderzusetzen, die Möglichkeiten differenzierend zu bewerten und eine Auswahlentscheidung zu treffen. Daß sich der Mediaplanung auf diesem Gebiet große Möglichkeiten eröffnen, steht außer Frage, auch daß sich wesentliche Verbesserungen der gegenwärtigen Situation erzielen lassen, ist unbestritten. Die Mediaselektionsmodelle insbesondere, das sei schon hier erwähnt, würden wesentlich an Informationskraft gewinnen, wenn ihre enge Begrenzung auf die Zeitschriftenauslese überwunden würde und All-Mediamodelle an ihre Stelle treten könnten. Solange aber das Indifferenzproblem noch nicht praktikabel gelöst ist, bleibt die Mediaselektion vor der Aufgabe stehen, auch mit nicht empirisch ermittelten Kriterien eine Bewertung der Werbeträger nach qualitativen Merkmalen vornehmen zu müssen. Die Richtigkeit der Beurteilung des Wertes, den Werbeträger für eine bestimmte Werbekampagne besitzen, richtet sich dann nach der Sachkenntnis der Experten, der Systematik ihrer Befragung und der methodischen Abklärung und Absicherung ihrer Expertisen.

3 e) Wenn sich Werbeträger nicht nur durch ihr Kontaktvolumen, sondern auch durch qualitative Merkmale der beschriebenen Art voneinander unterscheiden, dann stellt sich die Frage, ob diesen Unterschieden nicht durch Gewichtung Rechnung getragen werden sollte. Diese Frage ist umstritten. Es fehlt gerade auf diesem Gebiet eine Theorie, die einsichtig und berechenbar macht, wie der Werbewert eines Mediums von qualitativen Größen der beschriebenen Art abhängig ist und wie unterschiedliche Werbeträgergewichte den Ausleseprozeß unter den Werbeträgern beeinflussen. Testuntersuchungen haben zwar wichtige Einblicke in diese Zusammenhänge gebracht, aber es bleibt eben die Frage, inwieweit die Einflußgrößen und ihre bewertende Erfassung voneinander unabhängig sind.

Empirische Untersuchungen über den Einfluß von Werbeträgerimage auf die Werbewirkung von Werbeträgern liegen vor [2]. Sie haben jedoch noch nicht zu einer völlig befriedigenden Aufklärung der Beziehung zwischen Werbeträgerimage und Werbewirkung geführt. Eine sehr detailliert vorgenommene Untersuchung im Bereich von Zeitschriften ist zu dem Ergebnis gekommen, daß ein Einfluß von Werbeträgerimages auf die Wer-

---

[1] Vgl. hierzu u. a. DOHMEN, J., Plakatanalyse in der Bewährungsprobe, in: Absatzwirtschaft, Jg. 1971, H. 11, S. 27; und die Ausführungen in BamS-Kommunikation, Untersuchung über die Werbewirkung, Infratest, München, in Verbindung mit dem Axel Springer Verlag, a.a.O., Hamburg, S. 70.

[2] Vgl. hierzu die Studie von DENNIS H. GENSCH, Media Factors: A Review Article, in: Journal of Advertising Research, Mai 1970.

bewirkung nur in wenigen Fällen feststellbar gewesen ist. Diese, wie alle anderen derartigen Fragen gewidmeten Untersuchungen erheben nicht den Anspruch darauf, daß ihre Ergebnisse für den Gesamttatbestand repräsentativ seien. Aber sie zeigen doch die Unsicherheit, die auf diesem Gebiete besteht und die dahin geführt hat, daß in der Werbepraxis weitgehend von Werbeträgergewichtungen abgesehen wird.

Wie gezeigt, ist auch die Möglichkeit nicht auszuschließen, Werbeträger nach der Schnelligkeit und der Nachhaltigkeit ihrer Wirkungen zu bewerten und zu gewichten. Von dieser Möglichkeit wird in der Werbepraxis nach den eingeholten Informationen kaum Gebrauch gemacht [1].

Dagegen finden die technischen Voraussetzungen der Medien für die Präsentation der Werbebotschaften größere Beachtung. Anzeigenformate, Druck- und Papierqualität, Plazierung (hier im weiteren Sinn als redaktionelles Umfeld verstanden) werden – mit großen Unterschieden im einzelnen – durchaus gewichtet. Pre-Testing und Copy-Testing könnten hierbei Hilfe leisten.

So gewiß es richtig ist, daß die Einstellungen des Publikums zu den Werbeträgergattungen große Unterschiede aufweisen, so schwierig ist es, für die in diesen Entwicklungen zum Ausdruck kommenden Images der Mediengattungen adäquate numerische Werte zu finden. Wie im intramedialen, so ist es auch im intermedialen Bereich noch nicht gelungen, das Bewertungs- und damit das Gewichtungsproblem befriedigend zu lösen. Die Vorstellungen über den Werbewert von Mediengattungen weichen im konkreten Fall stark voneinander ab. In welchem Maße das der Fall ist, illustrieren die Antworten, die W. ERNST auf die an Experten gestellte Frage erhielt: wenn Sie für die Werbung ihrer Marke X verschiedene Mediengattungen bewerten müßten, mit welchem Werbewert würden Sie dann Zeitschriften (bestimmter Art), Fernsehspots und Funkspots veranschlagen? Die Antworten ergaben Bewertungsunterschiede erheblichen Umfanges. Sie bewegten sich in Größenordnungen von 1:3, zum Teil bis zu 5 [2]. Zu einem ähnlichen Ergebnis ist auch STEINMANN gekommen [3]. Informationen aus der Werbepraxis bestätigen diese Unsicherheit. Empirische Untersuchungen über die Frage nach den Möglichkeiten und Grenzen der Werbeträgergewichtung haben zwar vertieften Einblick in diese Probleme gebracht.Die Untersuchungsgrundlagen sind jedoch noch zu schmal, als daß die Ergebnisse repräsentativ für den Gesamtzusammenhang sein

---

[1] Vgl. hierzu die Untersuchungen von JAHN, K., Möglichkeiten und Grenzen der Mediagewichtung in: ZV + ZV, 66. Jg. (1969), S. 1928 ff.; PRATZ, G. und P. MÜLLER, Funktion, Image, Produktinteresse – eine Untersuchung über 16 Publikumszeitschriften, in: ZV + ZV 67. Jg. (1970), S. 426 ff.

[2] Vgl. hierzu ERNST, W., Werbemedien auf der Waage, in: Absatzwirtschaft, H. 19. Jg. 1971.

[3] STEINMANN, M. F., Massenmedien und Werbung, Freiburg i. B. 1971, S. 119 ff.

könnten [1]. Die Werbepraxis verzichtet deshalb weitgehend auf die Gewichtung von Werbeträgergattungen. Nimmt sie Gewichtungen vor, dann beruhen die Gewichtungsfaktoren im wesentlichen auf eigenen Erfahrungen.

Das Problem gewinnt in dem Maße an Bedeutung und Aktualität, in dem Multi-Mediamodelle entwickelt und in die Praxis eingeführt werden. EDV-Anlagen und ihre Datenbanken verlangen numerische Ausdrücke für den Werbewert von Mediagattungen, wenn das Verarbeitungsprogramm alternativ zwischen Zeitschriften, Tageszeitungen, Werbefunk und Werbefernsehen wählen soll. Dabei ist davon auszugehen, daß auch der Verzicht auf eine Gewichtung eine Gewichtung bedeutet. In diesem Fall erhalten zum Beispiel die im Selektionsprozeß enthaltenen Mediengattungen den Wert 1,0. Bestehen nun aber wirklich signifikante Unterschiede in dem Werbewert der Mediengattungen für ein bestimmtes Werbevorhaben, dann läßt es sich dem Prinzip nach nicht umgehen, darüber zu befinden, ob ein 30-Sekunden-Spot im Funk verglichen mit einer Zeitschriftenseite mit 0,3 oder 0,6 oder 1,0 bewertet werden soll [2]. Oder man geht den anderen Weg und legt in den Nebenbedingungen des Programms fest, welche Teile des Werbeetats für bestimmte Mediengattungen ausgespart bleiben sollen. Mit zunehmenden Etatbeschränkungen aber nimmt der Optimierungseffekt des Ausleseprozesses ab.

Methodisch ist die Mediaforschung weitgehend in der Lage, Werbeträgergewichte mit Schwankungen in verhältnismäßig geringen Bandbreiten zu ermitteln [3]. Nun setzt aber die Auslese in Mediaselektionsprogrammen voraus, daß die Medien, hier die Mediengattungen, durcheinander ersetzbar sind. Es geht also um ein alternatives Entweder-Oder. Die Praxis der Mediaplanung zeigt jedoch, daß diese substitutive Beziehung zwischen den Medien, hier den Mediengattungen, nur eine der Möglichkeiten ist, eine Medienauswahl zu treffen. Die Medien, insbesondere die Mediengattungen, können komplementär miteinander verbunden sein derart, daß die Wirkung eines Mediums von dem Vorhandensein anderer Medien in der Kombination abhängig ist. Erst unter dieser Bedingung vermag es zu seiner vollen Wirksamkeit zu gelangen. Die Medien stehen in diesem Fall nicht in Wettbewerb miteinander. Sie ergänzen sich vielmehr. Es gibt Multi-Mediaprogramme, die dieser besonderen Situation gerecht zu werden vermögen [4].

---

[1] STEINMANN, M. F., a.a.O., S. 430 ff.

[2] Vgl. ERNST, W., a.a.O., S. 7 ff.

[3] Vgl. ERNST, W., a.a.O., S. 9 ff., auch SCHULZ, W., Medienwirkung und Medienselektion. Methoden und Ergebnisse der Forschung zum Inter-Media-Vergleich von Fernsehen, Radio, Zeitung, Zeitschrift, G + I Verlag, Schriftenreihe 1971.

[4] Vgl. hierzu auch ZACHARIAS, G.: Was geschieht mit den Multi-Mediadaten? ZV + ZV Jg. 1972, S. 608 ff. und ZV + ZV, Jg. 1972, S. 256 ff.; KERNEBECK, H., Wegweiser durch die Mediaanalyse, in: Absatzwirtschaft, Jg. 1972, S. 54 ff.

Werden Werbeträgergewichte in Mediaselektionsmodellen als Steuerungsgrößen verwandt, dann müssen die Nutzungswahrscheinlichkeiten je Person mit den Mediengewichten multipliziert werden. Ist also h_j das Gewicht des Werbeträgers j ($h_j \leqq 1$), dann ist in allen Berechnungen der Kontaktzahl K die Nutzungswahrscheinlichkeit p_{ij} durch eine modifizierte Wahrscheinlichkeit $\bar{p}_{ij}$ zu ersetzen, für die

$$\bar{p}_{ij} = p_{ij} \cdot h_j$$

gilt.

4 a) In der Werbepraxis ist es lange Zeit umstritten gewesen, ob, bezogen auf einen gegebenen Werbeetat, die Nettoreichweite der Werbeträgerkombinationen oder die Zahl der durch sie vermittelten Kontakte zu maximieren sei. Diese beiden Zielsetzungen bilden heute keine echten Alternativen mehr. Maximierung der Reichweite würde bedeuten, daß die Wahl auf diejenigen Werbeträger fallen würde, deren Verwendung die höchstmögliche Zahl umworbener Personen oder Institutionen zu erreichen verspricht und zwar mit der Maßgabe, daß jede dieser umworbenen Personen oder Institutionen mindestens einen Kontakt erhält. Dieses auf höchstmögliche Abdeckung der Zielgruppe gerichtete Ausleseprinzip übersieht, daß die Wirksamkeit werblicher Maßnahmen keine lineare Funktion der Nettoreichweite von Werbeträgern ist, die Wirkung von Werbekampagnen also nicht mit der Zahl der mindestens einmal erreichten Personen zu- oder abnimmt. Die Werbewirkung ist auch von der Zahl der Kontakte abhängig, die eine zur Zielgruppe gehörende Person im Verlaufe einer Werbekampagne erhält.

Aber auch die Forderung nach Maximierung der Kontakte je umworbener Person vermag das Problem höchstmöglicher Effizienz von Werbeplanungen nicht zu lösen. Diese Forderung würde bedeuten, daß eine Werbeträgerkombination anzustreben ist, die die erreichten Personen mit einem Höchstmaß an Kontakten versorgen würde. In diesem Fall muß – bei gegebenen finanziellen Mitteln – die hohe Dosierung der Zielpersonen mit Kontakten zu Lasten der Nettoreichweite gehen. Nun besteht kein Zweifel daran, daß die Häufigkeit, mit der Zielpersonen Kontakte erhalten, die werbende Wirkung werblicher Anstrengungen beeinflußt. In der Tat werden Zeitungen oder Zeitschriften im Laufe einer Werbekampagne häufig belegt und Werbespots im Werbefernsehen oder Hörfunk wiederholt eingeblendet. Die Werbeplaner stehen in diesem Fall jedoch vor der Frage, wie der zwischen Kontakthäufigkeit und Werbewirkung bestehende Zusammenhang beschaffen ist. Es läßt sich darüber streiten, ob die häufige Wiederholung von Inseraten, Prospektsendungen, Plakatanschlägen, Werbesendungen im Hörfunk oder im Fernsehen während des für eine Werbekampagne vorgesehenen Zeitraums die Wirksamkeit der Werbemaßnahmen erhöht oder ob zu häufige Wiederholungen ermüden, gleichgültig machen oder sogar einen gewissen Widerwillen gegen die Werbemittel und ihre Träger hervorrufen. So ist zum Beispiel von Defoe mit großem Nachdruck die Ansicht vertreten worden, es sei falsch anzunehmen, daß Inserate mit zunehmender Wiederholung an Wirkung einbüßen müßten. Er stützt sich hierbei auf eigene Erfahrungen und auf die Auffassungen vieler großer und angesehener Werbeagenturen. Andere Autoren vertreten demgegenüber die Ansicht, die ständige Wiederholung von Werbebotschaften in bestimmten Werbeträgern führe zu einem Nachlassen des Interesses an der Werbung und damit zu verminderter Werbewirkung. Sie sehen den Ausweg darin, zwar auf Mehrfacheinschaltungen nicht zu verzichten, der Gefahr der Monotonie aber dadurch vorzubeugen, daß die Werbeaussagen unter Beibehaltung bestimmter, für wesentlich angesehener verbaler oder visueller Elemente der Werbegestaltung variiert werden sollten. Der Stil der Werbung dürfe durch Abwandlungen von Einzelheiten allerdings nicht beeinträchtigt werden. Auch heute sind die Ansichten über diese Frage geteilt, und es mag Fälle geben, in denen die monotone Wiederholung eines Werbemittels zu großen werblichen Erfolgen führt, wie andererseits Situationen denkbar und nachweisbar sind, in denen sich Änderungen der verbalen und visuellen Gestaltung der Werbemittel als sehr effizient erwiesen haben. Aber das eigentliche Problem, ob die Werbeplanung mehr auf coverage oder frequency abzustellen sei, wird durch den Kompromiß zwischen Werbemittelmonotonie und -variation nicht gelöst. Denn es bleibt die Frage unbeantwortet, wie die Kontakthäufigkeit – mögen die Werbemittel unverändert gebracht oder in gewissen Grenzen variiert werden – die Werbewirkung beeinflußt. Zwar besteht nach übereinstimmender Ansicht zwischen Kontakthäufigkeit und Werbewirkung eine Abhängigkeit, aber die Ansichten über die Art dieser Abhängigkeit gehen weit auseinander. Ist diese Abhängigkeit nichtlinearer Art, weist sie also mit zunehmenden Kontaktdosierungen unterschiedliche Wirkungszunahmen auf, dann wird die Werbeplanung optimale Kontakthäufigkeiten anstreben. Die Werbewirkungskurve bestimmt nun das Maß, in dem eine Person i als kontaktiert gelten kann, und damit auch den Wert der oben (in Abschnitt 1 b) bereits eingeführten Größe b_i –, in Abhängigkeit von der bei dieser Person erreichten Kontakthäufigkeit. Die Kontakthäufigkeit wird so zu einem zusätzlichen Kriterium für die Medienauslese und damit für die Bestimmung des Verhältnisses zwischen coverage und frequency im Rahmen der Werbeträgerplanung. Das Dilemma zwischen maximaler Reichweite und Kontaktdosierung scheint damit wenigstens prinzipiell gelöst.

4 b) Die Werbewirkungskurve ordnet unterschiedlichen Kontakthäufigkeiten unterschiedlich große Werbewirkungen zu (response function).

Die Werbewirkung wird in psychischen Größen (Aufmerksamkeits-, Erinnerungswerte, aktive Markenbekanntheit u. a.), auch in Absatzmengen und Umsatzgrößen gemessen und auf der Ordinatenachse in einer in der Regel von 0,00 bis 1,00 laufenden Skala abgetragen. Der Wert 0,00 würde besagen, daß bei der entsprechenden Kontaktzahl keine Werbewirkung zu verzeichnen ist, der Wert 1,00 dagegen, daß diese Kontaktzahl das Höchstmaß an Werbewirkung erreichen läßt.

Linear verlaufende Kurven der Werbewirkung unterstellen, daß die Werbewirkung der Kontaktzahl proportional, die Wirkungszunahme von Einschaltung zur Einschaltung also gleich groß ist. Diese Kurven werden allgemein für unrealistisch gehalten. Sie sind in der Werbepraxis deshalb auch nicht gebräuchlich.

In der Regel arbeitet die Werbepraxis mit nichtlinearen Werbewirkungskurven. Einmal wird ein Kurvenverlauf angenommen, der mit zunehmender Kontaktzahl positive, aber abnehmende Wirkungszuwächse aufweist. Im zweiten Fall wird unterstellt, daß die Werbewirkungskurve mit zunehmenden Kontaktdosierungen positive Wirkungszuwächse zeigt, die zunächst zunehmen, dann abnehmen. Die Kurve hat dann einen Wendepunkt und nähert sich asymptotisch einer oberen Grenze. Manchmal wird unterstellt, daß die Kurve schließlich negative Werbewirkungszuwächse aufweist. Es besteht dann eine Kontakthäufigkeit mit maximaler Werbewirkung. Die Werbewirkungskurve der zweiten Art entspricht in etwa der Kurve, die in der Ertragstheorie Verwendung findet [1].

4 c) Die abstrakten Bezugssysteme, in denen sich die Vorstellungen über die möglichen Formen von Werbewirkungskurven bewegen, sind nur Orientierungsmittel für die Bestimmung möglichst günstiger Einschalthäufigkeiten von Werbeträgern im Rahmen der Mediaplanung. In Wirklichkeit ist die Werbewirkung und ihre Abhängigkeit von den Einschaltfrequenzen beziehungsweise Kontakthäufigkeiten das Ergebnis vielverzweigter Abhängigkeiten und Stimulantien. Auf jeden Fall steht fest, daß die Wirkung, die mit Werbemaßnahmen erzielt wird, nicht nur das Resultat der Streuleistung der Werbeplaner ist, sofern diese Leistung darin besteht, Kontakte mit den umworbenen Personen der Zielgruppe herzustellen. Man müßte also diesen einen Sachverhalt, den Einfluß der Kontaktzahl auf die Empfänger der Kontakte, isolieren können, wenn Werbewirkungskurven eruiert werden sollen, die Werbewirkung als allein durch die Kon-

---

[1] Vgl. hierzu auch die Ausführungen von ERNST, O., Die möglichen Formen der Wirkungskurven, in: Media-Selektionsprogramme, a.a.O., S. 103, und WENZEL, W., Funktion und Form der Kontaktbewertungskurve, in: ZV + ZV, 67. Jg. (1970), S. 414 ff.; KILGER, W., Optimale Produktions- und Absatzplanung, Opladen 1973, S. 552 ff.; JÄNSCH, G., und W. KORNDÖRFER, Ansätze zur Theorie des optimalen Werbebudgets, in: Zeitschrift für Betriebswirtschaft, 37. Jg. (1967), S. 437 ff.; FRETER, H. W., Mediaselektion, Informationsgewinnung und Entscheidungsmodelle für die Werbeträgerauswahl, Wiesbaden 1974, S. 106 ff.

taktzahl stimuliert angeben sollen. Nun ist aber die Werbewirkung nicht nur das Ergebnis der Häufigkeit der mit den Mitgliedern der Zielgruppe hergestellten Kontakte, sondern auch das Ergebnis der kreativen Lösungen, die für eine Werbewirkung gefunden wurden. In Wirklichkeit verschmelzen kreative und kommunikative Effekte zu einer Einheit, und es läßt sich dann auch nicht mehr sagen, in welchem Maße die Wirkung werblicher Anstrengungen der gestalterischen oder der planerischen Leistung zuzuschreiben ist. Hierin besteht das eigentliche Dilemma der Gewinnung von Werbewirkungskurven, sofern sie über die Abhängigkeit von Werbewirkung und Kontaktdosis aussagen sollen. Die Erfahrung lehrt ja doch täglich, daß ganze Abfolgen von Werbebotschaften ohne jede Wirkung bleiben, aber eine einzige Werbebotschaft, attraktiv gestaltet, auf sich aufmerksam macht und sich einprägt, also eine Wirkung hat, die die ganzer Werbemittelfolgen in einem Medium oder auch in mehreren Medien weit übersteigt. Wie soll man diese Wirkung hoher gestalterischer Effizienz der Werbemittel gegen die Wirkung von Einschalthäufigkeiten isolieren?

Es kommt auch hinzu, daß die Wirkung werblicher Maßnahmen von dem Werbeträger selbst, seiner Beschaffenheit und seinem Image beeinflußt wird. Auch in diesem Fall ist es – wie bei den Werbemitteln und ihrer Gestaltung – eine qualitative Dimension, die in den Wirkungszusammenhang hineinspielt, andere Einflußgrößen überdeckt oder zu übersteigerter Entfaltung bringt. Im Grunde geht es hier um ein Zurechnungsproblem, eine Problemkategorie, die der betriebswirtschaftlichen Forschung stets große Schwierigkeiten macht und für die bis heute noch keine überzeugenden Lösungen gefunden wurden. Es besteht also nicht nur eine kausale Beziehung zwischen Kontaktdosis und Werbewirkung, sondern auch zwischen Werbewirkung und Werbemittelbeschaffenheit, zwischen Werbewirkung und Werbeträgerbeschaffenheit. Diese Problematik läßt sich – wenn überhaupt – nur im Rahmen eines allgemeinen Modells lösen, in dem die Einzelerscheinungen als Spezialfälle einer generellen Modellkonzeption zu verstehen sind.

Nun ist aber Werbung stets auf ein bestimmtes Produkt (oder einen Produktbereich) bezogen. Zwischen dem Produkt und seinen Verbrauchern oder Verwendern bestehen oft nur sehr flüchtige, oft aber langjährige, auf Erprobung und Erfahrung beruhende Beziehungen. Die Werbung trifft also unter Umständen auf sehr unterschiedliche Produktinformationen. Unter diesen Umständen hängt es von der Vordisposition der Verbraucher oder Verwender für das durch Werbung angebotene Produkt ab, ob eine geringe oder große Kontaktdosis notwendig ist, um eine bestimmte Wirkung zu erzielen. Auch sind Stärke und Aktualität von Bedürfnissen im Zeitablauf Schwankungen unterworfen. Starke und gegenwärtige Bedürfnisse lassen eine besonders große Aufgeschlossenheit für

Werbung entstehen. Jede, auch die durch Werbung gelieferte Information ist dann erwünscht und wird mit Aufmerksamkeit und Interesse zur Kenntnis genommen, und zwar ohne Rücksicht darauf, wie oft der Werbeimpuls die sich in einem solchen Kaufstadium befindenden Käufer erreicht, in welchem Medium er ausgesendet wird und welche kreative Lösung für die Werbebotschaft gefunden wurde. Man mag der Auffassung sein, daß die Verfahren, die für Segmentierungszwecke heute zur Verfügung stehen, Zellen von so gleichartigen Verhaltensstrukturen schaffen lassen, daß die einzelnen individuellen Werbewirkungskurven zu segmentcharakteristischen Werbewirkungskurven aggregiert werden können – aber selbst dann erscheint es noch fraglich, ob sich derartige Segmente durch ein Mediaverhalten beschreiben lassen, das dem Kaufverhalten der Gruppen an Homogenität nicht nachsteht. Nur in diesem Fall würden die unterschiedlichen Werbeträgereinschaltungen auf ein weitgehend gleichartiges Mediaverhalten der Werberezipienten treffen. Grundsätzlich aber bleibt es dabei, daß die zur Erzielung einer bestimmten Werbewirkung notwendige Kontaktdosis auch von der Einstellung der Umworbenen zum Produkt, von ihren außerwerblichen Informationen über das Produkt, seien sie eigener oder fremder Art, und von dem Mediaverhalten der zu den einzelnen Marktsegmenten gehörenden Personen abhängig ist. Eine Werbewirkungskurve, die nur die Beziehung zwischen Werbewirkung und Kontaktdosierung zum Ausdruck bringen will, müßte voraussetzen, daß sich die Empfänger der Werbebotschaften durch homogenes und konstantes Kauf- und Mediaverhalten kennzeichnen.

Auch darauf wurde bereits hingewiesen, daß die Verbraucher und Verwender nicht nur den Werbeaktionen eines Unternehmens ausgesetzt sind, vielmehr einem Werbedruck unterliegen, der von Unternehmen des gleichen Produkt- und Dienstleistungsbereichs auf sie ausgeübt wird. Dieser Werbedruck kann zur Abstumpfung der Umworbenen gegen die Werbeeindrücke führen, vermag aber auch das Klima für Werbung in positivem Sinne zu beeinflussen. Das Gleichgültigwerden der Umworbenen gegen Werbeanstöße bildet die große Gefahr für werbliche Aktivitäten. Um ihr zu begegnen, wird versucht, die nachlassende Empfänglichkeit für Werbebotschaften durch hintereinandergeschaltete Werbestöße aufzufangen und das Kontaktniveau zu stabilisieren. Diese Aktionen zielen auf Kompensationen nachlassender Werbeaufnahmefähigkeit. Es ist von größtem Interesse zu wissen, in welchen zeitlichen Intervallen diese Werbestöße angesetzt werden müssen. Allein – dieses Phänomen interessiert in diesem Zusammenhang erst an zweiter Stelle. Wichtiger ist hier die Tatsache, daß die Wirkung von Werbemitteln von anderen Werbemitteln, hier denen der Wettbewerbsunternehmen, abhängig ist. Diese Abhängigkeit stört die Erfassung der Werbewirkung in Abhängigkeit allein von der Kontaktdosis, auf die hier das Interesse gerichtet ist.

In dem Bezugssystem zwischen Werbewirkung und Kontaktdosis, wie es in den oben dargestellten Werbewirkungskurven seinen Niederschlag findet, fehlt die wichtige Einflußgröße „Zeit". Diese Variable ist deshalb für die Ermittlung von Werbewirkungen in Abhängigkeit von den Kontaktdosierungen so bedeutsam, weil eben diese Wirkung auch von den zeitlichen Abständen abhängig ist, in denen die Einschaltungen, also die Werbeanstöße vorgenommen werden. Ohne eine Abfolge von Neueinschaltungen in der Zeit kann das angestrebte Kontaktniveau nicht aufrechterhalten werden. Der Verlust an Werbewirkung in Abhängigkeit von der Zeit muß durch abgestimmtes Timing des Werbemitteleinsatzes ausgeglichen werden. Da über das Timing in anderem Zusammenhang ausführlich gesprochen wird, kann es mit diesen Anmerkungen über die Abhängigkeit der Werbewirkung von der zeitlichen Verteilung der Werbeanstöße sein Bewenden haben.

Eine weitere Einflußgröße, die bei der Abschätzung der Wirkung von Werbemaßnahmen oft übersehen wird, aber dennoch einen nicht zu vernachlässigenden Einfluß ausübt, ist das Maß, in dem der Markt mit dem beworbenen Produkt gesättigt ist. Wenn dieser Sättigungsgrad bereits sehr hoch ist, dann wird auch ein forcierter Werbemitteleinsatz nur eine geringe zusätzliche Wirkung zur Folge haben. Ist umgekehrt der Sättigungsgrad niedrig, dann werden die Werbeanstrengungen zu hoher Wirkung kommen.

Auf diesen Zusammenhang haben Vidale und Wolfe aufmerksam gemacht und ihn in einem durch eine Differentialgleichung dargestellten Modell abgebildet [1]. Diese Gleichung beschreibt die Veränderung der Sättigungsmenge im Zeitablauf in Abhängigkeit von der augenblicklich beobachteten Sättigungsmenge, dem im Hinblick auf eine Obergrenze bestimmten Sättigungsgrad und den Werbeausgaben der laufenden Periode. Es wird hier also eine direkte Abhängigkeit zwischen Absatzvolumen und Werbeausgaben unterstellt, der erklärende Zwischenschritt über Werbemitteleinschaltungen und dadurch erzielte Kontakte übersprungen.

Insgesamt gesehen ist die Zahl der Einflußgrößen vorläufig noch zu groß, als daß objektive Werbewirkungskurven mit hohem Realitätsbezug ermittelt werden könnten, die dann die Grundlagen für das Auffinden optimaler Kontaktdosierungen bilden.

In dieser Welt vielfältig verwobener, instabiler und wenig kontrollierbarer Abhängigkeiten zwischen den für den Medieneinsatz relevanten Variablen stehen die Werbeplaner vor der Aufgabe, die Kontaktmenge zu bestimmen, die voraussichtlich die günstigste sein wird. Für die Lösung dieser Aufgabe steht ihnen der methodische Apparat zur Verfügung, den

---

[1] VIDALE, M. L., und H. B. WOLFE, An Operations Research Study of Sales Response to Advertising, in: Mathematical Models and Methods in Marketing, Homewood, III. 1961, S. 357 ff.

die Markt- und Mediaforschung für diese Zwecke anbietet. Die Werbeplanung arbeitet hierbei mit Werbewirkungskurven, die den Kurven entsprechen, deren abstraktes Schema oben aufgezeigt wurde. Die Vorstellungen über diese Kurven beruhen im wesentlichen auf persönlicher Erfahrung, intuitivem Erfassen werblicher Situationen, Meinungsaustausch, auch methodisch abgesicherten Entscheidungsprozeduren.

Es sind aber auch bemerkenswerte Versuche unternommen worden, diese für die Mediaplanung wichtigen Fragen auf andere Weise zu lösen.

4 d) Das Aufnehmen von Werbeeindrücken weist prima vista eine gewisse Ähnlichkeit mit Lernvorgängen auf. Es liegt deshalb nahe zu prüfen, ob nicht Ergebnisse der Lerntheorie einen Beitrag zur Aufhellung des Zusammenhangs zwischen Werbeeffekt und Kontakthäufigkeit liefern können. Nach den Angaben ihrer Vertreter bietet die Lernpsychologie kein in sich geschlossenes einheitliches System. Die Vielfalt und Vielfältigkeit der Lernformen verweist die Disziplin auf eine mehr kasuistische Behandlung ihrer Probleme [1].

Nun reichen aber Lernvorgänge von mehr unbewußtem, gleichwohl zu Handlungsstrukturen führendem Lernen über das zufällige und intendierte Lernen bis zum nachvollziehenden oder spontanen Durchdenken komplizierter Bedeutungszusammenhänge und quantitativer Bezugssysteme. Einige der von der Lerntheorie beschriebenen Lernverläufe weisen eine besonders enge Beziehung zu den Vorgängen auf, die sich bei der Rezeption von Werbeeindrücken abspielen; gemeint sind die unbewußten Lernprozesse und die Vorgänge beim zufälligen, aber auch beim intendierten, beabsichtigten Lernen.

Im Rahmen der Werbeforschung ist dann auch versucht worden, Aussagen der Lerntheorie über bestimmte Lernverläufe daraufhin zu testen, ob sich nicht mit Hilfe bestimmter lerntheoretischer Konzeptionen Aufschlüsse darüber gewinnen lassen, wie Wiederholungen von Werbeanstößen den Werbeeffekt beeinflussen. Es handelt sich bei Untersuchungen dieser Art nicht um Plausibilitätsüberlegungen, auch nicht um Schlüsse per analogiam, sondern um Testuntersuchungen, die mit Hilfe von Methoden der empirischen Sozialforschung und psychologischer Verfahren ausgeführt worden sind.

Wenn man sich auf die drei Arten des unbewußten, des zufälligen und des beabsichtigten (intendierten) Lernens beschränkt und die Formen des Lernens mit den Vorgängen bei der Aufnahme von Werbebotschaften vergleicht, dann zeigt sich, daß das zufällige Lernen die verhältnismäßig größte Ähnlichkeit mit den Vorgängen bei der Rezeption von Werbeein-

---

[1] Aus der Fülle von Literatur über diese Fragen sei hier verwiesen auf das Buch von C. F. VAN PARREREN, Lernprozeß und Lernerfolg, Deutsche Übersetzung, Braunschweig 1966.

drücken besitzt. Den Experimenten der Lerntheorie liegen aber überwiegend Lernsituationen zugrunde, die sich durch intendiertes Lernen kennzeichnen. Die Versuchspersonen wissen, daß sie einen bestimmten Stoff lernen müssen. Es wird ihnen aufgegeben, sinnlose Silben oder Wortlisten zu lernen, und zwar durch häufiges Repetieren des Stoffs. Der Lernerfolg läßt sich unter solchen Experimentierbedingungen eindeutig als Funktion der Lernstoffwiederholungen auffassen. Diese Funktion zu ermitteln, ist Aufgabe der Experimente.

Vergleicht man diese Lernsituation mit den Vorgängen bei der Aufnahme von Werbebotschaften, dann zeigt sich, daß die Lernprozesse im Experiment nicht in sinnvolle Bezüge eingeordnet werden können, während gerade dieses Einordnen einen wesentlichen Bestandteil „werblichen Lernens" bildet. Produkterfahrungen und Produkterwartungen, Informationen und Meinungen, Interessenlage, Werbedruck und Werbereminiszenzen – diese und andere die Disposition für die Aufnahme von Werbeeindrücken bestimmenden Größen bilden die werbliche Umwelt, in der die Werbeanstöße auf die Personen treffen, an die sich die Werbung richtet. Insofern derartige Zusammenhänge und sinnvolle Bezüge bei Lernmodellen fehlen, bestehen zwischen Lernverhalten und Mediaverhalten doch eben sehr wesentliche Unterschiede.

Die Verwendung von Lernmodellen für die Beantwortung der Frage nach der Abhängigkeit der Wirkung werblicher Maßnahmen von der Zahl der durch mehrfache Einschaltungen vermittelten Kontakte setzt außerdem voraus, daß Testbedingungen geschaffen werden können, die in etwa den Bedingungen lerntheoretischer Experimente entsprechen. Das ist nur unter bestimmten Voraussetzungen und in gewissen Grenzen möglich. Zwei der wesentlichen Voraussetzungen lerntheoretischer Experimente bestehen darin, daß nach jeder Wiederholung die gleichen Umweltbedingungen vorliegen müssen, wenn Lerneffekte gemessen werden sollen, und daß die Intensität, mit der gelernt wird, die Lernrate, bei jeder Wiederholung unverändert, d. h. frei von Einflüssen bleibt, die nicht das Ergebnis von Lernprozessen sind.

Wenn nun auch die Vorgänge bei der Rezeption von Werbeeindrücken im allgemeinen mehr der Situation gleichen, die dem zufälligen Lernen entspricht und wenn die Annahme konstanter Lernraten und wiederherstellbarer Experimentierbedingungen auch gewisse Schwierigkeiten bereitet, so hat sich durch Testuntersuchungen gleichwohl erwiesen, daß Lernverläufe und Werbewirkungsverläufe gewisse Übereinstimmungen aufweisen, sofern diese Vorgänge als von Wiederholungen abhängig aufgefaßt werden. Die Untersuchungen der Lerntheorie über die Beziehungen zwischen Lernerfolg und Wiederholungen vornehmlich für den Fall intendierten Lernens haben gezeigt, daß hier Gesetzmäßigkeiten bestehen, die sich durch eine Exponentialfunktion ausdrücken lassen. Danach vollzieht sich das Lernen nach einer Funktion mit positiven, aber abnehmenden Erfolgszuwächsen in der Art $R_k = 1 - (1-a)^k$, worin a die Lernrate und k die Zahl der Wiederholungen bezeichnet.

Von dieser Lernfunktion ausgehend hat H. M. Fischerkoesen den werblichen Lernprozeß in einem Experiment untersucht, das ähnliche Bedingungen wie lerntheoretische Experimente aufweist[1]. Die Untersuchungen zeigten, daß die oben angegebene Lernfunktion für werbliche Zwecke verwendbar ist, wenn unter R die relative Anzahl der Mitglieder einer Gruppe von Versuchspersonen verstanden wird, die eine Anzeige nach k Wiederholungen gelernt haben, und unter a der Aufmerksamkeitswert dieser Anzeige. Nach den Ergebnissen des Experiments vollzieht sich der Ausbreitungsprozeß nach der oben angegebenen Lernfunktion[2]. Die Veränderung von R hängt vom Aufmerksamkeitswert a der Anzeige ab. Ist a über alle k konstant, dann ist der Zuwachs von R_{k-1} nach jeder k-ten Wiederholung proportional dem Anteil der Versuchspersonen, die die Anzeige vor der Wiederholung noch nicht gelernt haben, nämlich $1 - R_{k-1}$. Der Proportionalitätsfaktor ist der Aufmerksamkeitswert a. Nach der ersten Präsentation der Anzeige haben a Vpn (Versuchspersonen) die Anzeige gelernt, die Resonanz R_1 ist gleich a. Die zweite Präsentation bewirkt einen Zuwachs von R_1, der proportional $1 - R_1$ ist, insgesamt gilt dann $R_2 = a + a\,(1 - R_1)$. Nach k Präsentationen beträgt die Resonanz $R_k = R_{k-1} + a\,(1 - R_{k-1})$. Nimmt a zum Beispiel den Wert 0,5 an, dann lautet die Reihe von R nach der ersten, zweiten usf. Präsentation 0,5; 0,75; 0,875; 0,9375 ... Die Werte R nähern sich mit wachsenden k asymptotisch dem Wert 1.

Der werbliche Lernprozeß verläuft um so schneller, je größer der Aufmerksamkeitswert a ist, und um so langsamer, je größer der Vergessensfaktor ist und je mehr der Vergessensfaktor von einer Wiederholung zur nächsten zunimmt. Im Experiment und in der mathematischen Formulierung der Ergebnisse wird der Einfluß des Vergessensfaktors berücksichtigt.

Der Realitätsbezug der Untersuchungsergebnisse hängt einmal von den oben erörterten Unterschieden zwischen Lerninhalten und Mediaverhalten, zum anderen von der Zulässigkeit der Annahmen konstanter Umweltbedingungen und Lernraten ab. Gerade die letzteren Annahmen erscheinen insofern besonders problematisch, als die Werbemaßnahmen eines Unternehmens mit den Werbemaßnahmen der Wettbewerbsunternehmen konkurrieren, die potentiellen Käufer also unterschiedlichem Werbedruck ausgesetzt sind[3]. Auch wird die Zahl der Versuchspersonen im Experiment als konstant angenommen. Diese Experimentiersituation

[1] Vgl. Fischerkoesen, H. M., Experimentelle Werbeerfolgsprognose, Diss. Bonn 1966.
[2] Vgl. Fischerkoesen, a.a.O., S. 97 ff., insbesondere S. 114.
[3] Vgl. Balke, W., Konkurrenzwerbung und Werbeerfolg, Wiesbaden 1972.

kann der Tatsache widersprechen, daß die Reichweite von Werbeträgern mit der zunehmenden Zahl von Belegungen kumuliert, also zunimmt. Dieser Sachverhalt würde sich allerdings im Experiment leicht berücksichtigen lassen. Gegen die Wirkungskurven auf der Grundlage von Hypothesen über Lernvorgänge läßt sich auch der Einwand erheben, daß nur in seltenen Fällen Lernprozesse bei Null beginnen. Es wird – abgesehen von Neueinführungen – vielmehr davon auszugehen sein, daß die Wirkung einer Werbemaßnahme bereits bei Beginn einer Werbekampagne mit dem ersten Kontakt steigt. Diese Tatsache läßt sich darauf zurückführen, daß der Lerneffekt bereits auf unmittelbarem oder mittelbarem Vorwissen aufbaut[1].

Die Ergebnisse der Untersuchungen von FISCHERKOESEN tendieren im übrigen zu einer Bestätigung der Auffassung, wonach anzunehmen ist, daß die Werbewirkung mit zunehmender Kontaktzahl ansteigt, die Werbewirkungszuwächse von Dosierung zu Dosierung aber abnehmen, bis die Kurve asymptotisch zur Abszissenachse verläuft.

Die psychologische Lerntheorie berücksichtigt auch die Tatsache, daß es für den Lernprozeß keineswegs unmaßgeblich ist, ob zwischen den Wiederholungen kleine oder große Intervalle liegen. Diese Überlegung gilt auch für die Werbewirkung. Bisher ist aber die Frage nach der richtigen zeitlichen Dosierung der Werbekontakte noch nicht befriedigend gelöst worden. Es gibt zwar Modelle, die das Zeitmoment enthalten. Zur Zeit aber beruhen die zeitlichen Dispositionen über die Werbeträger im Rahmen bestimmter Werbevorhaben auf Erfahrung und persönlicher Sachkenntnis. Die Frage, in welchem Maße sich Ergebnisse der psychologischen Lerntheorie auch auf Probleme der zeitlichen Kontaktfolge anwenden lassen, ist noch nicht gültig beantwortet.

Auf die große Bedeutung, die die Einstellung der Verbraucher oder Verwender für die Wirkung werblicher Maßnahmen besitzt, ist bereits hingewiesen worden. Auch in wohl definierten Zielgruppen gibt es Personen, die keinerlei innere Bereitschaft zeigen, sich mit dem angebotenen Produkt auseinanderzusetzen, und zwar ohne Rücksicht auf die Zahl der Wiederholungen des Werbemittels. Solange ein solches Desinteresse an den Gegenständen der Werbung besteht, mag es grundsätzlicher oder temporärer Art sein, bleiben alle Werbeanstrengungen, insbesondere alle Wiederholungen der Werbebotschaft wirkungslos. In den Zielgruppen wird es aber auch Personen geben, die auf das mit werblichen Mitteln angebotene Produkt so angelegt sind, daß bereits ein Werbeanstoß oder eine sehr geringe Zahl an Werbeimpulsen genügt, um bereits starke Reaktionen auszulösen. Diese Situation ist offenbar von KRUGMANN gemeint, wenn er die Ansicht vertritt, daß bereits drei Werbekontakte genügen würden, die Zielgruppenmitglieder zunächst stutzig zu machen, sie dann zu

---

[1] Vgl. Media-Selektionsprogramme, Verlagshaus Axel Springer 1968, S. 110.

einer Auseinandersetzung mit dem Produkt zu veranlassen und schließlich, falls die Auseinandersetzung zu einem positiven Resultat führt, zum
Kauf zu bewegen [1].

Im Fall völliger Gleichgültigkeit gegenüber dem Produkt treten überhaupt keine oder ihrer geringen Bedeutung wegen zu vernachlässigende
Lernerfolge ein. Diese Tatsache ist darauf zurückzuführen, daß in den umworbenen Zielpersonen keine Möglichkeit vorhanden war, die Werbebotschaft und den von ihr gemeinten Gegenstand in einen effizienten Zusammenhang einzufügen. Im Fall starker Reaktion auf die Werbebotschaft ist
die Einordnung in einen solchen Zusammenhang offenbar schnell vollzogen worden. Dieser Effekt konnte aber nur erreicht werden, weil die Wer-
beäußerung eine auf das Produkt oder die angebotene Dienstleistung hin
vordisponierte Gruppe traf. Der Lernprozeß in dieser Gruppe, auf die
KRUGMANN einseitig abstellt, verläuft nach seiner Deutung des Sachverhalts in drei Schritten. Der erste Kontakt mit dem Werbemittel macht die
Zuschauer (die Analyse ist vornehmlich auf das Werbefernsehen abgestellt) stutzig. Sie erfassen eine neue Möglichkeit, ein bestimmtes, entweder latent vorhandenes oder bereits aktualisiertes Bedürfnis zu befriedigen, eben weil sie auf dieses Erlebnis innerlich bereits angelegt sind (erste
Frage: what is it?). Der zweite Werbeanstoß führt zur Auseinandersetzung
mit dem angebotenen Gegenstand, zu dem Versuch, sich seiner zu vergewissern und zur Klarheit darüber zu gelangen, ob die deklarierten Eigenschaften den eigenen Erwartungen entsprechen werden (zweite Frage:
what is it's?). Die dritte Werbeberührung löst dann den Kaufentschluß
aus, falls die Beurteilung des Gegenstands positiv ausgefallen ist (dritte
Frage: what of it's?).

Die Akzeptierung dieses Kontaktabfolgeschemas setzt allerdings voraus, daß die Begriffe Gedächtnis, Behalten, Erinnerung neu überdacht und
interpretiert werden, da die drei Kontaktzeitpunkte nicht notwendig
schnell aufeinander folgen müssen. Die Beantwortung der psychologischen Fragen, die hier entstehen, fällt jedoch nicht in die fachliche Zuständigkeit der Werbeplanung.

Die Werbewirkung ist in der Konzeption KRUGMANNS nicht so sehr von
der Zahl der Werbemittelwiederholungen als von dem Maß abhängig gemacht, in dem die Zielpersonen auf das mit Hilfe der Werbung angebotene Gut angelegt oder vordisponiert sind. Nun setzt aber jede Werbewirkungskurve Annahmen über die Bereitschaft voraus, mit der die zur Zielgruppe gehörenden Personen bereit sind, die Werbebotschaft in Empfang
zu nehmen. Nur wenn diese methodische Voraussetzung erfüllt ist, lassen
sich Gesetzmäßigkeiten zwischen Werbewirkung und Kontakthäufigkeit
eindeutig formulieren. In dieser Sicht gesehen, stellt die Annahme, daß die

---

[1] KRUGMANN, H. E., Why Three Exposures May Be Enough, in: Journal of Advertising Research, Vol. 12 (1972), S. 11 ff.

Werbeanstöße auf eine hochgradig vordisponierte Gruppe von Zielpersonen treffen, nur den speziellen Fall einer allgemeineren Situation dar. Und es ist klar, daß die Lernkurve im Fall stark vordisponierter Zielpersonen anders verlaufen muß als im Fall überhaupt nicht oder in Grenzen vordisponierter Personen. Denn die Werbewirkung ist nunmehr von zwei Variablen abhängig gemacht, der Kontakthäufigkeit und der Vordisponiertheit der Zielpersonen für die Werbeeindrücke.

Gegen diese methodische Ausweitung des Problems sind grundsätzlich keine Einwendungen zu machen. Aber es zeigt sich, wie notwendig es ist, die Voraussetzungen genau zu definieren, unter denen Aussagen über den Zusammenhang zwischen Werbewirkung und Kontaktdosis gemacht werden. Ob der Funktionstyp sich ändert, wenn unterschiedliche Annahmen über das Maß an Vordisponiertheit der umworbenen Zielpersonen gegeben sind, mag dahingestellt bleiben. Aber es ist klar, daß der Verlauf von Werbewirkungskurven wesentlich davon abhängig ist, ob und zu welchen Teilen die Zielgruppe aus Personen besteht, die dem Gegenstand der Werbung kein Interesse entgegenbringen, oder aus Personen, die für den beworbenen Gegenstand hochgradig vordisponiert sind. Im ersten Extremfall würde auch bei einer noch so großen Zahl von Wiederholungen keine oder eine kaum spürbare Reaktion eintreten. Im zweiten Extremfall würden die Personen, so kann angenommen werden, reagieren, wie es die exponentiellen Werbewirkungskurven anzeigen. Im dritten von KRUGMANN unterstellten Fall würde die Werbewirkungskurve die Form annehmen, die in etwa seinem Drei-Kontakt-Schema entspricht.

In dem Maße, in dem Segmentierungstechniken in der Lage sein werden, Zielgruppen nach dem Grade ihres Vordisponiertseins für Werbeberührungen zu definieren und quantitativ abzugrenzen, werden sich für die Bestimmung von Werbewirkungskurven und damit von optimalen Werbefrequenzen neue Aspekte ergeben.

Von methodisch völlig anderer Art sind Versuche, Werbewirkungskurven zu entwickeln, die auf empirisch gewonnenen Daten beruhen und den Charakter objektiver Werbewirkungskurven besitzen. Wenn die erforderlichen methodischen Voraussetzungen erfüllt sind, können sie einen gewissen Anspruch auf Allgemeingültigkeit erheben. Die mit Mitteln der Korrelations- und Regressionsanalyse vorgenommenen Untersuchungen erstrecken sich auf zehn Marktfelder [1] (Verbrauchsgüter des täglichen Bedarfs). Befragt wurden haushaltsführende Frauen in Gemeinden mit einer Einwohnerzahl von mehr als 2000 Einwohnern. In die Untersuchungen wurden mehr als 32 Zeitschriften je Person einbezogen. Als Werbewirkungsindikator ist in dieser Studie überwiegend die aktive Markenbe-

---

[1] Vgl. hierzu: Werbedosis – Werbewirkung, Untersuchung der Response-Funktionen von Anzeigen-Kampagnen, durchgeführt im Auftrage der Zeitschriften HÖR ZU und FUNK-UHR von der „delta-Marketingsforschung“, Konstanz 1970.

kanntheit benutzt worden, die das Ergebnis offener, nicht durch Erinne-
rungshilfen gestützter Fragen ist, zum Beispiel: „Welche Vollwaschmittel
kennen Sie?" Dieser als Maß für die Werbewirkung benutzter Indikator
prüft, ob den Zielpersonen der Markenname geläufig ist, sie von sich aus
also an diese Marke denken, wenn von einem bestimmten Produktfeld die
Rede ist, und ob den Zielpersonen jener Kristallisationspunkt, der Markenname, bekannt ist, an den sich weitere Vorstellungen, Einstellungen,
Kaufabsichten und Erinnerungen an Inhalte von Werbebotschaften anla-
gern können. Die passive Markenbekanntheit würde bei den befragten
Personen jede geringste Erinnerung hervorholen, gerade aus diesem
Grunde für die Ermittlung des verhaltensrelevanten Wissens der Zielpersonen wenig geeignet sein. In der Sprache der amerikanischen Marketingliteratur ist also das Verfahren angewandt worden, das als unaided recall
bezeichnet wird. Dieses Verfahren ist für den angestrebten Zweck sicherlich von größerem Vorteil als aided-recall-Verfahren.

Der Bekanntheitsgrad einer eingeführten Marke ist das Ergebnis sowohl der kreativen als auch der kommunikativen Leistung (Streuleistung)
der Werbegestalter und der Werbeplaner. Die aktive Markenbekanntheit erfaßt beide Leistungen, die in der Tat ja auch zu einer Einheit verschmelzen. Die in der Untersuchung erarbeiteten Werbewirkungskurven
enthalten mithin die Einflüsse beider werblichen Aktivitäten. Aus diesem
Grunde können die errechneten Kurven auch nicht den Einfluß isoliert
angeben, der allein das Ergebnis mehrfacher Einschaltungen und unterschiedlich großer Kontaktdosierungen ist.

Die in den Untersuchungen verwandten statistischen Methoden lassen
es zu, den Werbedruck zu berücksichtigen, dem die zur Zielgruppe gehörenden Personen ausgesetzt sind. Diese Tatsache erhöht den Realitätsbezug der Untersuchungsergebnisse. Intensivleser einer Zeitschrift reagieren
auf in ihr enthaltene Inserate anders als Personen, die viele Ausgaben vieler Zeitschriften lesen oder als Zeitschriftenleser, die viele oder wenige
oder überhaupt keine Sendungen des Werbefernsehens anschauen. Bei
unterschiedlich großem Werbedruck wird ein und dieselbe Kontaktdosis
aber unterschiedliche Werbewirkungen zur Folge haben. Personen, die
viele Ausgaben von Zeitschriften lesen, weisen zwar eine hohe Kontaktfä-
higkeit auf, aber sie stehen auch stark unter dem Einfluß der Werbekonkurrenz. Es ist deshalb anzunehmen, daß in Gruppen mit starkem Media-
konsum verhältnismäßig große Kontaktdosierungen notwendig sein werden, um eine bestimmte Werbewirkung zu erzielen, da eben eine Vielzahl
von Werbeanstößen, denen diese Personen ausgesetzt sind, kompensiert
werden müssen, bevor die besondere Wirkung der eigenen Aktion beginnen kann.

Für die Beantwortung der Frage nach dem Verhältnis zwischen Werbewirkung und Kontaktdosis (hier unter Berücksichtigung des Werbe-

drucks, aber auch der kreativen Effizienz der Werbemittel) erweisen sich die Ergebnisse der Untersuchung als besonders aufschlußreich. Die Analyse hat gezeigt, daß in einem gewissen Maße generalisierbare Aussagen über die Gestalt der Werbewirkungskurve möglich erscheinen. Wenn alle aufgrund der Befragungsbefunde errechneten Kurven der Werbewirkung miteinander verglichen werden, dann zeigt sich innerhalb des weitgesteckten Untersuchungsrahmens ein Kurvenverlauf, der gewisse typische Merkmale aufweist.

Die Kurve zeigt mit zunehmender Kontaktdosierung einen s-förmigen Verlauf. Dabei hat sich erwiesen, daß die Zunahmen der Werbewirkung, die sich als Folge gleich großer Dosierungen bei den einzelnen untersuchten Marken einstellten, nur verhältnismäßig wenig voneinander abweichen, so daß die errechnete generelle Kurve und ihr Verlauf in einem gewissen Sinne als repräsentativ angesehen werden kann.

Die Wirkungskurve wird durch vier Abschnitte gekennzeichnet, von denen der erste einen verhältnismäßig steilen Anfangsanstieg zeigt, zurückzuführen vor allem auf die Neuheit und das überraschende Erscheinen der Anzeigen [1]. Im zweiten Kurvenabschnitt steigt die Kurve schwächer aber ziemlich gleichmäßig an (von 0,9 bis zu 3,0 Kontakten). Sodann folgt ein dritter Kurvenabschnitt (von 3,0 bis zu 4,5 Kontakten) mit steilem Kurvenanstieg. An ihn schließt sich ein vierter Abschnitt ohne bedeutsame Wirkungszunahme an. (Der Sättigungsbereich beginnt etwas oberhalb von 4,8 Kontakten.) Läßt man den ersten Kurvenabschnitt außer Betracht, dann zeigt sich, daß die Untersuchungsergebnisse vor allem die Auffassung bestätigen, daß es eine optimale Kontakthäufigkeit oder einen Bereich optimaler Kontaktdosierungen gibt. Es liegt nun in der Tat nahe, in der Planung diese Kontaktdosierungen anzustreben, sofern der Werbeetat und die übrigen Restriktionen derartige Dosierungen zulassen.

Wenn derartig verlaufende Werbewirkungskurven typisch sein sollten, dann erscheint das oben geschilderte Dilemma zwischen Reichweite und Frequenz wenigstens dem Prinzip nach gelöst. Nicht die Maximierung der Reichweiten oder die Maximierung der Kontakte wäre anzustreben; die Werbeplanung hätte sich vielmehr unter Berücksichtigung von, wie noch zu zeigen sein wird, Restriktionen und Kostenüberlegungen an optimalen Kontakthäufigkeiten zu orientieren.

4 e) Aus der Werbewirkungskurve ergibt sich, welche Werbewirkung eine bestimmte Kontaktdosis auslöst. Dieser Kontaktdosis entspricht eine bestimmte Einschalthäufigkeit oder Belegungsfrequenz. Aufgrund der für repräsentativ erachteten und der Mediaauslese zugrunde liegenden Werbewirkungskurven läßt sich unter Berücksichtigung der Einschaltkosten

---

[1] Auf die graphische Darstellung der Kurve wird hier verzichtet.

die günstigste Einschaltfrequenz und mit ihr die günstigste Kontaktzahl (die günstigste Kontaktklasse) ermitteln.

Die Berücksichtigung einer Werbewirkungskurve bei der Berechnung der Gesamtzahl nunmehr gewichteter Kontakte K kommt in der besonderen Gestalt des Faktors b_i in der allgemeinen Formel für K zum Ausdruck [1]. Ist R_k die aus der Werbewirkungskurve abzulesende Maßzahl für die Einwirkung von k Einschaltungen des Werbemittels auf dieselbe Person, dann muß diese Zahl mit der Wahrscheinlichkeit $w_i(k)$ multipliziert werden, daß die Person i von diesen k Einschaltungen tatsächlich berührt wird. Um b_i zu erhalten, muß anschließend über alle möglichen Werte von k bis zur Gesamtzahl m aller Einschaltungen aller Werbeträger summiert werden.

$$b_i = \sum_{k=0}^{m} R_k \, w_i(k).$$

Vergleicht man diesen Ausdruck mit der bereits oben für die Bruttoreichweite abgeleiteten Formel, dann zeigt sich, daß die Ergebnisse im Fall $R_k = k$ identisch sein würden. Das Rechnen mit Bruttoreichweiten unterstellt also de facto eine lineare Werbewirkungskurve, bei der jeder weitere Kontakt den gleichen Zuwachs an Wirkung erzielt wie der erste Kontakt.

4 f) Nicht nur die Kontaktdosis, sondern auch die Zeitpunkte, zu denen die Kontakte gegeben werden, bestimmen über die Wirkung werblicher Maßnahmen. Der Zeitplan der Werbung enthält die Zeitpunkte, an denen von den für das Werbevorhaben vorgesehenen Medien Gebrauch gemacht wird. Dieses Timing hängt von vielen Umständen ab, von der zeitlichen Koordinierung der geplanten Werbemaßnahmen mit den Zeitplänen, denen die gesamte absatzpolitische Linie des Unternehmens folgt, von den speziellen Aufgaben, die einer Werbekampagne gestellt sind, von den Saisons, der jahreszeitlichen Verfügbarkeit der Werbemittel und ihrer saisonalen Reichweite, von dem Werbedruck, dem die Käufer desjenigen Produktbereichs ausgesetzt sind, zu dem das werbende Unternehmen gehört, von den speziellen werblichen Aktivitäten der Wettbewerbsunternehmen und der Wirkung der Werbemaßnahmen als Funktion der Zeit. Diese und andere, nur aus der konkreten Situation des Unternehmens und seiner werblichen Umwelt heraus zu erfassenden Größen bestimmen das Timing des Medieneinsatzes, ob es sich hierbei um Werbemaßnahmen im Rahmen laufender Jahresplanungen oder um zeitlich begrenzte Werbekampagnen mit speziellem Ziel handelt.

Es gibt Unternehmen und Geschäftszweige, die stark saisonbestimmt sind. Für Unternehmen mit ausgeprägt saisonabhängigen Produkt- oder Dienstleistungsbereichen gilt, daß die zeitlichen Terminierungen der Sai-

---

[1] Vgl. die Ausführungen hierzu im Abschnitt 1 b und 2 f. Die Ausführungen hier gelten nur für den Fall des Binomialmodells.

sons die Zeitpläne der Werbevorhaben dominierend bestimmen. In solchen Fällen lassen sich zwei Situationen unterscheiden. Im ersten Fall verzichten die werbenden Unternehmen darauf, durch Werbemaßnahmen auf den Beginn und das Ende der Saisons Einfluß zu gewinnen. Sie nehmen die Saisons als gegebene Größen hin und richten sich fertigungstechnisch und absatzwirtschaftlich auf sie ein. In diesem Fall betreiben sie eine prosaisonale Werbung. Im zweiten Fall sind die Unternehmen bestrebt, die zeitliche Dauer der Saisons zu strecken, die Saison-Hochs und die Saison-Tiefs zu nivellieren und auf einer mittleren Linie zum Ausgleich zu bringen. Wird Werbung in dieser Absicht betrieben, dann wird auch von antisaisonaler Werbung gesprochen. In gewissen Grenzen lassen sich, wie die Erfahrung zeigt, derartige Ausgleiche erreichen. Das gilt sowohl für wesentlich jahreszeitlich bestimmte, als auch für auf Lebens- und Konsumgewohnheiten beruhende Saisons, allerdings nur im Zusammenhang mit produkt-, preis- und vertriebsorganisatorischen Maßnahmen [1].

Bei hoher Saisongebundenheit ist die Werbeelastizität, also das Verhältnis zwischen relativer Umsatzänderung und relativer Änderung der Werbeausgaben, für den Fall antisaisonaler Werbepolitik verhältnismäßig gering. Antisaisonale Werbung setzt stets ein gewisses, nicht eben geringes Maß an Werbeelastizität in dem Produktbereich voraus, in dem antisaisonal geworben werden soll, d. h. also die Möglichkeit überhaupt, durch absatzwirtschaftliche Maßnahmen auf den Verlauf der saisonalen Umsatzkurven Einfluß zu nehmen.

Grundsätzlich steht für die Festlegung der Termine des Medieneinsatzes eine Anzahl von Möglichkeiten zur Verfügung, die sich zum Teil ausschließen, zum Teil aber auch kombinierbar sind. Ist beabsichtigt, nur von einem Werbeträger Gebrauch zu machen, dann ergibt sich einmal die Möglichkeit, die Zeitpunkte des Medieneinsatzes gleichmäßig auf den vorhergesehenen Werbezeitraum zu verteilen. Anstelle dieser gleichmäßigen Verteilung der Termine kann aber auch eine ungleichmäßige Terminverteilung vorgenommen werden, etwa zu Beginn oder am Ende des Werbezeitraums oder zu zwischen diesen Zeitpunkten liegenden zeitlichen Konzentrierungen.

Wird von mehreren unterschiedlichen Medien Gebrauch gemacht und werden die Medien zeitlich hintereinander geschaltet, dann bestehen grundsätzlich die gleichen Terminierungsmöglichkeiten wie für den Fall, daß sich das Unternehmen auf die Verwendung nur eines Mediums beschränkt.

---

[1] Vgl. hierzu im einzelnen: BRAUNSCHWEIG, E., Jahreszeiten der Werbung, Essen 1958 und HÖRSCHGEN, H., Der zeitliche Einsatz der Werbung, Stuttgart 1967, vor allem S. 57 ff., speziell auch S. 67; JUNK, H., Optimale Werbeprogrammplanung, Grundlagen und Entscheidungsmodelle, Essen 1971, S. 124 ff.

Wenn dagegen mit den für das Werbevorhaben ausgewählten Medien nicht nacheinander, sondern zeitlich koordiniert geworben werden soll, dann lassen sich die Medien zeitlich parallel schalten oder zeitlich gegeneinander versetzen. Im ersten Fall also, bei synchroner Schaltung, wird von mehreren Medien gleichzeitig Gebrauch gemacht. Sie werden gebündelt zu gleichmäßig oder ungleichmäßig über den Werbezeitraum verteilten Terminen benutzt. Im anderen Fall werden die Medien nicht gebündelt, also auf bestimmte Zeitpunkte oder enge Zeitabschnitte konzentriert, sondern zeitlich gestaffelt. Die zeitliche Versetzung der Medien gegeneinander kann unter Innehaltung gleichbleibender zeitlicher Abstände vorgenommen werden. Die Benutzungsintervalle der Medien lassen sich aber auch unterschiedlich groß wählen. Konzentrierter Einsatz von Werbeträgern bedeutet stets Bildung zeitlicher Schwerpunkte im Plan der Medienverwendung. Viele Variationsmöglichkeiten stehen hier offen, aus denen es gilt, die richtige Auswahl zu treffen. Heute beruht das Media-Timing im wesentlichen noch auf individueller Erfahrung und dem besonderen Gespür der Planer für die zeitliche Ausnutzung werblicher Chancen. Es kann jedoch kein Zweifel daran bestehen, daß optimale Medienauslese dem Prinzip nach die simultane Bestimmung von optimalen Werbeträger-, Frequenz- und Terminkombinationen verlangt [1].

Es ist in diesem Zusammenhang nicht uninteressant festzustellen, daß die heute in der Werbepraxis verwandten Selektionsmodelle in der Regel kein Timing enthalten, sich also auf die Ermittlung optimaler Werbeträger- und Frequenzkombinationen beschränken. In einem von LITTLE und LODISH entwickelten, später noch zu erörternden Modell bildet das sich im Zeitablauf verändernde Kontaktniveau die Grundlage für die Bestimmung des Timing. Seine Entwicklung im Zeitablauf übt einen maßgeblichen Einfluß auf die optimalen Werte der Entscheidungsvariablen aus. Diese Variable x_{jt} ($j = 1, \ldots, M$; $t = 1, \ldots, T$), welche eine Aussage über eine Einschaltung des Werbemittels j zum Zeitpunkt t beinhaltet, schlägt sich nach Abschluß der Modellauswertung in einem Tableau von $M \times T$ Werten nieder, worin M die Zahl der in Betracht kommenden Werbeträger und T den Planungszeitraum bedeutet. Aus jeder Zeile dieses Tableaus lassen sich die Zeitpunkte für den Einsatz der zu dieser Zeile gehörenden Werbeträger ablesen. Das Tableau enthält also den Zeitplan des Werbeträgereinsatzes.

5 a) Jede Planung ist an bestimmte Daten gebunden, die ihr vorgegeben sind. Sie stecken den Rahmen ab, in dem planungstechnisch operiert

---

[1] Die Frage nach dem Einfluß unterschiedlicher Terminierung auf die Werbewirkung wird für den Fall der Einführungswerbung für einen begrenzten Produktbereich untersucht von ZIELSKE, H. A., The Remembering and Forgetting of Advertising, in: Journal of Marketing 1959, S. 240 ff.

werden kann, und engen so die Freiheit zu planen ein. Restringierende Daten dieser Art gibt es auch in der Werbeplanung.

Eines dieser Daten ist der Werbeetat. Er gilt im allgemeinen für eine bestimmte Zeitperiode. Da jede Werbeträgerkombination auf einen Etat bezogen ist, bestimmt der Etat die finanziellen Grenzen, die der Werbeplanung gezogen sind.

Dieser Etat interessiert hier in mehrfacher Hinsicht. Einmal insofern, als eine absatzpolitische Situation gegeben sein kann, die eine bestimmte Werbeleistung, hier im Sinne von Kommunikationsleistung, verlangt. Gesucht wird diejenige Werbeträgerkombination, die diese Leistung mit dem geringstmöglichen finanziellen Aufwand, mit dem kleinsten Werbeetat zu vollbringen vermag. Unter diesen Umständen bildet der Werbeetat die Entscheidungsvariable. Seine Höhe soll bestimmt werden [1].

Eine zweite Planungssituation läßt sich so beschreiben: Gegeben ist ein bestimmter Werbeetat (mit oder ohne Etat-Swing). Gesucht wird diejenige Werbeträgerkombination, die, bezogen auf den Etat, das Höchstmaß an kommunikativer Leistung erbringt. In diesem Fall ist nicht die Werbeleistung das vorgegebene Datum, sondern der Werbeetat. Entscheidungsvariable ist die Werbeträgerkombination. Das Etatvolumen bildet den restriktiven Faktor der Werbeträgerauslese.

In der zuerst geschilderten Situation besteht die Planungsaufgabe darin, den finanziellen Aufwand für eine verlangte werbliche Leistung zu minimieren, in der zweiten Situation geht es darum, die werbliche Leistung, bezogen auf einen gegebenen Etat, zu maximieren.

In beiden Situationen wird versucht, einen Werbeetat, sei er Entscheidungsvariable oder Restriktion, so auf die Werbeträger aufzuteilen, daß die verlangten Optima realisiert werden.

5 b) In der Werbepraxis ist es üblich, die Werbeausgaben an den Vorjahresumsatz oder an die voraussichtlichen Umsätze kommender Jahre zu binden. In der Regel wird dabei der Werbeetat als ein bestimmter oder in Grenzen variierender Prozentsatz vergangener oder zu erwartender Umsätze fixiert, wobei es lediglich Sache der Technik ist, ob die Werbeausgaben in Prozenten der Umsätze oder bezogen auf die Umsatzeinheit (Produkteinheit) angegeben werden. Es kann kein Zweifel daran bestehen, daß diese Bestimmung des Werbebudgets die Werbeplanung unelastisch

---

[1] In einem der Bestimmung des optimalen Werbebudgets dienenden Modell müßte die verlangte Leistung (gemessen in gewichteten Kontakten, gegebenenfalls auch in Absatzmengen oder Umsatzgrößen) als Mindestbedingung berücksichtigt werden. Vgl. hierzu die Ausführungen zu dem nicht als operational gedachten, vielmehr zur Klärung theoretischer Zusammenhänge entworfenen Modell in der Budgetoptimierung, in dem die verlangte werbliche Leistung in Form von Mindestabsatzmengen als Nebenbedingung eingesetzt ist; s. den Abschnitt II über Werbetheorie VII B 5.

macht und ihre Anpassung an sich ändernde absatzpolitische, insbesondere konjunkturelle Situationen erschwert.

Vorteilhafter würde es sein, von den absatzpolitischen Zielen auszugehen und zu fragen, in welchem Maße werbliche Unterstützung erforderlich sein müßte, wenn die angestrebten absatzpolitischen Ziele erreicht werden sollen. Die Größe des Werbeetats würde dann durch die absatzpolitisch bestimmte Zielvorgabe determiniert sein. Diese Möglichkeit ist ausführlich in den Erörterungen über die Absatzplanung beschrieben. Die Werbeabteilung fungiert in diesem, von vielen großen Werken praktizierten Fall gewissermaßen als gutachtlich tätige Stelle für die Festlegung erreichbarer Absatzziele [1]. Die endgültige Entscheidung über die Höhe des Werbeetats fällt dann nach der „gutachtlichen" Äußerung aller auf diese Weise an der Vorbereitung der Ermittlung operationaler unternehmungspolitischer Ziele beteiligten Stellen im Produktions-, Beschaffungs-, Entwicklungs-, Absatz- und Finanzbereich durch die Unternehmensleitung. Nur unter diesen Umständen kann von integrierten Werbeetats gesprochen werden.

5 c) Die Kommunikationsleistung von Werbeträgerkombinationen ist im allgemeinen keine lineare Funktion des Etatvolumens. Eine solche Linearität würde vorliegen, wenn eine Verdoppelung der Werbeausgaben eine Verdoppelung der Kommunikationsleistung von Werbeträgerkombinationen zur Folge haben würde. Nun ist aber mit jeder Änderung des Etatvolumens eine Änderung der qualitativen Zusammensetzung der Werbeträgerkombinationen verbunden. Den ständigen Umstrukturierungsprozeß in den Mediaplänen bei sich änderndem Etatvolumen zeigen Mediaselektionsmodelle mit besonderer Deutlichkeit. Aber auch aufgrund empirischen Materials mit Hilfe der Regressionsanalyse vorgenommene Untersuchungen haben die Abhängigkeit der Mediakombinationsstrukturen von der Etatgröße aufgewiesen [2]. Die Untersuchungen haben zu dem Ergebnis geführt, daß quantitative Wirkungsunterschiede zwischen den Medien Publikumszeitschriften, Werbefernsehen und Werbefunk bestehen und daß die Richtung und das Maß dieser unterschiedlichen Werbeleistungen von der Höhe der Werbeetats abhängig sind. Es gibt keine einheitlichen, über alle Etatklassen hinweg durchgängigen Wirkungsverhält-

---

[1] Vgl. hierzu die Ausführungen im vierten Kapitel, Abschnitt IV. Vgl. auch das der theoretischen Analyse dienende Modell simultaner Bestimmung optimaler Verkaufs- und Werbeprogramme und die Berücksichtigung produktionstechnisch-kapazitativer und absatzwirtschaftlicher Abhängigkeiten in Form von Nebenbedingungen im achten Kapitel, Abschnitt III, B. 6.

[2] Vgl. Werbedosis – Werbewirkung, 2 Wege zur Werbewirkungsprognose, inter- und intramediale Analyse von Werbekampagnen, durchgeführt im Auftrag der Zeitschriften HÖR ZU und FUNK-UHR von der „delta-Marketingforschung", Konstanz 1970, S. 74 ff.

nisse. In Etatgrößen unterhalb von 1,5 Millionen DM, bezogen jeweils auf ein halbes Jahr, erzielt nach den Ergebnissen dieser Untersuchungen beispielsweise das Medium Fernsehen eine größere Kommunikationsleistung als das Medium Publikumszeitschriften. Bei Etats bis 1,5 Millionen DM je Halbjahr sind die Wirkungen des Werbefernsehens und der Publikumszeitschriften gleich groß. Für Etatgrößen über 1,5 Millionen DM je Halbjahr hat sich gezeigt, daß das Medium Publikumszeitschriften eine größere Kommunikationsleistung erzielt als das Medium Werbefernsehen.

Bei Etats in kleinen Größenordnungen lassen sich mit Inseraten in Frauenzeitschriften Werbewirkungen erzielen, die mit Anzeigen in Programmzeitschriften und aktuellen Illustrierten nicht erreicht werden können.

Wenn so unterschiedlichen Etathöhen jeweils unterschiedlich günstige Kombinationsstrukturen von Werbeträgern zugeordnet sind, dann erscheint es auch nicht ganz zulässig, Werbeetats lediglich als den Ausleseprozeß begrenzende Größen zu betrachten. Beeinflußt das Etatvolumen die Struktur der Werbeträgerkombination und damit die Werbepläne, dann übt die Etathöhe nicht nur eine restringierende, sondern eine selegierende Funktion im Prozeß der Mediaplanung aus.

5 d) Es gibt Umstände völlig anderer Art, die den Auslesespielraum der Werbeplanung einzuengen vermögen. Derartige Beschränkungen bestehen vor allem in mediabezogenen Auflagen. So kann vorgeschrieben werden, nur eine bestimmte Werbeträgergattung, zum Beispiel das Werbefernsehen, oder innerhalb einer bestimmten Gattung nur ganz bestimmte Medien für die Werbekampagne zu benutzen. Dieser Fall liegt vor, wenn aufgegeben wird, zum Beispiel Zeitschriftentitel, obligatorisch zu belegen. Diese Medien müssen auf jeden Fall im Werbeplan enthalten sein, auch dann, wenn andere, an ihrer Stelle benutzbare Medien zu höheren Werbeleistungen führen würden. Die Gründe für solche, die freie Medienauswahl einengende Vorschriften können sehr unterschiedlicher Art sein. Oft sind es spezielle Erfahrungen und Überlegungen der Unternehmen, die bestimmte Mediakandidaten obligatorisch machen oder verbieten. Es ist aber auch der Fall denkbar, daß Mediagebote wie Mediaverbote auf die Abstimmung der eigenen Werbung mit der Werbung der Konkurrenzunternehmen zurückzuführen sind. Stärke oder Schwäche der Konkurrenzwerbung bilden dann den Anlaß, für ein Werbevorhaben bestimmte Medien vorzuschreiben oder zu untersagen. Die Konkurrenzbezogenheit der Werbung kann also eine Art von Medienvorauslese zur Folge haben.

Auflagen vorgeordneter Stellen über die Häufigkeit der Einschaltungen bestimmter Medien sind häufig. In diesem Fall werden den Werbeplanern Mindest- und Höchstbelegungszahlen von Zeitungen und Zeitschriften oder Mindest- und Höchsteinschaltungen im Werbefernsehen oder Werbefunk vorgeschrieben.

Mediabezogene Restriktionen können auch in Vorschriften über die regionale Verbreitung von Werbebotschaften, über die Sendezeiten und die zeitliche Dauer der Sendungen, vor allem im Werbefernsehen, über das Lay-out, die Plazierung, die Größe und Farbigkeit der Inserate und in anderen Auflagen bestehen.

Oft schränken Umstände, die in den Medien selbst liegen, die Freiheit der Medienauslese ein. Die Kapazitäten der großen Massenmedien sind begrenzt. Nicht immer ist es möglich, Sendezeiten so einzukaufen, wie es der Werbeplan verlangt, oder Inserate oder Plakate so unterzubringen, wie es der Werbeidee entsprechen würde.

Da Werbepläne stets aus Werbeträger- und aus Frequenzkombinationen bestehen, bedeuten Restriktionen jeder Art Einengungen, wenn nicht Eingriffe in die freie Wahl der Werbeträger und der Frequenzen. Jede Restriktion schließt die Möglichkeit ein, daß sich wirksamere Werbepläne ergeben würden, wenn bestimmte Medien oder Frequenzen nicht obligatorisch gemacht wären oder von der Werbung ausgeschlossen werden müßten.

In Mediaselektionsmodellen figurieren sowohl die Etatbegrenzungen wie auch die medien- und frequenzbezogenen Beschränkungen als Nebenbedingungen.

5 e) Untersuchungen, die sichtbar zu machen versuchen, wie es sich mit der Werbetätigkeit im Ablauf konjktureller Zyklen verhält, haben zu dem Ergebnis geführt, daß sich, global gesehen, das gesamtwirtschaftliche Ausgabenvolumen für Werbezwecke parallel zum allgemeinen Konjunkturverlauf entwickelt, also prozyklisch mit der ansteigenden Konjunktur wächst, um mit abflauender Konjunktur wieder abzunehmen [1]. In einigen Untersuchungen ist auch festgestellt worden, daß die Ausgaben für Werbung den einzelnen Konjunkturphasen mit einer gewissen zeitlichen Verzögerung nachhinken. Diese Erscheinung wird im wesentlichen darauf zurückzuführen sein, daß die Unternehmen ihre Werbeausgaben am Umsatzvolumen der vorhergehenden Periode orientieren [2].

Die also weitgehend positive Korrelation zwischen Werbeausgaben und Konjunkturverlauf läßt den Schluß zu, daß die Werbung von den Unternehmen im allgemeinen nicht als Instrument für konjunkturellen Ausgleich benutzt worden ist. Denn offenbar werden die Ausgaben für Werbung nicht antizyklisch im Konjunkturaufschwung gedrosselt und im

---

[1] REDLICH, F., Reklame und Wechsellagenkreislauf, Schmollers Jahrbücher, 59. Jg. (1935), S. 43 ff.; GRUBE, H., Werbung und Umsatzentwicklung bei Markenartikelunternehmungen, Leipzig 1941; CRUM, W. L., Advertising Fluctuations, Seasonal and Cyclical, Chicago 1927; BORDEN, N. H., The Economic Effects of Advertising, Chicago 1947, insbesondere S. 714 ff.; ZACHER, R. W., Advertising Techniques and Management, Homewood, Ill. 1961, S. 299 ff.

[2] JACOBI, Werbepsychologie, Wiesbaden 1963.

Konjunkturabschwung verstärkt. Die Unternehmen scheinen nach dem gesamtwirtschaftlichen Befund der angegebenen Untersuchungen bei rückgängiger Konjunktur zusätzliche Investierungen in die Werbung nicht vorgenommen zu haben, sei es, daß ihr finanzieller Status derartige Aufwendungen nicht erlaubte, sei es, daß von ihnen die Kraft der Werbung doch eben nicht als ausreichend angesehen wurde, sich von der „Last" der konjunkturellen Depression zu befreien. In der Tat würden in einer solchen Lage verhältnismäßig große finanzielle Mittel notwendig sein, um auch nur geringe Umsatzsteigerungen zu erreichen. Im konjunkturellen Aufschwung würde sich wahrscheinlich eine entgegengesetzte Situation ergeben.

Versteht man unter Werbeelastizität das Verhältnis zwischen relativer Umsatzänderung und relativer Änderung von Werbeausgaben, dann wird die Werbeelastizität bei ansteigender Konjunktur groß, bei abnehmender Konjunktur gering sein.

Die gesamtwirtschaftlichen Untersuchungen über das Verhältnis zwischen Werbeausgaben und konjunkturellen Zyklen geben wertvolle Einblicke in diesen Zusammenhang, lassen auch Schlüsse auf das einzelwirtschaftliche Werbeverhalten zu. Sie bestätigen die bereits erwähnte Auffassung, daß die Vorjahrsumsätze wichtige Orientierungspunkte für die Bestimmung der einzelbetrieblichen Werbeetats bilden. Gleichwohl lassen sich aus ihnen keine betriebswirtschaftlich legitimierten Werbeverhaltensweisen ableiten, und der Streit darüber, ob grundsätzlich prozyklisch oder antizyklisch zu werben sei, trifft nicht den Kern der Sache. Denn pro- oder antizyklisches Werbeverhalten sind keine echten betriebswirtschaftlichen Alternativen, weil sie die von den Unternehmen getroffenen Werbemaßnahmen aus den absatzpolitischen Zielvorstellungen der Unternehmens- oder der Vertriebsleitung und aus dem instrumentalen Zusammenhang der absatzwirtschaftlichen Aktivitäten lösen, sie also auf ein zu einfaches Verhaltensschema reduzieren. Das ist aber in diesem Fall nicht zulässig. Denn nur die spezielle Situation des Unternehmens in seinen inner- und außerbetrieblichen Bereichen und die absatzpolitische Linie des Unternehmens mit den ihr zugrunde liegenden Zielvorstellungen vermögen die gültigen Kriterien für die Durchführung von Werbekampagnen zu liefern [1].

6. Sind für alternative Mediapläne die jeweils zugehörigen, auf Nutzungswahrscheinlichkeiten beruhenden, gewichteten Kontakte ermittelt, dann kann durch Vergleich dieser Kontaktzahlen eine Auslese unter den Werbeträgern vorgenommen werden. Die Auswahl ist dann jedoch ledig-

---

[1] In diesem Sinne auch JAENSCH, G. J., Die Anpassung des gewinnmaximalen Werbebudgets an veränderte Marktbedingungen, in: Zeitschrift für betriebswirtschaftliche Forschung, 19. Jg. (1967), S. 421 ff.

lich leistungsbezogen. Die die Mediaselektion bestimmenden Wirtschaftlichkeitsüberlegungen zwingen jedoch dazu, die Kosten der Werbepläne zu berücksichtigen. In die für die Werbeträgerauslese relevanten Kosten gehen nur die werbeträgerbezogenen Kosten ein, nicht die gesamten Kosten der Werbung. Zwischen ihnen und den in der Kombination enthaltenen Werbeträgern besteht keine eindeutige Zurechenbarkeit. Werbeträgerbezogene Kosten sind zum Beispiel bei Zeitungen und Zeitschriften die Preise für die Inserate. Die Preise richten sich nach dem Format und dem Satzspiegel der Anzeigen (hoch und quer), nach der Farbigkeit der Inserate (schwarzweiß mit Preisaufschlägen für Zusatzfarben) u. a. Die Insertionskosten vermindern sich um Rabatte und Preisnachlässe, die in der Regel nach der Belegungshäufigkeit gestaffelt sind. Im Werbefernsehen und in den Rundfunkanstalten richten sich die Kosten nach der Dauer der Sendung und den Sendezeiten. Rabattstaffeln regeln die Preisnachlässe insbesondere bei Mehrfacheinschaltungen. Die Anschlagkosten der Plakatwerbung weisen beträchtliche Unterschiede in den Ortsgrößenklassen auf. Die Preise werden nach dem Format der Plakate berechnet, unterschiedlich hoch für allgemeine Stellen, Ganzstellen und Großflächen. Die Mietdauer der Flächen beträgt im Regelfall zehn Tage. Längere Mietverträge sind häufig. Besondere Staffeln regeln die Rabatte. Ähnliche Bestimmungen finden sich für die anderen Werbeträger.

Das Verhältnis zwischen den gewichteten Kontakten und ihren Kosten wird in der Werbepraxis als Tausend-Kontakte-Preis bezeichnet.

Die Aufgabe der Werbeträgerauslese besteht darin, denjenigen Mediaplan ausfindig zu machen, der, bezogen auf den Werbeetat und die Restriktionen des Werbevorhabens, das günstigste Verhältnis zwischen den gewichteten (bewerteten) Kontakten und den Kontaktkosten aufweist. Die Zielfunktion: maximiere die kostenbezogenen Leistungswerte der Werbeträger unter Berücksichtigung der Restriktionen des Werbevorhabens, bildet das allgemeine Regulativ der Werbeträgerauslese. Betragen die mediabezogenen Kosten im einfachsten Fall c_j Geldeinheiten je Belegung des Werbeträgers j, dann sind die Gesamtkosten eines Plans für den Werbeträger j durch den Ausdruck $m_j c_j$ und die des Gesamtplans für alle Werbeträger durch $\sum m_j c_j$ gegeben. Für den Vergleich verschiedener Werbepläne

mit möglicherweise unterschiedlichen Gesamtkosten bildet der Quotient aus Leistung und Kosten, also die Kontaktzahl pro eingesetzter Geldeinheit, $K / \sum_j m_j c_j$, ein angemessenes Kriterium. Ist dagegen ein Etat in Höhe von B fest vorgegeben und der für diesen Etat bestmögliche Werbeplan zu bestimmen, dann muß versucht werden – in Mediaselektionsmodellen mit Hilfe bestimmter Algorithmen – die Zielfunktion K unter Be rücksichtigung der Etatvorgabe, also unter Beachtung mindestens einer Restriktion in der Form

$$m_j c_j \leqq B$$

in Hinsicht auf die Variable m_j zu maximieren.

Die Zielfunktion gilt ohne Rücksicht darauf, ob die Auswahl unter den Werbeträgern mit oder ohne elektronische Rechenanlagen, ohne oder unter Verwendung von Mediaselektionsmodellen vorgenommen wird. Bedenkt man die unvorstellbar große Anzahl möglicher Medien- und Einschaltungskombinationen – bei 10 Zeitschriftentiteln und maximal 12 Belegungen pro Titel sind bereits 13^{10} Kombinationen möglich – dann zeigt sich sofort, daß die großen Rechenkapazitäten und Rechengeschwindigkeiten der elektronischen Datenverarbeitungsanlagen besonders günstige Voraussetzungen für die Durchführung der Medienauslese schaffen. Aber auch die Möglichkeiten dieser Anlagen reichen nicht aus, um alle Medien- und Frequenz- und Terminkombinationen durchzurechnen, die für Werbevorhaben von einiger Bedeutung und Relevanz sind.

Ob man nun aber gewissermaßen „von Hand" selegiert oder ob man EDV-Anlagen oder Mediaselektionsmodelle benutzt – die Aufgabe der Werbeträgerauslese bleibt unberührt die gleiche: diejenige Werbeträgerkombination ausfindig zu machen, die das günstigste Verhältnis zwischen gewichteten Kontakten und Kontaktkosten aufweist, die kostenbezogenen Leistungswerte der Kombination also maximiert und insofern Wirtschaftlichkeitsüberlegungen Raum gibt.

7 a) In der Werbepraxis werden Modelle benutzt, die die Bewertung, den Vergleich und die Auslese der Mediapläne selbständig vornehmen. Die Verfahren der mathematischen Optimierung und die Verwendung von elektronischen Rechenanlagen haben diese Entwicklung gefördert.

Die für die Auslese von Werbeträgern geltenden Kriterien und Überlegungen gehören auch zu dem Grundtatbestand der Mediaselektionsmodelle. Insofern besteht zwischen den mit oder ohne Modelle, mit oder ohne EDV-Anlagen vorgenommenen Bewertungs- und Auswahlprozessen kein grundsätzlicher Unterschied. Das gilt auch für die in die Rechenanlagen hineingegebenen Basisdaten und für die die Auswahlprozesse steuernden Größen, also sowohl für die Zielgruppen- und Mediadaten, die Etat-, Media- und sonstigen Beschränkungen als auch für die als Steuerungsgrößen dienenden Personen-, Media- und Kontaktklassengewichte. Da und insofern diese Gewichte auf subjektiven Beurteilungen beruhen, findet die individuelle Beurteilungssituation der Werbeplaner über die angegebenen Parametervorgaben Eingang in den Bewertungs- und Auslesemechanismus der Mediaselektionsmodelle.

Wie in der Werbeplanung üblich, bewerten die Modelle die Leistung der Werbeträger und der Werbeträgerkombinationen mit gewichteten, in der Regel auf Nutzungswahrscheinlichkeiten beruhenden Kontakten. Das gilt sowohl für die Bewertung von vorgegebenen Mediaplänen als auch für die optimierende Auslese der Pläne. Die Zielfunktion lautet – ob ohne Modell oder für ein Modell formuliert: Maximiere die Leistungswerte der Mediapläne, gemessen in gewichteten Kontakten, unter Berücksichtigung von Etat-, Media- und sonstigen Restriktionen. Formal handelt es sich bei der Zielfunktion also stets um den bereits unter verschiedenen Aspekten entwickelten Ausdruck für die Kontaktzahl K

$$K = \sum_i n_i \, g_i \, b_i \, .$$

Darin bedeuten wie bisher der Summationsindex i einen Personentyp, n_i einen Faktor, der angibt, wie viele Personen des Typs i die Zielgruppe umfaßt (zum Beispiel also auch den Umfang eines Bevölkerungssegments), g_i einen personenbezogenen Gewichtungsfaktor und b_i schließlich ein auf den individuellen Nutzungswahrscheinlichkeiten beruhendes Maß für den Bruchteil, zu dem eine Person des Typs i als kontaktiert gelten kann. In diesen Faktor b_i können auch, wie bereits an anderer Stelle dargelegt wurde, Werbeträgergewichte einerseits und Werbewirkungsmasse andererseits einbezogen werden.

Von Komplikationen, die sich im Zusammenhang mit Datenerhebungen oder Berechnungen von Informations- oder Nutzungswahrscheinlichkeiten ergeben sollten, ist die Mediaplanung betroffen, ob von Modellen Gebrauch gemacht oder von ihrer Benutzung abgesehen wird. Grundsätzlich ist die Datenerhebung überhaupt nicht Sache der Mediaplaner. Zielgruppen- und Mediadaten sind ihnen vorgegeben – ein Umstand, der enge Zusammenarbeit mit den die Daten gewinnenden Institutionen nicht ausschließt.

Die Lösung der der Mediaselektion dienenden Modelle ist dagegen eine rein mathematische Aufgabe, ob die Modelle mit Verfahren der mathematischen Optimierung oder mit Verfahren arbeiten, die auf heuristischen Algorithmen beruhen. Der Unterschied zwischen diesen beiden Verfahrensweisen besteht darin, daß man sich bei den Verfahren der mathematischen Optimierung der Optimalität der gefundenen Lösung sicher ist, während man von einer auf heuristischem Weg gefundenen Lösung nur weiß, daß sie in der Nähe des tatsächlichen Optimums liegt. Die in der Werbepraxis gebräuchlichen Mediaselektionsmodelle sind fast ausschließlich Modelle heuristischen Charakters, die die eindeutige Lösung approximieren.

Der große Rechenaufwand, der mit der Verwendung von Mediaselektionsmodellen verbunden ist, läßt sich nur mit Hilfe von elektronischen

Datenverarbeitungsanlagen bewältigen. Die großen Speicherkapazitäten und Rechengeschwindigkeiten haben der Mediaplanung Möglichkeiten eröffnet, die vorher nicht bestanden haben.

Gleichwohl werden Mediaselektionsmodelle zur Zeit noch fast ausschließlich für die intramediale Werbeträgerauslese und auch hier fast ausschließlich für die Auswahl unter Zeitschriften verwandt. Obwohl es der Mediaforschung gelungen ist, Informationen von zum Teil hoher Qualität aus fast allen Mediabereichen zu gewinnen, sind Multi-Mediaselektionsmodelle noch nicht in Übung. Grundsätzlich ist das Problem jedoch gelöst. Die Schwierigkeiten bestanden vor allem darin, daß die Erhebungen über das Mediaverhalten des Publikums auf einzelne Medien oder Mediengattungen beschränkt blieben. Solange das der Fall war, haben sich keine einwandfreien Voraussetzungen für Multi-Mediaselektionsmodelle schaffen lassen. Isoliert und unabhängig voneinander vorgenommene Stichprobenerhebungen lassen sich nicht „fusionieren" [1]. Die Mediaforschung ist deshalb einen anderen Weg gegangen. Sie hat geschlossen in einer Untersuchung die Nutzungswahrscheinlichkeiten einzelner (identischer) Personen mit allen in Betracht kommenden Massenmedien in Erfahrung zu bringen und festzustellen versucht, wieviel Kontakte der einzelne Konsument aus Zeitschriften, aus der Tagespresse, aus dem Fernsehen, dem Hörfunk, dem Film u. a. empfängt [2]. Früheren Einheitserhebungen liegen Zeitabschnittsbefragungen zugrunde. Heute ist man weitgehend zu Ganzjahresbefragungen übergegangen [3]. Trotzdem haben Multi-Mediaselektionsmodelle noch keine Verbreitung gefunden. Sie sind erst dann von Nutzen, wenn sich zwischen den Werbeträgergattungen relevante Wirkungsunterschiede zeigen.

Auch das Problem ist lösbar, wie Multi-Mediaselektionsprozesse zu gestalten sind, wenn zwischen den Mediagattungen in Hinsicht auf ihre Werbewirkung keine Unabhängigkeit besteht, die einzelnen Gattungen aus diesem Grunde also nicht untereinander substituierbar sind. Unter diesen Umständen ergeben sich keine echten Alternativen. Gelangt eine Gattung von Medien gerade dann zu ihrer vollen Entfaltung, wenn sie mit bestimmten anderen Gattungen kombiniert und durch sie wirksam unterstützt wird, bestehen also komplementäre Beziehungen zwischen bestimmten, im Plan vereinigten Mediagattungen, dann bieten sich für die Mediaplanung zusätzliche Möglichkeiten an, die Werbewirkung der Pläne zu

---

[1] Vgl. auch LANDGREBE, K., All-Media-Untersuchungen oder Mediabank, in: ZV + ZV, Jg. 1969, S. 2296 ff.

[2] Vgl. hierzu auch ZACHARIAS, G., Was geschieht mit den Multi-Mediadaten? Der vorsichtige Start in die Multimediaplanung, in: ZV + ZV, Jg. 1972, S. 608 ff.

[3] Befragungen der ersten Art wurden bereits im Rahmen der Leser-Analyse (LA) durchgeführt. Auch die Allensbacher Werbe-Analyse (AWA) nimmt derartige Befragungen vor. Die Befragungen der Infratest-Multi-Media-Analyse (IMMA) gehören zur zweiten Art der Untersuchungen.

steigern. Zu wählen ist dann unter Medienkombinationen. Damit wird die Menge der Alternativen sehr groß.

7 b) Evaluierungs- und Optimierungsmodelle beruhen weitgehend auf den gleichen Voraussetzungen. Evolutionsmodelle beschränken sich auf die Bewertung von Medien und Mediaplänen. Sie dienen also mehr der Vorauslese. Optimierungsmodelle erarbeiten selbständig optimale Mediapläne. Beide Arten von Modellen verlangen zunächst eine Konkretisierung des Bewertungsmaßstabes, also eine Entscheidung über die Gestalt des Faktors b_i in der die gewichteten Kontakte messenden Zielfunktion. Diese Entscheidung impliziert zugleich eine Gewichtung der Werbeträger und eine Beurteilung der Werbewirkung. Grundbestandteil jeder Beschreibung von b_i sind jedoch die Nutzungswahrscheinlichkeiten p_{ij} von Personen des Typs i für die Werbeträger j. Sind sämtliche Daten bereitgestellt beziehungsweise die Bewertungsentscheidungen, zu denen auch eine Personengewichtung gehören kann, getroffen, dann steht die Zielfunktion K endgültig sowohl für Evaluierungs- als auch für Optimierungsarbeiten bereit [1].

Evaluierung bedeutet nichts anderes als Auswertung der Zielfunktion für einen gegebenen Werbeplan. Ein solcher Plan enthält für jeden in Betracht gezogenen Werbeträger j die Zahl m_j von Einschaltungen während der Planungsperiode. Optimierungsmodelle gehen nicht von bereits vorliegenden zu vergleichenden Werbeplänen, sondern von einem für die Planungsperiode vorgegebenen Werbeetat der Höhe B aus. Mit Hilfe bestimmter Algorithmen wird dann versucht, die Zielfunktion K unter Berücksichtigung mindestens einer Nebenbedingung zu maximieren. In diesem Sinne konstruieren Optimierungsmodelle selbständig Mediapläne.

---

[1] Aus der umfangreichen Literatur über Mediaselektionsmodelle sei verwiesen auf KUEHN, A. A., Complex Interactive Models, in: FRANK, R. E., KUEHN, A. A., MASSY, W. F. (Hrsg.), Quantitative Techniques in Marketing Analysis, Homewood, Ill. 1962, S. 106 ff.; KORNDÖRFER, W., Die Aufstellung und Aufteilung von Werbebudgets, Stuttgart 1966, S. 110 ff.; RULAND, J., und R. RITSCHEL, Werbeträger, Einführung in die Praxis des Werbeträgereinsatzes, Bad Homburg 1970; MAESIHIG, P., und H. SCHOLAND, Media-Optimierungsprogramme aus der Sicht der Praxis, Bad Homburg 1970; BUCHMANN, K.-H., Quantitative Planung des Marketing-Mix auf der Grundlage empirisch verfügbarer Informationen, Berlin 1973; ders., Der Einsatz quantitativer Methoden bei der Planung von Marketing-Aktivitäten, Diss. Frankfurt a. M. 1971; JUNK, H., Optimale Werbeprogrammplanung, Grundlagen und Entscheidungsmodelle, Essen 1971; KLENGER, F., und J. KRAUTTER, Simulation des Käuferverhaltens, 3 Bde., Wiesbaden 1972; MEFFERT, H. und Mitarbeiter, Die Anwendung mathematischer Modelle im Marketing, in: Schriften zur Unternehmensführung, Bd. 14 und 15, Wiesbaden 1971; FRETER, H. W., Mediaselektion, Informationsgewinnung und Entscheidungsmodelle für die Werbeträgerauswahl, Wiesbaden 1974; BIDLINGMAIER, J., Marketing, 2 Bde., Hamburg 1973; NIESCHLAG, R., DICHTL, E., und H. HÖRSCHGEN, Marketing, 7. Aufl., Berlin 1974, S. 267 ff.; KILGER, W., Optimale Produktions- und Absatzplanung, Opladen 1973, vor allem S. 552 ff.

7 c) Wie vollzieht sich der Bewertungsprozeß in Mediaselektionsmodellen, seien es Evaluierungs- oder Optimierungsmodelle?

Sämtliche Modelle legen ihrer Bewertung der Medien und Mediapläne jeweils bestimmte – getestete – Annahmen über das Mediaverhalten der zur Zielgruppe oder dem Bevölkerungssegment gehörenden Personen zugrunde. Sie ermitteln die Kontaktwahrscheinlichkeiten nach den im Abschnitt 1 b) beschriebenen Verfahren, setzen also die Kontaktwahrscheinlichkeit der zur Grundgesamtheit gehörenden Personen vom Typ i entweder gleich der Nutzungswahrscheinlichkeit der Werbeträger oder ermitteln die Kontaktwahrscheinlichkeit auf der Grundlage von Binomialverteilungen für die einzelnen Werbeträger mit oder ohne Verwendung von Simulationsverfahren.

Wenn die Person i nur mit einem Werbeträger Kontakt hat, also nur eine Kontaktwahrscheinlichkeitsverteilung besteht, und wenn nach den Vorschlägen der Werbeplaner die Werbeträger gewichtet werden sollen, dann nimmt das Modell nach Maßgabe der Gewichtungsfaktoren eine Korrektur der den Kontaktwahrscheinlichkeiten zugrunde liegenden Nutzungswahrscheinlichkeiten vor. Das Modell arbeitet in diesem Fall nicht mehr mit den tatsächlichen, sondern mit den durch die Werbeträgergewichte korrigierten Kontaktverteilungen.

Wenn die Person i Kontakte mit mehreren Werbeträgern hat, dann nehmen die Modelle – in der Regel in vereinfachter Form – eine Faltung der einzelnen Wahrscheinlichkeitsverteilungen vor. Unter diesen Umständen hat die Person i Kontakte mit mehreren Werbeträgern, wobei dann im einzelnen nicht mehr auszumachen ist, von welchen Werbeträgern die Kontakte geliefert werden. Wird auch in diesem Fall von den Mediaplanern die Berücksichtigung von Werbeträgergewichten verlangt, dann werden die Kontaktverteilungen vor der Faltung durch die für die einzelnen Werbeträger vorgesehenen Gewichte korrigiert. Die Modelle summieren hierbei die Produkte der Einzelwahrscheinlichkeiten über alle Kombinationen von Kontakten, die jeweils die gewünschte Kontaktzahl ergeben.

Modelle, die mit Simulationsverfahren arbeiten, also die Wahrscheinlichkeit $w_i(k)$ approximativ als relative Häufigkeit der Personen errechnen, die mit den Werbeträgern jeweils Kontakt haben, unterscheiden sich von den nicht Simulationstechniken verwendenden Modellen lediglich durch die Besonderheiten, die sich aus dem technischen Vollzug der Simulation ergeben.

Die Modelle lassen in der Regel die Verwendung mehrerer Werbewirkungskurven zu. Auf diese Weise besteht die Möglichkeit, Sensitivitätsanalysen vorzunehmen. Die in dem Bewertungsprozeß für die Person i ermittelten Kontaktwahrscheinlichkeiten werden, falls Werbeträgergewichte als Steuerungsgrößen berücksichtigt werden sollen, erneut einer Korrektur unterworfen, indem sie mit den sich aus den Werbewirkungskurven ergebenden Werbewirkungsfaktoren multipliziert werden.

Eine dritte Korrektur der für die Person i ermittelten Kontakte vollzieht sich durch Multiplikation mit den als zusätzliche Steuerungsparameter verwandten Personengewichten.

Durch Summation der so gewichteten und schließlich noch auf die Gesamtheit der Personen vom Typ i in der Zielgruppe hochgerechneten Kontakte über alle i errechnet die EDV-Anlage die Leistungswerte der Werbeträger oder Werbeträgerpläne, die der Bewertung unterzogen werden.

Evaluierungsmodelle, die auch die Berücksichtigung der werbeträgerbezogenen Einschaltkosten zulassen, berechnen die Leistung der Werbeträger und Werbeträgerpläne in kostenbezogenen Leistungswerten.

Im einzelnen weisen die Bewertungsvorgänge der Modelle Abweichungen auf, die jedoch im allgemeinen der Linie folgen, welche aufzuzeigen versucht wurde.

Selbständige, sich auf die Bewertung von Medien und Medienkombinationen beschränkende Evaluierungsmodelle sind zum Beispiel das Modell VIP-EX, hervorgegangen aus dem Modell: Vergleichsindex für Preiswürdigkeit (VIP), und das Modell: Streuplan-Analyse-Programm SAP. Das Modell VIP-EX ist ein Rangreihenprogramm[1]. Es liefert den Mediaplanern Informationen über das Leistungskostenverhältnis der für die Selektion in Betracht kommenden Medien. Da das Programm keine fertigen Pläne erstellt, läßt es den Planern die Möglichkeit, bei der endgültigen Fixierung der Streupläne nicht nur Wirtschaftlichkeitsüberlegungen, sondern auch anderen, sich aus der konkreten Situation ergebenden, für wichtig erachteten, zum Beispiel komplementären Aspekten Raum zu geben.

Das Modell läßt die Berücksichtigung der in der Mediaselektion üblichen Gewichtungen zu. Es enthält (anders als das ursprüngliche VIP-Programm) eine Werbewirkungskurve, die in 20 lineare Abschnitte unterteilt ist. Alle Titel- und Rabattkombinationen können mit maximal fünf Frequenzalternativen überprüft werden. Es nähert sich damit bereits dem Typ der Konstruktionsmodelle.

Das Modell arbeitet so, daß zunächst eine Anfangslösung berechnet wird. Zu diesem Zweck werden für alle vorgegebenen Titel und Frequenzen die Leistungswerte einzeln berechnet, und zwar unter Berücksichtigung der internen, sich innerhalb eines Titels bei mehrfacher Belegung ergebenden Überschneidungen. Dieser Begriff gibt an, wie oft eine Person bei wiederholter Belegung eines Titels erreicht wird.

Den so ermittelten Leistungswerten werden die Kosten gegenübergestellt. Auf diese Weise erhält man die VIP-Indices, nach denen Titel und

---

[1] Rangreihen-Selektion mit VIP-EX, Titel, Frequenzen – Kosten, HÖR-ZU-Service 1973, MA 73.

Frequenzen gerangreiht werden (VIP-Index = wirksam erreichte Person je 1000 DM).

Nach dieser Rangreihung der ersten Bewertungsstufe wird der schrittweise Aufbau des Ausgangsplans vorgenommen, wobei der günstigste Titel mit der günstigsten Frequenz den Ausgangspunkt bildet. Es werden dann weitere Titel und Frequenzen hinzugekauft, und zwar nach Maßgabe des Grenznutzens, der sich für die einzelnen Titel ergibt, falls die Frequenz eines Titels erhöht wird. Wenn diese Grenznutzen bekannt sind, läßt sich der Etat zwischen den verschiedenen Titeln aufteilen. Man erhält als erste Lösung einen Ausgangsplan. Er muß aber korrigiert werden, da in einer Kombination von Werbeträgern externe Überschneidungen auftreten. Zu diesem Zweck werden alle Kombinationen berechnet, die einen Titel oder eine Belegung mehr beziehungsweise einen Titel oder eine Belegung weniger haben. Es wird also in Form des Leistungszuwachses eines jeden Titels der Beitrag jeden Titels und jeder Belegung zum Ausgangsplan (also unter Berücksichtigung interner und externer Überschneidungen) ermittelt. Die so errechneten Beiträge ermöglichen es, die Ausgangslösung zu korrigieren, indem Titel ausgeschlossen werden, deren Beitrag verhältnismäßig gering ist, um dafür Titel mit höheren Leistungsbeiträgen in die Kombination aufzunehmen. Die ermittelten Leistungs- oder Wirkungszuwächse werden nunmehr wieder den Kosten gegenübergestellt. Auf diese Weise errechnen sich die VIP-Indices für die endgültige Rangreihung der Medien. Die vom Programm ermittelten Rangreihenindices bilden die Grundlage für die Aufstellung der Mediapläne.

Da die Rangreihenprogramme von sich aus keine Informationen über absolute und durchschnittliche Kontakte, auch nicht über Kontaktverteilungen liefern, müssen die durch die Programme ermittelten Pläne von Evaluierungsmodellen überprüft werden, falls derartige Angaben erwünscht sind.

Das Modell berücksichtigt viele bisher mit Mediaselektionsmodellen gemachte Erfahrungen.

Das Streuplan-Analyse-Programm SAP ist dagegen ein echtes Bewertungs- oder Evaluierungsmodell [1]. Es bewertet Mediapläne, die die Mediaplaner zusammengestellt haben oder die aus anderen Programmen stammen. Das Bewertungsergebnis bildet dann die Voraussetzung für das Auffinden der leistungsbesten Pläne unter den Alternativlösungen. Das Modell ist so angelegt, daß gleichzeitig bis zu fünf Werbewirkungskurven berücksichtigt werden können, ein Umstand, der besonders günstige Voraussetzungen für Sensitivitätsanalysen schafft. In den Wirkungskurven kom-

---

[1] Streuplan-Analyse-Programm (SAP), in: Media-Selektions-Programme, Verlagshaus Axel Springer, Hamburg 1968, S. 64 ff.; vgl. hierzu auch ERNST, W., und O. ERNST, in: Media-Selektions-Programme, präsentiert auf dem GWA-Seminar, Frankfurt a. M. 1968, S. 74 ff.

men unterschiedliche Vorstellungen der Werbeplaner über das Verhältnis zwischen Kontakthäufigkeit und erwarteter Werbewirksamkeit zum Ausdruck. Zu welchen Planungskonsequenzen diese unterschiedlichen Auffassungen – falls sie bestehen – führen, zeigt das Modell mit aller Deutlichkeit.

Der Mediaplaner prüft, in welcher Weise und in welchem Maße unterschiedliche Kombinationen von Titeln und Frequenzen zu unterschiedlichen Ergebnissen führen, wenn divergierende Mediengewichte, Personengewichte und Werbewirkungskurven verwandt werden. Das Modell errechnet für jeden Mediaplan die gewichteten Kontakte für alle Personen in den Zielgruppen und Untergruppen (Segmenten), auch für den erreichten Teil der zu den Zielgruppen und Zieluntergruppen gehörenden Personen, die mindestens einen gewichteten Kontakt haben, und ermittelt auch die Kontaktverteilungen in den Zielgruppen und den zu den Zielgruppen gehörenden Bevölkerungssegmenten.

Bewertungsmodelle gehören zum festen Bestand der Mediaselektion. Aber nur ein Teil der in der Literatur beschriebenen Modelle findet in der Werbepraxis Anwendung. Die beiden hier als Exempla beschriebenen Modelle werden in der Werbeplanung häufig benutzt.

7 d) Im Gegensatz zu Evaluierungsmodellen, die insofern nur eine Teiloptimierung vornehmen, als sie vorgegebene Medien oder Mediapläne für ein in Aussicht genommenes Werbevorhaben bewerten, streben Mediaselektionsmodelle eine Volloptimierung an. Diese Modelle erarbeiten selbständig die optimalen Mediapläne. Die Modelle verwenden technisch zwei verschiedene Methoden. Im ersten Fall wird mit Methoden der mathematischen Optimierung, vor allem Verfahren der Linearen Programmierung, im zweiten Fall mit auf heuristischen Algorithmen beruhenden Verfahren gearbeitet. Die beiden Verfahren weichen insofern voneinander ab, als die Verfahren der mathematischen Optimierung zu einer Lösung des Problems führen, während heuristische Verfahren mehrere Lösungen des Problems ergeben, von denen nur bekannt ist, daß sie in einem optimalen Lösungsbereich liegen.

Volloptimierung anstrebende Mediaselektionsmodelle in der Form reiner LP-Modelle finden sich in der Werbepraxis nur selten. Das von C. L. WILSON entwickelte Modell ist ein solches LP-Modell [1].

Bei diesem Modell geht es darum, ein bestimmtes Werbebudget in der Weise auf die verfügbaren Werbeträger aufzuteilen, daß ein Höchstmaß an Werbewirkung erzielt wird. Diese Wirkung wird in gewichteten Kontakten (rated exposure units) gemessen. Die Maximierung der Gesamtzahl

---

[1] Vgl. WILSON, C. L.; Use of Linear Programming to optimize Media Schedules in Advertising, in: Proceedings to the Forty-Sixth National Conference of the American Marketing Association, ed. by H. GOMEZ, Chicago 1963, S. 178 – 191.

der gewichteten Kontakte bildet die Zielfunktion des Modells. Für eine bestimmte Werbeträgereinheit (z. B. Rückseite der Zeitschrift A) errechnet sich die Anzahl der gewichteten Kontakte auf die Weise, daß ausgehend von der Reichweite dieser Werbeträgereinheit nur die Personen Berücksichtigung finden, die durch die Werbemaßnahmen erreicht und angesprochen werden sollen. Die um die Streuverluste verminderten Reichweiten werden mit den Mediengewichten multipliziert. Bei der Maximierung der gewichteten Kontakte sind die für das Programm bestehenden Nebenbedingungen zu berücksichtigen, insbesondere die Etatvorgaben und die medienbezogenen Vorschriften über obligatorische Zeitschriften, minimale und maximale Belegung u. ä.

Das angeführte Modell läßt sich mit den Methoden der Linearen Programmierung lösen. Als Ergebnis liefert es diejenige Mediakombination, die unter Einhaltung der im Modell vorgesehenen Beschränkungen die maximale Anzahl gewichteter Kontakte erbringt.

Die besondere Problematik dieses Modells der Linearen Programmierung besteht vor allem darin, daß proportionale Beziehungen zwischen der Zahl der in Anspruch genommenen Werbeträgereinheiten (Belegungen) und der Werbewirkung unterstellt werden. Hierbei bleibt unberücksichtigt, daß die Leser- beziehungsweise Hörerschaft oder die Zuschauer einer Werbesendung bei mehrfacher Einschaltung der Werbeträger zwar unterschiedlich viele Kontakte erhalten, die Werbewirkung aber in der Regel in nichtlinearer Weise von der Kontaktzahl abhängig ist. Die Einbeziehung derartiger nichtlinearer Beziehungen in ein Modell bedeutet die Aufgabe der linearen Zielfunktion, ein Umstand, der die Grenzen linearer Optimierungsmethoden deutlich sichtbar macht.

7 e) Die in der Werbepraxis gebräuchlichen Optimierungsmodelle gründen in der Regel auf heuristischen Verfahren. Sie errechnen deshalb auch nicht, wie die LP-Modelle, den optimalen Mediaplan, sondern erstellen Pläne, von denen man lediglich weiß, daß sie in der Nähe des optimalen Planes liegen. Da die Modelle die optimalen Pläne selbsttätig aufbauen und fertige Pläne liefern, werden sie auch als Konstruktionsmodelle bezeichnet, Für den Fall, daß die mit Hilfe heuristischer Verfahren ermittelten Mediapläne für noch nicht hinreichend optimiert angesehen werden, lassen sich Modelle verwenden, die innerhalb eines in der Regel sehr engen Bereichs an der Etatgrenze den Optimierungsprozeß fortführen, um zu präsiseren und mehr überzeugenden optimalen Plänen zu gelangen. Diese Modelle werden Umgebungsprüfungs- oder auch Verbesserungsmodelle genannt. Sie sind Teilmodelle der Mediaselektion im Bereich der Streuplanoptimierung.

In Mediaselektionsmodellen, die optimale Streupläne mit Hilfe heuristischer Verfahren liefern, wird die Optimierung schrittweise vorgenommen. Aus einer gegebenen Anzahl von Werbeträgern mit den für sie als zulässig angegebenen Einschaltungen werden entweder vom Nullpunkt oder einem Plan ausgehend, der sich aus obligatorisch vorgegebenen Medien und Frequenzen zusammensetzt, Zug um Zug Medien hinzugefügt, bis sich an der Etatgrenze die optimalen Werbepläne ergeben. Als Optimierungskriterium wird entweder die Relation Leistung zu Kosten oder die Relation Leistungszuwachs zu Kostenzuwachs verwandt. Diese Relationen werden in der Werbepraxis auch als „Nutzen" oder „Grenznutzen" bezeichnet. Bei schrittweise vorgenommenen Optimierungsprozeduren hat die Grenznutzrelation größere praktische Bedeutung als die Nutzenrelation. Bei jedem „Hinzukauf" eines Mediums oder einer Frequenz wird der „Grenznutzen" ermittelt und in dem Sinne maximiert, daß der Plan um diejenigen Medien oder um diejenigen Frequenzen erweitert wird, die das günstigste Verhältnis zwischen Leistungszuwachs und Kostenzuwachs aufweisen.

Im ersten Schritt vollzieht sich der Aufbauprozeß der Mediapläne so, daß aus der Zahl der vorgesehenen Werbeträger mit den für sie als zulässig deklarierten Frequenzen der Werbeträger mit günstigsten Quotienten zwischen Leistungswert (Nutzen) und Kosten ausgewählt wird. Mit der Selegierung des ersten Werbeträgers und der für ihn günstigsten Frequenz ist der erste Schritt getan.

Unter den verbleibenden Werbeträgern wird im zweiten Schritt (und in den nachfolgenden Schritten) derjenige Werbeträger mit denjenigen Frequenzen ausgewählt, der den kostengünstigsten Leistungszuwachs (Grenznutzen) erbringt. In der gleichen Weise wird fortgefahren, bis das Programm an der Etatgrenze stoppt. In der Regel druckt es dann eine begrenzte Anzahl der besten Mediapläne aus.

Manche Programme lassen es nicht zu, einmal in einen Plan hineingenommene Werbeträger oder eine solche Frequenz im weiteren Verlauf des Optimierungsprozesses wieder aus dem Plan herauszunehmen, also bei jedem Hinzukauf eines Mediums oder einer Frequenz die gesamte Prozedur mit allen, auch den bereits gekauften Medien und Frequenzen gewissermaßen von neuem vorzunehmen, um auf diese Weise die jeweils günstigste Planstruktur zu ermitteln. Der heuristische Charakter der Modelle kommt gerade darin zum Ausdruck, daß die einmal „eingekauften" Medien oder Frequenzen im Plan verbleiben. Dabei ist der Fall nicht auszuschließen, vielmehr als wahrscheinlich anzunehmen, daß sich beim Hinzukauf von Titeln unter gleichzeitig möglicher Entlassung bereits in den Plan eingegliederter Medien aus der Kombination noch günstigere Pläne ergeben können. Eine solche Situation würde zum Beispiel eintreten, wenn der kostenbezogene Leistungsverlust eines ausscheidenden Titels kleiner ist als der kostenbezogene Leistungszuwachs eines neu in den Plan eingefügten Mediums.

Es gibt Mediaoptimierungsmodelle, die den Werbeetat in zum Beispiel fünf Etatschwellen untergliedern. Wenn das Programm bei dem schrittweisen Vorgehen eine Etatschwelle erreicht hat, das heißt also, wenn die „optimale" Lösung gerade ein vorgegebenes Etatteilvolumen erreicht, druckt das Programm die zehn besten Mediapläne aus. Es geht dann von dem besten Plan aus, um den Optimierungsprozeß durch Hinzukauf von Medien und Frequenzen bis zur nächsten Etatschwelle fortzusetzen. Wieder bildet der beste der nunmehr errechneten und ausgedruckten Pläne den Ausgangsplan für die Optimierung bis zur nächsten Etatschwelle beziehungsweise zur Etatgrenze oder zum Etatswing, falls er vorgesehen ist. Die neun anderen Pläne werden im Optimierungsprozeß nicht mehr berücksichtigt. Die Fortführung des Optimierungsganges auf der Grundlage nur eines, wenn auch für die jeweils in Betracht kommende Etatschwelle besten Planes, zeigt den heuristischen Charakter des Programms besonders deutlich. Ein in der angegebenen Weise verfahrendes Modell ist das Streuplan-Optimierungs-Programm SOP [1].

Der Verzicht auf die Austauschbarkeit bereits im Plan enthaltener Titel und Frequenzen im weiteren Verlauf des Optimierungsprozesses und die Fortführung der Optimierungsprozedur auf jeweils nur einen, wenn auch dem besten Plan nach Erreichen einer Etatschwelle, haben zur Prüfung der Frage geführt, ob die Optimierungsprozedur Werbepläne liefert, die den Ansprüchen der Werbeplaner an Optimalität gerecht zu werden vermögen. Auf Überlegungen dieser Art, vor allem aber auch auf Wirtschaftlichkeits- und Kostenerwägungen, beruht die Entwicklung von Modellen, die zusätzlich, zum Beispiel zum SOP-Programm angewandt, die Qualität der Optimierungsergebnisse verbessern. Sie prüfen, ob im Umkreis der von den Optimierungsmodellen gelieferten Lösungen noch „bessere" Pläne liegen. Bei dem Verfahren CAM-S, das zur Familie der SAP-SOP-Modelle gehört, wird das Permutationsverfahren angewandt [2]. Es gewährt die Voraussetzungen dafür, systematisch eine bestimmte Anzahl der möglichen Lösungen durchzuprüfen. Da das Modell von einem bereits Optimierungsprozeduren unterworfenen Plan ausgeht, führt es zu Plänen, die dem angestrebten (aber nicht bekannten) Optimum sehr nahe kommen werden. Dabei sind in der Regel sehr enge Etatintervalle vorgegeben, zum Beispiel zwischen 2,45 und 2,55 Millionen DM bei einem Etat von 2,5 Millionen DM. Innerhalb solcher, oft noch engerer Grenzen liegt der Ausgangsplan, der auf Verbesserungsmöglichkeiten abgetastet werden soll. Die Modelle bewerten die Änderungen an den Mediaplänen, die also frei entwickelt wurden oder auch aus den Programmstufen VIP oder SOP stammen, nach ihren Grenznutzen (kostenbezogenen Leistungs- oder Wir-

---

[1] Vgl. Media-Selektions-Programme, Verlagshaus Axel Springer, Hamburg 1968, S. 46 ff.
[2] Simultane Computer-Analyse der Mediapläne, a.a.O., S. 58.

kungsänderungen) gegenüber vorgegebenen, zu prüfenden Plänen. Die Änderungen können in der Hinzunahme oder Wegnahme von Titeln und Frequenzen bestehen. Das Modell CAM ist so konstruiert, daß der Mediaplaner die Änderungen selbst festlegt [1]. Er hat also bei der Wahl der Variation freie Hand und ist so in der Lage, die der Prüfung unterzogenen Pläne durch Auswertung der Prüfungsergebnisse zu verbessern. Das Modell CAM-S entwickelt die Verbesserungen maschinell. Der Ausgangsplan wird in diesem Fall gleichzeitig in mehreren Titeln und Frequenzen verändert. Das Modell liefert fertige Pläne. Der Planer kann sich für den besten dieser Pläne entscheiden.

Alle mit heuristischen Algorithmen arbeitenden Mediaoptimierungsprogramme sind nach den gleichen Prinzipien entworfen. Zwar unterscheiden sie sich in vielen konstruktiven Einzelheiten, nicht jedoch in den Optimierungskriterien und der allgemeinen Anlage ihres Procedere. Die „schrittweise" Hinzunahme von Titeln und Frequenzen ist charakteristisch für alle Optimierungsprogramme, sofern sie nicht nur Modelle sind, die in engen Etatintervallen die Umgebung vorgegebener Pläne auf noch bessere Lösungen hin prüfen. Auch das Modell zur Optimalen Selektion in der Streuplanung (MOSES II/III) [2], das in der Werbepraxis viel Verwendung findet, geht „schrittweise" vor. Es rechnet wie alle derartigen Modelle nur eine im Verhältnis zur Zahl der möglichen Kombinationen von Werbeträgern geringe Zahl von Kombinationen durch, vermag aber gleichwohl in die Nähe optimaler Pläne zu gelangen.

Der wichtigste Unterschied gegenüber anderen Optimierungsmodellen besteht darin, daß das Modell zusätzliche, über die Budgetrestriktion hinausgehende Nebenbedingungen berücksichtigt. Mit Hilfe solcher Nebenbedingungen kann der Werbeplaner sicherstellen, daß unter den miteinander zu vergleichenden Werbeträgerkombinationen, die im Modell MOSES als „Kerne" bezeichnet werden, zum Beispiel solche mit einer Mindestanzahl von Zeitschriften einer bestimmten Art, etwa Frauenzeitschriften, enthalten sind. Bei den Nebenbedingungen dieser Art handelt es sich allerdings nur um Absicherungen gegenüber Unwägbarkeiten, die aus der Unsicherheit der übrigen in das Modell eingegangenen Daten, wie Werbewirkungskurven, Gewichtungsfaktoren u. a., resultieren. Würde gegenüber diesen Daten völlige Sicherheit bestehen, dann würden sich Nebenbedingungen der genannten Art erübrigen, da dann die schlechtin optimale Werbeträgerkombination mit den zugehörigen optimalen Frequenzen vom Programm ermittelt würde.

[1] Vgl. Media-Selektions-Programme, Verlagshaus Axel Springer, Hamburg 1968, S. 52 ff. und S. 58 ff., ferner ERNST, W., und O. ERNST, Media-Selektions-Programme, GWA Seminar 1968, Frankfurt a. M., S. 78 und 79.

[2] Modell zur Optimalen Selektion in der Streuplanung (MOSES II/III), Mediamathik Beratungs GmbH, Hanau, früher Metra Divo Beratungen GmbH, Frankfurt a. M. 1970.

Es gibt viele Mediabewertungs- und Optimierungsmodelle. Nur zum kleinen Teil haben sie sich in der Mediapraxis durchgesetzt [1]. Angesichts der starken methodischen Vereinfachungen, mit denen die heuristische Verfahren benutzenden Modelle arbeiten, auch angesichts des Umstandes, daß die Optimierungsmodelle fertige Pläne liefern, die dann für individuelle Beurteilungen der Mediasituation keinen Raum mehr lassen, sind die Rangreihen- und die Bewertungsmodelle wieder stark in den Vordergrund des planerischen Interesses getreten.

7 f) Mediaselektionsmodelle stehen der Werbeplanung heute in großer Zahl zur Verfügung. Sie beruhen auf den gleichen Grundlagen wie die Modelle, die bisher beschrieben wurden. Sie arbeiten also mit Reichweiten, Kontakten, Kontaktgewichtungen, Kontaktwahrscheinlichkeiten, Werbewirkungskurven, Budgetrestriktionen und medienbezogenen Nebenbedingungen. Für sämtliche Modelle gilt, daß sie einen Beitrag zur Lösung des Problems optimaler Medienkombination zu liefern versuchen, und zwar bezogen auf Werbeetats, die entweder fest vorgegeben werden oder deren optimale Größe selbst zu bestimmen ist.

Zu den Modellen, die gewisse Verfeinerungen gegenüber den bisher vorgestellten Modellen aufweisen, gehört das von JOHN D. C. LITTLE und LEONHARD M. LODISH entwickelte Modell [2], und zwar vor allem wegen der differenzierten Berücksichtigung des Zeitfaktors. Die Beschreibung des Modells durch die beiden Autoren weist zudem den Vorzug auf, daß sie die mathematische Struktur des Modells vollkommen durchsichtig macht, während die anderen Modelldarstellungen dieses Detail mehr oder weniger ausklammern. Für eine Analyse des mathematischen Charakters von Mediaselektionsmodellen weist das Modell der beiden Autoren deshalb besonders günstige Voraussetzungen auf. Es soll versucht werden, das Modell zu beschreiben, und zwar nach Möglichkeit mit den Formeln und Symbolen, wie sie im Abschnitt 1 b und den nachfolgenden Abschnitten entwickelt und benutzt wurden.

In den bisher diskutierten Modellen ist die Zeit lediglich in Gestalt einer Planungsperiode berücksichtigt worden, für die ein gegebener Werbeetat optimal auf verschiedene Werbeträger aufgeteilt werden soll. Als Entscheidungskriterium wird dabei das Maß verwandt, in dem eine einzel-

---

[1] In diesem Zusammenhang sei verwiesen auf die Beschreibungen der zahlreichen Mediaselektionsmodelle, die auf der Tagung des GWA-Seminars in Frankfurt a. M. vorgestellt wurden, ferner auf die Veröffentlichungen des Axel Springer Verlages über Media-Selektions-Modelle, Hamburg 1968.

[2] LITTLE, John D. C. und LEONHARD M. LODISH, A Media Planning Calculus, in: Applications of Management Sciences in Marketing, ed. by D. B. MONTGONERY and G. L. URBAN, Englewood Cliffs, N. Y. 1970, S. 152 ff.; vgl. auch ROLOFF, S., Ein Media-Selektionsmodell (nach LITTLE und LODISH), in: Konsumverhalten und Marketing, Hrsg. KROEBER-RIEL, W., Opladen 1973.

ne Person als von einer bestimmten Werbeträgerkombination mit Kontakten versehen gelten kann. Für die Konstruktion dieser Maßzahl – sie wurde oben b_i genannt – besaß immer die Häufigkeit der Kontakte der Person i mit einer Werbeträgerkombination entscheidende Bedeutung. Das Problem der zeitlichen Verteilung dieser Kontakte innerhalb der Planungsperiode blieb in den bisher erörterten Modellen ausgeklammert.

Um eine solche zeitliche Verteilung berücksichtigen zu können, muß die Planungsperiode zunächst in eine Folge von kleineren Teilperioden aufgeteilt werden. Wie viele derartige Teilperioden im Einzelfall vorzusehen sind, wird davon abhängen, in welchem Maße saisonale Schwankungen den Absatz des beworbenen Produktes beeinflussen. Geht man davon aus, daß sich sowohl das Personengewicht g_i als auch die Kontaktintensität b_i von Teilperiode zu Teilperiode ändern können, so wird man die Zielfunktion K nunmehr differenzierter in der Form

$$K = \sum_{i,\,t} n_i\, g_{it}\, b_{it}$$

zu schreiben haben, wobei t der Index der Teilperioden ist. Little und Lodish interpretieren den Faktor g_{it} als das Kaufpotential der Person i in der Teilperiode t, so daß unter K jetzt unmittelbar der Erwartungswert des mengenmäßigen Umsatzes verstanden werden kann.

Ein derart detaillierter Ansatz setzt voraus, daß es gelingt, die zeitliche Entwicklung der Kontaktintensität b_{it} in Abhängigkeit von der Folge der durch eine Werbeträgerkombination vermittelten Kontakte zu erklären. Um dieses Ziel zu erreichen, darf die Werbewirkung R nicht weiterhin nur von der Anzahl der Kontakte abhängen, die die Person i irgendwann im Verlauf der Planungsperiode erhält, sondern sie muß zu einem Kontaktniveau y_{it} in Beziehung gesetzt werden, über das die Person i in der Teilperiode t verfügt und das im Zeitablauf infolge Vergessens sinkt, wenn keine néuen Kontakte zustande kommen, und das ansteigt, wenn neue Werbeimpulse ausgesandt und empfangen werden. Der Faktor b_{it} hat deshalb im Modell von Little und Lodish die Gestalt

$$b_{it} = E(R(y_{it})),$$

wobei E der Erwartungswertoperator ist.

Zu erörtern sind nun der Begriff des Kontaktniveaus, sein Zusammenhang mit den eigentlichen Entscheidungsvariablen des Modells und schließlich die Struktur der Funktion $R(y_{it})$.

In dem Modell von Little und Lodish findet der Umstand Berücksichtigung, daß die werbende Wirkung einer bestimmten Kontaktdosis, die die Person i empfängt, im Laufe der Zeit abzunehmen tendiert, wenn nicht neue Werbeaktionen unternommen werden. Der Inhalt der Werbebotschaft wird von den Umworbenen nach und nach vergessen. Der Erinnerungswert der Werbung sinkt ab. Das Kontaktniveau hält nicht den einmal erreichten Stand. Es bedarf deshalb neuer Werbemaßnahmen, um die abklingende Wirkung der Werbung (durch Vergessen) wieder zu aktivieren. Der Begriff des Kontaktniveaus (exposure level) ist also nicht nur quantitativ zu verstehen, etwa im Sinne von Kontaktzahlen oder Kontaktdosierungen. Er enthält auch eine qualitative Komponente in Form einer im Zeitablauf ständig schwankenden Sensibilisierung der Umworbenen durch die Werbung. Diese Sensibilisierung erreicht ein hohes Maß zum Zeitpunkt der vollen Entfaltung der werblichen Aktivität, nimmt dann ab, um sich wieder zu steigern, wenn neue Werbemaßnahmen ergriffen werden. Das Kontaktniveau bleibt also im Planungszeitraum nicht unverändert hoch. Die Einführung des Faktors Zeit (timing) in das Modell bedeutet die wesentliche Erweiterung der bisherigen Modellkonstruktionen.

Wenn also eine Person aus dem Segment i im Zeitpunkt $t-1$ ein Kontaktniveau von $y_{i,\,t-1}$ aufweist, sinkt es im Zeitpunkt t auf $\alpha y_{i,\,t-1}$ ($0 \leqq \alpha \leqq 1$), falls kein neuer Kontakt mit einem Werbemittel eintritt. Kommt dagegen ein solcher Kontakt einer Person aus dem Segment i mit einem Werbemittel der Art j zustande, so wird angenommen, daß daraus eine Steigerung des Kontaktniveaus um den Betrag e_{ij} resultiert. Ordnet man einer zufälligen Größe z_{ijt} die Werte 1 oder 0 zu, je nachdem, ob der beschriebene Kontakt in der Periode t stattfindet oder nicht, so läßt sich das in t erreichte Kontaktniveau y_{it} zusammenfassend darstellen als

$$y_{it} = \alpha y_{i,\,t-1} + \sum_{j=1}^{J} e_{ij}\, z_{ijt},$$

wobei J die Anzahl der in Betracht kommenden Werbeträger angibt.

Diese Gleichung kann umgeformt werden zu

$$y_{it} = \sum_{s=-\infty}^{t} \sum_{j=1}^{J} \alpha^{t-s} e_{ij}\, z_{ijs}.$$

Für die Rechnung genügt es, die Berücksichtigung der Vergangenheit auf k Perioden vor dem Entscheidungspunkt zu begrenzen.

Die Variable z_{ijt} ist eine zufällige Größe, die den Wert 1 mit der Wahrscheinlichkeit $p_{j/it}$ und den Wert 0 mit der Restwahrscheinlichkeit $1 - p_{j/it}$ annimmt. Diese Wahrscheinlichkeit hängt ihrerseits multiplikativ von vier Einflußgrößen ab. Die wichtigste dieser Größen bildet die zu bestimmende Entscheidungsvariable x_{jt}. Ihr wird der Wert 1 zugeordnet, wenn der Werbeträger j in der Periode t mit einem Inserat belegt wird. Im anderen Fall gilt $x_{jt} = 0$. Die Kontaktwahrscheinlichkeit zerlegen LITTLE und LODISH in eine Wahrscheinlichkeit $v_{j/i}$, die den Anteil der Bevölkerung aus dem Marktsegment i angibt, der im Jahresdurchschnitt zur Lese-, Hörer- oder Zuschauerschaft des Werbeträgers j gehört, und in die bedingte Wahrscheinlichkeit h_j dafür, daß jemand, der zu dieser Gruppe von Personen gehört, tatsächlich Kontakt mit dem Medium j bekommt. Das Produkt aus den beiden Wahrscheinlichkeiten wird noch gewichtet mit einem Zeitindex s_{jt}, der saisonale Schwankungen in dem vom Werbeträger j angesprochenen Anteil der Bevölkerung berücksichtigt. Insgesamt erhält man also

$$p_{j/it} = v_{j/i}\, h_j\, s_{jt}\, x_{jt}\,.$$

Mit Hilfe dieser Gleichung läßt sich der Erwartungswert des Kontaktniveaus y_{it}, auf dem die rechnerischen Auswertungen beruhen, ausdrücken als

$$\mu_{it} = E(y_{it}) = \sum_{s=-k}^{t} \sum_{j=1}^{j} \alpha^{t\text{-}s}\, e_{ij}\, v_{j/i}\, h_j\, s_{jt}\, x_{jt}\,.$$

Die Funktion $R = R(y_{it})$ schließlich bildet in dem Modell den Ausdruck für die Werbewirkungskurve (response function). In der Interpretation der beiden Autoren weist sie mit zunehmendem Kontaktniveau positive, aber abnehmende Zuwächse an Werbewirkung auf, hier gemessen in Anteilen am Kaufpotential der zu einem Marktsegment gehörenden Personen. Danach ergibt sich allgemein

$$R(y) = R_0 + a\,(1 - e^{-by})\ (0 < y < \infty).$$

Hierbei sind R_0, a und b für das Produkt spezifische, nichtnegative Konstanten. Diese spezielle Form der Kurve der Werbewirkung wird im Modell nicht im eigentlichen Sinne zu begründen versucht. Ihr Verlauf wird vielmehr mit Rücksicht auf die Erfahrungen großer werbeintensiver Unternehmen und angesehener Werbeagenturen als repräsentativ unterstellt.

Jeder Verwendung von Werbewirkungskurven in Mediaselektionsmodellen liegt der Gedanke zugrunde, daß unterschiedliche Kontaktdosierungen zu unterschiedlichen Werbewirkungen führen, die Kontaktdosis das Verhalten der Käufer also beeinflußt. Nur wird in diesen Modellen nicht der Bogen zu den Umsätzen der Unternehmen geschlagen, weil davon ausgegangen wird, es lasse sich zwischen Kontaktdosis und Kaufverhalten keine eindeutige Beziehung herstellen. In dem Modell von LITTLE und LODISH wird dieser Bogen aber hergestellt, und zwar über die Größe R, also den durch das Unternehmen realisierten Anteil am Verkaufspotential der zu den einzelnen Marktsegmenten gehörenden Personen; denn in der response function $R = R(y_{it})$ wird jedem Kontaktniveau y_{it} jener Teil des Kaufpotentials g_{it} zugeordnet, den die zum Segment i gehörenden Personen für den Erwerb der der Werbung unterliegenden Erzeugnisse ausgeben.

Das Modell wird vervollständigt durch eine Budgetrestriktion, die sich aus den Kosten c_{jt} einer Einschaltung des Werbemittels j in der Periode t und dem zur Verfügung stehenden Werbeetat B wie folgt ergibt:

$$\sum_{j=1}^{J} \sum_{t=1}^{T} c_{jt}\, x_{jt} \leqq B.$$

Schließlich setzt die Berechnung der Zielfunktion K noch eine Umformung des der rechnerischen Auswertung nicht unmittelbar zugänglichen Erwartungswertes $E(R(y_{it}))$ voraus. Die beiden Autoren empfehlen die Entwicklung der Funktion $R(y_{it})$ in eine Taylor-Reihe um die Stelle μ_{it} und anschließend die Anwendung des Erwartungswert-Operators auf die einzelnen Glieder dieser Reihe. Der so ermittelte, zu erwartende Umsatz K (in physischen Einheiten gemessen) wird schließlich unter Beachtung der Budgetrestriktion mit Hilfe eines von LITTLE und LODISH angegebenen heuristischen Algorithmus maximiert.

Da die von den Personen der einzelnen Segmente für die Erzeugnisse des werbenden Unternehmens verausgabten Beträge Umsatz bzw. Absatz der Unternehmen sind, läßt sich auch sagen, daß das Modell auf Umsatzmaximierung hin konstruiert ist. Insofern weist es neben der Entwicklung des Begriffs des exposure levels und dem Einfügen des Faktors Zeit (timing) in den Modellzusammenhang Abweichungen von den bisher behandelten Modellen auf. Das Modell zieht also die Konsequenz aus der prinzipiellen Umsatzbezogenheit werblicher Maßnahmen, wie übrigens auch das Prognosemodell von VIDALE und WOLFE [1].

Die Problematik der Umsatzbezogenheit des Modells von LITTLE und LODISH liegt weniger in Mängeln des für die Praktizierung des Modells notwendigen Informationsmaterials als vielmehr in der offenbaren Zurechnung von Umsatzveränderungen auf die Werbemaßnahmen. Die modernen Methoden der empirischen Sozialforschung und besonders die Verwendung von Verbraucher- und Handelspanels ermöglichen die Gewinnung instruktiven Informationsmaterials über Kaufpotentiale und Umsätze in den vor allem werbeintensiven Geschäftszweigen. Offen bleibt jedoch das Zurechnungsproblem. Die Verfasser, die ihr Modell als operational bezeichnen, gehen auch auf diese Fragen ein und erklären, daß die Ergebnisse von Testuntersuchungen darüber Aufschluß geben müßten, ob eine Zurechnung in vertretbaren Grenzen möglich sei. Sie rekurrieren offenbar, wenn auch nicht expressis verbis, auf den Fall, daß keine wesentlichen Änderungen im Einsatz der übrigen absatzpolitischen Instrumente, also keine produkt- und preispolitischen, auch keine vertriebsorganisatorischen Änderungen vorgenommen werden. Diese Situation unterstellt, können Tests zu dem Ergebnis führen, daß die Änderung des Umsatzvolu-

---

[1] Vgl. die Ausführungen in Abschnitt VI, B 4 dieses Kapitels.

mens im wesentlichen auf die entfaltete Werbeaktivität zurückzuführen ist. Überlegungen dieser Art gelten vor allem für solche Industriezweige, in denen die Produktqualität von Unternehmen zu Unternehmen nicht sehr verschieden ist und von den Verbrauchern auch nicht erkannt wird, die Werbung also ein besonders hohes Maß an Wirksamkeit zu erreichen vermag.

V. Die Prüfung der Werbewirksamkeit

1. Die methodische Situation.
2. Psychologische Tests.
3. Umsatzgrößen als Maßstäbe für die Prüfung von Werbewirkungen.

1. Die in der Mediaselektion gebräuchlichen Maßstäbe für die Bewertung werblicher Leistungen, die gewichteten Kontakte, beziehen sich nach dem heutigen Stande der Mediaforschung auf die Werbeträger und nicht auf die Werbemittel. Zwar sind in den Leistungswerten der Werbeträger auch qualitative Elemente enthalten. Sie demonstrieren jedoch nur gewisse Qualitäten der Werbeträger, nicht im eigentlichen Sinne der Werbemittel. So sind Kontakte, mit denen die Mediaselektion rechnet, Begegnungen der Konsumenten mit den Werbeträgern geblieben. Die Ausstrahlungen der Werbemittel, ihrer Texte, ihres Lay-out, ihrer graphischen Gestaltung, ihrer Wort- und Tonregie gehen in den Kontaktbegriff der Werbeträgerauslese nicht ein. In Wirklichkeit ist aber die Wirkung von Werbemaßnahmen das Ergebnis von Streuleistungen und von kreativen Leistungen. So bedeutsam deshalb die gewichteten Kontakte für die Mediaselektion sind, für die Beurteilung des Gesamtphänomens werblicher Wirkungen erweist sich ihre Bezugsgrundlage als zu eng. Aus diesem Grunde ist auch nach Wegen gesucht worden, die von einer anderen methodischen Ausgangslage her ein Urteil über die Effizienz werblicher Maßnahmen gewinnen lassen.

Da die Werbeaktionen stets Bestandteile von absatzpolitischen Konzeptionen oder von Verkaufsanstrengungen mit begrenzterem Ziel sind, hätte es nahe gelegen zu ermitteln, welchen Beitrag eine zu prüfende Werbeaktion zur Erfüllung der absatzwirtschaftlichen Ziele geleistet hat, um derentwillen sie ergriffen wurde. Da aber zwischen Werbeanstoß und Kaufimpuls keine eindeutige und formalisierbare Beziehung besteht, lassen sich Umsatzentwicklungen nur unter bestimmten Umständen als Beurteilungsmaßstäbe für die Wirkung werblicher Maßnahmen verwenden. Die Ziele, die sich die Werbung setzt, beschränken sich deshalb auch weitgehend auf psychologische Sachverhalte, und es liegt nahe, für die Kontrolle dieser psychologisch definierten, operationalen Werbeziele auch psychologische Methoden zu benutzen. Gewiß ist der methodische Rahmen für die Prüfung der Frage, inwieweit die gesetzten Werbeziele erreicht werden, weiter zu stecken. Auch die Verwendung von Verfahren der empirischen Sozialforschung wird in den methodischen Rahmen der Prüfung von Werbewirkungen einbezogen. Aber auch in diesem Fall sind es wesentlich psychologische Vorgänge, auf die die Prüfungen abgestellt werden. Solange die operationalen Ziele der Werbung psychische Vorgänge in den umworbenen Personen sind und diese Vorgänge den Gegenstand prüfender Untersuchungen bilden, werden es auch Psychologie und Sozialwissenschaften sein, die die Methoden der Werbewirkungskontrolle liefern.

Die Ergebnisse der so vorgenommenen Tests bilden die Daten für die kreative Gestaltung der Werbemittel und für die rationalen Kalküle der Werbeplanung. Informationen über diese Daten zu gewinnen, ist nicht die Aufgabe der Werbegestalter und der Werbeplaner. Sollen die Ergebnisse von Testuntersuchungen über Plausibilitäten hinausgehen, dann ist hierzu der Sachverstand derjenigen erforderlich, die diese Methoden beherrschen.

2. Um wenigstens anzudeuten, welche Methoden für die Prüfung von Werbewirkungen zur Verfügung stehen, sollen einige von ihnen kurz skizziert werden.

α) Es gibt psychologische Untersuchungsverfahren, die wesentlich apparativer Art sind. Sie werden auch für die Prüfung von Werbewirkungen benutzt. Der besondere Vorzug dieser Verfahren besteht darin, daß sie die Möglichkeit schaffen, die Experimentierbedingungen systematisch anzusetzen und zu variieren. So kann zum Beispiel die Zeit, die den Versuchspersonen für die Wahrnehmung von Inseraten, Plakaten und anderen Werbemitteln zur Verfügung gestellt wird, verkürzt oder verlängert werden. Auch läßt sich die Helligkeit des Testraums den Erfordernissen des Experiments anpassen. Die Testobjekte selbst lassen sich, wenn sie auf einen Bildschirm projiziert werden, groß oder klein, scharf oder unscharf darstellen. Auch der Blickwinkel, aus dem die Versuchspersonen das Testobjekt sehen, läßt sich ändern. Für die Verkürzung zum Beispiel der Wahrnehmungszeiten stehen mechanisch arbeitende Tachistokope und elektronisch gesteuerte Meßgeräte zur Verfügung. Andere Apparaturen ermöglichen es, die Gestaltfestigkeit von Markenzeichen (Torsionsstereoskope) zu prüfen oder akustische Sättigungsschwellen (bei Slogans, Durchsagen u. ä.) zu bestimmen [1].

---

[1] Vgl. hierzu vor allem SPIEGEL, B., Werbepsychologische Untersuchungsmethoden, Berlin 1958; JASPERT, F., Methoden zur Erforschung der Werbewirkung, Stuttgart 1963; BRÜCKNER, P., Die informierende Funktion der Werbung, Berlin 1967.

Unter gewissen Voraussetzungen lassen sich spezielle psychologische Tests, zum Beispiel Rohrschachtests oder Rosenzweigtests, für die Prüfung von Werbewirkungen verwenden. Das ist immer dann der Fall, wenn ermittelt werden soll, wie die Versuchspersonen sich mit dem Testobjekt auseinandersetzen, wie sie es deuten und in den Griff zu bekommen versuchen. Die persönlichen Stellungnahmen zu dem Testobjekt, dem Inserat, Plakat usf. machen das Prüfungsergebnis besonders wertvoll.

Es gibt Verfahren, die den gestischen, mimischen, auch den phonischen Ausdruck der Versuchspersonen einzufangen ermöglichen, wenn diese Personen dem Testobjekt, in diesem Fall Werbemitteln, begegnen. Die Prüfung läßt sich einmal so anlegen, daß sich die Versuchspersonen der Experimentiersituation nicht bewußt sind (zum Beispiel vor Schaufenstern, Plakaten, in Verkehrsmitteln), zum anderen aber besteht auch die Möglichkeit, daß die Versuchspersonen sich der Experimentiersituation bewußt sind. Spezielle Kameras filmen die Blickdauer, die Blickrichtung und den Blickverlauf der Versuchsperson.

Bei Tests, die vor der Werbekampagne in Labors vorgenommen werden, besteht die Gefahr, daß die Künstlichkeit der Experimentierbedingungen der Komplexität des Kaufverhaltens in der Wirklichkeit nicht gerecht wird. Der Prognosewert der Tests leidet unter solchen Diskrepanzen.

β) Die Werbepsychologie macht auch von Methoden Gebrauch, die in psychologischen Befragungen und psychologischen Intensivgesprächen (Explorationen) bestehen.

Die psychologischen Befragungen können als Einzel- oder Gruppengespräche vorgenommen werden. Die Versuchspersonen werden gefragt, was sie von der Vorlage, einem Lay-out, einem Werbeanschlag oder einem Werbespot halten. Die Antworten der Versuchspersonen werden mit oder unter Benutzung von Prädikatsschemata formuliert. Die Beurteilungsskalen laufen von einfachem Ja, Nein oder Unentschieden über viele Beurteilungsdifferenzierungen und ordinale Rangstufen. Bekannt sind die semantischen Differentiale (OSGOOD) und die aus ihnen entwickelten Polaritätsprofile (HOFSTÄTTER) [1]. Diese Differentiale, insbesondere die hier interessierenden Polaritätsprofile, stellen einen Katalog, genauer ein Kontinuum dar, in dem jeweils zwei einander entgegengesetzte Eigenschaften paarweise miteinander verknüpft dargestellt werden. Die Kontinuen können aus zwanzig bis dreißig Paaren von Eigenschaftsmerkmalen bestehen (zum Beispiel anregend – langweilig, vertrauenswürdig – unseriös, froh – traurig u. ä.). Skalierungen zwischen den Extremen der Eigenschaftspaare geben den Versuchspersonen die Möglichkeit, zu differenzieren und anzumer-

---

[1] HOFSTÄTTER, PETER, R., mit LÜBBERT, Bericht über eine neue Methode der Eindrucksanalyse in der Marktforschung, in: Psychologie und Praxis, 2. Jg. (1958), S. 71 ff.; s. auch SPIEGEL, B., Die Struktur der Meinungsbildung im sozialen Feld, Bonn und Stuttgart 1961, S. 42 ff.

ken, in welchem Maße die Vorlage nach ihrer Auffassung mehr dem einen oder dem anderen Extrem zuneigt, also zum Beispiel sehr, mittelmäßig, schwach anregend erscheint oder schon langweilig, in wiederum verschiedenen Abstufungen, wirkt.

Haben die zur Versuchsgruppe gehörenden Personen ihre Ansichten geäußert, dann werden aus ihren Angaben Skalenmittelwerte gebildet. Die Verbindung der für die einzelnen Gegensatzpaare ermittelten Mittelwerte ergibt das Polaritätsprofil, in dem die Meinungen der Gruppe über die zu beurteilende Vorlage differenziert zum Ausdruck kommen. Die Anwendung des Profilverfahrens setzt einander ausschließende Eigenschaften voraus. Das Verfahren wird vor allem als Instrument der Imageanalyse verwandt.

Experimentelle Befragungen der geschilderten Art lassen nicht die Gründe sichtbar werden, die die Versuchspersonen veranlassen, die Vorlage in der von ihnen vorgenommenen Weise zu beurteilen. Diese Gründe können aber für die Werbeplaner und vor allem für die Werbegestalter von großem Wert sein. Die Werbepsychologie ist deshalb dazu übergegangen, die Methodik der psychologischen Intensivbefragungen, also der psychologischen Exploration, für ihre Aufgaben zu benutzen. Mit Hilfe dieser Befragungen von Einzelpersonen oder (kleineren) Versuchsgruppen wird versucht, in die Verhaltensmotive der Versuchspersonen Einblick zu gewinnen. Derartige Intensivgespräche bedienen sich im allgemeinen tiefenpsychologischer Methoden, ohne jedoch die Ergebnisse der Befragungen tiefenpsychologisch zu interpretieren.

γ) Die Prüfung der Wirksamkeit von Werbemaßnahmen läßt sich auch mit Hilfe von Befragungen vornehmen, wie sie vor allem im Zusammenhang mit Methoden der empirischen Sozialforschung angestellt werden. In der Regel nimmt man diese Befragungen in Form von Stichprobenerhebungen vor.

Unter der Voraussetzung, daß Befragungen mit der erforderlichen methodischen Sorgfalt vorgenommen werden, lassen sich ex-post-Informationen darüber gewinnen, in welchem Maße eine Werbekampagne erfolgreich verlaufen ist.

Das legitime (und operationale) Ziel jeder Werbung ist es zu erreichen, daß die Umworbenen nicht nur Kontakte mit dem Werbeträger, sondern auch mit der in den Werbemitteln gebrachten und gestalteten Werbebotschaft haben.

Nun kann aber bereits ein einziger Kontakt mit einem Werbemittel zum Kauf eines Erzeugnisses Anlaß geben. In diesem Fall besitzt die für die Werbebotschaft gefundene gestalterische Lösung offenbar ein hohes Maß an Ausstrahlungs- und Überzeugungskraft. In anderen Fällen mag die Wirkung eines Werbemittels vor allem auf seine geschickte Verbreitung und auf eine hohe Kontaktdosierung zurückzuführen sein. Die Gründe für die Effizienz des Werbemitteleinsatzes sind in beiden Fällen also verschieden. Sie lassen sich mit den Mitteln der empirischen Sozialforschung in der Regel nicht so scharf trennen, daß eine Zurechnung der Werbemitteleffizienz auf entweder die kreative Leistung oder die Streuleistung möglich wäre.

Das Werbewirkungsmaß aktiver Markenbekanntheit läßt eine Trennung der Werbewirkungskausalitäten nicht – oder nur in Grenzen – zu. Die mit den Mitteln der Regressionsanalyse für die Markenbekanntheit gefundenen Werte bilden zwar ein brauchbares und legitimes Maß für den Erfolg werblicher Maßnahmen. Aber in sie gehen die Einflüsse vieler werbewirksamer Faktoren ein. Wie stets in der Betriebswirtschaftslehre bereitet auch hier das Zurechnungsproblem Schwierigkeiten. Diese Tatsache schließt nicht aus, daß Erinnerungswerte – welcher Art auch immer – wichtige Indikatoren für erzielte Werbeerfolge bilden, und zwar in den Grenzen, die ihnen nun einmal gesetzt sind.

Befragungstechnisch lassen sich Erinnerungswerte auf verschiedene Weise ermitteln, einmal durch Gedächtnistests (Recall-tests), zum anderen durch Wiedererkennungstests (Recognition-tests). Im ersten Fall wird versucht festzustellen, ob ein Befragter (immer bezogen auf einen bestimmten Zeitraum) ein Werbemittel im Gedächtnis behalten hat, ohne daß ihm eine Erinnerungshilfe gewährt wird. Im zweiten Fall wird die Erinnerung getestet, indem dem Befragten Werbemittel vorgelegt werden und gefragt wird, ob er sie wiedererkennt und woran er sie wiedererkennt. In diesem Fall wird die Befragung mit Gedächtnishilfen vorgenommen. Die vom Emnid-Institut entwickelten Impacttests beruhen zum Beispiel auf dem Recallverfahren. Das Ergebnis der Befragungen besteht aus Informationen darüber, wie groß die Zahl derjenigen Personen ist, die sich an das Werbemittel, hier speziell an eine Anzeige, erinnern, welchen Eindruck die Anzeige auf die Befragten gemacht hat, an welche Bestandteile der Anzeige sie sich in besonderem Maße erinnern u. ä. Angesichts des großen Werbedrucks, dem die Bevölkerung in den großen Industriestaaten heute ausgesetzt ist, ist es nicht verwunderlich, daß Befragungen dieser Art verhältnismäßig geringe Erinnerungswerte ergeben.

Auch bei den auf dem Recognitionprinzip aufgebauten Testverfahren richtet sich das Interesse der Fragenden auf die Beantwortung von Fragen, die etwa von gleicher Art sind wie die Fragen, die mit Hilfe des Recallverfahrens beantwortet werden sollen. Der Infratest-Anzeigen-Kompaß beruht im wesentlichen auf diesen in den USA von D. STARCH entwickelten Verfahren.

Heute besteht eine gewisse Tendenz, den Recalltests vor den Recognitiontests den Vorzug zu geben. Der Grenzen dieser beiden Tests ist man sich bewußt.

3. Der Erfolg absatzwirtschaftlicher Anstrengungen ist das Ergebnis einer Vielzahl von Instrumental- und Trendvariablen. Der Beitrag dieser Variablen zu dem absatzwirtschaftlichen Erfolg läßt sich isoliert nicht ermitteln. Für das hier entstehende Zurechnungsproblem konnten noch keine befriedigenden Lösungen gefunden werden.

Gleichwohl sind immer wieder Versuche unternommen worden, das Problem, wenn auch nur für spezielle Situationen und in gewissen Grenzen, in den Griff zu bekommen. Eine der bekanntesten Methoden, Umsatzgrößen als Maß für die Wirksamkeit werblicher Maßnahmen zu verwenden, ist das Kuponverfahren. Es besteht darin, die Werbemittel, vor allem die Werbeanzeigen, Prospekte und Kataloge mit Bestellkupons zu versehen, die, von den Bestellern ausgefüllt, an das werbende Unternehmen zurückgesandt werden. In diesem Fall läßt sich auf direktem Wege, wenn auch erst nach vollzogener Werbung, ermitteln, in welchem Umfang die Werbemaßnahme zu Bestellungen führte, also die Kaufentschlüsse der Besteller beeinflußt hat.

In einen weiteren Rahmen ist eine Methodik gespannt, die den Einfluß bestimmter Werbeaktionen auf die Kunden eines Unternehmens dadurch mißt, daß zwei Gruppen von Käufern gebildet werden. Die eine hat mit dem beworbenen Gut Kontakt. Die andere Gruppe bleibt ohne einen solchen Kontakt. Durch Befragung der beiden Gruppen läßt sich ermitteln, wie viele von ihren Mitgliedern innerhalb einer bestimmten Zeitperiode – in der Regel innerhalb einer Woche – die in Frage stehenden Erzeugnisse kaufen oder nicht kaufen. Zeigen sich Unterschiede zwischen den Gruppen derart, daß der relative Anteil der zur kontaktierten Gruppe gehörenden kaufenden Personen größer ist als der relative Anteil der zur nicht kontaktierenden Gruppe gehörenden kaufenden Personen, dann läßt sich diese Divergenz als Indikator für die Werbewirkung verwenden. Dieses früher verhältnismäßig häufig verwandte Verfahren beruht also auf der Trennung der kontaktierten von dén nicht kontaktierten Verkäufen. Es wird auch als Netapass-Verfahren bezeichnet (net-ad-produced-purchases). Aus dem Verhältnis zwischen Werbeaufwand und dem auf ihn zurückgeführten Umsatzplus ergibt sich, wieviel Dollar mehr an Umsatz auf einen Dollar Werbeaufwand entfällt [1].

Die vielen ungelösten Probleme, die das Verfahren enthält, insbesondere der einseitige Kausalitätsbezug zwischen Kaufentschluß und Werbeaufwand, haben zu starken Vorbehalten gegenüber dem Verfahren geführt. Es überspringt die Frage nach der Homogenität des Gruppenverhal-

---

[1] Vgl. STARCH, D., Measures Product Sales Made by Advertising, New York 1961; JOHANNSEN, U., Methoden der Werbeerfolgskontrolle in psychologischer Sicht, in: Handbuch der Werbung, hrsg. von K. Chr. BEHRENS, Wiesbaden 1970, S. 766, BIDLINGMAIER, J., Die Kontrolle des wirtschaftlichen Werbeerfolges, ebenda S. 796; SCHREIBER, K., Marktforschung, Berlin und Frankfurt a. M. 1966, S. 94 ff.

tens beim Kauf, übersieht die zeitlichen Überlappungen latent wirksamer Werbeeindrücke, auch die Einflüsse des Werbedrucks, dem die Käufer ausgesetzt sind, die eigenen und fremden Erfahrungen mit den beworbenen Gütern, den Kommunikationsaustausch zwischen den Verbrauchern und die vielen anderen Faktoren, die das Kaufverhalten zu beeinflussen vermögen. Gleichwohl läßt sich der konstruktive Ansatz des Verfahrens nicht leugnen. Seine großen Schwächen haben allerdings zu einer sehr vorsichtigen Beurteilung seiner Möglichkeiten geführt.

Testmärkte, wie sie sich vor allem im Zusammenhang mit produktpolitischen Maßnahmen bewährt haben, lassen sich – mit gewissen Einschränkungen und Abwandlungen – auch für die Gewinnung von Informationen über die voraussichtliche Wirksamkeit von Werbeaktionen verwenden. In diesem Fall werden, entsprechend der Grundkonzeption von Testmärkten, regionale Einheiten, nach Möglichkeit weit voneinander entfernt liegende Städte mittlerer Größe oder andere für das Werbevorhaben besonders geeignet erscheinende Bezirke ausgesucht, um in ihnen werblich zu experimentieren. Auf mehreren dieser Testmärkte werden – nach Möglichkeit gleichzeitig – gleichartige, aber auch ungleichartige Werbemaßnahmen ergriffen, oder es werden auf ausgesuchten Testmärkten Werbeaktionen durchgeführt, während auf anderen Testmärkten von derartigen Maßnahmen abgesehen wird. Die Umsatzdivergenzen werden als Maßgrößen für die Wirkung der so experimentell vorgenommenen Werbemaßnahmen verwandt [1]. Auch hier findet eine einseitige Zurechnung von Umsatzgrößen und -veränderungen auf die Werbevariationen statt. Je länger die Zeitspanne ist, die für die Experimente gewählt wird, um so größer ist die Gefahr, daß sich die wirtschaftlichen Verhältnisse der „Versuchspersonen" auf den Testmärkten und damit die Voraussetzungen für ihr Kaufverhalten ändern. Mit der Konstanz oder Nichtkonstanz dieser Voraussetzungen im Zeitablauf aber steht und fällt der informatorische Wert der Experimentierergebnisse.

VI. Zur Werbetheorie

A. Die Zielfunktion der Werbetheorie.
B. Die Bestimmung des optimalen Werbebudgets.

---

[1] Vgl. hierzu auch SITTENFELD, H., Der Testmarkt – Instrument des Marketing, München 1966, S. 63 ff.; HÄUSER, H., und W. KORNDÖRFER, Die Bedeutung der Varianzanalyse für die Bestimmung des ökonomischen Werbeerfolgs im Testmarkt, in: Der Marktforscher, 10. Jg. (1967), S. 6 ff; BIDLINGMAIER, J., a.a.O., S. 780 ff. und S. 799 ff.

A. Die Zielfunktion der Werbetheorie

1. Die Zielfunktion.
2. Die Werbekosten als Bestandteil der Zielfunktion.
3. Die Erlöse als Bestandteil der Zielfunktion.

1. Den Gegenstand der Werbetheorie bildet die optimale Bestimmung des Werbebudgets. Es gibt eine Vielzahl von Möglichkeiten, auf die hin diese Bestimmung vorgenommen werden kann. Einige dieser Möglichkeiten sollen hier erörtert werden [1].

Die Verkaufspreise (p) oder die Absatzmengen (x) sind die klassischen Aktionsparameter eines Unternehmens. Zu ihnen treten nunmehr die Werbeanstrengungen des Unternehmens (w) als weiterer Aktionsparameter hinzu. Zu beantworten ist die Frage: Zu welchem Absatz führt die gleichzeitige Verwendung von w und p als Aktionsparameter? Die Beziehung kann durch die Gleichung

$$x = f(p, w)$$

ausgedrückt werden.

Bezeichnet man den Erlös mit E, dann erhält man

$$E = px = pf(p, w).$$

Die Kosten der Produktion sind $K_p = g(x)$ und die Kosten der Werbung (Ausgaben für Werbung) $K_w = h(w)$.

Unter der Voraussetzung gewinnmaximierenden Verhaltens erhält man die Zielfunktion

$$G = E - K_p - K_w.$$

Sie ist zu maximieren, und zwar zunächst unter der Voraussetzung sicherer Erwartungen.

2 a) Die Zielfunktion der Werbetheorie enthält Kosten und Erlöse. Welche Abhängigkeiten bestehen, so lautet zunächst die Frage, im Kostenbereich der Unternehmung, soweit es sich um Werbekosten handelt.

Die Werbekostenfunktion lautet $K_w = h(w)$. Die Funktion kann linear, aber auch nicht linear verlaufen und ein konstantes Glied enthalten. In diesem Falle sind fixe Kosten vorhanden.

---

[1] Zur Theorie der Werbung vgl. EDLER, F. Werbetheorie und Werbeentscheidung, Wiesbaden 1966; KORNDÖRFER, W., Die Aufstellung von Werbebudgets, Stuttgart 1966.

Die Abb. 75 zeigt die Beziehung zwischen den Kosten der Werbemittel
und der Werbeintensität, gemessen an der Anzahl der für die Werbung benutzten Plakatexemplare. Ein Teil der Werbekosten hat fixen, der andere
Teil proportionalen Chakter. Die Begriffe fix und proportional werden
hier auf das einzelne Werbemittel und die Zahl von Einheiten bezogen,
die im Laufe einer Werbeaktion von ihm benötigt werden. Die einzelnen
Werbemittel weisen in dieser Hinsicht Unterschiedlichkeiten auf. Bei Plakaten, Inseraten und Werbedrucksachen sind die Kosten des Entwurfes
und der Klischeeherstellung fix. Bei der Herstellung von Werbefilmen,
auch bei der Werbung mit Hilfe von Rundfunksendungen entstehen Kosten unabhängig davon, wie oft der Film oder die Werbesendung vorgeführt wird. Ein großer Teil der Kosten für Marktanalyse, Verwaltungskosten und Umlagen haben fixen Charakter.

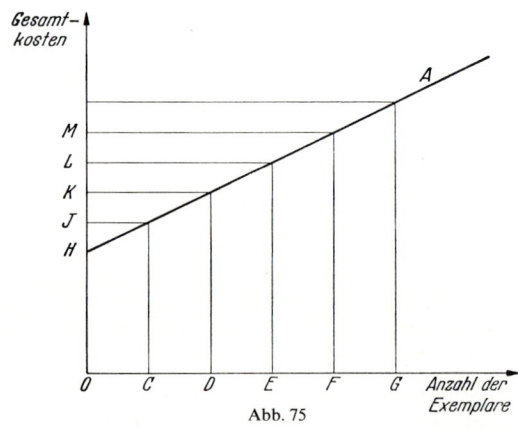
Abb. 75

Als in etwa proportional müssen dagegen diejenigen Kosten angesehen werden, die mit der Zahl der benötigten Werbemitteleinheiten in Zusammenhang stehen (Anbringungskosten, Insertionskosten, Mietkosten
von Werbeflächen, Kosten des Versands, Sende- und Vorführkosten, Kosten für Werbegeschenke, Probesendungen usw.). In Abb. 75 betragen die
fixen Kosten OH. Die proportionalen Kosten (abhängig von der Zahl der
hergestellten Exemplare) sind durch die Steigung der Kurve HA angegeben.
    b) Die Wirkung einer Werbeaktion hängt ab von der werbenden Kraft
der Plakate, der Zweckmäßigkeit ihrer Verwendung und der Intensität,
mit der geworben wird, gemessen hier an der Zahl der Plakate. Die beiden
ersten Voraussetzungen seien in einer bestimmten Weise gegeben. Auch
sei angenommen, daß die Preise der Werbemittel, ihr Streubereich und
der Zeitraum der Werbung gegeben und unverändert seien.

Bringt beispielsweise ein Unternehmen im Zuge einer bestimmten Werbeaktion nur wenig Plakate an, dann besteht durchaus die Möglichkeit, daß die Werbung ohne spürbaren Erfolg bleibt. Erst wenn eine gewisse Mindestanzahl von Plakaten verwandt wird, beginnt sich die Wirkung der Werbung bemerkbar zu machen. Zunächst soll hier jedoch angenommen werden, daß die Wirkung des Werbemittels sofort spürbar wird. Unter diesen Umständen läßt sich sagen, daß der Absatz als Folge einer bestimmten Werbemaßnahme entweder proportional der Plakatanzahl oder mit zu- oder abnehmenden Steigerungsraten zunimmt, sofern die Werbung überhaupt erfolgreich verläuft. Welche Entwicklung eintritt, hängt von der Größe des Marktwiderstandes ab, d. h. von der Stärke der Bindung derjenigen Käufer, die bisher bei den Konkurrenzunternehmen kauften, an diese Unternehmen, außerdem von der Stärke der Präferenzen, der Schnelligkeit und der Intensität, mit der die Konkurrenzunternehmen werbepolitisch reagieren, schließlich auch von der konjunkturellen Situation, in der sich die Vorgänge abspielen.

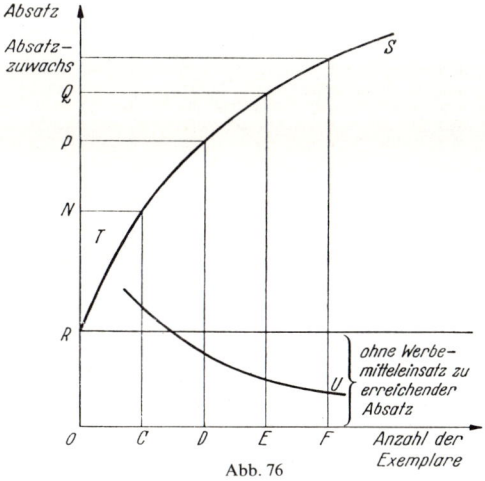

Abb. 76

Ist der Marktwiderstand zuerst schwach und nimmt er erst im Laufe der Werbeaktion zu, dann wächst der Absatz um einen bestimmten Betrag an, der in Abb. 76 mit RN angegeben ist, wenn Werbeexemplare in der Menge OC benutzt werden. Bringt das Unternehmen zusätzlich Plakatexemplare in Höhe von CD an, dann steigt der Absatz um NP, wobei dann $NP < RN$ ist. Wiederholt sich der Vorgang und werden weitere Exemplare im Umfang DE angebracht, nimmt also der Absatz um PQ zu, wobei $PQ < NP$, dann wird in diesen mit zunehmender Zahl von Werbeexem-

plaren kleiner werdenden Absatzzuwächsen der zunehmende Marktwiderstand sichtbar:

$$RN > NP > PQ \cdots.$$

Die Kurve RS zeigt den Gesamtabsatz in Abhängigkeit von der Zahl der
verwandten Werbemittel. Die Kurve TU gibt die Absatzzuwächse an
(Grenzabsatzkurve).

Anders ist die Lage zu beurteilen, wenn der Marktwiderstand zu Beginn der Maßnahme sehr stark ist, so daß es zunächst einer großen Anzahl
von Plakaten bedarf, um ihn zu überwinden. Ist das geschehen, dann läßt
der Marktwiderstand nach, und es lassen sich mit einer verhältnismäßig
geringen Zahl von Plakaten relativ große Absatzsteigerungen erzielen.
Diese Situation wird durch die Kurven RS und TU in Abb. 77 gekennzeichnet.

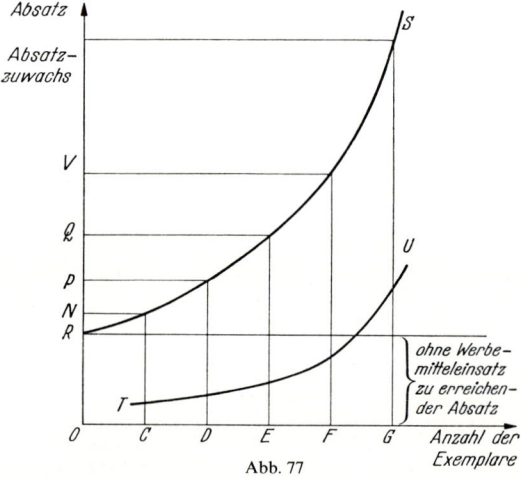

Abb. 77

Der dritte Fall, daß nämlich das Verhältnis zwischen dem Absatz und
der Zahl der Werbeplakate proportional ist, mag praktisch in Annähe-
rungen von Bedeutung sein. Im übrigen ist dieser Fall als Grenz-und
Übergangssituation zwischen den beiden ersten Fällen von Bedeutung.

Der vierte Fall besagt, daß das werbende Unternehmen zunächst auf
starken Marktwiderstand stößt. Nachdem er überwunden ist, reagiert die
Nachfrage sehr positiv auf die Werbung.

Die Absatzzuwächse steigen an. Nun mögen die Konkurrenzunternehmen entsprechend reagieren. Der Marktwiderstand nimmt wieder zu. Die
Kurve der Absatzzuwächse fällt. Diese Entwicklung ist in Abb. 78 dargestellt.

Aus der Abb. 75 ist die Beziehung zwischen den Kosten des Werbemittels und der Zahl der von ihm benötigten Exemplare bekannt. Die Werbekosten können aber auch in Abhängigkeit von der Absatzmenge aufgezeigt werden. Dieser Zusammenhang ist in Abb. 79 abgebildet. Der Ableitung der Werbekostenkurve ist die Kurve RS in Abb. 78 zugrunde gelegt. Es besteht auch die Möglichkeit, in gleicher Weise von den Kurven RS in den Abb. 76 und 77 auszugehen.

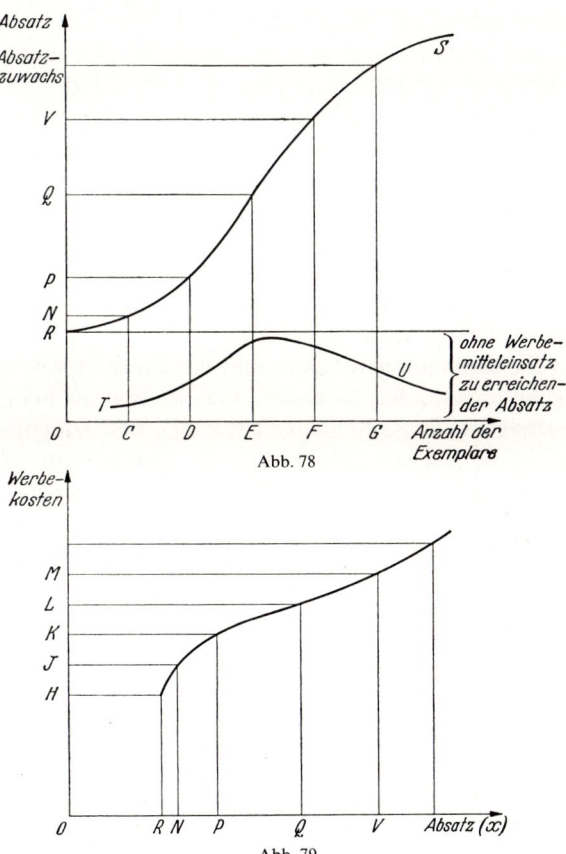

Abb. 78

Abb. 79

Zu der Absatzmenge OR (ON) gehören null (OC) Exemplare (vgl. Abb. 78). Ihnen sind die Werbekosten OH (OJ) zugeordnet (vgl. Abb. 75). Man trägt daher in Abb. 79 den Absatz OR (ON) auf der Abszissenachse ab und ordnet dieser Absatzmenge die Kosten OH (OJ) zu. Damit erhält man zwei Kurvenpunkte der in Abb. 79 dargestellten Werbekostenkurve. Entsprechend verfährt man bei den übrigen Absatzmengen.

Vergleicht man die Kostenkurven in Abb. 75 und in Abb. 79 miteinander, dann zeigt sich, daß die Kostenkurve in Abb. 75 linear, in Abb. 79 gekrümmt verläuft. Dieser Unterschied ist darauf zurückzuführen, daß die Werbewirkung der zusätzlichen Verwendung von Plakatexemplaren nicht als gleichbleibend angesehen, sondern (in diesem Fall) als zunächst ansteigend, dann abnehmend angenommen wird.

Es ist auch möglich, mit Hilfe des hier angewandten methodischen Apparates zu zeigen, wie sich die Werbekostenkurve verändert, wenn der Streuraum des Werbemittels vergrößert wird. In ähnlicher Weise läßt sich der Einfluß einer Verlängerung des Zeitraums, in dem von dem Werbemittel Gebrauch gemacht wird, darstellen. In diesem Fall müßten die drei Alternativen beachtet werden, daß die Werbewirkung mit monotoner Verwendung eines Werbemittels nachläßt, daß sie konstant bleibt oder aber steigt. Dabei handelt es sich um eine Tatfrage, die die Analyse und Darstellung der Werbekostenkurve selbst nicht berührt. Die Kostenkurve des Werbemittels bleibt in solchen Fällen unverändert, aber die Absatzzuwachskurve, die die Beziehung zwischen den Werbemitteleinheiten und dem Absatzzuwachs angibt, ändert sich mit zunehmender oder abnehmender Wirksamkeit des Werbemitteleinsatzes.

Läßt man die Bedingungen fallen, daß der Produktpreis während der Werbekampagne unverändert beibehalten wird, dann ist bei dem Aufbau der Werbekostenkurve in Abhängigkeit von der Absatzmenge die besondere Wirkung zu berücksichtigen, welche die Veränderung des Produktpreises auf die Absatzmenge ausübt. Wird der Produktpreis herabgesetzt, dann vergrößert sich die maximal ohne Werbung verkaufte Produktmenge. Die Kurve, welche die Abhängigkeit zwischen der Anzahl Exemplare und der Absatzmenge angibt, also die Werbewirkungskurve, verschiebt sich nach oben und die der Werbewirkungskurve entsprechende Werbekostenkurve nach rechts.

c) Auf die gleiche Weise, wie für dieses eine Werbemittel die Kostenkurve bei verschieden großen Absatzmengen entwickelt werden kann, müßte für jedes andere Werbemittel, das für das Werbevorhaben ebenfalls in Frage kommt, die entsprechende Kostenkurve abgeleitet werden, wenn man wissen will, welches Werbemittel man für das Werbevorhaben verwenden will. Es sei angenommen, daß es sich bei den Werbevorhaben darum handelt, eine Vergrößerung des Absatzes zu erreichen. Für diesen Fall würde zu überlegen sein, welche Werbemittel für die beabsichtigten Zwecke benutzt werden können. Angenommen, es stände zur Debatte, ob von Inseraten, Plakaten, Versendung von Werbedrucksachen in großem Stil Gebrauch gemacht werden soll. Sind die Werbekostenkurven, die sich durch die Höhe des fixen Anteils und die Steigung unterscheiden, für diese Werbemittel bekannt, dann muß eine Auswahl unter ihnen getroffen werden, sei es, daß man sich nur für die Verwendung eines Werbemittels oder für den kombinierten Einsatz entscheidet. Die Aufgabe lautet also, der Absatz soll um *RA* (in Abb. 80) gesteigert werden. Die hierfür in Frage kommenden Werbemittel sind bekannt, ebenso ihre Kostenkurven. Wieviel Exemplare müssen von jedem Werbemittel eingesetzt werden, um das gesteckte Ziel zu erreichen, oder anders ausgedrückt, wieviel Kosten würden für die ausgewählten Werbemittel anfallen, wenn man den um *RA* erhöhten Absatz zu erreichen wünscht?

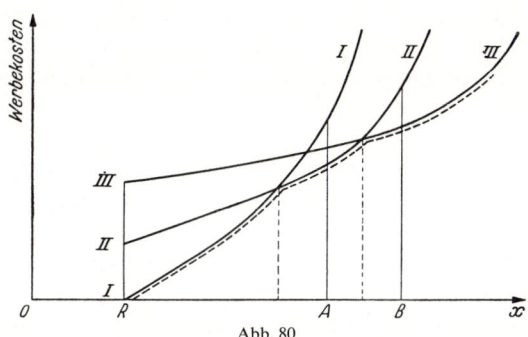

Abb. 80

Die in Abb. 80 eingezeichneten Kurven stellen die Werbekostenkurven für die drei Werbemittel *I, II, III* dar.

Da sich der verlangte Absatz *OA* offenbar am billigsten mit dem Werbemittel *II* erreichen läßt, wird das Unternehmen seine Entscheidung für das Werbemittel *II* treffen. Ist der Absatz von *OB* geplant, so wird die Entscheidung zugunsten des Werbemittels *III* getroffen werden.

Diese Kurven sind erwartete Kurven, wie sie der Werbeplanung zugrunde liegen. Die effektiven Kosten können von den geplanten abweichen. Da hier nicht beabsichtigt ist, dieses Problem in Form einer Sequenzanalyse weiter zu untersuchen, wird angenommen, daß die tatsächlichen Kurven mit den erwarteten Kurven übereinstimmen.

Was hier für zwei Absatzmengen und drei Werbemittel für den Fall einer Erweiterungswerbung festgestellt wurde, gilt sinngemäß für den Fall vieler Absatzmengen im praktisch relevanten Intervall, für weniger oder mehr als drei Werbemittel und für andere Werbevorhaben, z. B. Erhaltungswerbung, Erinnerungswerbung, Einführungswerbung usw.

Geht man so vor, dann erhält man eine Absatzkurve mit zugeordneten Werbekostenbeträgen, wobei diese Beträge die geringsten Werbekosten darstellen, mit denen die alternativen Absatzmengen realisiert werden können. Praktisch geht jedes werbetreibende Unternehmen so vor, nur daß hier in idealisierter Form dargestellt wurde, was praktisch oft undurchsichtig und mannigfach überlagert ist. Diese Kurve kann man als die

„Geringstkostenkurve" der Werbung bezeichnen. Sie ist die Umhüllungskurve der Werbemittelkostenkurve.

Die Form und Lage der Geringstkostenkurve ist abhängig von der Form und Lage der einzelnen Werbemittelkostenkurven. Soeben wurde der Fall angenommen, daß diese Werbemittelkostenkurven progressiv verlaufen und zu einer von unten gesehen konvex verlaufenden Geringstkostenkurve führen. Die Werbemittelkostenkurven können aber auch degressiv gekrümmt verlaufen.

In diesem Fall ergibt sich eine Umhüllungskurve, die von unten gesehen konkav verläuft. Zu entsprechenden Ergebnissen kommt man, wenn man die Werbekostenkurven als zunächst degressiv, dann progressiv steigend annimmt [1].

3. Die Preis-Werbe-Absatzfunktion $x = g(p, w)$ läßt sich als Fläche im dreidimensionalen Koordinatensystem mit den Koordinaten p, w und x darstellen. Auf einer solchen Fläche können jeweils für einen konstanten Wert des Werbemitteleinsatzes $w = $ const. Höhenlinien festgelegt werden. Ein System von Höhenlinien dieser Art läßt sich auf die px-Ebene projizieren. Auf diese Weise erhält man eine Kurvenschar im zweidimensionalen Koordinatensystem. Jede dieser Kurven ist die graphische Darstellung einer Funktion $p = f_W(x)$, also einer Preisabsatzfunktion der herkömmlichen Art, jedoch mit der Maßgabe, daß jeder Funktion $f_W(x)$ eine konstante Werbeaktivität $w = $ const. zugeordnet ist. Jede Preisabsatzkurve der Kurvenschar ist also durch einen bestimmten Wert für w gekennzeichnet. Mit zunehmendem Maße der Werbeanstrengung wird die Preisabsatzkurve als Ausdruck wachsenden Werbeerfolges nach rechts oben verschoben.

Der Erlös ist durch die Gleichung $E = px$ gegeben. Da im vorliegenden Fall $x = g(p, w)$ gilt, ergibt sich der Erlös ebenfalls als Funktion der beiden unabhängigen Variablen $E = pg(p, w)$. Es ist in gleicher Weise möglich,

---

[1] In seinem Aufsatz „Die Ermittlung und Beurteilung des Werbeerfolges" untersucht SUNDHOFF unter anderem auch die Fragen: welches von mehreren Werbemitteln das kostengünstigere ist und wie stark ein Werbemittel eingesetzt werden soll. An Hand einer aufschlußreichen graphischen Darstellung zeigt er, daß die Feststellung, ein bestimmtes Werbemittel sei das kostengünstigere, nur für einen bestimmten Umsatz- und Gewinnbereich gilt. Außerhalb dieses Bereiches kann ein anderes Werbemittel günstiger sein. Dann ergibt sich die Aufgabe zu ermitteln, bei welchen Umsätzen im Falle einer Veränderung der Umsatzhöhe ein Wechsel der Werbemittel angezeigt erscheint. SUNDHOFF, E., Die Ermittlung und Beurteilung des Werbeerfolges, Betriebswirtschaftliche Forschung und Praxis, 6. Jahrgang (1954), S. 129 ff.
Zu dem Verlauf der Werbekostenkurven nimmt unter anderem auch R. HENZLER in seinem Aufsatz Werbekosten-Werbemittel-Umsatz, Z. f. Betriebswirtschaft, 23. Jahrgang (1953), S. 517 ff., Stellung. Er zeigt insbesondere, daß unter bestimmten Voraussetzungen auch ein unterproportionaler Verlauf der Werbekostenkurven möglich sein kann.

eine Erlösfunktion für einen konstanten Wert von w (w = const.) anzugeben, wie dies für die Absatzfunktion gezeigt wurde. Für eine Folge konstanter Werte von w, für die jeweils eine Preisabsatzfunktion besteht, erhält man dann eine Folge von Erlösfunktionen, die nur noch eine unabhängige Variable (x) besitzen. Entsprechend der oben genannten Schar der Absatzfunktionen gibt es also eine Schar von Erlösfunktionen, wobei jede Erlösfunktion (wie die ihr entsprechende Absatzfunktion) durch einen bestimmten Wert der Werbeaktivität gekennzeichnet wird. Je größer dieser ist, um so mehr wird sich die Kurve nach rechts verschieben.

Nimmt man einen konstanten Verkaufspreis $\bar{p}$ an, dann kann der Absatz lediglich durch eine Erhöhung der Werbeaktivität verändert werden, wenn alle anderen Größen konstant bleiben.

B. Die Bestimmung des optimalen Werbebudgets

1. Optimierung ohne Berücksichtigung des Einflusses der Werbeausgaben auf die Preisabsatzfunktion.
2. Optimierung unter Berücksichtigung des Einflusses der Werbeausgaben auf die Preisabsatzfunktion.
3. Simultane Bestimmung der optimalen Größe und Zusammensetzung des Werbebudgets.
4. Optimierung unter Berücksichtigung der Mehrperiodizität.
5. Die Bestimmung des optimalen Werbebudgets in Mehrproduktunternehmen bei vorgegebenem Verkaufsprogramm.
6. Die Bestimmung des optimalen Werbebudgets und des optimalen Verkaufsprogramms in Mehrproduktunternehmen.

1. Die Frage, wie das optimale Werbebudget zu bestimmen ist, läßt sich endgültig nur im Rahmen einer Totalanalyse des betrieblichen Geschehens beantworten. Da der gegenwärtige Stand der Werbeforschung eine derartige Analyse noch nicht zuläßt, muß die Untersuchung in einem begrenzten Rahmen vorgenommen werden. Aus diesem Grunde wird vorausgesetzt, daß der Einfluß aller absatzpolitischen Instrumente außer der Werbung gegeben und konstant ist. Es möge sich um ein Einproduktunternehmen handeln, das sich nur eines Werbemittels oder global einer nicht weiter differenzierten Einheit von Werbemitteln bedient. Außerdem wird davon ausgegangen, daß sich die Werbemaßnahme und ihre Wirkung auf eine Periode erstrecke. Diese Annahmen werden später aufgehoben.

1 a) Werbemaßnahmen beeinflussen, wenn sie erfolgreich sind, die Absatzsituation des werbenden Unternehmens. Diese Absatzsituation kommt in der Preisabsatzfunktion zum Ausdruck. Es wird zunächst ange-

nommen, daß die Absatzkurve parallel zur Abszissenachse verläuft, der Verkaufspreis p wird also konstant angenommen.

Sieht sich ein Unternehmen einer derartigen Absatzsituation gegenüber, dann wird man davon ausgehen müssen, daß die erwartete Steigerung des Absatzes, wenn es sich um eine Erweiterungswerbung handelt, mit zusätzlichen Werbekosten erkauft werden muß, denen im Produktionsbereich Kosteneinsparungen je Absatzeinheit gegenüberstehen können. Das ist dann der Fall, wenn das Unternehmen in der Kostendegressionszone arbeitet. Die kompensatorischen Effekte, die unter diesen Umständen eintreten können, sind nun zu untersuchen.

Ein Unternehmen arbeitet mit einer linear verlaufenden Gesamtkostenkurve. Die Produktionsstückkostenkurve $k(x)$ verläuft hyperbolisch (vgl. Abb. 81).

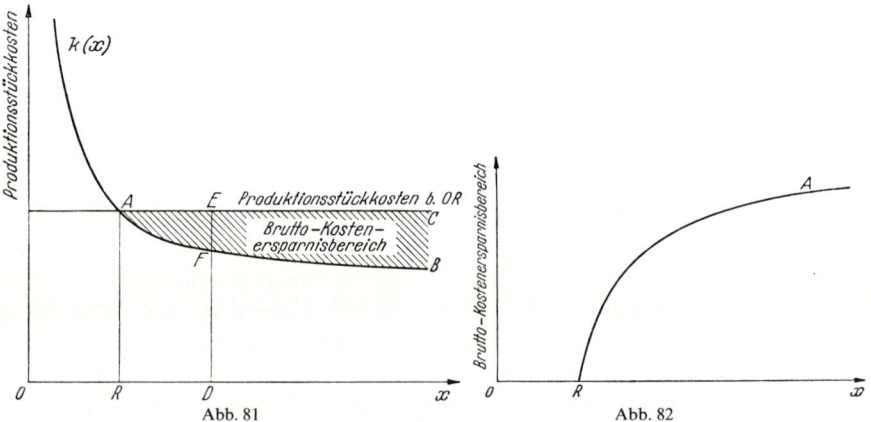

Abb. 81   Abb. 82

OR ist diejenige Absatzmenge, die ohne Werbung maximal erreicht werden kann. Die Produktionsstückkosten sind gleich AR.

Wird als Erfolg von Werbemaßnahmen erwartet, daß sich der Absatz auf OD ausdehnt, dann betragen die Stückkosten DF. Gemessen an der Ausgangslage OR, wird eine Produktionskostenersparnis je Stück in Höhe von EF erzielt. Das Entsprechende gilt für alle übrigen Absatzmengen, die größer als OR sind. In Abb. 81 stellt die Fläche ABC den Bruttoersparnisbereich dar. Die Bruttoersparniskurve erhält man als Differenzkurve aus der durch A gelegten Geraden und der Stückkostenkurve, d. h. dadurch, daß man auf der Abszissenachse die Produktmenge und auf der Ordinatenachse die Ersparnisbeträge abträgt. Die Kurve der Bruttokostenersparnis pro Absatzeinheit ist die Kurve RA in Abb. 82 [1]. Sie gilt für den Fall, daß der Erzeugnispreis konstant bleibt.

---

[1] Die Bruttoersparnis in Abb. 82 ist um ein bestimmtes Vielfaches vergrößert eingezeichnet, als die Abstände zwischen AEC und $A'FB$ in Abb. 81 ausmachen.

Den Ersparnissen gemäß der Bruttokostenersparniskurve stehen zusätzliche Werbekosten gegenüber. Man nehme einen progressiven Verlauf der Geringstwerbekostenkurve an. Auf das Stück bezogen, erhält man ebenfalls ansteigende Werbestückkosten.

Stellt man, wie in Abb. 83, der Bruttokostenersparniskurve je Stück *RA* die Geringstwerbekosten je Stück *RB* gegenüber, dann umschließen beide Kurven den Bereich der Nettokostenersparnis je Stück bei Absatzausdehnung.

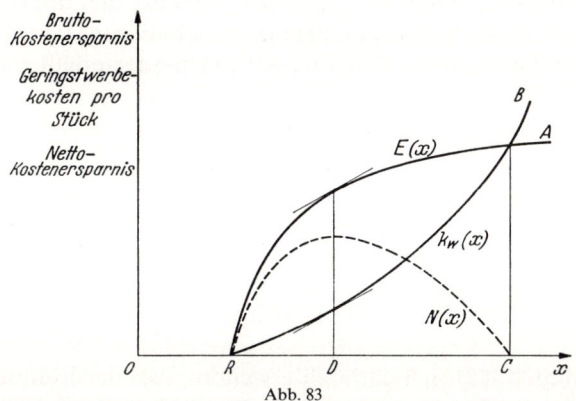

Abb. 83

Die Nettokostenersparnis *RC* je Stück erreicht ihr Maximum bei der Menge *OD*. Hier ist die Bedingung erfüllt, daß die Grenzwerbekosten je Stück gleich der Grenzbruttoersparnis je Stück sind. Bezeichnet man die Kurve *RA* mit *E* und die Kurve *RB* mit k_w und die Nettokostenersparnis je Stück mit *N* sowie die Absatzmenge mit *x*, dann gilt

und

$$N(x) = E(x) - k_w(x)$$

$$N'(x) = E'(x) - k'_w(x) = 0$$
$$k'_w(x) = E'(x).$$

Wenn diese Bedingung erfüllt ist, dann führt eine weitere Ausdehnung des Absatzes zu einer Verminderung der Nettokostenersparnis je Stück, weil der Zuwachs an Werbestückkosten größer wird als die Zunahme der Produktionsstückkostenersparnis. Im Punkt der maximalen Nettokostenersparnis liegt daher das Minimum der Gesamtkosten (Produktionskosten plus Werbekosten) bezogen auf die Absatzeinheit, also das Betriebsoptimum.

Es liegt bei derjenigen Ausbringung, bei der die Grenzbruttoersparnis gleich den Grenzwerbekosten ist.

b) Wird in das Modell eine Preisabsatzfunktion eingefügt, dann erhält man eine andere Lösung des Optimierungsproblems. Es soll zunächst angenommen werden, daß Werbemaßnahmen diese Funktion nicht verändern. Eine solche Annahme ist aber nur dann sinnvoll, wenn die Preisabsatzfunktion die Elastizität ∞ besitzt, d. h. wenn $p = \varphi(x) = \bar{p} = \text{const.}$ ist. Dieser Preisabsatzfunktion beziehungsweise der Erlösfunktion, die dieser Preisabsatzfunktion entspricht, steht nunmehr eine Kostenfunktion von der Art $K = K_p + K_w$ gegenüber. Beide Funktionen sind nur noch Funktionen der einen unabhängigen Variablen x, so daß sich nunmehr die aus der Produktions- und Preistheorie bekannte Optimierungsaufgabe für Einproduktunternehmen ergibt. Unter diesen Umständen erhält man

$$E'(x) = K'_p(x) + K'_w(x)$$

als Gleichung für die Bestimmung der optimalen Absatzmenge x_{opt}, der wiederum ein bestimmter Werbekostenbetrag entspricht; er ist in diesem Fall gleich den Werbeausgaben oder dem Werbebudget. Dieses optimale Werbebudget liegt an der Stelle x_{opt}, an der der Grenzerlös gleich den Grenzkosten der Produktion und der Werbung ist.

2. Das Modell läßt sich dadurch erweitern, daß der Einfluß der Werbemaßnahmen auf Form und Lage der Absatzkurve berücksichtigt wird. In diesem Fall wird nicht lediglich die Werbekostenkurve der Produktionskostenkurve hinzugefügt und im übrigen die Form und Lage der Absatzkurve unverändert beibehalten, wie das im vorhergehend beschriebenen Fall geschehen ist, sondern es wird die Wirkung der Werbeausgaben berücksichtigt. Den Ausgangspunkt bildet hierbei eine Absatzfunktion der allgemeinen Form $p = \varphi(x)$ vor Beginn der Werbeaktion. Mit spürbar werdendem Erfolg der Werbung verschiebt sich die Absatzkurve nach rechts.

Nun ist zu beachten, daß die gleiche Ausgabe für Werbung zu unterschiedlichen Ergebnissen führen kann, je nachdem, welches Werbemittel verwendet werden soll. Jeder bestimmten Ausgabe für Werbezwecke entspricht also nicht eine bestimmte, sondern, je nach der Wirkung einer Werbeausgabe, eine Reihe von verschiedenen Absatzkurven. Parallelverschiebung der Absatzkurven kann dabei immer nur ein Grenzfall sein.

Es ist auch zu berücksichtigen, daß mit der Vornahme von Werbemaßnahmen preispolitische Überlegungen verbunden sein können. Die Unternehmensleitung kann sich mit der Absicht tragen, den Absatz durch Werbemaßnahmen bei konstantem Preis zu erweitern oder die Preise heraufzusetzen oder zu reduzieren, insbesondere Absatz und Preise gleichzeitig zu erhöhen. Welche Preispolitik am günstigsten ist, hängt von den Marktverhältnissen, den Produktionskosten und den Kosten der Werbung ab. In

Wirklichkeit handelt es sich hier um ein sehr komplexes Problem. Es ist nicht so, daß die Unternehmen der einen oder der anderen Möglichkeit ohne gewinnvergleichende Untersuchungen den Vorzug geben. Vielmehr werden sie Erwägungen und Berechnungen darüber anstellen, welche von den möglichen Werbepreiskombinationen wenigstens auf kurze Sicht die vorteilhafteste ist. Die vielen Möglichkeiten kombinierten werbe- und preispolitischen Verhaltens und die Modalitäten der Wahl unter diesen Möglichkeiten sollen hier nicht weiter untersucht werden. Es soll nur kurz der Fall betrachtet werden, dem vor allem ZEUTHEN seine Aufmerksamkeit geschenkt hat [1].

Angenommen, ein Unternehmen habe sich für ein bestimmtes Werbemittel entschieden. Der Erfolg dieser Werbung komme darin zum Ausdruck, daß sich die Absatzkurve nach rechts verschiebt. Zu dem bisherigen Preis vermag das Unternehmen nun einen größeren Absatz zu tätigen. Damit verändert sich seine Gewinnsituation. In der Sprache der Theorie ausgedrückt: Man erhält auf der zweiten Absatzkurve einen Cournotschen Punkt, der die unter diesen Umständen günstigste Preismengenkombination angibt. Mit zunehmender Wirkung der Werbeausgaben erhält man eine Abfolge der Preis-Mengen-Kombinationen. Für eine Folge w_1, w_2, ..., w_r existiert also eine Folge von Preisabsatzfunktionen $p = f_{w1}(x)$, $p = f_{w2}(x)$, ..., $p = f_{wr}(x)$. Dementsprechend gibt es eine Folge Cournotscher Punkte C_{w1}, C_{w2}, ..., C_{wr}. Diese Punkte liegen auf der Cournotschen Linie, wie sie oben in den Abb. 44 und 45 dargestellt wurde. Da jeder Cournotsche Punkt durch einen gewinnmaximalen Preis und ein gewinnmaximales Absatzvolumen gekennzeichnet wird, so gibt die Cournotsche Kurve die bei sukzessivem Werbemitteleinsatz gewinngünstigsten Absatzvolumina an. Für alle gewinngünstigsten Absatzmengen lassen sich die zugehörigen Werbeausgaben angeben. Zieht man von den maximalen Bruttogewinnen die ihnen entsprechenden Werbekosten ab, dann erhält man eine Folge von Nettogewinnen. Aus ihnen ist der maximale Gewinn zu wählen. Dem größten aller maximalen Gewinne entsprechen bestimmte Werbeausgaben $w_{opt.}$, ein bestimmter Verkaufspreis $p_{opt.}$ und ein bestimmter Absatz $x_{opt.}$. Ein entsprechendes Gewinnmaximum (Maximum Maximorum) läßt sich für die Verwendung jedes anderen geeigneten Werbemittels oder gegebener Kombinationen von Werbemitteln bestimmen. Durch Vergleich aller dieser Gewinnmaxima wird schließlich die insgesamt optimale Werbe-Preis-Mengen-Kombination gefunden.

---

[1] ZEUTHEN, F., Kosten und Wirkungen der Reklame in theoretischer Beleuchtung, Archiv für mathematische Wirtschafts- u. Sozialforschung, Bd. 1 (1935), S. 159 ff.
Der Einfluß der gesamten Vertriebskosten einschließlich Qualitätsvariation auf die Form und Lage der Preisabsatzfunktion ist eingehend untersucht worden von H. v. STACKELBERG, in: STACKELBERG, H. v., Theorie der Vertriebspolitik und Qualitätsvariation, in: Schmollers Jahrbuch, 63. Jg., 1. Halbband, Berlin 1939, S. 43 ff.

Damit sind die optimalen Werbeausgaben (das optimale Werbebudget) bestimmt. Sie sind simultan mit dem optimalen Verkaufspreis p_{opt} und der optimalen Absatzmenge x_{opt} ermittelt.

Die unterschiedlichen Preis-Mengen-Kombinationen gehören jeweils zu anderen Preisabsatzkurven und weisen in der Regel unterschiedliche Preisabsatzelastizitäten auf. Nur in Grenzfällen sind ihre Steigungen derart, daß die Elastizitäten für konstanten Preis p und unterschiedliche Werbeausgaben w gleich sind.

Ausgehend von zwei Werbeanstrengungen w_1 und w_2 ist das Gewinnmaximum für jede der zu diesen Werbeausgaben gehörenden Preisabsatzfunktionen durch die Bedingung Grenzkosten gleich Grenzerlös bestimmt, d. h.:

$$K'_{p1} = g'_1(x) = E'_1(x)$$

und

$$K'_{p2} = g'_2(x) = E'_2(x),$$

wenn der Index 1 beziehungsweise 2 zum Ausdruck bringt, daß es sich einmal um die Bedingung für die Werbeausgabe w_1, zum anderen um die für w_2 handelt.

Verwendet man die Robinson-Amoroso-Formel, dann lauten die Bedingungen:

$$g'_1(x) = p_1\left(1 - \frac{1}{\eta_1}\right) \text{ und } g'_2(x) = p_2\left(1 - \frac{1}{\eta_2}\right).$$

Da nun der Preis unverändert bleiben soll, $p_1 = p_2$, erhält man:

$$\frac{g'_1(x)}{1 - \frac{1}{\eta_1}} = \frac{g'_2(x)}{1 - \frac{1}{\eta_2}}.$$

Für linearen Gesamtkostenverlauf und damit für konstante Grenzkosten ergibt sich:

$$\eta_1 = \eta_2,$$

d. h. gleiche Preisabsatzelastizitäten der Cournotschen Punkte beider Preisabsatzfunktionen.

Dagegen ist die Beziehung der Elastizitäten beider Absatzkurven, wie man aus der obigen Gleichung ersehen kann, bei beliebigem Grenzkostenverlauf erheblich komplizierter, so daß nur bei einer ganz bestimmten Form der Preisabsatzfunktionen die Elastizitäten übereinstimmen.

3. Es sei nun der Fall untersucht, daß ein Unternehmen mehrere Werbemittel benutzt und das Werbebudget und seine Aufteilung auf die einzelnen Werbeanstrengungen optimal bestimmt werden. Im übrigen wird wiederum ein Einproduktunternehmen und einperiodische Betrachtung vorausgesetzt.

Unter der Voraussetzung, daß das Unternehmen nach maximalem Gewinn strebt, bildet wiederum die Zielfunktion

$$G = x \cdot p - K_p - K_w$$

die Grundlage für die weiteren Überlegungen.

Das Unternehmen benutzt mehrere Werbemittel. Die Werbekostenfunktion kann deshalb auch geschrieben werden

$$K_w = \sum_{i=1}^{n} q_i w_i,$$

wenn q_i der Preis einer Einheit und w_i die Zahl der Einheiten des i-ten Werbemittels sind.

Die Absatzmenge x ist abhängig von dem Verkaufspreis p und den Ausgaben für die verschiedenen Werbemittel $w_1, \ldots, w_n$, mit denen geworben wird.

Es gilt also

$$x = f(p, w_1, \ldots, w_n).$$

Diesen Ausdruck kann man auch schreiben:

$$p = \varphi(x, w_1, \ldots, w_n).$$

Setzt man den Ausdruck für p und K_w in die Zielfunktion ein, dann erhält man

$$G = x\varphi(x, w_1, \ldots, w_n) - K_p - (q_1 w_1 + \cdots + q_n w_n) \to \max!$$

Im Maximum müssen alle partiellen ersten Ableitungen gleich Null sein, d. h.

$$\frac{\partial G}{\partial x} = \frac{\partial(x\varphi)}{\partial x} - \frac{\partial K_p}{\partial x} = 0,$$

$$\frac{\partial G}{\partial w_i} = x \frac{\partial q}{\partial w_i} - q_i = 0 \; (i = 1, \ldots, n)$$

$$\frac{\partial(x\varphi)}{\partial x} = \frac{\partial K_p}{\partial x}$$

$$x \frac{\partial q}{\partial w_i} = q_i.$$

Multipliziert man beide Seiten der zweiten Gleichung mit $\dfrac{w_i}{q \cdot x}$, so erhält man

$$\frac{w_i}{q} \cdot \frac{\partial \varphi}{\partial q} = \frac{q_i \cdot w_i}{q \cdot x} \; (i = 1, \ldots, n).$$

Die Gleichungen bringen zum Ausdruck: Erstens, daß im Gewinnmaximum die Grenzproduktionskosten gleich dem Grenzerlös sein müssen, und zweitens, daß die Ausgaben für jede Werbeart im Verhältnis zum Erlös der partiellen Elastizität des Verkaufspreises in bezug auf den Einsatz des entsprechenden Werbemittels gleich sein müssen.

Die Lösung der Maximumaufgabe bestimmt die optimalen Werte $x_{opt}, w_{1\ opt}, \ldots, w_{n\ opt}$. Setzt man diese Werte in die Preis-Werbe-Absatzfunktion

$$p = \varphi\,(x, w_1, \ldots, w_n)$$

ein, dann erhält man den gewinnmaximalen Verkaufspreis. Werden die Werte $w_{1\ opt}, \ldots, w_{n\ opt}$ in die Werbekostenfunktion $K_w = \sum\limits_{i=1}^{n} q_i\, w_i$ eingesetzt, dann erhält man das gewinnmaximale Werbebudget.

Diese Lösung des Problems der optimalen Aufteilung eines gegebenen Werbebudgets auf mehrere Werbemittel unter der Voraussetzung einperiodischer Betrachtung im Falle des Einproduktunternehmens entspricht – mit gewissen Abwandlungen – der Lösung, die BARFOD für dieses Problem gefunden hat [1]. In der gleichen Richtung – auch sie wenden die Differentialrechnung, insbesondere die partielle Differentiation an – operieren A. P. ZENTLER und DOROTHY RYDE, indem sie die optimale Aufteilung (Gleichheit der Grenzerträge eines vorgegebenen Werbebudgets) auf verschiedene Absatzräume untersuchen [2]. Der Marktanteil des Unternehmens ist durch die Werbung eines Konkurrenzunternehmens für ein neues gleichartiges Erzeugnis bedroht. Es gilt, den bisherigen Marktanteil durch Werbung zu sichern und in den Markt des Konkurrenten einzudringen. Die beiden Autoren gehen zunächst von einer analytischen Darstellung des „Werbeertragsgesetzes" aus, bauen die zeitliche Verteilung der Werbewirkung und oligopolistische Situationen auf den einzelnen räumlich abgegrenzten Märkten in ihr Modell ein und bestimmen unter diesen Bedingungen die optimale Aufteilung des Werbebudgets auf die einzelnen Märkte.

J. A. NORDIN zeigt einen einfachen Weg, die Parameter abzuschätzen, deren Kenntnis erforderlich ist, ein gegebenes Werbebudget optimal (unter der Bedingung der Gleichheit der Grenzerträge) auf zwei Märkte aufzuteilen [3].

[1] Vgl. hierzu SCHNEIDER, E., Eine Theorie der Reklame, in: Zeitschrift für Nationalökonomie, Bd. IX, Wien 1939, S. 450 ff. Dieser Aufsatz enthält eine Zusammenfassung der in dem Buch von BØRGE BARFOD, Reklamen i teoretisk-økonomisk Belysning, Kopenhagen 1937, enthaltenen Gedanken zur Theorie der Werbung.

[2] ZENTLER, A. P., and D. RYDE, An Optimum Geographical Distribution of Publicity Expenditure in a Private Organization, in: Mathematical Models and Methods in Marketing, Homewood, Ill., 1961, S. 402 ff.

[3] NORDIN, J. A., Spatial allocation of Selling Expense, in: Mathematical Models and Methods in Marketing, Homewood, Ill., 1961, S. 173 ff. Vgl. hierzu auch KORNDORFER, a.a.O. 183.

Die Variante des Problems, die Aufteilung des Werbebudgets auf Märkte, führt nicht zu prinzipiell neuen Überlegungen gegenüber der Aufteilung des Werbebudgets auf Werbemittel.

4. Die Voraussetzung der Einperiodenbetrachtung soll nunmehr aufgehoben werden. Dagegen mögen die beiden Bedingungen des Einproduktunternehmens und der Verwendung nur eines Werbemittels bestehen bleiben [1].

Die Wirkung der Werbemaßnahmen erstreckt sich also über mehrere Perioden. Es soll die optimale Aufteilung eines Werbebudgets auf einen längeren Zeitraum, unterteilt in mehrere Perioden, ermittelt werden. Eine Werbemaßnahme ist in diesem Fall durch zwei Koordinaten w und t gekennzeichnet ($p = \text{const}$). Die Werbeaktion kann derart vorgenommen werden, daß sie schlagartig und vollständig zu einem bestimmten Zeitpunkt vollzogen wird. Die Kampagne kann sich aber auch über einen Zeitraum erstrecken, derart, daß zu bestimmten Zeitpunkten in diesem Zeitraum geworben wird. Konzentriert sich die Werbemaßnahme auf einen Zeitpunkt, den Zeitpunkt t_0, dann können die Reaktionen der Käufer unterschiedliche Formen annehmen. Entweder hat die Werbeaktion zur Folge, daß der Absatz sofort hinaufschnellt, um dann während eines bestimmten Zeitraums mit wachsendem t entweder degressiv zuzunehmen oder abzunehmen. In einem dritten Fall bleibt die schnell erreichte Höhe des Absatzes während einer langen Zeitspanne bei wachsendem t konstant und gleich der Anfangshöhe. So lassen sich also expansive, kontraktive und stagnierende Reaktionsabläufe unterscheiden.

Es ist eine bekannte Tatsache, daß insbesondere bei Konsumwaren ein bestimmter Einkaufzyklus besteht. Die Konsumenten decken ihren Bedarf an Konsumgütern jeweils in bestimmten Zeitabständen. Dieses Verhalten der Konsumenten hat zur Folge, daß erst eine bestimmte Zeit verstreichen muß, bis die Konsumenten einem Artikel, vor allem einem neu auf den Markt gebrachten Gegenstand gegenübergestellt werden. Wird diese Konfrontation des Käufers mit dem Erzeugnis bei der Aufstellung von Reaktionskurven berücksichtigt, dann erhält man Reaktionskurven, die zeigen,

---

Auch die Untersuchung von A. A. KUEHN liefert einen Beitrag zur Frage einer optimalen Fixierung des Werbebudgets unter oligopoljstischen Marktverhältnissen bei langfristiger Werbewirkung. Zwar ist der Gegenstand der Analyse darauf gerichtet, die Kaufgewohnheiten bei kurzlebigen Konsumgütern des täglichen Bedarfs zu untersuchen, insbesondere Aufschluß darüber zu gewinnen, ob der Markenwechsel über mehrere Perioden hinweg von einem Mechanismus oder Trend gesteuert wird. Elemente der Vorstellungen, die dem Begriff des akquisitorischen Potentials zugrunde liegen, finden in der Untersuchung Berücksichtigung. Im einzelnen siehe KUEHN, A. A., A Model for Budgeting Advertising, in: Mathematical Models and Methods of Marketing, Homewood, Ill., 1961, S. 302 ff.

[1] Vgl. hierzu auch KORNDÖRFER, W. Die Aufstellung und Aufteilung von Werbebudgets, Stuttgart 1966, S. 163 ff.

daß der erwähnte Anfangsabsatz nicht schon in t_0, sondern erst in t_1 erreicht wird. In dem vor allem durch den Einkaufsrhythmus bestimmten Intervall von t_0 bis t_1 steigt der Absatz auf das angegebene Volumen an, um dann ab t_1 die beschriebenen Verlaufsformen anzunehmen (vgl. Abb. 84a – c) [1].

Die Erfahrung zeigt, daß es auch Reaktionsverläufe gibt, die aus Teilen der drei Reaktionsformen bestehen. In diesem vierten Fall würde nach dem Erreichen des Anfangsabsatzes die Absatzentwicklung zuerst expansiv, dann stagnierend und schließlich kontraktiv verlaufen. Es besteht aber auch die Möglichkeit, daß nach den anfänglichen Absatzerfolgen ein gewisser Abbau dieses Erfolges eintritt bis ein Niveau erreicht ist, das während eines gewissen Zeitraumes erhalten bleibt.

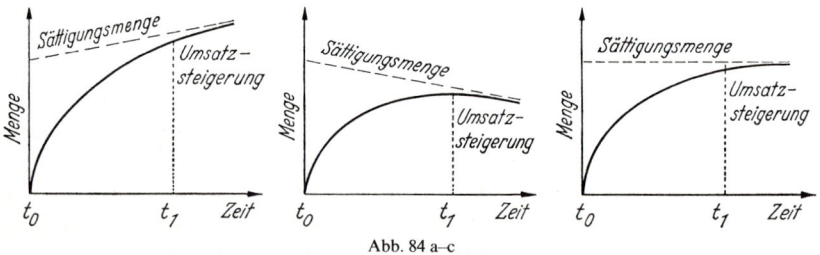

Abb. 84 a–c

In entsprechend abgewandelter Form gelten diese Reaktionsabläufe auch für den Fall, daß die Werbeaktion nicht für ein neu eingeführtes, sondern für ein bereits hergestelltes und seit langem verkauftes Erzeugnis x vorgenommen wird. In diesem Fall würde eine zum Zeitpunkt t_0 durchgeführte einmalige Werbeaktion zu einer Absatzkurve führen, die von der bereits vorher verkauften Menge x_0 ausgeht. Die in den Abbildungen 84a – c beschriebenen Kurven würden dann um x_0 nach oben verschoben werden.

In der Werbetheorie werden die Reaktionsverläufe, von denen soeben die Rede war, algebraisch dargestellt. Die durch den Einkaufsrhythmus bestimmten Anfangsphasen pflegen in algebraischen Darstellungen nicht berücksichtigt zu werden, obwohl sie ein signifikantes Merkmal von Reaktionsabläufen im Fall von Werbung sind. Werden Werbeausgaben nicht im Zeitpunkt t_0 vorgenommen, sondern über einen Zeitraum verteilt, wie es besonders für Einführungswerbungen kennzeichnend ist, dann entsteht eine Situation, die in gewisser Weise mit den bisher behandelten Fällen übereinstimmt. Die Absatzkurve des Unternehmens läßt sich in diesem

---

[1] Vgl. HERPPICH, H. G., Das Markenbild als Element flexibler Absatzplanung in der Zigarettenindustrie, in: Absatzplanung in der Praxis, herausgegeben von E. GUTENBERG, Wiesbaden 1962, S. 126 f.

Fall durch zwei aufeinanderfolgende Zeitabschnitte kennzeichnen. Während des ersten Zeitabschnittes (von t_0 bis t_1) macht das Unternehmen von seinen Werbemitteln mit gleichbleibender Intensität Gebrauch. Im Zeitpunkt t_1 endet die Werbekampagne.

Die Frage lautet: Wie verläuft die Absatzentwicklung in den beiden Perioden? Der Absatz, der im Zeitpunkt t_0 u. U. einen bestimmten Umfang x_0 haben mag, nimmt während der ersten Periode, der Werbeperiode, mit wachsendem t degressiv zu. Mit Annäherung an das Sättigungsniveau nimmt die Absatzwirkung einer Werbeeinheit ab. Nach Einstellung der Werbeaktion setzt sich die in der Periode des Werbeeinsatzes erzielte Absatzentwicklung in einer der oben genannten Tendenzen in der folgenden Periode fort (vgl. Abb. 84a – c). M. L. VIDALE und H. B. WOLFE haben diese Frage empirisch untersucht [1]. Sie kommen zu dem Ergebnis, daß die Absatzkurve nach Beendigung der Werbung fällt. Sie kann durch eine bestimmte Exponentialfunktion angenähert werden. Ähnliche Überlegungen gelten für die Absatzsteigerung, hervorgerufen durch eine Werbeaktion. Auch hier läßt sich die Absatzentwicklung durch eine bestimmte Funktion, der für ein jedes Produkt und ein jedes Werbemittel gewisse Parameter vorgegeben sind, annähern [2].

Da der Absatzverlauf als Folge einer Werbeausgabe dargestellt werden kann, läßt sich jede Werbeaktion als eine Investition auffassen. Diese Investition ist gekennzeichnet durch die Werbeausgaben, die Absatzsteigerung, die auf diese Ausgaben zurückzuführen ist, und durch die zusätzlichen Kosten, die durch die Absatzausdehnung im Produktions- und Vertriebsbereich (außer Werbekosten) entstehen.

Aus diesen Größen läßt sich unter bestimmten Bedingungen der interne Zinsfuß der Werbeinvestition ermitteln, indem ihre Einnahmen- und Ausgabenreihen gegenübergestellt werden und der Diskontierungszinsfuß gesucht wird, der beide Reihen gleich werden läßt [3].

5. Die Leitung eines Unternehmens habe, so sei nunmehr angenommen, Untersuchungen darüber anstellen lassen, welche Verkaufs- und Produktionsanstrengungen erforderlich sind, wenn in einer bestimmten Periode unterschiedliche Absatzziele, etwa eine Absatzsteigerung von 5%, 10% oder 15%, erreicht werden sollen. Die Vertriebsabteilung habe den Auftrag erhalten zu untersuchen, mit welchen Werbeanstrengungen gerechnet werden muß, wenn Umsatzsteigerungen der erwähnten Art realisiert werden sollen. Die Abteilung hat also die Aufgabe, zu alternativ vorgegebe-

[1] VIDALE, M. L., und H. B. WOLFE, An Operations Research Study of Sales Response to Advertising, in: Mathematical Models and Methods in Marketing, Homewood, Ill., 1961, S. 357 ff.

[2] VIDALE, M. L., und H. B. WOLFE, a.a.O., S. 371.

[3] VIDALE, M. L., und H. B. WOLFE, a.a.O., S. 372 ff.

nen Umsätzen oder Verkaufsprogrammen die optimalen Werbeausgaben zu bestimmen. Die endgültige Entscheidung über die Absatzziele, die verwirklicht werden sollen, trifft dann die Unternehmensleitung nach Maßgabe der erarbeiteten Entscheidungsunterlagen und der besonderen unternehmungspolitischen Zielsetzungen, die sie verfolgt.

Die Absatzmenge des Erzeugnisses k werde mit $\bar{x}_k$ bezeichnet. $\bar{x}_k$ ist also eine für die Bestimmung des optimalen Werbebudgets vorgegebene Absatzmenge. Sie geht als Konstante in die Rechnung ein. Das Problem besteht darin: Wie können die vorgegebenen Absatzmengen, hier die Absatzmenge $\bar{x}_k$, mit einem minimalen Werbeaufwand erreicht werden? Es geht also um eine Minimierung des Werbebudgets, wobei die jeweils vorgegebenen Absatzmengen als Mindestbedingungen berücksichtigt werden müssen.

Bezeichnet man wieder mit w_i die Intensität, mit der von dem i-ten Werbemittel Gebrauch gemacht wird (z. B.: Auflage für ein bestimmtes Inserat, Umfang von Rundfunk-Werbesendungen in Minuten) und mit q_i den Preis einer Einheit des i-ten Werbemittels, dann sind die Ausgaben für dieses Werbemittel gleich $q_i w_i$. Summiert man diesen Ausdruck über alle i, d. h. für alle Werbemittel, dann erhält man die gesamten Werbeausgaben, d. h. das Werbebudget K_w:

$$K_w = \sum_{i=1}^{n} q_i w_i .$$

Dieser Ausdruck ist zu minimieren.

Die Verwendung eines Werbemittels führt zu gewissen Absatzsteigerungen, die bei der Minimierung des Werbekostenbudgets zu beachten sind. Um die Absatzsteigerung in Hinblick auf das Erzeugnis k angeben zu können, sind die Beiträge der einzelnen Werbeanstrengungen i zur Förderung des Absatzes des k-ten Erzeugnisses, die mit a_{ik} bezeichnet werden, mit der Intensität des Werbemittels i multipliziert, zu addieren. Damit erhält man für die durch die Werbung erzielte Absatzmenge für das Erzeugnis k folgenden Ausdruck:

$$\sum_{i=1}^{n} a_{ik} w_i \qquad\qquad (k=1,\ldots,m).$$

Wird von der Unternehmensleitung gefordert, daß die Absatzmenge $\bar{x}_k$ für das Erzeugnis k mindestens erreicht wird, dann sind die oben angegebenen Summenausdrücke größer oder gleich diesem Mindestabsatz zu setzen. Damit erhält man folgendes Ungleichungssystem:

$$\sum_{i=1}^{n} a_{ik} w_i \geqq \bar{x}_k \qquad\qquad (k=1,\ldots,m).$$

Die Werbewirkung der verschiedenen Werbemittel auf den Absatz der verschiedenen Erzeugnisarten kann in folgender Tabelle veranschaulicht werden:

Tabelle 11

		Erzeugnisarten				
		1	2	3	4	5
Werbemittel	1	+	0	0	0	0
	2	0	+	+	+	0
	3	0	0	+	+	+
	4	+	+	+	+	+

Ist die Werbewirkung eines Werbemittels praktisch so gering, daß sie vernachlässigt werden kann, setzt man den zugehörigen Werbekoeffizienten a_{ik} gleich Null. Im anderen Fall ist dieser Koeffizient positiv. Diese Tatsache ist in der Tabelle durch ein + angedeutet. So ist das Werbemittel 1 speziell für Erzeugnis 1 verwendbar, die Werbemittel 2 und 3 werden gleichzeitig für mehrere Erzeugnisse (z. B. Werbemittel 2 für Erzeugnisart 2, 3 und 4) verwendet, während das Werbemittel 4 gleichzeitig für alle Erzeugnisse des Unternehmens wirbt. Die möglicherweise unterschiedliche Wirkung auf die verschiedenen Erzeugnisse kommt in der Tabelle nicht zum Ausdruck.

Der Werbewirkungskoeffizient a_{ik} wird hier als konstant angenommen, d. h. als unabhängig von dem Umfang, in dem von einem Werbemittel Gebrauch gemacht wird, also unabhängig von den w_i. Variiert die Werbewirkung mit den Mengen, die von einem Werbemittel verwandt werden, so ist in diesem Fall der Koeffizient als von w_i abhängig zu betrachten. Unter diesen Umständen ergeben sich nichtlineare Nebenbedingungen, deren Berücksichtigung zur Zeit noch große Schwierigkeiten bereitet [1].

Für bestimmte Werbemittel können Beschränkungen derart gegeben sein, daß einmal gewisse Mindestintensitäten w_i berücksichtigt werden müssen, so ist die Verwendung eines Werbemittels erst von einem gewissen Umfang an als erfolgreich zu betrachten, und zum anderen gewisse Beschränkungen nach oben vorhanden sind, die beispielsweise aus beschränkten Kapazitäten der Werbeträger (Plakatsäulen, Zeitungsauflagen) resultieren können. Diese oberen Grenzen mögen mit $\bar{w}_i$ bezeichnet werden. In diesem Fall sind folgende Ungleichungen zusätzlich zu berücksichtigen:

$$\underline{w}_i \leqq w_i \leqq \bar{w}_i \qquad\qquad (i = 1, \dots, n).$$

---

[1] Vgl. zur Bestimmung der w_i auch die Ausführungen in Abschnitt IIIA dieses Kapitels.

Für den Fall, daß die untere Beschränkung für ein Werbemittel nicht existiert, ist das zugehörige $\underline{w}_i$ gleich Null zu setzen. Fehlen dagegen obere Beschränkungen, sind die entsprechenden Ungleichungen fortzulassen.

Das gesamte Modell hat damit folgendes Aussehen:
„Man minimiere

$$K_w = \sum_{i=1}^{n} q_i\, w_i$$

unter den Nebenbedingungen

$$\sum_{i=1}^{n} a_{ik} w_i \geqq \bar{x}_k \qquad\qquad (k = 1, \ldots, m),$$

$$\underline{w}_i \leqq w_i \leqq \bar{w}_i \qquad\qquad (i = 1, \ldots, n)!"$$

Dieses Programm ist mit den Methoden der linearen Programmierung zu lösen. Als Ergebnis erhält man das optimale Werbebudget nach Zusammensetzung und Größe für die jeweils verlangten Absatzmengen. Da diese Mengen in Form von Mindestbedingungen in das Programm aufgenommen wurden, kann es möglich sein, daß bei einer optimalen Lösung mehr als die vorgesehene Menge abgesetzt zu werden vermag, etwa, wenn ein Werbemittel nicht beliebig teilbar ist (z. B. großflächige Reklamewände).

Bei dem in diesem Abschnitt entwickelten Modell werden alternativ vorgegebene Absatzmengen (Umsätze, Verkaufsprogramme) unterstellt. Zu jedem Umsatz oder Verkaufsprogramm wird nach den in dem Modell angegebenen Methoden das optimale Werbebudget ermittelt. Für welches Verkaufsprogramm sich die Unternehmensleitung dann aber entscheidet, ist nicht vom Werbebudget, sondern von den großen unternehmungspolitischen Zielen abhängig, die die Unternehmensleitung anstrebt.

6. Es gilt nunmehr den Nachweis zu führen, daß unterschiedlich hohen Ausgaben für Werbezwecke, d. h. unterschiedlich hohen Werbebudgets unterschiedliche optimale Werbeprogramme entsprechen. Diese Abhängigkeit der optimalen Zusammensetzung des Werbeprogramms von der Größe des Werbebudgets hat zur Folge, daß zum Beispiel eine Verdoppelung des Werbebudgets nicht eine Verdoppelung des Werbeprogramms bedeutet, sondern daß eine Änderung des Werbebudgets eine Umstrukturierung des Werbemitteleinsatzes verlangt, sobald die Änderung einen bestimmten Umfang erreicht hat. Die unternehmenspolitische Aufgabe besteht nun darin, die optimalen Werbeprogramme für alternativ gegebene finanzielle Mittel (Budgets) zu bestimmen, und zwar innerhalb der Grenzen, die die gegebenen finanziellen Mittel den Bestrebungen setzen. Diese Aufgabe läßt sich nur dann lösen, wenn die Absatzziele des Unternehmens (das Umsatzvolumen, der Marktanteil, die Zusammenset-

zung des Verkaufsprogrammes) nicht als vorgegeben, vielmehr als variabel angenommen werden.

Unter diesen Bedingungen ist es nicht mehr möglich, das optimale Werbebudget als kostenminimales Werbebudget zu bestimmen. Vielmehr sind auch die Erlöse und Produktionskosten der einzelnen Erzeugnisse in die Rechnung einzubeziehen. Hier wird von der vereinfachenden Annahme ausgegangen, daß Erlöse und Kosten der einzelnen Erzeugnisse, bezogen auf das Stück, konstant sind. Da auch die Differenz – Erlöse abzüglich Kosten – konstant ist, soll hier gleich der Gewinnbeitrag des Erzeugnisses k vor Abzug der Werbungskosten eingeführt werden. Der Gewinnbeitrag des Erzeugnisses k werde mit g_k je Einheit bezeichnet.

Der Gewinnbeitrag des Erzeugnisses k beträgt, wenn von diesem Erzeugnis x_k Einheiten abgesetzt werden, $g_k x_k$. Entsprechendes gilt für die übrigen Erzeugnisse. Der Gesamtgewinn ohne Berücksichtigung der Werbungskosten beträgt also

$$\sum_{k=1}^{m} g_k x_k \,.$$

Von diesem Ausdruck ist das Werbebudget K_w, so wie es im vorigen Abschnitt bereits eingeführt wurde, abzuziehen. Damit beträgt der zu maximierende Gesamtgewinn G:

$$G = \sum_{k=1}^{m} g_k x_k - \sum_{i=1}^{n} q_i w_i \,^1.$$

Es ist jetzt die Beziehung zu untersuchen, die zwischen der Verwendung der Werbemittel und dem Produktionsprogramm besteht. Hierbei handelt es sich um eine ähnliche Beziehung wie im vorhergehenden Abschnitt. Dort wurde ein Ungleichungssystem aufgestellt, welches gewährleistet, daß die Absatzmengen, die durch den Einsatz der Werbemittel erzielbar sind, mindestens so groß wie die vorgegebenen Mindestabsatzmengen sind. Jetzt werden diese Absatzmengen nicht als Konstante vorgegeben, sondern als frei variierbare Größen. Damit wandelt sich das entwickelte Ungleichungssystem zu folgendem Gleichungssystem:

$$\sum_{i=1}^{n} a_{ik} w_i = x_k \qquad\qquad (k = 1, \ldots, m).$$

---

[1] In ihrer Untersuchung über die optimale Verteilung eines Anzeigenetats gehen J. ANDRÉ und H. MATTHIES von einer anderen Zielfunktion aus. Die beiden Autoren maximieren die Werbewirkung aller Anzeigenträger. Diese Aufgabe wird von ihnen mit Hilfe eines linearen Modells gelöst; vgl. ANDRÉ, J., und H. MATTHIES, Anwendung der linearen Planungsrechnung auf die Verteilung eines Anzeigenetats, Zeitschrift für handelswissenschaftliche Forschung, N. F., 13. Jg. 1961, S. 450 ff.; ferner KORNDÖRFER, W., Die Aufstellung und Verteilung des Werbebudgets, Stuttgart 1966; ferner die Ausführungen zu dem hier vorgetragenen Modell bei KILGER, W., Optimale Produktions- und Absatzplanung, Opladen 1973, S. 568 ff.

Die Bedeutung der Variablen und Konstanten entspricht den Definitionen des vorigen Abschnittes. Die vorgegebene Absatzmenge $\bar{x}_k$ wird hier zur variablen Absatzmenge x_k.

Außerdem ist auf Beschränkungen im Produktionsbereich Rücksicht zu nehmen. Es sei davon ausgegangen, daß t Produktionsanlagen im Unternehmen vorhanden sind, die jeweils eine Kapazität C_s besitzen (Arbeitsstunden je Monat, Stückzahl je Woche o. ä.). Der Koeffizient c_{sk} möge angeben, wieviel Einheiten der einzelnen Kapazitäten zur Produktion einer Einheit des Erzeugnisses k benötigt werden. Es handelt sich hierbei um einen Produktionskoeffizienten, wie er im allgemeinen bei der Produktionsplanung verwandt wird. Für jede Produktionsanlage ist nun eine Ungleichung aufzustellen, damit die gegebenen Kapazitätsgrenzen nicht überschritten werden. Zusammenfassend erhält man folgendes Ungleichungssystem

$$\sum_{k=1}^{m} c_{sk} \, x_k \leqq C_s \qquad\qquad (s = 1, \ldots, t).$$

Mit diesen einschränkenden Bedingungen wird der Produktionsbereich in die Bestimmung des optimalen Werbeprogramms einbezogen. Im Gegensatz zu den Untersuchungen des vorigen Abschnittes, bei denen keine finanziellen Beschränkungen für die Verwendung der Werbemittel gegeben waren, sind hier Beschränkungen im finanziellen Bereich zu berücksichtigen. Es wird hier stets davon ausgegangen, daß der Werbeabteilung alternative finanzielle Höchstbeträge $\bar{K}_{w\lambda}$ ($\lambda = 1, \ldots 1$) für Werbezwecke vorgegeben werden. Es sei angenommen, daß der Werbeabteilung lediglich ein fester Etat $\bar{K}_{w\lambda}$ zur Verfügung steht, der bei der Bestimmung des Werbe- und Verkaufsprogrammes nicht überschritten werden darf. Das sich bei der Lösung des Problems ergebende optimale Werbebudget muß also kleiner oder gleich den alternativ gegebenen Budgets $\bar{K}_{w\lambda}$ sein. Als Ungleichung erhält man damit

$$\sum_{i=1}^{n} q_i \, w_i \leqq \bar{K}_{w\lambda}$$

Für jedes λ ist das optimale Werbeprogramm gesondert zu bestimmen. Ähnlich wie im vorigen Abschnitt können für die einzelnen Werbemittel obere und untere Begrenzungen existieren. Behält man die Bezeichnungen bei, so lautet das Ungleichungssystem

$$\underline{w}_i \leqq w_i \leqq \bar{w}_i \qquad\qquad (i = 1, \ldots, n).$$

Darüber hinaus ist es auch möglich, daß die Produktionsmengen x_k oberen und unteren Begrenzungen unterliegen. Untere Grenzen können aus bereits vorliegenden Verträgen, obere Grenzen aus marktlichen Gegebenheiten resultieren. Bezeichnet man mit $\underline{x}_k$ die unteren Grenzen für die einzelnen Erzeugnismengen, mit $\bar{x}_k$ mögliche obere Grenzen, dann lautet das zugehörige Ungleichungssystem

$$\underline{x}_k \leqq x_k \leqq \bar{x}_k \qquad\qquad (k = 1, \ldots, m).$$

Sind keine unteren Grenzen vorhanden, dann ist das entsprechende $\underline{x}_k$ gleich Null zu setzen, so daß die übliche Nichtnegativitätsbedingung entsteht. Bei Fehlen oberer Grenzen ist die entsprechende Ungleichung fortzulassen. Zusammenfassend erhält man folgendes lineare Programm: „Man maximiere

$$G = \sum_{k=1}^{m} g_k\, x_k - \sum_{i=1}^{n} q_i\, w_i$$

unter den Nebenbedingungen

$$\sum_{i=1}^{n} a_{ik} w_i - x_k = 0 \qquad\qquad (k = 1, \ldots, m),$$

$$\sum_{k=1}^{m} c_{sk}\, x_k \leqq C_s \qquad\qquad (s = 1, \ldots, t),$$

$$\sum_{i=1}^{n} q_i\, w_i \leqq \bar{K}_{w\lambda}\,,$$

$$\underline{w}_i \leqq w_i \leqq \bar{w}_i \qquad\qquad (i = 1, \ldots, n),$$

$$\underline{x}_k \leqq x_k \leqq \bar{x}_k \qquad\qquad (k = 1, \ldots, m)!"$$

Als Lösung dieses linearen Programms erhält man einmal ein optimales Werbeprogramm und zum anderen ein optimales Verkaufsprogramm, d. h. eine optimale Aufteilung des Werbebudgets auf die Werbemittel für jeweils alternativ vorgegebene Werbebudgets, und zwar mit der Maßgabe, daß sich ein maximaler Gewinn ergibt, wenn das jeweilige Werbeprogramm unter Berücksichtigung der erwähnten Bedingungen Verwendung findet.

In den Fällen, in denen die Programmänderungen einen größeren Umfang annehmen, als es die gegebene betriebstechnische Elastizität zuläßt, ist die Bedingung konstanter Produktionsstückkosten nicht mehr haltbar. Vielmehr sind auch dann Fragen produktionstechnischer Art und Investitionsprobleme mit den damit verbundenen Kostenänderungen in den Untersuchungsbereich einzubeziehen. Auch hier wird wieder deutlich, wie schwierig die Aufstellung und Lösung gewisser Teilmodelle, hier Werbemodelle, ist, wenn nicht die Planung aus dem Ganzen der Unternehmung und unter Berücksichtigung möglichst vieler betrieblicher Teilbereiche simultan vorgenommen wird.

Neuntes Kapitel

Die Produktgestaltung

   I. Der Begriff der Produktgestaltung.
  II. Die Bestimmungsfaktoren und Mittel der Produktgestaltung.
 III. Die Gestaltung des Absatzprogramms als Ganzes.
 IV. Das Produkt als Gestaltungselement des Absatzprogramms.

I. Der Begriff der Produktgestaltung

  1. Produktgestaltung als absatzwirtschaftlicher Tatbestand.
  2. Produktgestaltung und Produktprogramm.

1. Der Begriff „Produktgestaltung" umfaßt einen technischen und einen absatzwirtschaftlichen Tatbestand. Absatzwirtschaftlich insofern, als mit der Gestaltung der Erzeugnisse oder Dienstleistungen den Unternehmen ein Instrument in die Hand gegeben ist, mit dem sie auf die Vorgänge in ihren Absatzmärkten gestaltend Einfluß zu nehmen vermögen.

Die von den Unternehmen auf diesen Märkten angebotenen Leistungen kennzeichnen sich durch Eigenschaften funktionaler wie akquisitorischer Art. Die funktionalen Eigenschaften sind schlechthin die Bedingung für die Verwendung der Güter im Investitionsgüter- wie im Konsumgüterbereich. Der Markt verlangt jedoch auch eine Ausstattung der Güter mit Eigenschaften, die ihre Verkaufsfähigkeit erhöhen. Diesen speziellen Aufgaben dienen Maßnahmen und Einrichtungen verschiedener absatzwirtschaftlicher Art, zum Beispiel individualisierende Kennzeichnungen der Güter durch Markenzeichen, Ausstattungen, Packungen und Verpackungen, Styling, Display, Image und andere, die Absatzchancen der Güter erhöhende Aktivitäten. Im Bewußtsein der Käufer verbinden sich diese akquisitorschen Aspekte mit den funktionalen Leistungen der Güter.

Oft besteht zwischen den funktionalen und den akquisitorschen Gütereigenschaften nur ein loser Zusammenhang. Für die moderne Güterherstellung ist es jedoch charakteristisch, daß sich diese Eigenschaften im Bewußtsein der Käufer zu einer Einheit verbinden und das Bild der potentiellen Käufer von den angebotenen Produkten oder Diensten und damit ihr Kaufverhalten bestimmen.

2. Da die Unternehmen mit ihrem ganzen Verkaufsprogramm, nicht mit den einzelnen Sachgütern oder Diensten, aus denen es besteht, konkurrieren, wird der Begriff der Produktgestaltung hier so weit gefaßt, daß unter ihm nicht nur die Ausstattung der einzelnen Güter mit funktionalen und akquisitorischen Eigenschaften, sondern auch die Ausstattung des gesamten Waren- oder Dienstleistungsangebots eines Unternehmens mit Gütern unterschiedlicher Art verstanden wird. Die Chancen, die in dem Reichtum an Variationsmöglichkeiten und in der Anpassungsfähigkeit an wechselnde technische und ökonomische Situationen bestehen, machen die Verkaufsprogramme zu absatzpolitischen Instrumenten höchster Bedeutsamkeit für die Sicherung des Bestandes und des Wachstums der Unternehmen. Da die Produkt- oder Programmgestaltung aber nur eines der absatzpolitischen Instrumente ist, über die die Unternehmen unter marktwirtschaftlichen Voraussetzungen verfügen, und die aus Sachgütern oder Dienstleistungen bestehenden Programme nur unter gleichzeitiger Verwendung der anderen absatzpolitischen Instrumente zu ihrer vollen absatzwirtschaftlichen Entfaltung und Wirkung gebracht werden können, lassen sich die Probleme der Programmgestaltung grundsätzlich nicht ohne die Erörterung der Frage lösen, welchen Beitrag jeweils die anderen absatzpolitischen Instrumente zum Wirksamwerden der in den Programmen enthaltenen akquisitorischen Möglichkeiten leisten. Methodische Gründe machen es jedoch erforderlich, diese Beiträge hier zunächst mehr am Rande zu behandeln und das Interesse auf die speziellen Probleme der Produkt- und Programmgestaltung zu konzentrieren.

Jedem Verkaufsprogramm liegt eine bestimmte absatzpolitische Konzeption zugrunde. Änderungen dieser Konzeption selbst führen deshalb mit Notwendigkeit zu Produkt- oder Programmvariationen.

Die Änderungen im Verkaufsprogramm können sich auf die Ersetzung von Produkten durch solche mit veränderten Eigenschaften beschränken. Das Verkaufsprogramm wird durch diese Maßnahmen aktualisiert, ohne daß hiermit eine Änderung der absatzpolitischen Konzeption selbst verbunden sein müßte. Werden neue oder neuartige Produkte in das Programm aufgenommen, ohne daß das bisherige Programm geändert wird, dann liegt eine Programmergänzung oder eine Programmerweiterung vor. Sie kann Ausdruck einer Änderung der absatzpolitischen Konzeption des Unternehmens sein.

Sowohl die im Rahmen der bisherigen Programmvorstellungen bleibenden Produkterneuerungen als auch die auf Erweiterung der Programme gerichteten produktpolitischen Maßnahmen beruhen in der Regel auf jener akquisitorischen Sensibilität, die marktwirtschaftliche Systeme kennzeichnet. Die substitutionalen und komplementären Produktbeziehungen innerhalb des Verkaufsprogramms können sich ebenso schnell ändern wie das Verhältnis des eigenen Angebots zu den Produkten und Dienstleistungen der Konkurrenzunternehmen und zu den Produktvorstellungen der Käufer. Diese Veränderungen bedürfen ständiger Kontrolle, wenn rechtzeitig und mit den erforderlichen absatzpolitischen Mitteln auf sie reagiert werden soll. Programmpolitische Maßnahmen, die aus diversifikatorischen Überlegungen stammen, unterscheiden sich von den hier zur Diskussion stehenden Programmänderungen dadurch, daß sie nicht eigentlich absatzpolitischen Charakter besitzen. Sie sind vielmehr darauf gerichtet, die Unternehmen durch Aufnahme neuer Produktions- und Geschäftszweige gegen das existenzielle Risiko abzusichern, dem unter marktwirtschaftlichen Bedingungen arbeitende Unternehmen stets ausgesetzt sind. Die auf diversifikatorischen Überlegungen beruhenden programmpolitischen Aktionen werden hier nicht weiter erörtert.

II. Die Bestimmungsfaktoren und Mittel der Produktgestaltung

A. Der Bedarf.
B. Die Technik.
C. Der Wettbewerb.
D. Die akquisitorschen Mittel der Produktgestaltung.

A. Der Bedarf

1. Die polare Struktur des Faktors „Bedarf".
2. Die polare Struktur der Mode.

1. Das gesamtwirtschaftliche Warensortiment der großen Industrienationen wechselt kaleidoskopartig. Welches sind die treibenden und bewegenden Kräfte dieser ständigen Unruhe und Unbeständigkeit? Eine dieser Kräfte ist der Bedarf, dem sich die Unternehmen gegenübersehen, eine andere Kraft die Technik selbst und eine dritte der Wettbewerb, der jede tatsächliche oder potentielle Änderung im volkswirtschaftlichen Bedarfsgesamt und jeden neuen technischen Gedanken zu einer unternehmerischen Chance werden läßt.

Welche Bewandtnis hat es, so lautet zunächst die Frage, mit diesem Faktor „Bedarf"?

Die Träger des konsumtiven Bedarfs, dem hier das besondere Interesse gilt, kennzeichnen sich durch eine sehr individuelle Art, sich den Dingen des Lebens gegenüber zu verhalten. Diese Individualität prägt sich mehr oder weniger stark in ihren Kaufentscheidungen aus. Sie pflegen ihre Kaufentscheidungen so zu fassen, wie es ihren individuellen Wünschen, Neigungen und Möglichkeiten entspricht. Je mehr ein Konsument in diesem Sinne „Individualität" besitzt, um so stärker ist sein Bestreben, sich von den anderen zu unterscheiden und sich in den Gegenständen als Indi-

vidualität zu repräsentieren, mit denen er sich umgibt. Mag es nun echte
Individualität oder lediglich persönliches Geltungsbedürfnis sein, mag der
Kreis seiner individualisierenden Bedarfsäußerungen eng oder weit sein,
entscheidend wichtig bleibt die Tatsache, daß es in den Bedarfsäußerungen der Konsumenten eine individualisierende Tendenz gibt, die die
wirkliche oder vermeintliche Eigenart des einzelnen betont, also irgendwie
auf persönliche Distanzierung gerichtet ist. Diese, in der menschlichen Natur angelegte Bereitschaft zur Individualisierung führt zu individuellen Bedarfsäußerungen und Kaufentscheidungen.

Das Datum „Bedarf" kennzeichnet sich aber nicht nur durch das Bestreben der Bedarfsträger, sich durch Betonung persönlicher Eigenart von
anderen abzuheben. Es charakterisiert sich auch durch eine in den einzelnen Bedarfsträgern unterschiedlich stark vorhandene Neigung zum Wechsel in den Befriedigungsmitteln des Bedarfs. Diese Anlage ist der Feind
der Gewöhnung und des Verharrens im Althergebrachten und Überkommenen. In weiten Bereichen des Bedarfes, d. h. also bei einer großen Zahl
von Bedarfsträgern ist das Verlangen nach Abwechslung ein stark ausgeprägtes Motiv in den Kaufentscheidungen. Die Freude am Gewohnten
und Vorhandenen erschöpft sich. Der Mensch verlangt nach neuen Ein-
drücken, neuen Reizen und neuen Ausdrücksformen seiner persönlichen
Existenz. Er empfindet einen solchen Wechsel als eine Steigerung seiner
selbst, als eine Erhöhung seines Lebensgefühls. Es handelt sich hier also
nicht um ein Verhältnis zwischen dem einen Bedarfsträger und dem anderen, sondern um einen sich im Subjekt selbst abspielenden Prozeß, der die
Kaufentschlüsse entscheidend beeinflußt.

Der Wille zur persönlichen Differenzierung und Individualisierung der
Bedarfsdeckung und zum Wechsel in den Mitteln der Bedürfnisbefriedigung schließt den entgegengesetzten Willen zur Gleichförmigkeit der Bedürfnisbefriedigung nicht aus. Der Wille zur Konformität ist vielmehr in
gleicher Weise in dem Faktor Bedarf beziehungsweise seinen Trägern vorhanden wie der Wille zur Individualisierung. Der Verlust an Individualität
kann in gleicher Weise als Reiz empfunden werden wie die äußerste Steigerung der Individualität. Und der Mensch ist nun einmal von einer solchen Art, daß das, was er kauft, überhaupt sein ganzes Kaufverhalten von
dem Kaufverhalten seiner Mitmenschen mitbestimmt wird, und zwar vor
allem von dem Verhalten der sozialen Gruppe, zu der er gehört. Als ein
gesellschaftliches Wesen wird er von der Gesellschaft oder seiner Gruppe
verfemt, wenn er seinem Willen nach Individualität zu sehr nachgibt. Zudem sind in der Regel auch in ihm selbst genügend Regulative vorhanden,
die einer Überspitzung seiner individualisierenden Strebungen im Zusammenhang mit der Bedarfsdeckung entgegenwirken. Alles auffällige und
extravagante Verhalten führt irgendwie zu einer ablehnenden gesellschaftlichen Reaktion, und wenn die persönlichen Regulative und Hemmungen

nicht ausreichen, verfügt die Gesellschaft über hinreichend abgestufte, gleichwohl wirksame Monita, die den einzelnen zurückrufen, wenn er sich zu weit abgesondert hat. Sie besorgen jenes gesellschaftliche Einnivellieren auf den Status der Gruppe, dessen sich der einzelne gar nicht bewußt ist und das meist nur von wenigen schmerzlich empfunden wird.

Weniger gesellschaftlich-sozialer als vielmehr individueller Natur ist die Neigung der Menschen, am Überkommenen, Traditionellen festzuhalten. Es handelt sich dabei um eine menschliche Anlage, die, wenn auch durch das Verhalten anderer Personen beeinflußbar, dennoch wesentlich in der Individualität des einzelnen wurzelt. Es gibt Menschen mit einer mehr konservativen und mit einer mehr aufgelockerten Haltung den Dingen des Lebens gegenüber. Die konservative starre Haltung, also die Neigung zum Festhalten am Gewohnten und Überlieferten, führt zu Bedarfsäußerungen, die sich mehr durch Stetigkeit als durch Willen zur Abwechslung kennzeichnen. Hiermit rechnet der Produzent. Und niemand wird bestreiten, daß in der Art der Produktgestaltung und in der Zusammensetzung des volkswirtschaftlichen Warensortiments die Tendenz zur Konformität der Bedarfsbefriedigung – stammend aus der Neigung zum gesellschaftlichen Nivellement und aus der Neigung zum Festhalten am Traditionalen – in gleicher Weise wirksam ist, wie die Tendenz zur Individualisierung der Bedarfsbefriedigung, die auf die Neigung zur persönlichen Distanzierung und zum Wechsel in den Mitteln der Bedürfnisbefriedigung zurückzuführen ist.

Hiernach erweist sich also der Bedarf als ein Gebilde, das sowohl die Tendenz zur Individualisierung als auch zur Konformität der Bedarfsäußerungen in sich enthält. Dieses merkwürdige Nebeneinander zweier in entgegengesetzter Richtung wirkender Kräfte ist ein Kennzeichen des Faktors Bedarf. Gerade diese innere Unbestimmtheit macht ihn zu einem so schwierigen absatzpolitischen Tatbestand.

Die Frage, ob die in dem Faktor „Bedarf" wirksamen Kräfte die Ausweitung der Fertigungsprogramme und der Sortimente fördern, oder ob sie dem Bestreben nach einer solchen Ausweitung hemmend entgegenstehen, läßt sich nach den bisherigen Feststellungen nicht eindeutig mit ja oder nein beantworten. Man kann auch nicht sagen, daß ein Gleichgewicht zwischen dem Willen nach Individualisierung auf der einen und dem Willen nach gesellschaftlichem Nivellement auf der anderen Seite bestünde. Die Kräfte wirken ungleichmäßig, und ihre Intensität schwankt, denn sie sind von vielen Faktoren abhängig, die mannigfach ineinander verwoben sind. Aber sie sind als Bereitschaft und als Wille jederzeit vorhanden, und im konkreten Falle ist bald zu spüren, in welchem Verhältnis sie zueinander stehen. Dieses Verhältnis selbst allgemein und eindeutig zu bestimmen, ist keine Aufgabe, die es hier zu lösen gilt. Es bedarf einer solchen Bestimmung auch gar nicht, denn es gilt nur, die polaren Triebkräfte sichtbar zu machen, die dem Bedarf als absatzpolitischem Stimulans innewohnen und mit denen jeder Betrieb bei der Gestaltung seiner Verkaufsprogramme zu rechnen hat.

Wird das Problem mehr in dem Blickwinkel Individualbedarf – Kollektivbedarf betrachtet, so zeigt sich, daß dem Kollektivbedarf eine besonders starke Tendenz zum Uniformen innewohnt. Man denke hierbei vor allem an Hotels, Gaststätten, Wohnblocks, Verwaltungen u. ä. und die Einförmigkeit ihres Bedarfs an Einrichtungs- und Gebrauchsgegenständen. Diese großen Bedarfsträger haben nicht das Bestreben, die Gegenstände ihres Bedarfes zu differenzieren, sondern vielmehr sie zu standardisieren. Hier hat sich die Tendenz zur Konformität durchgesetzt, obwohl es auch in diesem Bereiche nicht an entgegengesetzten Tendenzen fehlt.

Die Frage nach der Spontaneität der Konsumentenbedürfnisse ist dahingehend zu beantworten, daß das Verhalten der Konsumenten im gesamtwirtschaftlichen Gang der Bedürfnisbefriedigung mehr passiv-rezeptiver als spontaner Natur ist. Die Konsumenten sagen nur selten von sich aus, in welcher Richtung sie eine Änderung der Mittel wünschen, die ihnen zur Deckung ihrer Bedürfnisse zur Verfügung stehen. Auf der anderen Seite sind die Konsumenten stets mehr oder weniger bereit, den Bestrebungen der Produzenten nach Änderung der Warenbeschaffenheit oder der Sortimente zu folgen. Wohl leisten sie Widerstand, wenn eine Ware ihren Wünschen oder dem allgemeinen Qualitäts- und Preisniveau nicht entspricht. Dieser Widerstand kann so groß sein, daß das Bemühen der Hersteller, die neue Ware oder neue Qualität oder Type durchzusetzen, trotz großen Aufwandes an Werbung und anderen absatzpolitischen Maßnahmen erfolglos bleibt. Aber auch in solchen Fällen handelt es sich doch eben nur mehr um Widerstand als um Spontaneität. Es fehlt die originelle, von sich aus aktiv werdende Einflußnahme auf die Produkt- und Sortimentsgestaltung. Gleichwohl ist der Bedarf keine passive Größe, sondern ein Zentrum voller Spannungen und weitreichender Einflüsse, da er in sich beide Möglichkeiten, sowohl die Tendenz zur Individualisierung als auch die zur Entindividualisierung der Bedarfsäußerungen enthält.

Von so uneinheitlicher, durch entgegengesetzt wirkende Kräfte (Individualisierung, Uniformität) gekennzeichneter Art ist der Faktor Bedarf, mit dem es die Unternehmungen bei ihren absatzpolitischen Maßnahmen zu tun haben.

Produkte oder Eigenschaften von Produkten können die Gesundheit der Bevölkerung oder den Bestand der volkswirtschaftlichen Ressourcen (Rohstoffe, Energie) gefährden. Das zunehmende Bewußtsein für derartige Gefährdungen durch Produktgestaltung hat in den USA zu einer Reaktion geführt, die als Consumerism bezeichnet wird. Sie setzt der Produktgestaltung neue Daten. In neuen gesetzlichen Regelungen oder in Vereinbarungen zwischen den Herstellern selbst (Selbstkontrolle) oder zwischen ihnen und staatlichen Stellen oder den die Interessen der Verbraucher vertretenden Institutionen, in den Befunden von Test-Institutionen und in der unmittelbaren Berücksichtigung der neuen Situation durch die einzelnen Produzenten kommen diese neuen Daten zum Ausdruck [1].

2. In diesem Zusammenhang ist von besonderem Interesse, daß ein so bedarfsbestimmender Faktor wie die Mode Polaritäten von etwa gleicher Beschaffenheit aufweist wie der Faktor Bedarf selbst. Auf der einen Seite steigt ständig die Zahl derjenigen, die sich den Geboten und Verboten der Mode unterwerfen, und wahrscheinlich sind auch die Gebiete, die der Mode unterliegen, ständig in Zunahme begriffen. In diesem Sinne bedeutet Herrschaft der Mode Uniformierung des Bedarfes und damit Reduktion der Produktgestaltung auf eine begrenzte Zahl von Mustern, Farben, Formen, Schnitten, Qualitäten, Macharten, Typen. Sie müssen jedoch alle den Stempel des Modischen tragen. Der Spielraum der Erzeugnisgestaltung wird eingeengt, der Prozeß der Entindividualisierung des Bedarfes macht um so mehr Fortschritte, je mehr die Mode bestimmt.

Wiewohl so mit Recht gesagt werden kann, der Mode wohne eine gleichmachende Tendenz inne, so läßt sich aber auch mit der gleichen Berechtigung sagen, die Mode differenziere. Denn innerhalb des durch die Mode vorgeschriebenen Spielraumes versucht jeder, seinem persönlichen Geschmack Ausdruck zu geben. Und die Produzenten kommen diesem Verlangen durchaus entgegen, wie z. B. auf dem Gebiete der Bekleidungsindustrie die Fülle an Qualitäten, Dessins, Farbschattierungen und dergleichen beweist. So groß auch die Serien sein mögen, in denen Stoffe mittlerer, niedrigerer, aber auch höherer Preislagen angefertigt werden, sie sind doch nie so groß, daß die Gefahr besteht, die gleichen Stoffe könnten von zu vielen getragen werden. Auf dem Gebiete des Einrichtungsbedarfes liegen die Dinge ähnlich. Wenn es sich hier auch nicht um ein ausgesprochen dem Modischen unterworfenes Gebiet handelt, so besteht dennoch bei allen Möbelgeschäften das deutlich erkennbare Bestreben, ihr Lager an Möbeln so zu assortieren, daß es möglichst wenig gleiche Typen oder Muster enthält. Wenn die Fabrikanten aus fertigungstechnischen Gründen hierzu nicht in der Lage sind, so greift der Handel ein, diese Mischung vorzunehmen, um dem Wunsch der Käufer nach Differenzierung Rechnung zu tragen.

So kann man sagen, die Mode forciere zwar mit ihrer Tendenz zur Anpassung die Produktvereinheitlichung, aber es muß hinzugefügt werden, daß sie zugleich die Tendenz der Kunden nach Differenzierung und Individuation nicht hemmt, sondern fördert.

---

[1] Vgl. aus der umfangreichen Literatur zu diesem Thema das Buch von AAKER, D. A. und DAY, G. S. Consumerism, New York 1974. Vgl. auch MEFFERT, H., Marketing und Konsumerismus, in: Zeitschrift für Betriebswirtschaft, 45. Jg. (1975), S. 69 ff.

Die Mode ist aber gleichzeitig ein sich im Zeitablauf vollziehender Prozeß. Es besteht eine verhältnismäßig kleine Gruppe von Personen, von denen die modischen Impulse ausgehen. Ohne diese Wirkungszentren würde es keine Mode geben. Aus welchen geistigen, gesellschaftlichen und wirtschaftlichen Quellen die Mode entsteht, soll hier nicht untersucht werden. Nur soviel sei gesagt, daß Stilwandlungen nicht als modische Vorgänge angesehen werden. Sie wurzeln in einer anderen geistigen Dimension als der Wechsel der Mode.

Die von den Zentren der Mode ausgehenden Kräfte dringen im Zeitablauf je nach der Sachlage kürzer oder schneller in breite Bevölkerungsschichten ein. Mit der Ausbreitung des modisch Neuen verliert sich das Exklusive der ursprünglichen modischen Konzeption. Die breite Masse übernimmt nur die Grundtendenz weitgehend unter Verzicht auf die Extravaganzen ihrer Initiatoren.

Mit der zunehmenden Ausbreitung der ursprünglichen modischen Gedanken entsteht gleichzeitig in den Trägern der modischen Impulse das Bestreben, sich wiederum zu distanzieren und zu individualisieren, um der Gefahr der Konformierung zu entgehen. Auf diese Weise entstehen neue modische Antriebe, die sich, wie oben beschrieben, zunächst auf eine kleine Gruppe konzentrieren. Indem sie sich ausweiten, verebben sie zugleich, um schließlich zu verschwinden.

Die Dauer des Prozesses und die Breitenwirkung der modischen Impulse hängt von ihrer Stärke, von der Art des modischen Gegenstandes, von der Aufnahmebereitschaft der Bevölkerung, von regionalen Unterschieden und einer Vielzahl anderer ökonomischer, individual- und sozialpsychologischer Faktoren ab.

B. Die Technik

1. Technische Entwicklungen im Produktbereich.
2. Technische Entwicklungen im Herstellungsbereich.
3. Innovationen.

1. In ununterbrochener Folge liefert die moderne Technik Impulse in die Produktionsprogramme und in die Produktionsverfahren industrieller Unternehmungen hinein. Diese technischen Impulse halten das gesamtwirtschaftliche Warensortiment der großen Industrienationen in ständiger Unruhe. Die Unrast des technischen Denkens und seine schier unerschöpfliche Produktivität treibt auch die Entwicklung neuer Produktionsverfahren ständig voran.

Das „Neuartige", auf das Technisches zielt, kann in der Konzeption und Lösung bisher noch nicht bekannter technischer Aufgaben mit bisher noch nicht bekannten, aber auch mit bereits bekannten Mitteln, und in der Lösung bekannter Aufgaben mit bisher noch nicht bekannten Mitteln be-

stehen. Der Raum dieser technischen Möglichkeiten enthält alle Voraussetzungen, neue Gedanken technisch-konstruktiver, physikalischer, chemischer und biologischer Art zu entwickeln. Sie schaffen in dem gesamtwirtschaftlichen Warensortiment und in der seiner Herstellung dienenden Apparatur jene Unruhe, von der oben die Rede war.

In einer breiten Skala von Möglichkeiten sind die Chancen der Produktentwicklung gestreut, und nicht immer ist zu sagen, ob ein neuartiges Erzeugnis einen technischen Fortschritt darstellt. Die technische Entwicklung vollzieht sich ebenso sprungweise wie Schritt für Schritt, insgesamt gesehen mehr als ein weitgehend integrierter Prozeß als in Schü-
ben. Bahnbrechende Erfindungen, die völlig neue technische Möglichkeiten erschließen (Pioniererfindungen) wechseln ab mit Verbesserungserfindungen, die in der Praxis auch als Konstruktionserfindungen bezeichnet
werden und die die große Masse der Erfindungen bilden.

Die bahnbrechenden Erfindungen eröffnen der Technik neue Gebiete
und vermitteln völlig neuartige Erkenntnisse technischer Art (beweglicher
Letternsatz, Kohlefäden, Gewinnung von Webfäden aus Zellulose, Elek-
tronik u. ä.). In diesen Fällen bereichern die Erfindungen die Verkaufssor-
timente mit in dieser Art noch nicht vorliegenden Produkten.

Die Verbesserungserfindungen liefern der Technik neue Gestaltungs-
formen, ohne ihr einen neuen allgemeinen Erfindungsgedanken zu geben.
Aus diesem Grunde wird auch von Variations- oder Entwicklungserfin-
dungen gesprochen, zum Beispiel Setzmaschinen, Satzabguß, Metallfaden-
lampen als Ersatz für Kohlenfadenlampen, Leuchtröhren u. ä. Im allgemeinen handelt es sich bei Verbesserungserfindungen um Neuerungen auf
Gebieten, die von der Technik – wenn auch in unterschiedlichem Maße –
bereits bearbeitet wurden. Sie kennzeichnen sich weniger durch die Neuartigkeit der konstruktiven Idee als durch die Abwandlung bereits bekannter erfinderischer Gedanken. Die Verbesserungserfindung liegt also zwischen der Pioniererfindung und der normalen Weiterentwicklung kon-
struktiver oder fertigungstechnischer Möglichkeiten.

Die Erfindungshöhe bildet nicht das schlechthin entscheidende Kriterium für den technischen Fortschritt, wie es überhaupt unangemessen erscheint, diesen Begriff auf den Bereich von Erfindungen einzuengen. Zwar
liefert die Erfindungshöhe in vielen Fällen das Maß für die Fortschritte in
der Produktgestaltung. Sie bildet deshalb auch mit Recht die Grundlage
für die Gewährung von gewerblichen Schutzrechten. Aber technischer
Fortschritt liegt auch bereits dann vor, wenn es sich lediglich um konstruktive Weiterentwicklungen oder Verbesserungen der chemischen oder phy-
sikalischen Eigenschaften der Erzeugnisse und Leistungen eines Betriebs
handelt. Technischer Fortschritt ist also weniger der Inbegriff von Erfindungen, welche die Technik ruckartig vorwärtstreiben, als vielmehr ein
kontinuierlicher Prozeß technischer Vervollkommnung, der zwar auf den

einzelnen Gebieten der Technik unterschiedlich und unregelmäßig verläuft, im großen gesehen aber doch verhältnismäßig stetig vor sich geht und sich mehr durch Weiterentwicklung als durch abrupte Neuschöpfungen kennzeichnet.

Technische Fortschritte äußern sich aber nicht nur in Erfindungen und in der normalen Weiterentwicklung und Verbesserung von Sachgütern oder Herstellverfahren, sondern auch in der Schaffung neuartiger beziehungsweise in der Verbesserung bereits bekannter Dienstleistungen. So ist zwar die Gewährung von Versicherungsschutz gegen Unfall keine technische Erfindung, aber sie stellte seinerzeit doch eine neuartige Leistung auf dem Gebiete des Versicherungswesens dar. Man mag ferner an Auskunfteien denken oder an Bausparkassen, die auf einem durchaus originellen Gedanken beruhen. Die Neuartigkeit der Dienstleistungen mag dabei der Erfindungshöhe nach mehr der Pioniererfindung oder der Verbesserungserfindung zuneigen. Entscheidend ist nur, daß es sich um einen bis dahin wirtschaftlich noch nicht verwirklichten Gedanken handelt, der entweder zu den bisherigen Leistungen neu hinzutritt oder eine Verbesserung dieser Leistungen bedeutet. In diesem Sinne ist also die Bereitstellung solcher zusätzlichen oder neuartigen, verbesserten Dienstleistungen der Schaffung zusätzlicher Sachgüter gleichzusetzen.

Der technische Fortschritt wirkt also produktvariierend, indem er neuartige Produkte entstehen läßt oder neue Typen, Formen, Muster, Qualitäten als Abwandlungen bereits bekannter Güterarten schafft.

2. Geht man dem technischen Fortschritt nicht nur in dem Bereich der Erzeugnisgestaltung, sondern auch in dem der Leistungserstellung, also in dem mehr technischen Bereiche nach, so zeigt er sich hier als Vervollkommnung bereits im Betriebe verwandter Arbeits- oder Fertigungsverfahren oder als Entwicklung völlig neuartiger Verfahren, mit denen entweder die bisherigen oder völlig neue Erzeugnisse hergestellt werden. Die Zahl der erstellten Leistungsarten (Baumuster, Typen, Qualitäten) muß durch solche Änderungen in der Fertigungstechnik nicht notwendig berührt werden. Erst wenn es sich um Fortschritte in der Fertigungstechnik handelt, welche Massenfabrikation voraussetzen, wird das Verhältnis zwischen Fertigungsverfahren und Erzeugungsprogramm berührt, und zwar in dem Sinne, daß das Fertigungsprogramm durch Reduktion auf einige wenige Typen verringert werden muß, wenn die Fortschritte in der Fertigungstechnik realisiert werden sollen. Der ökonomische Vorteil solcher auf Fortschritten in der Herstellungs- oder Gewinnungstechnik beruhenden Produktvariationen (im Sinne von Typenbeschränkung) besteht darin, daß die durch die neuen Verfahren erzielbaren Kosteneinsparungen Preisherabsetzungen möglich machen. Aber an sich kann das die Wirkung aller Fortschritte in der Fertigungstechnik sein, und wenn lediglich Preissen-

kungen die Folge solcher Fortschritte sind, so berührt das nicht unser Problem. Erst wenn die Fortschritte in der Fertigungstechnik derart sind, daß ein Betrieb, um sie auszunützen, gezwungen wird, mit einem verminderten Sortiment auf dem Markte zu erscheinen, wird die unifizierende, typeneinschränkende Kraft des technischen Fortschrittes wirksam. Nicht jede Verbesserung der Verfahren führt also bereits zu einer Änderung in der Erzeugnisgestaltung, insbesondere auch nicht zu einer Änderung im Fertigungsprogramm im Sinne von Produktunifizierung (Standardisierung und Typenbeschränkung), vielmehr nur solche Verfahrensänderungen, die, um ausgenutzt werden zu können, Erzeugnismengen voraussetzen, welche ohne Beschränkung der Typenzahl nicht erreicht werden können.

Der technische Fortschritt wirkt also unter Umständen im Bereich der Produktgestaltung, hier insbesondere der Programmgestaltung, sortenvermindernd. Gerade die fertigungstechnisch modernsten Werke beschränken sich auf die Herstellung und Lieferung nur weniger Standardtypen. Es läßt sich sogar sagen, daß dieser Prozeß der Verminderung des Sortiments immer dann besonders stark einsetzt, wenn die Erzeugnisse konstruktiv ausgereift sind und die Möglichkeiten der Erzeugnisgestaltung bei dem gegenwärtigen Zustand der Technik und Wissenschaft erschöpft sind. Unter solchen Voraussetzungen verlagert sich dann häufig der technische Fortschritt aus dem Bereich der Erzeugnisgestaltung in den der Fertigung. Er wird damit zur Triebkraft der Produkt- und Sortimentsgestaltung beziehungsweise ihrer Änderung.

Die zunehmende Vergrößerung und Verflechtung des Marktgeschehens hat keine ihr entsprechende Abnahme der Marktübersicht nach sich gezogen. Diese Tatsache ist vor allem auf Verbesserungen in der modernen Marktorganisation zurückzuführen. Die neuzeitlichen Informationsmöglichkeiten über Vorgänge wirtschaftlicher oder technischer Art haben einen Prozeß eingeleitet, welcher die Betriebe dazu gezwungen hat, ihre Leistungen den Spitzenleistungen der Konkurrenzbetriebe anzupassen und die Rückständigkeiten oder Fehlentwicklungen zu beseitigen, sobald sie sichtbar werden. Der Prozeß zwingt zur Qualitätsangleichung an die jeweiligen Spitzenleistungen. Der gewerbliche Rechtsschutz mag diesen Prozeß hier und da verlangsamt haben. Aber die Gewalt des Prozesses qualitativer Angleichung der Erzeugnisse (und Verfahren) an die Spitzenleistungen des Wirtschaftszweiges hat er im ganzen gesehen nicht verhindern können. Immer mehr hat sich der Zeitraum verkürzt, der notwendig ist, um das qualitative und fertigungstechnische Niveau der Spitzenleistung anzupassen. Diese Tendenz zu möglichst schnellem Aufholen verlorenen Vorsprunges verhindert, volkswirtschaftlich gesehen, die Zersplitterung der Warenerzeugung und der Erzeugnisgestaltung auf qualitätsmäßig allzu sehr streuende Abweichungen von der qualitativen Norm des Produktionszweiges oder der Branche. Volkswirtschaftlich vermindert dieser

Prozeß die Fülle an sich möglicher Formen und Varianten von Gütern auf einige wenige, und zwar gerade auf solche, die die Träger der Entwicklung sind. Betriebswirtschaftlich geht von diesem Zwang der Angleichung der Eigenschaften der eigenen Erzeugnisse an die Erzeugnisse fortschrittlicher Betriebe ein ständiger Druck auf die Produkt- und Sortimentsgestaltung derjenigen Betriebe aus, die in dieser Hinsicht zurückgeblieben sind. Auf diese Weise beeinflußt der technische Fortschritt die Produkt- und Sortimentsgestaltung nicht nur unmittelbar in den Spitzenbetrieben, sondern mittelbar auch in den Betrieben, die zu Anpassungs- und Aufholungsprozessen der geschilderten Art gezwungen werden. Aber wie gesagt, ohne die großen Fortschritte auf dem Gebiet der Information und der Kommunikation auf technisch-wirtschaftlichem Gebiet wäre jene überraschende Verbreitung neuer technischer oder wissenschaftlicher Ideen sowohl auf dem Gebiet der Investitionsgüter- wie dem der Konsumgüterindustrie, auch in den Dienstleistungsbetrieben nicht möglich gewesen.

3. Die Entwicklung neuer Produkte oder die Weiterentwicklung bereits produzierter Erzeugnisse zu neuen Typen, Baumustern, Formen und Qualitäten mit dem Ziel marktlicher Verwertung wird heute vielfach als Innovation, hier im speziellen Sinne als Produktinnovation, bezeichnet. Aufgaben dieser Art verlangen heute nach organisierter Forschung und Entwicklung in Unternehmen, die ihrer Art und Größe nach ohne systematische und planmäßig angelegte Forschung nicht zu existieren vermögen. Das Ziel dieser in den Unternehmen institutionalisierten Forschung und Entwicklung ist die Produktion neuen technischen Wissens auf den Gebieten, für die sich die Unternehmen zuständig halten. Es gibt große und angesehene Unternehmen, deren Forschungsabteilungen sich auch mit der wissenschaftlichen Aufklärung von Problemen befassen, die zwar im Produktbereich ihrer Industrie liegen, aber ihrer Art und Bedeutung nach mehr der Grundlagenforschung zuzurechnen sind. Im allgemeinen aber werden die Forschungs- und Entwicklungsarbeiten industrieller Unternehmen von dem produktpolitischen Interesse bestimmt, das die Planungen dieser Werke beherrscht. In diesem Sinne läßt sich sagen, daß die Forschung und Entwicklung in diesen Unternehmen durch vorwiegend kommerzielle Aspekte bestimmt werden.

Diese Vorstellung ist mit dem Begriff der Innovation gemeint. Er besagt nichts grundsätzlich Neues, da besonders die unter marktwirtschaftlichen Bedingungen arbeitenden Unternehmen von jeher gezwungen waren, technische Möglichkeiten zu kommerzialisieren.

Dienen aber Forschung und Entwicklung in der Industrie vornehmlich der Produktion absatzwirtschaftlich verwertbaren technischen Wissens und bedeutet Innovation nichts anderes als die Projektion dieses Wissens auf den speziellen Produktbereich dieser Unternehmen, dann ist Erfin-

dung Innovation. Beide, Erfindung und Innovation, verschmelzen institu-
tionell miteinander. Werden aber Innovationen mit dem ihnen dienenden
wissenschaftlichen und technischen Apparat institutionalisiert, dann ist
der Erfolg der innovatorischen Bemühungen offenbar auch von der Güte
der Organisation abhängig, in der sich Forschung und Entwicklung in den
Werken vollzieht. Insofern besteht zwischen der Organisation und dem
Ergebnis von Forschung und Entwicklung in den Unternehmen ein produktiver Bezug. Dieser produktive Zusammenhang zwischen, wenn man
so sagen darf, Faktoreinsatz und Faktorertrag auf dem Gebiet und im
Rahmen organisierter Forschung und Entwicklung in der Industrie hat zu
dem Versuch geführt, für die Beziehungen zwischen dem durch Forschung
und Entwicklung gewonnenen technischen Wissen und den Bedingungen
seiner Produktion eine Produktionsfunktion zu konstruieren, die den besonderen Verhältnissen dieser Produktionssituation gerecht wird [1]. Bei der
Unsicherheit, die dieses Gebiet produktiver Betätigung beherrscht, können
derartige Funktionen nur stochastischen Charakter besitzen und viele der
Schwierigkeiten, die die Konstruktion derartiger Produktionsfunktionen
bereitet, stammen aus der Unsicherheitssituation, die der Forschung und
Entwicklung nicht nur in der Industrie eigentümlich ist. Hierbei wird von
der Voraussetzung auszugehen sein, daß nach Möglichkeit nur ein solches
technisches Wissen und nur solche Produktideen kreiert werden, die wenigstens eine gewisse Aussicht auf spätere Verwertung im Markte besitzen.
Welche Produktidee aber technisch und absatzwirtschaftlich aussichtsreich
realisierbar ist, läßt sich ohne Rekurs auf die herstell- und gewinnungs-
technischen Voraussetzungen seiner Produktion und ohne die Produktvorstellungen der Verkaufsmanager nicht sagen. Es ist also die kommerzielle Chance, die eine technische Entwicklung im weitesten Sinne des
Wortes zu einer Innovation macht. Sie bedeutet die Verwirklichung neuer
technisch-konstruktiver Gedanken oder neuer physikalischer, chemischer,
biologischer Möglichkeiten in einem marktfähigen Produkt.

Der Begriff der Produktinnovation umfaßt beides: ein völlig neuartiges
Produkt oder ein Produkt mit verbesserten Eigenschaften, aber auch ein

---

[1] Vgl. hierzu insbesondere BROCKHOFF, K., Forschungsprojekte und For-
schungsprogramme, ihre Bewertung und ihre Auswahl, 2. Aufl. Wiesbaden 1973;
SCHRÖDER, H.-H., Zum Problem einer Produktionsfunktion für Forschung und Ent-
wicklung, Meisenheim 1973, speziell über die Beziehung zwischen Erfindung und
Innovation, s. Seite 11 ff.; KERN, W., Zur Analyse des internationalen Transfers von
Technologien – ein Forschungsbericht, in: Zeitschrift für betriebswirtschaftliche
Forschung, 25. Jg. (1973), S. 85 ff.; KORTZFLEISCH, G. v., Zur mikroökonomischen
Problematik des technischen Fortschritts, in: Die Betriebswirtschaftslehre in der
zweiten industriellen Evolution, hrsg. von G. v. KORTZFLEISCH, Berlin 1969; PFEIF-
FER, W., Allgemeine Theorie der technischen Entwicklung als Grundlage einer Pla-
nung und Prognose des technischen Fortschritts, Göttingen 1971; STAUDT, E., Struk-
tur und Methoden technischer Voraussagen, Göttingen 1974.

Produkt mit zwar geänderten, aber keine Verbesserung bedeutenden Eigenschaften. Für ein Unternehmen ist jede Änderung seines Produktprogramms eine Innovation mit den sich hieraus ergebenden Einführungskonsequenzen.

C. Der Wettbewerb

1. Produktgestaltung als Mittel der Qualitätskonkurrenz.
2. Produktgestaltung und Preispolitik.
3. Zur Theorie der Produktvariation.
4. Produktgestaltung als Mittel einzelwirtschaftlichen Wachstums.

1. In marktwirtschaftlichen Systemen bildet der Wettbewerb das Regulativ des gesamtwirtschaftlichen Vollzugs. Mit dem Funktionieren dieses Regulativs stehen und fallen marktwirtschaftlihce Systeme.

Der Wettbewerb macht alle technisch und akquisitorisch erfolgversprechenden Möglichkeiten der Produktgestaltung zu Instrumenten des Sich-Durchsetzens auf den Märkten und damit zu Mitteln des Überlebens und des Wachsens der Unternehmen. Erst der Wettbewerb motiviert und realisiert die Chancen der Produktgestaltung im ständigen Prozeß seiner Unruhe. Er gibt ohne Unterlaß Impulse in das gesamtwirtschaftliche Warensortiment und damit in die Produktgestaltung der Unternehmen hinein. In diesem Sinne bildet er – neben dem Bedarf und der Technik – einen dritten bestimmenden Faktor der Produktgestaltung.

Die wirtschaftliche Entwicklung hat dahin geführt, daß der Wettbewerb nicht nur mit den Mitteln der Preispolitik, sondern auch mit den Mitteln der Produktgestaltung oder – mehr im zeitlichen Verlauf gesehen – der Produktvariation ausgetragen wird. Verhältnismäßig stabile Preisproportionen auf längere Zeit besagen deshalb noch nicht, daß der Wettbewerb zwischen den auf den Märkten konkurrierenden Unternehmen nicht hart geführt wird. Nur bilden unter solchen Voraussetzungen die Produktdifferenzierungen und die Verkaufsprogramme das Instrument, mit dem die Unternehmen um die Abnehmer für ihre Erzeugnisse oder Dienste konkurrieren. Qualitätswettbewerb und Preiskonkurrenz schließen sich gegenseitig nicht aus. Sie sind nur eben zwei verschiedene absatzpolitische Mittel im Wettbewerbskampf der Betriebe.

2. Ihrer Funktionsweie nach zeigen Preisvariation und Produktvariation jedoch wesentliche Unterschiede mit betriebswirtschaftlich wichtigen Konsequenzen. Es ist deshalb nicht das gleiche, ob ein Unternehmen seine Verkaufspreise oder seine Produktqualitäten als absatzpolitische Instrumente verwendet.

Produktvariation läßt eine Fülle von Möglichkeiten zu. Sie kann einmal derart vorgenommen werden, daß Waren oder Leistungen angeboten werden, die in dieser Art auf den Märkten bisher unbekannt waren. Produktvariation kann aber auch darin zum Ausdruck kommen, daß die funktionalen und/oder die akquisitorischen Eigenschaften bereits auf den Märkten eingeführter Waren oder angebotener Dienstleistungen geändert werden.

Unter der Annahme, daß sich der Qualitätswettbewerb bei zunächst unveränderten Verkaufspreisen unter Oligopolbedingungen auf unvollkommenen Märkten vollzieht, möge das Unternehmen A ein bestimmtes Erzeugnis mit neuen, auffallenden Eigenschaften auf den Markt bringen. In der ersten Phase, dem Einführungszeitraum, ist noch völlig ungewiß, ob das Unternehmen mit dem neuen Erzeugnis Erfolg haben wird. Die Käufer müssen sich auf die Empfehlungen des Herstellerbetriebes verlassen, eigene Erfahrungen oder Erfahrungen Fremder, die zu Rat gezogen werden können, liegen noch nicht vor. Je länger das Produkt auf dem Markt ist, um so größer ist die Zahl der auf Erprobung beruhenden Informationen und Erfahrungen der Käufer. In dieser Zeit entscheidet es sich, ob das neue Erzeugnis „ankommt" oder ob seiner Einführung der Erfolg versagt bleibt. Die Einführungsphase ist also die kritische Phase. Ist sie überstanden und führt die Erprobung zu einer positiven Meinung der Käufer über die Eigenschaften des neuen Erzeugnisses, dann gilt das Produkt als „eingeführt". Es wird zu einem regulären Bestandteil des Verkaufsprogramms, in welchem das Unternehmen seine Erzeugnisse auf dem Markt anbietet.

Die Einführungsphase ist aber nicht nur deshalb besonders gefährlich, weil noch unbekannt ist, wie sich das neue Erzeugnis bei den Käufern einführt. Sie ist in besonderem Maße auch deshalb voll Gefahren für das einführende Unternehmen, weil die Gegenaktionen der Konkurrenten das neue Erzeugnis in diesem Zeitraum besonders hart treffen können. Denn der Absatz des Erzeugnisses ist noch nicht durch breite Erfahrungen und gegenseitige Empfehlungen des kaufenden Publikums gesichert. Stößt zum Beispiel das Unternehmen B mit einem eigenen neuen Produkt in die Einführungsphase des Unternehmens A hinein, dann kann die Lage für A sehr kritisch werden und den Erfolg der Einführungsbemühungen vollständig in Frage stellen, wenn die neuen propagierten Eigenschaften des Erzeugnisses von B die Eigenschaften des neuen Erzeugnisses von A neutralisieren. Ob und in welchem Maße derartige Wirkungen eintreten, läßt sich nicht allgemein sagen, aber es sind Situationen vorstellbar, in denen die Chancen des A durch die schnelle Reaktion des B, also durch die fast synchrone Einführung der beiden Produkte, in Frage gestellt werden.

Sieht sich das Unternehmen B außerstande, dem Unternehmen A durch produktgestaltende Maßnahmen zu begegnen, dann steht ihm immer noch die Möglichkeit offen, die Preise für seine Erzeugnisse zu senken, um auf diese Weise einer gefahrdrohenden Absatzentwicklung entgegenzuwirken. Eine derartige preispolitische Maßnahme kann aber für B sehr gefährliche Folgen haben. Sie kann von den Kunden als Eingeständnis dafür angesehen werden, daß die neuen Erzeugnisse des A den Erzeugnissen des B überlegen sind. Aus diesem Grund ist es nicht sehr wahrscheinlich, daß B auf die qualitätspolitische Aktion seines Gegners mit preispolitischen Gegenmaßnahmen antworten wird.

Nun stellt das soeben geschilderte Verhalten des B insofern einen Sonderfall dar, als nicht ohne weiteres angenommen werden kann, daß B sofort mit einer neuen Produktvariante antworten wird. Dieser Fall ist nur dann wahrscheinlich, wenn B zufällig ein neues Erzeugnis geplant hat und kurzfristig auf den Markt zu bringen in der Lage ist oder die Herstellungszeit seines neuen Erzeugnisses ungewöhnlich kurz ist. In der Regel wird davon ausgegangen werden können, daß die Konkurrenzunternehmen eine gewisse Zeit benötigen, um ihr neues Erzeugnis auf den Markt zu bringen. Dieser Zeitbedarf ist nicht nur von Geschäftszweig zu Geschäftszweig verschieden groß. Er hängt auch von dem Planungs- und Entwicklungsstadium ab, in dem das neue Erzeugnis das nachhinkende Unternehmen trifft. Nimmt man an, daß A das neue Erzeugnis vollkommen überraschend auf den Markt bringt, B also völlig unvorbereitet trifft, dann setzt sich die Reaktionszeit des B im Extremfall aus folgenden Zeiten zusammen:

a) der Beobachtungszeit, in der die gegnerischen Unternehmen (hier das Unternehmen B) beobachten, ob das neue Erzeugnis ihres Konkurrenten A ein Erfolg oder ein Mißerfolg ist. Nur im ersten Fall werden sich die Konkurrenzunternehmen überhaupt zu produktgestaltenden Maßnahmen entschließen. Das Einholen derartiger Informationen verlangt Zeit. Je kürzer der Beobachtungszeitraum gewählt wird, um so größer ist das Risiko, daß die Informationen zu Fehlschlüssen führen. Aus diesem Grunde besteht eine gewisse Tendenz, den Beobachtungszeitraum nicht zu kurz zu wählen;

b) der Zeit, die die Konkurrenzunternehmen benötigen, um das neue Erzeugnis produktionsreif zu machen. In bestimmten Industriezweigen verlangt die konstruktive Durcharbeitung eines verbesserten Erzeugnisses Jahre. In anderen Geschäftszweigen läßt sich dieser Zeitbedarf auf wenige Wochen oder Tage vermindern;

c) der Zeit, die zur Umstellung der Produktion auf die Herstellung des verbesserten Erzeugnisses benötigt wird. Wiederum weisen die Produktionsbedingungen in den Geschäftszweigen sehr unterschiedliche Verhältnisse auf. Es handelt sich hier um gewisse Konstanten, mit denen in den Unternehmungen je nach Art ihrer Fertigung gerechnet werden muß;

d) der Zeit, die benötigt wird, um eine so große Zahl der verbesserten Erzeugnisse herzustellen, daß der Empfehlungszeitraum überwunden wird und die Einführung des neuen Erzeugnisses auf Käufererfahrungen beruhen kann;

e) der Einführungszeit, die notwendig ist, bis hinreichend große Käufererfahrungen vorliegen. Diese Zeit kann in gewisser Weise und je nach Lage der Dinge mit den vorgenannten Zeiten synchronisiert sein;

Die zu a) bis e) angegebenen Elemente der Reaktionszeit bestimmen nicht absolut den Zeitraum, den die Konkurrenten notwendig haben, um mit produktpolitischen Gegenmaßnahmen zu antworten. Denn es ist anzunehmen, daß alle Unternehmen an Produktverbesserungen arbeiten und daß die Aktion des jeweils marktaktiven Unternehmens zeitlich in eine der zu a) bis e) angegebenen Zeiten fällt. In diesem Falle verkürzt sich die erforderliche Reaktionszeit, wenn das Erzeugnis des qualitätsaktiven Unternehmens keine Umplanungen und Neuentwicklungen notwendig macht.

Das qualitätspolitisch aktive Unternehmen kann – unter gewissen Umständen – den Reaktionszeitbedarf der Konkurrenten zu seinen Gunsten beeinflussen, wenn es in der Lage ist, das verbesserte Erzeugnis zu niedrigeren Preisen auf den Markt zu bringen. Bessere Qualität und niedrigere Preise eines – wie angenommen wird – guten Unternehmens schaffen für die anderen zur Oligopolgruppe gehörenden Unternehmen eine sehr kritische Lage. Denn diese Unternehmen sind nun nicht nur gezwungen, neue, konkurrenzfähige Erzeugnisse zu entwickeln und auf den Markt zu bringen, sie müssen zugleich versuchen, sich fertigungstechnisch so einzurichten, daß sie die offenbaren Kostenvorteile des qualitätsaktiven Unternehmens aufholen.

Der wesentliche Unterschied zwischen der Preispolitik auf der einen und der Produktvariation auf der anderen Seite besteht darin, daß das oder die gegnerischen Unternehmen preispolitische Maßnahmen als solche sofort und unmittelbar vornehmen können, sofern sie sie für richtig halten. Es bedarf lediglich eines entsprechenden Beschlusses, um die absatzpolitischen Maßnahmen zu starten. Die Reaktionszeit kann sehr kurz sein. Im Falle der Produktvariation liegen andere Verhältnisse vor. Die gegnerischen Unternehmen möchten mit produktgestaltenden Gegenmaßnahmen reagieren, sie können es aber nicht, weil/sofern sie keine entsprechenden Kampfprodukte zur Verfügung haben. Infolgedessen gewährt die Produktvariation als Mittel im Wettbewerbskampf viel größere Aussichten, einen Vorsprung vor den anderen Unternehmen zu gewinnen und zu halten, als eine preispolitische Maßnahme, die jederzeit durch entsprechende preispolitische Aktionen der Wettbewerbsunternehmen neutralisiert werden kann. Die Unternehmen, die die Änderung von Erzeugniseigenschaften wählen, versuchen den Vorteil zu nutzen, der für sie darin besteht, daß die Reaktionszeit der Wettbewerbsunternehmen, sofern sie mit

wettbewerbsfähigen Erzeugnissen antworten wollen, nicht beliebig zu ver-
kürzen ist – eine für eine preispolitische Oligopolbetrachtung völlig unge-
wöhnliche Lage. Aber gerade hierin gründet die Tatsache, daß Unternehmen die Produktvariation als absatzpolitisches Mittel bevorzugen, wenn
sie darauf bedacht sind, sich einen Vorsprung – und damit eine Vorzugsstellung unter ihren Wettbewerbern zu sichern. Die Gewinnerwartungen,
die auf derartigen Vorsprungserwägungen beruhen, sind im Falle der Produktvariation nicht unbedingt flüchtig, jedenfalls im allgemeinen nicht so
flüchtig, wie es im Falle der Verwendung preispolitischer Mittel im Wettbewerbskampf zu sein pflegt. Die Gewinnerwartungen sind also andere als
bei preispolitischen Aktionen zum Zwecke der Gewinnung von Vorzugsstellungen im Markt. Die Stellung eines marktbeherrschenden Unternehmens läßt sich – falls die technischen und absatzpolitischen Voraussetzungen hierfür vorliegen – leichter mit Hilfe der Produktvariation als der
Preispolitik gewinnen. Gelingt es einem auf Erweiterung seines Marktanteils bedachten Unternehmen, Produktverbesserungen auf den Markt zu
bringen und durchzusetzen, bevor die Reaktionszeit der gegnerischen
Unternehmen verstrichen ist, dann besteht begründete Aussicht, eine starke und einflußreiche Stellung im Markt zu gewinnen. Vollzieht sich dieses
Überrunden der nachhinkenden Unternehmungen ständig oder während
eines längeren Zeitraums, dann sind damit die Voraussetzungen für eine
marktbeherrschende Stellung geschaffen. Es ist deshalb nicht zu verwun-
dern, daß derartige Unternehmen mit so großer Zielstrebigkeit und mit so
großem Aufwand für Entwicklungsvorhaben bestrebt sind, sich die Chancen offenzuhalten, ihre starke Stellung im Markt zu behaupten und zu sichern. Ihr Vorsprung, wenn nicht ihre Existenz, bleibt jedoch durch gegnerische Produktvariationen ständig bedroht. Produktvariation ist also keineswegs ein weniger hartes Instrument im Wettbewerbskampf der Unternehmen als die Variation der Preise. Gleichwohl unterscheiden sich zumal
in Hinsicht auf die Reaktionszeit der Konkurrenzunternehmen die beiden
absatzpolitischen Instrumente essentialiter stark voneinander.

3. Unter der Voraussetzung, daß ein Unternehmen lediglich von der
Produktvariation als Mittel des Wettbewerbs Gebrauch macht, seine preispolitischen, absatzorganisatorischen und werblichen Aktivitäten also nicht
ändert, läßt sich der Einfluß einer solchen „Qualitätskonkurrenz" auf seine
Absatz- und Gewinnlage – mit den Mitteln der statischen Theorie – so beschreiben:
Das Unternehmen stellt nur ein Produkt her. Es ändere bestimmte Eigenschaften des Erzeugnisses. Produktkosten und Produktpreis bleiben
unverändert. Ein solcher Fall wird nur dann vorkommen, wenn nur verhältnismäßig geringfügige Änderungen in der Aufmachung oder Verpak-
kung vorgenommen werden. Es kann aber auch sein, daß gewisse produk-

tionstechnische Bedingungen erlauben, zu etwa gleichen Kosten ein qualitativ besseres Produkt herzustellen.

Diese Situation ist in Abb. 85 dargestellt. A_1B_1 ist die Absatzkurve der Ausgangslage, E_1' die zugehörige Grenzerlöskurve. $K'(x)$ gibt die Grenzkosten an und die Gerade p_1 den von dem Unternehmen unverändert gehaltenen Preis. Im Beispiel ist p_1 der gewinngünstigste Preis der Ausgangslage. Er liegt im monopolistischen Bereich der Absatzkurve (Polypolistische Konkurrenz).

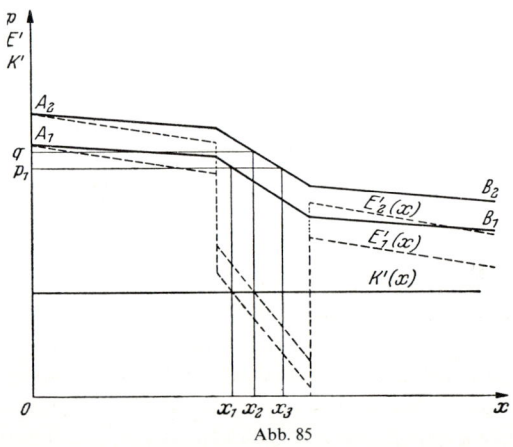

Abb. 85

Das Unternehmen nimmt nun eine Qualitätsverbesserung vor, die zu einer Verschiebung der Absatzkurve von A_1B_1 nach A_2B_2 führt. Damit bietet das Unternehmen seinen Käufern eine bessere Ware zu gleichem Preise an. Die Folge ist, daß sich die Zahl seiner Kunden vermehrt. Die Qualitätsverbesserung bewirkt eine Verschiebung des oberen Grenzpreises nach oben, und zwar deshalb, weil das Unternehmen nunmehr zu einem höheren Preis anbieten könnte, ohne, wie vorher, befürchten zu müssen, daß eine starke Abwanderung seiner Kunden einsetzt. Es hat sich praktisch mit seinen verbesserten Qualitäten in eine höhere Preisklasse hineingeschoben.

Ebenfalls wird der untere Grenzpreis höher liegen, und zwar deshalb, weil das Unternehmen seine Preise nicht so stark herabsetzen muß, um seinen Absatz erheblich auszudehnen. Die Verbesserung der Qualität führt dann zu einer Verschiebung der Absatzkurve nach oben und damit bei gleichem Preise zu einer Vermehrung des Absatzes. Wie die Abb. 85 zeigt, muß die Qualitätsverbesserung ein gewisses Mindestmaß überschreiten, wenn ein nennenswerter absatzpolitischer Erfolg erreicht werden soll. Solange der untere Grenzpreis noch unter dem konstant gehaltenen Preis p_1 liegt, wird die durch die Qualitätsverbesserung erreichte Wirkung gering sein. Erst dann, wenn die Qualitätsverbesserung eine solche Verschiebung der Absatzkurve nach oben bewirkt, daß der untere Grenzpreis nunmehr über dem konstant gehaltenen Preis p_1 liegt, wird der Absatz erheblich anwachsen.

Im Falle der polypolistischen Konkurrenz löst der Zustrom an Käufern keine Reaktionen der Wettbewerbsunternehmen aus. Im Falle oligopolistischer Konkurrenz setzt jenes System von Aktionen und Reaktionen ein, wie es im Zusammenhang mit der Preispolitik bei oligopolistischer Angebotsstruktur geschildert wurde. Nur daß in diesem Fall eine zusätzliche Variable in Erscheinung tritt, nämlich die Produktvariation, die von den Konkurrenzunternehmen außer den Preisen als Mittel des Wettbewerbs verwendet werden kann.

Ein Unternehmen nehme eine Veränderung der Produkteigenschaften vor, die mit gewissen Kostenerhöhungen verbunden ist. Damit ergibt sich die Frage, welche Bedingungen erfüllt sein müssen, damit die Qualitätsvariation vorteilhaft erscheint. Die Herstellung des neuen Erzeugnisses verursache also höhere Kosten als die Herstellung des bisher auf den Markt gebrachten Gutes. Nun führt aber die Erzeugnisverbesserung zu einer Zunahme des Absatzes. Auf der einen Seite sieht sich das Unternehmen den gestiegenen Kosten, auf der anderen Seite einem aus der Absatzzunahme resultierenden Mehrerlös gegenüber. Es wird nur dann die Produktvariation vornehmen, wenn der Mehrerlös die Mehrkosten übersteigt. In diesem Zusammenhang sei auf die Möglichkeit hingewiesen, daß die Produktvariation zu einer Absatzausweitung führt, die es erlaubt, ein bei dem bisherigen Absatz unwirtschaftliches neues Verfahren anzuwenden. In diesem Falle ist die Absatz- bzw. Erlöszunahme mit einer Kostensenkung verbunden. Die Produktverbesserung ist dann vorteilhaft.

Die Überlegungen haben zu dem Ergebnis geführt, daß ein Unternehmen, welches anstelle der bisherigen Erzeugnisse verbesserte Erzeugnisse auf den Markt bringt, seine gewinngünstigste Lage nicht verwirklicht, wenn es seinen Preis konstant hält. Es wäre für dieses Unternehmen vorteilhafter, wenn es seinen Preis auf q (vgl. Abb. 85) erhöhen würde. Produktvariation setzt also auch preisliche Anpassung voraus, wenn die günstigste Gewinnsituation realisiert werden soll. Der Preis q kann unter Umständen außerhalb des preisautonomen Intervalls liegen. Im Fall polypolistischer Konkurrenz ist das für die Preisstellung ohne Bedeutung. Dagegen wird im Falle oligopolistischer Konkurrenz das oligopolistische Reaktionssystem ausgelöst. Das Unternehmen sieht sich vor die gleichen Probleme gestellt, die im Abschnitt IV des siebten Kapitels dargelegt wurden [1].

---

[1] Vgl. hierzu die systematischen Untersuchungen von LÜCKE, W., Qualitätsprobleme in der Produktions- und Absatztheorie, in: Zur Theorie des Absatzes, Hrsg. H. KOCH, Wiesbaden 1973, S. 262 ff.

4. Zwischen dem absatzpolitischen Instrument der Produktgestaltung und dem Unternehmenswachstum besteht ein besonders enger Zusammenhang. Auf die Dauer ist der Expansionsprozeß der Unternehmen nicht so sehr Sache der Preispolitik, der Werbung oder der Absatzorganisation als vielmehr des Produktprogramms, bei Handelsbetrieben des Sortiments. Mag ein Unternehmen seine Waren, Dienste oder Erzeugnisse zu günstigen, für preiswert gehaltenen Preisen anbieten, mag es erfolgreich Werbung betreiben oder über eine leistungsfähige Absatzorganisation verfügen, ob ein Unternehmen überlebt, hier speziell ob es sein Geschäftsvolumen erweitert und seine Expansionslinie durchhält, ist vor allem von den Gütern abhängig, die es anbietet, also von der Anziehungskraft, der Elastizität und der Weitsicht seiner produktpolitischen Konzeptionen. Es kann kein Zweifel daran bestehen, daß die Produktgestaltung, die Sortimente und Produktprogramme die wichtigsten einzelwirtschaftlichen wachstumsbestimmenden Größen bilden. Ihre Bedeutung liegt vor der der Preispolitik, der Absatzorganisation und der Werbung. Diese Tatsache schließt nicht aus, daß die Produktgestaltung nur im Zusammenhang und in Abstimmung mit den anderen absatzpolitischen Instrumenten zu ihrer vollen Wirkung kommen kann und daß das Wachstum der Unternehmen stets nur das Ergebnis der Unternehmenspolitik auf weite Sicht sein kann. Daß die Produktgestaltung ein Wachstumsferment höchster Potenz ist, wird heute allgemein anerkannt.

Es gibt bestimmte Geschäfts-, insbesondere Industriezweige, deren Erzeugnisse und Herstellungsverfahren als verhältnismäßig ausgereift gelten können. In solchen Fabrikationssparten kann die Produktgestaltung nicht jenes starke Wachstumsmoment sein, als das sie im Unternehmen fungiert, deren Produktion für instabile Bedarfe bestimmt ist, die unter starkem Wettbewerbsdruck stehen und deren Produkt- und Herstellungsbereich nicht „ausgereift" ist, sich vielmehr ständig in Bewegung befindet.

Die moderne betriebswirtschaftliche Wachstumstheorie begreift denn auch die Produktgestaltung mit der ganzen Apparatur ihrer methodischen Möglichkeiten als einen einzelbetrieblichen Wachstumsfaktor höchster Potenz. Sie fügt Prozeduren der Produktgestaltung in ihre einzelwirtschaftlichen Wachstumsmodelle ein, mit denen sie zugleich einen Beitrag zur Erklärung des gesamtwirtschaftlichen Wachstums leistet [1].

---

[1] ALBACH, H., Zur Theorie des wachsenden Unternehmens, in: Theorie des einzelwirtschaftlichen und des gesamtwirtschaftlichen Wachstums, hrsg. von W. KRELLE, Berlin 1965, S. 9 ff.; BROCKHOFF, K., Unternehmenswachstum und Sortimentsänderungen, Köln und Opladen 1966; SABEL, H., Produktpolitik in absatzwirtschaftlicher Sicht, Grundlagen und Entscheidungsmodelle, Wiesbaden 1971, S. 48 ff.; RAMSER, H. J., Wachstum als Unternehmungsziel, in: Zeitschrift für betriebswirtschaftliche Forschung, 24. Jg. (1972), S. 209 ff.; BAUMOL, W. J., Business Behavior, Value and Growth 1959; MORRIS, R., The Economic Theorie of Managerial Capitalism, 1964.

D. Die akquisitorischen Mittel der Produktgestaltung

Die als Qualitätskonkurrenz bezeichnete, vor allem mit den Mitteln der Produktdifferenzierung und der Produktvariation arbeitende Art des Wettbewerbs hat im Produktbereich zu einer intensiven Durchdringung technischen und absatzwirtschaftlichen Denkens geführt. Dieser Prozeß ist zwar in den einzelnen Industriezweigen unterschiedlich fortgeschritten, in Industrien des Konsumgüterbereichs stärker als in Investitionsgüterindustrien. Aber auf die Wahl zwischen mehreren technischen Alternativen der Produktgestaltung üben in zunehmendem, oft schon beherrschendem Maße absatzwirtschaftliche Überlegungen ihren Einfluß aus.

Die Anreicherung der modernen Märkte mit Waren und Dienstleistungen birgt die Gefahr in sich, daß die Waren oder Dienste in der Anonymität der Märkte untergehen, gewissermaßen beliebig austauschbar werden und jede Individualität verlieren. Es kann sein, daß dieser Vorgang akquisitorisch vorteilhaft ist. Erscheint aber das Absinken von Erzeugnissen oder Leistungen in Unbekanntheit und Ununterscheidbarkeit als betriebswirtschaftlich unerwünscht, dann wird mit allen absatzpolitisch möglichen Mitteln versucht, dieser Entwicklung entgegenzutreten. Das Mittel, diese Wirkung zu erzielen, besteht darin, die Erzeugnisse oder Dienste der Unternehmen zu markieren.

a) Ein solches Markierungsmittel ist das Warenzeichen, das, auf eine lange Geschichte zurückblickend, der modernen Wirtschaft in vielen Produktbereichen sein Gepräge verleiht, so stark zwar, daß es ganzen Industriezweigen, eben den Markenartikelindustrien, seinen Namen gegeben hat. Ursprünglich als Bildzeichen entwickelt, haben dann später die Warenzeichen auch die Form von Wortzeichen oder von aus Wort und Bild bestehenden Zeichen angenommen, und zwar international, mit dieser oder jener Abweichung und Besonderheit im einzelnen. So gibt es in den USA seit dem Jahre 1946 auch Hörzeichen, Zahlen und Buchstaben können nur dann Warenzeichen sein, wenn sie sich im Verkehr durchgesetzt haben (4711, AEG). Der Inhaber eines solchen Zeichens hat das ausschließliche Recht, das Zeichen auf Waren, Verpackungen und Umhüllungen anzubringen und es in Prospekten, Preislisten, Geschäftsbriefen und Medien für Zwecke der Werbung zu benutzen.

Das Warenzeichen ist eines der wichtigsten absatzwirtschaftlichen Instrumente für den Aufbau und die Erhaltung eines Waren- und Firmenimages [1].

Die als Markenartikel bezeichneten Gegenstände sind also Waren, die durch Warenzeichen oder Ausstattungen gesetzlich geschützt sind. Die

---

[1] In der Bundesrepublik Deutschland werden Warenzeichen in eine beim Deutschen Patentamt geführte Zeichenrolle eingetragen. Vgl. das Warenzeichengesetz vom 5. Mai 1936, in der Fassung vom 18. Juli 1953 und vom 23. März 1961.

Waren müssen standardisierbare Erzeugnisse für die Deckung differenzierten Massenbedarfs sein. Obwohl die Hersteller von Markenartikeln keine Garantie für die gleichmäßige Qualität der Waren übernehmen, verbindet sich mit dem Begriff der Markenartikel in dem Bewußtsein der Käufer doch die Vorstellung von gleichbleibender Beschaffenheit. Die Markenartikelfirmen legen auf die Beibehaltung bestimmter Qualitäten Wert. Für Markenartikel wird vornehmlich mit den Mitteln der Massenmedien, aber auch der Verkaufsförderung, geworben.

In vielen Zweigen der Konsumgüterindustrie bestimmen Markenartikel das Verkaufsprogramm. Die Selbstbedienungsläden haben die Tendenz zum Markenartikel verstärkt. Auch Werkstoffe (Stahllegierungen, synthetische Fasern, Plastikmassen und andere Werkstoffe) werden heute in der Form von Markenartikeln vertrieben. Die Tendenz zum Markenartikel ist weltweit.

b) Auch die „Ausstattung" der Erzeugnisse oder Waren bedeutet eine Markierung. Unter Ausstattung ist alles zu verstehen, was als Hinweis auf die Herkunft eines Erzeugnisses aus einem bestimmten Unternehmen zu dienen vermag, sofern sie sich im Geschäftsverkehr durchgesetzt hat. Unter dieser Voraussetzung wird die Ausstattung, wie das Warenzeichen, rechtlich geschützt. Die Ausstattungen bestehen aus besonders auffallenden und einprägsamen Formgebungen, Umhüllungen, Verpackungen, Beschriftungen, Farbmustern, Farbzusammenstellungen, Textinhalten oder graphischen Gestaltungen. Der Rechtsschutz erstreckt sich jedoch nur auf die Formgebung, nicht auf das Material, aus dem ein Produkt besteht, auch nicht auf die konstruktiven Einzelheiten oder die besonderen Formen oder Farben, die für Teile des Erzeugnisses gewählt werden. Nicht die funktionellen, sondern die akquisitorischen Eigenschaften der Waren sollen geschützt werden.

c) Die Unternehmen benutzen nicht nur gesetzlich geschützte Markierungen für ihre Erzeugnisse, um sich im Wettbewerb durchzusetzen. Auch die Verpackung der Waren, mehr noch ihre Packung, wird dazu verwandt, ihre Verkäuflichkeit zu erhöhen. Aus dem Bestreben, die Waren zu verpacken, um sie vor Beschädigungen während des Transports oder der Lagerung zu bewahren, ist das akquisitorische Instrument der Packung entstanden. Hierunter ist die verkaufsgerechte Form der Ware nach Menge, Art und äußerer Aufmachung zu verstehen. Beim Verkauf wird also die Ware nicht mehr von dem Verkäufer gezählt, gemessen und abgewogen, sondern in den bereits vorliegenden fertigen Packungen an die Kunden abgegeben. Die Selbstbedienungstechnik hat die Bedeutung der Packungen für den Warenverkauf erheblich erhöht. Die Packung ersetzt in diesen Geschäften weitgehend den die Kunden bedienenden Verkäufer.

Die akquisitorische Wirkung der Packung ist von verschiedenen Faktoren abhängig: erstens von ihrer Größe, also zum Beispiel von der Stückzahl (Zahl der Zigaretten je Packung u. a.), dem Gewicht, dem Inhalt der Schachteln, Dosen, Tuben, Flaschen u. ä. Wenn die Größe der Packungen den Wünschen der Käufer nicht entspricht, dann erweist sich die gewählte Form als verfehlt. Die richtige Größe der Packung ist diejenige, in der sich die Ware am leichtesten verkaufen läßt. Die akquisitorische Wirkung von Packungen hängt zweitens davon ab, ob die gewählte Form von den Käufern für praktisch gehalten wird. Das wird dann der Fall sein, wenn sich die Packung für die Aufbewahrung der Ware eignet, sich leicht öffnen und schließen oder mehrere Male verwenden läßt oder – in bestimmten Fällen –, wenn das Material durchsichtig genug ist, um die Qualität der Ware erkennen zu lassen. Oft werden den Packungen kleine Meßgeräte, Löffel, Rezepte, Gebrauchsanweisungen beigefügt, um den Gebrauch der Ware zu erleichtern. Die modernen Plastikstoffe, aber auch die technische Weiterentwicklung der Verpackungs-, Abfüllmaschinen u. s. f. haben die Entwicklung auf diesem Gebiet gefördert. Die akquisitorische Wirkung einer Packung wird drittens von der gewählten Form und Farbe, der graphischen Ausgestaltung, der Markenbekanntheit und den Texten bestimmt. Für diese Momente gelten die gleichen Überlegungen, wie sie im Zusammenhang mit dem Entwurf und der Gestaltung von Plakaten, Anzeigen u. a. angestellt werden. Auch bei Packungen sind Material, Form, Farbe und Muster um so günstiger gewählt, je größer die Aufmerksamkeit ist, die sie wecken. Wenn auch ohne besonderen Rechtsschutz, ist die Packung wie die gesetzlich geschützte Warenausstattung, zu der auch sie gehören kann, zu einem erfolgreichen Mittel im Wettbewerb der Unternehmen um ihre Kunden geworden.

d) Eine andere Perspektive eröffnet sich, wenn zum Beispiel eine Automobilfabrik einen bestimmten Stil oder eine bestimmte Farbskala für Karosserien ihrer Personenkraftwagen wählt. In diesem Fall tritt ein akquisitorisches Element in den Zusammenhang, das auch als „Styling" bezeichnet wird. Die Auswahl unter mehreren möglichen funktionalen Produkteigenschaften wird nun nach akquisitorischen Kriterien getroffen. Auf die Gestaltung von Fernsehgeräten, von Porzellanservice sei hingewiesen[1].

Die Tendenz, daß akquisitorisches Denken in die konstruktive Gestaltung der Produkte eindringt, ist vor allem für die Konsumgüterindustrie charakteristisch. Gerade in diesen Industriezweigen bestimmen bevorzugt Verkaufsüberlegungen die Auswahl unter den technischen Alternativen der Produktgestaltung. Nicht also zuerst der technische Entwurf, allein nach technischen Erfordernissen im Bereich der Produktklasse, und dann

---

[1] Vgl. hierzu auch die Ausführungen über Produktinformation und Produktgestaltung bei ELLINGER, Th., Die Informationsfunktion des Produkts, in: Produktionstheorie und Produktionsplanung, Festschrift für K. HAX, Köln und Opladen 1966, S. 298 ff.

Markierung der Produkte nach verkaufspolitischen Erfordernissen, sondern erst die aus absatzwirtschaftlichen Überlegungen und Expertisen gewonnenen Einsichten in erfolgversprechende Produkteigenschaften und dann die technische und stoffliche Gestaltung des Produkts – diese Prioritätsverschiebung vom technischen zum absatzwirtschaftlichen Primat läßt sich nur dann in größerem Maße vollziehen, wenn es sich um Produktionszweige handelt, in denen genug technisch erprobte und ausgereifte Alternativen für das verlangte Produkt zur Verfügung stehen. In der Regel wird für die Konstruktion oder die qualitative Gestaltung solcher Erzeugnisse die Preisklasse vorgegeben, in der der Gegenstand verkauft werden soll, oder es werden Eigenschaften verlangt, die über die bisherige Qualitätsnorm der Preisklasse hinausgehen. Der Prozeß der Integration von technisch-konstruktivem und akquisitorischem Denken setzt sich mit unverminderter Stärke fort.

e) In den modernen Konsumgüterindustrien sind Marken, Ausstattungen, Packungen und Styling selbst wieder Mittel, die Waren mit einer Eigenschaft zu versehen, die als Image bezeichnet wird. Die Praxis verfährt von jeher nach der Erfahrungsregel, daß nicht die technologisch-funktionalen Eigenschaften, auch nicht der Gebrauchs-, selbst nicht der Geltungsnutzen der Gegenstände das Kaufverhalten bestimmen, sondern die Vorstellungen, die die potentiellen Käufer von den stofflichen Eigenschaften der angebotenen Erzeugnisse oder Dienste haben. Diese Ansichten zu beeinflussen und ein bestimmtes Image für das angebotene Sortiment aufzubauen, zu erhalten, zu verstärken oder in andere, für vorteilhafter gehaltene Richtungen zu lenken, ist eines der Hauptanliegen der modernen Wirtschaftswerbung. Images sind keine materiellen Güter oder Rechte wie Warenzeichen, Ausstattung und Packung, sondern immaterielle Güter, deren Bedeutung für die Anziehungskraft von Produkten auf die Verbraucher unbestritten ist. Auch der Anteil der Werbung an der Entstehung, Erhaltung und Pflege eines Produktimage ist groß. Es hieße jedoch die Situation verkennen, wenn nicht auf die große Bedeutung hingewiesen würde, die die Erfahrung der Verbraucher oder Verwender mit den Erzeugnissen des Unternehmens für das Produkt- oder Unternehmensimage besitzt. Die Werbeaussagen unterliegen ständig der Korrektur durch die Produkterprobungen der Käufer selbst. Diese Erprobungen bestätigen oder widerlegen die Aussagen der Werbung.

f) Die Ausstattung der Produkte mit insbesondere funktionalen Eigenschaften vollzieht sich im Rahmen gesetzlicher Vorschriften, Vereinbarungen über Qualitätsstandards und auch mit Rücksicht auf Vorstellungen und Tendenzen, die das gesellschaftliche Bewußtsein der Zeit mitbestimmen. Auch diese Faktoren sind Daten der Produktgestaltung. Die Übertreibungen des Marketingdenkens haben Bestrebungen ausgelöst, darauf gerichtet, das Informationsniveau der Bevölkerung zu heben und die Verbraucher und Verwender zu einer kritischeren Einstellung zu dem Produkt- und Dienstleistungsangebot zu bringen, dem sie sich gegenübersehen. Die unübersehbare Fülle und der ständige Wechsel des gesamtwirtschaftlichen Warensortiments hat ein Informationsdefizit entstehen lassen, das zu vermindern Verbraucherverbände, Testinstitute und andere Einrichtungen auf den Plan gerufen hat. Sie versuchen, im Rahmen des ihnen Möglichen, den informatorischen Widerpart zu den Herstellern zu halten und liefern damit wichtige, neue Daten für die Produktgestaltung.

Je mehr sich zudem die Vorstellungen über Schäden verdichten, die durch Produkte verursacht werden, welche die Gesundheit der Bevölkerung gefährden oder zu einer Verschwendung volkswirtschaftlicher Ressourcen führen, um so größer wird die Bedeutung der sich aus diesen Einstellungen ergebenden Forderungen der Öffentlichkeit nach Respektierung durch die Hersteller und Anbieter von Sachgütern und Dienstleistungen. So werden die aus bereits bestehenden oder befürchteten Notsituationen resultierende Forderungen der Allgemeinheit zu Daten der Produktgestaltung [1].

g) In dem Bestreben, das Sortiment zu profilieren und sein Image zu erhöhen, sind Handelsbetriebe in steigendem Maße dazu übergegangen, einzelne Artikel oder Teile ihres Sortiments durch Handelsmarken auszuzeichnen. Während das Angebot von Markenartikeln bisher fast ausschließlich Sache von Herstellerfirmen war, hat sich hier in den beiden letzten Jahrzehnten ein Wandel vollzogen. Die Bewegung hin zur Handelsmarke hat in den USA begonnen und dann auf die Bundesrepublik übergegriffen. Zurückzuführen ist diese Entwicklung vor allem auf ein neues Selbstverständnis bestimmter Gruppen von Handelsunternehmen. Sie wollen nicht mehr nur „Verteiler" der gesamtwirtschaftlichen Produktion, nicht mehr nur gewissermaßen der verlängerte Arm der Produzenten sein, sondern eigene Zentren absatzpolitischer Aktivität, gewissermaßen auf gleicher Ebene wie die Herstellerbetriebe. Diese neue Einstellung zu ihren eigenen Funktionen gilt nicht für den Handel schlechthin, sondern nur für solche Teile des Handels, die durch ihre betriebswirtschaftliche Konstitution und Funktionsweise eine verhältnismäßig starke Position gegenüber Herstellern besitzen, eigene Verkaufskonzeptionen zu entwickeln in der Lage sind und hierbei von ihren eigenen Marken – oft in Konkurrenz mit Herstellermarken – Gebrauch machen. Langfristig gesehen werden nur große Handelsunternehmen in der Lage sein, einen leistungsfähigen Produktwettbewerb mit dem Markenartikel aufzubauen. Vor al-

---

[1] Vgl. hierzu AAKER, D. A. und DAY, G. S., Consumerism, New York 1974 und MEFFERT, H., Marketing und Konsumerismus, in: Zeitschrift für Betriebswirtschaft 45. Jg. (1975), S. 69 ff.; vgl. hierzu auch HEINEN, E., Determinanten des Kundenverhaltens – Zur Problematik der Konsumentensouveränität, in: Zur Theorie des Absatzes, Hrsg. H. KOCH, Wiesbaden 1973, S. 81 ff.

lem sind es Einzelhandelsunternehmen und Handelsorganisationen, die zur Entwicklung eigener Handelsmarken übergegangen sind [1]. Im Bereich der Einzelhandelsunternehmen sind es vor allem die Großverteiler, also zum Beispiel Warenhäuser, Kaufhäuser, Filialunternehmen, Konsumgenossenschaften und Versandgeschäfte, die mit eigenen Marken operieren. Im Bereich des Großhandels vollzieht sich die Entwicklung von Großhandels-Eigenmarken hauptsächlich im Rahmen der Freiwilligen Ketten. Zu den Handelsorganisationen, die eigene Handelsmarken schaffen, gehören außer den Freiwilligen Ketten vor allem die Einkaufsvereinigungen des Einzelhandels und sonstige Einkaufszusammenschlüsse des Groß- und Einzelhandels.

Die weiteste Verbreitung haben Handelsmarken auf dem Gebiet der Nahrungs- und Genußmittelindustrie, aber auch auf Teilgebieten des Verkaufs von dauerhaften Konsumgütern gefunden (Fahrräder, Uhren, Rundfunkgeräte, Photoartikel u. ä.).

Die Handelsmarken stehen stets in einer gewissen Konkurrenz zu den Hersteller-Marken. Ihre Chancen, sich gegen diese Marken durchzusetzen, erscheinen verhältnismäßig gering, wenn es sich dabei um etablierte, im Bewußtsein der Käufer verwurzelte Herstellermarken handelt. Dagegen ist anzunehmen, daß Handelsmarken gegenüber solchen Herstellermarken eine stärkere Position besitzen, deren akquisitorisches Potential wenig ausgeprägt ist. Am günstigsten sind die Aussichten für Handelsmarken gegenüber Herstellermarken, die verhältnismäßig wenig bekannt und im gesamtwirtschaftlichen Warensortiment ohne wesentliche Bedeutung sind. Das Hauptfeld der absatzpolitischen Betätigung des Handels mit eigenen Marken sind zur Zeit die sogenannten problemlosen Massenprodukte. Jedoch ist eine gewisse Tendenz dahingehend spürbar, auch hochwertige, der Erklärung und des Service bedürfende „Problemlösungsprodukte" in das Markensortiment aufzunehmen. Diese Entwicklung setzt allerdings voraus, daß der Handel die Beratungsaufgaben zu übernehmen vermag, die mit diesen Produkten verbunden sind. Der Eintritt von Handelsmarken in das Angebot von Prestigeprodukten erscheint zur Zeit noch problematisch. Auszuschließen ist diese Entwicklung jedoch nicht [2]. Da sich die Wirkung von eigenen Marken auf den verhältnismäßig engen Verkaufsbereich des Handelsunternehmens beschränkt, lassen sich für die Kreierung eines Markenimage für die Marke die Mittel der klassischen Werbung nur in begrenztem Maße anwenden. Im Ausgleich für diesen Mangel stehen

---

[1] Vgl. LUTZ, H., Die Handelsmarke in der Bundesrepublik, in: Der Markenartikel, Jg. 1965, S. 253 ff.

[2] Vgl. hierzu die Ausführungen von POHL, L. G., Handelsmarketing durch Handelsmarkenpolitik, Wiesbaden 1973, vor allem die Ausführungen auf S. 19 ff., 35 ff. und 54 ff.; im übrigen sei auf die umfassende Untersuchung verwiesen, die O. AMGEHRN diesem Problem in seinem Buch: Hausmarken und Herstellermarken im Wettbewerb, Stuttgart 1969 widmet.

den Marken schaffenden Handelsunternehmen aber alle Mittel der Verkaufsförderung zur Verfügung. Die Unmittelbarkeit der Kontakte mit den Käufern am Ort ihres Warenkaufs bietet besonders günstige Voraussetzungen für die Bekanntmachung und Durchsetzung der eigenen Marken. So ist es denn auch zu verstehen, daß die mit eigenen Marken arbeitenden Verkaufskonzeptionen der Handelsunternehmen nicht notwendig mit den Verkaufskonzeptionen der Herstellerbetriebe übereinstimmen müssen. Konflikte lassen sich deshalb nicht ausschließen. Neue Formen der Zusammenarbeit zwischen Herstellern und Händlern sind deshalb zu entwickeln notwendig geworden. Nur auf diese Weise ist es möglich, zu einer im Interesse beider Partner liegenden Kooperation zu gelangen.

Ob Aussicht besteht, Handelsmarken mit gleichem qualitativem Niveau wie die großen etablierten Herstellermarken auf dem Gebiet der Problemlösungs- und der Prestigeprodukte zu schaffen, erscheint deshalb nicht ohne weiteres sicher, weil den Handelsbetrieben im allgemeinen die technische Kompetenz fehlen wird, die die Voraussetzung für qualitativ hochwertige Markenerzeugnisse bildet. Auch muß der Wirkungsraum von Handelsmarken notwendig auf die eigenen Verkaufsmöglichkeiten des Unternehmens begrenzt bleiben. Zur Schaffung von Markenimage aber gehören weit über Raum und Zeit streuende Kontakte der propagierten Marken mit der breiten Masse des kaufenden Publikums. Im engeren Bereich der unmittelbaren Kaufkontakte aber bleiben den Handelsmarken große Chancen, obwohl nicht recht abzusehen ist, welche Firmen die Problemlösungs- und die Prestigeprodukte herstellen werden, die dann unter dem Etikett der Handelsmarke verkauft werden sollen. Gleichwohl gibt die Tatsache, daß eben Handelsbetriebe eigene Marken schaffen, Anlaß, das Verhältnis zwischen Herstellern und Handel neu zu überdenken.

III. Die Gestaltung des Absatzprogramms als Ganzes

A. Sortimentsgestaltung im Handel.
B. Bindungen der Programmgestaltung an technische Daten in der Industrie.
C. Substitutionale und komplementäre Beziehungen in Absatzprogrammen.
D. Zur optimalen Bestimmung vollständiger Absatzprogramme.

A. Sortimentsgestaltung im Handel

1. Grundbegriffe.
2. Betriebsform und Sortiment.

1. Den Unternehmen des Dienstleistungsbereichs fehlt jene Gebundenheit an produktions- oder gewinnungstechnische Gegebenheiten und Zwänge, die auf die Produktgestaltung von Industriebetrieben einen so großen Einfluß ausübt. Zwar gibt es auch in Unternehmen des Dienstleistungsbereichs, von denen in diesem Zusammenhang nur die Unternehmen der Distribution, die Handelsbetriebe, interessieren, Umstände, die die operative Freiheit im absatzwirtschaftlichen Feld einengen und die Produktgestaltung, hier wesentlich die Sortimentsgestaltung, mit Aufgaben besonderer Art belasten.

Die Tatsache, daß die den Kunden angebotenen Sortimente verhältnismäßig frei beschaffbar und ohne technische Komplikationen auswechselbar sind, läßt in einem Maße Raum für Artikelkombinationen, wie ihn Industrieunternehmen nur in Ausnahmefällen kennen. Die Logik und die Konsequenzen rationaler Überlegungen regulieren aber auch im Handel die Verkaufsprogramme auf Prinzipien ein, die die Vielfalt der grundsätzlich möglichen Sortimente begrenzen. Das gilt sowohl für breite wie für enge (spezialisierte) Sortimente. Im zuerst genannten Fall werden im Sortiment Waren angeboten, die unterschiedlichen Warengattungen angehören. Warenhäuser, Käufermärkte, Versandgeschäfte repräsentieren diesen früher als Gemischtwarengeschäfte bezeichneten Einzelhandelstyp. Die Breite des Sortiments führt mit Notwendigkeit zu einer Verengung des Angebots in den einzelnen Warengattungen. Ein enges (oder spezialisiertes) Sortiment liegt vor, wenn in einem Sortiment Waren geführt werden, die im wesentlichen nur einem Produktbereich angehören. Der Enge des Sortiments entspricht unter diesen Umständen eine gewisse Tiefe und Reichhaltigkeit des Warenangebots in dem Produktbereich. Die Fachgeschäfte des Einzelhandels gehören hierher. Auch Kaufhäuser rechnen zur Gruppe der Einzelhandelsgeschäfte mit stark gestreutem, tiefem Sortiment, falls sie auf einen bestimmten Bedarf, zum Beispiel auf den Bedarf an Textilerzeugnissen, spezialisiert sind.

Wenn ein Einzelhandelsunternehmen sein Verkaufsangebot so gestaltet, daß es einen echten Querschnitt durch das Warenangebot in diesem Geschäftszweig bietet, dann führt das Unternehmen ein repräsentatives Warensortiment. Es muß nicht unbedingt vollständig sein, aber einen gültigen Ausdruck dessen bilden, was an Qualitäten in dieser Sparte geboten wird [1].

2 a) Die Fachgeschäfte bilden nach wie vor den Hauptanteil der klein- und mittelbetrieblichen Einzelhandelsunternehmen, obwohl ihr Anteil an

---

[1] Vgl. hierzu vor allem GÜMBEL, R., Die Sortimentspolitik im Einzelhandel, Köln und Opladen 1963, insbesondere die Ausführungen über die Detailplanung von Sortimenten (S. 164 ff.) und über die Sortimentspolitik als konkurrenzwirtschaftliches Problem (S. 239 ff.).

der Gesamtzahl der Einzelhandelsbetriebe ständig zurückgeht. In der Regel sind die Fachgeschäfte auf einen bestimmten Produktbereich oder eine Branche spezialisiert. In diesem Sinne spricht man von Spezialgeschäften des branchenorientierten – klein- oder mittelbetrieblichen – Einzelhandels. Die Unternehmen dieser Art unterscheiden sich durch das Maß an Spezialisierung, das sie anstreben und aufweisen und damit durch die Tiefe ihres Sortiments. Gelegentlich macht sich die Tendenz bemerkbar, das Sortiment – meist in begrenztem Maße – durch die Aufnahme „branchenfremder" Erzeugnisse zu erweitern.

Als Fachgeschäfte werden auch solche Einzelhandelsbetriebe bezeichnet, deren Sortiment nicht auf rohstoff- oder fertigungsverwandte Erzeugnisse gerichtet (nicht branchenorientiert ist), sondern auf einen bestimmten Bedarf abgestellt ist. Das „bedarfsverwandte" Sortiment dieser Einzelhandelsunternehmen ist so abgestimmt, daß ein Verbraucher oder Verwender in dem Geschäft alle Gegenstände kaufen kann, die einen bestimmten Bedarf zu befriedigen in der Lage sind, zum Beispiel Sportbedarf, Jagdbedarf u. ä. Die Gegenstände stammen dann aus verschiedenen Produktionszweigen oder Branchen (zum Beispiel: Jagdbekleidung, Schuhe, Waffen u. ä.). Ob in solchen Fällen noch von Fachgeschäften im Sinne von Einbranchengeschäften gesprochen werden kann, erscheint allerdings fraglich.

Der Begriff des Fachgeschäfts ist auch insofern problematisch, als mit ihm die Vorstellung von fachmännischer Beratung und fachlicher Gewähr für die Güte der angebotenen Erzeugnisse oder Dienste verbunden wird. In diesem Sinn spricht man von Fachgeschäften für Optik, orthopädischen Fachgeschäften, von Fachgeschäften für elektrische Einrichtungen und Geräte, von Möbelfachgeschäften u. s. f. Ob es zulässig ist, mit jedem Einzelhandelsfachgeschäft die Vorstellung von besonderer fachlicher Qualifikation zu verknüpfen, ist zweifelhaft. Oft klingt in dem Ausdruck „Fachgeschäft", wenigstens im deutschen Sprachraum, noch die Erinnerung an die handwerkliche Herkunft vieler Einzelhandelsgeschäfte mit. Aber die Sortimentspolitik dieser Geschäfte wird grundsätzlich von Überlegungen bestimmt, die auf die Wünsche, Qualitäts- und Preisvorstellungen derjenigen Teile der Bevölkerung gerichtet sind, die die „Zielgruppe" des Fachgeschäfts bilden.

b) Die Warenhäuser sind die typischen Repräsentanten des großbetrieblichen Einzelhandelsgeschäfts. Sie fassen eine Vielzahl branchen- und bedarfsorientierter Aktivitäten gewissermaßen in einem großen Laden zu wirtschaftlichen, finanziellen, organisatorischen und führungstechnischen Einheiten zusammen und stehen in grundsätzlicher Konkurrenz zu den klein- und mittelbetrieblichen Einzelhandelsfachgeschäften. Aus dieser Wettbewerbssituation resultieren die Spannungen in ihrer Sortimentspolitik. Die Breite ihres Sortiments drängt auf äußerste Straffung, auf Waren mit schnellem Umsatz, also großen Massenverkaufschancen. Die Sortimente, die in den einzelnen Geschäftssparten angeboten werden, tendieren also von sich aus nicht auf Tiefe. Große Umsätze aber lassen sich andererseits nur erzielen, wenn das Sortiment in den einzelnen Abteilungen nicht zu stark von dem Warenangebot selbständiger Einzelhandelsgeschäfte mit durchschnittlicher Leistungsfähigkeit abweicht. Die Sortimente der Warenhäuser dürfen vor allem in den mittleren Preislagen nicht zu sehr von dem Warenangebot der Fachgeschäfte abweichen. Da nun aber gerade in den mittleren Preislagen weitgehend standardisierte Waren, insbesondere Marken, angeboten werden, die sowohl in Einzelhandelsgeschäften wie in den entsprechenden Abteilungen der Warenhäuser geführt werden, so vollzieht sich eine Art von sortimentspolitischem Angleichungsprozeß zwischen Warenhäusern und Einzelhandelsfachgeschäften. Größere Reichhaltigkeit in den mittleren Preis- und Qualitätslagen und reichhaltigere Ausstattung des Sortiments mit Waren besserer Qualität und in höheren Preislagen bilden den geschäftspolitischen Raum, in dem die Einzelhandelsfachgeschäfte mit den Warenhäusern erfolgreich konkurrieren können. Versteht man unter der Tiefe eines Sortiments seine Reichhaltigkeit in allen Qualitäts- und Preisklassen eines Produkts oder eines Produktbereichs oder von Ausschnitten aus diesem Bereich, dann zeigen sich in dieser Dimension wesentliche Unterschiede zwischen der klein- und der großbetrieblichen Organisationsform einzelhandelsgeschäftlicher Betätigung. Der steigende Wohlstand der Bevölkerung und die Berücksichtigung dieser Entwicklung bei der Bestimmung der Sortimente hat aber den Trend zur Deckung von differenziertem, um nicht zu sagen, von Luxusbedarf durch Warenhäuser starken Auftrieb gegeben. Hochwertige Artikel weisen im Sortiment von Warenhäusern oft die größten Zuwachsraten auf, zum Beispiel in den Sparten handgeknüpfter Teppiche, Pelz- und Lederbekleidung, Juwelierwaren u. ä. Bei allen Unterschieden in den sortimentspolitischen Konzeptionen von Warenhäusern und Einzelhandelsfachgeschäften läßt sich aber nicht verkennen, daß die Sortimente dieser beiden großen Sparten des Einzelhandels in vielen Produktbereichen konvergieren.

Die Warenhäuser unterscheiden sich durch ihre Filialpolitik. Es gibt Warenhäuser mehr konservativen Charakters, die große und repräsentative Gebäude in den Geschäftszentren der großen Städte bevorzugen. Andere Warenhäuser, besser wohl Warenhauskonzerne, verzichten nicht auf Niederlassungen in den Randzonen der großen Städte und in mittleren Städten, beteiligen sich auch an Einkaufszentralen an der Peripherie der großen Städte. Warenhäuser dieser Art nähern sich dem Typ des Massenfilialunternehmens, nur daß eben diese Filialen ein Warenhaussortiment führen. In dem Maß, in dem die in den Städten der Niederlassungen wohnende Bevölkerung ihrer Bedarfsstruktur und ihrem Lebensstandard nach größere Unterschiede aufweist, muß auch die Zusammensetzung der Sortimente, das Preislagen- und Güteklassenniveau differenziert werden. Die als Filialen fungierenden Niederlassungen sind unter solchen Umständen gezwungen, ihr Sortiment zu individualisieren. In die sortimentspolitischen Überlegungen spielen dann auch die standörtliche Situation der Niederlassung, die Zahl, Art und Leistungsfähigkeit der konkurrierenden Einzelhandelsgeschäfte hinein.

c) Im allgemeinen spricht man von Massenfilialunternehmen, wenn es sich um Unternehmungen mit einer Vielzahl dem Prinzip nach gleichstrukturierter Niederlassungen handelt. Die Filialen passen aber ihr Sortiment im Rahmen des Gesamtsortiments des Unternehmens an die besonderen Umstände ihrer Kunden- und Verkaufssituation an. Die Massenfilialunternehmen können Einzelhandelsfachgeschäfte, aber auch Unternehmen sein, deren Niederlassung ein breit gestreutes Warenhaussortiment oder auch ein für Versandhäuser, auch für Konsumgenossenschaften charakteristisches Sortiment führen. Die Massenfilialbetriebe mit dem Sortiment von Spezialfachgeschäften finden sich vor allem im Lebens- und Genußmittelhandel, aber auch im Handel mit Textilien, Leder- und Kürschnerwaren, Öfen u. a. Filialunternehmen mit mehr als 20 Niederlassungen gibt es vor allem im Handel mit Nahrungs- und Genußmitteln. Die Zentralen besitzen fast stets den Charakter von Großhandelsbetrieben, die Niederlassungen den von Einzelhandelsgeschäften. Das Warenangebot kann in den Großfilialbetrieben in gemischten Sortimenten, zum Beispiel im Nahrungs- und Genußmittelbereich, aber auch aus Spezialsortimenten für differenzierten Bedarf, etwa für Textilien, Kaffee, Süßwaren bestehen. Das Sortimentsniveau ist unterschiedlich. Es paßt sich der Verkaufskonzeption der Geschäftsleitung und dem Bedarf der kaufenden Bevölkerung und der Konkurrenzsituation an. In Filialbetrieben des Lebensmittelhandels ist die Selbstbedienung mit allen für die Sortimentsgestaltung wichtigen Konsequenzen zur vorherrschenden Vertriebsform geworden (verpackte, standardisierte Ware, äußerst knapp kalkuliert).

d) Die Verbrauchermärkte weisen betriebswirtschaftlich große Ähnlichkeit mit den Warenhäusern auf. Auch sie stellen Läden im Großformat dar, die in diesem Fall aber bewußt so lokalisiert sind, daß sie verkehrsgünstig liegen und gute Parkmöglichkeiten bieten. Da sie oft außerhalb der Stadtkerne liegen, stellen sie ihr Sortiment so zusammen, daß der Käufer Einkäufe für längere Zeiträume tätigen kann. Die Gefrierschranktechnik hat für den Einkauf von Lebensmitteln für längere Zeit besonders günstige Voraussetzungen geschaffen. Das Sortiment hat Ähnlichkeit mit dem Warenangebot von Warenhäusern. Es ist breit, aber nicht sehr tief. Bevorzugt werden niedrige bis mittlere Preisklassen. Die Preise sind niedrig kalkuliert. Das Selbstbedienungsprinzip hat sich durchgesetzt. Gerade die Anwendung des Selbstbedienungsprinzips in Verbrauchermärkten

zeigt deutlich, daß die Standardisierbarkeit von Waren keine gegebene
Größe ist, sondern weiter entwickelt werden kann. Aus Gründen des kal-
kulatorischen Ausgleichs werden immer mehr Non-food-Artikel in das
Verkaufsprogramm aufgenommen. Auch bei den Verbrauchermärkten ist
eine starke Tendenz zur Annäherung des Sortimentsniveaus an anspruchs-
volleren Bedarf erkennbar.

e) Während die bisher beschriebenen Betriebsformen des Einzelhandels ihre Geschäfte über Läden tätigen, arbeitet der Versandhandel ohne
derartige Verkaufsstätten. Es gibt Versandhäuser unterschiedlicher Größe,
auch unterscheiden sie sich durch die Art ihrer Offertabgabe. In diesem
Sinne spricht man von Vertreter-, im anderen Fall von Katalogversand-
handel. Hier interessiert nur die zuletzt genannte Form des Versandhan-
dels. Bei ihm schiebt sich zwischen Versandhaus und Kunden der Katalog
ein, der das Sortiment des Versandunternehmens repräsentiert. Da im reinen Versandgeschäft persönliche Kontakte mit den Kunden fehlen (oft
werden allerdings Sammelbesteller und nebenberuflich Tätige in den Be-
stellvorgang eingeschaltet), muß für die sich so den Unternehmen ver-
schließende Informationsquelle über die Entwicklung der Kundenbedürf-
nisse und Wünsche und über die Reaktion der potentiellen Käufer auf das
Katalogangebot ein Ausgleich geschaffen werden. Systematische Informationsgewinnung über diese Faktoren und methodisch gesicherte Bedarfs-
und Marktanalysen bilden das hauptsächliche Informationsinstrument
von Versandhäusern. Sie ersetzen in der Tat weitgehend die fehlenden Informationskontakte mit den Interessenten für die im Distanzverkauf angebotenen Güter und Dienste.

Das Katalogsortiment wendet sich an einen regional nicht abgegrenzten Käuferkreis. Die großen repräsentativen Versandunternehmen führen
ein Sortiment, das dem der Warenhäuser nicht unähnlich ist. Die mittleren
und kleineren Versandhäuser bieten in der Regel Spezialsortimente an.
Das Warenangebot der großen Versandhäuser kann auch Artikel enthalten, die einen bestimmten Service oder eine gewisse Anleitung für ihren
Gebrauch verlangen. Modisch überspitzte Waren darf der Katalog jedoch
nicht enthalten. Standardisierung ist die Voraussetzung für die Sortimentsgestaltung im Distanzhandel. Gleichwohl gibt es Produktbereiche im Katalog, die dem Warenangebot selbst von Facheinzelhandelsgeschäften
nicht nachstehen. Auch hier lassen sich konvergierende Tendenzen im
Warensortiment von Versandgeschäften, Warenhäusern, zum Teil auch
Einzelhandelsfachgeschäften feststellen. Insofern besteht allerdings ein
wesentlicher Unterschied, als für Waren, deren Versandkosten im Verhältnis zu ihrem Versandwert zu hoch sind, im Sortiment der Versandgeschäfte kein Raum sein kann. Das Preisrisiko läßt sich nur in gewissen Grenzen
auffangen, da die Preise im allgemeinen für die Dauer der Gültigkeit des
Katalogs garantiert werden müssen.

Die Attraktivität des Warensortiments im Versandhandel ist in hohem Maße von dem Ansehen abhängig, das ein Versandhaus besitzt. Denn wie kein anderes Warengeschäft beruht der Distanzkauf auf Vertrauen. Dieses Vertrauen zu schaffen und zu erhalten ist eine der Hauptaufgaben der Sortimentsgestaltung im Versandgeschäft. Großzügig gewährte Rücktrittsrechte im Fall von Irrtümern und Mißverständnissen bei der Bestellung mögen zu ihrem Teil dazu beitragen, dieses Vertrauen zu sichern.

f) Der Großhandel läßt sich nach der Art seines Sortiments in Spezialgroßhandel und Sortimentsgroßhandel einteilen. Das Warenangebot des Spezialgroßhandels besteht in der Regel aus den für eine bestimmte Branche charakteristischen Produkten, die dann aber in größter Vielzahl und Vielfältigkeit, also in einem sehr tiefen Sortiment angeboten werden, wie es zum Beispiel im Holz-, Leder-, Eisen-, Papiergroßhandel der Fall ist. Fast läßt sich sagen, daß die großen und angesehenen Großhandelsunternehmen über ein für das Warenangebot in diesem Geschäftszweig repräsentatives Sortiment verfügen, das den vielfältigen Wünschen ihrer Abnehmer, zu denen auch der Fachhandel mit spezialisiertem Sortiment gehören kann, gerecht zu werden vermag.

Von anderer Art ist die Angebotsgestaltung der – ein wenig mißverständlich – in Praxis und Literatur als Sortimentsgroßhandel bezeichneten Unternehmen. Da weniger der spezialisierte Fachhandel als vielmehr die Einzelhandelsgeschäfte mit breitem, sich aus Waren mehrerer Produktbereiche zusammensetzendem Sortiment und auch Großverbraucher ihren Bedarf bei diesen Großhandelsbetrieben decken, benötigen sie ein verhältnismäßig breites Sortiment. In den „Großmärkten" für Wiederverkäufer und Großverbraucher, wie sie heute nach dem Vorbild von Verbrauchermärkten betrieben werden, hat der Sortimentsgroßhandel eine Organisationsform geschaffen, die den Besonderheiten seiner Sortimentsgestaltung unter Berücksichtigung der neuzeitlichen Einkaufsmöglichkeiten und -erfordernisse gerecht zu werden vermag. Die nach dem Prinzip des Cash and Carry veranstalteten Großmärkte sind Selbstbedienungsläden großen Stils mit warenhausähnlichen, breiten, nur in Grenzen tiefen Sortimenten. Für nicht standardisierbare Waren sind die Großmärkte nicht geeignet, da die persönlichen Kontakte, wie sie sonst zwischen Großhändler und Einzelhändler üblich sind, fehlen.

g) Eine besondere Form der Kooperation zwischen Groß- und Einzelhandel stellen die „Freiwilligen Ketten" dar. Sie beruhen auf der freiwilligen Zusammenarbeit selbständiger Einzelhandelsgeschäfte mit einem Großhandelsunternehmen. Diese Geschäfte verpflichten sich gegen Gewährung von bestimmten Einkaufsäquivalenten, bei der Deckung ihres Sortimentbedarfs auf den einen Großhändler, unter Umständen auch einen Produzenten zurückzugreifen. Das Großhandelsunternehmen wird dann der Hauptlieferant der in den Freiwilligen Ketten zusammengeschlossenen Einzelhändler. Die Ketten sind straff organisiert. Nur solche Einzelhändler pflegen in die Kette aufgenommen zu werden, die bestimmten betrieblichen Anforderungen genügen und deren Sortiment in das der Kette hineinpaßt. Die Sortimentsbreite des die Kette beliefernden Großhandelsunternehmens ist nach Breite und Tiefe also weitgehend mit der Summe der Sortimente der Kettenmitglieder identisch, zumal ausgefallene Sortimente von vornherein ausgeschlossen bleiben.

Wie die hochorganisierten „Großmärkte", so haben auch die Freiwilligen Ketten dem Großhandel neue Möglichkeiten erschlossen. Der wenig individuellen Atmosphäre der Selbstbedienungsgroßmärkte stehen die kontaktstärkeren Freiwilligen Ketten gegenüber. Die Situation zwischen diesen beiden Organisationsformen im Bereich des Großhandels kontrastiert insofern sehr stark und gibt damit auch jeweils besonderen Möglichkeiten der Sortimentsgestaltung Raum.

h) Die Sortimentspolitik des vielgestaltigen genossenschaftlichen Warenhandels paßt sich ganz in das bisher entworfene Bild der Sortimentsgestaltung im Bereich der gesamtwirtschaftlichen Warendistribution ein. Die genossenschaftlichen Großgebilde sind zwar höchst unterschiedlich strukturiert, gemeinsam ist ihnen jedoch, ihre Verkaufsstätten an verbrauchernahen Standorten mit durchrationalisierten, auf die Bedarfswünsche ihrer Kunden abgestimmten Sortimenten auszustatten. Diese straff organisierte Sortimentspolitik vollzieht sich in einem Managementsystem, das nach einem den Besonderheiten ihres Geschäftsbetriebs gerecht werdenden Ausgleich zwischen Zentralisation und Dezentralisation strebt. Durchorganisierte Betriebsberatung, Bedarfsuntersuchungen, Unterhaltung gemeinsamer Abrechnungs- und Kontrollsysteme, finanzielle Förderung der einzelnen Genossenschaft, Verbesserung der Einkaufsbedingungen der einzelnen Genossenschaften durch gemeinsames Warengeschäft der zentralen und regionalen Großhandelsstufen in genau abgestimmten Sortimenten, – die Summe gewissermaßen aller dieser Einrichtungen und Maßnahmen macht den genossenschaftlichen Warenhandel zu einem der Instrumente der gesamtwirtschaftlichen Warenverteilung, dessen Sortiment nach Breite und Tiefe auf die von ihm betreuten Bevölkerungsschichten in hohem Maße abgestimmt erscheint.

B. Bindungen der Programmgestaltung an technische Daten in der Industrie

Die Gestaltung der Verkaufsprogramme in der Industrie unterliegt Abhängigkeiten, die die Unternehmen des Dienstleistungsbereichs nicht kennen. Denn mit der Produktherstellung wird eine Dimension in die Bestimmung der Absatzprogramme einbezogen, die ihrer eigenen Gesetzmäßigkeit folgt.

Es gibt vor allem in der Investitionsgüterindustrie Unternehmen, die ihre Erzeugungsprogramme verhältnismäßig wenig wechseln. In diesem Fall dient der vorhandene Betriebsmittelbestand der Herstellung eines bestimmten, nur in engen Grenzen variierbaren Produktionsprogramms. Unternehmen dieser Art weisen ein verhältnismäßig geringes Maß an betriebstechnischer Elastizität auf. Unternehmen der weiterverarbeitenden und der Konsumgüterindustrie sehen sich dagegen häufig veranlaßt, ihre Produktionsprogramme zu ändern. Sie benötigen deshalb eine produktionstechnische Apparatur, die sich durch ein verhältnismäßig hohes Maß an betriebstechnischer Elastizität kennzeichnet [1].

Diese betriebstechnische Elastizität bestimmt darüber, wieviel Produktionsprogramme sich ohne wesentliche Umstellungen und Umorganisation der Betriebsanlagen mit einer gegebenen Kapazität herstellen lassen. Wenn alle Produktionsanlagen und Betriebsteile kostenoptimal ausgelastet sind, dann läßt sich sagen, daß die quantitativen und die qualitativen Kapazitäten des Unternehmens in Hinsicht auf das Verkaufsprogramm richtig proportioniert sind.

Die Absatzprogramme der Unternehmen sind mit den Produktionsprogrammen „synchronisiert", wenn die Absatzgeschwindigkeit (abgesetzte Menge je Zeiteinheit) gleich der Produktionsgeschwindigkeit (produzierte Menge je Zeiteinheit) ist. Weichen diese beiden Geschwindigkeiten voneinander ab, dann, so sagt man, emanzipiert sich die Produktionskurve von der Absatzkurve.

Sieht sich ein Unternehmen, dessen Kapazität bisher weitgehend ausgelastet ist, unter dem Druck der Absatzentwicklungen gezwungen, das Absatzprogramm zu ändern, dann bestimmt die betriebstechnische Elastizität des Unternehmens darüber, in welchem Maße der betriebliche Herstellungsprozeß bei gegebenem Betriebsmittelbestand ohne wesentliche Veränderungen in diesem Bestand, auf das neue Programm umsteuerbar ist. Wird das Absatzprogramm derart geändert, daß bestimmte Erzeugnisse oder Erzeugnisvarianten aus dem Programm herausgenommen, andere dagegen in das Programm hineingenommen werden, und bleiben die erforderlichen Umstellungen und Umorganisationen der Produktionseinrichtungen im Rahmen der betriebstechnischen Elastizität, dann kann sich die Abstimmung zwischen dem neuen Absatzprogramm und dem Produktionsprozeß routinemäßig vollziehen.

Gehen die geplanten absatzwirtschaftlichen Programmänderungen über den durch die betriebstechnische Elastizität gesetzten Rahmen hinaus, dann werden technische Zwänge in der Planung der Absatzprogramme mit unter Umständen großem Nachdruck wirksam. Wird beabsichtigt, das Absatzprogramm zu erweitern, und zwar derart, daß zusätzlich Model-

---

[1] Zum Begriff der betriebstechnischen Elastizität sei auf die Ausführungen im zweiten Kapitel, Abschnitt I, 3 des ersten Bandes verwiesen.

le, Muster, Qualitäten, Größen u. ä. angeboten werden sollen, ohne daß andere Erzeugnisse aus dem Programm herausgenommen werden, dann muß entweder für die zusätzlich zu fabrizierenden Erzeugnisse neue Produktionskapazität geschaffen werden, oder es müssen die vorhandenen fertigungstechnischen Kapazitäten neu verteilt werden. Im zuerst genannten Fall weitet sich das Problem zu einem Investitions- und Finanzierungsproblem mit allen den weitreichenden Konsequenzen aus, die mit derartigen Maßnahmen verbunden sind. Bei entsprechender Größenordnung der beabsichtigten Programmausweitung bleiben auch die unternehmungspolitischen Planungen nicht frei von den Folgen der beabsichtigten Programmänderungen, und es ist dann zu prüfen, wie weit die neuen Planungen im Bereich des absatzpolitischen Instruments der Produktgestaltung mit den unternehmungspolitischen Zielvorstellungen – auf nahe oder weite Sicht – und den Möglichkeiten des gesamten absatzpolitischen Instrumentariums in Einklang zu bringen sind. Da unternehmungspolitische Entscheidungen in der Regel auf unsicheren Erwartungen beruhen, werden durch die beabsichtigten Programmänderungen zusätzliche Risiken in das unternehmungswirtschaftliche Geschehen hineingebracht. Im zweiten Fall aber, der keine wesentliche Ausweitung des Betriebsmittelbestandes zuläßt, konkurrieren zusätzliche Produktionen um nunmehr knappe Kapazitäten. Kurzfristig lassen sich diese Kapazitäten erhöhen, und zwar durch eine im gegebenen Fall über die kostenoptimale Inanspruchnahme hinausgehende Ausnutzung der vorhandenen Fertigungskapazitäten. Der Fertigungszeitgrad oder der Intensitätsgrad der Aggregatinanspruchnahmen wird erhöht, oder es werden Teile der Produktion in Lohnarbeit an andere Unternehmen vergeben oder bisher im eigenen Unternehmen hergestellte Teile fremd bezogen. Maßnahmen, die darauf gerichtet sind, die Aggregate bis zu ihrer Maximalkapazität auszulasten, setzen voraus, daß die entsprechenden Betriebseinrichtungen für die Übernahme der im Zuge der Programmausweitung zusätzlich anfallenden Arbeiten technisch geeignet sind. Die technischen Einrichtungen auf längere Zeit mit Maximalleistung zu fahren, ist weder technisch noch kostenmäßig zu verantworten.

Genügen die kurzfristig realisierbaren Kapazitätserhöhungen nicht, um das erweiterte Produktionsprogramm zu fabrizieren, dann muß eine Entscheidung darüber getroffen werden, wie die bisherigen Teilkapazitäten auf die Produktion aufgeteilt werden sollen. Es entsteht ein Allokationsproblem, das sich mit den traditionellen Rechenverfahren nur dann lösen läßt, wenn im Zuge der betrieblichen Umstellungen lediglich ein Kapazitätsengpaß entsteht. Führt der Abstimmungs- und Anpassungsprozeß zu mehreren Engpässen, dann bieten sich unter Umständen Methoden der Linearen Programmierung für eine optimale Lösung des Zuteilungsproblems an, oder es lassen sich mit heuristischen Methoden Lösungen finden, die in einem bestimmten Optimumbereich liegen. Umverteilungen der betrieblichen Kapazität müssen auf jeden Fall vorgenommen werden, wenn Engpässe entstehen, ob optimale oder approximative Lösungen angestrebt werden.

Ergeben sich Engpaßrestriktionen im Zusammenhang mit der Umstellung der Produktionseinrichtungen auf ein neues Programm, dann werden sie in dem Abstimmungs- und Anpassungsprozeß als Regulative wirksam. Das neue Programm kann nur unter Berücksichtigung dieser Restriktionen ermittelt werden.

Eine andere Situation stellt sich ein, wenn es aus absatzpolitischen Gründen erwünscht ist, das Verkaufsprogramm zu straffen. Läßt sich die Reduzierung des Verkaufsprogramms nur durchführen, ohne daß die frei werdenden Kapazitäten für andere Produktionen benutzt werden können, dann verlangen die in diesen Betriebsteilen entstehenden Leerkosten entweder den Abbau der Überschußkapazitäten oder die Herrichtung der unbenutzt stehenden Betriebsanlagen auf neue Produktionen oder ihre vorübergehende Stillegung in der Erwartung, daß sie später wieder in Betrieb genommen werden können. Es steht in Frage, ob der erhoffte Erfolg der Programmänderung in einem vernünftigen Verhältnis zu der Kapazitäts- und Kostendestruktion steht, mit der die Programmvariation verbunden ist. In diesem Fall verlangen die produktionstechnischen Destruktionen Berücksichtigung bei der Programmentscheidung.

Sobald also Reduzierungen, Erweiterungen oder Umstrukturierungen von Absatzprogrammen den Rahmen der jeweils vorhandenen betriebstechnischen Elastizität sprengen, werden im Produktionsbereich Prozesse ausgelöst, die auf den Absatzbereich übergreifen und als bestimmende Größen in wechselseitiger Anpassung zwischen Programmgestaltung und Prozeßgestaltung wirksam werden. Diese Anpassungen sind nichts anderes als der Ausdruck der technischen Bedingtheiten industrieller Produkt- und Programmgestaltung.

C. Substitutionale und komplementäre Beziehungen in Absatzprogrammen

Das Verkaufsprogramm eines Mehrproduktunternehmens besteht aus Gütern mit unterschiedlichen stofflichen, funktionalen und akquisitorischen Eigenschaften, die darüber bestimmen, ob ein Gut in der Lage ist, Bedarfe einer bestimmten Gruppe von Käufern zu decken. Wenn ein zu dem Verkaufsprogramm gehörendes Gut durch ein Gut ersetzt wird, das mit veränderten Eigenschaften den Bedarf zu befriedigen vermag, dann liegt Substitutionalität vor. Das bisherige Gut kann im Fall seiner Ersetzung durch das andere sofort aus dem Verkaufsprogramm herausgenommen werden, oder man kann es auslaufen lassen. In beiden Fällen ist die Substitution das Ergebnis bewußt planender Entscheidung.

Substitutionen können sich aber auch derart vollziehen, daß entweder durch eigene, nicht bewußt substitutive absatzpolitsche Maßnahmen des Unternehmens oder durch Bedarfsverschiebungen im Markt verursacht, ein Produkt ein anderes im Verkaufsprogramm verdrängt, ein Vorgang, der zum Ausscheiden des substituierten Produkts aus dem Verkaufsangebot des Unternehmens führen kann. In diesem Fall handelt es sich um Güter, die von Teilen der kaufenden Bevölkerung als substituierbar angesehen werden. Die Substitution kann sich entweder innerhalb einer Qualitäts- und Preisklasse des Programms oder zwischen benachbarten Qualitäts- und Preisklassen vollziehen. Die Prozesse können betriebswirtschaftlich erwünscht, aber auch unerwünscht sein. Überall da, wo in einem Verkaufsprogramm derartige Substitutionsmöglichkeiten vorhanden sind, bestehen Programminterdependenzen, die ein wichtiges Datum der Verkaufspolitik sind.

Eine zweite Art derartiger Interdependenzen kennzeichnet sich dadurch, daß die Zunahme des Absatzvolumens eines Gutes die Absatzentwicklung anderer Güter im Programm positiv beeinflußt. In diesem Fall besteht zwischen den Gütern als Bestandteilen des Verkaufsprogramms eine komplementäre Beziehung, die von unterschiedlicher Intensität sein kann. Die Komplementarität ist in der Regel darauf zurückzuführen, daß die im Verkaufsprogramm vorhandenen Güter in absatzpolitischen Aktivitäten gebunden sind, welche weniger das einzelne Produkt als das gesamte Programm betreffen. Denn die Unternehmen operieren absatzpolitisch mehr mit Verkaufsprogrammen oder Teilen von ihnen als mit einzelnen Erzeugnissen, wiewohl es auch hier große Unterschiede gibt [1].

Bestehen zwischen den im Verkaufsprogramm enthaltenen Gütern weder substitutionale noch komplementäre Beziehungen, dann liegt ein güterwirtschaftlich gesehen indifferentes Verkaufsprogramm vor, in dem die einzelnen Güter isoliert nebeneinanderstehen. Unternehmen mit starker Diversifikation nähern sich diesem Typ von Verkaufsprogrammen. Die Diversifikation wird hier nicht als eine besondere Form der Produktvariation angesehen. Vielmehr werden unter Diversifikation unternehmungspolitische Maßnahmen verstanden, die darauf gerichtet sind, das existenzielle Risiko des Unternehmens dadurch zu vermindern, daß der Geschäftsbetrieb des Unternehmens auf Produktions- und Geschäftssparten

---

[1] In diesem Zusammenhang sei auf die von K. BROCKHOFF entwickelte Umsatzfunktion hingewiesen, mit der er die Stärke der Interdependenz zwischen den im Absatzprogramm enthaltenen Erzeugnissen mißt, in: Unternehmenswachstum und Sortimentsveränderungen, Köln und Opladen 1966 S. 56 ff.

Vgl. auch die von E. DICHTL für die gleichen Zwecke entwickelten Nutzenfunktionen, in: Über Wesen und Struktur absatzpolitischer Entscheidungen, Berlin 1967 S. 142 ff.

unterschiedlicher technischer und wirtschaftlicher Beschaffenheit aufgeteilt wird. In dieser Sicht gesehen, bedeutet also die Entwicklung neuer Produkte innerhalb der natürlichen Programmweite und die Verbesserung und Abwandlung bereits hergestellter Erzeugnisse Produktvariation, aber nicht Diversifikation [1].

Wird ein neues Produkt oder eine Variante eines bereits verkauften Erzeugnisses in das Verkaufsprogramm in der Absicht eingefügt, daß dieses Erzeugnis eine bisher noch nicht oder nur unvollkommen erreichte Schicht von Käufern gewinnen soll, wird also eine Erweiterung des Verkaufsprogramms angestrebt, ohne daß deshalb Umsatzeinbußen bei anderen im Verkaufsprogramm geführten Produkten eintreten sollen, dann sind Substitutionswirkungen offenbar nicht beabsichtigt.

Gleichwohl können solche Wirkungen eintreten.

Ein Unternehmen möge bisher das Gut A hergestellt und in seinem Verkaufsprogramm geführt haben. Es bringt nunmehr ein Erzeugnis A' zusätzlich auf den Markt, das mit Eigenschaften ausgestattet ist, die es wesentlich von dem Gut A unterscheiden.

Die Käufer für das neue Gut kommen aus zwei verschiedenen Käufergruppen. Die erste Gruppe besteht aus Käufern, die bisher bei anderen Unternehmen gekauft haben. Für das Unternehmen bedeutet ein solcher Umstand, daß es an einem Markt partizipiert, der ihm bisher verschlossen war, weil es diese Waren nicht geliefert hat. Diese Wirkung der Produktdifferenzierung sei hier als „Partizipationseffekt" bezeichnet. Der Effekt ist um so größer, je mehr die Beschaffenheit des neu auf den Markt gebrachten Gutes A' von der qualitativen Norm der in der gleichen Preisklasse verkauften Güter nach oben abweicht. Die Wirkung ist ferner umso größer, je näher der Angebotspreis des Gutes A' an dem unteren Grenzpreis der Qualitätsklasse liegt, zu der das Gut gehört. Ein besonders starker Effekt würde erreicht werden, wenn der Preis des neu angebotenen Gutes unter diesem Grenzpreis läge.

Die zweite Gruppe besteht aus Käufern, die bisher bei dem Unternehmen das Gut A gekauft haben, nun aber das Gut A' der besseren Qualität wegen bevorzugen. Der Absatzanteil des Gutes A verringert sich zugunsten des Absatzanteils des Gutes A'. Man kann sagen, daß hier ein „Substitutionseffekt" vorliegt, da A teilweise durch A' ersetzt wird. Der Substitutionseffekt wird umso kleiner sein, je größer der preisliche und qualitätsmäßige Unterschied zwischen den Gütern A und A' ist.

Der Fall sei an einem Beispiel erläutert:

Eine Automobilfabrik V hat bisher ein Standardmodell S herausgebracht, das einer niedrigen Preisklasse angehört. In dieser Preisklasse besteht praktisch keine Konkurrenz. Das Unternehmen bringt nun zusätzlich

---

[1] Der Begriff der Diversifikation wird hier also auf den Begriff der lateralen Diversifikation eingeengt. Vgl. BROCKHOFF, K., a.a.O.

ein Modell E mit gleicher Motorleistung, aber erheblichen Verbesserungen in der Ausstattung auf den Markt. Auch das neue Modell E hat in der Preisklasse, in der es angeboten wird, keine Konkurrenz. Unter diesen Umständen wird das Modell E vor allem von Käufern gekauft werden, die sonst das Modell S gekauft haben würden. Der Partizipationseffekt ist also klein, der Substitutionseffekt dagegen groß. Praktisch hat die Automobilfabrik ihren Markt in zwei Teile aufgespalten. Nur wenn das Verhältnis zwischen dem Mehrpreis und den Mehrkosten des E-Modells so günstig ist, daß die Gewinnspanne bei diesem Modell größer ist als bei dem Modell S, ist es vorteilhaft, die Marktspaltung vorzunehmen. Im anderen Falle kann sich für das Unternehmen V eine schwierige Situation ergeben.

An einem anderen Beispiel soll gezeigt werden, unter welchen Voraussetzungen der Partizipationseffekt entsteht. Ein Unternehmen stelle Büromöbel her und erwäge, ob es nicht Möbel für die Einrichtung von Zimmern leitender Angestellter, bei denen Wert auf Repräsentation gelegt wird, fabrizieren soll. Ein Substitutionseffekt kann hier praktisch nicht zustande kommen, weil die Unterschiede in der Art der Möbel und ihres Verwendungszweckes zu groß sind. Die Käufer der repräsentativen Möbel würden also aus Kreisen kommen, die bisher ihren Bedarf an Möbeln bei anderen Firmen gedeckt haben. Entscheidend dafür, ob sich das Unternehmen für einen neuen Markt entschließen wird, sind einmal die Konkurrenzverhältnisse, auf die es trifft, zum anderen die eigenen betrieblichen Verhältnisse, und zwar einmal fertigungstechnisch und zum anderen absatzmäßig gesehen. Wenn fertigungstechnisch die Verhältnisse so liegen, daß die neuen Erzeugnisse mit dem vorhandenen Produktionsapparat hergestellt und mit dem vorhandenen Vertriebsapparat verkauft werden können, dann besteht die Möglichkeit, daß die Kosten für die zusätzlichen Repräsentationsmöbel dem Unternehmen wettbewerbsmäßig eine gute Chance geben.

Die für absatzpolitische Fragen so wichtige Unterscheidung zwischen Partizipations- und Substitutionseffekt mag auch folgendes Beispiel veranschaulichen:

Eine Zigarettenfabrik stelle fünf verschiedene Zigarettenmarken her. Sie beabsichtige, eine sechste Zigarettensorte mit einer anderen Marke auf den Markt zu bringen. Die Situation spitzt sich absatzpolitisch auf die Frage zu: wird es gelingen, die neue Zigarettenmarke so einzuführen, daß sie vornehmlich von Rauchern gekauft wird, die bisher Zigarettenmarken der Konkurrenzunternehmen geraucht haben oder wird der Absatz der neuen Marke zu Lasten der fünf eigenen Marken gehen? Dem Unternehmen ist daran gelegen, einen möglichst hohen Partizipationseffekt zu erzielen. Tritt stattdessen ein Substitutionseffekt ein, dann kann die Einführung der neuen Marke, absatzpolitisch gesehen, ein Fehlschlag werden.

Unter den geschilderten Umständen ist ein möglichst hoher Partizipations- und ein möglichst niedriger Substitutionseffekt das Ziel der produktpolitischen Maßnahme. Die Eignung von Markov-Modellen für die Analyse und Prognose von Partizipationseffekten ist durch die Untersuchungen von H. Sabel nachgewiesen worden [1,2].

D. Zur optimalen Bestimmung vollständiger Absatzprogramme

Verkaufsprogramme von Mehrproduktunternehmen bilden wegen der komplementären und substitutionalen Beziehungen zwischen den in ihnen angebotenen Produkten eine absatzpolitische Einheit, obwohl die Produkte heterogen und nicht homogen sind. Diese Programme nach Möglichkeit optimal zu strukturieren und zu verwenden, ist eine Aufgabe, die sich den Unternehmen immer wieder von neuem stellt. Ob und in welchem Maße es dann jeweils gelingt, optimale Strategien und Praktiken zu entwerfen und zu verfolgen, hängt von vielen inner- und außerbetrieblichen Faktoren ab. In der allgemeinen Absatzfunktion, wie sie oben entwickelt wurde, sind die vom Unternehmen kontrollierbaren und nicht kontrollierbaren Absatzeinflußgrößen enthalten. Die operative Situation kennzeichnet sich zudem dadurch, daß grundsätzlich jede Entscheidung über die kontrollierbaren Variablen, insbesondere also die Instrumentalvariablen, falsch sein kann.

Die absatzpolitischen Maßnahmen stehen aber nicht nur unter dem Einfluß der Absatzeinflußgrößen, wie sie die allgemeine Absatzgleichung enthält, sondern auch unter dem Einfluß betrieblicher Vorgänge in den anderen großen betrieblichen Teilbereichen, insbesondere des Beschaffungs-, Produktions-, Entwicklungs- und Finanzbereichs. Die Variablen dieser Bereiche verlangen ebenso wie die des Absatzbereichs nach Einbeziehung in die absatzpolitische Optimierungseinheit „Verkaufsprogramm". Das gilt insbesondere auch für den Fall, daß die Produktions- und die Absatzgeschwindigkeiten nicht gleich sind, also keine Synchronisation, sondern Emanzipation zwischen Produktions- und Absatzvolumen in einer Zeiteinheit besteht, und die Halb- und Fertigfabrikatbestände in den Optimierungsprozeß einbezogen werden müssen.

Sieht man die absatzpolitische Aufgabe der Produktgestaltung in diesem weiten Zusammenhang, dann wird deutlich, daß sie nicht nur die

---

[1] Vgl. Sabel, H., Zur Analyse und Prognose von Partizipations- und Substitutionseffekten bei Produktdifferenzierung auf der Grundlage Markoffscher Ketten, in: Zeitschrift für Betriebswirtschaft, 37. Jg. (1967), S. 629 ff.; derselbe, Produktpolitik in absatzwirtschaftlicher Sicht, Wiesbaden 1971, S. 200 ff.

[2] Zur Frage der Bedeutung von Partizipationseffekten in Modellen der Produktdifferenzierung sei verwiesen auf Kilger, W., Optimale Produktions- und Absatzplanung, Opladen 1973, insbesondere S. 542 ff.

kurzfristig realisierbaren Maßnahmen, sondern auch lange Vorbereitungs-
zeiten und Installationsdauern, übergreifend auf alle betrieblichen Teilbereiche, umfaßt. Werden der so gesehenen absatzpolitischen Aufgabe die
Lösungsmöglichkeiten gegenübergestellt, die die Methoden des Operations Research bieten, dann wird die Diskrepanz zwischen der Aufgabe
und den Möglichkeiten der Optimierungsverfahren im Absatzbereich der
Unternehmen deutlich. Unter dem Einfluß der Methoden des Operations
Research ist eine große Anzahl von Modellen formuliert worden, die die
methodischen Möglichkeiten simultaner Bestimmung optimaler Absatz-,
Produktions-, Investitions- und Finanzierungsprogramme aufzeigen. Obwohl diese Modelle in der Absicht entworfen wurden, Entscheidungshilfen
für die Lösung umfassender betrieblicher Aufgaben auch im Absatzbereich der Unternehmen zu leisten, ist gleichwohl der Gewinn an theoretischer Einsicht in die Komplexität betrieblicher Abläufe, der durch sie vermittelt wird, größer als der Gewinn an Operationalität, auf die die Modelle ihrer Natur nach gerichtet sind. So ist es denn deutlich geworden, daß
sich die Möglichkeiten der Modellanalyse, soweit es sich um Optimierungsmodelle auch um Modelle heuristischer Art handelt, im wesentlichen
auf die Lösung von Spezialfragen der Produktgestaltung beschränken.

Auf diese zur Zeit noch bestehenden Grenzen für die Entwicklung
praktikabler Modelle der Programmgestaltung im Absatzbereich der
Unternehmen, sofern die Modelle auf die Steuerung der Gesamtprogram-
me auch unter exzeptionellen betrieblichen und marktwirtschaftlichen Bedingungen gerichtet sind, macht auch W. KILGER aufmerksam. Er kommt
in seinen Untersuchungen über die optimale Produktions- und Absatzplanung zu dem Ergebnis, daß es zu bezweifeln sei, ob es in der betrieblichen
Praxis jemals möglich sein wird, die akquisitorischen Wirkungen der Produktdifferenzierung so präzise zu quantifizieren, wie es für den Aufbau
quantitativer Entscheidungsmodelle erforderlich ist. Auch die von ihm
entwickelten Modelle zur optimalen Produktdifferenzierung, die sich auf
kurzfristige Maßnahmen der Programmpolitik beschränken, sieht er nicht
als operabel an. Sie seien in erster Linie Erklärungsmodelle, die dazu dienen, die Wirkungen funktionaler Beziehungen aufzuzeigen, die bei der
Planung der Produktdifferenzierung wirksam werden [1].

Aber selbst dann, wenn die Verfahren der mathematischen Optimierung nicht nur für Spezialprobleme, sondern auch für die Planung vollständiger Absatzprogramme verwendbar wären, bleibt die Frage, ob angesichts der sich ständig verfeinernden Prognose- und Planungsverfahren,
insbesondere auch der Simulationstechniken, die Überantwortung der verfügbaren Informationsbestände absatzwirtschaftlicher Art an den Algorithmus eines solchen Modells einen relevanten Zuwachs an Optimie-

---

[1] KILGER, W., Optimale Produktions- und Absatzplanung, Opladen 1973, S.
542 ff., hier insbesondere S. 544.

rungsgenauigkeit zur Folge hat. Das Volumen und die Güte der Informationen ist unabhängig von den Verfahren, in denen sie später verarbeitet werden. Insofern bestehen zwischen den verschiedenen Methoden, die die Unternehmen für die Planung, Steuerung und Kontrolle ihrer Absatzprogramme verwenden, keine Unterschiede. Erst wenn der Nachweis erbracht ist, daß die Ergebnisse der bisherigen Planungs- und Steuerungsmethodik bei gleichem Informationsstand bedeutsam hinter den Ergebnissen der Modellanalyse zurückbleiben, läßt sich ein Urteil darüber fällen, ob sich die Entwicklung und Benutzung anspruchsvoller Modelle für die Ermittlung vollständiger optimaler Absatzprogramme lohnt.

IV. Das Produkt als Gestaltungselement des Absatzprogramms

A. Produktbezogene Absatzprognosen.
B. Die Auslese neuer Produkte für das Absatzprogramm.
C. Einführungsplanungen.
D. Die Anwendung quantitativer Verfahren der Produktauslese und der Produkteinführung.

A. Produktbezogene Absatzprognosen

1. Der Produktlebenszyklus als Grundlage der Absatzprognose.
2. Absatzprognosen mit Hilfe von Markov-Ketten.
3. Verhaltensorientierte Prognosetechniken.

1. Produkte und Produktprogramme bedürfen ständig der Kontrolle ihrer Attraktivität und eingreifender Maßnahmen zur Sicherung und Erhöhung eben dieser Anziehungskraft. Die Aufgaben lassen sich nur dann lösen, wenn in hinreichendem Umfang und zur rechten Zeit Informationen über die voraussichtliche Absatzentwicklung der einzelnen im Verkaufsprogramm enthaltenen Erzeugnisse vorliegen. Nach diesen Informationen und ihrer Beurteilung richtet es sich, ob das Verkaufsprogramm umstrukturiert, erweitert oder gestrafft werden soll. Damit stellt sich die Frage, welche Informationsmöglichkeiten bestehen, um die voraussichtliche Absatzentwicklung der im Produktprogramm enthaltenen oder in das Programm neu aufzunehmenden Erzeugnisse beurteilen zu können. Es geht hier also nicht um die Frage einer allgemeinen Grundorientierung der Planungen im Absatzbereich, auch nicht um die Planung der gesamten absatzpolitischen Aktivitäten, mit denen ein Unternehmen sein Verkaufsprogramm auf dem Markt durchzusetzen versucht, sondern lediglich dar-

um, Informationen produktbezogener Art zu gewinnen, die dann, falls sie sich hierfür als geeignet erweisen, als Daten für produktpolitische Maßnahmen verwandt werden können.

a) Ständig liefern Bedarfsverschiebungen, technische Entwicklungen innovativer Art und mit den Mitteln der Qualitätskonkurrenz geführte Wettbewerbe neue Impulse in das gesamtwirtschaftliche Waren- und Dienstleistungssortiment hinein, bestimmen seine Ausstattung und seinen Wechsel. Die Dynamik dieser Entwicklung ist so stark, daß bereits wieder Stimmen laut werden, die auf eine Verlangsamung des Tempos drängen.

In dieses Waren- und Dienstleistungssortiment werden fast ununterbrochen neue oder neuartige Güter eingefügt, um nach Ablauf unterschiedlich langer Zeitdauer aus ihm wieder herausgenommen zu werden. So ergänzt, erweitert und erneuert sich dieses Sortiment in ständiger Abfolge. Jedes Produkt, hier im Sinn von Produktart verstanden, unterliegt so im Zeitablauf unterschiedlichen Absatzentwicklungen. Sein „Lebenszyklus" beginnt mit seinem erstmaligen Erscheinen im gesamtwirtschaftlichen Waren- und Dienstleistungsangebot und endet mit seinem Ausscheiden aus eben diesem Angebot. In der Regel werden hierbei fünf Phasen unterschieden, die Einführungs-, die Wachstums-, die Reife-, die Sättigungs- und die Rückgangs- oder auch Rückbildungsphase. Einige Autoren fassen die Sättigungs- und Rückbildungsperiode zu einer Phase zusammen.

Unter Produktlebenszyklus lassen sich sowohl Bestands- als auch Absatzentwicklungen verstehen. In diesem Sinn wird auch von Wachstumskurven gesprochen. Alle Lebenszyklusfunktionen stellen die Bestandsentwicklung und den Absatz als Funktion der Zeit (u. U. auch in Abhängigkeit von anderen Einflußgrößen, zum Beispiel vom Volkseinkommen) dar, sie weisen also die allgemeine Form $y = f(t)$ auf, wobei f irgendeine Funktion ist, die in den einzelnen Zyklusmodellen eine konkrete analytische Form annimmt. Lebenszyklusmodelle werden sowohl für die Erklärung und Prognose von Wachstumsprozessen gesamtwirtschaftlicher wie einzelwirtschaftlicher Art verwandt, zum Beispiel auch für die einzelwirtschaftliche Theorie des Wachstums der Unternehmen [1].

b) Im Zusammenhang mit der Analyse und Prognose wirtschaftlicher Entwicklungen wird oft von der logistischen Funktion Gebrauch gemacht. Die Funktion lautet:

$$y_t = \frac{a}{1 + e^{b-ct}} \; .$$

---

[1] Zum Beispiel in der Wachstumstheorie von ALBACH, H., Zur Theorie des wachsenden Unternehmens, in: Schriften des Vereins für Sozialpolitik NF Bd. 34, Berlin 1965.

In der Gleichung bedeutet y die zu erklärende Variable (den Bestand oder die bis zur Periode t festgestellte kumulierte Nachfrage), t die Zeit, a das Sättigungsniveau (die insgesamt absetzbare Produktmenge), e die Basis der natürlichen Logarithmen. Die Parameter b und c werden im konkreten Anwendungsfall aus dem Sättigungsniveau, dem Bestand im Zeitpunkt $t = 0$ und einem die relative Nachfrageänderung als Bruchteil der Differenz zwischen Sättigungsniveau und augenblicklichem Bestand messenden Proportionalitätsfaktor ermittelt [1].

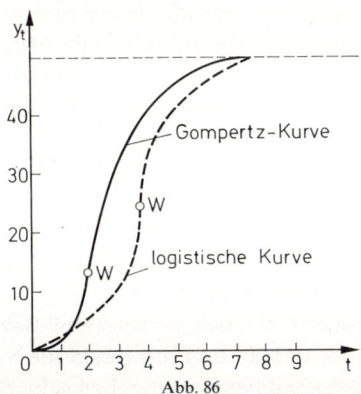

Abb. 86

In Abb. 86 ist eine logistische Kurve dargestellt. In ihr indiziert y die mengenmäßige Entwicklung der Produktbestände im Zeitablauf, also das eigentliche Wachstum. Die erste Ableitung der Kurve y zeigt die Änderungen der Bestände, also den Verlauf des Produktabsatzes an.

Die logistische Funktion verläuft symmetrisch zum Wendepunkt (w), bei dem die Hälfte der absoluten Sättigungsmenge a erreicht ist. In dem logistischen Modell ist der Sättigungsgrad (das Verhältnis zwischen dem tatsächlichen und dem maximal möglichen Bestand) allein eine Funktion der Zeit. Das Modell setzt auch voraus, daß bereits Produkte der hier betrachteten Art auf dem Markt verkauft werden, daß also der dem Modell zugrunde liegenden Lernprozeß bereits eingesetzt hat, jedes vorhandene Produkt also neue Käufer wirbt. Unter diesen Umständen muß nach der formalen Struktur des Modells der in Hinsicht auf die Zahl der bereits vorhandenen Produkte relative Zuwachs der Nachfrage zur Differenz zwi-

---

[1] Vgl. hierzu die mathematischen Ableitungen der Funktion bei FIEDLER, J., Prognosemethoden für die Bestands- und Absatzentwicklungen neuer Produkte, in fpe, forschen-planen-entscheiden, 3. Jg. (1967), H. 1 S. 13; ferner MERTENS, P., Mittel- und langfristige Absatzprognose auf der Basis von Sättigungsmodellen, in: Prognoserechnung, hrsg. von P. MERTENS, Würzburg, Wien 1973, S. 193 ff.

schen absoluter und erreichter Sättigung, das heißt, der noch offenen Marktkapazität, proportional sein.

c) Wird die Wachstumsentwicklung nicht als allein von der Zeit, sondern auch von anderen Faktoren abhängig angesehen, dann muß die logistische Funktion um die entsprechenden Variablen erweitert werden. Hierfür ein Beispiel: Es gibt Industriezweige, die verhältnismäßig teure und aufwendige Konsumgüter herstellen (etwa Fernsehgeräte). Kaufpreis und Unterhaltskosten bilden in diesem Fall wichtige Größen für den Kauf der Erzeugnisse. Sind Bestand und Sättigungsgrad nur von dem Pro-Kopf-Einkommen abhängig, dann würde eine stetige Steigerung dieses Einkommens zu einer laufenden Erhöhung der Bestände und zu ebensolchen Absatzsteigerungen führen. Bei gleichmäßiger Einkommenssteigerung im Zeitablauf nimmt unter diesen Umständen die Entwicklung der Bestände den gleichen symmetrischen Verlauf wie in dem Fall, daß die Bestandsentwicklung letztlich von der Zeit abhängig ist. Bei langfristig gleichmäßiger Kaufkraftentwicklung folgt die Bestandszunahme also dem symmetrischen logistischen Verlauf [1].

Diese Schlußfolgerung gilt allerdings nur unter der Voraussetzung einer hinsichtlich ihres Einkommens und ihrer Interessen, das heißt ihrer Einstellung zu dem Produkt in etwa homogenen Bevölkerung. In Wirklichkeit sind aber die Einkommen und mit ihnen die Sättigungsgrade stark differenziert. Es wird deshalb davon auszugehen sein, daß zum Beispiel der einkommensstarke Teil der Bevölkerung verhältnismäßig schnell, der andere Teil dagegen langsam reagiert. Der einkommensschwächste Teil mag sich in der Regel nur zögernd zum Kauf entscheiden. Die einzelnen Teile und Schichten der Bevölkerung reagieren mithin auf neue Produkte mit unterschiedlicher Geschwindigkeit. Folgt man ROGERS, nach dem die Differenzierung im Kaufverhalten der Konsumenten wesentlich auf der unterschiedlichen Aufgeschlossenheit und der Kontaktbereitschaft für neu auf den Markt kommende Produkte (Innovationsbewußtsein) beruht, dann wird das neue Produkt zuerst von den Innovatoren, den ohne Vorbild und Erfahrung kaufenden Personen erworben [2]. Die nächste Gruppe ist die der ersten frühen Übernehmer (imitators). Ihr folgt die frühe und die späte Mehrheit. Am Ende des Diffusionsprozesses stehen die Nachzügler.

Diese Klassifikation bedeutet lediglich ein Mittel der begrifflichen Orientierung, im Grunde unverbindlich und keine Gesetzmäßigkeiten zum Ausdruck bringend. Erst wenn es gelingt, die einzelnen Käufergrup-

---

[1] Vgl. hierzu die Untersuchungen von WEBLUS, B., Zur langfristigen Absatzprognose gehobener Gebrauchsgüter, in: Zeitschrift für Betriebswirtschaft, 35. Jg. (1965), S. 593 ff., hier insbesondere S. 597 und 598.

[2] ROGERS, E. M., Diffusion of Innovations, New York-London, 7. Aufl., 1969, vor allem die Ausführungen auf S. 158 ff.

pen mit Hilfe meßbarer Variabler zu identifizieren, die zwischen den Gruppen bestehenden Beziehungen zu formalisieren und die Phasen des Prozeßablaufs eindeutig zu bestimmen, kann von einer Theorie des Diffusionsprozesses gesprochen werden, die für Zwecke der Produktprognose verwendbar erscheint. Von diesem Ziel ist die Diffusionsforschung auch mit Rücksicht auf die Tatsache noch weit entfernt, daß der Verlauf des Diffusionsprozesses auch davon abhängt, welchen Gebrauch die Unternehmen in solchen Situationen von ihrem absatzpolitischen Instrumentarium machen [1]. Es erscheint jedoch für absatzpolitische Entscheidungen nützlich, sich zu vergegenwärtigen, daß Käufergruppen der von Rogers beschriebenen Art bestehen und daß ihr Innovationsbedürfnis verschieden intensiv sein wird. Auch ist anzunehmen, daß nach dem Ausscheiden der Käufergruppe, die ihren Bedarf für das Produkt gerade gedeckt hat, das Kaufinteresse abzunehmen die Tendenz hat. Auf diese Weise wird die Tatsache verständlich, daß in der Regel die erste Hälfte der Marktsättigung schneller erreicht wird als die zweite Hälfte. Das abnehmende Interesse von Käufern läßt sich durch das Einsetzen entsprechender Variabler in die logistische Funktion berücksichtigen.

d) Der relative Zuwachs der Produktnachfrage in einer Periode t ist, wenn man bei der Erklärung des Prozesses von einer logistischen Funktion ausgeht, proportional der Differenz zwischen dem Bestand bei absoluter Sättigung und dem Bestand bei der jeweils erreichten Sättigung. Die Funktion setzt voraus, daß der Verlauf des Absatzes nach der Einführung des Produkts über einen gewissen Anfangszeitraum bereits bekannt ist. Die Funktion kann also nicht bei einem Absatz vom Umfang Null beginnen. Nur die Imitators, denen das Produkt bekannt ist und die daraufhin kaufen, sind in einer logistischen Funktion als Käufer existent.

In einem von BASS entwickelten Modell wird dieses Problem dadurch zu lösen versucht, daß mit den Innovators gewissermaßen ein zweites Kaufmotiv berücksichtigt wird. Personen, die auch ohne eigene und ohne Information über fremde Erfahrungen mit dem Produkt kaufen, gibt es nicht nur in der Anfangsphase, sondern auch in den späteren Phasen des

---

[1] Daß noch viele Fragen auf dem Gebiet der Diffusionsforschung offen und kontrovers sind, zeigen die Untersuchungen von K. P. KAAS, Diffusion und Marketing, Stuttgart 1973.

Zur Frage der Verwendbarkeit der Diffusionsforschung für produktbezogene Absatzprognosen sei insbesondere verwiesen auf PARFITT, I. H., COLLINS, B. I. K., Use of Consumer Panels for Brand-Share Prediction, in: Journal of Marketing Research, vol 5 (1968), S. 131 – 145, deutsche Übersetzung in: W. KROEBER-RIEL, Hrsg., Marketingtheorie, Köln 1972, S. 171 ff.; vgl. auch das von K. P. KAAS entwickelte Modell in dem Aufsatz: Innovationsbereitschaft, Markentreue und Kaufvolumen der Käufer als Grundlage einer Umsatzprognose, in: Konsumentenverhalten und Marketing, Hrsg. W. KROEBER-RIEL, Köln 1973, S. 213 ff.

Produktlebenszyklus [1]. Die Berücksichtigung dieser Gruppe im Modell schafft die methodische Voraussetzung dafür, daß das Modell bereits mit einer Ausgangsnachfrage vom Umfang Null beginnen kann. Das Modell erklärt also die Käufe in einer Periode t durch die Käufe der innovators und der imitators in der Periode und durch die in den Vorperioden von beiden Käufergruppen getätigten Käufe.

Die Schwierigkeiten logistischer Funktionen, die aus der Tatsache resultieren, daß sie den Produktabsatz nicht von Null beginnen lassen können, sind in dem Modell von BASS allerdings nur theoretisch behoben. Denn das Modell läßt sich erst dann für Prognosezwecke verwenden, wenn seine Koeffizienten mit Hilfe von Regressionsanalysen geschätzt werden. Derartige Schätzungen sind aber nur auf der Grundlage von Vergangenheitsdaten möglich.

e) Zahlreiche empirische Untersuchungen zeigen, daß es Fälle gibt, in denen asymmetrische Wachstumskurven für die Erklärung des Lebenszyklus von Produkten besser geeignet sind als Wachstumskurven vom symmetrischen Typ. Die Nachfrageintensitäten und Reaktionsgeschwindigkeiten innerhalb des Zyklus weisen oft solche Unterschiede auf, daß logistische Funktionen den empirischen Sachverhalt nicht mit hinreichender Genauigkeit abbilden.

Asymmetrische Wachstumskurven kennzeichnen sich dadurch, daß die Bestandsentwicklungen nicht symmetrisch zum Wendepunkt der Kurven verlaufen. In solchen Fällen ergeben sich links- oder rechtssteile Absatzverteilungskurven.

Die Gompertzkurve ist die in der Theorie und in der Praxis gebräuchlichste asymmetrische Wachstumskurve. Die mathematische Funktion der Gompertzkurve lautet [2]:

$$y_t = A\ B^{e^{ct}}.$$

In dieser Gleichung bedeuten A die Sättigungsgrenze, und e die Basis der natürlichen Logarithmen. B und c sind Konstante. Die Funktion enthält also die Zeit im Exponenten des Exponenten.

Der Wendepunkt der Gompertzkurve liegt bei der der Abb. 86 zugrundeliegenden Parameterkonstellation bei einem geringeren Absatz als der der logistischen Funktion. Nach dem Wendepunkt verläuft das Wachstum zunächst weitgehend linear. Die Gompertz-Funktion erscheint deshalb für die Prognose der Bestands- und Absatzentwicklungen solcher Verbrauchsgüter besonders geeignet, die nach ihrer Einführung auf dem

---

[1] BASS, F. M., A new product growth model for consumer durables, in: Management Science vol.15 (1969) S. 215 ff.
[2] Zur Frage der mathematischen Ableitung der Gompertz-Funktion sei verwiesen auf: MERTENS, P., a.a.O. S. 202 ff.; ferner die Ausführungen von FIEDLER, J. a.a.O. S. 20 ff.

Markt schnell einen hohen Bekanntheitsgrad erreichen und deshalb sofort eine starke Nachfragesteigerung erfahren.

Nach den Untersuchungen, die KUZNETS der Frage nach den Prognosemöglichkeiten von Wachstums- und Nachfrageentwicklungen in der Industrie gewidmet hat, verläuft die Stahlproduktion einiger Länder nach der Gompertz-Funktion [1]. Die Kurve kennzeichnet sich durch ein lang anhaltendes, annähernd lineares Wachstum. Das Sättigungsniveau wird nach der annähernd linearen Entwicklungsphase verhältnismäßig langsam erreicht. Für die Verbrauchsentwicklung von Kunststoff wird angenommen, daß auch sie nach der Gompertzkurve verläuft. Die Entwicklung der Produktion von Roheisen, Kupfer und Blei entspricht dagegen mehr dem Verlauf der logistischen Funktion.

f) Allen Versuchen, den Produktlebenszyklus auf Teilmärkten analytisch in den Griff zu bekommen, liegt die Absicht zugrunde, auf diese besondere Weise mittel- und langfristige Absatzprognosen möglich zu machen. Hinter diesen Bestrebungen aber steht die Vorstellung, daß es für das Wachstum bestimmter Erzeugnisse gewissermaßen natürliche Grenzen gibt, über die hinaus Bestände und Absatzvolumina auch bei äußersten Anstrengungen der das Produkt herstellenden Unternehmen nicht gelangen können. Diese Begrenzungen sind wesentlich durch exogene Faktoren bestimmt. Sie setzen den Rahmen, den ein Unternehmen so wenig wie alle anderen den Teilmarkt beliefernden Unternehmen sprengen kann. Der Kampf um den Anteil der einzelnen Unternehmen an diesem Markt muß sich deshalb innerhalb der Wachstumsgrenzen des Teilmarktes abspielen. Damit erhält das Phänomen des Produktlebenszyklus insofern ein besonderes absatzwirtschaftliches Interesse, als die Unternehmen gezwungen sind, alle technischen und absatzpolitischen Möglichkeiten zu aktivieren, die notwendig sind, um das neue oder als neuartig angesehene Produkt auf dem Markt durchzusetzen und einen möglichst hohen Marktanteil zu erreichen. Zu den exogenen Faktoren treten nun endogene, unternehmungsspezifische hinzu. Sie ermöglichen es den Unternehmen, um Marktanteile zu kämpfen. In diesem In- und Gegeneinander von Aktion und Gegenaktion sind alle Unternehmungen bestrebt, Marktanteile zu gewinnen, zu sichern und zu erweitern, und zwar mit allen Möglichkeiten, die ihnen insbesondere ihr absatzpolitisches Instrumentarium bietet. Damit ergeben sich für die Frage nach der Verwendbarkeit von Produktlebenszyklen für Prognosezwecke neue Perspektiven. Zunächst: Einzelwirtschaftliche Produktlebenszyklen sind in der in- und ausländischen Literatur häufig beschrieben worden, so auch von BROCKHOFF, der aufgrund von empirischen Daten aus Unternehmen der chemischen und der Automobilindustrie Lebenszyklen für eine Anzahl von Produkten die-

---

[1] Vgl. KUZNETS, S. S., Secular Movements in Production and Prices, Boston-New York 1930, hier zitiert nach FIEDLER, J., a.a.O. S. 16 und 20.

ser Unternehmen hat darstellen können [1]. Als Wachstumsfunktion legt er einen Kurventyp zugrunde, der der realen Umsatzentwicklung der Produkte gut angepaßt ist. Die Funktion ermöglicht es, die für die Beschreibung der Umsatzentwicklung wichtigen Aufschwungs- und Niedergangszeiten darzustellen. Es handelt sich hierbei um eine eingipflige Funktion mit zwei Wendepunkten.

Die Untersuchungen BROCKHOFFS sind dazu bestimmt, den Einfluß von Änderungen in den Verkaufsprogrammen auf das Wachstum der diese Änderungen vornehmenden Unternehmen aufzuhellen. Hier aber interessiert mehr die Frage nach den Prognosemöglichkeiten, die derartige einzelwirtschaftliche Zyklusanalysen bieten. Damit stellt sich zugleich die speziellere Frage, ob die Absatzentwicklungen innerhalb der nunmehr einzelwirtschaftlich aufgefaßten Produktlebenszyklen für Prognosezwecke verwandt werden können.

Die Tatsache, daß im Verkaufsprogramm industrieller Unternehmen geführte Erzeugnisse nur eine begrenzte Lebenszeit haben und Aufschwungsepochen durch Zeiten mit schrumpfenden Umsätzen abgelöst werden, ist unbestritten. Fraglich ist dagegen, ob die Absatzbewegungen innerhalb des Zyklus mit einer solchen Regelmäßigkeit verlaufen, daß sie durch eine der angegebenen Funktionen approximiert werden können.

Das Vorhandensein derartiger Regelmäßigkeiten würde voraussetzen, daß sich die potentiellen Käufer der Produkte, die Konkurrenzunternehmen und die die Neueinführung jeweils vornehmenden Unternehmen in einer bestimmten Weise typisch verhalten, und zwar in allen Phasen des Zyklus, die das Produkt durchläuft. In der ersten, der Einführungsphase, für die nach dem Fünfphasenschema zuerst geringfügige, dann mit zunehmendem Bekanntwerden des Produkts steigende Wachstumsraten unterstellt werden, müßte die Voraussetzung erfüllt sein, daß, da der Diffusionsprozeß erst anläuft, zuerst stark retardierende Momente in Erscheinung treten. Sie werden mit zunehmender Verbreitung der Produktinformationen überwunden und haben dann den nach dem Fünfphasenschema behaupteten beträchtlichen Umsatzanstieg zur Folge. Für das die Einführung vornehmende Unternehmen wird unterstellt, daß es wegen der in

---

[1] Die Funktion lautet: $U_t = a\,t^b\,e^{-ct}$. Vgl. BROCKHOFF, K., Unternehmenswachstum und Sortimentsänderungen, Köln und Opladen 1966, S. 111; derselbe, A Test for the Product Life Cycle, in Econometrica, vol. 35 (1967), S. 472 ff.; p. u. a. auch die Angaben über den Produktlebenszyklus einiger Artikel aus dem Konsumgüterbereich bei ALBACH, H., Zur Theorie des wachsenden Unternehmens, in: Theorien des einzelwirtschaftlichen Wachstums, Hrsg. W. KRELLE, Berlin 1965, S. 58.

Die Frage nach der Zeitgebundenheit des Prozesses der Marktdurchdringung im Zusammenhang mit der Analyse des Produktlebenszyklus als Resultante aus Absatzkonzeption und Umwelteinflüssen wird untersucht von DICHTL, E. Die Beurteilung der Erfolgsträchtigkeit eines Produkts als Grundlage der Gestaltung des Produktionsprogramms, Berlin 1970 S. 48 ff.

dieser Phase begrenzten Kommunikationsmöglichkeiten gezwungen ist, Werbung über Massenmedien oder intensive Verkaufsförderung zu betreiben. Auch ist es notwendig, bestimmte preispolitische Maßnahmen zu unterstellen und Annahmen über die Wahl der Absatzwege zu machen. Ähnliche standardisierende Annahmen sind auch für das absatzpolitische Verhalten der Konkurrenzunternehmen notwendig. Zwar mag es für den Regelfall zutreffen, daß die Bedrohung des initiierenden Unternehmens durch produktpolitische Gegenmaßnahmen der Konkurrenzbetriebe in der Anfangsphase noch nicht sehr groß ist. Wie aber die an anderer Stelle bereits vorgenommene Analyse der produktpolitischen Reaktionszeit gezeigt hat [1], lassen sich Verhaltens- und Reaktionszeitstandards für die Konkurrenzunternehmen nicht verbindlich angeben.

In der zweiten Phase hält der Trend der Absatzentwicklung, wenn man dem Grundschema des Zyklus folgt, an. Im Verlaufe der Entwicklung nivellieren sich die Wachstumsquoten jedoch ein. Auch in dieser Phase müßten sich die Konsumenten, die Konkurrenzunternehmen und das innovatorische Unternehmen in einer als für die zweite Phase typisch anzusehenden Weise verhalten, wenn die Absatzentwicklungen dem Schema entsprechend verlaufen sollen. Das gilt entsprechend für die drei anderen Phasen des Zyklus, wenn sich die Absatzentwicklung auch in diesen Zeitabschnitten durch eine symmetrisch verlaufende Wachstumsfunktion approximieren lassen soll.

Die Vielzahl und Vielfältigkeit der möglichen Entscheidungssituationen in dem Grundschema des Phasenablaufs unterzubringen, bereitet große Schwierigkeiten. Mit welchem Maß an Differenzierung der Produktlebenszyklus (einzelwirtschaftlicher Art) aber auch immer beschrieben, welches Maß an Regelmäßigkeit oder Unregelmäßigkeit für ihn angenommen werden mag, – die für die Erklärung seines Verlaufs als typisch unterstellten oder zu unterstellenden Verhaltensmuster sind zu eng, als daß sie die Vielfältigkeit der Wirklichkeit auch nur annähernd repräsentieren könnten. Aus diesem Grund ist kaum vorstellbar, daß es aussichtsreich sein sollte, die großen Spielräume für das Verhalten der Konsumenten, für Produktinnovationen und Reaktionszeiten der Konkurrenten, vor allem für einzel- und gesamtwirtschaftliche Trendentwicklungen in eine Formel zu bringen, es sei denn, es würden sehr große Vereinfachungen vorgenommen.

So haben denn auch Untersuchungen aufgrund betrieblichen Materials zur Darstellung einzelbetrieblicher Produktlebenszyklen geführt, die sich durch das Vorhandensein mehrerer Absatzmaxima oder, wie bereits

---

[1] Vgl. hierzu die Ausführungen über die produktpolitische Reaktionszeit im Abschnitt II C 2 dieses Kapitels.

ausgeführt, durch die Existenz zweier Wendepunkte kennzeichnen [1]. Auch hat sich gezeigt, daß die Absatzentwicklungen in den Phasen des Zyklus mit sehr unregelmäßigen Veränderungsraten vor sich gehen [2]. In vielen Fällen erwiesen sich die Zyklusphasen in ungewöhnlichem Maße verkürzt oder verlängert. Oft werden Phasen übersprungen, oder es kommt überhaupt kein Zyklus zustande, weil sich die Neueinführung bald als ein Mißerfolg erwies und das Produkt aus dem Verkaufsprogramm herausgenommen werden mußte. Auch ließ sich feststellen, daß die Absatzmaxima mit gleicher Wahrscheinlichkeit zu verschiedenen Zeitpunkten erreicht werden [3,4].

Man kann nicht an der grundlegenden Tatsache vorbeisehen, daß die Schicksale der Produkte in den Verkaufsprogrammen der Unternehmen nicht nur von exogenen Faktoren abhängig sind. Sie unterliegen weitgehend den operativen Entscheidungen und Maßnahmen der Unternehmen selbst, die sie herstellen und auf den Markt bringen. Zwar können diese Operationen, Eingriffe und Manipulationen die Lebensdauer der Produkte nicht beliebig verlängern. Aber die absatzpolitischen Möglichkeiten, die den Unternehmen zur Verfügung stehen, um auf den Lebenszyklus ihrer Produkte gestaltend Einfluß zu nehmen und um die Marktanteile für die Produkte zu kämpfen, zeigen doch eben sehr deutlich, daß die Produktlebenszyklen auch das Ergebnis bewußt gestaltender Aktionen der Unternehmen selbst sind.

Damit ergibt sich die Frage nach der Verwendbarkeit der Kenntnis von Produktlebenszyklen für die Prognose zu erwartender Umsatzentwicklungen für neue Produkte. Von welcher Vorstellung über den wahrscheinlichen Verlauf des Produktlebenszyklus man hierbei ausgehen mag, – es besteht die grundsätzliche Frage, ob es zulässig sein kann, das neue Produkt in dem Sortiments- und Verkaufsverband, in dem es steht, zu isolieren, es gewissermaßen zu verselbständigen und seinen Lebenslauf in Phasen zu zerlegen, die ohne feste und präzis zu bestimmende Grenzen sind. Es ist auch ebenso fraglich, ob es möglich ist, den einzelnen Phasen des Produktlebenszyklus bestimmte Kataloge absatzpolitischer Aktivitäten zuzuordnen, die doch nur unverbindlich und höchst punktuell sein können. Das curriculum vitae eines Produkts, das sich in dem Verband eines Verkaufsprogramms oder eines Sortiments befindet, folgt nicht einem Ge-

---

[1] Vgl. WEINHOLD-STÜNZI, H., Grundlagen wirtschaftlicher Absatzführung, Bern 1964; BROCKHOFF, K., a.a.O., S. 111.

[2] Vgl. HOFFMANN, K., Der Produktlebenszyklus, Freiburg i. B. 1972., S. 51 und S. 53.

[3] Vgl. HOFFMANN, K., a.a.O., S. 65 ff.

[4] Vgl. PFEIFFER, W., und P. BISCHOF, Produktlebenszyklen als Basis der Unternehmensplanung, in: Zeitschrift für Betriebswirtschaft, 44. Jg. (1974), S. 635 ff.; MEFFERT, H., Interpretation und Aussagewert des Produktlebenszykluskonzepts, Münster 1974.

setz, ist vielmehr das Ergebnis jeweils einmaliger, initiierender autonomer Aktionen oder reflektierter Reaktionen des einführenden Unternehmens selbst, der ebensolchen Aktionen oder Reaktionen der Wettbewerber und der potentiellen Käufer des Produkts, vor allem aber der mannigfachen wirtschaftlichen und technischen Trends, denen das Geschehen im Absatzbereich des Erzeugnisse ausgesetzt ist.

Es existiert lediglich eine Abfolge absatzwirtschaftlicher Konstellationen jeweils einmaligen Charakters, die dazu zwingt, die Verkaufssituation eines Produkts zu überprüfen und zu entscheiden, ob gewisse Voraussetzungen für seinen Verkauf verbessert werden sollten. Was aber zu tun ist, bestimmt die Situation und nicht eine vorgegebene, zwangsläufig an die einzelnen Phasenabschnitte gekoppelte absatzwirtschaftliche Apparatur.

Nach Abschluß der Phase, in der die besonderen Maßnahmen der Einführungsplanung ablaufen, verliert das nunmehr zu einem festen Bestandteil des Verkaufsprogramms gewordene Erzeugnis seinen Neuigkeitscharakter. Es ist damit Objekt der Absatzplanung des Unternehmens geworden, auf welchen Zeitraum die Planung immer angesetzt sein mag. Die prognostizistischen Möglichkeiten, von denen das Unternehmen Gebrauch macht, beziehen sich nun auf das gesamte Produktprogramm, mit dem das Unternehmen auf seinen Absatzmärkten operiert. Das bisher neue Produkt hat damit seine Planungsspezialität verloren, die aus der exzeptionellen Situation seiner Einführung auf den Märkten stammt. Es unterliegt nun der prognostizistischen, planerischen und verkaufstechnischen Betreuung wie alle Erzeugnisse des Unternehmens. Zu den Grundtatbeständen dieser Betreuung gehört auch das Wissen, daß das jeweils neue Produkt dem Schicksal aller im Verkaufsprogramm enthaltenen Erzeugnisse nicht entgehen wird, zu einem unbekannten, vielen Stimulantien unterliegenden Zeitpunkt aus dem Verkaufsprogramm des Unternehmens herausgenommen zu werden und einem neuen Produkt Platz machen zu müssen.

2. Die Entwicklung von Kaufvorgängen im Absatzbereich der Unternehmen kann als stochastischer Prozeß interpretiert werden. Würde man die Gesetzmäßigkeiten dieser Prozesse genau kennen, ließe sich das zukünftige Marktgeschehen, soweit es sich auf die Entwicklung der Kaufvorgänge bezieht, in einem gewissen Rahmen prognostizieren. Ein Unternehmen ist etwa daran interessiert zu wissen, mit welcher Wahrscheinlichkeit ein Kunde oder eine Gruppe von Kunden im Zeitablauf wieder das gleiche Produkt, hier zum Beispiel die gleiche Marke, kauft oder zu einer anderen Marke überwechselt. Der Erfassung des Käuferverhaltens durch stochastische Prozesse stehen jedoch erhebliche Schwierigkeiten entgegen, die sich einmal bei der Ermittlung der zur Beschreibung der Prozesse not-

wendigen Daten, zum anderen bei der Analyse stochastischer Prozesse selbst ergeben. Lediglich ein sehr spezieller stochastischer Prozeß, wie das Modell der Markov-Ketten, hat bisher bei Absatzproblemen der erwähnten Art Verwendung gefunden.

Bei einer Markov-Kette wird eine Folge von Perioden betrachtet. In jeder Periode, so wird unterstellt, wird eines der verschiedenen Produkte von jedem Käufer genau einmal und in jeweils gleicher Menge gekauft, so daß sich jede Periode durch die Marktanteile der einzelnen Produkte beschreiben läßt. Diese Marktanteile werden im allgemeinen zu einem Vektor zusammengefaßt, der dann den Zustand dieser Periode beschreibt.

Der zentrale Bestandteil Markovscher Ketten ist die Matrix der Übergangswahrscheinlichkeiten. Die Elemente p_{ij} dieser Matrix geben die Wahrscheinlichkeit an, mit der ein Käufer, der in einer bestimmten Periode das Produkt i gekauft hat, in der darauffolgenden Periode das Produkt j kauft. Der Zeilenindex gibt also jeweils dasjenige Produkt an, das in einer bestimmten Periode gekauft wird, der Spaltenindex dagegen das in der darauffolgenden Periode gekaufte Produkt. In der Hauptdiagonale stehen die Wahrscheinlichkeiten dafür, daß ein Käufer, der in einer bestimmten Periode eine bestimmte Marke kauft, dieser Marke in der darauffolgenden Periode treu bleibt. Die Wahrscheinlichkeiten p_{ij} sind durch keinen Zeitindex gekennzeichnet. Sie sind also unabhängig davon, welche Periode gerade betrachtet wird. Ist die Matrix der Übergangswahrscheinlichkeiten bekannt, dann lassen sich nach bestimmten Regeln, auf die hier im einzelnen nicht näher einzugehen ist, die Zustände, das heißt die Marktanteile der Produkte in späteren Perioden berechnen, sofern der Zustand der Anfangsperiode bekannt ist.

Die Übergangswahrscheinlichkeiten können aus den Daten eines Verbraucherpanels mit Hilfe statistischer Methoden geschätzt werden.

Die Theorie der Markovprozesse setzt voraus, daß die eingekaufte Menge je Einkaufsvorgang gleich bleibt, daß die Zeit zwischen den Einkäufen, also die Länge der Perioden, konstant ist, daß der Markt geschlossen ist, also die Zahl der Produzenten gegeben und unverändert ist, und schließlich, daß die Übergangswahrscheinlichkeiten konstant sind [1]. Unter diesen Umständen lassen sich auch Wahrscheinlichkeiten dafür ermitteln, daß ein Käufer, der irgendwann ein bestimmtes Produkt gekauft hat, nach einigen Einkaufsperioden genau dasselbe Produkt kauft [2].

---

[1] Vgl. MERTENS, P., Zur Simulation als Hilfsmittel der Prognose, in: Prognoserechnung, hrsg. von P. MERTENS, Würzburg-Wien 1973, S. 290 ff.

[2] SABEL, H., Produktpolitik in absatzwirtschaftlicher Sicht. Grundlagen und Entscheidungsmodelle, Wiesbaden 1971, S. 200 ff.; derselbe, Analyse und Prognose von Partizipations- und Substitutionseffekten bei Produktdifferenzierung auf der Grundlage Markoffscher Ketten, in: Zeitschrift für Betriebswirtschaft, 37. Jg. (1967), S. 629 ff.

Formal ist also die Berechnung der Zustandswahrscheinlichkeiten als der zu erwartenden Marktanteile für die nächste und die nachfolgenden Verkaufsperioden möglich. Fraglich ist jedoch, inwieweit die Prognosemöglichkeiten auch in Wirklichkeit gegeben sind. Die Antwort auf diese Frage richtet sich danach, in welchem Maße im konkreten Fall die Voraussetzungen des Modells mit dem Geschehen in der betrieblichen Wirklichkeit in Übereinstimmung sind. Besteht die Möglichkeit, die Übergangswahrscheinlichkeiten hinreichend genau zu schätzen, damit eine Prognose mit Erfolg gewagt werden kann? Läßt sich, so wird weiter zu fragen sein, die Annahme konstanter Übergangswahrscheinlichkeiten mit den tatsächlichen Verhältnissen in der Wirtschaftspraxis in Einklang bringen? Lernprozesse, denen der Wareneinkauf im Zeitablauf aufgrund eigener Erfahrungen mit dem Produkt oder aufgrund von Informationen anderer Konsumenten über ihre Erfahrungen mit dem Erzeugnis unterliegt, bleiben im Markov-Modell grundsätzlich ausgeschlossen.

Durch die Einführung allerdings von bewerteten Markov-Ketten und von Strategien zur Beeinflussung von Wahrscheinlichkeiten und Erlösen durch HOWARD ist es im beschränkten Rahmen möglich, den Einfluß absatzpolitischer Aktivitäten der Unternehmen auf das Verhalten von Konsumenten zu analysieren[1].

3 a) In Markov-Modellen sind die Kaufwahrscheinlichkeiten allein von den unmittelbar vorhergehenden Kaufwahrscheinlichkeiten abhängig. Sollen Kaufwahrscheinlichkeiten unter Berücksichtigung komplexer und sich wandelnder Situationen des Kaufverhaltens ermittelt werden, dann muß die Annahme konstanter Übergangswahrscheinlichkeiten aufgegeben werden. Hier liegt der Ansatzpunkt für die als „verhaltensorientiert" bezeichneten Prognosetechniken.

Die eine Richtung, in die die Prognosemodelle des Konsumverhaltens tendieren, kennzeichnet sich dadurch, daß das zu erwartende Kaufverhalten der Konsumenten von bestimmten psychischen Komponenten des Kaufprozesses abhängig gemacht wird[2]. Eine zweite Richtung greift für die Prognose des Konsumentenverhaltens auf Ergebnisse der Diffusionstheorie zurück[3]. Drittens wird versucht, mit Hilfe von Simulationstechni-

---

[1] Vgl. hierzu: HOWARD, R. A., Dynamische Programmierung und Markov-Prozesse, Zürich 1965.

[2] Vgl. hierzu KROEBER-RIEL, W., Ansatzpunkte und Probleme der verhaltensorientierten Absatztheorie, in KROEBER-RIEL, W., Hrsg., Marketingtheorie, Köln 1972, S. 13 ff. und die dort angegebene Literatur; ferner DICHTL, E., Über Wesen und Struktur absatzpolitischer Entscheidungen, Berlin 1967; MEFFERT, H., Modelle des Kaufverhaltens und ihr Aussagewert für das Marketing, in: Zeitschrift für die Gesamte Staatswissenschaften, 127. Jg. (1971), S. 326 ff.

[3] ROGERS, E. M., Diffusion of Innovations, New York-London 1962.

ken vorauszusagen, wie sich Konsumenten bei variierenden Kaufkonstellationen verhalten werden [1].

Da die Möglichkeiten und Grenzen der beiden zuletzt genannten Modelltypen bereits im Zusammenhang mit der Erörterung von Fragen der Verwendung von Produktlebenszyklen für Prognosezwecke und von Fragen der Absatzplanung und der Bestimmung von Werbewirkungskurven aufgezeigt wurden, soll auf diese beiden Richtungen verhaltenstheoretischer Prognosemöglichkeiten nicht mehr eingegangen werden.

3 b) Wird die Annahme konstanter Übergangswahrscheinlichkeiten aufgegeben und der kaufende Mensch selbst in den Prognoseprozeß einbezogen, dann besteht die Aussicht, für die Untersuchungsergebnisse ein höheres Maß an Wirklichkeitsnähe zu erreichen.

Beabsichtigt ein Konsument, seinen Bedarf nach Gütern einer bestimmten Art zu decken, dann sieht er sich einer Fülle von Informationen gegenüber, die über das Produktangebot unterrichten. Diese Informationen liefert einmal das Produkt selbst. Zum andern werden den Käufern Informationen durch Werbe- und Verkaufsförderungsmaßnahmen, Empfehlungen und Erfahrungsaustausch vermittelt. Zu den Produktinformationen gehören auch die Erfahrungen, die der Käufer selbst mit den bereits von ihm gekauften Gütern gemacht hat. Der Strom der Informationen reißt auch nach dem Produktkauf nicht ab.

Die Informationen sind unvollkommen, sowohl was die Breite des Produktangebots als auch die Eigenschaften der angebotenen Produkte selbst anbetrifft.

Die auf so verschiedene Weise gewonnenen Produktinformationen und, so darf erweiternd gesagt werden, die Informationen über die Unternehmen selbst, in denen die Konsumenten ihr Käufe tätigen, wirken als Stimuli des Kaufprozesses. Sie sind gewissermaßen der input des Systems. Den output bilden die Reaktionen der Käufer auf die Stimuli, die Kaufentscheidungen.

Ein System intervenierender psychischer Variabler trägt und steuert die Prozesse, die sich in und zwischen den Variablen vollziehen. Die Schaltmechanismen innerhalb dieser Variablen aufzudecken, zu zeigen, wie individuelle Faktoren in diesem Variablensystem wirksam werden und zu erklären, wie sich Stimuli in Entschlüsse transformieren, ist Sache der psychologischen Forschung. Um anzudeuten, in welcher Weise sich dieses Problem, wenn auch nur begrifflich, stellt, sei auf Überlegungen eingegangen, wie sie sich bei HOWARD und SHETH finden. Die beiden Autoren

---

[1] NICOSIA, F. M., Consumer Decision Process, Englewood Cliffs N. J. 1966; AMSTUTZ, A. E., Computer Simulation of Competitive Market Response, Cambridge, Mass. 1970; KLENGER, F. und J. KRAUTTER, Simulation des Kaufverhaltens, 3 Teile, Wiesbaden 1972.

kennzeichnen das intervenierende, von ihnen als „endogen" bezeichnete System durch die Variablen: motives, brand comprehension, choice criteria, attitude, intention (to buy), confidence (in choice) und satisfaction [1]. Diese Variablen liegen stets im Einflußbereich eines exogenen Systems, zu dem u. a. Variable rechnen wie: importance of purchase, personality traits, time pressure, financial status, social and organizational setting, social class, culture. Versteht man unter Lernen die Wahrscheinlichkeit, daß auf einen Stimulus eine Reaktion erfolgt, dann lassen sich die unter dem Einfluß des exogenen Systems, der individuellen Produkterfahrungen und der zusätzlich gewonnenen neuen Produktinformationen im endogenen System vollziehenden Vorgänge als das Ergebnis von Lernvorgängen auffassen. So bezeichnen Howard und Sheth ihr System endogener (intervenierender) Variabler als „learning subsystem" [2].

Ob man es für richtig befindet, auf Lernvorstellungen zur Kennzeichnung der die Kaufentscheidungsprozesse tragenden und regulierenden Variablen zurückzugreifen oder nicht, – sobald eigene Produkterfahrungen, zusätzliche Informationen und Impulse aus dem exogenen System in den Kaufentscheidungsprozeß einbezogen werden, sind die Kaufwahrscheinlichkeiten nicht mehr allein von den vorhergehenden Kaufwahrscheinlichkeiten abhängig. Vor jedem Kauf gibt es eine Anfangswahrscheinlichkeit für den erneuten Kauf oder für den Nichtkauf des Produkts durch den präsumtiven Käufer. Wird nicht gekauft, dann ändert sich die Anfangswahrscheinlichkeit nicht, wird gekauft, dann ändern die mit dem Produkt gemachten Erfahrungen, die neuen Informationen und die Änderungen im endogenen System die Anfangswahrscheinlichkeit. Durch die Bestimmung einer Funktion, die den Einfluß dieser Faktoren angibt – auf ihre mathematische Darstellung wird hier verzichtet – erhält man Antwort auf die Frage, wie sich die Wahrscheinlichkeit für einen Kauf ändert, wenn eben jene „Lernprozesse" im intervenierenden System eingetreten sind.

---

[1] Vgl. HOWARD, J. A., SHETH, J. N., The Theory of Buyer Behavior, New York, London, Sydney. Toronto 1969, S. 94 ff. In diesem Zusammenhang sei auf die Untersuchungen von KUEHN hingewiesen, denen eine andere Konzeption zugrunde liegt. Vgl. KUEHN, A. A., Consumer Brand Choice – as a Learning Process, in: Journal of Advertising Research, vol. 2 (1962), S. 10 – 17; deutsche Übersetzung in: Marketingtheorie, Hrsg. W. KROEBER-RIEL, Köln 1972, S. 156 ff.; ferner sei hingewiesen auf den Aufsatz von K. P. KAAS, Eine Preisabsatzfunktion zur optimalen Preis- und Qualitätspolitik bei heterogenen Gütern, in: Zeitschrift für betriebswirtschaftliche Forschung, 25. Jg. (1973) S. 604 ff. und in: Marketingentscheidungen, hrsg. von P. WEINBERG, G. BEHRENS und K. P. KAAS, Köln 1974 S. 71 ff. Vgl. außerdem BEHRENS, G., Lernen – Grundlagen und Anwendungen des Konsumverhaltens, in: KROEBER-RIEL, W., Hrsg., Konsumentenverhalten und Marketing, Opladen 1973, S. 83 ff.; aber auch die Ausführungen im achten Kapitel über lerntheoretische Aspekte im Zusammenhang mit der Erklärung von Werbewirkungskurven.

[2] HOWARD, J. A., SHETH, J. N., a.a.O., S. 94 ff.

Für den Fall, daß eine Folge von Käufen vorliegt, ändern sich die Kaufwahrscheinlichkeiten nach der ermittelten funktionalen Abhängigkeit.

Unter den intervenierenden Variablen, die an der Steuerung des Stimulus-Reaktionsprozesses beteiligt sind, haben die Einstellungen der Käufer zu dem Produkt und den Unternehmen, bei denen sie ihre Einkäufe tätigen, das besondere Interesse der Marktforschung gefunden.

Nach der heute als herrschend anzunehmenden Auffassung beruhen diese Einstellungen einmal auf dem – begrenzten – Produktwissen der Käufer (kognitive Komponente) und zum anderen auf jenen oft emotional aufgeladenen Subjektivitäten, in denen das „Persönliche" der einzelnen Käufer in Erscheinung tritt (affektive Komponente). Diese beiden Einstellungskomponenten werden in der Regel durch eine dritte Komponente, die Bereitschaft zu kaufen, ergänzt (konative Komponente).

Die Komponenten können unterschiedlich stark ineinander integriert sein.

Das gesamte Einstellungssystem kaufender Personen kommt in Präferenzen zum Ausdruck, die unterschiedlich stark geprägt und skaliert, den Produktalternativen ihren Rang im kaufenden Bewußtsein der Konsumenten zuweisen.

Im Kaufentscheidungsprozeß figurieren die Einstellungen als unabhängige Variable, wenn sie das Verhalten der Käufer bestimmen, als abhängige Variable, wenn sie durch die Produkterfahrungen und exogene Variable bestimmt werden.

Die Einstellungen zum Produkt sind nicht die allein kaufbestimmenden Größen. Viele Faktoren können die Käufer daran hindern, ihre Präferenzskalen zu realisieren. Hohe Preise, finanzielle Beschränkungen, Zeitdruck, begrenzte Einkaufsmöglichkeiten, unzureichende und unsichere Lagerhaltung in den Geschäften, Abhängigkeiten von gesellschaftlichen und anderen Vorstellungen üben einen bestimmenden Einfluß auf die Entschlüsse der Käufer aus.

Verhaltensorientierte Prognosemodelle rekurrieren fast ausnahmslos auf die testbaren Einstellungen der Käufer zu den Produkten [1]. Die Prognosechancen der Modelle hängen jedoch von der formalen Lösung des Problems und von der Genauigkeit ab, mit der die Parameter geschätzt werden können. Die Schätzungen selbst sind in der Regel das Ergebnis von Paneluntersuchungen. Da die Verbraucher des Produkts keine homogene Einstellungs- und damit Verhaltensstrukturen aufweisen, ergibt sich die Notwendigkeit zu aggregieren; es müssen dann Gruppen mit jeweils

---

[1] Vgl. auch FRANK, R. E., MASSY, W. F. and Y. WIND, Marketingsegmentation, Englewood Cliffs, N. Y. 1972, S. 89, die eine Kombination mit anderen Zielgruppenmerkmalen vorschlagen.

gleichen durchschnittlichen Kaufwahrscheinlichkeiten gebildet werden. Ob diese Wahrscheinlichkeiten eine hinreichende Trennschärfe für die Bildung und Abgrenzung der Segmente zulassen, kann nur von Fall zu Fall entschieden werden [1,2].

Da Einstellungen auch kurzfristig starken Wandlungen unterworfen sein können, verlangt die Verwendung derartiger Prognosetechniken gerade mit Hinsicht auf die Marktsegmentierung häufige und kurzfristige Wiederholungen der Testprozeduren.

Die Tatsache, daß die zwischen Stimulus und Reaktion ablaufenden, nicht sichtbaren psychischen Vorgänge sichtbar werden (oder sich sichtbar machen lassen), wenn sie als „Einstellungen" in Erscheinung treten (oder diese Phase passieren), hat der Produktprognose große Möglichkeiten eröffnet. Die Ergebnisse von Einstellungstests gehören denn auch seit langer Zeit zu dem aus vielen Quellen gespeisten Fonds absatzwirtschaftlicher Informationen, den die Unternehmen für die Planung ihrer absatzpolitischen Aktivitäten in Anspruch nehmen.

3 c) Im kognitiv-affektiven Einstellungssystem kaufender Personen können Widersprüche entstehen, wenn eine Einstellung nicht eindeutig ist, sie also positive und negative Elemente enthält oder wenn an dem beabsichtigten Kauf mehrere Personen mit unterschiedlichen Einstellungen beteiligt sind (Haushalte) oder wenn die Einstellungen des Käufers einander widersprechen, etwa wenn er zu dem zu kaufenden Produkt positive, zu den Geschäften dagegen, in denen das Produkt zu kaufen ist, negative Einstellungen hat. Es sei jedoch, so wird gesagt, im Einstellungssystem die Tendenz wirksam, Widersprüche in diesem System zu beseitigen oder zu reduzieren, um das „kognitive Gleichgewicht" wiederherzustellen, auf das das System eingerichtet sei. Die Erfahrung lehrt allerdings, daß Menschen auch mit Inkonsistenzen in ihrem Einstellungshabitus leben können.

Von dem Gedanken des kognitiven Gleichgewichts her versucht KROE-BER-RIEL ein Prognosemodell zu entwickeln, in dem die Wirkung mehrerer Einstellungen zu dem zu kaufenden Gegenstand oder der Kaufsituation auf das Verhalten der Käufer wesentlich als eine Folge konsistenter oder inkonsistenter Verknüpfungen der Einstellungen verstanden wird [3]. Starke

---

[2] Vgl. vor allem BEIER, U., Kaufentscheidungen beschränkt rational handelnder Konsumenten, Meisenheim/Glan 1974; HEINEN, E., Determinanten des Konsumentenverhaltens – zur Problematik der Konsumentensouveränität, in: Zur Theorie des Absatzes, Hrsg. H. KOCH, Wiesbaden 1973, S. 81 ff.

[3] KROEBER-RIEL, W., Konsumverhalten und kognitives Gleichgewicht, verhaltensorientierte Grundlagen der Absatzprognose, in: Zeitschrift für betriebswirtschaftliche Forschung, 23. Jg. (1971), s. 395 ff.; vgl. auch RICHTER, E., Informationsverhalten und kognitives Gleichgewicht, in: Konsumentenverhalten und Marketing, Hrsg. W. KROEBER-RIEL, Opladen 1973, S. 163 ff.

Inkonsistenzen liegen vor, wenn zwei starke und entgegengesetzt polarisierte Einstellungen miteinander verknüpft sind. Alle anderen Verknüpfungen werden als schwach bezeichnet. Das Modell beruht auf den Prämissen: 1. bei starken Inkonsistenzen wird nicht gekauft, 2. schwache Inkonsistenzen verändern nicht die Wirkung von starken Einstellungen (Kauf oder Nichtkauf); schwache Inkonsistenzen verändern zwar die Wirkungen von schwachen Einstellungen, aber diese Wirkungen lassen nicht ohne weiteres einen Schluß auf das Verhalten zu (Kauf ist möglich)[1]. Bei konsistenten Konstellationen vermag jede Einstellung unverändert ihre eigenen Wirkungen zu entfalten[2]. Diese Hypothesen richten sich nur auf das in der Kaufsituation unmittelbar zu erwartende Kaufverhalten. Das Modell selbst zeigt die Wirkungen konsistenter oder inkonsistenter Einstellungskonstellationen auf das Kaufverhalten beziehungsweise die Kaufwahrscheinlichkeiten, die sich bei diesen Einstellungskonstellationen ergeben[3].

3 d) In diesem Zusammenhang ist die Frage nicht ohne Bedeutung, ob und in welcher Weise die Theorie der kognitiven Dissonanz in der von FESTINGER entwickelten Form für die Ausbildung von Techniken der produktbezogenen Absatzprognose verwandt werden kann. In der Konzeption FESTINGERS beruht die Theorie auf der Annahme, daß mit jeder Kaufentscheidung ein Gefühl des Unbehagens, wenn nicht des Bedauerns verbunden ist (post decision regret)[4]. Es soll im wesentlichen darauf zurückzuführen sein, daß nach vollzogenem Kauf die negativen Aspekte der gewählten Produktalternative mit den positiven Aspekten der ausgeschlagenen Alternativen verglichen werden und dadurch Zweifel an der Richtigkeit der getroffenen Entscheidung aufkommen. Sie führen dann zu Inkonsistenzen im Einstellungssystem des Käufers. Der Kaufentschluß ist also allein die Ursache für das Entstehen von Inkonsistenzen. In der Theorie FESTINGERS werden Diskrepanzen zwischen den erwarteten und den dann festgestellten Produkteigenschaften für das Auftreten von Inkonsistenzen nicht verantwortlich gemacht.

Es wird unterstellt, daß in der Person des Käufers – nach dem Produktkauf – Regulative wirksam werden, die Inkonsistenzen zu beseitigen. Dieser Prozeß kann sich so vollziehen, daß die negativen Einstellungen geändert oder verdrängt oder auch nur teilweise abgebaut werden.

---

[1] KROEBER-RIEL, S. 409.
[2] Ebenda, S. 409.
[3] S. vor allem die Tabelle a.a.O. Seite 410, die das Modell besonders deutlich macht.
[4] Vgl. FESTINGER, L., A Theory of Cognitive Dissonance, Stanford, Cal. 1957, repr. 1968, hier S. 3 und S. 261; KASSARJIAN, H. H., COHEN, J. B., Cognitive Dissonance and Consumer Behavior, in: Perspectives in Consumer Behavior, eds. KASSARJIAN, H. H., ROBERTSON, Th. S., Glenview, Ill. 1968, S. 171 ff.

Die Theorie nimmt eine so enge Beziehung zwischen Kaufentschluß und Inkonsistenzen an, daß Wahrscheinlichkeiten des Kaufverhaltens vorausgesagt werden können, unter der Voraussetzung jedoch, daß die Einstellungsintensitäten und damit die sich aus der konkreten Kaufsituation ergebenden Inkonsistenzen bekannt sind.

Gegen die von FESTINGER bezogene Grundposition und die aus ihnen gezogenen Konsequenzen, das heißt gegen die Verwendung der „kognitiven Dissonanz" als eines eigenständigen Prinzips für die Erklärung des Konsumverhaltens und die Errechnung von Wahrscheinlichkeiten für das Kaufverhalten, sind viele Einwände gemacht worden. Auch RAFFÉE, SAUTER und SILBERER äußern erhebliche Vorbehalte gegen die Konzeption von FESTINGER und einiger Autoren, die die Theorie auszubauen versucht haben, um sie für Prognosezwecke brauchbarer zu gestalten [1]. Insbesondere machen sie geltend, daß die These FESTINGERS, die post purchase anxiety sei „entschlußinduziert", bisher nicht bestätigt werden konnte. Wenn in einer Person ein solcher, die Richtigkeit eines Kaufentschlusses anzweifelnder Zustand entstehe, dann werde er weniger auf einen Vergleich von Vorteilhaftigkeitsaspekten zwischen gekauftem Produkt und ausgeschlagenen Produktalternativen zurückzuführen sein, sondern als Ausdruck der allgemeinen Informations- und Entscheidungsunsicherheit begriffen werden müssen, wie sie einer Kaufsituation nun einmal innewohne [2]. Im übrigen sehe FESTINGER von der Tatsache ab, daß den Käufern nach dem Erwerb der Ware aus den Erfahrungen, die sie mit ihr machen, Informationen zuwachsen, über die sie früher noch nicht verfügt haben. Die Erfahrungen können positiv aber auch negativ in dem Sinn sein, daß die tatsächlichen den erwarteten Produkteigenschaften nicht entsprechen. Es bestehe im übrigen auch eine gewisse Wahrscheinlichkeit dafür, daß der Käufer nach dem Produktkauf Informationen über das tatsächlich vorhandene Produktangebot und die Eigenschaften der in ihm enthaltenen Erzeugnisse erhält. Umstände dieser mehr komplexen Art erschweren die Prognosefähigkeit zu erwartenden Kaufverhaltens.

Auch gegen die Verwendung von Variablen wie „Wichtigkeit der Entscheidung" oder „Attraktivität der Kaufalternativen" äußern die Autoren Bedenken. Sie sind der Auffassung, daß diese Faktoren „nicht ausreichend operational sind und deshalb kaum eine Prognose von Dissonanz bei Kaufentscheidungen zulassen" [3].

Die Autoren setzen sich auch mit den Bestrebungen auseinander, die Dissonanztheorie auszubauen, um ihre Brauchbarkeit für Aufgaben der Absatzprognose zu verbessern. Sie kommen dann allerdings zu dem Er-

---

[1] RAFFÉE, H., SAUTER, B., SILBERER, G., Theorie der kognitiven Dissonanz und Konsumgüter-Marketing, Wiesbaden 1973.

[2] RAFFÉE, SAUTER und SILBERER, a.a.O., S. 24.

[3] RAFFÉE, SAUTER und SILBERER, a.a.O., S. 29.

gebnis, „daß die Chancen für die Prognose von kognitiven Dissonanzen durch die Weiterentwicklung der Theorie nach FESTINGER nur geringfügig gestiegen sind" [1]. Ihre Zweifel an der Verwendbarkeit von Dissonanzen oder Inkonsistenzen im Einstellungssystem kaufender Personen für die Absatzprognose gehen noch weiter. Sie sind der Auffassung, „daß nicht generell von einem Streben nach Konsonanz zwischen allen Kognitionen eines kognitiven Systems, die füreinander relevant sind, ausgegangen werden kann" [2].

B. Die Auslese neuer Produkte für das Absatzprogramm

1. Die Grundposition.
2. Das Informationsproblem.
3. Absatzerwartungen als bestimmende Größe der Produktauslese.
4. Kostenerwartungen und Produktauslese.
5. Die Zielgröße
6. Innovation als Investition

1. Der Strom neuer wissenschaftlicher Erkenntnisse und technologischer Möglichkeiten reißt nicht ab, und der Markt bleibt in ständiger Unruhe und Bewegung. Im Spannungsfeld dieser beiden Kräfte stehen die Unternehmen und versuchen, diese Energien in der Gestaltung ihrer Produkte und Produktprogramme zum Ausgleich zu bringen. Zwar zeigen die Unternehmen ein unterschiedlich waches Bewußtsein für die Vorgänge, die sich technisch oder ökonomisch um sie herum abspielen. Aber wenn sie überleben wollen, sind sie gezwungen, sich mit den technischen und wirtschaftlichen Ereignissen, die sie betreffen, auseinanderzusetzen und in ihren Überlegungen die sich für sie ergebenden Konsequenzen zu ziehen. Das geschieht ja auch Tag für Tag, mit unterschiedlichem Erfolg allerdings, wie die Erfahrung lehrt.

Die Situationen, aus denen heraus Entscheidungen über Änderungen der Produkteigenschaften und der Verkaufsprogramme getroffen werden, weisen in den einzelnen Produktions- und Dienstleistungsbereichen große Unterschiede auf. Es ist nicht dasselbe, ob Unternehmen, die Fertiggerichte oder Kosmetika herstellen, ihre Erzeugnisse und Verkaufsprogramme zu ändern beabsichtigen oder ob es sich um Unternehmen handelt, die aus der neuzeitlichen Nachrichten- und Computertechnik nicht mehr fortzudenkende Halbleiter oder hochtemperaturfeste Werkstoffe produzieren. Auch insofern zeigen sich bedeutsame Unterschiede, als die Unternehmen in ungleichem Maße Forschung betreiben und Chancen zu nutzen in der

---

[1] RAFFÉE, SAUTER und SILBERER, a.a.O., S. 41.
[2] dies. S. 47.

Lage sind, die die neuesten technisch-wissenschaftlichen Entwicklungen
ihnen bieten. Es ist auch bekannt, daß das Sensorium der Unternehmen
für absatzwirtschaftliche Vorgänge unterschiedlich entwickelt ist. Von ihm
aber hängt wesentlich die Reaktionsfähigkeit der Unternehmen auf marktliche Vorgänge ab und damit die Chance, neue marktliche Möglichkeiten
auszuschöpfen. Trotz dieser Unterschiede gibt es jedoch eine Entscheidungssituation, der eine gewisse allgemeinere Bedeutung zukommt.

Die Anregungen für Neuerungen im Verkaufsprogramm können aus
technischen oder aus ökonomischen Überlegungen stammen. Bieten sich
aus eigenen Forschungen oder aus der Beobachtung der neuesten technischen Entwicklungen in den für ein Unternehmen relevanten Produktbereichen gewisse Möglichkeiten, bereits im Verkaufsprogramm enthaltene
Produkte mit Eigenschaften auszustatten, die die Produkte im Bewußtsein
der Käufer neu oder neuartig erscheinen lassen, läßt sich das bisherige
Verkaufsprogramm sinnvoll durch Produkte mit derartigen Eigenschaften
ergänzen, dann besteht die entscheidende Frage darin, zu konkreten Vorstellungen darüber zu kommen, welche Kosten die Ausstattung des Produkts oder von Produkten etwa dieser Art mit den vorgeschlagenen Eigenschaften verursachen würde und in welcher Größenordnung sich die Preise bewegen würden. Im Stadium dieser Erwägungen sind Fragen dieser
Art nicht endgültig zu beantworten. Aber wichtig ist es in diesem Zusammenhang, daß gewissermaßen die Preisklasse gesucht wird, in der das Produkt nach der Höhe seiner Kosten unterzubringen ist. Vergleicht man die
Eigenschaften des als technisch, konstruktiv oder stofflich, realisierbar angesehenen Produkts mit den Eigenschaften der bisher in dieser Preisklasse
angebotenen Erzeugnisse, also mit der „qualitativen Norm" der Preisklasse, und stellt man fest, daß die anzubietenden Produkteigenschaften innerhalb oder über der qualitativen Norm der Preisklasse liegen, dann ist es
möglich, daß man zu der Auffassung gelangt, es liege hier durchaus die
Voraussetzung für eine echte absatzwirtschaftliche Chance vor. Die Vorschläge seien wert, weiter geprüft zu werden. Im anderen Fall werden die
Vorschläge nicht weiter verfolgt.

Die zweite Situation: Die Umsatzentwicklung der Erzeugnisse des
Unternehmens zeigt, daß sich der Lebenszyklus eines Produkts oder einer
Produktgruppe dem Ende zu neigt. Aus diesem Grund erscheint es notwendig zu prüfen, ob es technisch möglich ist, ein Produkt herzustellen,
das, mit konkurrenzfähigeren Eigenschaften ausgestattet, den Platz in der
Preisklasse einnehmen kann, den zur Zeit noch das zu substituierende Produkt inne hat. Oder: das Unternehmen beabsichtigt, in eine Käuferschicht
einzudringen, die es nur mit Produkten erreichen kann, die einer bisher
von ihm noch nicht praktizierten Preis- und Qualitätsklasse angehören. Es
ist zu prüfen, ob sich Produkte mit den verlangten Eigenschaften herstellen lassen, die dem Qualitätsniveau der Preisklasse entsprechen oder, nach

Möglichkeit, die qualitative Norm der Klasse übersteigen. Führen die prüfenden Erwägungen zu dem Ergebnis, daß Aussicht besteht, dem Verlangen der Vertriebsleitung entsprechen zu können, dann werden die Pläne weiter verfolgt. Ist das Ergebnis der Überlegungen nicht ermutigend, dann wird nach anderen Möglichkeiten gesucht werden müssen.

Im Gegensatz zu der ersten Situation, in der neue, technisch realisierbare Produktchancen bestehen und dann geprüft wird, ob und wie sie sich in dem gegebenen Preis- und Qualitätsklassensystem verwirklichen lassen, wird im zweiten Fall gefragt, ob technisch die Möglichkeit besteht, Produkte mit Eigenschaften herzustellen, die Absatzchancen in einer bestimmten Preisklasse bieten.

Von welcher Seite die Anregungen für die Entwicklung neuer Produkte stammen, ist später oft gar nicht mehr auszumachen. Aber die Preisklasse als Zielvorgabe für technische Entwicklungen auf dem Gebiet der Produktgestaltung und Preisklassen als Prüfinstanz für die Realisierung neuer technischer Möglichkeiten der Produktgestaltung – diese beiden Situationen bestimmen die Grundposition für alle produktpolitischen Entscheidungen im Absatzraum der Unternehmen.

2 a) Werden Anregungen für neue Produktentwicklungen, von welcher Seite sie kommen mögen, für bedeutsam genug gehalten, um sie weiter zu verfolgen, dann wird versucht werden, zu konkreteren Vorstellungen über das zu entwickelnde Produkt und die von ihm verlangten Eigenschaften zu gelangen. Gleichzeitig aber werden alle Anstrengungen verstärkt werden, die darauf gerichtet sind, bessere Informationen über die Absatzlage und die Absatzchancen für das Produkt oder die Produkte zu gewinnen. Die beiden Bestrebungen laufen in der Regel gleichzeitig, aufeinander abgestimmt, und darauf bedacht, alle an dem Projekt Beteiligten mit den neuesten Informationen zu versorgen. Von der Verläßlichkeit und Vollständigkeit dieser Informationen und dem Funktionieren des Informations- und Erfahrungsaustausches hängt die Sicherheit des Urteils über die Marktchancen des zu entwickelnden Produkts ab.

Von welchen Methoden der Absatzprognose in solchen Situationen Gebrauch gemacht werden sollte, läßt sich nicht generell sagen. Grundsätzlich steht das ganze Arsenal der für die Schätzung von Absatzentwicklungen verwendbaren methodischen Apparaturen zur Verfügung. Stets erweist sich hierbei dasjenige Verfahren für Absatzvorhersagen am besten geeignet, dessen Voraussetzungen der besonderen Aufgabe der Voraussage, den funktionalen und akquisitorischen Eigenschaften der zu prognostizierenden Erzeugnisse und dem vorhandenen Datenmaterial am vollständigsten entsprechen. Für die Gewinnung von Einsicht in die Absatzchancen eines noch nicht eingeführten Produkts schließt sich aber eine Anzahl von Prognoseverfahren aus. Das gilt zum Beispiel für alle Verfahren, die auf Zeitreihenanalyse und Projektion beruhen, also vor allem für die Trendprojektionen und die Verfahren der gleitenden Durchschnitte und der exponentiellen Glättung. Von ihnen besitzt das zuerst genannte Verfahren für kurz-, mittel- und langfristige Absatzprognosen ganz besonders große Bedeutung. Aber seine Anwendung verlangt, daß Daten für mehrere Jahre verfügbar sind, insbesondere solche, die über den bisherigen Absatzverlauf des zu prognostizierenden Produkts unterrichten. Aber gerade bei noch nicht auf dem Markt eingeführten Gütern fehlen diese Informationen. Diese Situation trifft auch zu für einige der oft zu den kausalen Verfahren gerechneten Prognosemethoden, also insbesondere für die Regressionsmodelle. Die Korrelationen zwischen den zu prognostizierenden Absatzgrößen und den inner- und außerbetrieblichen Bereichen des Unternehmens entstammenden Variablen werden im wesentlichen statistisch analysiert, setzen also empirisch vorgegebene Zeitreihen voraus. Diese Voraussetzung gilt auch für die Lebenszyklusanalysen von Produkten. Auch sie verlangen die Kenntnis der in der ersten Zeit nach der Einführung, zum Beispiel im ersten Jahr, erzielten Umsätze.

Auch Erhebungen über Kaufabsichten und Käufergewohnheiten lassen sich für die Absatzprognose, insbesondere für die Schätzung voraussichtlicher Umsätze und Marktanteile neu eingeführter Produkte verwenden [1]. Die Vorhersagen beruhen in diesem Fall auf Panelanalysen, denen laufend geführte Haushaltsbücher einzelner ausgewählter Haushalte zugrunde liegen. Sie geben Aufschluß über die kumulative Zunahme der Anzahl neuer Käufer für das eingeführte Produkt, die Anzahl der Wiederholungskäufer und das Kaufvolumen der Käufer im Verhältnis zu dem durchschnittlichen Kaufvolumen innerhalb der gesamten Produktgruppe. Auch dieses Verfahren kann erst angewandt werden, wenn das Produkt bereits auf dem Markt eingeführt ist, Beobachtungsreihen für längere Zeiträume also bereits vorliegen. Aus diesem Grund scheidet das Verfahren – oder scheiden ganz allgemein Verfahren dieser Art – aus dem für die Produktauslese zur Verfügung stehenden Verfahrenskatalog aus.

Prognosemodelle, die Markov-Ketten verwenden, setzen voraus, daß die Übergangswahrscheinlichkeiten bekannt sind. Eben das ist bei neu in das Verkaufsprogramm aufzunehmenden Produkten nicht der Fall. Auch Verfahren, die die zu prognostizierenden Absatzentwicklungen an den Verlauf zeitlich vorhergehender Entwicklungen anderer Größen anhängen, diese Größen also als Zeitindikatoren benutzen, setzen die Kenntnis der Indikatordaten für längere Zeiträume voraus und Informationen über die enge Beziehung, die zwischen dem zu prognostizierenden Gut und dem Indikator besteht. Wenn die Indikatoren für die Vorhersagen von Produkten oder Produktgruppen verwandt werden, von denen das neue

---

[1] Vgl. PARFITT, J. H., und B. J. K. COLLINS, Use of Consumer Panels for Brand-Share Prediction, in: Journal of Marketing Research, vol. 5 (1968), S. 131 ff.

oder neuartige Produkt nicht sehr wesentlich abweicht, dann wird von Fall zu Fall zu prüfen sein, ob die für die Leitindikatoren ermittelten Werte nicht auch für die Vorhersage der zu erwartenden Absatzentwicklung des neu eingeführten Erzeugnisses nutzbar gemacht werden können.

Bleiben also für die Prognose des Absatzes noch nicht eingeführter Erzeugnisse vor allem die als „qualitativ" bezeichneten Prognosemöglichkeiten. Im wesentlichen geht es hierbei um die Methoden der Marktforschung, die die günstigsten Voraussetzungen für Kapazitätsanalysen bestimmter Produktmärkte aufweisen. Ihre methodische Apparatur ermöglicht es, den Marktspielraum zu bestimmen, der gegebenenfalls für das zu entwickelnde Erzeugnis vorhanden ist, und damit auch den Umsatz beziehungsweise die Marktanteile zu errechnen, welche ein die Neueinführung in Erwägung ziehendes oder bereits planendes Unternehmen voraussichtlich zu erwarten hat. Die Vielzahl der unter dem Begriff der Marktforschung zusammengefaßten Verfahren läßt auch jene Zielgruppenbestimmungen und Marktsegmentierungen zu, die für die Beurteilung der Erfolgschancen von Produktneuerungen von so großer Wichtigkeit sind (mögen die Segmente durch demographische, konsumorientierte oder psychologische Daten oder durch Kombinationen aus ihnen beschrieben sein). Da die Methoden der Marktforschung sehr wandlungs- und anpassungsfähig sind, bleiben sie mit den dann notwendigen Erweiterungen auch für Fälle verwendbar, in denen der zu prognostizierende Gegenstand kein Fertigerzeugnis, sondern Teil eines Fertigerzeugnisses ist (Antriebsaggregat für Maschinen, Chemiefasern u. a.).

Es gibt sicherlich Einführungssituationen der geschilderten Art, in denen die Erfahrungen, die ein Unternehmen mit dem nunmehr zu substituierenden Produkt oder mit Produkten der gleichen oder nahe beieinanderliegender Preis- und Qualitätsklassen gemacht hat, eine verhältnismäßig sichere Grundlage für die Beurteilung der zu erwartenden Absatzmöglichkeiten des neuen Produkts bieten. Prognosen, die so zustande kommen, werden auch als „Historische Analogien" bezeichnet. Obwohl es zweifelhaft erscheinen kann, ob die methodische Stringenz des Vorgehens es zuläßt, im strengen Sinn von einem Prognoseverfahren zu sprechen, läßt sich doch nicht verkennen, daß es – mit Ergänzungen in dieser oder jener Richtung – ein Procedere bedeutet, das sich für viele Fälle von Neueinführungen als geeignet erwiesen hat.

Diese Überlegungen gelten in höherem Maße für das Delphi-Verfahren, das, methodisch gesichert, so organisiert ist, daß nach Möglichkeit das Ergebnis einer Befragung von Experten von Beeinflussungen frei gemacht wird, denen die Ansichten der Minderheiten durch vorherrschende Mehrheitsmeinungen ausgesetzt sein können.

Dagegen bietet sich die Benutzung von Simulationsmodellen in derartigen Auslesesituationen geradezu an. Denn die Vorbereitung von Planungsentscheidungen gehört zu den hervorragendsten Anwendungsfällen der Simulationsprozedur. Ihr liegt die Summe aller Markterfahrungen zugrunde, über die die Produktmanager, ihre Mitarbeiter und ihre Stäbe verfügen, ergänzt durch die Informationen, die aus speziellen empirischen Untersuchungen über den interessierenden Gegenstand gewonnen werden. Der große Vorteil von Simulationsmodellen für die Ermittlung der Erfolgschancen neuer oder neuartiger Produkte besteht gerade darin, daß der Marktprozeß als stochastisches Phänomen aufgefaßt wird und daß das Modell in der Lage ist, die relevanten Gruppen von Marktteilnehmern, also die Käufer, die Hersteller und die zwischengeschalteten Handelsbetriebe, die innerhalb dieser Gruppen und zwischen ihnen bestehenden Unterschiede und Beziehungen, auch ihr unterschiedliches aktives und reaktives Verhalten zu berücksichtigen. Wenn es gelingt, die Elemente des Modells und die zwischen ihnen vorhandenen Beziehungen zu formalisieren und für Rechenanlagen zu programmieren, dann sind allerdings günstige Voraussetzungen für die Absatzprognose neu in das Verkaufsprogramm aufzunehmender Produkte gegeben. Wenn, wie es das Modell verlangt, jeder Marktteilnehmer durch ein Gleichungssystem beschrieben werden soll, das die jeweils für ihn charakteristischen Verhaltensmerkmale enthält, dann sind hierzu allerdings Daten in einem Umfang erforderlich, der die Simulationsmodelle an ihre Grenzen stoßen läßt. Dieser Tatsache steht nicht entgegen, daß Simulationsmodelle Informationsmodelle darstellen, die grundsätzlich, insbesondere aber für den Fall, daß sie sich auf die Simulation spezieller Fälle beschränken, für die Vorhersage der Absatzchancen neuer oder neuartiger Produkte geeignet sind [1].

2 b) Die Chancen, verläßliche Informationen über den zu erwartenden Absatz neu einzuführender Produkte zu erhalten, erweisen sich nach den bisherigen Ausführungen über die Eignung und Leistung der in solchen Auslesesituationen zur Verfügung stehenden Prognosemethoden als verhältnismäßig gering. Ein anderes Bild zeigt sich, wenn es darum geht, zu Aussagen oder wenigstens Anhaltspunkten darüber zu gelangen, wie die für das neu zu schaffende Produkt vorgesehenen Eigenschaften bei den Verbrauchern oder Verwendern voraussichtlich „ankommen" werden. Die Klärung dieser Frage ist in einer derartigen Auswahlsituation deshalb von so großem Interesse, weil der zu erwartende Umsatz des Erzeugnisses wesentlich von den funktionalen und akquisitorischen Eigenschaften abhängig ist, mit denen es ausgestattet wird [2].

---

[1] Es sei hierzu auf die Ausführungen über Simulationsmodelle im sechsten Abschnitt des vierten Kapitels hingewiesen.

[2] Vgl. hierzu KÖHLER, R., Das Informationsverhalten im Entscheidungsprozeß vor der Markteinführung eines neuen Artikels, Bericht über eine empirische Erhebung, Wiesbaden 1972; LANGNER, Der Entscheidungs- und Informationsprozeß bei der Markteinführung neuer Produkte, Würzburg-Wien 1974.

Für die Klärung dieser Fragen steht das gesamte Arsenal von Testverfahren zur Verfügung, von den traditionellen Verfahren der Befragung angefangen, bis zu den mit tiefenpsychologischen Techniken arbeitenden Explorationen, wobei dann allerdings die Ziele dieser Explorationen nicht tiefenpsychologischer Art sind. Es handelt sich in den hier interessierenden Fällen stets um die Benutzung von Verfahren, die im Stadium vor der Produkteinführung verwendbar sind. Alle Verfahren oder Modelle behavioristischer Art, die nach der Einführung eines Produkts auf dem Markt die gestellte Frage zu beantworten versuchen, ihre Testbefunde also auf in diesem Sinn empirische Daten gründen, scheiden in dem hier in Frage stehenden Stadium der Gewinnung von Informationen über Produkteigenschaften aus.

Es gibt eine Vielzahl von Methoden, die für Pretests verwandt werden können. Sie sind bereits an anderen Stellen erörtert worden. An dieser Stelle sei jedoch auf zwei Verfahren zur Bestimmung optimaler Produkteigenschaften eingegangen. Und zwar deshalb, weil sie, beide für die Lösung der gestellten Aufgabe geeignet, dennoch von völlig verschiedenen methodischen Überlegungen und Grundpositionen ausgehen. Es handelt sich einmal um das Verfahren zur Gewinnung von Polaritätsprofilen und zum anderen um das Verfahren zur Ermittlung der Verteilung von Konsumentenpräferenzen für spezifische Produktmerkmale.

In der Imageforschung ist es üblich, die Vorstellungen, die die Verbraucher von einem bestimmten Gut, insbesondere einem Markenartikel haben, in ein „Polaritätsprofil" einzufangen. Das Verfahren besteht auch im Pretest darin, daß die Versuchspersonen auf einem skalierten Kontinuum eingetragene, entgegengesetzte Eigenschaften bewerten müssen (zum Beispiel: hart/weich, modern/unmodern, echt/nachgeahmt, gut/schlecht brauchbar, stark/mild). Auf diese Weise entstehen Polaritätsprofile oder Anmutungsprofile, in denen sich die Vorstellungen der Versuchspersonen über den ihnen zur Beurteilung vorgelegten Gegenstand (Produktprobe) spiegeln. Die auf die Gewinnung von Polaritätsprofilen gerichteten Verfahren sind ein Ausdruck der Überlegung, daß nicht die einzelnen Eigenschaften eines Gutes, isoliert und für sich getestet, den richtigen Eindruck davon vermitteln, wie sich ein Gut im Bewußtsein der Käufer abbildet, sondern daß nur das Abstellen der Tests auf das Ganze des Eindrucks ein richtiges und für absatzwirtschaftliche Zwecke relevantes Bild von dem Produkt vermittelt. Dabei wird allerdings unterstellt, daß die Verbraucher überhaupt über ein ausgeprägtes Imagebewußtsein verfügen, – eine Annahme, die im allgemeinen wenig berechtigt erscheint.

Im Gegensatz zu dem auf Ganzheitsvorstellungen beruhenden Verfahren der Imageforschung testet das zweite für die Ermittlung optimaler Produktqualität entwickelte Verfahren, für das Produkt spezifische und für seinen Absatz relevante Produktmerkmale einzeln und isoliert [1]. Präferenzen der Konsumenten für ein bestimmtes Gut lassen sich allein durch Werbung aufbauen, wenn die Güter von im wesentlichen gleicher qualitativer Beschaffenheit sind oder Unterschiede nicht spürbar wahrgenommen werden können. Für diejenigen Produktgruppen, deren qualitative Beschaffenheit in mehreren Merkmalsausprägungen erfahrbar ist und von den Konsumenten wahrgenommen werden kann, lassen sich hinsichtlich der Ermittlung von Präferenzen andere Verfahren anwenden. Soll zum Beispiel festgestellt werden, welches Merkmal und mit welcher Intensität seiner Ausprägung es Konsumentenpräferenzen produziert, dann sind damit wichtige Voraussetzungen für die optimale Ausstattung der Erzeugnisse mit absatzwirtschaftlich relevanten Eigenschaften erfüllt. Zu diesem Zwecke werden Versuchspersonen Produktproben oder Probeherstellungen vorgelegt, und zwar derart, daß alle Testproben völlig neutralisiert sind bis eben auf die zu testende Eigenschaft. Auch Preisunterschiede bleiben ausgeschaltet, und von Werbeassoziationen werden die Versuchspersonen nach Möglichkeit freigehalten. Die einzelnen Testprodukte unterscheiden sich also lediglich durch das unterschiedliche Maß, mit dem eine Eigenschaft in dem Produkt enthalten ist. So ist in den Versuchen, die durchgeführt worden sind, der Süßigkeitsgrad von Schokolade oder die Schaumfähigkeit von Waschpulver variiert und zu ermitteln versucht worden, wie sich die Präferenzen der Versuchspersonen auf die verschiedenen Eigenschafts- oder Merkmalsniveaus verteilen. Dabei wird davon ausgegangen, daß das Merkmalsniveau als die wahre Präferenz einer Versuchsperson oder eines Marktteilnehmers anzusehen ist, das die Versuchsperson bei wiederholten Vergleichtests wählen würde. Die Kenntnis der Präferenzverteilung unter den Versuchspersonen – sie entspreche im wesentlichen der Normalverteilung – macht es möglich, Marktsegmente auch für Verbraucher zu bilden, die andere Merkmalsniveaus als das häufigste präferieren. Die Verteilung der Präferenzen läßt die prozentualen Anteile der Konsumenten erkennen, die jeweils ein bestimmtes Merkmalsniveau bevorzugen. Ist bekannt, für welche Verwendungen die Versuchspersonen ein Produkt jeweils benutzen, dann ergeben sich zwischen Produktverwendung und Präferenzverteilung Beziehungen, die besonders günstige Voraussetzungen für die Bildung von unterschiedlichen Marktsegmenten bilden, nun aber nicht nur von solchen, die auf einem dem Mittelwert der Verteilung entsprechenden Merkmalsniveau beruhen. Eben diese Segmente bieten besondere, dann nicht ausgenutzte Absatzchancen, wenn die konkurrierenden Unternehmen ihre Segmentierung nur nach Maßgabe des Mittelwerts der Verteilung vornehmen. Die Marktsegmente nicht nur

---

[1] Vgl. KUEHN, A. A. und DAY, R. L., Strategy of Product Quality, in Harvard Business Review, Vol 6 (1962), S. 100 ff.

nach dem Mittelwert der Verteilung zu bestimmen, ist Sinn und Ziel dieser Ermittlung von Präferenzverteilungen unter den Konsumenten.

3 a) Die Informationssuche begleitet den Produktausleseprozeß von seinem Beginn bis zu seiner Beendigung. Sie stellt sogar ein konstitutives Merkmal der Produktselektion dar. Damit stellt sich die Frage, ob die Ergebnisse der Informationssuche – aus welchen Quellen sie immer stammen und von welcher Art sie sein mögen – für das neue Produkt oder die neue Produktgruppe Umsatz-, Kosten- und Gewinnentwicklungen erwarten lassen, die gewissen Mindestvorstellungen der Geschäftsleitung entsprechen und mit der gesamtbetrieblichen Situation des Unternehmens vereinbar sind. Die Variablen selbst, die in diesem Ausleseprozeß einen bestimmenden Einfluß ausüben, sind im allgemeinen bekannt, aber die Werte, die sie annehmen und die Beziehungen, die zwischen ihnen bestehen, sind zunächst wenigstens noch weitgehend unbekannt. Wie weit immer der Prozeß der Informationsgewinnung und -verarbeitung vorgetrieben werden mag – vollkommene Voraussicht ist nicht zu gewinnen, und so bleiben die relevanten Größen des Produktausleseprozesses stochastische Größen, die einer Wahrscheinlichkeitsverteilung unterliegen. Gleichwohl bilden Umsätze, Kosten und gesamtbetriebliche Rahmenbedingungen die wesentlichen Bestandteile der Zielfunktion, die über die Aufnahme neuer Produkte in die Verkaufsprogramme der Unternehmen und damit über die Auslese unter den Produktentwürfen für diese Zwecke bestimmt. Dabei ist es nicht von prinzipieller Bedeutung, ob die Entscheidungsvariable sich an Gewinnen, cash-flow, Amortisationsdauern oder anderen Zielvorstellungen orientiert. Von Anfang an aber werden die Ausleseüberlegungen von derartigen Vorstellungen beherrscht, zunächst mehr umrißhaft, dann sich im Laufe des Ausleseprozesses verdichtend, bis sie – unter Umständen – in den Gleichungssystemen von Entscheidungsmodellen ihren Ausdruck finden.

3 b) Wie immer die Zielfunktion bestimmt sein mag, die den Produktausleseprozeß auf sich einreguliert, die Zielgröße wird stets als Differenz zwischen in die Zukunft projizierten Erlösen, Umsätzen oder Einzahlungen aus den Produktverkäufen und den Kosten definiert werden, die die Herstellung und der Vertrieb dieser Erzeugnisse verursachen. Da – von Ausnahmesituationen abgesehen – weder die Erlöse noch die Kosten mit Sicherheit vorausgesagt werden können, man sich also mit Schätzwerten begnügen muß, besitzen die relevanten Größen der Zielfunktion für die Produktauslese und die Produkteinführung keinen deterministischen, sondern einen stochastischen Charakter.

Die den Erlösen, Umsätzen oder Einzahlungen zugrunde liegenden Absatzmengen sind von einer Vielzahl von Faktoren abhängig. Im Zusammenhang mit der Erörterung von Fragen, die mit der Produktauslese in Verbindung stehen, interessieren in erster Hinsicht die funktionalen und akquisitorischen Eigenschaften, mit denen das neue Produkt ausgestattet und den potentiellen Käufern präsentiert werden soll. Für die Käufer sind die Eigenschaften des neuen Produkts eine der wichtigsten Absatzeinflußgrößen. Aus eben diesem Grund streben alle Unternehmen, die neue Produkte auf den Markt bringen, eine Kombination von Eigenschaften an, die in Hinsicht auf die Preisklasse, in der das Produkt verkauft werden soll, optimal ist. Neuproduktentwicklungen sind das Ergebnis unentwegten Suchens nach einer optimalen Kombination von Produkteigenschaften in Hinsicht auf den Preis, für den das neue Produkt bestimmt ist. Oft erstrekken sich die Forschungs- und Entwicklungsarbeiten für das neue Produkt über Jahre. Immer wieder werden neue konstruktive Lösungen versucht, neue Berechnungen vorgenommen, neue Versuchsreihen aufgelegt, neue Rezepturen entwickelt und erprobt, bis sich zeigt, welche Lösungen sich mit Rücksicht auf den geplanten Verkaufspreis des Produkts und die für Forschungs- und Entwicklungsarbeiten zur Verfügung stehenden finanziellen Mittel als die vorteilhaftesten abzeichnen.

Die Konzeption eines neuen Erzeugnisses umgreift in gleicher Weise technisch-wissenschaftliche wie absatzwirtschaftliche Überlegungen und Zielvorstellungen. Auch auf diesen Gebieten der Produktentwicklung folgt eine Testserie der anderen, um sich der zu erwartenden Reaktionen der Verbraucher oder Verwender auf die vorgesehenen Eigenschaften des Produkts zu vergewissern, den voraussichtlichen Bedarf und damit die Absatzchancen des Produkts abzuschätzen. Zu prüfen ist also, ob sich die von den Entwicklungsabteilungen als optimal angesehene Kombination von Produkteigenschaften auch als akquisitorisch optimal erweisen wird. Denn von den Reaktionen der Käufer auf eben diese Eigenschaften hängt der Erfolg der Aktion ab.

Trotz des großen Aufwands für die Gewinnung technischer und kommerzieller Informationen bleibt die optimale Kombination der Produkteigenschaften, eine der Haupteinflußgrößen des Produktabsatzes, eine Zufallsvariable. Solange Unternehmen unter marktwirtschaftlichen Bedingungen arbeiten, bleibt ihnen diese akquisitorische Unsicherheit.

3 c) Als Teil des Absatzprogramms eines Unternehmens unterliegt auch der Verkauf des neuen Produkts sowohl dem Einfluß der Trends ökonomischer als auch technischer Entwicklungen. Unter ökonomischen Trends sind hierbei Trends der gesamtwirtschaftlichen als auch der Branchenentwicklung zu verstehen. Technische Trends sind sowohl solche des Produkt- wie des Verfahrensbereichs.

Es gibt Fälle, in denen ein Unternehmen an dem Verlauf dieser Trends aufgrund seiner eigenen Forschungen und Entwicklungen maßgebenden

Anteil hat. Dann übt es selbst einen Einfluß auf die Richtung aus, die der technische Trend auf diesem Gebiet einschlagen wird. Im allgemeinen aber sind die Trends der technischen Entwicklung das Ergebnis vieler, von dem einzelnen Unternehmen nicht oder nur in Grenzen beeinflußbarer Umstände. Produktgestaltungen entgegen den Trends der technischen Entwicklungen oder nicht in Korrespondenz mit ihnen, sind in der Regel Fehlentwicklungen.

Die Voraussage beider Trends, sowohl der wirtschaftlichen wie der der technischen Entwicklung erweist sich dann als besonders schwierig, wenn es sich um langfristige Prognosen handelt. Trotz aller Verfeinerungen der heute zur Verfügung stehenden Prognosetechniken für die Gewinnung von Informationen über wirtschaftliche Entwicklungen und trotz gewissenhafter und sachkundiger Beobachtung der technischen Trends bleibt Unsicherheit über die marktlichen und technischen Datenkonstellationen und ihre Abfolge. Gleichwohl werden die neuen Produkte von den in diesen Datenkonstellationen und ihrer Entwicklung zum Ausdruck kommenden Trends mitgetragen, im positiven, aber auch negativen Sinn. Nur selten wird eine Kombination von Produkteigenschaften gefunden, der auch bei nachlassender Konjunktur ein Durchbruch nach oben gelingt. Im allgemeinen bleiben die Konstellationen der außerbetrieblichen Daten und ihre Trends Absatzeinflußgrößen, die sich durch das einzelne Unternehmen nicht kontrollieren lassen. Sind aber die Trends der Datenkonstellationen im marktlichen wie im technischen Bereich Zufallsvariable, dann bleiben auch die Koeffizienten der Zielfunktion, sofern sie diesen Einflußgrößen unterliegen, zufallsverteilt.

3 d) Die zu erwartende Entwicklung des Absatzes neu in das Verkaufsprogramm aufgenommener Erzeugnisse ist nicht nur von dem neuen Produkt und der Anziehungskraft seiner Eigenschaften, sondern auch von der Unterstützung abhängig, die es durch begleitende absatzpolitische Maßnahmen erfährt. Hier ist vor allem an preis- und werbepolitische Maßnahmen und an die Schaffung günstiger vertriebsorganisatorischer Voraussetzungen für den Absatz des neuen Produkts zu denken. Die Reaktion der Käufer auf eine Variation der Produktpreise kommt in der Preisabsatzfunktion zum Ausdruck, die angibt, wie die Nachfrage auf eine Änderung des Verkaufspreises reagiert. Man kennt sie aber nicht, oder aber doch nur in Grenz- oder Ausnahmefällen oder nach der Vornahme spezieller Testuntersuchungen. Im Regelfall wird man also auf Schätzungen angewiesen sein.

Das gleiche gilt für die durch Werbeaktionen ausgelösten Käuferreaktionen. Aus der Werbewirkungskurve ergibt sich, welche Werbewirkung eine bestimmte Kontaktdosis auslöst. Dieser Kontaktdosis entspricht eine bestimmte Einschalthäufigkeit oder Belegungshäufigkeit der Werbeträger.

Für ihre Benutzung sind Preise zu zahlen, die von Werbeträger zu Werbeträger eine unterschiedliche Höhe aufweisen. Wenn also eine bestimmte Anzahl von Werbekontakten mit den potentiellen Käufern des Werbeobjekts beabsichtigt ist, dann würde sich aufgrund der Werbewirkungskurve ermitteln lassen, wie hoch der Werbeetat sein muß, mit dessen Hilfe die gewünschte Anzahl von Kontakten hergestellt wird. Das Verhältnis zwischen der relativen Absatzänderung und der relativen Änderung des finanziellen Aufwands für die Werbung ist oben als Werbeelastizität bezeichnet worden. Wenn über die Werbeelastizität im konkreten Fall keine präzisen Angaben vorliegen, dann ist der Planer auf Annahmen angewiesen, die, wenn es die Situation notwendig macht, getestet werden müssen.

Eine ähnliche Beziehung läßt sich zwischen Absatzänderung und finanziellem Aufwand für die personale und sachliche Ausstattung des Verkaufsapparates herstellen. Es kann sich ja doch als notwendig erweisen, die Vertriebsorganisation personell und sachlich umzustrukturieren oder zu erweitern, wenn das neue Produkt in dem vorgesehenen Rahmen abgesetzt werden soll. In diesem Fall ergibt sich als Maß für die Elastizität des Vertriebsapparats das Verhältnis zwischen der relativen Absatzänderung und der relativen Änderung des finanziellen Aufwands für die Vertriebsapparatur. Wenn die Vertriebselastizität bekannt ist, dann läßt sich ermitteln, um welchen Betrag der finanzielle Aufwand für den Vertrieb der Erzeugnisse des Unternehmens erhöht werden muß, wenn der Absatz erhöht werden soll.

Da die Preis-, die Werbe- und die Vertriebselastizitäten im Regelfall auf Schätzungen, wenn auch abgesichert durch Erfahrungen und Tests, beruhen, so zeigt sich deutlich der stochastische Charakter der Absatzänderungen, sofern sie auf die drei Absatzeinflußgrößen Verkaufspreis, Werbung und Vertriebsorganisation zurückzuführen sind.

So bedeutsam die Kenntnis dieser Elastizitäten für den Fall ist, daß die Verkaufspreise, der Werbeetat und die vertriebsorganisatorischen Maßnahmen im Rahmen der speziellen Einführungsplanung des neuen Produkts festgelegt werden müssen (nachdem über das Produkt selbst entschieden, der Ausleseprozeß insofern also beendet wurde), so fraglich kann es sein, ob diesen Variablen für den Prozeß der Auslese unter den Produktalternativen eine besonders große Bedeutung zukommt. Unter der Voraussetzung allerdings, daß die einzelnen zur Auswahl stehenden Erzeugnisalternativen große Unterschiede in Hinsicht auf die Verkaufspreise, den Werbeetat (vor allem des Einführungsetats) und die Investitionen in den Verkaufsapparat aufweisen, werden diese, der Förderung des Neuproduktabsatzes dienenden absatzpolitischen Instrumente von großer Wichtigkeit für die Ausleseentscheidung sein. Wenn aber die angegebene Voraussetzung nicht gegeben ist und die einzelnen, in Erwägung gezogenen Produktvorschläge in dieser Hinsicht keine eben sehr ins Gewicht fallenden Unterschiede aufweisen, dann läßt sich darüber streiten, ob die der Förderung des Neuproduktabsatzes dienenden absatzpolitischen Instrumente für die Ausleseentscheidung große Bedeutung haben.

3 e) Der Einfügung eines neuen Produkts in das Verkaufsprogramm eines Unternehmens liegt in der Regel die Absicht zugrunde, mit seiner Hilfe neue Käuferschichten zu gewinnen. Sie konnten entweder mit dem gegenwärtigen Programm nicht erreicht werden oder haben sich als Käufer verloren, weil die Anziehungskraft des zu ersetzenden Produkts nachgelassen hat. Wird das neue Produkt als Substitut des alten Produkts verstanden, dann geht es um die Rückgewinnung früherer Käufergruppen. In beiden Fällen konkurrieren die neuen Produkte mit in etwa gleichartigen Erzeugnissen der Wettbewerbsunternehmen mit dem Ziel, in noch nicht erschlossene Käufergruppen einzudringen oder bereits von Verkaufsprogrammen erreichte, aber verlorene Käufergruppen erneut zu motivieren.

Nun ist aber der Fall nicht auszuschließen, daß der angestrebte Partizipationseffekt ausbleibt oder sich nicht in der erhofften Weise realisiert, die neuen Erzeugnisse also weniger mit den Erzeugnissen der Wettbewerbsfirmen als mit den eigenen Erzeugnissen des Unternehmens konkurrieren. Dieser Fall ist mit den für ihn typischen Konsequenzen bereits an anderer Stelle beschrieben [1]. Hier interessiert die Umschichtung in den Absatzverhältnissen des Verkaufsprogramms insofern, als die nicht erwünschten Substitutionseffekte im Produktprogramm des Unternehmens zu Lasten der neu in das Programm eingeführten Erzeugnisse gehen, das gesamte Absatzprogramm also planwidrigen Entwicklungen durch eigene produktpolitische Maßnahmen ausgesetzt wird.

Derartige unbeabsichtigte Konsequenzen von Neuproduktentwicklungen stellen ein Risiko dar, das nicht grundsätzlich auszuschließen und bei der Entscheidung über die zu verwirklichende Produktalternative wohl zu berücksichtigen ist. Auch gibt es Möglichkeiten, die Risiken deutlich zu machen und abzuschätzen. Wie jedoch die Erfahrung lehrt, ist kein Unternehmen gegen unerwünschte Substitutionseffekte bei der Einfügung neuer Produkte in sein Programm gefeit. Der Fall ist jederzeit denkbar, daß die einzelnen Produktalternativen gerade in dieser Hinsicht höchst unterschiedliche Bedingungen aufweisen. Insofern nicht genau vorausbestimmbar ist, ob und wie der Absatz des Unternehmens durch das Ausbleiben beabsichtigter Partizipationseffekte beeinflußt wird, unterliegt der Absatz hieraus entstehenden Risiken. Sie finden ihren Ausdruck in einer Wahrscheinlichkeitsverteilung.

3 f) Mit der erfolgreichen Einführung eines neuen Produkts ist in der Regel ein Verkaufsvorsprung gegenüber den konkurrierenden Erzeug-

---

[1] Vgl. hierzu die Ausführungen im Abschnitt III C dieses Kapitels.

nissen der Wettbewerbsunternehmen verbunden. Dieser Vorsprung ist durch absatzpolitische Maßnahmen der Wettbewerbsunternehmen gefährdet.

Bereits an anderer Stelle ist untersucht worden, welche unterschiedlichen Situationen entstehen können, wenn die Konkurrenzunternehmen preispolitisch oder produktpolitisch operieren und welchen Einfluß die beiden unterschiedlichen gegnerischen Aktivitäten auf die Länge des Zeitraumes haben können, in dem das Unternehmen produktpolitisch im Vorsprung ist[1]. Der gegenwärtige Stand der Diffusionstheorie läßt eine genauere Bestimmung der Geschwindigkeit noch nicht zu, mit der sich die Wirkungen der Konkurrenzreaktionen ausbreiten und den Vorsprung des initiierenden Unternehmens beseitigen.

Grundsätzlich muß aber jedes Unternehmen in einer produktpolitischen Vorzugssituation damit rechnen, daß ihm die Vorzugsstellung durch Maßnahmen der Wettbewerbsunternehmen streitig gemacht wird. Wann diese Aktionen einsetzen werden, läßt sich nicht mit Sicherheit voraussagen. Es ist möglich, daß die Gegenmaßnahmen der Wettbewerber zu Beginn der Einführungsphase einsetzen. Sie können aber auch später, im Wachstums- oder im Reifestadium des Produkts, ergriffen werden. Mit an Sicherheit grenzender Wahrscheinlichkeit muß aber das sich in der Vorzugslage befindende Unternehmen damit rechnen, daß die Absatzeinflußgröße „Konkurrentenverhalten" eines Tages sichtbar und wahrscheinlich spürbar in Erscheinung tritt. Auch diese Einflußgröße ist eine stochastische Größe.

Existiert aber für jede die Höhe des Absatzes und der Erlöse bestimmende Größe eine Wahrscheinlichkeitsverteilung – im Regelfall unterschiedlicher Art –, dann muß auch für die resultierende Größe, hier die Höhe des Absatzes und der Erlöse, eine Wahrscheinlichkeitsverteilung bestehen. Sie läßt sich aus den Wahrscheinlichkeitsverteilungen der bestimmenden Einflußgrößen unter günstigen Voraussetzungen analytisch exakt, in jedem Fall aber mit Hilfe von Simulationstechniken näherungsweise bestimmen.

4. Die Entwicklungs- und die späteren Produktkosten können ebensowenig mit Sicherheit vorausgesagt werden wie die zu erwartenden Absatzmengen und Erlöse. Gleich diesen Größen sind auch die Kosten, hier der finanzielle Aufwand vor und nach der Einführung des Produkts, von einer Vielzahl von Faktoren abhängig. Für jeden einzelnen dieser Faktoren existiert eine Wahrscheinlichkeitsverteilung, und es stellt sich die gleiche Aufgabe, aus den Wahrscheinlichkeitsverteilungen der einzelnen Kosteneinflußgrößen die Wahrscheinlichkeitsverteilung der resultierenden Größe,

---

[1] Vgl. hierzu die Ausführungen im Abschnitt II C 2 dieses Kapitels.

der Stückkosten oder der Periodenkosten, zu ermitteln. Auf diese verfahrenstechnisch-statistischen Fragen soll nicht eingegangen werden.

5. Dem stochastischen Charakter der Erlös- und Kostenfunktionen entsprechend ist auch hier die Aufgabe zu lösen, für die Zielgröße der Innovationsauslese eine Wahrscheinlichkeitsverteilung als Resultante aus den Wahrscheinlichkeitsverteilungen der Absatz- und Kosteneinflußgrößen zu errechnen. Diese Verteilungsfunktionen bilden die Grundlage aller Innovationskalküle.

Dabei ist davon auszugehen, daß, wenn der Gewinn je Stück oder je Periode mit oder ohne Restriktionen als Zielgröße verwandt wird, unter ihm der Bruttogewinn im Sinn von Deckungsbeiträgen zu verstehen ist.

6 a) Produktinnovationen lassen sich grundsätzlich als Investitionen auffassen. Damit kommen für die Innovationsrechnung alle Verfahren in Betracht, wie sie für die Vornahme von Investitionsrechnungen verwandt werden. Die Vorteilhaftigkeit von Investitionen kann einmal dadurch ermittelt werden, daß Kostenvergleichsrechnungen angestellt werden. Dieses Verfahren bietet sich vor allem dann an, wenn den Investitionsobjekten keine Erlöse aus Produktverkäufen zugerechnet werden können. Schwierigkeiten dieser Art bestehen bei Innvationen im allgemeinen nicht. Aus diesem Grund werden die sich auf den Vergleich der Kosten von Produktalternativen beschränkenden Verfahren selten angewandt.

Lassen sich Investitionsobjekten Erlöse aus Produktverkäufen zuordnen, dann nehmen die Kalküle die Form von Kosten/Erlös-Rechnungen an. Diese Rechnungen sind für Innovationskalküle die gegebene Form von Vorteilhaftigkeitsuntersuchungen. Die Schwierigkeiten für die Anwendung dieser Verfahren stammen, wie auch die der reinen Kostenvergleichsrechnungen, vor allem aus der Zurechenbarkeit der in der Zeit vor der Einführung des Produkts entstehenden finanziellen Aufwendungen für das Produkt.

Die im wesentlichen mit Ein- und Auszahlungen arbeitenden Verfahren der Investitionsrechnung berücksichtigen die Tatsache, daß die Teilperioden des Planungszeitraums unterschiedliche Absatzmengen beziehungsweise Erlöse und Kosten aufweisen. Unter bestimmten Voraussetzungen lassen sich diese Größen als Ein- und Auszahlungen interpretieren. Die Auszahlungen bestehen im Fall von Produktinnovationen aus dem finanziellen Aufwand für Produktentwicklung und Produkteinführung und aus dem Herstellungs- und Gewinnungsaufwand der verkauften Produkte, die Einzahlungen aus den Erlösen der veräußerten Erzeugnisse.

Wenn die Art, Größe und Bedeutung der geplanten Neueinführungen es angebracht erscheinen lassen und wenn die Probleme der Kostenzurechnung vor allem für die Zeit vor der Produkteinführung auf den Märkten geklärt sind, bieten sich für die Innovationsrechnung die aus der Investitionsrechnung bekannten Verfahren an. Insbesondere kommen hierfür die Kapitalwertmethode und die Methode des Internen Zinsfußes in Betracht. Ohne auf diese Methoden näher eingehen zu wollen, sei bemerkt, daß die Kapitalwertmethode den Kapitalwert (Barwert) einer Produktalternative errechnet, indem sie die in den einzelnen Perioden rechnerisch erzielten Gewinne mit Hilfe des Kalkulationszinsfußes abzinst. Ihm liegen die Mindestgewinnerwartungen der für die Entscheidung Verantwortlichen zugrunde. Ist der Kapitalwert größer oder gleich Null, dann entspricht die Produktalternative den Mindestgewinnerwartungen der Unternehmensleitung. Ist der Kapitalwert negativ, dann werden diese Erwartungen nicht erfüllt. Die Produktalternative mit dem höchsten Kapitalwert ist die vorteilhafteste.

Im Fall der Methode des Internen Zinsfußes bilden die internen Zinsfüße, also die erwartete Rentabilität der Produktalternativen, die Zielgröße. Ist ein aufgrund der für das neue Produkt gegebenen Erlös- und Kostenreihen errechneter interner Zinsfuß größer als der Kalkulationszinsfuß oder ist er ihm gleich, dann sind die Produktalternativen, für die dieses Kriterium zutrifft, vorteilhaft. Ist der interne Zinsfuß kleiner als der Kalkulationszinsfuß, dann scheidet die Produktalternative aus dem Ausleseprozeß aus. Diejenige Alternative ist dann die günstigste, die im Vergleich mit dem Kalkulationszinsfuß den höchsten internen Zinsfuß aufweist [1].

6 b) Da die mit der Auslese, der Einführung und dem späteren Verkauf der neuen Produkte verbundenen Maßnahmen auf unsicheren Erwartungen beruhen, die Variablen der Zielfunktion also stochastische Größen sind, kann es sich als notwendig herausstellen, diese Unsicherheit im Auslesekalkül zu berücksichtigen. Ein in der Praxis verhältnismäßig häufig beschrittener Weg besteht darin, „Risikozuschläge" vorzunehmen. In diesem Fall werden die relevanten Größen der Rechnungen durch Zuschläge erhöht oder durch Abschläge vermindert, also zum Beispiel die Erlöse zu niedrig und die Kosten zu hoch angesetzt. Diese „vorsichtigen" Schätzungen bleiben zu undifferenziert, als daß sie der Unsicherheitssituation wirklich gerecht zu werden vermöchten. In anderen Fällen wird der Beurteilungsmaßstab, also zum Beispiel der Kalkulationszinsfuß, sehr vorsichtig geschätzt. Dieses „Sicherheitsäquivalent" ist besonders problematisch, weil von der speziellen Unsicherheit der einzelnen Daten des Kalküls vollständig abgesehen wird. Der Kalkulationszinsfuß sollte die Mindestgewinn-Vorstellungen der verantwortlichen Personen so zum Ausdruck bringen, wie sie sich nach gewissenhafter Prüfung aller Umstände des Vorhabens ergeben. Daß hier Auffassungsunterschiede bestehen werden, erklärt sich

---

[1] Vgl. hierzu die Ausführungen im fünften Kapitel (Abschnitt III) des ersten Bandes und die Literatur über Investitionsrechnungen.

aus den persönlichen Voraussetzungen der Lagebeurteilung. Gleichwohl sollten im Kalkulationszinsfuß Risiko und Chancen betrieblicher und gesamtwirtschaftlicher Art auf eine möglichst objektive Weise berücksichtigt werden.

In der amerikanischen Literatur wird einer Zielgröße viel Beachtung geschenkt, die mehr aus Risiko-, als aus Renditenüberlegungen resultiert. Es geht in diesem Fall darum, denjenigen Umsatz zu ermitteln, der gleich der Summe aus fixen und variablen Kosten ist. Bei diesem Umsatz, sind die Deckungsbeiträge gleich den fixen Kosten. Ein solcher Umsatz wird als Nutz- oder Gewinnschwelle (break-even-point) bezeichnet. Erst wenn diese Schwelle überschritten wird, entstehen Gewinne, die im Rahmen der Nutzschwellenanalyse auf den Umsatz, nicht auf das Kapital bezogen werden. Sind die Größen bekannt, die die Gewinnschwelle, den Deckungsumsatz, bestimmen, dann läßt sich leicht errechnen, wie Änderungen dieser Größen die Gewinnschwelle beeinflussen.

Es ist bekannt, daß sich die Ermittlung von Gewinnschwellen nur in Einproduktunternehmen ohne größere Schwierigkeiten vornehmen läßt, weil bei Mehrproduktunternehmen der Deckungsumsatz aus vielen Produktmengenkombinationen bestehen wird. Unter diesen Umständen kann der break-even-point für eine Art von Erzeugnissen nur dann berechnet werden, wenn die Kosten auf das Produkt mit hinreichender Genauigkeit zurechenbar sind. Außerdem müssen die Proportionen zwischen den Umsatzanteilen der im Programm enthaltenen Erzeugnisse während des gesamten Zeitraums konstant sein, auf den sich die Analyse erstreckt. Diese Annahme erscheint allerdings wenig realistisch. Es ist deshalb der Vorschlag gemacht worden, diesen Schwierigkeiten dadurch zu entgehen, daß die Produkte nach Maßgabe ihres Deckungsbeitrages angeordnet werden. Auch dann bleibt jedoch die Frage offen, ob denn die Umsatzanteile auch wirklich dieser Rangordnungsskala entsprechen.

Die Gewinnschwellenanalyse unterstellt in der Form, wie sie im allgemeinen angewandt wird, Konstanz der Absatz- und Kostenkonstellationen. Sie berücksichtigt nicht die Umsatz- und Kostenentwicklungen nach dem Erreichen des Deckungsumsatzes. Auch die Wirkungen aus dem Einsatz des absatzpolitischen Instrumentariums bleiben im Regelfall ausgeklammert. Jedoch läßt sie Differenzierungen im Bereich der Kostenarten zu. Es finden sich Untergliederungen in Betriebs-, Vertriebs-, Entwicklungs- und Einführungskosten mit zum Teil sehr beträchtlichen weiteren Unterteilungen [1].

---

[1] Vgl. das Nutzschwellenmodell von KOTLER, Ph., Computer Simulation in the Analysis of New-Product-Decisions, in: Applications of the Sciences to Marketing Management, eds. M. BASS, Ch. W. KING and A. PESSEMIER, New York 1968, S. 283 ff.; derselbe in: Marketing Management, Englewood Cliffs 1967, S. 327 ff.

So begrenzt der Beitrag ist, den die Gewinnschwellenanalyse für die Auslese unter den Produktalternativen zu leisten vermag, um so größere Bedeutung wird ihr für die vorausschauende Erfassung von Risiken zugemessen, die mit der Auswahl von Produkten aus einer gegebenen Alternativenzahl nun einmal verbunden ist. In diesem Fall wird die Gewinnschwellenanalyse bevorzugt dafür verwandt, zu ermitteln, wann die Auszahlungen für Forschungs-, Entwicklungs-, Auslese- und Einführungsarbeiten aus erzielten Gewinnen amortisiert sind und die in diesen Arbeiten investierten Kapitalbeträge, soweit sie sich auf die einzelnen Vorhaben zurechnen lassen, wiedergewonnen werden. Die Zielgröße der Funktion ist also in diesem Fall die Amortisationsdauer oder die Wiedergewinnungsdauer der für das Produkt aufgewandten Geldbeträge der beschriebenen Art. Je kürzer die Amortisations- oder die Wiedergewinnungs- oder die Liquidationsdauer, das Pay-off der aufgewandten Kapitalbeträge ist, um so geringer werde, so wird gesagt, das Risiko aus der Produktentscheidung sein. In diesem Fall wird also der Schnittpunkt zwischen Einzahlungs- und Auszahlungsreihe, der break-even-point, als Indiz für das voraussichtliche Risiko aus der Produktneueinführung interpretiert.

Für eine Entscheidung über das Projekt, auch wenn diese Entscheidung sich nur auf die Erfassung möglicher Risiken in der Produktauswahl beschränkt, genügt aber der break-even-point auch in diesem Fall nicht. Erst wenn die ermittelte voraussichtliche Amortisationsdauer den Risikovorstellungen der für die Entscheidung Verantwortlichen gegenübergestellt wird, ist die Entscheidungssituation, wenn auch nur mit Rücksicht auf diesen Punkt, vollständig definiert.

Je nach dem Umfang der vorliegenden Informationen über die den Absatz, die Erlöse und die Kosten bestimmenden Größen lassen sich die Gefährdungen aus unvorhersehbaren Datenentwicklungen im Innovationskalkül berücksichtigen. Gibt es lediglich Schätzungen über die wahrscheinlichsten Werte dieser Größen, dann stützt sich die Kalkulation nur auf einen einzigen Wert der jeweiligen Verteilungsfunktion. Dieser Fall ist im zweiten Kapitel beschrieben worden. Läßt der Stand der Informationen Schätzungen über die den Umständen nach günstigste und ungünstigste Entwicklung der Absatz- und Kosteneinflußgrößen zu, dann errechnen sich für die Zielgröße außer dem für besonders wahrscheinlich gehaltenen Wert auch die Werte, die auf einer optimistischen und auf einer pessimistischen Beurteilung der Lage beruhen. In diesem Fall basiert die Berücksichtigung der Unsicherheit im Innovationskalkül auf einer Drei-Punkte-Verteilung. Noch günstigere Informationen liegen vor, wenn Aussagen über die Erwartungswerte und die Varianzen sämtlicher in die Innovationsrechnungen eingehender Größen gemacht werden können. In diesem Fall kommen Entscheidungskriterien zur Anwendung, die entweder nur auf der Maximierung des Erwartungswertes beruhen oder auch die Varianzen zusätzlich als Unsicherheitskriterien verwenden.

Unter diesen Umständen ergibt sich diese Entscheidungssituation:

1. Sind die Erwartungswerte der Kapitalwerte oder internen Zinsfüße gleich, ihre Varianzen aber verschieden, dann ist derjenigen Produktalternative der Vorzug zu geben, die die geringste Varianz aufweist.

2. Sind die Erwartungswerte der Kapitalwerte oder internen Zinsfüße unterschiedlich hoch, die Varianzen aber gleich, dann ist die Entscheidung zugunsten derjenigen Produktalternative zu treffen, die den höchsten Erwartungswert aufweist.

3. Bei ungleichen Erwartungswerten und ungleichen Varianzen richtet sich die Entscheidung nach der Präferenzfunktion der Entscheidenden. Hier greifen dann alle Entscheidungskriterien Platz, die die Entscheidungstheorie herausgearbeitet hat.

Der Ausleseprozeß vollzieht sich auf die beschriebene Weise unter der Voraussetzung, daß die den Entscheidungsspielraum einengenden Restriktionen beschaffungs-, absatzwirtschaftlicher, produktionstechnischer und finanzieller Art nicht verletzt werden [1].

Mit Hilfe der Sensitivitätsanalyse läßt sich die für ein bestimmtes Problem gefundene Lösung in Bezug auf gewisse Parameter überprüfen. In diesem Fall wird zu ermitteln versucht, in welchem Maße sich die Ausgangsdaten oder die Parameter eines Kalküls, insbesondere eines Entscheidungsmodells, ändern dürfen, ohne daß sich die Lösung des Problems qualitativ selbst ändert. Oft beeinflussen erst beträchtliche Änderungen eines Parameters spürbar das Ergebnis der Rechnung. Im Interesse einer möglichst genauen Erfassung des Risikos, das die Ermittlung der Kapitalwerte oder internen Zinsfüße für eine Produktausleseentscheidung enthält, ist es wichtig, den Bereich der Parametervariation zu erfahren, in dem die Lösung des Problems unempfindlich bleibt. Die Weite dieses Schwankungsbereichs dient als Maßstab für die Sicherheit der Entscheidung, hier der Ausleseentscheidung [2]. Produktauslese- und -einführungsmodelle sehen derartige Analysen vor.

---

[1] Speziell zur Frage der Wahl geeigneter, das Risikoverhalten der Entscheidungsträger wiedergebender Präferenzfunktionen bei gegebener, insbesondere bei mehrfacher Zielsetzung sei verwiesen auf die Untersuchungen von DINKELBACH, W., Zielsetzungen bei Entscheidungen unter Risiko, in: Zur Theorie des Absatzes, Hrsg. H. KOCH, Wiesbaden 1973, S. 35 ff.

[2] Zur Systematik und Methodik der Sensitivitätsanalyse sei verwiesen auf DINKELBACH, W., Sensitivitätsanalysen und parametrische Programmierung, Berlin-Heidelberg-New York 1969.

C. Einführungsplanungen

1. Grundsätzliches.
2. Der Einführungspreis.
3. Werbemaßnahmen im Zusammenhang mit der Einführung neuer Produkte.
4. Absatzmethodische Probleme bei Einführungsplanungen.

1. Ist aufgrund der technischen Erprobungen, der Produkt- und Markttests und der Vorteilhaftigkeitsberechnungen eine Entscheidung über das einzuführende Produkt und seine Eigenschaften gefallen, dann gilt es, die Einführung selbst vorzubereiten. Damit stellt sich unter anderem die Aufgabe, den Einführungspreis des neuen Produkts festzusetzen. Es gilt, zu bestimmen, wie hoch der Betrag sein soll, der für die Werbung aus Anlaß der Produkteinführung zur Verfügung stehen und wie er verwandt werden soll. Auch ist es notwendig, über verkaufstechnische Dispositionen eine Entscheidung zu treffen.

Sofern es sich um den Einführungszeitpunkt handelt, so mag angenommen werden, daß er festliegt, obwohl damit ein sehr wichtiges Problem, die Bestimmung eben des optimalen Einführungstermins, ausgeklammert wird. Es ist weiter davon auszugehen, daß die Informationen über das Produkt selbst und seine Verkaufschancen einen bestimmten, für ausreichend befundenen Stand erreicht haben. Auch kann es möglich sein, daß noch an gewissen technischen Einzelheiten des Produkts gearbeitet wird. Grundsätzlich aber wird die Situation dadurch gekennzeichnet, daß die Planer wissen, welches Produkt sie einführen sollen, denn sonst können sie keine Startpreise festsetzen, Werbekampagnen planen und Verkaufsdispositionen vornehmen [1].

2 a) Die Wahl des richtigen Einführungspreises für das neue Produkt oder der Preispolitik während der Einführungsphase gehören zu den wichtigsten Aufgaben der Einführungsplanung. Hierbei gilt es, sich mit folgenden Fragen auseinanderzusetzen:

1. Entsprechen die Eigenschaften des neuen Produkts der qualitativen Norm der Preisklasse, für die es bestimmt ist, und lassen die Produktkosten einen gewinnbringenden Verkauf in dieser Preisklasse zu?
2. Ist die Preisklasse, in der das neue Produkt geführt werden soll, nicht von vornherein gegeben, sondern muß sie gesucht werden, – welcher

---

[1] Auf die zeitliche Abstimmung der Such- und Anordnungsmaßnahmen soll hier nicht eingegangen werden. Auch die Frage nach der Anwendungsmöglichkeit von Netzplantechniken für diese Aufgaben sei nicht weiter erörtert. Hier interessieren weniger die organisatorischen als die akquisitorischen Aspekte der Produkteinführung.

qualitativen Preisklassennorm entsprechen die Eigenschaften des neuen Produkts? Lassen die Produktkosten einen gewinnbringenden Verkauf in der in Erwägung gezogenen oder ausgesuchten Preisklasse zu?

3. Liegen die Eigenschaften des neuen Produkts über der qualitativen Norm der Preisklasse, für die es vorgesehen war, – ist es dann vorteilhafter, das Produkt in der entsprechend höheren Preisklasse zu verkaufen oder soll es in der Preisklasse verkauft werden, auf die hin es entwickelt wurde? Lassen es die Produktkosten sogar zu, das Produkt in einer niedrigeren Preisklasse anzubieten?

Die Beantwortung dieser Fragen bereitet um so geringere Schwierigkeiten, je mehr den Planern die Preisklassenvorstellungen der Käufer bekannt sind. Empirische Untersuchungen haben gezeigt, daß in der Tat die Entschlüsse der Käufer stark von ihren Preisklassenvorstellungen beeinflußt werden. Die Käufer vergleichen die Angebotspreise mit den Eigenschaften der in der Preisklasse angebotenen Erzeugnisse. Die Vorstellungen über die Preisklassennorm sind im allgemeinen präziser als angenommen wird. Dem unteren Grenzpreis – so die Testbefunde – wird von den Käufern eine Produktqualität zugeordnet, die in Hinsicht auf ihn gerade noch als ausreichend angesehen wird. Der Preis wird als gerade nicht zu niedrig beurteilt. Der obere Grenzpreis der Preisklasse ist der Preis, bei dem das Produkt nach Maßgabe seiner Eigenschaften gerade als zu teuer, als gerade nicht mehr in Einklang mit dem angesehen wird, was die Käufer glauben, bei einem solchen Preis an Produktqualität erwarten zu dürfen.

Mit Hilfe bestimmter Versuchsanordnungen läßt sich dann der Anteil derjenigen Käufer ermitteln, die den Preis für das ihnen zur Beurteilung vorgelegte Produkt für zu niedrig halten, um die von ihnen gewünschte Qualität zu garantieren. Auch ist so der Anteil derjenigen Käufer nachzuweisen, die den Preis angesichts der angebotenen Produkteigenschaften für zu hoch halten. Schließlich ergibt sich dann der Anteil derjenigen Personen, die zu dem angegebenen Preis zu kaufen bereit sind. Die Untersuchungsergebnisse bestätigen also die Preisklassenkonzeption[1].

---

[1] Vgl. hierzu insbesondere die Untersuchungen von GABOR, A., und C. W. J. GRANGER, The Pricing of New Products, in: Pricing Strategy, ed. by TAYLOR, B. and G. WILLS, London 1969, ADAM, D., Consumer Reactions to Price, in Pricing Strategy, a.a.O., S. 75 ff. STOETZEL, I., Psychological/Sociological Aspects of Price, in: Pricing Strategy, a.a.O. S. 70 ff., auch SABEL, H., Zur Preispolitik bei neuen Produkten, in: Zur Theorie des Absatzes, Hrsg. H. KOCH, Wiesbaden 1973, S. 414 ff.; ferner die Ergebnisse der empirischen Untersuchung von Susanne WIED-NEBBELING, Industrielle Preissetzung, eine Überprüfung der marginal- und vollkostentheorethischen Hypothesen auf empirischer Grundlage. Tübingen 1975, vor allem S. 160 ff.

Es hat sich auch nachweisen lassen, daß es über einem Preisbereich, der für die verschiedenen Produktarten ungleich groß ist, eine Wahrscheinlichkeitsverteilung der Kaufwilligen gibt, die in den meisten Fällen dem Typ der Normalverteilung ähnlich ist [1]. Wichtiger aber als der spezielle Verteilungstyp ist die sich als unstrittig erwiesene Tatsache, daß sich solche Verteilungen durch Befragungen überhaupt als existierend nachweisen lassen. Wenn es sich allerdings um ein Produkt handelt, das absolut oder weitgehend neuartig ist oder als neuartig empfunden wird, und wenn zum anderen die von den Versuchspersonen erfahrenen Preisstrukturen nicht ausreichen, um den Versuchspersonen Orientierungshilfe leisten zu können, dann zeigen sich deutlich die Grenzen derartiger Tests, ganz abgesehen von der Problematik, die solchen Befragungen grundsätzlich anhaftet.

Wie immer der Stand der Informationen vor der endgültigen Festlegung der Einführungspreise sein mag und wie sich die Planer mit den oben gestellten drei Fragen auseinandersetzen mögen, die Frage ist damit noch nicht beantwortet, wie es möglich sein soll, Produkteinführungspreise festzulegen, die gewissen, zumindest preistheoretischen Optimalvorstellungen genügen oder nahekommen. Zunächst aber stellt sich die Frage, wie man sich in der Praxis der Einführungsplanung preispolitisch verhält, welche Überlegungen also die Preispolitik bei Neuprodukteinführungen beherrschen.

2 b) Die Praxis folgt in derartigen Lagen meist zwei Regeln, die als Hochpreispolitik (Skimming) und als Niedrigpreispolitik (Penetration Pricing Policy) bezeichnet werden. Die Verfahrensweise der Hochpreispolitik besteht darin, den Einführungspreis zuerst verhältnismäßig hoch anzusetzen, um ihn dann zu ermäßigen, wenn die Marktkonstellation, insbesondere aber das Verhalten der Konkurrenzunternehmen, Preisreduktionen zweckmäßig erscheinen läßt. Es liegt also eine zeitliche Preisdifferenzierung vor. Die Hochpreispolitik tendiert darauf, den qualitätspolitischen Vorsprung preispolitisch auszunutzen. In dem Maß, in dem dieser Vorsprung abgebaut wird, wird eine Politik der preispolitischen Anpassung betrieben. Umgekehrt ist die Politik der Penetration darauf gerichtet, bereits zu Beginn der Einführungsphase mit Hilfe niedriger Einführungspreise hohe Absatzvolumina zu erreichen.

Zu welcher Preispolitik sich Unternehmen in der angenommenen Situation entschließen, hängt von vielen einzelwirtschaftlichen und gesamtwirtschaftlichen Umständen ab, insbesondere von der Elastizität der Nachfrage nach dem neuen Produkt, der Intensität und Geschwindigkeit der Ausbreitung der Informationen über das neue Produkt, der preis- und produktpolitischen Reaktionszeit der Konkurrenzunternehmen, von der ge-

---

[1] Vgl. hgl. hierzu insbesondere GABOR, A., und C. W. J. GRANGER, a.a.O.

samten Unsicherheitssituation hinsichtlich der Trendentwicklungen, dem preispolitischen Spielraum zu Beginn, während und am Ende der Einführungsphase und von den absatzpolitischen Chancen, die die Benutzung der anderen absatzpolitischen Instrumente dem Unternehmen verschafft.

Sind Hoch- und Niedrigpreispolitik das Ergebnis abwägender, sich durch Tests absichernder preispolitischer Aktivität, dann können beide Verhaltensweisen echte preispolitische Alternativen im Fall von Produkteinführungen sein. Als Faustregeln sind sie jedoch nicht zu akzeptieren.

Damit stellt sich die bereits angedeutete Frage nach der Bestimmung optimaler Produkteinführungspreise.

2 c) Reduziert man die Frage nach dem durch Hochpreis- oder Niedrigpreispolitik charakterisierten Verhalten der Unternehmen auf ihren preistheoretischen Kern, dann zeigt sich im Fall der Einführung neuer Produkte, daß der Begriff der Preis-Absatzfunktion, wie ihn die Preistheorie verwendet, einer Erweiterung bedarf. Die sich bei einer bestimmten absatzpolitischen Konzeption ergebende Absatzmenge tritt nicht schlagartig und auf einmal in Erscheinung. Sie spielt sich erst allmählich ein und kann durch den Einführungspreis beeinflußt werden. Dieser Verlauf der Absatzentwicklung vom Beginn bis zum Ende des Einführungszeitraums wird von Faktoren beeinflußt, die gerade für diese Periode typisch sind und später den Charakter dieser ihrer Einmaligkeit verlieren. Das zunächst nur wenig bekannte Produkt muß auf den Märkten, für die es bestimmt ist, erst durchgesetzt werden und dieser Durchsetzungsprozeß ist wiederum von vielen Umständen abhängig. Die Ausbreitung der Informationen über das neue Produkt, positive oder negative eigene und fremde Erfahrungen mit dem Produkt, die Produktumwelt, in die sich das neue Produkt einnisten soll, – kurz, die Geschwindigkeit, mit der das neue Produkt von den Verbrauchern oder Verwendern angenommen wird, ist das Ergebnis komplexer, ineinandergreifender Beziehungen zwischen dem neuen Produkt, seinen potentiellen Käufern und den anderen Variablen der Absatzfunktion. Diesen Prozeß der Ausbreitung des Absatzes von insbesondere kurz- und langlebigen Konsumgütern versucht die Diffusionsforschung, wie bereits beschrieben, mit verschiedenen Modellen zu erklären. Entscheidende Parameter dieser Modelle sind das Sättigungsniveau und die Ausbreitungsgeschwindigkeit. Dabei gibt die Ausbreitungsgeschwindigkeit am Ende der Einführungsphase sowohl im exponentiellen wie im logistischen Diffusionsmodell das Verhältnis von Erstkäufern (zusätzlichen Käufern) je Zeiteinheit zu einer aus Sättigungsniveau und bereits realisiertem Absatz gebildeten Bezugsgröße an.

In dem exponentiellen Modell mißt die Ausbreitungsgeschwindigkeit den relativen Anteil je Zeiteinheit an der Differenz zwischen Sättigungsniveau und bereits erfolgtem Absatz, der in einem bestimmten Zeitpunkt der Einführungsphase zur effektiven Nachfrage wird.

Während im Rahmen der Theorie der Diffusionsprozesse vor allem das Einkommen der Haushalte als Determinante für Sättigungsniveau und Ausbreitungsgeschwindigkeit aufgeführt wird, betrachtet SABEL den Produkteinführungspreis als Einflußgröße [1]. Bei fixierter Länge des Einführungszeitraums wird dann jeweils der Einführungspreis bestimmt, bei dem ein maximaler Umsatz in diesem Zeitraum zu erzielen ist. Die preistheoretische Fragestellung ist bei SABEL gegenüber der statischen Analyse insofern erweitert, als die Höhe des Preises nicht nur das Sättigungsniveau, sondern auch die Ausbreitungsgeschwindigkeit und damit den am Ende der Einführungsphase sich ergebenden insgesamt realisierten Anteil an der Sättigungsmenge beeinflussen kann; den Gesamtabsatz bildet dann das Produkt aus Sättigungsniveau und diesem Anteil. Die Preiselastizität der Nachfrage setzt sich mithin aus der Preiselastizität des Sättigungsniveaus und aus der Preiselastizität der Ausbreitungsgeschwindigkeit zusammen.

Die Frage, ob zwischen der Ausbreitungsgeschwindigkeit und dem Einführungspreis eine relevante Beziehung besteht, ist nicht a priori, sondern nur aufgrund empirischer Untersuchungen zu beantworten. Zum Vergleich mit den Ergebnissen der statischen Analyse sind jedoch die beiden Fälle von theoretischem Interesse, daß die Ausbreitungsgeschwindigkeit einmal als unabhängig vom Einführungspreis angesehen wird und zum anderen eine Beeinflussung dieser Größe durch den Preis gegeben sein soll. Bei preisunabhängiger Ausbreitungsgeschwindigkeit und exponentiellem Absatzverlauf stimmt der sich unter Berücksichtigung der zeitlichen Absatzentwicklung ergebende umsatzmaximale Einführungspreis mit dem entsprechenden Preis bei statischer Analyse überein. Die maximalen Umsätze unterscheiden sich aber insofern voneinander, als in der statischen Analyse die Sättigungsmenge der Nachfrage gleichgesetzt wird, während bei SABEL nur ein bestimmter Anteil an dieser Menge als Absatz realisiert werden kann.

Beeinflußt der Preis sowohl das erreichbare Sättigungsniveau als auch die Ausbreitungsgeschwindigkeit, so kann der optimale Einführungspreis, das heißt, der Preis, der den Umsatz in der Einführungsphase maximiert, nicht mehr allgemein explizit ausgedrückt werden. Bei Geltung bestimmter Bedingungen und für den Fall, daß die Ausbreitungsgeschwindigkeit mit sinkendem Preis zunimmt, läßt sich allerdings zeigen, daß der unter Beachtung der zeitlichen Entwicklung des Absatzes sich ergebende optimale Einführungspreis niedriger als der umsatzmaximale Preis der statischen Analyse ist. Umgekehrt ist der Optimalpreis gemäß der Analyse von SABEL höher als der der statischen Theorie, wenn die Ausbreitungsgeschwindigkeit bei Preissenkung abnimmt bzw. bei Preiserhöhungen eben-

---

[1] SABEL, H., Preispolitik bei neuen Produkten, in: Absatztheorie, Hrsg. H. KOCH, Wiesbaden 1973, S. 415 ff.

falls ansteigt. Die sich bei Preisabhängigkeit der Ausbreitungsgeschwindigkeit ergebenden umsatzmaximalen Einführungspreise unterliegen also anderen Optimierungsbedingungen als die entsprechenden Optimalpreise der statischen Theorie, die lediglich die funktionale Beziehung zwischen Preis- und Sättigungsniveau bzw. Nachfragemenge in ihre Untersuchungen einbezieht.

SABEL diskutiert auch die Abhängigkeit der optimalen Werte für die Einführungspreise von der Länge des gewählten Einführungszeitraumes. Dabei zeigt sich, daß bei mit sinkenden Preisen steigender Ausbreitungsgeschwindigkeit und relativ ausgedehnter Einführungsphase eine Hochpreispolitik theoretisch gerechtfertigt erscheint, während bei vergleichsweise kurzen Einführungszeiträumen eine Niedrigpreispolitik zu maximalen Umsätzen führt. Dies gilt nicht mehr, wenn die Ausbreitungsgeschwindigkeit mit Preiserhöhungen zunimmt. Es wird mithin deutlich, daß keine generelle und einheitliche Preisstrategie für Produktneueinführungen existiert. Die Ergebnisse der Untersuchungen von SABEL gelten stets nur für einzelne Fälle mit ganz bestimmten Bedingungssätzen.

2 d) Das gleiche Thema greift JACOB auf [1]. Er geht dabei von der Preisklassenkonzeption aus und fragt, wie für neu einzuführende Erzeugnisse unter Berücksichtigung unterschiedlicher Käuferschichten Preis-Absatzfunktionen abgeleitet werden können. Mit dem Preis für das neu eingeführte Erzeugnis spricht das Unternehmen eine bestimmte Käuferschicht an, und zwar jene, die die Qualität sucht, die der geforderte Preis vermuten läßt. Dabei können drei Situationen unterschieden werden. In der ersten Situation entspricht das Erzeugnis nicht der Qualitätsstufe, die der geforderte Preis indiziert. Unter diesen Umständen erscheint es unwahrscheinlich, daß die Einführung des Produkts gelingen wird. Werbung und andere Maßnahmen werden nur zu vorübergehenden Verkaufserfolgen führen. Die zweite Situation kennzeichnet sich dadurch, daß das neu angebotene Erzeugnis einer höheren Qualitätsstufe entspricht, als durch den geforderten Preis angedeutet wird. Die Käuferschicht, die sich angesichts der gebotenen Produktqualität durch den Preis angesprochen fühlt, reagiert positiv auf das Angebot. Das Unternehmen muß, der Einführungssituation entsprechend, um die für das Produkt in Betracht kommenden Käufer werben, und das Produkt mit seinem als verhältnismäßig günstig anzusehenden Preis bekannt machen. Die dritte Situation zeichnet sich dadurch aus, daß das Produkt mit seinen Eigenschaften in die bereits existierende Preisklasse fällt, wenn als potentielle Erwerber des Produkts die in dieser Preisklasse kaufenden Verbraucher oder Verwender in Betracht kommen.

---

[1] Vgl. hierzu JACOB, H., Preispolitik bei der Einführung neuer Erzeugnisse unter besonderer Beachtung dynamischer Aspekte, in: Zur Theorie des Absatzes, Hrsg. H. KOCH, Wiesbaden 1973, S. 131 ff.

Von dieser Grundkonzeption ausgehend beschreibt JACOB zunächst die gleiche Situation wie SABEL: Einführung eines langlebigen Konsumgutes, das eine echte Neuerung darstellt (automatische Waschmaschinen, Farbfernsehapparate u. ä.). Bleibt der Preis des neu einzuführenden Produkts in dem aus der Diffusionstheorie abgeleiteten Modell von SABEL während des ganzen Planungszeitraums konstant, so erweitert JACOB den klassischen Ansatz der statischen Theorie in einer Weise, die eine zeitliche Preisdifferenzierung gestattet. Dabei wird zwischen einer Basisnachfrage aller derjenigen potentiellen Käufer, die das Bedürfnis nach dem neuen Produkt schon vor dessen Einführung empfinden, und einer in jeder Periode neu entstehenden Zusatznachfrage unterschieden. Die Basisnachfrage wird mit einer einzigen, über mehrere Perioden gültigen linearen Preis-Absatz-Funktion erfaßt, während sich die Zusatznachfrage für jede Periode in einer besonderen, ebenfalls linearen Preis-Absatzfunktion darstellt, die den gleichen Höchstpreis, aber einen wesentlich steileren Anstieg als die Basisnachfragefunktion aufweist.

Das aus der Basisnachfrage resultierende Absatzvolumen der einzelnen Perioden ist eine Funktion der geforderten Preise. Es wird in bis zur betrachteten Periode kumulierten Mengeneinheiten gemessen, kann also von einer Periode zur anderen nicht fallen. Bei dem gewählten Ansatz muß sich immer eine Art „Skimming Policy" als optimal erweisen. Der optimale Preis kann von einer Periode zur anderen höchstens fallen, nie steigen. Diese Aussage würde auch dann gelten, wenn man den Ansatz – statt wie JACOB konkret für drei – für mehrere Perioden formulierte, zumal auch bei der Zusatznachfrage – obwohl es für sie keine die verschiedenen Perioden simultan umfassende Preis-Absatzfunktion gibt – die Möglichkeit der Übertragung der Nachfrage von einer Periode zur nächsten unterstellt wird. Auch diese Annahme erscheint nur im Zusammenhang mit Preissenkungen sinnvoll.

Ein wesentlich anders strukturiertes Modell entwickelt JACOB für die Einführung kurzlebiger Konsumgüter, die von den dafür gewonnenen Konsumenten in stetiger Wiederholung gekauft werden (Waschmittel, Nahrungsmittel, Kosmetika u. ä.). Charakteristische Parameter dieses Modells, das für den Monopolfall und nicht für den Fall des Polypols beim Angebot heterogener Güter gilt, sind ein nach einer Einführungsphase erreichbares, über die Zeit konstantes, nur vom Preis abhängiges Nachfrageniveau sowie die Rate, mit der die Nachfrage in der Einführungsphase pro Zeiteinheit steigt (Strömungsgeschwindigkeit). Zunächst ist hier also der Optimalwert eines einzigen, im ganzen Planungszeitraum konstanten Preises zu bestimmen. Diesen Preis weist JACOB für den Fall eines Anfangsniveaus von Null Mengeneinheiten und linearer Preisabhängigkeit des Endniveaus und der Steigerungsrate des Bedarfs als den Cournotschen Preis nach. Für den Fall jedoch, daß bereits ein positives Anfangsniveau vorhanden ist, erhält Jacob einen optimalen Einführungspreis, der über dem Cournotschen Preis liegt. Die Verknüpfung zwischen dem Preis der Vorperiode mit der Ausgangsnachfrage der folgenden Periode, die wiederum für den Preis dieser Periode mitbestimmend ist, führt im Rahmen einer dynamischen Analyse zu einer Folge miteinander verketteter Preise in den aufeinanderfolgenden Planperioden. Je nachdem, wie lange der der Preisbestimmung zugrunde gelegte Zeitraum gewählt wird, ergeben sich unterschiedliche Preisstrategien.

In ähnlicher Weise, wie vorstehend beschrieben, das heißt von den gleichen Grundgedanken ausgehend, wird anschließend ein Modell für den Dyopolfall (ausweitbar auf den Oligopolfall) entwickelt. Es soll die Frage beantworten: Welcher Einführungspreis und welche Preise in den folgenden Perioden sind für ein Erzeugnis zu wählen, das einem bislang auf dem Markt in einer Monopolsituation angebotenen Produkt Konkurrenz macht? Dabei werden die Fälle „ungehinderte dyopolistische Konkurrenz" und „Koalition" unterschieden und anhand von Zahlenbeispielen dargestellt.

Die von den beiden Autoren entwickelten Modelle machen den komplexen Charakter des von ihnen behandelten Themas deutlich. Beide Autoren liefern einen die Problematik ihres Gegenstandes aufschließenden Beitrag zur Theorie der Preisbildung im Fall von Produktneueinführungen. Die Untersuchungen zeigen aber auch, wie schwierig es ist, eine theoretisch als optimal nachzuweisende Preisstrategie für Produkteinführungen zu entwickeln. Angesichts dieser theoretischen Situation erscheinen gewisse Vorbehalte gegenüber der Bestimmung optimaler Werte für Einführungspreise in Produkteinführungsmodellen, wie sie die amerikanische Marketingtheorie entwickelt, nicht unangebracht.

3. Die Ausbreitung der Kenntnis, daß ein Unternehmen ein neues Produkt auf den Markt bringt, ist abhängig von dem Maß, in dem es gelingt, die Interessenten hiervon zu unterrichten. Eines der wichtigsten Informationsinstrumente bildet die Absatzwerbung, in diesem Zusammenhang ausgedehnt auf Maßnahmen der Verkaufsförderung. Die kommunikativen Techniken der Werbung werden nunmehr auf ein ganz spezielles absatzpolitisches Ziel konzentriert. Ein Erzeugnis mit bestimmten funktionalen und akquisitorischen Eigenschaften soll möglichst schnell und – in der Regel – mit möglichst großem Marktanteil auf dem Markt durchgesetzt werden. Die Frage lautet deshalb: Wenn das neue Produkt nach Ablauf einer bestimmten, in diesem Fall vorgeplanten Zeit ein gewisses, ebenfalls vorgeplantes Absatzvolumen erreichen soll – wie groß muß dann der Werbeetat sein? Mithin ist die Größe des Werbeetats in Abhängigkeit von den vorgegebenen Werbezielen zu bestimmen. Die formale Struktur dieses Optimierungsproblems ist unter Einbeziehung von Restriktionen in dem Modell

aufgezeigt worden, bei dem es um die Minimierung des Werbeetats mit vorgegebenen Absatzmengen als Mindestbedingungen geht[1]. Mit Aufgaben dieser Art hat sich die Werbepraxis ständig auseinanderzusetzen. Aber es lassen sich nur Approximierungen der optimalen Lösung erreichen. Sie setzen zudem voraus, daß hinsichtlich der finanziellen Mittel, die für die Aufgabe benötigt werden, keine Begrenzungen bestehen. Diese Voraussetzung ist aber in der Praxis der Werbeplanung nur in Ausnahmefällen gegeben. Im allgemeinen ist davon auszugehen, daß entweder aus dem für Werbezwecke vorgegebenen Werbeetat Teile abgespalten werden, mit denen die für die Einführung des neuen Produkts notwendigen Werbemaßnahmen finanziert werden müssen. Im anderen Fall wird neben dem allgemeinen Werbeetat ein spezieller Etat für die Produktneueinführung zur Verfügung gestellt. Inwieweit dieser Etat dem optimalen Etat nahekommt, kann nur von Fall zu Fall entschieden werden. In der Regel ist davon auszugehen, daß die optimalen Werte gar nicht bekannt sind. Der Wert theoretischer Konzeptionen liegt darin, daß sie Probleme streng definieren und zu Lösungen führen, die Orientierungspunkte für praktikable Lösungen sind, gelegentlich auch neue Maßstäbe setzen. Aber auch dann, wenn aufgrund theoretischer Überlegungen und praktischer Erprobungen Techniken entwickelt werden, die in dem hier interessierenden Fall für die Lösung der Frage nach der optimalen Bestimmung des Werbeetats in Abhängigkeit von vorgegebenen Absatzzielen im Fall von Produktneueinführungen erfolgreich angewandt werden können, bleibt die Tatsache, daß nicht mit Sicherheit vorausgesagt werden kann, ob sich die Daten so einstellen werden, wie angenommen wird. Auch bleibt es bei subjektiven Wahrscheinlichkeiten von Experten oder Expertengremien. Die in diesen Subjektivitäten gründenden Unsicherheiten sind auch bei Anwendung leistungsfähiger Prognosetechniken nicht auszuräumen.

Die zweite Frage nach der optimalen Aufteilung des nunmehr als vorgegeben zu denkenden Werbeetats auf die Werbeträger und damit die Ermittlung der optimalen Werbeträgerkombination für den besonderen, in diesem Zusammenhang einmaligen Zweck der Produktneueinführung, wirft Probleme anderer Art auf als die Frage nach der Bestimmung der optimalen Größe des Werbeetats in Hinsicht auf eine bestimmte vorgegebene Aufgabe. Die Fragen sind mehr prinzipieller Art. Auf sie soll an dieser Stelle nicht erneut eingegangen werden[2].

[1] Vgl. hierzu die Darstellung des Modells in Abschnitt IV, B 5 des achten Kapitels. Das Modell ist in der Absicht entwickelt worden, die Zusammenhänge zwischen den für das Problem relevanten Variablen aufzuzeigen. Es ist also ein Erklärungsmodell, nicht als ein Modell mit operationalen Ansprüchen entworfen worden. Eine echte Erweiterung des Modellansatzes bringt das Modell von BUCHMANN, in: Quantitative Planung des Marketing-Mix auf der Grundlage empirischer Informationen, Berlin 1973, S. 114 ff.

[2] Vgl. die Ausführungen in den Abschnitten VI B 5,6 des achten Kapitels.

Die im Zusammenhang mit der Einführung neuer Produkte zu treffenden Werbemaßnahmen sind wesentlich durch diese Situation bestimmt. Es gilt, ein bisher in dieser Art den Käufern noch nicht angebotenes Produkt so bekannt zu machen, daß sein Absatz einen Verlauf nimmt, der nicht hinter den hierfür vorgesehenen Planwerten zurückbleibt.

Art, Umfang und Zeitplan der geplanten Werbekampagnen richten sich nach der Länge des für die Einführung vorgesehenen Zeitraums. Ist die Sättigungsmenge erreicht, dann ist das Produkt „eingeführt". Es verliert damit seine werbliche Sonderposition und wird Bestandteil der allgemeinen Werbeplanung des Unternehmens.

Die besondere Schwierigkeit liegt darin, daß der Zeitpunkt der Marktsättigung für das Produkt nicht genau berechenbar ist. Wie die Sättigungsmenge, so besitzt auch der Sättigungszeitpunkt den Charakter einer stochastischen Größe. Von dem für sie ermittelten Wert hängt die Verwendung der für die Produktneueinführung vorgesehenen Etatmittel ab.

Mit der Länge des Planungszeitraums wächst die Schwierigkeit, die Mittel des Werbeetats auf die Teilperioden aufzuteilen und für jede dieser Perioden optimale Werte zu ermitteln oder mit hinreichender Genauigkeit zu approximieren. Auf diese Fragen ist bereits an anderer Stelle eingegangen. Ob die Methoden der dynamischen Programmierung die Allokation der Werbeetats über die Zeit erleichtern können, ist noch zu prüfen [1].

4. Wenn sich die Leitung eines Unternehmens entschließt, ein bestimmtes Produkt neu in ihr Verkaufsprogramm aufzunehmen, wird sie auch bestimmte Vorstellungen darüber haben, in welcher Größenordnung das Absatzvolumen für das neue Produkt liegen wird. Damit stellt sich zugleich die Frage, ob das für das neue Produkt zu erwartende Absatzvolumen nach Art und Menge im Rahmen der gegebenen vertriebstechnischen Kapazität bewältigt werden kann. Wenn der Rahmen so weitgespannt wird, daß auch das Vertriebssystem des Unternehmens auf seine Zweckmäßigkeit für den Vertrieb des neuen Erzeugnisses geprüft werden muß, dann ist allerdings zu fragen, ob es in Hinsicht auf dieses Erzeugnis nicht vorteilhafter sein könnte, den Verkauf des Erzeugnisses mehr in unmittelbar eigene Regie zu übernehmen, also über werkseigene Niederlassungen zu bestreiten als über den werksgebundenen Handel. Auch die umgekehrte Entscheidungssituation kann eintreffen. Es könnte sogar vorteilhaft erscheinen, den Absatz des neuen Erzeugnisses oder Teile dieses Absatzes in bestimmten Gebieten an den selbständigen Handel zu übertragen, weil der administrative Bereich der Werksniederlassungen nicht so weit reicht, um die Verkäufe des neuen Produkts selbst vorzunehmen oder zu betreuen oder weil sich Vertragshändler für diesen Absatz nicht finden. Es

---

[1] Vgl. die Ausführungen im achten Kapitel und die Untersuchungen über quantitative Verfahren im hier anschließenden Abschnitt.

kommt also darauf an, ob es für richtiger befunden wird, den Verkauf des neuen Erzeugnisses enger an die Verkaufsinstitutionen des Unternehmens zu binden oder diese Bindung zu lockern. Oft wird diese Frage überhaupt nicht auftauchen und zwar dann, wenn das Unternehmen der Auffassung ist, daß der Vertrieb des neuen Erzeugnisses den Rahmen der Verkaufsorganisation nicht sprengt, über die das Unternehmen verfügt und über die es den Verkauf seiner Erzeugnisse tätigt.

Die Fragen, die unter den hier angedeuteten Verhältnissen zur Diskussion stehen, können sehr schwerwiegende Folgen für das Unternehmen und seine absatzpolitische Konzeption haben. Denn mit den Lösungen, die für sie gefunden werden, geraten unter Umständen Interessen in Kollision, die das gesamte Vertriebssystem belasten. Eine Entscheidung dahingehend, daß bisher selbständige Generalvertretungen aufgelöst und in unselbständige Niederlassungen des Unternehmens umgewandelt werden sollen, berührt sehr zentrale Fragen der Vertriebsgestaltung. Im allgemeinen wird deshalb auch anzunehmen sein, daß derartig schwerwiegende Probleme nicht im Zusammenhang mit Neueinführungen gelöst werden müssen, sondern nur im Rahmen einer Neuorientierung der gesamten absatzpolitischen Konzeption. Gleichwohl ist nicht grundsätzlich auszuschließen, daß derartige Fragen im Zusammenhang mit Produktneueinführungen entstehen und gelöst werden müssen.

Dagegen werden die Absatzformen, in denen sich der Verkauf des Unternehmens vollzieht, fast stets von Produktneuplanungen berührt, weniger vielleicht die Frage, ob ein Unternehmen im Zusammenhang mit der Einführung neuer Produkte eigene Läden unterhalten sollte, wenn diese Form des Absatzes bisher noch nicht praktiziert wurde, mehr dagegen die Fragen, die mit dem Außendienst des Unternehmens in Zusammenhang stehen. Wenn ein Unternehmen zum Teil mit Hilfe betriebseigener, zum Teil aber mit Hilfe betriebsfremder Verkaufsorgane seine Erzeugnisse absetzt, dann können sich im Zusammenhang mit der Frage echte Alternativen ergeben, ob die neuen Erzeugnisse durch Reisende oder durch Handelsvertreter verkauft werden sollen. So läßt sich auch der Fall denken, daß mit den neuen Erzeugnissen Käufer erreicht werden sollen, die in Städten oder Landschaften wohnen, welche von dem Unternehmen bisher nur wenig beliefert wurden oder die eine verhältnismäßig geringe Käuferdichte aufweisen. Reicht überhaupt der gesamte Außendienst im In- und Ausland aus, die neuen Erzeugnisse zu vertreiben? Besitzt der Stab an Reisenden und Vertretern, über den das Unternehmen verfügt, Beziehungen gerade zu den Einzelhandelsgeschäften, auf die das Unternehmen besonders großen Wert legt, weil es mit den neuen Produkten in Qualitäts- und Preisschichten einzudringen beabsichtigt, in die es bisher nicht lieferte? Jedes Einzelhandelsgeschäft hat sein eigenes Image und führt Waren in Qualitäten und zu Preisen, die für seinen geschäftlichen Habitus charakteristisch sind. In welchem Maße haben die Mitglieder des Außendienstes gerade zu den für das Qualitäts- und Preisniveau der neuen Erzeugnisse in Betracht kommenden Einzelhandelsbetrieben Kontakt? Die Frage ist um so bedeutsamer, als mit der Einführung der neuen Erzeugnisse eine Umorientierung und Schwerpunktverlagerung im gesamten Verkaufsprogramm des Unternehmens verbunden sein kann. Werden die Mitarbeiter im Außendienst durch die Aufnahme der neuen Produkte in ihr Angebotsprogramm nicht nur fachlich, sondern auch zeitlich zusätzlich belastet? Welche Erzeugnisse sollen angesichts der im allgemeinen doch nur verhältnismäßig kurzen Kontaktzeit mit dem Kunden und auch angesichts der Vielzahl von Geschäften, mit denen bereits Kontakte bestehen oder noch aufzunehmen sind, bevorzugt angeboten werden? Sind diese Geschäfte überhaupt bereit, die neuen Erzeugnisse in ihr Sortiment aufzunehmen und unter welchen Bedingungen? Bedarf es angesichts der neuen Produktsituation einer Änderung der bisher von den Reisenden besuchten oder den Vertretern zugewiesenen Bezirke? Bereits an anderer Stelle sind die Fragen am Beispiel der optimalen Besuchspolitik und der optimalen Bestimmung von Vertreterbezirken erörtert worden [1]. Die Vielzahl der Fragen, die hier auftritt, ist fast unbegrenzt, und immer neue Situationen entstehen, die nach richtigen Lösungen verlangen.

Oft wird auch zu prüfen sein, ob die Absatzwege, über die das Unternehmen seine Erzeugnisse vertreibt, die richtigen Voraussetzungen für den Vertrieb der neuen Erzeugnisse aufweisen. Gewiß stehen für diese Prüfungen auch quantitative Verfahren als Planungshilfen zur Verfügung, und unter einfachen Verhältnissen mag von ihnen auch mit Erfolg Gebrauch zu machen sein. Allein der möglichen Situationen sind hier so viele, daß quantitative Verfahren immer nur Teilprobleme lösen können.

Die Frage, ob die neuen Produkte direkt an den Einzelhandel zu liefern seien, läßt sich nicht ohne Kenntnis der konkreten Situation entscheiden. Angesichts der oft langjährigen Geschäftsverbindungen läßt sich die Wahl der Großhandels- oder Einzelhandelsbetriebe nicht als ein Selektionsprozess unter beliebigen Alternativen auffassen. Wie frei also ist das Unternehmen in der Wahl seiner Absatzwege? Wie frei ist es insbesondere, die von ihm bereits benutzten Absatzwege zu wechseln? Aus geschäftspolitischen Überlegungen heraus gibt es hier Restriktionen, die den freien Spielraum in der Wahl der Absatzwegalternativen einengen. Es ist unbestritten, daß nur diejenigen Werte für das absatzpolitische Instrument „Absatzmethode" optimal sind, die diese Beschränkungen nicht verletzen. Die Planung von Verkaufsförderungsmaßnahmen bietet gewiß und gerade im Zusammenhang mit der Einführung neuer Produkte eine große Zahl

---

[1] Vgl. die Ausführungen in dem Abschnitt IV 2 des sechsten Kapitels.

alternativer Möglichkeiten [1]. Aber auch hier grenzen sachliche Gegebenheiten und persönliche Rücksichtnahmen den Bewegungsspielraum der um die Einführung neuer Produkte oder Dienstleistungen bemühten Unternehmen ein.

D. Die Anwendung quantitativer Verfahren im Rahmen der Produktauslese und der Produkteinführung

1. Punktwertverfahren.
2. Optimierungsverfahren.

1 a) Die neuere Entwicklung auf dem Gebiet der Produktauslese zum Zweck der Produkteinführung auf den Märkten hat zu einer intensiven Beschäftigung mit der Frage geführt, ob sich nicht quantitative Methoden mit Erfolg für den Selektionsprozeß unter den Produktalternativen verwenden lassen. Im Zuge dieser Überlegungen ist es einmal zu Verfeinerungen der Modelle gekommen, die mit Punktwertverfahren arbeiten, zum anderen zur Entwicklung von Modellen, die Methoden der mathematischen Programmierung verwenden.

Diese beiden Modelltypen sollen kurz skizziert werden.

1 b) Die mit Punktwertverfahren arbeitenden Modelle, die in der amerikanischen Literatur als Scoring-Modelle bezeichnet werden, weisen gerade deshalb, weil sie keine festen formalen Algorithmen ausgebildet haben, ein hohes Maß an Flexibilität aus, das ihnen für die speziellen Zwecke der Produktauslese gewisse Vorzüge verschafft. Diese Vorzüge bestehen unter anderem darin, daß sie den gesamtbetrieblichen Rahmen, in dem das Produktausleseproblem steht und die Vielzahl der Aspekte, die sich hieraus ergeben, ohne wesentliche Beschränkung der Beurteilungskriterien besonders deutlich machen. In der Tat liefern, wie auch die bisherigen Ausführungen zeigten, alle betrieblichen Teilbereiche, die von den Produktneuerungen betroffen werden, Kriterien für die Beurteilung und Bewertung der Produktvorschläge, über die beschlossen werden soll. Die Einfügung eines neuen oder neuartigen Produkts in das Absatzprogramm bedeutet nicht nur eine absatzwirtschaftliche Entscheidung. Wenn die neuen Produkte in dem vorgesehenen Rahmen hergestellt werden sollen, dann besagt ein solcher Entschluß zugleich, daß eine entsprechende produktionstechnische Kapazität quantitativer und qualitativer Art bereitgestellt werden kann. An diesen Fragen ist die technische Leitung des Unternehmens interessiert. Sie ist auch zuständig für die Frage, ob neue Tech-

---

[1] Vgl. die Ausführungen zur Verkaufsförderung in Abschnitt VII des sechsten Kapitels.

nologien, Werkstoffe oder neue konstruktive Lösungen erforderlich werden, und sie muß darüber zur Klarheit kommen, welche Voraussetzungen hierfür im Betrieb gegeben sind. In gleicher Weise geht es um personelle Fragen und um Fragen der Beschaffung des Materials, das die neuen Produkte verlangen. Falls neue Betriebseinrichtungen notwendig werden, gilt es, die Probleme, die hieraus entstehen könnten, zur Diskussion zu stellen und die Forderungen, die hieraus resultieren, mit dem erforderlichen Nachdruck zu vertreten. Mit den Investitionsfragen werden zugleich Finanzierungsprobleme, auch steuerliche Fragen, aufgeworfen [1]. Es kann kein Zweifel an der Bedeutung bestehen, die derartige Fragen, insbesondere Finanzierungsüberlegungen für die Selektion neuer Produkte besitzen. Unmittelbar werden von diesen Fragen die Forschungs- und Entwicklungsabteilungen betroffen, sachlich und terminlich. Der Ausleseprozeß stößt hier auf Sachverhalte, die für das Ausleseergebnis von ganz entscheidender Wichtigkeit sein können. Die vielen Perspektiven, in denen die Produktalternativen gesehen werden können, sind lediglich der Ausdruck jener Interdependenz, die alles betriebliche Geschehen beherrscht. In der Tat eröffnen gerade Scoring-Modelle die Möglichkeit, diese Interdependenzen besonders deutlich in Erscheinung treten zu lassen.

Die Zahl und die Art der Kriterien für die Beurteilung und Auswahl der Produktalternativen ist unbegrenzt. Verbindliche Kriterienkataloge gibt es nicht.

Für die Beurteilung der Produktvorschläge A, B, C . . . kommen zum Beispiel folgende Kriterien in Betracht.

1. Frühester Einführungszeitpunkt; 2. Umsatzentwicklung in den ersten Jahren nach der Einführung; 3. erster gewinnbringender Umsatz im Geschäftsjahr . . .; 4. technischer Vorsprung, sehr lang – durchschnittlich – auf kurze Zeit; 5. Entwicklungskosten bis zur Produktionsreife, sehr hoch – durchschnittlich – gering; 6. Marktwiderstand, groß – mittel – gering; 7. Markttrend, Markt mit starkem – schwachem – abnehmendem Wachstumstrend; 8. Zahl der Wettbewerbsfirmen, einige große – mehrere mittlere – viele kleine Unternehmen; 9. Marktanteile der Wettbewerbsfirmen, große Marktanteile einiger beherrschender Firmen – durchschnittliche Marktanteile großer und mittlerer Unternehmen – nur mittlere Marktanteile – kleine Marktanteile einer großen Zahl von Unternehmen; 10. Exportchancen, groß – mittel – klein; 11. Lebenszyklus des Produkts, sehr lang – länger als der der Konkurrenzprodukte – durchschnittlich – kürzer als der der Konkurrenzprodukte; 12. Einfluß des neuen Produktes auf den Absatz der anderen Produkte, hoher – geringer positiver Einfluß, kein Einfluß – geringer – hoher negativer Einfluß; 13. Abhängigkeit von Nachfrageschwan-

[1] Mit diesen und anderen für den Produktabsatz wichtigen steuerlichen Problemen setzt sich vor allem auseinander ROSE, G., Absatz und Besteuerung, in: Zur Theorie des Absatzes, Hrsg. H. KOCH, Wiesbaden 1973, S. 381 ff.

kungen (Konjunkturschwankungen), vollständige Unabhängigkeit – geringfügige – starke Abhängigkeit; 14. Verhältnis des Produktpreises zu den Konkurrenzpreisen, sehr hoch – wenig hoch über den Preisen der Konkurrenz für Produkte vergleichbarer Qualität – etwa in gleicher Höhe wie die Preise der Konkurrenz für qualitativ vergleichbare Produkte – etwas unter den vergleichbaren Konkurrenzpreisen – erheblich unter den Preisen der Konkurrenz für Güter der gleichen Qualitätsklasse; 15. Werbeaufwand im Zeitraum der Produkteinführung, sehr groß – groß – mittel – verhältnismäßig gering – sehr gering (entsprechend für Verkaufsförderungsaufwand); 16. Vertriebsorganisation, bisheriger Zustand ausreichend – geringfügige Umorganisation erforderlich – starker Ausbau notwendig; 17. produktionstechnische Kapazität, vorhandene Kapazität reicht aus – geringfügige Erweiterungen erforderlich – starke Erweiterungen der Kapazität, quantitativ und qualitativ, notwendig – vollständige Umstrukturierung erforderlich; 18. Technologie, keine neuen Technologien notwendig – neue Technologien in geringem Maße erforderlich – erhebliche technologische Umstrukturierungen unerläßlich – keine Erfahrungen mit der neuen Technologie – bereits Erfahrungen mit der neuen Technologie – neue technologische Erfahrungen später von Nutzen – nicht von Nutzen; 19. Personalerfordernisse, groß – klein – Schwierigkeiten – keine Schwierigkeiten; 20. Materialerfordernisse, kaum Komplikationen – Komplikationen; 21. finanzieller Aufwand für Entwicklungsarbeiten, Amortisation des Entwicklungsaufwands, ein – zwei – drei usf. Jahre, Bedarf an kurzfristigem Betriebskapital, groß – mittel – gering, finanzieller Bedarf für langfristige Investitionen, groß – mittel – gering.

Die einzelnen Kriterien, die die für die Produktvorschläge aufgestellten Kataloge enthalten, werden von den hierfür zuständigen Personen daraufhin geprüft, ob sie ein Produkt erwarten lassen, das verspricht, sich in die produktpolitischen Intentionen des Unternehmens sinnvoll einzufügen und einen Beitrag zur Stabilisierung oder Verbesserung der Ertragslage des Unternehmens zu leisten. Die Bewertung der das Produkt betreffenden Kriterien beruht auf dem Informationsstand und dem Judiz der die Produktvorschläge beurteilenden Personen. Sie sind insofern subjektiv. Auch wenn die Bewertungen durch mehrere Personen vorgenommen werden und es gelingt, zu gewissen Übereinstimmungen zu gelangen, können die Bewertungsergebnisse aus der Subjektivität der Bewertenden nicht entlassen werden, auch wenn diese Personen ein hohes Maß an Kompetenz aufweisen.

Es ist üblich, wenn auch nicht notwendig, den Beurteilungsergebnissen durch Anwendung von Punktbewertungsverfahren einen numerischen Ausdruck zu verleihen. Jedem einzelnen Kriterium wird eine bestimmte Punktzahl zugeordnet, über die der Bewertende verfügt, um seine Beurteilung des Kriteriums durch entsprechende Punktzuteilungen auszudrücken.

Es sind viele Punktskalen in Benutzung, zum Beispiel Fünf-Punkte-Skalen mit den Differenzierungen: sehr gut (4) – gut (3) – befriedigend (2) – schlecht (1) – sehr schlecht(0). Die Skalen können auch aus Plus- und Minuspunkten bestehen. Das Maß an Beurteilungsdifferenzierung richtet sich nach der besonderen Lage des einzelnen Falls.

Durch Summation der Punktzahlen, mit denen die einzelnen Kriterien bewertet sind, erhält man die Gesamtwerte der einzelnen Produktvorschläge oder Projekte. Sie kann als Entscheidungshilfe bei derartigen Selektionen verwandt werden. Multiplikative Verknüpfung der einzelnen Punktwertzahlen ist möglich, aber wenig üblich.

Da die einzelnen Kriterien oder Kriteriengruppen unterschiedliche Bedeutung für den Wert haben, den die Beurteilenden dem zu bewertenden Gegenstand zumessen, kann es sich als notwendig erweisen, die Kriterien zu gewichten. So kann das Verhältnis zwischen dem voraussichtlichen Verkaufspreis des Produkts und den Konkurrenzpreisen für die Entscheidung über den Produktvorschlag eine größere Bedeutung besitzen als gewisse Werkstofferfordernisse oder finanzielle Inanspruchnahmen. Durch Multiplikation der Punktbewertung mit dem Gewichtungsfaktor des Kriteriums und Summation der so erhaltenen Werte über alle Kriterien des Produktvorschlags erhält man die gewichteten Gesamtwerte der einzelnen Produktvorschläge.

Trägt man in einem Diagramm die Bewertungskriterien auf der Senkrechten, die Punktzuteilungen (gewichtet oder ungewichtet) auf der Waagerechten auf, dann erhält man die Bewertungsprofile für die einzelnen Produktvorschläge.

Unabhängig von den für die Gewichtung als notwendig erachteten methodischen Verfeinerungen bleibt die Tatsache bestehen, daß das gewählte Gewichtungssystem auf subjektiven Prioritäten beruht. Insofern weist es also die gleichen Voraussetzungen auf wie das Bewertungssystem, das der Beurteilung der einzelnen Projekte zugrunde liegt. Die hierin begründete Problematik der Projektauslesemodelle läßt sich durch methodische Verfeinerungen nicht aufheben.

Die Angaben über die für die Beurteilung der einzelnen Produktvorschläge wichtigen Kriterien beruhen notwendig auf Schätzungen. Die hieraus resultierende Unsicherheit ist dann besonders groß, wenn zwischen den Zeitpunkten der Vorschlagsbeurteilung und der Produkteinführung ein langer Zeitraum (zum Beispiel von mehreren Jahren) liegt. Unsicherheit ist und bleibt ein unabdingbarer Bestandteil der Produktpolitik. Sie läßt sich nur dadurch erleichtern, daß sich das Unternehmen zum Zeitpunkt der Beschlußfassung über das auszuführende Projekt und auch später während des Entwicklungs- und Testzeitraums mit einem Höchstmaß an zuverlässigen Informationen über die voraussichtlichen technologischen und ökonomischen Entwicklungen versorgt. Gleichwohl wird oft so vorgegangen, daß die in der Schätzungssituation liegenden Unsicherheiten berücksichtigt werden, indem jedes Auslesekriterium zusätzlich daraufhin beurteilt wird, mit welcher Wahrscheinlichkeit es eintreffen wird. Die für das einzelne Kriterium vorgenommene Punktbewertung wird mit den Werten dieser subjektiven Wahrscheinlichkeiten multipliziert. Die Summe der Wahrscheinlichkeiten je Kriterium muß stets gleich eins sein. Die so für die einzelnen Kriterien gewonnenen Bewertungserwartungen werden mit den Gewichtungsfaktoren multipliziert und dann addiert. Die Summe der gewichteten Erwartungen gibt dann den Beurteilungswert für die dem Ausleseprozeß unterworfenen Vorschlagsalternativen an. Diese Werte können als Entscheidungshilfen benutzt werden.

So praktikabel Verfahren dieser Art in vielen Fällen sein mögen – ihr Wert liegt vor allem in dem ihnen innewohnenden Zwang, den Gesamttatbestand, um den es im konkreten Fall geht, gründlich und systematisch zu durchdenken, dabei keine Beurteilungsmöglichkeit auszulassen, die für die Projektauswahl von Interesse sein könnte. Bei den Verfahren handelt es sich nicht um im anspruchsvollen Sinne Entscheidungsmodelle, sondern um check lists und scoring-Tabellen, die bewertete Merkmalsausprägungen zum Ausdruck bringen. Der Gesamtkomplex der für Entscheidungen über Fragen der Produktgestaltung notwendigen Informationen geht im Regelfall über die geschilderten Kriterienkataloge und Bewertungsprofile hinaus. Denn stets werden die in Erwägung gezogenen produktpolitischen Maßnahmen durch Analysen und Expertisen erfahrener betrieblicher und außerbetrieblicher Sachverständiger vorbereitet. Ihre Argumente haben meinungsbildende Kraft. Die persönliche Auseinandersetzung der Beurteilenden mit diesen Argumenten findet dann in den Bewertungsskalen ihren Niederschlag, falls es überhaupt zu derartigen Skalierungen kommt. Im übrigen aber bleiben Energie und Kompetenz die treibenden Kräfte der Produkterneuerung, welcher Auslese- oder Entscheidungshilfen man sich hierbei auch immer bedient.

2 a) Es sind auch Modelle entwickelt worden, die mit Hilfe der Methoden mathematischer Programmierung einen Beitrag zur Lösung des Problems der Produktauslese und der Produkteinführung zu leisten versuchen. Diese Modelle sind nicht Selektionsmodelle in der Art der Mediaselektionsmodelle. Sie vollziehen den Ausleseprozeß unter den zur Wahl stehenden Produktalternativen nicht simultan, vielmehr wird für jede einzelne der in Frage stehenden Alternativen ermittelt, in welchem Maße sie dem vorgegebenen Optimierungskriterium genügt. Nachdem die für die Zielgröße relevanten Werte errechnet sind, muß durch einen Vergleich dieser für die einzelnen Produktalternativen ermittelten Werte – außerhalb der Modellprozedur – die Auswahl unter den Alternativen getroffen werden. Die Modelle selbst beschäftigen sich nur mit dem Ausleseprozeß für jeweils eine Produktalternative.

Noch ein zweites ist vorauszubemerken: Da die Modelle, mit unterschiedlichen Schwerpunkten allerdings, zugleich auch versuchen, die optimale Kombination der zur Unterstützung des einzuführenden Produkts verwandten absatzpolitischen Aktivitäten: Preisstellung, Werbung und Absatzmethode zu errechnen, so muß der Produktausleseprozeß als bereits sehr weit fortgeschritten gedacht werden. Das neue Produkt muß im wesentlichen bekannt sein. Denn ohne Kenntnis seiner funktionalen und akquisitorischen Eigenschaften lassen sich keine verkaufspolitisch relevanten Aussagen über optimale Kombinationen absatzpolitischer Instrumente machen. Die Modelle gehören also mehr in die spezielle Vorbereitungszeit der Einführungsplanungen.

Aus der Vielzahl der für die Einführung neuer Produkte auf den Märkten entwickelten Entscheidungsmodelle sollen zwei Modelle herausgegriffen werden. Sie genügen, um die Konstruktionsprinzipien und den Funktionsmechanismus derartiger Modelle sichtbar zu machen. Die Analyse soll sich dabei auf die Herausarbeitung der Zielfunktion und den Prozeß sequentieller Informationsgewinnung beschränken, wie er für diese Modelle charakteristisch ist. Insbesondere handelt es sich hierbei um das von URBAN entwickelte Entscheidungsmodell für die Einführung neuer Produkte in Verbindung mit dem Modell SPRINTER und das Modell DEMON, wie es vor allem in den Aufsätzen von CHARNES, COOPER, DE VOE und LEARNER vorgetragen wird [1]. Bezüglich der mathematischen Struktur der Modelle sei auf die Aufsätze verwiesen, in denen die Modelle beschrieben werden.

Die Zielgröße beider Modelle bildet der Gewinn, der mit dem neuen Produkt erzielt werden soll. Da es sich um Modelle mit stochastischem Charakter handelt, lautet die Zielfunktion: Maximierung des während der Lebensdauer des Produkts erwarteten Gewinns unter Innehaltung bestimmter Nebenbedingungen.

Die den Erlösen zugrunde liegenden Schätzwerte für die Absatzmengen in den Teilperioden des gesamten Planungszeitraums (Produktlebens-

---

[1] URBAN, GLEN, L., A New Product Analysis and Decision Model, in: Management Science, vol. 14 (1968), S. B. 490 ff., deutsche Übersetzung in: Marketingentscheidungen, hrsg. von P. WEINBERG, G. BEHRENS, K. P. KLAAS, Köln 1974; derselbe, Specification of Profits with Interaction under Trial and Error (SPRINTER) in: Industrial Management Review, 8. Jg. 1967, S. 43 ff.; CHARNES, A., COOPER, W. W., DEVOE, I. K. and D. B. LEARNER, DEMON: Decision Mapping via Optimum Go-No-Networks-A Model for Marketing New Products, in: Management Science, vol. 12, N. 11, July 1966, S. 865 ff.; dieselben: DEMON Mark II: An Extremal Equation Approach To New Product Marketing, Management Science, Theory Series, vol. 14, May 1968, S. 513 u. July 1968, S. 682 ff.; Vgl. auch die Analyse des Modells bei SABEL, H. Produktpolitik in absatzwirtschaftlicher Sicht, Wiesbaden 1971, S. 245 und S. 265 ff.; ferner MEFFERT, H. und Mitarbeiter, Die Anwendung mathematischer Modelle im Marketing, in: Schriften zur Unternehmensführung, Bd. 15, S. 43 ff., Wiesbaden 1973.

zyklus) beruhen im Modell von Urban auf Beurteilungen der Erfolgsaussichten des neuen Produkts durch das Management, auf Ergebnissen von Testuntersuchungen und auf Erfahrungen mit ähnlichen Erzeugnissen des Unternehmens selbst oder der Konkurrenz. Das Modell DEMON verwendet Regressionsgleichungen, die auf im Zusammenhang mit früheren Produkteinführungen vorgenommenen Werbemaßnahmen beruhen.

Als Kosten werden Deckungsbeiträge unter Berücksichtigung von Produkteinführungskosten verrechnet.

Die in den einzelnen Planungsperioden (Geschäftsjahren) erwarteten Erlöse aus dem Verkauf des neuen Erzeugnisses sind einmal von den funktionalen und akquisitorischen Eigenschaften des neuen Produkts, seiner Durchsetzungsgeschwindigkeit und den gesamtwirtschaftlichen Konstellationen abhängig, die die Einführungszeit beherrschen. Die Erlöse werden zum anderen aber auch durch den Erfolg der zur Unterstützung der Produkteinführung benutzten absatzpolitischen Instrumente, insbesondere durch den Einführungspreis, den Werbeaufwand in dem Einführungszeitraum und die verkaufsorganisatorischen Anstrengungen des Unternehmens, auch durch seine Verkaufsförderungsmaßnahmen bestimmt. Die Produktgestaltung selbst scheidet in der Vorbereitungsphase der Produkteinführung als absatzpolitisches Instrument aus, da über das neue Produkt und seine Beschaffenheit eine Entscheidung getroffen sein muß, wenn die absatzpolitischen Einführungsplanungen vorgenommen werden.

Das von Urban entwickelte Entscheidungsmodell mit dem zugehörigen Modell SPRINTER ist so entworfen, daß für jede der in der Zukunft liegenden Geschäftsperioden die optimalen Werte für den Einsatz des absatzpolitischen Instrumentariums (ohne Produktgestaltung) bestimmt werden. Auch das DEMON-Modell enthält die absatzpolitischen Aktivitäten als optimal zu bestimmende variable Größen. In dem Modell von Urban steht die optimale Festlegung des absatzpolitischen Instrumentariums stärker im Vordergrund als im DEMON-Modell, jedoch ist dieses Modell deshalb besonders interessant, weil es von dem Verfahren der sequentiellen Informationsgewinnung in sehr hervorstechender Weise Gebrauch macht. Die hiermit im Zusammenhang stehenden Fragen werden im DEMON-Modell eingehender behandelt als in dem sich in dieser Hinsicht an das DEMON-Modell anschließenden Urban-Modell. Aus diesem Grund soll das Problem der Einbeziehung absatzpolitischer Optimierungen in die Modellkonzeption anhand des Modells von Urban, die Frage der Verwendung von Methoden der sequentiellen Informationsgewinnung in Modellen der beschriebenen Art im Zusammenhang mit dem Modell DEMON erörtert werden.

Bezüglich der mathematischen Modellformulierungen sei auf die angegebene Literatur verwiesen.

Der Einfluß der absatzpolitischen Instrumente auf die Nachfrage nach den Erzeugnissen eines Unternehmens oder, vom Unternehmen aus gesehen, auf sein Absatzvolumen, hängt wesentlich von den Preis-Absatzelastizitäten, den Werbeelastizitäten und den Elastizitäten im Bereich der Absatzmethode ab. Sind diese Elastizitäten bekannt, dann läßt sich sagen, wie preispolitische Dispositionen, Werbemaßnahmen und verkaufsorganisatorische Bemühungen den Absatz des Unternehmens beeinflussen. Anstelle der Elastizitäten, die relative Mengenänderungen im Verhältnis zu relativen Änderungen der absatzpolitischen Instrumentalvariablen messen, verwendet URBAN in seinem Entscheidungsmodell den Begriff der Reaktionsfunktion, die auf das neue Produkt bezogen, die relative Änderung der Bezugsabsatzmenge einer Periode in Abhängigkeit von der absoluten Änderung einer absatzpolitischen Variablen, also des Verkaufspreises, des Werbeaufwands oder des Umfangs der Verkaufsaktivitäten angibt. Die Bezugsabsatzmenge einer Periode stellt dabei die (beste) Schätzung der sich bei einem bestimmten Einsatz des absatzpolitischen Instrumentariums (Bezugsmarketingprogramm) bildenden Nachfrage nach dem neuen Produkt dar.

Die optimalen Werte für die Kombination der die Produkteinführung unterstützenden Instrumentalvariablen Preis, Werbung und Absatzmethode (distribution) errechnet das Modell mit Hilfe von Verfahren der dynamischen Programmierung. Das Modell selbst ist so angelegt, daß es auch Reaktionsverzögerungen der Verbraucher auf den Einsatz absatzpolitischer Instrumente, also die Wirkung von in Vorperioden vorgenommenen absatzpolitischen Maßnahmen in späteren Perioden zu berücksichtigen vermag. Inner- und außerbetriebliche Restriktionen finden in dem Modell Beachtung.

Die Erwartungswerte der in dem Verkaufsprogramm einer Periode enthaltenen Erzeugnisse einschließlich des neu in das Programm aufgenommenen Produkts werden mit den Verkaufspreisen multipliziert. Von den so errechneten Erlösen werden die variablen Kosten der Erzeugnisse abgezogen. Auf diese Weise errechnet sich der erwartete Gewinn der Periode. Wird die gleiche Rechnung ohne das neue Produkt vorgenommen und wird der sich dann ergebende Gewinn von dem unter Berücksichtigung des neuen Produkts errechneten Gewinn abgezogen, dann erhält man den Differenzgewinn der Periode. Er wird grundsätzlich als Maß für die Vorteilhaftigkeit der Aufnahme des neuen Erzeugnisses in das Verkaufsprogramm des Unternehmens angesehen, zunächst bezogen auf eine Zeitperiode. Die Periodendifferenzgewinne werden mit dem Kalkulationszinssatz diskontiert. Die maximale Summe der diskontierten Periodendifferenzgewinne des Planungszeitraums bildet eine Schlüsselgröße für die Entscheidung über die Einführung des neuen Produkts.

Die auf die Einführung neuer Erzeugnisse in die Verkaufsprogramme zurückzuführende Unsicherheit, die „Differenzunsicherheit", wird durch die Varianz der Verteilung der Differenzgewinne je Periode und für den gesamten Planungszeitraum gemessen. Mit der Varianz des Gesamtgewinns wird eine weitere Größe in die Modellanalyse einbezogen.

Eine positive Entscheidung für die Einführung des neuen Produkts ist nach Urban nur dann zu treffen, wenn die Wahrscheinlichkeit dafür, daß der Erwartungswert der Summe der zum Kalkulationszinsfuß diskontierten Periodendifferenzgewinne mindestens so groß ist wie der gesamte Investitionsbetrag für das neue Produkt, ihrerseits eine bestimmte obere Sicherheitsgrenze erreicht oder überschreitet. Erreicht dagegen diese Wahrscheinlichkeit nicht einmal eine bestimmte, ebenfalls vom Entscheidungsträger vorgegebene untere Sicherheitsschranke, dann wird eine negative Entscheidung getroffen.

Mit der Einbeziehung der absatzpolitischen Instrumente als Variable in den Modellzusammenhang und der Berücksichtigung der Interdependenzen zwischen dem neuen Produkt und dem bestehenden Verkaufsprogramm wird der Bogen, den das Modell von Urban umgreift, weit über den im engeren Sinne produktpolitischen Aspekt hinaus gespannt.

Angesichts der Schwierigkeit, optimale Werte für die einzelnen absatzpolitischen Instrumente und für ihren kombinierten Einsatz zu errechnen, läßt sich die Brauchbarkeit des Modells für praktische Aufgaben nur beurteilen, wenn hinreichend genaue Informationen über die Erfolge vorliegen, die mit ihm erzielt werden konnten[1].

Das Entscheidungsmodell von Urban, speziell das Computermodell SPRINTER, stellt ein Suchprogramm dar. Dieser Charakter der Modelle tritt mit besonderer Deutlichkeit in dem Prozeß der sequentiellen Informationsbeschaffung in Erscheinung, der in die Modelle eingebaut ist. Er bestimmt zugleich die formale Struktur des Entscheidungsfeldes, die für diese Modelle charakteristisch ist.

2 b) In dem Modell DEMON hat die sequentielle Informationsgewinnung ihre umfassendste und wohl auch ihre originäre Darstellung erfahren. Aus diesem Grunde hält sich die hier versuchte Analye des Suchprozesses an die Arbeiten, die Charnes,[2] Cooper, De Voe und Learner dieser

---

[1] Vgl. hierzu die eher skeptische Beurteilung eines mit dem Modell SPRINTER in einem Unternehmen der französischen Markenartikelindustrie vorgenommenen Versuchs bei Hansen, H. R. und A. Thabor, Marketing-Modelle, Anwendungsmöglichkeiten und Entwicklung computergestützter Modelle im Marketing, Berlin 1973, S. 136, 137.

[2] Vgl. Charnes, A., Cooper, W. W., De Voe, J. K., Learner, D. B., DEMON: Decision Mapping via Optimum Go-No-Networks, A Model for Marketing New Products, in: Management Science Vol. 12 (1966) 11, S. 865 ff., hier S. 877; vgl. auch Schüler, W., Multistage Sampling Procedures Based on Prior Distributions and Costs, in: The Annals of Mathematical Statistics, Vol. 38 (1967) 2, S. 464 ff.

methodischen Prozedur im Zusammenhang mit ihren Erörterungen des DEMON-Modells gewidmet haben.

Die Zielfunktion für das Modell DEMON lautet: Maximiere den erwarteten Gewinn aus dem neuen Produkt unter Berücksichtigung der Entwicklungskosten und der Kosten der Informationsbeschaffung und eines hierfür zur Verfügung stehenden begrenzten Etats. Die Voraussetzungen für eine positive Entscheidung über die Einführung des neuen Produkts liegen dann vor, wenn der Erwartungswert des Gesamtgewinns einen vorgegebenen Mindestgewinn erreicht oder überschreitet und wenn die Wahrscheinlichkeit für eine Amortisation der Investition innerhalb eines begrenzten Zeitraums mindestens eine von dem Unternehmen vorgegebene obere Sicherheitsgrenze erreicht. Eine endgültig negative Entscheidung wird dann zu fällen sein, wenn Gewinnerwartung und Wahrscheinlichkeit für die Innehaltung der gewünschten Amortisationsfrist unterhalb vorgegebener unterer Sicherheitsgrenzen bleiben.

Weniger die Zielfunktion als vielmehr die Benutzung der Verfahren sequentieller Informationsbeschaffung gibt dem Modell seine besondere Bedeutung. Verfahren der sequentiellen Informationsbeschaffung für Ja/ Nein-Entscheidungen haben folgende allgemeine Struktur: Zu entscheiden ist über die Annahme oder Ablehnung einer Transaktion auf der Basis des Erwartungswertes der maximal erreichbaren Gewinne beziehungsweise der minimalen Kosten der gesamten Transaktion. Vorausgesetzt wird dabei die Kenntnis der a-priori-Verteilung derjenigen zufälligen Größe, von der die Zielfunktion im wesentlichen abhängt und über die im Laufe des Verfahrens durch Stichprobenentnahme weitere Informationen gewonnen werden sollen.

Auf jeder Stufe des Verfahrens stehen folgende Entscheidungsalternativen offen:

1. endgültige Annahme beziehungsweise Durchführung der Aktion (Go-Entscheidung);

2. Fortsetzung des Prozesses der Informationsbeschaffung (On-Entscheidung);

3. endgültige Ablehnung der beabsichtigten Transaktion (No-Entscheidung).

Innerhalb der zweiten Alternative stehen in der Regel noch verschiedene Subalternativen zur Wahl. Handelt es sich, wie in dem hier interessierenden Fall, um die Einführung eines neuen Produkts, so wird auch die Art des nächsten Tests zur Wahl stehen, zum Beispiel „Economic Analysis", „Product Use Test", „Channel One Test", „Model Market", „Test Market"; es werden also schrittweise neue und zusätzliche Informationen über die Parameter der dem Modell zugrunde gelegten Nachfrageverteilungsfunktion gesammelt. Der Vergleich zwischen den Alternativen einschließlich der Subalternativen der zweiten Alternative gründet sich in jedem Fall auf die Berechnung des bedingten Erwartungswertes, der der Zielgröße bei jeder der alternativen Vorgehensweisen zuzumessen sein würde – bedingt, weil die anfangs vorliegende Verteilung nach jeder neuen Stichprobe in eine bedingte Verteilung, gegeben die beobachteten Ergebnisse, umzurechnen ist. Der jeweils nächste Schritt des Verfahrens wird also durch die in Hinsicht auf das Zielkriterium günstigsten der der ersten und dritten Alternative zugeordneten Erwartungswerte bestimmt.

Das Verfahren endet, wiederum in dem hier interessierenden Fall der Einführung neuer Produkte auf dem Markt, endgültig, sobald aus Annahme oder Ablehnung des zur Erörterung stehenden Projekts, nach Maßgabe der bis dahin gewonnenen Informationen, ein günstigerer bedingter Erwartungswert der Zielgröße folgt, als sich aus der Fortsetzung des Prozesses der Informationsgewinnung ergeben würde. Er wird mit Sicherheit Kosten verursachen. Die Fortführung der Informationssuche (On-Situation) scheidet spätestens dann als Alternative aus, wenn ein für die Informationsgewinnung festgesetztes Budget erschöpft ist oder wenn das Nachfragepotential für das neue Produkt unter Berücksichtigung alternativer Kombinationen des absatzpolitischen Instrumentariums erforscht ist, also zum Beispiel der gesamte „nationale Markt" mit Testmärkten abgedeckt ist. Unter den Alternativen der Informationsgewinnung wird also diejenige ausgewählt, bei der unter Berücksichtigung der Informationskosten der bedingte Gewinnerwartungswert am größten ist. Da der Nachfrage im DEMON-Modell eine log-Normalverteilung zugrunde gelegt ist, werden in den einzelnen Stadien der Informationsgewinnung die beiden Parameter Erwartungswert (μ) und Streuung (σ^2) schrittweise präzisiert. Das Verfahren wird dann so lange fortgesetzt, bis sich Werte für den Erwartungswert μ und die Streuung σ^2 Werte ergeben, die in der (μ, σ)-Ebene innerhalb des Annahmebereichs (Go-Bereich) oder des Ablehnungsbereichs (No-Bereich) liegen. Die Grenzen zwischen den Annahme-, Fortsetzungs- und Ablehnungsbereichen (Go-, On- und No-Bereichen) werden dabei durch Vorschriften über Mindestgewinne und Mindestwahrscheinlichkeiten für das Erreichen einer bestimmten Pay-off-Periode festgelegt. Nur also, wenn Erwartungswert und Streuung einer Produkteinführungsalternative zwischen die Go- und No-Bereiche fallen, wird der Prozeß weiterer Einholung von Informationen über die Einführungschancen für das neue Produkt fortgesetzt.

Über die praktische Brauchbarkeit des Gesamtmodells können nur die Erfahrungen entscheiden, die mit ihm gemacht werden.

Dabei würde zu prüfen sein, ob sich nicht der gleiche Effekt mit weniger aufwendigen, herkömmlichen Verfahren erzielen ließe.

Zehntes Kapitel

Die optimale Kombination
des absatzpolitischen Instrumentariums

1. Systematisierung der Vielfalt absatzpolitischer Möglichkeiten.
2. Die optimale Kombination des absatzpolitischen Instrumentariums.
3. Die optimale Kombination des absatzpolitischen Instrumentariums bei Maximierung des Gewinns.

1. Die vorhergehenden Abschnitte, in denen die einzelnen absatzpolitischen Instrumente behandelt wurden, lassen erkennen, welche Fülle absatzpolitischer Möglichkeiten den Unternehmen zur Verfügung steht. Die Absatzpolitik wird aber gerade dadurch gekennzeichnet, daß die Unternehmen von mehreren dieser möglichen Maßnahmen in unterschiedlicher Weise – je nach ihrer besonderen absatzwirtschaftlichen Lage – Gebrauch machen.

Das wissenschaftliche Interesse der Theorie konzentrierte sich bisher, soweit es den absatzwirtschaftlichen Raum betrifft, vor allem auf die Preispolitik. Die Theorie beschränkte sich also auf nur eine Instrumentvariable. Die neuere Preistheorie, deren Hauptinteresse sich, ebenso wie das der klassischen Preistheorie, auf die Ableitung eines Gleichgewichtspreises richtet, schließt in ihre Überlegungen den heterogenen Wettbewerb ein. Damit wird die Preispolitik zwar grundsätzlich in den Rahmen differenzierter absatzpolitischer Möglichkeiten gestellt, doch wird nach wie vor von nur einer Instrumentvariablen, nämlich der Preispolitik, ausgegangen.

Es scheint nun geboten, aus dieser Konzeption der makroökonomischen Preistheorie eine betriebswirtschaftliche Theorie der Absatzpolitik zu entwickeln, in der alle absatzpolitischen Handlungsmöglichkeiten der Unternehmungen Berücksichtigung finden. In diesem Sinne sind die absatzpolitischen Entscheidungen der Unternehmen nicht mehr ausschließlich Preisentscheidungen, sondern Entscheidungen, die sich auch auf alle anderen den Unternehmen verfügbaren Mittel der Absatzpolitik beziehen. Damit erhöht sich die Zahl der für die Bewältigung absatzpolitischer Probleme in Frage kommenden Variablen sehr beträchtlich; denn die vier absatzpolitischen Instrumente setzen sich aus einer Vielzahl absatzpolitischer Variabler unterschiedlichster Art zusammen.

So mögen zum Beispiel einem Unternehmen in einer bestimmten Absatzsituation mehrere Werbeaktionen, deren Intensität mit $v_{31}, \ldots, v_{3p}$ bezeichnet werden soll, zur Verfügung stehen. Hierbei soll v_{3i} die Intensität der i-ten Werbemöglichkeit für ein bestimmtes Erzeugnis (zum Beispiel Fernsehwerbung oder Inseratwerbung u. a.) bedeuten. Diese p Variablen werden zu einem Vektor $v_3 = (v_{31}, \ldots, v_{3p})$ zusammengefaßt. Er repräsentiert die Gesamtheit werbepolitischer Maßnahmen, das heißt die Werbung schlechthin. Auf die gleiche Weise lassen sich alle Einzelmaßnahmen im Bereich der Absatzmethoden $v_1 = (v_{11}, \ldots, v_{1m})$, der Preispolitik $v_2 = (v_{21}, \ldots, v_{2n})$ und der Produkt- und Sortimentsgestaltung $v_4 = (v_{41}, \ldots, v_{4q})$ darstellen.

In der betrieblichen Praxis wird es schwierig, oft sogar unmöglich sein, die Intensität, mit der irgendeine absatzpolitische Aktion durchgeführt wird, zu messen. Sollten solche nichtquantifizierbaren Größen gegeben sein, so müssen sie aus der Rechnung ausgeklammert und auf andere Weise berücksichtigt werden.

Die Möglichkeit, die Intensitäten aller Einzelmaßnahmen in der oben dargestellten Form zusammenzufassen, bleibt davon unberührt.

Die Intensitäten, mit denen die Unternehmen von den Absatzmethoden, der Sortiments- und Produktgestaltung, der Werbung und der Preispolitik (Intensitätsvektoren $v_1, \ldots, v_4$) Gebrauch machen, lassen sich ihrerseits wieder zu einem Vektor v zusammenfassen.

$$
\begin{aligned}
v &= (v_1, v_2, v_3, v_4) \\
&= (v_{11}, \ldots, v_{1m}; v_{21}, \ldots, v_{2n}; v_{31}, \ldots, v_{3p}; v_{41}, \ldots, v_{4q})
\end{aligned}
$$

Dieser Vektor v stellt die Intensität dar, mit der ein Unternehmen von seinem absatzpolitischen Instrumentarium Gebrauch macht.

Nach dieser Systematisierung der absatzpolitischen Handlungsmöglichkeiten gilt es, die Frage zu beantworten, welche Kriterien den Einsatz des absatzpolitischen Instrumentariums, das heißt die Größe v, bestimmen.

2 a) Zunächst sei der Fall untersucht, daß ein bestimmter vorgegebener Umsatz durch zusätzliche Verwendung absatzpolitischer Instrumente erreicht werden soll. Die Umsatzsteigerung als solche ist in diesem Fall nicht Gegenstand der Entscheidung. Die Frage lautet deshalb: Wie ist die Größe v zu bestimmen, damit erstens der verlangte Umsatz zustande kommt und zweitens gleichzeitig die Kosten des zusätzlichen Einsatzes des absatzpolitischen Instrumentariums minimiert werden?

Der Intensität, mit der eine bestimmte absatzpolitische Einzelmaßnahme durchgeführt wird, sind stets die ihr entsprechenden Kosten zuzuordnen. So mögen zum Beispiel die Kosten für eine bestimmte Werbeaktion v_{3i}, die im Zusammenhang mit der Einführung oder Forcierung eines bestimmten Erzeugnisses vorgenommen wird, gleich $z_{3i}(v_{3i})$ sein. Die absatzpolitische Entscheidung orientiert sich an der Höhe der Kosten, die der Einsatz des absatzpolitischen Instrumentariums verursacht. Die Entscheidungssituation läßt sich dann so beschreiben:

Man minimiere die Kosten des Einsatzes des absatzpolitischen Instrumentariums (L).

$$L = L(v)$$
$$= \sum_{i=1}^{m} z_{1i}(v_{1i}) + \sum_{i=1}^{n} z_{2i}(v_{2i}) + \sum_{i=1}^{p} z_{3i}(v_{3i}) + \sum_{i=1}^{q} z_{4i}(v_{4i}),$$

wobei dann $z_{ji} = z_{ji}(v_{ji})$ die Kosten des Einsatzes des Instrumentes j in der Ausprägung i mit der Intensität v_{ji} sind, unter der Bedingung, daß der verlangte Umsatz u_0 erreicht wird, das heißt, daß der durch die Kombination v der absatzpolitischen Instrumente bewirkte Umsatz $u^{\cdot}(v)$ größer oder gleich dem vorgegebenen Mindestumsatz u_0 ist:

$$u(v) \geqq u_0.$$

Diese Umsatzsteigerung ist eine Funktion der absatzpolitischen Aktivität. Sie setzt sich aus vielen Einzel-Umsatzsteigerungen zusammen. Beschränkungen der verschiedensten Art können Einfluß auf die Entscheidungen haben.

Mit der Entscheidung wird der kostenminimale Einsatz des absatzpolitischen Instrumentariums festgelegt, das heißt, es werden diejenigen Werte v_{ji} (Aufwendungen bestimmter Art für ein bestimmtes Erzeugnis des j-ten Instrumentes [$j = 1, \ldots, 4$]) bestimmt, die die genannten Optimalitätsbedingungen erfüllen. Gleichzeitig erhält man die Absatzmengen $x = (x_1, \ldots, x_n)$ und die Verkaufspreise $p = (p_1, \ldots, p_n)$ der Erzeugnisse des Verkaufsprogramms, die zu dem verlangten Umsatz führen.

2 b) Ein Unternehmen möge seinen gesamten Vertriebsaufwand auf eine bestimmte Höhe festlegen, die nicht überschritten werden darf. Das Unternehmen möge in dieser Lage dasjenige v wählen, welches ihm einen maximalen Umsatz sichert. In diesem Fall sind also die Gesamtkosten (L_0), die höchstens durch den Einsatz des absatzpolitischen Instrumentariums verursacht werden dürfen, als unverändert gegeben. Die absatzpolitische Entscheidung ist auf Maximierung des mit L_0 erreichbaren Umsatzes gerichtet. Es liegt also folgende Entscheidungssituation vor: Man maximiere den Umsatz u

$$u = u(v)$$

unter der Bedingung, daß der gesamte Vertriebsaufwand nicht den vorgegebenen Betrag L_0 übersteigt, das heißt

$$L(v) \leqq L_0$$

ist.

Zu dieser Beschränkung können noch weitere Nebenbedingungen treten.

In dem Beispiel wird durch die Entscheidung derjenige Einsatz des absatzpolitischen Instrumentariums bestimmt, der unter den genannten Bedingungen zu einem maximalen Umsatz führt. Auch in diesem Fall werden die dem maximalen Umsatz zugehörigen Absatzmengen und Verkaufspreise gleichzeitig mitbestimmt.

Die beiden absatzpolitischen Entscheidungen, die hier als Beispiele erörtert wurden, werden einmal vom Streben nach minimalen Absatzkosten und zum anderen vom Streben nach maximalem Umsatz beherrscht. Beide Zielsetzungen müssen mit der obersten Zielsetzung der Unternehmungen, dem erwerbswirtschaftlichen Prinzip, in Einklang stehen. Wenn dies der Fall ist, kann sich die Absatzentscheidung ausschließlich am Kriterium der Absatzkosten beziehungsweise des Umsatzes orientieren. Sollen absatzpolitische Entscheidungen in dieser Weise getroffen werden, so ist in jedem Fall zu überprüfen, ob in einer gegebenen Situation die genannten Unterziele dem Gewinnstreben der Unternehmen nicht entgegenstehen.

3. Führen die Unternehmen dagegen ihre absatzpolitischen Überlegungen auf breitester Ebene durch, dann werden sie danach fragen, mit welcher Intensität sie von ihrem absatzpolitischen Instrumentarium Gebrauch machen sollen, um einen größtmöglichen Gewinn zu erzielen. In einer solchen Entscheidungssituation werden der für erstrebenswert angesehene Umsatz und der Einsatz des absatzpolitischen Instrumentariums unmittelbar durch das erwerbswirtschaftliche Prinzip bestimmt.

Der Gewinn soll gleich der Differenz zwischen Gesamtumsatz (Gesamterlös) und Gesamtkosten sein. Der Gesamtumsatz sei eine Funktion $u(v)$ des absatzpolitischen Instrumentariums. Die Gesamtkosten setzen sich aus den Kosten $L(v)$ des absatzpolitischen Instrumentariums und den übrigen Kosten $K^*(x) = K^*(x_1, \ldots, x_n)$ zusammen. Da die Absatzmengen selbst von der absatzpolitischen Aktivität abhängen, kann man auch $K^*(x) = K^*(x(v)) = K(v)$ schreiben.

Die Entscheidungssituation läßt sich so beschreiben:
Man maximiere den Gewinn

$$G = G(v) = u(v) - K(v) - L(v)$$

unter Beachtung aller Beschränkungen, die produktionstechnischer, beschaffungs- oder absatzwirtschaftlicher, finanzierungs- oder investitionspolitischer Art u. ä. sein können. Die Variable v setzt sich aus der Vielzahl absatzpolitischer Variablen v_{ji} zusammen. Die Bestimmung des Maximums ist durch Bildung der partiellen Ableitungen allein nicht möglich, da die genannten Beschränkungen Berücksichtigung finden müssen.

Die Theorie der Absatzpolitik hat es also mit einer unverhältnismäßig großen Zahl von Variablen und Begrenzungen der verschiedensten Art zu tun. Diese Lage resultiert aus der Vielzahl betrieblicher und marktlicher Gegebenheiten. Mit der Vermehrung der Zahl der Variablen und der zunehmenden Berücksichtigung betrieblicher Engpässe (Beschränkungen) kompliziert sich die wissenschaftliche Behandlung der absatzpolitischen Vorgänge, wenn ein Maximum an Wirklichkeitsnähe erreicht werden soll.

Namenverzeichnis

Sachverzeichnis